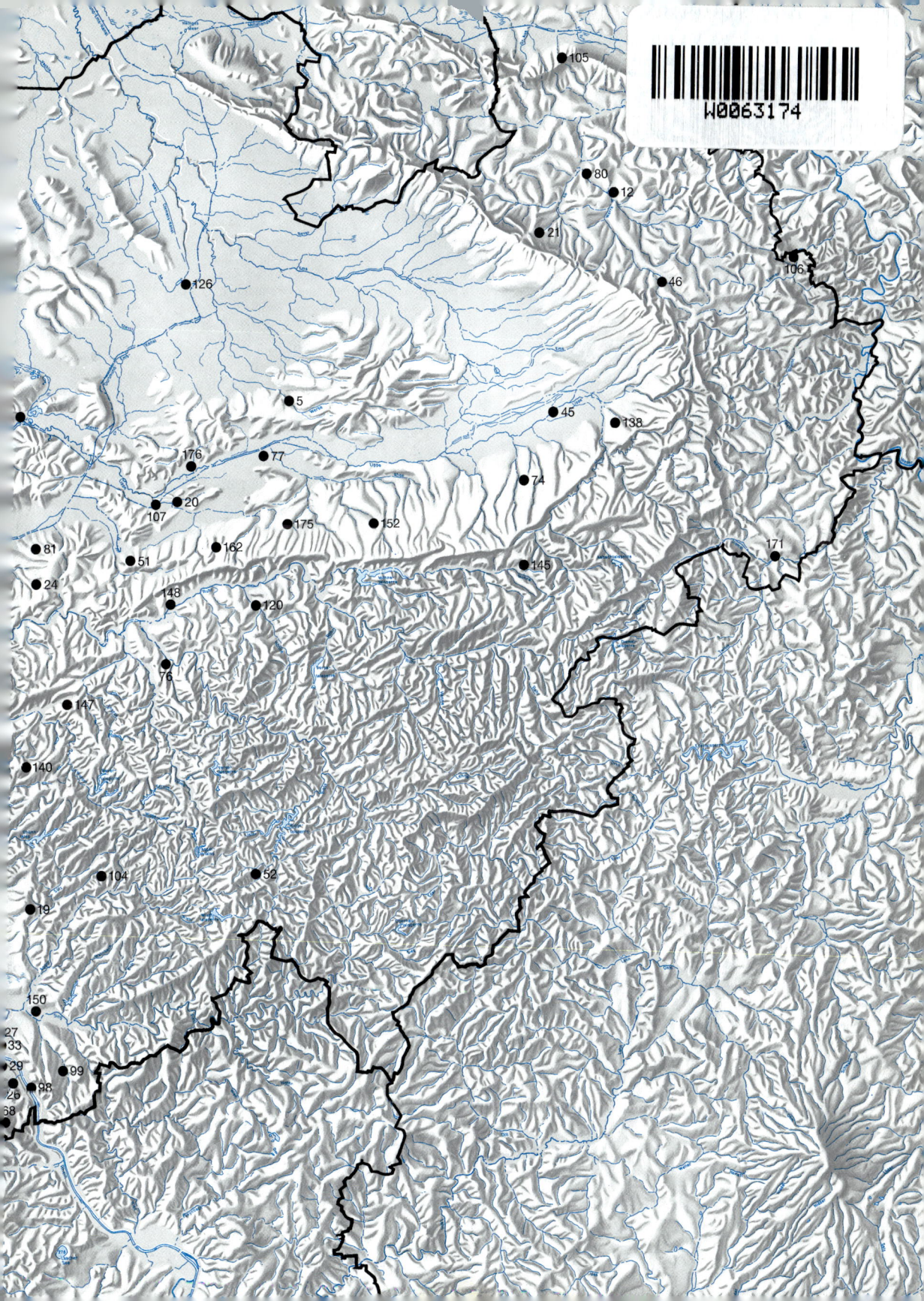

Legende zur umseitigen Karte der im archäologischen Teil beschriebenen Objekte

Die Römer in Nordrhein-Westfalen

Die Römer in

Herausgegeben von
Heinz Günter Horn

Konrad Theiss Verlag
Stuttgart

Nordrhein-Westfalen

mit Beiträgen von Tilmann Bechert,
Dela von Boeselager, Wilhelm Diedenhofen,
Wolfgang Gaitzsch, Michael Gechter, Klaus Grewe,
Hansgerd Hellenkemper, Karl-Bernd Heppe,
Werner Hilgers, Hilde Hiller, Heinz Günter Horn,
Antonius Jürgens, Wilfried Maria Koch,
Sebastian Kühlborn, Jürgen Kunow, Rainer
Laskowski, Gustav Müller, Friederike Naumann,
Peter Noelke, Mechthild Oschmann, Renate Pirling,
Gundolf Precht, Christoph Reichmann, Matthias
Riedel, Christoph B. Rüger, Ellen Schwinzer,
Walter Sölter, Elisabeth M. Spiegel, Max Tauch,
Renate Thomas und Karl Viktor Thomas

CIP-Kurztitelaufnahme der Deutschen Bibliothek

Die Römer in Nordrhein-Westfalen / hrsg. von
Heinz Günter Horn. – Stuttgart : Theiss, 1987.
  ISBN 3-8062-0312-1
NE: Horn, Heinz Günter [Hrsg.]

Abbildung Schutzumschlag:
Bonn. Darstellung des »zweihörnigen Rheins« (Rhenus bicornis).
Teil eines Grabmals. Kalkstein. – H. noch 0,62 m. 2. Jh. n. Chr. (RLM Bonn)

Redaktion: Gabriele Süsskind
Schutzumschlag: Erich Plöger, Frankfurt
unter Verwendung eines Fotos von Hermann Lilienthal, Bonn

© Konrad Theiss Verlag GmbH, Stuttgart 1987
Alle Rechte vorbehalten
Gesamtherstellung: Grafische Betriebe
Süddeutscher Zeitungsdienst Aalen
Printed in Germany
ISBN 3-8062-0312-1

Vorwort

Mit dem Band »Die Römer in Nordrhein-Westfalen« wird eine Dokumentation rund 500jähriger römischer Geschichte am Rhein und in Westfalen vorgelegt, soweit sie sich heute noch an den Denkmälern im Gelände, an den dinglichen Zeugnissen in den Museen und an den Ergebnissen intensiver archäologischer Forschung ablesen läßt. Nordrhein-Westfalen, ein politisches Gebilde der Nachkriegsjahre und auf dem Wege zu einem »Wir-Gefühl«, war in der römischen Antike durch den Rhein geteilt: Hier das Reichsterritorium mit all seiner organisierten Administration, seiner wirtschaftlichen Prosperität und seiner kulturbedingten Lebensqualität, dort das freie Germanien, das sich einer endgültigen Romanisierung mit Erfolg widersetzte, ohne jedoch den Segnungen römischer Kultur völlig ablehnend gegenüberzustehen. So wurde das Bild des heutigen Nordrhein-Westfalen ganz entscheidend geprägt von dem römischen Erbe, dem man überall im Lande begegnet und dem sich letztendlich auch die Westfalen nicht entziehen konnten. Zwar steht Westfalen für die Varusschlacht und den Sieg Hermann des Cheruskers über die Römer im Teutoburger Wald, gleichwohl kann man doch das auffällige Bestreben der rechtsrheinischen Germanen nicht ignorieren, immer wieder durch Beutezug oder Handel an der römischen Lebensart zu partizipieren; nirgendwo in Deutschland wird ihre Bereitschaft deutlicher, sich einerseits abzugrenzen und andererseits teilhaben zu wollen.

An Darstellungen des römischen Rheinlandes aus der Feder einzelner hat es in der Vergangenheit nicht gefehlt; die vorliegende Publikation aber hat erstmals mehr als 30 nordrhein-westfälische Archäologen und Bodendenkmalpfleger zuammengeführt und bewogen, in gemeinsamer Anstrengung Beiträge »aus erster Hand« zu liefern, nicht nur Sachkenntnis, sondern auch den aktuellen Forschungsstand einzubringen. Daß dabei gelegentlich unterschiedliche Auffassungen und Interpretationen zutage treten, entbehrt nicht eines gewissen Reizes. Gerade die Geschichtswissenschaft bedarf des Gärungs- und Abklärungsprozesses, der Diskussion unter Fachkollegen; dies soll auch dem interessierten Laien, für den diese Dokumentation zunächst einmal bestimmt ist, deutlich werden. Ihre Bedeutung für die Erfahrung historischer Dimensionen und Entwicklungen, für die notwendige Identifikation mit der geschichtlich gewachsenen Umwelt und die Bestrebungen um ihre Erhaltung sowie für die prägende Selbstfindung der Menschen in diesem Lande wird dadurch sicherlich nicht geschmälert.

An dieser Stelle gilt es, vielen zu danken, die die Vorbereitung dieser Publikation über so viele Jahre wohlwollend begleitet und auch tatkräftig unterstützt haben. Neben den Autoren, die sich dem langwierigen Unternehmen stets kollegial und verständnisvoll verbunden fühlten, sind dies besonders G. Hellenkemper Salies (Bonn) und E. Künzl (Mainz). Dank gebührt allen Museen, Instituten und Verwaltungen, die bereitwillig Fotos und andere Abbildungsmaterialien zur Verfügung gestellt haben, besonders dem Römisch-Germanischen Zentralmuseum Mainz, dem Rheinischen Landesmuseum Bonn und dem Rheinischen Amt für Bodendenkmalpflege, dem Römisch-Germanischen Museum Köln, dem Westfälischen Museum für Archäologie in Münster und dem Landesvermessungsamt Nordrhein-Westfalen in Bonn-Bad Godesberg. Dankbarer Erwähnung bedürfen die Langmut des Verlegers, Herrn H. Schleuning, und die aufopfernden Arbeiten seiner Mitarbeiter Frau G. Süsskind und Herrn R. Bisterfeld.

Das vorliegende Buch ist in einer für den Herausgeber beruflich schwierigen Zeit entstanden. Leider ging manches zu Lasten des Privatlebens; deshalb danke ich vor allem meiner Frau, die so oft Verständnis für so vieles zeigen mußte.

Heinz Günter Horn

Die Autoren des Bandes

Dr. Tilmann Bechert, Kustos, Niederrheinisches Museum Duisburg (Be)

Dr. Dela von Boeselager, Köln (Boe)

Wilhelm Diedenhofen, Oberstudienrat, Kleve (Die)

Dr. Wolfgang Gaitzsch, wissenschaftlicher Referent, Rheinisches Amt für Bodendenkmalpflege Bonn, Außenstelle Niederzier (Ga)

Dr. Michael Gechter, Landesmuseumsrat, Rheinisches Amt für Bodendenkmalpflege Bonn (Ge)

Dipl.-Ing. Klaus Grewe, Rheinisches Amt für Bodendenkmalpflege Bonn (Gre)

Dr. Hansgerd Hellenkemper, Direktor, Römisch-Germanisches Museum Köln (He)

Dr. Karl-Bernd Heppe, Kustos, Stadtmuseum Düsseldorf (Hep)

Dr. Werner Hilgers, Landesmuseumsdirektor, Rheinisches Landesmuseum Bonn (Hi)

Dr. Hilde Hiller, Museum für Ur- und Frühgeschichte Freiburg (Hil)

Dr. Heinz Günter Horn, Landesmuseumsdirektor, Rheinisches Landesmuseum Bonn (Ho)

Dr. Antonius Jürgens, Landesmuseumsrat, Rheinisches Amt für Bodendenkmalpflege Bonn, Außenstelle Zülpich (Jü)

Wilfried Maria Koch MA., wissenschaftlicher Referent, Rheinisches Amt für Bodendenkmalpflege Bonn, Außenstelle Zülpich/Büro Aachen (Ko)

Dr. Sebastian Kühlborn, Oberkonservator, Westfälisches Museum für Archäologie/Westfälisches Amt für Bodendenkmalpflege Münster (Kü)

Dr. Jürgen Kunow, Landesmuseumsrat, Rheinisches Amt für Bodendenkmalpflege Bonn (Ku)

Rainer Laskowski MA., Heimatmuseum Kirchheim/Teck (La)

Dr. Gustav Müller, Abteilungsdirektor a. D., Rheinbach-Ramershoven (Mü)

Dr. Friederike Naumann, wissenschaftliche Referentin, Römisch-Germanisches Museum Köln (Nau)

Dr. Peter Noelke MA., Direktor, Museumsdienst der Stadt Köln (Noe)

Mechthild Oschmann, cand. phil., Luxor (Osch)

Dr. Renate Pirling, Museumsdirektorin, Museumszentrum Burg Linn, Krefeld (Pi)

Dr. Gundolf Precht, Landesbaudirektor, Archäologischer Park Xanten/Regionalmuseum Xanten (Pr)

Dr. Christoph Reichmann, wissenschaftlicher Mitarbeiter, Museumszentrum Burg Linn, Krefeld (Rei)

Dr. Matthias Riedel, Kustos, Römisch-Germanisches Museum Köln (Rie)

Prof. Dr. Christoph B. Rüger, Ltd. Landesmuseumsdirektor, Rheinisches Landesmuseum Bonn (Rü)

Dr. Ellen Schwinzer, Kustodin, Städtisches Museum Schloß Rheydt, Mönchengladbach (Schw)

Dr. Walter Sölter, Ltd. Landesmuseumsdirektor, Brauweiler (Sö)

Elisabeth M. Spiegel, Römisch-Germanisches Museum Köln (Spie)

Dr. Max Tauch, Geschäftsführender Direktor, Clemens-Sels-Museum, Neuss (Ta)

Dr. Renate Thomas, wissenschaftliche Referentin, Römisch-Germanisches Museum Köln (Tho)

Dr. Karl Viktor Thomas, Düren (Thom)

Inhalt

Das Leben im römischen Rheinland
von Heinz Günter Horn

Archäologischer Teil

Anhang

Allgemeiner Teil

Zur Erforschung der römischen Zeit im Rheinland
und in Westfalen
von Christoph B. Rüger

Die Militärgeschichte Niedergermaniens
von Jürgen Kunow

Das römische Heer in der Provinz Niedergermanien
von Michael Gechter

Das Leben im römischen Rheinland
von Heinz Günter Horn

Zur Erforschung der römischen Zeit im Rheinland und in Westfalen

von Christoph B. Rüger

Das »Aufsuchen der Alterthümer« – so nannte der preußische Fürststaatskanzler Hardenberg in der Gründungsurkunde für den Vorgänger des Rheinischen Landesmuseums Bonn die archäologische Forschung im Jahre 1818 – war Rheinländern und Westfalen von alters her eine Verpflichtung, nur die Motive wechselten im Laufe der Zeit. Sehr oft blieb die Absicht gleich: Zur Untermauerung subjektiver, überlieferter Wahrheiten brauchte man die Autorität der Bodenurkunde, ob im Streit hie Heide – da Christ oder hie Germane – da Kelte oder Römer, hie Mensch – da Affe. Einen ersten Widerschein der rheinischen Suche mit dem Spaten nach der römischen Vergangenheit gibt Gregor von Tours gegen 600 n. Chr. Bei Birten (Xanten), so berichtet ihm sein Gewährsmann und Freund, der Kölner Bischof, habe sich der heilige Malosus geoffenbart. Zweifellos interpretierte man einen Grabfund dort als Heiligengrab und noch heute trägt Xanten den Namen der dort im römisch-fränkischen Friedhof gefundenen und für heilig gehaltenen Grabzeugnisse *Ad Sanctos (Martyres)*.
Erst die historisch-kritische Methode hat den Begriff der formalen Originalität, die wissenschaftliche Nachprüfbarkeit, seit dem 16. Jahrhundert mehr und mehr verabsolutiert. In diesem Sinne sind nahezu alle Erklärungen von Grabungsbefunden oder -funden, die das Mittelalter hervorbrachte, wissenschaftlich nicht haltbar. Dies gilt von der Thebäischen Legion, die tatsächlich an keiner der Verehrungsstätten ihrer Märtyrer-Soldaten und auch sonst nirgendwo existierte, bis zu Siegfried, dem Rheingold-Helden, oder Hagen von Tronje (dem düsteren, aus Traiana?). Der Rheinländer Heinrich Heine hat es als bezeichnend charakterisiert, daß im Volke die Aufnahme der Geschichte stets über die Dichter geschehe. Echt wäre somit alles, was die Gesellschaft für würdig und recht, ausgewogen und heilbringend erkennt.
Rankes Forderung, »wie es denn wirklich gewesen«, wie es denn gegen Nachprüfungen standfest zu machen sei, wird auch heute noch mißachtet: Das Leben wäre nur halb so amüsant, wenn der »Eiserne Mann« im Kottenforst nur als eine Vermessungsmarke des 18. Jahrhunderts erkannt würde, wenn er nicht auch ein Geschenk außerirdischer Touristen an die Rheinländer genannt werden dürfte. 700 Jahre und 700 Mei-

nungen gibt es zu Ort und Umständen der Varusschlacht. Und der Rheinländer, melancholisch und skeptisch, mißtrauisch und fromm, hat seit dem Untergang des Römischen Reiches ein gutes Recht, seine römischen Märtyrer nicht nur zu verehren, sondern auch leibhaftig auffinden zu können, ganz gleich, ob dies sich in den achtziger Jahren des 7. oder in den dreißiger Jahren des 20. Jahrhunderts ereignete. Denn alles hat einen Kern, der auch der historisch-kritischen Methode standhält. Sehr oft ist der Kern sehr klein, nicht sehr ansehnlich geformt, eignet sich für viele gar nicht zum Erscheinen auf der poetischen Habenseite der rheinischen Geschichte, aber stets ist er steinhart und solide. Der solide Grund der wunderbaren Thebäerlegende sind Grabsteine des 1. Jahrhunderts n. Chr. bis auf Trajan am Rheinlimes und das Bedürfnis des 7. Jahrhunderts, beim Aufbau der rheinischen Kirchenorganisation auf die historische Autorität der Anwesenheit Roms an der nördlichen Flußgrenze sich stützen zu müssen. In diesem Sinne existieren keine Fälschungen des Mittelalters, es war grundehrlich und wahr, aber autoritätsbezogen. Es schöpfte nie aus Eigenem, es stützte sich auf Bekanntes, Bewährtes und damit auf Rechtes, eben Richtiges. Und schließlich sind Varus

Abb 25 und Arminius historische Figuren der Weltgeschichte vor der Kulisse Westfalens, ist die Beschreibung des Fürstenberges bei Xanten in den Historien des Tacitus die erste Beschreibung einer rheinischen, ja deutschen Örtlichkeit in der Weltliteratur.

Doch verlassen wir das Mittelalter, das seine rheinischen Römer vor einen Goldgrund

Abb 242, 550 des christlichen Märtyrertums stellte, der in Köln und Neuss, Xanten und Bonn noch heute in seinen Bann ziehen kann.

Das Konstanzer Konzil (1414–1418) bot die erste verbürgte Gelegenheit für italienische Gelehrte, die sich als Sekretäre dort langweilten, aus den »Arbeitslagern der Barbaren«, wie einer die deutschen Klöster charakterisiert, die verschimmelten und verschmutzten kostbaren Texte der römischen Antike ins helle Licht der humanistischen Forschung zu ziehen.

Das Hochmittelalter hatte am Rhein wie in Westfalen schon bewußt begonnen, sich aufgefundene »Heidensteine« im Bereich der sakralen Architektur dienstbar zu machen: In der Geschichte seines Klosters berichtet nach 1119 der Mystiker, Exeget und Geschichtsphilosoph Abt Rupert von Deutz von der Auffindung einer römischen Inschrift dortselbst, werden in rheinischen Kirchen und Kapellen heidnische Inschriften, auch der Wasserleitungstravertin des Kölner Aquädukts sichtbar und dem Christengott dienstbar verbaut, dienen aufgefundene Gefäße aus römischen Brandgräbern als Reliquienbehälter für Heiligengräber, eine Inschrift auf die tausendnamige Isis, bewußt auf den Kopf gestellt, als Kapitell in einer Kirche.

1507 wurde eine Handschrift der »Annalen« des Tacitus in Corvey von einem durchreisenden päpstlichen Steuerbeamten nach Rom entführt, wo elf Jahre später die erste gedruckte Ausgabe dieses Werkes erschien, das auch die römische Geschichte des Rheinlands und Westfalens vom Tode des Augustus (14 n. Chr.) bis zum Jahre 66 n. Chr. enthielt, auch die von Varus und Arminius. Allerdings waren bis zum Erscheinungsjahr 1515 schon drei Ausgaben eines anderen Tacituswerkes, der »Historien«,

Abb. 1 Stadtplan des Gerhardus Mercator von Köln, 1570. Auf den Randleisten die damals bekannten römischen Denkmäler Kölns.

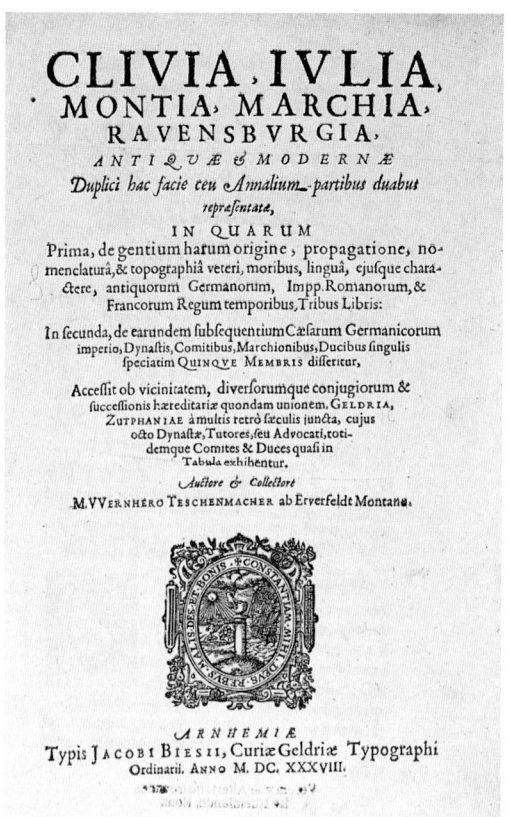

Abb. 2   W. Teschenmacher, Annales Cliviae, Iuliae, Montium Merseae Westphalicae, Ravensburgiae antiquae et modernae, 1638 (Titelseite)

erschienen, die die Jahre 69–71 n. Chr. und den Aufstand der Rheingermanen (»Bataveraufstand«) schildern. Ihre Handschrift hatte übrigens der Dichter Giovanni Boccaccio im Kloster Monte Cassino entwendet. Schon im Aufruf zum Türkenkrieg von 1477 hatte man an die Niederlage des Varus erinnert, und nun konnte auch in Deutschland und natürlich vor allem am Rhein ein Spielchen beginnen, das die Historiker und Archäologen Roms in unseren Breiten immer noch spielen: archäologische Erscheinungen mit Ort, Namen und Daten aus den Werken des Tacitus zu verbinden und so ein genaueres Bild von den Römern in Rheinland und Westfalen zu erhalten. Beatus Rhenanus, Ulrich von Hutten und Georg Spalatin taten dies als erste. Spalatin, Kaplan des Luther-Beschützers Friedrichs des Weisen von Sachsen, legte den Teutoburger Schlachtenwald in die Gegend von Duisburg, doch bald schon war das dem westfälischen Kaplan Johannes Cincinnius nicht westfälisch genug, und 1539 liegt das Waldgebirge zwischen Ems und Lippe. Es wird über 200 Jahre und viele Generationen rheinisch-westfälischer Gymnasiallehrer und Lateinschüler benötigen, bis sich für einen Teil des Osning der Name Teutoburger Wald einbürgert, nachdem der lippische Pa-

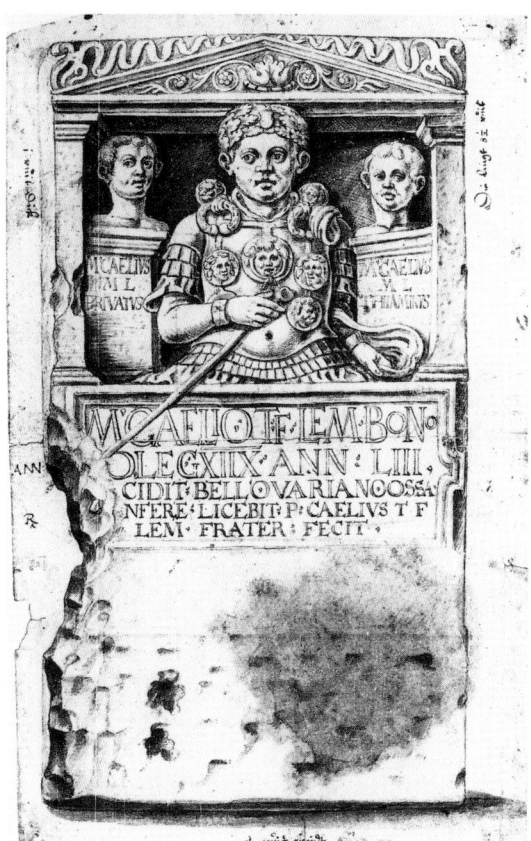

Abb. 3   Grabstein des M. Caelius.
Zeichnung aus W. Teschenmacher,
Annales Cliviae etc, 1638

stor Piderit (1627) und der Paderborner Bischof Ferdinand von Fürstenberg (1669)
schon die gelehrten Grundlagen für diese Umtaufe legten. Gelehrte der Aufklärung
wie Justus Möser (1720–1794) und – es sei wiederum an Heinrich Heine erinnert –
Dichter um Arminius und Varus wie Daniel Casper von Lohenstein (Arminius, 1683),
Hermann von Schönaich (1753), Friedrich Gottlieb Klopstock (1769), Friedrich Höl-
derlin (1796) und Johann Wolfgang von Goethe (1801), Heinrich von Kleist (1809)
und Christian Dietrich Grabbe (1836) erarbeiteten und befestigten die heute landläufi-
gen Überzeugungen von Varus und »Hermann«, dem Cherusker.
In der zweiten Hälfte des 16. Jahrhunderts erfaßte das humanistische Interesse an antiquarischen Gegenständen auch die Rheinländer. Stefan Winand Pighius (1520–1603) *Abb 1*
beschreibt die Altertümer Xantens und bringt sie mit dem *Vetera* der römischen Literatur zusammen.
Am Niederrhein folgt der gelehrte Ewichius den Spuren des Pighius in der Beschäfti-
gung mit den Altertümern. 1521 beginnen Ausgrabungen in *Asciburgium* – Asberg bei
Moers, beflügelt durch die nahe Universität Duisburg: Im 20. Jahrhundert haben

Abb. 4   Entwurf für die Grabanlage des Grafen Johann Moritz von Nassau-Siegen bei Kleve. Federzeichnung von A. van Halen, um 1665

Duisburger Museumskollegen wie Fritz Tischler und Tilmann Bechert diese Tradition wieder aufgenommen. Diese Grabungen beginnen in einer Zeit, in der die eben brandenburgisch gewordene Residenz Kleve einen Humanistenzirkel um den Generalstatthalter Johann Moritz von Nassau-Siegen am Niederrhein versammelt. Bei schwerer Strafe befiehlt er den Geistlichen beider Konfessionen in einem frühen Akt absolutistischer Denkmalpflege, die antiken Spolien, die sich in den klevischen Dörfern finden, auf der Residenz abzuliefern. Den berühmten Caelius-Stein des Bonner Mu*Abb 3, 23* seums behielt Johann Moritz sich als Frontispiz seines antikischen Grabhügels vor, *Abb 4, 293* den er ebenso wie ein »Amphitheatrum« voller römischer Architektur- und Inschriftsteine im Residenzpark zu Kleve errichtete. Die Steine werden später zur Klevischen Sammlung im Antikensaal auf der Schwanenburg zusammengefaßt und gehen nach dem Zuschlag des restlichen Rheinlands an Preußen im Jahre 1890 in den Ur-Fundus des Preußischen Provinzialmuseums der Rheinlande, das heutige Rheinische Landesmuseum Bonn. Einige Landadlige des Niederrheins tun es Johann Moritz gleich, und so wird zur selben Zeit eine – leider im Dreißigjährigen Krieg bereits verschollene – Sammlung römischer Steindenkmäler auf Schloß Wissen bei Geldern eingerichtet.

Im Burggarten der Burg Blankenheim legt gleichzeitig Hermann Graf von Manderscheidt die erste Sammlung rheinischer Inschriften an, mit der sich auch der Luxemburger Jesuit und Altertumsforscher Alexander Wiltheim abgibt. Manche Steininschriften des gelehrten Grafen sind heute noch kostbarer Besitz der Museen in Bonn und Köln.

Der Geist der Aufklärung, die die Archäologie zu den nützlichen Forschungen zählte, brachte im heutigen Rheinland und Westfalen keinerlei gelehrte Gesellschaften hervor, die sich der Erforschung der römischen Altertümer widmeten. Der Besetzung altrömischer Geschichte durch die Ideen der Französischen Revolution und des nachfolgenden Napoleonischen Kaiserreiches verdankt die Stadt Bonn die Aufstellung eines monumentalen Victoria-Altars auf dem alsbald Römerplatz getauften, zwischen *Abb 5* Markt und Münster gelegenen heutigen Remigiusplatz durch ein Komitee von Bonner Citoyens aus Anlaß des fünfjährigen Thronjubiläums Napoleons I.

Unterschwellig mündeten jedoch die revolutionären Ideen von der patrie in den romantisch-vaterländischen Bestrebungen einzelner Sammler von Altertümern. Vaterländisch, das waren für die Rheinländer und Westfalen die Denkmäler der »alten Römer und Teutschen«, die von ehemaligen gebildeten Kanonikern aufgelöster Klerikerstifte, wie Ferdinand Franz Wallraf in Köln oder Franz Pick in Bonn oder vom gebil- *Abb 7* deteren Landadel und Bürgertum, wie dem Baron von Hüpsch oder dem Notar Phi- *Abb 6* lipp Houben in Xanten gesammelt wurden. Diese Sammlungen überdauerten die Restauration und gingen im mittleren Drittel des Jahrhunderts in den rheinischen Museen zu Bonn und Köln auf. Wie so oft noch später und bis in unsere Tage erging es da-

Abb. 5   Entwurf einer Gedenkmedaille anläßlich der Aufstellung des Victoria-Altares zu Ehren Napoleons I. auf dem Remigius-Platz in Bonn. Wochenblatt des Boennischen Bezirks vom 9. 12. 1809

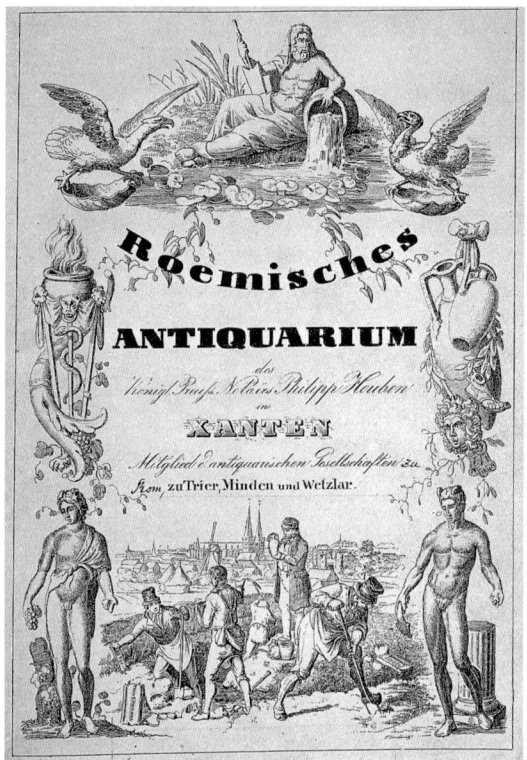

Abb. 6   Ph. Houben-F. Fiedler, Römisches Antiquarium des königlich-preußischen Notars Philipp Houben in Xanten, 1839 (Titelseite)

bei den mit Fleiß gesammelten Kleinfunden eher übel. Sie wurden zumeist von Erben ins Ausland zerstreut, da ihre monumentale Bedeutung von der Forschung – im Gegensatz zu den Inschriften und Skulpturen – zumeist noch als gering erachtet wurde und so durch die Geldgier von Erben der rheinischen Geschichte verlorenging.

Das große Jahrhundert der kritisch-historischen Römerforschung in Rheinland und Westfalen war das 19. Jahrhundert. 1820 wurde das »Königlich Preußische Museum Vaterländischer Alterthümer in den rheinisch-westphälischen Provinzen« zu Bonn gegründet, der Vorgänger des Rheinischen Landesmuseums Bonn. Es beginnen planmäßige Grabungen seines ersten Direktors, Wilhelm Dorow, der so der Vater der provinzialrömischen Forschung am Rhein genannt werden muß. Ab 1825 erschien in Köln Brewers »Vaterländische Chronik der Königlich Preußischen Rheinprovinzen etc.«. 1841 entstand der Verein von Altertumsfreunden im Rheinlande, der bis heute seine Zeitschrift, die »Bonner Jahrbücher«, herausgibt. In ihnen publizierten die namhaftesten Gelehrten, Archäologen und Historiker der rheinisch-westfälischen Forschung ihrer Zeit: Laurenz Lersch, Ludwig Ohligs, Heinrich Düntzer, der die Kölner Altertümer des Ferdinand Franz Wallraf katalogisierte, Johannes Overbeck und Felix

*Abb. 7   Kanonikus F. F. Wall-
raf inmitten seiner Sammlungen.
Kreidezeichnung von N. Salm,
um 1820*

Hettner, die Bestandskataloge des Königlich Preußischen Museums vaterländischer Alterthümer in Bonn herausbrachten.

Alfred Rein, der 1857 in Krefeld sein Werk über die römischen Stationsorte und Straßen zwischen Colonia Agrippina und Burginatium veröffentlichte, muß als der Begründer der systematischen Erforschung der niedergermanischen Militärgrenze betrachtet werden.

Die gelehrte Diskussion fand ihr regelrechtes Forum jedoch in den Bonner Jahrbüchern. Hier veröffentlichte Hans Dragendorff im Jahrgang 96, 1895 den berühmten Aufsatz, in dem er die Formen des noch immer wichtigsten Leitfossils der römischen Keramik der Kaiserzeit ordnete, die Gefäßtypen der *Terra sigillata*. Wenn die Archäologen zwischen Ostpreußen und Indien von »Dragendorff 37« sprechen, so ist für sie *Abb 522* der Aufsatz in den Bonner Jahrbüchern Urlektüre. Wenn dieses Buch herauskommt, werden die BJ (so werden sie zumeist in der Literatur abgekürzt) ihren 187. Band erleben, sozusagen ihren 145. Geburtstag feiern.

Das 19. Jahrhundert war das Jahrhundert der Materialsammlung. Auch die römischen Rheinlande profitieren davon. Die Schüler Theodor Mommsens gaben sich an die

Sammlung der Inschriften im Corpus Inscriptionum Latinarum. Für unsere Region waren dies Otto Hirschfeld, Carl Zangemeister, Otto Bohn und Alfred v. Domaszewski, die zwischen 1899 und 1916 den größten Teil dieser bedeutenden Unternehmung der Preußischen Akademie der Wissenschaft trugen. Inschriften sind unentbehrlich für unser Bild von den Römern in Rheinland und Westfalen. Sie sind Quellen erster Ordnung. Welche Kenntnisse hätten wir von Verwaltung und Armee am Rhein ohne die römische Sitte, die Beamtenlaufbahnen auf Grabsteinen zu verewigen? Und während dem Ausgräber die Soldaten des Lagers Haltern zunächst anonym bleiben, begegnen ihre Namen in Ritzinschriften auf ihrem Eß- und Kochgeschirr. Namen aber verraten auch Herkunft. Ganze Gebiete der Kenntnis des römischen Rheinlands,

Abb 146 etwa seine ländlichen Götter und ihre Verehrer, die Sprachreste der einheimischen Bevölkerung und damit ein wesentlicher Einblick in ihre Kultur wären uns verschlossen, wenn es die erstrangige Quellengattung der Inschriften nicht gäbe.

Gleichzeitig mit den großen Sammlungsbemühungen begann sich die Ausgrabungstechnik zu verbessern. Vor allem die Erkenntnis, daß in unseren Breiten Holz Verfär-

Abb. 8   Haltern, Wiegel. Blick auf die Grabungen am »Dreieck«, 1899. Sitzend von links A. Conze, rechts C. Schuchhardt

Abb. 9   Der Ausgräber C. Koenen und Frau (vor dem Grabungshaus) in Neuss-Grimling-hausen. Bleistiftzeichnung von M. Clarenbach, um 1895

bungen im Boden hinterläßt, erweiterte grundlegend Möglichkeiten und Kenntnisse der Spatenforschung.

Waren diese Zeugnisse einmal wie die Inschriften gesammelt, so konnte die Wissenschaft beginnen, in einer Kombination verschiedener Methoden detailreiche Übersichten zu erstellen. Auch für die Römer am Rhein war dies seit Beginn des 20. Jahrhunderts möglich. Mommsen hatte noch das Germanien-Kapitel des 5. Bandes seiner römischen Geschichte im Jahre 1885 völlig ohne Berücksichtigung von Ausgrabungsergebnissen in Rheinland und Westfalen geschrieben. Das änderte sich durch die Arbeiten der Altertumskommission für Westfalen in Haltern. Hier stehen Namen wie die von Carl Schuchhardt, Friedrich Koepp oder Albert Stieren, die seit 1899 und bis *Abb 8* gegen die Mitte unseres Jahrhunderts das Bild der römischen Geschichte in Rheinland und Westfalen durch die Grabungspublikationen unendlich bereichern halfen.In Bonn geschah dies vor allem durch die Grabungen des Landesmuseumsdirektors Hans Lehner im Legionslager Vetera bei Xanten (1905–1914, 1925 1930), in den Matronenheiligrümern von Nettersheim (1909) und Nöthen/Pesch (1913–1918) so- *Abb 490, 291* wie zusammen mit Walter Bader im spätantik-fränkischen Gräberfeld unter dem Bon-

ner Münster (1928–1930). Auch die Stadtbauräte von Köln Rudolf Schultze und Karl
Steuernagel wirkten als gelehrte Bauforscher entscheidend mit am Bild der niederger-
Abb 9   manischen Provinzhauptstadt (1895). In Neuss beginnt in dieser Zeit Constantin Koenen seine, bereits von einer Keramiktypologie begleitete Erforschung des Legionsla-
Abb 499   gers Novaesium. Sein Grabungsplan der Ergebnisse im Legionslager war für über ein
halbes Jahrhundert Paradebeispiel der archäologischen Erforschung eines Legionslagers. 1924 erschien der noch heute unentbehrliche Artikel ›Legio‹ von Emil Ritterling
im 12. Band von Pauly-Wissovas Realencyclopädie der classischen Altertumswissenschaft, der die Verteilung der Legionen am Rhein, im wesentlichen bis heute unverändert, festlegt. Bereits in den Bonner Jahrbüchern von 1906 hatte derselbe Autor sich
um die Liste aller Garnisonen am Rhein verdient gemacht, und 1932 erschienen, herausgegeben von Ernst Stein, seine noch immer unentbehrlichen Verzeichnisse der Ma-
gistrate und Truppenkörper im römischen Deutschland. Gleichzeitig wurde unser
Wissen um die Römerstraßen der Rheinprovinz durch Josef Hagens voluminösen
Kartenkommentar bereichert, der 1931 bereits eine zweite Auflage erlebte, die bislang
noch nicht ersetzt werden konnte.

Die Zeit nach dem Zweiten Weltkrieg brachte die Arbeiten von Hermann Schmitz
zum römischen Köln und im Gefolge des Wirtschaftsaufschwungs am Rhein vielfältige Grabungen. Hier sind vor allem Albert Steeger im römisch-fränkischen Krefeld-
Abb 548   Gellep (begonnen bereits 1934), Hermann Hinz in der *Colonia Ulpia Traiana* von
Xanten und die Feldforschungen von Harald v. Petrikovits in der Nordeifel
Abb 498   (1951–1953) und im römischen Neuss zu nennen, die von Gustav Müller fortgesetzt
wurden. Wichtig für Köln waren die topographischen Forschungen von Fritz Fremersdorf (1950), seine detailgenauen Kataloge der Kölner Sammlungen sowie die Grabungen im römischen Köln, die Otto Doppelfeld als sein Nachfolger als Leiter des Römisch-Germanischen Museums Köln veranstaltete. 1960 wurde die rheinische Forschung seit dem Zweiten Weltkrieg von H. v. Petrikovits in seinem Werk »Das römische Rheinland« zusammengefaßt. Seine Programmatik und seine methodischen Forderungen, Archäologie und Sprachwissenschaft und die vergleichenden kulturhistori-
schen Zweige zur Aktivierung von Quellengruppen über die schriftlichen Quellen
hinaus zu kombinieren, ist unvermindert gültig. Eindringlich wird in der Einleitung
des Werkes zweimal betont daß die Archäologie eine Methode der Geschichtswissenschaft sei.

Nur der Archäologie verdankt es die rheinisch-westfälische Römerforschung, wenn
sie ein immer umfassenderes Bild von ihrem Gegenstand gewinnt und den Historiker
in die Lage versetzt, immer neue Details einzubeziehen. Dies kommt selbstverständlich auch der Darstellung der Forschung in Rheinland und Westfalen zugute. So
wurde 1967 die römische Abteilung des Rheinischen Landesmuseums Bonn größer als
je zuvor nach den Kriegsschäden wiedereröffnet. Im gleichen Jahr vermittelte die Ausstellung »Römer am Rhein« einen großen Überblick über die Römer in den rheinischen Provinzen. 1974 gab sich die Stadt Köln mit dem Römisch-Germanischen Mu-

*Abb. 10   Mechernich-Breitenbenden, Zerstörung der römischen Eifelwasserleitung
nach Köln durch Straßenbau; Bergung eines Kanalstücks*

seum das flächengrößte römische Museum Deutschlands. Die Stadt Neuss, stets um
ihr römisches Erbe besorgt, folgte mit einem Neubau für ihre römische Sammlung
dem benachbarten Krefeld, wo neben der großen fränkischen Vergangenheit das römische Gelduba nicht zu kurz kommt. Der Träger des Rheinischen Landesmuseums
Bonn erbaute in Xanten ein Haus für die Vergangenheit dieses wichtigen römischen
Platzes am Rhein und pflegt dort die *Colonia Ulpia Traiana.* So verfährt der Land-
schaftsverband Westfalen-Lippe in Haltern, dem archäologisch wichtigsten Truppenplatz des Kaisers Augustus in Westfalen. An vielen Orten zwischen Dortmund und
Blankenheim ist der römischen Vergangenheit der Region mehr oder weniger Ausstel-
lungsraum gewidmet, ist die Erforschung des mittelmeerischen Erbes unserer Region
durch fachkundige Archäologen und Historiker vertreten.
Die Spatenforschung in Rheinland und Westfalen wurde wie überall in Preußen seit
1914 durch ein Ausgrabungsgesetz geregelt. Von Amts wegen hatte sich der Staatliche
Vertrauensmann für kulturgeschichtliche Bodenaltertümer der Rettung der Denkmäler anzunehmen. Seit 1980 sorgt das weitergehende Denkmalschutzgesetz Nordrhein-Westfalen für die geordnete Zerstörung durch Ausgrabung, bevor Baggerschau-

feln Bodenurkunden vernichten: Das Recht archäologischer Ausgrabung steht den Ämtern für das Rheinland (Bonn), der Stadt Köln und Westfalen (Münster) zunächst zur Rettung der geschichtsrelevanten Zeugnisse der Römerzeit in unserem Gebiet ausschließlich zu, darf aber qualifizierten Fachkollegen nicht verweigert werden. Die Bodendenkmalpflegeämter sind es jedenfalls, die auch die römischen Denkmäler in die Magazine und Vitrinen und die Befunde der Grabungen in Grabungstagebücher, Zeichnungen, Fotodokumentationen und letztlich in Fachpublikationen zu retten haben, bevor diese durch Industrie oder Hausbau, Braunkohlenförderung oder Autobahnbau zerstört werden. Und vielleicht gelingt es der jetzigen und kommenden Forschergeneration, bis zum Jahre 2009 die Lichter und Irrlichter von einem guten halben Tausend Forschungsmeinungen über die Varusschlacht zu einem großen Scheinwerfer zu bündeln, der endlich den Ort beleuchtet, nach dem rheinisch-westfälische Narren und Weise über ein halbes Jahrtausend so eindringlich suchen.

Die Militärgeschichte Niedergermaniens

von Jürgen Kunow

Die Eroberung Galliens bis zum Rhein durch C. Iulius Caesar

Im Jahre 59 v. Chr. ließ sich C. Iulius Caesar durch einen Volksbeschluß die Verwaltung der Provinzen *Gallia cisalpina* (heutiges Oberitalien) und *Illyricum* (Teile des heutigen Jugoslawien) für fünf Jahre übertragen; hierzu kam die *Gallia transalpina*, also Gallien jenseits der Alpen. Diese *Gallia transalpina* bestand aus der *Narbonensis* und der sog. *Gallia Comata*, die bis zur Atlantikküste reichte und im Vorfeld der Narbonensis lag. Sehr sorgfältig achtete man in Rom auf deren Entwicklung. Das politische Gleichgewicht der Comata hatten nun die Sequaner, die von dem Suebenkönig Ariovist unterstützt wurden, empfindlich gestört, und sie drohten, gegenüber den romfreundlich gesinnten Häduern endgültig die Oberhand zu gewinnen. Des weiteren zogen die Helvetier, die ihre alte Heimat in der heutigen Schweiz auf Druck von Ariovist verlassen mußten, auf der Suche nach neuen Stammesgebieten durch Gallien und verstärkten eine bereits länger dauernde Völkerverschiebung. Diese Vorgänge gaben Caesar Anlaß zu großen militärischen Operationen, die mit der endgültigen Unterwerfung Galliens bis zum Rhein endeten. Als Caesar die Verwaltung der drei obengenannten Provinzen übernahm, befanden sich dort vier Legionen und einige Hilfstruppen. Schon nach dem ersten Kriegsjahr erhöhte er ihre Zahl auf sechs und zum Ende des Gallischen Krieges kämpfte ein römisches Heer, das aus zehn Legionen und einer Vielzahl von Verbündeten bestand. Diese Hilfskontingente übernahmen u. a. die taktischen Aufgaben der Kavallerie, die damals noch komplett aus Nichtrömern bestand. Die Caesarische Legion hatte rein rechnerisch mit 6000 Mann die Stärke späterer kaiserzeitlicher Legionen, doch war die Iststärke bedeutend geringer. Insgesamt schätzt man das Caesarische Heer im letzten Kriegsjahr 51 v. Chr. auf etwa 40 000–50 000 Mann. Diese Zahl demonstriert nachdrücklich die Stärke der politischen Gegner, die aus dem Wege geräumt werden mußten.
Die ersten Kriegsjahre endeten mit Erfolgen gegen Ariovist (58 v. Chr.) sowie gegen die Helvetier und Belgen (57 v. Chr.). Aber dann kamen die Rückschläge. Wir wissen von drei Aufständen, einer gefährlicher als der andere, die niedergeschlagen werden

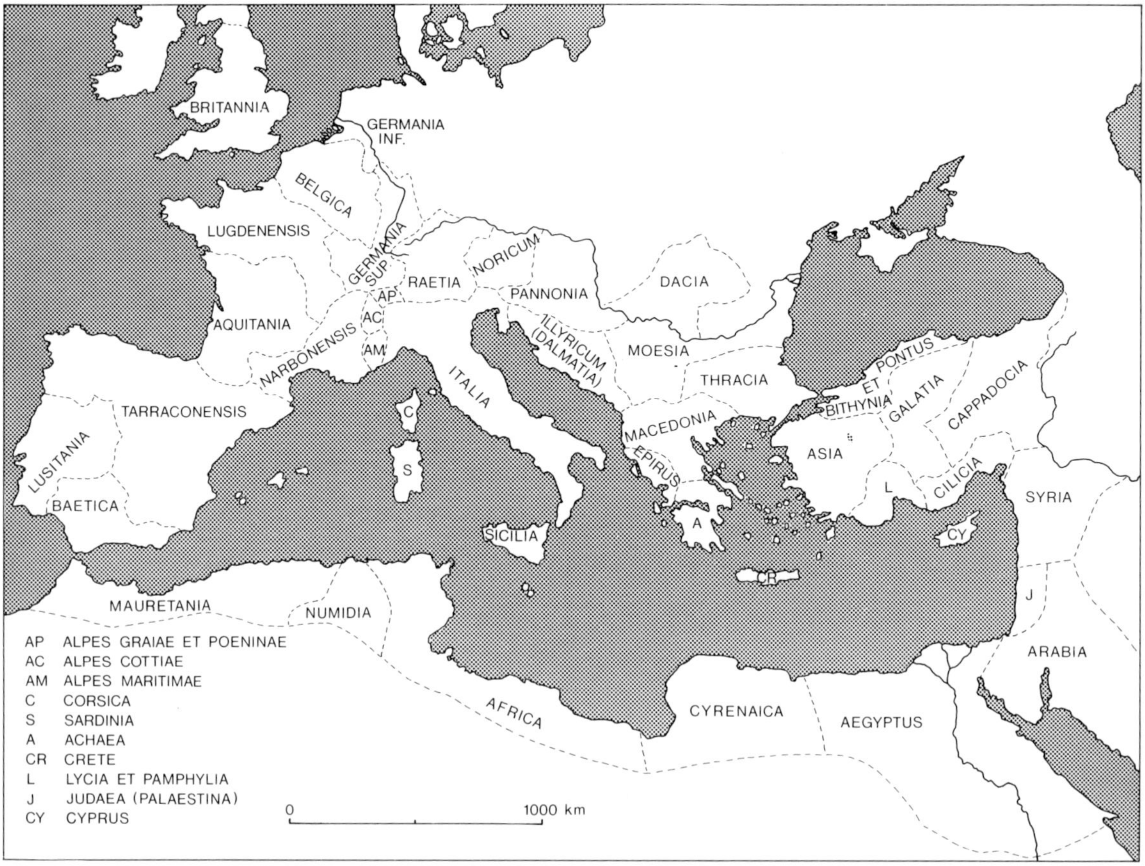

Abb. 11   *Das Römische Reich im 2. Jh. n. Chr.*

Abb. 12   *Gaius Iulius Caesar 100–44 v. Chr. Vorderseite eines Denars. Geprägt 44 v. Chr.*

Abb. 13   *Wohnsitze einheimischer Stämme im Rheinland in caesarischer Zeit*   ▷

mußten. Caesar erkannte, daß er Gallien nur endgültig befrieden konnte, wenn er sein Vorfeld kontrollierte. Diesem Zwecke dienten Expeditionen nach Britannien (55/54 v. Chr.) und der zweimalige Übergang über den Rhein (55 und 53 v. Chr.). Der archäologische Nachweis für den hölzernen Brückenbau konnte noch nicht erbracht werden, ebenso steht die genaue Lokalisierung noch aus. Dachte man früher vor allem

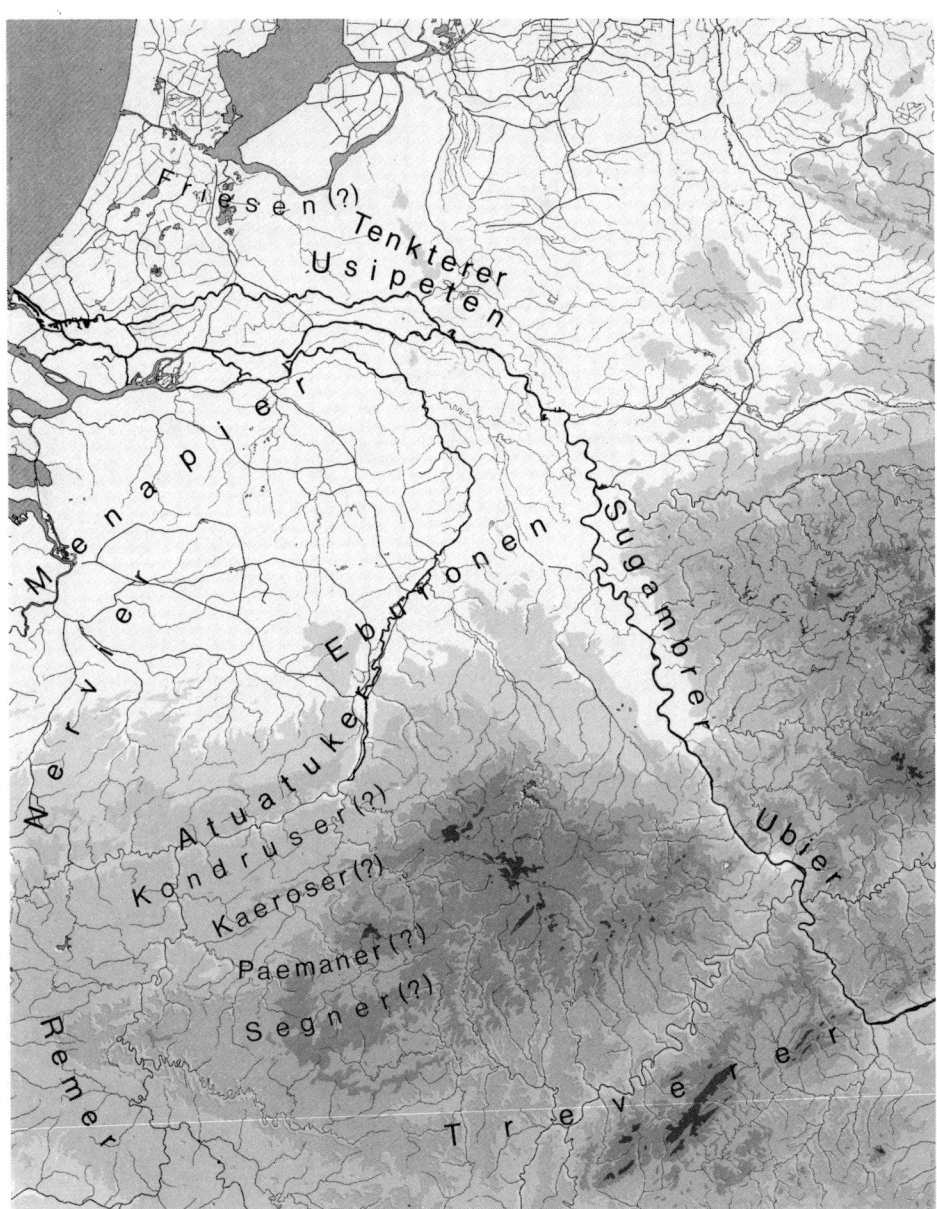

an die Nähe von Bonn, so sprechen die geographischen Gegebenheiten doch wohl eher für das ca. 40 km südlich gelegene Neuwieder Becker im heutigen Rheinland-Pfalz. Hier wohnten im Rechtsrheinischen die mit Rom befreundeten Ubier. Diese *Abb 13* Rheinüberquerung sollte Roms Machtanspruch und Überlegenheit manifestieren; sie verfehlte sicherlich ihr Ziel nicht.

Bereits in den ersten Kriegsjahren hatte Caesar linksrheinische Germanenstämme als Gegner kennengelernt, zu den gefährlichsten *Germani cisrhenani* gehörten die Eburonen, die in der Eifel und in den Bördenlandschaften bis zum Rhein siedelten. Bei dem festen Platz *Aduatuca* mitten im Eburonengebiet hatte Caesar ein festes Lager angelegt. Hier überwinterten von 55 auf 54 v. Chr. anderthalb Legionen. Dieser Heeresteil, es handelte sich zu diesem Zeitpunkt etwa um ein Fünftel der gesamten Caesarischen Armee, wurde nun unter Führung des Eburonenfürsten Ambiorix überlistet und vernichtet. Caesar schlag hart zurück: Er kehrte nach *Aduatuca* zurück und löschte den Stamm der Eburonen aus. Leider ist es bislang noch nicht gelungen, dieses *Aduatuca* zu lokalisieren. Manche sehen es in Atsch, einem Ortsteil von Stolberg/AC. Doch gibt es hierfür keinen Beleg.

Das Ausmaß der Rache, die an den Eburonen genommen wurde, war bis vor kurzem nur aus Caesars *De bello Gallico* zu entnehmen. Danach wurde das Land geplündert und seine Einwohner in die Sklaverei verkauft. Vor wenigen Jahren grub man im *Abb 14* Braunkohlerevier bei Niederzier-Hambach eine Spätlatènesiedlung aus, die mit großer Wahrscheinlichkeit in diese Epoche datiert und den Eburonen zuzuweisen ist.

Im Jahr 53 v. Chr. brach die antirömische Koalition im Nordosten Galliens zusammen. Damit war zwar die römische Herrschaft mit dem Rhein als Grenze in diesem Gebiet sichergestellt, doch kam es im Inneren Galliens unter Führung des Arvernerfürsten Vercingetorix zum letzten großen Aufstand, der die römischen Erfolge noch einmal grundlegend gefährdete. Erst mit Caesars entscheidendem Sieg bei *Alesia* (nordwestlich von Dijon) und den letzten Kämpfen gegen Belgen und Treverer 51 v. Chr. war die Eroberung Galliens abgeschlossen. Etwa für 500 Jahre war nun auch das Rheinland Teil der römischen Welt.

Archäologische Funde aus caesarischer Zeit im Rheinland

Die knappe Schilderung des Gallischen Krieges, wie sie hier gegeben wurde, basiert im wesentlichen auf historischen Quellen. Wichtigstes Einzelwerk sind hierbei ohne Frage Caesars eigene *commentarii*, mit denen er sich um Anerkennung in der Öffentlichkeit bemühte. Die archäologische Forschung hingegen tut sich mit diesem Zeitraum noch recht schwer. Es gibt kein modern ausgegrabenes Caesarisches Lager aus der *Gallia Comata*. Aus der gesamten Rheinzone, die ja mehrmals Kriegsschauplatz war, kennen wir bislang überhaupt kein Marsch- oder Winterlager. Um so wichtiger sind deshalb Untersuchungen an Siedlungsstellen der einheimischen Bevölkerung.

Kürzlich gelang erstmals die vollständige Freilegung einer befestigten Spätlatènesied- *Abb 14, 15* lung im Hambacher Forst bei Niederzier-Hambach/DN. Es handelt sich hier um eine langovale Anlage, befestigt mit Graben und Wall von insgesamt 18 m Breite, wobei der mit einer Brustwehr versehene Wall 5 m hoch gewesen sein muß. Die Innenfläche be-

Abb. 14 Niederzier-Hambach/DN. Befestigte (Eburonen?) Siedlung Hambach 382. Übersichtsplan

Abb. 15 Niederzier-Hambach/DN. Verwahrfund aus der (Eburonen?) Siedlung Hambach 382. Keltische Goldringe und Goldmünzen. Dm. der Halsringe 15 cm. Erste Hälfte 1. Jh. v. Chr. (RLM Bonn).

trug etwa 200 x 170 m (über 3 ha). Obwohl der Platz nur kurze Zeit besiedelt war, sind mehrere Phasen in der Innenbebauung und im Grabenwerk erkennbar. Es lassen sich die Grundrisse von etwa 265 Häusern trennen, von denen vermutlich ein Drittel Wohnhäuser waren. An dem Ort lebten wohl knapp 1000 Einwohner.

Dieser wurde 120/100 v. Chr. gegründet und war bis 60/50 v. Chr. bewohnt. Aus

Abb. 16   Euskirchen-Kreuzweingarten. Eisenzeitlicher Ringwall

Caesars Schilderung der Stammesgebiete wissen wir, daß in diesem Bereich die 53
v. Chr. vernichtend geschlagenen Eburonen lebten. Auffällig ist nun, daß diese Siedlung nicht mit einer Brandkatastrophe endete, sondern, wie etwa das fast völlige Fehlen von Metallfunden zeigt, planmäßig geräumt wurde. Ähnliches läßt sich auch für
Abb 16, 367   die etwa 30 km entfernt gelegene »Alte Burg« bei Euskirchen-Kreuzweingarten beobachten. Allerdings handelt es sich hier um kein Flachlandoppidum, sondern um eine
Höhenbefestigung. Weitere Hinweise auf Höhenburgen in dieser Zeit haben wir vom
Abb 445, 300   Petersberg bei Königswinter und aus Bensberg bei Bergisch-Gladbach. Die beiden
letztgenannten Orte lagen wohl im Stammesgebiet der rechtsrheinischen Sugambrer,
mit denen sich Caesar 55 und 53 v. Chr. herumschlug. Die drei Höhenburgen und die
befestigte Flachlandsiedlung sind wohl z. Z. des Gallischen Krieges geräumt worden.
Hier wie auch anderswo in derartigen Fällen bestand Rom wohl auf Aufgabe der alten
Machtzentren. Mag auch die Behauptung Caesars, er habe die Bevölkerung der Eburonen ausgelöscht, die Ereignisse dramatisieren, so wurde doch die alte Stammesstruktur völlig zerschlagen und damit der Weg für den Zuzug eines neuen, Rom friedlich gesonnenen Stammes freigemacht.

Gallien nach der Eroberung

Nach der Rückkehr Caesars aus Gallien 50 v. Chr. war die römische Republik durch den Bürgerkrieg in zwei Lager gespalten. Zweifelsohne sicherte Caesar das neugewonnene Gebiet in irgendeiner Form militärisch, doch benötigte er seine Legionen, um seinen Forderungen gegenüber der Optimatenpartei in Rom den notwendigen Nachdruck zu verleihen.

Dieses 5. Jahrzehnt v. Chr. hat sich in der schriftlichen Überlieferung nicht niedergeschlagen. Erst für die erste Statthalterschaft von Marcus Vipsanius Agrippa (39/38 *Abb 17* v. Chr.) in Gallien fließen die Nachrichten wieder. Agrippa, ein Freund und Parteigänger des jungen Oktavian, war von diesem mit der Verwaltung Galliens betraut worden. Oktavian, den Caesar adoptiert hatte und der dessen Erbe antrat und sich nun Augustus nannte, wußte von der Wichtigkeit dieses Gebietes, das neben riesigen Men- *Abb 274* gen an Gold auch hervorragende Soldaten hervorbrachte. Mit Agrippa begann eine Politik der Umsiedlung germanischer Stämme, um das gefährliche Vakuum, das der Gallische Krieg vor allem im linksrheinischen Streifen und auch im angrenzenden Hinterland hinterlassen hatte, zu füllen.

Abb. 17   Köln, Porträt des M. Vipsanius Agrippa (?). Marmor. – H. 0,44 m. Zweite Hälfte 1. Jh. n. Chr. (RGM Köln)

Trotz Steuern und Rekrutierungen sowie damit verbundener Aufstände machte die Romanisierung Galliens rasche Fortschritte. Hier bemühte sich die Militärverwaltung vor allem, die alte einheimische Führungsschicht zu loyalen Trägern der neuen Ordnung zu machen. So winkte man etwa mit Vergünstigungen, die das römische Bürgerrecht nach sich zogen. Ständiger Unruhestifter blieben jedoch die rechtsrheinischen Germanen, die immer wieder den Rhein in der Gewißheit auf lohnende Beute überquerten. Hier galt es, dauerhaft Abhilfe zu schaffen.

Notwendige Voraussetzung dafür war der Bau von Straßen, insbesondere Fernstraßen. Dieses Projekt nahm ebenfalls Agrippa in Angriff, der für die Jahre 20/19 v. Chr. wieder Statthalter in Gallien war. Hauptknotenpunkt für das geplante Straßennetz wurde Lyon. Eine der Fernstraßen führte von hier aus zur Mosel, weiter über Bitburg und Jünkerath nach Köln, vielleicht sogar bis Neuss. Entlang von ihr kam es zu Städtegründungen, z. B. *Augusta Treverorum*-Trier. Man wird dieses Straßensystem nicht nur mit der Erschließung bereits eroberter Gebiete in Verbindung bringen dürfen, sondern hier schon eine zumindest nach Osten gerichtete Sicherungspolitik erkennen wollen. Die Richtigkeit dieser Maßnahme lag spätestens nach der Niederlage des Lollius auf der Hand. Im Jahre 17 oder 16 v. Chr. hatten die Sugambrer mit Unterstützung der benachbarten Tenkterer und Usipeten dem römischen Heer eine Niederlage beigebracht. Wenn auch nach Ansicht zeitgenössischer Chronisten die Schande größer als der Schaden war, so bemühte sich Augustus, die Dinge in Gallien persönlich zu regeln. Er blieb hier bis 13 v. Chr. Die Niederlage des Statthalters Lollius mag dazu geführt haben, schon früher einen Plan umzusetzen, der den Kaiser vermutlich bereits eine Zeitlang beschäftigte. Die ständigen Übergriffe der rechtsrheinischen Germanen schienen eine Vorverlegung der Rhein- und oberen Donaugrenze zur Elbe hin zu erfordern.

Im Zuge dieser Maßnahme begann 15 v. Chr. der Alpenfeldzug. Drusus und Tiberius, die Stiefsöhne des Kaisers Augustus, schlugen die im Voralpenland beheimateten Räter vernichtend, hoben die einheimische Bevölkerung zwangsweise für den Militärdienst aus oder verkauften sie in die Sklaverei. Damit war nicht nur Oberitalien, die frühere *Gallia cisalpina*, dauerhaft geschützt, sondern auch die Alpenpässe waren nach Norden und Westen gesichert. Kurz zuvor (16 v. Chr.) wurden erste Truppen an den *Abb 18 (55a,34a)* Niederrhein vorverlegt. In Neuss, Lager A, und Bonn, Boeselagerhof, wurden kleinere Einheiten stationiert, deren nähere Zusammensetzung jedoch unbekannt ist. *Abb 18 (41,1,28)* Weitere Truppen bzw. Nachschublager standen in Tongeren, Arlaines, Liberchies *Abb 18 (2)* und im Hinterland auf dem Titelberg bei Trier. Als Kaiser Augustus 13 v. Chr. Gallien verließ, überließ er das Oberkommando seinem Stiefsohn Drusus. Dessen Name ist verbunden mit einer großen Offensive, die insgesamt vier Jahre dauerte.

*Abb. 18   Römische Lager im Rheinland und in Westfalen vor der Drusus-Offensive
(ca. 16 v. Chr.)*

Platzverzeichnis zu den Abbildungen 18, 19, 21, 30, 33, 37, 39, 40, 41, 44, 47, 50, 52, 53

1 Arlaines, 2 Titelberg, 3 Bingen, 4 Ucimont, 5 Mainz, 6 Frankfurt-Höchst, 7 Wiesbaden, 8 Ortho, 9 Dourbes, 10 Eprave, 11 Jemelle, 12 Mont Sommerain, 13 Bad Nauheim, 14 Friedberg, 15 Furfooz, 16 Rödgen, 17 Koblenz, 18 Urmitz, 19 Andernach, 20 Insul, 21 Namur, 22 Hochthürmen, 23 Tomberg, 24 Wachtberg, 25 Remagen, 26 Rövenich, 27 Zülpich, 28 Liberchies, 29 Amay, 30 Luttre-Les Bons Villers, 31 Rheinbach-Flerzheim, 32 Luttre-Brunehaut, 33 Penteville, 34a Bonn, Boeselagerhof, 34b Bonn, Bertha-von-Suttner-Platz, 34c Bonn, Legionslager, 35 Bonn-Schwarzrheindorf, 36 Braives, 37 Taviers, 38 Froitzheim (Villa), 39 Brühl-Villenhaus, 40 Aachen, 41 Tongeren, 42a Köln-Deutz (Numeruslager), 42b Köln-Deutz (spätantike Festung), 43 Köln-Alteburg, 44 Köln, 45 Maastricht, 46 Stommeln, 47 Burungum (Köln-Worringen?), 48 Hulsberg-Goudsberg, 49 Heerlen, 50 Hambach (Villa), 51 bei Königsdorf, Heidenburg, 52 Dormagen, 53 Stokkem, 54 Neuss-Reckberg, 55a Neuss, Lager A-I, 55b Neuss, Koenenlager (Lager K), 55c Neuss, Alenlager, 55d Neuss, Altstadt, 56 Krefeld-Gellep, 57 Rheinhausen-Werthausen, 58a Moers-Asberg (Lager), 58b Moers-Asberg (Burgus), 59 Grubbenvorst-Lottum, 60 Calo (Stadt Rheinberg?), 61 Oberaden, 62 Beckinghausen, 63a Xanten / Vetera I, 63b Xanten / Vetera II, 63c Xanten, spätröm. Festung in der CVT, 63d Xanten / (julianisches) Tricensimae, 64 Anreppen, 65 Holsterhausen, 66 Altkalkar, 67 Cuijk, 68 Bijlande Waard, 69 Haltern, 70 Rindern, 71 Heumen-Heumensoord, 72 Rossum, 73a Nijmegen, Hunerberg, 73b Nijmegen, Kopseplateau, 73c Nijmegen, Trajanusplein, 73d Nijmegen, Valkhof, 74 Kesteren, 75 Herwen, 76 Huissen, 77 Driel, 78 Arnheim-Meinerswijk, 79 Maurik, 80 Rijswijk/ Wijk bij Duurstede, 81 Vechten, 82 Utrecht, 83 De Meern, 84 Woerden, 85 Zwammerdam, 86 Alphen, 87 Roomburg, 88 Valkenburg, 89 Katwijk, 90 Velsen, 91 Qualburg, 92 Rheinberg, 93 Monheim (Haus Bürgel), 94 Jülich, 95 Asperden, 96 Reifferscheid, 97 Ahrweiler, 98 Remagen – Scheidskopf, 99 Michelsberg, 100 Köln-Müngersdorf, 101 Eschweiler/Weisweiler 32, 102 Jünkerath, 103 Bodegraven, 104 Randswijk, 105 Loowaard

Die Feldzüge des Drusus

Voraussetzung für die Feldzüge nach Osten waren weitere und größere Militärbasen am Rhein. Bereits Augustus hatte im Anschluß an den erfolgreichen Alpenfeldzug des Jahres 15 v. Chr. u. a. freigewordene Truppen hierher verlegt; Drusus schloß diese Operation ab. In die Zeit zwischen 15 v. Chr. und 12 v. Chr., dem Beginn der Offensive, fällt die Errichtung neuer linksrheinischer Lager in Nijmegen, Vetera bei Xanten, Moers-Asberg (aber nicht völlig gesichert) und Mainz. Unklar ist noch, ob in dieser Zeit Einheiten in Bonn, Boeselagerhof, und Neuss, Lager A, weiterhin bestanden.

Abb 20

Abb 19 (73a, b, 63a)

Abb 19 (58a, 5)

Von den Militärbasen aus begannen die Römer den Angriff. Dabei fiel dem gegenüber der Lippemündung liegenden *Vetera* eine besondere Bedeutung zu, da dieser Fluß das germanische Gebiet nach Osten hin erschloß. Drusus' erste Operation galt den Stämmen, die dem Statthalter Lollius die Niederlage zugefügt hatten, also den Sugambrern und Usipeten. Vermutlich im selben Kriegsjahr (oder 10 v. Chr.) startete eine Flottenexpedition gegen die Nordseegermanen, die Chauken und Friesen. Der Ausgangspunkt dieser Aktion war vermutlich in der Nähe von *Fectio*/Vechten bei Utrecht, da Drusus offenbar die Vecht für die Schiffahrt nach Norden kanalisierte. Für Vechten selbst als Standort ist bislang aber erst eine spätere Zeitstellung gesichert. Einen durchschlagenden Erfolg dürfte dieses erste Kriegsjahr nicht erbracht haben, denn Sugambrer und Usipeten waren 11 v. Chr. wieder Angriffsziel. Diese wichen jedoch den Römern aus und wandten sich nach Süden gegen die abwartend taktierenden Chatten. Am Ende dieses Sommerfeldzuges konne Drusus erstmals ein Lager im Feindesland anlegen, dort wo sich nach der Schilderung des Schriftstellers Dio Cassius (150–235 n. Chr.) Lippe und Elison vereinigen. Die Annahme, daß Oberaden der Standort dieses Lagers war, wurde endgültig mit einer jahrgenauen Datierung durch die Dendrochronologie (Jahresringmessung an Hölzern) bestätigt. Der Standort Oberaden war von Drusus nicht zufällig gewählt. Zum einen lag er am Weg zur Weser, zum anderen hatte man mit den Rheinlagern *Vetera* und Asberg einerseits und Oberaden andererseits die Sugambrer, d. h. die Hauptgegner der Kriegsjahre 12 und 11 v. Chr. in die Zange genommen. Der Bedeutung Oberadens entspricht auch seine Größe, wobei wir die hier stationierte Truppe nicht kennen, vermutlich eine mit Hilfstruppen verstärkte Legion bzw. eine Legionsabteilung (Vexillation).

Abb 534

Abb 20 (81)

Abb 19 (61)

Abb 473, 301

Waren die Sugambrer damit in die Knie gezwungen – 8 v. Chr. wurden Teile von ihnen (die schriftlichen Quellen sprechen von insgesamt 40 000 Germanen) in linksrheinisches Gebiet umgesiedelt und das wertlose Lager Oberaden aufgelassen –, so brachte das Jahr 10 v. Chr. eine Ausweitung des Kriegsschauplatzes. Die sich bis dahin jedem antirömischen Bündnis widersetzenden Chatten hatten sich der germanischen Koalition angeschlossen. Damit verlagerte sich das Kampfgebiet nach Süden und die militärischen Operationen wurden von Mainz aus geführt. Über die Geschehnisse der Chattenfeldzüge in den Jahren 10 und 9 v. Chr. berichten uns die antiken Autoren nur wenig. Jedoch zeigte die Offensive auf keinen Fall dauerhafte Wirkung, da die im heuti-

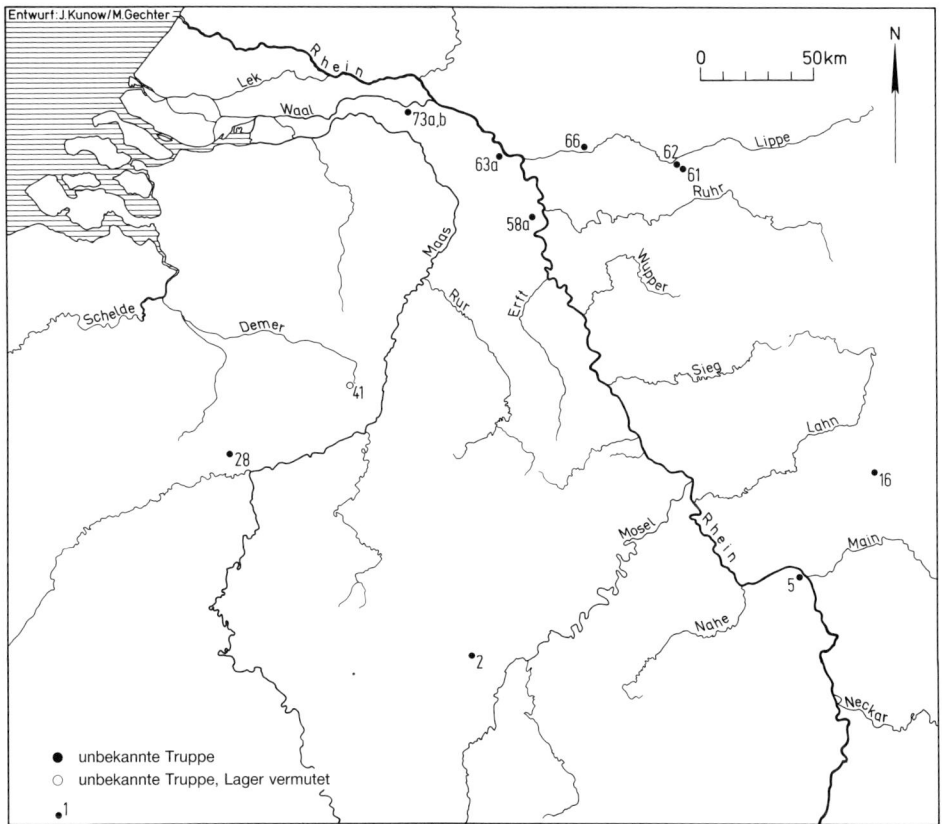

Abb. 19   Römische Lager im Rheinland und Westfalen zur Zeit der Drusus-Offensive (12–9 v. Chr.). Platzverzeichnis → S. 35

gen Nordhessen siedelnden Chatten noch dem flavischen Kaiser Domitian erfolgreich Widerstand leisteten. Auch nicht glücklicher war der Vorstoß Drusus' bis zur Elbe. Hier erreichte zwar ein römisches Heer erstmals den Fluß, der als neue Grenze konzipiert war, doch mußte Drusus, ohne die Elbe überqueren zu können, den Rückmarsch antreten. Auf dem Rückzug, wohl etwa auf der Höhe der Saale, fiel Drusus vom Pferd und starb dreißigjährig an den Folgen des Unfalls.

Sein älterer Bruder Tiberius übernahm nun das Oberkommando und schloß die erste Offensive gegen die Germanen ab. Velleius Paterculus, ein Kriegskamerad des Tiberius, vermerkt, daß Germanien beinahe Provinz geworden sei. In jedem Fall sah man das gesamte Gebiet zwischen Rhein im Westen und Elbe im Osten, der Nordsee im Norden und dem Erzgebirge bzw. den Sudeten im Süden als Provinz im Okkupationsstadium an. Tiberius wurde anläßlich dieses Erfolges ein Triumph in Rom zugestanden.

Abb. 20   Reiterbild des Drusus auf einem Triumphbogen mit Aufschrift »(Sieg) über die Germanen«. (Aureus des Claudius, Rückseite, geprägt 41–54 n. Chr.)

Der nicht sonderlich zuverlässige Schriftsteller Florus berichtete, daß Drusus an Maas, Rhein, Weser und Elbe Wachtposten und Lager errichtete, allein am Rhein sollen es mehr als 50 Anlagen gewesen sein. Zwar mag diese Zahl aus verständlichen Gründen – die Erfolge des Drusus wurden nach seinem frühen Tod immer wieder verklärt, er selbst bekam posthum den Ehrentitel »Germanicus« – erhöht worden sein, doch ist eine Reihe drususzeitlicher Anlagen bekannt. Mit weiteren im rechtsrheinischen Gebiet wird man rechnen müssen. Eines erreichte die Drususoffensive sicherlich: die Germanen für Jahrzehnte von der Überquerung des Rheins abzuhalten. Die nachfolgenden Kämpfe fanden ausschließlich im rechtsrheinischen Germanien statt.

Germanien zwischen Drususoffensive und Varusschlacht

Mit der von Tiberius abgeschlossenen Offensive glaubte man in Rom seine Ziele erreicht. Die von Drusus angelegten rechtsrheinischen Lager wie Dangstetten am Oberrhein (Baden-Württemberg), das Nachschublager Rödgen in der Wetterau (Hessen) und Oberaden (Nordrhein-Westfalen) wurden einheitlich in den Jahren 8/7 v. Chr. aufgelassen. Eventuell bestand als Sicherung im Sugambrergebiet das kleine Kastell
Abb 19 (62) Beckinghausen noch einige Zeit weiter; es entspräche der offensichtlichen Fehleinschätzung der gegnerischen Kräfte, wenn man eine kleine stationierte Einheit für den Schutz als ausreichend ansah.

Das Jahr 7 v. Chr. schien die Erfolge der Drususoffensive zu bestätigen; nach vierjährigem Kampf war erstmals Frieden eingekehrt. Eventuell fällt in dieses Jahr (oder etwas später) als einzige nennenswerte Maßnahme auf rechtsrheinischem Gebiet die Er-
Abb 21 (69) richtung des Lippelagers Haltern, etwa zwei Tagesmärsche vom Rhein entfernt.

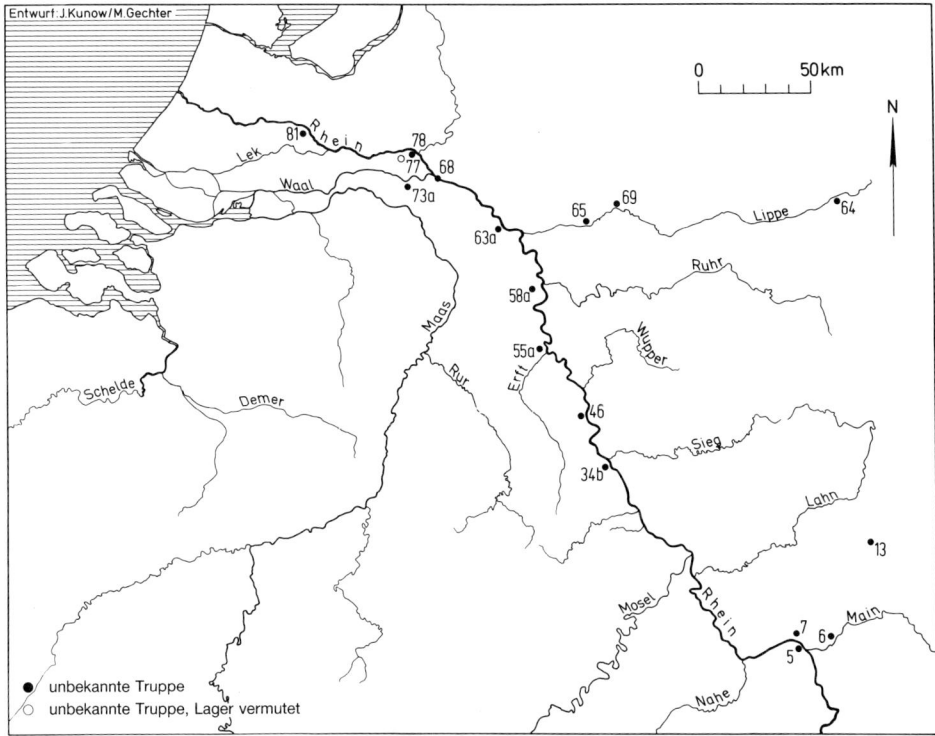

Abb. 21 Römische Lager im Rheinland und Westfalen um Christi Geburt.
Platzverzeichnis → S. 35

Von 6 v. Chr. bis 2 n. Chr. mußte Tiberius, der sich mit seinem kaiserlichen Stiefvater
überworfen hatte, auf der griechischen Insel Rhodos privatisieren. Dies mag u. a. ein
Grund dafür sein, daß die antiken Schriftsteller die nördliche Hemisphäre ein wenig
aus den Augen verloren.

Als nächster bekannter Oberbefehlshaber (*legatus exercitus Germanici*) erreichte Domitius Ahenobarbus etwa 3 v. Chr. kampflos die Elbe und überquerte sie. Damit war
erstmals diese magische Grenzlinie überschritten. Als Manifestation wurde zu Ehren
Augustus' ein Altar errichtet. Auch im Norden Germaniens muß Domitius Ahenobarbus gewesen sein, denn wir wissen von *pontes longi* (lange Brücken), offensichtlich
Moordämmen, die er irgendwo zwischen Ems und Rhein hat anlegen lassen. Ein Jahr
später brachen Kämpfe aus, die als *immensum bellum*, als gewaltiger Krieg, bezeichnet
wurden. Die Geschehnisse selbst sind nicht überliefert, doch besteht möglicherweise
ein Zusammenhang mit der gescheiterten Umsiedlungsaktion der Cherusker im Jahr
davor, denn diese sollten für die nächsten zwei Jahrzehnte als grimmigste Feinde und
energischste Widersacher gegen die römischen Okkupationspläne auftreten. Domitius Ahenobarbus wurde abgezogen und durch den kampferprobten M. Vinicius ersetzt.

Abb 21 (69, 64)
Abb 21 (65)

Die älteren Lippelager wie Oberaden und Beckinghausen waren zur Zeit dieser beiden Oberbefehlshaber aufgelassen und durch neue Anlagen in Haltern und Anreppen, unweit des Quellgebietes der Lippe, ersetzt. Noch unklar ist, ob Holsterhausen schon auf die Drususoffensive zurückgeht. Auch am Rhein selbst hatte sich einiges verändert. Die gesamte Kastellreihe war jetzt an den Rhein vorgeschoben. Gab es in drusischer Zeit am Niederrhein drei Militäranlagen, so waren es jetzt zehn. Während die alten Standorte beibehalten wurden, verstärkte man vor allem den Schutz im Bereich des holländischen Neder-Rijn und des Rheins bei seinem Eintritt in die Köln-Bonner-Bucht. Damit sollte der Rhein als Versorgungslinie, d. h. als logistische Basis für weitere Offensiven, gesichert werden. Noch völlig ohne militärischen Schutz war der Rhein bis Mainz. Offenbar vertraute man den natürlichen Annäherungshindernissen von Taunus und Westerwald. Erst im Rhein-Main-Tiefland gab es wieder einzelne Lager, für die man aber keine Kontinuität von der Drususoffensive an nachweisen kann. Hier handelt es sich um Neugründungen.

Abb 22

Ab 4 n. Chr. nahm sich Tiberius, der sich zwischenzeitlich mit seinem kaiserlichen Stiefvater ausgesöhnt hatte, wieder persönlich der Dinge an. Voller Tatendrang unterwarf er Kannanefaten, Chattwarier, Brukterer und Cherusker und überschritt die Weser. Der Feldzug dieses Jahres zog sich bis in den Dezember hinein. Im folgenden Kriegsjahr zog man gegen die an der Nordsee wohnenden Germanenstämme wie Chauken und Langobarden. Höhepunkt war jedoch eindeutig ein präzise geplantes kombiniertes Manöver der Landtruppe und der Flotte. Diese trafen sich zu einem verabredeten Zeitpunkt an der Elbe; wenn auch damals die Elbe nicht erstmalig erreicht wurde, wie uns der Tiberius-Bewunderer und -Mitkämpfer Velleius Paterculus glauben machen will. Allerdings kam die Flotte »von einem bislang noch nie gehörten und unbekannten Meer«, wohl der Ostsee.

Das nächste Kriegsjahr sollte die Entscheidung bringen, da nur noch Marbod, ein Häuptling der nach Böhmen gezogenen Markomannen, als Machtfaktor auszuschalten war. Die *Germania transrhenana* als römische Provinz schien zum Greifen nahe. Der Gegner verfügte allerdings über ein Heer von 74 000 Kriegern, und Tiberius versuchte, dieses von Mainz und *Carnuntum* (unweit von Wien) aus mit zwölf (!) Legionen in die Zange zu nehmen. Das Unternehmen mußte kurz vor Feindberührung abgeblasen werden, da heftige Unruhen in Pannonien (große Teile des heutigen Ungarn und Jugoslawien) Tiberius und einen Großteil des Heeres zur Umkehr zwangen. Für die Niederschlagung dieses Aufstandes benötigte der Thronanwärter drei Jahre; sein Nachfolger in Germanien wurde P. Quinctilius Varus, dessen Name bis auf den heutigen Tag mit seiner großen Niederlage, der *clades Variana*, verbunden ist.

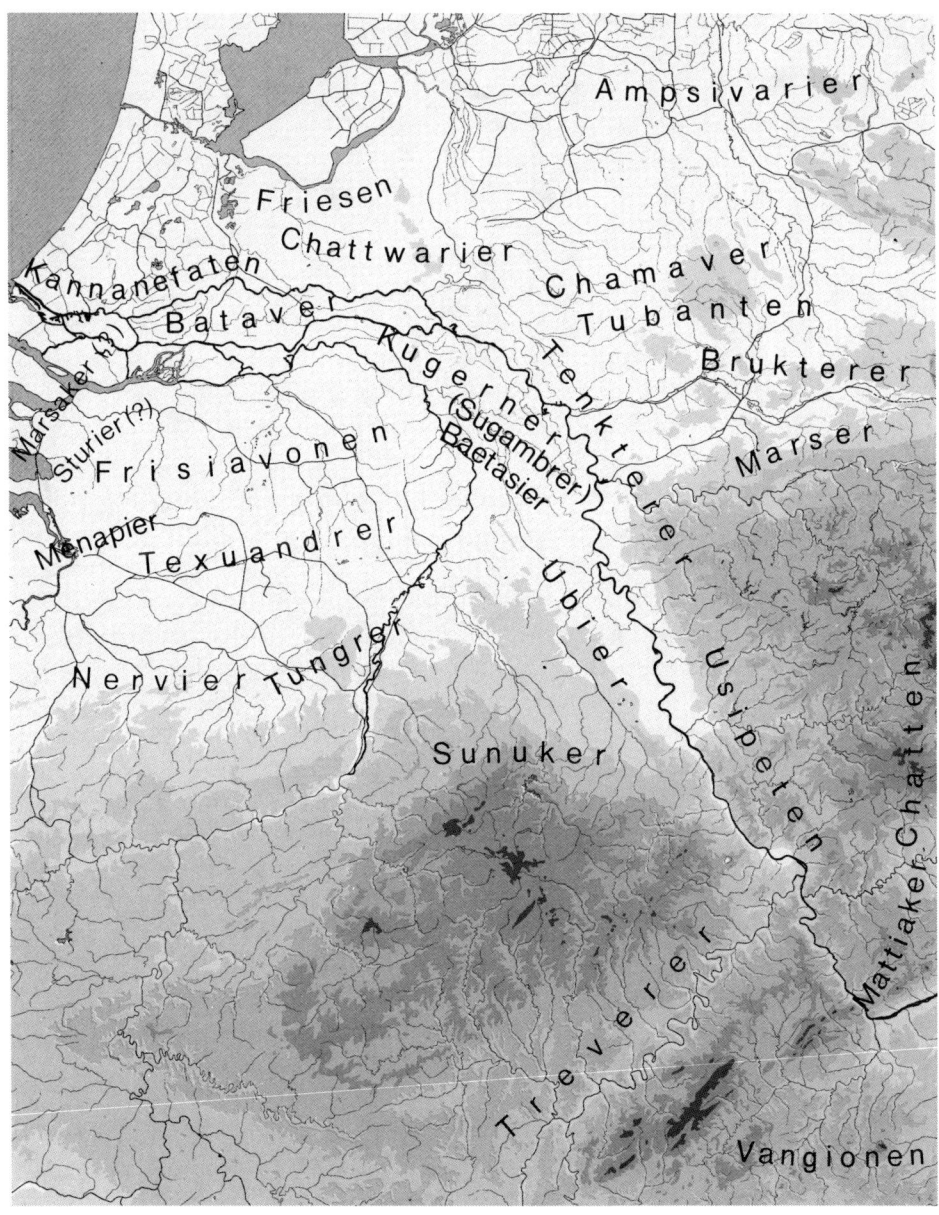

Abb. 22   Wohnsitze einheimischer Stämme im Rheinland im 1. Jh. n. Chr.

Vorgeschichte, Verlauf und Wirkung der Varusniederlage

Das Bild des Varus ist aus der Sicht von Zeitgenossen bis hin zu modernen Historikern fast immer negativ ausgefallen. Er galt schon in der Antike als »Mann aus einer mehr bekannten als vornehmen Familie, von mildem Wesen, ruhigem Charakter, an Körper und Geist wenig regsam, mehr an das Nichtstun im Lager als an wirklichen Kriegsdienst gewöhnt«.

Immerhin waren die Quinctilier ein Patriziergeschlecht, das sich fast bis in die Gründungsjahre Roms zurückverfolgen ließ, und auch der Schwiegervater, der an der Romanisierung Galliens entscheidend beteiligte Agrippa, deutet Varus' gesellschaftliche Stellung an. Zudem strahlte der Posten eines Statthalters in Germanien eine Reputation aus, die auch dem Thronfolger selbst nicht schlecht anstand. Die charakterlichen Eigenheiten hingegen, die man Varus unterstellt, sind zwar negativ, aber so allgemein gehalten, daß wohl nur wenige Besseres von sich behaupten können. Insgesamt liest sich die Biographie des Varus als die eines weit herumgekommenen Verwaltungsfachmanns; größere militärische Meriten hatte er sich bis zur Übernahme der Rheinarmee als 48jähriger noch nicht verdient.

Nach der zweiten Offensive des Tiberius gegen die Germanen und einem Friedensvertrag mit Rom, in den Marbod eingewilligt hatte, mußte es nun Varus' Hauptaufgabe sein, das besetzte Land zu romanisieren und die Provinzwerdung einzuleiten. Wie er diese Aufgabe meisterte, ist den schriftlichen Nachrichten zu entnehmen. In jedem Fall legte er »Märkte« an und erhob wohl auch Zahlungen von der Bevölkerung. Trotz gelegentlicher Warnungen scheint er von der Feindseligkeit des Arminius völlig überrascht worden zu sein, da er bis kurz vor dem Kampf noch mit diesem freundschaftlich zu verkehren glaubte.

Unter dem Oberbefehl von Varus waren drei Legionen, drei Reiter- (*alae*) und sechs Infanterieeinheiten (*cohortes*), das war mit etwa 20 000 Mann die Hälfte der Rheinarmee, in das rechtsrheinische Germanien ausgerückt, um Unruhen, die bei entfernter siedelnden Stämmen aufgetreten sein sollten, zu unterdrücken. Wohin sie genau ziehen wollten, ist unbekannt. Da das römische Heer sich in befreundetem Gebiet wähnte, war die Überraschung vollkommen, als in schwer passierbaren Wäldern eine *Abb 22* Allianz germanischer Stämme (Marser, Brukterer, Chatten?) unter Führung der Cherusker Varus angriff. Bereits im Vorfeld hatten jene die zu einzelnen Stämmen abkommandierten Wachtposten eliminiert.

Das Gelände, in dem der erste Überfall stattfand, war bergig und zertalt. Da ein großer Troß die Armee begleitete, war die Marschordnung schon bald durcheinander. Mühsam konnte man sich in die Abendstunden retten und ein Lager aufbauen. Um sich durchschlagen zu können, hatte man sich von den Wagen des Trosses getrennt. In offensichtlich besserer Ordnung marschierte das Heer ab und erreichte offenes Gelände. Als es erneut in Wälder geriet, behinderten sich Reiterei und Infanterie gegenseitig bei der Verteidigung. Der dritte oder vierte Tag – der Gesamtzeitraum ist widersprüchlich

*Abb. 23 Xanten/WES. Grab-
stein des Hauptmanns (centurio)
M. Caelius. Kalkstein. – H. noch
1,27 m. 9 n. Chr. (RLM Bonn)*

überliefert – brachte die Entscheidung. Ein Unwetter machte Bogen und Speere der
Verteidiger unbrauchbar, die Schilde waren kaum noch zu benutzen, da sich die ledernen Schildbezüge völlig mit Wasser vollgesogen hatten. Die leichtere Bewaffnung der
Germanen litt weniger unter diesem Umstand, zudem war die Zahl der Angreifer ständig gewachsen. Varus und mit ihm die hohen Offiziere verübten in dieser hoffnungs-
losen Lage Selbstmord. Als dieses bekannt wurde, fanden die angreifenden Germanen
keine Gegenwehr mehr. Die 17., 18. und 19. Legion und mit ihr neun Hilfstruppeneinheiten waren ausgelöscht. Die Ziffern der vollständig aufgeriebenen Legionen wurden
nie wieder vergeben. Ein Legionsangehöriger aus der *legio XIIX* ist uns namentlich
bekannt. Es handelt sich um den Hauptmann Marcus Caelius, dessen Grabstein un- *Abb 23*
weit von Xanten (Fürstenberg) als Spolie verbaut aufgefunden wurde.
Trotz zahlreicher Versuche ist die Lokalisierung des Schlachtfeldes – oder man sollte
wohl wegen des mehrtägigen Kampfablaufes eher von Schlachtfeldern reden – noch
nicht gelungen. Germanicus hatte offensichtlich keine Schwierigkeiten, nach sechs
Jahren das (letzte) Kampffeld aufzufinden. Von den Lokalisierungsvorschlägen, 1. am
Nordrand des Wiehen- oder Wesergebirges, 2. im heutigen Teutoburger Wald oder
3. im Westen oder Südwesten davon oder 4. im südlichen an die Münsterländer Bucht
angrenzenden Bergland, ist noch keiner bewiesen.

Abb. 24   Haltern/RE.
Münzschatzfund. Silber-
münzen, Goldmünze
und Tongefäß. 9 n. Chr.
(Römisch-Germanisches
Museum, Haltern)

Die Germanen begnügten sich nicht damit, einen Teil der Rheinarmee und ihren Oberkommandierenden zu schlagen, sondern sie gingen auch gegen die rechtsrheinischen Militärlager vor. Bis auf eines, das sich widersetzte, wurden die Lager schnell erobert. Nur dem Lagerkommandanten von *Aliso* gelang der Rückzug zum Rhein. Auch die Gleichsetzung von *Aliso* mit einem der bekannten Lippekastelle ist bislang noch nicht überzeugend gelungen. Man hat wegen der Bedeutung und der Nähe zum Rhein
Abb 373 an Haltern gedacht, doch scheint *Aliso* unter Germanicus, d. h. also bei den Feldzügen 15/16 n. Chr., noch bzw. wieder besetzt gewesen zu sein. Die bislang ausgegrabenen
Abb 24 Lippekastelle enden aber bereits 9 n. Chr.

Zwar sollte man die Wirkung einer Niederlage, so auch der *clades Variana*, nicht überschätzen, doch ist ihr Ausmaß allein schon daraus ersichtlich, daß mit Varus die Hälfte der Rheinarmee starb. Am Rhein stand damals etwa ein Viertel des gesamten römischen Heeres. Daß diese Niederlage nicht vollends zur Katastrophe wurde, hatte Rom nur dem Umstand zu verdanken, daß die Germanen ihre Chance nicht zu nutzen wußten. Marbod, der Führer der Markomannen, lehnte ein gemeinsames Bündnis mit dem siegreichen Arminius ab und hielt sich an die Vereinbarungen, die er noch mit Tiberius eingegangen war. Er schickte sogar das Haupt des Varus, das ihm mit dem Koalitionsangebot des Cheruskerfürsten zugegangen war, weiter an Augustus nach Rom. Da Tiberius zwischenzeitlich auch den illyrischen Aufstand niedergeworfen hatte, sicherte er jetzt umgehend den Rhein. Er verstärkte die militärische Präsenz auf acht Legionen und führte eine Unterteilung in zwei Heeresbezirke durch. Jeweils vier Legionen gehörten nun dem nieder- und obergermanischen Heer an. Diese beiden Heere befehligten zwei *legati Augusti pro praetore* (offizielle Titulatur ab 16 n. Chr.). Die Hauptorte der Heeresbezirke wurden *Vetera* und Mainz. Damit legte Tiberius den Grundstein für die späteren Provinzen Nieder- und Obergermanien.

Nach dieser Umstrukturierung des Heeres taktierte Tiberius erst einmal zurückhaltend. Er befestigte die alten Lager und legte vermutlich auch einige neue an. Vielleicht fällt in diese Zeit bereits die Sicherung des Mittelrheins mit den Kastellen Koblenz, *Abb 30 (17)* Urmitz und Andernach. Er blieb bis zum Jahre 12 n. Chr. und unternahm kleinere *Abb 30 (18, 19)* Vorstöße über den Rhein, mehr um Roms wiedererlangte Stärke zu demonstrieren als das verlorengegangene rechtsrheinische Gebiet neu zu unterwerfen. Damit blieb Arminius, der gefährlichste Gegner Roms zu dieser Zeit, weiterhin unbesiegt.

Zur Person des Arminius

Arminius war, um mit den Worten von Harald v. Petrikovits zu sprechen, »lange Zeit eine Lieblingsfigur des deutschen Nationalismus«. Fast zwangsläufig mußte man auf ihn nach den Freiheitskriegen des letzten Jahrhunderts stoßen. So wurde Arminius als

Abb. 25 Hiddesen/DT. Hermannsdenkmal von Ernst von Bandel. 1875

Abb 25 »Hüter der Freiheit« heroisches Vorbild, und das bekannte Hermannsdenkmal bei Detmold, am Rande des Teutoburger Waldes, deutet noch heute den historischen Stellenwert an, den ihm die jüngere deutsche Geschichte zukommen ließ. Diese Sicht läßt sich jedoch bereits in der Antike finden, wenn etwa ein Schriftsteller vom Range Tacitus' in ihm den Befreier Germaniens sah.

Die Biographie des Arminius ist vor allem durch seinen Zeitgenossen und zeitweiligen Kriegskameraden Velleius Paterculus und durch den etwa zwei Generationen später schreibenden Tacitus in groben Zügen bekannt. In diesen Quellen finden sich mit Armenius und Arminius zwei unterschiedliche Namensformen, vermutlich wird die erste die ursprüngliche gewesen sein. Die Gleichsetzung Armenius/Arminius mit Hermann, als der er in die deutsche Geschichte einging, erfolgte erst im letzten Jahrhundert und entsprach wohl dem Wunsche, einen germanischen Namen für den »Nationalhelden« zu finden. Diese Ableitung ist aus Sicht der Sprachwissenschaft jedoch falsch.

Arminius wurde zwischen 18 und 16 v. Chr. geboren. Sein Vater, ein gewisser Segimerus, hatte zwei Söhne: ihn und den jüngeren Flavus. Man hat vermutet, daß die Knaben als Geiseln nach Rom kamen und dort erzogen wurden. Zwar läßt sich dies nicht belegen, doch hatte Arminius das römische Bürgerrecht und sogar den Rang eines römischen Ritters. Seine ritterliche Offizierskarriere ließ ihn den Lebensweg mit Velleius kreuzen. Zusammen waren beide wohl zeitweise an der Unterdrückung des illyrischen Aufstandes in Pannonien beteiligt. Zwischen 7 und 9 n. Chr. kehrte Arminius in seine Heimat zurück. Was ihn zum »Romhasser« werden ließ ist unbekannt. Die Zerrissenheit der germanischen Führungsschicht, die Arminius bei seiner Rückkehr vorfand, spiegelt sich auch in der eigenen Verwandtschaft wider. Während er selbst bis zu seinem Tod Roms gefährlichster Gegner blieb, nahm sein Onkel Inguiomerus eine abwartende Haltung ein. Zu seinem, Rom freundschaftlich gesonnenen Schwiegervater Segestes hatte er von Beginn an ein gespanntes Verhältnis.

Neben Marbod läßt Arminius einen Weitblick als militärischer Führer und Politiker erkennen, der ihn von seiner Umgebung deutlich abhebt. Die Schaffung eines großen germanischen Stammesbundes, wie er ihn durchsetzen wollte, war aber historisch verfrüht und brachte ihm zudem den allerdings topischen Vorwurf ein, die Königswürde anzustreben. So wurde Arminius Opfer eigener Ideen; im Jahre 19 oder 21 n. Chr. ermordete ihn ein Landsmann.

Die Feldzüge des Germanicus

Tiberius kehrte 12 n. Chr. wegen des sich verschlechternden Gesundheitszustandes seines Stiefvaters Augustus nach Rom zurück. Den Oberbefehl übergab er seinem Neffen Germanicus, dem Sohn des Drusus, den er auch adoptierte, um die Nachfolge auf dem Thron für die kaiserliche Familie sicherzustellen.

Abb. 26 Neuss. Truhenbeschlag mit dem Namen des Militärtribuns (tribunus militum) Plautius Scaeva Vibianus aus der 5. Legion mit dem Beinamen Alaudae. Bronze. – L. 32,5 cm. 14 n. Chr. (RLM Bonn)

Germanicus wollte die Erfolge seines leiblichen Vaters wiederholen, den letztlich nur der frühe Tod von der Schaffung einer germanischen Provinz rechts des Rheins abgehalten hatte. Gleichwohl übersah er dabei aber, daß sich die Verhältnisse grundlegend verändert hatten. Die Germanen standen jetzt, zumindest zeitweilig, als Verbund vereinigter Stämme entgegen; zudem hatten sie in Arminius einen Führer, dem die römische Taktik bestens vertraut war und der die Schwächen römischer Kriegsführung, besonders bei unübersichtlichem Gelände, wirkungsvoll auszunutzen verstand. Nicht zuletzt die Varusniederlage hatte gezeigt, daß man auch größere Heereskontingente schlagen konnte.

Abb. 27 Köln. Grabstein des Trompeters der 1. Legion C. Vetienius Urbiqus. Kalkstein. – H. 1,23 m. Um 20 n. Chr. (St. Germain-en-Laye, Musée Gallo-Romain)

Als Oberkommandierender benannt, begann Germanicus sofort mit den Planungen für eine groß angelegte Offensive. Im Jahre 14 n. Chr. hatte er die vier Legionen des niedergermanischen Bezirkes in einem Sommerlager im ubischen Gebiet, vermutlich *Abb 498* im sog. Lager C in Neuss, zusammengezogen. Tacitus, der die Ereignisse genauestens schildert, beschreibt nun eine Meuterei der vier Legionen. Nach dem Tod des Kaisers Augustus erhoben sich die in Pannonien liegenden Truppen. Zwar konnte der Aufstand von dem Sohn des Tiberius, Drusus, schnell niedergeschlagen werden, doch sprang der Funke der Revolte auch auf Niedergermanien über. Die Forderungen der Truppen glichen sich; sie sind wohl zeitlos: bessere Arbeitsbedingungen, Abschaffung der Schikanen durch Vorgesetzte, Verkürzung des Wehrdienstes und Lohnerhöhung. Die Lage spitzte sich zu und schon wurden die ersten Centurionen Opfer einer Lynchjustiz. Gleichzeitig bedrängte man Germanicus, sich gegen seinen Adoptivvater Tiberius zu erheben und die Kaiserwürde zu okkupieren. Mit Versprechungen und Prämienauszahlungen wurde jedoch der kaiserliche Prinz der Situation Herr und ließ *Abb 27, 28* die *legiones V* und *XXI* in ihr Standortlager *Vetera* und die *legiones I* und *XX* nach Köln abmarschieren. Nach einem Vorstoß gegen die Marser, wohl vor allem, um nach der Meuterei die Disziplin wiederherzustellen, betrieb Germanicus die Vorbereitungen für seine groß angelegte Offensive weiter. Diese Offensive sollte zwei Jahre dauern und noch einmal versuchte Rom, auf rechtrheinischem Gebiet bis zur Elbe Fuß zu fassen; sie begann 15 n. Chr.

Beteiligt waren die gesamte Rheinarmee mit acht Legionen und die hier stationierten Hilfstruppen. Unter Führung von Germanicus zogen die Truppen des obergermanischen Heeresbezirkes von Mainz aus gegen die Chatten, während sich das niedergermanische Heer unter dem Statthalter A. Caecina Severus von *Vetera* aus gegen die Cherusker wandte. Germanicus erreichte rasch sein Ziel, und es gelang ihm, mit Mattium den Hauptort der Chatten zu zerstören. Nun hörte er, daß Arminius dessen Schwiegervater Segestes belagerte. Er eilte nach Norden und entsetzte den Bedrängten. Dabei fiel ihm auch Thusnelda, die schwangere Frau des Arminius und Tochter des Segestes in die Hände.

Während Germanicus dem Arminius nachsetzte, wurde Pedo, ein Präfekt (»Oberst«) der Reiterei, gegen die nördlich wohnenden Friesen und Caecina gegen die Brukterer, d. h. an die Ems geschickt. Germanicus drang tief in Germanien ein und suchte auch den Ort der Varus-Schlacht auf. Zur ersten Auseinandersetzung mit Arminius kam es anschließend, ohne daß eine der beiden Parteien die Entscheidung erzwingen konnte. Der Rückmarsch des römischen Heeres wurde in mehreren Gruppen durchgeführt; er stand allerdings unter einem unglücklichen Stern. Ein Teil wurde auf der Ems eingeschifft. Man verlor jedoch auf dem offenen Meer durch eine Springflut viele Schiffe. Noch schwieriger hatte es allerdings Caecina. Er sollte sich über Land zum Rhein zurückschlagen. Dabei wurden ihm die schon genannten *pontes longi* (Moordämme?), die Ahenobarbus im Sumpfgebiet etwa 15 Jahre zuvor hatte anlegen lassen, fast zum Verhängnis. Diese brachen unter der Belastung ein und mußten unter dauernden An-

Abb. 28   Köln. Grabstein des Tierarztes C. Dec-
cius aus der 20. Legion mit dem Beinamen Vale-
ria victrix. Kalkstein. – H. 1,24 m. Um 20
n. Chr. (St. Germain-en-Laye, Musée Gallo-
Romain)

griffen der Cherusker repariert werden. Nach Verlusten konnte Caecina sein Heer an den Rhein zurückführen. Trotz ungenauer geographischer Angaben wurden verschiedentlich Lokalisierungsversuche für die *pontes longi* unternommen. Eigentlich weiß man nur, daß sie zwischen Ems und Rhein lagen. Geht man jedoch davon aus, daß die Legionen zurück nach Vetera geführt werden sollten, so ist dies am schnellsten und sichersten die Lippe flußabwärts möglich. Trifft diese Vermutung zu, mußte Caecina ein großes Sumpfgebiet etwa zwischen Coesfeld und Haltern, also im heutigen Westfalen, passieren.

Insgesamt war das Kriegsjahr 15 n. Chr. für Germanicus nicht sonderlich erfolgreich gewesen.

Das Frühjahr 16 n. Chr. sollte mit einem großen Flottenmanöver beginnen, doch hörte Germanicus von einem belagerten Lippekastell, dessen Besatzung er entsetzen mußte. In diesem Abschnitt seiner Annalen nennt Tacitus auch den Ortsnamen *Aliso*. Allerdings ist nicht eindeutig, ob er diese Ortsbezeichnung auf das bedrängte Lager selbst bezieht.

Abb. 29   Dupondius des Claudius für Germanicus. Messing. Vorderseite: Germanicus in der Triumphquadriga. Rückseite: Germanicus mit der Umschrift »Nach der Rückeroberung der Feldzeichen und dem Sieg über die Germanen«. Geprägt 41/42 n. Chr.

Nach dieser Aktion wurde das geplante Manöver begonnen. Über See und über Land führte Germanicus sein Heer zur Ems und von dort zur Weser, die er überquerte. Hier hoffte er auf die entscheidende Auseinandersetzung mit Arminius. Bei einer Ortschaft namens Idistaviso unmittelbar rechts der Weser kam es zur Schlacht. Zwar vertrieben die vier Legionen, unterstützt von Hilfstruppen und Prätorianerkohorten, die Germanen, doch brachte diese Schlacht ebensowenig eine Entscheidung wie die anschließende am Angrivarierwall. Auch hier sind die beiden Orte des Kampfgeschehens noch nicht wieder entdeckt. Die römische Armee konnte dank ihrer strafferen Disziplin und besseren Nahkampftechnik sich mit Recht als Sieger fühlen. Beim Rückmarsch geriet die Flotte allerdings wieder in Seenot und ein Teil der Schiffe sank.

Auch nach dem zweiten Kriegsjahr der erneuten Offensive war man von der Eroberung des Landes noch weit entfernt. Die Germanen, vor allem die Cherusker und Chatten, blieben letztlich unbesiegt. Germanicus meldete nach Rom, daß sicherlich das nächste Jahr das Ende der Offensive und mithin das erwünschte Ergebnis bringen werde. Doch Tiberius entschied anders. Für ihn standen militärischer Aufwand für die Eroberung und wirtschaftlicher Gewinn in keinem Verhältnis zueinander. Er befahl den Abbruch der Offensive und verzichtete damit endgültig auf den Anspruch Roms auf das rechtsrheinische Germanien. Der präsumtive Thronfolger bekam natürlich *Abb 29* seinen Triumph als Germanenbezwinger bis zur Elbe und nahm gleichzeitig das zweite Konsulat an.

Die Schilderung der Feldzüge stützt sich wie oben angedeutet im wesentlichen auf Tacitus' Annalen, der seinen Helden Germanicus ins rechte Licht zu rücken weiß. Zumindest in den heutigen Bundesländern Nordrhein-Westfalen und Niedersachsen haben diese Aktivitäten keine sichtbaren archäologischen Spuren hinterlassen. Schon von daher ist eine historische Wertung außerordentlich schwierig.

Das römische Grenzland unter Tiberius

Die Entscheidung des Kaisers Tiberius, auf weitere Annexionen zu verzichten und sich auf den Rhein als Reichsgrenze zu bescheiden, ist unter sachlichen Aspekten durchaus zu verstehen. Immerhin hatten die Auseinandersetzungen mit den Germanen bewirkt, daß ein breiter Streifen im Vorfeld des Rheins bevölkerungsfrei blieb.

Man konnte also getrost, wie sich Tiberius gegenüber Germanicus äußerte, die Germanen ihren Ränken und Kontroversen überlassen. Sie würden schon von selbst für eine Schwächung der eigenen Position sorgen. Die Richtigkeit dieser Annahme bestätigte sich bereits 17 n. Chr., als Arminius und Marbod und ihre Verbündeten aufeinanderstießen. Rom verzichtete darauf, den bedrängten Marbod zu unterstützen. Man sah hierzu keine Notwendigkeit. Marbod blieb nur der Weg ins Exil; aber auch Arminius konnte sich, wie oben bereits geschildert, seines Sieges nicht lange erfreuen. Nur wenige Jahre später wurde auch er Opfer seines Hegemoniestrebens.

Mit Arminius und Marbod verloren die Germanen zwei Führer, die große antirömi-

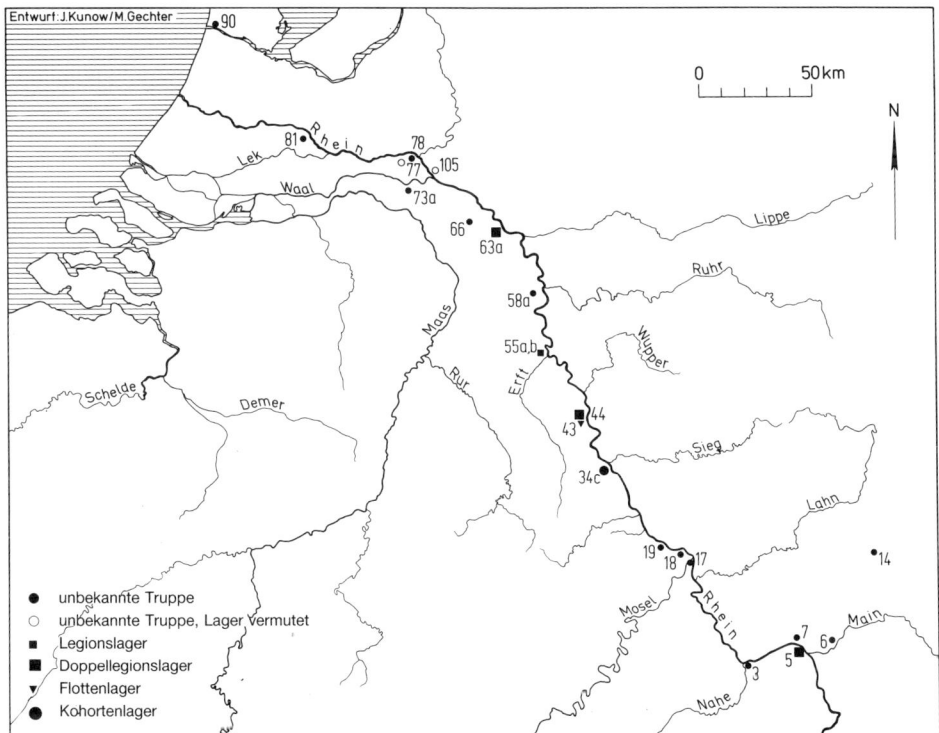

Abb. 30 Römische Lager im Rheinland in tiberischer Zeit (14–37 n. Chr.)
Platzverzeichnis → S. 35

sche Koalitionen ermöglicht hatten. In der Folgezeit fielen sie wieder auf das Niveau von Stammeskämpfen und -intrigen zurück, so daß für etwa zwei Jahrhunderte kein nennenswerter Druck von außen auf den Niedergermanischen Limes ausgeübt wurde. Dieses änderte sich erst mit dem 3. Jahrhundert, als mit den Franken und weiter im Süden mit den Alamannen wiederum Stammesverbände als Gegner auftraten.

Tiberius' Abbruch der Offensive erwies sich jedoch auch noch in anderer Hinsicht als richtig. Gallische Stämme beiderseits der Loire, Häduer und Treverer hatten sich über hohe Abgaben empört und 21 n. Chr. den Aufstand geprobt. Diese Situation zeigte, daß Gallien mehr als 70 Jahre nach der Eroberung noch nicht endgültig als loyal gelten und auf jede militärische Kontrolle verzichtet werden konnte.

Der Aufruhr selbst scheint verständlich. Da vor allem Gallien mit der Begründung, für dessen Sicherheit zu sorgen, die finanziellen Folgen der Germanenfeldzüge zu tragen hatte, waren vertragswidrige Steuern, Verschuldungen und Wucherzinsen auch nach Beendigung der Offensive üblich geblieben. Die Erhebung der vier gallischen Stämme war allerdings keine abgestimmte Aktion, so daß diese recht schnell zerschlagen werden konnte.

Einer der rebellischen Anführer ist uns namentlich bekannt. Es handelt sich um einen gewissen Iulius Florus, der der Treverer-Aristokratie angehörte. Sein Widersacher Iulius Indus war ebenfalls aus dem Treverer-Adel. Er kämpfte mit einer loyal gebliebenen Reitertruppe erfolgreich gegen seine aufständischen Stammesgenossen. Diese Formation war noch keine reguläre Auxiliareinheit, wurde aber im Anschluß in die *ala Indiana* umgewandelt und erhielt also den Namen ihres ersten Kommandeurs. Über Obergermanien und Britannien kam sie später an den Niederrhein und errichtete vermutlich in den siebziger Jahren ein Lager in *Burungum*-Köln-Worringen(?).

Die zweite Hälfte seiner Regierungszeit zeigt, wie unwichtig es Tiberius schien, ob vom rechtsrheinischen Germanien ein Stück mehr oder weniger besetzt blieb. Man mag dem Kaiser hierbei zugute halten, daß er aus gesundheitlichen Gründen seine Regierungsgeschäfte vom weit entfernten Capri her führte. Im Jahre 28 n. Chr. hatten sich die Friesen über die Höhe der geforderten Abgaben empört. Diesem eigentlich Rom gegenüber nicht unfreundlich eingestellten Stamm hatte Drusus in Anbetracht der ärmlichen Verhältnisse die Lieferung von Ochsenhäuten für den Kriegsbedarf auferlegt. Bis zu dem Zeitpunkt, an dem ein gewisser Olennius die Verwaltung des Friesenlandes (d. h. die niederländischen Provinzen Nord-Holland, Friesland und Groningen bis zur Nordseeküste und die vorliegenden westfriesischen Inseln) übernahm, waren Größe und Qualität nicht weiter reklamiert worden. Nun forderte dieser Felle von der Größe eines Auerochsen. Als sie trotz Bemühungen dem nicht nachkommen konnten, stieg bei den Friesen die Empörung: Sie erschlugen ein Steuerkommando und belagerten ein Kastell. Der Befehlshaber des niedergermanischen Heeres schickte daraufhin Truppen in das Friesenland, ohne allerdings die Aufständischen entscheidend zu schlagen. Zwar verbuchte Rom diese Aktion als Sieg, doch ließ man den Verlust des Gebietes auf sich beruhen.

Die Entwicklung des niedergermanischen Limes bis Tiberius

Caesars Eroberung Galliens und die Vernichtung der Eburonen hatte ein Gebiet bis zum Rhein unter römischen Einfluß gebracht. Die Truppen waren damals in Zentralgallien zur Absicherung der neuen Ordnung geblieben. Erst das zweite Jahrzehnt v. Chr. brachte eine Änderung, als Augustus eine Vorverlegung der Grenze plante. Die Römer eroberten weite Teile Germaniens, legten entlang der Lippe Kastelle an und verstärkten gleichzeitig den Rhein als Versorgungslinie, um weitere Offensiven zu garantieren. Die Varusniederlage, vor allem aber die erfolglosen Feldzüge des Germanicus, veränderten die Situation. Der Rhein, ursprünglich nur als natürliche Nord-Süd-Verbindung und damit als logistische Basis eingeplant, wurde zur neuen Grenze, die es durch eine Defensivstrategie dauerhaft zu sichern galt. Damit nahm die Entwicklung des niedergermanischen Limes einen grundsätzlich anderen Verlauf als der Obergermanische. Dort wurden Hilfstruppenlager weiter nach Osten vorgeschoben und den Auxiliaren die Limesverteidigung überlassen. Die am Rhein in Mainz und Straßburg stationierten Legionen konnten immer noch eingedrungene Feinde in der Tiefe des Hauptkampffeldes niederwerfen. Vor allem vom 3. Jahrhundert an sollte es sich in Niedergermanien als Nachteil herausstellen, daß einem Feind, sobald er einmal den Rhein überschritten hatte, der Weg nach Gallien und Spanien offenstand. Es gab dann keine wirkungsvolle Gegenwehr mehr, den Weitermarsch zu stoppen.

Unter Tiberius wurde nun erstmals durch Lager in Koblenz, Urmitz und Andernach der Mittelrhein gesichert. Den Bereich des eigentlichen Niedergermanischen Limes, also grob gesprochen, das heutige Bundesland Nordrhein-Westfalen und die Niederlande schützte eine Kette von mindestens 13 Kastellen. In der tiberischen Zeit lassen *Abb 30* sich erstmals Legions- von Auxiliarlagern sicher unterscheiden. Legionslager gab es in Bonn, Köln, Neuss und Xanten. Allerdings lösten sich diese Anlagen teilweise ab, bestanden also nicht gleichzeitig. Das Doppellegionslager in Köln – der lateinische Ortsname ist unklar, in den antiken Quellen taucht der Begriff *Apud aram Ubiorum* (Beim Altar der Ubier) auf – hatte nur kurze Zeit Bestand. Nach der Varusniederlage verlegte Tiberius hierhin die beiden *legiones I* und *XX.* Sie wurden etwa 20–25 Jahre später auf *Abb 31* Bonn (*legio I*) und Neuss (*legio XX*) aufgeteilt. Von diesem Zeitpunkt an standen in der späteren Provinzhauptstadt Köln keine Legionen mehr. Etwas südlich des ehemaligen Doppellegionslagers ankerte dafür in Köln-Alteburg die Rheinflotte, die *classis* *Abb 30 (43), 437* *Germanica.* Xanten blieb mit den hier stationierten *legiones V* und *XXI* Doppellegionslager; dieses entspricht sowohl seiner strategischen Bedeutung an der Lippemündung als auch seiner Rolle als Hauptort des niedergermanischen Heeresbezirks. Das einzige rechtsrheinische Lager dieser Zeit, das wir kennen, war, nachdem die Lippekastelle geräumt waren, das an der Nordsee gelegene Velsen. Mit *Flevum*, in das *Abb 30 (90)* sich 28 n. Chr. beim Aufstand der Friesen der oben erwähnte Olennius als einziger retten konnte, nennt Tacitus ein weiteres. Man vermutet es an der Vlie, allerdings ist es noch nicht aufgefunden.

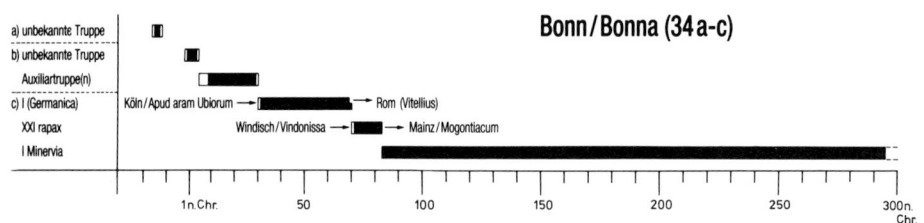

Bonn / Bonna (34 a-c)

a) unbekannte Truppe
b) unbekannte Truppe
Auxiliartruppe(n)
c) I (Germanica)   Köln / Apud aram Ubiorum → ███ → Rom (Vitellius)
XXI rapax   Windisch / Vindonissa → ███ → Mainz / Mogontiacum
I Minervia

1 n.Chr.   50   100   150   200   250   300 n.Chr.

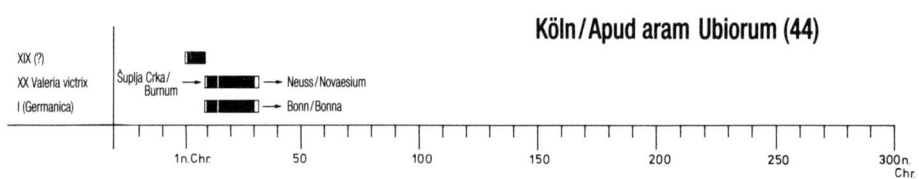

Köln / Apud aram Ubiorum (44)

XIX (?)
XX Valeria victrix   Šuplja Crka / Burnum → ███ → Neuss / Novaesium
I (Germanica)   ███ → Bonn / Bonna

1 n.Chr.   50   100   150   200   250   300 n.Chr.

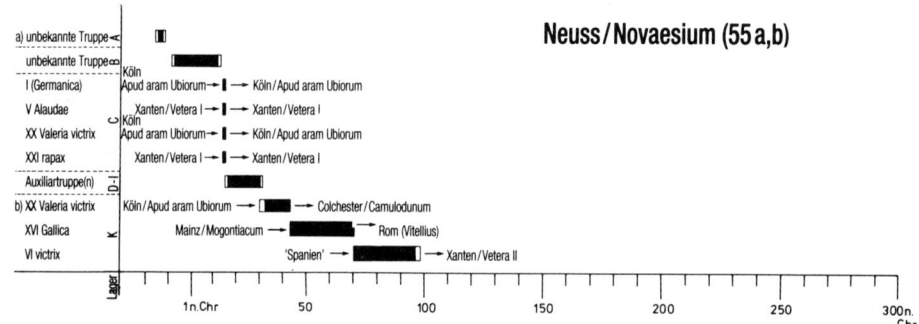

Neuss / Novaesium (55 a,b)

a) unbekannte Truppe
unbekannte Truppe
I (Germanica)   Köln / Apud aram Ubiorum → █ → Köln / Apud aram Ubiorum
V Alaudae   Xanten / Vetera I → █ → Xanten / Vetera I
XX Valeria victrix   Köln / Apud aram Ubiorum → █ → Köln / Apud aram Ubiorum
XXI rapax   Xanten / Vetera I → █ → Xanten / Vetera I
Auxiliartruppe(n)
b) XX Valeria victrix   Köln / Apud aram Ubiorum → ███ → Colchester / Camulodunum
XVI Gallica   Mainz / Mogontiacum → ███ → Rom (Vitellius)
VI victrix   'Spanien' → ███ → Xanten / Vetera II

1 n.Chr.   50   100   150   200   250   300 n.Chr.

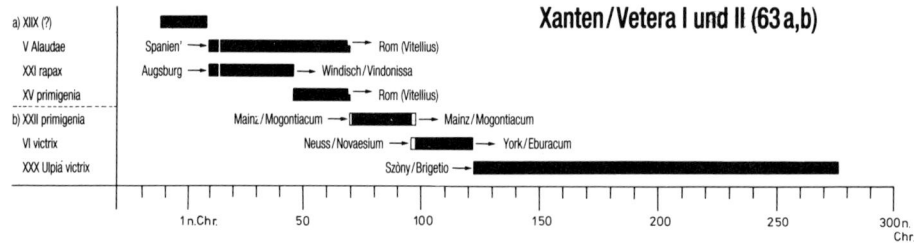

Xanten / Vetera I und II (63 a,b)

a) XIIX (?)
V Alaudae   Spanien' → ███ → Rom (Vitellius)
XXI rapax   Augsburg → ███ → Windisch / Vindonissa
XV primigenia   → ███ → Rom (Vitellius)
b) XXII primigenia   Mainz / Mogontiacum → ███ → Mainz / Mogontiacum
VI victrix   Neuss / Novaesium → ███ → York / Eburacum
XXX Ulpia victrix   Szöny / Brigetio → ███

1 n.Chr.   50   100   150   200   250   300 n.Chr.

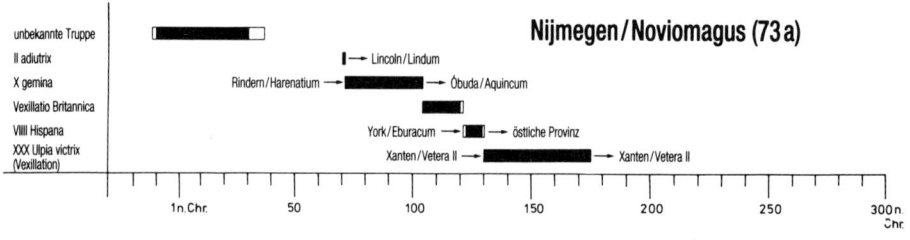

Nijmegen / Noviomagus (73 a)

unbekannte Truppe
II adiutrix   █ → Lincoln / Lindum
X gemina   Rindern / Harenatium → ███ → Óbuda / Aquincum
Vexillatio Britannica
VIIII Hispana   York / Eburacum → ███ → östliche Provinz
XXX Ulpia victrix (Vexillation)   Xanten / Vetera II → ███ → Xanten / Vetera II

1 n.Chr.   50   100   150   200   250   300 n.Chr.

So gesichert derzeit die Verteilung der Legionen für Niedergermanien anzusehen ist, so unsicher bleibt, von Ausnahmen abgesehen, die Zuweisung der einzelnen Auxiliartruppen. Wir kennen mit den *alae Batavorum, Canninefatium, Gallorum, Picentiana, Pomponiani, praetoria, Treverorum, Frontoniana* und *Parthorum* (nur zeitweise) *Abb 34, 35* mindestens sieben oder acht Reitertruppen. Die Zahl der Kohorten liegt zwischen 20 und 30 derartiger Infanterieeinheiten. Gesichert sind: *cohors V Asturum,* neun *cohor- Abb 67 tes Batavorum, cohors VIII Breucorum, cohors Canninefatium, cohortes Gallorum, cohors Tungrorum* (mindestens zwei) und *cohors Ubiorum equitata.* Diese Kohorten waren wohl bereits reguläre Auxiliareinheiten, die vermutlich jedoch noch unter einheimischem Kommando standen. Die ältere Forschung sah in ihnen irreguläre nationale Hilfseinheiten, die nur nach Bedarf verwendet wurden.

	Legionsoldaten	Auxiliarsoldaten	Gesamtstärke	Soldaten / Limes-km
Augustus (16v – 14n)	stark wechselnd	unbekannt	–	–
Tiberius (14n – 37n)	22 000	20 000	42 000	131
Claudius – Nero (41n – 68n)	22 000	20 000 (?)	42 000	131
Vespasian – Domitian [70n – 83n]	22 000	15 500	37 500	117
Domitian [83n – 89/92n]	22 000	14 500	36 500	114
Domitian – Trajan [89/92n – 100n]	22 000	13 000	35 000	109
Trajan [100n – 104/106n]	16 500	11 000	27 500	86
Trajan – Hadrian [104/106n – 120n]	11 000	10 000	21 000	66
Hadrian [121n – 130n]	16 500	10 000	26 500	83
Antoninen (138n – 192n)	11 000	9 500	20 500	64
3. Jahrhundert	11 000	10 500	21 500	67

Abb. 32 Die Heeresstärke der niedergermanischen Grenzarmeen, 1.–3. Jh. n. Chr. Runde Klammern: Regierungsjahre; eckige Klammern: historische Abschnitte. – Für den niedergermanischen Limes wurde eine Länge von 320 km angesetzt.

◁ *Abb. 31 Die Verteilung der niedergermanischen Legionen auf die römischen Lager im Rheinland.*

Insgesamt standen damit unter Tiberius etwa 20 000 Auxiliare unter Waffen. Diese
Abb 32 sicherten zusammen mit etwa 22 000 Legionären (vier Legionen mit je 5500 kämpfenden Legionären) den Niedergermanischen Limes.

Die Zeit unter den Kaisern Gaius, Claudius und Nero

Nach dem Tode des Tiberius bestieg mit Gaius ein erst 24jähriger den Kaiserthron.
Sein Vater war Germanicus, sein Großvater Drusus, beide in ihrer Zeit präsumtive
Thronanwärter. Schon bald mißbrauchte Gaius, besser bekannt unter seinem Spitz-
namen Caligula (Stiefelchen), seine Macht und regierte mit brutaler Willkür. Trotz-
dem erlauben die wenigen antiken Quellen kein gesichertes Urteil zur Person und den
Geschehnissen.

Am niedergermanischen Limes hat sich die kurze Regierungszeit (37–41 n. Chr.) des
Caligula kaum niedergeschlagen. Vermutlich datiert in seine Zeit die Errichtung des
Abb 33 (88) Kohortenkastells Valkenburg, das eine teils berittene Infanterieeinheit (*cohors equi-
tata*) belegte.

Auf Gaius folgte sein Onkel Claudius, ein jüngerer Bruder des Germanicus, der bislang in der Thronfolge übergangen worden war. Obwohl sich in seiner Zeit durch die
Eroberung Britanniens das politische und militärische Interesse weiter nach Nordwesten verlagerte, hatte er entscheidende Anteile an der weiteren Verstärkung des
niedergermanischen Limes. Es zeigte sich bald, daß mit Claudius ein gelehrter und
aktiver Mann Kaiser war, der allerdings bei den antiken Chronisten in weniger hohem
Ansehen stand. So hielt er, ähnlich wie 60 Jahre zuvor Agrippa, den Straßenbau für
notwendig, u. a. um eine schnelle Verschiebung von Truppen zu ermöglichen; in seine
Abb 88 Regierungszeit fällt der feste Ausbau der Rheintalstraße und die Errichtung der Ost-
West-Achse, die Köln mit Bavai (Belgien) verband.

Obwohl unter Claudius von keiner aktiven Germanenpolitik gesprochen werden
kann, gab es verschiedentlich Auseinandersetzungen, die uns die antiken Autoren
schildern. Das in dieser Hinsicht für Niedergermanien wichtigste Ereignis fand im
Jahre 47 n. Chr. statt. Unter der Führung eines gewissen Gannascus, eines Kannanefaten, der in einer römischen Auxiliareinheit gedient hatte, suchten die Chauken wieder
einmal Niedergermanien heim. Der Gegenschlag des neuen und energischen Provinzstatthalters Cn. Domitius Corbulo erfolgte umgehend. Er setzte die Rheinflotte ein,
versenkte die gegnerischen Schiffe und vertrieb die Gegner. Diese Aktion verband
Corbulo mit einem Feldzug gegen die Friesen, die nach ihrem Aufstand von 28 n. Chr.
an Rom keine Abgaben mehr zahlten. Auch hier schaffte er wieder die Verhältnisse der
augusteischen und frühtiberischen Zeit: So mußten sie Geiseln stellen, eine neue Verwaltung und Gesetzgebung akzeptieren sowie die militärische Kontrolle des Gebietes
erdulden. Dies reichte aber dem militärisch begabten Corbulo nicht. Er wollte auch
noch die Chauken, nachdem durch Mittelsmänner deren Anführer Gannascus ermor-

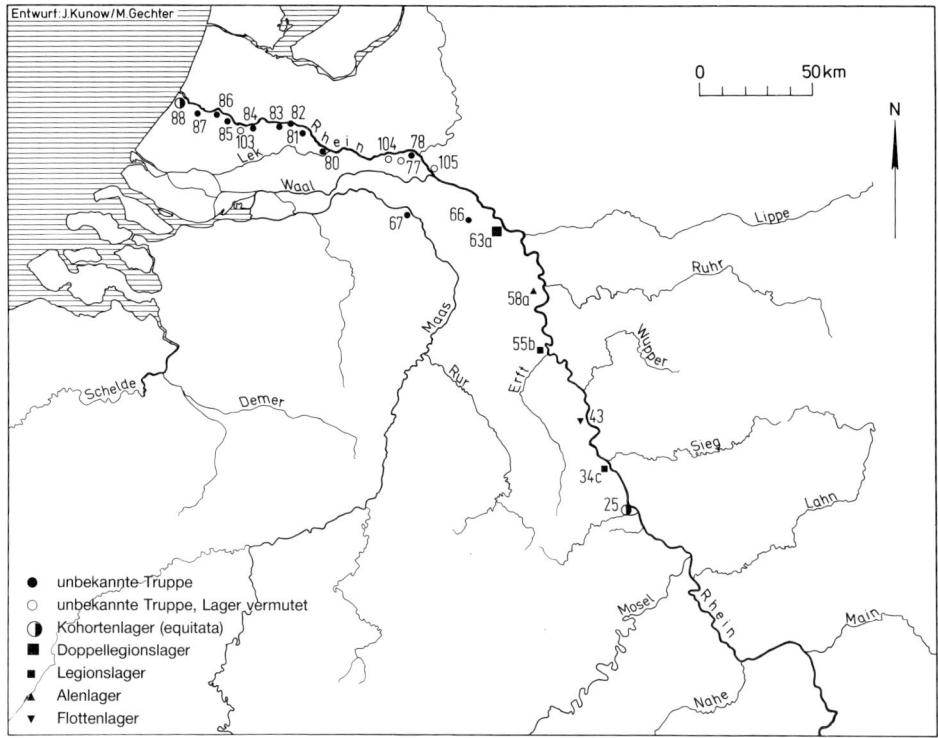

Abb. 33 Der niedergermanische Limes in claudischer Zeit (41–54 n. Chr.).
Platzverzeichnis → S. 35

det war, unterwerfen. Hier nun schritt Claudius ein und befahl den Rückzug über den Rhein. Als letztes uns bekanntes rechtsrheinisches Militärlager in Niedergermanien wurde in diesem Zusammenhang Velsen aufgelassen.

Die Entscheidung des Kaisers zum Rückzug war unter Berücksichtigung des gesamten *Imperium Romanum* sicherlich richtig. Die Okkupation Britanniens band im Nordwesten alle verfügbaren Kräfte, und Rom wußte zu gut, mit welchem Gegner es sich einließ. Claudius trachtete danach, eher auf diplomatischem Wege Roms Interessensphäre jenseits des Rheins zu wahren. So versuchte er etwa im gleichen Jahre 47 n. Chr., den in Rom erzogenen Italicus, einen Neffen des Arminius, den Cheruskern als König zu vermitteln. Auch wenn dieser Versuch letztlich mißlang, so zeigt er doch hier wie auch anderswo das sichtliche Bestreben, innergermanische Konflikte auszunutzen und durch Klientel den Druck auf die Reichsgrenze abzufangen.

Die niedergermanische Lagerkette selbst wurde unter Claudius so entscheidend ausgebaut, daß es eigentlich erst mit diesem Zeitpunkt ein geschlossenes Grenzsystem gab. Die Verteilung der Lager zeigt den defensiven Charakter dieser Maßnahme; man *Abb 33* ging also von dem offensiven Konzept der Kräftekonzentration ab. Insgesamt kennen

*Abb. 34   Bonn. Grabstein des Kavalleristen Niger aus der ala Pomponiani. Kalkstein. –
H. 1,42 m. Ca. 40 n. Chr. (RLM Bonn)*

*Abb. 35   Bonn. Grabstein des Kavalleristen Vonatorix aus der ala Longiniana. Kalkstein. –
H. 2,16 m. Mitte 1. Jh. n. Chr. (RLM Bonn)*

Abb 33 (60) wir 21 Rheinlager und mit Cuijk-*Ceuclum* ein weiteres, rückwärtig angelegtes. Die
vier Legionen standen weiterhin in Bonn, Neuss und Vetera I (Doppellegionslager);
innerhalb dieser Lager wurden nun auch einzelne Gebäude in Stein errichtet.
Abb 33 (58, 25) Erstmals können wir in dieser Zeit mit Moers-Asberg und mit Remagen sowie mit
Abb 33 (88) Valkenburg die Garnisonsorte von teils berittenen Infanterieeinheiten (*cohortes equi-
tatae*) festlegen. Schon hier deutet sich die neue militärische Konzeption an, die Auxiliartruppen nicht mehr nur gemeinsam mit den Legionen operieren zu lassen, sondern

sie als eigenständige Verbände auch in der Grenzverteidigung einzusetzen. Die genaue Anzahl claudischer Auxiliareinheiten im niedergermanischen Heeresbezirk ist noch unbekannt; die Forschung rechnet mit acht Alen und etwa 20–30 Kohorten, wobei für die Kohorten der untere Zahlenwert realistischer scheint.

Mit der Okkupation Britanniens wurden jedoch Truppen abkommandiert, neben der *legio XX* aus Neuss waren es u. a. nachweislich acht Bataverkohorten. Gleichzeitig kam zum Rhein nur wenig Ersatz, so etwa die *ala Longiniana*, die der *legio I* in Bonn *Abb 35* zugeteilt wurde. Insgesamt scheint es also, daß die Heerespräsenz in claudischer Zeit ein wenig geringer geworden ist. Diese Aussagen sind jedoch nur mit Vorsicht zu treffen, denn zwar sind eine Anzahl Hilfstruppen aus der tiberischen oder claudischen Ära bekannt, doch ob diese auch tatsächlich gleichzeitig hier dienten oder sich teilweise ablösten, wissen wir nur in Einzelfällen.

Die Regierungsjahre des Kaisers Nero (54–68 n. Chr.) sind archäologisch in der späteren Provinz *Germania inferior* nicht deutlich faßbar, und auch die historische Überlieferung nennt mit Ausnahme der Okkupationsversuche von Friesen und Ampsivariern keine größeren Begebenheiten. Diese hatten, laut Tacitus, 57 und 58 n. Chr. versucht, sich in dem rechtsrheinischen, dem Militär vorbehaltenen Sicherheitsstreifen anzusiedeln, wurden aber vom damaligen Provinzstatthalter L. Duvius Avitus daran gehindert. Die Situation am Niederrhein änderte sich jedoch schlagartig mit dem Freitod des Kaisers. Die nachfolgenden Thronkämpfe führten zu einer schweren Krise, die Niedergermanien tief erfaßte und die Verteidigungslinie vollends zerstörte.

Das Vierkaiserjahr und der Bataveraufstand

Die Regierungszeit des Nero, besonders deren letzten Jahre, waren von einer maßlosen Geltungssucht und Brutalität gekennzeichnet. Immer wieder kam es zu Revolten und Putschversuchen, die deutlich machten, daß das julisch-claudische Herrscherhaus am Ende war. Am Anfang des Jahres 68 erhob sich C. Iulius Vindex, Statthalter der *Gallia Lugdunensis.* Zwar konnte dieser durch den herbeigeeilten L. Verginius Rufus und dessen Oberrheinarmee entscheidend geschlagen werden, doch hatte sich Vindex mit Galba, zu dieser Zeit Statthalter des östlichen tarraconensischen Spanien, verbündet. Als nun auch noch die Prätorianer in Rom vom Herrscherhaus abfielen, waren Neros Tage gezählt. Auf der Flucht nahm er sich nahe der Hauptstadt das Leben.

Dieser bis dahin einmalige Vorgang stürzte das Römische Reich in eine schwere Krise. Galba, der neue starke Mann, nahm die Nachfolge an, brachte aber durch seine Entscheidungen den ober- und niedergermanischen Heeresbezirk sofort gegen sich. Offensichtlich hatte er, der unter Gaius von 39 bis 41 n. Chr. selbst Oberbefehlshaber der obergermanischen Truppen gewesen war, seinen Beliebtheitsgrad gehörig überschätzt. In seiner kurzen Amtszeit ließ er die rheinischen Legaten austauschen, doch zeigte er in der Wahl der Nachfolger eine wenig glückliche Hand. Den Vindex-Bezwinger und von der Truppe geschätzten L. Verginius Rufus ersetzte nun T. Hordenius Flaccus, ein alter und kranker Mann, der seiner Aufgabe nicht gewachsen war. Letzteres läßt sich von A. Vitellius, der in den ersten Dezembertagen des Jahres 68 sein neues Amt als niederrheinischer Armeeführer antrat, freilich nicht behaupten. Er versicherte sich rasch der Loyalität des ihm unterstellten Heeres und ließ sich am 2. Januar 69 in Köln als (Gegen-)Kaiser akklamieren. Es begann damit eine Zeit, die als »Vierkaiserjahr« in die Geschichte eingegangen ist. Die Zeche für diese Prätendentenkämpfe mußte neben dem italischen Mutterland vor allem Niedergermanien zahlen, daher soll dieser Abschnitt hier breiter dargestellt werden.

Abb 11 Auf die Seite des Vitellius schlugen sich die Statthalter der benachbarten Provinzen Gallien und Rätien sowie von Spanien und Britannien. Diesem »Westblock« standen die Donauprovinzen (mit Ausnahme Rätiens) sowie die kleinasiatischen und afrikanischen Provinzen entgegen. Sie hatten ihren eigenen Kandidaten, einen gewissen Otho, den zudem die Prätorianer unterstützten. Der rechtmäßige Kaiser Galba konnte sich gegen diese Übermacht natürlich nicht behaupten; er wurde von Otho in der Januarmitte besiegt. Damit war das Reichsheer in zwei Lager gespalten und die innenpolitischen Wirren am Ende der römischen Republik schienen sich zu wiederholen.

Vitellius ergriff die Initiative und zog mit zwei getrennt marschierenden Heeressäulen nach Italien, um die Entscheidung gegen Otho zu suchen. Das eine Heer, dessen Kern die obere Rheinarmee bildete, überschritt die Alpen, während ein weiteres, unter Führung des Bonner Legionslegaten Fabius Valens über Gallien das italische Mutterland erreichte. Insgesamt waren an dieser Operation 70 000 Soldaten beteiligt. Die 40 000 Mann des Fabius Valens kamen nach Tacitus in ihrer Masse aus dem niedergermanischen Heeresbezirk. So stellte die *legio V alaudae* aus Vetera 4000 Soldaten, hinzu kamen aus den drei anderen niederrheinischen Legionen weitere 6000 Legionäre. Damit fehlten 10 000 Legionäre zur Grenzsicherung. Fabius Valens verstärkte seine Armee durch Auxiliartruppen und eine Vielzahl sog. tumultuarischer Aufgebote. Unter den Auxiliaren befanden sich allein acht Bataverkohorten, d. h. etwa 4000 Mann, die kurz zuvor von Britannien nach Obergermanien verlegt worden waren und die sich Vitellius anschlossen. Diese Bataverkohorten sollten für Niedergermanien später noch eine besondere Bedeutung erlangen.

Man kann sich vorstellen, daß mit dem Abzug von 70 000 Soldaten die Grenze am Rhein kaum noch zu sichern war. Dies blieb natürlich auch den benachbarten Germanen nicht verborgen. Rücksichtslose Rekrutierung sollte hier Ausgleich schaffen, doch erreichte sie letztlich das Gegenteil, nämlich Unruhen in der Bevölkerung und damit verbunden eine Schwächung der militärischen Potenz, vor allem am Niederrhein.

Trotzdem hatte Vitellius am Anfang Erfolg. Er schlug seinen Gegner Otho bei Cremona, und auch Rom akzeptierte ihn als neuen Kaiser. Aber bereits nach sechs Wochen, Anfang Juli, tauchte mit Vespasian, der sich gerade in Judäa ausgezeichnet hatte,

ein neuer Konkurrent auf. Für ihn votierten die zuvor othogetreuen Legionen der Do-
nau- und Orientfront. Vitellius hatte es nicht verstanden, sich auch der Loyalität dieser Truppen zu versichern. Diese neue innenpolitische Auseinandersetzung und den
katastrophalen Zustand der niedergermanischen Grenzverteidigung wollten sich die
Germanen und einige gallische Adlige, die nun ihre Stunde gekommen sahen, zunutze
machen. Der Bataveraufstand fing mit einer kleinen Revolte an.

Etwa gleichzeitig waren die acht Bataverkohorten, die sich unter Führung des Fabius
Valens am Feldzug des Vitellius nach Italien beteiligt hatten, ohne am siegreichen Einzug in Rom beteiligt worden zu sein, vorzeitig nach Mainz zurückverlegt worden.
Grund für diese Maßnahme waren offensichtlich ständige Reibereien zwischen den
Batavern und den Legionären. Iulius Civilis, ein Bataver aus dem Adelsstand und zugleich Präfekt einer weiteren Bataverkohorte, die am Niederrhein stand, wiegelte nun
seine Landsleute auf, sich zu ihm durchzuschlagen. Dieser Civilis, Tacitus nennt ihn
einen Mann aus königlichem Geschlecht, betrieb ein doppeltes Spiel. Offiziell gab er
sich als Parteigänger Vespasians und konnte sich sogar auf einen schriftlichen Auftrag
berufen, mit Hilfe eines Germanenaufstands Truppen des Vitellius am Rhein zu binden. Gleichwohl hatte er vor allem persönliche Interessen, die ihm und seinem Volk
die Unabhängigkeit bringen sollten. Tacitus schildert uns den Bataveraufstand als
einen Krieg gegen einen äußeren Feind, aber dies entspricht nicht den Tatsachen. Zwar
gab es erst nach 69/70 eine eigene *civitas Batavorum* im linksrheinischen Niedergermanien, doch bildeten die Bataver zuvor eine reichsangehörige *gens foederata* mit
Truppenstellungsauflage. Die Kohorten und die Alen waren reguläre Hilstruppen unter römischem Oberbefehl.

Im Juli, als die Bataverkohorten aus Mainz zu Civilis gestoßen und die benachbarten
Kannanefaten als Bundesgenossen gewonnen waren, schlug er los. Gleich die ersten
Gefechte gegen Munius Lupercus, Kommandeur der 15. Legion in *Vetera*, verliefen
erfolgreich. Zahlreiche weitere Hilfstruppen wie eine Tungererkohorte und die *ala
Batavorum* liefen zu den Aufständischen über; auch rechtsrheinische Germanen wie
Tenkterer und Brukterer schlossen sich an. Munius Lupercus zog sich in das Doppellegionslager Vetera zurück und ließ die Befestigungsanlagen verstärken. Unter dem
Befehl des Kommandeurs stand mit 5000 Mann nur etwa die Hälfte der regulären Besatzung, die andere Hälfte war noch in Italien. Civilis nutzte die Gunst der Stunde und
schloß *Vetera* ein (August/September 69). Die Belagerten konnten sich bis in den November hinein halten, dann brach C. Dillius Vocula, der aus Mainz herbeigeeilt war,
die Umklammerung auf. Allerdings gab es bald Proviantprobleme, die Vocula durch
Transporte aus dem Legionslager Neuss beilegen wollte. Civilis unterbrach aber die
Versorgungsverbindung, so daß sich Vocula wieder nach Neuss zurückziehen mußte.
Vetera wurde ein zweites Mal eingeschlossen. Zu einer Schlacht und einer anschließenden Zerstörung des Lagers kam es auch in Gellep. Das Schlachtfeld wurde erst vor
wenigen Jahren entdeckt und ausgegraben, während die Brandschichten des Bataveraufstandes in den rheinischen Lagern schon länger bekannt sind.

Im Dezember des Vierkaiserjahres 69 fiel die Entscheidung zwischen Vitellius und Vespasian zugunsten des Flaviers. Eigentlich hätte nun der Kampf des Civilis ebenfalls beendet sein müssen, da dieser vorgegeben hatte, im Sinne Vespasians zu handeln. Aber der Bataver hatte neue Verbündete gesucht und plante ein *Imperium Galliarum*, d. h. ein eigenes, von Rom losgelöstes Reich. Mitbegründer waren die beiden Treverer Iulius Classicus und Iulius Tutor sowie einige Lingonen und Ubier. Die rheinischen Legionen und die Bürger der Stadt Köln legten den Eid auf das neue *Imperium Galliarum* ab. Auch den belagerten Legionären in *Vetera* versprach man Schonung, sobald sie das neue Reichsgebilde anerkannten. Die Belagerten gingen darauf ein, wurden allerdings, nachdem sie ihre Waffen abgegeben hatten, niedergemetzelt (Januar/Februar 70). Aber auch die Anhänger des *Imperium Galliarum* merkten, daß es um ihre Sache trotz einiger Erfolge nicht allzu gut stand. Die Romanisierung Galliens war zu weit fortgeschritten und die militärische Macht Roms auf Dauer zu gewaltig, um an die Idee eines autonomen Staates zu glauben. Die meisten wollten den Frieden, nur wenige wie Treverer und Bataver kämpften weiter.

Nun konnte sich Vespasian auch um die Rückeroberung der Rheinlande kümmern. Sie wurde von C. Licinius Mucianus geplant. Insgesamt wurden neun (!) Legionen hierfür eingesetzt. Appius Annius Gallus räumte das Oberrheingebiet rasch von den Aufständischen. Dieser schnelle Erfolg war allerdings nur möglich, da die Truppen reihenweise zu Vespasian überliefen und die militärischen Operationen des Gegners nicht koordiniert waren. Tutor, einer der Mitbegründer des *Imperium Galliarum*, versuchte sich noch einmal bei Trier der römischen Armee entgegenzustellen, doch wurde er von Q. Petillius Cerialis, einem Verwandten Vespasians, der das Niederrheingebiet zurückerobern sollte, vernichtend geschlagen. Als letzte Gegner blieben Civilis und seine Bataver, die sich nach Norden zurückzogen. Cerialis befreite Köln und nahm Germanen, u. a. die Frau und die Schwester des Civilis, als Geiseln. Die Entscheidung zwischen Cerialis und Civilis sollte bei Vetera fallen, an dem Ort also, wo im Zuge des Aufstandes ein Doppellegionslager niedergebrannt und seine (wenn auch reduzierte) Besatzung vollständig aufgerieben worden waren. Vermutlich im Juli 70 wurde die Schlacht von *Vetera* geschlagen; sie dauerte zwei Tage. Von Tacitus kennen wir ihren genauen Ablauf. 1978 wurde in Xanten-Vynen ein Siegesdenkmal der an *Abb 36* der Schlacht beteiligten *legio VI victrix* zu Ehren Vespasians entdeckt.

Ein Überläufer ermöglichte es schließlich zwei Kavallerieabteilungen, den Gegner zu umgehen und in die Zange zu nehmen. Civilis wich nach Norden und versuchte nun, die sich am Rhein wieder festsetzenden römischen Einheiten in ihren Lagern anzugreifen. Chauken und einige Treverer hielten noch zu ihm, doch blieben seine Überfälle ohne Erfolg. Zu einem letzten Gefecht kam es im September oder Oktober 70. Doch schien Civilis nun die römische Überlegenheit einzusehen, denn er zog sich weiter nach Norden zurück. Cerialis beendete den Krieg gegen die Bataver auf diplomatischem Weg. Es kam zu Friedensverhandlungen mit dem unterlegenen Civilis. Die einzelnen Bedingungen des Friedensschlusses sind uns zwar unbekannt, doch müssen die

*Abb. 36   Xanten-Vynen/WES. Inschriften-
platte vom Siegesdenkmal der 6. Legion mit
dem Beinamen victrix anläßlich der Schlacht
von Vetera (70 n. Chr.). Kalkstein. – H. noch
1,86 m. 73 n. Chr. (RLM Bonn)*

Auflagen relativ maßvoll gewesen sein. Noch zu Anfang des 2. Jahrhunderts hatten die
Bataver nur Truppen zu stellen, die man allerdings aus Sicherheitsgründen fern ihrer
Heimat stationierte. Den unterlegenen Batavern wurden also keine Tribute auferlegt.
Vespasian hatte Roms Herrschaft am Niederrhein wiederhergestellt.

Die niederrheinische Grenze unter den Flaviern

Die auf den Bataveraufstand folgenden Regierungsjahre Vespasians sind vom Wiederaufbau der niederrheinischen Grenzverteidigung charakterisiert. Der niedergermanische Heeresbezirk war Rückhalt für Vitellius' Anspruch auf den Kaiserthron gewesen,
nach dessen Tod hatten sich Legionen und Auxiliareinheiten auf das *Imperium Galliarum* vereidigen lassen. Der neue Kaiser Vespasian mußte daher die Grenzarmee völlig
reorganisieren. Aus dem schweizerischen Windisch kam die *legio XXI rapax* und löste *Abb 31*
in Bonn die *legio I Germanica* ab; in Neuss ersetzte die aus Spanien herangeführte und

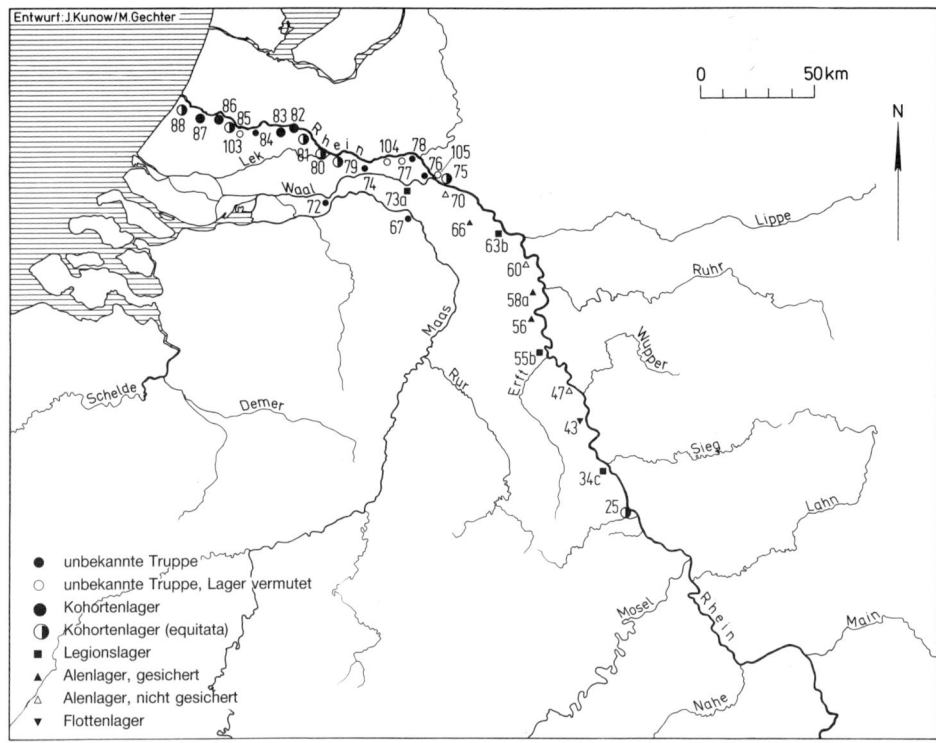

Abb. 37   Der niedergermanische Limes in vespasianischer Zeit (69–79 n. Chr.).
Platzverzeichnis → S. 35

in der Schlacht von *Vetera* bewährte *legio VI victrix* die *legio XVI Gallica*. In *Vetera* baute Vespasian das Doppellegionslager *Vetera I* nicht wieder auf, sondern errichtete stattdessen mit *Vetera II* ein einfaches Standlager für die aus Mainz abkommandierte *legio XXII Primigenia*. Ein neues Legionslager wurde in Nijmegen ins Zentrum des Batavergebietes verlegt. Erstmals seit über 30 Jahren stand hier nun wieder eine Legion. Die *legio II adiutrix* wurde schon nach ein oder zwei Jahren nach England (Lincoln) versetzt, ihre Aufgaben versah danach bis 104 n. Chr. die *legio X gemina*. Damit hatte Vespasian zwar die alte Stärke von vier Legionen im niedergermanischen Heeresbezirk beibehalten, diese aber ausgetauscht, die Grenzverteidigung übernahmen jetzt 22 000 andere Legionäre.

Die Armee Niedergermaniens wurde auch im Bereich der Hilfstruppen vollständig neu organisiert. Vespasian verzichtete vollständig auf die Institution der Volksaufgebote. Diese irregulären Einheiten hatten sich als zu unsicher erwiesen, und er vermied es, die Bevölkerung nach ihrem Aufstand zu bewaffnen. Während in julisch-claudischer Zeit die Auxiliarverbände am Niedergermanischen Limes noch aus Gallien und

Niedergermanien kommende Einheiten waren, hat Vespasian den Einsatz von Truppen in ihrem Aushebungsdistrikt abgeschafft. Nach dem Bataveraufstand wurden die germanischen Hilfstruppen entweder aufgelöst oder in andere Provinzen verlegt. Die Kavallerie bestand nun vor allem aus afrikanischen, spanischen und donauländischen Reitern; die Infanterie war ebenfalls aus Spanien und den Donauprovinzen sowie aus Britannien an den Niederrhein versetzt. Man ging dabei sowohl bei den Alen als auch den Kohorten immer mehr dazu über, ursprünglich nationale Aufgebote mit Soldaten anderer Herkunft aufzufüllen, um jegliche Fraternisierung zu verhindern. Aus diesem Grunde sind in späterer Zeit aus dem geographischen Beinamen einer Truppe nur noch die ursprünglichen Aushebungsgebiete ablesbar, die Zusammensetzung hatte längst gewechselt.

Nur zwei Kohorten (*cohors III Lusitanorum* und *cohors I Thracum*), die bereits in vorflavischer Zeit hier stationiert waren, sind auch nach 70 am Niederrhein nachweisbar. Vermutlich handelte es sich um Einheiten, die überhaupt nicht oder wenig durch die Ereignisse von 69/70 »vorbelastet« waren.

Vespasian mußte nicht nur die niedergermanische Armee völlig neu organisieren, auch ihre Lager waren beim Bataveraufstand beschädigt, zumeist sogar zerstört worden. Der sog. Bataverschutt ist bei archäologischen Untersuchungen fast überall nachweisbar, so daß eine antike Nachricht, außer Mainz und *Vindonissa*-Windisch seien alle römischen Lager am Rhein niedergebrannt worden, im Kern sicherlich den Sachverhalt treffend wiedergibt. Aus vespasianischer Zeit sind einige Bauinschriften bekannt, die das Ausmaß der vorangegangenen Zerstörungen zeigen.

Vespasian begnügte sich nicht damit, die Lager wieder herzurichten. Wie oben schon erwähnt, gründete er die Legionslager von Vetera und Nijmegen neu. Die Legionslager in Bonn und Neuss wurden an ihrem bisherigen Standort jetzt komplett in Stein ausgeführt.

Auch unter den Auxiliarkastellen gab es in vespasianischer Zeit zahlreiche Neugründungen. Zwischen Köln und Neuss wurde vermutlich *Burungum* angelegt. Aus dem *Abb 37 (47)* sog. *Itinerarium provinciarum Antonini Augusti* (Antoninisches Itinerar, Ende 3. Jh.), das uns die Verhältnisse z. Z. Caracallas (211–217) beschreibt, ist bekannt, daß hier eine *ala* stationiert war. *Burungum* wurde aber vermutlich schon in frühflavischer Zeit gegründet, da ansonsten ein großer Limesabschnitt ohne Schutz gewesen wäre. Auf jeden Fall gibt es noch mancherlei Rätsel auf, zumal es noch nicht entdeckt ist. Das Antoninische Itinerar lokalisiert *Burungum* zwischen Dormagen und Neuss, doch beträgt deren Abstand zueinander nur 15 Kilometer. Sicherlich ist daher *Burungum* südlich von Dormagen zu suchen. Von seiten der Sprachwissenschaft wurde auf die Verwandtschaft zu (Köln-)Worringen hingewiesen, was diese These unterstützen würde. Ebenfalls neu wurde das Reiterlager von Krefeld-Gellep-*Gelduba* eingerichtet. Zwar *Abb 37 (56)* gab es hier z. Z. des Bataveraufstandes bereits eine Nachschubbasis, doch war diese schon nach wenigen Monaten wieder geräumt worden. Auch dieses Lager schloß eine zwischen Moers-Asberg und Neuss bestehende Lücke. Noch völlig unsicher bleibt

Abb 37 (60) die genaue Lokalisierung des nördlich anschließenden Lagers von *Calo*. Die Problematik ist dem »Fall Burungum« vergleichbar. Das *Itinerarium Antonini* nennt ein *Calo* acht Leugen (ca. 18 km) südlich von Vetera und neun Leugen (ca. 20 km) nördlich von Gellep gelegen. *Calo* lag vielleicht auf dem Gebiet der heutigen Stadt Rheinberg auf der Höhe von Budberg, und es ist zu hoffen, daß eines Tages hier, wie vor

Abb 37 (78) kurzem in Arnheim-Meinerswijk, noch ein Lager entdeckt wird. Allerdings muß wohl eher damit gerechnet werden, daß der Rhein die Reste längst abgespült hat. Der zeitliche Ansatz für *Calo* in die frühflavische Ära beruht allein auf der strategischen Notwendigkeit, den relativ großen Limesabschnitt zwischen Moers-Asberg und *Vetera II* mit einem eingeschobenen Kastell zu verstärken. Nördlich des Legionslagers

Abb 37 (66, 70) *Vetera II* waren mit Altkalkar und Rindern zwei weitere Alenlager, wobei für Rindern erst in der ersten Hälfte des 3. Jahrhunderts eine Reitereinheit tatsächlich nachgewiesen ist. Auch hier ist der einzige Beleg das Itinerar. Im niederländischen Teil des Niedergermanischen Limes verstärkte Vespasian ebenfalls die Grenzverteidigung. Die größten Veränderungen sind in seinem südlichen Abschnitt zu verzeichnen. Rückhalt

Abb 37 (73a) dieses Raumes war das neue Legionslager auf dem Hunerberg in Nijmegen, zentral im Batavergebiet gelegen. Im Unterschied zu den anderen Legionskastellen Niedergermaniens war das an der Waal gelegene Lager von der Grenze etwas zurückverlegt. Hier konnte ein etwa auch in Mainz und Straßburg praktiziertes Verteidigungskonzept wegen der Günstigkeit der Flußläufe verwirklicht werden. Nur im Ernstfall sprang die Legion ein und mußte in der Tiefe des Hauptkampffeldes den eingedrungenen Gegner niederkämpfen. Die eigentliche Grenzverteidigung versahen die als

Abb 37 (74–80) Hauptkampflinie vorgeschobenen Lager Herwen, Looward, Huissen, Arnheim-Meinerswijk, Driel, Randswijk, Kesteren, Maurik und Rijswijk (genaue Lage noch unsicher) am Neder-Rijn. Die stationierten Truppen sind nur für Herwen und Maurik bekannt. Vermutlich wurden die anderen Lager auch von Infanterieeinheiten als Garnisonen belegt, wobei die eine oder andere möglicherweise beritten war. Der folgende nördliche bzw. nordwestliche Limesabschnitt zur Nordsee hin spiegelt in seinen Grundzügen die claudische Entwicklung wider. Die neun Kastelle der vorflavischen Zeit am Kromme und Oude Rijn sind geblieben, wobei nun die Besatzungen genauer bekannt sind. Auch an diesen Lagern gingen die Wirren des Bataveraufstandes nicht spurlos vorüber. Aus Vechten, Utrecht, Zwammerdam und Valkenburg liegen mächtige Brandschichten vor.

Abb 37 (72, 67) Die rückwärtigen Kastelle von Rossum und Cuijk, vielleicht handelt es sich bei ihnen in dieser Zeit auch nur um Benefiziarierstationen, fungierten nicht als Teil der eigentlichen Grenzverteidigung; ihre Aufgabe war es, wichtige Übergänge an Waal und Maas zu sichern.

Abb 37 Der niedergermanische Limes bestand in vespasianischer Zeit aus vier Legionslagern, einem Flottenstützpunkt und 27 Kastellen von Auxiliareinheiten. Damit schloß Vespasian die noch vorhandenen Lücken des claudischen Limes im mittleren und südlichen Abschnitt. Obwohl in dieser Zeit möglicherweise Auxiliareinheiten abgezogen wurden, ist die Effizienz der Grenzverteidigung durch die dicht gestaffelte Lagerkette (Abstand zweier Lager zueinander durchschnittlich 10 km) weit höher einzuschätzen. Dieses Defensivkonzept blieb bis ins 3. Jahrhundert bestehen.

Nicht nur in der größeren Lagerdichte unterscheidet sich der vespasianische Limes von seinem Vorgänger. Auffällig ist auch die Verteilung der Truppen, die sich jetzt erstmals deutlich abzeichnet und ein strategisches Grundkonzept verrät. Auch an diesem Konzept hielt man 200 Jahre fest.

Der niedergermanische Limes läßt sich von der naturräumlichen Gliederung grob in drei Streckenabschnitte einteilen. Der erste reicht vom Limesanfang am Vinxtbach bzw. Remagen bis Köln, umfaßt also das Mittelrheintal und den Beginn der niederrheinischen Bucht; daran schließt sich der Abschnitt von Köln bis zur deutsch-niederländischen Staatsgrenze an, d. h. die niederrheinische Bucht und das niederrheinische Tiefland. Der letzte Distrikt geht von hier aus bis an die Nordsee. Dieser Naturraum wird als Rhein-Maas-Marsch bezeichnet. Auffällig ist, daß die hier beschriebenen Streckenabschnitte von unterschiedlich bewaffneten Auxiliartruppen bewacht wurden. Sie sind auch in den wenigen erhaltenen Militärdiplomen erkennbar. In ihnen werden die in der Provinz oder in einem Teil stationierten Auxiliareinheiten häufig in geographischer Reihenfolge aufgezählt. Damit sind die Militärdiplome für die Verteilung der Truppen zu diesem Zeitpunkt außerordentlich wertvolle Quellen. Aus dem Jahre 78 und 80 sind zwei Militärdiplome, die die Auxiliarverbände vermutlich des mittleren und nördlichen Frontabschnittes aufführen, bekannt. Aus dem südlichen Distrikt kam noch keines zutage, so daß dort Truppenanzahl und Garnisonsorte nicht bekannt sind. Vermutet werden zwischen drei und elf Auxiliareinheiten.

Im südlichen Abschnitt gab es mit Remagen nur ein Auxiliarlager, es war mit einer *Abb 37 (25)* *cohors equitata* belegt. Zwei weitere Hilfstruppen (vermutlich eine Ala und eine Kohorte) standen natürlich noch im Legionslager Bonn, das zusammen mit dem Flottenstützpunkt Köln-Alteburg und eben Remagen die Lager dieses Südabschnittes bildete. *Abb 37 (43)* Früher hat man in Sinzig, Bonn und Wesseling noch weitere, ständig besetzte Auxiliarlager vermutet, doch gibt es hierfür keine Belege. Am südlichen Abschnitt standen u. E. nur wenige Auxiliareinheiten. Eine Verstärkung war auch nicht notwendig, da im direkten Vorfeld keine Gegner lagen. Zusätzlich wurde dieser Limesabschnitt durch die natürlichen Barrieren des Bergischen Landes und des Westerwaldes geschützt. Die Eifel im Rücken der Lager machte es dem eingedrungenen Gegner zudem unmöglich, Gallien auf direktem Weg zu erreichen.

Der mittlere Frontabschnitt war grundsätzlich anders aufgebaut. In Neuss und Xanten standen 11 000 Legionäre, ihnen als Hilfstruppen untergeordnet waren Alen in den *Abb 37 (70, 66,* Kastellen Rindern (?), Altkalkar, Calo (?), Asberg, Krefeld-Gellep und Burungum (?); *60, 58a, 56, 17)* eine zusätzliche *ala* stand vermutlich im Legionslager Neuss bei der *legio VI victrix*. Unbekannt ist, ob dies auch für das zweite Legionslager (Vetera) zutrifft. Es müßten demnach, wenn die Alenkastelle in vespasianischer Zeit gleichzeitig bestanden haben, sieben oder acht Alen hier stationiert gewesen sein.

An diesem Streckenabschnitt bewachten also nur auxiliare Kavallerie- und keine Infanterieeinheiten den Limes. Die Verteilung der Alen läßt auf ein defensives Sicherungskonzept schließen. Diesem Frontabschnitt gegenüber siedelten die Tenkterer, ein kriegerischer Stamm, der nach Tacitus die besten Reiter Germaniens hervorbrachte.

Die militärische Führung Roms hielt also treu an dem alten strategischen Grundsatz fest, gegnerischen Truppen nur gleichwertige (oder bessere) gegenüberzustellen. Diese Alenverbände, deren Kampfkraft über der von Kohorten lag, sicherten den gefährdetsten Frontabschnitt. Auch in späterer Zeit kam es hier immer wieder zu Durchbrüchen, die den Gegner sogar bis nach Spanien führten.

Im nördlichen Frontabschnitt gab es mit Nijmegen nach dem Bataveraufstand ein Legionslager. Dessen Notwendigkeit wurde schon beschrieben. In frühflavischer Zeit lagen hier 18 Auxiliarkastelle unmittelbar am Rhein und im Vorfeld des Legionslagers, während zwei weitere Auxiliarkastelle rückwärtig im Landesinneren errichtet wurden. Auch für diesen Abschnitt scheint es ein Militärdiplom zu geben, das auf den Januar oder Februar 80 datiert. Das Diplom nennt elf Kohorten, zweifelsohne zu wenig für die an diesem Abschnitt gleichzeitig installierten Kastelle. Die Lager aber waren, das läßt sich in jedem Fall festhalten, offensichtlich ausschließlich von Infanterieeinheiten belegt. Dieser vergleichsweise ruhige Frontabschnitt mußte auf keine größeren Reiterabteilungen zurückgreifen, deshalb genügte es, manche Kohorten mit zusätzlichen Reiterzügen zu verstärken. Die aufständischen Bataver, die zuvor den niedergermanischen Limes in diesem Bereich vollständig zerstört hatten, waren ja ein »reichsinternes Problem« gewesen.

Größere Zwischenfälle mit den Germanen sind aus vespasianischer Zeit nicht bekannt. Im Jahre 77 führte der niedergermanische Statthalter Rutilius Gallicus gegen die Brukterer Krieg. Der Feldzug verlief offensichtlich erfolgreich, da der Kaiser den Ehrentitel »Imperator« annahm. Bei dieser Aktion wurde auch Veleda, eine bei den Germanen sehr geachtete Seherin, gefangengenommen. Näheres über diesen Feldzug ist allerdings nicht bekannt. In Obergermanien verfolgte Vespasian im Gegensatz zum niedergermanischen Heeresbezirk weiterhin eine auf Gebietsgewinne ausgerichtete Politik. Dies zeigt schon die Tatsache, daß das Legionslager Mainz weiterhin zwei Legionen beherbergte. Von hier aus unternahm Rom Vorstöße in die Wetterau und besetzte den Oberrhein unterhalb der Mainmündung. Aus militärischer Sicht war die Grenzsicherung für Obergermanien und Rätien noch völlig unzureichend, da der Schwarzwald und das Gebiet am oberen Neckar als feindlicher Keil in das römisch besetzte Germanien ragten. Cn. Pinarius Cornelius Clemens, Statthalter für Obergermanien in den Jahren 72–74 n. Chr., schaffte hier mit einer Straße, die vom Legionslager Straßburg ausging und an die obere Donau nach Rätien führte, Abhilfe. Kastelle am oberen Neckar sicherten diese Direktverbindung. Damit waren der Schwarzwald und das Gebiet am oberen Neckar jetzt unter römischer Kontrolle und die Grenze wesentlich verkürzt.

*Abb. 38   Trauernde Germanin und gefesselter Germane
unter Siegeszeichen (tropaion). Umschrift: Germania capta
(das besiegte Germanien). 85 n. Chr.*

Auf Vespasian folgte 79 n. Chr. sein ältester Sohn Titus auf den Kaiserthron, dessen früher Tod schon zwei Jahre später Domitian (81–96 n. Chr.) die Nachfolge brachte. Die flavische Dynastie war zu diesem Zeitpunkt so gefestigt, daß der Anspruch auf den Kaiserthron auf keine weiteren Prätendenten stieß.

Innenpolitisch war Domitian schon bald nach seiner Machtübernahme umstritten. Was lag also näher, als den blassen Ruhm durch einen außenpolitischen Erfolg aufzufrischen. Als Gegner sollten die Chatten herhalten, die durch Kriegsvorbereitungen hierzu auch den erforderlichen Anlaß gaben. Das militärische Aufgebot Domitians, der höchstpersönlich die Führung des Unternehmens übernahm, war immens. Zu den vier Legionen des obergermanischen Heeresbezirkes stieß die 21. Legion (*rapax*) aus Bonn; auch Britannien stellte zusätzliche Truppen. Damit beteiligten sich an dem Chattenfeldzug (83–85) etwa 28 000 Legionäre, die Auxiliararmee wird ein vergleichbares Kontingent gestellt haben. Schon bald stand fest, daß sich der Krieg in die Länge ziehen würde, da sich die unterlegenen Chatten geschickt verhielten und offenen Schlachten auswichen. Offensichtlich versuchte Domitian, den Chatten einen Zweifrontenkrieg aufzuzwingen, indem er die Cherusker mit ihrem romfreundlichen König Chariomerus vorschob. Dies mißlang allerdings völlig und endete mit der fast vollständigen Ausrottung des Stammes der Cherusker. Gleichwohl schien es nur eine Frage der Zeit, wann sich Roms militärische Überlegenheit auszahlte. Da zwangen im dritten Kriegsjahr Ereignisse in der Donauprovinz Mösien (Teile des heutigen Rumä- *Abb 11*nien und Bulgarien), den Chattenfeldzug abzubrechen. Die Daker hatten die römische Provinz überfallen und die Verteidigungslinie überrollt. Auch Gegenmaßnahmen brachten keinen Erfolg.

Daher mußten rheinische Legionen eilends abkommandiert werden. Die Chatten blieben unbesiegt, aber hielten für die nächsten 80 Jahre weitgehend Ruhe. Die Verhältnisse Roms zu Chatten und Dakern lassen sich für die betroffenen Grenzabschnitte verallgemeinern. Bis zu den Alamannen und Frankeneinfallen des 3. Jahrhunderts herrschte am Ober- und Niedergermanischen Limes weitgehend Ruhe; im Brennpunkt stand dafür die Donaufront.

Aus den Regierungsjahren Domitians sind zwei Ereignisse bekannt, an denen niederger-

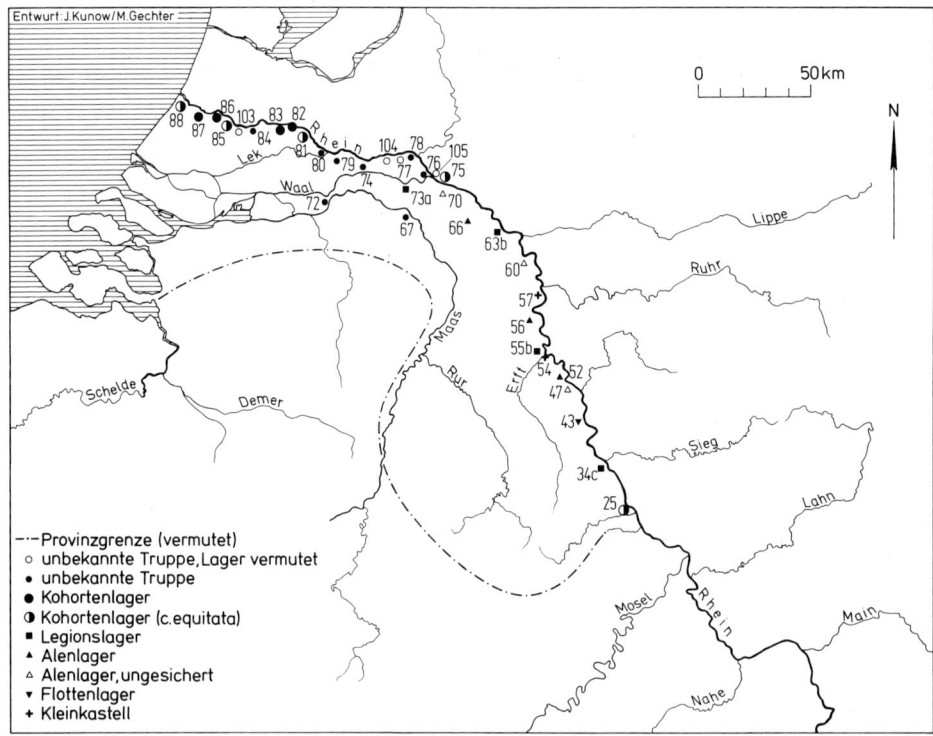

Abb. 39   *Der niedergermanische Limes in domitianischer Zeit (81–85 n. Chr.).*
Platzverzeichnis → S. 35

manische Statthalter beteiligt waren. Das eine, ein Bruktererfeldzug, ist allerdings
nicht mit Sicherheit in die domitianische Ära einzuordnen; vielleicht fand die Aktion,
die den Brukterern einen Rom genehmen König brachte, auch erst unter Nerva (96–98
n. Chr.), dem Nachfolger Domitians, statt. Der Regierungsstil Domitians führte immer wieder zu Aufständen und Revolten. Im Jahre 89 erhob sich C. Antonius Saturninus, damaliger Statthalter in Obergermanien. Beteiligt waren in jedem Fall die Legionen des Mainzer Doppellegionslagers. Der nähere Verlauf dieses Aufstandes ist unbekannt, doch wurden die niedergermanischen Legionen unter Führung ihres Statthalters A. Buccius Lappius Maximus gegen Saturninus eingesetzt. Sie schlugen die Revolte nach einer Schlacht in der Nähe von Remagen nieder und der siegreiche Lappius
Maximus verbrannte belastende Briefe, um eine Ausweitung der anschließenden Untersuchung zu verhindern. Er erhielt vermutlich vom Kaiser die Triumphalornamente,
die kaiserlichen Truppen bekamen die Ehrenbezeichnung *pia fidelis* (*Domitiana*). Bei
der Saturninus-Revolte hatten sich auch die Chatten den Aufständischen angeschlossen, doch konnten sie im entscheidenden Augenblick wegen Eisgang den Rhein nicht
überqueren. Vermutlich endete dieser zweite Chattenkrieg mit einem Vertrag (*foe-*

dus), der beide Partner zufriedenstellte. Jedenfalls herrschte danach für lange Zeit Frieden in Ober- und Niedergermanien. Die an der Revolte beteiligten zwei Mainzer Legionen wurden an die Donaufront strafversetzt und ihr Doppellegionslager aufgelöst. Das neue Legionslager in Mainz war nur noch für eine Legion; hierher zog die *legio XXII primigenia pia fidelis* aus Vetera (92/97; eher jedoch um 97). Damit verfügte Obergermanien nur noch über drei Legionen; Niedergermanien zog in dieser Hinsicht fast gleichzeitig oder nur wenige Jahre später (96/98?) nach. Dieser Truppenabzug von der Rheinfront zeigt den beginnenden Friedensprozeß in diesem Limesabschnitt.

Die niedergermanische Grenzverteidigung blieb unter Domitian in vespasianischer Tradition. Größere Veränderungen gab es weder bei den Legionen noch bei den Auxiliaren, auch wenn natürlich die eine oder andere Truppe versetzt und abgelöst wurde. Doch entsprach dieses dem üblichen Modus. Unter Domitian wurde in Dormagen ein *Abb 39 (52)* neues Lager für eine *ala* errichtet. Ob gleichzeitig damit das Alenlager von Asberg aufgelöst wurde oder etwas später, ist noch nicht geklärt. Mit militärischen Stützpunkten in Neuss-Reckberg und Rheinhausen-Werthausen kam am domitianischen Limes ein *Abb 39 (54, 57)* neuer Festungstyp auf: Kleinkastelle für kleine Wachkommandos. Sie bestanden bis ins 3. Jahrhundert. Archäologische Untersuchungen beschränkten sich im wesentlichen auf die Umwehrung, so daß nur deren Ausmaße (35 x 33 m für Neuss-Reckberg und 40 x 46 m für Rheinhausen-Werthausen) genauer bekannt sind. Sicherlich übernahm Rheinhausen-Werthausen die strategischen Sicherungsaufgaben des aufgelassenen Alenlagers Moers-Asberg.

Die Provinz unter den Adoptivkaisern

Die Amtsführung Domitians, des jüngsten Flaviers, kopierte in besonderem Maße hellenistische Formen der Monarchie. Diese Forcierung des Kaiserkults brachte natürlich vor allem den ausgeschalteten Senat in Opposition. Domitian, der es weder außen- noch innenpolitisch verstanden hatte, die Ansprüche auf seine Alleinherrschaft zu rechtfertigen, brachten daher Despotie und autokratische Führung zu Fall. Am 18. September 96 n. Chr. starb er eines gewaltsamen Todes.

Zwar war der Prinzipat zu dieser Zeit bereits eine gefestigte Institution, doch schien eine Wiederholung des Vierkaiserjahres 69 in gleicher oder ähnlicher Form nicht ausgeschlossen. Zum Glück fand man in Nerva (96–98 n. Chr.) einen Kompromißkandidaten, der für alle Gruppierungen tragbar schien. Im Unterschied zu den Ereignissen von 69 wurde damit eine Politisierung und Parteinahme der einzelnen Grenzarmeen vermieden.

Anstelle der dynastischen Erbfolge trat mit Nerva und seinen Nachfolgern das sog. Adoptivkaisertum. »Das Adoptivkaisertum war die ideologische Antwort auf die neue Krise des Systems« (K. Christ). Die Willkürherrschaft eines Despoten wurde er-

setzt durch die Adoption des »Besten«, der einem Regiment der Gerechtigkeit und
Mäßigung voranstand. Für das *Imperium Romanum*, und damit auch für die junge
Provinz *Germania inferior*, brachen die glücklichsten Jahrzehnte an. Diese Entwick-
lung war natürlich um so ungetrübter als die Germanen sich ruhig verhielten.
Die Grenzverteidigung Niedergermaniens zur Zeit Trajans (98–117 n. Chr.) ent-
spricht anfangs wohl der Domitians. Ende des 1. Jahrhunderts bzw. Anfang des 2.
Abb 499 Jahrhunderts wurde das Legionslager Neuss, das sog. Koenenlager, aufgelassen.
Neuere Grabungen haben hier viele Fragen aufgeworfen, die noch zu klären sind. Gesichert ist, daß die bis dahin in Neuss stationierte 6. Legion, die nach Mainz abkom-
Abb 31 mandierte 22. Legion in *Vetera II* ersetzte. Mit diesem Zeitpunkt hatte Niedergermanien mit Bonn, Vetera und Nijmegen nur noch drei Legionsstandorte. Wenige Jahre
später (etwa 104) wurde auch Nijmegen als Legionslager aufgegeben, die *legio X gemina* ging nach *Aquincum*-Budapest. Damit bildeten noch 11 000 Legionäre das
Rückgrat der Grenzverteidigung. Trajan war durch seine Annexion Dakiens (Teile des
heutigen Rumäniens) und Arabiens sowie wegen eines großen Feldzugs gegen die Parther gezwungen, Truppen von relativ sicheren Reichsgrenzen abzuziehen, zu denen
auch Niedergermanien zählte. So kehrte nach den Dakerkriegen um 107 die in Bonn
stationierte *legio I Minervia* in ihre Unterkünfte zurück und errichtete am Bonner
Berg eine Werkstatt, um die beschädigten Ausrüstungsgegenstände zu ersetzen und zu
reparieren.
Auch bei den Auxiliareinheiten und deren Lagern veränderte sich einiges, wenn auch
die vespasianische Grundstruktur unverändert blieb. Noch nicht geklärt ist, ob eine
Ala in Neuss unmittelbar auf den Abmarsch der *legio VI* nachrückte oder ob erst
Abb 41 (89) einige Zeit verstrich. In trajanische Zeit datiert das neue Kohortenlager von Katwijk,
das, unmittelbar an der Nordsee gebaut, nun den Endpunkt des Niedergermanischen
Limes bildete. Aufgelassen wurde das rückwärtige Maaslager Cuijk; diese Maßnahme
steht vermutlich im Zusammenhang mit dem Abzug der *legio X* aus Nijmegen. Etwa
30 Jahre nach dem Bataveraufstand war die Bevölkerung so weit romanisiert, daß
diese Lager, die das Reich vor allem vor dem inneren und nicht vor dem äußeren Feind
schützen sollten, überflüssig waren. Eine Vexillation in Nijmegen genügte den Sicher-
heitsansprüchen.
Am Ende der trajanischen Regierung standen in Niedergermanien nur noch zwei Legionen, sechs oder sieben Alen und etwa 13 Kohorten. Im Laufe von 100 Jahren
Abb 32 konnte somit die Gesamtstärke von 42 000 Soldaten (unter Tiberius) auf 21 000 (unter
Trajan) also um 50 Prozent reduziert werden. Diese Zahl blieb bis in das 3. Jahrhundert in etwa konstant. Der Niedergermanische Limes war ein ruhiger Grenzabschnitt
geworden.
Auf Trajan folgte mit Hadrian (117–138 n. Chr.) ein unermüdlich sein Imperium be-
reisender Kaiser, der größte Anstrengungen in die Grenzverteidigung, d. h. in die
Sicherung eroberter Gebiete legte. Symptomatisch hierfür ist ein großer von Westen
nach Osten reichender Sperriegel in Britannien, der sog. Hadrianswall. Von Grenz-

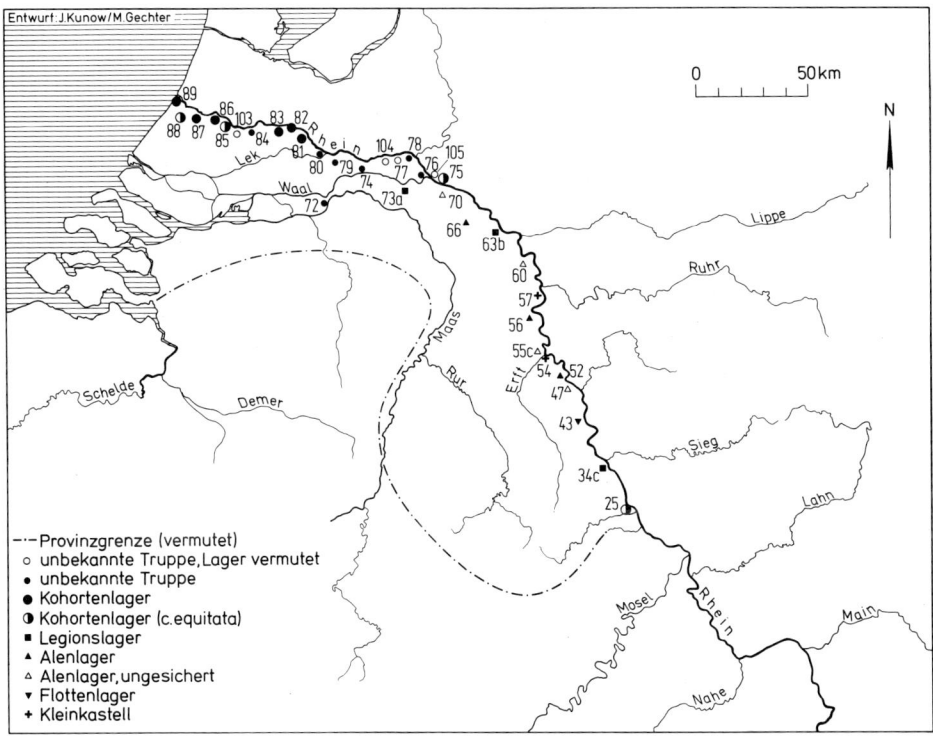

*Abb. 40   Der niedergermanische Limes in trajanischer Zeit (98–117 n. Chr.).
Platzverzeichnis → S. 35*

überfallen oder gar einem Krieg der Germanen ist aus seiner Regierungszeit nichts bekannt. Der niedergermanische Limes entspricht daher vollends den Jahrzehnten zuvor. Offensichtlich begann Hadrian, die hölzernen Auxiliarlager umzurüsten, auch wenn dieser Prozeß bis weit in die zweite Hälfte des 2. Jahrhunderts andauerte. Vermutlich fällt in seine Regentschaft die Errichtung des Steinkastells in Dormagen. Sein Bauprogramm kann derzeit noch nicht voll überblickt werden. Hier sind weitere Grabungen notwendig. Soweit wir die Truppen in hadrianischer Zeit am Niedergermanischen Limes richtig übersehen, ist die Heeresstärke in etwa konstant geblieben. Geringe Differenzen sind archäologisch kaum faßbar und haben auch keinen Einfluß auf die strategische Gesamtkonzeption. In *Vetera* löste nun die *legio XXX* die *legio VI* ab. Letztere zog zur damaligen Großbaustelle des Reiches, dem Hadrianswall, nach Britannien. Die in Niedergermanien stationierten Alen und Kohorten wurden bei Bedarf nun zusehends aus der einheimischen Bevölkerung ergänzt, wobei Gallien wieder die Reiterei stellte. Die einst an den Niederrhein versetzten Hilfstruppen behielten nur noch ihre alte Herkunftsbezeichnung.

Erst seit kurzem ist bekannt, daß für wenige Jahre (121–130) Nijmegen wieder Le-

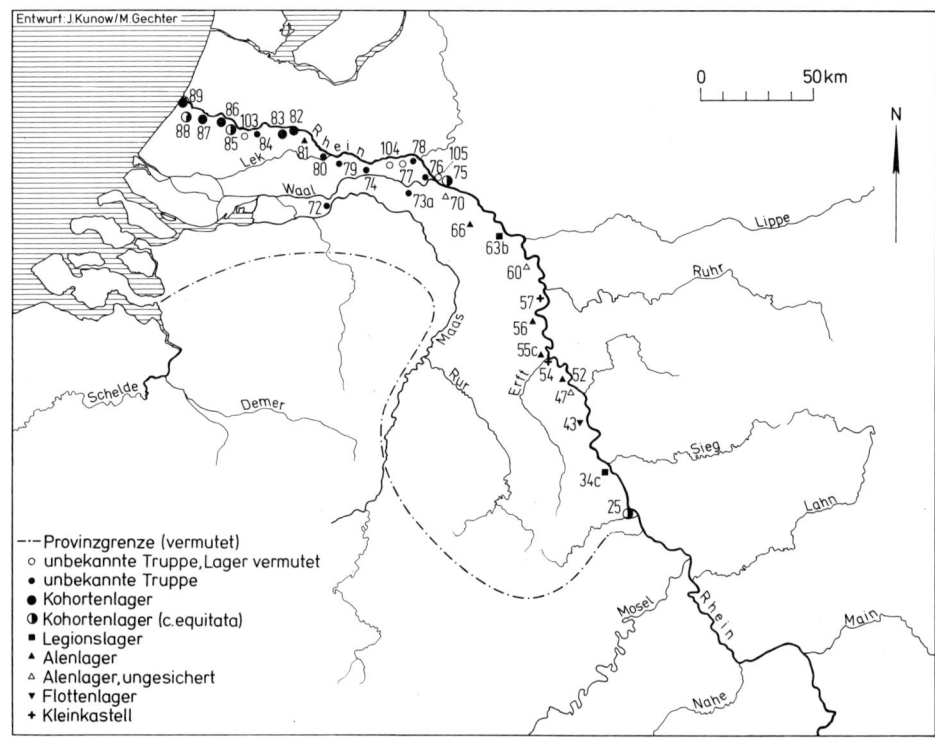

Abb. 41   Der niedergermanische Limes in der zweiten Hälfte des 2. Jh. n. Chr.
Platzverzeichnis → S. 35

gionsstandort wurde. Hier bezog die aus *Eburacum*-York abkommandierte *legio VIIII Hispana* Stellung. Es ist noch unklar, ob die gesamte Legion (unter Einbeziehung ihrer Hilfstruppen) oder nur ein Detachement das alte Legionslager aufsuchte. Die Verlegung bedeutete sicherlich keine Reaktion auf eine außen- oder gar innenpolitische Gefährdung; eher ist an eine Zwischenstationierung zu denken, wofür sich ein aufgelassenes Legionslager eben anbot. Die *legio VIIII Hispana* zog weiter nach Osten. Hier verliert sich ihre Spur. Vermutlich ging sie im jüdischen Bar Kochba-Aufstand (132–135) oder im Partherkrieg von 161 in Armenien unter.

Antoninus Pius (138–161) setzte das Werk seines Vorgängers fort. Er verstärkte die Grenzverteidigung und betrieb den Umbau der auxiliaren Holzlager in Stein. Zwar ist auch dieses Bauprogramm am niedergermanischen Limes noch nicht richtig faßbar, doch waren die Verhältnisse wohl ähnlich wie in der Provinz Obergermanien und Rätien (Bayern und Teile von Baden-Württemberg). Hier sind mindestens fünf Bauinschriften bekannt, die die Veränderungen anzeigen.

Auf Antoninus Pius folgte mit Mark Aurel (161–180) der letzte Adoptivkaiser. Seine Regierungszeit war überschattet von dunklen Ereignissen. Pestepidemien, Aufstände,

Währungsverfall und Wirtschaftskrise führten zu einer nicht endenden Kette von Katastrophen. Hinzu kamen Kämpfe mit den Parthern (161–165) und die besonders folgenschweren Markomannenkriege (167–175 und 178–180), deren katastrophales Ausmaß archäologische Untersuchungen in den Provinzen Noricum, Rätien und *Abb 11* Obergermanien bestätigen können. Die verbündeten Germanenstämme überwanden sogar die Alpen und belagerten die Stadt Aquileia in Oberitalien. Diese Markomannenkriege sind auf der Markussäule in Rom dargestellt. Niedergermanien blieb von diesen Kriegen völlig verschont. Zu Beginn der achtziger Jahre des 2. Jahrhunderts plünderten zwar Chauken aus dem Gebiet zwischen Weser und Elbe mit Schiffen die Nordseeküste, doch fiel es dem späteren Kaiser Didius Iulianus nicht sonderlich schwer, diese zu vertreiben. Kaiser Mark Aurel belohnte ihn dafür mit dem Konsulat (175).

Mark Aurel, den man auch den »Philosophen auf dem Kaiserthron« nennt, brach mit der Sitte des Adoptivkaisertums. Zumindest in dieser Hinsicht verhielt er sich wenig weise. Sein Sohn Commodus (180–192), Mitregent ab 177, führte eine pathologische Autokratie ein. Er sah sich als Inkarnation des Hercules und Mithras (»Cäsarenwahn«) und wurde schließlich im Bade erwürgt. In seine zwölfjährige Regierungszeit fällt neben einer kleineren Empörung in Obergermanien (*bellum desertorum*) wohl auch ein germanischer Angriff auf Niedergermanien, der allerdings nur durch eine kurze Erwähnung bekannt ist. Nicht einmal die Stämme sind überliefert. Die Gegenaktion leitete Clodius Albinus, der später für kurze Zeit Kaiser war.

Der Niedergermanische Limes hatte wohl am Regierungsende des Commodus die *Abb 41* meisten der Auxiliarkastelle in feste Steinlager umgerüstet. Valkenburg um 178, Zwammerdam, Vechten, beide grob in die zweite Hälfte des 2. Jahrhunderts zu datieren, und vermutlich weitere holländische Lager haben diese Entwicklung wohl abgeschlossen. Die Limeskarte aus dieser Zeit entspricht weitgehend dem trajanischen Zustand. Geringe Veränderungen zeichnen sich am Nordflügel ab. Das ehemalige Kohortenlager Vechten bekam eine Ala und Nijmegen, das bis etwa 175 eine Vexillation der in *Vetera II* stationierten *legio XXX Ulpia victrix* aufgenommen hatte, blieb für etwa 100 Jahre militärisch unbesetzt.

Die severische Dynastie

Die Ermordung des Commodus brachte das Imperium wiederum in schwere Bedrängnis. Die Abläufe des Vierkaiserjahres von 69 wiederholten sich, allerdings mit dem Unterschied, daß die Rheinlande diesmal von Beginn an auf den richtigen Kaiser setzten.

Commodus' Nachfolger wurde Pertinax, ein älterer Senator und früherer Freund Mark Aurels. Die Prätorianer in Rom waren allerdings mit der Wahl nicht einverstanden und ermordeten ihn nach wenigen Monaten. Didius Iulianus, früherer niederger-

Abb. 42   Bonn. Porträt des Kaisers Septimius Severus (193–211 n. Chr.). Marmor. Um 195 n. Chr.

Abb. 43   Bonn. Mehrfach abgeänderte Bauinschrift der 1. Legion mit dem Beinamen Minervia. Kalkstein – 1. Fassung: zwischen 211–222 n. Chr. (RLM Bonn)

manischer Statthalter in den Jahren 180/181–184/185, trat die Nachfolge an. Die Grenzarmeen erhoben ihre eigenen Favoriten zu Gegenkaisern: An der Donau wurde Septimius Severus ausgerufen, im Osten Pescennius Niger und ein wenig später Clodius Albinus, der auch unter Commodus in Niedergermanien militärische Aktionen gegen Germanen leitete, in Britannien. Septimius Severus setzte sich durch.

Septimius Severus, dessen Regentschaft eigentlich zu Unrecht negativ beurteilt wird, *Abb 42* war ein entschlußfreudiger Mann, der seine Macht auf die Soldaten stützte. Charakteristisch für seine Einstellung war ein Motto, das er seinen Söhnen auf dem Sterbebett mit auf den Weg gab: Haltet euch an die Soldaten, d. h. seht zu, daß es denen gut geht, dann braucht ihr euch um andere nicht zu kümmern. Eine populäre Entscheidung, die auch für das niedergermanische Militär Gewicht hatte, erlaubte nun den Soldaten, während ihrer Dienstjahre mit ihren Frauen in den Lagervororten (*canabae*) zusammenzuziehen. Damit kehrte auch in die Lagervorstädte von Bonn und Vetera II neues Leben ein. Gleichzeitig schaffte Septimius Severus für die unteren Dienstgrade bessere Beförderungsmöglichkeiten und damit, auch im Anschluß an den Militärdienst, Zugang zu zivilen Ämtern. Posten, die traditionell Mitgliedern des Senats vorbehalten gewesen waren, besetzte er mit Angehörigen des Ritterstandes, sogar Statthalterposten fielen hierunter. Wir kennen mit C. Furius Sabinius Aquila Timesitheus aus etwas späterer Zeit (233/234) einen solchen Emporkömmling, der die *Germania Inferior* »stellvertretend« (nämlich für einen Angehörigen des Senats) verwaltete.

Da ihm der Senat die Legitimation verweigerte, konstruierte Septimius Severus ein fingiertes Verwandtschaftsverhältnis zu den Antoninen und gab sich als Enkel des Antoninus Pius aus. Deshalb tragen die severischen Kaiser ebenfalls den Familiennamen Antoninus. Als guter Militär sorgte er sich vor allem um die Logistik und förderte den Straßenbau vor allem in Rätien. Neben dem Straßenbau bezeugen mehrere niedergermanische Inschriften auch die Errichtung öffentlicher Gebäude in dieser Zeit. *Abb 43*

Sein Sohn und Nachfolger Caracalla (so benannt nach dem gallischen Kapuzenumhang, eigentlich Marcus Aurelius Antoninus Caesar) führte 211 die Aktivitäten des Vaters fort. Schon ein Jahr nach seinem Regierungsantritt erließ er eine Verordnung, die *Constitutio Antoniniana*, die nun allen Reichsangehörigen das römische Bürgerrecht zusprach. Dies muß sich auch auf das Verhältnis zwischen Legionen und Hilfstruppen ausgewirkt haben, da jetzt das römische Bürgerrecht als erstrebtes Ziel für den dienstentlassenen Auxiliarsoldaten entfiel. Wie weit sich diese Regelung auch auf den unterschiedlich hohen Sold von Legionär und Auxiliar auswirkte, ist nicht bekannt.

Caracalla regierte wie bereits sein Vater in der Zeit einer schweren Wirtschaftskrise, die das gesamte Imperium erfaßt hatte und sich in Inflation und Wirtschaftsrückgang manifestierte. Vermutlich beschleunigten in der *Germania inferior* Klimaverschlechterung und Vernässen der Böden diesen Prozeß. Nun kamen mit den Alamannen äußere Feinde an der Rheinfront hinzu. Zwar war die niedergermanische Grenze noch nicht betroffen, doch mußte die niedergermanische Armee Truppen stellen.

Die Alamannen kamen als Stämmebund aus dem Inneren Germaniens (Elbegebiet), waren nach Süden bzw. Westen gezogen und hatten sich etwa vom Main abwärts gegenüber der obergermanischen und rätischen Grenze angesiedelt. Naturgemäß waren daher vor allem diese Provinzen bedroht. 213 rüstete Caracalla zum Gegenschlag und führte ein großes Heer auf germanisches Gebiet. Sogar eine Legion aus Ägypten beteiligte sich an dem Feldzug. Die näheren Einzelheiten dieser Aktion sind nicht überliefert, allerdings soll Caracalla nicht nur mit dem Schwerte gedroht, sondern auch mit dem Geldbeutel gelockt haben. Er schuf damit, ähnlich wie zuvor schon Commodus, einen Präzedenzfall, der Stillhaltegelder als festen Bestandteil der Außenpolitik etablierte.

Vielleicht gab es unter Caracalla oder seinen severischen Nachfolgern Elagabal (218–222) und Alexander Severus (222–235) auch an der niederrheinischen Front germanische Grenzüberfälle. Hierfür sprechen Weihungen an die schützenden Götter des Rheins in Vechten und ein Altar aus Bonn. Allerdings bleibt bei einer Bonner Inschrift (datiert auf den 27. 10. 231) unbekannt, wo sich die kriegerischen Ereignisse abgespielt haben. Sicherlich wären die niedergermanischen Geschehnisse in der ersten Hälfte des 3. Jahrhunderts ein wenig leichter überschaubar, wenn ähnlich, wie etwa für Rätien, die Münzschatzfunde dieses Zeithorizontes nach Zeitphasen getrennt und kartiert würden. Die Stoßrichtungen ansonsten unbekannter germanischer Überfälle werden so sichtbar.

Abb 44 Die niedergermanische Grenzverteidigung war in der ersten Hälfte des 3. Jahrhunderts etwa gleich wie in älteren Zeitperioden. Erstmals ist jedoch in der *Germania inferior* mit den *numeri* eine neue Truppengattung nachweisbar.

Aus der Regierungszeit Caracallas gibt es mit dem *Itinerarium Antonini* ein Straßenstationsverzeichnis, das an sieben Stellen stationierte Alen sichert: *Burungum*, Dormagen, Neuss, Krefeld-Gellep, *Calo*, Altkalkar und Rindern. Vermutlich beherbergte auch Vechten in dieser Zeit eine *Ala*, doch greift die Beschreibung des Itinerars nicht so weit nach Norden. Epigraphische Zeugnisse sind allerdings nur von sechs Alen bekannt. Da auch für die Kohorten die Inschriften nur auf 13 Einheiten Rückschlüsse er-
Abb 32 lauben, bleibt die Gesamtzahl von 21 500 Grenzsoldaten, die G. Alföldy ermittelt, sicherlich unterhalb der damaligen Iststärke. In dieser Truppenstärke blieben die zwei gleichzeitig stationierten *numeri* von vornehrein unberücksichtigt.

Die Zeit der Soldatenkaiser bis zum Gallischen Sonderreich

Mit Alexander Severus hatte 222 der letzte Severer den Kaiserthron bestiegen, die eigentliche Regentschaft übernahm indessen seine Mutter Iulia Mamaea. Das ging auch gut, solange keine militärischen Anforderungen an sie gestellt wurden. 233 durchbrachen Alamannen und Chatten den Limes und verwüsteten Obergermanien und Rätien bis zum Alpenrand. Der im Osten durch einen Partherfeldzug vorerst ge-

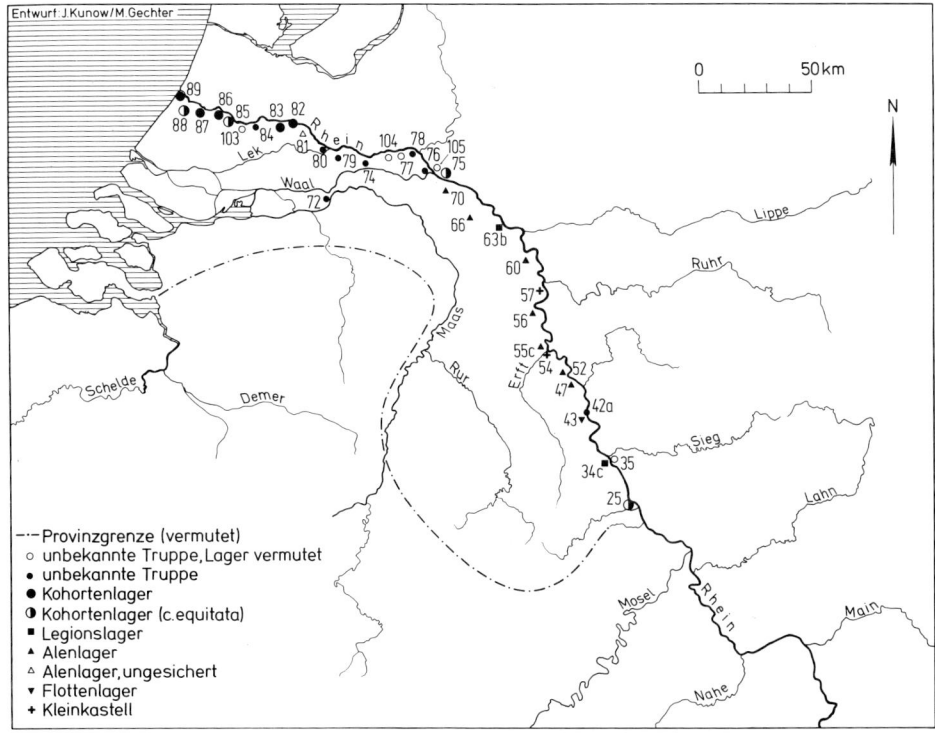

Abb. 44   Der niedergermanische Limes in der ersten Hälfte des 3. Jh. n. Chr.
Platzverzeichnis → S. 35

bundene Kaiser plante 234 die Gegenoffensive. Hierzu führte er, verstärkt durch neue
Rekruten, eine große Heeressäule nach Mainz. Die Rekruten unterstanden einem
C. Iulius Verus Maximinus, einem Bauernjungen aus Thrakien, der in severischer Zeit
bis zum ritterlichen Statthalter aufgestiegen war. Später habe, so heißt es in den antiken Quellen, Maximinus, der als Maximinus Thrax den Kaiserthron bestieg, seinen
Stammbaum »geschönt« und seine barbarischen Eltern verschwiegen. Bei dem Ala-
mannenfeldzug, an dem sich vermutlich niedergermanische Truppen beteiligten, ent-
zogen sich die Germanen dem Alexander Severus, der von sich aus bestrebt war, den
Feldzug nach kurzer Zeit zu beenden. Er dachte hierbei auch an die Zahlung von
Geldern. Damit war nun die Truppe, die sich um ihre Beute betrogen fühlte, nicht zufrieden. Die frisch Rekrutierten erhoben ihren Ausbilder Maximinus zum Kaiser, das
übrige Heer schloß sich an. Damit war das Schicksal der severischen Dynastie besie-
gelt.
Maximinus Thrax war der erste sog. Soldatenkaiser; diese Soldatenkaiser übernahmen, allein gestützt auf die Macht des Militärs, nun für 50 Jahre die Macht. Die Ära

Abb. 45   Neuwied-Niederbieber.
Porträt des Gordian III. (238–244
n. Chr.). Bronze. – H. 41 cm,
243/244 n. Chr. (RLM Bonn)

nahm zeitweilig chaotische Züge an, da die Gunst des Heeres bisweilen nicht nur einem Kandidaten zufiel und die Dauer der Zuneigung wesentlich von der Bereitschaft zu Vergünstigungen abhing. Allerdings gab es auch unter den Soldatenkaisern einige, die mit ihren Reformen den Weg zum spätrömischen Staat wiesen.

Abb 45   In rascher Folge lösten sich Gordian I. und II. (238) Gordian III. (238–244), Philippus Arabs (244–249), Decius (249–251), C. Vibius Trebonianus Gallus (251–253) und M. Aemilianus (253) ab. Im Jahre 253 setzte sich P. Licinius Valerianus (253–259) gegen zwei Widersacher in der Thronfolge durch, ihn unterstützten die gallischen und germanischen Provinzen. Als Mitregenten beteiligte er seinen Sohn Gallienus (253–268) an der Herrschaft. Eine der ersten Maßnahmen Valerians war es, Truppen von der Rhein- und Donaufront abzuziehen und im Osten gegen die Sassaniden, die Gründer eines neuen persischen Reiches, einzusetzen. Der Orientgang endete für Valerian mit einem persönlichen Debakel und für das Reich mit einer schweren Niederlage. Vor allem die kleinasiatischen Gebiete und die syrische Provinz waren damit bedroht. Die Regierungsverantwortung trug Valerians Sohn Gallienus von 260 an allein.
Der Abzug römischer Armeen war natürlich den Germanen nicht verborgen geblie-

ben; sie durchbrachen wiederum den Limes. Gallienus eilte selbst an die Rheinfront und holte militärische Verstärkung aus Britannien.

Gallienus ist eine der interessantesten Persönlichkeiten auf dem Kaiserthron. Seine Regierung und die eingeleiteten Reformen sind wegen der schlechten Quellenlage jedoch nur undeutlich faßbar. Er war ein Kaiser, dem die Einheit des Reiches und die Sicherheit der Grenzprovinzen außerordentlich wichtig waren. Im Jahre 255 war er (erstmals?) an der Rheinfront; hier hatten Alamannen wieder den Limes überwunden und das westliche Rätien und die Nordschweiz ein weiteres Mal heimgesucht. Ein Alamanneneinfall bedrohte sogar Italien, erst in der Nähe von Mailand konnten die Germanen gestellt werden; ein anderer Vorstoß ging bis *Arelate* (das heutige Arles in Südfrankreich). Am Niederrhein trat mit den Franken ein neuer Gegner auf, der den *Abb 22* südlicher operierenden Alamannen an Gefährlichkeit nicht nachstand. Auch diese waren ein Bund von Stämmen, bestehend aus Brukterern, Chamavern, Chattwariern und *Abb 51* Ampsivariern, also westgermanischen Stämmen. Sie kämpften noch unter Führung ihrer einzelnen Stammeskönige, unternahmen aber größere Angriffe gemeinsam. Ende des Jahres 256 oder zu Beginn 257 überschritten die Franken den Rhein, vermutlich im mittleren Frontabschnitt des Niedergermanischen Limes. Erst vor wenigen Jahren

Abb. 46   Aachen-Laurensberg. Münzschatz (Denare, Antoniniane). Silber. Vergraben während der Frankeneinfälle 260 n. Chr. (RLM Bonn)

Abb 455

wurden in Krefeld-Gellep mutmaßliche Kriegsopfer entdeckt, deren Tod in die Jahre 257/260 fällt. Neben gefallenen Soldaten gab es auch Zivilisten unter den Opfern. Diese hatten sich in die Nähe eines aufgelassenen Mithräums geflüchtet, als sie der Tod ereilte. Die Franken zogen weiter bis *Terraco*-Tarragona und nahmen die spanische Stadt ein. Ein Teil soll sogar nach Afrika übergesetzt haben.

Franken und Alamannen machten, nachdem sie erst einmal den Limes überwunden hatten, die gleiche Erfahrung. Im Innern des Reiches gab es keine Armee mehr, die sie aufhalten konnte. Die Grenzarmee mußte ihnen hinterhereilen und dabei zwangsläufig größere Limesabschnitte entblößen oder aber ihren Rückzug abwarten, um ihnen wenigstens noch die Beute abzunehmen. Hier setzte nun Gallienus eine umfassende Militärreform an. Schon zuvor hatte er die meist senatorischen Provinzstatthalter entmachtet, indem er deren militärische Aufgaben auf Ritter übertrug. Seit den Tagen des Septimius Severus hatte es sich immer deutlicher als Anachronismus herausgestellt, das Heer von Angehörigen des senatorischen Standes befehligen zu lassen. Gallienus berief daher nur noch Ritter zu Legionslegaten. Diese waren selbst ein homogener Bestandteil des Heeres und erschienen ihm als »Aufsteiger« besonders geeignet. Damit wurde die »ständische« Heeresstruktur an ihrer Spitze aufgebrochen. Als weiteren Schritt zog er Elitesoldaten der Kavallerie von den Grenzen ab und ließ sie als mobile Einheiten tief im Reichsinnern operieren. Ihre Aufgabe war, durchgebrochene Angreifer zu stellen. Damit legte Gallienus den Grundstein für die Aufteilung der römischen Armee in ein Grenz- und ein Bewegungsheer. Auch die Bewaffnung des Heeres trug den neuen Umständen Rechnung, indem er die Kavallerie in manchen Bereichen schwerer bewaffnete und panzerte. Diese Errungenschaft hatte man von den Gegnern an der Ostgrenze übernommen.

Um seine Kämpfe an der Rheingrenze zu finanzieren, verlegte Gallienus eine Münzstätte aus der Provinz Mösien nach Köln. Nachdem die ersten Frankeneinfälle überstanden waren, kehrte er der Rheinfront den Rücken, hinterließ aber in Köln seinen noch unmündigen Sohn Saloninus. Dieser und der ihm als Berater beigegebene Silvanus schienen ihm Garanten kaiserlicher Präsenz am Niederrhein zu sein. Der kaiserliche Prinz und sein Berater wurden aber schon 259 Opfer einer Revolte, aus der

Abb 62 M. Cassianus Latinius Postumus als Gegenkaiser hervorging. Postumus, der zuvor vermutlich den Posten eines Provinzstatthalters oder eines hohen Militärs bekleidet hatte, gründete ein gallisches Sonderreich, dessen Fundamente aber weit solider waren als das Imperium Galliarum aus der Zeit des Bataveraufstandes (69/70 n. Chr.). Für 14 Jahre hatten die abgefallenen germanischen, gallischen und spanischen Provinzen sowie Britannien energische (Gegen-)Kaiser, die es verstanden, ihr Sonderreich gegen germanische Eindringlinge zu schützen.

Die gallischen Sonderkaiser

Nach seiner Usurpation verzichtete Postumus darauf, die Entscheidung gegen Gallienus zu suchen. Er baute Köln als neue Hauptstadt auf und versuchte, ein »zweites
Rom« am Rhein zu schaffen. Hierfür setzte er sogar einen Senat ein, hielt sich Präto- *Abb 201*
rianer und prägte eigenes Geld. Münzschätze, deren Schlußmünzen in das Jahr 260 datieren, zeigen, daß sich Postumus von Beginn an fränkischen Überfällen ausgesetzt
sah. Leider gibt es keine moderne Zusammenstellung der in diesem Zeitraum datierenden Münzhorte, so daß die Stoßrichtungen germanischer Einfälle oder doch zumindest die »Angstwellen« noch nicht deutlich auszumachen sind. Vor wenigen Jahren
wurde von Raubgräbern ein großer Münzfund aus Aachen-Laurensberg (Schluß- *Abb 46*
münze 260) in den Handel gebracht, wertvolle Informationen des archäologischen Befundes sind dadurch verlorengegangen.
Postumus gelang es, den Limes gegen die Germanen zu halten. Er lenkte die Geschicke
seines Sonderreiches bis 268, dann ereilte ihn ein für Usurpatoren typisches Schicksal.
Die Soldaten, die ihn auf den Kaiserthron gehoben hatten, erschlugen ihn, als er sich

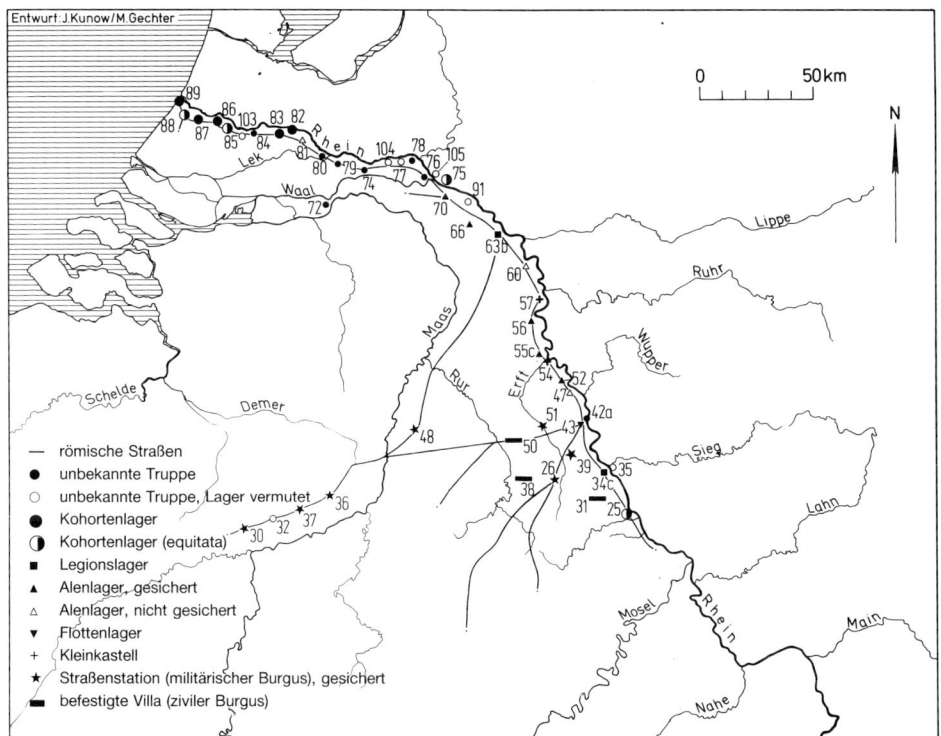

*Abb. 47   Der niedergermanische Limes zur Zeit des gallischen Sonderreiches (260–273
n. Chr.). Platzverzeichnis → S. 35*

weigerte, die Provinzhauptstadt der *Germina superior,* Mainz, plündern zu lassen. Die Regierungszeit seines Nachfolgers Marius währte nur einige Monate.

Nicht besser erging es M. Piavonius Victorinus. In den wenigen antiken Quellen wird er als erfahrener Kriegsmann beschrieben, der einer einflußreichen Trierer Familie entstammte. Dank der Liebe zu seinem Heimatort wurde Trier der Hauptstadt Köln gleichgestellt. Dem rechtmäßigen neuen Kaiser Claudius II. Gothicus in Rom gelang es in der Zwischenzeit, spanische Provinzen und Britannien aus dem Sonderreich herauszulösen, auch in Gallien selbst gab es Widerstände gegen Victorinus. Trotz dieser von Westen her nahenden Bedrohung hielt offensichtlich der Rheinlimes. Jedenfalls gibt es keine gegenteiligen Anzeichen. Auch Victorinus starb gewaltsam (270).

Der letzte gallische Sonderkaiser war C. Pius Esuvius Tetricus (270–273). Er war bis dahin Statthalter der Aquitania gewesen und hatte im fernen Bordeaux residiert, war also den Truppen am Rhein weithin unbekannt. Die Einheit des Sonderreiches schien immer mehr durch das »Rombewußtsein« der Bevölkerung gefährdet, so daß die Nominierung des aus altem gallischem und damit auch senatorischen Adel stammenden Tetricus als Ausgleich gesehen werden konnte. Tetricus kam an die Rheinfront, verlegte den Kaisersitz aber nach Trier. Wirtschaftlich ging es mit dem gallischen Reich bergab, wie der ständig sinkende Edelmetallanteil bei den Münzen zeigt (die offiziellen Reichsmünzen waren qualitätvoller). Über die Regierungszeit des Tetricus ist wenig bekannt, das meiste ist noch den Münzprägungen zu entnehmen, die ihn immer wieder als Germanenbezwinger hochleben lassen. Im Jahre 273 war es dann endgültig so weit; was Gallienus und Claudius II. wegen der Gefährdung an der Donau- und Orientfront nicht durchsetzen wollten, gelang dem neuen energischen Kaiser Aurelian (270–275). Tetricus ergab sich den Truppen des rechtmäßigen Herrschers und lief über. Aurelian verschonte ihn und übertrug ihm und einigen Anhängern offizielle Ämter. Das gallische Sonderreich ging also unblutig wieder im *Imperium Romanum* auf.

Abb 47   Die Grenzlinie der gallischen Sonderkaiser entspricht genau der severischen Zeit und der Ära der Soldatenkaiser, wobei die Alenlager von *Burungum* und *Calo* aber wieder unsicher sind. Hinzu kommt vielleicht schon jetzt ein Numeruslager bei Qualburg. Neu ist hingegen die Sicherung des Landesinneren. Entlang der Straßen, die die Germanen benutzten, wurden nun militärische Sicherungsposten (*burgi*) errichtet. Die am *Abb 88*   meisten gefährdete Straße war die Route von Köln über Tongeren nach Bavai, die von hier aus weiter nach Nordgallien führte. Hier standen die erwähnten *burgi* nachweislich in Luttre-Les Bons Villers, Luttre-Brunehaut, Taviers, Braives und Hulsberg-*Abb 294*   Goudsberg, mit der Heidenburg bei Königsdorf befand sich ein weiterer militärischer *burgus* an dieser Straße. Eine weitere wichtige Reichsstraße verlief von Köln über Zülpich nach Trier; diese Verbindung überwachten ebenfalls an strategisch besonders günstigen Stellen (höchster Punkt der Hochterrasse) kleine Straßenposten in Rövenich und Brühl-Villenhaus. Auch die Zivilbevölkerung ergriff Selbstschutzmaßnahmen. Gerade in letzter Zeit werden immer mehr zivile *burgi* bekannt, die in unmit-

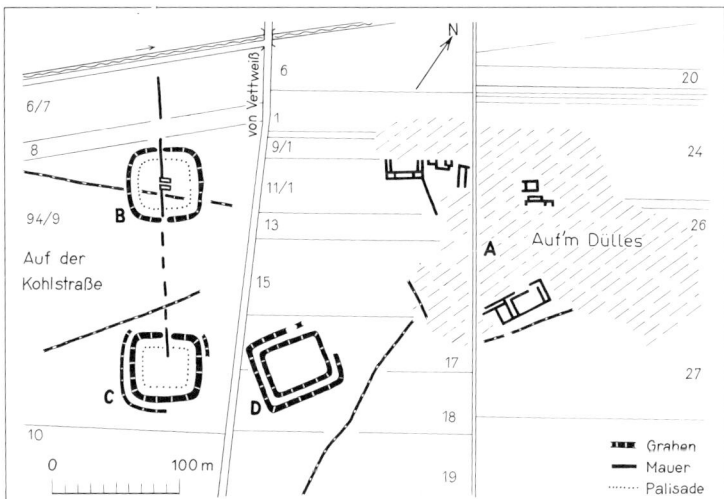

Abb. 48/49   Vettweiß-Froitzheim/DN. Wehranlagen (burgi) einer villa rustica. Luftbild (Freigabe RP Düsseldorf 16/28/6479) und Plan

telbarer Nachbarschaft von römischen Gutshöfen stehen. Hierhin zog sich die Bevölkerung bei Gefahr zurück. Es ist anzunehmen, daß es derartige zivile *burgi* sehr viel mehr gab als bis heute zutage gekommen sind. Zivile *burgi* standen wohl während des

Abb 48, 49 gallischen Sonderkaisertums in Froitzheim, Rheinbach-Flerzheim und Hambach.

Niedergermanien bis zur Tetrarchie

Schon bald nach Auflösung des gallischen Sonderreiches muß Niedergermanien wieder attackiert worden sein; wir wissen, daß Aurelian nach Gallien eilte, um bedrängte Vindeliker zu entsetzen. Im November 1971 kam bei Pulheim, im Ortsteil Brauweiler/BM, bei Bauarbeiten ein Schatzfund von 2623 Münzen zutage, der Ende 274 oder Anfang 275 hier vergraben worden war. Aus den siebziger Jahren des 3. Jahrhunderts sind bis tief in die Alpen und Pyrenäen hinein eine Vielzahl derartiger Münzhorte, die von germanischen Überfällen Zeugnis geben, bekannt. Zwar wird diese Zeit auch in den historischen Nachrichten als unruhig beschrieben, doch sind Einzelheiten nicht überliefert. Von den Unruhen war natürlich besonders die Zivilbevölkerung betroffen. Sie versuchte sich durch Ummauerung ihrer Städte zu schützen. Derartige Stadtmauern kennen wir, von den kaiserzeitlichen Kolonien Köln und Xanten einmal abge-

Abb 555, 387 sehen, nun auch in de facto-Städten im Landesinnern wie etwa Zülpich oder Jülich. Selbst die Bevölkerung von Rom schloß sich ein. Die gewaltige, noch heute sichtbare »Aurelianische Mauer« zeugt davon.

Aurelian wurde 275 ermordet. Auf ein mehrmonatiges Interregnum folgten mit dem betagten Senator Tacitus (276) sowie einem Florianus (276) zwei Kaiser, die aber schon nach kurzer Zeit von Probus (276–282) abgelöst wurden. Aus der kurzen Regierungszeit des Kaisers Florianus wurde bereits im vorigen Jahrhundert irgendwo bei Köln ein Meilenstein – er gehört zu den jüngsten im Rheinland – entdeckt, der ihn als Straßenbauer belegt. Da der genaue Fundort nicht mehr bekannt ist, muß offenbleiben, welche Straße er reparieren ließ. In der zweiten Hälfte des 3. Jahrhunderts wurden überhaupt immer weniger Straßen gebaut oder repariert. Der rasche Wechsel auf dem Kaiserthron und die chronische Finanzmisere erlaubten kaum noch größere Bauprogramme, außerdem machten die veränderten Bedürfnisse des Militärs die Reichsstraßen fast unnötig. Das mobile Heer im Reichsinnern, das Gallienus aufgestellt hatte, war größtenteils beritten und damit unabhängiger von gepflasterten Routen.

Wohl in die Regierungszeit des Tacitus, vielleicht auch erst in die des Probus, gehört ein Frankeneinfall mit ähnlich katastrophalen Folgen wie der Alamanneneinfall von 259/260. Dieser Alamanneneinfall machte Teile Obergermaniens (fast das gesamte heutige Baden-Württemberg) zu germanischem Siedelland. Der fränkische Durchstoß von 276, an dem sich vermutlich auch ostgermanische Vandalen, Lugier und Burgunden beteiligten, muß im nördlichen Frontabschnitt oder ein wenig südlich davon (bei

Xanten?) erfolgt sein. Mit *Vetera II* wurde das eine der beiden niedergermanischen Legionslager so vollständig zerstört, daß man sich später (unter Konstantin d. Gr.) nicht nur für eine neue Befestigung, sondern auch für einen neuen Standort entscheiden mußte: Die *Colonia Ulpia Traiana (CUT)*, deren Umfang hierfür reduziert und *Abb 50 (63c), 544* die nun mit Verteidigungsmauer und Doppelgraben versehen wurde. Die *legio XXX Ulpia victrix* in offensichtlich bei der Zerstörung von *Vetera II* nicht vollständig aufgerieben worden, da sich »Überbleibsel« noch im spätantiken Bewegungsheer nachweisen lassen. Am stärksten betraf der Frankeneinfall des Jahres 276 den heute niederländischen Anteil der *Germania inferior*. Aus dem nördlichen Frontabschnitt ist kein unbeschädigtes Lager bekannt. Der niedergermanische Limes wurde in diesem Bereich als Festungslinie nie wieder errichtet. Nur die Festung von Meinerswijk-*Castra Herculis* hat diesen Angriff in irgendeiner Form überlebt, zumindest wurde an der gleichen Stelle wieder ein Lager errichtet. Für die Zeit nach 276 gibt es keine gesicherten Kenntnisse, wie oder ob überhaupt die niedergermanische Grenze zwischen *Castra Herculis* und Nordsee geschützt war.

Dem schweren Einfall von 276 folgt ein weiterer. Kaiser Probus führte Kämpfe an der gesamten Rheinfront gegen Franken und Alamannen, zusätzliche Probleme bereiteten ihm Usurpatoren. Am Ende seiner Regierungszeit hatte der energische Probus Gallien und die germanischen Provinzen bis zum Rhein von Germanen und Gegenkaisern befreit. Die Germanen hielten kurzzeitig Ruhe.

Die Germania secunda unter der Tetrarchie bis zum Tode Konstantins d. Gr.

Mit Diokletian (284–305) endet die Ära der Soldatenkaiser. Diokletian oder Diokles, wie er sich damals nannte, wurde als Kommandeur der kaiserlichen Garde von den Truppen ausgerufen. Er setzte, wie schon frühere Kaiser es getan hatten, einen Mitregenten ein, wobei er sich allerdings das »Vorrangsrecht« sicherte. Im Gegensatz zu den früheren Kaisern beschloß er, auf echte oder fiktive Verwandtschaftsverhältnisse zu verzichten und »hoffte, dem Pluralismus der Anarchie durch seine vorherige Legalisierung beizukommen« (A. Heuß). Seine Wahl fiel auf einen illyrischen Landsmann, Maximian, als Mitregenten. Anfangs (286) war dieser als Cäsar (Kaiseranwärter) noch Diokletian untergeordnet, schon bald konnte er sich jedoch Augustus nennen und war damit offiziell gleichgestellt. Die beiden Augusti teilten das Reich in eine West- und eine Osthälfte. 293 legten sie auch ihre Vertreter fest; Cäsar im Osten unter Diokletian wurde Galerius, im Westen Constantius unter Maximian. Die Herrschaft über das Römische Reich teilten sich damit vier Personen (zwei Augusti und zwei Cäsaren); man nennt diese Regierungsform Tetrarchie (Viererherrschaft).

In dieser Zeit mußte sich Rom immer häufiger mit seefahrenden Germanen auseinandersetzen. Hatten schon die Franken bisweilen den Limes umschifft, so zeigten sich die *Saxones* (»Sachsen«) als Meister des Seekrieges. Sie terrorisierten die Küstenstriche

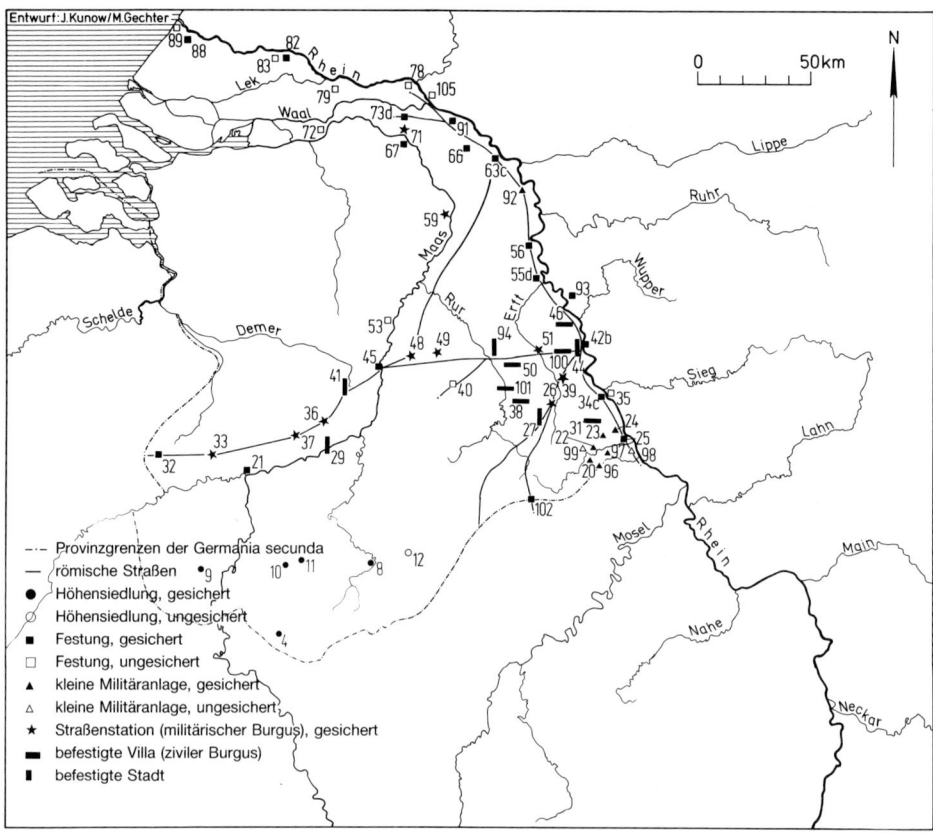

*Abb. 50   Die römischen Wehranlagen in der Germania secunda Ende 3./Erste Hälfte 4. Jh.
n. Chr. Platzverzeichnis → S. 35*

der *Gallia Belgica* bis zum Gebiet zwischen Seine und Loire. Mit der Beseitigung der
Seeräuberplage wurde Carausius, ein Mann niedrigster Herkunft, wie die antiken
Schriftsteller zu berichten wissen, beauftragt. Er bereinigte die Situation, geriet aber in
den Verdacht, dem Kaiser die Beute vorzuenthalten und sogar noch Barbaren anzu-
locken, um sie wiederum auszuplündern. Maximian gab Befehl, ihn zu töten. Carausius legte den Purpur an und brachte Britannien sowie wichtige kontinentale Küsten-
städte unter seine Kontrolle. Offensichtlich liefen auch kaiserliche Truppen (vielleicht
die *legio XXX*) und fränkische Söldner zu ihm über. Erst Constantius, wegen seiner
Gesichtsfarbe Chlorus, der »Blasse«, genannt, gelang 296 die Rückeroberung, nachdem nun auch ein Nachfolger des Carausius geschlagen war. Constantius verlegte seinen Regierungssitz nach Trier; in Absprache mit seinem Augustus Maximian war er
für Gallien, d. h. auch für Germanien und Britannien zuständig.
Die Franken überschritten zu dieser Zeit die römische Reichsgrenze schon längst nicht
mehr nur in der Absicht, Beute zu machen; sie versuchten, sich dauerhaft auf Reichs-

gebiet anzusiedeln. Am leichtesten gelang dies natürlich dort, wo eine dauerhafte Kontrolle durch Rom nicht mehr gegeben war, also im Bereich des ehemaligen nördlichen Limesabschnittes. Hier stand nach dem verheerenden Frankeneinfall von 276 keine geschlossene Kastellkette mehr. Constantius unterwarf »Barbaren«, wohl in der Hauptsache Franken, die das Gebiet zwischen Rhein- und Scheldemündung in ihren Besitz genommen hatten. Er siedelte sie als »Laeten« im Inneren Galliens an und verpflichtete sie zur Heeresfolge. Vermutlich gestattete er einem Teil der Franken, um ein bevölkerungsleeres Gebiet an der Nordgrenze Niedergermaniens zu verhindern, im Lande zu bleiben und als Verbündete (*foederati*) die Grenzüberwachung mitzuübernehmen. Diese *foederati* hatten aus Eigennutz ein Interesse daran, von Rom zugewiesenes Siedelland nicht mit anderen teilen zu müssen. Die Politik des Constantius, energisches Einschreiten gegen Invasoren verbunden mit Deportation oder Einbindung in Verträge, zeigte ihre Wirkung. Bis zum Jahre 305 gab es offensichtlich – abgesehen von kleinen Einfällen – keine Grenzgefährdung mehr.

Das von Diokletian konzipierte System der Herrschaftsübernahme durch die Cäsaren funktionierte nicht. Zwar traten Maximian und er als Augusti ab und übergaben ihre Reichshälfte jeweils den anerkannten Nachfolgern, doch versuchte Maximian schon bald sein Comeback; zusätzlich rivalisierten die ehemaligen Cäsaren miteinander. Konstantin, der Sohn des Constantius und akklamierte Cäsar für den Westteil, wurde von Galerius im Ostteil festgehalten und mußte sich zu seinem Vater durchschlagen. Constantius starb 306 und das Heer rief seinen Sohn zum Kaiser aus. Konstantin wurde gleich gefordert. Da war zum einen Maximian, der seinen Thronverzicht gewaltsam rückgängig machen wollte. Erst nach sechs Jahren konnte sich Konstantin als Regent des Westteils gegen Maximian (gest. 310) und dessen Sohn Maxentius (gest. 312) durchsetzen. Nach weiteren zwölf Jahren war auch der Konkurrent im Osten, Licinius, besiegt. Diese Diadochenkämpfe blieben natürlich den Germanen nicht verborgen. Zwischen 306 und 318/19 waren vier Unternehmungen gegen die Franken notwendig. Diese leitete Konstantin persönlich oder seine Söhne. Man besiegte eingefallene Franken auf Reichsgebiet und ließ deren Anführer sogar in der Arena gegen Tiere kämpfen. Aber Konstantin begnügte sich nicht damit, das Reichsgebiet von Invasoren zu säubern. Er schlug im Jahre 310 eine 420 m lange steinerne Brücke bei Köln *Abb 89* über den Rhein und sicherte sie mit einem rechtsrheinischen Kastell. Der Name dieses Brückenkopfs – *Divitia* – lebt noch im heutigen (Köln-)Deutz fort. Mit dieser Brücke *Abb 50 (42b),* gab es nun ein Ausfalltor gegen die Franken. *441, 75*

Die erfolgreichen Kämpfe gegen die Franken sicherten für mehr als 20 Jahre Frieden. Erst 341, also schon vier Jahre nach Konstantins Tod, überschritten die rechtsrheinischen Frankenstämme wieder den Limes und stießen mit dem Heer des Constans, einem Sohn Konstantins in Gallien zusammen. Zwar hatten die Maßnahmen Konstantins und seiner Söhne den Rhein als Reichsgrenze gesichert, doch waren zu diesem Zeitpunkt Infiltrationen von fränkischen Neusiedlern nicht mehr kontrollierbar. Der germanische Bevölkerungsanteil im Grenzgebiet wuchs ständig.

Die Grenzverteidigung der Germania secunda bis zum Tode Konstantins d. Gr.

Abb 50   Nach der Zerstörung der Limeslinie von 276 durch die Franken und der anschließenden Wiedererrichtung durch Kaiser Probus sind aus der Zeit der Tetrarchie keine Baumaßnahmen bekannt. In Krefeld-Gellep wurden in kleinem Umfang Holzbauten und die Lagerumwehrung neu erstellt, doch blieb in jedem Fall ein größeres Bauprogramm erst Konstantin, der mit Regierungsantritt immer wieder in Gallien und den germanischen Provinzen residierte, vorbehalten. Bereits sein Vater Constantius Chlorus hatte mit seinem energischen Auftreten gegenüber fränkischen Siedlern im Rhein-Mündungsgebiet und in der Bataverregion bewiesen, daß Rom den Rhein bis zur Nordsee-

Abb 50 (78)   küste weiterhin als Reichsgrenze ansah, auch dann, wenn der Bereich nördlich von Arnheim-Meinerswijk nicht mehr durch eine geschlossene Kastellkette gesichert war.

Abb 50 (82, 88)   Mit Utrecht und Valkenburg gibt es jedoch mindestens zwei spätantike Festungen am Oude und Kromme Rijn. Diese Vorposten dienten (ähnlich wie an der Maas) der Sicherung der Schiffahrtsverbindung. Ob sie ständig und von wem sie besetzt waren, ist noch nicht bekannt. Bauaktivitäten des Constantius sind nur in zwei Lagern des südlichen Obergermanien (Provinz *Maxima Sequanorum:* weite Bereiche der heutigen Schweiz) durch Inschriften gesichert. Vielleicht fällt in seine Jahre jedoch die Errichtung eines Marschlagers bei Ermelo, Provinz Gelderland, etwa 35 km tief im Barbaricum zwischen Vecht und Issel gelegen, allerdings ist auch eine etwas frühere Zeitstellung möglich. Da es sich bei Ermelo jedoch um keinen Garnisonsstandort im eigentlichen Sinne handelt, wird es in den Kartierungen nicht geführt.

Der erwähnte Brückenkopf Köln-Deutz/*Divitia*, aber auch ähnliche, wie etwa Haus Bürgel, das damals noch linksrheinisch lag, sind die Prototypen spätantiker Kastelle. Ihre Festungsmauern waren sehr massiv (zumeist 10 röm. Fuß, d. h. ca. 3 m) und wurden zusätzlich durch breite und tiefe Gräben gesichert. Der Graben von *Divitia* etwa weist eine Breite von 12 m und eine Tiefe von 4 m auf, darüber hinaus legte man eine Berme (Abstand zwischen Mauerabschluß und Grabenanfang) von 30 m an, so daß der Angreifer zwischen dem ersten Hindernis (Graben) und der Lagerwehrmauer über 40 m zurücklegen mußte. Auch der Lagergrundriß spätantiker Festungen weicht von den prinzipatzeitlichen Vorgängern ab. Das langrechteckige Lager mit abgerun-

Abb 75, 441   deten Ecken wurde durch andere Formen abgelöst. Deutz/*Divitia* und Haus Bürgel

Abb 485   haben quadratische Lagerzuschnitte mit runden, vor die Wehrmauern gestellten Türmen. Im frühneuzeitlichen Festungsbau mit den vor eine Zitadelle gesetzten Bastionen finden sich noch Reste dieser Architektur. Mit den auf den Türmen stehenden Geschützen, die in der Spätantike weit wichtiger als zuvor wurden, konnten die Verteidiger den Gegner sowohl im Vorfeld bestreichen als auch die Kurtinen (Lagermauern) durch ihre vorgeschobene Position absichern. Damit war es schwieriger, das Lager zu erstürmen, da sich keine toten Winkel mehr boten. Ein zusätzlicher Effekt davon war, daß der Wehrgang auf der Mauerkrone von Geschützen, Munition usw. frei blieb und die Verteidiger schnell rochieren konnten. Als weiterer Lagergrundriß in der Spätantike war die Trapezform mit vorgezogenen Türmen beliebt, aus der *Germania se-cunda* ist allerdings kein Typ dieser Festung bekannt.

Abseits des Rheinlimes an der Maas gab es in Maastricht, Stokkem, Grubbenvorst-   *Abb 50*
Lottum und Cuijk jetzt auch Festungen bzw. einen *burgus*, wobei im Einzelfall häufig nur schwer zwischen Festung und befestigter Stadt zu trennen ist, da einerseits auch Zivilbevölkerung in den Limitanfestungen lebte, andererseits sich der Grundriß mit den vorspringenden Türmen wiederholt. Diese Sicherungslinie an der Maas, die auf Konstantin zurückgeht, ist jedoch keinesfalls als Limes anzusehen. Dazu sind die Ab-stände zwischen den links (!) der Maas eingerichteten Militärposten entschieden zu groß und auch die Anlage des belgisch-französischen Küstenlimes der *Belgica secunda* (*litus Saxonicum*) wäre wenig sinnvoll, wenn die Provinz *Belgica secunda* von Osten her völlig ungeschützt gelegen hätte. Die Situation an der Maas entspricht der der Fernstraße Köln–Tongeren–Bavai. Militärposten und Festungen sicherten einen Ver-kehrsweg, den die Franken und vor allem die Saxonen immer zum Einfall in das Reichsinnere nahmen.

Wenn auch bis zum 5. Jahrhundert der Rhein als offizielle Reichsgrenze nicht aufgege-ben wurde, zeigen doch die Befestigungen an der Maas, daß die tatsächliche Macht-grenze häufig nicht über die Flußlinie und ein gewisses Vorfeld hinausging. Nur ener-gischen Herrschern wie etwa Constantius Chlorus, Konstantin, Julian oder Valen-tinian I. gelang es, Reichs- und Machtgrenze in Deckung zu bringen und damit nicht nur den Anspruch auf das ganze linksrheinische Gebiet zu erheben, sondern ihn auch durchzusetzen. Es wurde verschiedentlich vermutet, daß die nördliche Provinz-grenze der *Germania secunda* vom heute niederländischen Rhein auf den Waal nach Süden hin zurückgenommen wurde. Beweisbar ist dieses nicht, da Grenzsicherungen, wie schon gesagt, unbekannt sind. Allerdings spricht gegen diese Vermutung, daß Arnheim-Meinerswijk am linken Ufer des Neder-Rijn liegt; zudem ließe sich die Lage der vorgeschobenen Posten am Kromme und Oude Rijn nicht befriedigend er-klären.

Wie tief verunsichert die spätantike Bevölkerung der *Germania secunda* war, zeigen die befestigten Höhensiedlungen wie etwa Dourbes oder Eprave im heutigen Belgien.   *Abb 50*
Mit den sechs Anlagen dieses Typs kennen wir sicherlich erst einen Teil der Refugien, die bei Gefahr aufgesucht wurden. Typisch spätantik sind auch die Signalstationen im Hinterland, die zuvor wegen der Stationierung der Truppen am Limes nicht erforder-lich gewesen waren. Nachweisbar scheint bislang ein Signalsystem über mehrere Sta-tionen: Wachtberg–Tomberg–Hochthürmen–Michelsberg. Diese Verbindungslinie   *Abb 284*
ging vom Rhein aus, überquerte die Eifel und führte offensichtlich zur kaiserlichen Residenz nach *Augusta Treverorum*-Trier, wo Truppen des Bewegungsheeres mobili-siert werden konnten.

Im Gegensatz zum Bewegungsheer, über das die *Notitia Dignitatum* berichtet, ist un-sere Kenntnis der Limitantruppen ungleich geringer. Noch für das Jahr 295 ist durch eine Weihung die *legio I Minervia* in Bonn nachweisbar. Man wird deshalb davon ausgehen können, daß im wesentlichen die Einheiten der Prinzipatszeit, wenn auch in reduzierter Truppenstärke, in der Spätantike noch ihre alten Standlager besetzt hielten. Häufig wird allerdings nur der alte Name tradiert worden sein, denn auch bei den Limitantruppen wuchs das barbarische Element. Zudem mußten die Grenztruppen ihre besten Kämpfer an das Bewegungsheer abtreten. Der Name der neu aufgestellten Einheiten weist häufig auf den Ursprung hin, so dienten die *Minervii*, also eine Truppe aus ehemaligen Angehörigen der Bonner *legio I Minervia*, als comitatensische Legion im Osten des Reiches und auch die *Tricensimani* (»Dreißiger«) zeigen die Reduzierung an, die die Xantener *legio XXX Ulpia victrix* hinnehmen mußte. Deshalb ist die genaue Stärke der spätantiken Limitaneinheiten auch nicht bekannt. Vermutlich differierte sie sehr, da die Größen der spätantiken Lager nicht so einheitlich waren wie in den ersten drei Jahrhunderten, und auch die Kasernenzahl stark voneinander abwich.

Die Germania secunda nach dem Tode Konstantins bis zur Rückeroberung unter Julian

Konstantin hatte es nach seiner Auseinandersetzung mit Licinius, dem letzten Konkurrenten im Ostteil erreicht, das gesamte Römische Reich wieder unter einen Kaiserthron zu zwingen. Das Problem der Nachfolge löste er bereits vor seinem Tod, indem er das Reich von seinen drei noch lebenden Söhnen (Crispus, den vierten Sohn, hatte er schon zuvor umbringen lassen) und einem Neffen verwalten wissen wollte. Diese Tetrarchie hielt nur kurze Zeit. Als erster wurde der Neffe ausgeschaltet, ihm folgte recht bald Konstantin II.; von 340 an regierte Constans den West- und sein Bruder Constantius II. den Ostteil des Reiches.

Abb 179

In seinem zweiten Amtsjahr als Alleinherrscher des Westens mußte sich Constans wieder mit Franken auseinandersetzen, die sich über 20 Jahre ruhig verhalten hatten. Die näheren Einzelheiten sind unbekannt; in jedem Fall schlug er die Franken und schloß Frieden.

Die dürftige schriftliche Quellenangabe verbessern Münzschätze ein wenig. Am 7. 11. 1975 ortete eine mit der Kampfmittelbeseitigung beauftragte Firma im rechtsrheinischen Königsforst, knapp 12 km vom Deutzer Kastell entfernt, einen Hort, der aus vielen Metallgeräten sowie mehr als 3600 Münzen bestand. Die Schlußmünze datiert in das Jahr 348. Dieser Hort zeigt, daß wohl die gesamte Regierungszeit des Constans als unsicher anzunehmen ist, auch wenn sich die Grenzverletzungen nicht in den Nachrichten der antiken Historiker niederschlugen. Vielleicht einen weiteren Beleg hierfür bietet der heute verschollene Münzhort von Weeze an der Niers (5200 Münzen), allerdings sind hier andere Gründe für die Niederlegung nicht auszuschließen. Der Schatz wurde 337 oder kurz danach vergraben.

Der in Trier residierende Kaiser Constans fiel 350 einer Offiziersrevolte zum Opfer; Nutznießer war ein gewisser Flavius Magnus Magnentius, ein hoher Militär, der sich der Beliebtheit des gallo-germanischen Heeres erfreute. Schon bald nach seiner Machtübernahme erkannte das gesamte Westreich (mit Ausnahme Illyricums) den Usurpator an. Für Gallien und die germanischen Provinzen wäre die vierjährige Regentschaft des Magnentius ohne größere Bedeutung, wenn nicht Franken und Alamannen die Grenzgebiete, wie in den Katastrophenjahren 259/260 und 276, verwüstet hätten. Magnentius hatte 36 000 Soldaten, wohl zumeist aus dem gallischen Heer abgezogen und marschierte mit ihnen nach Illyricum, um diese letzte Bastion zu nehmen. In Mursa, unweit der Draumündung in die Donau, kam es zur Entscheidung mit Constantius II. (351). Insgesamt sollen die Verluste bei mehr als 50 000 Soldaten gelegen haben; aus der Schlacht ging Constantius II., der letzte überlebende Sohn Konstantins d. Gr., als Sieger und etwas später als Alleinherrscher des Reiches hervor (Spätsommer 353). Der Substanzverlust, den West- und Ostheer hatten hinnehmen müssen, schwächte noch Jahrzehnte die Schlagkraft der römischen Armee.

Die innenpolitischen Auseinandersetzungen und der Abzug von Truppen aus der gallischen Präfektur durch Magnentius, der sich auf einen Meilenstein bei Blankenheim großspurig als »Wiederhersteller der öffentlichen Freiheit« bezeichnet, war natürlich den germanischen Grenzanliegern nicht verborgen geblieben. Alamannen und Franken überschritten 352 und 353 in breiter Front den Rhein und brachen tief in Gallien ein. Bis zur Rückeroberung der *Germania secunda* (die Hauptstadt Köln konnte sich bis 355 halten) unter Julian (356–359) blieb diese Provinz außerhalb des römischen Zugriffs. Der magnentius-zeitliche Zerstörungshorizont ist in militärischen Lagern wie etwa der spätrömischen Festung in der *CUT* (zerstört 351/352), aber auch in den zivilen Siedlungen (z. B. der Villa von Blankenheim) immer wieder nachgewiesen. Constantius II. führte nach seinem Sieg über Magnentius verschiedene Feldzüge gegen die Alamannen, die er persönlich leitete. Zur Rückeroberung des nördlichen Gallien und der *Germania secunda* schickte der Kaiser seinen Heermeister Silvanus. Der *magister militum* erreichte 355 die Provinzhauptstadt Köln, wurde allerdings durch eine Intrige beim Kaiser kompromittiert und ergriff in der Flucht nach vorne die Herrschaft. Ganze 28 Tage konnte er sich am Purpur erfreuen, dann beseitigte ihn ein neuer Beauftragter des Constantius II. Die Franken sahen die Uneinigkeit und belagerten Köln.

Die Provinzhauptstadt mußte geräumt und den Gegnern überlassen werden. Constantius II. sah ein, daß die Rückgewinnung der verlorengegangenen Gebiete die Anwesenheit des Kaisers oder eines Stellvertreters bedingte. Er machte mit Julian einen entfernten Verwandten zum Cäsar und übergab ihm das gallische Kommando. Die beiden Vettern hatten von Beginn an ein gespanntes Verhältnis, da der ewig mißtrauische Constantius eher eine Galionsfigur als einen guten Armeeführer suchte. Von der äußeren Form her schien der kaiserliche Wunsch in Erfüllung zu gehen, doch mauserte sich der mit militärischen Aufgaben zuvor noch nie betraute Julian zu einem passablen Feldherrn, der vor allem für logistische Belange eine große Begabung mitbrachte.

Abb 263

Ende 355 verließ der noch 24jährige die kaiserliche Residenz, die nach Mailand verlegt worden war. Erste Gegenmaßnahmen führten den jungen Prinzen über Gallien an den Rhein; hier erfuhr er, daß die Alamannen die Festungen und Städte zwischen Mainz und Straßburg besetzt hielten. Man schloß Verträge mit Alamannen, die allerdings das Papier nicht wert waren, auf dem sie standen. Julian zog den Rhein abwärts. Ammianus Marcellinus, sein Chronist, der den Cäsar begleitete, schildert den Einmarsch des Heeres in das Gebiet der *Germania secunda*; danach gab es nur noch in Remagen eine Festung und bei Köln einen intakten Wachtturm. Julian übernahm die Provinzhauptstadt offensichtlich ohne Widerstand der Franken, mit denen zuvor wieder einmal Verträge ausgehandelt worden waren. Anschließend ging er in das Winterquartier nach Gallien zurück.

Das Kriegsjahr 356 hatte mehr Verträge und Absichtserklärungen der Germanen gebracht als tatsächlich zählbare Erfolge. Im nächsten Jahr marschierte Julian daher wieder in die gleichen Gebiete; die Kernkräfte des Bewegungsheeres zählten zu der Zeit nur 13 000 Mann. Julian besetzte einige Städte am Oberrhein und trat im Sommer bei Straßburg gegen die Alamannen an. Die Schlacht von Straßburg endete mit einem Sieg der Römer. Die große Bedeutung, die man ihr gemeinhin beimißt, beruht sicherlich weitgehend auf der akribischen Schilderung Ammians. Immerhin kam dank dieses Sieges ein zehnmonatiger Waffenstillstand zustande und ein bereits von Trajan erbautes rechtsrheinisches Lager (*munimentum Traiani*) konnte wieder besetzt werden. Es ist noch unklar, welches Lager hiermit gemeint ist. Julian zog wie im Vorjahr weiter nach Köln. Auf dem Weg dorthin erfuhr er von einem Plünderertrupp von 600 Franken hinter Jülich, »die das von Besatzungen ungeschützte Land brandschatzten«. Die Franken flüchteten in zwei jetzt leere (leider noch nicht lokalisierte) Lager an der Maas; Julian ließ sie einschließen und unterband jeden Ausbruchversuch, indem er selbst den zugefrorenen Fluß wieder aufbrechen ließ. Nach 45 Tagen ergaben sich die Belagerten. Die Franken waren zu gute Krieger, um sie niederzumetzeln. Julian schickte sie an den kaiserlichen Hof. Die Kunde hiervon erreichte auch die entfernteren Stammesbrüder, da Franken, die den Eingeschlossenen zu Hilfe eilen wollten, erfolglos umkehren mußten. Für das Kriegsjahr 357 konnte Julian eine positive Bilanz *Abb 51* ziehen. Im Mai 358 überschritt der Cäsar die Maas und wandte sich gegen die Salier, *Abb 22* einen Teilstamm der Franken. »Diese hatten es nämlich vor Zeiten und allzu voreilig gewagt, sich auf römischem Gebiet in der Landschaft Toxandrien niederzulassen.« Es ist unklar, ob sich die Besetzung Toxandriens, des Altsiedellandes der Texuandrer, auf Geschehnisse unter Constans (341/342) oder sogar einen Vorgänger bezieht; in jedem Fall zeigt der Bericht des Ammian, daß Rom weiterhin den Rhein als Reichsgrenze und das gesamte linksrheinische Gebiet als römischen Grund und Boden ansah, auch wenn den etwa 130 km langen nordwestlichen Abschnitt keine durchgehende Kastellkette mehr schützte. Julian verhielt sich als kluger Sieger, ließ Milde walten und stellte diese Salier unter den Schutz des Reiches, d. h. sie konnten vermutlich unter der Auflage, dieses Grenzgebiet zu sichern, ihre Wohnplätze beibehalten.

Auch die Chamaver waren illegal über die Grenze gekommen, um sich auf römischem Reichsgebiet anzusiedeln. Diesen Teilstamm der Franken sah Julian wohl als Gefahrenquelle an, denn er nahm Gefangene und vertrieb den Rest. Später schloß er einen Vertrag und verfolgte sie nicht weiter. Eine Vertragsbedingung war der freie Zugang für römische Schiffe rheinaufwärts; zur Sicherheit nahm Julian jedoch den chamavischen Königssohn als Geisel. Im Verlaufe dieses Feldzuges errichtete der Cäsar wieder drei zerstörte Lager an der Maas und deponierte hier Vorräte; bislang ist noch keine Identifizierung mit bekannten Festungen geglückt. Anschließend zog das Heer wieder gen Süden und kämpfte gegen einen alamannischen Fürsten im Neckarraum.

Im Frühjahr 359 brachte ein großes Schiffskontingent britannisches Getreide den Rhein flußaufwärts. Julian selbst begleitete den Transport ein Stück, die Chamaver hielten sich an die ein Jahr zuvor festgelegte Vereinbarung. Neue Speicher wurden errichtet »und sieben Städte in Besitz genommen«: *Castra Herculis* (Arnheim-Meiners- *Abb 51* wijk), *Quadriburgium* (Qualburg), *Tricensimae* (bei Xanten), *Novaesium* (Neuss), *Bonna* (Bonn), *Antennacum* (Andernach) und *Bingium* (Bingen).

Noch nicht aufgefunden wurden die Lager von *Tricensimae* und *Novaesium*, nur deren nähere Umgebung – Xanten und Neuss – steht fest. Das julianische *Tricensimae* kann nicht mit der spätrömischen Festung in der *CUT* identisch sein, da letztere nach Ausweis der Münzfunde 351/352 zerstört und nicht wieder besiedelt wurde. Andererseits gibt es aus dem Textzusammenhang keinen Anlaß, den Ortsnamen *Tricensimae* (»bei den Dreißigern«, gemeint ist die *legio XXX*) für eine Erfindung Julians zu halten; es scheint aufgrund der Textstelle daher nicht unmöglich, daß das uns noch unbekannte julianische *Tricensimae* auf eine ältere Vorgängeranlage gleichen Namens am Orte zurückgeht oder aber daß der Ortsname *Tricensimae* von der spätrömischen Festung in der *CUT* auf eine in julianischer Zeit neu errichtete Festung übertragen wurde. Diese letztgenannte Deutung scheint begründeter, da man ansonsten mit zwei unmittelbar benachbarten und teilweise gleichzeitigen militärischen Anlagen rechnen müßte.

Die weiteren Ereignisse des Jahres 359 führten Julian wieder in alamannisches Gebiet, wo er 20 000 römische Kriegsgefangene freipressen konnte. Im Winter 359 auf 360 kam ein Gesandter des Constantius II. in Julians Winterlager, um dringend im Ostteil des Reiches benötigte Truppen abzuziehen. Julian, der wußte, daß damit die Erfolge der letzten vier Jahre riskiert wurden, verzögerte die Sache und ließ seinem Heer deutlich seine ablehnende Haltung anmerken. Weder der Cäsar noch die gallische Armee wollten diesen Abzug. Also wurde der Cäsar zum Gegenkaiser akklamiert. Damit kamen die Spannungen, die schon jahrelang zwischen Constantius II. und Julian schwelten, offen zum Ausbruch. Die Rückeroberung der *Germania secunda* und *prima* litt nicht darunter, da sich Julian von dieser Aufgabe nicht ablenken ließ. Unweit *Tricensimae* überschritt er den Rhein und ging erfolgreich gegen die Chattwarier vor. Mit dieser Offensive über den Rhein hinweg knüpfte Julian endgültig an die Taktik von Constantius Chlorus und Konstantin an, den Gegner nicht nur vom Reichsgebiet fernzu-

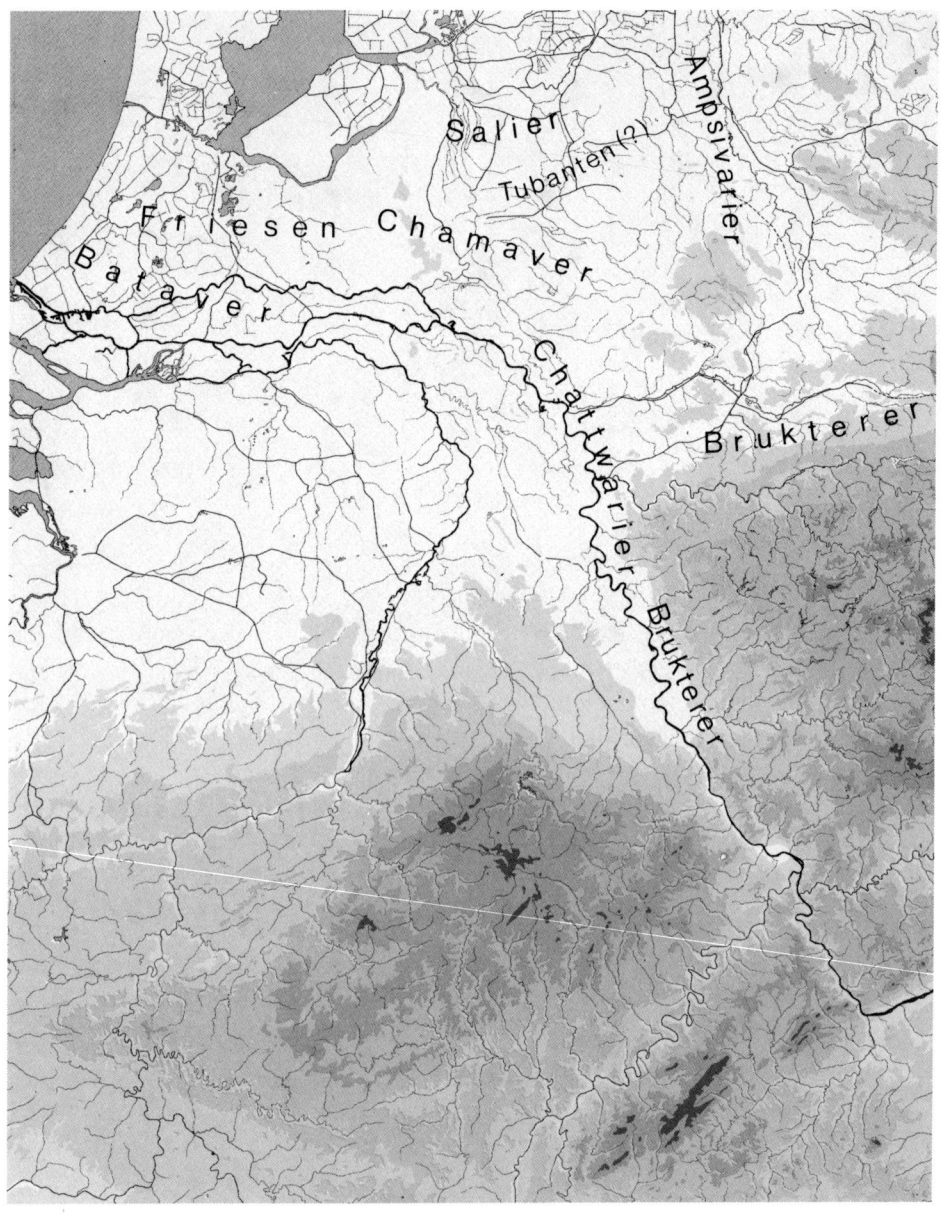

Abb. 51   Die germanischen Stämme östlich des Rheins im 4./5. Jh. n. Chr.

halten, sondern auch ein gewisses Grenzvorland zu kontrollieren. Macht- und Reichsgrenze waren wieder identisch geworden. In der *Germania prima* waren in diesem und im folgenden Jahr noch Kämpfe und Verträge notwendig, um auch hier die alte Ordnung wiederherzustellen.

Ein Bürgerkrieg blieb dem Römischen Reich erspart, da Constantius II. kurz vor dem Waffengang mit seinem Vetter im Herbst 361 verstarb. Julian verschied im Sommer 363 nach einer schweren Verwundung, die er sich auf einem Partherfeldzug im Osten zugezogen hatte.

Der Ausbau des rheinischen Festungssystems unter Valentinian I.
und die Zeit unter seinem Sohn Gratian

Im Februar 364 wählten die hohen Beamten und Militärs den Pannonier Flavius Valentinianus zum Kaiser, zum Mitkaiser und Regenten für den Osten wurde sein Bruder Flavius Valens erhoben.

Die Rückeroberung der *Germania secunda* hatte dieser Provinz für kurze Zeit Ruhe verschafft, anders war es in der *Germania prima*, wo die Alamannen schon im ersten und zweiten Regierungsjahr des neuen Kaisers wieder die Grenze überschritten, um Beute zu machen. Ab Herbst 365 kümmerte sich Valentinian persönlich um die Verteidigung der gallischen Präfektur; zu diesem Zweck verlegte er auch seine Residenz von Mailand zurück in die alte Kaiserstadt *Augusta Treverorum*/Trier. Hier erfuhr er, daß ein gewisser Prokopius im Osten des Reiches seinem Bruder zusetzte, und Valentinian ließ sich nur mit Mühe davon abhalten, die Reichsgrenze zu entblößen und dem Usurpator entgegenzuziehen. Valens setzte sich allerdings allein gegen den Widersacher durch. Mittlerweile zogen drei große Alamannenscharen in Gallien umher und plünderten das Land. Ammian schildert deren Vernichtung, wobei etwa 6000 Tote und 4000 Gefangene gemacht worden sein sollen. Das nächste Jahr 367 zwang Valentinian auf das Krankenlager; viele dachten, es werde sogar sein Sterbebett. Wieder genesen, erhob er seinen erst achtjährigen Sohn Flavius Gratianus zum Mitregenten. In diesem, vielleicht auch erst im folgenden Jahr wurde die *Germania secunda* wieder Schauplatz kriegerischer Ereignisse. Knapp zehn Jahre hatte sie eine Zeitspanne relativer Sicherheit erlebt. Zu Lande und zu Wasser konnten die Franken und Saxonen wieder vom Reichsgebiet zurückgeschlagen werden, ohne daß jedoch nähere Einzelheiten dieser Aktion bekannt sind.

Im Jahre 369 begann Valentinian sein großes Festungsprogramm entlang der Reichsgrenze, das nur in der Bauaktivität des Konstantin eine Parallele findet. Alte Lager wurden erneuert und neue angelegt, zusätzlich errichtete Valentinian auf dem rechtsrheinischen Uferstreifen Schiffsländen mit Türmen und bis an den Rheinstrom heranführenden Mauern. Bislang ist dieser Festungstyp im zentralen fränkischen Vorfeld allerdings noch nicht entdeckt worden, wir kennen ihn nur aus der *Germania prima*.

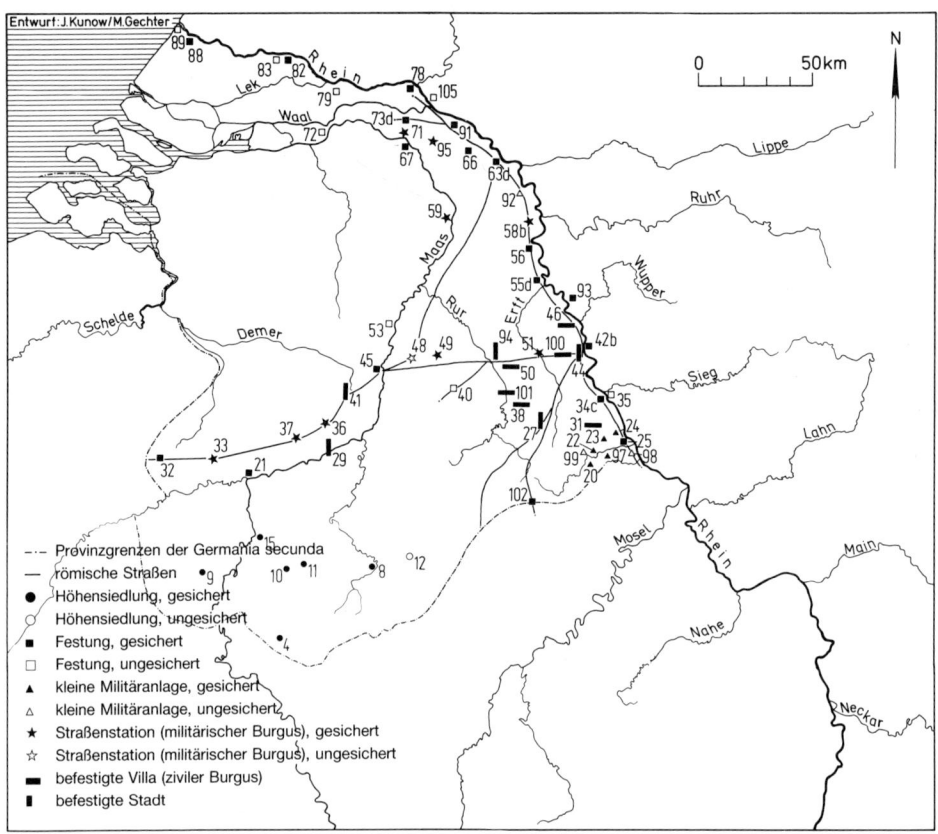

Abb. 52   Die römischen Wehranlagen in der Germania secunda in der zweiten Hälfte des 4. Jh. n. Chr. Platzverzeichnis → S. 35

Mehrere Fährverbindungen über den Rhein sollten zudem schnelle Gegenaktionen ermöglichen, so daß insgesamt die valentinianische Sicherungspolitik auf ein verstärktes Defensivkonzept mit der Möglichkeit schneller Gegenangriffe hinauslief. In der *Ger-*

Abb 52 (95, 58b) *mania secunda* sind die *burgi* von Asperden am Niersufer und Moers-Asberg am Rhein Teile dieses Neubauprogramms; ein Festungsumbau in valentinianischer Zeit ist gesichert nur für Cuijk nachweisbar. Valentinian baute zudem seine Armee im Westen aus, wobei er sogar auf Truppen des Bruders Valens zurückgriff. Vielleicht wurden jetzt auch in der *Germania secunda* wie im südlich angrenzenden Mainzer Dukat die Limitanlager völlig neu besetzt und die letzten Reiterschwadronen in das Bewegungsheer überstellt. Derartige Sicherungsmaßnahmen hielten die Saxonen nicht davon ab, in die *Germania secunda* von See aus einzufallen. Da man sie nicht stoppen konnte, wurde Verstärkung herbeigeholt. Die Saxonen hatten mit derartigem Widerstand nicht gerechnet, so daß sie sich schließlich bereit erklären mußten, ihr kriegs-

taugliches Jungvolk dem römischen Militärdienst zu überstellen und ohne Beute zu-
rückzukehren. Der Heermeister der Infanterie (*magister peditum*) Severus legte den
abziehenden Saxonen einen Hinterhalt und metzelte sie nieder. Vielleicht fand diese
Schlacht bei einem *Deuso* genannten Orte (in Toxandrien?) statt, da die Beschreibung
angesiedelter Frankenstämme (*in regione Francorum*) hierauf hinweisen könnte. Ammian räumt zwar ein, daß der römische Vertragsbruch für treulos gehalten werden
könne, doch müsse man bei ruhiger Sicht der Dinge die gerechte Strafe für die Mord-
buben anerkennen.

Bis zum Tode Valentinians herrschte in der *Germania secunda* offenbar Ruhe, auch
mit den Alamannen wurde schließlich ein Abkommen getroffen, das zumindest den
Alamannenfürsten Makrian, den gefährlichsten Widersacher, band. Am pannoni-
schen Limes entwickelte Valentinian ähnliche Bauaktivitäten wie am Rhein.

Als Valentinian mit 54 Jahren starb, war sein Sohn Gratian 16 Jahre jung. Um Unruhen und Gegenkandidaten des Heeres zu verhindern, rief man auch Valentinian II.,
einen vierjährigen Sohn Valentinians I., zum Kaiser aus. Der jugendliche Gratian hatte
in dem Franken Merobaudes allerdings einen bewährten Heermeister, der ihn tatkräftig unterstützte. Schon längst waren in dieser Zeit die höchsten Militärposten durch
ehemalige Barbaren besetzt.

Gratian, der seine Residenz in Trier beibehielt, hatte offensichtlich mit den Franken
keine Probleme, jedenfalls ist nichts Gegenteiliges bekannt. Die Alamannen wurden
bei einer Schlacht unweit von Colmar geschlagen, die antiken Quellen sprechen von
etwa 30 000 getöteten Alamannen. Gratian ließ es dabei nicht bewenden, sondern
folgte den Fliehenden über den Rhein hinweg in den bergigen Schwarzwald. Hier
stellte er sie und ließ die kampffähige Jugend abführen. Dieser Sieg des Jahres 378 war
der letzte persönlich geführte Feldzug eines römischen Kaisers in rechtsrheinisches
Gebiet.

Das Jahr 378 wird allerdings gemeinhin nicht mit einem Sieg, sondern im Gegenteil
mit einer der größten Niederlagen in Zusammenhang gebracht. Am 9. 8. 378 fielen
etwa zwei Drittel der Ostarmee mit ihrem Kaiser Valens bei Adrianopel gegen die
Westgoten; Valens hatte nicht die Verstärkung durch gallische Formationen abwarten
wollen und war in sein Unglück gerannt. Diesen Substanzverlust konnte das Reich
kaum verkraften, auch wenn der hohe Militär Theodosius die Westgoten in Pannonien
schlug. Gratian sah ein, daß West- und Ostreich in dieser Phase dringend eigener
Herrscher bedurften und machte im Januar 379 eben diesen Theodosius zum Kaiser
im Osten. Mit der Schlacht von Adrianopel schließt auch das gewaltige Geschichts-
werk des Ammianus Marcellinus ab. In Folge haben wir nur noch dürftige Nachrichten über Gallien und das römische Germanien.

Gratian, der das Erbe Valentinians gut verwaltet hatte, fiel einer Usurpation zum
Opfer. Im Frühjahr 383 ließ sich Magnus Maximus, der Oberbefehlshaber der Britan-
nienarmee, zum Augustus des Westens ausrufen. Auf dem Kontinent kam es zur Entscheidung. Da die Truppen zum Gegenkaiser überliefen, blieb Gratian nur die Flucht

nach Oberitalien, wo er seit 381 in Mailand Hof hielt. Auf dem Wege dorthin holten ihn die Häscher ein und brachten ihn um.

Das Rheinland unter Theodosius bis zum Abzug der römischen Grenztruppen

Nach dem Tode Gratians hatte der Westteil des Reiches wieder einmal zwei Herrscher: den zwölfjährigen Valentinian II., den die Kaiserinmutter Justina beriet, und den Usurpator Magnus Maximus. Valentinian II. residierte, wie auch schon Gratian in seinen letzten Regierungsjahren, in Mailand, während der in Gallien, Britannien und den spanischen Provinzen anerkannte Gegenkaiser seinen Sitz nach Trier verlegte. Zwischen den beiden Höfen in Mailand und Trier kam es zu Verhandlungen, doch gingen Valentinian II. und seine Mutter Justina nicht auf den Vorschlag ein, ihrerseits auch an den Hof des Gegenkaisers zu ziehen. Im Jahre 387 beging man in Mailand den Fehler, Magnus Maximus gegen eine von Pannonien her drohende Invasion um Waffenhilfe zu ersuchen. Dieser nutzte die Gelegenheit und marschierte in Italien ein. Erst jetzt entschloß sich der vorsichtig taktierende Theodosius, der Kaiser des Ostreiches, zu intervenieren. Er schlug den Konkurrenten (388) und sein ranghöchster Heermeister Arbogast, von Geburt ein Franke, beseitigte die letzten gallischen Anhänger des Usurpators.

Die Übersiedlung des Kaiserhofs von Trier nach Mailand unter Gratian war mehr als nur die einfache Verlegung einer Residenz gewesen; sie bezeugte ein Desinteresse an der Verteidigung Galliens zugunsten der Sicherung des italischen Mutterlandes, denn auch die Appenninhalbinsel mußte sich nun gegen fremde Invasoren schützen und die Alpenpässe sperren. Gallien blieb nach der Ermordung des Maximus unter der Obhut von Arbogast. Rom mußte noch im gleichen Jahr gegen rechtsrheinische Franken tätig werden. Diese hatten in den letzten Regierungstagen des Maximus den Rhein überschritten und brandschatzten die *Germania secunda*. Die beiden Generäle Nannienus und Quintinus konnten einige Plünderer stellen, die meisten waren mit der Beute allerdings bereits entkommen. Quintinus wollte den Eindringlingen nacheilen und setzte bei Neuss über den Rhein. Gregor von Tours (ca. 540–594), der Verfasser einer großen Frankengeschichte, bezeichnet den Ort als *Nivisium castellum*; vielleicht sind Spuren, die in der heutigen Neusser Altstadt aufgedeckt wurden, Reste dieses spätantiken Kastells. Die Aktion des Quintinus endete mit einem Fiasko; die Franken hatten die römische Armee in sumpfiges Gelände gelockt und machten sie dort völlig nieder. Arbogast, der neue starke Mann in Gallien, wollte dieses Debakel nicht auf sich beruhen lassen. Anläßlich einer Kaiservisite von Valentinian II. im Jahre 389 sprach er sich für Sanktionen gegen die Franken aus. Der gebürtige Franke und jetzige Oberbefehlshaber der Gallienarmee wußte, wovon er redete. Offensichtlich gingen die Franken auf Arbogasts Forderungen ein, gaben die Beutestücke des Vorjahres zurück und stellten Geiseln.

Die Beziehung zwischen Kaiser Valentinian II. und seinem ranghöchsten Militär war von Anfang an belastet. Der von dem Mailänder Bischof Ambrosius erzogene Herrscher verachtete den fränkischen Heiden, andererseits kann man es dem erfolgreichen Heerführer nicht verdenken, daß er sich nur ungern den Befehlen eines Jugendlichen unterordnen wollte. Es kam zum offenen Konflikt, als Arbogast einen Schützling Valentinians II. umbringen ließ. Die darauf erstellte Entlassungsurkunde ignorierte der Franke; kurze Zeit später, am 15. 5. 392 fand man den jetzt 21 Jahre alten Kaiser erhängt in seinem Palast in *Vienna*/Vienne.

Arbogast trat die Flucht nach vorne an. Er wußte, daß ihm als Franke der Purpur verwehrt bleiben mußte, also suchte er eine Galionsfigur, die seine Ambitionen nicht einengte. Er fand die Marionette in dem intellektuellen Flavius Eugenius. Um sich gegen Theodosius den Rücken freizuhalten, unternahm Arbogast im Winter 392/393 einen Feldzug am Niederrhein gegen die Brukterer und Chamaver. Diese Aktion war zwar kein besonderer militärischer Erfolg, doch hatte die römische Armee Präsenz gezeigt. Im folgenden Sommer bekräftigte Arbogast alte Verträge mit Franken und Alamannen und ließ sich Truppen stellen.

Die lose Verbindung zwischen Theodosius und Arbogast zerriß vollständig, als der Kaiser des Ostreiches, die Marionette des Franken (Flavius Eugenius) überhaupt nicht zur Kenntnis nehmend, seinen neun Jahre alten Sohn Honorius zum künftigen Herrscher des Westreiches ausrufen ließ. Beide Parteien machten mobil. In den Julischen Alpen kam es 394 zum Waffengang. Theodosius setzte sich durch und Arbogast, ein Opfer seiner ehrgeizigen Pläne, brachte sich mit eigener Hand um. Aber auch der kränkliche Theodosius überlebte den Feldzug nur um wenige Monate, er starb in den Januartagen des Jahres 395. Seine Herrschaft wurde auf die beiden Söhne Honorius und Arcadius übertragen. Nun kam es zur offiziellen Reichsteilung, die es de facto schon längst gegeben hatte. West- und Ostrom gingen getrennte Wege.

Die Tage der Kinderkaiser (seit Gratian) brachten es mit sich, daß die eigentliche Regierungsgewalt häufig von Beratern wahrgenommen wurde. Natürlich waren diese Berater Militärs und unter diesen hatten sich immer wieder Germanen als besonders fähig und durchsetzungsfreudig erwiesen. Der starke Mann hinter Honorius war Stilicho, von Geburt ein Vandale. Um seine enge Bindung an das Kaiserhaus zu manifestieren, knüpfte er verwandtschaftliche Bande. Er wurde Honorius' Schwiegervater. Stilicho bereiste 396 die gallische Präfektur und kam auch an den Niederrhein. Hier schloß er Verträge u. a. mit den Brukterern und hoffte, die Rheingrenze auch nach Abzug und Vernichtung von Truppen unter Arbogast stabil halten zu können. An der illyrischen Grenze des Westreiches war nämlich ein Feind aufgetreten, der Italien bedrohte; so galt die Hauptsorge Stilichos dem Mutterland, Gallien konnte angesichts der politischen Veränderung nur Nebenschauplatz sein.

Die Schlacht von Adrianopel (378) hatte der römischen Welt die Gefährlichkeit der Westgoten gezeigt, auch wenn es dem späteren Kaiser Theodosius noch einmal gelungen war, sie zu schlagen und zu »Verbündeten« zu machen. Diese Bündnistreue mußte allerdings teuer erkauft werden, und so setzte Ostrom alle (auch finanzielle) Hebel in Bewegung, die Westgoten nach Osten abzudrängen. Im Jahr 401 überquerten die Goten unter Führung Alarichs, der wenigstens der Form nach als hoher römischer Militär geführt wurde, die Alpen und zogen gegen die kaiserliche Residenz Mailand. Stilicho war zu dem Zeitpunkt mit der Abwehr von Vandalen und Alanen beschäftigt, die ihre zugewiesenen Wohnsitze an der ungarischen Donau verlassen hatten und auf ihrem Zug nach Westen erst in Rätien und Noricum abgefangen werden konnten. Angesichts der neuen Gefahr hob Stilicho frische Truppen von gerade unterworfenen Stämmen aus und verstärkte sein Heer zusätzlich durch Armeen des Rheingebiets und aus Britannien. Claudianus, der Verfasser eines Lobgedichtes auf Stilicho, schildert den Vorgang mit den Worten »die Grenzwachen wurden vom Rhein abgezogen« und spricht von einem vollständig entblößten Limes. Dieses Claudian-Zitat hat in der provinzialrömischen Forschung viel Verwirrung hinsichtlich der Limesaufgabe bewirkt; ihm ist sicherlich zu entnehmen, daß nicht nur comitatensische Truppen, sondern auch Limitaneinheiten Stilichos Heer verstärkten. Unrichtig ist allerdings, in diesem Truppenabzug im Winter 401/402 allgemein das Ende der rheinischen Grenzverteidigung zu sehen. Claudianus, der letzte bedeutende Dichter des heidnischen Rom, verherrlichte die Erfolge Stilichos gegen Alarich und deshalb war es ein gelungenes dramaturgisches Mittel, die Anstrengungen zuvor besonders kräftig auszumalen. Hierzu gehörte eben auch die völlige Preisgabe einer Präfektur zugunsten des italischen Mut-

Abb 53 terlandes. Die Auflösung, zumindest des südlichen Rheinlimes fällt erst in die Jahre 406/407, die Nordfront hielt wohl noch wenige Jahre länger. Dem Heer des Stilicho gelang es, die Belagerung Mailands durch Alarich aufzubrechen und die Gefahr abzuwenden. Die kaiserliche Residenz wurde von Mailand nach Ravenna verlegt, schon zuvor hatte Honorius dem Abzug der gallischen Präfektur aus Trier in das entfernte *Arelate*-Arles zugestimmt.

Auch nach dem Sieg Stilichos über Alarich blieb die Reichsgrenze gefährdet; Goten, Vandalen, Alanen und weitere Stämme und Völker rannten gegen die *limites* an. Am Silvestertag des Jahres 406 überschritten Vandalen, Sueben und Alanen bei Mainz den Rhein, überfluteten die *Germania prima* (außer in ihrem nördlichen Abschnitt) und plünderten das gallische Gebiet bis nach Spanien. Nach Gregor von Tours leitete diese Aktion ein gewisser Gunderich, der König der Vandalen; eine spätere Quelle (die Chronik des Fredegar) spricht von einem Chrocus als vandalischem König, doch liegt hier vermutlich eine Vertauschung mit einer Person gleichen Namens aus der Mitte des 3. Jahrhunderts vor. Diese Rheinübersetzung am letzten Tage des Jahres 406 brachte das Ende der römischen Herrschaft in Obergermanien. Als auch die am Rhein wohnenden Stämme der Alamannen und Burgunden den geringen Widerstand feststellten, setzten sie ebenfalls über und nahmen Besitz von dem Land. Die Masse der Limitantruppen wurde im Zuge der Eroberung vernichtet, nur wenige Grenzformationen (im wesentlichen die im Nordzipfel der *Germania prima* gelegenen Rheingarnisonen von Boppard, Koblenz und Andernach) blieben ungeschoren. Letztere ka-

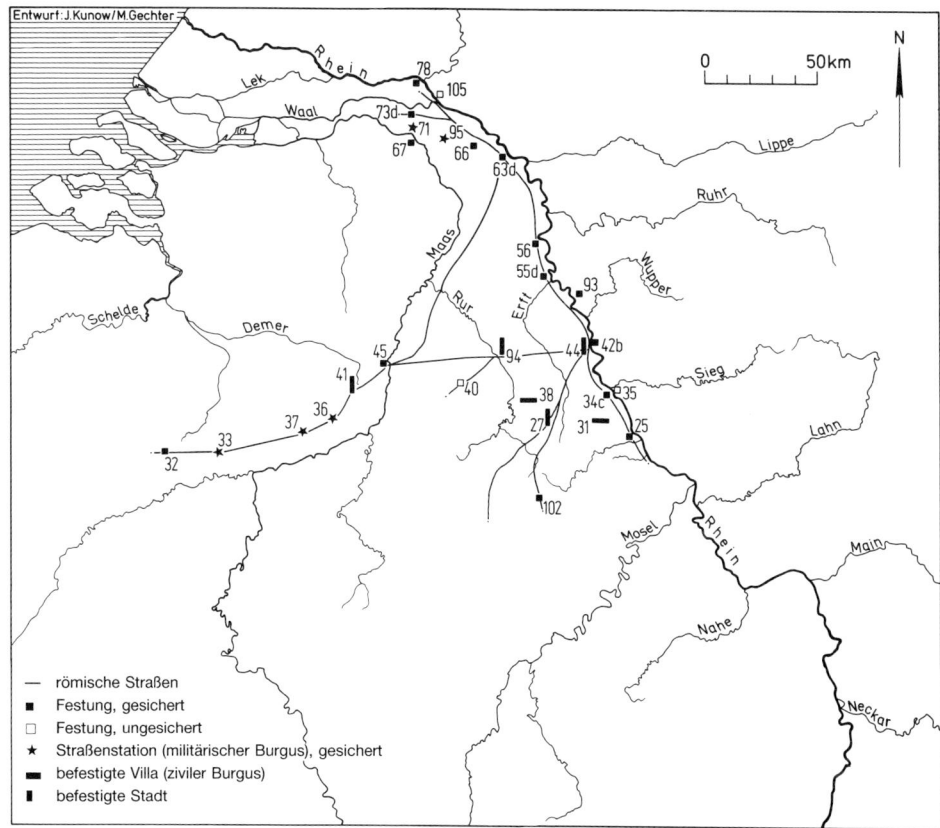

Abb. 53   Die römischen Wehranlagen in der Germania secunda in der ersten Hälfte des 5. Jh. n. Chr. Platzverzeichnis → S. 35

men später zum Bewegungsheer; da es sich um keine echten comitatensichen Einheiten handelt, bezeichnet sie die *Notitia Dignitatum* als *pseudocomitatenses*. Die Ereignisse des Jahres 406/407 betrafen vor allem das Gebiet zwischen Mainz und Straßburg, die nördliche *Germania prima* sowie die anschließende *secunda* blieben damals wohl noch unbesetzt.

Die Plünderung Galliens durch germanische Stämme brachte wieder einmal einen Gegenkaiser hervor. Er hieß Constantinus, war einfacher Soldat gewesen, und die britannische Armee hatte ihn ausgerufen. Warum gerade die Wahl auf ihn fiel, ist unbekannt. Nach seiner Erhebung »erweiterte« er seinen Namen und nannte sich von nun an Flavius Claudius Constantinus, als Konstantin III. ist er in die Geschichte eingegangen.

Der Gegenkaiser verlegte seine Residenz nach *Arelate*/Arles, dem neuen Präfektursitz. Trier war zu diesem Zeitpunkt zwar noch nicht fest in germanischer Hand, wurde aber von Plünderern immer wieder heimgesucht. Die von Konstantin III. ergriffenen Maßnahmen sind im einzelnen unbekannt, vermutlich überzeugte sein Geldbeutel die Germanen stärker als sein Heer. Seiner Regentschaft kam zugute, daß Stilicho 408 Opfer einer Revolte und hingerichtet wurde. Die antigermanischen Kräfte am Kaiserhof hatten sich zwar damit durchgesetzt, aber auf Kosten des fähigsten Militärs, den Westrom hatte. Nach der Beseitigung Stilichos erkannte Honorius Konstantin III. als Mit-Augustus an, weil er sich von ihm Hilfe gegen Alarich und dessen Westgoten versprach. Konstantin III. wollte sich jedoch die Nöte zunutze machen und in Italien einmarschieren. Zur Ausführung dieses Plans kam es allerdings nicht. In der Zwischenzeit hatten sich Britannien und die gegenüberliegende Kanalküste unabhängig gemacht, auch Spanien war verloren. Konstantin III. versuchte, seine Position zu festigen und sein Heer durch Anwerbung germanischer Söldner zu verstärken. Hierzu schickte er 411 seinen hohen Militär Edobeccos, der selbst ein Franke war, zu nicht näher bekannten germanischen Stämmen und den *magister officiorum* Decimius Rusticus zu Alamannen und Franken. Gregor von Tours berichtet von der zweiten Plünderung Triers im gleichen Jahr. Der ravennatische Kaiserhof hatte das Doppelspiel des Gegenkaisers nicht vergessen. Nachdem die Bedrohung durch Alarich abgewendet war, rückte er gegen den Usurpator vor. Gallien bot ein desolates Bild. Konstantin III. wurde von seinem eigenen Feldherrn Gerontius in Arles belagert, der sich aber gleich zurückzog, als die kaiserlichen Truppen nahten. Das Ende Konstantins, den auch der mit neu angeworbenen Germanen herbeieilende Edobeccos nicht entsetzen konnte, war vorbestimmt, er wurde hingerichtet. Konstantin III. hatte mit den römischen Kaisern früherer Zeit nicht mehr viel gemein, selbst mit den Usurpatoren nicht; er fungierte als Konkursverwalter einer auseinanderbrechenden gallischen Präfektur. Für die Grenzverteidigung unternahm Westrom keine Anstrengungen mehr, da der beanspruchte ehemalige Reichsteil schon völlig infiltriert war. Darüber hinaus wurden die germanischen Stämme, gegen die Limitaneinheiten Stellung bezogen, als Verstärkung für die reichsinternen Kämpfe umworben; damit lag kein Grund mehr vor, den Rheinlimes der nördlichen *Germania prima* und der *Germania secunda* als Verteidigungslinie aufrecht zu erhalten. Weder schriftliche noch archäologische Quellen vermögen derzeit, den Zeitpunkt der Aufgabe näher zu präzisieren, er könnte in die Regierungszeit Konstantins III. (407–411) oder in die des Nachfolgers Iovinus (411–413) fallen. Iovinus wurde 411, als die kaiserlichen Truppen Konstantin III. in Arles belagerten, zum weiteren Gegenkaiser erhoben. Er war eine Marionette, hinter der nach Aussage des zeitgenössischen Historikers Olympiodoros der Alane Goar mit dem Burgundenkönig Guntiarius und deren Gefolgschaften standen. Der Krönungsort war *Mundiacum* in der *Germania secunda*.

Diese so wichtige historische Quelle bringt jedoch wegen ihrer Mehrdeutigkeit große Interpretationsschwierigkeiten mit sich. Ein Ort namens *Mundiacum* aus der *Germania secunda* ist (bislang?) unbekannt, man hat daher einen Schreibfehler vermutet und Μογουντιακω/*Moguntiaco* (= Mainz) lesen wollen. Auch wenn Olympiodoros ein aus dem ägyptischen Theben stammender Historiker war und damit vom Ort des Geschehens recht weit entfernt, so wird er doch allgemein als guter Beobachter des Zeitgeschehens eingeschätzt. Es könnte sich also tatsächlich um einen Ort in der *Germania secunda* handeln. In diesem Fall dürfte die niedergermanische Grenzverteidigung 411 schon aufgegeben worden sein, da Alanen und Burgunden bereits als eigentliche Machthaber auftreten. Auch wenn tatsächlich ein Schreibfehler vorliegt und von Mainz die Rede ist, dürfte der spätantike Limes der *Germania secunda* spätestens am Ende der Regierungszeit des Iovinus (413) aufgegeben worden sein, da der Gegenkaiser sich ganz auf germanische Verbündete stützte. Diese Aufgabe des Niedergermanischen Limes verlief vermutlich friedlich; angesichts der Situation gab es nichts mehr zu verteidigen, das linksrheinische Gebiet war zumindest zeitweilig auf die Germanen übergegangen. Die Besatzungen blieben als ›Zivilisten‹ in ihren Festungen.

Das Ende des Iovinus kam wie erwartet. Er versuchte mit dem Westgoten Athaulf, dem Nachfolger und Schwager Alarichs, gegen Honorius zu paktieren und den rechtmäßigen Kaiser zu stürzen. Ein Zerwürfnis zwischen Iovinus und Athaulf hatte jedoch eine Koalition zwischen dem ravennatischen Kaiserhof und den Westgoten zustande gebracht, der Iovinus nichts entgegensetzen konnte. Er wurde in Narbonne ermordet.

Das Rheinland wird fränkisch – ein offenes Problem

Seit dem 3. Jahrhundert war die nördliche der beiden germanischen Provinzen immer wieder vom Stammesbund der Franken bedroht und verwüstet worden. Nicht nur die Beschreibungen der antiken Autoren, auch die archäologischen Funde, vornehmlich die Brandhorizonte von militärischen und zivilen Siedlungsstellen sowie die Münzschätze, geben Zeugnis von diesen Einfällen. Man sollte nun vermuten, daß nach Aufgabe der niedergermanischen Grenzverteidigung eine fränkische Invasionswelle in breiter Front den Rhein überschritt und das Gebiet besiedelte, dessen Reichtum schon immer gelockt hatte. Wenn es auch nicht verwundert, daß dieser Inbesitznahme nicht mehr das besondere Interesse eines römischen Historikers galt, so müßte es doch der Archäologie mit der ihr eigenen Methodik möglich sein, uns den Ablauf im einzelnen zu berichten. So könnte man jedenfalls annehmen. Tatsächlich sind jedoch nur wenige Bodenfunde des 5. Jahrhunderts bekannt und schon die geringe Quantität verbietet es, hierauf ein eigenständiges historisches Zeitbild aufzubauen. Erst mit dem 6. und 7. Jahrhundert ist archäologisch die fränkische Bevölkerung, deren Kultur wegen der charakteristischen Friedhöfe mit den geordneten Grablegen auch Reihengräberkultur genannt wird, in erwähnenswertem Ausmaß faßbar. Aus den beiden letztgenannten Jahrhunderten sind es immerhin knapp 10 000 Gräber aus dem heutigen Nordrhein-Westfalen, die als fränkisch anzusprechen sind.

Am Beispiel des großen Gräberfeldes von Krefeld-Gellep, der bislang einzigen Ne-

Abb. 54   Krefeld-Gellep. Römisches Schliffglas (um 330 n. Chr.) aus einem fränkischen Fürstengrab (520/530 n. Chr.) – H. 8 cm. (Krefeld, Museum Burg Linn)

kropole im Rheinland, die kontinuierlich von der Spätantike bis in die fränkische Zeit belegt wurde, läßt sich die Fundsituation gut verdeutlichen. Von diesem Gräberfeld *Abb 54* sind über 4000 Gräber bekannt, hiervon sind durch Beigaben etwa 1000 Gräber, also etwa ein Viertel, datierbar. Diese zeitlich bestimmbaren Gräber verhalten sich wie folgt: 4. Jahrhundert – ca. 640 Gräber, 5. Jahrhundert – ca. 50 Gräber, 6. Jahrhundert – ca. 200 Gräber, 7. Jahrhundert – ca. 100 Gräber. Natürlich krankt diese Statistik an den nicht näher datierbaren Gräbern, aber es gibt Hinweise, daß die zeitlich festlegbaren Grabfunde als Stichprobe anzusehen sind und in etwa die damalige Gesamtsituation widerspiegeln. Deutlich bleibt in jedem Fall der Rückgang im 5. Jahrhundert. Warum gibt es nun so wenige germanische Funde aus diesem Zeitraum im Rheinland? Sicherlich liegt eine Erklärung in der Forschungstradition. Das 5. Jahrhundert steht an der Nahtstelle zwischen provinzialrömischer und frühmittelalterlicher Archäologie, diese Zwitterstellung brachte es lange mit sich, daß sich so recht keine der angesprochenen Disziplinen zuständig fühlte. Dieses hat sich zwar in letzter Zeit geändert, als man die Frage nach den Wurzeln heutiger Staatengebilde stellte und damit die historische Brisanz des Zeitraums begriff, doch ist unsere Kenntnis der materiellen Kultur, verglichen mit der anderer Zeitepochen, gering. Es kann also durchaus sein, daß etwa Grabfunde, die wir in das beginnende 6. Jahrhundert setzen, noch in das 5. Jahrhundert datieren, das gleiche gilt natürlich auch für Gegenstände des 4. Jahrhunderts, deren Laufzeiten möglicherweise im Einzelfall weiterreichen, als wir bisher ahnen. Trotz dieses Eingeständnisses wird damit das 5. Jahrhundert nicht »gefüllt« werden können. Ganz offensichtlich war die fränkische Landnahme der ehemaligen *Germania secunda* ein zögernder, sich nur langsam steigernder historischer Prozeß, der sich erst nach einer gewissen Siedlungs- und Bevölkerungsdichte am Beginn des 6. Jahrhunderts in Grab- und Siedlungsresten archäologisch niederschlägt.

Auch die schriftliche Überlieferung beleuchtet diesen Zeitraum nur dürftig. Die Hinweise auf Franken in diesen Nachrichten sind äußerst gering, als ausführlichste Quelle können noch die Bußpredigten und Ermahnungen des vermutlich in Trier geborenen Salvian gelten, der als Zeitgenosse die Auflösung der römischen Ordnung aus allernächster Nähe (?) miterlebte. Dem Ideologen Salvian dienten die Barbaren bisweilen jedoch als Werkzeug Gottes, das die Römer wegen ihres unchristlichen Glaubens bestrafte. Daher müssen die geschilderten Einzelschicksale nicht stellvertretend für das Los der gesamten romanischen Bevölkerung stehen. Im Gegenteil, es zeigt sich immer deutlicher, daß die neuen fränkischen Herren zu klug waren, um nicht maßvoll mit der Bevölkerung umzugehen. So produzierte das Handwerk weiter, auch größere Industrien, wie etwa die Kölner Glaswerkstätten bestanden fort. Der germanische Bevölkerungsanteil der *Germania secunda* war schon im Verlauf des 4. Jahrhunderts ständig durch erlaubte Ansiedlung im Maashinterland, aber auch anderswo durch langsame Infiltration angestiegen, so daß sich die Grenze zwischen Eroberern und Eroberten verwischte. Aber auch die Romanen fühlten sich nicht mehr als »Römer« wie in früheren Tagen. Schon mehrere Jahrzehnte lang (seit 389) hatte sich kein rechtmäßiger Kaiser mehr am Rhein blicken lassen; deren Interesse galt nur noch der Verteidigung Italiens. Auch das römische Heer, das am Limes stand oder sich im Felde bewegte, war schon längst keine Armee römischer Bürger mehr. Die besten Kräfte bildeten die Germanen, und die Gegner waren ihresgleichen. Und da gab es noch den spätantiken Zwangsstaat, der nicht nur jedem Untertanen einen festen Platz in der Gesellschaft zuwies, sondern Gelder und Dienstleistungen erpreßte. Als diese Last genommen wurde, trauerten sicherlich nur wenige. All dieses ist zu berücksichtigen, wenn von der »fränkischen Eroberung« des Rheinlandes die Rede ist. Aber waren es überhaupt Franken? Wenn die Deutung des Olympiodoros-Zitats zutrifft und *Mundiacum* tatsächlich in der *Germania secunda* lag, ist wohl davon auszugehen, daß Alanen und Burgunden sich hier angesiedelt hatten. Bislang neigt man dazu, deren Wohnsitze in Worms und seiner Umgebung zu suchen und beruft sich dabei wesentlich auf die Namensgleichheit des Burgundenkönigs Guntiarius mit dem Gunther des Nibelungenliedes, einer wesentlich jüngeren Quelle. Aber es gibt Ungereimtheiten, die eine Verlegung des Burgundenreiches in den südlichen Bereich der *Germania secunda* bis etwa in den Koblenzer Raum immerhin als möglich erscheinen lassen. So fielen die Burgunden im Jahre 435 in die *Belgica prima* ein und eroberten auch Trier, konnten allerdings abgedrängt werden. Dieser Feldzug scheint von der *Germania secunda* aus (entlang der Mosel) sinnvoller als von der *Germania prima*. Selbst wenn im Süden der *Germa-*

nia secunda mit Burgunden zu rechnen ist, so könnte deren Herrschaft dort das Jahr 443 nicht überdauert haben, da sie in diesem Jahr in ihre späteren Wohnsitze im französischen Savoyen umgesiedelt wurden. Der größte Teil der *Germania secunda* wurde aber zweifelsohne von den Franken, wenn auch mit Rückschlägen, langsam eingenommen. Es gibt nur wenige historische Zeugnisse dieses Vorgangs und daher auch nur für kurze Augenblicke Einsicht in die Geschehnisse dieser Zeit.

So fällt in die Jahre 420 oder 421 ein Frankeneinfall, der die Stadt Trier innerhalb kurzer Zeit zum dritten Mal zerstörte. In Ravenna saß ab 425 ein neuer Kaiser auf dem Thron. Es war wieder ein Kind: Valentinian III., ein Enkel des Theodosius I. Auch er hatte einen starken Mann an seiner Seite, der das Heermeisteramt ausübte: Aetius, der in jungen Jahren als Geisel bei den Westgoten und Hunnen gelebt hatte, war mit den barbarischen Verhältnissen bestens vertraut. Dieser Aetius versuchte nun, die fränkische Landnahme einzudämmen. Allerdings konnte er nur dort Erfolge vorweisen, wo sein Heer zu diesem Zeitpunkt präsent war. Ohne Überwachung der Grenze blieben diese Versuche jedoch letztlich ergebnislos. Immerhin zeigen diese Bemühungen, daß der Rhein als Reichsgrenze galt. 428 ging Aetius gegen Franken vor, die sich in Rheinnähe niedergelassen hatten. Auch hier wird es sich um eine größere Gruppe gehandelt haben, deren Ansiedlung gefährlich erschien. Weitere Kämpfe mit Germanen führten Aetius im 4. Jahrzehnt des 5. Jahrhunderts nach Gallien, wieder einmal war Trier, die alte Kaiserstadt, erobert worden und zwar von Burgunden, die Aetius jedoch aufhalten konnte (435). Als weitere Gegner traten im Süden Galliens die Westgoten auf, mit denen der Waffenkonflikt jedoch auf neuer vertraglicher Basis, ihnen wurde vermutlich die Souveränität eingeräumt, beigelegt werden konnte. In dieser Zeit gab es wohl neue Bündnisse (*foedera*) mit den Germanen. Auch die salischen Franken, denen Julian (vielleicht bereits Constans oder sogar ein Vorgänger) die Erlaubnis zur Ansiedlung in Toxandrien erlaubt hatte, versuchten unter Führung ihres Königs Chlogio nun etwa 100 Jahre später, ihre Siedlungen auszudehnen. Aetius schlug sie bei einem *vicus Helenae*, der noch nicht lokalisiert ist, und schloß neue Verträge. Der Zeitpunkt dieser Schlacht ist umstritten, er dürfte in das Ende des 5. Jahrzehnts fallen. Erst nach dem Tod des Aetius konnte Chlogio bis zur Somme expandieren. Nach Gregor von Tours kam auch der spätere König Merovech, der Stammvater der fränkischen Merowinger, aus diesem Geschlecht.

Die Hunnen, ein nomadisches Reitervolk aus Zentralasien, waren im Jahre 375 mit der Vernichtung des Ostgotenreiches am Schwarzen Meer ins Licht der Geschichte getreten und hatten damit eine Völkerwanderung ausgelöst, die wiederum den germanischen Druck auf die römischen Reichsgrenzen verstärkte. Aetius pflegte durch seine Geiseljahre zu den Hunnen gute Kontakte und hatte sich auch gegen den eigenen Kaiser und dessen Anhang mehrfach nur mit Hilfe dieses Volkes durchsetzen können. Im Laufe der Zeit vergrößerten sie jedoch ihren Machtbereich und wurden zur Bedrohung für das Römische Reich. Um die Mitte des 5. Jahrhunderts überschritt Attila die Reichsgrenze und fiel in Gallien ein, sein Heer wurde durch germanische Verbündete, darunter auch Franken, verstärkt. Wo seine Armee den Rhein überschritt ist nicht überliefert, in jedem Fall waren Trier und Tongeren Durchzugsstationen auf dem Marsch. Es ist daher nicht ausgeschlossen, daß auch die Rheinregion von dem Hunnendurchzug und seinen Begleiterscheinungen tangiert war, auch wenn es noch keine archäologischen Indizien hierfür gibt.

Die beiden Heere begegneten sich auf den Katalaunischen Feldern, die man in der Champagne vermutet. Dieses Schlachtfeld ist, wie so viele weitere der Antike, noch nicht entdeckt. Aetius, den Westgoten, Franken, Saxonen und viele andere unterstützten, konnte den Sieg erringen und Attila zum Rückzug über die Reichsgrenzen zwingen. Damit war auch für das römische Rheinland die Gefahr abgewendet. Die Schlacht von 451 war der letzte große Sieg, den Westrom gegen Barbaren erringen konnte; diese Kraftanstrengung war aber nur durch Mithilfe von Germanenstämmen zustande gekommen, die sich aus den unterschiedlichsten Motiven dem früheren Gegner Aetius unterstellt hatten. Nur drei Jahre später stach Kaiser Valentinian III. höchst eigenhändig seinen Oberbefehlshaber nieder. Aetius teilte damit Stilichos Schicksal, der auch den Intrigen des kaiserlichen Hofes zum Opfer gefallen war.

Als die Germanen vom Tode Aetius' hörten, überquerten sie sofort den Rhein. Die Alamannen überströmten vermutlich die Nordschweiz und das Elsaß und setzten sich fest, die Franken fielen nach Ausweis des Sidonius Apollinaris (ca. 430–486) in die *Belgica secunda* und *Germania prima* ein. Vermutlich waren aber die beiden ehemaligen germanischen Provinzen von der fränkischen Invasion betroffen, gleichzeitig oder nur kurze Zeit später (in jedem Fall vor dem Jahr 459) fiel die *civitas Agrippina*, die ehemalige Provinzhauptstadt Köln, nach längerer Belagerung. Die römische Epoche war beendet.

Die spät- und nachrömische Besiedlung der Rheinlande im 5. Jahrhundert ist erst in großen Umrissen bekannt. Die regionalen und wenigen überregionalen Zentren am Rhein und an den wichtigen Römerstraßen blieben zum größten Teil erhalten, wenn auch der germanische Bevölkerungsanteil immer stärker den romanischen verdrängte. Diesen Vorgang der Übernahme nennt der Historiker Kontinuität. Wie diese Kontinuität im Einzelfall aussah, ist jedoch weitgehend unerforscht und für jeden Ort getrennt zu untersuchen. Die neuen Herren waren jedenfalls klug genug, sich in die politischen und wirtschaftlichen Zentren zu setzen und diese zu nutzen; das Leben ging also weiter, wenn auch für den einzelnen unter anderen Voraussetzungen. Anders sah es im ländlichen Bereich aus. Hier können wir bislang nirgends eine kontinuierliche Weiterentwicklung beobachten. Die wenigen römischen Gutshöfe, die wir noch im 4. Jahrhundert in den fruchtbaren Lößbödenlandschaften (anderswo brach die Besiedlung schon am Ende des 3. Jahrhunderts ab) kennen, hören am Ende des 4. und zu Beginn des 5. Jahrhunderts auf zu existieren. Mit einer Unterbrechung von mindestens einer oder zwei Generationen setzt dann in fränkischer Zeit wieder eine langsame Aufsiedlung altrömischen Nutzlandes ein, wobei erst im Mittelalter die Bevölkerungsdichte der römischen Epoche wieder erreicht wurde.

Das römische Heer in der Provinz Niedergermanien

von Michael Gechter

Allgemeine Gliederung (Kaiserzeit)

Das römische Heer der Kaiserzeit bestand aus Legionen, Hilfstruppen und Flotten. Daneben gab es noch die Garde des Kaisers in Rom. Den Kern des Heeres bildeten die ca. 28 Legionen, die zwischen 5500 und 6000 Mann stark waren. Diese Legionen bestanden aus freiwilligen Berufssoldaten, die sich für 20 Jahre aktiven Dienst verpflichten mußten. Voraussetzung zum Eintritt in die Legion war der Besitz des römischen Vollbürgerrechtes.

Die Hilfstruppen (Auxiliareinheiten) waren kleinere Einheiten von je 500 bzw. 1000 Mann Stärke. Sie bestanden auch aus Berufssoldaten, die entweder freiwillig eingetreten waren oder in den Provinzen ausgehoben worden waren. Zum Eintritt in die Hilfstruppen war das römische Bürgerrecht keine Voraussetzung. Die Dienstzeit in den Hilfstruppen betrug 25 Jahre. Während die römischen Legionen hauptsächlich aus Infanterieeinheiten bestanden, gab es bei den Hilfstruppen auch reine Kavallerieverbände. In Niedergermanien betrug das Verhältnis von Infanterie- zu Kavallerieeinheiten ca. 3:1.

Die römische Rheinflotte, die für beide germanischen Provinzen zuständig war, hatte ihr Hauptquartier in Niedergermanien. Die Flotte besaß den Status einer Hilfstruppe, ihre Soldaten rekrutierten sich hauptsächlich aus Völkern des östlichen Mittelmeeres. Über die Stärke der Flotte in Germanien können wir keine verläßlichen Angaben machen.

Während der Kaiserzeit wurden von Zeit zu Zeit ad hoc Einheiten aufgestellt, sog. Vexillationen, die aus mehreren Hilfstruppeneinheiten und auch Teilen von Legionen bestanden und für spezielle Arbeitseinsätze bzw. Kriegszüge abkommandiert wurden. Über die Stärke solcher Einheiten wissen wir nichts Genaues, sie waren jedenfalls größer als eine einzelne Hilfstruppe.

Zu Beginn des 2. Jahrhunderts entstand eine neue Gattung von Hilfstruppen, die sog. *numeri.* Ihre Stärke machte meist nur ein Drittel einer normalen Infanteriehilfstruppe aus. Die Numeri gab es als Infanterie- und Kavallerieeinheit. Sie lagen meist in kleineren Kastellen und wurden häufig auch zu Kundschafterdiensten herangezogen. Im Gegensatz zu Obergermanien, von wo über zehn Numeri bekannt sind, kennen wir aus Niedergermanien nur vier solcher Einheiten.

Organisation der Einheiten

Der höchste Soldat und direkte Vertreter des Kaisers in der Provinz Niedergermanien war der Statthalter (*legatus Augusti pro praetore*). Er vereinigte in seiner Hand den Oberbefehl über die Armee mit der höchsten zivilen Gerichts- und Verwaltungsbefugnis, d. h. er war sowohl oberster Militärbefehlshaber als auch oberster Richter. Die Mitarbeiter seiner Dienststelle bestanden hauptsächlich aus abkommandierten Soldaten, die die gesamte Verwaltungsarbeit erledigten.

Das Kommando in Niedergermanien war ein relativ ranghohes. Von den ca. 40 Provinzen des Römischen Reiches unterstanden nur die, in denen sich die Truppen aufhielten, direkt dem Kaiser; die übrigen Provinzen wurden vom Senat verwaltet. Es gab nur neun kaiserliche Provinzen, in denen mehrere Legionen standen. Die Statthalter dieser Provinzen wurden meist sorgfältig ausgewählt und waren von vornherein für weitere Kommandos vorgesehen. Sie waren immer frühere Konsuln und kamen meist mit 40 Jahren an den Rhein. Die Dauer ihrer Statthalterschaft in Niedergermanien betrug zwischen drei und fünf Jahre.

Neben den reinen Verwaltungsaufgaben war der Statthalter auch für die Sicherheit auf den Fernstraßen zuständig. Aus diesem Grund gab es an allen wichtigen Straßen Polizeistationen, die von einem Unteroffizier einer Legion (Benefiziarier) befehligt wurden. Solch ein Kommando war sehr angesehen und die dafür Abgestellten taten alles, damit ihre Stellung auch sichtbar wurde. Als Rangzeichen trugen sie eine Lanze mit einer speziellen Spitze. Dieses Lanzezeichen ist häufig als Anhänger oder auch als Fibelverzierung in Straßenstationen und Legionslagern nachzuweisen. Benefiziarier konnte ein Unteroffizier nach ca. 14 Dienstjahren werden.

Ebenfalls zum Stab des Statthalters gehörte eine kleinere Gruppe von Kavalleristen und Infanteristen (*equites* und *pedites singulares*). Sie waren aus den einzelnen Hilfstruppen der Provinz abkommandiert worden und wurden als Schutztruppen für den Legaten bzw. als Meldereiter eingesetzt.

Eine Legion von ca. 5500 Mann war in zehn Kohorten aufgegliedert. Die erste Kohorte war 1000 Mann stark, die zweite bis zehnte nur 500. Diese letzteren waren wiederum in drei Manipel zu jeweils zwei Centurien aufgegliedert. Eine Centurie bestand aus 80 Mann Kampftruppen. Die sechs Centurien der ersten Kohorte waren etwas stärker. Insgesamt bestand die Legion also aus 60 Centurien. Zusätzlich gab es in einer Legion noch vier Kavalleriezüge mit einer Gesamtstärke von 120 Mann für Aufklärungs- und Meldezwecke.

Neben diesen reinen Kampfverbänden gehörte noch eine große Anzahl von techni-

Abb. 55   Köln-Worringen. Ring eines Leutnants (optio) der 1. Legion mit dem Beinamen Minervia. Gold. – Dm. 3,0 cm. 2./3. Jh. n. Chr. (RLM Bonn)

schem Versorgungspersonal, Handwerkern und reinen Verwaltungsbeamten zur Legion. Sie verwalteten die Magazine, arbeiteten als Ärzte im Lazarett und warteten als Waffentechniker die Waffen und die Geschütze (*catapulta*). Zu ihnen gehörten auch die Baumeister und Architekten, die in Friedenszeiten die komplizierten Ingenieurbauwerke (Festungsanlagen, Aquädukte, Hafenanlagen, Brücken und die meisten öffentlichen Gebäude) errichteten. Sie hatten alle den Rang von Unteroffizieren oder Gefreiten.

Die Legionen wurden von Legaten befehligt, die dem Statthalter direkt unterstanden. Der Legionslegat bekam das Amt mit Anfang 30 und übte es für ca. drei Jahre aus. Er stammte aus einer senatorischen Familie und erreichte nach einigen stadtrömischen Ämtern und einem Legionstribunat durch kaiserlichen Erlaß die Legionskommandantur. Von dieser Position erreichte er meist das Konsulat und dann die konsulare Statthalterschaft einer Provinz. Unter dem Legaten einer Legion standen die sechs Militärtribune, die Stabsoffiziere einer Legion.

Ranghöchster Truppenführer war der Lagerkommandant (*praefectus castrorum*). Dieser Praefectus aus dem Ritterstand konnte, genau wie der senatorische Tribun (*tribunus laticlavius*), kleinere Legionsvexillationen führen. Er war für die gesamte Logistik verantwortlich. Ihm unterstand auch das militärische Nutzland einer Legion mit allen darauf lebenden zivilen Einwohnern.

Unterhalb der sechs Stabsoffiziere standen die 59 Centurionen einer Legion, die alle direkt ihre Truppen führen mußten. Um die Centurionen besser im Gefecht erkennen

Tafel 1a   Legionär. 1. Hälfte 1. Jh. n. Chr. Kleidung: Tunika, Halstuch, Soldatenstiefel (caligae), Bronzehelm, halblanger Kettenpanzer. Waffen: rechteckiger Schild (scutum), 2 Wurflanzen (pila), Schwert (gladius) und Dolch (pugio)

Tafel 1b   Legionär. Ende 1. Jh. n. Chr. Kleidung: Tunika, Halstuch, Soldatenstiefel (caligae), Eisenhelm, eiserner Schienenpanzer. Waffen: leicht gebogener Schild (scutum), Wurflanze (pilum), Schwert (gladius) und Dolch (pugio)

Tafel 2   Auxiliarreiter. Mitte 1. Jh. n. Chr. Kleidung: langärmelige Tunika, Kniehose
(feminalia), Halstuch, Soldatenstiefel mit Sporen, bronzeüberzogener Eisenhelm, leder-
gefaßtes Kettenhemd mit Schulterstücken. Waffen: ovaler Schild (parma), Stoßlanze (contus)
und Schwert (gladius). Der niedergerittene Germane ist mit langer Hose, Halbstiefeln
und langärmeligem Kittel bekleidet.

Tafel 3a   Reiter. Mitte 2. Jh. n. Chr. Kleidung: Tunika, Halbstiefel (perones), Kniehosen (feminalia), Halstuch, Bronzehelm, Kettenhemd. Waffen: planer Schild (parma), Stoß-lanzen (conti), Langschwert (spatha)

Tafel 3b   Auxiliarkohortensoldat. Mitte 3. Jh. n. Chr. Kleidung: halblange Tunika, Hals-tuch, lange Hose, Halbstiefel (perones) und gallischer Kapuzenmantel (cucullus).
Waffen: ovaler planer Schild (clipeus), Lanze (hasta) und Langschwert (spatha)

Tafel 4 Kavallerist, 4. Jh. n. Chr. Kleidung: langärmelige Tunika, lange Hose und Mantel (sagum). Eiserner Helm und einfaches Kettenhemd. Waffen: Langschwert (spatha). Der Franke ist mit langärmeligem Kittel, Kettenhemd, langer Hose und Halbstiefeln bekleidet und mit Rundschild und Langschwert bewaffnet.

zu können, trugen sie im Gegensatz zu den Mannschaften einen quergestellten Helmbusch.

Aus der unter den Centurionen stehenden großen Gruppe der Unteroffiziere (*principales*) wurden die Benefiziarier ausgewählt. Unter diesen Unteroffizieren standen *immunes*, den Gefreiten vergleichbar.

Die einfachen Soldaten (*milites*) waren Berufssoldaten und hatten sich meist freiwillig zur Armee gemeldet. Ihre aktive Dienstzeit betrug 20 Jahre, dazu kamen noch einmal fünf Jahre als Veteran. Diese Mindestdienstzeit wurde allerdings häufig überschritten. Bei der Entlassung erhielten die Legionssoldaten, die alle römische Bürger waren, meist eine Geldabfindung; im 1. Jahrhundert in Niedergermanien allerdings auch noch eine Landzuweisung.

Auxiliareinheiten

Neben den Legionen gab es noch eine größere Anzahl von Einheiten (*auxilia*) in der Provinz mit nichtrömischen Bürgern (*peregrini*). Diese Auxiliareinheiten wurden in der Kaiserzeit aus den unterworfenen Stämmen ausgehoben.

Sie waren teilweise einer Legion zugeordnet. Die Kommandeure (*praefecti*)) der Auxiliareinheiten, Kohorten (*cohortes*) oder Kavallerieeinheiten (*alae*), stammten aus dem Ritterstand und kamen im 1. Jahrhundert noch aus Italien, ab Mitte des 2. Jahrhunderts setzte sich dann die provinziale Herkunft durch. Im 3. Jahrhundert gab es keine italischen Auxiliarkommandeure in Niedergermanien mehr.

Die ranghöchste Truppe der Auxiliareinheiten war die Kavallerie. Ihr Kommandeur war ein Ritter, der diese Stellung nach einem Militärtribunat bei der Legion durch direkte kaiserliche Ernennung erhielt. Unter ihm standen die Führer der Alenzüge (*turmae*), die Dekurionen. Eine normale Ala (*ala quingenaria*) bestand aus 16 Zügen à 32 Kavalleristen, eine *ala milliaria* dagegen aus 24 Turmen à 42 Reitern. Die Dekurionen sind den Centurionen bei der Infanterie vergleichbar. Für sie gilt ähnliches wie für diese. Zwischen ihnen und den einfachen Reitern (*eques*) standen noch die Unteroffiziere und Gefreiten.

Die Kohorten, reine Infanterieverbände, waren wie die Legionskohorten aufgeteilt. Vereinzelt gab es auch größere Kohorten, mit der doppelten Sollstärke (*cohors milliaria*) mit einem Tribunus an der Spitze. Auch bei der Kohorte galt die gleiche strenge Hierarchie wie bei den Legionen.

In dem Maße, in dem die Ala und Kohorte zu vollwertigen, teilweise auch selbständig operierenden Truppen wurden, mußte ein gewisser Ersatz für sie geschaffen werden. Deshalb wurden Anfang des 2. Jahrhunderts die sog. *numeri* aufgestellt. Sie bestanden meistens – wie ursprünglich die anderen Auxiliareinheiten auch – aus Stammesmitgliedern einer bestimmten Völkerschaft, die noch nicht römische Vollbürger waren. Sie waren ca. 150 Mann stark und bestanden aus vier Centurien à 30 Mann. Der Kommandant eines *numerus* war ein abkommandierter Legionscenturio (*praepositus numeri*).

*Abb. 56   Köln. Grabstein eines Flottensoldaten
(2. Steuermann?). Kalkstein. – H. 0,93 m. Mitte 1. Jh.
n. Chr. (RGM Köln)*

Ebenso wie bei den anderen Einheiten gab es bei den Centurien eines Numerus eine stark hierarchische Gliederung. In der Rangordnung des römischen Heeres gab im 2. Jahrhundert die Kohorte die letzte Stelle an die Numeri ab.

Die römische Flotte

Der Befehlshaber der römischen Rheinflotte stammte aus dem Rittergeschlecht. Über die innere Struktur der Rheinflotte können wir kaum etwas sagen. Ihr Hauptstütz-
Abb 439 punkt war das Flottenlager Köln-Alteburg. Daneben gab es noch andere kleinere Stützpunkte am Rhein und an der vorgelagerten Nordseeküste. Die Flotte war zuständig für den gesamten Rhein und dessen Nebenflüsse sowie den Küstenstreifen im Gebiet des Rhein-Maas-Schelde-Deltas. Über die Stärke ist nichts bekannt. Nach einem Hinweis für 16 n. Chr. bestand sie damals aus ca. 1000 Schiffen. Die Schiffstypen, die wir für die Rheinflotte vermuten können, waren Flottentransporter, leichte Wachschiffe sowie schwere Kriegsschiffe. Die Schiffe wurden sowohl gerudert als auch besegelt.

Einer der am häufigsten vertretenen Schiffstypen war die Flußliburne. Dieses Schiff war mit zwei übereinanderliegenden Ruderreihen versehen. Insgesamt trieben 44 Ruderer (Rojer) solch ein Flußkampfschiff an. Wie alle antiken Schiffe wies auch dieser Typ einen ausgeprägten Rammsporn auf. Diese Schiffe können ca. 21 Meter lang und 3,30 Meter breit gewesen sein und einen Tiefgang von ca. 0,7 Meter gehabt haben. Die Besatzung mag aus 44 Rojern, 4 Matrosen zur Bedienung der Besegelung und eventu- *Abb 56, 84* ell 16 Seesoldaten bestanden haben.

Außer den Flußliburnen sind auch Flußtriremen bekannt, die den Liburnen sehr ähnelten, sich aber durch eine dritte zusätzliche Rojerreihe von diesen unterschieden. Die Besatzung eines Schiffes und somit auch die der gesamten Rheinflotte war in nautisches Personal und Marineinfanterie gegliedert, das nautische Personal wiederum in den seemännischen und den schiffstechnischen Dienst. Zum seemännischen Dienst gehörten die Matrosen (*velarii*), die für die Besegelung und den Wachdienst zuständig waren. Ihnen übergeordnet war der Segelmeister (*velarius duplicarius*), ein Unteroffizier.

Der schiffstechnische Dienst bestand aus den Rojern (*remiges*), die das Schiff durch die Riemen antrieben. Im Unteroffiziersstand ist ihnen der Rojermeister (*celeusta*) vorgesetzt.

Der Rojermeister und der Segelmeister unterstanden dem ersten Offizier (*gubernator*) der für die gesamte Schiffsführung zuständig war. Ihm vorgesetzt war der Kapitän (*trierarchus*). Ab Mitte des 2. Jahrhunderts war der Trierarchus dem Legionscenturio gleichgestellt.

Chef der Marineinfanterie auf einem Schiff war der *centurio classicus*. Auf größeren Kampfschiffen war er dem Kapitän gleichgestellt. Der Kapitän hatte nur dann Befehlsgewalt über die Marineinfanterie, wenn die nautische Situation es erforderte. Die Marineinfanterie war meist an Land kaserniert und wurde nur bei Fahrten an Bord genommen.

Allen Hilfstruppenangehörigen wurde nach Ablauf ihrer Dienstzeit (25 Jahre bei den Alen und Kohorten, 26 Jahre bei der Flotte) das römische Bürgerrecht verliehen. Hierüber wurde dann eine Urkunde ausgestellt, das sog. Militärdiplom, das der Betreffende mit nach Hause nehmen konnte.

Im 1. Jahrhundert n. Chr. bestanden diese Truppen noch zum großen Teil aus den Ländern, in denen sie ursprünglich ausgehoben worden waren. Für Niedergermanien bedeutete dies, daß die Angehörigen der Einheiten aus Gallien, Spanien und vom Balkan kamen. Wie bei den Kommandeuren der Auxiliareinheiten schon gezeigt, setzte sich das germanisch-gallische Element bei den Hilfstruppen vom 2. Jahrhundert an immer stärker durch. Nur die Flotte machte hier eine Ausnahme. Die Flottensoldaten kamen auch noch im 2. und im 3. Jahrhundert aus dem Osten des Reiches. Ab Ende des 1. Jahrhunderts traten auch verstärkt römische Bürger den Auxiliarverbänden bei. In dieser Zeit konnte nicht mehr so scharf zwischen Legionären und Auxiliaren getrennt werden.

Das spätantike niedergermanische Heer

Die Germaneneinfälle im 3. Jahrhundert zeigten sehr deutlich die Schwächen der römischen Grenzverteidigung. Waren die Truppen am Niedergermanischen Limes erst einmal überrannt, konnten die Angreifer ungehindert ins Reichsinnere vorstoßen, da im Hinterland der Limites keine nennenswerten Truppen mehr stationiert waren. Kaiser Gallienus zog daraus die Konsequenz und ließ 258 n. Chr. eine neue, gut bewegliche Truppe aufstellen: die Schlachtenkavallerie. Diese Truppe hatte für längere Zeit ihren Hauptstandort in Mailand. Der Oberbefehlshaber dieser Schlachtenkavallerie, (*praefectus equitum*) war der ranghöchste Offizier der römischen Armee. Insofern ist es nicht verwunderlich, daß viele der späteren Kaiser (Aurelian, Claudius und Probus) zuvor *praefectus equitum* gewesen waren. Die Schlachtenkavallerie bestand aus einzelnen größeren Korps, die teilweise bis zu 10000 Mann stark sein konnten. Zur Zeit des Gallischen Sonderreiches (258–273 n. Chr.) befanden sich in Gallien selbst keine solchen Truppenverbände. Erst nach 274 wurden Teile der Schlachtenkavallerie nach Innergallien verlegt und damit die Verteidigung am niedergermanischen Limes verstärkt. Mit Hilfe dieser Verbände sollten eingefallene Germanenscharen zurückgedrängt werden.

Nach den verheerenden Germaneneinfällen 275/276 wurde die alte Verteidigung am niedergermanischen Limes wiederaufgebaut. Im Hinterland standen jetzt einzelne Abteilungen der Schlachtenkavallerie. Da bei diesen Germaneneinfällen fast alle alten Truppenkörper am Rhein vernichtet worden waren, wurden sie durch neue, teilweise aus anderen Provinzen an den Rhein verlegte Einheiten ersetzt. An der Armeestruktur wurde aber nichts verändert: nach wie vor können wir Legionen, Alen und Kohorten nachweisen.

Erst Kaiser Diokletian nahm eine Veränderung des Truppenbestandes vor. Er favorisierte die alte, ausschließlich auf die Grenzverteidigung bezogene konservative Konzeption. Aus diesem Grunde wurde die Schlachtenkavallerie aufgelöst und in kleinere Reiterschwadronen von ca. 100 bis 200 Mann strukturiert. Diese Verbände wurden dann an der Grenze in feste Lager verlegt. Die Provinzen wurden unter Diokletian ebenfalls verkleinert und jede Grenzprovinz erhielt jetzt als Standardbesatzung zwei Legionen nebst dazugehörenden kleineren Verbänden, die aus Alen, Kohorten und den schon erwähnten Reiterschwadronen bestanden. Dem Chef der Rheinverteidigung (*dux*) unterstand der gesamte Rheinlimes der beiden neuen Provinzen *Germania I* und *II*. Der *dux* war nur noch für die Truppen zuständig, Chef der zivilen Verwaltung war jetzt ein *praeses* oder *consularis*. Von den alten Einheiten lagen am Niederrhein noch die *legio XXX* im Raume Xanten und die *legio I* in Bonn. Dazu kam eine Reiterschwadron im Lager Köln-Deutz: der *numerus Delmatarum*. Diese Einheit lag bis 305 in Köln-Deutz. Die Stärke der einzelnen Verbände am Limes der *Germania secunda* zur Zeit von Kaiser Diokletian ist nicht bekannt.

Konstantin d. Gr. veränderte dann die römische Heeresstruktur noch einmal grund-

Abb 264

Abb 50

legend. Er griff dabei auf die schon von Gallienus erprobte Zweiteilung des Heeres zurück. Es gab jetzt ein Grenzheer und ein Bewegungsheer. Die Grenztruppen blieben dieselben wie zur Zeit Diokletians. Aus den besten Einheiten des Grenzheeres wurden allerdings Teilverbände abgezogen. Sie bildeten zusammen mit völlig neu aufgestellten Einheiten das sog. comitatensische Heer, das Bewegungsheer. Dieses bestand aus Legionen, Auxilien und Reitervexillationen mit nur ca. 500 bis 1000 Mann. Die stärkste Einheit des Bewegungsheeres war die Legion mit 1000 Mann. Das Auxilium war jetzt ein Kampfverband, der nur aus Germanen bestand, die entweder aus reichsinneren Laetensiedlungen oder aus dem freien Germanien rekrutiert wurden. Ferner gab es noch die Reiterschwadronen, die aus den ehemaligen Teilen der Schlachtenkavallerie hervorgegangen waren. Der Oberkommandierende der beweglichen Streitkräfte war der sog. Heermeister (*magister militum*). Chef der Reiterei war der *magister equitum*, der der Infanterie der *magister peditum*.

Das konstantinische System der Grenzsicherung – relativ schwache Verbände an der Rheingrenze, Eliteeinheiten im Hinterland – schützte die Rheingrenze bis zum Jahr 353/355. Dann wurde es durch mehrere verheerende Frankeneinfälle vernichtet. Nach der Vertreibung der Franken unter Julian wurde von Kaiser Valentinian I. zum letzten Mal die Reichsverteidigung am Rhein neu organisiert. Grundsätzlich blieb hierbei das *Abb 52* alte konstantinische System erhalten: An der Grenze standen die Grenztruppen, im Hinterland die Eliteeinheiten. Zur Reorganisierung des Rheinlimes wurden jetzt aus den bestehenden Eliteeinheiten Truppenteile abgespalten, die an den Rhein verlegt wurden. Diese reinen Infanterieverbände waren alle gleich strukturiert und die Hälfte der Einheiten unterstand jeweils einem *dux*. Die Stärke dieser Einheiten ist unbekannt.

Das gallische Bewegungsheer war der schlagkräftigste Teil des römischen Heeres in dieser Zeit. Unter Kaiser Valentinian I. und seinem Bruder Valens wurde auch das Bewegungsheer neu organisiert. Es gab jetzt drei Klassen von Truppenverbänden: In der obersten Klasse befanden sich die besten Einheiten der Legionen und der Reiterschwadronen sowie alle barbarischen Auxilien. Diese Gruppe wurde *palatini* genannt, sie waren praktisch die Palastgarden der Kaiser. In der zweiten Gruppe, den Comitatenses, waren die übrigen Einheiten der Legionen und der Reiterschwadrone zusammengefaßt. Unter diesen war noch eine dritte Gruppe angesiedelt, die sog. pseudocomitatensischen Verbände. Diese Truppen bestanden aus ehemaligen Limitaneinheiten, die durch Verkürzung der Grenzlinie nicht mehr an der Grenze benötigt wurden und als drittklassige Bewegungsheereinheiten zusammengefaßt wurden. Unter diesen standen im Rang die Limitaneinheiten, die eine vierte Truppenkategorie bildeten, da sie ausschließlich aus Milizsoldaten bestanden.

Die spätantike Rheinflotte

Es ist bislang unbekannt, inwieweit die spätantike Rheinflotte in den einzelnen Dukaten der Grenzverteidigung untergeordnet war. Wie auch das Landheer wurde die Flotte im 4. Jahrhundert neu organisiert. Es wurden jetzt kleinere Einheiten mit der Einführung neuer Schiffstypen gebildet. Die bis dato gebräuchlichen Flußliburnen wurden durch kleine Kampfschiffe (*navis lusoria*) ersetzt. Dieses kleine Schiff wurde durch eine Reihe Riemen angetrieben. Der Bootstyp war offengebaut und mit Haupt- und Fockmast versehen. Zum Antrieb haben acht Rojer genügt. 359 bemannte der Kronprinz Julian im Kampf gegen die eingedrungenen Germanen auf dem Rhein 40 solcher Schiffe mit 300 Soldaten. Hieraus ergibt sich eine Kampfbesatzung von ca. sieben bis acht Mann, die bei solch einem Schiff eben auch die Rojerfunktion mit übernahmen. Hinzu kommen noch ein Schiffsführer sowie ein oder zwei Matrosen für die Besegelung. Dieses Schiff könnte ca. 10 Meter lang und 2,5 Meter breit gewesen sein. Wie stark die germanische Flotte (*classis Germanica*) im 4. Jahrhundert war, können wir nicht sagen. Als Vergleich mögen die Zahlen der mösischen Donauflotte dienen. Im Jahr 412 wies diese Flotte 100 kleine Kampfschiffe (*naves lusoriae*) sowie zehn leichte Wachschiffe (*naves agrarienses*) und vier Reise- und Verbindungsfahrzeuge (*naves iudiciariae*) auf. Genaueres können wir über diese Schiffstypen nichts sagen.

Bewaffnung und Ausrüstung

So verschieden die Struktur der römischen Truppe war, so deutlich unterschied sich auch die Bewaffnung der Legionäre von der der Hilfstruppen. Allerdings sind solche Unterschiede nur in den ersten zwei Jahrhunderten n. Chr. festzustellen. Im Laufe des 3. Jahrhunderts glichen sich die Bewaffnungen der einzelnen – früher so unterschiedlichen Truppenverbände – einander immer mehr an.
Während die Bewaffnung der kaiserzeitlichen Legion direkt aus der Ausrüstung der republikanischen Truppenverbände herzuleiten ist, sind die Waffen- und Ausrüstungsgegenstände der Auxiliareinheiten stark von den früheren nationalen Verbänden dieser Truppe geprägt worden. Das heißt, daß gallische Truppen in der Frühzeit ihre ursprünglich keltische Bewaffnung beibehalten haben. Ähnlich verhielt es sich auch mit der Kampfweise dieser Einheiten.
Im folgenden soll versucht werden, die unterschiedlichen Bewaffnungsarten der römischen Armee in einem zeitlichen Rahmen miteinander zu vergleichen. Hierbei ist grundsätzlich zu bedenken, daß die Bewaffnung der Legionen in der Frühzeit für einen Kampf im großen Verband geeignet war, während die der Auxiliarsoldaten hauptsächlich für Vorposten- und Plänklergefechte gedacht war. Die Reiter der Alen trugen wiederum andere Waffen als die Kohortensoldaten. Dies hängt ursächlich mit der anderen Kampfweise vom Pferd herab ab.

Abb. 57 Bonn. Grabstein des Legionärs Q. Petilius Secundus aus der 15. Legion mit dem Beinamen Primigenia. Kalkstein. – H. 1,63 m. Mitte 1. Jh. n. Chr. (RLM Bonn)

Um Christi Geburt trugen die römischen Legionäre bis zum Centurio aufwärts eine *Taf 1a* kurzärmelige Tunika aus rotem Tuch und darüber einen langen Kettenpanzer. Als Angriffswaffen dienten ihnen ein Kurzschwert (*gladius*) und ein Dolch (*pugio*) sowie *Abb 345* zwei Wurflanzen (*pilum*), die einen Weicheisenschaft mit einer gestählten Spitze besaßen. Der umbiegende Weicheisenschaft sollte verhindern, daß die Waffen vom Feind wieder verwandt wurden. Neben dem Kettenpanzer schützten sie sich mit dem rechteckigen Schild (*scutum*), der mit Leder bezogen war. Der Schild wurde mit der linken Hand geführt. Als Kopfschutz trugen sie einen bronzenen bzw. eisernen Helm (*cassis*) *Abb 58* mit Wangenklappen und Stirnschutz. Als Militärstiefel wurden die sog. *caligae* getragen, durchbrochene, stark genagelte Sandalen. In diesen Stiefeln wurden entweder Fußlappen oder Strümpfe benutzt. Vor schlechtem Wetter schützten sich die Männer mit dem sog. Soldatenmantel (*sagum*). Dieser Mantel diente gleichzeitig nachts als Decke.

Mitte des 1. Jahrhunderts änderte sich dann die Bewaffnung der Legionäre. Anstelle des Kettenpanzers wurde jetzt ein Schienenpanzer eingeführt. Gleichzeitig wurde *Taf 1b* auch die Aufhängung des Schwertes verändert. Während die Soldaten noch Anfang des 1. Jahrhunderts n. Chr. mit zwei Gürteln (*cingulum*) ausgerüstet waren, an denen der *gladius* und der *pugio* hing, hatten sie in der zweiten Hälfte des 1. Jahrhunderts nur noch einen Gürtel. Das Schwert wurde jetzt an einem schmalen Schulterriemen getra-

Abb. 58   Kalkar-Hönnepel/KLE. Infanteriehelm. Bronze. – H. 19 cm. Erstes Viertel 1. Jh. n. Chr. (RLM Bonn)

Abb. 59   Kalkar-Niedermörmter/KLE. Helm des Legionsreiters (?) L. Sollionius Super aus der 30. Legion mit den Beinamen Ulpia victrix. Bronze mit Weißmetallüberzug. – H. 30 cm. 2. Jh. n. Chr. (RLM Bonn)

Abb 59   gen. Die Helme veränderten sich insofern, daß die direkten Schutzvorrichtungen (der Nacken- und Stirnschutz) verbreitert wurden. Charakteristisch für diese Helme ist die Öffnung für das Ohr, damit die Soldaten die Befehle besser hören konnten. Das *scutum* veränderte sich kaum, ebensowenig die beiden *pila*.

Anfang des 2. Jahrhunderts wurde bei der niedergermanischen Armee eine erneute Reform der Bekleidung und der Bewaffnung durchgeführt. Die für die hiesige Witterung ungeeigneten *caligae* verschwanden und wurden durch feste hochgeschlossene Stiefel einheimischer Machart ersetzt. Charakteristisch ist aber auch hier wiederum die starke Nagelung des Schuhwerks. Es scheint so, als ob in dieser Zeit schon das Lang-

Abb 60   schwert (*spatha*), das an einem breiten Schulterriemen getragen wurde, eingeführt wurde. Auch der gebogene Legionsschild (*scutum*) wurde wahrscheinlich abgeschafft

Taf 3b   und durch den leichteren Schild der Auxiliareinheiten (*clipeus*) des 1. Jahrhunderts ersetzt. Gegen Ende des 2. Jahrhunderts wurde auch die halblange Hose als Bekleidungsstück bei den römischen Legionen eingeführt, ebenso der Kettenpanzer.

Die Auxiliarsoldaten hatten während der genannten drei Jahrhunderte nur Kettenpan-

Taf 2   zer getragen. Ihre Kleidung entsprach der der Legionssoldaten, die Alenreiter trugen allerdings Kniehosen. Anstelle des *sagums* wurde häufig ein Kapuzenmantel getragen.

Abb 61   Bewaffnet waren die Kohortensoldaten mit Langschwert (*spatha*), Dolch (*pugio*) sowie zwei Wurfspeeren (*hasta*) und einem ovalen Schild (*parma*). Die Alenreiter trugen

Abb 35   keinen Dolch und hatten das Langschwert ebenfalls am Gürtel befestigt.

Im 2. Jahrhundert verschwand der Dolch aus der Ausrüstung der Infanteriekohorten,

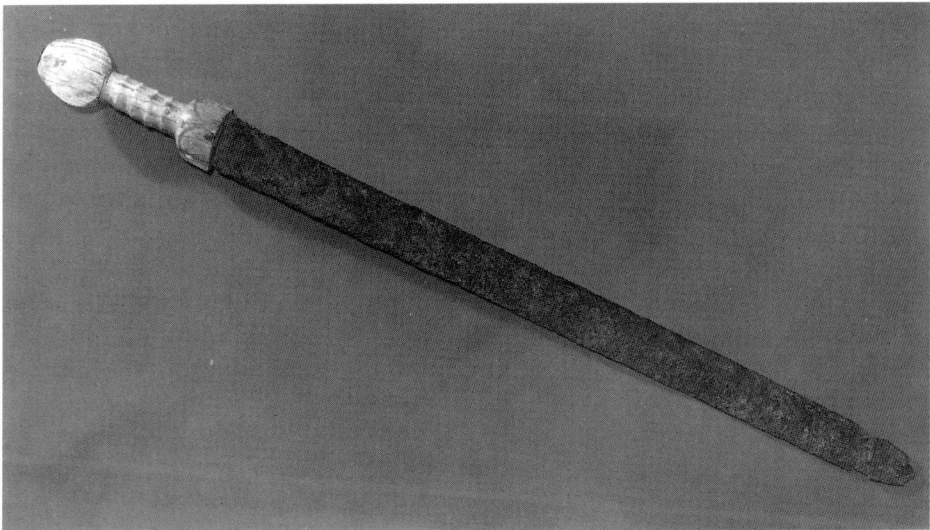

*Abb. 60   Köln. Langschwert (spatha)
und Dosenortband. Eisen mit Elfen-
beingriff, Silber mit Niello-Verzierung. –
L. 0,89 m, Dm. 11 cm. Erste Hälfte
4. Jh. n. Chr. (RLM Bonn)*

das Schwert wurde jetzt wie das der Legionäre an einem Schulterriemen getragen. Eine
etwas längere Lanze bildete die einzige Fernwaffe der Kohortensoldaten. Im 3. Jahrhundert setzte sich bei den Kavallerieeinheiten der Rundschild und der Lamellenpan-
zer durch.

Neben dieser Standardausrüstung finden sich noch Spezialausrüstungen, besonders
im Bereich der Hilfstruppen. So gab es Bogenschützen (*sagitarii*) zu Fuß und auch zu
Pferde, ebenso gab es Reitereinheiten, die eine schwere Stoßlanze (*gaesati*) trugen. Ab
dem 3. Jahrhundert wurden dann schwer gepanzerte Reitereinheiten (*catafractarii*)
aufgestellt, bei denen Mann und Pferd einen Panzer trugen. Diese neue Truppe war die
Antwort Roms auf die schwere Panzerreiterei der Parther.

*Abb. 61   Andernach/MVK. Grabstein des Hilfstruppensoldaten Firmus aus der Raeter-
kohorte. Kalkstein. – H. 2,95 m. Mitte 1. Jh. n. Chr. (RLM Bonn)*

Außer diesen regulären Einheiten gab es, besonders im 1. Jahrhundert, noch Späher und Kundschafter, die zumeist aus germanischen Reisläufern in römischen Diensten bestanden. Diese Leute brachten ihre einheimischen Waffen mit, teilweise benutzten sie aber auch römische Ausrüstungsgegenstände.

Die Centurionen und die Stabsoffiziere sowie die Kommandanten der Auxiliarkohorten waren mit einem sogenannten Muskelpanzer ausgerüstet, der der Form des Oberkörpers nachgebildet war. Sie trugen keine Soldatenstiefel (*caligae*) sondern geschlossene, hohe Stiefel. Als Zeichen seiner Würde verfügte der Centurio über einen sog. Offiziersstock (*vitis*). Dieser Stock war Rangabzeichen und Ausdruck der Vollmacht der *Abb 23* körperlichen Züchtigung gegenüber den Soldaten. Sowohl die Centurionen als auch die Feldzeichenträger und Bläser waren als Zeichen ihrer Würde mit kleineren Rundschilden ausgerüstet.

Die veränderte Struktur des Heeres (Aufstellung von Reiterheeren) im 4. Jahrhundert, bedingte auch eine neue Bewaffnung. Die Reitereinheiten waren jetzt mit Rundschild *Taf 4* und Langschwert ausgerüstet, sie trugen keinen Panzer mehr, aber immer noch einen Helm. Zusätzlich wurde noch eine schwere Lanze mitgeführt. Die Kleidung bestand jetzt aus Hemd, langer Hose, Halbstiefel und dem Soldatenmantel. Die Limitantruppen, meist einheimische Soldaten, waren ebenfalls mit Langschwert, Schild und even- *Abb 60* tuell Wurflanzen ausgerüstet. Helme und Panzer sind in der *Germania secunda* nicht mehr nachweisbar.

Nur die Legionen verfügten über Geschütze, mit denen Steinkugeln und Bolzen verschossen werden konnten. Die Kraft wurde dadurch erreicht, daß die beiden Arme eines Geschützes in Spannsehnenbündel eingespannt waren und durch Auslösen des

Abb. 62 Neuwied-Niederbieber. Zierscheibe eines Feldzeichens (signum) mit Kaiserdarstellung. Silber, vergoldet. – Dm. 19 cm (RLM Bonn). Um 259 n. Chr.

Abb. 63 Bonn. Grabstein des Kavalleristen und Feldzeichenträgers Vellaunus aus der ala Longiniana. Kalkstein. – H. 2,21 m. Um 50 n. Chr. (RLM Bonn)

Abb. 64 Aus dem Rhein bei Düsseldorf. Signaltrompete (lituus). Bronze. – L. 0,74 m. 2. Jh. n. Chr. (Bad Homburg v. d. Höhe, Saalburgmuseum)

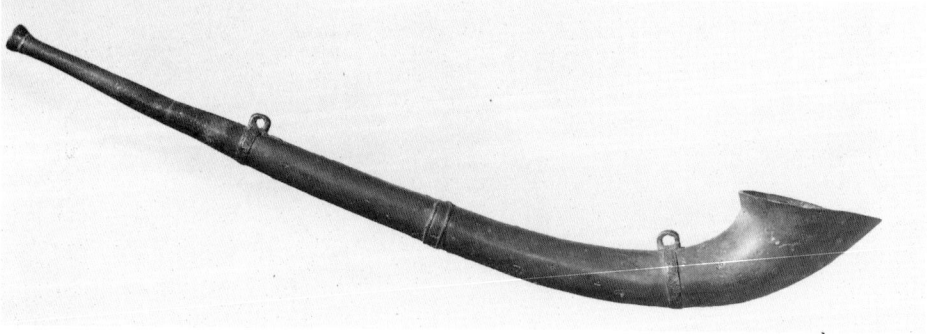

Mechanismus in ihre ursprüngliche Lage wieder nach vorn schnellten. Hierdurch wurde das Geschoß vorwärts getrieben. Es gab zweiarmige Flachbahngeschütze (*catapulta*) und auch zweiarmige Steilfeuergeschütze (*ballista*). Die Geschütze wurden entweder mitgeführt oder als Festungsgeschütze auf den Türmen der Kastelle belassen. Sie wurden hauptsächlich gegen Mannschaften eingesetzt, denn mit ihnen konnten keine Breschen in Mauern geschlagen werden. Außerdem dienten sie zum Schleudern von Brandpfeilen in feindliche Stellungen.

Das Feldzeichen der Legion war der Legionsadler (*aquila*). Daneben trat noch das Kaiserbildnis (*imago*). Die Manipel und die Centurien einer Legion besaßen ebenfalls *Abb 62* Feldzeichen, genau wie wir das für die einzelnen Kohorten der Legion annehmen können.

Die Kampf- bzw. Arbeitsvexillationen hatten eine eigenes Truppenzeichen (*vexillum*). Dies wurde auch von den Alen geführt. Die Züge (*turmae*) einer Ala trugen dagegen ebenso wie die Kohorten ein Signum als Feldzeichen. Die Numeri hatten als *Abb 63* Feldzeichen wahrscheinlich zuerst das Drachenfeldzeichen (*draco*). Im 4. Jahrhundert löste dieses Feldzeichen die übrigen Feldzeichen ab und diente als Legions- und schließlich auch als Kaiserstandarte. Die anderen Feldzeichen der Kaiserzeit bis auf die *imagines* wurden weiter benutzt. Die Feldzeichenträger hoben sich von den übrigen Soldaten durch ein Tierfell ab, das sie über dem Panzer trugen. Beliebt waren Wolfs- und Bärenfelle.

Neben den optischen gab es auch akustische Zeichen, die durch Blasinstrumente übermittelt wurden. Das römische Heer verfügte über das hornartig gebogene *cornu*, die gestreckte *tuba* und die posaunenartige *bucina*. Das Signalinstrument des Legionskommandeurs war die *bucina*. Jedes Manipel einer Legion hatte eine *tuba* und ein *cornu*. Die Reiterei benutzte vermutlich den *lituus*. *Abb 64*

Gepäck

Die Dinge, die der Soldat unbedingt brauchte, mußte er auf dem Marsch selbst tragen. Dazu gehörten neben den Waffen noch Werkzeug, Kochgeschirr und eine eiserne Ration. Je nach Auftrag kamen noch ein oder mehrere Schanzpfähle hinzu. Die Traglast wog ca. 20 Kilogramm und wurde an einer Stange auf der Schulter mitgeführt.

Die Centurien waren in Gruppen à 8 Mann aufgeteilt. Jede Gruppe oder »Stube« (*contubernium*) schlief zusammen entweder in einer Stube oder in einem Zelt. Die antiken Zelte waren steilwandig mit einer Grundfläche von ca. 3 x 3 Metern. Jedes *contubernium* hatte ein Tragtier zum Transport schwererer Gepäckstücke. Zusätzlich standen noch Wagen zur Verfügung, auf denen Verpflegung, schweres Schanzgerät usw. mitgeführt wurden. Für diese Lastwagen gab es eigene Remisen im Bereich der Lagerstraßen.

Der Sold

Der Sold der römischen Soldaten setzte sich aus drei Einzelposten zusammen: dem normalen Jahressold (*stipendium*), einem jährlichen Geldgeschenk (*donativum*), und einer Naturalabgabe (*annona*), die aber auch in bar ausgezahlt werden konnte.

Wir wissen nicht genau, ab wann die Donative regelmäßig an alle Armeeangehörigen
verabfolgt wurden. Um 300 n. Chr. hat dieses System sich aber durchgesetzt. Ob das
auch im 2. und 3. Jahrhundert so war, können wir nicht genau sagen. Der Jahressold
eines einfachen Soldaten hat sich nachweisbar viermal in der Zeit von Anfang des
1. Jahrhunderts bis Mitte des 3. Jahrhunderts erhöht. Die Auxiliarsoldaten erhielten
ein Sechstel weniger Jahressold als die Legionssoldaten, wobei es anscheinend keine
Unterschiede in der Bezahlung zwischen den Alen und den Kohorten gab.

Das 1. Jahrhundert kannte ein hochentwickeltes Buchungssystem mit Abzügen für
Kleidung, Essen und Waffenreparaturen und andere Zwecke, die vom Sold des Soldaten einbehalten wurden. Gegen Ende des 2. Jahrhunderts scheint es sich aber durchgesetzt zu haben, daß keine Abzüge mehr erhoben und den Soldaten ihre vollen Bezüge
ausgezahlt wurden.

Die Donative wurden für die Mannschafts- und Unteroffiziersdienstgrade in einfacher und für die Offiziere vom Centurio an aufwärts in doppelter Höhe gewährt. Es
gab hier keinen Unterschied zwischen Legionsangehörigen und Kohortensoldaten.
Um 300 n. Chr. erhielt ein einfacher *miles legionis* als *stipendium* 1800 und als Donativ
6250 Denare.

Unter Vespasian bekam ein Auxiliarsoldat als jährlichen Sold 187,5 Denare, ein Le-
gionssoldat 225 Denare und ein Legionscenturio (*centurio ordinarus*) 3375 Denare.

*Abb. 65 Duisburg-Rumeln-
Kaldenhausen. Militärische
Orden des T. Flavius Festus
(Lauersforter Phalerae). Sil-
ber. – Dm. ca. 10,5 cm. 1. Jh.
n. Chr. (Staatliche Museen
Preußischer Kulturbesitz, Anti-
kenmuseum, RLM Bonn)*

*Abb. 66   Bonn. Grabstein des Lucius mit der Darstellung militärischer Orden. Kalkstein. –
H. noch 1,25 m. Erste Hälfte 1. Jh. n. Chr. (RLM Bonn)*

*Abb. 67   Bonn. Grabstein des Feldzeichenträgers Pintaius aus der 5. Asturerkohorte.
Kalkstein. – H. 1,94 m. Vor Mitte 1. Jh. n. Chr. (RLM Bonn)*

Auszeichnungen und Orden

Besondere Tapferkeit wurde beim römischen Militär ausgezeichnet. Die Auszeichnungen (*dona militaria*) richteten sich nach dem Dienstgrad: Einfache Soldaten bis
zum Hauptmann (*centurio*) erhielten kreisrunde, mit Relief verzierte Scheiben (*phale-*   *Abb 65, 66*
rae), Armreifen (*armillae*) oder Halsringe (*torques*). Die Phalerae wurden an einem
gitterförmigen ledernen Riemenwerk über dem Panzer auf der Brust, die Armillae an   *Abb 66*
den Handgelenken getragen; die Torques wurden mit Bändern an den Schultern befe-   *Abb 67*

Abb 65
Abb 23

stigt. Ein ganzer Satz von reliefverzierten scheibenförmigen Orden – Silber vergoldet und auf Kupferscheiben aufgezogen – wurde 1858 bei DU-Rumeln-Kaldenhausen gefunden. Auch der Centurio M. Caelius, der wohl in der Varusschlacht 9 n. Chr. sein Leben lassen mußte, war mit der Phalerae, Armillae und Torques dekoriert worden. Auf seinem Grabstein ist er aber auch mit der *corona civica* (»Bürgerkrone«), einem Kranz aus Eichenlaub dargestellt, der ihm wegen der Errettung eines römischen Bürgers aus Lebensgefahr verliehen worden war. Auszeichnungen, wie die verschiedenen Kränze (*coronae militares*), die allerdings auch aus Gold sein konnten, wurden vom Centurio aufwärts vergeben. Höhere Offiziere konnten auch Standarten (*vexilla*) oder goldene Lanzen (*hastae purae*) erhalten. Ebenso wurden Truppenteile ausgezeichnet; die Auszeichnungen befestigte man an den Feldzeichen. So ist beispielsweise das Si-

Abb 67

gnum der 5. Asturerkohorte auf dem Grabstein des Pintaius aus Bonn mit Kranz (*corona*) und Scheiben (*phalera*) geschmückt. Oft schlug sich die Ehrung auch im Namen der Einheit nieder. Erwiesene Kaisertreue brachte ihr, z. B., den ehrenden Beinamen *pia fidelis* (die Treue und Zuverlässige) ein.

Logistik

Unter militärischer Logistik wird die Produktion, Beschaffung, Verwaltung und Verteilung von Ausrüstungs- und Versorgungsgütern aller Art für die Armee verstanden. Im großen und ganzen produzierte die römische Armee die von ihr benutzten Güter selbst. Diese Selbstversorgung war allerdings am wenigsten im Bereich der Verpflegung möglich.

Zum Teil verfügten die Truppen über eigenes militärisches Nutzland, auf dem sowohl Ackerbau als auch Viehzucht getrieben wurde. Aber die Masse der benötigten Nahrungsmittel mußte angekauft werden. Zum Teil wurde die Versorgung auch durch staatlich angeordnete Naturallieferungen bzw. Naturalabgaben der Provinzbevölkerung gesichert. Das militärische Nutzland erstreckte sich beidseitig des Rheines. Auf der linken Rheinseite wurde es als Ackerfläche, rechts als Viehweide genutzt. Aus Niedergermanien kennen wir hierfür einen Hinweis des Historikers Tacitus, und seit kurzem besitzen wir einen Gedenkstein, der von einem Bonner Centurio an der Sieg

Abb 68

gesetzt wurde. Auf diesem Stein wird der Erneuerung des Weidelandes (*prata legionis*) gedacht. Hierunter sind wahrscheinlich Einrichtungen von Viehweiden, Zaunerneuerungen etc. zu verstehen.

Die Nahrungsmittel, die die Soldaten benötigten, waren Getreide, Fleisch, Käse und Gemüse, dazu Salz und Olivenöl. Als Getränk gab es einen zweitgekelterten Wein (*lora* oder *posca*), der sehr sauer war. Getreide, Gemüse, Fleisch und Käse konnten die Soldaten auf dem militärischen Nutzland selbst erzeugen. Salz, Olivenöl und Wein wurde von weither importiert.

Abb. 68 St. Augustin-Menden/SU. Grenz-stein der Bonner Legionswiesen. Trachyt. – H. noch 1,12 m. Ende 2./Anfang 3. Jh. n. Chr. (RLM Bonn)

In jedem Militärlager gab es große Speicher und andere Wirtschaftsgebäude, in denen *Abb 316* Lebensmittelvorräte für die gesamte Truppe für mindestens ein Jahr lagerten. Eine Legion benötigte ca. 1500 Tonnen Getreide im Jahr zur Versorgung der Mannschaften, eine Kohorte ca. 125 Tonnen und eine Ala ca. 250 Tonnen. Daneben unterhielt die Armee in den Lagern bzw. außerhalb derselben eine ganze Reihe von eigenen Werkstätten, in denen die für die Truppen notwendigen Gebrauchsgegenstände hergestellt bzw. repariert werden konnten. So sind unter anderem Glasbläsereien, Buntmetall- *Abb 320, 499* werkstätten, Schmieden und Ziegeleien feststellbar. Gleichzeitig wurden die Soldaten *Abb 535* auch zu Steinbrucharbeiten und zum Kalkbrennen herangezogen. Wir können auch Werkstätten nachweisen, in denen die ledernen Ausrüstungsgegenstände wie Zelte, Sättel, Zuggeschirre, Schildbeschläge und Bezüge hergestellt bzw. repariert wurden. Das Leder kam meist von privaten Gerbereien, die Militärhandwerker verarbeiteten es dann weiter. Sie fertigten natürlich auch die Schuhe, die die Soldaten trugen.

Ein Teil der Betriebe befand sich innerhalb der Lager, der größte Teil jedoch außerhalb, besonders die feuergefährlichen Betriebe wie Töpfereien und Ziegeleien. Auf diesem militärischen Nutzland lagen dann auch Siedlungen, die sich teilweise zu regelrechten Lagervorstädten entwickelten. Für die Siedlungen, die bei Legionslagern entstanden, bürgerte sich der Begriff *canabae legionis* (Barackensiedlung der Legion) ein.

Die Siedlungen, die bei Hilfstruppenlagern entstanden, wurden einfach Siedlung der betreffenden Einheit (*vicus*) genannt.

Grundvoraussetzung für eine geregelte Versorgung des Heeres in Niedergermanien war eine gut funktionierende Infrastruktur der Provinz.

Das Grundproblem für die Römer war, daß durch die Anwesenheit der Armee und das Entstehen von Städten auf einmal von der einheimischen Landwirtschaft 50000–75000 Menschen, die nicht in der Nahrungsmittelproduktion beschäftigt waren, miternährt werden mußten. Dies konnte nur erreicht werden, daß mehr Ackerfläche bebaut, die Anbaumethoden verbessert, höherwertiges Saatgut und bessere Fleischtierrassen, hier besonders Rinder, eingeführt wurden. Hand in Hand damit ging der Ausbau des Straßensystems. Hierdurch sollte gewährleistet werden, daß nicht nur innerhalb der Provinz die Nahrungsmittel schnell vom Produzenten zum Verbraucher gelangten, sondern auch aus den benachbarten Provinzen Galliens. Es ist ein großes Verdienst der römischen Armee gewesen, innerhalb von einigen Jahrzehnten das Land am Niederrhein so weit zu entwickeln, daß Mitte der achtziger Jahre die Truppe aus dem Land selbst heraus ernährt werden konnte. Dies war dann auch der Zeitpunkt, an dem der niedergermanische Heeresbezirk zu einer eigenen Provinz des Römischen Reiches umgewandelt wurde.

Bauten des Heeres

Lagerbauten

Abb 320, 499 Die Lager der römischen Armee der Kaiserzeit waren zum großen Teil im Grundriß
Abb 535, 439 identisch. Sie bestanden aus den Kasernen der Soldaten, dem Verwaltungsbau sowie einigen Speichern. Die Grundflächen richteten sich nach der Truppenstärke. So benötigte eine Legion ca. 20–25 Hektar Grundfläche, ein Kohortenlager ca. 1,8 Hektar, ein Alenlager ca. 3 Hektar und das Lager eines Cohors equitata ca. 1,6 Hektar. Das Flottenlager Köln-Alteburg hatte ungefähr eine Grundfläche von 5,5 Hektar. Diese Zahlen sind etwas geringer als die der Lager vergleichbarer Truppen am Obergermani-
Abb 69 schen Limes. Die Legionslager, die kurz vor oder nach 70 n. Chr. entstanden, wurden alle nach einem bestimmten Grundrißschema angelegt: den zentralen Punkt bildet das
Abb 70 Verwaltungsgebäude (*principia*). Vor diesem lag das Vorderlager (*praetentura*) mit der Ausfallstraße (*via praetoria*), die zum Ausfalltor (*porta praetoria*) führte. Vor dem Verwaltungsgebäude wurde diese Straße rechtwinklig von der Lagerhauptstraße (*via principalis*), die linkes und rechtes Lagertor (*porta sinistra* bzw. *dextra*) verband, geschnitten. Im vorderen Teil des Lagers lagen meist neben Kasernen einige Wirtschaftsgebäude sowie die Unterkünfte der Stabsoffiziere. Hinter den *principia* durchquerte die *via decumana* den rückwärtigen Teil des Lagers (*retentura*) und führt zur *porta de-*
Abb 72 *cumana*. In der *retentura* waren die restlichen Truppen sowie meist ein Lazarett, Un-

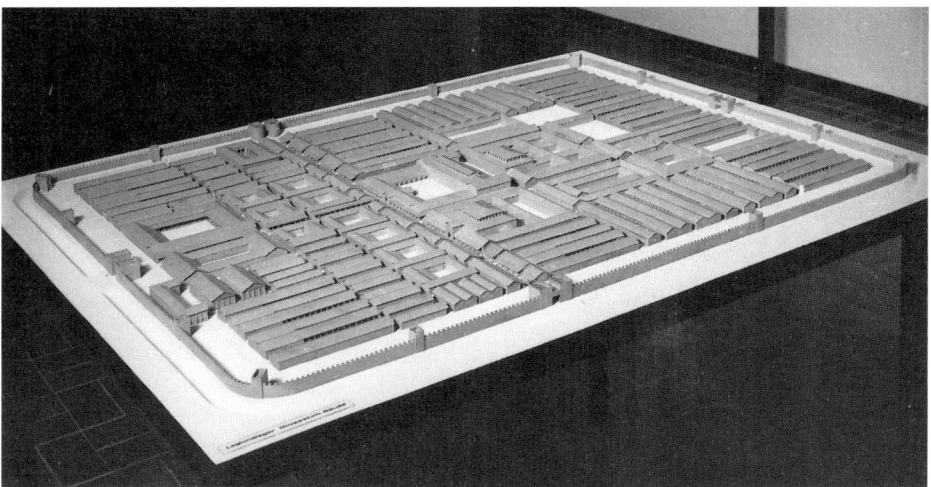

Abb. 69   Neuss. Legionslager Novaesium (Koenen-Lager). Modell. Rekonstruktion:
J. Kramer, E. Künzl. Mitte 1. Jh. n. Chr. (RLM Bonn)

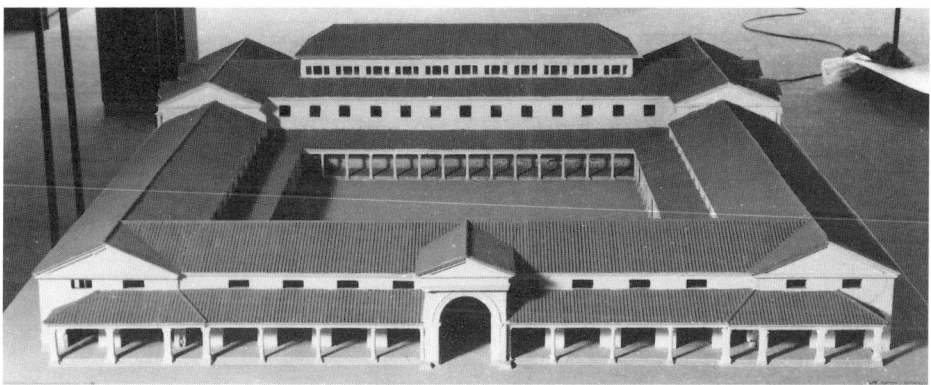

Abb. 70   Xanten/WES. Lagerforum (principia) des Doppellegionslagers Vetera I.
Modell. Rekonstruktion: R. Schultze. 60/70 n. Chr. (Regionalmuseum Xanten)

terkunft des Kommandanten und wiederum einige Wirtschafts- und Spezialgebäude *Abb 71*
untergebracht. Das ganze wurde von der Wallinnenstraße (*via sagularis*) umschlossen.
Nach außen waren die Lager mit einer Mauer aus Stein oder aus einer Holz-Lehm-
Konstruktion befestigt, die mit Türmen bestückt war. Vor der Mauer verlief in den
meisten Fällen ein Doppelgraben.
Obwohl die Legionslager am Niederrhein alle standardisiert waren, gab es doch Unterschiede zwischen ihnen. Die Lager → Bonn und → Neuss sind zur selben Zeit kurz *Abb 320, 499*
nach 70 n. Chr. errichtet worden, das Legionslager → Xanten-Vetera I ist ca. zehn *Abb 535*
Jahre früher entstanden. Es wurde noch in einer gemischten Holz-Stein-Bauweise erstellt, dagegen sind die beiden Lager Neuss und Bonn schon reine Steinlager. Außer-

Abb. 71   Xanten/WES. Wohn- und Dienstgebäude (praetorium) des Kommandeurs der 5. Legion mit dem Beinamen alaudae im Doppellegionslager Vetera I. Modell. Rekonstruktion: H. Mylius (RLM Bonn)

Abb. 72   Xanten/WES. Lazarett (valetudinarium) des Doppellegionslagers Vetera I. Modell. Rekonstruktion: H. Mylius (RLM Bonn)

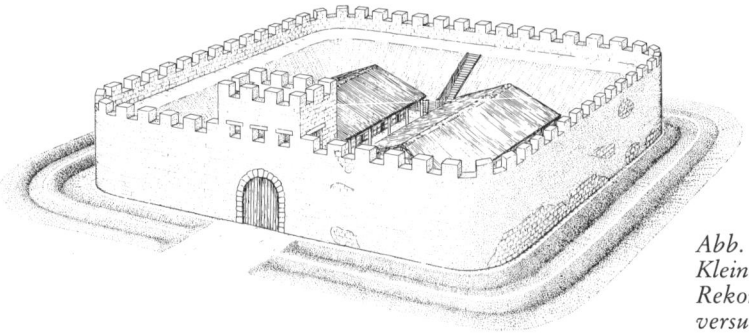

Abb. 73   Neuss. Kleinkastell Reckberg. Rekonstruktions- versuch G. Müller

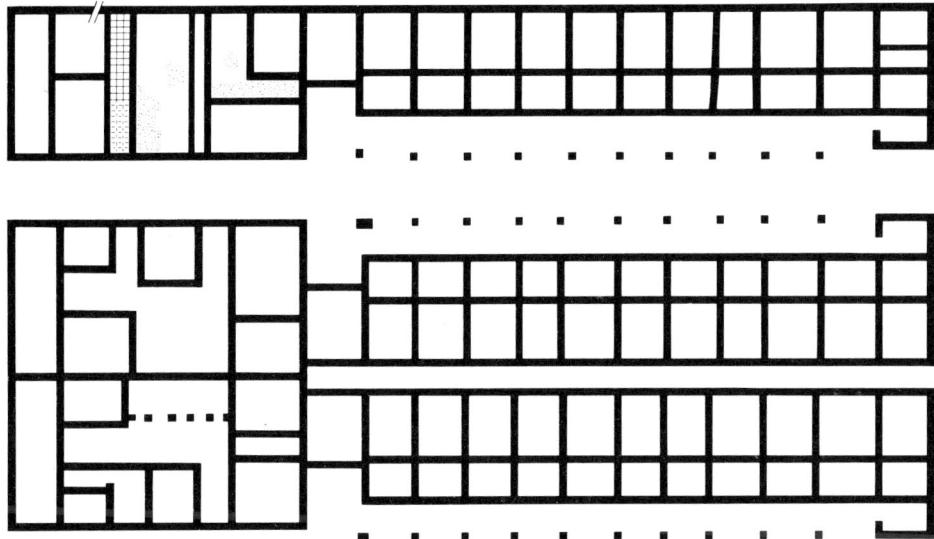

Abb. 74 Neuss. Centurienkaserne im Legionslager Novaesium (Koenen-Lager). Grundriß

dem beherbergte das Legionslager Xanten-Vetera I zwei Legionen und eine unbekannte Anzahl von Hilfstruppen.

Die Hilfstruppenlager waren ähnlich wie die Legionslager strukturiert. Im Mittel- *Abb 335* punkt lag auch hier das Verwaltungsgebäude. Leider gibt es kein vollständig ausgegrabenes Kohorten- bzw. Alenlager am niedergermanischen Limes. Die Lager Zwam- *Abb 452* merdam und Valkenburg, von denen die Grundrisse bekannt sind, sind untypisch wie Vergleichsbeispiele vom Obergermanisch-Rätischen Limes zeigen. Auf jeden Fall brauchte ein Kohortenlager Platz für sechs Centurienbaracken, *principia, praetorium* (Kommandantenwohnhaus), mindestens einen Speicher und ein Lazarett. Für eine *cohors equitata* waren schon acht Baracken, zwei Ställe, Principia, Praetorium, mindestens ein Speicher, Lazarett und eventuell eine Schmiede (*fabrica*) notwendig. Ein Alenlager mit 16 Turmen (Züge) bestand aus acht Baracken, acht Ställen, Principia, Praetorium, Lazarett, mindestens einem Speicher und einer *fabrica*. Für ein Numeruskastell, von denen keines am niedergermanischen Limes gefunden wurde, genügten vier Baracken, Principia, Praetorium, Speicher, eventuell Ställe und eine Schmiede. Kleinkastelle mußten Platz bieten für eine Centurie bzw. für eine Halbcenturie, das *Abb 73* bedeutet jeweils Unterkünfte für 80 bzw. 40 Mann.

Die Baracke einer Centurie war ein langgestrecktes Gebäude mit zehn Kammern (*con- Abb 74* tubernia*, nach *contubernium*, die Zeltgemeinschaft). Diese Kammern waren durch eine Wand in einen vorderen kleineren und einen hinteren größeren Raum getrennt. Im hinteren Raum standen die Betten der hier untergebrachten acht Soldaten, wahrscheinlich zweistöckig. Die vordere kleinere Kammer diente als Aufbewahrungsort für die Waffen. Der hintere Raum (*papillio*) war meist heizbar. Vor dem Eingang zum vorderen Raum, der Waffenkammer (*arma*), befand sich eine Art Veranda, hier konnten sich die Soldaten tagsüber aufhalten. Der Schlafraum war meistens 5 x 4 Meter groß, wobei die Auxiliarsoldaten etwas weniger Platz als Legionssoldaten hatten. Im Gegensatz zu den anderen *limites* in Britannien und auch in Obergermanien sind vom Niedergermanischen Limes nur sehr wenige Wachtürme bekannt. Diese Türme waren zur besseren Beobachtung des Limes aufgestellt, also in diesem Fall des Flußtales. Wir kennen aus dem Bereich von Remagen und Neuss je einen Wachturm. Die Grundfläche eines solchen Wachturms maß nur 4,9 x 4,9 Meter. Hier hielten sich ständig ca. vier Mann auf. Sie wurden von dem jeweiligen nächstgelegenen Auxiliarlager ausgewechselt.

Spätantike Festungen

In der Spätantike existierten die alten kaiserzeitlichen Einheiten nicht mehr, dementsprechend mußten auch die Festungen neu konzipiert werden. Charakteristisch für diese neuen Festungen sind hohe, stark mit Türmen bewehrte Mauern, die eine kleinere Grundfläche umschlossen als die früheren Lager. Im Innenraum solcher Festungen lagen dann die Mannschaftskasernen um einen Exerzierplatz herum. Ein klassisches Beispiel für solch eine spätantike Festung bildet das Kastell Köln-Deutz. Ähnlich müssen wir uns auch die Großfestung vorstellen, die unter Konstantin I. für die Reste der 30. Legion und die einheimische Bevölkerung in Xanten errichtet worden war. Auch die Festung Haus Bürgel bei Düsseldorf wird so ausgesehen haben. Dagegen scheint es im Bereich der ehemaligen Legionsfestung Bonn so gewesen zu sein, daß die alten Innenbauten in ihrer Struktur zum Teil erhalten blieben und jetzt den Bewohnern der ehemaligen Lagervorstadt und den Resten der 1. Legion als Behausung diente. Bonn war mit 27 Hektar nach Köln die größte spätantike Festung am Rhein. Typisch für die Spätantike sind kleine, stark umwehrte *burgi*, in denen relativ schwache Truppenverbände lagen. In solch einem *burgus* standen entweder einige Kasernen, oder es befand sich nur ein starker Turm innerhalb des Mauergevierts. Unklar ist die Besatzungsstruktur der spätantiken Festungen am Rhein. Es scheint fast so, als ob in den wiederaufgebauten Lagern nach 280 die Grenzeinheiten lagen. Diese Truppen waren Soldaten zweiter Ordnung, mehr Milizionären als Eliteeinheiten vergleichbar. Möglicherweise standen in den konstantinischen Neubaufestungen die besseren comitatensischen Einheiten. Diese spätantike Elitetruppe bestand vorwiegend aus germanischen Reitern in römischen Diensten.

Abb 441, 75

Abb 544

Abb 485

Lagerbauphasen

Obwohl die einzelnen Lager durchaus Unterschiede im Grundriß aufweisen, überwiegt doch bei den zur selben Zeit erbauten Lagern die Gemeinsamkeit. In der Früh-

Abb. 75 Köln-Deutz. Kastell Divitia. Modell 1:200. Rekonstruktion: R. Schultze, H. Mylius. 310/315 n. Chr. (RGM Köln).

zeit wurden am niedergermanischen Limes noch reine Offensiv- bzw. Okkupationslager erbaut. Diese Lager waren vieleckig, um so der Kreisform näher zu kommen. Sie *Abb 300, 534* hatten alle einen Holz-Erde-Wall mit mehreren Toren und einen davor gelagerten Doppelgraben. Die Innenbauten waren entweder in Holzfachwerk errichtet oder bestanden nur aus Zelten. Zu dieser Zeit lagen die Auxiliareinheiten meistens noch in der Nähe der Legionslager oder zusammen mit den Legionen in einem Lager.

Eine zweite Phase setzte dann Mitte des 1. Jahrhunderts n. Chr. ein. Die neu errichteten Lager hatten jetzt eine rechteckige Form. Die Mauern waren zwar immer noch in Holz-Erde-Bauweise errichtet mit hölzernen Türmen und Toren, innen sind aber schon Steingebäude nachweisbar. Es handelt sich hauptsächlich um die Großbauten der Lager wie Principia, Praetorium, Stabsoffiziersgebäude etc. Die Kasernen der Soldaten waren nach wie vor Holzfachwerkgebäude. In dieser Phase der Konsolidierung der römischen Macht am Rhein wurde bei den Lagern zum Teil mehr Aufwand für die äußere Form als für die Wehrhaftigkeit getrieben. Zum Beispiel wurden im Lager Neuss die Holztürme der Tore mit Kalksteinplatten verkleidet.

Nach der Niederlage im Bataveraufstand und der Zerstörung aller Lager am niedergermanischen Limes begann in flavischer Zeit der Wiederaufbau. Diese Lager hatten eine ähnliche Form wie die der Zeit zuvor, waren allerdings jetzt vollständig in Stein errichtet. Typisch für diese Zeit ist, daß der Wall aus einer vorgeblendeten Steinmauer mit einem Erdwall (*vallum*) bestand. Zusätzlich wurden an neuen Standorten Holz-Erde-Lager errichtet. Wahrscheinlich wollte man abwarten, wie sich der neue Standort bewährte, ehe man auch diese Lager in Stein ausführte.

Die in flavischer Zeit neu errichteten Holz-Erde-Lager wurden Mitte des 2. Jahrhunderts in Stein erneuert. Hierbei wurde in den meisten Fällen auf eine Erdanschüttung hinter der Mauer verzichtet und der Wehrgang auf Stützpfeilern aufgelegt.

Nach der Zerstörung beim großen Germaneneinfall von 275/276 wurde ein Teil der alten Lager sofort wieder, wahrscheinlich noch unter Probus, neu errichtet. Hierbei gingen die Römer so vor, daß sie auf dem alten Umwehrungsgrundriß die neue Mauer errichteten. Sie waren jetzt alle mit Mauerzungen versehen, die den Wehrgang trugen. Diese neugebauten Festungen sind aber mit den spätantiken Festungsmauern noch nicht zu vergleichen.

Erst in konstantinischer Zeit kamen auch am niedergermanischen Limes die typisch spätantiken Festungsbauwerke auf. Die Mauern waren jetzt mit 3 Meter Breite doppelt so stark wie die kaiserzeitlichen Mauern. Konstantinische Neugründungen sind *Abb 544, 485* der Neubau in Xanten, die Festung Haus Bürgel und auch die Festung Köln-Deutz. *Abb 555, 387,* Jetzt wurden auch im Hinterland einige ehemals unbefestigte Landstädte mit einer *269* Mauer umgeben, z. B. Zülpich, Jülich und auch Aachen.

353/355 wurden die Kastelle am Niedergermanischen Limes total vernichtet. Zum Teil wurden sie danach wieder neu aufgebaut, wobei interessanterweise das ehemalige Legionslager Bonn genauso wieder hochgezogen wurde wie schon zur Zeit von Kaiser Probus, d. h., hier wurde wiederum eine Großfestung erbaut. Unklar ist, ob dies noch unter Julian oder erst unter Valentinian I. erfolgte. Die jetzt wiederaufgebauten bzw. neu errichteten Festungen bildeten die letzte Ausbauphase am Niedergermanischen Limes.

Militärbauten außerhalb der Lager

Wie oben schon erwähnt, befanden sich in den Lagervorstädten auch häufiger Bauten des Heeres. Meist handelte es sich hierbei um aus dem Lager ausgesiedelte Militärhandwerksbetriebe. Aus Bonn liegen die Grundrißpläne von drei gleichartigen Militärgebäuden in den *canabae* vor. Diese Gebäude wurden sowohl von der Flotte wie von der *legio I Minervia* errichtet. Sie waren zum Teil mit Fußbodenheizung und Wandmalereien ausgestattet. Zu einem solchen Betrieb ist sicher eine Eisenschmelzanlage aus der ersten Hälfte des 3. Jahrhunderts zuzurechnen. Ebenfalls in der Bonner Lagervorstadt stand ein größeres Gebäude mit einem Innenhof, auf dem mindestens zwei Statuen aufgestellt waren. Ihre Postamente wurden bei der Ausgrabung gefunden. Um diesen Innenhof lagen mehrere Reihen mit Einzelkammern, dazu gehörte auch noch eine größere Badeanlage. Möglicherweise handelt es sich hier um eine Art Gästehaus des Heeres. Ein ähnliches Gebäude lag in der Nähe des Legionslagers von Neuss. Beide können durchaus als Unterkünfte für Statthalter oder höhere Offiziere gedient haben. Wenn diese reisen mußten, wurden sie wohl nicht in der Enge eines Wirtshauses untergebracht, sondern in einem extra dafür errichteten geräumigeren Gebäude.

Wenn Legionsvexillationen außerhalb der Lagerbereiche zur Arbeit eingeteilt wurden, müßten auch dort Unterkünfte für die Soldaten errichtet worden sein. Solche *Abb 287* Barackenunterkünfte waren vermutlich im Bereich der Kalkbrennereien bei Iversheim, bei den Steinbrüchen im Brohltal und auch am Drachenfels. Für die Legions-

ziegelei der *legio I* bei Dormagen muß auch mit solchen Unterkünften gerechnet wer- *Abb 338*
den.
Zu den Gebäuden, die vom Militär errichtet worden sind, gehörten auch die Straßenstationen. Hier lag die Straßenpolizei, die unter dem Kommando eines Benefiziariers
stand. In Niedergermanien sind Benefiziarierposten bei Rindern, Qualburg, Birten,
Moers-Asberg, Aldekerk, Wachtendonk, Wankum, Herongen, Dormagen, Jülich,
Aachen, Köln, Lechenich, Zülpich, Bonn-Dottendorf, Rheder, Nettersheim, Rheinbach-Flerzheim und an der Grenze zu Obergermanien am Vinxtbach bekannt. Ausgegraben werden konnte bislang keine. Solch eine Straßenstation kann man sich wie folgt
vorstellen: Eine Mauer umschloß eine geräumigere Hofanlage, die ein größeres Ge- *Abb 346*
bäude mit Innenhof beherbergte, sowie mehrere kleinere Gebäude. In der Nähe dürfte
sich auch meist noch ein Heiligtum gefunden haben, worauf die vielen Weiheinschriften der Benefiziarier hinweisen.

Zur Sozialstruktur des römischen Heeres in Niedergermanien

Mit den römischen Heeren kam Anfang des 1. Jahrhunderts ein sehr heterogenes Völkergemisch an den Niederrhein. Die Legionen waren zum größten Teil aus Oberitalien und der heutigen Provence rekrutiert. Bei den Auxiliareinheiten stammten die
Mannschaften der Kavallerie zum größten Teil aus Mittel- und Nordgallien, die Infanteristen zum Teil auch aus Gallien, zum größeren Teil aber aus Pannonien und auch
aus Spanien. Die Flottensoldaten wurden im östlichen Mittelmeerraum rekrutiert. Die
einzigen richtigen Römer waren hierbei die höheren Offiziere. Außerdem war die einheimische Bevölkerung am Niederrhein auch alles andere als homogen. Sie gehörte
verschiedenen Stämmen an, die schon längere Zeit (wie die Bataver) oder erst kürzerer
Zeit (Sugambrer, Ubier) am Rhein lebten. Die meisten waren Germanen, ein kleinerer
Teil Kelten. Daraus hatte sich eine germanisch-keltische Mischkultur entwickelt.
Die entlassenen Soldaten, die am Niederrhein blieben, vermischten sich mit dieser einheimischen Bevölkerung, und so entstand im Laufe des 1. Jahrhunderts eine roma-
nisch-keltisch-germanische Mischbevölkerung. Für den reinen Römer waren sie bestimmt Barbaren oder Germanen, die Germanen vom östlichen Rheinufer hielten sie
sicher für Römer. Ende des 1. Jahrhunderts, Anfang des 2. Jahrhunderts wurde die
Kultur am Niederrhein relativ einheitlich römisch geprägt. Die Soldaten hoben sich
von der üblichen Provinzialbevölkerung ab, da sie der einzige Stand waren, der ständig
über etwas Bargeld verfügte. In den Garnisonsstädten und in den größeren Zivilstädten wurde mit Geld bezahlt, auf dem flachen Lande überwog dagegen sicher die Na-
turalwirtschaft. Die Soldaten konnten sich auch Dinge leisten, die ansonsten nur in
den höheren Provinzialschichten konsumiert wurden: z. B. Austern. Diese wurden
sicher schon im Bereich der Kanalküste gezüchtet, ihre Schalen finden sich in den Abfallhalden der römischen Lager, und zwar sind sie innerhalb des Lagers so verteilt, daß

man davon ausgehen kann, daß auch der einfache Soldat sie gegessen hat. Ähnlich auffällig ist der Unterschied zwischen den Funden aus Militärlagern und Bauernhöfen. In den Lagern merkt man, daß die Soldaten immer in der Lage waren, zerbrochenes Geschirr zu ersetzen. Auf den einzelnen Höfen auf dem flachen Land dagegen wurde kaum Keramik weggeworfen, das gleiche gilt für Münzen.

Anfang des 2. Jahrhunderts gab es kaum mehr neuen Zuzug an den Niederrhein. Die Soldaten der Legionen und der Hilfstruppen wurden jetzt direkt aus Niedergermanien und den angrenzenden Provinzen rekrutiert. Grabsteine zeigen, daß es jetzt regelrechte Soldatenfamilien gab, bei denen der Vater und auch der Sohn gleichzeitig Soldat waren. Nur noch die höheren Offiziere kamen aus anderen Provinzen oder aus Italien.

In dem Maße, in dem der Schmuck als wichtiges Trachtzubehör aus der provinzialen Frauentracht verschwindet, ist er an der Tracht der Soldatenfrauen verstärkt festzustellen. Gleichzeitig werden die Ausrüstungsgegenstände der Soldaten wie Gürtelbeschläge etc. stärker verziert. Ab Mitte des 2. Jahrhunderts trugen nur noch die Soldatenfrauen Fibeln auf ihrer Kleidung. Ähnliche Emailverzierungselemente wie auf diesen Fibeln treten auch auf den Ausrüstungsgegenständen ihrer Männer auf. So hat wohl eine ganze Buntmetallindustrie von der Schmuckfreudigkeit der Soldatenfamilien gelebt.

Die Soldatenkaste, die sich auch äußerlich mit ihrer Familie von der übrigen Provinzialbevölkerung abhob, wurde ein Opfer der Germaneneinfälle von 275. Bei diesem Einfall gingen fast alle Hilfstruppen am Rhein zugrunde, sicher auch die Soldaten und ihre Familien, denn danach ist diese Gruppe im archäologischen Fundmaterial nicht mehr festzustellen. Ersetzt wurde sie im 4. Jahrhundert durch germanische Reisläufer und deren Familien. Hier können wir, mit einem ganz anderen Fundspektrum, dasselbe wieder feststellen! Die germanischen Frauen trugen andere Kleidung und auch anderen Schmuck als die Provinzialbevölkerung. Sie waren die einzigen, die in dieser Zeit noch Fibeln und Anhänger trugen.

Dieser Soldatenstand, teilweise Limitantruppen, teilweise comitatensische Truppen, wurden dann von den sich ansiedelnden Germanen im 5. Jahrhundert aufgesogen.

Das Leben im römischen Rheinland

von Heinz Günter Horn

Landschaft und Besiedlung

Das römische Rheinland, das im folgenden nur in den Grenzen des Landes Nordrhein-Westfalen verstanden wird, war ein Teil der römischen Provinz Niedergermanien, die auch das nördliche Eifel-Ardennen-Gebiet mit dem Hohen Venn, die Voreifel, das Niederrheinische Tiefland bis Südlimburg sowie die heutigen Niederlande
zwischen Rhein und links der Maas bis zum Peel-Moor und zu den Inseln in den
Rhein-, Maas- und Scheldemündungen (d. h. Nordbrabant, Betuwe, Südholland und
Seeland) umfaßte. Das rechte Rheinufer und Westfalen lagen außerhalb des *Imperium
Romanum* und gehörten zum sog. freien Germanien; der römische Einfluß war aber
auch dort allenthalben spürbar.
Die Besiedlungsmöglichkeiten der Rheinzone und ihre Siedlungsdichte wurden auch
in römischer Zeit nicht unwesentlich von geographischen, topographischen und kli-
matischen Gegebenheiten bestimmt: einerseits die engen Täler und die steilen Hanglagen der rauhen Nordeifel als Ausläufer des Rheinischen Schiefergebirges mit ihren
weitgehend schlechten devonischen Böden und ihrem entschädigenden Reichtum an
Bodenschätzen und Steinmaterialien, andererseits das mildere Niederrheinische Tiefland, in weiten Teilen mit fruchtbarem Löß und alluvialen Anschwemmungen bedeckt. Dazwischen liegen die diluvialen Aufschüttungen und Schotterterrassen, die
ihrerseits Siedlungskammern, wie etwa die Dürener Bucht oder den Rur-Graben, aber
auch die Schwalm-Platte oder die Niers-Ebene abgrenzen. Besonders augenfällig greifen der süd-nord-verlaufende Höhenzug der Ville, die rheinische Hauptterrasse, und
die Hügelketten zwischen Krefeld und Nijmegen – Stauchmoränen der sog. Saale-
Vereisung – in die Landschaft ein. Natürliche Besiedlungswege waren neben Rhein
und Maas vor allem auch Erft, Inde, Rur und Niers. Im Rechtsrheinischen erschlossen
insbesondere Ruhr und Lippe das Hinterland nach Osten.
Das Gebiet war zu Beginn der römischen Herrschaft größtenteils bewaldet. Eichen,
Hain- und Rotbuchen herrschten vor; in den Flußniederungen dehnten sich Erlen-
und Bruchwälder aus. Für das Erfttal sind außerdem Pappeln und Weiden belegt. Auf

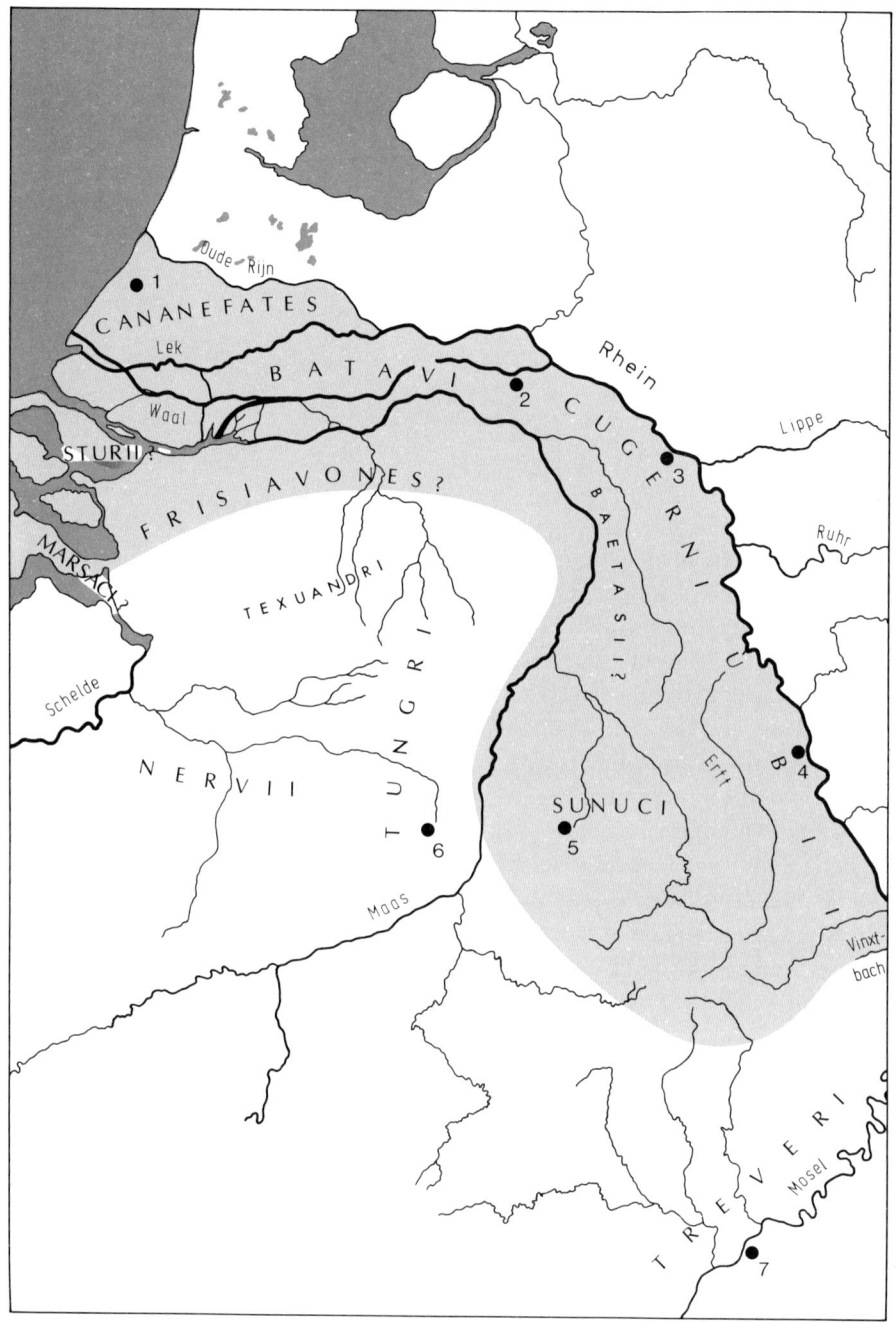

Abb. 76 Die Civitates und ihre Zentralorte in der Germania inferior sowie in der angrenzenden Belgica und Germania superior während der Kaiserzeit. 1 Forum Hadriani (Arentsburg-Voorburg); 2 Noviomagus (Nijmegen); 3 Cugernodurum/Cibernodurum/Colonia Ulpia Traiana (Xanten); 4 Oppidum Ubiorum/CCAA (Köln); 5 Aquae Granni (Aachen); 6 Atuatuca Tungrorum (Tongeren); 7 Augusta Treverorum (Trier)

den armen Schiefer- und Buntsandsteinböden der Mittelgebirge wuchsen auch Birken. Vornehmlich auf den Lößflächen wurde von den einheimischen Stämmen ein intensiver Ackerbau betrieben.

Durch die Ausrottung der Eburonen unter C. Iulius Caesar (53 – 51 v. Chr.) entstand in ihrem ursprünglichen Siedlungsgebiet zwischen Mosel, Maas und Rhein ein Vakuum, das zunächst von M. Vipsanius Agrippa (39/38 v. Chr.) mit der Ansiedlung der ehemals rechtsrheinischen Ubier zwischen Brohl (Vinxtbach), Krefeld und Jülich gefüllt wurde; der spätere Kaiser Tiberius siedelte dann im Jahre 8 v. Chr. am Niederrhein noch 40 000 Sugambrer (darunter auch die Cugerni und Baetasii), die allesamt rechts des Rheins gewohnt hatten und sich als »Verbündete auf Gedeih und Verderb« (*dediticii*) den Römern ergeben haben sollen, auf dem linken Rheinufer an. (Suet. Tib. 9; Tac. ann. XII 39). Schon damals aber war der Rhein keine Kultur- oder Sprachgrenze. Spätestens gegen Ende des 1. Jahrhunderts v. Chr. setzen sich wohl auch die Bataver und die Kannefaten im heutigen Betuwe-Land und in Südholland fest. Woher die *Sunuci* im Aachener Raum kamen, ist unbekannt. Bislang wurden im Rheinland noch keine Fürstengräber der umgesiedelten Ubier und Sugambrer entdeckt. Dieser Sachverhalt – sofern er keine Forschungslücke aufzeigt – läßt vermuten, daß sich ihre ursprüngliche Adels- und Führungsschicht den Zwangsumsiedlungen doch stärker widersetzt hatte, als es die römischen Schriftquellen verraten, und daraufhin von den Römern, denen es hauptsächlich um die Sicherung der gallischen Provinzen ging, offenbar weitgehend zerschlagen bzw. vernichtet worden war.

Mit den römischen Truppen und ihrer Siedlungspolitik kamen auch ihre Vorstellungen von Recht und Ordnung ins Rheinland. Neben den Legionslagern, Hilfstruppenkastellen und befestigten Straßenposten wurden Städte, Siedlungen und Einzelhöfe angelegt, verbindende Straßen gebaut und eine Organisations- bzw. Verwaltungsstruktur geschaffen, die römische Bürger (*cives Romani*) und Einheimische (*peregrini*), die das römische Bürgerrecht nicht besaßen, gleichermaßen erfaßte.

Die linksrheinischen Germanen wurden von den Römern durch die Schaffung von *civitates* in das römische Staatsgefüge eingegliedert. Diese Administrationsform basierte auf der alten keltischen Stammesordnung und hatte sich bereits in Gallien bewährt. Die *civitas* umfaßte gewöhnlich ein Stammesgebiet mit einem Zentralort (*vicus*) und war – obwohl im Rheinland bisher entsprechende Belege dafür fehlen – in Gaue (*pagi*) unterteilt. Sie kennzeichnete im Gegensatz zur *gens* eine autonome Völkerschaft im Sinne des römischen Rechts. Über ihren Verwaltungsaufbau sind wir nur unzulänglich informiert. Anfänglich, d. h. noch im 1. Jahrhundert n. Chr., standen die *civitates*, deren Steuerlasten unterschiedlich waren, unter der Aufsicht von Präfekten der Militärverwaltung, später traten – so scheint es – Angehörige der angesehenen einheimischen Familien an die Verwaltungsspitze. Die Doppelbesetzung von Ämtern, das typisch römische Prinzip der Kollegialität, war in den *civitates* zunächst unbekannt. Auch über ihre Zuständigkeiten wissen wir wenig. Sie waren sicherlich regionale Selbstverwaltungskörperschaften mit allerdings eingeschränkten Rechten, denen

Abb 76

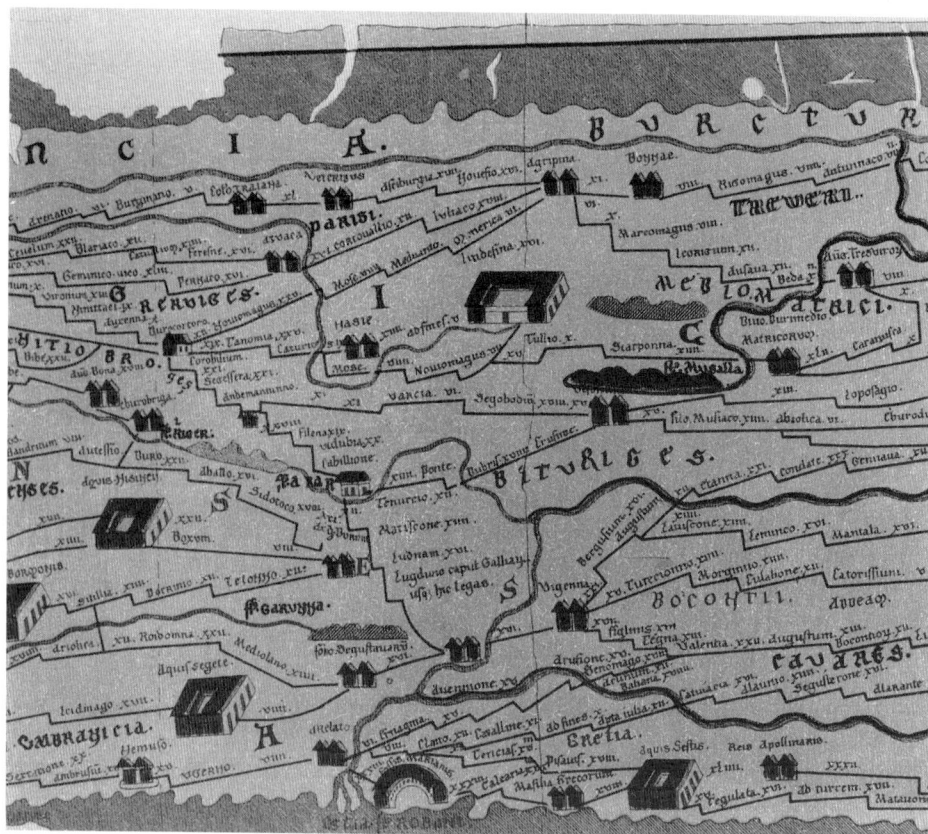

Abb. 77   Tabula Peutingeriana. Mittelalterliche Abschrift einer römischen Straßenkarte des 4. Jh. n. Chr. Oben: Limesstraße von Confluentes-Koblenz über Bonna-Bonn, CCAA-Köln, Vetera und CUT-Xanten bis Harenatium-Rindern. Wien, Hofbibliothek

z. B. nicht nur die Verwaltung der ihnen nachgeordneten *vici*, sondern in einem bescheidenen Maße auch die Rechtspflege oblag. Vermutlich gab es in Niedergermanien insgesamt fünf *civitates*, davon drei auf deutschem Boden: die *civitas* der *Ubii* mit dem *Oppidum apud aram Ubiorum*-Köln als Hauptort, die *civitas* der *Cugerni* mit ihrem Zentrum *Cugernodurum* (?), der Vorgängersiedlung der späteren *Colonia Ulpia Traiana* und vielleicht die *civitas* der *Sunuci*, deren Verwaltungsmittelpunkt möglicherweise in *Aquae Granni*-Aachen zu suchen ist. Die *civitates* der Bataver und der Kannanefaten in den heutigen Niederlanden können in unserem Zusammenhang außer acht bleiben. Die frühesten literarischen und epigraphischen Zeugnisse für die *civitates* im Rheinland gehören in die Mitte des 1. Jahrhunderts n. Chr. Wegen ihrer Bedeutung für die von den Römern gleich nach der Okkupation angestrebte Romanisierung der einheimischen Bevölkerung müssen sie jedoch zumindest in dem einen oder anderen Falle schon früher eingerichtet worden sein.

Die höchste Rechtsform, die ein Gemeinwesen im Römischen Reich erhalten konnte, war die einer *colonia*. Im Rheinland gab es zwei solcher Kolonien. Die *Colonia Claudia Ara Agrippinensium*-Köln (gegründet 50 n. Chr.). und die *Colonia Ulpia Traiana*-Xanten (gegründet um 100 n. Chr.). Ihre Bewohner waren überwiegend römische Bürger – ursprünglich meist altgediente Soldaten (*veterani*) – mit besonderen, fast stadtrömischen Rechten und Freie ohne römisches Bürgerrecht. Die *CCAA*-Köln besaß das *ius Italicum*: Die *cives* und *incolae* konnten Grunderwerb tätigen und waren zudem von der Grundsteuer befreit. Normalerweise gehörte der Provinzialboden dem römischen Staat und galt als unverkäuflich; jegliche private Nutzung staatlicher Liegenschaften war mit Pacht und Steuern belegt. Da vor allem die wohlhabenden Ubier aus dem Umland das römische Bürgerrecht anstrebten, um ihr Grundeigentum zu sichern und die Steuervorteile der Stadt zu nutzen, umfaßte das Territorium (*ager*) der *CCAA*-Köln schon bald nach der Koloniegründung nicht mehr nur das eigentliche Stadtareal, sondern fast das gesamte ubische Stammesgebiet. Ähnlich verhielten sich offenbar später die *Cugerni* und die *Baetasii* nach der Gründung der *CUT*-Xanten, deren Grundbesitz dann sogar noch den der Provinzhauptstadt übertraf. Die Kolonien waren aus der Zuständigkeit der Militärverwaltung ausgegliedert; sie verwalteten sich selbst nach stadtrömischem Vorbild und unterstanden direkt dem Provinzstatthalter (*legatus Augusti pro praetore provinciae Germaniae inferioris*) als oberster Verwaltungs- und Gerichtsinstanz. Die Bürgerversammlung wählte den Stadtrat (*ordo decurionum*); aus den Reihen der 100 Ratsherren, die über ein privates Vermögen von mindestens 100 000 Sesterzen und private Liegenschaften verfügen und einen großen Teil der öffentlichen Ausgaben – z. B. für Bauten, Kulte und öffentliche Spiele – finanzieren mußten, bestimmte man für jeweils ein Jahr die Verwaltungsbeamten. Alle Ämter wurden doppelt besetzt und ehrenamtlich wahrgenommen. An der Spitze des Stadtrates und der städtischen Verwaltung standen die Bürgermeister (*duumviri*); als Zeichen ihrer Amtswürde und ihrer Richterfunktion wurden sie von Liktoren mit Rutenbündeln (*fasces*) begleitet. Alle fünf Jahre hatten sie die Steuerveranlagung der Bürger, den *census*, durchzuführen. Für die städtischen Finanzen waren Kämmerer (*quaestores*) verantwortlich. Die Aufseher (*aediles*) überwachten die öffentlichen Bauten, die Versorgung der Stadt mit Wasser und Lebensmitteln; sie kontrollierten die Märkte sowie den Straßenverkehr und beaufsichtigten die Polizeikräfte (*vigiles*). Zahlreiche städtische Angestellte unterstützten die gewählten Verwaltungsbeamten bei der Wahrnehmung ihrer vielfältigen Aufgaben. Im deutschen Teil der niedergermanischen Provinz sind die *duumviri*, die *decuriones*, die *aediles*, dazu noch ein *dispensator*, die *quaestores*, (Finanzbeamter) und ein *limocinctus* (Gemeindediener) inschriftlich belegt. Von den zahlreichen öffentlich bestellten Priestern einer *colonia* begegnen uns sowohl in Köln als auch in Xanten nur die *seviri Augustales*, die für den Kaiserkult zu sorgen hatten. Sie waren meist reiche Freigelassene (*liberti*), denen bis ins 3. Jahrhundert n. Chr. die hohen städtischen Verwaltungsämter verschlossen blieben. Die römische Stadt – den Germanen bis dahin unbekannt – war aber mehr als nur ein

Abb 228, 192

Rechtsbegriff; sie war als Anlage und Architektur auch sichtbarer Ausdruck römischer Ordnungsprinzipien, Ingenieurkunst, Zivilisation und Kultur. Ihr Grund-
Abb 396, 541 schema bestand aus dem regelmäßigen Raster der sich rechtwinklig kreuzenden Haupt- und Nebenstraßen. Der Verlauf von *cardo maximus* und *decumanus* bestimmte das Straßennetz. Im Stadtzentrum befanden sich der Marktplatz (*forum*), nicht weit davon das Rathaus (*curia*) und sonstige Verwaltungsgebäude sowie der Haupttempel der Stadt (*capitolium*) für die staatstragende Götterdreiheit Jupiter, Juno und Minerva. Im Stadtgebiet verstreut lagen weitere Tempel, Badeanlagen (*thermae*) und andere öffentliche Vergnügungsstätten wie Amphitheater und Bühnentheater (*odeum*). Die lang- und breitrechteckigen, bisweilen mehrstöckigen Wohnhäuser waren vielfach zu Wohnblocks zusammengefaßt, straßenwärts mit Kneipen, Ladenlokalen und Werkstätten sowie nicht selten nach mittelmeerischer Sitte mit einer straßenbegleitenden Säulenhalle (*porticus*) versehen. Besonders beeindruckend müssen auf
Abb 78 die Germanen die türme- und zinnenbewehrten Stadtmauern der beiden *coloniae* in Niedergermanien gewirkt haben. Ihre prunkvollen und repräsentativen Stadttore
Abb 79, 426 zeugten vom Stolz und dem Selbstverständnis der Bürger. Über dem Kölner Nordtor
Abb 396, 169 waren die Initialen des Stadtnamens eingemeißelt. Während in Köln der Stadtgrundriß, die Bebauung und die Infrastruktur der ehemaligen *CCAA* im Laufe der Zeit durch die Siedlungskontinuität am Orte weitgehend zerstört und dadurch fast un-
Ab 545 kenntlich wurden, besteht in Xanten weiterhin die Möglichkeit, die *CUT* als einzige noch nicht völlig überbaute römische Stadt nördlich der Alpen annähernd komplett auszugraben, wissenschaftlich zu untersuchen und teilweise zu rekonstruieren.

Auch das *municipium* bezeichnete eine Stadt (vielleicht besser: Gemeinde) mit eigener Verwaltung und Rechtsprechung. Obwohl in seiner inneren Struktur einer *colonia* ähnlich, ihr in seiner politischen, wirtschaftlichen und kulturellen Bedeutung bisweilen ebenbürtig, war seine Rechtsform doch von geringerer Qualität. Auch in ihm wohnten römische Bürger (*cives*) und Peregrine (*incolae*). Anders als die Bürger einer *colonia* genossen sie keine Steuervorteile. Die *municipia* hatten sich nicht selten aus einheimischen Zentralorten oder aus Marktflecken mit entsprechendem Marktrecht (*ius nundinarum*), die allmählich zu stattlichen Ansiedlungen aufgeblüht waren, entwickelt; die Verleihung des Munizipalstatus, der vor allem den Dekurionen und Verwaltungsbeamten – falls sie es noch nicht besaßen – den Zugang zum römischen Bürgerrecht und allen Bürgern die Einbindung in römisches Zivilrecht brachte, förderte ihre Romanisierung und Urbanisierung. Munizipien gab es im nordrhein-westfälischen Teil der niedergermanischen Provinz offenbar nicht; für die *Germania inferior*
Abb 76 sind lediglich in den Niederlanden *Forum Hadriani* (Voorburg-Arentsburg) und *Ulpia Noviomagus* (Nijmegen) als *municipia* nachgewiesen.

Abb. 78   Xanten. Archäologischer Park. Südostecke der Colonia Ulpia Traiana. Rekon- ▷
struktion G. Precht
Abb. 79   Köln. Nordtor der Colonia Claudia Ara Agrippinensium. Modell. Rekonstruktion ▷
H. Mylius (RGM Köln)

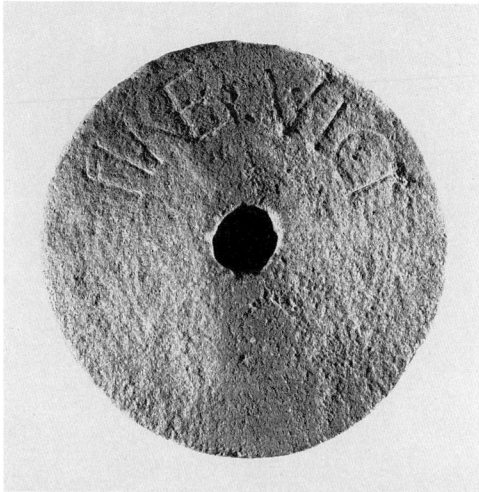

Abb. 80   Kleve. Römischer Mühlstein (Bodenstein). Wiederverwendung als Grenzstein (fines vici, »Dorfgrenze«) Mayener Basaltlava – Dm 0,66 m. 2./3. Jh. n. Chr. (RLM Bonn)

Die Kleinstädte und Kleinsiedlungen auf dem Lande hießen *vici*; ihre Grenzen wurden gekennzeichnet, wie der Grenzstein eines bislang noch unbekannten *vicus* am
Abb 80   Niederrhein mit der Aufschrift Dorfgrenze (*fines vici*) lehrt. Sie hatten etwa die Größe heutiger Dörfer und wurden im Rheinland offensichtlich von den *coloniae* und *civitates*, auf deren Territorium sie lagen, mitverwaltet. Kommissare (*magistri*) oder Handlungsbevollmächtigte (*curatores*) sorgten für die Verwaltung und die Erledigung bestimmter Aufgaben vor Ort. Die Einwohner der *vici* nannten sich *vicani*; sie besaßen keine besonderen Rechte. Ein *vicus* mag durchaus ein stadtähnliches Gefüge gezeigt haben, vor allem dann, wenn es sich um den Hauptort einer *civitas* handelte; Ausgrabungen in der Vorgängersiedlung der *CUT*-Xanten, die möglicherweise *Cugernodurum* geheißen hat und dann als Mittelpunkt der Cugerner-Civitas angesehen werden muß, machen dies deutlich. Dort fanden sich unter anderem ein rechtwinkliges Straßenraster, Stadthäuser und aufwendige Versorgungs- bzw. Entsorgungseinrichtungen. Vielfach waren die *vici* aber auch nur Zentralmärkte mit Wirtshäusern, Herbergen und Stallungen, mit einigen Wohn- und Handwerkerhäusern, häufig an Verkehrsknotenpunkten wie Straßenkreuzungen oder Flußübergängen gelegen; ihre Bedeutung für die Versorgung der Bevölkerung in der Umgebung und die Durchreisenden liegt auf der Hand. Solche Siedlungen waren in dem hier zu betrachtenden Gebiet z. B.
Abb 88, 555   *Tolbiacum*-Zülpich an der Kreuzung der Reichsstraße *CCAA*-Köln/*Durocortorum*-
Abb 497, 385   Reims und *Novaesium*-Neuss/*Augusta Treverorum*-Trier sowie *Iuliacum*-Jülich, wo die Reichsstraße *CCAA*-Köln/*Bagacum*-Bavai die Rur überquerte. Besonders gut be-
Abb 363, 364   kannt ist *Belgica vicus* an der Gabelung der Reichsstraße *CCAA*-Köln/*Augusta Treverorum*-Trier nach *Bonna*-Bonn. Eine besondere Gattung der *vici* stellten die Gewerbesiedlungen dar. Sie entstanden offenbar vornehmlich in der Nähe der Lagerstätten und Rohstoffvorkommen; einige konnten in der Nordeifel nachgewiesen werden.

In Stolberg-Breinig/AC wurde eine »Bergarbeitersiedlung«, mehr ein »Straßendorf« mit langrechteckigen zur Straße orientierten Giebelhäusern teilweise ergraben. Auch zentrale Heiligtümer konnten zur Bildung von *vici* führen, so etwa der Tempel der Aufanischen Matronen in Nettersheim, der Kultbezirk der germanischen Stammes- göttin Sunuxal in *Varnenum*-Aachen-Kornelimünster oder das Quellheiligtum des Apollo Grannus in *Aquae Granni*-Aachen. Möglicherweise hatte auch die Siedlung beim Stammesheiligtum der Ubier, das *Oppidum Ubiorum* in Köln die Rechtsform eines *vicus*. Von zahlreichen anderen römerzeitlichen Siedlungen, die wir im Rhein- land kennen, läßt sich dies nicht so begründet vermuten.

Abb 197

Abb 276

Abb 269

Auf dem Lande – vor allem auf den fruchtbaren Lößböden – bestimmten im wesent- lichen Einzelhöfe (*villae rusticae*) das Siedlungsbild. Diese landwirtschaftlichen Be- triebe wurden im Rheinland offenbar zumeist von ausgedienten Soldaten (*veterani*) und einheimischen Pächtern (*coloni*) bewirtschaftet, die ihre Pacht – je nach Pachtver- hältnis – entweder in die städtischen Kassen oder an den kaiserlichen Fiskus zu zahlen hatten; sie mußten aber auch Naturalien (Getreide, Gemüse, Fleisch) abführen. Die Größe der Gutshöfe, die für die Versorgung des Militärs und der Zivilbevölkerung vor allem in den Städten der Provinz von größter Bedeutung waren, hing sicherlich von der Bodenbonität und von der Betriebsform ab. Gute Böden garantierten normaler- weise einen besseren Ertrag als schlechte, so daß in den fruchtbaren Lößbörden und Kalkmulden für die betriebliche Rentabilität weniger Land unter dem Pflug stehen

Abb. 81   Köln-Müngersdorf. Römischer Gutshof. Letzter Bauzustand, 4. Jh. n. Chr. Modell. Rekonstruktion H. Mylius (RGM Köln)

mußte als anderswo; andererseits hatten die Viehzüchter einen größeren Flächen-
bedarf als die Ackerbauern.Im Hambacher Forst/DN lagen die *villae rusticae* durchschnittlich weniger als 1 km voneinander entfernt; ihre Betriebsgröße betrug damit
maximal 50 ha (= 200 Morgen). Bei den weiter gestreuten Gutshöfen auf dem linken
Erftufer wurde ein Besitz von etwa 100 ha (= 400 Morgen) ermittelt. In Berg vor
Nideggen/DN waren die Betriebe –trotz des schlechten Bodens – kleiner (ca. 90 ha =
360 Morgen); dort boten allerdings die nahen Erzlagerstätten zusätzliche Einnahme-
quellen. Für den Niederrhein lassen sich solche Berechnungen nicht anstellen; die bisherigen Prospektions- und Grabungsergebnisse reichen dazu noch nicht aus. Im übrigen Rheinland und in der Nordeifel sind inzwischen zahlreiche Gutshöfe ausgegraben
worden, davon die wenigsten allerdings vollständig. Meist beschränkte man sich auf
die Untersuchung des sog. Herrenhauses. Dieses Wohnhaus des Gutsbesitzers war gewöhnlich ein querrechteckiger Bau mit vorspringenden Seitenteilen (Risalite) und
einer breiten überdachten Veranda an der Front. Ausstattung und Mobiliar ließen oft
den städtischen Komfort nicht vermissen. Solche ehemals reich ausgestatteten »Risa-
Abb 367 litvillen« sind z. B. aus Blankenheim/EU und Euskirchen-Kreuzweingarten bekannt.
Abb 430, 81 Komplett ausgegrabene Anlagen wie in Köln-Müngersdorf oder Rheinbach-Flerz-
heim/SU zeigen, daß das sog. Herrenhaus oft inmitten des von einer niedrigen Mauer
oder auch einer Hecke umgebenen Anwesens lag; um den Wirtschaftshof (*pars rustica*)
gruppierten sich die Gesindehäuser, Stallungen, Remisen, Schuppen, Speicherbauten,
Backöfen, Getreidedarren und Scheunen, in einigen Fällen auch Werkstätten, Metall-
Abb 296 und Glasschmelzöfen. In Niederzier/DN waren die Haupt- und Wohngebäude an der
Peripherie des Hofes errichtet worden. Sie wichen zudem im Bautyp von den groß-
zügigen »Risalitvillen« ab; alles war bescheidener. Aber auch dort machte die Vielzahl
der verschiedenen Gebäude und Einrichtungen deutlich, daß eine *villa rustica* in römischer Zeit häufig nicht allein auf Landwirtschaft ausgerichtet war.

Die Verkehrswege zu Wasser und zu Lande

Die wirtschaftliche Entwicklung der niedergermanischen Provinz und der damit verbundene Wohlstand in Stadt und Land hingen von verschiedenen Faktoren ab. Da waren – von den grundsätzlichen Voraussetzungen des inneren und äußeren Friedens,
der durch die Allgegenwart des römischen Militärs vor allem in den Garnisonen am
Abb 88 Rhein gesichert schien, einmal abgesehen – zunächst die Verbindungswege und Straßen, die das Land erschlossen und die Provinz im äußersten Nordwesten des Römischen Reiches mit der Hauptstadt Rom und den übrigen Reichsteilen verbanden.
Die wichtigste Verkehrsader im Rheinland war der Rhein mit seinen in römischer Zeit
vielfach noch schiffbaren Nebenflüssen. Für den wohlorganisierten Personen- und
Abb 84, 110 Gütertransport auf dem Wasser standen Segel-, Treidel- und Ruderschiffe, aber auch
Abb 439 Flöße zur Verfügung. In Köln-Marienburg (Alteburg) lag die Flotte der rheinischen

Abb. 82   Xanten-Wardt-Lüttingen. Balkenkopf mit Minervabüste. Bronze. – H. 15,5. cm. 2./3. Jh. n. Chr. (RLM Bonn)

Abb. 83   Köln. Maske des Meergottes Oceanus. Bronze. – H. 20,5 cm. Mitte 3. Jh. n. Chr. (RGM Köln)

Abb. 84   Köln. Heck eines römischen Schiffes mit Steuermann, Steuerruder und Ruderer. Rest eines Grabmals. Kalkstein. – H. 88,5 cm. Mitte 1. Jh. n. Chr. (RGM Köln)

Armeen, die *classis Germanica*; sie führte nicht nur rein militärische Operationen durch, sondern wurde verschiedentlich auch bei anderen – zivilen – Unternehmungen eingesetzt, wie z. B. im Jahre 160 n. Chr. für den Transport von Steinmaterial aus den Steinbrüchen am Drachenfels bei Königswinter nach Xanten. Offenbar konnten die Legionen aber auch auf eigene Schiffe zurückgreifen. Aus dem Rhein bei Duisburg-Homburg wurde nämlich ein bleierner Ankerstock mit der Aufschrift LV geborgen. Er stammt vermutlich von einem Lastschiff der *l(egio) V (alaudae)*, die von 14 bis 70 n. Chr. in *Vetera*-Xanten stationiert war. Es gab außerdem eine ausreichende Zahl von gewerblichen Schiffern, die sich – wenn wir eine Inschrift der *nautae* aus *Vectio*-Vechten in Südholland so interpretieren dürfen – offenbar zu Gilden zusammengeschlossen und rheinauf rheinab ihre Niederlassungen hatten. Alle Militärlager und Städte am Rhein verfügten über eigene Häfen. In *Bonna*-Bonn, *CCAA*-Köln und *CUT*-Xanten,

Abb 481 vielleicht auch in *Gelduba*-Krefeld-Gellep, *Asciburgium*-Moers-Asberg und *Harenatium*-Rindern sind sie archäologisch nachgewiesen. Sie waren teils in den Strom (z. B. Bonn), teils in einen Nebenarm (z. B. Köln, Xanten) gelegt und mit allen notwendigen

Abb 112 Einrichtungen wie Kaianlagen, Molen, Magazinen, Lagerhallen u. a. ausgestattet.

Abb 447 Manches römische Hafenbecken (Bonn, Königswinter) zeichnet sich heute noch bei extremem Niedrigwasser des Rheins ab. Schiffsfunde sind im Rheinland wie überhaupt in den Nordwestprovinzen – daran ändern auch nichts die römischen Schiffe bzw. Schiffsreste aus Straßburg, Mainz, Pommerieul/Belgien und Alphen-Zwammerdam/Niederlande – bislang selten; möglicherweise kämen sie bei einer Grabung im

Abb 112 Hafenbereich der *CUT*-Xanten in größerer Zahl zutage. Dagegen kennen wir eine

Abb 82 Reihe bronzener Schiffsbalkenbeschläge, deren Stirnseite meist mit einer Büste der

Abb 83 Schutzgöttin Minerva verziert ist. Auch die qualitvolle Kölner Oceanus-Maske aus Bronze (Mitte 3. Jh.) kann an einem Schiffssteven befestigt gewesen sein. Das Heck

Abb 84 eines römischen Schiffes mit Steuermann, Steuerruder und Ruderern ist auf einem Reliefblock zu sehen, der jüngst bei Ausgrabungen in Köln geborgen wurde und zu einem Grabmal aus der Mitte des 1. Jahrhunderts n. Chr. gehört. Kaum später darf die

Abb 56 Grabstele eines Schiffssoldaten aus Köln datiert werden, die das Vorderdeck und den Rammsporn eines mittelmeerischen Kriegsschiffes (*liburna*) zeigt.

Der Bau erschließender und verbindender öffentlicher Straßen (*viae publicae*) war von den römischen Truppen aus strategischen Gründen gleich zu Beginn der Okkupation begonnen und bald darauf zügig weiter verfolgt worden. Ein offizielles Straßenbauprogramm scheint es im Rheinland jedoch erst seit Kaiser Claudius (41–54 n. Chr.) gegeben zu haben. Das Militär war zunächst auch für die Unterhaltung dieser meist kiesgeschotterten Reichsstraßen zuständig, die im Bereich der Zivilterritorien später allerdings zu Lasten der *civitates* und Städte ging. Für die Sicherheit auf den Straßen sorgten militärische Straßenposten, die von ihren Einheiten abkommandiert und dem Provinzstatthalter direkt unterstellt worden waren (*beneficiarii consulares*). In regelmäßigen Abständen lagen Rasthäuser (*mansiones*) und Pferdestationen wie etwa in Bergheim-Kenten. An wichtigen Straßenkreuzungen und -abzweigungen entstanden

Abb. 85   Zülpich-Hoven. Römischer Meilenstein. Lothringischer
Kalkstein. Mehrmals beschriftet. (RLM Bonn)
Abb. 86   Römischer Reisewagen. 2./3. Jh. n. Chr. Rekonstruk-
tion Ch. Röhring. (RGM Köln)
Abb. 87   Eschweiler. Wagenbeschlag in Form eines Leoparden.
Bronze. – H. 7,2 cm. 3. Jh. n. Chr. (RLM Bonn)

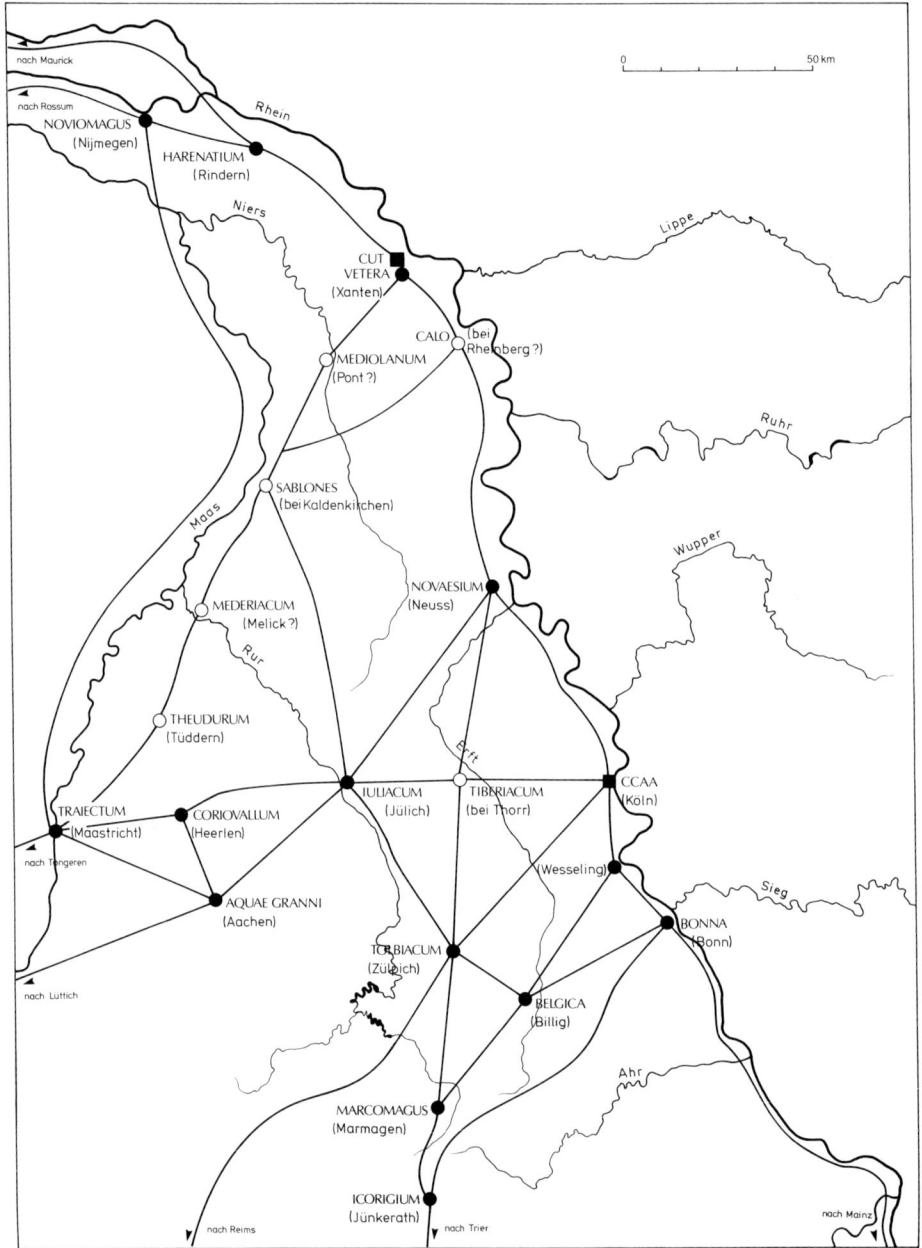

Abb. 88   Die wichtigsten Straßenverbindungen in Niedergermanien

Siedlungen. Meilensteine an den Straßenrändern zeigten die Entfernungen – gewöhn- *Abb 85*
lich von der Provinzhauptstadt *CCAA*-Köln – an. In Niedergermanien wurden die
Entfernungsangaben allerdings nicht nur in römischen Meilen (*milia passuum* = ca.
1,5 km), sondern – seit dem 2. Jahrhundert n. Chr. – in gallischen Leugen (*leuga* = ca.
2,2 km) gemacht. Ein gut ausgebautes und sicheres Straßennetz garantierte die Mobili-
tät und den Nachschub der Armeen; es diente aber auch Kurieren, Verwaltungsbeamten, Händlern und anderen Reisenden und damit einem ungehinderten Austausch von
Gedanken, Waren und Kultur. Die tägliche Reiseroute betrug 20 bis 30 km. Verkehrs-
und Transportmittel waren Pferd, Maultier und Wagen. Die Rekonstruktion eines römischen Reisewagens ist im Römisch-Germanischen Museum in Köln zu sehen; seine *Abb 86*
Eisen- und Bronzebeschläge wurden im Wardar-Tal bei Saloniki/Griechenland gefunden. Vergleichbare Funde gibt es auch aus dem Rheinland. Durch das *Itinerarium* *Taf 20*
Antonini, einem um 300 n. Chr. überarbeiteten Straßenverzeichnis aus der Zeit des
Kaisers Caracalla (211–217 n. Chr.), und die *Tabula Peutingeriana*, der mittelalter- *Abb 77*
lichen Kopie einer Straßenkarte des 4. Jahrhunderts n. Chr., sowie durch verschiedene archäologische Befunde sind wir gut über den Verlauf der Reichsstraßen in Niedergermanien unterrichtet.

Von *Vindonissa*-Windisch/CH über *Argentorate*-Straßburg/F, *Mogontiacum*-Mainz,
CCAA-Köln, *Vetera/CUT*-Xanten und *Noviomagus*-Nijmegen/NL führte eine
Straße (»Limes-Straße«) links des Rheins entlang bis nach *Lugdunum*-Katwijk/NL.
Sie verband nicht nur die rheinischen Militärlager und Zivilstädte miteinander, son-
dern auch den Alpenraum mit der Nordseeküste. *CCAA*-Köln – und mit ihr die
Rheinprovinz – war durch die Fernstraßen nach *Bagacum*-Bavai über *Aduatuca-Tun-*
grorum-Tongeren, nach *Durocortorum*-Reims über *Tolbiacum*-Zülpich bzw. nach *Abb 88*
Lugdunum-Lyon über *Augusta Treverorum*-Trier an das nördliche und südliche Gal-
lien, d. h. auch an den Atlantik und ans Mittelmeer angebunden. Straßen von *Vetera/*
CUT-Xanten nach *Traiectum*-Maastricht, von *Novaesium*-Neuss nach *Tolbiacum*-
Zülpich und *Iuliacum*-Jülich, von *Iuliacum*-Jülich bzw. *Coriovallum*-Heerlen nach
Aquae Granni-Aachen, von *Belgica vicus*-Euskirchen-Billig nach *Bonna*-Bonn und
Wesseling – um nur einige zu nennen – verkürzten die Wege im Hinterland. Um auf
das rechte Rheinufer zu kommen und Kontakt mit den dortigen Germanen aufnehmen zu können, mußte man sich normalerweise eines Bootes bedienen. Die erste feste
Brücke über den Rhein wurde in Niedergermanien bei Xanten geschlagen; vermutlich
gab es auch einen Rheinübergang bei Bonn. Im Jahre 313 n. Chr. weihte Kaiser Kon- *Abb 89*
stantin I. die Brücke in Köln ein. Die Straßenführungen in römischer Zeit machen sich
mancherorts noch heute bemerkbar; so verläuft beispielsweise die heutige Bundesstraße 55 zwischen Elsdorf und Jülich auf der Trasse der alten Römerstraße *CCAA-*
Köln–*Bagacum*-Bavai. Ähnlich verhält es sich mit der Bundesstraße 57 vor Xanten-
Menzelen; sie liegt streckenweise auf der »Limes-Straße« zum Legionslager *Vetera* auf
dem Fürstenberg, aber auch zur zivilen *CUT*. Häufig ist auch der charakteristische,
leicht gewölbte Straßendamm mit den ihn begleitenden Entwässerungsgräben rechts

*Abb. 89   Köln. Konstantinische Rheinbrücke um 310 n. Chr. Modell. Rekonstruktion
O. Kraus (RGM Köln)*

und links noch deutlich im Gelände auszumachen, so an der deutsch-niederländischen
Grenze südlich von Kaldenkirchen/VIE oder im Dahlemer Wald bei Blanken-
heim/EU. Der Aufbau eines römischen Straßenkörpers konnte auch im Rheinland
verschiedentlich bei Ausgrabungen wie in Moers-Asberg (»Limesstraße«), im Hambacher Forst (Straße Köln – Bavai) und in Aachen-Süsterfeld (Straße Aachen – Heerlen) untersucht und in seiner Einheitlichkeit dokumentiert werden.

Abb 330, 298 (margin)

Bodenschätze und Lagerstätten

Der Reichtum der Provinz Niedergermanien an Bodenschätzen, Rohstoffen und Baumaterialien war eine weitere Voraussetzung für ihre wirtschaftliche Blüte vor allem im
2. und 3. Jahrhundert n. Chr. Die meisten Erzvorkommen lagen in der Eifel, die
offenbar erst gegen Ende des 1. Jahrhunderts n. Chr. intensiver besiedelt wurde. Das
Land war kaiserlicher Besitz (Domäne) und wurde vom Staatsfiskus verwaltet. Die
Gutshöfe (*villae rusticae*) entwickelten sich dort teilweise zu Spezialbetrieben, bei
denen die Landwirtschaft nur noch eine untergeordnete Rolle spielte. Es kam auch zur
Anlage reiner Gewerbesiedlungen wie in Stolberg-Breinig. Pingenfelder, Halden,
Schmelzöfen und Schlackenfunde, vermengt mit römischer Keramik und Ziegel-
bruchstücken, bezeugen heute bergbauliche Aktivitäten und Metallverhüttung in rö-
mischer Zeit. Eisenerze (Rot- und Brauneisenstein) wurden z. B. in der Gegend von
Bad Münstereifel, Blankenheim, Nettersheim und Berg vor Nideggen verarbeitet.
Bleigewinnung ist für Mechernich und Umgebung belegt; daß dort auch Silber ge-
schieden wurde, ist zu vermuten. Aus Mechernich selbst stammt ein Bleibarren mit
Nennung der *legio XVI*, die von 43 bis 70/71 n. Chr. in *Novaesium*-Neuss stationiert

Abb 90 (margin)

Abb 492, 505 (margin)

Abb 91 (margin)

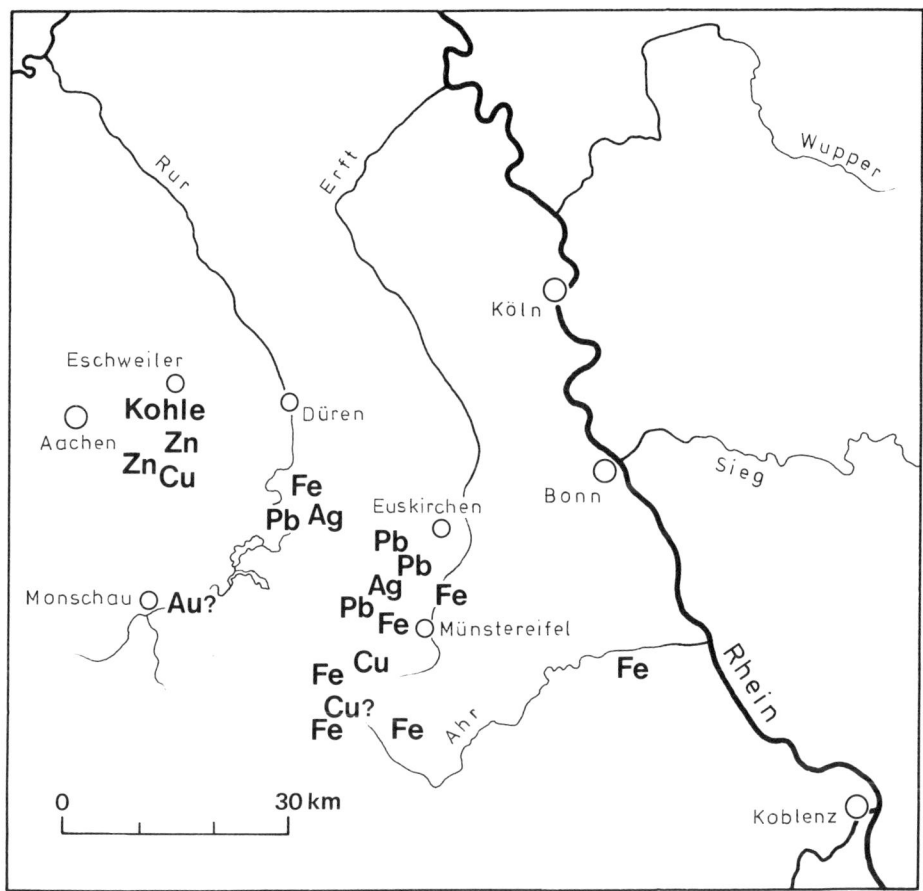

Abb. 90   Römischer Erzabbau und Metallgewinnung in der Nordeifel. Ag: Silber, An: Gold, Cu: Kupfer, Fe: Eisen, Rot- und Brauneisenstein, Pb: Blei, Bleiglanz, Zn: Zinkblende, Galmei

war. Eindeutige Hinweise auf Kupferabbau gibt es zumindest aus Nettersheim-Zingsheim. Besonders wichtig war wohl das Galmeivorkommen im Raum Gressenich-Breinig/AC. Dieses Verwitterungsprodukt aus Zinkblende (Karbonatgalmei) wurde von der rheinischen Messingindustrie benötigt. Die verschiedenen Bäche und Flüsse im Hohen Venn und in der Eifel führten – ebenso wie vermutlich der Rhein – Gold. Auch in der niederrheinischen Bucht wurden Metalle verhüttet; vielerorts – so etwa in der Erftniederung, bei Bonn, Neuss und Xanten – stand Raseneis (eisenhaltiges Limonit) an. Als Brennmaterial diente reichlich vorhandenes Holz oder in Meilern gewonnene Holzkohle. Steinkohle aus dem Aachener Raum (Inde-Revier) konnte in Eisenschmelzöfen, aber auch als Hausbrand in Bonn und Neuss nachgewiesen werden. Rohstofflager bestimmten nicht selten den Standort einschlägiger Industrien. So sie-

*Abb. 91   Mecher-
nich/EU. Bleibarren mit
Stempel der 16. Legion. –
L. 6,3 cm. Zwischen 43
und 70/71 n. Chr.
(RLM Bonn)*

delten sich Glashütten in der Nähe der tertiären Quarzsande an. Die *CCAA*-Köln
wurde ein Zentrum der Glaskunst. Nach jüngsten Grabungsergebnissen gab es auch
im Hambacher Forst leistungsfähige Glasbetriebe. Wasser und nahe Tonvorkommen
schufen günstige Voraussetzungen für Töpfereien wie in der Nähe von Friesheim/EU
Abb 527 und Vettweiß-Soller/DN; allerdings zögerte man offensichtlich auch nicht – wie vermutlich in *Novaesium*-Neuss –, Tone über eine längere Strecke zu den Töpferöfen zu
transportieren, um so die Produktion der bruchgefährdeten Erzeugnisse unweit der
Verbraucher zu ermöglichen und kein unnötiges Transportrisiko eingehen zu müssen.
Ähnlich verhielt es sich wohl auch in der *CCAA*-Köln oder in der *CUT*-Xanten, den
beiden größten Märkten im römischen Rheinland. Die zahlreichen Militär- und Pri-
vatziegeleien – ganz gleich ob in Bonn, Köln, Bedburg-Garsdorf, Dormagen, Krefeld-
Gellep, Xanten oder auch Aachen – benötigten ebenfalls Tonlager und Wasser in ihrer
Nähe.

*Abb. 92   Die mineralischen Baustoffe im römischen Rheinland. – 1 Düsseldorf-Kaisers-
werth (Sandstein), 2 Korschenbroich-Liedberg (Sandstein), 3 Herzogenrath-Worm (Sandstein), 4 Hergenrath/Belgien (Kohlenkalk), 5 Walhorn/Belgien (Kohlenkalk), 6 Raeren/Bel-
gien (Blaustein, Eifelgranit), 7 Aachen-Kornelimünster (Kohlenkalk), 8 Stolberg-Büsbach
(Kohlenkalk), 9 Stolberg-Breinig (Theresiamarmor), 10 Stolberg-Venwegen (Theresiamarmor), 11 Stolberg-Gressenich (Branntkalk), 12 Stolberg-Schevenhütte (Plattenschiefer),
13 Nideggen (Sandstein), 14 Kall (Sandstein), 15 Mechernich-Kommern (Sandstein),
16 Mechernich-Katzvey (Sandstein), 17 Bad Münstereifel-Nöthen (Branntkalk),
18 Mechernich-Weiler/Holzheim (Branntkalk), 19 Kalkar/Kreuzweingarten (Branntkalk),
20 Bad Münstereifel-Iversheim/Kirspenich (Branntkalk, Grauwacke), 21 Nettersheim/Blan-
kenheim (Grauwacke), 22 Blankenheim/Schmidtheim (Branntkalk), 23 Blankenheim-Rips-
dorf (Sandstein), 24 Königswinter, Drachenfels (Trachyt), 25 Wachtberg-Berkum (Trachyt),
26 Remagen-Oberwinter/Unkelstein (Basalt, Grauwacke), 27 Erpeler Ley (Basalt), 28
Brohltal (Tuffstein), 29 Andernach (Grauwacke, Plattenschiefer), 30 Pellenz (Tuffstein),
31 Mayen (Basaltlava), 32 Koblenz-Königsbach (Grauwacke)*

Steinbrüche und Baustoffe

Die Römer machten die Steinbauweise am Rhein bekannt. So hatte die Eifel nun auch   *Abb 92*
als Baustoff- und Steinlieferant eine besondere Bedeutung, obgleich sie den Bedarf an
feinkristallinen, glatten und leicht zu bearbeitenden, aber witterungsbeständigen Ma-

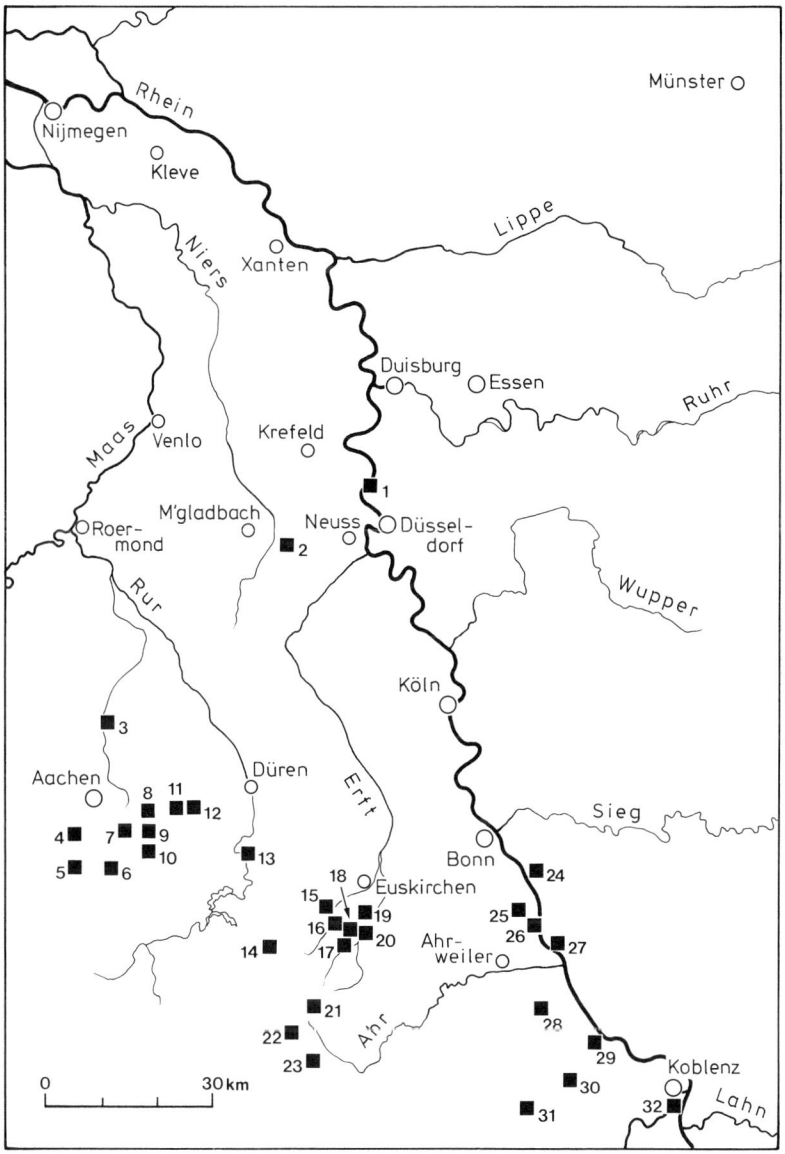

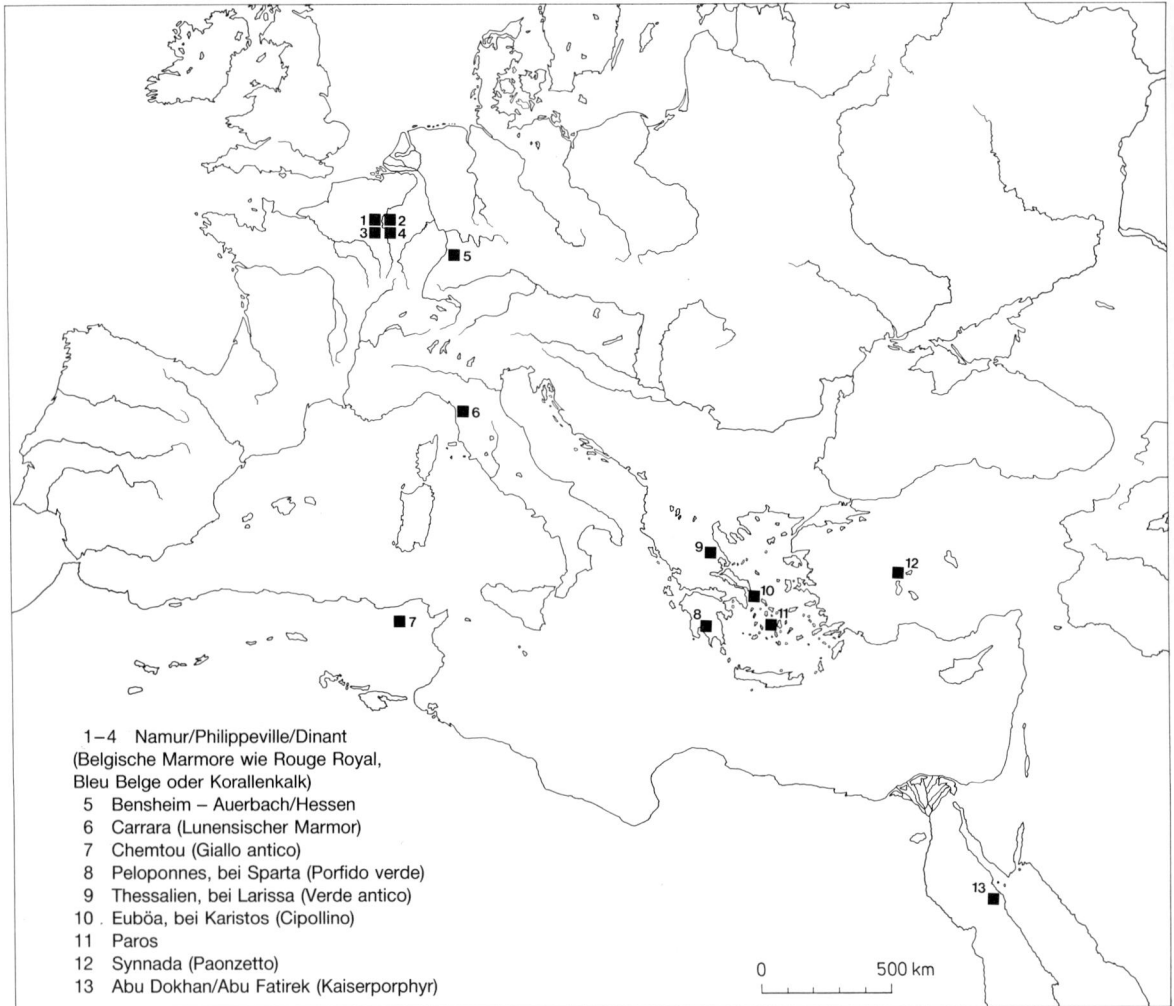

1–4   Namur/Philippeville/Dinant
(Belgische Marmore wie Rouge Royal,
Bleu Belge oder Korallenkalk)
  5   Bensheim – Auerbach/Hessen
  6   Carrara (Lunensischer Marmor)
  7   Chemtou (Giallo antico)
  8   Peloponnes, bei Sparta (Porfido verde)
  9   Thessalien, bei Larissa (Verde antico)
 10 . Euböa, bei Karistos (Cipollino)
 11   Paros
 12   Synnada (Paonzetto)
 13   Abu Dokhan/Abu Fatirek (Kaiserporphyr)

0   500 km

Abb. 93   Herkunft der in Niedergermanien verwendeten Baumarmore

terialien nicht decken konnte. Deshalb gelangten bis in die Spätantike Kalksteine von
der oberen Mosel (Lothringen) auf dem Wasserweg nach Niedergermanien. Ebenso
mußten die verschiedenen Baumarmore eingeführt werden. Buntsandstein wurde
Abb 470, 471 offenbar schon seit dem 1. Jahrhundert n. Chr. an den sog. Katzensteinen bei Katz-
vey/BM, in der Umgebung von Nideggen und am Nievelstein in Herzogenrath/AC
gebrochen. Er diente oft auch für die Herstellung von Weihe- und Grabsteinen. Dach-
schiefer kam aus der Gegend von Schevenhütte/AC. Am ansonsten steinarmen Nie-
Abb 450, 451 derrhein befriedigte der Kalksandsteinbruch am Liedberg bei Korschenbroich/NE
den lokalen Steinbedarf. Besonders beeindruckend sind heute noch die Abbauwände

Abb. 94 Bad Münstereifel-Iversheim/EU. Römische Kalkfabrik. Modell. Zwischen 225 und 270 n. Chr.

und Felsenmeere am Drachenfels in Königswinter/SU, wo ebenso wie in Berkum die *legio I Minervia* aus *Bonna*-Bonn Trachyt für Bausteine, Bodenpflasterungen und Steinmetzarbeiten, vermutlich bis ins 3. Jahrhundert n. Chr., gebrochen hat. Stellenweise sind noch Werkspuren und Felszeichnungen erhalten. Das Trachtvorkommen *Abb 448, 530* am Drachenfels wurde offenbar wegen seiner Nähe zum Rhein und den damit verbundenen günstigen Transportmöglichkeiten sehr intensiv ausgebeutet. Im südlichen Provinzgebiet – außerhalb des heutigen Nordrhein-Westfalen – wurden bei Remagen-Oberwinter (Unkelstein) und an der Erpeler Ley/NR Basalte gebrochen, die man als Fundamentierung und in den Städten wie die *CCAA*-Köln als Straßenpflaster verwen- *Abb 402* dete. Unweit davon – allerdings außerhalb der niedergermanischen Provinz – standen bei Mayen Basaltlava für die Herstellung von Mahlsteinen und im Brohltal Tuff an, der sich besonders als Bauquader, Hand- und Verblendstein eignete.

In den Kalkregionen der nördlichen Eifel – vor allem in den Sötenicher und Blanken- *Abb 285* heimer Mulden – wurden große Mengen an Branntkalk vornehmlich aus dem anstehenden Dolomit produziert. Eine Kalkfabrik mit einer Batterie von sechs Brennöfen und einem angeschlossenen Arbeitslager konnte vor einigen Jahren in Bad Münstereifel-Iversheim ausgegraben werden. Sie wurde von einem Arbeitskom- *Abb 94, 287, 288* mando der *legio XXX Ulpia victrix* aus *Vetera*-Xanten betrieben; unweit davon ist auch die Bonner *legio I Minervia* als Kalkproduzent belegt. In der Iversheimer Gegend unterhielten auch Zivilisten gewerbliche Kalköfen wie vermutlich in der Nähe

von Euskirchen-Kreuzweingarten, Blankenheim oder Ripsdorf/EU. Kalk aus Iversheim wurde in römischer Zeit über die Erft bis an den Niederrhein verschifft; ebenso
wie Sand und Flußkies wurde er zur Mörtelherstellung benötigt.

Die Landwirtschaft

Zu den wirtschaftlichen Grundlagen der Provinz Niedergermanien gehörte eine gut
organisierte und ertragreiche Landwirtschaft. Zumindest im Bereich der fruchtbaren
Lößböden fanden die Römer bereits einen entwickelten Ackerbau vor; hier behielten
sie vielfach auch die einheimischen Flur-und Feldformen bei. Gewöhnlich bestimmte
in römischer Zeit jedoch das Ergebnis der unter dem Feldherrn M. Vipsanius Agrippa
(wohl schon 38 v. Chr.) durchgeführten Landvermessung (*limitatio*) mit ihrem annähernd quadratischen Raster – eine solche *centuria* umfaßte eine Fläche von ca. 50,4
ha – die Orientierung und den Zuschnitt der nunmehr parallel zueinander verlaufen-
Abb 492 den Streifenfelder. Die Auswirkungen dieser *limitatio* konnten beispielsweise in Nie-
derzier/DN beobachtet werden. Im Bergland wie am Wellenberg bei Netters-
heim/EU paßten sich die Ackerterrassen der gegebenen Topographie an.
Die zahlreichen landwirtschaftlichen Betriebe (*villae rusticae*) im Rheinland stellten

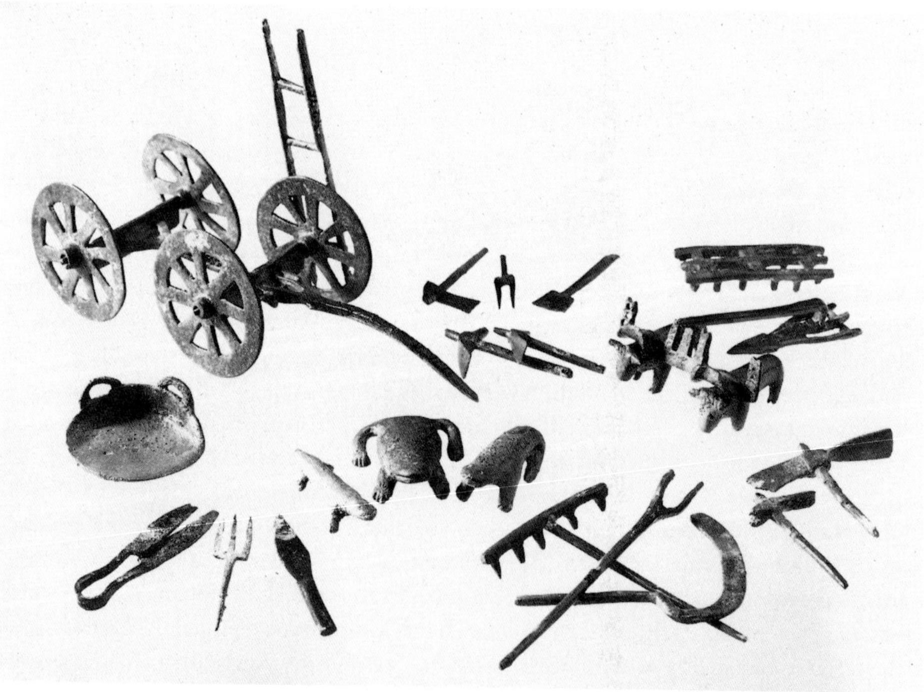

Abb. 95   *Köln-Rodenkirchen. Sog. Mithrassymbole. Miniaturnachbildungen von landwirtschaftlichen Geräten. Bronze. – L. des Pfluges noch 9,5 cm. Um 370/380 n. Chr.
(RLM Bonn)*

Abb. 96   Aachen-Süsterfeld. Reste einer Darranlage. Ausgrabungen des Rheinischen Landesmuseums Bonn im Jahr 1981

die Versorgung der Provinzbevölkerung mit Nahrungsmitteln weitgehend sicher. Die meisten Gutshöfe bauten Getreide an, mit Dinkel, Einkorn und Emmer hauptsächlich Weizenarten. Paläobotanische Funde in Aachen, Bonn, Neuss und Xanten belegen aber auch Gerste, Roggen, Hafer und verschiedene Hirsen. Die intensive Feldbestellung mit geeigneten Geräten und die Verbesserung der Bodenqualität durch Plaggen-, Mist- und Mergeldüngung erhöhten die Erträge. Von den Ackergeräten ist besonders der hölzerne Pflug (*aratrum*) zu nennen; das Sechmesser zum Vorschneiden der Furche und die Pflugschar waren aus Eisen. Die Schollen wurden mit der Egge (*irpex, crates dentata*) gebrochen. Auch Harken, Hacken und Spaten dienten der Feldarbeit. Sicheln, Sensen, Wetzsteine, Rechen und Heugabeln wurden bei der Getreideernte Abb 118 und der Grasmahd benötigt. Trotz zahlreicher Eisenfunde geben immer noch die sog. Mithrassymbole, die vornehmlich im Kölner Raum in verschiedenen Gräbern des 3. und 4. Jahrhunderts n. Chr. als Beigaben gefunden wurden und wahrscheinlich kultische Bedeutung hatten, den besten Überblick über die in der römischen Rheinzone gebräuchlichen landwirtschaftlichen Geräte. In einem reich ausgestatteten Frauengrab aus Köln-Rodenkirchen, das in die Zeit um 370/380 n. Chr. datiert werden kann, befanden sich unter den kleinen Bronzenachbildungen nicht nur ein von Rin- Abb 95 dern oder Ochsen gezogener Hakenpflug, sondern auch ein vierrädriger Erntewagen. Belege für Mähmaschinen (*vallus*), wie wir sie aus Obergermanien oder der *Belgica* kennen, fehlen bislang noch in der niedergermanischen Provinz. Das eingebrachte Getreide wurde ausgedroschen und – nachdem die Körner durch Worfeln oder Darren von der Spreu und dem Spelz getrennt worden waren – entweder eingelagert oder di-

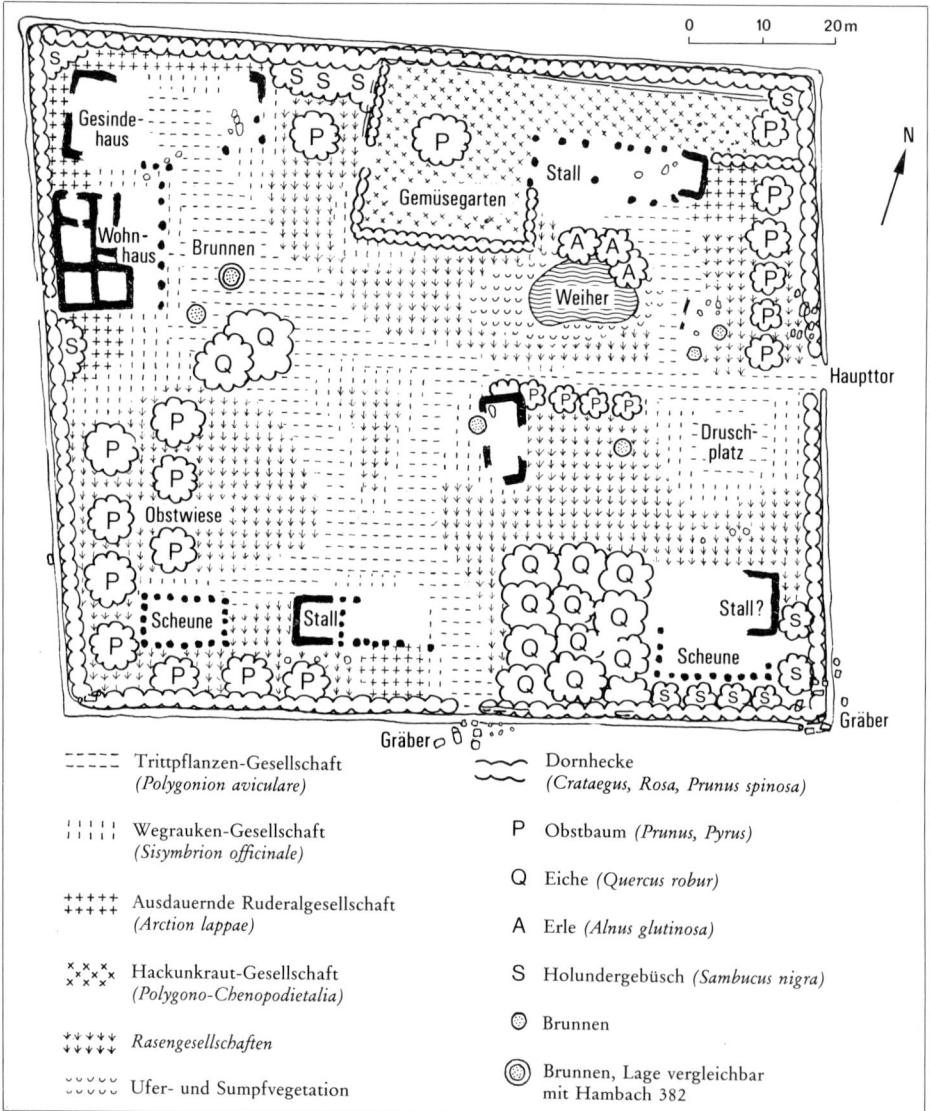

0   10   20 m

N

Legende	
- - - - - Trittpflanzen-Gesellschaft (*Polygonion aviculare*)	~~~~ Dornhecke (*Crataegus, Rosa, Prunus spinosa*)
					Wegrauken-Gesellschaft (*Sisymbrion officinale*)	P Obstbaum (*Prunus, Pyrus*)
+ + + + + Ausdauernde Ruderalgesellschaft (*Arction lappae*)	Q Eiche (*Quercus robur*)
x x x x Hackunkraut-Gesellschaft (*Polygono-Chenopodietalia*)	A Erle (*Alnus glutinosa*)
	S Holundergebüsch (*Sambucus nigra*)
∀ ∀ ∀ ∀ *Rasengesellschaften*	⊚ Brunnen
∪ ∪ ∪ ∪ Ufer- und Sumpfvegetation	◎ Brunnen, Lage vergleichbar mit Hambach 382

Abb. 97 Niederzier-Hambach. Hofvegetation der villa rustica Ha 69. 1.-4. Jh. n. Chr. Rekonstruktion K. H. Knörzer

rekt zu Mehl weiterverarbeitet. Hierauf war jeder Gutshof baulich eingerichtet. In
Abb 96 diesem Zusammenhang sei vor allem auf die jüngst ergrabene Darranlage in Aachen-Süsterfeld mit ihren drei Trockenöfen hingewiesen.

Die Gutshöfe produzierten aber auch andere in römischer Zeit wichtige Grundnah-
Abb 97 rungsmittel wie Bohnen, Erbsen und Linsen. In den Gärten wuchsen verschiedene Gemüse- und Kräuterarten: z. B. Möhren, Rüben, Feldkohl, Feldsalat, Knoblauch,

Portulak und Amarant, Bohnenkraut, Dill, Koriander, Kümmel, Sellerie und Thymian. Unkräuter wie Kamille, Kornrade, Breitsame, Kletterkerbel, Schwarzkümmel, Disteln, Klee und Wucherblumen – Arten, die wir zum Teil heute nicht mehr kennen –, mischten sich dazwischen. Vermutlich gab es regelrechte Obstplantagen, in denen Kirsch-, Pflaumen-, Zwetschgen-, Pfirsich-, Äpfel- und Nußbäume standen. Weingärten sind für Niedergermanien bislang offenbar nur im Aachener Raum nachgewiesen. Ein Teil der Landwirtschaft war die Bienenzucht; Honig benötigte man zum Süßen von Speisen und Getränken.

Auf den schlechten Böden der Nordeifel und am Niederrhein wurde hauptsächlich Viehzucht betrieben. Hierzu bedurfte es ausgedehnter Weideflächen und – zumindest im klimatisch ungünstigen Hochland – großer Heumengen für die winterliche Aufstallung. Das Grünland konnte deshalb erst nach der Heuernte im Frühjahr intensiver beweidet werden; das Vieh wurde gelegentlich auch in die Wälder getrieben. Der Gutshof mußte über geräumige Stallungen und Scheunen verfügen. Die Rinder, Schweine, Schafe und gelegentlich Ziegen lieferten nicht nur Frischfleisch; sie deckten auch den Milch-, Butter- und Käsebedarf der niedergermanischen Bevölkerung. Durch Knochenfunde sind als Haustiere weiterhin noch Pferd, Hund, Taube, Huhn, Gans und Ente belegt.

Trotz einer teils lage-, teils klimabedingten Spezialisierung auf Getreideanbau oder Weidewirtschaft waren die römischen Gutshöfe meist doch ganzheitliche Wirtschaftssysteme und autarke Betriebe. Die durch Grabungsfunde belegten Ölpressen, Mühlen und Webstühle, die ergrabenen Back- und Räucheröfen, die Metallschmelzen und Schmieden, die Töpferöfen und Glashütten dienten zunächst der Selbstversorgung; in Berg vor Nideggen/DN und im Hambacher Forst zum Beispiel werden die gewerblichen Öfen jedoch auch Nebenverdienst und zusätzlichen Gewinn gebracht haben. Zur Bewirtschaftung seines Hofes benötigte ein Gutsbesitzer oder Pächter selbstverständlich Arbeitskräfte; die Familienangehörigen reichten meist nicht aus. So beschäftigte er einheimisches Gesinde und – saisonbedingt – auch Tagelöhner. Eine größere Sklavenhaltung wie auf den Landgütern im Mittelmeerraum, besonders in Italien, scheint es in Niedergermanien nicht gegeben zu haben. Der Wohlstand der Landbevölkerung war in der Regel bescheiden; sicherlich zeigten nur die größeren *villae rusticae* wie etwa in Blankenheim/EU, Euskirchen-Kreuzweingarten, Eschweiler-Hastenrath/AC und Köln-Müngersdorf einen gewissen städtischen Luxus. Nach den archäologischen Befunden zu urteilen, waren dort vielfach die Wände bemalt oder marmorinkrustiert, in einigen Fällen die Fußböden sogar mit Marmorplatten und figürlichen Mosaiken ausgelegt. Einzelne Räume konnten beheizt werden; zu einem Villenkomplex gehörte oft auch eine Badeanlage. Das Mobiliar scheint offenbar bisweilen höchsten Ansprüchen genügt zu haben. Der zur Ausstattung benötigte Marmor wurde nötigenfalls von weither herangeschafft. So stammen die im Bereich der römischen Villa von Vettweiß-Froitzheim aufgelesenen Fragmente nicht nur aus den nahen belgischen Marmorbrüchen, sondern auch aus Italien (Carrara), Griechenland

Abb 306, 367

Abb 431

Abb 98

Abb 138

Abb 166

Abb 93

Abb. 98   Euskirchen-Kreuzweingarten. Fußbodenmosaik mit Amazonenschilden (Pelten). –
Br. 7,20 m. Um 200 n. Chr. (RLM Bonn)

(Thessalien, Peloponnes, Paros, Euböa) und Tunesien (Chemtou), aus Ägypten (Abu
Dokhan/Abu Fatireh) und sogar aus dem Inneren Kleinasiens (Synnada). Die gewählten Dekorationen und die eingebrachten Motive verrieten den Geschmack, mitunter
aber auch die Belesenheit und Gelehrsamkeit des Auftraggebers. Es liegt allerdings sicherlich am Forschungsstand, daß aus den Gutshöfen in Niedergermanien – läßt man
das verzierte Kleingerät einmal außer Betracht – bislang noch keine Darstellungen aus
der griechisch-römischen Mythologie und Philosophie bekannt sind. Ganz anders
verhält es sich im städtischen Bereich.

Der Gutsherr, seine Angehörigen und das Gesinde wurden unweit des sog. Herrenhauses, aber fast immer außerhalb des umfriedeten Hofareals bestattet. Machten nicht
schon getrennte Friedhöfe – wie bei einigen *villae rusticae* im Hambacher Forst – den
sozialen Unterschied zwischen Herrschaft und Personal deutlich, so konnte man ihn

Abb 100   an den Grabbauten ablesen. Das Reiterrelief aus Wesseling/BM gehörte ursprünglich
zu einem Pfeilergrabmal von der Größe des Kölner Poblicius-Denkmals; es erinnerte
vermutlich an einen Reiterveteranen, der nach seiner Entlassung aus der Armee als
Landwirt und Getreidelieferant zu Reichtum gekommen war. Ein Inschriftenfragment aus Nideggen-Muldenau/DN bezeugt auch dort eine reiche Gutsfamilie; der
Gutsbesitzer war ein Freigelassener. In Bad Münstereifel-Arloff wurde vor etlichen
Jahren ein aufwendiges Familiengrabmal, ein sog. Kolumbarium freigelegt, das offenbar auch die Aschenurnen der verstorbenen Dienerschaft aufnehmen sollte. Die be-

Abb 433   rühmte Grabkammer in Köln-Weiden kann für zahlreiche ähnliche Anlagen stehen.

Abb. 99 Blankenheim-Hülchrath. Herrenhaus der villa rustica. Ausgrabungen des Provinzialmuseums Bonn im Jahre 1914

Abb. 100 Wesseling. Teil eines Reiterreliefs. Rest eines Pfeilergrabmals. Kalkstein – H. 0,71 m. Um 70 n. Chr. (RLM Bonn)

In Rheinbach-Flerzheim/SU ließ sich der unterschiedliche gesellschaftliche Status der Bestatteten an den Grabbeigaben erkennen; die Gräber der Bediensteten waren durchweg ärmlicher ausgestattet. Reiche Grabinventare, die mit einer vermögenden Landbevölkerung in Verbindung gebracht werden können, kennen wir vor allem aus der Umgebung des römischen Köln; Grabfunde aus Zülpich-Enzen/DN oder aus dem Hambacher Forst belegen aber auch dort einen gewissen ländlichen Wohlstand bis in die Spätantike.

Abb 557
Taf 13

Handwerk und Gewerbe

Mit den römischen Truppen kamen zahlreiche Handwerker ins Rheinland, die sich in der Nähe der Militärlager und -kastelle niederließen und zunächst für das Militär produzierten; den Bedarf der Zivilbevölkerung deckten im wesentlichen Gewerbebetriebe in der Umgebung der Städte und in den Siedlungen auf dem Lande. Auch im nordrhein-westfälischen Teil Niedergermaniens ist eine Reihe gewerblicher Öfen ausgegraben worden, die einen guten Einblick in die antiken Techniken ermöglichen.

Die Vielzahl der Metallschmelzöfen in der Nordeifel läßt vermuten, daß man die metallischen Erze gewöhnlich gleich vor Ort, d. h. unweit der Lagerstätten, ausgeschmolzen und das gewonnene Metall in Luppen- oder Barrenform zur weiteren Verarbeitung in die Schmieden und Metallwerkstätten überall in der Provinz gegeben hat; dadurch wurde der unnötige Transport wertlosen Gesteins vermieden. Soviel wir wissen, benutzten die Römer zum Schmelzen unter anderem festgefügte oder gar gemau-

Abb 101 erte, etwa 1 m hohe Schacht(renn-)öfen, in die von oben Erz und Brennmaterial

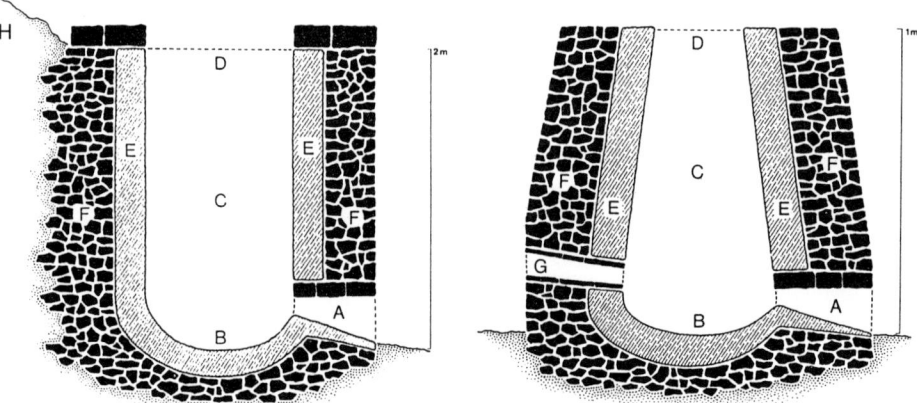

Abb. 101   *Römische Schachtöfen zur Eisenverhüttung. Links Windofen, rechts Gebläseofen.*
A Windkanal (Abstrich), B Herd, C Schacht, D Gicht, E Tonmantel des Schachtes,
F Steinmantel des Schachtes, G Gebläsekanal, H Berghang. Rekonstruktion nach F. Freise

Abb. 102   Neuss. Fragmentierte Roßstirn mit getriebener und dann kalt bearbeiteter Löwenprotome. Bronze. – H. 33 cm. Um 80 n. Chr. (RLM Bonn)

– Holz- oder Steinkohle – in Lagen eingefüllt wurden. Man erzielte Temperaturen bis 1300° C Celsius. Auf der Schachtsohle befanden sich ein Windkanal und mitunter zwei »Stichlöcher«, um die Schlacken und das flüssige Metall abfließen lassen zu können. Eisen wurde allerdings lediglich zu teigartigen Luppen geschmolzen, die man erst nach Öffnung der Ofenbrust herausnehmen konnte. Man kannte auch den Gebläseofen, an dem Blasebälge angeschlossen waren. Von den Eisenschmelzen im Rheinland haben sich nur geringe Reste erhalten; bei den Ausgrabungen – vornehmlich im Bereich von Berg vor Nideggen/DN, aber auch im Hambacher Forst, in Bonn und Neuss – fand man bislang selten mehr als die Sohle, Spuren der Ummantelung und Schlackenschichten. Ähnlich verhält es sich mit den anderen Metallschmelzöfen. Ein Befund wie in Embken bei Nideggen/DN bildet eine Ausnahme; die beiden gut erhaltenen Öfen wurden jüngst als Treibherde für die Silbergewinnung interpretiert.

Das Schmiedehandwerk war auch in Niedergermanien hoch entwickelt und spezialisiert. Es nahm eine Schlüsselstellung im römischen Wirtschaftsgefüge ein. Weder Soldaten noch Steinbrecher, weder Maurer noch Landwirte kamen ohne Schmiedearbeiten aus. Die Eisenschmiede (*fabri ferrarii*), die sich besonders auf das Härten des Roheisens verstanden, stellten – teils in serieller Fertigung – Waffen, grobe Werkzeuge und andere Geräte des alltäglichen Bedarfs her. Sie schmiedeten auch Baubeschläge, Schlösser, Ketten und Wagenteile. Ferner beschlugen sie die Pferde. Die Kupferschmiede (*fabri aerarii*) verarbeiteten in erster Linie leicht formbare, aber dennoch widerstandsfähige Kupferlegierungen, vornehmlich Bronze und – wenn sie über Zink *Abb 102* (Galmei) verfügten – Messing. Auch sie waren mit allen Techniken ihres Handwerks

vertraut, die sich im Grunde bis heute nicht verändert haben. Sie beherrschten – wie
die Gold- und Silberschmiede – das Gießen, Treiben und Drücken; sie konnten löten,
gravieren, ziselieren und tauschieren. Ihre Produktpalette reichte von der Nadel bis
zum Kerzenständer. Aus dem Rheinland sind hervorragende Belege für das Können
Abb 59, 102 dieser Handwerker bekannt: reich verzierte Helme, Pferdepanzer und Teile von
Abb 139 Paraderüstungen, kunstvolle Möbel- oder Wagenbeschläge, dekoratives Geschirr wie
Taf 9 Weingefäße, Kannen, Becher und Auftrageplatten. Besondere Fähigkeiten erforderte
die Verarbeitung von Niello (Schwarzsilber) und Email bei Schmuckstücken oder
auch Ziergeräten. Manche Bronzegießer produzierten ausschließlich Statuetten und
andere figürliche Bronzen. Die wichtigsten Arbeitsgeräte des Metallhandwerkers waren Amboß, Hammer und Zange, dann aber auch Stichel, Feile und Schere. Die Werkstücke wurden in einem Ofen zum Glühen gebracht. Tiegel bezeugen kleinere
Schmelzvorgänge. In einer Bronzewerkstatt der *CUT*-Xanten wurde auch Altmaterial eingeschmolzen, aus einer anderen kennen wir die Punzen.

Die feuergefährlichen Schmieden und Metallwerkstätten lagen – ebenso wie die Glashütten, Töpfereien und Ziegeleien – wegen der mit ihnen verbundenen Brandgefahr
außerhalb dichter Besiedlung und Bebauung. In Niedergermanien konnten sie vornehmlich in den Lagerdörfern, in den Gewerbegebieten vor den Städten und in den
Landsiedlungen nachgewiesen werden. Hinweise auf Bonn, Köln, Neuss und Xanten,
aber auch auf den *Belgica vicus*-Euskirchen-Billig und verschiedene Gutshöfe in der
Nordeifel mögen genügen. Die bekannten Werkstattszenen auf Grabdenkmälern
– keine davon stammt allerdings aus dem Rheinland – zeigen meist den Schmiede-
meister und einen Gesellen, der ihm bei der Arbeit zur Hand geht. Sie sind mit der
Arbeitstunika (*exomis*) bekleidet, die häufig die rechte Schulter freiläßt; sie trägt auch
Abb 103 der römische Schmiedegott Vulcanus auf einem sog. Viergötterstein aus Köln-
Weiden.

Glasschmelzöfen kennen wir im nordrhein-westfälischen Teil der niedergermanischen Provinz bis heute nur aus Bonn, Köln und dem Hambacher Forst; ihre Abhängigkeit von den tertiären Quarzsanden der Kölner Bucht als Rohmaterial wurde bereits betont. Sie funktionierten prinzipiell wie die Metallschmelzöfen. Die Ofenform
war offensichtlich nicht einheitlich; sie kann sich aber auch im Laufe der Zeit verän-
Abb 420 dert haben. Die Kölner Öfen am Eigelstein – sie sind vielleicht schon ins 1. Jahrhundert n. Chr. zu datieren – hatten einen runden oder eckigen Grundriß; die spätantiken
Ofenanlagen im Hambacher Forst (Mitte 4. Jh. n. Chr.) waren dagegen halbkreisförmig. In allen Fällen aber bestanden die Ofenwandungen aus vermauerten Ziegelbruchstücken; auch waren überall die mehrlagigen Böden mit Ziegelplatten ausgelegt. Im
Ofenbereich fanden sich stets Glasschlacken. Die Reparaturanfälligkeit der Glasöfen
wurde durch zahlreiche Ausbesserungen belegt; Versinterungsspuren und Verziege-
lungen wiesen auf die ehemals hohen Temperaturen im Ofeninneren (ca. 1000–
1300° Celsius). Die naturfarbene, grünstichige Glasschmelze konnte durch den Zusatz
von Braunstein (Manganit) und durch die Zugabe verschiedener Metalloxyde farblich

*Tafel 5 a   Köln. Satyr und Eroten bei der Weinlese. Wandmalerei (Detail). – B. des Kande-
laber-Streifens ca. 0,68 cm. 2. Hälfte 1. Jh. n. Chr. (RGM Köln)*
*Tafel 5 b   Farbige Gläser, u. a. Millefiori- und Rippenschalen von verschiedenen Fund-
orten. – Dm. der Rippenschale 19 cm. 1. Jh. n. Chr. (RLM Bonn)*
Umseitig:
*Tafel 6   Köln. Wandmalerei. Schirmkandelaber mit Sirenen, Panthern und Bacchus. –
B. des Kandelaberfeldes 0,37 m. 2. Hälfte 1. Jh. n. Chr. (RGM Köln)*

Tafel 8   Münster-Sarmsheim. Mosaik mit Sonnengott Sol und Tierkreiszeichen (Mittelbild). – B. 2,80 m. Um 260 n. Chr. (RLM Bonn)

Vorhergehende Seite:
Tafel 7   Köln. Dionysosmosaik. – L. 10,6 m. Um 225 n. Chr. (RGM Köln)

Abb. 103 Köln-Weiden.
Waffenschmiedender Vulcanus.
Viergötterstein. Kalkstein. –
H. 0,63 m. Um 220 n. Chr.
(RLM Bonn)

verändert werden. So färbten Kupfer rot, Kobalt blau und Chrom gelb. Die Glasmassen wurden gezogen, gewickelt und geknetet, in Formen gegossen und gepreßt. Gewöhnlich wurde jedoch mit der Glasbläserpfeife, die vermutlich Ende des 1. Jahrhunderts v. Chr. in Syrien erfunden worden war, freigeblasen. Man legte Zierfäden und Nuppen auf, gravierte und schliff Ornamente ein. Die vielen Glasfunde – Toilettengerät, Schmink- und Parfümflaschen, Becher, Kannen, Schalen und Spielsteine –, vornehmlich aus den römischen Gräbern des Rheinlandes, machen deutlich, welche Bedeutung und welchen Stellenwert das Glasbläserhandwerk damals in dieser Region besaß. Um so mehr verwundert es allerdings, daß in Niedergermanien – vor allem im Kölner Raum – bislang noch kein Glasbläser oder Glasschleifer inschriftlich erwähnt ist; ebensowenig gibt es entsprechende Darstellungen. Abb 126, 214, 162 Abb 167, 168 Taf 5b, 16

Die Reste der kreisrunden, ovalen oder auch rechteckigen römischen Töpferöfen sind für die Archäologen bei Ausgrabungen gewöhnlich gut zu erkennen. Sie waren ehemals bei einem Durchmesser von ca. 2 m und einer Höhe von bis zu 3 m aus Lehm gesetzt und bestanden aus einem Feuerungs- und einem darüberliegenden Brennraum; ein durchlöcherter Zwischenboden, der entweder auf vorspringenden Wandzungen oder auf einer Mittelstütze ruhte, trennte die beiden Ofenbereiche voneinander. Das Abb 421 Abb 104

Abb. 104   Xanten. Töpfereibezirk südwestlich der Colonia Ulpia Traiana. Öfen 1–4. Aus-
grabungen des Rheinischen Landesmuseums Bonn
Abb. 105   Xanten. Colonia Ulpia Traiana. Genormtes Küchengeschirr. Ton. – Größter Dm
24,3 cm. 2. Hälfte 2. Jh. n. Chr. (Xanten, Regionalmuseum)
Abb. 106   Sinzig/AW. Formschüssel für reliefverzierte Gefäße. Ton. Um 150/160 n. Chr.
(RLM Bonn)

Feuer im Feuerungsraum konnte durch ein Schürloch oder einen Schürkanal in Gang gehalten werden. Es wurde mit Holz gefeuert. Die 900–1200° Celsius heiße Luft zog durch die Löcher des Brennrostes nach oben in den Brennraum, wo das Brenngut dicht gestapelt stand, und von dort durch eine Öffnung im Scheitel der Ofenkuppel ab. Manchmal hatten die Töpferöfen wohl keine feste Kuppel, die nach dem Brennvorgang ohnehin zerschlagen werden mußte, um an die gebrannten Gefäße heranzukommen, sondern waren lediglich mit Grassoden, Scherben und dergleichen abgedeckt. Häufig wurden mehrere Öfen von einem vorgelagerten und eingetieften Arbeitsraum aus bedient.

Wie bereits erwähnt, bestimmten meist Tonlagerstätten, Sandvorkommen und die Nähe zum Wasser den Standort der Töpfereien im Rheinland. Bevor die Töpfer den Ton verarbeiten konnten, mußten sie ihn einweichen, schlämmen, d. h. reinigen, und mit feinem Sand magern. Die Gefäße wurden auf der Drehscheibe gedreht und teils mit Auflagen verziert, anschließend an der Luft getrocknet und glasiert. Die enorme Nachfrage zwang zu betrieblicher Rationalisierung durch Standardisierung der Gefäßtypen und zu seriellen Herstellungsverfahren. Die unterschiedliche Färbung kam durch gezielte Luftzufuhr bzw. -drosselung während des Brennprozesses zustande (oxydierender Brand = rot; reduzierender Brand = schwarz). Fehlbrände gelangten auf die Kippe. Die rotglänzende, teils glattwandige, teils reliefverzierte *Terra* *Abb 522, 503* *sigillata* (gestempelter Ton) war zumindest im 1. und in der ersten Hälfte des 2. Jahrhunderts n. Chr. eine feine, sehr hart gebrannte und oft mit einem Töpferstempel versehene Ware. Die Reliefgefäße mit ihren je nach Töpferwerkstatt figürlichen Darstellungen oder ornamentalen Tier- und Pflanzenmotiven wurden aus sog. Formschüs- *Abb 106* seln ausgeformt. Die Produktionszentren für *Terra sigillata* lagen allerdings zunächst in Italien und Südfrankreich (Südgallien). Die Lampen- und Terrakotta(Tonplastiken)-Manufakturen waren Spezialbetriebe; sie benutzten für ihre Produktion Model.

Die niedergermanischen Töpfereien aus der Mitte des 1. Jahrhunderts n. Chr. in Remagen, Bonn, Köln, Neuss, Moers-Asberg, Xanten und Kalkar, dazu in Niederberg-Friesheim/EU werden – wie schon während der augusteischen Germanenkriege in Haltern (8 v. Chr. – 9 n. Chr.) – hauptsächlich für den einheimischen Bedarf, im wesentlichen für das Militär Eß-, Trink- und Küchengeschirr sowie Vorratsgefäße produziert haben. Ihre Produkte erfüllten hohe Qualitätsansprüche; die Produktionszahlen würden sicherlich auch heute noch beeindrucken. Für einzelne Töpfereien in Südfrankreich (Südgallien) sind Jahresproduktionen von 200 000 bis 300 000 Gefäßen errechnet worden. Natürlich profitierte im Rheinland auch die Zivilbevölkerung von der Nähe der Betriebe: Hier soll nur auf die Töpferwerkstätten am Rudolfplatz in Köln oder auf die Lampentöpferei am Rande der sog. Cugerner-Siedlung in Xanten verwiesen werden, die um die Mitte des 1. Jahrhunderts ihre unverwechselbaren und typenreichen Produkte offenbar sowohl auf dem militärischen als auch auf dem zivilen Markt absetzten. Keramikreste aus einem ubischen Töpferofen in Bonn, der wohl *Abb 309*

schon zwischen 30 und 20 v. Chr. in Betrieb genommen wurde, machen deutlich, wie
schnell auch die einheimischen Töpfer römisches Formengut aufgegriffen, umgesetzt
und sich damit dem neuen Geschmack angepaßt haben; nur so waren sie konkurrenz-
Abb 105 fähig. In diesem Zusammenhang muß an die sog. Belgische Ware – rot (*terra rubra*)
und schwarz (*terra nigra*) – zum Beispiel aus den Öfen von Neuss und Niederberg-
Friesheim/EU erinnert werden, die nicht selten römisches Geschirr nachahmte und
vornehmlich in der ersten Hälfte des 1. Jahrhunderts n. Chr. ihre Abnehmer fand.
Ähnliche Assimilationsbestrebungen der einheimischen Handwerker sind auch in anderen Bereichen zu beobachten.

Im Laufe der Zeit entwickelten sich an verschiedenen Orten Niedergermaniens wei-
Abb 527 tere Töpferzentren, wie etwa in Aachen, Krefeld-Gellep und Soller/DN. Die bedeutendsten Manufakturen lagen aber nach wie vor in Köln. Im 2. Jahrhundert n. Chr.
Abb 107, 422 töpferten dort Töpfer namens Acceptus, Capito, Fabricius und Servandus – um nur
Abb 210 wenige zu nennen –, die ihre Produkte nicht nur mit ihrem Namen versahen, sondern
damit verbunden auch auf den Produktionsort *CCAA*-Köln hinwiesen. Es blieb allerdings nicht aus, daß eine größere Nachfrage und die damit verbundene Massenpro-
duktion die Qualität der Erzeugnisse sinken ließen; dies wird nirgendwo so deutlich
wie in der Terra-Sigilata-Produktion Ostgalliens und Obergermaniens, wo vornehmlich im 3. Jahrhundert n. Chr. Form und Dekor – wie auch im Rheinland – vollends
verflacht und anspruchslos waren.

*Abb. 107   Köln.
Statuette der Göttin
Kybele aus der Kölner
Werkstatt des Töpfers
Servandus. Vorder- und
Rückseite. Ton. –
H. 17 cm. 2. Hälfte
2. Jh. n. Chr.
(RGM Köln)*

Abb. 108   Königswinter-Rüdenet. Arbeiten in einem römischen Steinbruch 2./3. Jh. n. Chr. Modell (RLM Bonn)

Für die Durchführung von Bauvorhaben benötigte man Baustoffe. Das Steinmaterial *Abb 92* wurde meist von Sonderkommandos des römischen Militärs in den verschiedenen Steinbrüchen am Rhein und der Nordeifel gebrochen, die weitgehend in kaiserlichem Besitz waren; private Steinbruchtätigkeiten wird es nur gelegentlich und dann für den Eigenbedarf gegeben haben. Die Buntsandsteinbrüche bei Katzvey und Kall/EU *Abb 470, 391* scheinen von Privatunternehmern aus der Umgebung betrieben worden zu sein. Aus Untersuchungen am Drachenfels bei Königswinter und anderswo sind wir über die *Abb 108, 448* Arbeit in einem römischen Steinbruch gut unterrichtet. Sollte ein Stein gebrochen werden, wurden zunächst mit dem eisernen Pickel Schrotgräben gezogen und Keil *Abb 119* löcher geschlagen. Die eigentliche Spaltung erfolgte mit Keilen, die mit einem Vorschlaghammer eingetrieben wurden und den Stein auseinanderrissen. Brechstangen dienten dazu, den so gewonnenen Block auszuhebeln. Um beim Transport möglichst wenig unnützen Ballast zu haben, wurden die Steinblöcke bereits im Steinbruch mit Zweispitz, Hammer und Meißel abgeschrotet und auf eine Rohform gebracht.

Ein wichtiger Baustoff war Kalk; man benötigte ihn für den Mörtel. Nach unseren bisherigen Kenntnissen wurde in Niedergermanien Kalk hauptsächlich im Raum Bad

Abb 287, 288   Münstereifel-Iversheim/EU aus dem dort anstehenden Dolomit gebrannt. Dort waren die Voraussetzungen hierfür aus vielerlei Gründen ideal. Die insgesamt sechs birnenförmigen, etwa 4 m hohen und 3 m tiefen Kalkbrennöfen, die in den Jahren 1966–1969 an einem Hang unweit von Iversheim ausgegraben wurden, waren aus Grauwacke schachtartig aufgemauert und innen mit Lehm ausgeschmiert. Die Ofenschnauze zum Beschicken der Befeuerungskammer mit Brennholz, von dem in der Erftniederung und in den umliegenden Wäldern genügend vorhanden war, befand sich ca. 2 m über der Brennsohle. Im Ofeninneren verlief in halber Höhe ringsherum eine Bank; darauf wurde ehemals – wie ein moderner Brennversuch in einem rekonstruierten Ofen ergab – eine Kuppel, der sog. Himmel aufgesetzt, der das von oben zum Brennen eingefüllte Rohgestein trug. Günstige Windströmungen sorgten für Temperaturen bis 1100° Celsius. Brennöfen dieses Typs, der bislang nur aus dem Rheinland bekannt ist, hatten ein Fassungsvermögen von 25 Tonnen Dolomit; dies bedeutete nach dem fertigen Brand 12,5 Tonnen Stückkalk. Ein Brennvorgang dauerte etwa neun bis zehn Tage. Demnach hatte allein die ausgegrabene Kalkfabrik in Iversheim eine Monatsproduktion von ca. 200 Tonnen. Durch die Analyse von Mörtelproben ist Iversheimer Kalk in Bonn, Neuss und Xanten nachgewiesen. Wir können aber davon ausgehen, daß er auch anderswo in Niedergermanien verwendet wurde.

Abb. 109   Dormagen. Modell der Ziegelei der 1. Legion. Rekonstruktion G. Müller (RLM Bonn)

Die Kalkbrennereien waren – wie die Steinbrüche – vornehmlich Staatsbetriebe und unterstanden dem Militär. Zivilisten haben offenbar – so vermutlich in Kalkar/EU und in Stolberg-Gressenich/AC – nur in einzelnen Öfen und in bescheidenem Rahmen Kalk gebrannt. In Iversheim arbeiteten zwischen 145 und 235 n. Chr. Angehörige der niedergermanischen Armeen unter einem Vexillationspräfekten oder Centurio. Inschriften nennen sie Kalkbrenner (*calcarii*); inschriftlich erwähnt sind auch andere Spezialisten wie ein Brennmeister (*magister calcariarum*), der die Brennarbeiten stän- *Abb 289* dig überwachte, und ein Kalkingenieur (*architectus discens*), der für den Bau der Öfen und anderer Anlagen verantwortlich zeichnete. Die Nennung eines Arztes (*medicus*) deutet auf die gesundheitlichen Gefahren, die den Kalkbrennern bei ihrer Arbeit drohten, und die von der Truppe getroffene Fürsorge hin.

Auch die meisten bekannten Ziegeleien am Rhein (Köln-Feldkassel, Dormagen, *Abb 419, 339, 109* Neuss, Xanten) betrieben militärische Arbeitskommandos, die sich aus Soldaten der rheinischen Legionen rekrutierten. Die langrechteckigen Ziegelöfen von oft recht unterschiedlicher Größe funktionierten im Prinzip wie die Töpferöfen; deshalb waren sie auch ähnlich konstruiert: ein Feuerungsraum mit den für Ziegelöfen charakteristischen, parallel verlaufenden Stützmauern für den durchlöcherten Zwischenboden, ein darüberliegender Brennraum, ein Feuerungskanal und eine davorgelegte Arbeitsgrube. Die Ziegelöfen hatten eine tonnenförmige Abdeckung mit einem kaminartigen Abzug am hinteren Ende. Der runde Ofentyp in der Ziegelei bei Köln-Feldkassel steht bislang einzigartig da. Es wurde mit Hartholz gefeuert, die Brenntemperaturen betrugen ca. 900° Celsius. Ziegel wurden und werden auch heute noch gestrichen. In römischer Zeit preßte man den teigigen Lehm in Holzformen und strich ihn mit einem Streichbrett ab. Zuvor – dies war meist eine Arbeit in den Wintermonaten – hatte man ihn in Schlämmbecken oder Sumpfgruben mit viel Wasser geschlämmt und mit Sand oder anderen Magerungsstoffen gemagert. Die ausgeformten Ziegel wurden vor dem Brand in offenen Schuppen an der Luft getrocknet. Das Tagessoll eines Ziegelstreichers betrug etwa 220 Stück.

Eine Ziegelei produzierte aber nicht nur Leistenziegel (*tegulae*) und Hohlziegel (*imbrices*) zum Decken der Dächer und die dazugehörigen vielfach verzierten Stirnziegel, *Abb 340* sondern auch Hohlziegel, Wand- und Bodenplatten für den Bau von Fußbodenheizungen (*hypocausta*) und andere bauliche Zwecke. Einzelne Stücke wurden – vielleicht nach einem bestimmten System und aus buchhalterischen Gründen – gestempelt, d. h. mit dem »Firmenetikett« versehen. Die meisten Ziegelstempel nennen Legionen oder sonstige militärische Einheiten. Die Militärziegeleien haben offenbar ausschließlich für den Bedarf des Militärs produziert. Die zivile Nachfrage wurde von Privatbetrieben wie im Bereich der *villa rustica* in Bedburg-Garsdorf/BM gedeckt, die es wegen der regen Bautätigkeit in den Städten und ländlichen Siedlungen Niedergermaniens sicherlich in großer Zahl gegeben haben wird. Ein Ziegler namens M. Valerius Sano in *Gelduba*-Krefeld-Gellep hat – wie sicherlich manch anderer auch – im 2. Jahrhundert n. Chr. für militärische und zivile Auftraggeber gleichermaßen gearbeitet.

Abb. 110   Modell einer römische Großbaustelle (Ausschnitt). Einsatz von Gerüsten, Geräten und Maschinen. Entwurf J. Röder (RLM Bonn)

Abb 270 Vielleicht gehört ebenso Victorinus dazu, der sich auf einem Ziegel aus Aachen *ductor* nennt.

Anstehende Baumaßnahmen wurden von Maurern (*caementarii*), Verputzern (*tectores*), Steinmetzen (*lapidarii, quadratarii*) und Zimmerleuten (*tignarii*) ausgeführt. Die Bauaufsicht lag bei einem Architekten (*architectus*). Die Erfindung des Mörtels eröffnete große Möglichkeiten. Besonders charakteristisch für die römische Mauertechnik ist das Gußmauerwerk (*opus caementicium*), eine Mischung aus Mörtel und Stein- bzw. Ziegelbeischlag, die am ehesten mit dem heutigen Beton zu vergleichen ist; die Verschalung bildeten vielfach säuberlich aufgemauerte Handquader oder Ziegel. Bisweilen waren die Steine auch im Rautenmuster gesetzt (*opus reticulatum*). Beide Tech-

Abb 399 niken sind am Kölner »Römerturm« zu sehen. Auch das *opus incertum* mit seinen unregelmäßigen Steinformen war im Grunde ein Schalmauerwerk. Manchmal durchzogen Ziegelbänder in regelmäßigen Abständen die Mauer (*opus mixtum*), wie etwa bei der spätantiken Kastellmauer von Haus Bürgel bei Monheim/ME. Das Steinfachwerk (*opus Africanum*) mit seinen auffälligen, horizontal und vertikal versetzten Steinblökken und den mit Handquadern ausgemauerten Zwischenräumen ist zum Beispiel für einen Militärbau im Bonner Legionslager nachgewiesen. Bei anderen – zumeist repräsentativen – Bauten sind die blockartigen Steine in horizontalen Schichten verlegt (*opus vittatum*); dies trifft etwa für das Nordtor oder Teilbereiche des Prätoriums in Köln zu. Die mörtellose Steinsetzung am sog. Ubiermonument bildet im Rheinland eine Besonderheit. Dank des Mörtels war es auch möglich, über einem Leergerüst Bögen und Tonnengewölbe zu setzen.

Abb 415

Abb 397

Das wichtigste Werkzeug des Maurers und des Verputzers war die eiserne Kelle; sie diente zum Auftragen des Mörtels, zum Verstreichen und Fugen. Man kannte hölzerne Reibebretter und benutzte zum Beispiel Winkel, Richtschnur, Lot und Setzwaage. Flaschenzüge und andere Hebemaschinen (Kranen) ermöglichten das Bewegen und Umsetzen schwerer Lasten. Die Maurer- und Verputzarbeiten wurden von Gerüsten aus durchgeführt, die mit den Mauern in die Höhe wuchsen. Zahlreiche – und hier waren es wieder vornehmlich die öffentlichen – Gebäude erhielten schmükkende architektonische Einzelformen, wie Säulen, Pilaster, Kapitelle und Architrave, die von Steinmetzen ausgeschlagen wurden. Sie benötigten dazu Hacken, Schlegel, Meißel, Zahneisen, Raspel und Steinbohrer. Die Steinspaltung erfolgte mit Fäustel und Keilen. Verschiedene Steinsorten – wie zum Beispiel Kalk- und Tuffstein – konnten auch zersägt werden. Die Werkstücke wurden im allgemeinen zunächst nur grob

Abb 110

Abb. 111   Römische Werkzeuge zur Holzbearbeitung. Eisen. 2./3. Jh. n. Chr. (RLM Bonn)

Abb. 112   Xanten. Hölzerner Hafenkai der Colonia Ulpia Traiana. Ausgrabungen des Provinzialmuseums Bonn 1934/35

zugeschlagen und erst am Bau in allen Details ausgearbeitet. Es gab natürlich auch Steinmetze, die weniger am Bau arbeiteten als vielmehr nach Bedarf und Kundenauf-

Abb 258   trag Grab- und Weihesteine anfertigten. Die Werkstätten dieser *lapidarii* oder *sculptores* lagen nicht nur in den Siedlungszentren, sondern auch im Hinterland der niedergermanischen Provinz. Die Verwendung lokaler Steinmaterialien und bestimmte stilistische Eigenheiten belegen dies.

Die Zimmerleute kamen nicht nur bei der Errichtung von Fachwerkhäusern auf den Plan; bei den Steinbauten mußten sie zumindest den hölzernen Dachstuhl setzen, Deckenbalken einziehen und gegebenenfalls straßenwärtige Lauben (*porticus*) bauen. Am Rhein eröffneten sich ihnen außerdem beim Hafen- und Schiffsbau große Betätigungsmöglichkeiten. Sie arbeiteten mit Hammer, Säge, Axt und Beil, Dechsel, Stechbeitel, Hobel und Geißfuß, um nur einige typische Zimmermannswerkzeuge zu nen-

Abb 111   nen, wie sie zusammen mit anderen Holzbearbeitungsgeräten in dem Verwahrfund des 4. Jahrhunderts n. Chr. aus dem Königsforst bei Bergisch Gladbach-Bensberg in größerer Zahl gefunden wurden. Aus Köln sind bislang zwei Zimmerleute namentlich bekannt; der eine davon, ein Q. Vetinius Verus, war Mitglied der Zimmermannszunft (*collegium fabrun tignariorum*) und eines wohl technischen Hilfswerks (*centuria*). Die bedeutendste und weitgehend noch erhaltene Zimmermannsarbeit im nord-

Abb 112   rhein-westfälischen Teil Niedergermaniens ist der Hafenkai der *CUT*-Xanten, der

bislang zweimal angegraben, aber stets aus konservatorischen Gründen wieder verkippt worden ist.

Eine Reihe von Handwerkern hatte sich auf die Innenausstattung der Häuser spezialisiert. Maler und Anstreicher bemalten die Wände. Wir kennen den Grabstein eines
solchen *pictor* namens Tib. Iulius Tertius aus Xanten (2. Hälfte 1. Jh. n. Chr.). Dort *Abb 540*
wurde vor einiger Zeit auch ein Grab des 3. Jahrhunderts n. Chr. freigelegt, in das ein
Satz Farbtöpfe – sicherlich ein Hinweis auf den Beruf des Verstorbenen – als Beigabe
hineingegeben worden war. In einem Farbtopf aus Bonn befanden sich noch Reste von
Blau (Vivianit) und Rot (Hämatit). Farbuntersuchungen an römischen Wandmalereien aus Bonn, Köln und Xanten haben gezeigt, daß auch sonst nur Mineralfarben
verwendet wurden: Schwarz (Kohlenstoff), Weiß (Calcit), Grün (Glaukonit), Ocker
(Eisenhydroxyd), Braun und Gelb (Goethit). Man malte auf einem trockenen (al
secco) oder nassen (al fresco), auf jeden Fall aber auf einem glatten Untergrund. Die
Farben wurden mit tierischem Leim gebunden. Auch Marmorinkrustationen bildeten einen beliebten Wandschmuck. Die Fliesenleger
(*marmorarii*) bezogen das hierfür erforderliche
Steinmaterial gegebenenfalls selbst aus den entfern-
testen Steinbrüchen.

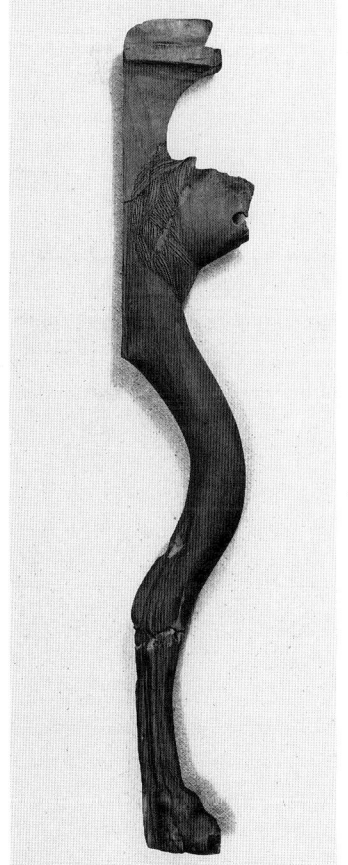

Abb 93

Die meisten Häuser in Niedergermanien hatten
Fußböden aus Stampflehm oder Estrich; nicht selten lagen Holzdielen darüber. Die Wohn- und Re-
präsentationsräume waren jedoch gelegentlich mit
mehr oder weniger dekorativen Mosaiken ausgelegt.
Die oft bunten Steinchen, Glas- oder Keramik-
stückchen, wurden von Mosaizisten (*tesselarii*),
vielfach nach einem Karton oder nach Vorlage, in
ein Mörtelbett gesetzt und abschließend plange-
schliffen. Verlegetechnik, Muster und Motive lassen
im Rheinland – hauptsächlich in der *CCAA*-Köln, *Taf 7*
aber auch in einigen *villae rusticae* wie Euskirchen- *Abb 98, 154*
Kreuzweingarten, Vettweiß-Froitzheim/DN und
Grevenbroich/NE – auf niedergermanische Werkstätten schließen, die seit dem späten 2. Jahrhundert
n. Chr. in der gallischen und vor allem belgischen
Tradition stehen.

*Abb. 113   Bergkamen-Oberaden. Hölzernes Tischbein. –
H. 57,5 cm. Letztes Viertel 1. Jh. v. Chr. (Münster,
Westfälisches Museum für Archäologie)*

Für das Mobiliar sorgten die Tischler (*fabri intestinarii*), einige schreinerten nur Bett-
gestelle (*fabri lectarii*). Leider hat sich von den aus Holz gefertigten Möbelstücken
kaum etwas erhalten; dies mag mit den allgemeinen schlechten Erhaltungsbedingungen für organische Materialien am Rhein zusammenhängen. Das mit Löwenkopf und
Löwenpranke verzierte hölzerne Tischbein aus einem Brunnen im Lagerbereich von
Abb 113   Bergkamen-Oberaden/UN ändert nichts an dieser desolaten Fundstatistik. Darstel-
lungen auf Steindenkmälern helfen allerdings ein wenig weiter. So sind Holzbetten,
Abb 114, 192   Stühle und Tische auf sog. Totenmahlreliefs zu sehen; einige Matronensteine zeigen
Abb 434   Sofa und Fußschemel. Ein besonderes Möbel ist der marmorne Korbstuhl aus der
Grabkammer von Köln-Weiden.

Auch andere Berufsgruppen verarbeiteten Holz. Da sind zunächst die Wagner oder
Stellmacher (*carpentarii*) zu nennen. Sie stellten die verschiedensten Karrentypen her:
Abb 95   den zwei- oder vierrädrigen Reisewagen, den Last- oder Erntewagen, dazu Handkar-
ren und – auf dem Lande – auch noch landwirtschaftliche Maschinen wie Pflug und
Mähmaschine. Bislang sind im Rheinland nur wenige hölzerne Wagenteile gefunden
worden, darunter die Naben- und Speichenreste aus Kalkar-Hönnepel/KLE. Auch
der Wagenfund aus Frenz/DN, der sich besonders durch die bronzenen Beschlagteile
auszeichnet, ist ein Einzelfall. Vor Jahren wurde bedauerlicherweise in Euskirchen-
Liblar/EU die Remise eines römischen Gutshofes unbeobachtet abgebaggert, in der
offenbar ein vierrädriger Last- oder Erntewagen gestanden hat. Wir dürfen annehmen,
daß es in Niedergermanien an vielen Orten auch Faßmacher oder Böttcher (*cuparii*)
Abb 119   gegeben hat. Fässer werden in erster Linie für den Weintransport gedient haben. Sie
wurden allerdings häufig auch beim Brunnenbau als Versteifung des unteren Schacht-
teiles verwendet; solche Befunde kennen wir aus dem Militärlager in Bergkamen-
Abb 303   Oberaden/UN, aus Köln und Xanten, aber auch aus dem Hambacher Forst/DN, wo
es bei Ausgrabungen mehrfach gelang, römische Brunnenkästen aus Holz freizulegen
und zu untersuchen. Die Oberflächenbearbeitung der Bretter, die Nut- und Federver-
bindungen und die angewendeten Verzapfungstechniken ließen die handwerklichen
Fertigkeiten der Brunnenbauer erkennen.

Verschiedene Handwerksberufe stellten die Versorgung der Bevölkerung Niederger-
maniens mit Kleidung und Nahrungsmitteln sicher. Für das Textilgewerbe waren
Flachsanbau und Schafzucht unabdingbare Voraussetzungen; sie lieferten die not-
wendigen Rohprodukte für die Herstellung von Leinen und Wollstoffen. Hecheln,
Spinnen und Weben gehörten zu den häuslichen Tätigkeiten der Frauen; sie blieben es
wohl auch dort, wo für den Eigenbedarf produziert wurde. Nicht von ungefähr ist
Abb 114a   deshalb auf dem Grabstein des Veteranen M. Valerius Celerinus aus Köln neben seiner
Frau Marcia Procula ein Korb mit zwei Spinnrocken zu sehen. Flachskämme und
Spindeln in zahlreichen Frauengräbern dürfen wir vielleicht ähnlich deuten. Von den
hölzernen Webstühlen finden sich bei Ausgrabungen hin und wieder allein die pyra-
midalen Gewichte aus Ton. Arbeitsteilung und steigender Bedarf führten auch im
Textilbereich zur Spezialisierung und zu größeren Betrieben. Es gab den Weber (*tex-*

Abb. 114a Köln. Grabstein des Veteranen M.
Valerius Celerinus und seiner Frau Marcia Procula.
Kalkstein. – H. 1,96 m. (RGM Köln)
Abb. 114b Köln. Grabstein des thrakischen Reiters
Durises mit Gelageszene. Sandstein. – H. 2,31 m.
Um 80 n. Chr. (RLM Bonn)

tor), den Walker (*fullo*), den Färber (*tinctor*) und schließlich den Schneider (*vestitor*).
Archäologisch sind diese Berufe ebenso wie ihre Werkstätten im Rheinland kaum
nachzuweisen. Aus Köln kennen wir den Sarkophag eines Walkermeisters (*magister
artis fulloniae*) vom Anfang des 4. Jahrhunderts n. Chr.; die Becken einer Färberei
sind möglicherweise in der *CUT*-Xanten freigelegt worden. Auch Stoffe und Gewebe
aus römischer Zeit haben sich hier in nur ganz wenigen Resten erhalten. Aus einer Ab-
fallgrube des Lagers Vetera I bei Xanten stammen zwei Textilproben; sie bestehen aus
brauner Schafwolle, zeigen eine Reihe von Webfehlern und gehören in die Mitte des
1. Jahrhunderts n. Chr. Leinenstücke lagen auch in dem frühkaiserzeitlichen Grab
von Voerde-Mehrum/WES, das sich vor allem durch die große Anzahl der beigegebe- *Abb 120*
nen Bronzegefäße auszeichnete. In dem Verwahrfund des 4. Jahrhunderts n. Chr. aus
dem Königsforst bei Bergisch Gladbach-Bensberg fand sich ein ehemals weißes Lei-
nentuch, in das Münzen eingeschlagen worden waren; die Kupfersalze hatten das Gewebe konserviert. Ähnliches konnte in Rheinbach-Flerzheim beobachtet werden. Bei

einer Sarkophagbestattung ließen sich dort die Reste eines Leinengewandes, eines Gewebes aus Goldbrokat und möglicherweise sogar des Leichentuches feststellen. Die Frage nach der Kleidung der niedergermanischen Bevölkerung können wir nur anhand bildlicher Darstellungen beantworten.

Um die Belege für Lederverarbeitung ist es dagegen etwas besser bestellt. Zwar wurde in Niedergermanien bislang auch noch keine Gerberei ausgegraben; wir dürfen jedoch vermuten, daß die Tier-(vornehmlich Rinder-)Häute unweit der landwirtschaftlichen Betriebe gegerbt wurden, wo zudem ausgedehnte Wälder die Materialien für die Gerberlohe lieferten. Es ist nicht auszuschließen, daß sich der viehzüchtende Landwirt auch selbst als Gerber (*coriarius*) betätigte und so zu einem willkommenen Nebenverdienst kam. Im militärischen Bereich waren der Hersteller von Lederpanzern (*loricarius*) und Wehrgehängen (*baltearius*) sowie der Zeltmacher (*tentorius*) tätig. Für Ledergürtel, Zaumzeug und Sättel ging man zum Sattler (*ephipparius, scordiscarius*). Wein- und Wasserschläuche stellte der *cullearius* her, Felle verarbeitete der Kürschner (*pellarius*). Von den lederverarbeitenden Gewerben ist das Schusterhandwerk am besten belegt, das sich allerdings auch weitgehend spezialisiert hatte. Der eine Schuster (*sutor*) fertigte zum Beispiel nur Sandalen an (*sandaliarius*), der andere ausschließlich Stiefel (*calcearius, caligarius*). Für Reparaturen war der Flickschuster (*sutriballus*) zuständig. Immer wieder können Eisengeräte, die bei Ausgrabungen gefunden werden, als Schusterwerkzeuge identifiziert werden: Ahlen, Pfrieme, Ledermesser, Scheren. In Bonn wurden 1905 nördlich des Lagers der *legio I Minervia* die Reste einer Lederfabrik beobachtet; die Lederabfälle, darunter Sandalen, Schuhsohlen, Schnürriemen, Gewandstücke und Flicklappen, waren in einen nahen Teich geschüttet worden und hatten sich durch Feuchtlagerung gut erhalten. Ähnlich verhält es sich mit den Lederfunden aus den verkippten römischen Häfen in Köln und Xanten. Ein Kölner Schuster hieß Quadratus. Schuhwerk aus Xanten, das allerdings nur fragmentarisch im niederländischen Zwammerdam und in Nijmegen geborgen werden konnte, war mit den

Abb 115 Kürzeln *CUT* (= *Colonia Ulpia Traiana*-Xanten) gekennzeichnet. Ein Lederschuh aus einem später als Latrine benutzten Brunnen der *CUT*-Xanten fand allein seiner Größe (Schuhgröße 46) wegen Beachtung. Nicht selten geben Bronze- oder Tonlampen in Fußform Details des Schuhwerks wieder.

Verschiedene Handwerker waren auf die Herstellung ausschließlich kleinteiliger Objekte spezialisiert, die im römischen Alltag benötigt wurden. Da wären beispielsweise der Drechsler (*tornator*), der Elfenbeinschnitzer (*eborarius*) und der Kammacher (*pectinarius*) zu nennen, die hauptsächlich Hirschhorn, Bein und Knochen verarbeiteten. Dosen, Beschläge, teilweise mit Reliefs verziert, Scharniere, Griffe, Rechen- und Spielsteine, Würfel und Kämme zählten zu ihren Erzeugnissen. Die Werkstatt eines Beinschnitzers aus dem 2. Jahrhundert n. Chr. konnte vor etlichen Jahren bei Ausgrabungen in der *CUT*-Xanten anhand von aufbereitetem Rohmaterial, Halb- und Fertigprodukten nachgewiesen werden. Die Haarnadeln aus Bein, die sich in großen Mengen – vor allem in Legionslagern wie *Bonna*-Bonn und *Novaesium*-Neuss – ge-

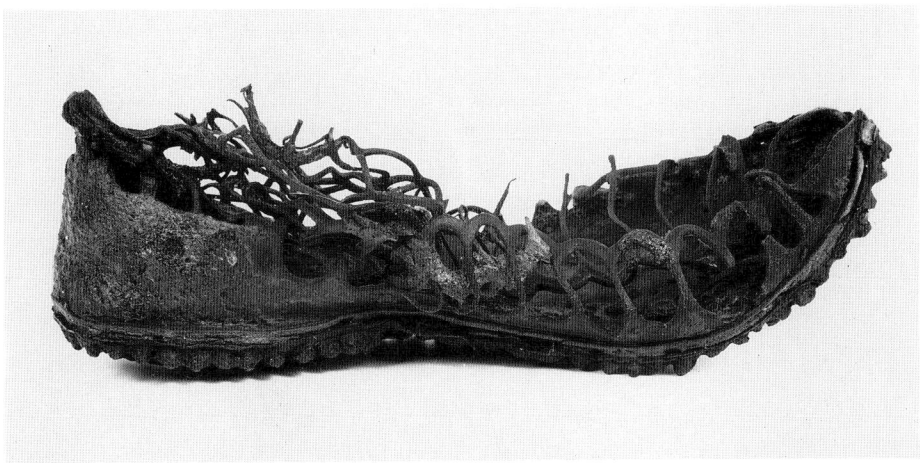

Abb. 115 Xanten. Lederschuh (Schuhgröße 46). Letztes Viertel 1. Jh. n. Chr. (RLM Bonn)

funden haben, wurden wohl häufig von den Soldaten in der Freizeit geschnitzt. Für Bonn ist jedoch auch die Serienfabrikation von Rechensteinen belegt. Der *pugillarius* fertigte die hölzernen Schreibtäfelchen an, in deren dünne Wachsschicht mit einem *Abb 153* Griffel (*stilus*) Texte eingeritzt werden konnten. Wie wichtig sie nicht nur für die Kommunikation, sondern auch für die Rechtsgeschäfte der römischen Bürger waren, zeigt der Fund von annähernd 100 Urkunden, die beim Brand des Stadtarchivs der *CCAA*-Köln nach der Mitte des 1. Jahrhunderts n. Chr. vernichtet und dann weggeworfen worden waren. Schließlich sei noch der Seiler (*restiarius*) erwähnt. Dieses Handwerk ist seit kurzem im Rheinland durch ein Stück Tau aus dem Hafen der *CUT*-Xanten und durch Führkugeln zur Herstellung mehrsträngiger Seile aus Bonn faßbar. Taue und Seile verschiedener Stärken wurden für vielerlei gewerbliche und private Zwecke benötigt.

In römischer Zeit zählte das Brot zu den Hauptnahrungsmitteln. Auf den Gutshöfen (*villae rusticae*) kümmerten sich zumeist die Frauen um das Mahlen des Getreides, das Ansetzen und Kneten des Teiges und das Brotbacken, soweit dies für den Eigenbedarf und die Selbstversorgung erforderlich war. Jeder landwirtschaftliche Betrieb verfügte deshalb über Mühlen und Backöfen, die auch im Rheinland hin und wieder – wie zum Beispiel im Hambacher Forst – archäologisch nachgewiesen werden konnten. Ihre überschüssige Produktion an Brotgetreide, d. h. in erster Linie Weizen und Gerste, überließen die Landwirte dem Militär und den Bäckereien in den Zivilstädten und -siedlungen, die es zunächst einmal zu Mehl verarbeiten mußten; die römischen Bäcker (*pistores*) waren also gleichzeitig auch Müller. Die Hand- und Drehmühlen, die sie *Abb 116* zum Mahlen benutzten, bestanden aus Basaltlava; das Mahlgut wurde von oben eingegeben und zwischen dem feststehenden kegelförmigen Unterstein (*meta*) und dem *Abb 80* drehbaren Läuferstein (*catillus*) zermahlen. Die beiden Sorten von Mühlsteinen sind in

Abb. 116   Xanten. Archäologischer Park. Rekonstruktion einer Getreidemühle aus der Colonia Ulpia Traiana. Im Hintergrund ein länglicher Backofen. Rekonstruktionen G. Precht

Niedergermanien häufig belegt, so daß man die verschiedenen Typen römischer Getreidemühlen – wie etwa im Archäologischen Park Xanten geschehen – problemlos rekonstruieren kann. Die Mühlen wurden vielfach nicht nur von Hand und mit Menschenkraft, sondern auch von Eseln, Maultieren und Pferden getrieben, die an den Drehbalken gespannt waren. Eigentlich ist zu erwarten, daß die Römer auch im Rheinland die reichlich vorhandene Wasserkraft zum Betrieb von Wassermühlen genutzt haben; entsprechende Belege fehlen jedoch bislang. In den Backstuben der Bäckereien standen die zumeist rund gemauerten Backöfen batterieartig auf einem Ziegel-

Abb 116   oder Bruchsteinsockel. Der Ofenraum war kuppelförmig überwölbt; die Öffnung, durch welche die runden Brotlaibe zu gegebener Zeit zum Backen in das glühende Innere geschoben wurden, konnte verschlossen werden. Obwohl die Bäcker für die Versorgung der niedergermanischen Bevölkerung vorwiegend in den Städten eine große Bedeutung hatten, gibt es bis heute aus dem Rheinland nur ganz wenige archäologische Hinweise auf dieses Handwerk. Eine Kölner Inschrift spricht von einer Zunft oder Gilde der in der Provinzhauptstadt niedergelassenen Bäcker (*collegium pistricorum consistentium*); die *negotiatores pistoricii* scheinen reine Backwarenhändler und somit auch ein anderer Berufsstand gewesen zu sein. Regelrechte Bäckereibetriebe sind weder in Köln noch in Xanten, wo am ehesten mit ihnen gerechnet werden darf,

*Tafel 9   Xanten-Wardt (Lüttingen). Reliefbecher mit der Hochzeit von Jason und Kreusa.
Silber. – H. 12 cm. Vermutlich 11 v. Chr. (RLM Bonn)*

*Umseitig:
Tafel 10a   Köln. Spruchbecher und -krüge. Ton. – H. des größten Kruges 22,3 cm.
3./4. Jh. n. Chr. (RLM Bonn)
Tafel 10b   Römisches Tafelgeschirr. Italische und südgallische Terra Sigillata von verschiedenen Fundorten. – H. des Reliefkelchs 12,3 cm. 1. Jh. n. Chr. (RLM Bonn)*

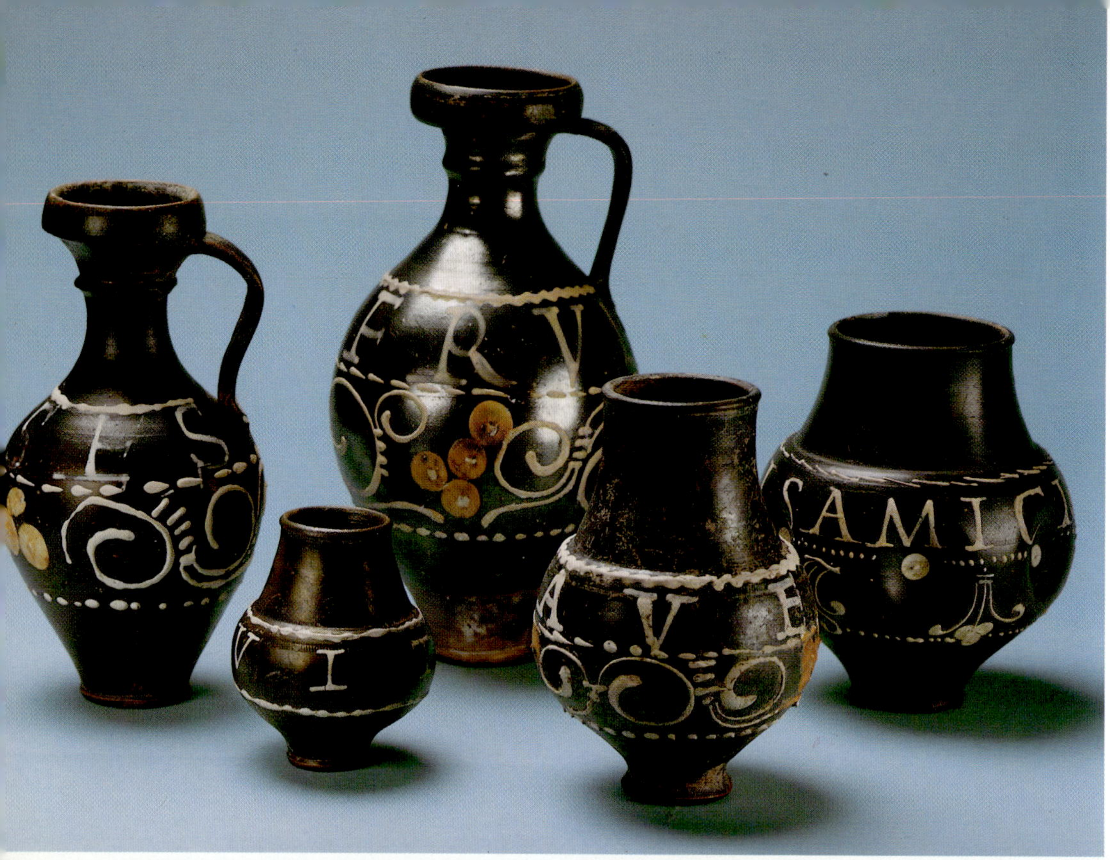
FRV
SAMIC
AVE
VI

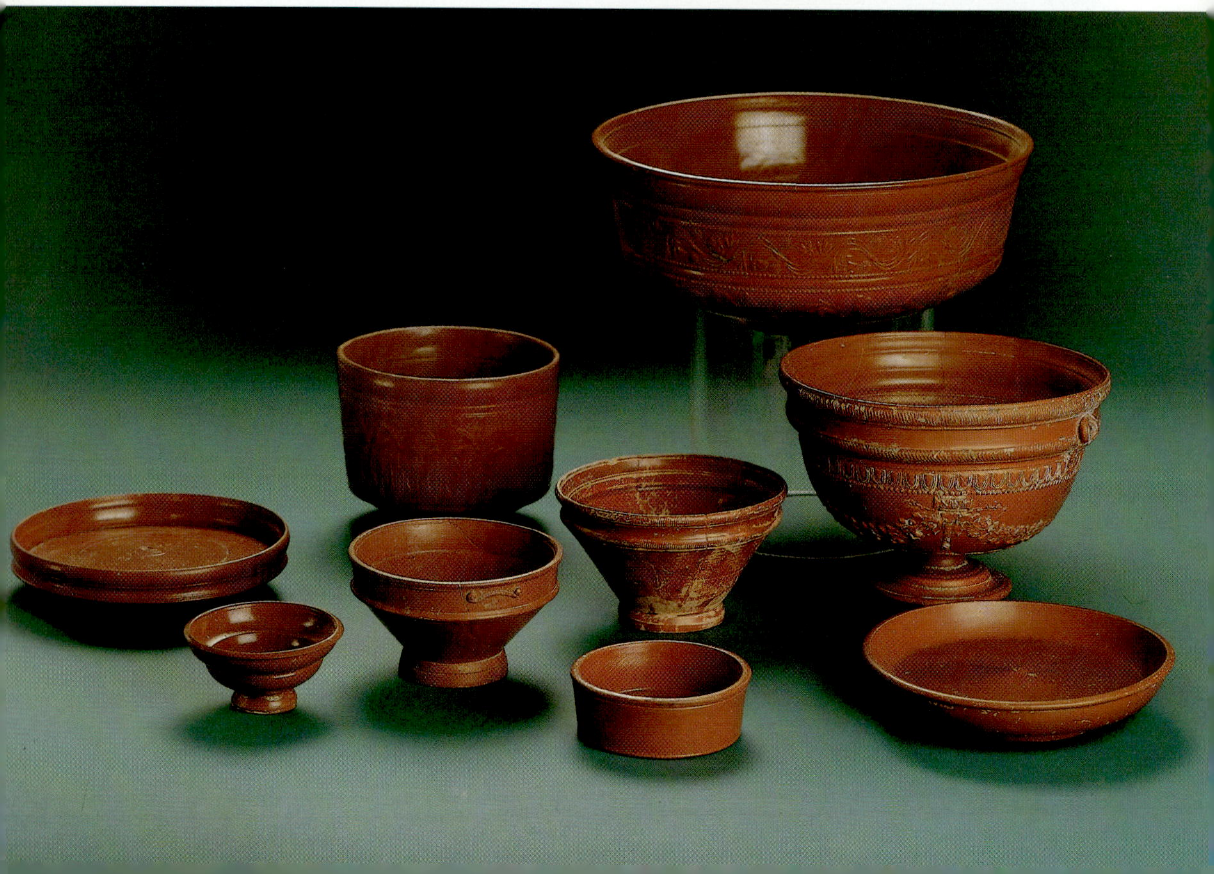

Tafel 12   Köln-Braunsfeld. Diatretglas. – H. 12,1 cm. 1. Hälfte 4. Jh. n. Chr. (RGM Köln)
Vorhergehende Seite:
Tafel 11   Zülpich-Ülpenich. Bemalte Glasflasche mit Viergespann. – H. 17 cm.
4. Jh. n. Chr. (RLM Bonn)

bei Ausgrabungen entdeckt worden. In den bislang freigelegten Einzelhöfen wird man ausschließlich für den eigenen Bedarf gebacken haben.

Ebenso schlecht ist das Metzgerhandwerk in Niedergermanien belegt. Zunächst dürfen wir wieder davon ausgehen, daß sich die Gutshöfe (*villae rusticae*) auch in diesem Bereich selbst versorgten und ihren Bedarf an Frischfleisch aus der Eigenschlachtung deckten; es wird dort keinen professionellen Schlachter oder Metzger (*lanio*) gegeben haben. In den Städten und Siedlungen dagegen war ein solcher Beruf für die Fleischversorgung unentbehrlich. Eine Rinderfleischerei ist im Rheinland bislang nur für Xanten einwandfrei nachgewiesen; man fand dort eine große Menge zersägter und zerschlagener Rinderknochen. Im Bereich des Forums wurde kürzlich eine Kalbsmetzgerei aus der Zeit vor der Koloniegründung entdeckt. Möglicherweise müssen auch die Räucheröfen, die unter anderem in Köln und Xanten, aber auch in der Nähe *Abb 117* mancher Legions- und Hilfstruppenlager wie *Bonna*-Bonn, *Novaesium*-Neuss und *Asciburgium*-Moers-Asberg/WES freigelegt werden konnten, als ein Indiz für Metzgereibetriebe gewertet werden; durch das Räuchern wurden nämlich Fleisch- und Wurstwaren haltbarer gemacht. Wir kennen keine eindeutigen Metzgerwerkzeuge aus dem Rheinland. Manches großformatige Eisenmesser, das bei Ausgrabungen gefun-

Abb. 117   Xanten, Colonia Ulpia Traiana. Räucherofen. Ausgrabungen des Rheinischen Landesmuseums Bonn 1981

den wurde, dürfte jedoch ein Fleischermesser sein. Ein Fleischer namens Tib. Mainonius Victor, der auch selbst einen Metzgerladen betrieb und sich deswegen *negotiator lanio* (Fleischwarenhändler) nennt, kennen wir aus Köln. Wie es in seinem Laden ausgesehen haben mag, zeigt sehr anschaulich ein Grabrelief aus Rom, das sich heute in Dresden befindet; solche Darstellungen sind im Rheinland bislang unbekannt.

Die Handwerkerberufe waren – wie wir gesehen haben – allesamt weitgehend spezialisiert; Konsum und Nachfrage, aber auch ökonomisches Denken und Konkurrenzkampf zwangen dazu. Diese Spezialisierung bedeutete notwendigerweise zum einen ein funktionierendes Zulieferersystem, zum anderen aber auch eine kooperative Arbeitsteilung. So war der Töpfer auf die Zusammenarbeit mit dem Tonstecher, dem Stempel- und Punzenschneider, dem Gefäßmaler und dem Brennmeister angewiesen; der Waffenschmied – selbst oft schon auf die alleinige Produktion von Lang- oder Kurzschwertern, Helmen, Panzern oder Schilden ausgerichtet – kam ohne die Zuarbeit des Berg- und Hüttenmannes, ohne die Mithilfe des Bronzegießers, des Ziseleurs, des Drechslers und des Sattlers nicht aus. Und auch ein Grab- oder Weihestein ging durch verschiedene Handwerkerhände, bis er endlich in die Form gebracht, mit Darstellung und Inschrift versehen aufgestellt werden konnte. Der Produktionsablauf setzte also im allgemeinen eine Kette von Kleinbetrieben oder – innerhalb eines Betriebes – das Miteinander bestimmter Handwerkergruppen voraus.

Die Handwerker waren im Sozial- und Rechtsgefüge der römischen Gesellschaft nicht hoch angesiedelt; körperliche Arbeit genoß nur ein geringes soziales Ansehen. Bei den meisten Handwerkern handelte es sich um Freigelassene (*liberti*), denen zumindest im 1. und 2. Jahrhundert n. Chr. der Zugang zu den öffentlichen Ämtern weitgehend verschlossen blieb. Sie arbeiteten teils als selbständige Unternehmer, teils im Auftrag ihres früheren Herrn (*patronus*) und gelangten nicht selten zu Wohlstand und – bedingt durch ihr finanzielles Vermögen – gelegentlich auch zu Ansehen und politischem Einfluß. In den Städten gründeten sie zunftähnliche Berufsvereinigungen (*collegia*), die offenbar vornehmlich der Geselligkeit, dann aber auch dem gegenseitigen Beistand, der Wahrung gemeinsamer Interessen und der Erledigung kultischer Verpflichtungen dienten. Politische Aktivitäten waren ihnen untersagt, obgleich nicht auszuschließen ist, daß in ihren Versammlungshäusern hin und wieder über Politik mehr als nur gesprochen wurde. Aus der *CCAA*-Köln sind derartige Kollegien der Zimmerleute (*collegium fabrum tignariorum*), der Verputzer (*collegium tectorum*) und der Bäcker (*collegium pistricorum*) inschriftlich bekannt; als *centuria* bildeten sie vermutlich gleichzeitig auch Feuerwehrtrupps oder eine Art technisches Hilfswerk. Einer Kölner Inschrift zu Ehren des göttlichen Kaiserhauses und des Schutzgottes der Küchenjungengilde (*collegium focariorum*) dürfen wir entnehmen, daß in der Hauptstadt Niedergermaniens auch andere Berufsgruppen ähnlich organisiert waren.

Der Handel

Der Weg eines Produktes vom Erzeuger zum Verbraucher machte schon in römischer Zeit den Handel in seinen vielfältigen Formen notwendig. Es galt durch eine entsprechende Handels- und Verkaufsorganisation, die Versorgung der niedergermanischen Bevölkerung mit Nahrungsmitteln, Gütern des täglichen Bedarfs und auch mit Luxusartikeln sicherzustellen. Der Handel war deshalb zunächst einmal auf den einheimischen Markt ausgerichtet; was im Rheinland nicht produziert, aber dennoch von den Verbrauchern verlangt wurde mußte importiert werden. So entstand ein Groß- und Fernhandel mit Verkaufsstellen, Lagerhaltung und Umschlagplätzen, mit weitreichenden Verbindungen und überregionalen Handelsvereinigungen; er bot alle Voraussetzungen, um zu gegebener Zeit in das Exportgeschäft einzusteigen und vornehmlich im 2. und 3. Jahrhundert n. Chr. die auch anderswo geschätzten Qualitätserzeugnisse der rheinischen Manufakturen weithin zu verhandeln. In zunehmendem Maße wurden die ursprünglich italischen und gallischen Händler durch einheimische Kaufleute verdrängt. Die Händler – in Inschriften meist *negotiatores* mit der näheren Bezeichnung ihrer Spezialisierung genannt – kamen aus unterschiedlichen Gesellschaftsschichten; sie waren römische Bürger (*cives*), Freigelassene (*liberti*) oder Sklaven (*servi*). In römischer Zeit durften nur die Angehörigen senatorischer Familien keinen

Abb. 118 Xanten. Colonia Ulpia Traiana. Vorcoloniazeitliches Wetzsteindepot. Ausgrabungen des Rheinischen Landesmuseums Bonn 1978

Handel treiben. Die Handelsgeschäfte verliefen – nach den zahlreichen und oft auch aufwendigen Grab- und Weihesteinen mit den Namen von Kaufleuten zu urteilen – vielfach recht erfolgreich und gewinnbringend.

Viele Handwerker verkauften – wie z. B. der Metzger Tib. Mainonius Victor aus Köln – ihre Produkte selbst; deshalb war die Werkstatt häufig auch gleich das Ladenlokal (*taberna*). In den Städten spielte sich der Handel größtenteils in den Geschäften an den Straßen und auf dem Marktplatz (*forum*) ab. In den ländlichen Siedlungen (*vici*), denen das Marktrecht (*ius nundinarum*) verliehen worden war, wurden regelmäßig ›Wochenmärkte‹ abgehalten; die Umwohner – meist die Besitzer der umliegenden Gutshöfe (*villae rusticae*) – hatten dann Gelegenheit, sich mit allem Notwendigen oder Wünschenswerten zu versorgen, aber auch die Überschüsse aus der eigenen Pro-

Abb 118 duktion zum Kauf anzubieten. Das Wetzsteindepot, das 1978 bei den Ausgrabungen in der Vorgängersiedlung der *CUT*-Xanten zutage kam, ist vermutlich in diesem Zusammenhang zu sehen. Ein *negotiator frumentarius* aus Aachen wird allerdings Getreide im großen Stil verhandelt haben. Ein Holzhändler (*negotiator lignarius*) und ein Händler für Steinmetzprodukte (*negotiator artis lapidariae*) dürften im 3. Jahrhundert n. Chr. Zulieferer für die Kölner Bauwirtschaft gewesen sein.

Die Soldaten der Okkupations- und Besatzungsheere – und mit ihnen die nachströmenden Siedler aus Italien und dem südlichen Gallien – wollten auch in Niedergermanien nicht auf die gewohnte Lebensqualität und den damit verbundenen Luxus verzichten. Spezialisierte Händler befriedigten die Nachfrage. Sie benutzten zum Transport der Handelsgüter das vom Militär angelegte und abgesicherte Straßennetz, vor allem jedoch die Wasserwege. Bei der geringen Nutzlast römischer Wagen (ca. 5 Zentner) war ein Schiffstransport mit seinen größeren Ladekapazitäten wesentlich billiger; zudem ging es auf dem Wasser – besonders stromabwärts – schneller voran.

Bis weit nach der Mitte des 1. Jahrhunderts n. Chr. gelangten vornehmlich Importwaren aus Italien und Südgallien an den Rhein. Dies betrifft nicht nur den Öl- und Weinhandel – wir kennen einen Weinhändler (*negotiator vinarius*) aus Bonn –, sondern vornehmlich auch die Versorgung der rheinischen Bevölkerung mit dem rot glän-

Taf 10b zenden, teils reliefverzierten Tongeschirr (*Terra sigillata*) aus den ober- und mittelita-

Abb 211 lischen Töpfereien von Arezzo, Pisa und Puteoli sowie aus den Produktionszentren der Narbonensis wie Lyon, Montans, Lezoux und Le Graufesenque, mit kostbarem Silbergeschirr aus den stadtrömischen Werkstätten und kunstvollem Bronzegerät aus der Campana. So kommen Funde wie die Terra-Sigillata-Services aus Haltern und der

Abb 503 Neusser bzw. Xantener Reliefkelch aus der Werkstatt des Töpfers Perennius, der Sil-

Taf 9 berbecher aus Wardt-Lüttingen oder die Silberkasserolen aus Bonn-Oberkassel sowie

Abb 120 die bronzenen Weingefäße aus dem Mehrumer Grabfund nach Niedergermanien.

Taf 5b Gläser wurden aus Oberitalien und sogar Syrien importiert; die reizvollen Millefiori- (tausend Blüten)- und die Rippenschalen waren im 1. Jahrhundert n. Chr. offenbar

Abb 121 besonders gefragt. C. Aiacius, der zwischen 20 und 30 n. Chr. bei Köln starb, betrieb als Sklavenhändler (*mango*) ein etwas anrüchiges Unternehmen. Die Mode erforderte

Abb. 119 Bergkamen-Oberaden. Hölzerne Weinfässer. – H. ca. 1,50 m. 11–9/8 v. Chr. (Dortmund, Museum für Kunst und Kulturgeschichte)

Abb. 120 Voerde-Mehrum. Kampanische Weingefäße. Bronze. – H. des größten Gefäßes 39,5 cm. 1. Hälfte 1. Jh. n. Chr. (RLM Bonn)

– wenn man etwas auf sich hielt – auch in der Provinz Seidenstoffe aus dem Orient, die man unter Umständen über einen Stoffimporteur (*negotiator vestiarius importator*) *Taf 13* wie L. Priminius Ingenuus aus *Novaesium*-Neuss bezog, italischen Schmuck und ent- *Abb 152* sprechende Accessoires zu tragen: Halsketten, Gewandspangen (Fibeln), Gemmen-ringe.

Später lagen die Produktionsorte näher am Verbraucher. Dadurch wurden die Wege kürzer, fielen weniger Binnenzölle an und minderten sich die Risiken für die Händler; durch niedrige Transportkosten wurden die Waren billiger. So siedelten sich die Ter-ra-Sigillata-Manufakturen in Mittel- und Ostgallien, in Obergermanien und in Rätien an; sie betrieben – wie das Fundmaterial nicht nur am Rhein lehrt – eine offenbar von der Nachfrage getragene offensive Verkaufs- und Vertriebspolitik. Um die Mitte des 2. Jahrhunderts n. Chr. arbeitete für kurze Zeit eine Töpferei, die sowohl reliefver-zierte als auch glatte Ware produzierte, bei Sinzig/AW und damit in Niedergermanien selbst. Eine Aachener Töpferei in trajanischer Zeit (Anfang 2. Jh. n. Chr.) war ohne größere Bedeutung. Die auch im Rheinland weitverbreiteten, z. T. bunt bemalten *Taf 10a* Spruch- und Firnisbecher wurden im 3. Jahrhundert n. Chr. in Trier hergestellt. Das grobe Küchengeschirr aus Mayen (»Mayener Ware«) eroberte sich im 4. und 5. Jahr-hundert n. Chr. den Markt. Vielleicht waren es Tonwarenhändler (*negotiatores cretarii oder rei cretariae*), wie sie für das 2./3. Jahrhundert n. Chr. in Köln und Bonn belegt sind, die den damit verbundenen Handel besorgten.

Mit zunehmender Romanisierung wuchs die wirtschaftliche Kraft und Unabhängig-keit der niedergermanischen Provinz. Die rheinischen Handwerker produzierten nicht nur für einheimische Abnehmer, sondern auch für den Export. Die Kaufleute reagierten mit entsprechenden Organisationsformen. Sie bildeten Händlervereinigun-gen, um die wichtigsten Märkte beschicken zu können. In *Aquincum*-Budapest sind beispielsweise Kölner Händler als Mitglieder des ›Alpenhandelsverbandes‹ (*negotia-tores cisalpini et transalpini*) genannt, der vermutlich den Handel mit Italien, dem Do-nau- und dem westlichen Alpenraum betrieb. Die Britannien-Händler (*negotiatores Britanniciani*) unterhielten Kontore in Köln, Middelburg/Walcheren und Colijns-plaat an der Scheldemündung/Südholland; dort weihten sie auch dankbar ihrer Schutzgöttin, der Dea Nehalennia. Durch *negotiatores cretarii Britanniciani* gelangte Keramik aus Köln bis nach Britannien, wo sie sogar nachgeahmt wurde. Die Kauf-mannsfamilie der Secundinier aus Köln scheint an diesem Exportgeschäft sehr intensiv beteiligt gewesen zu sein. Selbst Töpfereien wie Soller und Birgel/DN verhandelten ihre Produkte bis nach S. Albans, Silchester und York/GB. Neben der Fischsauce (*al-lec*) – allein aus Colijnssplaat sind uns drei Saucenhändler (*negotiatores allecari*) na-mentlich bekannt – war offenbar auch das Salz Gegenstand des Nordsee- und Britan-*Abb 122* nienhandels. Die beiden Kölner Salzhändler (*negotiatores salarii*), die nach Aussage der Inschriftensteine in Colijnsplaat der Nehalennia geweiht haben, muß man unter diesem Aspekt sehen.

Auch die einheimische Bronzeindustrie nahm ihren Aufschwung. Gefäße, Beschläge

Abb. 121   Köln. Grabstein des Sklavenhändlers C. Aiacius. Kalkstein. – H. 1,47 m.
20–30 n. Chr. (RGM Köln)
Abb. 122   Colijnsplaat/NL. Weihung des Salzhändlers M. Exgingius Agricola aus Köln für
die Göttin Nehalennia. Kalkstein. – H. 0,91 m. Ende 2. Jh. n. Chr. (Leiden, Rijkmuseum
van Oudheden)

und Armaturen – teils aus Messing – gelangten über den Rhein ins unbesetzte Germanien bis an die Ostsee und Skandinavien. Ob der Messingeimer vom sog. Hemmoorer-Typus, der in Riga gefunden wurde, wie die vielen anderen dieser Art aus germanischen Grab- und Siedlungszusammenhängen ein niedergermanisches Erzeugnis ist, muß nach wie vor ungeklärt bleiben; die vergleichsweise seltenen Funde aus dem Rheinland – das reich verzierte Gefäß aus einem um 200 n. Chr. verfüllten Brunnen in der *CUT*-Xanten stellt in vielerlei Hinsicht eine Ausnahme dar – sprechen eigentlich dagegen. Rheinische Werkstätten fertigten und exportierten Schmuckgegenstände aus Bernstein von der Nord- oder Ostseeküste und aus Gagat (Pechkohle), der aus Britannien eingeführt wurde. Zu Kästchenbeschlägen, Dosen und Messergriffen verarbeitet wurden Elfenbeine aus Nordafrika. Überregionale Beachtung fanden vor allem die Kölner Glashütten, die nach Ausweis der Befunde bereits im 1. Jahrhundert n. Chr. mit ihrer Produktion begonnen hatten. Im 2. und 3. Jahrhundert n. Chr. verfeinerten sie ihre Techniken; die Gefäße zeigten nicht nur Formenreichtum, sondern auch – wie die berühmten Schlangenfadengläser – handwerkliches Können und Witz im Detail.

Abb 216

Taf 22

Abb 429, 123

Taf 11   Eine Besonderheit waren die spätantiken Kugelflaschen mit aufgemalten Szenen. Die
Taf 16, 12   geschliffene Zirkusschale und das farbenprächtige Diatretglas aus Köln-Braunsfeld
stehen für die Leistungsfähigkeit der Glasbläser und -schleifer im 4. Jahrhundert
n. Chr. Kölner Glas war der Exportartikel Niedergermaniens schlechthin; der Markt
umfaßte nicht nur das benachbarte Germanien bis nach Jütland und den Ostseeraum
bis Gotland, sondern auch den gesamten westlichen Teil des Römischen Reiches.
Die gehobenen Ansprüche der romanisierten Provinzbevölkerung machten auch zu
Zeiten wirtschaftlicher Blüte Importe nicht überflüssig. Zwar verzichtete man in Niedergermanien offenbar seit dem Ende des 1. Jahrhunderts n. Chr. auf die Einfuhr von
Fischsaucen aus Nordafrika und Spanien zum Würzen der Speisen, nach wie vor aber
kamen andere Delikatessen wie Trauben, Feigen, Oliven und Wein aus dem Mittelmeerraum und Innergallien ins Rheinland. Reiskörner aus Neuss dokumentieren
frühe, bis nach Indien reichende Handelsbeziehungen; sie werden auch später – schon
wegen des römischen Bedarfs an exotischen Gewürzen (z. B. Pfeffer) und edlen Steinen für die Schmuckindustrie – nicht abgerissen sein. Die afrikanische Sigillata fand im
2. und 3. Jahrhundert n. Chr. auch am Rhein Abnehmer. Seidenstoffe, Kosmetika
und Aromata lieferten die Märkte des Vorderen Orients und Arabiens. Ein Kosmetik-
händler (*negotiator seplasiarius*) namens Sextus Haparonius Iustinus war im 2. Jahrhundert n. Chr. in Köln tätig. Fayencen aus Ägypten und Bernsteinarbeiten aus den
Manufakturen Aquileias in Oberitalien blieben weiterhin Kostbarkeiten; möglicher-
Taf 13   weise ist das anmutige Bernsteinkollier aus dem Hambacher Forst, das wohl der Frau
eines Gutsbesitzers mit ins Grab gegeben worden war, ein Beleg dafür. Handwerkli-
che Besonderheiten ließ man sich auch weiterhin aus der Hauptstadt Rom kommen.
Abb 553   So dürften die Bronzestatuette der Venus (ca. 140 n. Chr.), die – durch Feuereinwir-
kung beschädigt und weggeworfen – in einer Abortgrube der *CUT*-Xanten gefunden
Abb 554   wurde, der ›Stumme Diener‹ aus Xanten-Lüttingen (ca. 140 n. Chr.), das Schildpatt-
Abb 180, 433   Kästchen aus Sievernich/DN (Anfang 3. Jh. n. Chr.), das die Einführung des kaiser-
lichen Prinzen Geta in den Konsulat zeigt, und der sog. Jahreszeiten-Sarkophag (ca.
280 n. Chr.) aus der Grabkammer in Köln-Weiden stadtrömische Arbeiten sein. Aus
Rom importiert wurden auch fast alle Marmorbildnisse des Kaisers und seiner Ange-
hörigen, die man aus politischen, kultischen und auch privaten Gründen benötigte; in
Darstellungsfragen des römischen Kaiserhauses war die ›Hofkunst‹ bestimmend. In
Abb 124, 42   diesen Zusammenhang gehören die Porträts der Crispina, der Frau des Kaisers Commodus (180–192 n. Chr.), und des Septimius Severus (193–211 n. Chr.), deren Sta-
tuen vermutlich im Fahnenheiligtum des Bonner Legionslagers gestanden hatten.
Der gesamte rechtsrheinische Teil – und damit etwa zwei Drittel Nordrhein-West-
falens – lag außerhalb der Provinz Niedergermanien und gehörte nicht zum Imperium
Romanum. Ausgrabungen in germanischen Siedlungen und Gräberfeldern des
1.–4. Jahrhunderts n. Chr. wie Westick bei Kamen/UN, in Castrop-Rauxel, Bo-
Abb 126   chum-Harpen, Essen-Hinsel, Veltheim oder Leverkusen-Rheindorf sowie zahlreiche
Streufunde haben deutlich gemacht, daß es zwischen Germanen und der provinzial-

Abb. 123   Köln. Sog. Schlangenfadengläser. 2./3. Jh. n. Chr. (RGM Köln)
Abb. 124   Bonn-Schwarzrheindorf. Porträt der Kaiserin Crispina (174–188 n. Chr.).
Marmor. – H. 25 cm. Nach 180 n. Chr. (RLM Bonn)
Abb. 125   Detmold-Hornoldendorf. Römischer Münzanhänger. Aureus des Septimius
Severus, geprägt 201 n. Chr. in Laodiceia/Syrien. Gold. – Br. 3,5 cm. (Westfälisches Landes-
museum für Kunst- und Kulturgeschichte Münster)

Abb 378, 514 römischen Bevölkerung des Rheinlandes enge Kontakte gab. Dabei spielt es zunächst
Abb 522, 488 keine Rolle, ob die Produkte römischer Werkstätten (Terra Sigillata-Geschirre und
Taf 18 andere Keramik, Bronze- und Glasgefäße, Götterstatuetten, Fibeln, Schmuck und
Münzen) als Handels- oder Beutegut, als Tribut oder Geschenk dorthin kamen. Den
römischen Einfluß in Germanien dokumentieren auch Erzeugnisse germanischer
Handwerker, die römische Formen und Ornamente nachahmten. Von Tacitus (Hist.
4,65) wissen wir, daß in der Rheinzone, d. h. im unmittelbaren Limesgebiet, ein reger
Handelsverkehr herrschte. Den Germanen war es unter bestimmten Auflagen gestattet, über den Rhein zu setzen und die niedergermanischen Märkte aufzusuchen, um
Waren aus ihrem eigenen Bereich feilzubieten. Vermutlich kauften sie bei dieser Gelegenheit auch römische Produkte ein. Sie waren keine Berufshändler; noch weniger
werden sie selbst eine flächendeckende Versorgung Germaniens mit römischen Im-
porten sichergestellt haben. Im wesentlichen dürfte zwischen Römern und Germanen
ein Tauschhandel nach dem Prinzip Ware gegen Ware bestanden haben; dies traf besonders für die Geschäfte zu, die römische Händler in Germanien betrieben. Dabei
handelte es sich um unabhängige Kaufleute – meist Freigelassene (*liberti*) oder Sklaven
(*servi*) –, die aufgrund ihrer Reisetätigkeit hervorragende Kenntnisse über Land und
Leute und deshalb auch entsprechende Kontakte besaßen. Sie brachten die von den
Germanen begehrten römischen Luxusgüter mit Schiffen oder Wagen ins Landes-
innere und nahmen dafür gewöhnlich im Tausch Rohstoffe wie Bernstein, Tierhäute
oder -felle, Gänsedaunen und Frauenhaar entgegen. Geldgeschäfte wurden seltener

*Abb. 126 Leverkusen-
Rheindorf. Glasbecher mit
traubenlesenden Eroten. –
H. 10 cm. 3. Jh. n. Chr.
(RLM Bonn)*

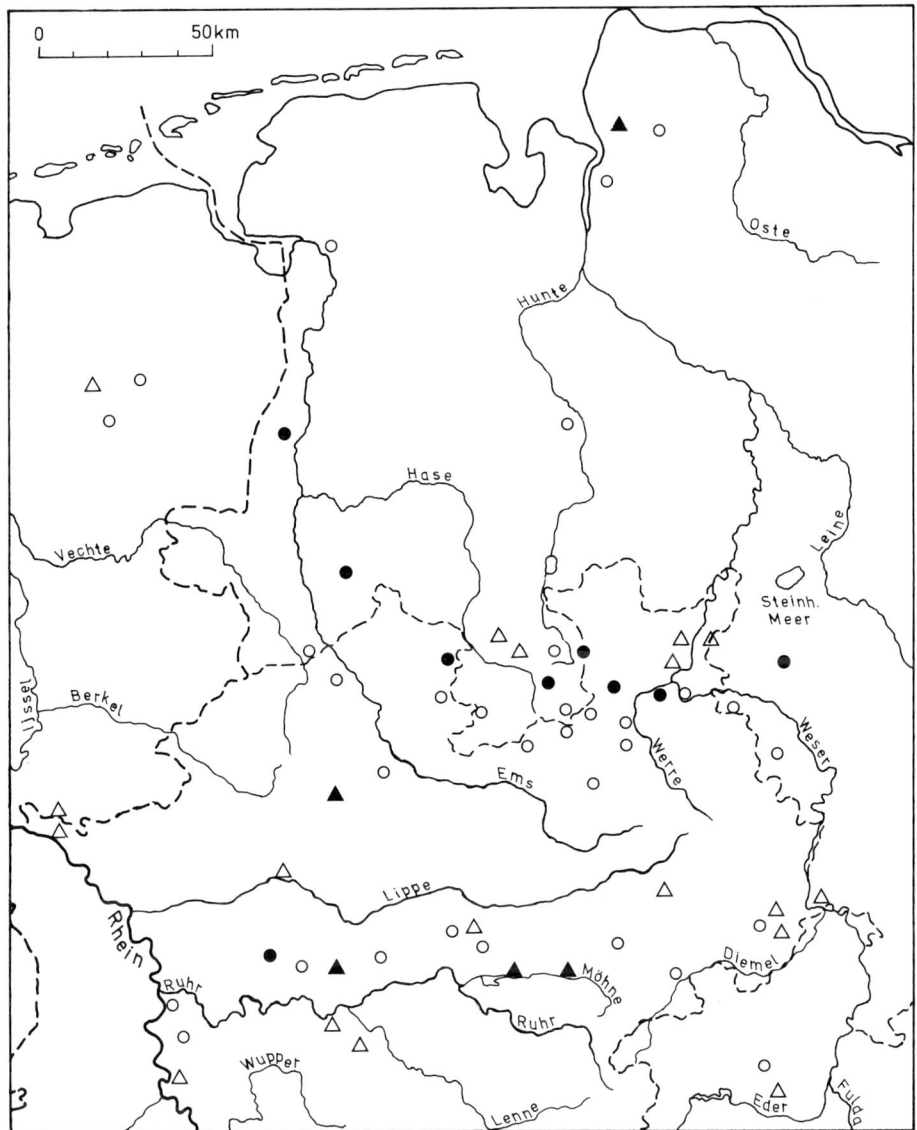

Abb. 127 Fundstellen spätantiker Goldmünzen des 4. und 5. Jh. n. Chr. in Westfalen.
306–395: schwarzer Kreis Schatzfund, offener Kreis einzelne Münzen. 395–493: schwarzes
Dreieck Schatzfund, offenes Dreieck einzelne Münzen

abgeschlossen, obwohl römische Münzen in germanischen Fundzusammenhängen, besonders aber die mittelkaiserzeitlichen Schatzfunde aus Vardingholt (16 Denare), Spahn/EL (150 Denare) oder Fröndenberg/UN (257 Denare) – um nur die bekanntesten zu nennen –, anderes vermuten lassen könnten. Die zahlreichen spätantiken Goldmünzen, die in Westfalen gefunden wurden, stammen – wie beispielsweise die *Abb 371* berühmten Münzschätze aus Dortmund (444 Solidi) oder Westerkappeln/ST (50 So- *Abb 127, 343* lidi) – wohl meist aus römischen Bündnis- oder Soldzahlungen an die Germanen. Auch sie sind also keine Belege für intensive monitäre Handels- und Wirtschaftsbeziehungen zwischen dem Römischen Reich und Germanien im 4. und 5. Jahrhundert n. Chr.

Aus geographischen Gründen wird der Germanienhandel, der ja weit über das heutige Nordrhein-Westfalen hinausging, für die Handwerker und die Händler der Provinz Niedergermanien eine ähnliche Bedeutung wie der Britannienhandel gehabt haben.

Abb 22 Funde wie südgallische Bilderschüsseln, oberitalische Rippen-, kampanische Griffschalen und ägyptische Fayenceperlen belegen, daß er oft am Ende des römischen Fernhandels mit seinen langen Transportwegen, seinen zahlreichen Zwischenhändlern und seinen verteuernden Handels- bzw. Binnenzöllen gestanden hat.

Der römische Handel ist ohne feste Währungen, Maße und Gewichte nicht denkbar. Um ihren Geschäften mit den gebotenen unternehmerischen Überlegungen nachgehen zu können, benötigten die Kaufleute überall im Römischen Reich uneingeschränkt geltende, vergleichbare und staatlich garantierte Münz-, Maß- und Gewichtseinheiten. Der römische Kaiser verbürgte sich mit seinem Bildnis für das Gewicht, den Feingehalt, den Wert und den Geltungsbereich einer Münze. Laufgewichte

Abb 131, 132 römischer Waagen waren nicht selten als Kaiser- oder Götterbüsten gearbeitet; auch sie sind zweifellos als Eichgarantien anzusehen. Auf den Märkten überzeugten sich behördliche Eichprüfer (*aediles*) vom ordnungsgemäßen Zustand der Gewichtsteine und Meßgeräte; es bestand Eichpflicht. Die ›Urmaße‹ waren im Tempel der Iuno Moneta auf dem Kapitol zu Rom hinterlegt.

Die römischen Reichsprägungen wurden im Auftrag des Kaisers und in speziellen Münzstätten – überwiegend in Rom – geprägt. Das Material war Gold für den *aureus*, Silber für den *denarius*, Messing für den Sestertius und den *dupondius* und Kupfer für den *as*, um nur die wichtigsten Sorten im 1. und 2. Jahrhundert n. Chr. zu nennen. Im Jahre 215 n. Chr. kam der silberne Doppeldenar, der *antoninianus*, hinzu. Die Münzen standen in folgender Relation: 1 Aureus = 12^1/$_2$ Antoniniane = 25 Denare = 100 Sesterzen = 200 Dupondien = 400 Asse.

Der schleichenden Inflation versuchte man in zunehmendem Maße durch Reduzierung des Münzgewichtes und – bei den Denaren – durch Senkung des Feingehaltes an Silber zu begegnen. So wog z. B. ein Aureus zu Anfang des 1. Jahrhunderts n. Chr. 8,18 g, gegen Ende des 3. Jahrhunderts n. Chr. nur noch 4,54 g. Der Denar sank im gleichen Zeitraum von 3,89 g auf 2,90 g; er war schließlich lediglich noch eine Kupfermünze mit 4 Prozent Silberzusatz. Unter Diokletian (284–305 n. Chr.) kam es im Jahre 294 n. Chr. zu einer umfassenden Währungsreform. Der sog. *follis* wurde die grundlegende Münzprägung und dann massenhaft geschlagen, so daß diese Kleinmünze auch sehr bald an Wert verlor; ihr Gewicht ging innerhalb von nur 25 Jahren von 5,20 g auf 1,50 g zurück. Die Goldwährung war seit 307 n. Chr. der *solidus* (4,54 g).

Rheinische Prägungen (Münzstätte Köln) kennen wir nur aus der Zeit des Gallienus (253–268 n. Chr.) und des gallischen Sonderreiches (259–273/74 n. Chr.); hier sind vor allem die qualitätvollen Aurei und Antoniniane aus der Kölner Prägeanstalt zu nennen, die den Sonderkaiser Postumus (259–268 n. Chr.) häufig propagandistisch in Beziehung zu Herkules setzen. In Zeiten knappen Geldes gelangten im Rheinland schlechte und offiziell als Notgeld geduldete Nachprägungen und Falschmünzen aus einheimischen Münzschmieden in Umlauf. Eine lokale ›Falschmünzerwerkstatt‹ wurde vor etlichen Jahren im Keller einer *villa rustica* im Hambacher Forst entdeckt. Sie hatte sich auf die barbarisierte Nachprägung von Münzen des Sonderkaisers Tetricus (270–273 n. Chr.) verlegt.

Über die Kaufkraft des Geldes wissen wir wenig. Verdienstangaben und Preise sind kaum überliefert. Ohnehin verfügten nur die Soldaten dank der regelmäßigen Soldzahlungen über ein festes Einkommen. Vielleicht sollten die Soldsteigerungen im Laufe der Jahre die Inflationsraten und die damit verbundenen Kaufkraftverluste ausgleichen. Unter Augustus (27. v. Chr. – 14 n. Chr.) erhielt ein Legionär 900 Sesterzen, unter Domitian (81–86 n. Chr.) 1200 Sesterzen und unter Commodus (181–193 n. Chr.) schließlich 1500 Sesterzen pro Jahr. Ein Tagelöhner wird vermutlich ebensoviel verdient haben. Die rapide Geldentwertung unter den Severern zeigt die Erhöhung des Legionärssoldes unter Septimius Severus (193–211 n. Chr.) und Caracalla (211–217 n. Chr.) auf 2000 bzw. 3000 Sesterzen. Für 2 Sesterzen bekam man im 2. Jahrhundert n. Chr. ein einfaches Mahl mit Wein; ein Scheffel (8,75 Liter) Weizen kostete 4 Sesterzen, die gleiche Menge Mehl dagegen 10 Sesterzen. Der Preis für eine Tonlampe betrug 1/4 Sesterz (oder ein As) – genauso viel wie ein halber Liter Landwein –, für eine Terra-Sigillata-Schüssel immerhin 5 Sesterzen. Für ein Schwein mußte man im 3. Jahrhundert n. Chr. 250 Sesterzen, für einen Esel 500 Sesterzen, für ein Rind sogar 800 Sesterzen und für einen Sklaven schließlich bis zu 2000 Sesterzen bezahlen. Im Jahre 301 n. Chr. setzte Diokletian (284–305 n. Chr.) zur Eindämmung der Inflation und zum Schutz der Verbraucher staatliche Höchstpreise für Waren und Dienstleistungen fest, die überall im Römischen Reich galten; davon war auch der Handel betroffen, der bis dahin nach den allgemeinen Marktgesetzen weitgehend frei kalkulieren konnte.

Der Staat, die Städte und die Gemeinden finanzierten die öffentlichen Ausgaben weitgehend aus Steuereinkünften. Dabei trug in der römischen Kaiserzeit hauptsächlich die Provinzbevölkerung die Steuerlast; sie mußte eine etwa zehnprozentige Grundsteuer (*tributum soli, stipendium*) bezahlen, weil der Grund und Boden in den eroberten Provinzen nach geltendem Recht Staatseigentum und den Provinzialen nur zur weiteren Nutzung überlassen worden war. Ausgenommen waren die Bürger der *coloniae*. Die Zahlung erfolgte vielfach in Naturalien. Außerdem wurde für alle Provinzbewohner, sofern sie keine römischen Bürger waren, eine Kopfsteuer (*tributum capitis*) erhoben. Weitere Einnahmen für die staatlichen Kassen brachten z. B. die Grunderwerbsteuer (10 %), die Erbschaftssteuer (5 %) und Abgaben bzw. Gebühren für die Unterhaltung öffentlicher Einrichtungen und Dienstleistungen. Die Vermögenssteuer wurde nach dem Ergebnis einer Schätzung (*census*) festgesetzt, bei der jeder genaueste Angaben über seine Familien- und Vermögensverhältnisse zu machen hatte. Hierfür sorgten im kommunalen Bereich alle fünf Jahre die gewählten Bürgermeister (*duum-viri quinquennales*)). Eine übergreifende Provinzialschätzung erfolgte je nach Bedarf – gewöhnlich etwa alle 20–30 Jahre – und auf kaiserliche Anordnung; sie wurde von einem staatlichen Finanzprokurator (*procurator fisci*) durchgeführt. Der Sitz der Finanz- und Steuerverwaltung für die Provinz Niedergermanien lag in *Augusta Treverorum*-Trier; für das Eintreiben der Steuern waren die örtlichen Finanzbehörden (*quaestores*) zuständig. Die öffentlichen Steuern wurden gewöhnlich verpachtet; die Steuerpächter – anfänglich meist Sklaven (*servi*) oder Freigelassene (*liberti*) – handelten mit den Steuerpflichtigen von Fall zu Fall Konditionen aus, die auch ihnen noch eine beträchtliche Gewinnspanne brachten. Insgesamt – so muß man feststellen – waren die Steuerlasten für die römischen Bürger und auch für die Peregrinen in den Provinzen des Römischen Reiches erträglich.

Auch das Steuersystem wurde unter Diokletian (284–305 n. Chr.) grundlegend geändert und gestrafft; gleichzeitig wurden neue Abgaben wie Getreidelieferungen, Stellung von Rekruten und Pferden für das Militär oder deren finanzielle Ablösung eingeführt.

Ein blühender Handel kam natürlich auch dem römischen Staat zugute. Auf allen Waren lag in der Kaiserzeit grundsätzlich eine Verkaufssteuer von einem Prozent; im Sklavenhandel betrug sie sogar vier Prozent. Außerdem war das Imperium Romanum in zahlreiche Zollbezirke aufgeteilt; bei Überschreiten der Zollgrenzen hatten die Händler Ein- und Ausfuhrzölle in unterschiedlicher Höhe zu entrichten. Zollpflichtig war, mit Ausnahme des Reisebedarfs und des Gefährts, grundsätzlich alles. Das Rheinland gehörte zu einem Zollbezirk, der Britannien, Gallien, Nieder- und Obergermanien umfaßte (*quadragesima Galliarum*); hier betrug der Zoll 2,5 Prozent. Auch die Zollbezirke wurden lange Zeit verpachtet. Ein Pächter (*conductor*) des gallischen Binnen- und eines noch nicht näher lokalisierbaren Hafenzolls namens M. Pompeius Potens hat um 165 n. Chr. den Aufanischen Matronen in Bonn einen Weihealtar gestiftet. Seit der zweiten Hälfte des 2. Jahrhunderts n. Chr. erhoben die staatlichen Finanzprokuratoren auch die Zölle. Die Passier- und Marktzölle blieben dagegen weiterhin in lokaler Hand.

Abb 128

Eine aufstrebende Wirtschaft und ein expandierender Handel waren auf Geld- und Kreditgeschäfte angewiesen, die ihrer Größenordnung wegen nur über Bankiers abgewickelt werden konnten. Man mußte fremde Prägungen (Währungen), die im Zuge des Fernhandels eingenommen wurden, gegen Reichsmünzen tauschen, Wertobjekte versteigern und sich bei Kapitalanlagen fachkundig beraten lassen oder bei einem Zinssatz von etwa 12 Prozent Kredite aufnehmen können, wenn dies weitere geschäftliche Investitionen und Unternehmungen erforderlich machten. Diese Möglichkeiten werden im großen Stil nur in einer Handels- und Wirtschaftsmetropole wie der *CCAA*-Köln gegeben gewesen sein. So ist es nicht verwunderlich, daß wir gerade von dort einen Bankier (*coactor argentarius*), der mit Genehmigung des Stadtrates am 15. 5. 209 n. Chr. vermutlich eine Merkurweihung aufstellen durfte, und zwei Geld-

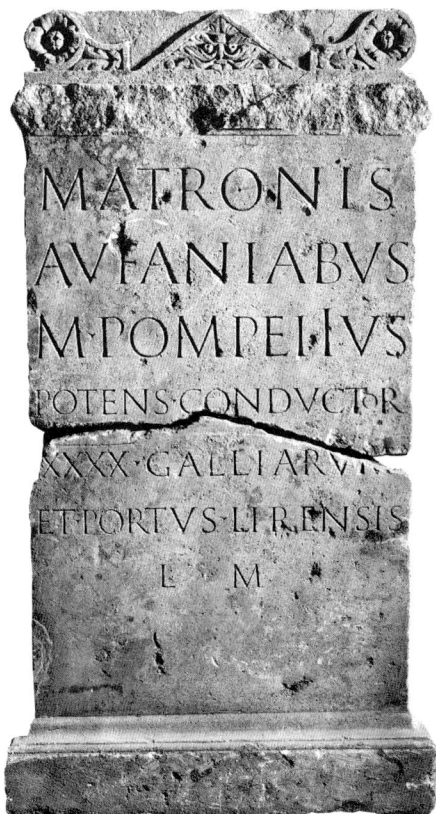

Abb. 128 Bonn. Weihung des Steuerpächters M. Pompeius für die Aufanischen Matronen. Kalkstein. – H. 1,62 m. Um 165 n. Chr. (RLM Bonn)
Abb. 129 Köln. Grabstein des Geldwechslers M. Varenius Hermes für seine Frau Mascilinia Aquina. Kalkstein. – H. 0,85 m. Anfang 3. Jh. n. Chr. (RGM Köln)

wechsler (*nummularii*) inschriftlich kennen, von denen sich einer *negotiator nummu-* *Abb 129*
larius nennt und somit die kaufmännische Seite seines Berufes betont.
Die römische Gewichtseinheit war das Pfund (*libra*); es wog 327,5 g und wurde in 12 Unzen (*unciae*) zu je 27,3 g unterteilt. Die Händler wogen ihre Waren vornehmlich mit Schnellwaagen ab. Die Laufgewichte konnten dann auf den mit einer Meß-skala versehenen Waagebalken hin- und hergeschoben werden. Der Waagebalken einer bronzenen Schnellwaage aus Schleiden/EU ist 34,9 cm lang und verfügt über zwei markierte Skalen, die es ermöglichten, im Feinbereich Ware bis zu 13 römische Pfund *Abb 130* (= 4,26 kg) abzuwiegen. Der Grobbereich reichte von 11 bis 45 römische Pfund (= bis 14,74 kg). Das zugehörige Laufgewicht aus Blei (ca. 1,2 kg) hat eine doppel-konische Form. Andernorts im Rheinland sind solche Laufgewichte aus Bronze und büstenförmig; sie haben dann häufig einen Bleikern und zeigen Gottheiten wie Bac- *Abb 131* chus, Minerva, Mercurius oder auch Angehörige des Kaiserhauses, wie etwa die Livia-Büste aus *Novaesium*-Neuss. Man wog natürlich auch mit Balkenwaagen. Klei- *Abb 132* nere Exemplare (Feinwaagen?) sind vor allem aus Gräbern des 3. und 4. Jahrhunderts bekannt, so z. B. aus Bonn, Brühl, Köln, Zülpich-Enzen und Krefeld-Gellep. Bei

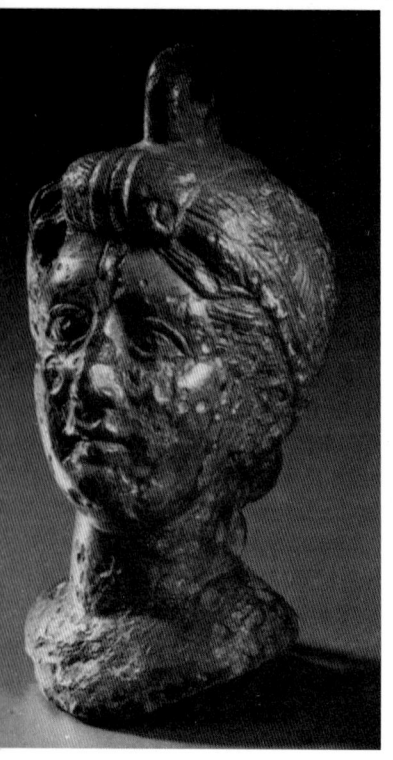

Abb. 130 Schleiden. Schnellwaage. Bronze. – L. 34,9 cm. 2./3. Jh. n. Chr. (Hürtgenwald-Kleinhan, Hauptschule)

Abb. 131 Neuss. Porträt der Kaiserin Livia. Laufgewicht. Bronze. – H. 8,8 cm. 1. Hälfte 1. Jh. n. Chr. (Neuss, Clemens-Sels-Museum)

Abb. 132 Grevenbroich-Barrenstein. Bacchus-Büste. Laufgewicht. Bronze. – H. 14,5 cm. Anfang 3. Jh. n. Chr. (RLM Bonn)

Ausgrabungen haben sich hin und wieder aber auch geeichte Gewichtssteine gefunden; das Gewicht ist dann auf der Oberseite angegeben: S (= semis = 6 unciae = 163,8 g), III (= 3 librae = 983 g) oder X (= 10 librae = 3,28 kg). Sie haben sicherlich zu größeren Balkenwaagen gehört.

Die römischen Längenmaße basierten auf dem Fuß (*pes*); er betrug 29,6 cm und wurde in 12 Zoll (*unciae*) oder 16 Fingerbreiten (*digiti*) unterteilt. Die wichtigsten Vielfache des Fußes sind der *cubitus* (1½ Fuß = 0,44 m), der *actus* (= 120 Fuß = 35,52 m) und das *mille passuum* (5000 Fuß = 1,48 km). In den Geschäften und auf dem Markt wird die ›Meterware‹ von den Händlern mit einem Meßstab abgegriffen worden sein. Aus Bonn kennen wir einen solchen bronzenen ›Zollstock‹, der ausgeklappt genau einen Fuß mißt; knotenartige Markierungen an den Seiten verdeutlichen die *uncia* (2,47 cm) und den *digitus* (1,85 cm).

Der Wein- und Öl-, aber auch der Getreidehandel benötigte festgesetzte, allgemein gültige und überprüfbare Hohlmaße. Die kleinste Einheit war der *cochlear* (0,01 Liter); man wird sie kaum verwendet haben, eher schon ihr Vielfaches wie etwa das *acetabulum* (6 cochlearia = 0,07 l) oder die *hemina* (24 cochlearia = 0,27 l). Für Flüssigkeiten galten hauptsächlich der *congius* (3,28 l) und die *amphora* (26,2 l), für Trockengüter der *modius* (8,7 l).

Die römische Zeitrechnung

In römischer Zeit setzten verschiedene Verwaltungs-, Rechts- und Geldgeschäfte, aber auch Veranstaltungen, Vergnügungen und Verabredungen aller Art einen zeitlich

Abb. 133 Neuss. Römische Sonnenuhr mit Schatten- und Stundenlinien. Kalkstein. – L. 42,7 cm. Ende 1. Jh. n. Chr. (Neuss, Clemens-Sels-Museum)

geregelten Tagesablauf und einen allgemein gültigen Kalender voraus; dies traf auch für die zahlreichen Feste zu Ehren der Götter und der Kaiser zu, die terminlich gebunden waren.

Der Tag dauerte in römischer Zeit von Sonnenaufgang bis Sonnenuntergang und hatte zwölf Stunden (*horae*); die Nacht war in vier Abschnitte (*vigiliae*) unterteilt. Die Länge der Stunden hing von den Jahreszeiten ab. Im Sommer beispielsweise waren die einzelnen Tagesstunden länger als im Winter; bei den Vigilien verhielt es sich umgekehrt. Nur bei Frühlings- und Herbstanfang (20. März bzw. 23. September) gab es Tag- und Nachtgleichen (*aequinoctia*). Da begann der Tag um sechs Uhr in der Frühe (= 1. Stunde) und endete um achtzehn Uhr am Abend (= 12. Stunde); um zwölf Uhr war die Tagesmitte (= 6. Stunde). Als Zeitmesser dienten neben Wasser- vor allem Sonnenuhren, die nicht nur auf öffentlichen Plätzen, sondern auch in den Höfen und Gärten von Privathäusern aufgestellt waren; sie funktionierten allerdings nur bei Sonnenschein. Für Niedergermanien sind bislang lediglich Sonnenuhren (*horologia*) be-
Abb 133 legt. Das vollständigste Exemplar stammt aus *Novaesium*-Neuss und gehört vermutlich ans Ende des 1. Jahrhunderts n. Chr. In der Kalksteinplatte befindet sich eine halbkugelige Vertiefung, in die das Gitternetz der Schatten- und Stundenlinien eingeritzt ist. Der Stab (*gnomon*), dessen mit dem Sonnenstand wandernder Schatten die Stunden anzeigte, fehlt. Symbolisiert wurden Tag und Nacht durch den Sonnengott
Abb 238 Sol und die Mondgöttin Luna.

Eine römische Woche hatte sieben Tage; einen »arbeitsfreien Sonntag« kannte man nicht, statt dessen aber zahlreiche Fest- bzw. Feiertage, an denen nicht gearbeitet wurde. Spätestens seit dem 3. Jahrhundert n. Chr. stand nach antiker Vorstellung jeder Tag unter dem Schutz eines der Planetengötter: Samstag/Saturn, Sonntag/Sol, Montag/Luna, Dienstag/Mars, Mittwoch/Merkur, Donnerstag/Jupiter, Freitag/Ve-
Abb 134 nus. Auf der Schulter eines Zweihenkelkruges aus Köln, der in die 1. Hälfte des 4. Jahrhunderts n. Chr. datiert werden kann, sind fünf dieser Wochengötter in primitiver Ritzzeichnung, aber gekennzeichnet durch ihre Attribute dargestellt; Nur Iupiter und Venus fehlen. Offenbar ist man mit dem Bildfries nicht fertig geworden.

Der Kreis der Tierkreiszeichen (Zodiakus) war in römischer Zeit häufig das Symbol des Jahres. Leider besitzen wir aus dem nordrhein-westfälischen Teil der *Germania*
Taf 8 *inferior* keinen entsprechenden Beleg. Das qualitätvolle Sol-Mosaik im Rheinischen Landesmuseum Bonn (um 260 n. Chr.), das den Sonnengott mit der Quadriga umgeben von Bildern des Zodiakus zeigt, schmückte einst den geräumigen Speisesaal einer *villa rustica* in der Nähe von Münster-Sarmsheim/KH, d. h. in Obergermanien. Auf den Kreislauf des Jahres weisen auch die Personifikationen von Frühling, Sommer,
Abb 433 Herbst und Winter hin, die auf dem sog. Jahreszeitensarkophag aus der Grabkammer in Köln-Weiden (um 280 n. Chr.) zu sehen sind. Seit der Kalenderreform des C. Iulius Caesar 46 v. Chr. hatte das Jahr 365 Tage; alle vier Jahre wurde ein Tag »eingeschaltet«, d. h. der 24. Februar doppelt gezählt, um das Kalenderjahr wieder dem Sonnenjahr anzupassen. Jahresanfang war der 1. Januar; die Bezeichnungen einiger der zwölf

Abb. 134 Köln. Zweihenkelkrug mit Darstellung der Wochengötter (Detail). Hier: Saturn, Sol und Luna. Ton. – H. des Gefäßes 27 cm. 1. Hälfte 4. Jh. n. Chr. (RGM Köln)

Monate (z. B. Dezember = der 10. Monat) verraten, daß das altrömische Jahr ursprünglich einmal mit dem 1. März begonnen hatte.

Die Monate umfaßten – wie heute – 30 bzw. 31 Tage; der Februar bildete mit 28 Tagen eine Ausnahme. Bei Datierungen zählte man von den monatlichen Stichtagen – den Kalendae (= 1. Tag), den Nonae (= 5. bzw. 7. Tag) und den Iden (= 13. bzw. 15. Tag) – rückwärts. So war beispielsweise »*pridie Kalendas Augustas* (am Tage vor den Kalenden des August)« der 31. Juli oder »*VI Kalendas Novembres* (am 6. Tag vor den Kalenden des November)« der 27. Oktober. Die Jahre wurden nicht von einem bestimmten Ereignis etwa von der Gründung Roms (*ab urbe condita* = wie der Dichter M. Terentius Varro meint: 753 v. Chr.) ausgehend gezählt, sondern nach den beiden jeweiligen Konsuln, den höchsten Verwaltungsbeamten in Rom bezeichnet, die in der Kaiserzeit ihr einjähriges Amt stets mit Beginn des Kalenderjahres antraten. Ihre Namen wurden in Listen, den sog. *fasti consulares*, festgehalten und später von christlichen Chronisten und Chronographen unserer Zeitrechnung angeglichen. Deshalb besitzen wir aus dem römischen Rheinland etliche Weihesteine, die auf den Tag genau datiert und mithin besonders wichtige Geschichtsquellen sind. Der Altar für Iupiter Conservator, den der Bonner Lagerpräfekt C. Maximius Paulinus am 30. Oktober 201 n. Chr. gesetzt hat (*dedicata III Kalendas Novembres Muciano et Fabiano consulibus* = geweiht 3 Tage vor den Kalenden des November, als Mucianus und Fabianus Konsuln waren)

Abb. 135   Köln. Bauinschrift mit der Nennung des Kaisers Nero. Kalkstein. – Br. 1,79 m. 67 n. Chr. (RGM Köln)

Abb 217   und die Xantener Weihung des T. Quartinius Saturnalis, Feldzeichenträger der 30. Legion Ulpia victrix vom 1. Juli 239 n. Chr. (*imperatore domino nostro Gordiano et Aviola consulibus Kalendis Iuliis* = Als der Imperator und unser Herr Gordianus und Aviola Konsuln waren, an den Kalenden des Juli) zählen dazu. Die römischen Grabsteine in Niedergermanien sind fast alle ohne exakte Datierungen. Terrakotten aus der Werkstatt des Kölner Töpfers Servandus sind verschiedentlich auf den 25. Februar 164 n. Chr. (*V Kalendas Martias Macrino et Celso consulibus* = 5 Tage vor den Kalenden des März, als Macrinus und Celsus Konsuln waren) bzw. 13. September 164 n. Chr. (*Idibus Septembribus Macrino et Celso consulibus* = An den Iden des September, als Macrinus und Celsus Konsuln waren) datiert. An diesen Tagen gedachte man offenbar der Adoptionen des Antoninus Pius durch Hadrian bzw. des Mark Aurel und des Lucius Verus durch Antoninus Pius und feierte die Jubiläen mit Votivgaben an Mars, den kaiserlichen Genius, Diana und Kybele.

Durch Zeitangaben erhielten die Inschriften Urkundencharakter. Dies wird besonders deutlich bei den offiziellen Bau- oder Ehreninschriften, in denen der Kaiser oder

Abb 135   Angehörige des Kaiserhauses mit all ihren Ämtern genannt sind. Von Nero heißt es, daß er unter anderem zum zwölften Mal die tribunizische Gewalt (*tribunicia potestas*) innehatte, zum zehnten Mal Imperator und zum vierten Mal Konsul war, als das Gebäude errichtet wurde, zu dem eine gut erhaltene Inschrift in Köln gehört. Da die römischen Kaiser die *tribunicia potestas* gewöhnlich erstmalig beim Regierungsantritt und dann jährlich erneut bekleideten, muß es im zwölften Regierungsjahr des Kaisers Nero, also 67 n. Chr. errichtet worden sein. Ähnlich läßt sich auch eine Statuenbasis des Kronprinzen und späteren Kaisers Caracalla in Bonn datieren, die laut Inschrift im Jahre seiner sechsten tribunizischen Gewalt, d. h. 203 n. Chr. von der *legio I Minervia* aufgestellt worden war.

Die Häuser und ihre Ausstattung

Die Romanisierung Niedergermaniens ging in den Städten und in der Nähe der Legionslager schneller vonstatten als anderswo. Durch den unmittelbaren Kontakt der einheimischen Bevölkerung mit römischer Verwaltung und Zivilisation war sie dort auch tiefgreifender. Man muß sich allerdings hüten, bei der Beschreibung des römischen Alltags am Rhein in allen Bereichen südgallische, italische oder gar stadtrömische Verhältnisse und Dimensionen anzunehmen. Im allgemeinen war alles – trotz manchem Beachtenswerten vornehmlich in der Provinzhauptstadt *CCAA*-Köln – ein wenig bescheidener und auch provinzieller.

Auch in der *Germania inferior* war das Bild einer römischen Stadt wie der *CCAA*-Köln oder der *CUT*-Xanten von Planung und Architektur geprägt. Die Römer hatten den Steinbau am Rhein bekanntgemacht. Massive Steingebäude waren jedoch meist nur die öffentlichen Bauten und die Häuser wohlhabender Bürger. Der großflächige und am allgemeinen Verlauf des städtischen Straßennetzes orientierte römische Gebäudekomplex auf dem Kölner Domhügel, der verschiedene Grundrisse vom Typ italisch-mittelmeerischer Atrium- und Peristylhäuser zeigte, oder auch die Xantener Stadtvilla des 2. Jahrhunderts n. Chr. mit ihren vorspringenden Eckrisaliten und der breiten Veranda dürfen keineswegs als die im römischen Rheinland typischen Bauweisen angesehen werden. Schon ihre Großzügigkeit, ihre Ausstattung und ihre räumliche Differenzierung lassen vermuten, daß sie einst von vermögenden Verwaltungsbeamten oder Kaufleuten mit deutlichem Hang zum Luxus und zur Repräsentation bewohnt wurden; vielleicht waren auch »Neureiche«, die durch die verschiedensten Unternehmungen und Geschäfte in Niedergermanien und anderswo zu Geld gekommen waren, die Eigentümer. Häuser dieser Art hatten eine geräumige Eingangshalle (*atrium*), einen großen Aufenthaltsraum (*oecus*) und einen noch größeren Speisesaal

Abb 404
Abb 136

Abb. 136   Köln. Peristylhaus mit dem Dionysos-Mosaik. 1. Hälfte 3. Jh. n. Chr. Rekonstruktion H. Mylius (RGM Köln)

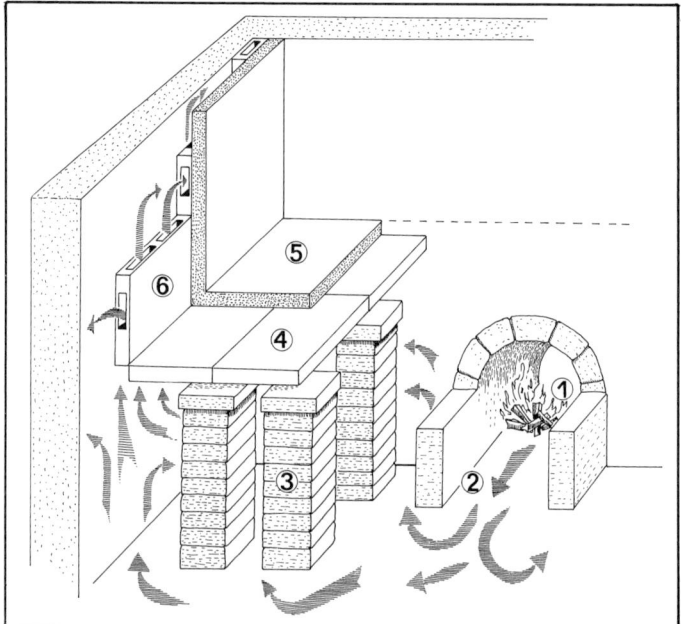

*Abb. 137   Schema einer Hypokaustanlage.
1 Feuerungsraum,
2 Heizkanal, 3 Hypokaustpfeiler, 4 Suspensuraplatten (Ziegel oder Naturstein),
5 Fußboden, 6 Wandheizungsziegel (tubuli)*

*Abb. 138   Eschweiler-Hastenrath/AC. Beheizter Raum in einer villa rustica. Fußbodenheizung (hypocaustum) und Feuerungsraum (praefurnium).
2. Jh. n. Chr. Grabung des Rheinischen Landesmuseums Bonn 1981*

(*triclinium*), die sich gewöhnlich zu einem mit Wasserspiel belebten und von Säulengängen (*porticus*) eingefaßten Ziergarten (*peristylium*) hin öffneten. Im Wirtschaftstrakt lagen Küche, Vorratsräume, Badeanlage und Toiletten. Schließlich gab es auch noch zahlreiche Zimmer für die Dienerschaft und das Gesinde. Für kältere Jahreszeiten waren einige Räume des Wohn- und Schlaftraktes beheizbar; sie hatten eine Fußbodenheizung (*hypocaustum*). Solche Hypokaustanlagen bestanden aus einem vor- *Abb 137* gelagerten Heizraum (*praefurnium*), in dem das Feuer entfacht wurde, und der sog. *suspensura*, einem von kleinen den Fußboden tragenden Pfeilern verstellten Hohlraum, durch den die heiße Luft streichen konnte. Hohlziegel (*tubuli*) in den Wänden führten die Heizluft nach oben ab. So erwärmten sich Fußboden und Wände gleichermaßen. Römische Fußbodenheizungen, die im Rheinland an vielen Orten, besonders gut aber bei Ausgrabungen im Bereich des Thermenkomplexes von Zülpich und in *Abb 558, 559* Eschweiler-Hastenrath beobachtet und eingehender untersucht werden konnten, wa- *Abb 138* ren also gleichzeitig auch immer Wandheizungen. Für ihren Betrieb benötigte man sehr viel Brennmaterial, hauptsächlich Holz.

Der Wohlstand der Bewohner kam vor allem in der reichen Ausstattung und Möblierung der Häuser zum Ausdruck. Qualitätvolle Mosaiken wie das Kölner Dionysos- *Taf 7* oder auch das Philosophenmosaik, Wanddekorationen wie die eindrucksvollen Jagd- *Abb 154* szenen und die anmutigen Kandelabermalereien zwischen pompejanisch-roten Flä- *Taf 6, 5a* chen aus Bonn, Köln und Xanten oder auch die prunkvollen Marmorinkrustationen wie sie in Niedergermanien nicht nur für die Stadtwohnungen der Reichen, sondern auch für die Herrenhäuser großer Landgüter – zum Beispiel in Euskirchen-Kreuz- *Abb 98* weingarten oder Vettweiß-Froitzheim/DN – nachgewiesen sind, mögen als Belege genügen.

Über das Mobiliar solcher Häuser läßt sich dagegen weniger sagen; die archäologischen Funde aus dem Rheinland sind dafür zu spärlich. Von den Truhen, Schränken und Kommoden haben sich meist nur noch die hin und wieder kunstvollen Bronze-

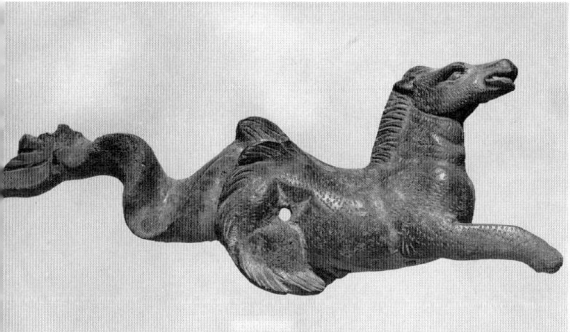

Abb. 139 Bonn. Möbelbeschläge. Seepferdchen. Bronze. – L. 16,9 bzw. 18,9 cm. 1. Hälfte 3. Jh. n. Chr. (RLM Bonn)

Abb. 140   Xanten. Truhengriff. Bacchus-Büste mit Panther-, Greifen- und Entenköpfen. Bronze. – L. 20 cm. 1. Hälfte 3. Jh. n. Chr. (RLM Bonn)

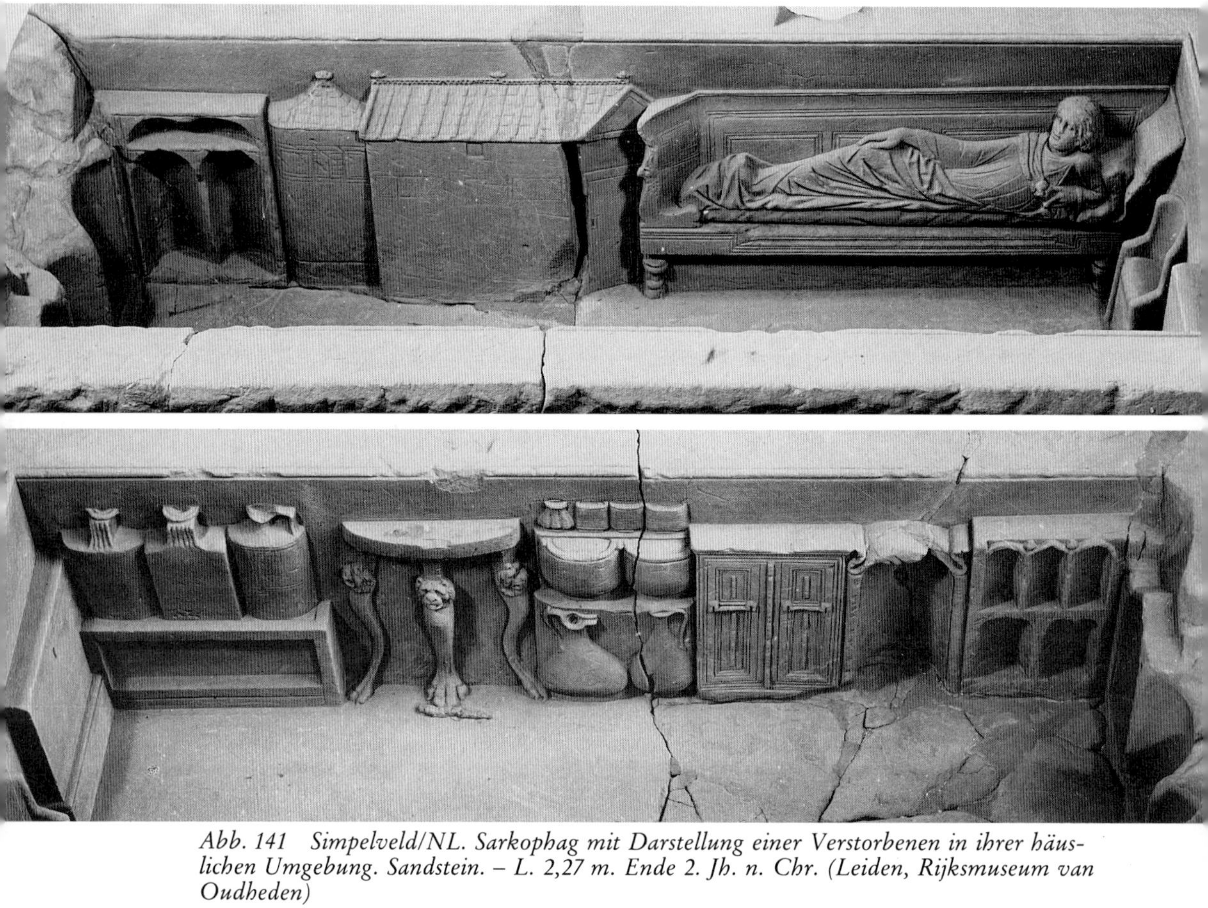

Abb. 141   Simpelveld/NL. Sarkophag mit Darstellung einer Verstorbenen in ihrer häuslichen Umgebung. Sandstein. – L. 2,27 m. Ende 2. Jh. n. Chr. (Leiden, Rijksmuseum van Oudheden)

beschläge wie das anmutige Seepferdchenpaar aus Bonn oder unterschiedlich große *Abb 139*
Bronzehenkel – häufig in Gestalt tanzender Delphine – erhalten. Einen besonders be-
merkenswerten Kasten- oder Truhengriff kennen wir aus Xanten; er zeigt eine Bac-
chusbüste umgeben von Panthern, Greifen und Entenköpfen. Ähnlich verhält es sich *Abb 140*
mit der Ausstattung des *triclinium*, in dem sofaartige Betten (Klinen), um nach römischer Sitte »bei Tisch zu liegen«, und niedrige Beistelltische aus Holz oder Bronze
standen. Auch sie lassen sich für uns heute oft nur noch in kleinen Maultier- oder Pfer-
deköpfen und in Büsten – meist Bacchusdarstellungen – fassen, die ehemals nicht selten als Appliken die Bettlehnen und die Tischbeine geziert haben. Deutlichere Hinweise auf die Möblierung eines römischen Hauses gegen Ende des 2. Jahrhunderts
n. Chr. gibt der berühmte Sarkophag von Simpelveld/NL; dort ist die Verstorbene in- *Abb 141*
mitten ihrer häuslichen Umgebung dargestellt worden. Selbst die Kessel, Schüsseln
und Kannen in den offenen Regalen fehlen nicht. Durch die zahlreichen Grabsteine
mit sog. Totenmahlreliefs, auf denen Klinen, Tische und Stühle zu erkennen sind,
besitzen wir derartige Zeugnisse – obgleich in bescheidenerer Form – aber auch aus
dem nordrhein-westfälischen Teil Niedergermaniens. Als Beispiele sollten die Grabsteine des thrakischen Kavalleristen Durises (um 80 n. Chr.) und des Legionsvetera- *Abb 114b*
nen und Kölner Bürgers M. Valerius Celerinus (Anfang 2. Jh. n. Chr.) aus Köln *Abb 114a*
ausreichen.
Bei Dunkelheit spendeten meist Öllampen aus Ton und Bronze das notwendige Licht;
manche hatten zwei und mehr Brennlöcher. Sie wurden auf Kandelaber gestellt oder in
Nischen gesetzt, die in die Wände eingelassen waren. Viele Lampen – wie eine sieben-
flammige Ringlampe aus Köln (Ende 2. Jh. n. Chr.) – konnten an Ösen und Kettchen
aufgehängt werden. Bisweilen hatten sie die eigenwilligsten und sonderbarsten Formen. So sind beispielsweise aus *Novaesium*-Neuss eine Masken- und aus *Vetera I*- *Abb 157*
Xanten eine Fußlampe, bei der der Docht aus der großen Zehe kam, erhalten (beide
1. Hälfte 1. Jh. n. Chr.). Eine fischförmige Bronzelampe aus Kalkar/KLE gehört *Abb 142*
wohl schon in das 2. Jahrhundert n. Chr. Diese Lampenformen sind häufiger belegt.
Die bronzene Adlerlampe, die aus dem Legionslager von Haltern stammt und deshalb *Abb 376*
in augusteischer Zeit datiert, ist dagegen bislang ebenso ein Einzelstück, wie die Bronzelampe in Gestalt einer auf dem Rücken liegenden und gefesselten Ziege im Bonner
Landesmuseum (2. Jh. n. Chr.), deren Hinterteil zum Brennloch umgestaltet wurde.
Man benutzte aber auch Kerzen. Verschiedentlich – so zum Beispiel in Bonn, Köln,
Neuss und Xanten – haben sich in römischen Kontexten des 1. bis 4. Jahrhunderts
n. Chr. Kerzenhalter bzw. -ständer aus Ton, Bronze oder Glas gefunden. Eine Laterne (3. Jh. n. Chr.) kennen wir aus Krefeld-Gellep. *Abb 143*
Die römischen Häuser konnten verschlossen werden. Es gab zwar – wie heute – Dreh-
schlösser; meistens aber waren die Türen mit sog. Schiebeschlössern versehen. Der
Schloßriegel ließ sich erst hin und her schieben, wenn man mit einem entsprechenden
Schlüssel die arretierenden Sperrstifte hochgedrückt hatte. Diese Schiebeschlüssel waren gelegentlich mit Tierköpfen verziert; ein bronzener Schlüsselgriff aus Horrem

Abb. 142   Kalkar-Altkalkar. Fischförmige Lampe. Bronze. – L. 13 cm. 2. Jh. n. Chr. (RLM Bonn)

Abb. 143   Krefeld-Gellep. Laterne. Eisen, Bronze. – H. 17,5 cm. 3. Jh. n. Chr. (Krefeld, Museum Burg Linn)

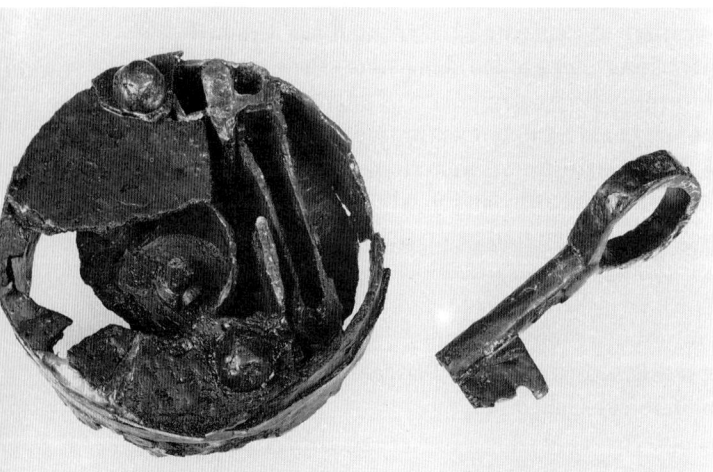
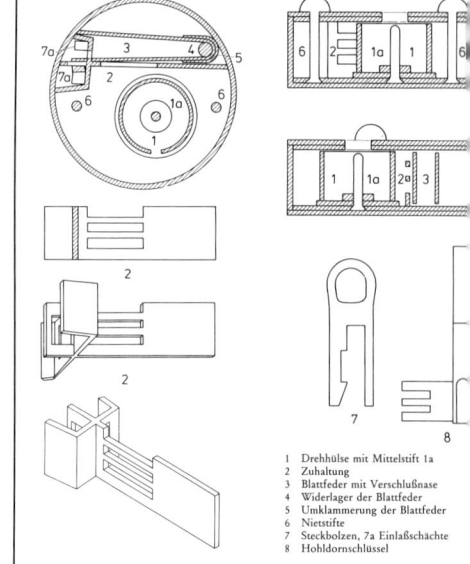

Abb. 144/145   Bergisch Gladbach-Refrath. Vorhängeschloß Eisen. – Dm. 10,2 cm. Zeichnerischer Rekonstruktion A. Steiner, G. Schauerte. (RLM Bonn)

1 Drehhülse mit Mittelstift 1a
2 Zuhaltung
3 Blattfeder mit Verschlußnase
4 Widerlager der Blattfeder
5 Umklammerung der Blattfeder
6 Nietstifte
7 Steckbolzen, 7a Einlaßschächte
8 Hohldornschlüssel

(3. Jh. n. Chr.) zeigt beispielsweise einen Löwen mit mächtiger Mähne. Leider kennen wir aus dem Rheinland noch kein komplettes römisches Türschloß. Anders verhält es sich dagegen mit Truhen- und Kästchenschlösser, die unter anderem aus den Sarkophagbestattungen des späten 3. und 4. Jahrhunderts n. Chr. aus Bonn und Dorweiler/EU bekannt sind. Auch das große eiserne Vorhängeschloß – ein Drehschloß – aus dem Depotfund bei Bergisch Gladbach-Bensberg (2. Hälfte 4. Jh. n. Chr.) ließ sich in *Abb 144/145* allen Einzelheiten wieder rekonstruieren.

Die Bebauung römischer Städte am Rhein bestand offenbar im wesentlichen aus einfachen, oft zweigeschossigen Fachwerkhäusern, die auf Steinsockeln errichtet worden waren und durch die regelmäßigen Straßenführungen zu Wohnblocks (*insulae*) zusammengefaßt wurden. Die Grundstücke einer *insula* waren annähernd gleich groß parzelliert. Die Gebäude standen meist mit den Giebelfronten straßenwärts und hatten gemeinsame »Brandmauern«. An südliche Verhältnisse erinnerten die vorgelagerten und straßenbegleitenden Laubengänge (*porticus*), die hier Hausbewohner und Passanten allerdings weniger vor der Sonne als vor den Unbilden des rauhen niedergermanischen Klimas schützen sollten. Die Häuser hatten meist einen von der Straße her zugänglichen großen Raum, in dem sich weitgehend das Familienleben und – bei Handwerkern und kleinen Geschäftsleuten – auch der berufliche Alltag abspielten, eine Kü- *Abb 542, 552* che und mehrere kleine Kammern, die unter anderem zum Schlafen dienten. In den Hinterhöfen standen Schuppen und Latrinen; bisweilen gab es dort auch Tiefbrunnen, aus denen die Anwohner das benötigte Wasser schöpften. Unter verschiedenen Häusern lagen gemauerte Keller, die über feste Treppen zugänglich waren. Nicht selten dienten kleine, lediglich mit Brettern verschalte und abgedeckte Erdgruben als Vorrats- und Abstellräume.

Auch an der Innenausstattung der Fachwerkhäuser läßt sich heute noch die finanzielle Kraft ihrer Bewohner – und damit auch das soziale Gefälle innerhalb einer römischen Stadt – ablesen. So waren die Wände selten mit aufwendigen Malereien versehen; in der Regel wurden sie in einer Farbe (weiß, ocker oder rot) mit nur wenigen schlichten Zierelementen (z. B. Streifen) bemalt. Es gab – soweit wir aus archäologischen Befunden wissen – dort keine Mosaikfußböden. Auch das Mobiliar wird bescheidener gewesen sein, obgleich man sicherlich im Rahmen seiner Möglichkeiten um römisches Leben und Bequemlichkeit bemüht war. Private Bäder wie in den Wohnkomplexen der Reichen konnten allerdings bislang noch nicht beobachtet werden; man wird die öffentlichen Badeanstalten (*thermae*) benutzt haben. In den Handwerkervierteln der *CUT*-Xanten wurden bei den Ausgrabungen nur wenige Hypokaustanlagen freigelegt; in den Häusern dort boten offene Feuerstellen häufig wohl die einzigen Heizmöglichkeiten. Am wärmsten war es deshalb in der Küche, wo das Essen – hierin bestand übrigens kein Unterschied zu den vornehmen Haushalten – auf einem aus Ziegeln errichteten Herd zubereitet wurde. Die Kochtöpfe und -kessel standen entweder *Abb 228* auf Eisenrosten oder hingen an Feuerhaken über dem Feuer. Auch die kuppelförmigen Backöfen daneben strahlten Wärme aus. Ein solches Ofenensemble fand sich nicht nur verschiedentlich in Köln und Xanten, sondern auch in einem römischen Gutshof (*villa rustica*) im Hambacher Forst (bei Elsdorf/BM). In diesem Zusammenhang muß festgestellt werden, daß viele archäologische Beobachtungen in den römischen Städten und Lagerdörfern am Rhein ebenso auf die ländlichen Siedlungen im Hinterland der Provinz zutreffen.

Bürgerrecht und Namensgebung

Für das Leben und die gesellschaftliche Stellung der Provinzbewohner war auch ihr rechtlicher Status wichtig. Als römische Bürger hatten sie Zugang zu den Verwaltungsämtern, Steuer- und Ehevorteile und konnten sich auf das römische Recht berufen. Sie waren auch erbberechtigt. Römische Bürger wurde man entweder durch Geburt, wenn der Vater diesen Rechtsstand schon besaß, oder durch kaiserlichen Erlaß. Solche Edikte wirkten sich im Rheinland begrenzt unter den Kaisern Augustus (27 v. Chr.–14 n. Chr.) und Trajan (98–117 n. Chr.) aus; damals erhielten die inschriftlich in großer Zahl bekannten Iulii und Ulpii oder ihre Vorfahren das römische Bürgerrecht. Die *Constitutio Antoniniana* des Kaisers Caracalla im Jahre 212 n. Chr. machte schließlich alle freien Provinzialen (*peregrini*) zu römischen Vollbürgern (*cives Romani*). Vermögende und einflußreiche Provinzbewohner konnten in Städten wie der *CCAA*-Köln und der *CUT*-Xanten auch über öffentliche Ämter das Bürgerrecht erlangen; anderen wurde es bei der Entlassung nach 25 Jahren Militärdienst durch die Aushändigung sog. Militärdiplome – aus dem nordrhein-westfälischen Teil Niedergermaniens sind zwei solcher Urkunden bekannt – zuerkannt. Weit weniger Rechte hatten die Freigelassenen (*liberti*), die es allerdings oft durch geschäftliche Aktivitäten zu Reichtum und Ansehen brachten; sie waren zuvor weitgehend rechtlose Sklaven (*servi*) gewesen und gewöhnlich mit 30 Jahren freigelassen worden. Ein M. Fabius Cerialis, Freigelassener des Atto, beispielsweise gelangte in der zweiten Hälfte des 1. Jahrhunderts n. Chr. in Köln offenbar nicht nur zu einem beträchtlichen Vermögen, sondern auch zu Priesterwürden (*sevir Augustalis*) im offiziellen römischen Kaiserkult. Die Masse der Provinzbevölkerung machten die einheimischen Lohnarbeiter in Stadt und Land aus, die keine Möglichkeit hatten, die aktuelle Tages- und Gesellschaftspolitik zu beeinflussen.
Allgemein ist zu beobachten, daß sich zahlreiche einheimische Traditionen vor allem im Hinterland der Provinz Niedergermanien bis in die Spätantike gehalten haben. Oft wird zwar die neue römische Gesellschaftsordnung von den Provinzbewohnern offiziell übernommen und akzeptiert worden sein; im privaten Bereich ließ man dennoch von den alten Gewohnheiten, Sitten und Gebräuchen nicht so leicht ab. So war beispielsweise Latein die Verwaltungssprache; wer der Ober- und Führungsschicht angehören oder es in Staat und Gesellschaft zu etwas bringen wollte, mußte sie beherrschen. Zu Hause aber hielten die Provinzialen häufig an ihrer eigenen – keltischen oder

Abb. 146   Morken-Harff/BM. Weihung des L. Laubasnianus Ammalenus für die
Vatvischen Matronen. Sandstein. – H. 0,75 m. Anfang 3. Jh. n. Chr. (RLM Bonn)
Abb. 147   Köln. Weihung des Prätorianer-Präfekten T. Flavius Constans für die Göttin
Vagdavercustis. Kalkstein. – H. 1,17 m. Um 164 n. Chr. (RGM Köln)

germanischen – Sprache fest. Der sprach- und namenskundlich bemerkenswerte Text
auf einem Weihestein für die Matronae Vatviae aus Morken-Harff/BM kann als Beleg   *Abb 146*
dafür angesehen werden, daß noch zu Beginn des 3. Jahrhunderts n. Chr. im Umkreis
des ubischen Dedikanten L. Laubasnianus Ammalenus germanisch gesprochen
wurde. Eindeutigere Schriftzeugnisse sind kaum zu erwarten, da die germanische
– ebenso wie die keltische und im Gegensatz zur lateinischen – Sprache keine eigene
Schrift und keine eigene Literatur kannte. Auch die einheimische Tracht konnte von   *Abb 149*
den Römern nicht verdrängt werden, wie zum Beispiel die Familienszene auf einem
Bonner Totenmahlrelief (um 180 n. Chr.) oder die Darstellungen auf dem Sarkophag
der Traiania Herodiana (2. Hälfte 2. Jahrhundert n. Chr.) und auf dem Grabstein des   *Abb 184*
Prätorianer-Tribunen Liberalinius Probinus (2. Hälfte 3. Jahrhundert n. Chr.) lehren.   *Abb 199*
Die selbst unter römischer Herrschaft ungebrochene Verehrung keltischer und germanischer Gottheiten wie Camulus, Grannus und Avernus, Hludana, Vagdavercustis   *Abb 227, 147*
oder der unterschiedlich benannten Matronen gehört ebenso in diesen Zusammen-   *Abb 192, 197*
hang. Wie stark einheimische Elemente in Niedergermanien trotz der gegen Ende des
1. Jahrhunderts n. Chr. bereits weitgehend abgeschlossenen Romanisierung des
Rheinlandes weiterlebten, zeigt vor allem das bislang bekannte Namensgut. Auch
wenn viele Bewohner Niedergermaniens Namen in der charakteristischen römischen
Form mit Vornamen (*praenomen*), Familiennamen (*gentilicium*), Zunamen (*cogno-*

men) und der Nennung des Vaters trugen, schimmern meist doch einheimische Namenselemente durch. M. Iulius Vassileni f(ilius) Leubo, der um 200 n. Chr. den Matronae Austriahenae in Morken-Harff/BM weihte, mag hierfür beispielhaft stehen. Sein Gentiliz Iulius – in Niedergermanien hauptsächlich im Ubiergebiet verbreitet – hängt möglicherweise mit Bürgerrechtsverleihungen unter Kaiser Augustus (27 v. Chr.–14 n. Chr.) zusammen; die einheimischen »Neubürger« und ihre Familien – unter ihnen auch die Vorfahren des M. Iulius Leubo – werden damals den Namen des julischen Kaiserhauses angenommen haben. Sein Zuname Leubo ist germanisch, der Vatersname Vassilenus hat dagegen seine Wurzeln im Keltischen. Vergleiche des Inschriftenmaterials lassen erkennen, daß der Anteil germanischer Namen im Rheinland von Norden nach Süden abnimmt, während es sich mit den Namen keltischen Ursprungs genau umgekehrt verhält. Der einheimische Charakter des Namensgutes auf dem Lande wird besonders deutlich bei einem Inschriftenfund des 2. Jahrhunderts n. Chr. aus Rimburg/AC, der 20 Personen eines nicht näher bekannten vicus nennt; sie trugen überwiegend keltische (Masuua, Matio oder Uxperus) und germanische (Amilo, Ulfenus) Namen. Wir dürfen sicher vermuten, daß auch die Siedlung, in der sie wohnten, nur bedingt romanisiert war. Selbst so römisch anmutende Namen wie Candidinius, Tertinius, Verecundus oder Verecundianus – um nur wenige zu nennen – sind in Wirklichkeit pseudo-römisch und entlarven den Provinzler. Auch in verschiedenen Siedlungsnamen des römischen Rheinlandes lebten einheimische Rudimente fort. So lassen sich etwa *Asciburgium* (Asberg) und *Burungum* (Worringen?) auf germanische, *Bonna* (Bonn), *Durnomagus* (Dormagen), *Belgica* (Billig) und *Tolbiacum* (Zülpich) auf keltische Wortstämme zurückführen. Wenn wir dazu noch das Völkergemisch berücksichtigen, das durch die weitgreifenden Truppenverschiebungen des römischen Militärs und durch den intensiven Fernhandel aus fast allen Teilen des Römischen Reiches an den Rhein kam, müssen wir davon ausgehen, daß der römische Alltag und die römische Kultur in Niedergermanien von vielen ethnischen und gesellschaftlichen Komponenten bestimmt wurden. Aufgrund des archäologischen Materials wissen wir allerdings zwangsläufig mehr über das Leben und Denken der provinzialrömischen Oberschicht als anderer gesellschaftlicher Gruppen der niedergermanischen Bevölkerung zu sagen.

Familie, Ehe, Kinder

Die römische Familie war eine Großfamilie; sie umfaßte nicht nur die engsten Angehörigen, sondern auch die entfernteren Verwandten, die Dienerschaft – ganz gleich ob Sklaven oder Tagelöhner – und selbst noch die Freigelassenen, die sich ihrem ehemaligen Herrn (*patronus*) auch weiterhin verbunden fühlten. Der Familie stand der Familienvater (*pater familias*) vor. Er hatte jede Autorität und Zuständigkeit, wenn auch die gesetzliche Grundlage, das Recht über Leben und Tod (*ius vitae necisque*), in der römischen Kaiserzeit ihre republikanische Strenge verloren hatte. Er verfügte über alle Familienmitglieder, bestimmte ihren Werdegang und ihr Geschick. Das Familienvermögen lag rechtlich im Eigentum des *pater familias*; auch der Zugewinn – durch wen auch immer – wurde ihm zugeschlagen. Er vertrat die Familie in Staat, Kult und Gesellschaft. Diese herausgehobene Rechtsstellung bedeutete aber auch Verpflichtung. Der Familienvater hatte für die Familienmitglieder uneingeschränkt zu sorgen, ihnen eine Existenzgrundlage zu schaffen und sie in schwierigen Situationen zu unterstützen. Selbst für ihre Geschäftsschulden mußte er haften.

Seit Kaiser Augustus (27 v. Chr.–14 n. Chr.) gab es zwar Ehegesetze; dennoch wurde die Ehe nicht durch einen Rechtsakt geschlossen: Mann und Frau entschieden sich zusammenzuleben, damit war die Ehe rechtsgültig. Ihre Rechtsposition mußte jedoch annähernd gleich sein; ein römischer Bürger konnte also keine Peregrine oder gar Sklavin heiraten. Enge Verwandte durften miteinander keine Ehe eingehen. Lange Zeit war auch Soldaten im aktiven Militärdienst die Heirat untersagt. Dies änderte erst ein Gesetz des Kaisers Septimius Severus um 200 n. Chr. Eine weitere Erleichterung brachte schließlich die *Constitutio Antoniniana* unter seinem Sohn Caracalla im Jahre 212 n. Chr., die allen freien Provinzbewohnern das römische Bürgerrecht verlieh. Danach treten in den Inschriften des Rheinlandes immer häufiger Einheimische als Ehefrauen römischer Bürger und Soldatenfamilien auf.

Die Frau führte zwar nach der Eheschließung ihren angeborenen Familiennamen (*gentilicium*) weiter, sie unterwarf sich jedoch der Familiengewalt des Mannes. Auch ihre Mitgift ging in sein Vermögen über; sie wurde ihr allerdings bei einer Scheidung, für die gewöhnlich die beiderseitige Aufkündigung der Lebensgemeinschaft genügte, zurückgezahlt. Die Aufgabe der Frau in der römischen Gesellschaft bestand – will man einmal von ihrer unverzichtbaren Rolle als Geliebte (*amica*) und Priesterin absehen – im wesentlichen darin, sich in der Familie um Haus und Hof, vor allem um die Erziehung der Kinder zu kümmern. Die Kinderzahl schwankte. Da Geburtenrückgänge die Existenz des römischen Staates zu bedrohen schienen, erließ Kaiser Augustus (27 v. Chr.–14 n. Chr.) auch entsprechende Gesetze, die kinderlose Ehen rechtlich benachteiligten. So glaubte er, den Wunsch nach Kindern seitens des Staates fördern zu können. Die Durchschnittsfamilie dürfte zwei bis drei Kinder gehabt haben. Vermutlich war Kinderreichtum vielfach ein Problem der unteren sozialen Schichten. Eine große Kinderzahl konnte für die Eltern jedoch auch Unterstützung und Pflege im Alter bedeuten. Nach der Geburt erhielten die freigeborenen römischen Knaben einen Vornamen (*praenomen*) wie Lucius, Marcus oder Quintus, den vom Vater ererbten Familiennamen (*gentilicium*) – im Rheinland besonders häufig Iulius, Ulpius und Aurelius – und auch einen aussagekräftigen Eigennamen (*cognomen*) wie Iustus (der Gerechte), Modestus (der Besonnene) oder Rufus (der Rothaarige). Dieses Drei-Namen-System (*tria nomina*) wurde um die Mitte des 1. Jahrhunderts n. Chr. überall – also auch in Niedergermanien – zur Regel. Ein Mädchenname bestand allerdings auch weiterhin nur aus Gentiliz und Cognomen (z. B. Baebia Severa). In wohlhabenden Fami-

Abb. 148 Köln. Grabstein der Amme Severina für ein verstorbenes Kind. Kalkstein. – H. 0,83 m. 2. Hälfte 3. Jh. n. Chr. (RGM Köln)

Abb 148 lien sorgten sich bisweilen Ammen um die Säuglinge. Auf einem Grabstein aus der zweiten Hälfte des 3. Jahrhunderts n. Chr. umhegt und nährt Severina *nutrix* (Amme) ein Wickelkind; vielleicht ist es trotz ihrer Fürsorge gestorben. Die Kindersterblichkeit lag nämlich in römischer Zeit sehr hoch. Die Kinder wuchsen im Hause und auf der Straße auf; sie spielten Spiele, die uns meist von Darstellungen auf italischen Sarkophagen bekannt sind. Sie warfen Bälle und Nüsse, trieben Reifen und Kreisel, ritten das Steckenpferd, spielten Blinde Kuh, Nachlaufen und Huckepack. In den Kindergräbern Niedergermaniens finden wir nicht selten tönernes Spielzeug: Rasseln, Pferdchen auf Rädern, die man hinter sich herziehen konnte, und Pfeifen in Vogelform.

Mit sieben Jahren fing für die römischen Jungen und Mädchen der »Ernst des Lebens« an; sie wurden in eine Elementarschule (*ludus litterarius*) geschickt, um Lesen, Schreiben und Rechnen zu lernen. Diese Grundschulen wird es auch in den Städten und größeren Siedlungen am Rhein gegeben haben. Die Eltern mußten »Schulgeld« bezahlen. Deshalb blieb dieser Bildungsweg den Ärmeren verschlossen; die Zahl der Analphabeten war also zwangsläufig groß. Ein staatlich finanziertes und jedermann zugängliches Schulsystem war unbekannt. Die wohlhabenden Familien leisteten sich häufig Privatlehrer. Die Erziehung der Mädchen war im weiteren Verlauf mehr auf das Erlernen häuslicher Fertigkeiten, wie Spinnen, Weben und Nähen ausgerichtet. Wir dürfen vermuten, daß die Söhne reicher Eltern zumindest in der Provinzhauptstadt

Tafel 14   Bonn. Schmuckensemble aus einem Mädchengrab. Halsketten, Arm- und Ohr-
ringe. Gold, Almandine, Gagat. – L. der Almandinkette 38,7 cm, Dm. des Gagatarmrings
4,7 cm. Zwischen 250 und 275 n. Chr. (RLM Bonn)

Vorhergehende Seite:
Tafel 13   Niederzier-Hambach. Bernsteinkollier. – L. ca. 0,76 m, L. der Blätter ca. 6 cm.
Ende 3. Jh. n. Chr. (RLM Bonn)

Tafel 15   Vettweiß-Froitzheim. Spielturm (Würfel: Fo. Bonn). Bronze. – H. 22,5 cm.
1. Hälfte 4. Jh. n. Chr. (RLM Bonn)

Tafel 16   Köln-Braunsfeld. Schale mit Circusszene. Viergespann. Glas. – Dm. 27 cm.
2. Viertel 4. Jh. n. Chr. (RGM Köln)

CCAA-Köln und in der *CUT*-Xanten weiterführende Grammatikschulen besuchen konnten, in denen sie hauptsächlich anhand der Texte römischer Dichter und Schriftsteller unterrichtet wurden. Vielleicht gab es in diesen Städten sogar Rhetorenschulen, die griechische und römische Rhetorik, Philosophie und Rechtswissenschaften vermittelten. Dadurch wird die Romanisierung der dortigen Oberschicht zusätzliche Impulse erhalten haben. Die Mädchen gelangten mit zwölf Jahren in das heiratsfähige Alter. Die Jungen wurden zwischen sechzehn und achtzehn Jahren mündig. Sie legten dann in einem feierlichen Akt die Kindertoga (*toga praetexta*) ab und erhielten die Mannestoga (*toga virilis*).

Kleidung, Tracht und Schmuck

Den freien römischen Bürger erkannte man gewöhnlich an der weißen wollenen *toga*, die er in der Öffentlichkeit und bei feierlichen Anlässen über einem hemdartigen Untergewand (*tunica*) trug. Sie war halbkreisförmig geschnitten und wurde so um den Körper geschlungen, daß nur noch die rechte Schulter – und damit der rechte Arm – frei blieb. Ein purpurfarbener Randstreifen unterschiedlicher Breite kennzeichnete – wie auch bei der Tunika – Senatoren, Ritter und Verwaltungsbeamte. Ähnlich wirkte das *pallium*, ein langrechteckiges Tuch aus Wolle oder Leinen in verschiedenen Farben, das man sich ebenso zum Ausgehen umlegte. Der Bequemlichkeit wegen – der Stoff- und der Faltenreichtum der Toga waren ja eher hinderlich – ging man in ihm

Abb 182

Abb 150

Abb. 149   Köln. Personengruppe in gallischen Kapuzenmänteln (cucullati) Ton. – H. 10 cm. 2. Hälfte 2. Jh. n. Chr. (RGM Köln)

auch zum Gelage; deswegen sind die Verstorbenen auf den sog. Totenmahlreliefs mit
Abb 114a diesem Kleidungsstück dargestellt. Die römische Frau kleidete sich mit der gegürteten
Abb 255 knöchellangen Tunika und der *palla*, die dem Pallium des Mannes glich. Trotz der verschiedenen rheinischen Grab- und Weihesteine des 1. bis 3. Jahrhunderts n. Chr., die
Militärs und Zivilisten als Zeichen ihres Rechtsstandes und fortgeschrittener Romanisierung in römischer Kleidung zeigen, trug der Großteil der niedergermanischen Bevölkerung auch unter der römischen Herrschaft weiterhin die einheimische Tracht.
Die »gallische« Wolltunika war ein weiter Kittel aus zwei zusammengenähten Stoff-
bahnen mit Kopf- und Armlöchern, der gegürtet oder ungegürtet getragen werden
konnte. Bei den Männern reichte er bis zu den Knien; er wurde von allen Bevölkerungsgruppen sowohl im Hause als auch bei der Arbeit getragen. Bei Regen, Kälte und
Schnee warf man sich einen Poncho (»gallischer Mantel«) oder einen Kapuzenmantel
(*paenula*, auch *cucullus*) über, die entweder aus einem dichten Wollfilz oder aus Leder
geschneidert waren. Die *paenula*, die man auch vorne schließen konnte, ist zum Bei-
Abb 189 spiel auf dem Grabstein des Tungrers Oclatius aus Neuss (Ende 1. Jahrhundert
Abb 147 n. Chr.) und bei einem der Opfernden auf dem Vagdavercustis-Altar aus Köln (um
Abb 149 165 n. Chr.) zu sehen. Gleich eine ganze ubische Familie in Kapuzenmänteln zeigt
eine Kölner Terrakotta (2. Hälfte 2. Jh. n. Chr.). Für die Moselgegend ist ein Kapu-
zencape bezeugt, das den Armen eine gewisse Bewegungsfreiheit beließ; man wird es
auch im Rheinland gekannt haben. Dies gilt ebenso für den breitrandigen Filzhut und
die Wickelgamaschen. Wegen der zahlreichen und engen Kontakte der Provinzbevölkerung mit den benachbarten Germanen dürfte auch die germanische Tracht die Kleidung in Niedergermanien beeinflußt und unter anderem dazu geführt haben, daß man
dort ebenfalls in kalten Jahreszeiten Hosen (*bracae*) trug.
Einheimische Elemente machten sich besonders bei der Frauentracht bemerkbar. So
gab es neben der ärmellosen Tunika auch – völlig unrömisch – die mit langen Ärmeln;
darüber lag ein kittelartiges Übergewand, das gegürtet wurde. Zu Festlichkeiten zogen
Abb 150 die Frauen – wie auf dem Nickenicher Grabmal im Rheinischen Landesmuseum Bonn
(um 50 n. Chr.) zu erkennen – ein weiteres Gewand über, das allerdings auf Brust und
Schultern mit flachen, oft reich verzierten Sicherheitsnadeln (*fibulae*) gehalten werden
mußte. Alle Kleidungsstücke reichten bis zu den Knöcheln. Die unterschiedlich farbigen (braun, grün, blau) Woll- und Leinenstoffe kamen aus heimischer Produktion;
kostbarere Materialien wie Purpurstoffe oder gar Seide wird man sich über Händler
wie den inschriftlich bezeugten Stoffimporteur (*negotiator vestiarius importator*) aus
Neuss beschafft haben. Das Manteltuch (*palla*) konnte man sich gegebenenfalls über
den Kopf ziehen. Eine charakteristische Mantelform für das Ubiergebiet ist durch die
zahlreichen Matronenreliefs nachgewiesen. Der weite deckenartige Mantel wurde wie
Abb 192 ein Umschlagtuch über die Schultern gelegt und unterhalb der Brust mit einer kräfti-
Abb 230 gen Schließe verschlossen. Frauen wie Traiana Herodiana, die in der zweiten Hälfte
Abb 151 des 2. Jahrhunderts n. Chr. in Köln starb, oder Nativa, die mit ihrem Bruder Tertius
Anfang des 3. Jahrhunderts n. Chr. in Köln dem römischen Gott Merkur weihte, sind

Abb. 150 Nickenich/MYK. Familiengrabmal (Detail). Kalkstein. – H. der Stelen 1,72 m.
Um 50 n. Chr. (RLM Bonn)
Abb. 151 Köln. Weihung des Iulius Tertius und der Iulia Nativa für Merkur. Sandstein. –
H. 1,23 m. Anfang 3. Jh. n. Chr. (RGM Köln)

einheimisch gekleidet; danach war auch die große Matronenhaube ein typisches Klei-
dungsutensil der – vermutlich verheirateten – Ubierinnen.

Was das Schuhwerk in römischer Zeit betrifft, so wurden zu Hause einfache Pantoffeln (*soleae*), draußen Riemensandalen (*campagi*), Schnürschuhe (*calcei*) und halbhohe
Stiefel (*caligae*) getragen. Die römischen Schuhe hatten ein kräftiges Oberleder, Lauf-
und Brandsohlen waren genagelt. Auch die Fußbekleidung machte soziale Unterschiede deutlich. Der *calceus senatorius* mit vier Lederriemen, Lederzunge und halbmondförmiger Schnalle war nur den Senatoren vorbehalten; in Niedergermanien trugen ihn also nur die Provinzstatthalter und die Legionslegaten. Am weitesten verbreitet waren die durchbrochenen Riemensandalen und die halb offenen Schnürschuhe; Abb 115
sie finden sich – meist in Resten – immer wieder in archäologischem Fundmaterial.
Viele Provinzbewohner werden sich jedoch kaum mehr als die einfachen *carbatinae*,
Schuhe aus einem einzigen Stück Leder geschnitten, oder gar nur Holzpantinen (*scul-
poneae*) haben leisten können.

Die römische Kleidung war kaum der Mode unterworfen. Modische Entwicklungen
und Züge zeigten sich lediglich in Frisuren und Schmuck. Hier wies der kaiserliche
Hof in Rom offenbar auch für die Nobilität und Teile der Oberschicht in der nieder-

Abb. 152   Bonn. Gewandnadeln (Kragenfibeln). Silber. – L. ca. 9 cm. 1. Jh. n. Chr. (RLM Bonn)

Abb 178, 219 germanischen Provinz die Richtung. Man trug dort einen kurzen Haarschnitt wie die julisch-claudischen Prinzen, aufgetürmte Lockenpyramiden wie die Flavierinnen oder Zopf- und Nestfrisuren wie die Frauen der Antoninen. Von der kunstvollen Frisur einer um 360 n. Chr. verstorbenen Frau blieben in einem Sarkophag aus Zülpich-Enzen nur noch 18 Haarnadeln aus Gagat und Bein. Die Barttracht wurde unter Kaiser Hadrian (118–136 n. Chr.) »hoffähig«. Solche Modetrends hat die Durchschnittsbevölkerung in Stadt und Land sicherlich nicht bemerkt, noch weniger mitgemacht. Im 1.–4. Jahrhundert n. Chr. war das Haar der meisten Männer in Niedergermanien – von jeder Mode unabhängig – kurz geschnitten, das der Frauen zu einem Haarkranz oder -knoten zusammengerafft. Ein wichtiges Kleidungszubehör waren die meist bronzenen Fibeln (*fibulae*); sie hatten zunächst die Funktion, die Mäntel – vornehmlich der Soldaten – und die Kleidungsstücke der Frauen wie Sicherheitsnadeln zusammenzuhalten. Die Bügelhöhe wurde von der Dicke des Stoffes bestimmt. Die für Gallien und die Rheinzone in der ersten Hälfte des 1. Jahrhunderts n. Chr. so charakteristischen großen kunstvollen Fibeln zeigen, daß sie auch als Schmuck dienten. Bei den *Abb 152* beiden silbernen Kragenfibeln aus dem Bonner Silberfund des 1. Jahrhunderts n. Chr. wird es nicht anders gewesen sein. Im 2. Jahrhundert n. Chr. entwickelten sich die Fibeln zu reinen Schmuckbroschen. Phantasievolle Formen – teilweise mit Kettchen verbunden – und farbige Emaileinlagen waren Mode. Spätestens nach der Mitte des 3. Jahrhunderts n. Chr. spielten Fibeln bei der Frauentracht keine Rolle mehr. Die *Taf 23b* auch im Rheinland häufig gefundenen Zwiebelknopffibeln des 3. und 4. Jahrhunderts *Abb 241* n. Chr. wurden nur noch von Soldaten und Beamten zum Heften der Mäntel benutzt; in Silber und Gold konnten sie in der Spätantike kaiserliche Ehrengeschenke sein. Die römische Frau schmückte sich mit Halsketten, Arm- und Fingerringen, Ohrgehängen und Haarnadeln. Zahlreiche Schmuckstücke – vor allem Amulettanhänger – hatten auch unheilabwehrenden oder glücksbringenden Charakter. Im 1. Jahrhundert n. Chr. wirkten noch das edle Metall und die Form wie bei der Bonner Silberkette mit der aufwendigen Zierscheibe; hier scheinen römisches Kunsthandwerk und einheimisch-germanisches Formempfinden zusammengewirkt zu haben. Mit dem torquesartigen Halsreif trägt auch die Frau auf dem um 50 n. Chr. entstandenen Familiengrab *Abb 150* aus Nickenich im Bonner Landesmuseum einheimischen Schmuck. Den wirklichen Grad ihrer Romanisierung verraten jedoch ihre zahlreichen Arm- und Fingerringe. Seit dem 2. Jahrhundert n. Chr. machte sich die Vorliebe für farbige Steine und für Kleinteiligkeit bemerkbar. Ein schönes Beispiel dafür ist das Schmuckensemble aus dem Bonner Mädchengrab (um 250 n. Chr.) mit Almandinkettchen und -ohrringen. *Taf 14* In diesen Zusammenhang gehören auch die zarten Durchbrucharbeiten, die wir vornehmlich als Ohrgehänge und bei Fingerringen, aber auch vereinzelt bei Gürtelschnallen kennen. Im 3. und 4. Jahrhundert n. Chr. wurde der Gagatschmuck – Ketten, Ringe, medaillonartige Anhänger, Haarnadeln und Armreifen – besonders geschätzt; so befinden sich unter den überaus reichen Beigaben der bereits erwähnten Sarkophagbestattung aus Zülpich-Enzen (um 360 n. Chr.) auch etliche Schmuckstücke aus Gagat. In dieser Zeit war auch Bernstein begehrt. Die tropfenförmige Bern- *Abb 215* steinkette aus dem Hambacher Forst zählt sicher zu den bedeutendsten Schmuckfun- *Taf 13* den, die bislang in Niedergermanien gemacht wurden. Der beliebteste Schmuck in römischer Zeit waren Fingerringe; sie wurden nicht nur von Frauen, sondern auch von Männern und – wie das bereits angeführte Grab eines acht- bis zehnjährigen Mädchens *Abb 55* aus Bonn zeigt – Kindern getragen. Es gab eine große Vielfalt; im Rheinland häufiger belegt sind Ringe mit Einlagen, besonders geschnittenen Edel- und Halbedelsteinen *Abb 551* (Gemmen), die man auch zum Siegeln benutzen konnte. Münzringe kamen erst im 2. Jahrhundert n. Chr. auf. Ein typischer Mädchenschmuck war schließlich noch das Scheitelband, das wir vielfach bei der jugendlichen Mittelfigur auf den niedergermani- *Abb 192* schen Matronensteinen der Zeit von 164 bis 243 n. Chr. beobachten können; es ist auch in Italien und in anderen westlichen Provinzen des Römischen Reiches nachgewiesen. Das einzige Original, das wir bis heute aus dem Rheinland kennen, wurde bereits 1668 in Zülpich-Enzen gefunden. Es ist aus feinem Golddraht geflochten und muß vermutlich in die zweite Hälfte des 3. Jahrhunderts n. Chr. datiert werden. Seine Aufschrift *Utere felix* (Trage mich mit Glück) scheint darauf hinzudeuten, daß auch diese Scheitelbänder – wie Amulette oder Schlangenarmbänder – ihren Trägerinnen Glück bringen sollten.

Bildung und Unterhaltung

In der römischen Gesellschaft mußte man lesen und schreiben können. Viele Verwaltungsvorgänge, Rechtsakte und Geschäftsabschlüsse bedurften der schriftlichen Form. Man setzte Inschriften auf öffentliche Bauten, auf Weihealtäre und Grabdenk-

mäler, bemalte die Hauswände mit Sprüchen und Parolen, kratzte seinen Namen auf
Gefäße, notierte den Amphoreninhalt und schrieb Briefe. Nötigenfalls bediente man
sich gelernter Stenografen, wie Xantias aus Köln, der – so ist in seiner Grabinschrift zu
lesen – schneller schreiben als sein Herr diktieren konnte. Die wichtigsten Schreib-
Abb 153 utensilien waren kleine wachsbeschichtete Holztafeln (*tabellae, cerae*) und spitze
Griffel (*stili*) aus Bronze oder Bein, mit denen man den Text meist kursiv in die Wachsschicht einritzte. Das spachtelartige Ende der *stili*, die auch im Rheinland häufig gefunden wurden, diente zum Glätten des Wachses, d. h. zum Ausstreichen und Lö-
schen des Geschriebenen. Eine Besonderheit ist in diesem Zusammenhang ein breiter
eiserner Wachsspachtel mit Goldauflage aus einem Brunnen in Bedburg-Buch-
holz/BM; er wurde ursprünglich einmal zum großflächigen Korrigieren oder zum
Neubeschichten der Schreibtafeln benutzt. Die hölzernen *tabellae*, die man häufig mit
einer Kordel zu zweit oder zu dritt zusammenband und vor einem Versand auch ver-
siegelte, haben sich dagegen in Niedergermanien – wie überall im Römischen Reich –
nur unter besonders günstigen Umständen, vor allem bei Feuchtlagerung, erhalten;
wir kennen derartige Funde aus dem verkippten ehemaligen Hafengelände der
Taf 19 CCAA-Köln. Schreibfedern (*calami*), Federhülsen und Tintenfässer aus Bronze und
Keramik zeigen, daß man ebenso auf Papyrus wie auf Pergament schrieb. Die meist
längeren Schriftstücke wurden zusammengerollt. Von diesen Schrift- und auch Buch-
rollen finden sich im Rheinland leider keine Spuren mehr; das organische Material ist
vergangen. Sie sind jedoch hin und wieder auf Reliefs, wie z. B. auf dem Grabstein des
Abb 182 P. Clodius aus Bonn, dargestellt. Der Verstorbene hält dort die Rolle in der linken

*Abb. 153   Xanten. Colonia Ulpia Traiana. Holztäfelchen, Wachsspatel, Griffel und andere
Schreibgeräte aus Bronze. – L. der Griffel max. 13,5 cm (Xanten, Regionalmuseum)*

Abb. 154   Köln. Sog. Philosophenmosaik. – Br. 7,06 m. Um 240 n. Chr. (RGM Köln)

Hand. Neben den Männerstatuen vom Grabmal des L. Poblicius aus Köln stehen so-   *Abb 181*
gar verschließbare Schachteln (*scrinia*) zum Aufbewahren und Transportieren mehrerer solcher Rollen. Daß mit diesen Attributen auf die Bildung der betreffenden Personen hingewiesen werden sollte, kann man nur vermuten.
In Wesseling/BM bei Köln fand sich der Grabstein des griechischen Philosophen
Q. Aelius Egrilius Euaretus, der seinen Freund und niedergermanischen Statthalter
Salvius Iulianus (nach 151 n. Chr.) an den Rhein begleitet hatte. Er macht deutlich, daß
sich die hohen Verwaltungsbeamten auch in den Provinzen mit gelehrten Freunden
umgaben und so Kunst und Kultur nach Kräften förderten. Natürlich waren aber auch
die Absolventen der örtlichen Grammatik- und Rhetorenschulen umfassend gebildet;
sie sprachen selbstverständlich Griechisch und hatten sich während ihrer Schul- und
Studienzeit nicht nur mit den römischen, sondern auch mit den griechischen Dichtern,
Schriftstellern und Philosophen intensiv auseinandergesetzt. Das Kölner Philoso-   *Abb 154*
phenmosaik aus der Zeit um 240 n. Chr., das die inschriftlich bezeichneten Büsten der

griechischen Denker Kleobulos, Gelon, Sokrates und Diogenes sowie des griechischen Tragödiendichters Sophokles zeigt, weist deutlich auf die Gelehrsamkeit gewisser Provinzialen – mag sie nun vorgetäuscht sein oder nicht – hin. Etliche Darstellungen in der Sepulkralkunst setzen detaillierte Kenntnisse der griechischen Mythologie
voraus. Auf dem Sarkophag, den Severinia Severina in der ersten Hälfte des 2. Jahrhunderts n. Chr. ihrem in Köln verstorbenen Vater C. Severinius Vitalis anfertigen
ließ, sind mit der Errettung der Hesione vor einem Seeungeheuer, dem Raub des del-
phischen Dreifußes und der Tötung des Minotaurus in der provinzialrömischen Kunst
seltenere Themen aus der Herakles- und Theseussage in Reliefs umgesetzt worden. Im
Giebel eines Grabmals aus Inden-Frenz/DN, das in die zweite Hälfte des 2. Jahrhunderts n. Chr. datiert werden kann, war die Flucht der Iphigenie aus Tauris dargestellt;
dieser Szene lag eine Tragödie des Euripides zugrunde. Schließlich dürften auch die
Theatermasken, die hin und wieder römische Grabdenkmäler im Rheinland geschmückt haben, gewollte Bezüge zum griechischen Theater gewesen sein.

Abb 156   In der *CCAA*-Köln gab es offenbar ein Theater (*odeum*) mit einem zweistöckigen
Bühnenhaus, über dessen reiche architektonische Gliederung wir vermutlich durch
ein kleines, leider fragmentiertes Steinmodell unterrichtet sind; seine Lage ist allerdings bislang unbekannt. Wenn entsprechende Schauspielertruppen in der Provinzhauptstadt gastierten, spielte man dort für das ›Bildungsbürgertum‹ griechische Tra-
gödien und Komödien, italisch-römische Dramen und Satiren. Die breite Masse bevorzugte jedoch sicherlich die volkstümlichen, meist derben Lust- und Possenspiele.
Eine wichtige Funktion bei diesen *ludi scenici* hatten die Masken. Sie charakterisierten
die verschiedenen Spieltypen: den jugendlichen Helden und Liebhaber, das wohlerzo-
gene und begehrenswerte Mädchen, den bösen Intriganten und die erfahrene Hetäre,
die streitsüchtige Alte, den pfiffigen Sklaven und die zuverlässige, aber freche Diene-
rin, um die Hauptpersonen zu nennen. Die Tragödienmasken mit ihren hohen Frisuren sind aus Niedergermanien nur durch Darstellungen auf Lampen, Grabdenkmälern
und Wandmalereien bekannt; auch die Komödientypen sind im Rheinland bislang selten belegt. Um so wichtiger ist das Maskenfragment einer reichen Hetäre aus Xanten,
das gleichzeitig dort auch für die Mitte des 2. Jahrhunderts n. Chr. Komödienauffüh-
Abb 157   rungen bezeugt. Eine Bronzelampe aus *Novaesium*-Neuss zeigt eine Sklavenmaske
(1. Hälfte 1. Jh. n. Chr.). Die Tonmasken des Buckligen (*dossinus*) und des Vielfraßes
Abb 155   (*manducus*), die in Köln gefunden wurden und in die zweite Hälfte des 2. Jahrhunderts
n. Chr. zu datieren sind, gehörten wohl zur Ausstattung der beliebten possenartigen
Volksstücke. Die Schauspiele wurden von Flötenmusik begleitet; deshalb waren die
Flötenspieler oft fest in das Ensemble eingebunden. Ein solcher Chorflötist namens
Ruphus – ein weitgereister Grieche – starb im 3. Jahrhundert n. Chr. vermutlich wäh-
rend eines Gastspiels in der *CCAA*-Köln. Auch der Flötist Sidonius, dem um 200
n. Chr. eine metrisch verfaßte Grabinschrift gesetzt wurde, könnte im Kölner Theater
tätig gewesen sein.
Den größten Unterhaltungswert besaß in römischer Zeit das Geschehen in den

Abb. 155   Köln. Theatermaske. Ton. – H. 27,5 cm.
2. Hälfte 2. Jh. n. Chr. (RGM Köln)

Abb. 156   Köln. Theatermodell. Teil des Bühnenhauses.
Kalkstein. – H. 22 cm. 2./3. Jh. n. Chr. (RGM Köln)

Abb. 157   Neuss. Lampe in Form einer Theatermaske
(Sklave). Bronze. – L. 10 cm. 1. Hälfte 1. Jh. n. Chr.
(RLM Bonn)

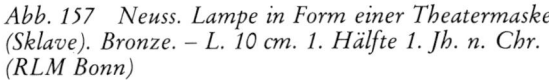

Abb. 158 Xanten-Birten. Amphitheater. Luftbild (Freigabe RP Düsseldorf 43 H 4)

stadionähnlichen Amphitheatern. Wie in der Hauptstadt Rom die Kaiser dem Volk ›Brot und Spiele‹ (*panem et circenses*) stifteten, finanzierten auch anderswo im Römischen Reich meist die hohen Verwaltungsbeamten, Ratsherren und reichen Bürger aus den unterschiedlichsten Gründen, aber in ähnlicher Absicht Gladiatorenspiele und Tierhetzen (*venationes*). So konnten sie sich nämlich leicht der Volksgunst versichern. Im nordrhein-westfälischen Teil Niedergermaniens sind bislang drei Amphitheater

Abb 158, 537 belegt. Die Erdanlage südlich des Militärlagers Vetera I auf dem Fürstenberg bei Xanten dürfte in neronischer Zeit (54–68 n. Chr.) entstanden sein; sie faßte schätzungsweise 6000 Zuschauer. Vieles spricht dafür, daß sie bis ins 3. Jahrhundert n. Chr.

Abb 544, 545 hinein benutzt wurde. Das steinerne Amphitheater der *CUT*-Xanten, das heute teilweise rekonstruiert ist, wurde um 200 n. Chr. errichtet; mit seiner fast ovalen Arena von 60 x 48 m und einem Fassungsvermögen von ca. 12 000 Zuschauern zählte es zu den mittleren Anlagen seiner Art. Es verfügte u. a. über breite Arenazugänge (*portae pompae*), Tierkäfige (*carceres*) und Gladiatorenräume sowie offenbar auch über eine Hebebühne zum Transport evtl. benötigter Kulissen. Ausgrabungen ergaben, daß sich an gleicher Stelle ein Vorgängerbau mit hölzernen Zuschauerrängen aus der Zeit der Stadtgründung um 100 n. Chr. befunden hat. Auch wenn das Amphitheater der *CCAA*-Köln, das sicherlich bald nach 50 n. Chr. errichtet wurde, noch nicht exakt lokalisiert werden konnte, ist es doch durch Inschriften hinlänglich bezeugt. So ließ ein A. Titius Serverus zwischen 90 und 120 n. Chr. ein Tiergehege (*vivarium*) einzäunen, in dem die Tiere für die Tierhetzen gehalten wurden. Im 2. Jahrhundert n. Chr. dankte der Centurio Q. Tarquitius der Jagdgöttin Diana, weil es ihm gelungen war, innerhalb

Abb. 159   Köln. Grabstein der Gladiatoren Aquilus und Muranus. Kalkstein. – H. 2,30 m. Mitte 1. Jh. n. Chr. (RGM Köln)

Abb. 160   Xanten-Birten. Weihung des Bärenfängers Cessorinius Ammausius für Silvanus. Kalkstein. – H. 0,57 cm. Zwischen 222 und 235 n. Chr. (Xanten, Regionalmuseum)

von sechs Monaten 50 Bären – sicherlich für die Kölner Arena – zu fangen. Schließlich sei noch die Diana-Nemesis-Weihung des Gladiators Aurelius Avitus vom Ende des 2./Anfang des 3. Jahrhunderts n. Chr. erwähnt; Nemesis war die Schutzpatronin der Amphitheater.

Der Reiz der Gladiatorenkämpfe bestand vor allem darin, Gladiatoren unterschiedlicher Bewaffnung, jedoch mit gleichen Chancen gegeneinander kämpfen zu lassen. So traten z. B. die herkömmlich bewaffneten *Samnites* oder *secutores* gegen die *retiarii* an, die sich mit Netz und Dreizack zur Wehr setzten. In anderen Fällen standen die *murmillones* mit den Kurzschwertern gegen die *Thraces* mit ihren typischen Sicheldolchen. Entsprechende Kampfszenen sind auf vielen Lampen oder sog. Gladiatorenbechern, die sich verschiedentlich im Rheinland gefunden haben, dargestellt. Das Kölner Gladiatorenmosaik aus dem 2. Jahrhundert n. Chr. ist leider zu stark fragmentiert, um einen Gesamteindruck zu vermitteln. Der Grabstein zweier Gladiatoren aus Köln (Mitte 1. Jh. n. Chr.) zeigt im Relief einen Samniten im Kampf mit dem Thrax. Gladia- *Abb 159* torenwaffen sind dagegen in Niedergermanien bislang kaum nachgewiesen. Aus *Vetera I* bei Xanten kennen wir ein verziertes Helmfragment des 1. Jahrhunderts n. Chr. Vielleicht muß man auch den vergoldeten Bronzegreifen aus dem Amphitheater der

CUT-Xanten mit einem Gladiatorenhelm in Verbindung bringen. Die ›Helmgläser‹ aus Köln sind dagegen von geringem antiquarischem Wert.

Die Gladiatorenkämpfe gingen oft auf Leben und Tod. Das endgültige Schicksal des Unterlegenen lag meist in den Händen der Zuschauer. Für die Ermordung von Christen in den Amphitheatern Niedergermaniens fehlen bislang alle Belege. Die Gladiatoren waren in Schulen (*ludi*) zusammengefaßt; dort wurden sie auch ausgebildet und auf ihren Einsatz vorbereitet. Für Köln ist ein Gladiatorentrainer (*doctor gladiatorum*) aus dem 2. Jahrhundert n. Chr. namens Germanius Victor inschriftlich belegt. Vermutlich hat es also auch in der Provinzhauptstadt solche Gladiatorenschulen gegeben. Das Militär hielt sich wohl seine eigene Gladiatorengruppe. Auf einem Barbotine-Be-

Abb 211 cher in Colchester/GB sind Gladiatoren der *legio XXX Ulpia victrix* namentlich erwähnt. Bei ihnen handelte es sich augenscheinlich um Stars der Arena, die auch in Britannien ihre Fans zu begeistern wußten. In militärischen Diensten standen auch Bä-

Abb 160 renfänger wie Cessorinius Ammausius, der zwischen 222 und 235 n. Chr. aus Dankbarkeit unweit des Amphitheaters auf dem Fürstenberg bei Xanten dem Waldgott Silvanus weihte. Auf der Weihung ist ein Bär zu erkennen; zweifellos wurden im Rheinland bei Tierhetzen hauptsächlich einheimische Tiere wie Bären, Stiere, Wildschweine und Hirsche gejagt und aufeinander losgelassen. Offenbar beziehen sich auch die rheinischen ›Jagdbecher‹ des 3. Jahrhunderts n. Chr., die Rot-, Reh- und Niederwild von Hunden gehetzt zeigen, auf Arenaspiele.

Die in römischer Zeit beliebten Wagenrennen fanden im *circus* statt. In Niedergermanien wird bestenfalls die *CCAA*-Köln über eine solche langgestreckte, von Tribünen eingefaßte Rennbahn verfügt haben; sie konnte dort allerdings archäologisch noch nicht nachgewiesen werden. Auch die Kölner Einzelfunde helfen in dieser Frage nicht viel weiter. Zwar kennen wir aus Köln marmorne Spielsteine mit den Namen vermutlich berühmter Rennpferde wie Mirandus oder Pegasus, die auch in Köln gelaufen sein könnten; bei den sog. Zirkusbechern mit ihren Rennszenen aber handelt es sich um Reliefgläser ohne erkennbaren örtlichen Bezug, die in der zweiten Hälfte des 1. Jahrhunderts n. Chr. im Westteil des Römischen Reiches weit verbreitet waren. Der sog.

Abb 161 Zirkuskontorniat, der bei Ausgrabungen in einem um 360 n. Chr. verfüllten Keller am südlichen Domturmfundament zutage kam, findet auch anderswo thematische Parallelen; es ist deshalb zweifelhaft, ob der auf dieser Medaille genannte Wagenlenker Filarmatius mit seinem Viergespann, dessen Leitpferd Heliodromus heißt, bei einem

Taf 16 Rennen in Köln gesiegt hat. Die berühmte Zirkusschale aus einem Sarkophag in Köln-Braunsfeld bezieht sich wohl auch nicht auf ein Kölner, sondern vielmehr auf ein stadtrömisches Rennereignis in konstantinischer Zeit (306–337 n. Chr.); sie zeigt vier siegreiche Quadrigen offenbar im dortigen *Circus Maximus*. Aus Zülpich-Ülpe-

Taf 11 nich/EU kennen wir schließlich eine bemalte Glasflasche mit zwei Viergespannen, die unter der Peitsche der Wagenlenker auf eine Wendemarke (*meta*) zurasen. Die Zirkusarchitektur, besonders die typische Trennmauer (*spina*), ist flüchtig angedeutet. Aber wiederum ist hier nicht die Kölner Rennbahn gemeint; die Aufschrift *Provincia Bel-*

Abb. 161   Köln. Medaille (Kontor-niat) mit siegreichem Viergespann (Vorderseite). Bronze. – Dm. 4,4 cm. 1. Hälfte 4. Jh. n. Chr. (RGM Köln)

Abb. 162   Bonn. Spielsteine. Glas, Ton. – Dm. max. 2,4 cm. Zwischen 250 und 275 n. Chr. (RLM Bonn)

gica verlegt das Geschehen vermutlich nach *Augusta Treverorum*-Trier, wo bei den provinzialen Festspielen auch vielbeachtete Wagenrennen auf dem Programm gestanden haben.

Die Römer vertrieben sich gern die Zeit mit Knobel-, Brett- und Würfelspiel; sie spielten zu Hause, in den Thermen und Kneipen, auf den Straßen und öffentlichen Plätzen. Die meisten Spiele sind nur aus römischen Schriftquellen oder auf Darstellungen aus Italien überliefert, mag es sich nun um die verschiedenen Nüsse- oder Knöchelspiele, um das Mühle- oder auch das Söldnerspiel handeln. Aus dem Rheinland kennen wir allerdings zahlreiche Spielmaterialien: Bronze- und Beinwürfel (*tesserae*) mit eingelassenen oder eingebohrten Augen, verschiedenfarbige, oft auch unterschiedlich große und verzierte Spielsteine (*calculi*) aus Glas, Bein und Keramik sowie ›Spielbretter‹ in Form von Ziegelplatten, in die Spielfelder eingeritzt wurden. Besonders zu erwähnen sind in diesem Zusammenhang die insgesamt 26 blauen, schwarzen, roten und grünen Glassteine, die zusammen mit einem etwas größeren aus dem Boden einer Terra-sigillata-Tasse hergerichteten (Ziel?)Stein in einem reich ausgestatteten Bonner Mädchen-

Abb 162   grab aus der Zeit zwischen 250 und 275 n. Chr. lagen. Ein bislang einzigartiges Spiel-
Taf 15   gerät aus römischer Zeit ist der 22,5 cm hohe, reichverzierte bronzene Würfelturm (*turricula, pyrgus*) aus Vettweiß-Froitzheim/DN. Die Würfel wurden oben hineingeworfen, kullerten über drei gewellte schiefe Ebenen nach unten und rollten schließlich auf das Spielbrett; dadurch waren Manipulationen und Betrug unmöglich. Den Würfelturm benutzte man auch beim sog. Zwölf-Punkte-Spiel (*ludus XII scriptorum*), bei dem meist metrische, als Hexagramme – d. h. sechs Wörter zu je sechs Buchstaben – abgefaßte Sprüche mit gelegentlichen Anspielungen auf militärische Ereignisse das Spielgeschehen bestimmten. Auf der Front des Froitzheimer Würfelturmes, der in die erste Hälfte des 4. Jahrhunderts n. Chr. gehört, steht deshalb auch: »Die Pikten sind besiegt, der Feind ist vernichtet. Spielt in aller Ruhe« (*Pictos victos, hostis deleta. Ludite securi*); die Rück- und Nebenseiten erinnern dann wieder deutlicher an Spiel und Vergnügen: »Benutze mich und lebe glücklich« (*Utere felix vivas*).

Taf 10a   Sprüche sind vielfach auch auf Trinkgefäßen aus rheinischen Fundzusammenhängen zu lesen; sie führen ins Kneipenmilieu: »Auf euer Wohl, Freunde!« (*vivatis amici*), »Es schmeckt!« (*iuvat me*), »Füll nochmal nach!« (*reple*), »Den Wein pur!« (*da merum*) oder »Laßt uns trinken« (*bibamus*). Ein regelrechtes Weingedicht ist uns auf

Abb 163   einem kugeligen Becher vom Anfang des 4. Jahrhunderts n. Chr. überliefert, das aus dem spätrömischen Gräberfeld von Krefeld-Gellep stammt.

In Niedergermanien sind bislang noch keine römischen Wirtshäuser (*tabernae*) ausgegraben worden, obwohl es sie vor den Militärlagern, in den Städten und Siedlungen entlang der Reichsstraßen sicherlich in großer Zahl gegeben hat; nach Befunden andernorts – vornehmlich in Pompeji und Ostia – bestanden sie gewöhnlich aus einem oder mehreren kleinen Räumen mit Bänken, Tischen und Stühlen. Zur Straße hin hatten sie eine niedrige Verkaufstheke, in die oft Tongefäße für Wein und Öl eingelassen waren; daneben befand sich ein Herd zum Wärmen der Speisen. Die Garküchen (*ther-*

Abb. 163   Krefeld-Gellep. Trinkbecher mit eingeritztem Weingedicht. Ton. – H. 8 cm. Anfang 4. Jh. n. Chr. (Krefeld, Museum Burg Linn)

mopolia) boten Kleinigkeiten – z. B. Suppen, gekochte Erbsen, Bohnen und Würste – schnell und preiswert an; hier konnten sich Passanten und Anwohner ihr Essen kaufen. In den Schenken (*popinae, cauponae*) ging es oft hoch her; Musik, Glückspiele und leichte Mädchen sorgten für Abwechslung und Unterhaltung. Eine Polizeistunde gab es nicht. Das Publikum kam meist aus den unteren Bevölkerungsschichten: Soldaten, Tagelöhner, entlaufene Sklaven und fahrendes Volk. Aber auch die Wirte und das Schankpersonal standen in einem schlechten Ruf; ihr Hang zur Panscherei, Betrug und Prostitution war sprichwörtlich.

Nahrung, Eß- und Trinksitten

Über die Ernährung der Bevölkerung im römischen Rheinland, ihre Eß- und Trinkgewohnheiten sind wir durch eine Fülle detaillierter Grabungsergebnisse gut unterrichtet. Die paläobotanischen Untersuchungen von Pflanzenresten aus Brunnenfüllungen, Latrinen und niedergebrannten Speicherräumen haben ergeben, daß der ertragreiche Dinkel und der spelzenlose Saatweizen, den die Römer an den Rhein gebracht hatten, die wichtigsten Brotgetreide in den Städten und Siedlungen waren. Das Militär scheint dagegen die härtere Gerste bevorzugt zu haben. Ansonsten bildeten Hülsenfrüchte – Erbsen, Bohnen, Linsen – die Ernährungsgrundlage in Niedergermanien. Das Frischfleisch stammte nach dem bislang ausgewerteten Knochenmaterial aus den Grabungen in *Novaesium*-Neuss, *Durnomagus*-Dormagen und *CUT* Xanten zu fast 80 Prozent vom Rind, im übrigen von Schwein, Schaf und Ziege. Die meisten Tiere wurden jung geschlachtet. Wild – Rothirsch, Reh, Wildschwein und Hase –

spielte für die Fleischversorgung eine geringe Rolle. An Geflügel kamen Huhn, Gans und Stockente auf den Tisch. Aus dem Rhein und seinen Nebenflüssen wurden Hecht, Stör, Salm und Zander gefangen. Man aß auch Weinbergschnecken, Flußmuscheln und Nordseeaustern; ihre Schalen finden sich immer wieder in römischen Abfallgruben. Kohl, Möhren, Mangold, Rüben, Sauerampfer, Feldsalat und Sellerie sind einige der nachgewiesenen, teils erst von den Römern ins Rheinland eingeführten Gemüse- und Salatpflanzen. Importiert wurden Oliven, Kichererbsen und Knoblauch. Das Obstangebot bestand sowohl aus einheimischem Wildobst wie verschiedenen Beerensorten (z. B. Waldbeeren, Himbeeren, Brombeeren), Haselnüssen und Holunder als auch aus mediterranem Kulturobst wie Kirschen, Pfirsichen, Birnen und Äpfeln, das im 1. Jahrhundert n. Chr. auch in der niedergermanischen Provinz heimisch wurde. Bei den verschiedentlich nachgewiesenen Feigen und Datteln handelte es sich zweifellos um italische oder nordafrikanische Importe.

Die römische Küche zeichnete sich durch eine geschmackliche Vielfalt aus; dazu benötigte man Kräuter und Gewürze: Dill, Kümmel, Koriander, Fenchel, Anis, Minze, Bohnenkraut, Petersilie, Thymian, Majoran und vor allem indischen Pfeffer. Die Speisen wurden aber auch mit Salz oder – und das traf eher den römischen Geschmack – mit einer Fischsauce aus ausgepreßten Sardellen (*liquamen, garum*) gewürzt, die in Nordafrika und Südspanien produziert und zumindest bis gegen Ende des 1. Jahrhunderts n. Chr. in eigens dafür hergestellten Transportamphoren bis nach Niedergermanien verhandelt wurde. Später gab es vermutlich nur noch *allec*, eine qualitativ offensichtlich wesentlich schlechtere Würze. Auch das Olivenöl wurde aus Spanien in entsprechenden Amphoren eingeführt. Wegen des langen Transportweges wird es – ebenso wie das *liquamen* – teuer und für die meisten Provinzbewohner unerschwinglich gewesen sein; im Rheinland wurden deshalb wohl überwiegend tierische Fette und Öle aus Lein-, Mohn- und Leindottersamen verwendet. Zum Süßen diente Honig. Man betrieb auch intensive Vorratswirtschaft für die Wintermonate. So wurden Frischfleisch und Fisch geräuchert, gepökelt und in Honig und Öl eingelegt sowie Hülsenfrüchte und Obst getrocknet. Beim Essen trank man Wasser oder mit Wasser verdünnten, teilweise auch gewürzten Wein, der vornehmlich aus dem Moselgebiet und aus Südfrankreich kam. Die reichen Provinzialen bevorzugten allerdings Weine aus Italien, Spanien und Griechenland. Eine römische Spezialität war *mulsum*, ein mit Honig versetzter Most. Man kannte auch schon Bier (*cerevisia*).

Das Frühstück (*ientaculum*), das man in römischer Zeit gewöhnlich zur dritten oder vierten Stunde (= 8.00–10.00 Uhr) einnahm, bestand aus Brot und Wasser, Oliven, Käse, Milch und Eiern; hin und wieder wurden auch die Reste vom Vortag verzehrt. Um die sechste Stunde (= 12.00–13.00 Uhr) folgte ein leichtes Mittagessen (*prandium*). Die Hauptmahlzeit (*cena*) fiel in die neunte und zehnte Stunde (= 15.00–17.00 Uhr) und bestand aus mehreren – meist drei – Gängen; sie konnte bis in die Abendstunden dauern. Als Vorspeisen (*gustationes*) wurden Appetithappen serviert: z. B. weichgekochte Eier, Krusten- und Schalentiere, Fische, verschiedene Gemüse und Sa-

Abb 165

Abb. 164 *Köln. Grabstein des C. Iulius Maternus mit Mahlszene. Kalkstein. – H. 0,91 m. Um 135 n. Chr. (RGM Köln)*

late. Den Hauptgang (*caput cenae*) bildeten Fleisch- oder Fischgerichte mit entsprechenden Saucen und Beilagen. Zum Nachtisch (*mensa secunda*) gab es Käse, Obst und Backwerk.

Nach römischer Sitte lagen die Männer beim Essen auf einer Liege (*cline*); davor stand ein kleiner Tisch, auf dem die Trinkbecher, die verschiedenen Saucennäpfe oder auch die Obstschalen abgestellt werden konnten. In einigen vornehmen Häusern gab es auch Eßräume (*triclinia*) mit fest eingebauten Liegebänken. Frauen, Kinder und Sklaven – soweit sie in der Familie mitaßen – saßen bei Tisch. Solche Mahlszenen sind häufig auf rheinischen Grabreliefs des 1. und 2. Jahrhunderts n. Chr. dargestellt. Die Speisen wurden bereits portioniert auf Platten, Schüsseln und Schalen aus Ton, Metall oder Glas angeboten. Man aß mit den Fingern; Gabeln waren unbekannt. Deshalb hatte jeder seine Serviette. Außerdem hielten in vornehmen Kreisen bei den Gelagen Diener jederzeit mit Wasser gefüllte Kannen und Griffschalen zum Waschen der Hände bereit. Tischdecken kamen offenbar erst gegen Ende des 1./Anfang des 2. Jahrhunderts n. Chr. auf. Für flüssige Speisen gab es unterschiedlich geformte Löffel (*cochlear, ligula*); mit ihrem spitzen Stiel konnte man auch Eier, Muscheln und Schnecken öffnen. Messer, die bislang vor allem aus Grabinventaren bekannt sind, können als Geflügel- oder Obstmesser interpretiert werden.

Zahlreiche römische Dichter und Schriftsteller berichten von üppigen Gelagen, bei de-

Abb 114, 164
Abb 255, 184

Abb 262

nen höchst ausgefallene und phantasievoll zubereitete Fleisch- und Fischspeisen, wohlabgeschmeckte Gemüse und Salate, ausgewählte Obstsorten und feinstes Gebäck gereicht wurden. Das von dem Satiriker C. Petronius (gest. 66 n. Chr.) geschilderte Gastmahl des ungebildeten, aber reichen Emporkömmlings Trimalchio, der um die Mitte des 1. Jahrhunderts n. Chr. in Rom mit geschmacklosem Luxus und grenzenloser Verschwendung seine Gäste zu beeindrucken suchte, kann allerdings nicht einmal für die stadtrömische Oberschicht verallgemeinert werden; in der Provinz wird man sich diesen Lebensstil selbst auf dem Höhepunkt der Romanisierung nicht geleistet haben. Das angebliche Kochbuch des Feinschmeckers Apicius, das allerdings wohl erst im 4. Jahrhundert n. Chr. zusammengestellt wurde, nennt dagegen eine Reihe von Rezepten, nach denen zumindest auch in den römischen und besser gestellten Bevölkerungsschichten Niedergermaniens gekocht wurde. Da ist z. B. von gekochten, pikant gewürzten Kürbissen mit Datteln und Pinienkernen und einer süßsauren Sauce, von Grillwürstchen mit Weizengrütze und gewürztem Gehacktem, von Kalbfleisch in Pfeffersauce mit Lauch und Quitten oder auch von gefülltem Spanferkel mit Birnensoufflé die Rede. Reiche Familien hatten Köche und anderes Küchenpersonal mit entsprechender Erfahrung in ihren Diensten, die die römische Kochkunst auch am Rhein praktizierten. In Köln ist zumindest eine Vereinigung der Küchenjungen inschriftlich belegt. Die meisten Provinzbewohner mußten sich jedoch bei ihren Mahlzeiten mit Wasser und Brot, Speltbrei (*puls*) aus Dinkel, Emmer und Hirse, mit Gerstengrütze (*polenta*) oder anderen Eintopfgerichten, vor allem aus Hülsenfrüchten, sowie mit einheimischem Gemüse und Obst begnügen. Die einfachen Leute haben ihr Essen sicherlich auch im Sitzen eingenommen.

Die sozialen Unterschiede in der Provinz Niedergermanien lassen sich besonders deutlich am römischen Tafelgeschirr ablesen. Die feine, rotglänzende und teilweise re-

Taf 10b liefverzierte *Terra sigillata*, die im 1. Jahrhundert n. Chr. aus Italien und Südgallien *Abb 211* eingeführt werden mußte, konnten sich aus finanziellen Gründen anfänglich nur das Militär und die zivile Oberschicht leisten. Ein solches Service bestand gewöhnlich aus je vier Tellern, Schalen und Näpfen; hinzukamen runde und ovale Auftrageplatten aus *Abb 262* Bronze oder Silber, die nicht selten in Ton oder Glas imitiert wurden. Ähnliches galt auch für die Kannen, Krüge und Trinkbecher. Im 2. und 3. Jahrhundert n. Chr. war dann das in Mittel- bzw. Ostgallien und Obergermanien massenhaft produzierte Terra-Sigillata-Geschirr so preiswert, daß es sich auch der provinziale Mittelstand kaufen konnte; der wohlhabendere Teil der Bevölkerung bevorzugte daraufhin noch mehr als *Taf 12* früher kostbares Metallgeschirr oder kunstvolle Glasgefäße. Viele und verschiedene *Abb 267* Hausgeräte zu besitzen, war in römischer Zeit auch ein Zeichen von Wohlstand. Ärmere Leute benutzten beispielsweise die Teller – sofern sie nicht aus Holz waren – nicht nur zum Essen, sondern auch zum Kochen und Backen. Meist bestimmten In- *Abb 165* halt und Funktion die Form der Gefäße. Amphoren mit Wein, Öl oder Saucen unterschieden sich schon äußerlich voneinander. Mit dem spitzen Unterteil konnten sie in ein Gestell gesetzt oder in die Erde gesteckt werden. Die Kochtöpfe hatten meist eine

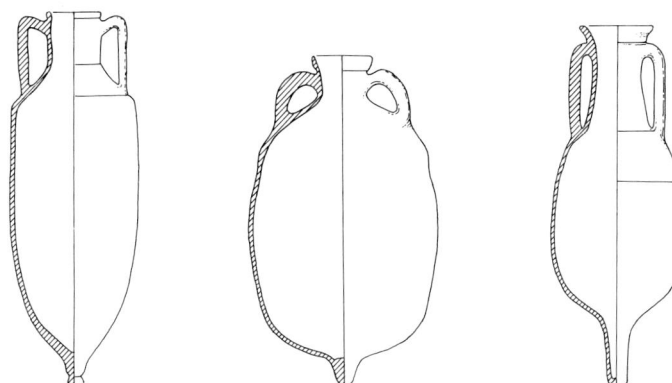

Abb. 165 Amphoren für Wein, Öl und Saucen. 1. Hälfte 1. Jh. n. Chr. (Zeichnung)

weite Öffnung und einen Deckel; mit ihrem breiten Boden standen sie sicher auf dem *Abb 105* eisernen Herdrost. Die sog. Honigtöpfe, die in vielfältiger Weise als Vorrats- und Einmachgefäße benutzt wurden, konnten zugebunden und an zwei schlaufenförmigen Henkeln aufgehängt werden, damit sie vor Ungeziefer aller Art sicher waren. Das charakteristischste römische Küchengerät war die Reibschüssel mit aufgerauhter Innenwand (*mortarium*). Sie diente wie ein Mörser zum Zerreiben von Körnern und Gewürzen; außerdem verwendete man sie zum Anrühren von Saucen und zum Teigkneten. Solche *mortaria* sind im Rheinland in großer Zahl gefunden worden. Eine Töpferei in Vettweiß-Soller/DN stellte in der zweiten Hälfte des 2. Jahrhunderts bis in *Abb 527* die erste Hälfte des 3. Jahrhunderts n. Chr. ausschließlich diese Gefäße her und verhandelte sie weithin.

Körperpflege, Hygiene und Medizin

Die großen Badeanlagen (Thermen) im Legionslager von *Novaesium*-Neuss, in der *CUT*-Xanten und in *Aquae Granni*-Aachen, aber auch die kleineren Bäder in *Tolbia-* *Abb 548, 272* *cum*-Zülpich oder im Bereich römischer Gutshöfe wie Blankenheim, Euskirchen- *Abb 559, 166* Kreuzweingarten und Aachen-Süsterfeld, um nur einige im nordrhein-westfälischen Teil Niedergermaniens ergrabene Thermen zu nennen, unterstreichen die Bedeutung, die der Körperpflege und der Badekultur – wesentliche Elemente römischen Lebens – auch im äußersten Nordwesten des *Imperium Romanum* zukamen.
Die Römer waren gewohnt, täglich ein Bad zu nehmen; dies glaubten sie aus hygienischen und gesundheitlichen Gründen gleichermaßen tun zu müssen. Reiche Haus- und Villenbesitzer verfügten meist über eigene Baderäume. Die anderen gingen in die öffentlichen Badeanstalten; die Eintrittspreise waren – wenn sie überhaupt erhoben wurden – niedrig. Frauen und Männer badeten gewöhnlich entweder zu verschiede-

Abb. 166   Aachen-Süsterfeld. Badegebäude einer villa rustica. Ausgrabungen des Rheini-schen Landesmuseums 1981

nen Zeiten oder in getrennten Räumen. Bei den wenigen Gemeinschaftsbädern in Rom mußten die Aufsichtsbehörden immer wieder gegen allzugroße Freizügigkeit einschreiten. Der Badevorgang selbst verlief in mehreren Etappen und gestaltete sich äußerst zeitintensiv. Man nahm hintereinander unterschiedlich temperierte Bäder, schwitzte und ließ sich massieren. Das Raumprogramm und die Gliederung römischer Thermen waren ganz den Erfordernissen angepaßt: An den Umkleideraum (*apodyte-rium*) schloß sich vielfach das Kaltwasserbad (*frigidarium*) an. Dahinter lagen das Lau-bad (*tepidarium*), das Schwitzbad (*laconicum*) und nicht selten ein oder mehrere Warmlufträume (*sudatoria*). Den abschließenden Raum bildete das Heißwasserbad (*caldarium*). Ein offener Hof (*palaestra*) – oft von einer Säulenhalle (*porticus*) umgeben – bot die Möglichkeit, Sport und Gymnastik zu treiben. Außerdem gab es in römi-schen Badeanlagen meist auch noch Massage-, Gesellschafts- und Bibliotheksräume, in denen man sich entspannen konnte. Die öffentlichen Thermen waren häufig groß-zügig gebaut und prunkvoll ausgestattet. In der *CUT*-Xanten nahmen sie ein ganzes

Abb 548 Straßengeviert (*insula*) ein. Auch dort waren etliche Wannen und Becken mit Marmor ausgekleidet. Von der ursprünglichen Großarchitektur mit den weitgreifenden Kup-pelkonstruktionen, den Apsiden, Nischen, Bögen und Säulen hat sich nur noch wenig, von ihrem figürlichen Schmuck leider nichts mehr erhalten. Statt dessen zeigen sich auch heute noch die Zu- und Ableitungen für das benötigte Wasser, vor allem aber das komplizierte Heizungssystem für Fußböden und Wände (*hypocaustum*), das *Abb 137* eindrucksvoll das technische Vermögen römischer Architekten und Ingenieure belegt.

In römischer Zeit liebten es Frauen und Männer gleichermaßen, sich zu salben und zu schminken; parfümiert wurden das Badewasser, der Körper und die Kleider. Der Handel mit Kosmetika blühte auch am Rhein; aus Köln ist ein Parfum- und Salbenhändler namens Sex. Haparonius Iustinus bekannt, der vermutlich im 2. Jahrhundert n. Chr. starb. Die Parfums, Schminken, Tinkturen, Öle und Salben wurden in kleinen Behältern, in sog. Balsamarien aus Ton, Bronze und vor allem Glas transportiert und *Abb 167* aufbewahrt. Sie waren beliebte Grabbeigaben, so daß sich in römischen Gräbern häufig teils langhalsige, teils kugelige Glasfläschchen finden. Manchmal haben sie auch die Form einer Kugel oder eines Fäßchens, eines Fisches oder gar eines Schweinchens. Besonders reizvoll sind die zarten Taubenflacons, die vermutlich in Oberitalien hergestellt wurden und zu Beginn des 1. Jahrhunderts n. Chr. offenbar weit verbreitet waren. Die gläsernen Pantoffeln aus Köln dagegen, die auch als Parfumbehälter ge- *Abb 168* dient haben, sind bislang – ebenso wie das kostbare Achatgefäß vom Ende des 3. Jahrhunderts n. Chr. aus einem Frauensarkophag in Köln-Lindenthal – einmalig. In die- *Abb 424* sem Zusammenhang müssen auch die kleinen Bronzegefäße in Gestalt von Satyrbüsten, kauernder Neger und Silenen für die Aufbewahrung von Weihrauchkörnern erwähnt werden, die im Rheinland allerdings bis heute nur in geringer Zahl gefunden

 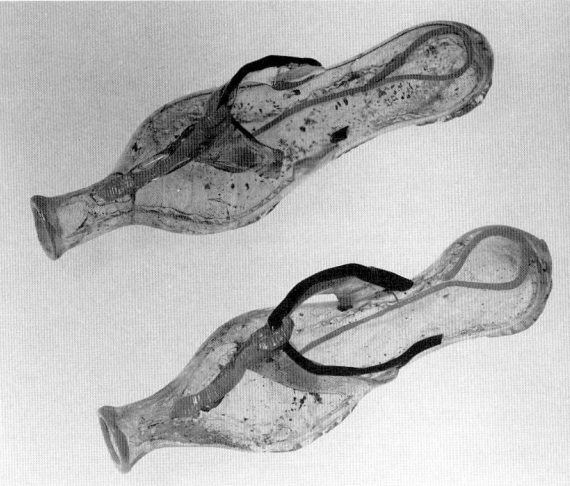

Abb. 167   Köln. Taubengestaltige Parfüm- oder Schminkflakons. Glas. – L. max. 15,5 cm. 1. Hälfte 1. Jh. n. Chr. (RGM Köln)
Abb. 168   Köln. Pantoffelförmige Parfümbehälter. Glas. – L. 22,9 bzw. 24,3 cm. Ende 2. Jh. n. Chr. (RGM Köln)

wurden. Das schönste Exemplar stammt aus Neuss. In einer Glaskugel aus der Mitte des 1. Jahrhunderts n. Chr., die in einem Xantener Brandgrab lag, konnte ein rosafarbenes Pulver nachgewiesen werden, das aus Kristallisationen in den vulkanischen Gesteinen der Albaner Berge bei Rom oder des Vesuvs gewonnen worden war. Vermengt mit pflanzlichen Ölen – vornehmlich Oliven-, Nuß- und Mandelöl – ergab es eine rötliche Schminke (Rouge) für die Wangen. Zum Anrühren benutzte man Bronzespatel und Schminksteine aus Schiefer. Das antike Schönheitsideal forderte von den vornehmen Frauen einen hellen Teint; deshalb halfen sie bisweilen mit Bleiweiß etwas nach. Sie färbten sich aber auch die Haare, Wimpern, Augenbrauen und die Lippen. Unerwünschte Haare wurden mit Pinzetten entfernt; die Männer ließen sich – solange sie noch keinen Bart tragen konnten – von einem Diener oder einem berufsmäßigen Barbier rasieren. Pomade und andere Fette bewirkten den Halt der oft kunstvollen Frauenfrisuren. Wandspiegel waren unbekannt; stattdessen gab es meist bronzene Griff- und Taschenspiegel, deren Oberflächen mit silberglänzendem Weißmetall überzogen worden waren. Nach der Mitte des 1. Jahrhunderts n. Chr. kamen auch in Niedergermanien Dosenspiegel aus Bronze in Mode, die auf dem Deckel eine Münze mit dem Bildnis des Kaisers Nero (54–68 n. Chr.) zeigten.

Die Römer reinigten und pflegten ihren Körper gewöhnlich mit Öl; deshalb benötigten sie auch zum Thermenbesuch eine entsprechende Badegarnitur, die aus einem verschließbaren Salbenfläschchen und mehreren – meist zwei – Schabern (*strigiles*) bestand. Balsamarium und Striegel, mit denen man nach dem Einölen den ölgebundenen Schmutz und Schweiß vom Körper abschaben konnte, hingen – wie nicht nur rheinische Funde lehren – oft an einem Tragring.

In römischer Zeit legte man großen Wert auf einwandfreies Trinkwasser. Man grub nicht nur Tiefbrunnen, sondern faßte auch Quellen und führte das Wasser aus hygienischen Gründen durch ein geschlossenes, meist regelmäßig gewartetes und kontrolliertes Leitungssystem zum Verbraucher. Solche Wasserleitungen aus Gußbeton (*opus caementicium*), Holz-, Ton- und Bleirohren konnten jüngst erst im nordrhein-westfälischen Teil Niedergermaniens bei zahlreichen Ausgrabungen auch im Hinterland der Provinz, so z. B. in Vettweiß-Soller, Zülpich-Oberelvenich oder in Mönchengladbach-Mülfort untersucht werden. Öffentliche Brunnen stellten die Trinkwasserversorgung für jedermann sicher; in den Städten wie der *CCAA*-Köln und der *CUT*-Xanten waren vermutlich nur die reichen Bürger direkt an das städtische Versorgungsnetz angeschlossen. Beim Bau von Wasserleitungen scheute man weder Kosten noch Mühen. In Vettweiß-Soller wurde eine Rohrleitung im Stollenbau über annähernd 1,7 km und in einer Tiefe bis zu 26 m durch den Drover Berg verlegt; das Trinkwasser der *CUT*-Xanten kam aus den etwa 6 km entfernten Sonsbecker Bergen. Die fast 100 km lange Eifelwasserleitung mit ihren Quellfassungen, Sammelbecken, Revisionsschächten, Brücken und Aquädukten nach der *CCAA*-Köln, die Ende 1. Jahrhundert n. Chr. gebaut wurde, zählt zu den bedeutendsten technischen Bauwerken der Römerzeit nördlich der Alpen. Ebenso wichtig war für die Römer die Entsorgung. Das

Abb 477

Abb 526

Abb 543
Abb 348

Abb. 169 Xanten. Colonia Ulpia Traiana. Fundamentreste des Nordtores (sog. Burginatium-Tor) mit Abwasserkanal. Ausgrabungen des Rheinischen Landesmuseums Bonn 1982

Abb. 170 Köln. Römischer Abwasserkanal in der Großen Budengasse

gebrauchte Wasser wurde zunächst durch Holz- oder ziegelverkleidete Kanäle abgeleitet. Die Kanalisationen der *CCAA*-Köln und der *CUT*-Xanten entwässerten vornehmlich zum Rhein hin; sie verliefen dem Gefälle entsprechend meist von West nach Ost. Eine Ausnahme bildete der Kanal in der *via decumana* der *CUT*-Xanten, der vor

Abb 169 dem sog. Burginatium-Tor in den nördlichen Stadtgraben mündete. Die von den Seiten gespeisten Hauptsammler lagen im allgemeinen in der Straßenmitte; einen besonders anschaulichen Eindruck von der gelegentlichen Dimensionierung solcher Entsorgungskanäle vermittelt ein über 100 m langes, aus Tuffblöcken gesetztes und heute

Abb 170 noch begehbares Teilstück unter der Großen Budengasse in Köln, das im lichten Maß 1,2 m breit und bis 2,45 m hoch ist. Ein anderer Kölner Abwasserkanal, der 1964 freigelegt werden konnte, war ähnlich dimensioniert (Breite 1,48 m; Höhe 2,50 m). An et-

Abb 397 lichen Stellen der römischen Stadtmauer von Köln haben sich die Kanaldurchlässe noch erhalten.

Das abfließende Wasser wurde nicht selten zum Betrieb und zur Reinhaltung öffentlicher und auch privater Latrinen benutzt. Solche ›Wassertoiletten‹ sind bislang in *Aquae Granni*-Aachen und im Thermenbereich der *CUT*-Xanten nachgewiesen; es wird sie natürlich auch in den großen Militärlagern wie *Novaesium*-Neuss und in der Provinzhauptstadt *CCAA*-Köln gegeben haben. Selbst dort, wo nur Abortgruben vorhanden waren, wurde im Rahmen des möglichen für Hygiene gesorgt, indem man Kalk einstreute.

In den Städten und Siedlungen hatte jeder Bürger für die Beseitigung des Abfalls selbst zu sorgen; nach ihrer Verlandung dienten vornehmlich die Häfen der *CCAA*-Köln und der *CUT*-Xanten als öffentliche Müllkippen. Beamte (*aediles*) kontrollierten die Abfallbeseitigung, damit keine Seuchenherde entstanden; gegebenenfalls griff die Verwaltung ein und belegte Umweltsünder mit Geldstrafen.

Die medizinische Versorgung war nur beim Militär staatlich geregelt. Es gab Truppenärzte wie etwa M. Sambinianius Quietus, der 145 n. Chr. mit einem Arbeitskommando der *legio I Minervia* zum Kalkbrennen nach Iversheim/EU abkommandiert

Abb 72 worden war, und in den Legionslagern meist ein Lazarett (*valetudinarium*), in dem die Soldaten behandelt und gepflegt wurden. Solche Militärhospitäler – im Befund an ihrem zellenartigen Grundriß zu erkennen – sind in Niedergermanien bislang in dem

Abb 535, 499, neronischen Steinlager von *Vetera I* auf dem Fürstenberg in Xanten, im sog. Koenen-
320 Lager von *Novaesium*-Neuss und im Legionslager *Bonna*-Bonn ausgegraben worden. Die niedergermanische Armee unterhielt sogar mit *Aquae Granni*-Aachen einen Kurort, an dem Truppenangehörige, so der Lagerkommandant (*praefectus castrorum*) von *Noviomagus*-Nijmegen L. Latinius Macer um 110/120 n. Chr., Heilung und Erho-

Abb 272 lung finden konnten. Wegen der heißen Quellen waren die dortigen Thermenanlagen in erster Linie wohl Heilbäder.

Die Zivilbevölkerung wurde von Privatärzten versorgt, die sich teilweise spezialisiert hatten. So gab es Chirurgen, Gynäkologen und Okulisten. Aus Köln kennen wir die Grabinschrift eines einheimischen Arztes namens M. Rubbius Leonta. Er war ein

Abb. 171 Aachen-Burtscheid. Weihung des L. Latinius Macer für den Heilgott Apollo Grannus. Kalkstein. – H. noch 0,90 m. (RLM Bonn, Leihgabe)

Abb. 172 Aus der Nähe von Xanten. Arzneikästchen mit Äskulap-Darstellung. Bronze, Silber- und Niello-Einlagen. – L. 11,6 cm. 1. Jh. n. Chr. (Berlin, Antikenmuseum)

Abb. 173 Bonn. Hahn, Reibplatte und Augenarztstempel. Beigaben aus einem Ärztegrab. Ton, Schiefer, Speckstein. – H. des Hahns 10 cm. Ende 2. Jh. n. Chr. (RLM Bonn)

Freigelassener und gegen Mitte des 1. Jahrhunderts n. Chr. gestorben. In Xanten weihte ein Arzt mit dem keltischen Namen Divos Anfang des 3. Jahrhunderts n. Chr. der Göttin Alateivia einen kleinen Altar. Bei manchen römischen Bestattungen im Rheinland scheint es sich um Ärztegräber zu handeln; zu den Grabbeigaben zählen Skalpelle, Spatel- und Löffelsonden, Wundhaken und Pinzetten. Verschiedentlich fanden sich auch Balsamarien, Reibsteine und Salbdosen.

Abb 172 Vielleicht stammt auch das Berliner Arzneikästchen mit der Darstellung des Heilgottes Äskulap auf dem Deckel aus einem Grab; auf jeden Fall wurde es zwischen Neuss und Xanten gefunden. Mehr Pharmazeut als Arzt war vielleicht ein Mann – möglicherweise hieß er C. Montius Iuvenis –, der gegen Ende des 2. Jahrhunderts n. Chr. in

Abb 173 Bonn bestattet wurde. Ihm hatte man einen Terrakottahahn als Symbol des Äskulap, eine Salbreibplatte und einen Augenarztstempel mit Nennung dreier verschiedener Salben mitgegeben. Aus Niedergermanien kennen wir derzeit insgesamt elf dieser Okulistenstempel, annähernd quadratische Plättchen aus Speckstein, die man zum Anrühren und Stempeln von Salben benutzte. Deshalb sind auf den Seiten oft in Spiegelschrift der Name des Arztes, das Medikament und die Indikation eingeritzt. Da sind dann z. B. Zink-, Safran-, Balsam- und Vitriolsalben genannt, die bei juckenden, triefenden und getrübten Augen helfen sollen.

Eine bedeutende Rolle spielten in der antiken Medizin die Heilkräuter; sie wuchsen entweder als Wildpflanzen oder wurden in Gärten gezogen. Man verwendete sie teils direkt für die Wundbehandlung, teils preßte man ihren Saft aus. Proben aus dem *valetudiarium* des sog. Koenen-Lagers in *Novaesium*-Neuss erbrachten die paläobotanischen Belege u. a. für Tausendgüldenkraut, Bilsenkraut, Bockshornklee, Johannis- und Eisenkraut. In der *CUT*-Xanten ließ sich die Judenkirsche zur Herstellung von Arzneiweinen nachweisen. Die Heilwirkung von Pflanzen war allgemein bekannt; deshalb ist anzunehmen, daß trotz der hohen Qualifikation römischer Ärzte, die im wesentlichen auf den medizinischen Schriften des A. Cornelius Celsus (um 25 n. Chr.) und des Galenus (ca. 129–199 n. Chr.) beruhte, vielerorts im Römischen Reich – auch in Niedergermanien – die meisten Krankheiten mit Hausrezepten kuriert wurden.

Abb. 174   Köln. Vermutetes Trauerbildnis des Kaisers Hadrian. Marmor. – H. 59,8 cm.   ▷
Nach 130 n. Chr. (RGM Köln)
Abb. 175   Köln. Vermutetes Porträt der Agrippina der Jüngeren. Marmor. – H. 37 cm.   ▷
Um 140 n. Chr. (RGM Köln)
Abb. 176   Xanten. Applik von einer kaiserlichen Panzerstatue. Medusenhaupt. Bronze. –   ▷
H. 11,9 cm. 2. Jh. n. Chr. (RLM Bonn)
Abb. 177   Blankenheim-Rohr. Applik von einer kaiserlichen Panzerstatue. Greif. Bronze. –   ▷
H. 14,7 cm. 2. Jh. n. Chr. (RLM Bonn)
Abb. 178   Bonn. Schwertscheidenmundstück mit Porträts der Iulia und ihrer beiden Söhne   ▷
C. Caesar und L. Caesar. Bronze. – H. 6,1 cm. Anfang 1. Jh. n. Chr. (RLM Bonn)
Abb. 179   Köln. Innenbild einer Schale. Büste des Constantius II. Glas. – H. 8 cm.   ▷
Um 325 n. Chr. (RGM Köln)
Abb. 180   Vettweiß-Sievernich. Kästchenbeschlag. Konsulatseinführung des L. Septimius   ▷
Geta. Schildpatt. – L. 19,8 cm. 208 n. Chr. (RLM Bonn)

Kunst und Kunstgewerbe

Der Mensch der griechisch-römischen Antike war es gewohnt, seine Umwelt künstlerisch gestaltet zu sehen: Die schöpferische Kraft der Künstler – gleichzeitig auch Handwerker – richtete sich auf Architektur, Plastik und Relief, auf Malerei, Mosaik und zahlreiche Gegenstände des täglichen Lebens. Form und Ausdruck waren bestimmend; die Darstellungen vermittelten ästhetische, soziale, politische und religiöse Inhalte. Die römische Kunst erhielt ihre wesentlichen Impulse aus dem klassischen Griechenland und der hellenistischen Welt des östlichen Mittelmeerraumes. Spätestens seit Augustus jedoch wurde die »Reichskunst« in Rom formuliert; von dort strahlte sie in die Provinzen des *Imperium Romanum*. Sie war oft programmatisch und propagandistisch. Gleichwohl entwickelte sich in allen Reichsteilen auch eine »provinzielle« Kunst, die von dem handwerklichen und künstlerischen Vermögen der ortsansässigen Künstler, von einheimischen Traditionen und von den zur Verfügung stehenden Materialien abhing.

Auch im römischen Rheinland repräsentierten fast ausschließlich die Bildnisse der Kaiser und ihrer Angehörigen die offizielle Kunst; von diesen Marmorbildwerken, die in stadtrömischen Werkstätten geschaffen wurden und als Importstücke nach Niedergermanien gelangt waren, haben sich nur wenige fragmentarische Beispiele erhalten. *Abb 42, 124* Nicht immer ist die Zuschreibung so gesichert wie bei den Bonner Porträts des Septi- *Abb 17* mius Severus und der Crispina. Die Benennung des Agrippa-Kopfes aus Köln – zweifellos eine Arbeit aus der Mitte des 1. Jahrhunderts n. Chr. – ist in letzter Zeit ebenso *Abb 174* in Frage gestellt worden wie schon zuvor das sogenannte Trauerbildnis des Hadrian, *Abb 175* das 1949 in Köln gefunden worden ist. Die Büste der jüngeren Agrippina, der Gemahlin des Claudius und Stadtgründerin der *CCAA*, dürfte erst um 140 n. Chr. – dann allerdings möglicherweise von einem Kölner Bildhauer – angefertigt worden sein. Die Bruchstücke einer marmornen Panzerstatue aus Xanten und die Statuenbasen für Septimius Severus, Iulia Domna und Caracalla aus Bonn füllen die Fundlücke, die in dieser Kunstgattung zu beklagen ist, nur spärlich. Zahlreiche Kaiserstatuen bestanden aus Bronze; aus dem Rheinland gibt es dafür jedoch nur wenige Belege. Der Nijmegener *Tab 17* Bronzekopf, der aus der Nähe von Xanten stammt, stellt schwerlich Trajan dar; eher *Abb 177* gehört der bronzene Greif aus Rohr/EU oder auch das qualitätvolle Xantener Medu- *Abb 176* senhaupt zu einer Panzerstatue dieses Kaisers. Das Porträt des Gordian III. im Rheini- *Abb 45* schen Landesmuseum Bonn, das bei Ausgrabungen im Lagervicus des Kastells Niederbieber/NR – und damit in Obergermanien und außerhalb Nordrhein-Westfalens – zutage kam, wurde um 243/244 n. Chr. in einer rheinischen Bronzewerkstatt gegossen. Kaiserliche Bildnisse finden sich auch in der Kleinkunst; es genügt hier, beispiel- *Abb 131* haft auf das als bronzenes Büstengewicht verwendete Livia-Porträt aus Neuss, das *Abb 178* Bonner Schwertscheidenmundstück mit der Darstellung der Augustus-Tochter Iulia und ihrer beiden Söhne Caius Caesar und Lucius Caesar, das mutmaßliche Bildnis der *Abb 220* Iulia Domna auf einem Paradeschildbuckel aus Bonn (um 195 n. Chr.) oder auch auf

die kleine Glasbüste des Constantius II. (um 325 n. Chr.) aus Köln zu verweisen. Sie *Abb 179*
alle müssen im Zusammenhang mit der Hof- und Reichskunst gesehen werden. An historischen Reliefs, den künstlerischen Schilderungen historischer Ereignisse zum
Ruhme der römischen Kaiser und des römischen Volkes, hat sich im Rheinland so gut
wie nichts erhalten; sie schmückten meist öffentliche Bauten – Rathäuser, Basiliken
oder Tempel –, gelegentlich aber auch private Grabdenkmäler. Möglicherweise könnten Marmorfragmente aus Bonn, die unter anderem einen Männerkopf mit Lorbeerkranz (Kaiserporträt?) zeigen, zu einem historischen Relief gehören; ähnliches gilt
auch für jüngst gefundenen Soldatendarstellungen (2. Hälfte 2. Jahrhundert n. Chr.)
aus dem Bereich des sog. Hafentempels in der *CUT*-Xanten. Das Reiterrelief aus Wes- *Abb 100*
seling/BM ist mit einem Reiterkampf während des Bataveraufstandes 69/70 n. Chr. in
Verbindung gebracht worden. In der Kleinkunst ist es mit historischen Themen wiederum ein wenig besser bestellt. Die Schildpattreliefs eines Kästchens aus Siever- *Abb 180*
nich/DN mit der Konsulatseinführung (*processus consularis*) des L. Septimius Geta im
Jahre 208 n. Chr. in Anwesenheit der kaiserlichen Familie haben sicher tagespolitischen Bezug. Auch die künstlerisch gestaltete Architektur Niedergermaniens ist heute
nur noch in ganz wenigen Beispielen – meist in sog. Kompositkapitellen mit ausgeprägtem und zugleich datierendem Akanthusblatt- und Volutenschmuck – zu fassen.
Zu sehr haben die römischen Städte am Rhein im Mittelalter als Steinbrüche gedient.
Um so bedeutender sind die Reste der reich verzierten *porticus*, die Ende der sechziger *Abb 271*
Jahre in Aachen freigelegt wurde und ehemals den dortigen Kultbereich des Apollo-
Grannus eingefaßt hatte. Diese bislang im Rheinland einzigartige monumentale
Bogenarchitektur kann aufgrund von Parallelen vornehmlich aus Nordafrika an das
Ende des 2. bzw. den Anfang des 3. Jahrhunderts n. Chr. datiert werden.
Die römische Plastik in der *Germania inferior* wurde anfänglich, d. h. in augusteischer
Zeit, von Bildhauern und Steinmetzen im Umfeld des Militärs bestimmt, deren Stil in
Oberitalien verhaftet war. Diese Truppenhandwerker schufen zumeist militärische
Grabsteine. Büste und *aedicula* waren bis kurz nach der Mitte des 1. Jahrhunderts
n. Chr. die wesentlichen Gestaltungselemente. Der Grabstein des Centurio M. Cae- *Abb 3, 23*
lius aus Xanten, der wohl in der Varus-Schlacht des Jahres 9 n. Chr. wie annähernd
achtzehntausend andere römische Soldaten im Teutoburger Wald den Tod gefunden
hatte, ist der älteste und auch berühmteste Beleg für diese Abhängigkeit und Formensprache. Eigene Entwicklungen in den Kölner Werkstätten führten zur Nischenstele,
die zur häufigsten Form der Grabplastik im Rheinland wurde. Das früheste bekannte
Beispiel ist der Clodius-Stein aus Bonn. Er wurde von einem Bildhauer angefertigt, *Abb 182*
der im 3. Jahrzehnt des 1. Jahrhunderts n. Chr. mit der *legio I* (*Germanica*) von Köln
nach Bonn gegangen war. Um 40 n. Chr. war auch der oberitalische Typus des Pfeilergrabmals eingeführt, wie das Kölner Poblicius-Denkmal lehrt. Auch südgallischen *Abb 181*
(narbonensischen) Einflüssen verschloß sich die rheinische Kunst nicht ganz; sie
schlugen sich im Stil, vor allem in der Konturierung und in den räumlichen Dimensionen der Darstellungen nieder.

Abb. 181 Köln. Grabmal des L. Poblicius und seiner Familie. Kalkstein. – H. 13,5 m. Um
40 n. Chr. (RGM Köln)
Abb. 182 Bonn. Grabstein des P. Clodius. Kalkstein. – H. 1,88 m. Um 40 n. Chr. (RLM Bonn)
Abb. 183 Bonn. Grabstein des Kavalleristen Reburrus aus der ala Frontoniana. Kalkstein. –
H. noch 1,03 m. Mitte 1. Jh. n. Chr. (RLM Bonn)
Abb. 184 Bonn, Totenmahlrelief. Kalkstein. – H. noch 0,77 m. Ende 2. Jh. n. Chr. (RLM Bonn)
Abb. 185 Moers-Asberg. Grabstein der Tänzerin Polla Matidia mit dem Künstlernamen
Olympia. Kalkstein. – H. 1,11 m. Um 20 n. Chr. (Moers, Grafschafter Museum)

Abb. 186 Köln. Grabsteine einer gallischen (nordfranzösischen) Familie. Kalkstein. – H. 1,54 m. 1. Jh. n. Chr. (RGM Köln)

Eine besondere Stellung in der Stilvermittlung zwischen Niedergermanien und anderen Teilen des Römischen Reiches nahmen die Bildhauerwerkstätten in *Mogontiacum*-Mainz ein. Sie waren wohl die ersten, die in claudisch-neronischer Zeit ganzfigurige Darstellungen auf Grabsteine setzten und sogleich am Niederrhein Nachahmer fanden; in diesem Zusammenhang sei die Grabstele des Feldzeichenträgers der 5. Asturer-Kohorte Pintaius aus Bonn genannt. Die Mainzer schufen auch die frühesten Reiterstelen und Totenmahlreliefs in der Rheinzone, die ihre Vorbilder im nordgriechischen Raum hatten. Schon bald nach 50 n. Chr. belieferte eine Mainzer Werkstatt (die sog. Romanius-Werkstatt) die Kölner Region mit Grabsteinen wie den des Reburrus aus Bonn; die jüngste Stele dieser Art, der Grabstein des T. Flavius Bassus aus Köln, datiert in frühtrajanische Zeit (um 100 n. Chr.). Totenmahlszenen waren seit etwa 80 n. Chr. ein beliebtes Thema der Sepulkralkunst, sie blieben aber zunächst verstorbenen Militärs vorbehalten. Der Grabstein des Veteranen C. Iulius Maternus aus Köln, der um 135 n. Chr. datiert werden kann, setzt einen gewissen Schlußpunkt; mit der Darstellung der Familienangehörigen weist er zugleich auf ein neues Genre. Die zivile Version des Familienmahls kam in der ersten Hälfte des 2. Jahrhunderts n. Chr. auf; sie dürfte wiederum der Beitrag einer Kölner Werkstatt zur »Provinzialkunst« sein, die sich spätestens in dieser Zeit endgültig ausgebildet und gefestigt hatte. Familien- oder Alltagsszenen erschienen dann im 2. und 3. Jahrhundert n. Chr. bevorzugt auf Grabdenkmälern. Diese Entwicklung ist bislang im Rheinland durch Funde leider noch nicht so belegt wie zum Beispiel im Trierer Raum. Deshalb nimmt ein fragmentiertes Mahlrelief aus Bonn (Ende 2. Jahrhundert n. Chr.) eine so herausragende Stellung ein.

Abb 67

Abb 183

Abb 164

Abb 184

Aufgrund technischer, formaler und stilistischer Eigenheiten lassen sich für das 1. Jahrhundert n. Chr. verschiedene Werkstattgruppen erkennen. So gehören bei-

Abb 185 spielsweise die Grabsteine der Bella aus Köln und der Polla Matidia aus Moers-Asberg

Abb 27, 28 mit den Kölner Stelen des C. Vetienius und des C. Deccius zusammen, die sogar aus demselben Steinblock geschnitten worden waren. Nach den Halbpalmetten und den Flatterbändern auf den Ädicula-Ecken, der Büstenform und der Faltengebung zu ur-

Abb 121 teilen, zählt auch der Grabstein des Sklavenhändlers C. Aiacius dazu. Sie alle dürften im 2./3. Jahrzehnt des 1. Jahrhunderts n. Chr. in Köln hergestellt worden sein. Eine

Abb 186 andere Werkstatt läßt sich anhand von vier Kölner Schriftstelen fassen, die nicht nur die gleichen Rahmenprofile, Tierkampf- und Greifengruppen, sondern auch die glei- chen Sägespuren auf den Vorder- und Rückseiten zeigen. Die beiden Weihungen an

Abb 395, 539 Mars Camulus und Mars Cicollvis aus Xanten werden – wie die stilistischen Eigenhei- ten der Lorbeerkränze und -bäume und der einheitliche Duktus der Schrift verraten – ebenfalls von ein und demselben Steinmetzen angefertigt worden sein; vermutlich hat er in den sechziger Jahren des 1. Jahrhunderts n. Chr. überwiegend für das Militär im nahen Legionslager *Vetera I* und nur gelegentlich für die Zivilbevölkerung des Um- lands gearbeitet. Werkstattgruppen lassen sich auch in der bisweilen originellen und eigenständigen »Provinzialplastik« des 2. und 3. Jahrhunderts n. Chr. unterscheiden. Die frühe »Soldatenkunst« erinnert mit ihrer strengen Frontalität und mit der kühlen summarischen Abstrahierung der Formen noch an die spätrepublikanischen Bild- werke; Elemente römischer Reichskunst, wie sie von den augusteischen Hofkünstlern

Abb 23 in Rom propagiert wurden und beispielsweise im Rankenwerk des Caelius-Steines ein schwaches Echo findet, sind selten. Die Bella-Gruppe zeigt dagegen spätestens um 20 n. Chr. schon eine Kleinteiligkeit des Gewandes, die dann in den vierziger Jahren für

Abb 182 die Büste auf dem Bonner Grabstein des Clodius oder die Statuen vom Grabmal des L.

Abb 181 Poblicius in Köln so charakteristisch ist. Dort gewinnt auch die Stofflichkeit und da- mit verbunden die schattige Tiefe an Bedeutung. In frühneronischer Zeit setzt eine Überlängung der Figuren ein; gleichzeitig machen sich graphisch-lineare Tendenzen in der Gewand- und Körperbehandlung bemerkbar, die jedoch die Plastizität und die Bewegung auch bei so statuarischen Darstellungen wie auf dem Grabstein des Q. Peti-

Abb 57, 188 lius Secundus aus Bonn fördern. Die Aachener Frauenfigur, die sicherlich aus einer lei- stungsstarken Werkstatt aus Köln stammt, ist ein markantes Beispiel für die römische Plastik am Rhein bald nach der Mitte des 1. Jahrhunderts n. Chr. In diese Zeit gehört

Abb 218 auch die kolossale Statue eines thronenden Jupiter aus Köln, die vielleicht früheste er- haltene Kultstatue aus dem Rheinland. Einen Hauch stadtrömischer Kunst vermittelt

Abb 187 der qualitätvolle Jünglingskopf aus Zülpich-Hoven/EU, der mit seinem melancholi- schen, fast idealisierten Gesichtsausdruck an spätneronische Kinderporträts erinnert; er kann somit zwischen 65 und 70 n. Chr. datiert werden. In flavischer Zeit, im letzten Drittel des 1. Jahrhunderts n. Chr., kommen Körperlichkeit, Faltenspiel, Licht- und Schatteneffekte und räumliche Dimensionen auffälliger zur Geltung. Der Grabstein

Abb 114b des Kavalleristen Durises aus Köln (um 80 n. Chr.), mehr noch das Reiterrelief aus

Abb. 187 Zülpich-Hoven. Jünglingskopf. Fragment
eines Grabreliefs. Kalkstein. – H. noch 27,5 cm. Zwischen
65 und 70 n. Chr. (RLM Bonn)
Abb. 188 Aachen. Weibliche Gewandfigur. Kalkstein. –
H. noch 1,21 m. Mitte 1. Jh. n. Chr. (RLM Bonn,
Leihgabe)
Abb. 189 Neuss. Grabstele des Feldzeichenträgers
Oclatius. Kalkstein. – H. 2,30 m. Um 100 n Chr. (Neuss,
Clemens-Sels-Museum)
Abb. 190 Bonn. Rankenpfeiler von einem Grabmal.
Kalkstein. – H. 1,53 m. Ende 1. Jh. n. Chr. (RLM Bonn)
Abb. 191 Köln. Reliefblock von einem Grabmal. Kalkstein. –
H. 0,59 m. Um 140 n. Chr. (RGM Köln)

Abb. 192 Bonn. Weihung des Q. Vettius Severus für die Aufanischen Matronen. Kalkstein. – H. 1,3 m. 164 n.Chr. (RLM Bonn)

Abb 100 Wesseling/BM (um 70 n. Chr.) mit seiner bewegten Tiefenstaffelung sind herausragende Beispiele dieses Stils. Die Figuren wirken freier und gelöster; sie besitzen eine innere Spannung. Besonders deutlich wird dies bei dem Grabrelief des Feldzeichenträ-
Abb 189 gers (*signifer*) Oclatius aus Neuss, das kurz vor 100 n. Chr. entstanden sein dürfte. Vom Bildmotiv abgesehen verbindet auch die ungezwungene Darstellung die Grab-
Abb 114a steine des Iul. Paternus, des C. Iulius Verecundus und des M. Valerius Celerinus aus Bonn und Köln. Die Bildhauer verwenden nun auch eine lebendige flächenfüllende
Abb 190 Ornamentik, wie sie auf dem Bonner Rankenrelief zu erkennen ist. Der Jülicher Bild-
Abb 389 sockel mit seinen kandelabergerahmten Götterdarstellungen schließt trotz einer stärkeren Schematisierung im Detail daran an; er wird im 1. Viertel des 2. Jahrhunderts n. Chr. entstanden sein. Charakteristisch für die qualitätvolle Flächengestaltung provinzialrömischer Plastik in hadrianischer Zeit ist ein mit Lorbeerbaum, Wein- und
Abb 191 Akanthusranken reich verzierter Reliefblock aus Köln, der ursprünglich einmal zu
Abb 554 einem größeren Grabmal gehörte. Mit der Bronzestatue eines »Stummen Dieners«,
Abb 553 der bei Xanten-Lüttingen gefunden wurde, oder der sandalenlösenden Venus aus Xanten verfügen wir auch in Niedergermanien über Werke der gleichzeitigen Reichskunst, in der eine Rückbesinnung auf griechische Bild- und Formentraditionen stattfindet. Aus Köln kennen wir einen Marmorkopf der Athena Parthenos, eine römische Kopie nach einem griechischen Original des 5. Jahrhunderts v. Chr. Einen besonderen
Abb 192 Fixpunkt setzt der Bonner Matronenstein des Q. Vettius Severus aus dem Jahre 164

n. Chr. Mit ihm beginnt nicht nur die Reihe der inschriftlich datierten Weihesteine mit figürlichen Darstellungen im Rheinland; er dokumentiert auch eindrucksvoll die Leistungsfähigkeit niedergermanischer Bildhauerwerkstätten in der zweiten Hälfte des 2. Jahrhunderts n. Chr. Die Figuren zeigen langgestreckte, geradezu zierliche Proportionen. Die Gewänder sind durch wenige Faltenzüge sparsam, aber wirkungsvoll gegliedert; sie vermitteln körperliches Volumen und spannungsgeladene Plastizität. Die gedrungenen, insgesamt summarisch behandelten und deshalb etwas steifen Götterbilder auf einem Reliefsockel aus Köln dürften schon der Stilstufe um 180 n. Chr. an- *Abb 193* gehören; es fehlt ihnen an differenzierender plastischer Formgebung, die der körperlichen Schwere entgegenwirkt. Bei dem Kopf des Jupiter-Ammon aus Erftstadt-Le- *Abb 194* chenich spiegelt sich die reichsübliche Bart- und Haartracht der Commodus-Zeit wider; aus den sonst fein gegliederten Buckellocken wurden rein ornamentale »Halbkugeln«. Den verfeinerten Reichsstil um 190–200 n. Chr. zeigen zwei der qualitätvollen marmornen Porträtbüsten aus der Grabkammer in Köln-Weiden, die wohl in einer *Abb 195, 196* Kölner Werkstatt hergestellt wurden. Unter Septimius Severus gegen Ende des 2./Anfang des 3. Jahrhunderts n. Chr. setzte auch in den Provinzen ein erneuter Stilwandel

Abb. 193   Köln. Reliefsockel (Sockelstein einer Jupitersäule). Genius. Kalkstein. –
H. 0,61 m. Um 180 n. Chr. (RLM Bonn)

Abb. 194   Erftstadt-Lechenich. Jupiter-Ammon. Herme. Sandstein. – H. 0,42 m.
Um 180 n. Chr. (RLM Bonn)

ein. Die Körper erfahren teilweise eine extreme Längung; einzelne Partien erhalten ein Eigengewicht. Die Gewänder sind durch tiefe Faltentäler aufgelöst; sie wirken vielfach wie drapiert. Dadurch erscheinen die Darstellungen selbst, für die sich – sieht man von der Kölner Matronenweihung des M. Catullinius Paternus einmal ab – die meisten Beispiele in Obergermanien benennen ließen, gekünstelt und unrealistisch. Die Bildhauer Niedergermaniens arbeiteten gleichzeitig offenbar eher in einem Reliefstil, der
Abb 197 die Figuren, wie auf dem Matronenstein aus Nettersheim/EU aus den Jahren 212–222 n. Chr., untersetzt und steif zeigt. Die Gewandmasse ist erstarrt, viele spannungslose Falten grenzen große Flächen gegeneinander ab. Eine breit angelegte Flächigkeit
Abb 198 kennzeichnet auch die Hercules-Magusanus-Weihung aus Bonn, die in das Jahr 226
Abb 226 n. Chr. datiert ist. Die Jupitersäule von Erkelenz-Kleinbouslar/HS wird kaum später gearbeitet worden sein. Die im Rheinland bald danach einsetzende Auflockerung und Ornamentalisierung des Reliefs erkennt man besonders auf den beiden Xantener Wei-
Abb 217 healtären für Jupiter Conservator (232 n. Chr.) und die Kapitolinische Trias (239 n. Chr.). Die Figuren sind tief aus dem Grund herausgearbeitet und in jeder Beziehung statuarisch gehalten. Unstoffliche Gewänder verhüllen weitgehend die Körper; die Faltengebung wirkt flach und akademisch. Diese Stilelemente finden sich teilweise auch auf dem Bonner Matronenaltar von 235 n. Chr. Dem graphischen Empfinden der Militärbildhauer kam im Rheinland in der ersten Hälfte des 3. Jahrhunderts n. Chr. besonders der sog. Kerbschnittdekor entgegen, den sie – als einen der letzten Impulse von außerhalb – aus dem Orient übernommen hatten; der Viktoria-Altar aus Köln-
Abb 200 Marienburg (Alteburg), vermutlich eine Weihung der Rheinflotte, steht für diese stilisti-

O LIBERALINIO M
PROBINO TRIBVNO
O PRÆTORIANOE
LIBERALINÆ Q PRO
BINÆ FILIÆ EIIVS BAR
BARINA ACCEPTAM
ARITO ET FILIÆ OBITS

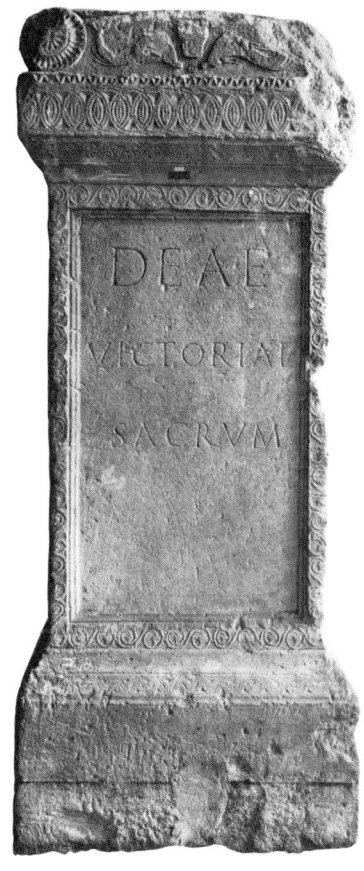

DEAE
VICTORIAE
SACRVM

Abb. 201   Köln. Eberschlagender Löwe. Grabaufsatz. Kalkstein. – H. 0,93 m.
Um 260 n. Chr. (RLM Bonn)

sche Eigenheit. Unter Kaiser Gallienus (260–268 n. Chr.) kommt es noch einmal zu einer ausdrucksstarken Dynamik in der Plastik, die sich auch in der niedergermanischen Provinzialkunst niederschlägt. Eines der wenigen Beispiele dieses wuchtigen

Abb 201 Expressionismus ist der muskulöse, wild bewegte Grablöwe aus Köln.
Gleichwohl nahm etwa seit der Mitte des 3. Jahrhunderts n. Chr. die Produktion figürlich verzierter Steindenkmäler im römischen Rheinland ab. Symptomatisch für diesen Niedergang scheint, daß der um 260/270 n. Chr. in Köln verstorbene Prätoria-

Abb 199 nertribun Liberalinius Probinus einen wiederverwendeten Grabstein erhielt. Offen-
Abb 164 sichtlich hatte das gallische Sonderreich doch nicht die wirtschaftliche Kraft, die für Aufträge und Entwicklungen im Bereich der spätrömischen Grab- und Votivplastik erforderlich war. Die Kölner Werkstätten schufen in zunehmendem Maße bescheidenere Bildwerke. Die plastische Form wurde oft bis zum zeichnerisch Primitiven reduziert. Die strengen Porträts und die charakteristische Haarmode der Medaillonbüsten datieren den Grabstein der Iulia Lupula und des C. Rutilius Primus aus Köln in die Zeit um 280 n. Chr. Ein besonderer Glücksfall ist der wohl zeitgleiche und auf drei

Abb 148 Seiten verzierte Memorienstein der Amme Severina, der auch in Köln gefunden wurde. Im übrigen ist in nachseverischer Zeit im gesamten *Imperium Romanum* ein deutlicher Rückgang der Kunstproduktion zu beobachten. Mit den groben Büstendarstellungen des Severinius Euales und seiner Mutter Secundinia Ursula aus Köln kommen wir vermutlich schon an den Anfang des 4. Jahrhunderts n. Chr. Spätestens unter Kaiser Konstantin I. (306–337 n. Chr.) setzte das Kunstschaffen am Rhein – wenn man einmal von den spätantiken Glasmanufakturen in Köln absieht – offenbar endgültig aus; es kam in der Kaiserresidenz *Augusta Treverorum*–Trier für kurze Zeit zu neuer Blüte.
Am besten lassen sich die italischen Kunstströmungen des 1. bis 3. Jahrhunderts n. Chr. immer noch in einigen Silber- und Bronzestatuetten aus der römischen Rhein-

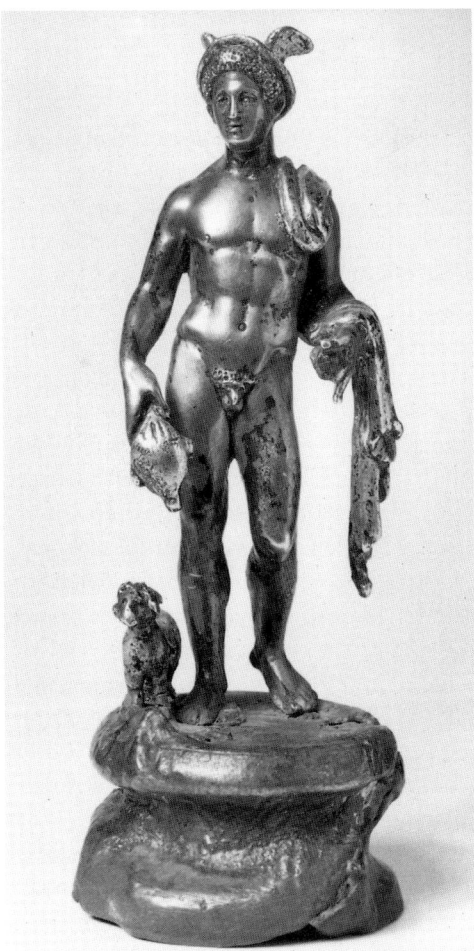

Abb. 202   Bonn. Statuette des Merkur. Silber. – H. 8,1 cm (ohne Sockel). Anfang 1. Jh. n. Chr. (RLM Bonn)

Abb. 203   Xanten. Vetera I. Statuette des blitzschleudernden Zeus. Bronze. – H. 9,2 cm. Anfang 1. Jh. n. Chr. (RLM Bonn)

Abb. 204   Xanten. Vetera I. Krone eines Kultbildes. Kybele(?), Merkur und Triptolemos. Bronze. – H. 13,2 cm. Mitte 1. Jh. n. Chr. (RLM Bonn)

zone fassen. Dabei muß vor allem auf den Bronze-Jupiter aus Köln und den Silber-Merkur aus Bonn hingewiesen werden, die beide wohl Anfang des 1. Jahrhunderts *Abb 202* n. Chr. in Rom angefertigt wurden und somit wichtige Zeugnisse der statuarischen Kunst unter Augustus mit ihren bewußt griechischen Zitaten sein dürften. Der blitz-schleudernde Jupiter aus *Vetera I*-Xanten gibt sogar ein Zeus-Bild des 6. Jahrhunderts *Abb 203* v. Chr. in Griechenland wieder. Die Darstellungen auf der sog. Kultkrone aus *Vetera* *Abb 204* *I*-Xanten oder das Kölner Ceres-Köpfchen aus Goldblech stehen für die claudisch-

Abb 205   neronische Zeit, während der qualitätvolle Herkules aus Bonn-Dransdorf den Kunst-
stil am Ende des 1. Jahrhunderts n. Chr. markiert. Wie weit künstlerische Ansprüche
selbst in der Frühzeit auseinanderklaffen können, zeigen die beiden Lar-Statuetten aus
Abb 206a, b   Bonn (augusteisch) und *Vetera I*-Xanten (vor 70 n. Chr.). Bis zum Beweis des Gegen-
teils müssen wir wohl davon ausgehen, daß die meisten in Niedergermanien gefundenen Bronzestatuetten von Rang auch im 2. und 3. Jahrhundert n. Chr. noch Importstücke aus Italien oder Südgallien sind. Man wird dabei etwa an die »klassizistischen«
Abb 207, 208   Minerva-Darstellungen aus Euskirchen-Friesheim (um 140 n. Chr.) und Köln (um
Abb 209   160 n. Chr.) oder an die breit ausladende Viktoria-Statuette aus Kalkar-Hönnepel (um
220 n. Chr.) denken wollen; alle zeigen in der Konzeption, in der Proportion und in
der abgestimmten Plastizität von Körper und Gewand Elemente der gleichzeitigen
Reichskunst. Bei den Terrakotten, die vornehmlich von Kölner Werkstätten seit der
zweiten Hälfte des 1. Jahrhunderts bis zum ausgehenden 2. Jahrhundert n. Chr. pro-
duziert wurden, ist dies – am ehesten wohl materialbedingt – nur in bescheidenen An-
sätzen auszumachen, wie etwa ein Vergleich der Matronendreiheit auf dem Bonner
Abb 192   Weihestein des Q. Vettius Severus aus dem Jahre 164 n. Chr. mit entsprechenden Dar-
Abb 422   stellungen aus den Kölner Werkstätten des Fabricius oder des Ianetus erkennen läßt.
Gleichwohl gehen oft viele der in den Terrakotta-Töpfereien verwendeten Bildtypen
Abb 107   auf berühmte Vorbilder zurück. Eine Kybele-Darstellung im Repertoire des Töpfers
Servandus aus Köln beispielsweise zitiert das bekannte Kultbild des Agorakritos in
Athen (um 420 v. Chr.); seine Venus Pudica steht der Kapitolinischen Venus und da-
mit einem Werk aus der Schule des griechischen Bildhauers Praxiteles gegen Ende des
4. Jahrhunderts v. Chr. nahe. Auch seine Bacchus-Statuetten sind ohne hellenistische
Abb 210   Vorgaben nicht vorstellbar. Die Bedeutung gerade des Servandus besteht darin, daß er
einige seiner Produkte auf den Tag genau (z. B. 13. September 164 n. Chr.) datiert und
somit wichtige Eckdaten für die Terrakotta-Chronologie geliefert hat.
Größere Fundkomplexe aus Bonn, Köln und Xanten ermöglichen es, die Entwicklung
der römischen Wandmalerei in Niedergermanien zumindest in Ansätzen nachzuzeichnen. Unverkennbar liegen ihre Wurzeln in der italischen Wandmalerei des sog.
dritten pompejanischen Stils, der mit seinem Hang zur Flächigkeit und zur dekorativen Abstraktion in augusteischer Zeit in Mode kam. Die Vermittlung erfolgte möglicherweise über die gallischen Provinzen (Südfrankreich); dort ist nämlich die fest
strukturierte Felder- und Lisenenmalerei, in die schmückende Schirmkandelaber eingefügt sind, erstmals im provinziellen Bereich zu fassen. Natürlich ist auch eine unmittelbare Beziehung zu Italien durch Truppenhandwerker – wie bei der provinzialrömischen Plastik – nicht auszuschließen. Die Malerwerkstätten im Rheinland übernahmen diese Dekorationsform offenbar schon um die Mitte des 1. Jahrhunderts n. Chr.;
sie blieb über 150 Jahre beliebt. Die Wandfläche wurde im wesentlichen von dem Nebeneinander breiter hochrechteckiger Felder bestimmt, die durch schmale Streifen
(Lisenen) voneinander getrennt wurden; die abwechselnde Farbgebung – zunächst
meist rot und schwarz, später auch andersfarbig – tat ein übriges. Häufig war auch die

*Abb. 205 Bonn-Drans-
dorf. Statuette des Herkules. Bronze. – H. 12 cm.
Ende 1. Jh. n. Chr.
(RLM Bonn)*

*Abb. 206a Xanten.
Vetera I. Statuette eines
Lar. Bronze. –
H. 12,6 cm. Vor 70 n.
Chr. (RLM Bonn)*

*Abb. 206b Bonn. Statu-
ette eines Lar. Bronze. –
H. 12,4 cm. Anfang 1. Jh.
n. Chr. (RLM Bonn)*

*Abb. 207 Köln. Statuette
der Minerva. Bronze. –
H. 16,3 cm. Um 180
n.Chr. (RLM Bonn)*

*Abb. 208 Euskirchen-
Friesheim. Statuette der
Minerva. Bronze –
H. 16,8 cm. Um 140
n.Chr. (RGM Köln)*

Abb. 209 Kalkar-Hönnepel. Statuette der Viktoria. Bronze. – H. 19,8 cm. Um 220 n. Chr.
(RLM Bonn)
Abb. 210 Bingerbrück. Bacchus mit Panther aus der Werkstatt des Kölner Töpfers Servan-
dus. Ton. – H. 19,8 cm. 2. Hälfte 2. Jh. n. Chr. (RLM Bonn)

Sockelzone gegliedert und kontrastierte in Form und Farbe zu den Wandfeldern; bisweilen imitierte sie Marmorinkrustationen. Den oberen Abschluß der Malerei bildeten gewöhnlich Figurenfriese und Architekturillusionen. Anfangs waren die Kandela-
berstangen in den Lisenen dünn, die unterteilenden Schirme mit den gezackten Rändern einfach und schmucklos gehalten. Sehr bald nahm die Kleinteiligkeit zu; die Kandelaber wurden mit Dekorationselementen geradezu überfrachtet. Die Kölner Wandmalereien aus flavischer Zeit bestechen vor allem durch die lockere Malweise, durch
Taf 6, 5a Farbigkeit und gekonnte Farbnuancen sowie durch einen Reichtum an Motiven. Sa-
Abb 405, 406 tyrn, Mänaden, Panther, Böcke, Masken, Singvögel und Schwäne – um nur einige zu
nennen – sind über den Schirmen dargestellt, umgeben von Ranken, Girlanden und
Schleifen. Auch in der Vorgängersiedlung der CUT-Xanten oder – eher noch im Um-
Abb 540 feld der Xantener Legion in Vetera II muß es entsprechende Malerbetriebe gegeben
haben. Ende 1./Anfang 2. Jahrhundert n. Chr. setzte eine gewisse Versachlichung ein.
Die Kandelaberverzierungen sind nun klarer und freier aufgebracht; eine gewollte
Symmetrie ist unverkennbar. Die qualitätvolle Bonner Malerei mit dem Amazonen-
Abb 406 fries dürfte in diese Zeit gehören; sie findet ihre nächsten Parallelen in Köln, so daß
man an Arbeiten ein und derselben Werkstatt denken könnte. Beispiele aus der CUT-
Xanten und CCAA-Köln belegen für die hadrianisch-antoninische Zeit eine Vergrö-
berung der Kandelaberdekorationen; in akademischer Manier, aber effektvoll wurden

Licht und Schatten gesetzt. Vegetabile Formen herrschen vor. Bei einer Xantener Malerei, die sich hauptsächlich durch einen Fries mit recht lebhaften Kentaurendarstellungen auszeichnet, sind die Lisenen gleich ganzflächig mit einem groben Rankenwerk ausgefüllt. Möglicherweise wurden im Rheinland erst seit der ersten Hälfte des 2. Jahrhunderts n. Chr. größere Bildfelder auf die Wände gebracht. Aus Xanten kennen wir einen stehenden Bacchus; das Motiv geht auf einen griechischen Statuentyp des 4. Jahrhunderts v. Chr. zurück und belegt eine Tendenz, die auch in der zeitgleichen Plastik zu beobachten ist. Andere Fragmente einer bemerkenswert qualitätvollen, leicht unterlebensgroßen figürlichen Malerei – junger Mann, Pferd und Pferdeknecht – lassen mythologische Szenen vermuten, die offenbar wie gerahmte Bilder in das übliche Gliederungsschema eingefügt waren. Die jüngste bislang bekannte rheinische Kandelabermalerei dürfte aus dem Kopfbau einer sog. Centurien-Kaserne des Bonner Lagers stammen; sie gehört an den Anfang des 3. Jahrhunderts n. Chr. Der Kandelaber ist stark abstrahiert, die graphisch stilisierten Motive wirken flächig und leblos. Dies trifft auch für die tanzende Mänade zu, die frei in das Mittelfeld gesetzt wurde. Auch hier findet der Malstil seine Parallelen in der Plastik. Aufgrund des Grabungsbefundes muß auch ein weiterer Xantener Malereikomplex vor ca. 160 n. Chr. zu datieren sein; er zeigt allerdings lediglich eine tuskanische Säulenarchitektur auf weißem Grund, gliedernde Streifen und felderfüllende vegetabile Ornamente. Es handelt sich um eine monotone »Rahmenmalerei«, die sich erkennbar an die Gegebenheiten des Raumes mit seinen Fenstern, Türen oder Nischen hielt und in dieser Art in Italien und in den nordwestlichen Provinzen des *Imperium Romanum* gleichermaßen häufig zu finden war. Eine solche Malerei ist beispielsweise noch um 225 n. Chr. im Arbeitslager der Iversheimer Kalkfabrik belegt. Eine weißgrundige Malerei kennen wir auch aus Bonn. Ihre Gliederung wird von breiten Streifenbündeln mit eingebundenen Architekturdarstellungen (Säulen, Portale) bestimmt. In den Feldern waren vermutlich Gladiatorenszenen zu sehen. Die Qualität ist insgesamt beachtlich. Mit wenigen Pinselstrichen und durch gekonnte Farbnuancierungen werden Räumlichkeit und Lichteffekte auch im Detail erzielt. Vieles – nicht zuletzt die mitgefundene Keramik – deutet daraufhin, daß bei solchen Wanddekorationen der sog. zweite pompejanische Stil mit seinen Architekturmotiven zu Beginn des 3. Jahrhunderts n. Chr. nicht nur in Italien, sondern auch am Rhein eine Renaissance erlebte. In dieser Zeit oder wenig später fanden die Provinzialen offenbar Gefallen an großformatigen Jagd- und Arenabildern, wie sie aus Köln bekannt sind. Ansonsten herrschten meist weiße Wände mit einfachen Linien, bisweilen auch mit sparsam eingestreuten Dekorationselementen verziert, vor. Leider haben sich in der Rheinzone keine Wandmalereien mehr erhalten, die in die zweite Hälfte des 3. oder gar ins 4. Jahrhundert n. Chr. datiert werden könnten. Gleichwohl ist anzunehmen, daß so repräsentative spätantike Bauten wie das Kölner Prätorium in seiner dritten und vierten Bauphase wirkungsvoll aus- *Abb 414*
gemalt waren.

Soweit sich anhand der wenigen überlieferten Mosaiken und Mosaikreste aus dem

Rheinland sagen läßt, haben auch die Mosaizisten in Niedergermanien ihre Anregungen vornehmlich aus gallischen Werkstätten bezogen, die ihrerseits in engem Kontakt mit Italien standen. Dort hatte sich in der ersten Hälfte des 1. Jahrhunderts n. Chr. ein ornamentaler Schwarz-Weiß-Stil entwickelt, der bald auch mit figürlichen Dekorationselementen angereichert wurde. Verschiedene geometrische Mosaikböden aus Köln zeigen die Anlehnung an diese frühen italischen Vorbilder. In hadrianischer Zeit kamen symmetrische Pflanzen- und Blütenornamente hinzu. Die farbigen Mosaiken setzten um die Mitte des 2. Jahrhunderts n. Chr. ein; dabei gelangten die ostgallischen und die niedergermanischen Werkstätten zu einer eigenen Formensprache: Flecht- und Zickzackbänder, Zahnschnitt und Mäander zeichneten geometrische Muster und bildeten bunte Rahmen. Aus Niedergermanien ist nur ein einziges Buntmosaik aus antoninischer Zeit bekannt; es wurde in Köln gefunden. Bei dem ebenfalls farbig ange-

Abb 98 legten Peltenmosaik aus Euskirchen-Kreuzweingarten (um 200 n. Chr.) wirkt hauptsächlich noch der weiße Untergrund. Dies trifft auch für das Bonner Medusenmosaik zu, das im 2. Weltkrieg leider gelitten hat. In der ersten Hälfte des 3. Jahrhunderts n. Chr. erlebte die polychrome Mosaikkunst ihre Blütezeit; breite Rahmenkompositionen, reiche Ornamentik, eine Fülle von Figurenszenen und eine abgestufte Farbig-

Taf 7 keit bestimmen den Stil. Um 225 n. Chr. entstand das Kölner Dionysos-Mosaik; das
Abb 154 Philosophen-Mosaik in Köln kann kurz vor 250 n. Chr. datiert werden. Beide finden ihre nächsten formalen und stilistischen Parallelen in Trier. Möglicherweise bestanden zwischen den Kölner und den Trierer Werkstätten enge Beziehungen, vielleicht arbeiteten sie aber auch nur nach den gleichen Vorlagen. Nachdem sich das sog. Gladiatoren-Mosaik aus Köln weitgehend als Neuschöpfung des 19. Jahrhunderts erwiesen hat, können wir für den spätantiken Mosaikstil des ausgehenden 3. und 4. Jahrhunderts n. Chr. kein Beispiel aus dem Rheinland anführen.

Die weitaus größte Zahl der aus Niedergermanien bekannten Mosaiken stammt aus
Abb 407 der Provinzhauptstadt *CCAA*-Köln und ihrer unmittelbaren Umgebung. Bei den Ausgrabungen in der *CUT*-Xanten wurden noch keine Mosaikböden entdeckt. Und auch auf dem Lande waren sie – anders als in den *villae rusticae* Obergermaniens oder in der *Belgica* – offenbar äußerst selten; vermutlich ist nur in so großen Gutshofkomplexen wie bei Vettweiß-Froitzheim oder Euskirchen-Kreuzweingarten mit entsprechenden Befunden zu rechnen. Die Ausstattung von Räumen mit Mosaiken war demnach in der römischen Antike ein Indikator für Reichtum und Wohlstand.

In römischer Zeit hatten die Geräte des täglichen Lebens – z. B. Möbel, Gefäße, Waffen und Schmuck aus den unterschiedlichsten Materialien – häufig nicht nur einen praktischen, sondern auch einen künstlerischen Wert. Das Kunstgewerbe unterlag wie die »große Kunst« dem Diktat der Mode und des Zeitgeschmacks. Den Römern waren die Begriffe »Kunstgewerbe« oder »Kunsthandwerk« ohnehin unbekannt; sie sind erst Wortschöpfungen des frühen 19. Jahrhunderts.

Im 1. Jahrhundert n. Chr. bestimmten weitgehend Importe aus Italien und Süd- bzw. Ostgallien das römische Kunstgewerbe im Rheinland. Sie standen häufig in der griechisch-hellenistischen Tradition. Dies gilt vor allem für die Metallgefäße. In Form und Dekor – Masken, Ranken, Girlanden, Gelage- und Liebesszenen, aber auch Landschafts- und Mythenbilder – erinnern sie an sog. alexandrinische Vorbilder; gleichzeitig können sie aber auch wie der Silberbecher aus Wardt-Lüttingen bei Xanten, die Sil- *Taf 9* berkasserollen aus dem Rhein bei Bonn-Niederdollendorf oder die Bronzegefäße aus *Abb 120* Voerde-Mehrum/WES als wichtige Zeugnisse der römischen Reichskunst gelten. Vieles übertrug sich auf die Gefäßkeramik, etwa auf die rot glänzende *Terra sigillata*, die *Taf 10b* – anfangs in italischen Töpfereien produziert – aus mancherlei Gründen immer wieder metallspezifische Formen und Dekorationselemente zeigte. Reich verzierte Auftragplatten, Griffschalen, Kleeblattkannen oder Becher kennen wir sowohl aus Ton als *Abb 262* auch aus Silber und Bronze. Ähnlich verhielt es sich bei den Glasgefäßen; die Rippenschalen, die Henkelkännchen oder die Kragenschüsseln – um nur einiges zu nennen – sind ohne Vorbilder aus Metall undenkbar. Die bunten Millefiori-, Reticella- oder *Taf 5b* Marmorgläser lassen syrische Einflüsse vermuten. Die gallischen Töpfer veränderten wohl schon im zweiten Jahrzehnt des 1. Jahrhunderts n. Chr. die aus Italien übernommenen Motive. Sie schmückten ihre Produkte nicht mehr mit Efeu- und Weinlaub, sondern mit Eichen- und Buchenblättern und entwickelten vegetabile Phantasieformen; der »Erzählstil« mit seinen breit angelegten, figürlichen und impressionistischen Darstellungen wurde aufgegeben. Der geometrische und additive, in jedem Falle aber flächendeckende Dekor wurde Mode; er hielt sich im Grunde bis zum Niedergang der Reliefkeramik im 3. Jahrhundert n. Chr. Die einheimisch-belgische Ware imitierte unverhohlen die italische *Terra sigillata*; ihre Ornamentik blieb aber in der vorrömisch-keltischen Tradition verhaftet. Ähnliches ist auch bei den Gewandnadeln (Fibeln) zu beobachten. In flavischer Zeit stellten einige niedergermanische Töpfereien Keramik mit rot gefärbten Flächen oder roten Streifen auf weißem Grund her. Reich verziert waren oft auch die römischen Tonlampen, die anfänglich noch aus dem Mittelmeerraum – überwiegend Italien – eingeführt, sehr bald aber auch in rheinischen Werkstätten etwa in *Novaesium*-Neuss, *Vetera I*-Xanten und Haltern zum Teil aus importierten italischen Modeln ausgeformt wurden. Die Lampenspiegel zeigen neben pflanzlichen und geometrischem Dekor beispielsweise auch mythologische Szenen (Amazonen, Mänaden), Tiere (Greifen, Delphine, Löwen) und Gladiatoren. Etwa seit der Mitte des 1. Jahrhunderts n. Chr. versahen etliche Werkstätten ihre Erzeugnisse mit dem Firmennamen (Firmalampen). Allen kunstgewerblichen Erzeugnissen des 1. Jahrhunderts n. Chr. sind jedoch die klaren Konturen und die Wahrung der Funktionalität gemeinsam.

Nach der Mitte des 2. Jahrhunderts n. Chr. beobachteten wir schon bei den Mosaiken eine zunehmende Farbigkeit; sie läßt sich auch in der Kleinkunst und im Kunstgewerbe feststellen. Zum einen wurde die Gefäßkeramik durch farbige Bemalung oder Barbotine-Dekor bunter, zum anderen erhielten die entfärbten Gläser durch verschiedenfarbige Fadenauflagen anmutige Dekorationen und Farbenvielfalt. Die »rheinischen« Spruchbecher – wohl in *Augusta Treverorum*-Trier fabriziert – und die Kölner *Taf 10a*

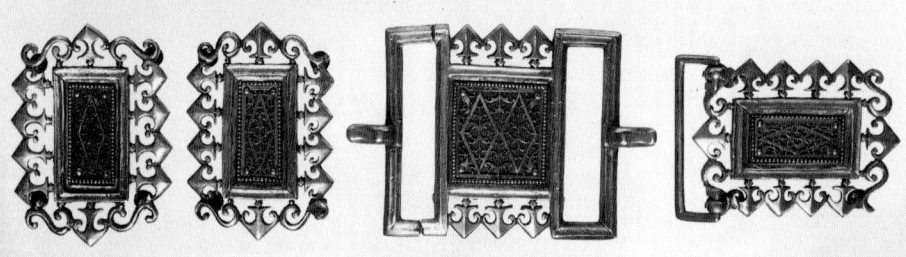

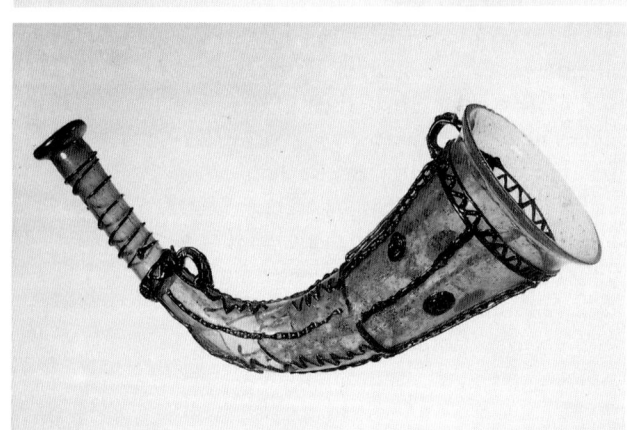

Abb. 211   Colchester/GB. Barbotine-Becher
mit Gladiatorendarstellung (Samnit, Retia-
rier). Ton. – H. 22,1 cm. 3. Jh. n. Chr.
(Colchester, Museum)

Abb. 212   Dormagen. Durchbrochene Zierscheibe. Bronze. – Dm 9,5 cm. 3. Jh. n. Chr.
(RLM Bonn)

Abb. 213   Köln. Schnalle und Gürtelbeschläge. Silber vergoldet. – Länge der
Schnalle 9,5 cm. 3. Jh. n. Chr. (RGM Köln)

Abb. 214   Aachen. Trinkhorn. Glas. –
L. 35 cm. 4. Jh. n. Chr. (RLM Bonn)

Abb 123 Schlangenfadengläser stehen für diese Entwicklung. Vornehmlich zu Beginn des
3. Jahrhunderts n. Chr. ging die Freude an der Farbe mit der an ausgefallenen Formen
Abb 429 Hand in Hand. Die sog. »Vier-Tauben-« oder »Vier-Röhrenflaschen« aus Köln belegen dies. Nicht von ungefähr lebte in der zweiten Hälfte des 2. Jahrhunderts n. Chr. in
den Nordwestprovinzen des *Imperium Romanum* – und damit auch am Rhein – die
Emailtechnik der vorrömischen Latènezeit wieder auf, die es ermöglichte, Alltagsge-
Taf 19 räte wie Kannen, Tintenfässer, Griffschalen und Parfümbehälter, vor allem aber
Schmuckstücke, wie Fibeln und Broschen, kleinteilig und farbenprächtig zu verzie-
ren. Das Wiederaufleben der »keltischen« Kunst spiegelt sich auch in den zahlreichen

Abb. 215   Gagatschmuck
(Anhänger, Fingerringe,
Harrnadeln). – L. der
Haarnadeln max. 8,8 cm.
3./4. Jh. n. Chr.
(RLM Bonn)

Abb. 216   Köln. Kaiser-
licher Leibwächter. Elfen-
bein. – H. 15,2 cm. 4. Jh. n.
Chr. (RLM Bonn)

Durchbrucharbeiten (*opus interrasile*), die bis weit ins 4. Jahrhundert n. Chr. hinein in
Mode blieben. Eine bronzene Zierscheibe aus Dormagen mit dem keltischen »Trom- *Abb 212, 213*
petenmuster« und eine vergoldete Gürtelgarnitur aus Köln mögen als Beispiele genügen; zweifellos stammen beide aus rheinischen Werkstätten. Das Aufbrechen des Un-
tergrundes, die Betonung verschiedener Ebenen durch Andersfarbigkeit, durch Licht-
und Schattenspiel und damit die doppelte Lesbarkeit des Ornaments bezweckte auch
der Kerbschnittdekor auf den gleichzeitigen Steindenkmälern des Rheinlandes. Seit *Abb 199*
der Mitte des 2. Jahrhunderts n. Chr. wurde die Gefäßkeramik mit einem kerbschnitt-
artigen Zierschliff versehen. Um 200 n. Chr. fand auch grün glasierte Keramik aus
Kölner Produktion ihren Kundenkreis. Im 2./3. Jahrhundert n. Chr. hatten es endlich
die Bronzewerkstätten am Rhein zu eigenständigen Formen gebracht und produzierten unverwechselbare Gerätschaften und Gefäße, wie beispielsweise büstenverzierte
Klapptische, figürliche oder vegetabile Wagenbeschläge, Griffschalen und -siebe mit *Abb 378*
den typischen »Rudergriffen« oder die dickbauchigen Kannen mit Verschluß. Ob die
Messingeimer vom Typ Hemmoor auch in Niedergermanien hergestellt worden sind,
muß nach wie vor offen bleiben.
Im 3. Jahrhundert n. Chr. griffen die Reliefbecher aus den Kölner Töpfereien mit ihren Jagd- und Arenaszenen in Barbotine-Technik nochmals die ganzflächige Darstellungsweise der Frühzeit auf. Hunde jagen Hasen und Rehe; Gladiatoren kämpfen ge- *Abb 211*
geneinander. Bei den Gläsern verhielt es sich anders; sie wurden wieder auf funktionale Formen zurückgeführt, die mit wenigen meist eingeritzten oder geschliffenen
geometrischen Mustern (Linien, Kreise, Vierecke, Kugeln u. a.) verziert sind. Im
4. Jahrhundert n. Chr. war es dann umgekehrt. Nun zeigte die Keramik Formen-
strenge und Enthaltsamkeit im Dekor. In konstantinischer Zeit wurden die Gefäße

bisweilen marmoriert oder lediglich mit Streifen verziert. In der ersten Hälfte des
4. Jahrhunderts n. Chr. knüpfte die sog. Argonnen-Ware (Rädchen-Sigillata) wieder
an die gallischen – spätlatènezeitlichen – Ziermuster der sog. belgischen Ware aus dem
1. Jahrhundert n. Chr. an. Die geometrischen Stempelmotive legen sich bandartig aneinandergereiht um den Gefäßkörper. Eine lokale Besonderheit ist die grün- und
Abb 459   braunglasierte Keramik aus Krefeld-Gellep. Die Gläser dieser Zeit sind dagegen häufig bedeutende Bildträger; die Darstellungen wurden nicht nur eingraviert, sondern
Taf 23a   auch aufgemalt und mit Goldgrund unterlegt. Hasenjagd, Wagenrennen, mythische
und – im Zuge fortschreitender Christianisierung – auch biblische Szenen sind die
Themen auf den Schalen und Kugelflaschen, die überwiegend in Kölner bzw. Köln na-
hen Gräbern gefunden wurden. Die Hasenjagdschalen aus Nettersheim/EU und
Taf 11   Bonn oder die Zirkusflasche aus Zülpich-Ülpenich/EU – beide erste Hälfte des
4. Jahrhunderts n. Chr. – stellen Ausnahmen dar. Die gelegentlich aufgebrachten Bü-
stenmedaillons zeigen deutlich den charakteristischen »Tetrarchen-Stil«. Das jüngste
Beispiel eines geschliffenen Glases dürfte die Marsyas-Schale aus einem Frauengrab in
Köln-Rodenkirchen sein, das etwa 370/380 n. Chr. datiert werden kann. Dabei lassen
Abb 54   wir allerdings den römischen Glasbecher aus dem fränkischen Fürstengrab aus Krefeld-Gellep (um 520/530 n. Chr.) außer acht; er gehört ohnehin in konstantinische
Abb 214   Zeit. Etliche spätantike Gläser – darunter auch die charakteristischen Trinkhörner –
sind lediglich mit aufgelegten Nuppen und Zickzackbändern dekoriert. Ein besonders
hervorragendes Erzeugnis rheinischer Glas- und Gravierkunst des 4. Jahrhunderts
Taf 12   n. Chr. ist das kostbare Kölner Diatretglas mit seinem geschliffenen Netzwerk. Eindeutige Belege für die spätantike Toreutik sind besonders rar; aus Nordrhein-West-
Taf 20   falen kann allein der bekannte Wagenaufsatz in Form einer Hercules-Amazonen-
Gruppe aus Bronze angeführt werden, der im konstantinischen Kastell *Divitia*-Köln-
Deutz gefunden wurde und deshalb wohl erst nach 310/315 n. Chr. in den Boden ge-
kommen sein dürfte.

Wir haben gesehen, daß die Votiv-, Sepulkral- und Repräsentationsplastik im römischen Rheinland nach der Mitte des 3. Jahrhunderts n. Chr. weitgehend zum Erliegen
kam und ausfiel; ähnliche Beobachtungen konnten wir auch bei den Wandmalereien
und bei den Mosaiken machen. Um so erstaunlicher ist es, daß sich in der Spätzeit gerade auf dem Gebiet der Kleinkunst und des Kunstgewerbes in der *Germania secunda*
– wie die Rheinzone damals hieß –, vor allem aber in der *CCAA*-Köln so zahlreiche
»Spitzenstücke« erhalten haben, die den Vergleich mit spätantiken Funden aus Italien
oder Gallien nicht zu scheuen brauchen. Dies trifft auch noch zu, wenn man etwa die
Abb 215   Schmuckmedaillons aus Gagat, der seit dem 3. Jahrhundert n. Chr. ein beliebtes Mate-
Abb 216   rial war, die tordierten Goldreifen oder auch die Elfenbeinpyxen mit höfischen Darstellungen aus konstantinischer Zeit hinzunimmt. Offenbar gab es in der Spätantike
eine wohlhabende Bevölkerungsschicht, deren Bedürfnisse vornehmlich das Kunstgewerbe – wo auch immer – zu künstlerischem Schaffen und kreativem Wirken angehal-
ten haben.

*Tafel 17   Aus der Nähe von Xanten. Männlicher Porträtkopf. Bronze. – H. 42,4 cm.
Anfang 2. Jh. n. Chr. (Nijmegen/NL, Museum Karn)*

Tafel 19   Köln. Tintenfaß. Bronze mit Emaileinlage. – H. 6 cm. Anfang 3. Jh. n. Chr.
(RGM Köln)

Linke Seite:
Tafel 18   Beelen-Hörster. Statuette des Merkur. Bronze. – H. 11 cm. Mitte 2. Jh. n. Chr.
(Münster, Westfälisches Museum für Archäologie)

Tafel 20   Köln-Deutz. Hercules und Hipolyte. Wagenaufsatz. Bronze – H. 13,8 cm.
Anfang 4. Jh. n. Chr. (RLM Bonn)

Abb. 217 Xanten. Weihung des T. Quartinius Saturnalis für die Kapitolinische Trias Jupiter, Juno und Minerva. Kalkstein. – H. 1,20 m. 1. Juli 239 n. Chr. (RLM Bonn)

Abb. 218 Köln. Sitzender Jupiter. Kalkstein. – H. noch 1,33 m. Nach Mitte 1. Jh. n. Chr.(RGM Köln)

Die römische Staatsreligion

Der römische Alltag war weit mehr von der Religion (*religio*), von der Bindung der Menschen zu den göttlichen Mächten und den daraus erwachsenden wechselseitigen Verpflichtungen durchdrungen, als dies in heutiger Zeit der Fall ist; kein Bereich des privaten und öffentlichen Lebens blieb ausgespart, da man glaubte, daß alles durch den Willen der Götter gelenkt und regiert werde. Es mußte deshalb unbedingt vermieden werden, ihren Zorn zu erregen. Ihre Verehrung durch Gebet, Opfer und Weihegaben (Votive), der *cultus,* unterlag strengsten Vorschriften; über ihre Einhaltung wachte sorgsam eine etablierte, hierarchisch strukturierte und in unterschiedlichen Kollegien zusammengefaßte Priesterschaft. Das korrekte Verhalten den Göttern gegenüber verpflichtete diese, den Menschen die erbetene Gunst und die erflehte Hilfe auch tatsächlich zu gewähren. Erwiesene Wohltaten wiederum hielten den Menschen an, in der vorgeschriebenen, meist gelobten Form Dank abzustatten; auf unzähligen Weihesteinen ist ausdrücklich erwähnt, daß der Stifter »das Gelubde gerne und nach Verdienst (der Gottheit) eingelöst hat« (*votum solvit libens merito*). Das vielzitierte Prinzip des *do-ut-des* (ich gebe, damit du gibst) war in der römischen Antike der Ausdruck eines religiösen, keinesfalls kaufmännisch-berechnenden Umgangs der Menschen mit den Göttern und umgekehrt. Zwischen Menschen und Göttern bestanden Verträge im juristischen Sinne, die von beiden Seiten eingehalten und erfüllt werden mußten; kein Wunder also, daß es im römischen Kultus zu keinem innigen religiösen Verhältnis kommen konnte. Während die Strenge und der Formalismus der römischen Religion auf etruskischen Einfluß zurückgingen, verdankten die Römer die Darstellungsweise ihrer Götter, die Organisation und den Mythenreichtum ihrer (olympischen) Götterwelt weitgehend den Griechen.

Der römische Staat wurde nicht durch die Waffen seiner Soldaten, sondern durch die Religion zusammengehalten. Im Mittelpunkt des offiziellen Kultus standen *Iupiter,* der Beste und Größte (*optimus maximus*), der Donnerer, der Welterhalter und oberste Gott des römischen Pantheon, seine Gattin *Iuno,* die Königin und Beschützerin von Ehe und Familie, und seine scheinbar kriegerische Tochter *Minerva,* die Schutzgöttin des Handwerks und der Wissenschaften. Der Haupttempel dieser Dreiheit stand auf dem Kapitol in Rom; auch in jeder Stadt des Römischen Reiches, die den Rechtsstatus einer *colonia* besaß, gab es einen Tempel der »Kapitolinischen Trias«. In der Provinz

Abb 396, 541 Niedergermanien sind solche Heiligtümer in der *CCAA*-Köln und in der *CUT*-Xanten belegt und archäologisch nachgewiesen; soweit die Befunde erkennen lassen, handelte es sich um die typischen römischen Podientempel mit einer breit angelegten Freitreppe und einer Säulenstellung an der Front. Die *cella* war offenbar – wie bei dem berühmten Vorbild in Rom – dreigeteilt. Der eindrucksvollste Beleg aus Nordrhein-Westfalen für die römische Götterdreiheit Jupiter, Juno und Minerva ist aber ein Wei-

Abb 217 hestein aus Xanten, den der Fahnenträger T. Quartinius Saturnalis, Fahnenträger der *legio XXX* mit den Beinamen *Ulpia victrix* am 1. Juli 239 n. Chr. gestiftet hat; er zeigt über dem Inschriftenfeld die Gottheiten mit ihren typischen Attributen: Jupiter mit Zepter, Blitzbündel und Adler, Juno mit Zepter, Opferschale und Pfau sowie schließlich Minerva mit Helm, Schild, mit Medusenhaupt bewehrter Aegis und Eule; statt der

Abb 218 Lanze hält auch sie ein Zepter. Die überlebensgroße Statue eines thronenden Jupiter im Römisch-Germanischen Museum Köln wurde vermutlich zu Recht als Kultbild interpretiert; aufgrund der Fundsituation dürfte es allerdings nicht im Kapitolstempel der *CCAA* gestanden haben. Jupiter war der »Bewahrer« (*conservator*) schlechthin, wie Weihungen aus Bonn (201 n. Chr.) oder Xanten (26. 4. 232 n. Chr.) bezeugen.

Die Verehrung des *Iupiter optimus maximus* war für alle Reichsbewohner verpflichtend und ebenso ein Zeichen von Staatstreue und Loyalität wie der Kaiserkult, die göttliche Verehrung des Kaisers und seiner Familienangehörigen, die seit dem 1. Jahrhundert n. Chr. allgemein üblich und verbindlich war. Schon die zentralen Gebietsheiligtümer wie die 12. v. Chr. geweihte *ara* in Lyon oder die kaum später errichtete *ara Ubiorum* in Köln waren mit der Person des Kaisers Augustus verbunden worden.

Abb 135 In einer Kölner Bauinschrift aus dem Jahre 67 n. Chr. sind römische Kaiser (Augustus und Claudius) zum ersten Mal im Rheinland »vergöttert« (*divi*) genannt. Zahlreiche

Abb. 219   Köln. Glasmedaillon (Phalera) mit dem Bildinnern des jüngeren Drusus und seiner Söhne. – Dm. 4 cm. 1. Hälfte 1. Jh. n. Chr. (RGM Köln)
Abb. 220   Bonn. Schildbuckel mit dem mutmaßlichen Porträt der Iulia Domna. Bronze. – Dm. 21,6 cm. Um 195 n. Chr. (RLM Bonn)

Weihungen, von Soldaten und Zivilisten gleichermaßen, sind im Römischen Reich »zum Wohle« (*pro salute*) des Kaisers oder »zu Ehren des göttlichen Kaiserhauses« (*in honorem domus divinae*) getätigt worden; auch aus Niedergermanien sind etliche Belege bekannt. In fast allen Lagerheiligtümern oder Staatstempeln standen Kultstatuen der kaiserlichen Familie. Offenbar hatte die *legio I Minervia* in Bonn eine besondere Beziehung zu den Severern. Nur so läßt sich die auffallende Häufung ehrender Denkmäler und Weihungen für Septimius Severus, Iulia Domna und Caracalla erklären, die *Abb 42* aus dem Bereich des Bonner Legionslagers stammen. Viele Feldzeichen und Waffen waren durch kaiserliche Bildnisse »gesegnet«; die Glasmedaillons aus Köln und Xan- *Abb 219* ten, das Bonner Schwertscheidenmundstück oder die sog. Xantener »Plinius-Phale- *Abb 178* rae« mit den Darstellungen julisch-claudischer Prinzen belegen dies ebenso wie der Schildbuckel aus Bonn mit dem mutmaßlichen Porträt der Iulia Domna. Wer nicht *Abb 220* dem Jupiter, dem Kaiser und der Göttin Roma, der verkörperten Staatsidee, in gebührender Weise opfern wollte oder konnte, wie zum Beispiel die Christen mit ihrem Glauben an einen einzigen und wahren Gott, entlarvte sich als Staatsfeind, gegen den aus Gründen der Staatsraison mit der ganzen Härte des Gesetzes vorgegangen werden mußte.

Alle Lebensbereiche standen in römischer Zeit unter dem Schutz bestimmter Götter. Dort, wo man die Gottheit namentlich nicht zu fassen wußte, wirkte nach römischer Vorstellung zumindest ein Schutzgeist, *Genius* (ursprünglich die Lebens- und Zeugungskraft des Mannes) genannt. Solche *Genii* schützten nicht nur bestimmte Personen oder Personengruppen, sondern auch Örtlichkeiten. Der *Genius loci* wird in ver- *Abb 193* schiedenen Inschriften erwähnt; aus Xanten-Birten kennen wir die *Numina loci*. An den Straßenkreuzungen wachten die *Triviae* und *Quadruviae*; ihnen wurden am Ort Altäre errichtet. Besonders kennzeichnend für die römische Staatsreligion war die Verehrung des *Genius populi Romani*. Neben Juno schützten auch *Penates* und *Lares*, altrömische Schutzgötter, die Familie, Haus und Hof; ihnen und den Ahnen war in vielen Häusern nicht weit von der Herdstelle ein Altar (*lararium*) geweiht, auf dem der Familienvater allmorgendlich opferte. Dieser »Herrgottswinkel« bot auch bescheidenen Raum für persönliche Frömmigkeit und gezielte Verehrung; manche der gefunde-

Abb 206a, b nen Götterstatuetten aus Bronze oder Ton – die wenigsten von künstlerischer Qualität – dürften als Devotionalien und Ausdruck der Volksfrömmigkeit dort gestanden haben.

Hierher gehörte zunächst einmal *Venus*. Obwohl die Göttin der weiblichen Schönheit und der Liebe nach offizieller Lesart auch die mythische Stammutter des julisch-claudischen Kaiserhauses war und in Rom prächtige vom Staat errichtete Tempel besaß, scheinen ihre Zuständigkeiten für viele doch eher im privaten Bereich gelegen zu ha-

Abb 221 ben. Deshalb findet man auch dort zahlreiche Venusdarstellungen als Zeugnisse ihrer Verehrung, wo sonst kein offizielles Venusheiligtum belegt ist. Daß eine Venusstatu-

Abb 458 ette in Krefeld-Gellep als Beigabe mit ins Grab gegeben wurde, ist also verständlich. Glück und Schicksal des einzelnen, der Familie und auch des Staates lagen in den Hän-

Abb 222 den der Göttin *Fortuna*, deren Attribute – wie eine Statuette aus Rheinbach-Flerzheim zeigt – Füllhorn, Rad und Steuerruder waren. Für Handel und Gewerbe war *Mercurius* zuständig; er wurde deshalb immer mit einem Geldbeutel in der Hand dargestellt. Daß die Griechen ihn ursprünglich als den windschnellen Götterboten verehrt hatten,

Taf 18 verraten Flügelschuhe, Flügelhut und Heroldsstab (*caduceus*). Bezeichnenderweise

Abb 202 galt Mercurius auch als Schutzgott der Betrüger, Diebe und Wegelagerer. Vermutlich auf dem heutigen Domhügel in Köln war dem *Mercurius Augustus* schon früh ein Tempel geweiht, der – möglicherweise nach einem Brand – in den Jahren 79/81 n. Chr. »von den Fundamenten« wieder aufgerichtet wurde. Ob der gewaltige Podiumstempel in der *CUT*-Xanten unweit des Hafens (Hafentempel) dem Merkur gehörte, muß noch offenbleiben. Eine Vielzahl von Weihesteinen dagegen belegt, daß wir mit Sicherheit in der Nähe von Bornheim-Sechtem mit einem Merkurheiligtum zu rechnen haben. Das Handwerk stand nicht nur unter dem Schutz der Minerva, sondern

Abb 103, 205 auch des Schmiedegottes *Vulcanus* und des Mühsal erprobten und findigen *Hercules*. Vor allem Hercules, der Steinbrecher (*saxanus*) scheint sich beim niedergermanischen Heer besonderer Beliebtheit erfreut zu haben; ihm fühlten sich die Soldaten bei ihrer schweren Arbeit in den Steinbrüchen offenbar besonders eng verbunden. Die eigentlichen Gottheiten des römischen Militärs aber waren der Kriegsgott *Mars*, häufig dar-

Abb 209 gestellt in voller Waffenmontur, und die Siegesgöttin *Victoria*, die als äußere Zeichen des Sieges in den Händen in der Regel Kranz und Palmzweig trug. Für Köln wird im Zusammenhang mit der Proklamation des Vitellius zum römischen Kaiser durch die rheinischen Armeen im Jahre 69 n. Chr. ein Marstempel erwähnt (Sueton, Vit. 8), in dem das Schwert des göttlichen C. Iulius Caesar aufbewahrt wurde; in Bonn erhielt

Abb. 221 Köln. Venus in einer Aedicula. Ton. – H. 21 cm. Um 200 n. Chr. (RLM Bonn)

Abb. 222 Rheinbach-Flerzheim. Fortuna. Kalkstein. – H. 38 cm. Um 160 n. Chr. (RLM Bonn)

Abb. 223 Bonn. Weihung des Q. Iulius Agelaus für die »Di Inferni« Pluto und Proserpina. Kalkstein. – H. 0,55 m. Um 235 n. Chr.

Abb. 224 Köln. Pantheistisches Votiv mit verschiedenen Götterattributen. Bronze. – H. 8,4 cm. 2./3. Jh. n. Chr. (RLM Bonn)

Mars militaris noch 295 n. Chr. einen Tempelneubau. Die intensive Verehrung der Victoria dagegen ist im Rheinland ausschließlich durch eine Anzahl von Statuetten und Inschriften belegt. So wurde beispielsweise der *Victoria Augusta* am 25. April 222 n. Chr. von dem Provinzstatthalter T. Flavius Aper Commodianus und dem Legionslegaten Aufidius Coresnius Marcellus ein Altar geweiht und wohl im Fahnenheiligtum des Bonner Legionslagers aufgestellt. Eine andere Weihung, vermutlich der in Köln-Marienburg (Alteburg) stationierten Rheinflotte, galt der *Dea Victoria* (1. Hälfte 3. Jh. n. Chr.). Neben Mars und Victoria schützten auch die beiden Dioskuren *Castor* und *Pollux*, deren Bildnisse wir aus Bonn kennen. Ferner gab es noch die vielen namenlosen militärischen Schutzgeister, wie zum Beispiel den Genius der Legion, der Abteilung oder der Feldzeichenträger, die stets als bis auf den Hüftmantel nackte Jünglinge in Soldatenstiefeln mit Füllhorn und Opferschale dargestellt wurden.

Abb 199

Für das Gedeihen der Feldfrüchte war *Ceres*, die Göttin des Ackerbaus verantwortlich, auch sie eine Gottheit, welche die Römer offiziell von den Griechen übernommen hatten. Auf dem Lande, auch in der Provinz Niedergermanien, scheint aber der altrömische Bauerngott *Silvanus* für die Segnung der Ernte und des Viehbestandes bedeutsamer gewesen und intensiver verehrt worden zu sein. Er besaß weder einen Tempel noch einen offiziellen Kult; ihm wurden die Opfer im Walde dargebracht. Als Waldgott dankte man ihm auch nach erfolgreicher Jagd, wie zum Beispiel der Bären-

Abb 160 fänger der *legio XXX Ulpia victrix* in Xanten (*Vetera II*), Cessorinius Ammausius, dessen Weihung in die Zeit zwischen 222 und 235 n. Chr. datiert werden kann. Eine bäuerliche Gottheit war ursprünglich wohl auch *Liber* oder *Bacchus* (griechisch: Dionysos), der nach seiner Übernahme in das römische Pantheon als Weingott im Laufe

Taf 7 der Zeit immer mehr zum Gott und Symbol überschäumender Lebensfreude wurde. Aus Köln kennen wir ein Weiherelief für *Liber Pater*, das der Ratsherr (*decurio*) M. Vannius Adiutor Ende 2. Jahrhundert n. Chr. gestiftet hatte. Von einem Tempel des Liber Pater in Neuss, der erst um 690 n. Chr. von Pippin II. abgerissen und durch eine Kapelle ersetzt wurde, erfahren wir aus einer mittelalterlichen Schriftquelle; er konnte bislang noch nicht lokalisiert werden. Bacchus mit Panther, Kantharos und Thyrsos-Stab erscheint häufiger auf den Jupitersäulen bzw. -pfeilern. In den Kölner Werkstätten des Vindex und Servandus wurden in der zweiten Hälfte des 2. Jahrhunderts

Abb 210, 268 n. Chr. entsprechende Terrakotten angefertigt. Bacchus und sein Gefolge wurden verständlicherweise besonders gerne auf Wein- und Trinkgefäßen dargestellt. Der qua-

Abb 503 litätvolle Terra-Sigillata-Kelch aus der Werkstatt des Töpfers Perennius in Arezzo (2. Jahrzehnt v. Chr.) mit der Traubenlese und der Kelterszene aus Neuss, der figurenreiche Fries auf einem Messingeimer vom sog. Hemmoorer-Typus aus der *CUT*-Xanten mit dem Triumphzug des Bacchus (ca. 180 n. Chr.) sowie ein grünglasierter Tonbecher des 2./3. Jahrhunderts n. Chr. mit bacchischen Gestalten – Mänaden, Satyrn, Pan und Amor –, der in einem Grab in Neuss-Grimlinghausen gefunden wurde, sind hierfür herausragende Beispiele. Ansonsten sind Themen und Personen

Abb 261 aus dem bacchischen Kreis häufig auf Grabdenkmälern zu finden.

Heilung im Krankheitsfalle brachten der göttliche Arzt *Aesculapius* (griechisch: As- *Abb 172*
klepios) und seine Gefährtin *Salus* (Hygieia). Ihnen weihte 193/194 n. Chr. der Legionslegat der *legio I Minervia*, Q. Venidius Rufus, im heutigen Bonn-Bad Godesberg.
Aus Köln-Marienburg (Alteburg) ist ein griechisch geschriebener Inschriftenstein
bekannt: ΑΣΚΛΗΠΙΩΙ ΣΩ(ΤΗΡΙ) Asklepios, dem Retter. Von dort stammt auch
eine unterlebensgroße Statue der Hygieia, die einen Fruchtkorb und eine Schlange
hält; ihr linker Fuß steht auf einem Stierkopf. Wer krank machte, vermochte auch zu
heilen, dachten sich die Römer. Deshalb verehrten sie den griechischen Musengott
und Schirmherrn aller Künste, *Apollo*, offenbar hauptsächlich als Heilgott, der den *Abb 171*
Menschen durch seine weithin treffenden Pfeile auch Krankheit und Verderben sen-
den konnte. Ein Britannien-Händler aus Köln namens C. Aurelius Verus mag Ende
2./Anfang 3. Jahrhundert n. Chr. auch andere Gründe gehabt haben, ihm zu weihen.
Seiner Schwester *Diana*, der göttlichen Jägerin und Schutzpatronin des Amphitheaters, gelten verschiedene einschlägige Inschriften in Köln, Bonn, Euskirchen-Billig und Weilerswist; sie nennen fast ausnahmslos Militärs als Dedikanten. Der
Legionslegat C. Scribonius Genialis stiftete vermutlich zwischen 166 und 169 n. Chr.
der Göttin in Bonn-Muffendorf einen Tempel. Ein Kölner Gladiator ehrte die *Diana
Nemesis* mit einem Weihealtar.
Auch die Unterwelt hatte ihre Götter. Im Reich der Schatten herrschte *Pluto*, bisweilen *Dis Pater* genannt, mit seiner Gemahlin *Proserpina;* ihrem Richterspruch waren
alle Toten unterworfen. Beide sind auf einem Kölner Weihestein als *Di inferni*, aber *Abb 223*
auch auf einer Weihung in Bonn erwähnt. Totengeister, die *Di Manes*, sorgten dafür,
daß die Lebenden ihren Verpflichtungen (*religio*) den Verstorbenen gegenüber, zum
Beispiel angemessene Bestattung, Totenopfer und Ahnenverehrung, nachkamen.
Diese Manen, deren Zorn und Rache besonders gefürchtet waren, wurden seit dem *Abb 129*
2. Jahrhundert n. Chr. häufig auf Grabsteinen besänftigend angerufen.
Eine Besonderheit der römischen Staatsreligion war die göttliche Verehrung von
Wertbegriffen, welche die zwischenmenschlichen Beziehungen und das Verhältnis des
Individuums zu Staat und Gesellschaft – und auch umgekehrt – regelten. Diese Wert-
begriffe waren nach römischer Vorstellung Bestandteile der göttlichen Weltordnung:
Honos (Ehre, Achtung), *Fides* (Vertrauen, Zuverlässigkeit), *Virtus* (Tüchtigkeit,
Standhaftigkeit) und *Pietas* (Pflichtgefühl, Frömmigkeit) – um nur einige zu nennen –
wurden deshalb nicht nur demonstrativ und verehrend auf den Rückseiten der Münzen dargestellt, sondern hatten sowohl in Rom als auch anderswo Altäre, Kultbilder,
Priesterschaft und Tempel sowie den damit verbundenen Kultus; in Niedergermanien
allerdings sind die entsprechenden Belege vergleichsweise selten. Neben der Honos
und der Virtus wurde dort nach den bisherigen Inschriftenfunden auch der *Pax* (Frieden) und der *Salus* (Gesundheit) geweiht.
Besonders wichtig war es für die Römer, am richtigen Ort die richtigen Gottheiten um
das Richtige zu bitten. Das versehentliche oder gar bewußte Mißachten von Gottheiten und ihren Zuständigkeiten mußte unweigerlich ihren Zorn und damit auch die ge-

fürchtete Strafe nach sich ziehen. Vielfach kam es zu Bündelungen von Anrufungen und Weihungen. Dann wurden – wie zum Beispiel in Bonn – Jupiter, Hercules, Silvanus und der Schutzgeist des Hauses gleichzeitig geehrt (19. 9. 190 n. Chr.). Andere Inschriftensteine aus Bonn nennen Iupiter optimus maximus, Mars Propugnator und Victoria. Eine Kölner Inschrift des Jahres 252 n. Chr. gilt dem göttlichen Kaiserhaus, dem Schutzgeist des Ortes, den Ambiamarcae und den Ambioreneses, dem Mars Victor, dem Merkur, dem Neptun, der Ceres und schließlich noch allen Göttern und Göttinnen (*di deaeque omnes*) – ein überwiegend einheimisches Pantheon mit keltisch-germanischen Gottheiten. Es verwundert aber nicht, wenn zahlreiche Weihealtäre kurzerhand nur dem anonymen Schutzgeist des Ortes (*genius loci*), »allen Göttern und Göttinnen« (*di deaeque omnes*) oder auch der »Allgottheit« (*Pantheus, Panthea*) galten. In diesem Zusammenhang ist vor allem die Bonner Stiftung der Benefiziarier Venconius Crescens und Iulius Felix vom 1. 9. 252 n. Chr. oder auch der kleine Weihealtar des Hornisten M. Metionius Mercator aus Neuss (2. Jahrhundert n. Chr.) mit ihren globalen Götteransprachen zu nennen. Vermutlich aus Köln kennen wir kleine

Abb 224 Bronzevotive, welche die Universalität der verehrten Gottheit in der Zusammenfassung und Anhäufung der unterschiedlichsten Götterattribute verdeutlichen.

Die einheimischen Götter

Die Römer haben niemals Religionskriege geführt, niemals fremde Götter oder Religionen, die sie bei den unterworfenen Völkern angetroffen haben, unterdrückt. Wichtig schien ihnen zunächst und ausschließlich, daß alle Reichsbewohner religiös geeint waren in der Verehrung der Kapitolinischen Trias, vor allem des Iupiter optimus maximus und im Kaiserkult; diese Loyalitätsbekundung forderten sie allerdings ohne Kompromisse überall im Römischen Reich. Ansonsten übten die Römer Toleranz und betrachteten die Götter fremder Völker lediglich als andere Erscheinungsformen ihrer eigenen Göttervorstellungen, zumal ihnen deren Wirken und Zuständigkeit bekannt vorkamen. Die Gleichsetzung einheimischer Gottheiten mit römischen Göttergestalten und ihre Übernahme in das römische Pantheon bereiteten ihnen deshalb keine Schwierigkeiten. Einheimische und römische Götternamen wurden miteinander verbunden, gegebenenfalls eine einheimische Gottheit auch nur durch die Beifügung von *deus/dea* romanisiert. Am deutlichsten machte sich diese *interpretatio Romana* in der bildlichen Darstellung bemerkbar. Fast alle einheimischen Götter wurden bald wie römische dargestellt. So konnten einerseits die fremden Völker und Stämme in allen Teilen des Römischen Reiches auch unter römischer Herrschaft ihre religiösen Eigenheiten beibehalten, andererseits auch die römischen Bürger – sowohl die Zivilisten als auch die Militärs – ohne »Pflichtverletzung« (d. h. Mißachtung ihrer eigenen Götter) überall in den Provinzen zu den einheimischen Gottheiten beten, ihnen opfern und durch Votive danken.

Tafel 21   Köln. Verschiedene Aschenurnen. Kalkstein, Glas und Ton. 2. Hälfte 1. Jh.
n. Chr. (RGM Köln)
Umseitig:
Tafel 22   Köln. Zierflasche mit Auflage. Glas. – H. 27,5 cm. Anfang 3. Jh. n. Chr. (RGM Köln)

Abb. 225   Köln. Weihung für den Radgott Jupiter-Taranis.
Sandstein. – H. 0,86 m. 2. Jh. n. Chr. (RLM Bonn)
Abb. 226   Erkelenz-Kleinbouslar. Jupitersäule. Sandstein. –
H. der Säule 2,09 m. Um 220/225 n. Chr. (RLM Bonn)
Abb. 227   Bonn. Weihung des C. Anaillius Atto und seines
Sohnes für Mercutius Gebrinius. Kalkstein. – H. 0,96 m
(RLM Bonn)

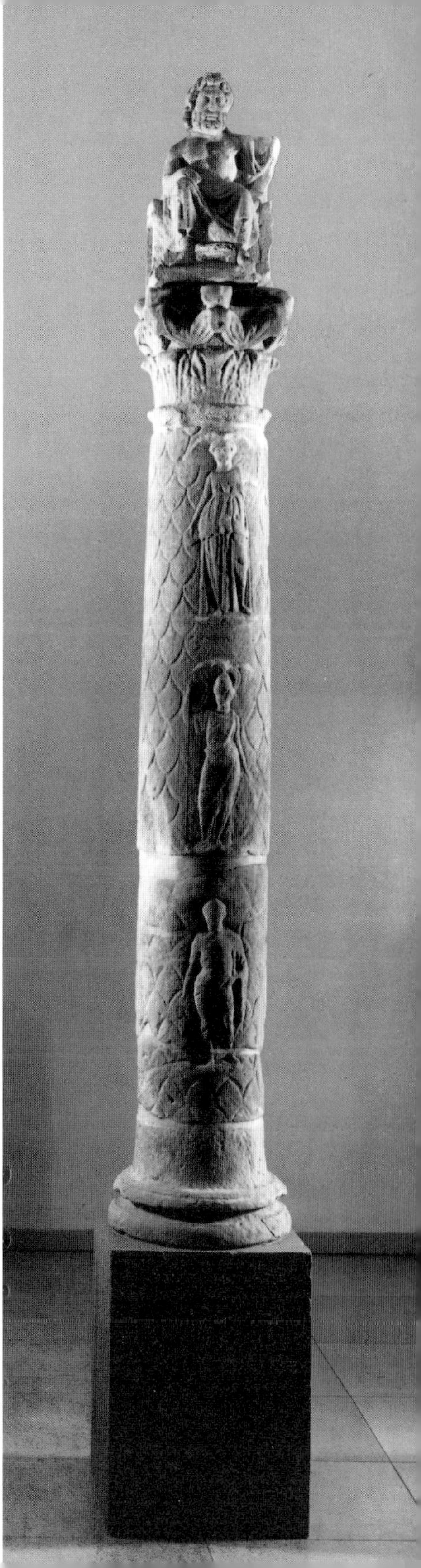

Welche einheimischen Göttervorstellungen die Römer bei der Eroberung des Rheinlandes und Westfalens in der zweiten Hälfte des 1. Jahrhunderts v. Chr. vorgefunden
haben, entzieht sich unserer genauen Kenntnis; bildliche oder inschriftliche Überliefe-
rungen fehlen. Die knappen Berichte des C. Iulius Caesar (100–44 v. Chr.) und des römischen Historikers Tacitus (54–117 n. Chr.) sind in dieser Hinsicht nicht sehr ergiebig. In der germanisch-keltischen Mischzone wird man zumeist Natur- und Fruchtbarkeitsgottheiten verehrt haben, die in ungestalteten Kultmalen (Steinen, Bäumen
u. ä.) faßbar waren. Tempel im Sinne eines »Hauses der Gottheit« kannte man nicht;
Opfer und Verehrung erfolgten in freier Natur auf Bergkuppen oder in Hainen. In
Abb 225 Niedergermanien wurde der keltische Kriegs- und Gewittergott *Taranis* bisweilen mit
dem römischen Iupiter optimus maximus gleichgesetzt; sein Symbol, ein mehrspeichi-
ges Rad, erscheint auf manchen Jupiterweihungen. Ein Kultbereich mit Tempeln ein-
Abb 396 heimischer Form (sog. gallo-römische Umgangstempel) im Südwesten des römischen
Köln scheint beiden Göttern gleichermaßen geweiht gewesen zu sein.

Auch die sog. Jupitersäulen, die sich in der Nachfolge der berühmten Mainzer Jupitersäule der Jahre 59/67 n. Chr. vornehmlich in den Nordwestprovinzen des Römischen
Reiches finden, verbanden einheimisch-keltische Vorstellungen mit italischen Ele-
menten. Über einem meist mit verschiedenen Götterdarstellungen verzierten Sockel
Abb 193 (sog. Viergötterstein) erhob sich eine normalerweise geschuppte kapitellbekrönte
Säule, auf deren Vorderseite vielfach Reliefbilder der Juno, Minerva und des Merkur
zu erkennen waren. Auf der Säule thronte gewöhnlich Jupiter im Stile eines Welten-
herrschers, das Zepter in der linken, das Blitzbündel in der rechten Hand, ganz so wie
das berühmte Kultbild aus domitianischer Zeit im Jupitertempel auf dem Kapitol in
Rom ihn zeigte. In Niedergermanien sind bislang mehr als 200 Weihungen dieser Art
– davon mehr als die Hälfte aus dem ehemaligen Ubiergebiet – belegt; die Jupiter-
Abb 226 säulen aus Köln-Weidenpesch, Rheydt-Mülfort und Erkelenz-Kleinbouslar – alle
Abb 476 wohl um 220/225 n. Chr. entstanden – sind am besten erhalten. Nach den Berichten
des Caesar und des Tacitus verehrten Kelten und Germanen besonders *Mars* und *Mercurius*; es handelte sich natürlich um einheimische Gottheiten, welche die Römer am
ehesten mit diesen beiden zu fassen glaubten. So kam es auch im nordrhein-westfälischen Teil von Niedergermanien zu gleichsetzenden Weihungen wie für *Mars*
Abb 395, 539 *Camulus* und *Mars Cicollvis* in der sog. Vorgängersiedlung der *CUT*-Xanten (beide 2.
Drittel 1. Jahrhundert n. Chr.), *Mercurius Arvernus* in Krefeld-Lank (Haus Gripswald), *Mercurius Gebrinius* in Bonn oder auch *Mercurius Cissonius* in Köln (alle 2./3.
Jahrhundert n. Chr.). Die Bedeutung des Merkur für die Provinzbevölkerung kann
man von einem kleinen Giebelrelief aus Köln ablesen, das ursprünglich zu einem Lararium gehört haben mag. Dort thront Merkur im Stile des Jupiter, umgeben von
Fortuna, Felicitas (?) und zwei Flußgöttern. Die Merkurstatuetten, die rechts des
Taf 18 Rheins und in Westfalen (z. B. in Langenfeld/ME oder in Beelen-Hörster/WAF), d. h.
im sog. freien Germanien gefunden wurden, sind ebenso aussagekräftig. Ein einhei-
misch-niedergermanischer Gott war auch *Magusanus*, der mit dem römischen Hercu-

les identifiziert und als *Hercules Magusanus* verehrt wurde. Ihm gilt beispielsweise ein
Weihealtar aus Bonn, der im Jahre 226 n. Chr. von M. Naevius Minervinus, Unteroffi-   *Abb 198*
zier (*optio*) im Stab der *legio I Minervia*, gestiftet wurde. Die *interpretatio Romana*
geht hier sogar so weit, daß er auf diesem Stein wie Hercules mit dem Höllenhund
Cerberus dargestellt wird. Der Heilgott *Apollo* fand im keltischen *Grannus* seine Entsprechung; seine Verehrung ist besonders in Heil- und Kurzentren belegt. In *Aquae
Granni*-Aachen waren ihm unter anderem wohl ein Heiligtum mit einer gefaßten
Quelle, mindestens zwei gallo-römischen Umgangstempeln, weitläufigen Säulenhal-   *Abb 269*
len und ausgedehnten Thermenanlagen geweiht. Der bedeutendste Beleg seiner Verehrung in Niedergermanien ist sicherlich die Weihung des Nijmegener Lagerpräfekten L. Latinius Macer aus Aachen (um 120/130 n. Chr.). Auf einer Weihung, die der   *Abb 171*
Statthalter C. Fulvius Maximus um 230 n. Chr. in Bonn setzte, wird Grannus mit der
Concordia Sospes, den Camenae, dem Mars, der Pax und dem vergötterten Kaiser genannt; auch er ist also in die römische Götterwelt des 3. Jahrhunderts n. Chr. integriert. Hinter den inschriftlich häufig geehrten *nymphae* verbergen sich sicherlich   *Abb 275*
lokale Wasser- bzw. Quellgottheiten.

Viele der einheimischen Götter am Niederrhein – seien sie nun keltischer oder auch
germanischer Provenienz – sind uns inzwischen durch Inschriftenfunde namentlich
bekannt. Von den meisten läßt sich aber kaum mehr sagen, als daß sie ihren örtlichen
Bezug beibehalten haben, gelegentlich aber in griechisch-römischer Bildtradition dargestellt und auch von römischen Bürgern – oft hochstehende Verwaltungsbeamte und
Militärs – verehrt wurden. Die Fruchtbarkeitsgöttin *Hludana* beispielsweise ist in der
Gegend von Bad Münstereifel-Iversheim und Xanten belegt. Der Kriegsgöttin *Vagdavercustis*, die auch aus Kalkar/KLE und Rindern/KLE bekannt ist, stiftete um 165
n. Chr. T. Flavius Constans, Präfekt der kaiserlichen Garde, in Köln einen Altar; die   *Abb 147*
Darstellung darauf zeigt den Stifter bei einem römischen Spendeopfer. Die Göttin der
Britannienfahrer, *Nehalennia*, wurde wohl auch in der *CCAA*-Köln von Kaufleuten
geehrt. Einer von ihnen war *sevir Augustalis* und hatte somit auch priesterliche Funktionen im Kaiserkult. Aus dem zentralen Nehalennia-Heiligtum in Colijnsplaat an der   *Abb 122*
Scheldemündung/Niederlande kennen wir weitere Weihungen von Kölner Bürgern.
Aus der Gegend von Hürtgenwald-Gey stammt eine Inschrift, die von einem T. Iulius
Aequalis der *Dea Ardbinna* gesetzt wurde; es kann kein Zweifel daran bestehen, daß
hier die »Schutzpatronin« der Ardennen und der Eifel, die einheimische Göttin *Ar-
duinna* gemeint ist. Die *Alateivia* muß Heilfunktionen gehabt haben; ihr weihte in
Xanten der Arzt Divos. Erwähnt werden sollten auch die Göttinnen *Aveha* und *Hel-
levesa* – beide zusammen *Ahneccanae* genannt –, denen in ihrem Heiligtum möglicherweise in der Nähe von Hürth-Gleuel Statuen errichtet wurden; die Finanzierung erfolgte aus Tempeleinnahmen. Die *Sunuxal* war die Stammesgöttin der Sunuci, die
weitgehend westlich der Rur wohnten; ihr Kultzentrum lag offenbar in *Varnenum*,   *Abb 276*
unweit des heutigen Aachen-Kornelimünster. Der Tempelbezirk, dem sich auch ein
vicus anschloß, ist in Teilen ausgegraben worden; u. a konnten die Fundamente meh-

Abb 277 rerer gallo-römischer Umgangstempel freigelegt werden. Außerdem wurden zwei bronzene Weihetäfelchen für den *deus Varneno*, den »Lokalheiligen« gefunden. Die Keramik datiert die gesamte Anlage in die Zeit vom Ende 1. bis Mitte 3. Jahrhundert n. Chr. Ein weiteres Heiligtum der Sunuxal, das 239 n. Chr. geweiht wurde, ist offenbar für Zülpich-Hoven bezeugt. Ansonsten ist die Göttin in Neuss, Köln, Eschweiler, Nideggen-Embken, in der Nähe von Heimbach und in Aachen belegt.

Besonders verbreitet war in Niedergermanien der Kult der einheimischen »Muttergottheiten«, die – romanisiert – *matronae*, wesentlich seltener *matres* oder auch *matrae* hießen. Sie spendeten offenbar Segen und Fruchtbarkeit; sie beschützten Haus und Hof, Familie, Sippe und Gemeinde. Ihre meist germanischen Beinamen leiteten sich deshalb oft von Personen- und Stammesnamen ab, wie zum Beispiel die *Matronae Vacallinehae* in Bad Münstereifel-Nöthen (Pesch)/EU vom Stamm der *Vacalli* oder die *Matronae Austriahenae* in Morken-Harff/BM von dem der *Austriates;* manchmal waren wohl auch Flüsse, Orte oder Regionen für die Matronen namengebend. Man könnte etwa an die *Matronae Nersihenae* (*Nersa* = Niers), die *Matronae Iulineihiae* (*Iuliacum* = Jülich) oder die *Matronae Albiahena* (*Albiniacum* = Elverich) denken. Die Verehrung der Matronen gestaltete sich offenbar sehr persönlich; sie hießen *meae*, *suae* oder *domesticae*. Eine Inschrift aus Titz-Bettenhofen legt nahe anzunehmen, daß die Dedikantin dort mit den *Ettrahenae* und den *Gesahenae* die Matronen mütterlicherseits (*maternae*) und väterlicherseits (*paternae*) ehren wollte.

Der männliche Gegenpart zu diesen »Stammesmüttern« scheint vielerorts *Mercurius* gewesen zu sein, dessen Kult von einheimischen männerbündischen Vereinigungen, den Kurien, gepflegt wurde; in Köln stiftete ein Angehöriger einer solchen *curia* dem Merkur zwei Kraniche, auch den Matronen heilige Vögel. Bei den *Matronae Amrahenae* gab es eine *curia Amratnina* oder bei den *Matronae Ettrahenae* eine *curia Etratium*. Aus diesem Grunde fanden sich in Matronenheiligtümern wie etwa Bonn oder

Abb 227 Krefeld-Lank (Haus Gripswald) zahlreiche Weihungen für Mercurius; deshalb gehörte vermutlich auch zu jedem Tempelbezirk ein entsprechender Versammlungs-

Abb 290, 291 raum. In Bad Münstereifel-Nöthen (Pesch) und in Eschweiler-Fronhoven sind diese basilikalen Gebäude mit ihrer charakteristischen, rechteckigen Apsis archäologisch

Abb 490, 496 nachgewiesen. Weitere Matronenheiligtümer wurden in Nettersheim, Zingsheim und Nideggen-Abenden ausgegraben. Ob der gallo-römische Umgangstempel in der *CUT*-Xanten tatsächlich den Matronen geweiht war, ist fraglich; dies gilt auch für den Kultbezirk im Auxiliarvicus von *Novaesium*-Neuss. Dagegen läßt die auffällige Konzentration gleichartiger Weihungen zum Beispiel in Wachtberg-Berkum, Köln, Hürth-Hermülheim, Zülpich, Nideggen-Embken, Titz-Rödingen, Morken-Harff und Krefeld-Lank (Haus Gripswald) trotz fehlender Baubefunde einen ehemaligen Matronentempel am Ort oder in unmittelbarer Umgebung vermuten. Das Zentrum des rheinischen Matronenkultes lag wohl in Bonn. Dort haben sich bei Ausgrabungen unter dem Münster in den Jahren 1928–1930 auch die wichtigsten und schönsten Ma-

Abb 192 tronensteine, die wir überhaupt kennen, gefunden; sie galten allesamt den Aufani-

Abb. 228 Bonn. Weihung des Kölner Ratsherrn C. Candidinius Verus für die Aufanischen Matronen (Vorder- und Nebenseiten). Kalkstein. – H. noch 1,07 m. 220–230 n. Chr. (RLM Bonn)

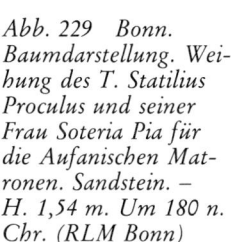

Abb. 229 Bonn. Baumdarstellung. Weihung des T. Statilius Proculus und seiner Frau Soteria Pia für die Aufanischen Matronen. Sandstein. – H. 1,54 m. Um 180 n. Chr. (RLM Bonn)

Abb. 230 Bonn. Weihung des Q. Caldinius Celsus für die Aufanischen Matronen. Kalkstein. – H. 1,27 m. Um 180 n. Chr. (RLM Bonn)

Abb. 231 Bonn. Prozessionsdarstellung mit Matronenkultbild. Kalkstein. – H. 0,34 m. Um 220 n. Chr. (RLM Bonn)

schen Matronen. Eine Bauinschrift besagt, daß der Bonner Matronentempel, dessen genaue Lage wir nicht kennen, um 160 n. Chr. errichtet wurde.

Die Matronenverehrung im Rheinland ging wohl auf einen einheimischen Baumkult zurück; zur Zeit ist noch ungeklärt, ob und inwieweit sie keltische und germanische Vorstellungen miteinander verband. Die frühesten Weiheinschriften für die »Muttergottheiten« datieren in die zweite Hälfte des 1. Jahrhunderts n. Chr. Damals kannte man jedoch noch keine menschengestaltigen Kultbilder; einige Weihungen aus Bonn lassen darauf schließen, daß die Matronen anfangs in Bäumen und Baumheiligtümern verehrt wurden. In diesem Zusammenhang ist der Weihestein eines Legionspräfekten *Abb 229* der *legio I Minervia* namens T. Statilius Proculus und seiner Gemahlin Sutoria Pia von Bedeutung, der einen »heiligen« Baum inmitten einer Sakrallandschaft zeigt. Bei den *Abb 290* umfriedeten Höfen in den Matronenheiligtümern von Bad Münstereifel-Nöthen *Abb 489* (Pesch), Nettersheim und Nideggen-Abenden könnte es sich um heilige Bezirke handeln, in denen ehemals ein solcher verehrungswürdiger Baum gestanden hatte. Die für das Ubiergebiet so charakteristischen Darstellungen der ubisch gekleideten Matronendreiheit mit dem jungen Mädchen zwischen zwei haubentragenden Frauen auf einer Sitzbank gehen offenbar auf ein Kultbild zurück, das erst um 160 n. Chr. für den neuen Tempel der Aufanischen Matronen in Bonn konzipiert und geschaffen wurde. *Abb 231* Bei dem Bonner »Prozessionsrelief« nähern sich Ubierinnen mit Opferschalen diesem Kultbild, das auf einem hohen Sockel steht; am genauesten wiedergegeben ist es wohl *Abb 192* auf dem Weihestein des Kölner Stadtkämmerers Q. Vettius Severus aus dem Jahre 164 n. Chr. Der Kultbildcharakter kommt auch auf dem Bonner Candidinius-Stein aus *Abb 228* den Jahren um 220–230 n. Chr. zum Ausdruck. Selbst die kanonischen Matronendarstellungen lassen häufig die alten Beziehungen zum Baumkult nicht vergessen. Oft sind auf den Nebenseiten der Weihesteine noch girlandengeschmückte Bäume – gleichsam verehrungswürdige Objekte – zu sehen. Auf der Weihung des Q. Caldi- *Abb 230* nius Celsus aus Bonn ist das Matronenbild selbst von Ästen umgeben. Eine ubisch gekleidete Frau am Altar davor hält einen Zweig in ihrer Hand; sie könnte ihn zuvor von einem »heiligen« Baum zu Ehren der Gottheiten abgebrochen haben.

Die Dreizahl der rheinischen Matronen ist möglicherweise als Ausdruck ihrer Allmacht und funktionalen Vielfalt zu betrachten. Um so mehr verwundert es, daß sie in Niedergermanien niemals – wie bei Muttergottheiten sonst üblich – mit einem Säugling an der Brust, einem Wickelkind oder einem Hund auf dem Schoß dargestellt sind. Fruchtkörbe, Blüten und Ährenbündel als Attribute machen ihre primären Zuständigkeiten deutlich. Hin und wieder scheinen ihnen auch die Funktionen der römischen Juno und Fortuna zuerkannt worden zu sein. Bei ca. 1300 Inschriften ist die Bedeutung des Matronenkultes im Rheinland kaum zu überschätzen; er bezeugt wie kaum ein anderer der einheimischen Kulte, wie lange sich lokale Göttervorstellungen halten und durch die *interpretatio Romana* auch für Römer hohen und allerhöchsten Ranges akzeptabel werden konnten, ohne ihren lokalen Bezug zu verlieren. Der letzte inschriftlich datierte Weihealtar wurde den *Matronae Ambiamarcae* im Jahre 252

n. Chr. in Köln-Deutz gesetzt. Daß sich in der Spätantike der Kult der Magna Mater in den Matronenheiligtümern festsetzte, kann nur vermutet werden; überzeugende Beweise fehlen.

Die orientalischen Kulte

Seit Ende des 3. Jahrhunderts v. Chr. drangen Gottheiten aus Kleinasien und Syrien, dem Iran und Ägypten in das römische Pantheon ein, deren Kulte sich wesentlich von dem kühlen und staatsbezogenen Formalismus und Ritualismus der römischen Religion unterschieden. Sie wurden hauptsächlich von Sklaven, Kaufleuten und Soldaten aus dem Orient nach Italien und in die westlichen Provinzen des Römischen Reiches gebracht. Diese orientalischen Gottheiten – Magna Mater-Kybele, Bacchus, Baale wie die von Doliche oder Heliopolis, Isis und Mithras – hatten der Kultlegende nach wie Menschen gelitten, manche von ihnen waren wie diese gestorben; deshalb wußten sie besonders um die menschlichen Sorgen und Nöte. Sie hatten zum Leben erweckt oder waren selbst wieder auferstanden. Die Verehrung dieser in den Augen der Gläubigen wahrhaft unsterblichen Götter war ein Ausdruck persönlicher Frömmigkeit. Sie fanden um so mehr Anhänger, je unsicherer die politischen, wirtschaftlichen und sozialen Verhältnisse wurden und je mehr sich der einzelne entwurzelt und vereinsamt fühlte; dies war vor allem seit dem 2. Jahrhundert n. Chr. der Fall. Existentielle Unsicherheit und eine ungewisse Zukunft waren auch Nährböden für den östlichen Sternglauben (Astrologie), Magie und Zauber.

Die orientalischen Kulte, häufig auch Mysterien genannt (griechisch: myein = die Augen schließen), waren Erlösungsreligionen; sie versprachen den Gläubigen Unsterblichkeit nach dem Tode und ein sorgenfreies, glückseliges Jenseits in der Gemeinschaft der Gottheit. Gemeinsam waren ihnen geheimnisvolle, den ganzen sensitiven Bereich des Menschen erfassende Riten, Kultgeschichten und Symbole, die nur von den Eingeweihten verstanden wurden. In der täglich faßbaren Einheit von Kultus und Mythus, von religiöser Betätigung und »heiliger Geschichte« sowie im unmittelbaren Gotterleben bei den Kultfeiern fanden die Gläubigen ihre Jenseitserwartungen – und damit den Wahrheitsgehalt ihres Glaubens – schon zu Lebzeiten bestätigt.

Die Kultgemeinden waren Solidargemeinschaften, die sich ganz bewußt gegen ihre Umwelt abkapselten. Ihre Mitglieder hatten – ohne Rücksicht auf Stand und Vermögen – verschiedene Reinigungsrituale und Prüfungen hinter sich bringen müssen, um aufgenommen zu werden; sie waren von der Gottheit selbst ausgewählt und durch sie »neu geboren«, sie waren Eingeweihte, Mysten. An der Spitze der Kultgemeinden und Mysterienvereine standen Oberpriester; sie vertraten die Gottheit. Die Mysten hatten nicht selten verschiedene Weihegrade und Kultfunktionen. Offizielle und große Tempel gab es nur wenige; meist traf man sich zu den Kultfeiern in Privathäusern und kleineren Kultbezirken. Im Mittelpunkt dieser Kultfeiern standen die persönliche Begeg-

nung der Gläubigen mit der Gottheit und das Kultmahl. Alles, was geschah, war
streng geheim und unterlag absoluter Schweigepflicht. Der Verrat der Kultgeheim-
nisse konnte mit dem Tode bestraft werden; mit Sicherheit führte er jedoch zum Aus-
schluß aus der Kultgemeinschaft – und damit nach dem Glauben der Mysten zum sicheren Verlust aller verheißenen Glückseligkeit im Jenseits.

Abb 107   Der Kult der *Magna Mater* oder *Kybele* hatte bereits im Jahre 205 v. Chr. während des
2. punischen Krieges in Rom Einzug gehalten; dennoch gewann diese kleinasiatische
Göttin erst in der römischen Kaiserzeit an Bedeutung. Im Mittelpunkt ihrer Mysterien
standen der Tod und die Auferstehung ihres Geliebten *Attis;* der Höhepunkt dürfte
die »heilige Hochzeit« der Gläubigen mit der Göttin gewesen sein. Die orgiastischen
Kultfeiern selbst waren von dem schrillen Klang der Instrumente (Flöten, Tamburin,
Kastagnetten und Zimbeln) und dem ekstatischen Tanz ihrer Anhänger geprägt, die
sich bei Eintritt in die Gemeinschaft einer Bluttaufe hatten unterziehen müssen. Bei
diesem Einweihungsritual begab sich der Novize in eine mit Bohlen abgedeckte
Grube. Über ihm wurde ein Stier, bei ärmeren Leuten ein Widder geschächtet (*taurobolium* bzw. *kriobolium*), mit dessen herabträufelndem Blut er sich zu benetzen, dessen Blut er sogar zu trinken hatte; danach war er wiedergeboren und akzeptiertes Mitglied der Kultgemeinde. Beim *taurobolium* und *kriobolium* erfuhr der neue Myste also
unmittelbar Tod und Wiedergeburt, Auferstehung und Unsterblichkeit. Im Rheinland sind zahlreiche Zeugnisse des Kybele- bzw. Magna Mater-Kultes gefunden worden. Meist handelt es sich um Terrakotten aus Kölner Produktion, welche die Göttin

Abb 204   – ausgewiesen durch die Mauerkrone – auf einem Löwen reitend oder auf einem von
Abb 107   Löwen flankierten Throne sitzend zeigen; sie stammen aus Gräbern. Der Kybele war
Abb 232   die Pinie heilig; auf dem Grabstein eines Soldaten der ersten Thrakerkohorte aus
Bonn, der in die zweite Hälfte des 1. Jahrhunderts n. Chr. datiert werden kann, ist ein
Zweig mit zwei Pinienzapfen dargestellt. Eine symbolische Bedeutung dürfte auch ein
Abb 253   Pinienzapfen gehabt haben, der in einem Bleisarkophag vom Ende des 3./Anfang des
4. Jahrhunderts n. Chr. in Lommersum-Bodenheim/EU gefunden wurde.
Wenn nicht alles trügt, gab es vom 2. bis vermutlich ins 4. Jahrhundert in *Novaesium*-
Neuss eine Kybele-Gemeinde. Ob schon eine Kybele-Terrakotte als Grabbeigabe
ausreicht, den Toten einen ehemaligen Kybele-Mysten zu nennen, ist fraglich. Auch
Abb 233   eine Attis-Darstellung, wie etwa die Gagat-Statuette aus einem Sarkophag der Zeit vor
276 n. Chr. in Rheinbach-Flerzheim, muß derartiges noch nicht belegen. Deutlicher
auf eine Verehrung der Göttin weist ein Relief des 3. Jahrhunderts n. Chr. – wohl aus
Neuss – mit der Büste der Kybele und der Darstellung verschiedener Kultinstrumente,
heute im Reiß-Museum, Mannheim. Wenn die Interpretation des Grabungsbefundes
am Gepa-Platz in Neuss-Gnadenthal, d. h. am Südwestrand des Auxiliarvicus zuträfe
Abb 502   und in dem dortigen Tempelbezirk tatsächlich eine *fossa sanguinis*, eine kellerartige
Grube für die Bluttaufe, freigelegt worden wäre, dann besäße Neuss das bedeutendste
Zeugnis des Kybele-Kults nördlich der Alpen. Die Einzelfunde aus der Kellereinfül-
lung, vor allem eine flache Tonflasche (zum Auffangen des Blutes?) und die Reste einer

Abb. 232   Bonn. Grabstein eines thrakischen Soldaten mit Pinienzapfen. Kalkstein. –
H. noch 1,12 m. 2. Hälfte 1. Jh. n. Chr. (RLM Bonn)

Abb. 233   Rheinbach-Flerzheim. Statuette eines sitzenden Attis. Gagat. – H. 10,8 cm.
Um 250 n. Chr. (RLM Bonn)

bronzenen Zimbel sowie die unweit davon gefundene Tonstatuette eines zusammengebrochenen und geschächteten (?) Widders, könnten die Deutung des Kellers unterstreichen. Sollte der Tempelbezirk zuvor den Matronen gehört haben, dann müßte die
Magna Mater-Kybele ihre Nachfolge am Ort angetreten haben; auch im Matronenheiligtum von Bad Münstereifel-Nöthen (Pesch) hat sich ein Attis-Relief gefunden, das
unter Umständen mit dem Kybele-Kult in Verbindung gebracht werden kann. Mit
großer Wahrscheinlichkeit gab es in Inden-Pier eine Kybele-Gemeinde; dort stifteten
ihr Anfang des 3. Jahrhunderts n. Chr. die *consacrani*, wohl die »eingeweihten« Ge-
meindemitglieder einen Altar. Wiederholt wurde auch in Köln der *Terra Mater* geweiht, mit der sicherlich die Kybele gemeint war. Ebenso verbarg sich vermutlich hinter der kappadokischen *Ma-Bellona,* für die in Köln ein Kollegium der *hastiferi* (»Lan-
zenträger«) bezeugt ist, die kleinasiatische Göttermutter.
Schon 186 v. Chr. hatten die Behörden in Italien allen Grund, mit harten Strafen gegen
die orgiastischen und geheimen Kultfeiern zu Ehren des Bacchus, die Bacchanalien,
vorzugehen und sie zu verbieten. *Bacchus* (griechisch: Dionysos), der Weingott aus
Thrakien, riß seine Verehrer in wilder Begeisterung mit; sie folgten ihm als Hirten, Satyrn, Silene und Mänaden. Die Bacchus-Mysterien der römischen Kaiserzeit hatten

viel von der ursprünglichen Wildheit des Kultes verloren. Die bacchischen Kultgemeinden waren eher gesellschaftliche Zirkel; die Mysten verehrten Bacchus in der
Traube und feierten ihn im Weine. Die Einweihung (*initiatio*) in die Mysterien war mit
der symbolischen Reinigung durch die Elemente und mit der Schau (*epopteia*) der heiligen Zeichen und Geräte verbunden. Trunkenheit, Liebesspiel und Ekstase kenn-

Abb 261 zeichneten die Begegnung mit dem Gott. Tanz, Flötenspiel und Trommelschlag stei-
gerten dabei das persönliche Erleben: Die Mysterienfeiern waren für die Bacchus-
mysten ein vorweg erlebter Ausschnitt des ihnen verheißenen glückseligen Jenseits,
eines neuen Goldenen Zeitalters unter der Herrschaft des Bacchus. Ein bacchischer
Mysterienverein ist im Rheinland bislang nur in Köln durch eine Weiheinschrift des
3. Jahrhunderts n. Chr. für die Bacchus-Mutter *Semele* und ihre göttlichen Schwe-
stern zweifelsfrei bezeugt. Die Stifterin dieser Weihung, Reginia Paterna, bekleidete in
dieser Kultgemeinde den vermutlich höchsten Mystengrad einer »Mutter« (*mater*),
der ebenfalls genannte Priester Seranius Catullus den eines »Vaters« (*pater*). Möglicherweise belegt ein phallisches Priap-Rhyton, das als Kultgefäß gedient haben
könnte, eine Bacchusgemeinde in Neuss.

Häufig nehmen aber auch Darstellungen, wie zum Beispiel die symbolträchtigen Bil-
Taf 7 der des Kölner Dionysos-Mosaiks, mehr oder weniger deutlich Bezug auf die Welt
und die Verheißungen der Bacchus-Mysterien. Die Bild- und Symbolsprache des Kultes und seiner Zeugnisse waren jedoch weitgehend dem römischen Alltag und dem allgemein bekannten Mythenschatz entnommen, so daß heute die religiöse Bedeutung
bacchischer Szenen nur selten wirklich bewiesen werden kann.

Der Kult der ägyptischen Göttin *Isis* hatte in römischer Zeit nur noch wenig mit dem
Glauben Altägyptens und der Pharaonen zu tun. Er war – wie der Sarapis-Kult – im
4. Jahrhundert v. Chr. aus älteren religiösen Vorstellungen heraus entwickelt und
zum offiziellen Staatskult des Ptolemäer-Reiches erklärt worden; die bildliche Fassung wurde vom hellenistischen Griechenland beeinflußt. Die Verehrung der Isis verbreitete sich schnell. Gegen Ende des 2. Jahrhunderts v. Chr. dürfte ihr Kult auch in
Italien Fuß gefaßt haben; entsprechend frühe Tempelanlagen sind aus Puteoli, Pompeji und Rom bekannt. In der Folgezeit gab es Verfolgung und Förderung gleichermaßen durch den römischen Staat. Der Isis-Kult hatte zwei Seiten: Zum einen suchten
seine Anhänger in Prozessionen und Tempeldiensten die Öffentlichkeit, zum anderen
waren sie in Mysterienvereinen zusammengeschlossen, zu denen nur Auserwählte Zugang hatten. Die Isis der Mysterien war eine Göttin, die auf der Suche nach dem Leichnam ihres verstorbenen Geliebten Osiris alles menschliche Leid erfahren und ihn
schließlich durch das heilige Wasser des Nils wieder zum Leben erweckt hatte; so
würde sie, wie ihre Anhänger glaubten, auch jedem ihrer Mysten die Unsterblichkeit
nach dem Tode verleihen. Für die Eingeweihten war Isis eine »Allgöttin« (*panthea*),
Juno, Fortuna, Venus und Ceres zugleich, eine Göttin mit tausend Namen (*myriony-
mus*), wie es auf einem Kölner Inschriftenstein heißt. In den Mysterien mit ihren Prüfungen, Waschungen, Weihen und Gottesbegegnungen offenbarte sich Isis den My-

Abb. 234   Krefeld-Gellep. Klapper (Sistrum). Bronze. –
L. 22,3 cm. 2. Jh. n. Chr. (Krefeld, Museum Burg Linn)
Abb. 235   Krefeld-Gellep, Kultscheren. Eisen, Bronze. –
L. 40 cm. 2. Jh. n. Chr.
(Krefeld, Museum Burg Linn)
Abb. 236   Köln, St. Ursula. Statuette der Isis invictus.
Kalkstein. – H. 0,51 cm. 1. Hälfte 3. Jh. n. Chr.
(RGM Köln)

sten; sie hörten von ihrem wahren Wirken und Wesen, sie hörten aber auch die heiligen Geschichten vom Leben, Sterben und Auferstehen des Osiris, mit dem sie sich identifizierten. »Seid zuversichtlich, Mysten! Der Gott ist gerettet und auch für euch gibt es Rettung aus der Not«, hieß einer der Mysteriensprüche.

Die Zeugnisse ägyptischer Götter, des Isis- und Sarapis-Kultes, sind in der römischen Rheinzone vergleichsweise zahlreich: Isis (vornehmlich *Isis-Fortuna*), *Harpokrates*, *Anubis* und der Apis-Stier sind dargestellt. Die frühesten Belege für *Ammon*, der mit *Abb 416* Jupiter gleichgesetzt wurde, dürften eine qualitätvolle Silberphalera aus Rumeln-Kal- *Abb 65* denhausen und der bronzene Zierkopf eines Nagels aus dem Legionslager *Vetera I*-Xanten sein, die den Kopf des bärtigen Gottes mit den charakteristischen Widderhörnern und den Ziegenohren zeigen; sie gehören in die Zeit vor 70 n. Chr. Die Sandstein-Herme des Jupiter-Ammon aus Lechenich/EU datiert dagegen um 180 n. Chr. Etwa *Abb 194* aus dieser Zeit stammen auch die ältesten rheinischen Inschriften zum Isis-Kult. In Krefeld-Gellep fand sich in einem Grab eine Klapper (*sistrum*), die bei den Isis-Feiern *Abb 234* verwendet wurde. Möglicherweise handelt es sich auch bei den beiden ca. 40 cm langen *Abb 235* Eisenscheren, die zusammen mit Keramik des 2. Jahrhunderts auf der Sohle eines Brunnenschachts im Gelleper Auxiliarvicus lagen und mit Harpokrates-Büsten ver-

ziert sind, um Kultgeräte. In Köln muß es zumindest unweit der heutigen Kirche St.
Ursula ein Isis-Heiligtum gegeben haben; die Inschriften aus diesem Bereich gelten
Abb 236 der »unbesiegbaren« (*invictus*) Isis. Von dort kommt auch die Statuette eines aus-
Abb 416 drücklich der Göttin geweihten Apis-Stieres. Im Jahe 179 n. Chr. dankt ein Benefiziarier in Köln dem Iupiter optimus maximus, dem Serapis (Sarapis) und dem Genius
loci. Eine Weihung der Dextrinia Iusta für *Sol-Serapis* »und seine Kline« (Kline =
Kultgemeinde) könnte man unter Umständen als Hinweis auf einen Kölner Mysterienverein des späten 2./frühen 3. Jahrhunderts n. Chr. werten. Eine Münze des Constans aus dem Jahre 346 n. Chr., die auf dem bereits erwähnten Altar für Isis myriony-
mus gefunden wurde, läßt die Vermutung zu, daß man damals die Göttin in Köln noch
verehrte und ihr opferte.

Die Mysterien des persischen Lichtgottes *Mithras* kamen offenbar erst im 1. Jahrhundert n. Chr. nach Italien und von dort – vielleicht aber auch vom Balkan und aus dem
Donauraum – an den Rhein; sie hatten nur noch entfernte Anklänge an die altiranische
Zoroaster-Religion. Ihre Heilslehren waren von griechisch-philosophischem (plato-
nischem) Gedankengut durchdrungen; der kämpferische Dualismus von Gut und
Böse, in dem das Gute (Mithras) obsiegte; Wertbegriffe wie Reinheit, Treue, Tapfer-
keit und Wahrhaftigkeit bildeten die moralischen Grundlagen der mithräischen Theo-
logie. Nicht zuletzt deswegen erfreute sich der Mithraskult des Wohlwollens und der
Förderung mancher römischer Kaiser. Mithras hatte durch eine Stiertötung die Welt
(Kosmos) erschaffen, für Ordnung gesorgt, Fruchtbarkeit und Segen geschenkt. Der
Schöpfungsakt, die Stiertötung, und das Festmahl, das Mithras danach zusammen mit
Sol eingenommen hatte, waren die zentralen Kultinhalte; deshalb sind diese Themen
auf den meisten Mithrasreliefs dargestellt. Bei den Kultfeiern wurden die Heilstaten
des Mithras verkündet, vermutlich auch szenisch dargestellt. Ihre Bedeutung war nur
den Eingeweihten bekannt. Musik, Lichtspiele und berauschende Getränke (*haoma*)
versetzten die Gläubigen in religiöse Verzückung. Das gemeinsame Kultmahl war eine
sich stets wiederholende Begegnung mit der Gottheit. Die Mysten waren auf Mithras
eingeschworen; sie hatten sich bei der Einweihung zahlreichen Prüfungen unterzogen
und einen Eid (*sacramentum*) ablegen müssen. Die Mithrasverehrung war ein »Kriegsdienst« (*militia*). Im Laufe ihres Lebens bemühten sich die Eingeweihten, über sieben
Weihegrade (*corax*/Rabe, *nymphus*/Bienenpuppe, *leo*/Löwe, *miles*/Soldat, *perses*/
Perser, *heliodromus*/Sonnenläufer und *pater*/Vater) ihrem Gott immer näher zu kommen. Nach dem Tode – so glaubten sie – stiegen ihre Seelen durch die Planetensphären
zur Unsterblichkeit auf. Die Grotten und Tempel, in denen die Mithrasmysterien ge-
feiert wurden, zeichneten deshalb nicht selten das Himmelsgewölbe mit seinen Ster-
nen und Planeten nach.

Der Mithraskult ist von allen orientalischen Kulten nicht nur in Italien, sondern auch
in den Nordwestprovinzen des Römischen Reiches am besten belegt. Seine Träger waren sowohl Militärs als auch Zivilisten, obwohl sich Mithräen, Mithrasinschriften,
mithräische Altarbilder und andere Kultdenkmäler besonders häufig in oder in der

D·S·I·IMP·C·AMANDINIVS
VERVS·BVG·V·S·E·L·M

Abb. 237   Köln. Mithräum an der Südseite des Doms. Nische mit Mithrasrelief (Felsgeburt). Ausgrabungen des RGM Köln 1974

Abb. 238   Dormagen. Stiertötung. Weihung des C. Amandinius Verus für Mithras. Kalkstein. – H. 0,51 m. Um 200 n. Chr. (RLM Bonn)

Abb. 239   Köln. Mithräisches Kultgefäß. Ton. – H. 29 cm. 2./3. Jh. n. Chr. (RGM Köln)

Abb. 240   Bonn. Statuette des Juipiter Dolichenus. Bronze. – H. 7,2 cm (RLM Bonn)

Nähe von Militärgarnisonen entlang der Reichsgrenzen an Rhein und Donau gefunden haben. In erster Linie war der Mithraskult ein Männerkult. Im nordrhein-westfälischen Teil der niedergermanischen Provinz sind Mithrasheiligtümer – und damit sicherlich auch entsprechende Mysterienvereine – in Dormagen, Krefeld-Gellep, Xanten und wohl auch in Kalkar durch Inschriften oder entsprechende Grabungsbefunde nachgewiesen; dabei fällt die häufige Nähe zu Töpfereien auf. In Bonn und Köln
Abb 237 gab es offenbar mehrere Mithräen. Vor Jahren konnte ein Mithräum südlich des Kölner Doms komplett ausgegraben werden; u. a. kamen ein Kultbild mit der Felsgeburt des Mithras sowie verschiedene Fragmente von sog. Mithrasgefäßen zum Vorschein, in denen möglicherweise das *haoma* der Mithrasmysterien aufbewahrt und geschöpft wurde. Gefäße dieser Art sind auch aus Neuss bekannt; sie können in die zweite Hälfte des 1. Jahrhunderts n. Chr. datiert werden. Wenn sie tatsächlich mit Mithras in Verbindung gebracht werden dürfen, dann sind sie die frühesten Zeugnisse seines Kultes und seiner Mysterien im Rheinland.

Charakteristisch sind die Schlangen, die sich um die Henkel ringeln und ihre Köpfe in das Gefäßinnere strecken, als verlangten sie von dem Inhalt zu trinken. Auf einem vergleichbaren Kultgefäß aus Köln sind Mithras mit der Strahlenkrone, seine beiden Ge-
Abb 239 fährten *Cautes* und *Cautopates* mit der erhobenen bzw. gesenkten Fackel als die Personifikationen von Tag und Nacht, Leben und Tod sowie insgesamt sieben Sterne dargestellt. In Weihinschriften ist Mithras wiederholt der »unbesiegbare Sonnengott« (*deus sol invictus*) genannt. Ihm weihte zum Beispiel im Lagervicus von *Burginatium*-Altkalkar ein Ulpius Amandus (?), der gleichzeitig der Vorsteher (*pater sacrorum*) der dortigen Mithrasgemeinde war. Die Nebenseiten des Inschriftensteines aus dem 3. Jahrhundert n. Chr. zeigen neben einem schlangenumwundenen Mischkrug (Krater) unter anderem auch die Symbole für den zweiten, sechsten und siebten Weihegrad: Öllampe, Strahlenkranz/Globus und Stab. Keine Inschrift trägt dagegen ein Weihealtar aus Bonn. Dennoch wird auch bei ihm die Verehrung des Lichtgottes Mithras durch einen beleuchtbaren Halbmond verdeutlicht, der ursprünglich mit farbigem Glas abgedeckt war. Das schönste Mithrasrelief Niedergermaniens schließ-
Abb 238 lich stammt aus *Durnomagus*-Dormagen und wurde um 200 n. Chr. von dem Hornisten (*bucinator*) C. Amandinius Verus der wohl dort stationierten *ala Noricorum* gestiftet. Es stellt Mithras bei der Stiertötung, d. h. beim Schöpfungsakt dar. Der Stier ist zusammengebrochen. Hund und Schlange lecken das lebensspendende Blut aus der tödlichen Wunde; ein Skorpion greift nach den Hoden. Aus dem Stierschwanz sprießen Ähren. Das Ereignis findet in einer felsigen Höhle statt; es ist eingepaßt in Tag und Nacht, symbolisiert durch die Büsten des Sol (verloren) und der Luna.

Ein besonderes Verhältnis werden die rheinischen Soldaten zu *Iupiter Dolichenus*, dem romanisierten Stadtgott (Baal) von Doliche im Norden Syriens gehabt haben. Er war wohl zunächst – etwa seit der zweiten Hälfte des 1. Jahrhunderts n. Chr. – von syrischen Sklaven und Kaufleuten, dann jedoch verstärkt von syrischen Truppen im Römischen Reich verbreitet worden, die in ihm ihren Schirmherrn sahen. Seine Kultgenossın wurde Juno. Die größte Förderung erfuhr Iupiter Dolichenus offenbar unter den Severern in der ersten Hälfte des 3. Jahrhunderts n. Chr., als der orientalische Einfluß am kaiserlichen Hof zu Rom durch die verwandtschaftlichen Beziehungen zur Priesterkaste von Emesa/Syrien besonders stark war. In diese Zeit (211 n. Chr.) gehört auch die grundlegende Renovierung seines baufälligen Tempels in Köln, die durch eine entsprechende Bauinschrift belegt ist. Eine heute leider verlorene Dolichenus-Weihung aus der Gegend von Xanten, die ein *primipilus* der *legio XXX Ulpia victrix* und seine Familie gesetzt hatten, war in das Jahr 228 n. Chr. datiert. Der bärtige Gott *Abb 240* wird stets mit Panzer und phrygischer Mütze dargestellt; er steht auf einem Stier. In seinen Händen hält er Doppelbeil und Blitzbündel. Solche Dolichenus-Darstellungen wurden bislang im nordrhein-westfälischen Teil Niedergermaniens nur in Bonn und Köln gefunden; die Statuetten können jedoch lediglich als Zeichen individueller Frömmigkeit und Verehrung angesehen werden.

Das frühe Christentum

Die politischen, wirtschaftlichen und sozialen Gegebenheiten der römischen Kaiserzeit, die die Ausbreitung der orientalischen Mysterienkulte in Italien und in den Provinzen des Römischen Reiches förderten, kamen auch dem Christentum – selbst eine Offenbarungs- und Erlösungsreligion – zugute. Seine Theologie schöpfte hauptsächlich aus den überlieferten Berichten (Heilige Schriften) der Apostel, die teilweise den jüdischen Religionsstifter Jesus von Nazareth begleitet, sein Leben und Wirken gekannt und beschrieben hatten; er war in der Zeit des Kaisers Tiberius (um 30 n. Chr.) unter dem Statthalter von Judäa, Pontius Pilatus, in Jerusalem gekreuzigt worden. In Jesus Christus, dem menschgewordenen Gottessohn, erfüllten sich nach Auffassung der Gläubigen die messianischen Weissagungen des Judentums; in seinem Kreuzestod, seiner Auferstehung und Himmelfahrt offenbarten sich die Erlösung und das Heil der Menschheit sowie die Hoffnung auf ein »ewiges« Leben nach dem Tode in der Gemeinschaft der Heiligen und in der Anschauung des alleinigen und dreifaltigen Gottes. Vater, Sohn und Heiliger Geist waren eine Wesenseinheit; ihre Verehrung schloß jede andere kultische Betätigung aus. Vornehmlich dadurch kamen die Christen mit dem römischen Staat und seinem Loyalitätsanspruch, der ihnen Opfer für die Staatsgötter und den Kaiser abverlangte, in Konflikt. Der geregelte Gottesdienst und die Anwendung christlicher Tugenden, vor allem Brüderlichkeit und Nächstenliebe standen im Mittelpunkt des Gemeindelebens; anfangs glaubten die »Auserwählten« noch an eine baldige Wiederkehr Christi und die Errichtung eines »Gottesstaates« auf Erden. Die straff organisierten Gemeinden, die nach Ausbreitung des Christentums zu Kirchenprovinzen (Diözesen) mit einem Bischof an der Spitze zusammengefaßt waren, wurden von Diakonen geführt. Eine wichtige Rolle spielten auch die Gemeindeältesten (*presbyteri*). Der Bischof von Rom war in der Nachfolge des Apostels

Petrus, der bei den Christenverfolgungen unter Kaiser Nero – vielleicht im Jahre 64 n. Chr. – den Märtyrertod erlitten haben soll, das Oberhaupt aller Christen.

Das Christentum breitete sich zunächst in der östlichen Reichshälfte (Vorderer Orient, Ägypten, Kleinasien und Griechenland) aus; die Missionierung Roms und Italiens setzte kurz nach der Mitte des 1. Jahrhunderts n. Chr. ein. Auch in einigen Städten Galliens gab es schon früh christliche Gemeinden. Irenaeus, der Bischof von Lyon, erwähnt in seiner wohl bald nach 180 n. Chr. abgefaßten Schrift Christen im römischen Rheinland; ihre Zahl wird jedoch klein, ihr Einfluß gering gewesen sein. Erst die Toleranzerklärungen Kaiser Konstantins I. in den Jahren 311 und 313 n. Chr. (Edikt von Mailand) brachten dem Christentum die Freiheiten und die staatliche Förderung, die für seine weitere Verbreitung erforderlich waren; im Jahre 354 n. Chr. verfügte Kaiser Constantius die Schließung aller heidnischen Tempel. Vermutlich wurden daraufhin auch heidnische Kultbilder und -bezirke wie etwa das Matronenheiligtum in Bonn von Christen in missionarischem Eifer zerstört und abgeräumt. Kaiser Theodosius I. erhob 392 n. Chr. das Christentum zur Staatsreligion.

Abb 264   In der Provinz *Germania secunda,* der damals der linksrheinische Teil Nordrhein-Westfalens zugehörte, waren allein die Städte *CCAA*-Köln und *Atuatuca Tungrorum* Tongeren/Belgien Bischofssitze; dort befanden sich sicherlich auch größere Christengemeinden. Ob die Kölner Bischofskirche mit der zugehörigen Taufkapelle (*baptiterium*) bei Ausgrabungen unter dem Dom allerdings tatsächlich angeschnitten worden ist, bedarf nach jüngsten Überlegungen vermutlich nochmals der kritischen Überprüfung des archäologischen Befundes. Möglicherweise gehen ihre Ursprünge ins beginnende 4. Jahrhundert zurück. Es ist überliefert, daß im Jahre 355 n. Chr. der Usurpator Silvanus bei dem Versuch getötet wurde, sich vor seinen Häschern dorthin zu retten. Der erste namentlich bekannte Kölner Bischof war Maternus. Er nahm 313 n. Chr. an der von Konstantin I. einberufenen Bischofssynode in Rom und auch am ersten Konzil von Arles im Jahre 314 teil; er vertrat im sog. Donatistenstreit die orthodoxe Lehre und trat allen schismatischen Bestrebungen vornehmlich einiger nordafrikanischer Bischöfe entschieden entgegen. Ähnlich verhielt sich auch Euphrates, Bischof von Köln, auf dem Konzil von Serdica (342/343 n. Chr.); weil er »Christus als Gott leugne«, wurde er später (346 n. Chr.) von der Kölner Synode der gallischen Bischöfe verurteilt und seines Amtes enthoben. Für Köln ist in der zweiten Hälfte des 4. Jahrhunderts schließlich noch Bischof Severinus bezeugt. Bis Mitte des 6. Jahrhunderts n. Chr. weist dann die Kölner Bischofsliste eine große Lücke auf. Dies ist auch die Zeit, in der der »Reichsmarschall« (*magister militum praesentalis*) Arbogast und die konservative Senatspartei in Rom durch eine heidnische Restauration den Einfluß des Christentums in Staat und Gesellschaft zurückzudrängen suchten, die Zeit, in der die Germanen das römische Gebiet links des Rheins auf Dauer besetzten, ihre eigenen Götterkulte und Grabsitten pflegten, die römische Verwaltung zusammenbrach und die Christen im Rheinland sich deshalb in arger Bedrängnis sahen. Erst nach der Bekehrung und Taufe des Frankenkönigs Chlodwig um 500 n. Chr. und durch die damit

Tafel 23 a   Zülpich. Taube mit Ölzweig. Bodenfragment eines Goldglases. – Dm. 4,5 cm.
1. Hälfte 4. Jh. n. Chr. (RLM Bonn)
Tafel 23 b   Bonn. Zwiebelknopffibel mit Christogramm. Bronze, vergoldet. – L. 8 cm.
2. Hälfte 4. Jh. n. Chr. (RLM Bonn)
Umseitig:
Tafel 24   Aachen, Dom. Goldkanzel König Heinrichs II. – H. 1,46 m. Zwischen 1002 und 1014

Abb. 241 Bonn. Beigaben einer Sarko-
phagbestattung: Gläser, Schwert, Messer,
Fibel (Taf 23b) und Gürtelbeschläge. –
L. des Schwertes 0,87 m (RLM Bonn)
Abb. 242 Bonn. Frühchristliche
»Gedächtniskapelle« (cella memoriae)
unter dem Münster. Tisch (mensa). Aus-
grabungen des Provinzialmuseums 1928
Abb. 243 Köln. Grabstein der Christin
Rudufula (?) Kalkstein. – H. 0,47 m.
Ende 4. Jh. n. Chr. (RGM Köln)

neu erworbene staatliche Protektion stand schließlich auch am Rhein einer weiteren Ausbreitung und einem endgültigen Sieg des Christentums über die heidnischen Religionen nichts mehr im Wege.

Nicht alle archäologischen Funde und Befunde, die christlich anmuten, sind tatsächlich als Zeugnisse christlichen Glaubens zu werten. So stellen beispielsweise der beinerne Klappmessergriff aus Bonn (Mitte 2. Jh. n. Chr.) oder der Grabstein der Severina Nutrix aus Köln (2. Hälfte 3. Jh. n. Chr.) nicht den »guten Hirten«, sondern den Schafträger als Symbol der Menschlichkeit (*humanitas*) dar, der in der römischen Kaiserzeit weit verbreitet war; der christliche Bildtypus wurde von ihm abgeleitet. Auch Fischdarstellungen hatten zunächst keinen christlichen Sinngehalt; deshalb ist wohl auch eine Bronzelampe in Fischform, die bei Kalkar/KLE in einer Aschenkiste gefunden wurde, ohne christlichen Bezug. Die frühen Körperbestattungen aus der zweiten Hälfte des 2. Jahrhunderts n. Chr. unter St. Severin in Köln sind ebensowenig christlich wie die west-ost-orientierten Gräber des späten 4. Jahrhunderts in Neuss oder Krefeld-Gellep. Auch die Beigabenlosigkeit ist kein Indiz für den christlichen Verzicht auf weltliche Güter; sie zeigt vielmehr die allgemeine Verarmung in der damaligen Zeit, von der die überwiegende Mehrzahl der Heiden und Christen gleichermaßen betroffen waren. Dagegen können Christen sehr wohl mit Waffen bestattet worden sein, wie das Grab eines germanischen Offiziers in römischen Diensten aus Bonn lehrt (2. Hälfte 4. Jh. n. Chr.): neben einem Schwert (*spatha*) und einem Messer wurden auch eine vergoldete Zwiebelknopffibel und eine Glasschale – beide mit Christogramm – gefunden. Das älteste archäologische Zeugnis christlichen Glaubens in Niedergermanien ist die Gedächtniskapelle (*cella memoriae*), die 1928 bei Ausgrabungen unter dem Bonner Münster inmitten eines römischen Gräberfeldes des 1.–4. Jahrhunderts n. Chr. entdeckt wurde. Die etwa 3,35 m lange und 2,55 m breite Anlage zeigt zwei annähernd quadratische Tischblöcke; davon war einer noch erhalten. Die auf der Oberseite eingelassene Terra-Sigillata-Schale des 3. Jahrhunderts n. Chr. diente möglicherweise zur Aufnahme von Totengaben. Das im Totenkult erforderliche Spendegefäß konnte in einen wulstartigen Ring daneben gestellt werden. Die Tischblöcke waren von einer Mauer (nur im Osten) und einer ringsum geführten Sitzbank für etwa zehn Personen umgeben; über allem stand ursprünglich wohl ein offener Holzpfostenbau. Der gesamte Befund legt eine Datierung in die erste Hälfte des 4. Jahrhunderts n. Chr. nahe. Es scheint so, als hätten sich in der Bonner Memoria ehemals Christen nach römischer Sitte zu Totenmahlen im Gedenken an die Märtyrer Cassius und Florentius zusammengefunden, die um ihres Glaubens willen in Bonn hingerichtet und dort auch begraben worden sein sollen. Nur so lassen sich die gedrängten Bestattungen in der Nähe – die Gläubigen wollten sich dadurch den Segen und die Fürsprache der Heiligen sichern – und die Kontinuität der späteren Kirchenbauten am Ort bis hin zur Stiftskirche des 11. Jahrhunderts erklären. Ähnliche Entwicklungen von einer Totengedächtniskapelle für vermeintliche Märtyrer hin zur mittelalterlichen Kirche sind im nordrhein-westfälischen Teil des römischen Rheinlandes auch bei St. Gereon

Margin notes:
Abb 148
Abb 142
Abb 241
Taf 23b
Abb 243, 318

und St. Ursula in Köln sowie bei St. Viktor in Xanten zu beobachten. St. Severin in Köln ist wohl über einer Familienmemoria vom Ende des 4. Jahrhunderts n. Chr. entstanden. Alle liegen sie im Bereich römischer Gräberfelder, auf denen vom 1. bis 4. Jahrhundert bestattet wurde; dies war für die Reliquiensuche und den Reliquienkult im hohen Mittelalter von großer Bedeutung. Die Masse der Bestattungen schien dem mittelalterlichen Menschen die Berichte der Märtyrerlegenden augenfällig zu bestätigen.

Wie Cassius und Florentius in Bonn so sollen auch Gereon in Köln und Viktor und Mallosus in Xanten hingerichtet worden sein, als sie und ihre Gefährten sich aus christlicher Überzeugung weigerten, dem Kaiser zu opfern. Daß sie allesamt der thebäischen Legion angehört hätten, findet sich erst in Quellen des 9. Jahrhunderts, obwohl Gregor von Tours schon um 590 n. Chr. von einem Märtyrium thebäischer Soldaten in Köln spricht. Zu ihrem Gedächtnis war Ende des 4. Jahrhunderts n. Chr. (auf jeden Fall vor 394 n. Chr.) ein ungewöhnlicher, u. a. mit Goldmosaiken geschmückter Zentralbau *Ad sanctos aureos* (= bei den goldenen Heiligen; später: St. Gereon) er- *Abb 418* richtet worden. Diese Legende, die vermutlich auf Eucherius, Bischof von Lyon (gest. um 450 n. Chr.), zurückgeht, entbehrt für das Rheinland jeglicher Grundlage: Eine Thebäer-Einheit war dort nie stationiert. Im frühen 7. Jahrhundert werden für Köln auch Märtyrer einer maurischen Truppe genannt. Direkte Hinweise auf Christenverfolgungen in der römischen Rheinzone – soweit ihr hier themabedingt unser Interesse gilt – fehlen; gleichwohl gibt es – wenn auch nur wenige – epigraphische Zeugnisse für eine Märtyrerverehrung schon im 4. Jahrhundert n. Chr.: Unweit von St. Gereon in Köln wurde ein kleines Mädchen namens Rudufula (?) »bei den heiligen Märtyrern« *Abb 243* bestattet, wie es auf ihrem Grabstein heißt. Auch die Kölner Clematius-Inschrift aus St. Ursula, die den Neubau einer Basilika durch den Senator Clematius bezeugt, setzt das Martyrium »heiliger Jungfrauen« am Ort voraus. Kritisch muß man dagegen sicherlich den archäologischen Befunden in Xanten gegenüberstehen. Die beiden Männer, deren Skelette in der Krypta des Xantener Domes gezeigt werden, haben *Abb 550* wohl nicht bei einer Christenverfolgung, sondern bei einem der zahlreichen Frankeneinfälle in der zweiten Hälfte des 4. Jahrhunderts n. Chr. ihr Leben lassen müssen; ihr Andenken wurde – wie in der Antike vielerorts üblich – durch die Einrichtung einer »Gedächtniskapelle« wachgehalten, die dann den Kern der örtlichen Kirchenentwicklung bildete. Aus Totengedenken wurde später Märtyrerverehrung.

Die fortschreitende Christianisierung des Rheinlandes läßt sich seit etwa der Mitte des 4. Jahrhunderts n. Chr., vor allem an den Grabinschriften ablesen. Formulierungen wie »Christgläubig ging er in Frieden heim« (*fidelis in pace recessit*), »Unschuldig ging sie plötzlich in das Himmelreich ein« (*innocens subito ad caelestia regna transivit*) oder »Unschuldig weilt sie im Himmel« (*innocens in caelis habetur*) beziehen sich auf Christen; die Hinterbliebenen trösteten sich mit dem Gedanken, daß die Verstorbenen ihren Frieden in Gott gefunden hatten. Christliche Soldaten der kaiserlichen Garde sind in Köln für die Zeit zwischen 365 und 394 n. Chr. bezeugt. Sie wurden auf dem Gräberfeld bei St. Gereon bestattet; ihre Grabsteine sind mit Christogramm, Alpha und Omega und Tauben geschmückt. Gardesoldaten und Kaiserstandarten mit Christo-

Abb 244 gramm (*labarum*) sind im übrigen auch auf einem Kölner Glasbecher aus dem späten
Abb 241 4. Jahrhundert n. Chr. zu sehen. Bei der bereits erwähnten Bonner Zwiebelknopf-
Taf 23b fibel, die auf der Deckplatte ein Christogramm zeigt, handelt es sich wohl um eines der damals üblichen kaiserlichen Ehrengeschenke an einen verdienten Offizier, der zudem
Abb 245 Christ war. Um 400 n. Chr. kann die Grabplatte des Ursicinus aus Bonn datiert werden,
Abb 319 die im Bereich des Bonner Memorienbaus gefunden wurde. Vornehmlich in Köln und Umgebung muß es – archäologisch greifbar verstärkt seit der zweiten Hälfte des 4. Jahrhunderts n. Chr. – eine reiche Oberschicht aus hohen Beamten und Militärs so- wie Großgrundbesitzern gegeben haben, die sich kostbare Alltagsgeräte mit christ- lichen Motiven und biblischen Szenen leisten konnten; meist handelte es sich um Schliffgläser, die möglicherweise in Kölner Werkstätten hergestellt wurden. So ken-
Abb 246 nen wir zum Beispiel aus Köln eine Glasschale mit dem Sündenfall: Adam und Eva nä- hern sich dem Baum der Erkenntnis, um den sich die Schlange windet. Eine Umschrift besagt »Freue dich in Gott, trinke und lebe« (*gaudias in deo pie zeses*). Ein konischer Becher zeigt Moses, der aus einem Felsen Wasser schlägt, die Erweckung des Lazarus und Adam und Eva im Paradies; er findet seine thematische Parallele unter anderem in einem halbkugeligen Becher aus Bonn, wo auch noch Jesus bei der wundersamen Fischvermehrung dargestellt ist. Besonders wertvoll – und damit nur einer gehobenen Kaufschicht vorbehalten – waren die christlichen Goldgläser, die wohl als Import- stücke an den Rhein kamen. Auf einer Schale aus einem Sarkophag in der Nähe eines spätrömischen Gutshofes in Köln-Braunsfeld sind Episoden der Jonaslegende, Noah in der Arche, Daniel in der Löwengrube und der wasserschlagende Moses zu erken- nen; die Brustbilder der vier Söhne des Konstantin I. datieren das Gefäß etwa in das zweite Viertel des 4. Jahrhunderts n. Chr. Noch themenreicher ist eine stark fragmen- tierte Goldglasschale aus der Gegend von St. Ursula in Köln (heute: London, British Museum) verziert, die insgesamt acht alt- und neutestamentliche Szenen miteinander verbindet. Eine umlaufende Inschrift lautet: *vivas in deo dulcis* (Lebe glücklich in Gott). Das Goldglasmedaillon mit einer Christusdarstellung (?) im Rheinischen Lan- desmuseum Bonn gehört vermutlich zu einer medaillonverzierten Goldglasschale aus dem spätantiken Gräberfeld bei St. Severin in Köln, die nur in Bruchstücken geborgen werden konnte und sich heute ebenfalls in London (British Museum) befindet. Keine Parallele fand bisher ein thematisch vergleichbares Kästchen aus Goldglas, das aus ei- nem Sarkophag aus Neuss stammte und heute leider verschollen ist. Die Darstellungen auf allen diesen Gefäßen, die als Grabbeigaben auf uns gekommen sind, unterstrichen in der Antike den christlichen Glauben auf Rettung aus den Nöten des Erdendaseins und die damit verbundene Hoffnung auf ein ewiges Leben. Sicherlich kann man auch dann christliche Bestattungen annehmen, wenn – wie zum Beispiel in Köln-Müngers- dorf – Silberlöffel mit der Aufschrift *deo gratias* (Gott sei Dank) beigegeben worden
Taf 23a sind. Das Bodenstück eines Glases aus Zülpich/EU – es zeigt eine in Gold ausgelegte

Abb. 244 Köln. Becher mit kaiserlicher Leibgarde und christlichen Standarten (labarum). Glas. – H. 14 cm. 2. Hälfte 4. Jh. n. Chr. (RGM Köln)

Abb. 245 Bonn. Grabplatte des Ursicinus mit Christogramm. Kalkstein. – H. 0,53 m. Um 400 n. Chr. (RLM Bonn)

Abb. 246 Köln. Schale mit Adam und Eva. Glas. – Dm. 20 cm. 1. Hälfte 4. Jh. n. Chr. (RGM Köln)

Taube mit einem Ölzweig – oder wohl auch ein Elfenbeindiptychon mit der Darstellung der Apostel Petrus und Paulus aus Kranenburg/KLE (heute: New York, Metropolitan Museum) sind in diesem Zusammenhang von besonderer Bedeutung. Sie belegen, daß es im 4. Jahrhundert n. Chr. auch unter den reichen Gutsbesitzern im Hinterland der römischen Rheinzone Christen gab; die übrige Landbevölkerung allerdings wird den christlichen Glauben vermutlich nur zögernd angenommen haben. So

benutzt Villatius, der mit seinen Söhnen im 4./5. Jahrhundert n. Chr. bei Nettersheim-Zingsheim seiner verstorbenen Gattin einen Grabstein setzt, zwar Formulierungen christlicher Inschriften; die inhaltslosen Zitate und das Fehlen entsprechender
Symbole machen jedoch deutlich, daß er und seine Angehörigen noch keine Christen
waren. Möglicherweise hat es im 4. Jahrhundert n. Chr. in Aachen eine christliche Gemeinde gegeben. Nach den Grabungsbefunden im Bereich der sog. Münsterthermen
könnte dort damals eine Kirche mit Altarapsis eingebaut worden sein.

Grabsitten und Totenkult

Schon das älteste römische Gesetz, das sog. Zwölf-Tafel-Gesetz aus der Mitte des
5. Jahrhundert v. Chr., verbot, die Toten in der Stadt zu begraben oder zu verbrennen.
Diese Vorschrift, die ursprünglich nur für Rom galt, beachteten die Römer überall im
Römischen Reich bis in die Spätantike sehr genau: Sie bestatteten ihre Toten auf oft
ausgedehnten Gräberfeldern außerhalb der Dörfer, Städte und Lager rechts und links
belebter Ausfallstraßen. Dort begegneten sich die Welt der Toten und die Welt der Lebenden; die Vorbeieilenden sahen die mehr oder weniger prunkvollen, farbig gefaßten
Grabbauten am Straßenrand. Da standen hügelartige *tumuli* neben Grabtempeln und
hoch aufragenden Grabpfeilern; da lagen architektonisch gefaßte Grabgärten neben
Abb 247　breit ausladenden Grabaltären und abgeschlossenen Grabkammern für Aschenurnen
von Generationen. Man las die Inschriften der Grabdenkmäler, erfuhr Namen, Herkunft und Alter – oft auch den Beruf – der Bestatteten und wußte sofort, das finanzielle Vermögen, die soziale Stellung und nicht selten auch den politischen Einfluß ihrer Familien richtig einzuschätzen. So lebten Ruhm und Ansehen der Verstorbenen im
Gedächtnis der Nachwelt weiter; so waren die Toten, denen nach römischem Glauben
im Reich der Schatten nur ein freudloses Dasein beschieden war, zumindest im Diesseits durch ihre Taten und in der Tradition ihrer Nachfahren unsterblich. Die Bestattungsplätze unmittelbar an den Straßen waren besonders teuer und weitgehend den
Reichen vorbehalten. Bis zur Peripherie, der Randzone der Gräberfelder gab es ein
deutliches soziales Gefälle. Weit hinten bestatteten die Ärmsten.
Im Rheinland wurden vornehmlich nach dem Kriege zahlreiche römische Gräberfelder untersucht. Dies trifft vor allem für die Bestattungen vor den Toren der beiden
Abb 396　*coloniae* Niedergermaniens, der *CCAA*-Köln und der *CUT*-Xanten, aber auch vor
den Legionslagern *Bonna*-Bonn, *Novaesium*-Neuss und *Vetera I*-Xanten zu. In den
Abb 375　Soldatenfriedhöfen von Haltern und *Asciburgium*-Moers-Asberg fanden ebenfalls
Abb 393　umfangreiche Grabungen statt. Wichtige zivile Gräberfelder wurden in Pont, Straelen, Tönisvorst und Rheydt-Mülfort erfaßt; die zugehörigen Siedlungen – wegen der
Vielzahl der Bestattungen vermutlich *vici* – konnten bislang leider noch nicht lokalisiert werden; nach den Grabfunden müssen sie teilweise schon seit der Mitte des
1. Jahrhunderts n. Chr. bestanden haben. Mehr als 5000 Bestattungen wurden bisher

*Abb. 247   Modell einer Gräberstraße. Grabtypen des 1.–3. Jh. n. Chr. im Rheinland.
Entwurf und Rekonstruktion E. Künzl, J. Röder (RLM Bonn)*

allein in Krefeld-Gellep freigelegt. Das zusammenhängende Gräberfeld war vom 1. bis 7. Jahrhundert n. Chr. kontinuierlich belegt worden. Es lieferte wichtige Hinweise auf die zunehmende »Germanisierung« der linksrheinischen Bevölkerung, besonders seit der ersten Hälfte des 4. Jahrhunderts n. Chr.; dabei setzen sich die wechselnden Bestattungsformen und Beigabensitten deutlich gegeneinander ab. In Krefeld-Gellep fand man vermutlich auch Gräber der Soldaten, die 69 n. Chr. in der Bataverschlacht vor dem Lager *Gelduba* gefallen und offensichtlich in aller Eile und ohne besonderen Aufwand zusammen mit toten Pferden begraben worden waren.

Vergleichsweise oft gelang es, Bestattungsplätze des 2. bis 4. Jahrhunderts n. Chr. zu untersuchen, die mit nahegelegenen Gutshöfen (*villae rusticae*) in Verbindung zu bringen waren, wie in Rheinbach-Flerzheim, Köln-Braunsfeld, Niederzier-Hambach oder Eschweiler; sie lagen bis auf wenige Ausnahmen stets außerhalb des umfriedeten Hofbereichs. Gelegentlich warfen auch vereinzelte reich ausgestattete Gräber und Sarkophage bemerkenswerte Schlaglichter auf die soziale Struktur und die finanzielle Potenz eines Teils der Landbevölkerung; hierfür stehen die entsprechenden Befunde vom Ende des 3. bzw. 4. Jahrhunderts n. Chr. aus Brühl, Hürth-Hermülheim oder Zülpich-Enzen.

Abb 557

Im 1. Jahrhundert n. Chr. verbrannten die Römer gewöhnlich ihre Toten (Brandbestattung); die dafür notwendigen Verbrennungsplätze (*ustrina*) gab es auf jedem Friedhof. Dem Verstorbenen, dessen Leichnam zuvor gewaschen, gesalbt, in Festtagskleider gehüllt und bekränzt worden war und auf einer Kline lag, wurde persönlicher Besitz (z. B. Schmuck, Toilettengerät, Kästchen u. a.) mit auf den Scheiterhaufen gegeben, vielfach auch Geschirr. In ringsum aufgestellten Räucherkelchen wurde Räucherwerk verbrannt. Eine Weinspende (*libatio*) war die letzte Ehrung für den Toten, zugleich aber auch die Weihe des Scheiterhaufens. Eigens gedungene Klageweiber und die Familienangehörigen sangen die Totenklage. Als Zeichen der Trauer trug man weiße Gewänder. Bisweilen sorgten auch Bestattungsvereine, denen der Verstorbene noch zu Lebzeiten beigetreten war, für eine würdige Leichenfeier und Beerdigung. In

Aquincum-Budapest hatten sich z. B. Kölner Bürger zusammengeschlossen, um gegebenenfalls ihren verstorbenen »Landsleuten« auch in der Fremde die erforderlichen Totenehrungen und ein standesgemäßes Begräbnis auszurichten.

Nach dem Niederbrennen des Scheiterhaufens wurde die noch glühende Asche mit Wein und Wasser gelöscht, der Leichenbrand säuberlich aussortiert und gewaschen, in einem Behälter (Urne) gesammelt und in einem Grab bestattet (Ossuariengrab). Gele-

Taf 21 gentlich gab man weitere Beigaben hinzu. Die Urnen konnten Gefäße aus Ton und Glas oder auch Stein- und Bleikisten sein; meist handelte es sich um Kochtöpfe. Eine Besonderheit waren die sog. Gesichtsurnen. Auf einigen von ihnen sind männliche Geschlechtsteile (*phalli*) dargestellt, die sicherlich eine Unheil abwehrende, apotropäische Bedeutung hatten; sie sollten die Ruhe des Verstorbenen schützen. Verschiedentlich – so etwa bei Bestattungen in Xanten-Birten, Moers-Asberg und Neuss – ließ sich die Sitte beobachten, in den Boden der Urne ein Loch zu schlagen. Der Sinn dieser »Seelenlöcher« ist noch unklar. Erwähnenswert ist auch eine Aschenkiste aus Blei (um 200 n. Chr.), die in Bonn gefunden wurde und auf den verzierten Außenseiten vermutlich Positionen eines Brettspiels zeigt. Bisweilen wurde der Leichenbrand in einen Beutel aus Textil oder Leder gefüllt; solche organischen Materialien sind für den Archäologen heute allerdings kaum mehr faßbar. Das Knäuel Goldfäden, das in einer

Abb 249 Aschenkiste des 2. Jahrhunderts n. Chr. in Krefeld-Gellep gefunden wurde, ist deshalb bemerkenswert. Manchmal schüttete man die Reste des Scheiterhaufens mit in die

Abb 248 Grabgrube (Brandschüttungsgrab); so gelangten dort selbst die Nägel des verbrannten Totenbettes hinein. Zahlreiche Brandgräber waren mit gegeneinander gestellten Ziegelplatten abgedeckt (Ziegelplattengräber). Häufig fanden die Ausgräber Bestattungen, bei denen man sich nicht die Mühe gemacht hatte, Leichenbrand und Scheiterhaufenreste voneinander zu trennen; da war alles zusammen in die Grabgrube eingefüllt

Abb 250 worden (Brandgrubengräber). Eine besondere, jedoch keineswegs seltene Form der

Abb 483 Brandbestattung war das sog. *bustum*, im Rheinland frühestens seit der Mitte des 1. Jahrhunderts n. Chr. belegt. Bei dieser Bestattungsform wurde der Scheiterhaufen über der Grabgrube errichtet, in der später die Urne beigesetzt werden sollte. Die hohen Temperaturen des brennenden Scheiterhaufens ließen die Wandungen der Grabgrube verziegeln. Auch beim *bustum* wurde der Leichenbrand ausgelesen und getrennt von den Scheiterhaufenrückständen in die Grabgrube gegeben.

Man glaubte in römischer Zeit, die Verstorbenen hätten im Jenseits ähnliche Bedürfnisse wie die Lebenden im Diesseits; deshalb gab man ihnen entsprechende Beigaben mit ins Grab: Speisen und Getränke, Geschirr und sonstiges Hausgerät, Geld. Häufig fanden sich in den Gräbern des Rheinlandes ganze Geschirrsätze, bestehend aus Tellern, Schüsseln, Näpfen, Bechern und Krügen, als Beigaben; dabei fällt die häufige, offenbar gewollte Paarigkeit der Gefäße auf. Seit Mitte des 2. Jahrhunderts n. Chr.

Abb 424 scheint es Brauch gewesen zu sein, einen Satz von drei kleinen Henkelkrügen mitzugeben. Frauenbestattungen sind meist an den beigegebenen Schmuck- und Schminkutensilien zu erkennen. In einem Sarkophag aus Dorweiler/EU waren alle Beigaben

Abb. 248   Xanten. Brandgrab mit Beigaben (Brandschüttungsgrab). Ausgrabungen des Rheinischen Landesmuseums Bonn 1981

Abb. 249   Krefeld-Gellep. Urnenbestattung (Ossuariengrab). Tuffstein. – H. 27,3 cm. 2. Jh. n. Chr. (Krefeld, Museum Burg Linn)

Abb. 250   Krefeld-Gellep. Brandgrab mit Beigaben (Brandgrubengrab). Ausgrabungen des Museums Burg Linn 1976

dieser Art sorgfältig in zwei geflochtene Körbe gelegt, die zu Füßen der Verstorbenen standen. Ob sich die Spindel aus Bernstein auf die ehemalige Tätigkeit der Frau bezieht oder als Symbol der Parzen anzusehen ist, die nach antiker Vorstellung den Lebensfaden spinnen, muß unentschieden bleiben. Das Geld – manchmal nur eine einzige Münze – war für die Überfahrt über den Unterweltsfluß bestimmt, wo die Verstorbenen dem Fährmann Charon ihren Tribut zollen mußten (Charonspfennig). Spielsteine *Abb 162* und Spielbretter sollten möglicherweise die Langeweile im Jenseits vertreiben. Man-*Abb 316* che Verstorbenen brauchten offenbar ihre Lieblingstiere nicht zu entbehren: In Xanten war in der Mitte des 4. Jahrhunderts n. Chr. ein kleiner Hund mit ins Grab gegeben worden. Die Hundedarstellung auf dem Grabstein der Demo aus Bonn (1. Hälfte 3. Jh. n. Chr.) hatte sicherlich eine ähnliche Bedeutung. Bisweilen hatten die Grabbei-*Abb 251* gaben auch etwas mit dem Beruf des Verstorbenen zu tun. In dem Grab eines Schmiedes bei Hüchelhoven lagen Eisenwerkzeuge, in dem Xantener Malergrab Farbtöpfe. *Abb 173* Die Ärztegräber in Köln waren an der Vielzahl der medizinischen Instrumente zu erkennen. Die römischen Soldaten dagegen erhielten keine Waffen mit ins Grab, da diese nicht ihr Eigentum, sondern im Besitz der Truppe und damit Staatseigentum waren. *Abb 60* Die bislang bekannten Waffengräber etwa aus Bonn, Köln oder Krefeld gehörten aus-*Abb 241* schließlich Germanen, die in römischem Militärdienst gestanden hatten (*foederati*). Bei diesen Bestattungen – meist des späten 4. und 5. Jahrhunderts n. Chr. – fallen auch *Abb 362* die breiten kerbschnittverzierten Gürtelschnallen und -beschläge aus Bronze auf. Viele dieser Gürtelschnallen kamen im spätantiken Gräberfeld von Krefeld-Gellep zutage. Schwert, Schild, Dolch und Lanze in einem auch sonst reich ausgestatteten Brandgrab aus Voerde-Mehrum lassen auf einen verstorbenen Germanen schließen, der schon im 6. Jahrzehnt des 1. Jahrhunderts n. Chr. in einer römischen Auxiliareinheit gedient hatte. Die eiserne Lanzenspitze aus Straelen/VIE (etwa Mitte 2. Jh. n. Chr.) dürfte dagegen zu einer Jagdwaffe gehört haben, die einem jagdbegeisterten Römer mit ins Grab gegeben worden war. Die Räucherkelche, wie sie in auffallend großer Zahl in den Neusser und auch Xantener Gräbern gefunden worden sind, mögen mit den realen Räucherzeremonien während der Totenfeiern in Verbindung zu bringen sein. Oft bestanden die Grabbeigaben jedoch aus symbolischen Gegenstän-*Abb 249* den wie Lampen als Wegleuchten in der Unterwelt, Rasseln zur Abwehr von Dämonen und Bergkristallringe zum Schutz gegen die lodernden Flammen des Jenseits. Die *Abb 252* Ringe aus Lommersum-Hausweiler und Neuss – der eine zeigt Venus, der andere Mars Latobius – sind hierfür besonders gute Beispiele. Bergkristall galt in der Antike als verfestigtes Wasser. Bronze- oder Terrakottastatuetten in den Gräbern – sie stellen *Abb 458* häufig Venus, Fortuna, Kybele und Matronen dar – dürften etwas über den göttlichen *Abb 221, 107* Schutz aussagen, dessen sich der Verstorbene zu Lebzeiten besonders erfreute und erst recht auf seiner unendlich langen Reise ins Jenseits bedurfte. Hühnereier und Pinien-*Abb 253* zapfen könnten die Hoffnung auf Wiedergeburt und Unsterblichkeit symbolisieren. Toneier und Eierschalen fanden sich verschiedentlich in den Bonner, Neusser und *Abb 247* Xantener Gräberfeldern. Pinienzapfen bekrönten oder flankierten nicht nur die Grab-

Abb. 251   Bonn. Grabstein der
Demo. Kalkstein. – H. 0,79 m.
1. Hälfte 3. Jh. n. Chr. (RLM Bonn)
Abb. 252   Lommersum-Hausweiler.
Totenring mit Venus. Bergkristall. –
H. 3,7 cm. 3./4. Jh. n. Chr.
(RLM Bonn)
Abb. 253   Lommersum-Bodenheim.
Pinienzapfen aus einem Bleisarko-
phag. – H. 8,0 cm. Ende 3./Anfang
4. Jh. n. Chr. (RLM Bonn)

denkmäler; sie sind auch auf Grabsteinen wie etwa dem der Remerin Bella aus Köln
dargestellt. In einem Bleisarkophag aus Lommersum/EU lag sogar ein echter Pinien-   *Abb 253*
zapfen. Die Bedeutung einer Glasflasche aus einem spätrömischen Sarkophag in Köln-
Müngersdorf (2. Hälfte 4. Jh. n. Chr.), die mit neun Mäuseschädeln (Feldspitzmaus
und Feldmaus) gefüllt war, bleibt dagegen rätselhaft.
Auch wenn die ältesten römerzeitlichen Körpergräber des Rheinlandes – beispielsweise aus dem nordwestlichen Gräberfeld des Zweilegionenlagers *Apud aram Ubio-*
rum-Köln und auf dem sog. vorcoloniazeitlichen Friedhof entlang der Limesstraße im
Bereich der späteren *CUT*-Xanten – schon an den Anfang des 1. Jahrhunderts n. Chr.

datieren, setzte sich die Körperbestattung in der niedergermanischen Provinz erst ab der Mitte des 2. Jahrhunderts n. Chr. deutlicher durch. Möglicherweise lag der Wandel der Bestattungssitten in veränderten Jenseitsvorstellungen begründet. Konkretes läßt sich jedoch nicht sagen. Im 3. und 4. Jahrhundert n. Chr. war die Körperbestattung die allgemein vorherrschende Bestattungsform, ohne damit auszuschließen, daß es auch dann noch – wie z. B. in Krefeld-Gellep – zu gelegentlichen Brandbestattungen kam. Die Toten wurden in Bleisärgen oder Steinsarkophagen beigesetzt, wenn es die finanzielle Situation der Verstorbenen und ihrer Familien zuließ. Reliefverzierte Sarkophage wie der des Veteranen der 30. Legion und ehemaligen Straßenpolizisten C. Severinius Vitalis aus Köln waren in Niedergermanien selten. Der qualitätvolle sog.

Abb 433 Jahreszeitensarkophag aus der Grabkammer in Köln-Weiden – vermutlich eine stadtrömische Arbeit um 270 n. Chr. – ist für das römische Rheinland einzigartig. Bei der Bestattung ärmerer Leute mußten einfache Holzkisten genügen; viele Tote wurden nur in ein Leichentuch eingeschlagen und ins Grab gelegt. Noch weniger Umstände machte man sich bei Notbestattungen, etwa in Krefeld-Gellep, wo man vermutlich

Abb 455 nach einem Frankenüberfall um 260 n. Chr. die Toten – Soldaten und Zivilisten, Männer, Frauen und Kinder – einfach an Ort und Stelle begrub. Ebenso war man anscheinend ja schon mit den Gefallenen der Bataverschlacht 69 n. Chr. verfahren.

Wie bei den Brandbestattungen lassen auch bei den Körpergräbern Beigabenfülle und -qualität Rückschlüsse auf die soziale Stellung des Verstorbenen und die Finanzkraft seiner Angehörigen zu. Vor allem die Sarkophagbestattungen des späten 3. und 4. Jahrhunderts n. Chr. – beispielsweise in Bonn (Josephstraße), Köln-Braunsfeld,

Abb 424 Niederzier-Hambach oder Zülpich-Enzen – zeichnen sich durch Beigabenreichtum aus. Häufig waren auch noch außerhalb der Sarkophage Beigaben deponiert. Die kost-

Taf 12, 16 barsten Gläser, die wir aus Niedergermanien kennen, wie etwa das Kölner Diatret und

Taf 14 die Zirkusschale stammen gerade aus diesen Gräbern. Ähnlich verhält es sich mit dem Schmuck. Die Körpergräber waren vielfach Nord-Süd bzw. Süd-Nord ausgerichtet; dabei richteten sie sich meist nach den Straßenzügen und nach anderen raumordnenden Gegebenheiten. Christliche Vorstellungen wurden möglicherweise erst im Laufe des 4. Jahrhunderts n. Chr. für die dann überwiegende West-Ost-Orientierung der Gräber bestimmend.

Die Bestattungen waren oberirdisch durch Grabsteine, Grabaltäre oder gar Grabpfei-

Abb 247 ler oder Grabtempel gekennzeichnet. Oft verpflichtete das Testament des Verstorbenen, für die Errichtung des Grabmals und auch für das Totengedenken zu sorgen; dies ist dann in der Grabinschrift ausdrücklich erwähnt, wie z. B. *heredes ex testamento faciendum curavit* (die Erben haben aufgrund einer testamentarischen Verfügung für die Errichtung [des Grabmals] gesorgt). Verschiedentlich ist auch – wie auf dem Grab-

Abb 254 stein des M. Petronius Albanus aus Köln – die Größe der Grabanlage angegeben: *In fronte pedes XIIX, in recessu pedes XIIX* (18 Fuß breit, 18 Fuß tief = ca. 5,35x5,35 m). Nicht selten endete das Inschriftenformular mit der Feststellung *hic situs est* (hier liegt

Abb 256 er begraben!) oder mit dem Wunsch *sit tibi terra levis* (möge dir die Erde leicht sein).

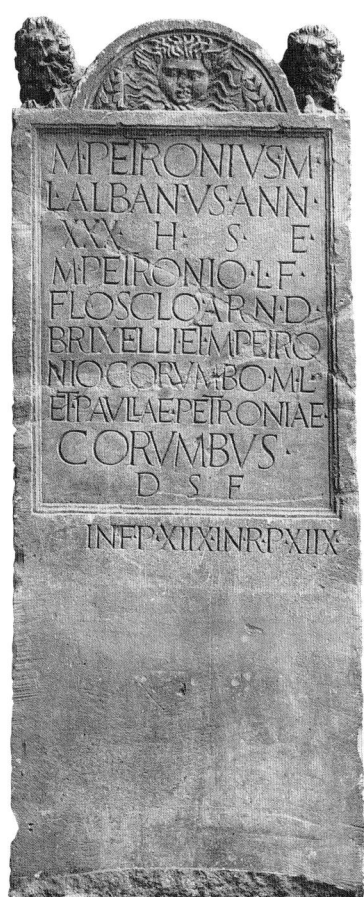

M·PEIRONIVS·M·
L·ALBANVS·ANN·
XX·   H·   S·   E·
M·PEIRONIO·L·F·
FLOS·CLOAR·ND·
BRINELLIEI·MPEIRO
NIOCORVMBO·MIL·
EI·PAVLLAE·PETRONIAE·
CORVMBVS·
D·S·F
IN·FP·XIIXIN·R·P·XIIX

CIN·IOAD·AR·IF
DRIMOTIRV·RO
EO·AIAENORIC
S ORIANA·XV
TIMILIASE

TIBER·IVLIVS·
PANCVIVS·
MILES·COH
VSITANORVM
AN·LVSTIP·XXVIII
HIC·T·E·ST

Abb. 254   Köln. Grabstein des M. Petronius Albanus. Kalkstein. – H. 2,04 m. 1. Hälfte 1. Jh. n. Chr. (RLM Bonn)
Abb. 255   Kalkar Altkalkar. Grabstein des Reiters C. Iulius Primus. Kalkstein. – H. 1,93 m. Letztes Viertel 1. Jh. n. Chr. (RLM Bonn)
Abb. 256   Neuss. Grabstein des Feldzeichenträgers Tib. Iulius Pancuius. Kalkstein. – H. 1,60 m. Um 20. n. Chr. (Neuss, Clemens-Sels-Museum)
Abb. 257   Köln. Giebel eines Grabtempels. Kalkstein. – Br. ca. 6,0 m. 1. Jh. n. Chr. (RGM Köln)

Abb 121 Die Inschrift auf dem Grabmal des L. Poblicius in Köln läßt keinen Zweifel an der besonderen Rechtsqualität römischer Grabanlagen: *hoc monumentum heredem non sequetur* (dieses Monument geht nicht in die Erbmasse); dies bedeutete, daß weitere Bestattungen verboten waren. Auf dem Grabstein des Hauptmannes M. Caelius aus

Abb 23 Xanten ist dagegen verfügt, daß die beiden Freigelassenen M. Caelius Privatus und M. Caelius Thiaminus zu gegebener Zeit auch im Grab ihres ehemaligen Herrn bestattet werden dürften (*ossa inferre licebit*). Man kann allerdings vermuten, daß auch im Rheinland weite Bevölkerungskreise aus Kostengründen mit einer einfachen hölzernen Markierung ihrer Grabstellen, die – wie ein Befund in Niekerk/VIE lehrt – leicht mit Erde aufgehöht waren, zufrieden sein mußten. Diese »Grabkreuze« können heute archäologisch nicht mehr nachgewiesen werden. Im Rheinland kennen wir bislang nur

Abb 189 bei den Gräbern der Remerin Bella in Köln (20 n. Chr.) und des Tungrers Oclatius in Neuss (um 100 n. Chr.) die zugehörigen Grabsteine. Vor allem die monumentalen Grabbauten, die vornehmlich durch entsprechende Architekturreste, z. B. Pinienzapfen, Theater- und Flußmasken, Pilasterkapitele und Gesimsfragmente an vielen Orten des Rheinlands belegt sind, ließen dem Repräsentationsbedürfnis der Verstorbenen und ihrer Familien weiten Raum. Ein besonders eindrucksvolles Beispiel hierfür ist das bereits erwähnte Pfeilergrabmal des Veteranen L. Poblicius in Köln. Das fast 15 m hohe, reich gegliederte und verzierte Monument stand ursprünglich an der Ausfallstraße nach *Bonna*-Bonn. Ein ähnlich aufwendiger Grabtempel ist für das Gräber-

Abb 257 feld an der heutigen Luxemburger Straße – in römischer Zeit die Verbindungsstraße nach *Augusta Treverorum*-Trier – belegt. Der breite Giebel mit den Ziegenfischen (*capricorni*) und der Weltkugel ist noch erhalten. Die Darstellung bezieht sich vermutlich auf das Sternbild (Steinbock) des vergötterten Kaisers Augustus; an seiner Unsterblichkeit sollten auch die hier Bestatteten teilhaben dürfen. Einen beachtlichen Durchmesser muß das tumulusartige Grab eines Kölner Finanzbeamten (*dispensator*) gehabt haben; leider ist von dem Rundbau nur noch ein einziger Block mit dem Rest der Inschrift erhalten. Zweifellos erhob sich auch über der Grabkammer an der Römerstraße *CCAA*-Köln/*Iuliacum*-Jülich in Köln-Weiden, die vermutlich zu einem

Abb 433 nahegelegenen Gutshof gehörte, ein beachtenswerter Bau. Die geräumige Grabkammer selbst wirkt wie der Speisesaal (*triclinium*) in einem »Haus der Toten«. Die drei Hauptnischen wurden als Ruhebetten (Klinen) gestaltet; neben dem Eingang standen Korbgeflecht imitierende Steinsessel. An den Wänden befinden sich Nischen, vermutlich zur Aufnahme der Urnen, Totenopfer und Beigaben. Ein *columbarium* (Taubenschlag) mit zahlreichen Urnennischen ist im Rheinland in der Nähe von Bad Münstereifel-Arloff eingehender untersucht worden. Auch die Reliefs auf den Grabsteinen dienten vielfach der Repräsentation, ganz gleich ob der Verstorbene als Soldat oder Zivilist, allein oder im Kreis seiner Angehörigen dargestellt ist. Der Grabstein des

Abb 23 Hauptmanns M. Caelius aus Xanten (kurz nach 9 n. Chr.) zählt zu den bedeutendsten Beispielen dieser Art. Der Offizier zeigt sich mit dem »Korporalsstab«, dem Rebstock (*vitis*), und allen seinen Orden. Der militärische Rang des Verstorbenen wird auch auf

Abb. 258 Modell einer Steinmetzwerkstatt in der Nähe eines Gräberfeldes. Entwurf J. Röder (RLM Bonn)

dem Grabstein des Tungrers Oclatius aus Neuss (um 100 n. Chr.) oder des Asturiers *Abb 189* Pintaius aus Bonn (Mitte 1. Jh. n. Chr.) betont. Beide waren Feldzeichenträger ihrer *Abb 67* Einheit und sind mit dem Feldzeichen (*signum*) zu sehen. Ähnlich müssen wohl auch die sog. Totenmahlreliefs und die »Pferdevorführungen« interpretiert werden, die sich in der römischen Rheinzone vornehmlich im letzten Viertel des 1. Jahrhunderts n. Chr. häufig auf Kavalleristengrabsteinen wie denen des Thrakers Durises aus Köln *Abb 114b* und des Treverers C. Iulius Primus aus Kalkar/KLE finden. Römischen Bürgerstolz *Abb 225* und Selbstbewußtsein verraten die repräsentativen Brustbilder auf den Grabstelen des P. Clodius (um 40 n. Chr.) aus Bonn oder des L. Baebius und seiner Angehörigen aus *Abb 183* Köln (um 100 n. Chr.); die Verstorbenen tragen die römische Toga und halten in der Hand die Buch- oder Bürgerrechtsrolle.

Die meisten lokalen Steinmetzwerkstätten arbeiteten in unmittelbarer Friedhofsnähe; *Abb 258* in Xanten konnte ein solcher Betrieb am Rande des südwestlichen Gräberfeldes lokalisiert werden. In den Garnisonen und im Hinterland Niedergermaniens wurden gelegentlich besondere Aufträge an leistungsfähige Werkstätten in der Provinzhauptstadt vergeben. So dürfte der reliefverzierte Sarkophag der Aurelia Maria aus Neuss (3. Jh. n. Chr.) sicherlich in Köln angefertigt worden sein. Das Militär hatte seine eigenen Steinmetzen, so daß sich ein regelrechter Soldatenstil entwickelte, für den die Grabstele des Lusitaniers Tib. Iulius Pancuius aus Neuss (um 20 n. Chr.) stehen mag. *Abb 256* Viele Römer sorgten schon zu Lebzeiten für ihr Grabmal; dies ist dann in der Grabinschrift oft eigens vermerkt: *M. Valerius Celerinus . . . vivos fecit sibi et Marciae Procu-* *Abb 114a* *lae uxori* (M. Valerius Celerinus stellte [diesen Grabstein] zu seinen Lebzeiten für sich

Abb. 259 Köln. Aeneas-Gruppe. Teil eines Grabmals. Kalkstein. – H. 0,88 m. 2. Jh. n. Chr. (RLM Bonn)

Abb. 260 Köln. Ganymed und Adler. Teil eines Grabmals. Kalkstein. – H. 0,84 m. 1. Hälfte 2. Jh. n. Chr. (RLM Bonn)

und seine Frau Marcia Procula auf). So hatte sich auch der Händler Desideratus aus Köln noch selbst seinen Sarg, einen Sarkophag mit Reliefverzierung, ausgesucht. Die Sepulkralkunst wurde weitgehend von feststehenden Kompositionsschemata und Themen aus der griechisch-römischen Mythologie und dem Alltag bestimmt. Zahlreiche Grabsteine waren mit einer Darstellung des phrygischen Hirten Attis versehen, der von der Großen Göttermutter Kybele wieder zum Leben erweckt worden war.

Abb 259 Manches Grabmal wurde von einer Aeneas-Gruppe, wie sie gleich mehrfach aus Köln belegt ist, bekrönt; der Ahnherr der Römer hat der Sage nach seinen Vater Anchises auf den Schultern aus dem brennenden Troja retten und sich mit seinem Sohn Ascanius unter dem Schutz der Göttin Venus in Sicherheit bringen können. Immer wieder Abb 260 ist auch Ganymed dargestellt, den Zeus-Iupiter in den Olymp entführt, zum Mundschenk der Götter und somit unsterblich gemacht hatte. Die Befreiung der Hesione durch Hercules oder die Tötung des Minotaurus und damit die Errettung der Ariadne durch Theseus auf dem Sarkophag des C. Severinius Vitalis in Köln sowie die Flucht der Iphigenie auf Tauris, die wohl ehemals den Giebel eines kleinen Grabtempels bei Inden-Lamersdorf/DN geschmückt hat, passen auch in diesen Themenkomplex: Stets werden Menschen durch ein glückliches Geschick oder durch das Eingreifen der Götter gerettet; stets verbindet sich mit ihrem Schicksal die Hoffnung, daß es den Verstorbenen ähnlich ergehen möge. Die Symbolik spielte in der römischen Zeit eine große Rolle; Lebenserfahrungen und Jenseitshoffnungen wurden, wenn auch bisweilen stereotyp, deutlich ins Bild gesetzt. Besonders beliebt waren in diesem Zusammenhang Darstellungen aus der heiteren und glückseligen Welt des Weingottes Bacchus. Auf dem Kölner Poblicius-Denkmal tanzen Pan und die Mänaden. In den bacchischen *Abb 181* Kreis gehört auch die zimbelschlagende Tänzerin auf dem Grabstein des Marcinus aus *Abb 261* der Nähe von Xanten (2. Hälfte 1. Jh. n. Chr.). Unweit von *Tolbiacum*-Zülpich muß in der ersten Hälfte des 3. Jahrhunderts n. Chr. ein Grabpfeiler gestanden haben, der u. a. mit traubenerntenden und tanzenden Eroten verziert war; ein zugehöriger Reliefblock ist heute in der Zülpicher Pfarrkirche St. Peter verbaut. Die Beispiele ließen sich leicht vermehren. Die häuslichen Szenen kamen im römischen Rheinland erst im 2. Jahrhundert n. Chr. auf. Sie sind bislang jedoch nur in wenigen Fragmenten belegt.

Immer wieder drückte sich auf den Grabdenkmälern auch die Todesfurcht des Römers aus. Der Tod als reißender Löwe, der einen Eber, Widder oder Stier – Symbole *Abb 254* des Lebens – schlägt war eine weit verbreitete Vorstellung; der entsprechende Bildty-

Abb. 261 Aus der Nähe von Xanten. Grabstein des Breukers Marcinus. Kalkstein. – H. 2,22 m. Mitte 1. Jh. n. Chr. (RLM Bonn)

pus ist vielerorts nachgewiesen. Die eindrucksvollste Darstellung dürfte der gewaltige
Abb 201 Grablöwe aus Köln sein, der nach allen Seiten hin sichernd über einem geschlagenen
Eber steht; er gehörte ursprünglich wohl zu einer größeren Grabanlage aus der Zeit
um die Mitte des 3. Jahrhunderts n. Chr. Reliefs und Grabaufsätze in Form drohender
Sphingen, Mischwesen halb Mensch halb Tier, sollten sowohl etwaige Grabräuber ab-
schrecken, d. h. die Ruhe der Toten garantieren, als auch die rächenden Totengeister
(*Manes*) fernhalten und somit die Lebenden schützen. Bei einem Grabmal des 1. Jahrhunderts n. Chr. in Xanten waren sie unter einem Tisch hockend dargestellt.

An den Geburts- und Sterbetagen der Toten, vor allem aber auch am staatlichen Aller-
seelenfest (*parentalia*), das in der Zeit vom 13. bis 21. Februar eines jeden Jahres gefei-
ert wurde, fanden sich die Lebenden im Familienkreis an den Gräbern ihrer Verstorbenen zum Totenmahl ein. Sie glaubten, daß auch die Toten daran teilnehmen würden.
Deshalb hatte man ja auch das erforderliche Geschirr mit ins Grab gegeben und manchen Grabbezirk und manche Grabkammer wie beispielsweise in Bad Münstereifel-
Abb 433 Arloff oder Köln-Weiden gleich mit steinernen Ruhebetten (Klinen) ausgestattet. Die
zahlreichen Totenmahlreliefs der Rheinzone, die den Toten beim Mahle auf einer
Kline ruhend oder von Familienangehörigen umgeben an einem Tische sitzen zeigen,
Abb 114a, b sind Festschreibungen dieses Totenrituals in Stein, das die Lebenden den Verstorbe-
nen schuldeten, wenn sie sich nicht der Rache der unerbittlichen Totengeister, der Ma-
Abb 164 nen, aussetzen wollten. Dies war auch der Grund, warum in jeder römischen Familie
Abb 184 die Geister der Vorfahren im Lararium des Hauses, wo auch die Totenmasken (*imagi-*
Abb 255 *nes*) standen, besonders verehrt wurden und allmorgendlich ein Opfer erhielten. Den
göttlichen Manen (*Dis Manibus*) stand seit Ende des 1. Jahrhunderts n. Chr. auf zahl-
Abb 129 reichen Grabsteinen. Auch so sollten sie besänftigt und gnädig gestimmt werden.

Die Spätantike am Rhein

Im 3. und 4. Jahrhundert n. Chr. schlossen sich etliche germanische Stämme rechts des
Rheins – die Brukterer, Chattwarier, Chamaver und Amsivarier, vielleicht aber auch
Abb 51 die Tubanten, Tenkterer und Usipeten – zum Stammesbund der »Franken« (= die
Mutigen) zusammen und bedrohten immer häufiger und nachhaltiger die Ruhe und
die innere Sicherheit der Provinz Niedergermanien. Zudem waren sie in zunehmendem Maße darauf aus, ihre Wohnsitze über den Rhein in das römische Reichsgebiet zu
verlegen, um so an den Annehmlichkeiten und dem Luxus der römischen Lebensweise
teilzuhaben. Beutegut und militärische Erfolge verliehen ihnen Selbstvertrauen. Die
Frankeneinfälle hatten verheerende Auswirkungen auf Staat und Gesellschaft. Die
Provinzbevölkerung – nach mehr als 150 Jahren Frieden im Rheinland an Wohlstand
und wirtschaftliche Blüte gewöhnt – bangte in der Spätzeit häufig um Leben und Besitz. Aus Angst wurden Münzschätze vergraben; oft konnten sie jedoch von ihren
Eigentümern nicht mehr gehoben werden. Den Archäologen signalisieren solche De-

Abb. 262 Xanten. Schatzfund (ohne die Münzen). Silber. – L. der Löffel max. 16,9 cm. 259/260 n. Chr. (RLM Bonn)

Abb. 263 Köln. Münzschatzfund. 355 n. Chr. (RGM Köln)

potfunde Zeiten besonderer Gefahr. So gelangten im Bereich eines römischen Guts-
Abb 46 hofes in Aachen-Richterich mehr als 650 Denare während des ersten größeren Frankeneinfalls im Jahre 259/260 n. Chr. in den Boden. Damals wurde auch der Silber-
Abb 262 schatz aus Xanten – Schälchen, mehrere Löffel, Fingerringe und über 200 Denare –
verborgen. Um 274/275 n. Chr. glaubte ein offenbar vermögender Gutsbesitzer in
Pulheim-Brauweiler, sein Bargeld (2623 Antoniniane) durch Vergraben vor den ein-
brechenden Franken in Sicherheit bringen zu müssen. Ein Hortfund von mehr als
1000 Münzen (*Folles*) aus Neuss-Norf steht für die politischen Wirren im Rheinland
Abb 263 nach 335 n. Chr. In Köln sind mehrere Schatzfunde während des Frankensturms im
Jahre 355 n. Chr. in den Boden gelangt. Ein Xantener Münzschatz aus der Mitte des
5. Jahrhunderts n. Chr. schließlich, der mindestens 400 Solidi umfaßt haben soll und
die Bedrängnis der Bevölkerung am Niederrhein unter Valentinianus III. (424–455
n. Chr.) zeigt, ist leider verschollen. Nicht nur die Germanenhorden zogen sengend,
plündernd und mordend durch das Land, auch die römischen Truppen – verroht und
vielfach ohne Disziplin – standen ihnen oft in nichts nach. Die meisten Kaiser und
Heerführer, deren Schicksal in den Händen der Soldaten lag, griffen bestenfalls halb-
herzig ein. Das Vertrauen der Schutzbedürftigen in die Staatsgewalt schwand; die
»Germanisierung« zerstörte überlieferte Strukturen, die römische Zivilisation erhielt
durch sie neue Inhalte. Die Landbevölkerung, die sich nicht schützen konnte, floh in
Abb 387 die mauerumwehrten Siedlungen und Städte. Die Versorgungsengpässe wurden immer bedrückender. Kaiser Julian mußte 359 n. Chr. in einer großangelegten Militärak-
tion sogar Getreide aus Britannien einführen, um schlimmstes zu verhüten. Die Ereignisse in Niedergermanien bzw. in der *Germania secunda* kennzeichneten jedoch nur
eine allgemeine Krise des *Imperium Romanum*; vielerorts war die Reichsgrenze und
damit römisches Territorium von anstürmenden Volksstämmen gefährdet. Nicht einmal in Italien und Rom konnte man sich sicher wähnen.
Vor allem die Kaiser Diokletian (284–305 n. Chr.) und Konstantin I. (306–337
n. Chr.) waren bemüht, durch einschneidende Militär-, Verwaltungs- und Steuer-
reformen den Staat zu festigen und der Gefährdung der inneren und äußeren Ordnung
wirkungsvoll zu begegnen. Im Jahre 286 n. Chr. wurde das Römische Reich geteilt.
Die westliche Reichshälfte bestand Anfang des 4. Jahrhunderts aus zwei *praefecturae*,
die je drei *dioeceses* umfaßten. Mit den beiden Kaiserresidenzen *Mediolanum*-Mailand
(seit 402: Ravenna) und *Augusta Treverorum*-Trier entstanden neue politische und
kulturelle Zentren. Die Neuerungen wirkten sich auch im Rheinland aus. Über die all-
Abb 50 gemeinen Heeresreformen und den Ausbau der Verteidigungslinie am Rhein ist an anderer Stelle berichtet worden. Bisweilen sorgten die Kaiser allein schon durch ihre Präsenz an der Rheingrenze für Ruhe und Ordnung. Dies gilt zwar vornehmlich für die
Zeit des gallischen Sonderreiches, vor allem für Postumus (259–268 n. Chr.), aber
auch für Konstantin I. (306–337 n. Chr.) und Valentinian I. (364–375 n. Chr.).
Die alte Provinz Niedergermanien (*Germania inferior*) hieß jetzt *Germania secunda*;
sie erstreckte sich im Westen unter anderem auch auf das Gebiet der Tungri, das zuvor

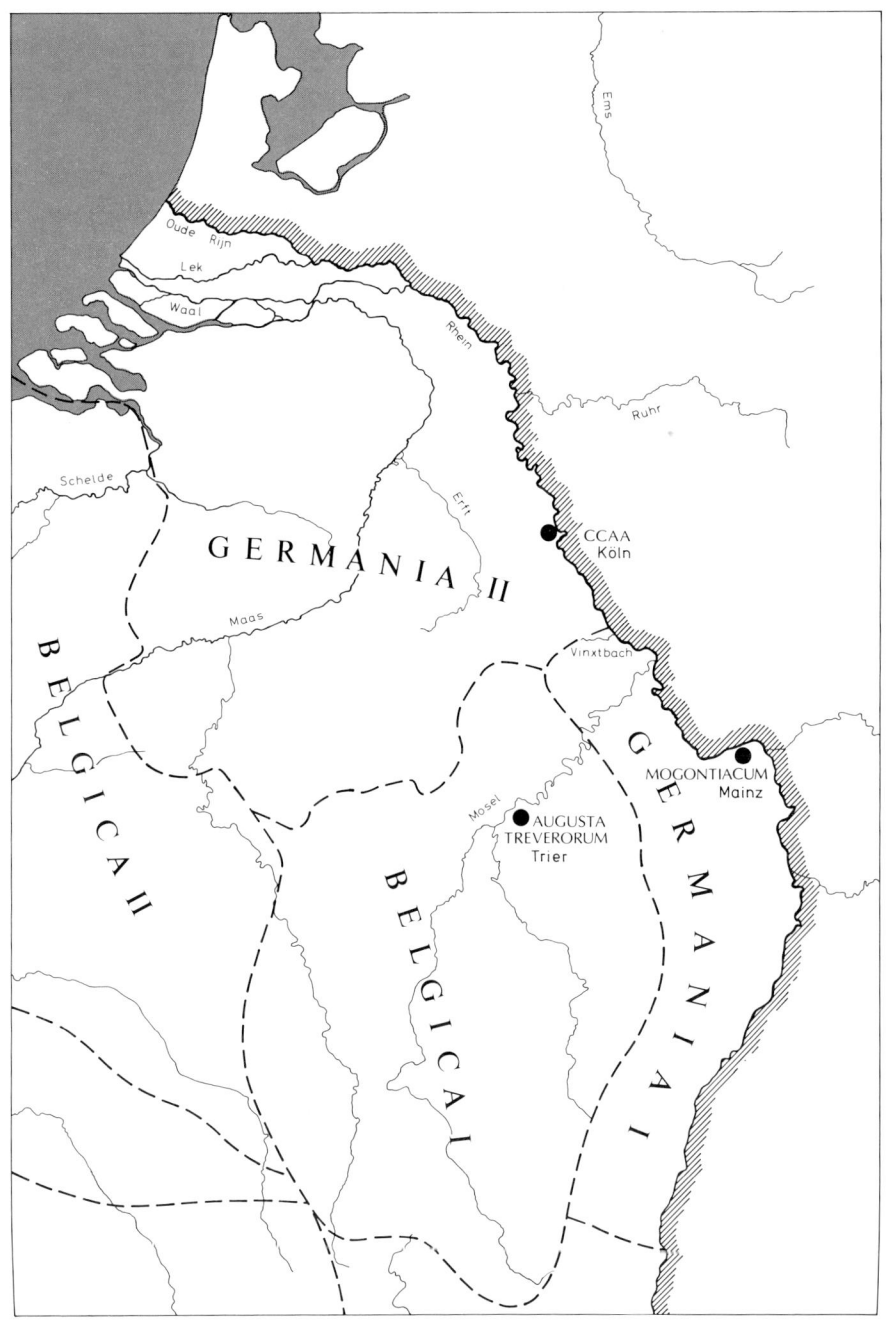

Abb. 264 Die spätantike Provinzeinteilung im Rheinland (nach 297 n. Chr.)

zur Belgica gehört hatte, und war – wie sieben weitere Provinzen – Teil der Diözese der gallischen Provinzen (*dioecesis Galliarum*) mit der Hauptstadt *Augusta Treverorum*-Trier. Normalerweise standen Vikare (*vicarii*) an der Spitze der Diözesen; die *dioecesis Galliarum* wurde allerdings von dem Trierer Prätorianerpräfekten mitverwaltet. Der Sitz des *praeses*, der Verwaltungsspitze der Germania *secunda*, lag weiterhin in der *CCAA*-Köln. Das Militär in den rheinischen Garnisonen (Limitantruppen) befehligte ein *dux*. Die Machtfülle des kaiserzeitlichen Provinzstatthalters (*legatus Augusti pro praetore*) gab es also nicht mehr. Die Provinz selbst war vermutlich in vier *civitates* – die *civitas Agrippinensium*, die *civitas Tungrorum* (Tongeren), die *civitas Traianensium* (Xanten) und die *civitas Batavorum* (Nijmegen) – gegliedert; nach den Frankenstürmen kurz nach der Mitte des 4. Jahrhunderts n. Chr. scheinen jedoch nur die beiden erstgenannten fortbestanden zu haben.

Die spätantiken Kaiser waren bestrebt, trotz aller drohenden Gefahren, die Sicherheit in der *Germania secunda* zu erhöhen; neben den bereits erwähnten militärischen und fortifikatorischen Maßnahmen setzten zum Beispiel die Kaiser Probus (276–282 n. Chr.) oder Julian (355–363 n. Chr.) dabei verstärkt auf Bündnisverträge (*foedera*) mit den germanischen Fürsten, die diese sich meist mit Geld und Geschenken honorieren ließen. Die zahlreichen spätantiken Münzschatzfunde aus Westfalen – z. B. aus

Abb 127, 343 Westerkappeln/ST (50 Solidi; 2./3. Viertel 4. Jh.) oder Dortmund (444 Solidi; 4./frühes 5. Jh.) müssen wohl mit solchen Bündniszahlungen in Verbindung gebracht werden. Auch die Integration germanischer Söldner und Verbände in das römische Heer (*foederati*), die nach ihrer Dienstzeit oft nicht mehr in ihre Heimat zurückkehrten, sondern sich auf römischem Territorium niederließen und sich bald wie Römer fühlten, sollte die Lage stabilisieren. Diesen Zweck verfolgte man ebenso mit der Ansiedlung kriegsgefangener Germanen (*laeti*) als nahezu selbständige Bauern im Hinterland der Provinz und in Innergallien. Die Neusiedler durften das ihnen zugewiesene Gebiet allerdings nicht verlassen und auch keine Ehe mit den Provinzialen eingehen; sie und ihre Kinder waren jedoch zum Kriegsdienst im römischen Heer verpflichtet. Die Verbreitung der Waffengräber im Rheinland zeigt, daß die Föderaten vornehmlich in der Nähe bestehender römischer Siedlungen und Militäranlagen gesiedelt haben. Hier sei

Abb 60 beispielhaft auf entsprechende Befunde in Bonn, Köln oder Kalkar, besonders aber auf

Abb 241 die spätrömischen Bestattungen in Krefeld-Gellep mit ihren Beigaben nach germanischer Sitte und – vor allem bei Frauengräbern – dem charakteristischen Trachtzubehör

Abb 362 verwiesen. Auch die breiten kerbschnittverzierten Gürtelschnallen des späten 4. Jahrhunderts n. Chr. aus Jülich oder Übach-Palenberg lassen wohl auf Germanen schließen, die einmal in römischen Diensten gestanden haben. Vieles deutet darauf hin, daß sich auch die Landbevölkerung allmählich an den Zustand permanenter Bedrohung

Abb 556 und Kriegsgefahr gewöhnte. Einige Siedlungen, die wie etwa Zülpich, Jülich und

Abb 387 Aachen zudem noch an wichtigen Verkehrsstraßen lagen, wurden mit wehrhaften Mauern umgeben. Verschiedene Gutshöfe erhielten Fluchtburgen (*burgi*), die ein gewisses Maß an Selbstverteidigung ermöglichten. Die archäologische Landesaufnahme

hat ergeben, daß trotz der Frankeneinfälle nicht nur eine Reihe von landwirtschaftlichen Betrieben im Hinterland der *Germania secunda* nach der Mitte des 3. Jahrhunderts n. Chr. weitergeführt, sondern eine Vielzahl von *villae rusticae* im 4. Jahrhundert n. Chr. überhaupt erst angelegt wurde. Das Land rechts des Rheins blieb aber
weiter das *barbaricum* – wie die Grabinschrift des Viatorinus aus Köln lehrt.

Die Kaiser der Spätantike waren absolute Herrscher (Dominat = *dominus*, der Herr;
ihre Entscheidungen wurden von einem Beraterstab (*consistorium*) vorbereitet. Der
römische Senat hatte seine frühere Bedeutung verloren; ein Heer von Beamten machte
den Staat allgegenwärtig. Trotzdem oder gerade deswegen blühte die Korruption. Ein
Staatssicherheitsdienst (*agentes in rebus*) sorgte für eine totale Überwachung; er unterstand einem Innenminister (*magister officiorum*) bei Hofe. Der Finanzminister (*comes sacrarum largitionum*) verwaltete mit einem großen personellen Aufwand die
Staatskasse und die Staatsbetriebe. Um die kaiserlichen Liegenschaften kümmerte sich
ein Vermögensverwalter bzw. -minister (*comes rerum privatarum*). Die kostspielige
Hofhaltung, der riesige unproduktive Beamtenapparat, die Armee mit ihrem starken
und hochbesoldeten Offizierskorps sowie die Bündniszahlungen an germanische Fürsten verschlangen Unsummen Geldes, die von den Bürgern aufgebracht werden mußten. Bestehende Steuern wurden erhöht, weitere eingeführt. Bemessungsgrundlagen
waren die persönlichen Verhältnisse und der Grundbesitz (Kopf- und Vermögenssteuer). Hinzu kamen Zwangsabgaben, wie beispielsweise die Getreidesteuer (*annona*), die in Naturalien geleistet wurde. Ansonsten hatten die Steuerzahlungen weitgehend in Gold zu erfolgen. Die Steuerlast war für viele – vornehmlich aber für den
städtischen und ländlichen Mittelstand – untragbar; die Folge war ein wachsendes
Stadt- und Landproletariat. Durch Gesetz wurde die freie Wahl des Wohnsitzes und
des Arbeitsplatzes eingeschränkt; gewöhnlich fand man sich in einen Beruf »hineinge-
boren«. Die Handwerker, Kaufleute und andere Berufsgruppen waren in Zwangsver-
einigungen zusammengefaßt, die in erster Linie für ordnungsgemäße Steuerzahlungen
Sorge tragen mußten. Auch das Militär, das häufig in den – soweit sie nicht schon befe- *Abb 52, 53*
stigt waren – nunmehr umwehrten Zivilsiedlungen am Rhein und im Hinterland der
Germania secunda stationiert war, brachte Veränderungen des städtischen Lebens. In
Städten wie der *CCAA*-Köln und der *CUT*-Xanten gab es zwar noch einen Stadtrat
(*ordo decurionum*); die finanziellen Belastungen durch Steuerabgaben und Sachlei-
stungen ruinierten aber manchen Ratsherrn, zumal er auch noch – wie alle Kurialen –
für das allgemeine Steueraufkommen persönlich haftete. Um einer »Steuerflucht« vor-
zubeugen, wurde das Dekurionenamt erblich. Die Folgen für die Bürger waren fatal.
Schon aus Eigennutz preßten die städtischen Beamten möglichst hohe Steuerbeträge
aus ihnen heraus; die Wahl ihrer Mittel ließ offenbar häufig zu wünschen übrig, so daß
immer wieder ein staatlich bestellter Anwalt (*curator*) eingreifen und die Steuerpflichtigen vor amtlicher Willkür schützen mußte. In zunehmendem Maße gingen Christen
und Nichtchristen die Priester und Bischöfe um Schutz und Entscheidungen an; damit
wuchs der Einfluß der christlichen Amtskirche im Staat.

Das Verwaltungs- und Steuersystem der Spätantike mußte sich zwangsläufig ganz entscheidend auf die Gesellschaft und die Wirtschaft der *Germania secunda* auswirken. Die sozialen Unterschiede wurden immer größer; die gesellschaftlichen Klassen rückten immer weiter auseinander. Die Großgrundbesitzer – ihr Besitz wuchs ständig wegen der Aufgabe mittlerer und kleinerer landwirtschaftlicher Betriebe als Folge untragbarer Steuerbelastungen – und die hohen Beamten konnten sich nach wie vor Luxus und Lebensqualität leisten. Die prächtig ausgestatteten spätantiken Gutshöfe wie Vettweiß-Froitzheim und Rheinbach-Flerzheim mit ihren eigenen Verteidigungsan

Abb 48, 49 lagen (*burgi*) bezeugen dies ebenso wie die beigabenreichen Gräber des späten 4. Jahrhunderts n. Chr. im Kölner Umland und in der Zülpicher Börde. Die Sarkophag-

Taf 12, 16 bestattungen von Köln-Rodenkirchen, Köln-Braunsfeld bzw. Lindenthal und Zül-

Abb 557 pich-Enzen gehören in diesen Zusammenhang.

Obwohl die *CCAA*-Köln im November 355 n. Chr. von den Franken eingenommen worden war, herrschten bald darauf wieder deutliche Bauaktivitäten. Die zerstörten Gebäude im Stadtgebiet wurden einplaniert, etliche Brunnen mit Schutt verfüllt. Die Stadtmauer wurde wieder hergerichtet. Für die Jahre 392–394 n. Chr. ist vermutlich die Erneuerung des in der ersten Hälfte des 4. Jahrhunderts großzügig ausgebauten Prätoriums inschriftlich belegt. Ende des 4. Jahrhunderts wurde der imposante Zentralbau der Märtyrerkirche *Ad sanctos aureos* (Bei den goldenen Heiligen; heute:

Abb 418 St. Gereon) errichtet. Auch der Komplex der Kölner Bischofskirche erfuhr weitere Veränderungen. Die Ausführung und die Ausstattung der spätantiken Gebäude ließen allerdings im Vergleich zur mittleren Kaiserzeit meist zu wünschen übrig; es war bezeichnend, daß hauptsächlich altes Steinmaterial (Spolien) wiederverwendet wurde.

Abb 544 Die *CUT*-Xanten dagegen, die unter Konstantin I. wesentlich verkleinert und zu einer Festung mit turmbewehrter Mauer und Doppelgrabensystem umgebaut worden war, hatte nach dem archäologischen Befund die Frankenstürme des Jahres 351/352 n. Chr. nicht überstanden. Das Gräberfeld um und bei St. Viktor, das vermutlich noch bis zum Beginn des 5. Jahrhunderts n. Chr. belegt wurde, muß mit einer anderen spätrömischen Siedlung in unmittelbarer Nähe in Verbindung gebracht werden, die wir bislang noch nicht kennen.

Die allgemeine Unsicherheit in der Spätantike führte auch zu einem wirtschaftlichen Niedergang am Rhein. Staatlicher Dirigismus und hohe Steuerlasten machten es den privaten Handwerkern und Unternehmern schwer. Staatsbetriebe übernahmen weitgehend die Versorgung des Militärs, der Beamtenschaft und der Zivilbevölkerung; ob sie allerdings – mit Ausnahme der landwirtschaftlichen Domänen – in der gefährdeten Rheinzone angesiedelt waren und produzierten, ist mehr als fraglich; um 400 n. Chr. jedenfalls scheint das Rheinland so unsicher gewesen zu sein, daß man die gallische Präfektur, d. h. den Sitz der Staatsverwaltung von Trier nach Arles verlegte. Waffenschmieden sorgten für die waffentechnische Ausrüstung des Heeres. Das damaszierte Schwert mit den silbervergoldeten Kerbschnittbeschlägen am Griff aus Vrassel/KLE (Ende 4. Jh. n. Chr.) belegt ihr Leistungsvermögen. In Textilmanufakturen wurden

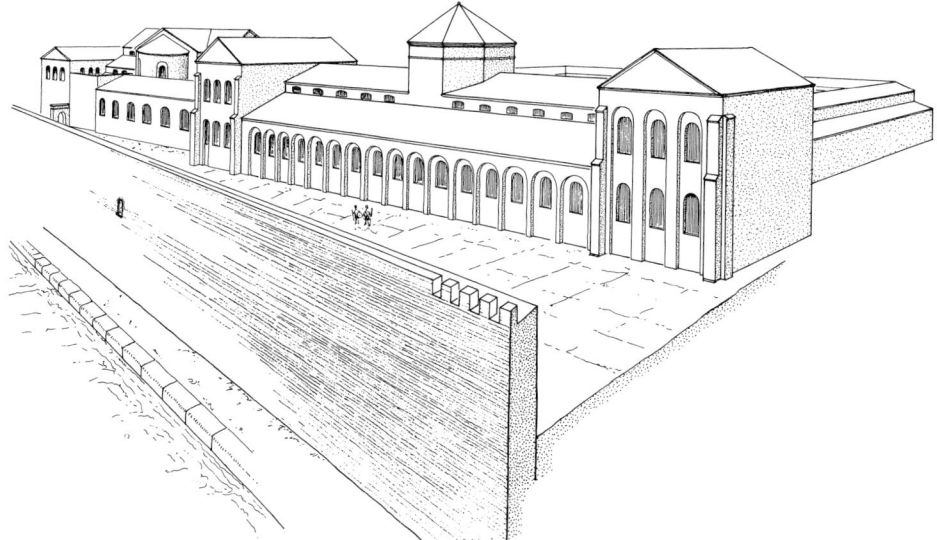

*Abb. 265   Rheinfront des Prätoriums in der 1. Hälfte des 4. Jh. n. Chr. (4. Periode).
Rekonstruktion G. Precht*

*Abb. 266   Köln. Bauinschrift mit Nennung der Kaiser Theodosius, Arcadius und Eugenius
sowie des Heerführers Arbogast. Kalkstein. – L. 1,14 m. Zwischen 392 und 394 n. Chr.
(RGM Köln)*

Uniformen und Amtstrachten für Soldaten und Beamte hergestellt. Große Töpfer-
betriebe wie in Mayen (»Mayener Ware«) deckten weithin den Bedarf an Geschirr.
Abb 216 Von den Erzeugnissen der staatlichen Goldschmiede- und Elfenbeinwerkstätten, die
vermutlich – sieht man einmal vom Ostteil des Römischen Reiches ab – in den Kaiser-
residenzen Mailand und Trier sowie in den Städten Innergalliens arbeiteten, haben
Taf 23b sich nur wenige Beispiele im Rheinland gefunden. Bei der vergoldeten Zwiebelknopf-
Abb 241 fibel aus Bonn, die einem germanischen Offizier in römischen Diensten mit ins Grab
gegeben worden war, handelt es sich wohl um eine kaiserliche Auszeichnung.
Auch der Handel erlitt in der Spätantike gewaltige Einbußen: Zum einen hatte Kaiser
Diokletian im Jahre 301 n. Chr. Höchstpreise für alle Waren und Dienstleistungen
festgelegt; zum anderen machte sich die schleichende Inflation – hauptsächlich durch
die hohen Staatsausgaben verursacht und in Gang gehalten – nachteilig bemerkbar.
Die Finanz- und Währungsreformen unter Diokletian (284–305 n. Chr.), Konstantin
I. (306–337 n. Chr.), Constans (337–350 n. Chr.) und Constantius II. (337–357
n. Chr.) blieben auf Dauer ebenso unwirksam wie das diokletianische Preisedikt.
Hinzu kam, daß auch die traditionellen Handelswege zunehmend unsicherer und un-
passierbarer wurden. Den Rhein, die Hauptverkehrsader der Provinz, kontrollierten
die Franken. Das Straßennetz wurde nur noch dort durch Militärposten gesichert, wo
es von strategischer Bedeutung war; ansonsten drohte den Handlungsreisenden und
Kaufleuten überall Gefahr von beutesuchenden Germanen und Wegelagerern. Die allgemeine finanzielle Situation der Provinzialen schließlich drosselte die Nachfrage und
damit die Hoffnung der Händler auf Gewinn, der dann – sollte er sich wirklich einmal
eingestellt haben – auch noch durch die hohen Steuerlasten empfindlich geschmälert
wurde.
In den gehobenen – und finanzkräftigen – Kreisen der provinzialrömischen Gesellschaft des 4. Jahrhunderts n. Chr. erfreuten sich nach wie vor die kunstgewerblichen
Produkte der Kölner Glashütten und -schleifereien besonderer Wertschätzung und
Abb 267 Beachtung; der Konchylien-Becher, die Diatrete, die sog. Zirkusschale und die ande-
Taf 12, 16 ren Schliffgläser waren offensichtlich die neuen Symbole des Wohlstandes, auch wenn
metallimitierende Tongefäße wie die Kölner Orpheus-Schale aus einer Trierer Töpferei (2. Viertel 4. Jh. n. Chr.) zunächst anderes vermuten lassen könnten. Diese Bevölkerungsschicht konnte sich auch teure Importstücke wie z. B. Goldschmuck und Elfenbeine leisten. Neben der rauhen sog. Mayener und der rot bemalten bzw. marmo-
rierten Ware war die rollstempelverzierte »Rädchen-Sigillata« (Argonnen-Ware), die
vornehmlich in der zweiten Hälfte 3./erste Hälfte 4. Jahrhundert n. Chr. in der nördlichen Belgica hergestellt wurde, eine typische Keramik der Spätantike. Die charakte-
Abb 459 ristischen Faßkannen etwa aus dem Gräberfeld von Krefeld-Gellep stammen zumeist
aus der Werkstatt eines Töpfers namens Frontinus, die allerdings noch nicht näher
lokalisiert werden kann.
Zu einer weitergehenden Kunstproduktion konnte es im Rheinland vor allem wegen
des hohen Anteils der Germanen an der Provinzbevölkerung nicht mehr kommen. Ih-

Abb. 267 Köln.
Konchylienbecher.
Glas. – H. 13,3 cm.
4. Jh. n. Chr.
(RGM Köln)

Abb. 268 Krefeld-Gel-
lep. Schale mit Bacchus,
Silen und Satyr. Glas. –
Dm. 19,2 cm. 1. Hälfte
4. Jh. n. Chr.
(Krefeld, Museum Burg
Linn)

nen fehlte das römische Kulturerbe; zu sehr pflegten sie auch in ihrer neuen Heimat die germanischen Sitten und Gebräuche, die aus römischer Sicht nur wenig Raum für künstlerische und geistig-kulturelle Entwicklungen ließen. Sidonius Apollinaris, ein Vertreter des gallo-römischen Adels und späterer Bischof von Clermont-Ferrand machte aus seiner Verachtung keinen Hehl und schrieb im Jahre 468 n. Chr.: »Seit Thalia die sieben Fuß großen Schutzherren – die Germanen – sieht, verschmäht sie, von den barbarischen Gesängen vertrieben, den sechsfüßigen Vers.« Auch das Christentum hatte es nicht leicht, sich bei den Germanen durchzusetzen; sie verehrten weiter ihre angestammten Götter. Offenbar führte dies vor allem auf dem Lande zu einer

Abb 290 Erneuerung heidnischer Kulte. Das Heiligtum von Bad Münstereifel-Nöthen (Pesch)
Abb 291 wurde im zweiten Viertel des 4. Jahrhunderts großzügig ausgebaut; nichts spricht allerdings dafür, daß es damals noch den Matronen geweiht war. Auch für einen spätantiken Kybele-Kult fehlen dort eindeutige Belege. Ebenso bezeugen Münzen des Gra-
Abb 489 tian (375–383 n. Chr.) eine spätantike Nutzung der Tempelanlagen von Nettersheim
Abb 496 und Zingsheim. Selbst die Provinzialaristokratie muß sich damals teilweise wieder verstärkt der traditionellen römischen Götter erinnert haben; dies könnte die zahlrei-
Abb 268 chen Bacchus-, Apollon-, Diana- und Orpheus-Darstellungen in der spätantiken Kleinkunst erklären. Im Kölner Iseum wurde noch nach 345 n. Chr. geopfert. Gregor von Tours (vit. Patr. VI, 2) berichtet um 520 n. Chr., daß der hl. Gallus in Köln einen reich ausgestatteten heidnischen Tempel in Brand setzte, »in dem die Barbaren aus der Umgebung ihre Opfer darbrachten, sich bis zum Erbrechen mit Speise und Trank vollstopften, Götterbilder wie einen Gott anbeteten und aus Holz Nachbildungen der Körperteile schnitzten (und aufhängten), die ihnen schmerzten«. Es ist schon eine Ironie des Schicksals, daß in der Spätantike dem Römischen Reich ausgerechnet mit dem Franken Arbogast (gest. 394 n. Chr.) und dem Vandalen Stilicho (gest. 408 n. Chr.) zwei Heerführer von Format erwuchsen, die eine Zeitlang das römische Erbe auch am Rhein gegen die Fremdvölker erfolgreich zu verteidigen wußten. Germanen waren es auch, die den römischen Feldherrn Aetius im Jahre 451 n. Chr. auf den Katalaunischen Feldern zum Sieg über die Hunnen des Attila verhalfen.

Um 460 n. Chr. hatte die römische Herrschaft im Rheinland ein Ende; das ganze Gebiet war fränkisch. Nach zeitgenössischen Berichten brach für die ehemaligen Provinzialen eine schwere Zeit an: Sie wurden gefangengenommen, ausgeraubt, versklavt und zu niederen Diensten herangezogen. Der Presbyter Salvian aus Marseille (gest. 468/470 n. Chr.) weiß von einer vornehmen Frau in Köln, die nun im Hause eines Franken als Dienstmagd arbeiten mußte.

Der Übergang von der Spätantike zum frühen Mittelalter ist nirgendwo im Rheinland archäologisch deutlicher als auf dem Gräberfeld von Krefeld-Gellep zu fassen, das vom 4. bis 7. Jahrhundert n. Chr. von Römern, Föderaten und schließlich Franken kontinuierlich belegt wurde. Das römische Schliffglas aus konstantinischer Zeit, das
Abb 54 um 520/30 n. Chr. – also etwa 200 Jahre später – dem Frankenfürsten von Gellep mit ins Grab gegeben wurde, setzt ein erstes – wenn auch bescheidenes – Zeichen für das

Nachleben römischer Kultur am Rhein. In der römischen Tradition sah sich später auch Karl der Große, als er seine Pfalzkapelle in Aachen u. a. mit antiken Porphyrsäulen und Marmorkapitellen ausstatten und den Proserpina-Sarkophag (2. Hälfte 2. Jh. n. Chr.) aus Italien herbeischaffen ließ, der ihm als letzte Ruhestätte dienen sollte. Der Grundstein für die mittelalterliche Gesellschaftsordnung wurde durch den germanischen Heeres- und den römischen Verwaltungsadel in der Spätantike gelegt; insofern ist die »Goldene Kanzel« im Dom zu Aachen mit den eingearbeiteten römischen Glas-, Bergkristall- und Achatschalen, den Gemmen, Kameen und spätantiken Elfenbeinreliefs mehr als nur eine Stiftung Kaiser Heinrichs II. (1002–1024 n. Chr.). Die kirchliche Gliederung und Organisation, wie sie noch heute weitgehend besteht, legte das frühe Christentum des 4. Jahrhunderts n. Chr. fest, das damals auch die geistige Grundlage für ein erstes Miteinander von Römern und Germanen schuf; die Standorttradition zahlreicher Kirchen am Rhein mag dies auch baulich dokumentieren. Schließlich sind Siedlungskontinuität, Kunst und Kultur im Rheinland ohne das römische Erbe undenkbar.

Archäologischer Teil

Ausgrabungen

Archäologische Denkmäler

Museen

Erläuterungen und Abkürzungen zum archäologischen Teil

▶ im Text = im Gelände sichtbare
    Bodendenkmäler

Die Land- bzw. Stadtkreise
werden mit ihren Autokennzeichen genannt

Abb	Abbildung		AC	Aachen
B	Breite		BI	Bielefeld
bzw	beziehungsweise		BM	Erftkreis
ca	zirka		BN	Bonn
ders	derselbe		BO	Bochum
dh	das heißt		BOR	Borken
Dm	Durchmesser		BOT	Bottrop
ebda	ebenda		D	Düsseldorf
ehem	ehemalig, ehemals		DN	Düren
ev	evangelisch		DO	Dortmund
Fo	Fundort		DU	Duisburg
germ	germanisch		E	Essen
H	Höhe		EU	Euskirchen
iL	im Lichten		GE	Gelsenkirchen
Jh	Jahrhundert		GL	Rheinisch-Bergischer Kreis
kath	katholisch		GM	Oberbergischer Kreis
L	Länge		HA	Hagen
lH	lichte Höhe		HAM	Hamm
Lit	Literatur		HER	Herne
lt	laut		HF	Herford
lW	lichte Weite		HS	Heinsberg
ma	mittelalterlich		HX	Höxter
N	Norden, nördlich		IS	Märkischer Kreis
nChr	nach Christi Geburt		K	Köln
O	Osten, östlich		KLE	Kleve
og	obengenannt		KR	Krefeld
RLK	Reichslimeskommission		LE	Lippe
RLM	Rheinisches Landesmuseum		ME	Mettmann
röm	römisch		MI	Minden-Lübbecke
S	Süden, südlich		MG	Mönchengladbach
Str	Straße		MS	Münster
sog	sogenannt		NE	Neuss
T	Tiefe		OE	Olpe
ua	unter anderem		PB	Paderborn
usw	und so weiter		SG	Solingen
uU	unter Umständen		SO	Soest
Verf	Verfasser		SU	Rhein-Sieg-Kreis
vChr	vor Christi Geburt		RE	Recklinghausen
W	Westen, westlich		RS	Remscheid
zB	zum Beispiel		UN	Unna
zT	zum Teil		VIE	Viersen
zZ	zur Zeit		WAF	Warendorf
			WES	Wesel
			WIT	Ennepe-Ruhr-Kreis

Aachen AC

Aquae Granni
Abb 188, 214, 269–274, Taf 24

Im Bereich zwischen Johannisbach und Ponell-
bach ist – nach Siedlungsspuren der Jungsteinzeit – erst wieder Wohnaktivität der späten
Eisenzeit, wohl des 1. JhvChr nachgewiesen. Im
heutigen, recht unübersichtlichen Stadtgebiet ergeben sich Höhenunterschiede von knapp 100 m.
Das Gelände ist für größere Siedlungen daher an
sich wenig geeignet. Daß es dennoch aufgesucht
wurde, erklärt sich aus den Aachener Thermalquellen, die im Bereich der Innenstadt mit einer
Temperatur bis zu 75° Celsius austreten. Ein Höhenzug, der sich O des oben beschriebenen Kern-

siedlungsbereichs ins Stadtgebiet vorschiebt,
trennt dieses Gebiet (Markt/Münster-Hügel zwischen Markt und Elisengarten) vom Wurmbach-
tal, in dem heute Burtscheid liegt. Am SO-Fuß
dieses trennenden Höhenzugs tritt gleichfalls ein
Thermalquellhorizont aus, der bereits in röm Zeit
Anlaß für Heilthermenbauten auch in → Burtscheid war. Die Talungen bestanden wohl ursprünglich aus Feuchtgebieten, zT moorartigen
Charakters.
Die große röm O-W-Überlandstraße von der Kanalküste über *Bagacum*-Bavai – *Aduatuca Tungrorum*-Tongeren – *Coriovallum*-Heerlen –
Iuliacum-Jülich zur *CCAA*-Köln verlief in über
15 km Entfernung am Siedlungsgebiet Aachen
Rathaus/Münster vorbei. Eine S-Verbindung von
Aachen durch das Hohe Venn war zunächst ohne

Ungefähre Ausdehnung des römischen Vicus   Vermutete Lage der spätrömischen Festung   ■ Thermen +⁺+ Gräberfeld   Töpferöfen

Abb. 269   *Aachen-Aquae Granni. Gesamtsituation*

Bedeutung. Das bislang von E. Hollstein, Trier, untersuchte älteste röm Eichenbauholz aus Aachen hat Fällungsdaten »nach 3 vChr« erbracht. Zumindest ab dem 2. Jahrzehnt nChr ist jedoch auch archäologisch röm Siedlungtätigkeit für Aachen gesichert. Man wird sie mit den Thermalquellen in Verbindung bringen müssen und so eine Stichverbindung von der großen O-W-Landstraße nach S zum Aachener Thermalquellenbezirk fordern. Für die Jahre nach 27 nChr (Fällungsdatum) ist die Führung einer offenen Holzwasserrinne in der Straße am Hof, im Dombereich, gesichert. In diese Zeit gehört nach H. Cüppers die älteste Thermenanlage. Sie ist mit Sicherheit eine Neugründung. Schon damals wurden alle Vorbrüche der Quelle zielbewußt gefaßt und durch Steinpfropfen verschlossen, um die Schüttmengen der Hauptquelle (Kaiserquelle) zu erhöhen.

Wenngleich Anwesenheit von Angehörigen der rheinischen Garnisonen erst für die Zeit nach 70 nChr gesichert ist, kann kaum Zweifel bestehen, daß die Gründung des Bades Aachen auf die Heilbedürfnisse der niedergerm Truppen im 2. Jahrzehnt nChr zurückgeht. Bereits in der 1. Hälfte des 1. JhnChr lag am Rand der Siedlung, im Bereich der Minoriten- und Großkölnstr ein Bezirk mit feuergefährlichen Gewerben, darunter Töpfereien und Glasmacherwerkstätten. Es scheint, daß bereits in dieser Zeit das Vicus-Gebiet zwischen Markt und Elisengarten, Büchel und Domhof, durchflossen vom Johannisbach, ein regelmäßiges Straßensystem aufwies. Zu ihm hin führten mehrere Wasserleitungen, die für die nun entstehenden Großthermenanlagen neben dem Heilwasser immer wichtiger wurden. Hatten zunächst die Heilthermen an der Kaiserquelle als einzige Anlage bestanden, so nahm die Siedlung bereits nach der Mitte des 1. JhnChr, wohl infolge des Badebetriebes, starken Aufschwung. Nicht nur, daß die bescheideneren Holz- und Fachwerkbauten um die Kaiserbadquelle der Büchelthermen im O nach dem Bataveraufstand 69/70 nChr in Stein ersetzt wurden, es kam im Münsterbereich auch ein zweiter Thermenbezirk hinzu. Mit dem ersten verband ihn ein heiliger Bezirk am Hof, der später durch eine ▶ prächtige Portikus geschmückt wurde. Zudem muß man mit weiteren Kultstätten in den beiden Quellbe-

Abb. 270 Aachen. Ziegel mit dem Namen des Ziegelstreichers Victorinus. Ton. – L. 0,51 m. 2./3. Jh. n. Chr. (RLM Bonn)

reichen der Münster- und Büchelthermen rechnen. Ende des 1. Jh waren dann beide Thermen in Betrieb. Das besondere Interesse des niedergerm Heeres an »seinem« Heilbad unterstreichen militärische Bautrupps, darunter der als Baulegion renommierten *legio VI victrix* aus Neuss, später Xanten. Als einzige militärische Diensteinrichtung hat wohl in Aachen ein Straßenpolizeiposten, versehen durch *beneficiarii*, existiert. Er wurde gleichfalls nach 70 nChr eingerichtet.

Schon vor der Mitte des 1. JhnChr hatte auch in Burtscheid der Thermalbetrieb begonnen. Wie die verbrannte Keramik der Jahre vor Vespasian zeigt, traf auch diese Anlage, über die Genaueres noch nicht bekannt ist, die Zerstörung im Aufstand von 69/70.

Wenn auch die elegante kleine Frauenstatue claudischer Zeit nicht im Fundzusammenhang gefunden wurde, mag sie möglicherweise doch zu einer architektonisch gefaßten Quelle (*nymphaeum*) gehören. Sie muß in die 40er Jahre des 1. JhnChr datiert werden und paßt so recht in die Atmosphäre des Badeortes von → Burtscheid. Zwischen 107 und 119 nChr weihte in Burtscheid der *primus pilus* (Centurio der 1. Kohorte) der *legio VIIII Hispana* dem Apollo einen Altar. *Lucius Latinius Macer*, gebürtig aus Verona, kurte wohl in Burtscheid, als seine Legion in *Noviomagus*-Nijmegen in Garnison stand, jedenfalls zwischen 108 und 122, vielleicht zwischen 122 und 126 nChr. Auf dem Stein befindet sich unter der Inschrift ein Bild des sitzenden, leierspielenden Apollo. H. v. Petrikovits hat ein entsprechendes Kultbild für Burtscheid erschlossen. Zwar ist uns erst aus den Jahren 765/76 ein lateinischer Name für Aachen als *Aquis Grani* überliefert, doch ist wohl anzunehmen, daß Aachen in röm Zeit *Aquae Granni* hieß. Grannus, ein dem röm Apollo gleichgesetzter keltischer Wasser- und Bädergott, hatte von Gallien bis nach Ephesus in Kleinasien eine kaiserzeitliche Verehrergemeinde. Gleichfalls dem 2. oder 3. Jh entstammt eine Weihung für *Mercurius Susurrio* aus dem Fundament des Münsteroktogons. Ein unbekannter Oberbefehlshaber des niedergerm Heeres, vorher Statthalter der benachbarten Provinz Belgica, setzte vor 85 einen Weihestein in Aachen, wohl aus Anlaß der Erlangung eines hohen stadtröm Priesteramtes und seines Kuraufenthaltes in Aachen. Der Stein fand sich 1961 im N-Atrium des Doms. Im Elisengarten kam der Herstellerstempel eines Arztes *Saturnius* für eine Augensalbe aus Safran, der dem 2. oder 3. Jh angehört, zutage.

K. H. Knörzer hat für das 1. und 2. JhnChr sowohl für Aachen wie für Burtscheid das Vegetationsbild untersuchen können. Danach gab es im 1. Jh um das röm Aachen große Feuchtgebiete, wohl kaum Getreideanbau, jedoch Heumahd, also Viehzucht. Dazu konnte er Gartenbaukulturen mit Möhre, Sellerie und Feldsalat, Obstanbau mit Kirsche, Zwetschge, Schlehe; Würzgärten mit Bohnenkraut, Kümmel und Koriander sowie dürftige Getreidefelder auf ertragsarmen, sauren Böden, aber auch Luxusnahrungsimporte für die besseren Badegäste wie Oliven und Feigen, dazu wohl Weinanbau nachweisen. Im Burtscheid des 2. und 3. Jh war das Nutzpflanzenaufkommen weit artenreicher. Abgesehen von Haselnüssen, Wildbeerenarten wie Erdbeere, Holunder, Kratzbeere, Brombeere und Himbeere und Kirschen, fanden sich zwei Zuchtpflaumensorten, dazu Sellerie, Dill, Feldsalat, Linse, Hafer sowie

Heilkräuter, Feigen und Oliven als Importe. Wiederum sind im Talbereich von Burtscheid die röm Getreidearten bislang nicht nachzuweisen, die Unkrautvegetationen zeigen Schlammufergesellschaften mit Erlen.

Im 4. Jh nach den Verheerungen, die mit dem Zusammenbruch des Limes 260/270 das Rheinland überzogen, scheint der Vicus *Aquae Granni* sich innerhalb einer Wehrmauer (B 2,5 m) verkleinert erhalten zu haben. Diese fand sich am Marienturm des Rathauses und besaß Rundtürme (Dm ca 6,50 m). Sie hatte wohl die Aufgabe, die wichtig gewordene Straßenspinne Aachen–Lüttich, Köln–Maastricht sowie einen Aufgang zu den Rückzugsgebieten im Hohen Venn und der Eifel zwischen Rathaus und Münsterplatz zu sichern. Im 4. Jh scheint es keinen Umbau der Bäder mehr gegeben zu haben. Zwischen 350 und 360 nChr wird das Bad bei der Kaiserquelle endgültig zerstört und aufgegeben. Die Thermenanlage unter dem Münster erhält im 4. Jh einen ansehnlichen Apsiseinbau (Dm 7 m). H. Cüppers sieht in ihr den Standort für den Altar einer christlichen Kirche, wofür alte Grabungsbefunde sehr stark sprechen. Aus dieser Zeit stammt ein Grabstein, gesetzt von einem *Helacius*, der mit seinem Formular ins spätantike Trier weist, ohne daß sich der Bestatter oder der Bestattete aus der Inschrift als Christ zu erkennen gibt. Das karolingische Aachen erfährt eine so gründliche Neukonzeption, daß die allgemeinen Baufluchten um 38 Grad gegen die röm gedreht werden. Voraussetzung dazu ist der völlige Abbruch der röm Ruinen und die Wiederverwendung ihres Steinmaterials zum Neubau des ma Aachen. So hat sich auch der lange Zeit für röm gehaltene Grannus-Turm nunmehr als Bestandteil der Kaiserpfalz Karl d. Gr. herausgestellt.   Rü

Lit: HCüppers ua, Aquae Granni, Beiträge zur Archäologie von Aachen, 1982, dort die ältere archäol. Lit. – KHKnörzer, Archaeo-Physika II, 1967, 39 ff – ders, ebda 7, 1980, 35 ff – HNesselhauf, HvPetrikovits, BJb 167, 1967, 268 ff – HGabelmann, BJb 179, 1979, 209 ff – HGHorn, RLM Bonn, Röm Steindenkmäler 3, 1981, 18 f Nr. 29

Römische Architekturreste
Abb 271, 272

Vor dem Haus »Hof 7« ist im Abguß der ▶ Teil einer Säulenstellung rekonstruiert, deren Reste 1963/64 und 1967/68 bei verschiedenen Ausgrabungen im Bereich Am Hof/Buchkremerstr/Ursulinenstr zutage kamen; etliche Quader und Bogensteine waren schon bei der Domgrabung 1910–1914, in den Fundamenten der karolingischen Pfalzkapelle verbaut, gefunden worden. Die Sandsteinoriginale befinden sich – soweit nicht verschollen – im RLM Bonn.
Die reich gegliederte ca 7,10 m hohe Bogenarchitektur gehört zu einer Säulenhalle (*porticus*). Diese umgab ehem einen geräumigen, zwischen zwei größeren Badeanlagen – den sog Büchel- und den sog Münsterthermen – gelegenen Kultplatz (B ca 52 m, L mehr als 60 m) mit einer nach

Art eines Nymphäums architektonisch gefaßten (Kult?)Quelle (sog Quirinusquelle) und mehreren Tempeln. Die Portikus stand auf einem zweistufigen Unterbau (Stylobat), der bislang an der SO- und an der NW-Seite (Fundstelle = Standort der Rekonstruktion) archäologisch nachgewiesen werden konnte; davor lag eine breite Rinne, die das Dachwasser der ziegelbedeckten Portikus und wohl auch das Oberflächenwasser des gepflasterten Platzes aufnehmen und nach O abführen sollte. Bei den am Hof verlegten ▶ Rinnsteinen (Material: Kohlenkalkstein aus Kornelimünster) handelt es sich im großen und ganzen um den Originalbefund, der allerdings 1970 im Zuge moderner Gestaltungsmaßnahmen um ca 4 m angehoben wurde; die Trittsteine sind ergänzt.
Im SO hatte die Säulenhalle eine Tiefe von annähernd 3 m; sie war einem ca 7,50 m tiefen Raumtrakt vorgelagert, über dessen Nutzung nichts gesagt werden kann. Hinter der NW Säulenstellung (Achsweite ca 3,50 m) lag dagegen neben einer Wandelhalle auch noch eine Reihe gleichförmiger Ladenlokale mit breiter Türöffnung (T insgesamt ca 9 m). Hier werden wohl Händler den Pilgern und Badegästen Devotionalien und andere Objekte, deren man im Aachener Kurbetrieb bedurfte, zum Kauf angeboten haben.
Auf dem Kultplatz standen mindestens zwei sog gallo-röm Umgangstempel; ihre Fundamente wurden bei den Ausgrabungen 1967/68 angeschnitten (Tempel A: 12 × 10,43 m, Cella: 3,53 × 4,73 m; Tempel B: ca 15 × 13 m). Sie waren nach O orientiert. Rechts und links des Eingangs befanden sich Pfeilervorlagen; sie lassen eine gegliederte Architektur vermuten. Die Türschwellen (Tempel A: L 1,48 m, B 0,73 m, H 0,18 m) bestanden aus Sandstein. Das sorgfältig gemauerte und verputzte Becken des davorliegenden Quellheiligtums (3,10 × 5 m) wurde von einem Tonnengewölbe überdacht. Offenbar konnte man von O über eine Treppe (B 1,1 m) in das Wasser hinabsteigen. Die Firsthöhe des »Quellhauses« mag ursprünglich ca 3 m betragen haben.
Die Aachener Architektur mit ihren korinthischen Blattkapitellen, den rundgeführten profilierten Archivolten, den Pflanzen- und Schilddekorationen sowie dem weit ausladenden Konsolengesims zählt zu den bedeutendsten röm

Abb. 271   Aachen, Hof. Bogenarchitektur. Teilrekonstruktion (Kopie; Original im RLM Bonn)

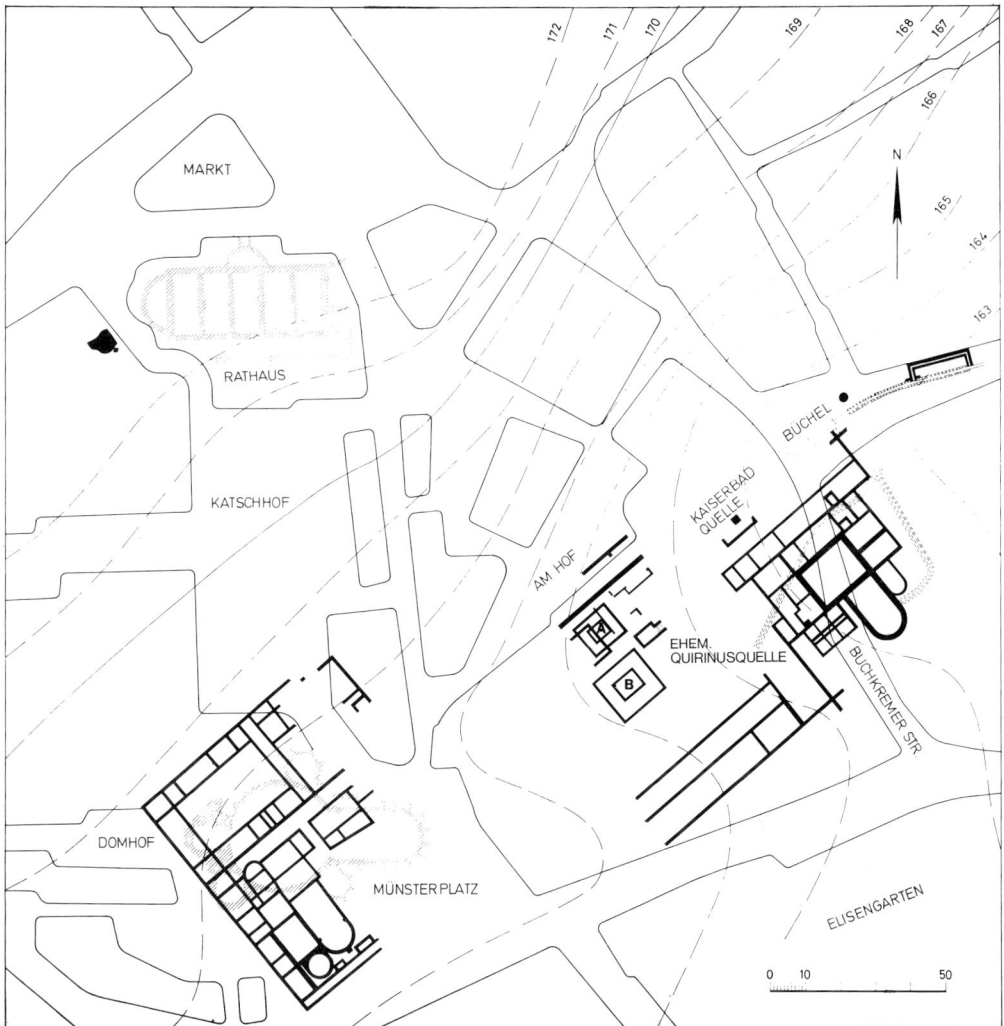

Abb. 272   Aachen. Kultbereich des Apollo Grannus zwischen Büchel- und Münsterthermen (Befundsituation). Schwarz: Römische Baureste. – Reste der karolingischen Palastaula und der Grundriß des Domes schraffiert

Baudenkmälern im Rheinland; sie ist zudem bislang das einzige Beispiel einer fortlaufenden Säulenstellung mit überdeckender Bogenarchitektur N der Alpen. Entsprechende Anlagen in Kleinasien und Nordafrika (zB *Smyrna*/Izmir, *Leptis Magna, Thamugadi/*Timgad), aber auch die charakteristische, ganz in der rheinischen Steinmetz- und Bautradition der röm Kaiserzeit verhaftete Kapitellform (»Kapitelle mit wiegenförmigem

Hüllblatt-Kelch«) lassen eine Datierung an das Ende des 2. oder den Anfang des 3. JhnChr zu. Damals muß der Aachener Kultbezirk, der offenbar schon seit der 1. Hälfte des 1. JhnChr bestand, großzügig ausgebaut worden sein.
Funde, die den Kultbezirk eindeutig einer Gottheit zuweisen würden, fehlen bislang. Das Fragment eines Baumstamms, um den sich eine Schlange windet – Rest einer Statuenstütze –,

könnte zu einer Apollo-Statue gehört haben und als Indiz dafür gelten, daß auch hier Apollo Grannus verehrt wurde. Aufgrund der Lage inmitten des röm Aachen und der aufwendigen architektonischen Gestaltung dürfte es sich dann bei der Anlage allerdings um das zentrale Heiligtum des Heilgottes am Ort handeln.   Ho

Lit: LHugot, RLM Bonn 2/71, 1971, 19 ff – ders, RheinAusgr 22, 1982, 127 ff – JKramer, ebda, 175 ff – MUntermann, ebda, 181 ff – ABFollmann-Schulz, ANRW II 18, 1, 1986, 689 ff

Römische Wasserleitung

Dom. Die Mensa des Hilfsaltars in der Chorhalle ruht auf einer ▶ Säule aus Kalksinter der röm → Eifelwasserleitung nach Köln. Das Säulenstück wurde im September 1956 bei der Ausschachtung für die Domkustodie, Domhof 6, gefunden. Es war dort schon in einem alten Fundament vermauert.

Möglicherweise befanden sich im Aachener Dom früher einmal weitere Säulen aus Kanalsinter, denn Albrecht Dürer hat anläßlich seines Besuches in Aachen »seulen von gossenstein« vermerkt. Der Gossenstein ist sicher mit dem auch später noch Kanalstein genannten Sinter gleichzusetzen.

Mies-van-der-Rohe-Str 1. Vor dem Gebäude der Abt. Bauingenieurwesen der Technischen Hochschule befindet sich ein bei → Kall-Sötenich ▶ ausgebautes Teilstück der röm → Eifelwasserleitung nach Köln.   Gre

Lit: Grewe 270 u 288

Pfalzkapelle und Schatzkammer
Abb 273, 274, Taf 24

Domschatzkammer Aachen, Domhof 4a. Öffnungszeiten: Mo–Sa 9–13 u 14–17 (vom 15. 4.–15. 10.: 14–18 Uhr), So 10.30–13 u 14–17 Uhr

Nach 786 ließ Karl d. Gr. in seiner Pfalz zu Aachen wohl nach dem Vorbild von S. Vitale in Ravenna eine Pfalzkapelle errichten, die 805 von Papst Leo III. geweiht wurde. *Aurea Roma iterum renovata renascitur orbi* (Das goldene Rom wird, abermals erneuert, der Welt wiedergeboren), hieß es damals. So entstand der achteckige

Abb. 273   Aachen. Molosserhund. Bronze. – H. 0,85 m. Um 200 n. Chr. (Dom, Vorhalle)

Zentralbau (Oktogon), der bis heute seinen ursprünglichen Charakter weitgehend erhalten hat und die Silhouette des Doms bestimmt, nicht nur aus Bauspolien der röm Städte an Rhein und Mosel (Aachen, Trier, Köln); für die Innenausstattung wurden auch kostbare ▶ Marmorkapitelle, Porphyr- und Granitsäulen des 1.–4. JhnChr aus Rom und Ravenna herbeigeschafft. Karl d. Gr. sah sich als legitimer Nachfahre der röm Kaiser und seine Residenz Aachen als neues Rom (*Roma secunda*). Deshalb wurde sein ▶ Thron mit antiken Marmorplatten verkleidet, deshalb erhielt das Atrium der Pfalzkapelle – wie das Atrium von St. Peter zu Rom – einen Brunnen, der mit einem bronzenen ▶ Pinienzapfen bekrönt war. Der Pinienzapfen (H 0,91 m; größte B 0,68 m; 129 durchbohrte Schuppen, aus denen das Wasser sprudelte) dürfte um 200 nChr in Rom entstanden sein; er war Karl d. Gr. von einem Abt namens Udalrich geschenkt worden. Heute steht er in der Vorhalle des karolingischen W-Werks. Dort befindet sich auch ein ▶ kauernder (Molosser-)Hund aus Bronze – ebenfalls ein Geschenk

Udalrichs an den Kaiser –, in dem man damals möglicherweise in Anlehnung an die *Lupa Capitolina* eine Wölfin sah (um 200 nChr). Bei dem ▶ sog Proserpina-Sarkophag, der heute in der Michaeliskapelle aufgestellt ist, handelt es sich um eine stadtröm Arbeit aus der Zeit um 180 nChr (L 2,2 m, B 0,64 m, H 0,58 m, Deckel fehlt). Karl d. Gr. selbst soll vor 814 für den Transport nach Aachen gesorgt haben; der Sarkophag gilt als seine Ruhestatt bis 1165. Im Mittelpunkt der Darstellung auf der Vorderseite steht der Raub der Proserpina durch Pluto, den Herrscher der Unterwelt, der durch den Riesen Enecladus und den Höllenhund Cerberus symbolisiert wird (rechts). Das Viergespann des Räubers wird von Merkur geführt; auch Minerva, Venus und geflügelte Amoretten unterstützen ihn. Die Nymphe Zyane (unter den Pferden) kennzeichnet den Ort des Geschehens. Links erscheint die fackeltragende Ceres auf einem Schlangenwagen; sie erfährt von erschreckten Mädchen – den Spielgefährtinnen der Proserpina – vom Raub ihrer Tochter. Dieser Mythos ist auf zahlreichen röm Sarkophagen dargestellt; er verhieß nach antikem Glauben dem Verstorbenen »Himmelfahrt« und Glückseligkeit. Möglicherweise waren diese Vorstellungen auch noch in karolingischer Zeit lebendig.

Der Aachener Dom birgt vornehmlich in seiner Schatzkammer eine Vielzahl von Kostbarkeiten, die vom Nachleben der Antike – wenn auch in anderem Zusammenhang und neuerer Verwendung – zeugen. So ist besonders auf das sog Lotharkreuz (um 1000) hinzuweisen, in dessen Mitte ein prachtvoller Kameo (H 0,08 m, B 0,07 m) mit dem qualitätvollen Bildnis des lorbeerbekränzten Kaisers Augustus prangt; in der Hand hält er das Adlerzepter (um 10 vChr). Eine Rippenschale des 1. JhnChr, zahlreiche Gemmen und Kameen der röm Kaiserzeit und spätantike Elfenbeine zieren die Goldene Kanzel Heinrichs II., die zwischen 1002 und 1014 entstanden ist. Auch das Büstenreliquiar Karls d. Gr. (nach 1349) oder das Karlsreliquiar (6. Jahrzehnt 14. Jh) sind mit geschnittenen Steinen aus der röm Antike verziert.   Ho

Lit: PClemen (KFaymonville), Die Kunstdenkmäler der Rheinprovinz Bd 10. Die Kunstdenkmäler der Stadt Aachen I: Das Münster zu

Abb. 274   Aachen. Augustus Kameo auf dem Lotharkreuz. – H. 8 cm. Ende 1. Jh. v. Chr. (Domschatzkammer)

Aachen, 1916 – PSchoenen, RheinKunst, 1958 – EGGrimme, Der Aachener Domschatz, Aachener Kunstblätter 42, 1973, passim besonders 7 ff (mit weiterführender Lit) – Chrobaczek 16 f

Stadthistorisches Museum
Burg Frankenberg
Abb 277

Bismarckstr. 68. Öffnungszeiten: Di–Fr 10–17, Sa, So 10–13 Uhr
Das Museum vereinigt die wenigen noch in Aachen erhaltenen Reste aus dem ehem Stadtmuseum Pontstr und dem Kreisheimatmuseum Kornelimünster. Der Einzugsbereich der hier aufbewahrten Funde reicht von Alsdorf über den Wurmübergang bei Rimburg bis Stolberg und Kornelimünster.
1986 eingerichtet, weist die röm Abteilung auf die Stellung Aachens und Burtscheids als röm Militärbad. Einzelne Beispiele röm Architektur und technischer Einrichtungen wie Wasserleitungen, eine rekonstruierte Hypokaustanlage und Architekturteile der Säulenarchitektur »Am Hof« in der Innenstadt leiten zu größeren Komplexen über, von denen noch einige Reste der Grabungs-

funde erhalten sind. Die meisten Stücke stammen aus dem gallo-röm Tempelbezirk *Varnenum* oberhalb von → Kornelimünster. Hier sind einige wichtige Objekte wie die drei Tabulae ausgestellt, die die Zuweisung des Tempelbezirks an die Gottheiten *Varneno* und *Sunuxal* erlauben, außerdem Fibeln und Bronzeteile.

Der zweite Raum ist der Keramik und röm Plastik vorbehalten, teilweise in Abgüssen: die Frauenstatue aus Burtscheid, der sog Apollostein, an dem die Namenszuweisung *Aquae Granni* festgemacht wird, sowie ein Votivstein aus Rimburg. Zu den interessanten Stücken gehören die Reste der Terra Sigillata aus der Töpferei in Aachen-Schönforst, deren Produktion trajanisch datiert ist. Hier wurde sowohl glatte wie auch modelgepreßte Ware produziert. Sie gehört damit in den Kreis mehrerer ostgallischer Manufakturen, ohne vergleichbaren Erfolg aufzuweisen.   Ko

Lit: WMKoch, Führer zur römischen Abteilung des Museums Frankenberg, mit einem Beitrag zur Keramik von PWagner, 1986 – Chrobaczek 20 f

Aachen-Brand   AC

Römischer Eisenverhüttungsplatz

Im Brander Wald, ca 600 m SSW der Buschmühle, hebt sich ein ausgedehnter ▶ Schlackenhügel deutlich aus dem Geländerelief ab. Wie archäologische Untersuchungen 1985 ergeben haben, handelt es sich um die Reste röm Eisenverhüttung am Ort; im Profil zeichnete sich ein mehr als 0,40 m starkes Schlackenpaket ab, teilweise durchsetzt mit Holzkohle. Durch Hitzeeinwirkung war der lehmige Boden stellenweise angeziegelt. Außerdem fanden sich Mauerzüge eines ehemals offenbar schiefergedeckten Steingebäudes. NO davon wurde Steinkohle gefördert (→ Stolberg-Münsterbusch). Keramikfunde datieren den Werkplatz, der durch militärische Schanzarbeiten besonders gefährdet ist, ins 2. JhnChr.   Ho

Lit: WSölter, FVFD 25, 1974, 50 ff

Aachen-Burtscheid   AC

Römisches Quellheiligtum
Abb 171, 188, 275

Eine kleine Ausstellung im Kurhotel »Schwertbad« (Markt 22) erinnert an ein Quellheiligtum des Apollo Grannus, das offenbar größtenteils im Bereich des Schwertbades lag; das zugehörige Quellhaus wurde 1969 auf dem Grundstück des benachbarten Goldmühlenbades (Markt 24) angeschnitten. Die ausgestellten Funde, die vornehmlich 1966 bei Untersuchungen im Keller des Schwertbades zutage kamen, datieren vom 1. bis 3. JhnChr.

Die wichtigsten Steindenkmäler – eine etwa 3/4 lebensgroße Frauenstatue (Nymphe?) und ein Weihestein für den Heilgott Apollo(-Grannus) – sind nur in Abgüssen zu sehen; die Originale befinden sich als Leihgaben des Kurhotels »Schwertbad« im RLM Bonn. Auf der Vorderseite des Apollosteins ist der Gott mit Leier und Plektron dargestellt, auf seinem Rücken Köcher und Bogen. Die Inschrift lautet:

L(ucius) Latinius L(uci) f(ilius) Publilia (tribu)/ Macer Ver(ona) p(rimus) p(ilus) leg(ionis) VIIII Hisp(anae) / praef(ectus) castr(orum) pro se et suis/Apollini/v(otum) s(olvit) l(ibens) m(erito).

»Lucius Latinius Macer, Sohn des Lucius, aus der Tribus (= Stimmbezirk) Publilia, geboren in Verona, ranghöchster Centurio (= Hauptmann) der 9. Legion mit dem Beinamen die spanische, Lagerkommandant, hat dem Apollo für sich und seine Angehörigen das Gelübde freudig und nach Gebühr eingelöst.« Die Nebenseiten des Weihesteins zeigen doppelhenkelige Gefäße (Amphoren), die wohl auf den Bade- und Kurbetrieb am Ort hinweisen. Datierung: 120–130 nChr.

Das Original eines kleinen Nymphenaltars aus dem 2./3. JhnChr ist in Anbetracht der örtlichen Situation von besonderem Interesse: *Nymphis/ Marcia/Vangionis/li(berta) Verec/unda v(otum) / s(olvit) l(ibens) m(erito).*

»Den Nymphen hat Marcia Verecunda, Freigelassene des Vangio, das Gelübde freudig und nach Gebühr eingelöst.«

Die datierbaren Kleinfunde – Keramik, Glas, Fibeln, Münzen – gehören weitgehend in die 2. Hälfte des 1. Jh und an den Anfang des 2. JhnChr

Abb. 275   Aachen-Burtscheid. Weihealtar für die Nymphen. Kalkstein. – H. 36 cm. 2./3. Jh. n. Chr. (Aachen-Burtscheid, Schwertbad)

(»Hofheim-Horizont«); die früheste Terra Sigillata ist allerdings schon tiberisch und stammt aus dem südgallischen La Graufesenque. Die Münzreihe beginnt mit Denaren des Augustus. Von den Metallfunden sind noch ein bronzener Drahtarmring mit Spiralverzierung und ein Bronzelöffel (*cochlear*) erwähnenswert.   Ho
Lit: WSölter, DHaupt, RheinAusgr 22, 1982, 205 ff

Aachen-Kornelimünster   AC

Römischer Tempelbezirk
Abb 276, 277

An der von Kornelimünster nach Breinig führenden »Alten Steinstraße«, auf der »Schildchen« genannten Hochfläche ca 300 m O der Bergkirche St. Stefan liegt ein Tempelbezirk, in dem seit Beginn des Jh mehrfach, jedoch ohne abschließendes Ergebnis gegraben wurde. ▶ Die Reste verschiedener Gebäude sind heute noch im Gelände erkennbar.
Das mehr(zwei-?)periodige Höhenheiligtum bestand aus mindestens zwei nebeneinander stehenden, nach S orientierten gallo-röm Umgangstempeln mit vorgelagerten Freitreppen (Tempel G: 14,60 × 13,55 m; Cella: 8,10 × 6,80 m; Freitreppe: B 7,14, T 2,57 m – Tempel F: 19 × 17,20 m; Cella: 9,20 × 8,70 m; Freitreppe: B 7,30 m, T 2,90 m). Unter dem Tempel F konnten die Fundamente eines kleineren Vorgängerbaus (= Periode I) festgestellt werden (14,60 × 13,30 m; Cella: 8,87 × 6,94 m; Freitreppe: B 7,30 m, T 4,10 m). Der weiträumige Kultplatz (vermutete L ca 100 m; vermutete B mindestens 55 m) war nach den bisherigen Grabungsergebnissen zumindest im W, S und N von Wohn- und Nebengebäuden verschiedener Größe und unterschiedlicher Nutzung umstanden (Bau A: 12,35 × 6,55 m; Bau B: 19 × 9,10 m; Bau D: 8 × 6,22 m; Bau C^I und C^{II}: 20,30 × maximal 9,10 m; Bau P: ca 25 × 6,85 m; Bau K: maximal 26,40 × 16 m; Bau M^I und M^{II}: mindestens 18,35 × 6,60 m). Im S wurde auch ein Teil der Umfassungsmauer mit einem 3,08 m breiten Eingang gefaßt; im O schloß sie an den als Säulen(Wandel-)halle interpretierten Bau P an. Zumindest etliche Gebäudereste im S-Bereich des Tempelbezirks gehören einer früheren Bauperiode an (Fundamente unter Bau B; Querbau unter Bau D: 10,24 × 6,05 m; Rechteckbau unter Bau C^I: 3,70 × 3,80 m; Bau E: maximal 13,80 × 5,90 m; Bau R^I: maximal 11,78 × 6,40 m; Bau R^{II}: mindestens 9,0 × 6,04 m). Eventuell Periode I?.
Nach einer allgemeinen Bewertung der Kleinfunde (Keramik, Fibeln, Münzen) kann die Anlage vom Ende des 1. Jh bis zur Mitte des 3. JhnChr datiert werden; vermutlich kam es nach

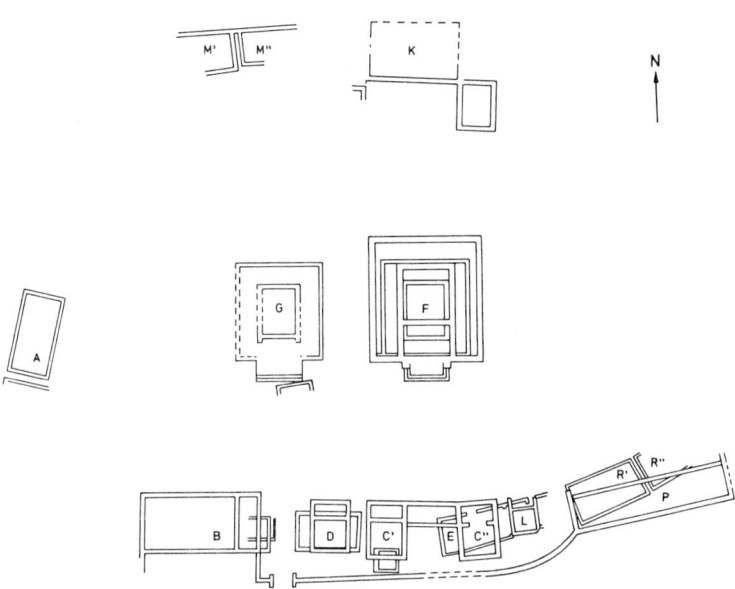

Abb. 276   Aachen-Kornelimünster (Varnenum). Tempelbezirk der Sunuxal und des Varneno. Gesamtplan.

Abb. 277   Aachen-Kornelimünster. Weihetäfelchen für Varneno. Bronze. – L. 14 cm. 2./3. Jh. n. Chr. (Aachen, Museum Burg Frankenberg)

einem Brand schon früh (Anfang 2. JhnChr) zu baulichen Erneuerungen und Veränderungen (= Periode II?). Möglicherweise besitzen wir den Rest einer Bauinschrift aus dem Heiligtum, die 1972 bei Ausgrabungen in der Bergkirche St. Ste-

fan zutage kam: . . . *P]erpe[tuus / sua] inpensa [fecit]* ». . . Perpetuus hat (dieses Gebäude) aus eigenem Vermögen gestiftet.« (→ RLM Bonn) Besonders wichtig sind drei im Tempelbezirk selbst gefundene Bronzeschildchen, die ehem an

Weihegaben – ua eines Priesters im Kaiserkult (*sevir Augustalis*) namens *M. Fucissius Secundus* aus Köln – befestigt waren und die einheimischen Gottheiten *Varnenus/Varneno* und *Sunuxal* nennen (→ Museum Burg Frankenburg); diese Götter werden dort hauptsächlich verehrt worden sein. Der Ort hieß in der Antike wohl auch *Varnenum* und lag im Stammesgebiet der *Sunuci*.

Ho

Lit: EGose, BJB 155/156, 1955/56, 169 ff – ABFollmann-Schulz, ANRW II 18,1, 1986, 693 ff

Abenden → Nideggen
Adendorf → Wachtberg

Ahlen WAF

Heimatmuseum

Wilhelmstr 12. Öffnungszeiten: Mi 14.30–17, Sa u So 11–13 Uhr
In Ahlen-Guissen konnte 1981 durch Oberflächenfunde eine germ Siedlung lokalisiert werden, die offenbar auch von röm Händlern erreicht worden war. Unter dem Scherbenmaterial befand sich nämlich auch röm Fein- und Grobkeramik des 1.–3. JhnChr. Sie wird hier aufbewahrt.

Ho

Lit: JDBoosen, Ausgrabungen und Funde in Westfalen und Lippe 1, 1983, 310 Nr 361 c – Stupperich 13

Ahrem → Erftstadt
Ahrmühle → Blankenheim

Alfter SU

Römische Übungslager
Abb 278

Im Kottenforst zwischen Alfter und Swisttal-Heimerzheim, etwa 350 m NO der »Breite Allee« in der Flur »Der Bungert«, liegt eine rechteckige, teils gestörte ▶ Wallanlage von 136 × 105 m. Die Wallbreite beträgt 7,5 m, die Wallhöhe noch 0,6 m. Von einem das Geviert umgebenden Graben ist nichts zu sehen.

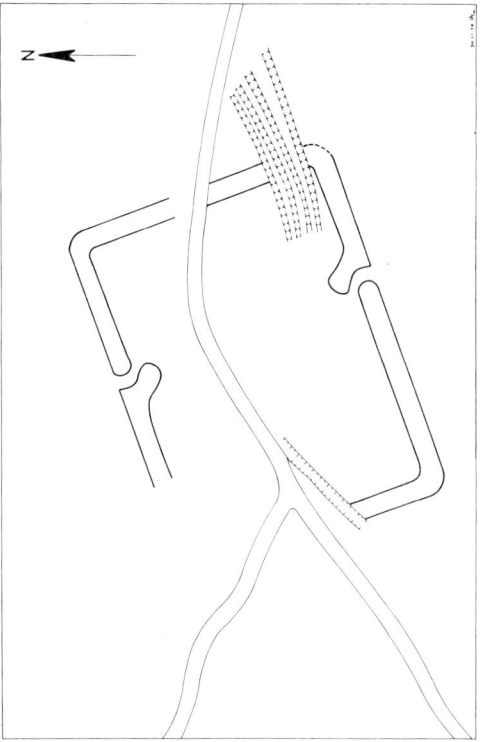

Abb. 278   Alfter. Übungslager. Plan

Offensichtlich handelt es sich um die Reste einer röm Wehranlage, möglicherweise eines sog Übungslagers. Die Größe (ca 1,4 ha), die abgerundeten Ecken und die offenen Tordurchlässe mit den nach innen eingezogenen Wallenden (*claviculae*) sprechen dafür. Von den ursprünglich wohl vier Eingängen sind noch die beiden an den Längsseiten (im N und S) erhalten.
Nicht weit davon entfernt – teilweise in der Flur »Die Domhecken« und heute von der »Breite Allee« annähernd diagonal durchschnitten – befand sich offenbar eine 2. Anlage dieser Art; von ihr sind allerdings nur noch der ▶ N-Wall (L 160 m, B 8 m, H noch 0,7 m) mit dem clavicula-geschützten Tordurchlaß und Teilen der N und W Umwehrungen erhalten. Auch hier gibt es im Geländerelief keine Spuren eines vorgelagerten Grabens.
Bei den archäologischen Untersuchungen solcher

Wehranlagen, die vom röm Militär – hier vielleicht von der Legion in *Bonna*-Bonn – zu
Übungszwecken angelegt wurden, ist das Fundaufkommen äußerst gering und damit ihre Datierung besonders schwierig. Auch in Alfter wurde
bislang noch nicht gegraben, so daß die Vermutung, die dortigen Lagerreste gehörten in die 2.
Hälfte des 1. JhnChr Hypothese bleiben muß.

Ho

Lit: DSoechting, RheinAusgr 10, 1971, bes. 92 f

Römische Wasserleitung

Im Kottenforst bildet der Ausbruchgraben der
röm → Eifelwasserleitung nach Köln die Gemeindegrenze zwischen Swisttal und Alfter. Vornehmlich auf dem Gemeindegebiet von Alfter,
N der Flur »Kuhweide«, sind verschiedene
▶ Aufschlüsse des intakten Kanals (lW 0,75 m;
lH 1,05 m) erhalten. O der Flur »Der oberste
Herrenort« ist er als Folge des ma Steinraubs auf
weite Strecken ausgebrochen; hier kennzeichnet
der ▶ Ausbruchgraben den Trassenverlauf.

Gre

Lit: Grewe 148 ff

Alpen WES

Römisches Übungs- und Marschlager
Abb 279, 280

Beiderseits der Römerstraße vom Legionslager
Vetera-Xanten nach *Asciburgium*-Moers-As-
berg, deren Verlauf im dortigen Gelände etwa der
heutigen B 57 entspricht, fanden sich im Luftbild
Fetzen von über 60 Grabenzügen, die ein militärisches Übungsgelände (*campus*) von ca 10 km²
ergeben. Es liegt eine gute halbe Marschstunde
vom Legionslager *Vetera* entfernt. Während auf
anderen uns bekannten Schanzübungsplätzen
eher Großanlagen, also vollständige Lagerschan-
zungen geübt wurden, beschränkten sich die
Exerziermeister (*campi doctores*) der Garnison
von *Vetera* zumeist auf das Üben des technisch
schwierigeren Lagereckenbaus.
Das südlichste der Lager in der Nähe von Alpen
ist voll ausgeführt. Zwar hatten nur die W- und
N-Seite Graben (und Wall?) mit je einem, von einem gestreckten Graben (*titulum*, L 3 m) geschützten Eingang. Doch wird im S und O das

*Abb. 279 Alpen. Übungslager.
Luftaufnahme (Freigabe RP Düsseldorf 43 K 1 099)*

Abb. 280 Alpen/Veen/Menzelen. ▷
*Übungsgelände der römischen
Legionen von Vetera-Xanten mit
Schanzspuren. Befund nach Luft-
bildauswertung*

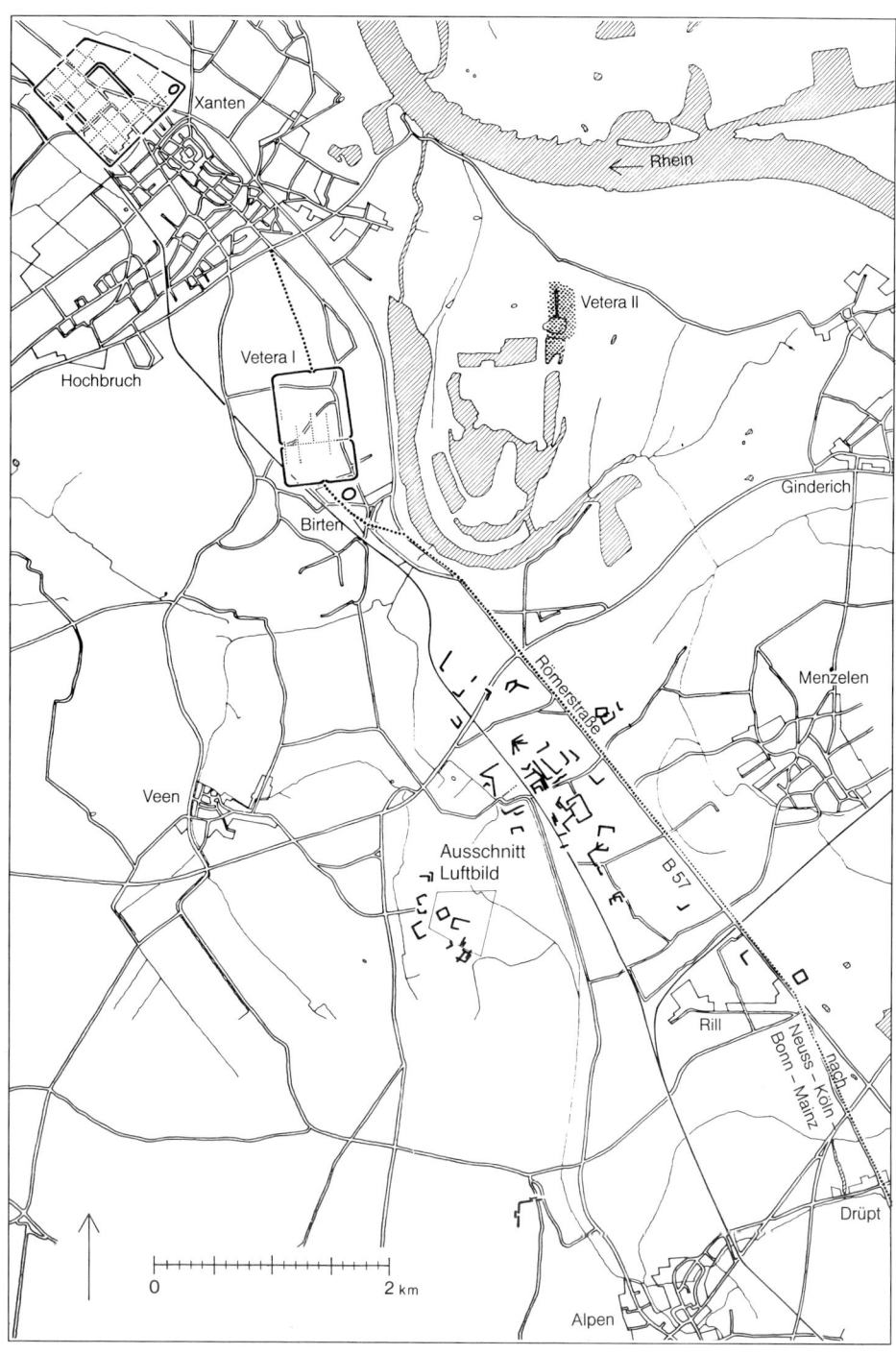

Lagerareal durch einen Steilhang begrenzt, der in sich schon eine Befestigung darstellt. Außerdem liegt es als einziges in Sichtverbindung zum Lager *Vetera I* auf dem Xantener Fürstenberg. Wir haben hier gewiß ein Marschlager einer Truppenverstärkung für die Xantener Garnison vor uns. Die Zeitstellung ist unbekannt, da keinerlei datierende Funde gemacht wurden.   Rü
Lit: CBRüger, NL 1974, 112 ff Nr 29 und Nr 30

Alteburg → Köln
Anreppen → Delbrück
Arloff → Bad Münstereifel
Asberg → Moers
Asperden → Goch
Atsch → Stolberg
Bad Godesberg → Bonn

Bad Münstereifel   EU

Kalksinter
Abb 281, 282

Kalksinter aus der röm → Eifelwasserleitung nach Köln als Werkstoff zum Bauen ist vornehmlich im 12. Jh gebrochen worden. Deshalb wurde dieses Material in so vielen romanischen Kirchen des Rheinlands und auch darüber hinaus verwendet. Die ohne Zweifel schönsten und meisten Werkstücke aus Kalksinter finden sich in der Stiftskirche von Bad Münstereifel. Außer den ▶ zwei Sintersäulen links und rechts vom Hauptportal stehen im Hochchor insgesamt ▶ 16 wunderschöne Exemplare (die längste Säule: 3 m, Dm 0,27 m). Die Bearbeitung des Steinmetzen ließ die verschiedenen Brauntöne sowie die flammende Marmorierung des Sinters sichtbar werden.
Ein Prachtexemplar aus Kanalsinter ist auch die Altarplatte (Mensa), die nach kath Kirchenrecht möglichst aus einem einzigen, unbeschädigten Naturstein bestehen soll. Die Platte (1,70 × 1,18 m) kann nur in einem Abschnitt der Eifelwasserleitung gebrochen worden sein, in dem der Sinter derart mächtig anstand, dh im Bereich von → Euskirchen-Kreuzweingarten. Die ehem Wandseite des Sinters wurde poliert und dient jetzt als Oberfläche des Altars, dadurch ist der Abdruck des röm Mauerwerks mit Quader (13,5 × 8 cm –

Abb. 281   Bad Münstereifel. Romanische Stiftskirche. Kalksintersäule (Teilansicht). – Dm. 0,27 m

18 × 8 cm) sichtbar geblieben. In den zwei Löchern an der Vorderseite der Mensa könnten bei einer vorromanischen Verwendung der Platte Aufhänger angebracht gewesen sein; dabei wäre die jetzige Unterseite der Platte sichtbar gewesen. Von den früheren Stufen zum Hochchor aus Kalksinter ist nach der Renovierung nur noch die unmittelbar ▶ vor dem Hauptaltar befindliche erhalten geblieben. Sie besteht aus vier Kanalsinterplatten (die längste: 2,31 × 0,48 × 0,17 m). Außen kann man an der N-Seite der Kirche noch ▶ zwei Sinterplatten (L 2,15 m) sehen, die als Stürze über den inzwischen zugemauerten Türen zum ehem Kreuzgang Verwendung fanden.
Zum Inventar der Stiftskirche gehört auch noch ▶ ein Gemälde auf poliertem Kanalsinter aus dem

Abb. 282 Bad Münstereifel. Romanische Stiftskirche. Kalksinterplatte als Träger eines Gemäldes des 15. Jh. – H. ca. 1,30 m

15. Jh, Maria und Elisabeth darstellend, das wohl ursprünglich hinter dem Sarkophag der Märtyrer Chrysanthus und Daria gestanden hat. Darauf deutet das von der Bemalung ausgesparte Dreieck im unteren Teil der Platte hin.   Jü
Neben der Stiftskirche ist auch im → Romanischen Haus der Werkstoff Kalksinter aus der röm Eifelwasserleitung an verschiedenen Stellen zu ▶ Säulen, Kapitellen, Fensterbänken usw verarbeitet.   Gre
Lit: Grewe 278 ff

Toni-Hürten-Heimatmuseum
Abb 283

Romanisches Haus. Langenhecke. Öffnungszeiten: April bis Oktober Di–So 14–17; November bis März Sa 14–16, So 10.30–12.30 u 14–16 Uhr
Das städtische Heimatmuseum Bad Münstereifel entstand 1912 durch den Verein für Denkmalpflege und war zunächst in einem Haus beim Orchheimer Tor untergebracht, ab 1936 in Räumen des alten, 1350 erbauten Rathauses. Seit 1975 fanden die Museumsbestände ihren endgültigen Platz im Romanischen Haus, das zu den ältesten profanen Steinhäusern (1167) des Rheinlandes zählt. 1977 wurde das Museum in Anerkennung der Verdienste seines hochbetagten Leiters und langjährigen ehrenamtlichen Mitarbeiters des RLM Bonn in »Toni-Hürten-Heimatmuseum« umbenannt.
Das Dachgeschoß enthält ua auch die röm Sammlung. Hier werden Gebrauchskeramik, Funde aus dem Tempelbezirk von Pesch/Nöthen, Mosaik- und Wandreliefteile sowie Grabfunde aus Arloff und Iversheim präsentiert.
Die Keramik ist mit fast allen geläufigen Formen, vorwiegend des 2./3. Jh vertreten. Zu erwähnen sind zT qualitätvolle Sigillaten. Bemerkenswert sind auch Grabfunde aus Arloff, die neben geläu-

Abb. 283 Euskirchen-Kreuzweingarten. Rest einer Wandverkleidungsplatte mit Krater-Darstellung. Marmor. – H. noch 20 cm. Erste Hälfte 3. Jh. n. Chr. (Bad Münstereifel, Toni-Hürten-Heimatmuseum)

figen Keramiken (Einhenkelkrug, Reibschüssel mit Steilrand, Firnißbecher, rauhwandiger Topf) völlig entfärbte Gläser in außergewöhnlich gutem Zustand enthielten. Unter den Metallfunden verdienen eine Bronzenadel mit reich profiliertem Kopf sowie verschiedene Fibeln Beachtung; unter ihnen eine schöne Zwiebelknopffibel des späten 4. Jh.

Von den Funden aus dem röm Gutshof von → Euskirchen-Kreuzweingarten ist vor allem das 1970 gefundene, aus sieben Fragmenten ergänzte Teilstück einer Platte aus hellem Marmor bemerkenswert. Sie diente nach Ausweis von Mörtelspuren auf der Rückseite ehem als Wandverkleidung und zeigt im Flachrelief (zwar unvollständig, jedoch gut erkennbar) die obere Partie einer Amphora mit volutenförmigen Henkeln und aus der Mündung wachsenden Ranken. Ebenfalls aus der Villa von Kreuzweingarten stammt die rekonstruierte Partie eines aufwendigen Fußbodens aus kleinen verschiedenfarbigen, rautenförmigen Steinplättchen.

Ergänzend zu bildlichen Darstellungen und fragmentarischen Steinfunden aus dem Tempelbezirk von Nöthen (Pesch) enthält die Ausstellung den Abguß eines Altars der *Matronae Vacallinehae* (Original RLM Bonn).   Jü

Lit: Chrobaczek 28 – W Soechting, BJb 172, 1972, 517 ff

Bad Münstereifel-Arloff   EU

Römische Ackerterrassen und Verhüttungsspuren

Am S- und O-Hang des Zwergberges, ca 800 m SO von Kirspenich, befinden sich zahlreiche ▶ fossile Ackerterrassen (H bis 1,50 m), die annähernd parallel zueinander verlaufen und vermutlich mit einem im Luftbild und durch verschiedene Funde bekannten röm Gutshof (*villa rustica*) SW davon in Verbindung gebracht werden müssen; wie im Raum Nettersheim–Marmagen zeichnen sie sich auch hier im Gelände deutlich ab. Möglicherweise haben sich am Zwergberg aber nicht nur Spuren röm Ackerbaus (2./3. JhnChr), sondern mit ▶ Gruben und Pingen, Abraumhalden, Schlacken und Luppen auch etliche

Hinweise auf lokalen Erzbergbau und -gewinnung in röm Zeit erhalten.   Ho

Lit: W Janssen, Beih BJb Bd 35, 1975, I 262 ff; II 489 ff

Bad Münstereifel-Houverath EU

Römische Wallanlage
Abb 284, 285

In der Gemarkung Houverath liegt hart an der Landesgrenze der 500 m hohe Hochthürmenberg. Schon seit dem 19. Jh wird hier von röm Resten berichtet. Begehungen haben erbracht, daß die oben befindliche offensichtlich doppelte, trockenmauerartige, rechteckige Steinsetzung eine begehbare Innenfläche von 30 × 28 m bildet. ▶ Die Steinsetzung stellt offensichtlich den Sockel einer Einfriedung dar. Im Innern fanden sich kleine Nägel, unzweifelhaft Schuhsohlennägel röm Stiefel (*caligae*), zudem zeitlich nicht näher bestimmbare Wandscherben unzweifelhaft röm Keramik in den ma Scherben. Dazu fanden sich offensichtlich röm Eisengeräte wie Geschoßspitzen, Kettenglieder, Fragmente von Zwingen landwirtschaftlicher Geräte und Spitztüllen eisenbeschlagener Stabschuhe (Lanzenschuhe?). Auf den großen Steinschüttungen kamen bis 10 cm lange Nägel, die wohl im Feuer sekundär gehärtet waren, zutage. Dies läßt den Schluß zu, daß wir in Mauersetzung und Steinschüttung einen Steinsockel mit darüber aufgebautem Palisadenwerk aus Holz vermuten können, das durch Brandeinwirkung zerstört wurde.

Die gefundene Keramik war nicht charakteristisch für das 4. JhnChr und auch die mittelkai-

Abb. 284   Bad Münstereifel-Houverath. Plan ▷
der Höhenbefestigung auf dem Hochthürmenberg

Abb. 285   Bad Münstereifel-Houverath. Hö- ▷
henbefestigung auf dem Hochthürmenberg. Steinsetzung der südlichen Umwehrung

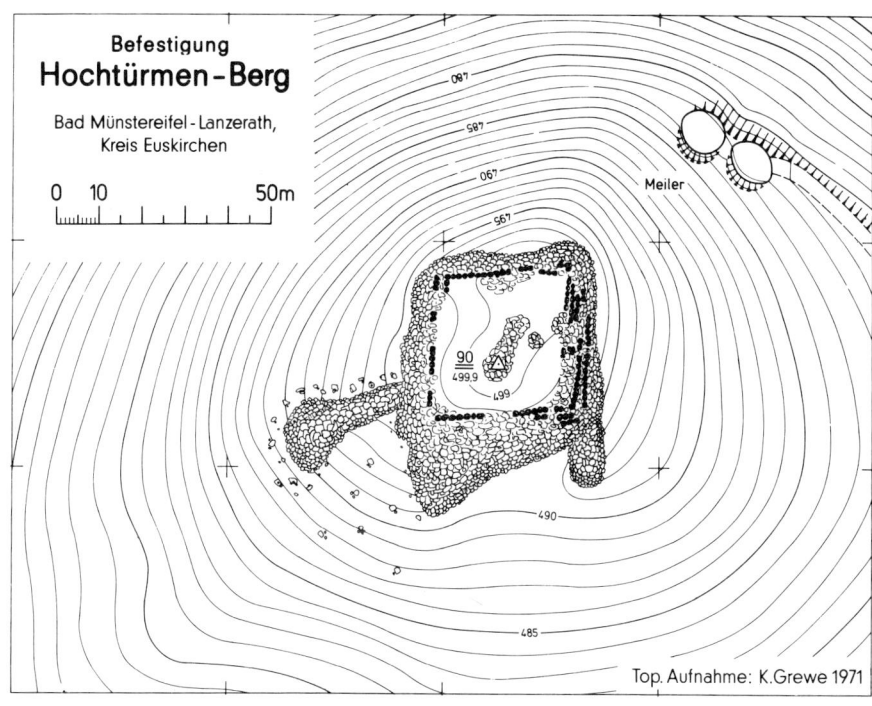

Befestigung
Hochtürmen-Berg

Bad Münstereifel-Lanzerath,
Kreis Euskirchen

0   10   50m

Meiler

Top. Aufnahme: K.Grewe 1971

serzeitlichen Münzen sprechen gegen diese Datierung. Die Wallanlage des Hochthürmenberges ist wohl eher als eine Warte der mittleren röm Kaiserzeit (2.–3. JhnChr) anzusprechen. Der Zweck dieser Warten, die im 19. Jh in der Eifel vielfach beobachtet wurden, ist bislang ungeklärt. Gerade das Beispiel der mittelkaiserzeitlichen Anlage des Hochthürmenberges verdient die Aufmerksamkeit des Archäologen, da sie mit ähnlichen spätantiken Anlagen weder in der Datierung noch in der Zweckbestimmung etwas zu tun haben wird.

Es scheint, daß die Anlage ein Teil größerer, am S-Hang befindlicher weiterer Installationen ist. In der Nähe, am SW-Hang, befinden sich auch (röm?) fossile Feldanlagen im Waldbestand. Der Bergbau von Maulbach-Lanzerath ist erst frühneuzeitlich.   Rü

Lit: H-EJoachim, FVFD 26, 1974, 205 ff

Bad Münstereifel-Iversheim   EU

Römische Kalkbrennerei
Abb 92 (20), 94, 286–289

Durch einen weiten Talkessel N von Bad Münstereifel windet sich von S nach N die Erft, ein Nebenfluß des Rheins. Dort, wo sie in weitem

Bogen nach O bis dicht an die B 51 ausschwingt, kragt eine schroffe, zerklüftete Felsnase aus dem Hang: Kalk! Hier verläuft die Sötenicher Kalkmulde, die gleichzeitig mit anderen Kalkmulden der Eifel im Mitteldevon vor etwa 400 Mio. Jahren entstand und im Muldenkern bei Iversheim Kalziummagnesiumkarbonat bildete, also Dolomit.

Bei der Anlage einer neuen Wasserleitung wurde eine Batterie von ▶ mehreren Kalköfen angeschnitten, deren Bauzeit durch die Scherbenfunde im Profil als röm erwiesen war. Zwar sind schon früher vereinzelte röm Kalköfen angeschnitten und auch freigelegt worden, doch eine vollständige röm Kalkbrennerei wurde bislang in Europa nicht ausgegraben. Dazu bot sich bei Iversheim die große Chance.

Zum Vorschein kam ein Gebäude (L über 30 m) als Werkhalle mit insgesamt sechs Öfen und von einer Quermauer unterteilt, aus Dolomitbrocken und weichem Kalkmörtel gemauert. Die Kalköfen dagegen waren feuerfest aus unterdevonischer Grauwacke mit tertiärem Ton gesetzt. Im Grundriß haben die Öfen (L ca 3 m) die Form einer Birne. Das vordere, sich verjüngende Ende enthält die Schnauze (Ofenöffnung für Befeuerung und Belüftung). Alle Ofenschnauzen wurden durch die vordere lange Werkhallenwand zu einer breiten Ofenbrust verklammert und waren

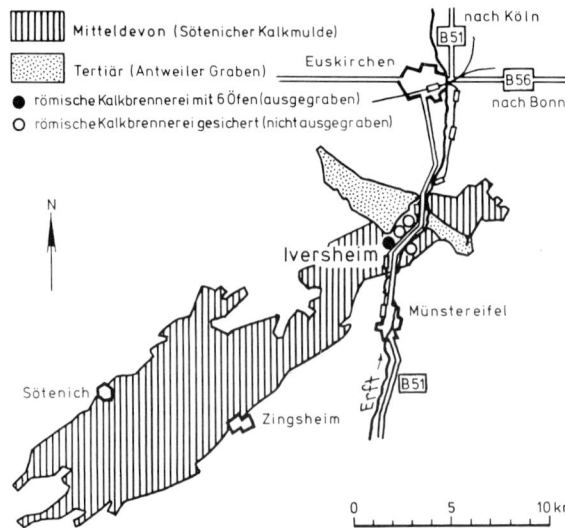

Abb. 286   Bad Münstereifel-Iversheim. Lage der Kalköfen am NO-Rand der Sötenicher Kalkmulde (Übersicht).

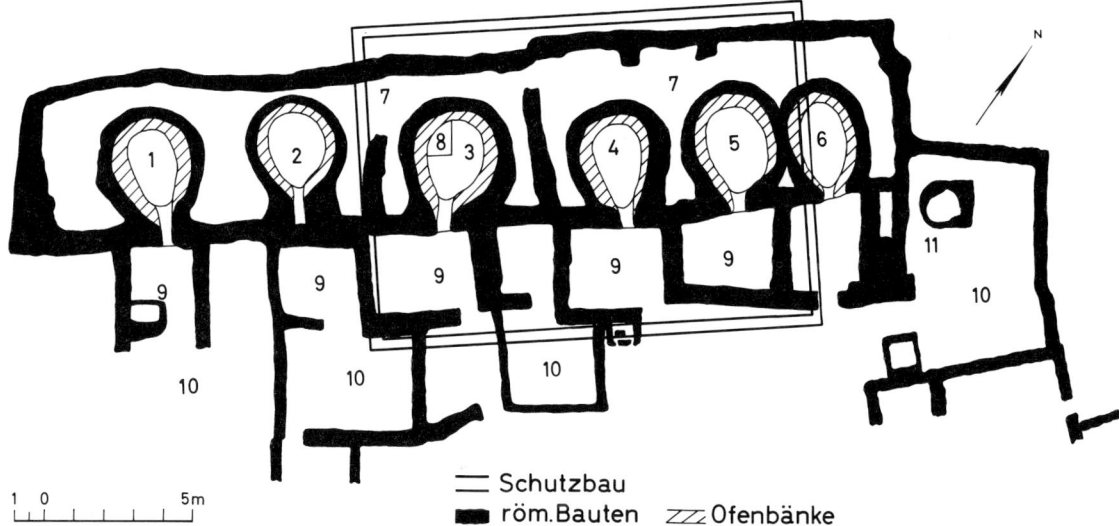

Abb. 287   Bad Münstereifel-Iversheim. Kalkfabrik. Gesamtplan mit Kennzeichnung des konservierten Befundes (Schutzbau). 1–6 Kalköfen, 7 Werkhalle, 8 Kalkfüllung, 9 Küchen, 10 älteres Arbeitslager, 11 Backofen

oben mit einem Sturz aus Sandstein abgedeckt. Von den Schnauzen führten in steiler Neigung Rutschen auf die muldige Ofensohle. In halber Ofenhöhe teilte eine umlaufende Bank (B ca 0,30 m) die Öfen in zwei Ofenkammern, in die obere größere Kalkkammer und die untere kleinere Feuerkammer.

Einer der sechs Öfen war noch mit gebranntem Kalk gefüllt, durch die Bodenfeuchtigkeit abgelöscht und wieder erhärtet. Diese Kalkfüllung wurde mit Preßlufthämmern längs und auch quer geschnitten. So entstanden zwei Kalkprofile, aus denen die Beschickungs- und Brennmethode ablesbar wurde. Etwa 15 m³ Kalk waren im Ofen geblieben, der auch die Rekonstruktion der Ofenhöhe mit ursprünglich 4 m erlaubte. Beide Ofenkammern waren je 2 m hoch, die Ofenschnauze lag genau in halber Ofenhöhe. Verheizt wurde ausschließlich Pappel- und Weidenholz, Holzarten also, die in der Erftniederung wuchsen, gleich unterhalb der Brennerei. Oberhalb der Brennerei im Hang lagen die antiken Steinbrüche. Dort wurde der Dolomit aus dem Fels geknackt, hang-

abwärts an die Werkhalle geschafft, zerkleinert und in die Öfen geschüttet. Die Werkhalle war ringsum offen und nur von einem breiten Pultdach abgedeckt, damit Luft über die Öfen strömen und Dampf und Kohlendioxyd entweichen konnten. In der Werkhalle wurden die Öfen beschickt, 2 m tiefer, in den Küchen, fuhren die Heizer Tag und Nacht das Brennholz durch die Schnauzen, bis der Kalk endgültig gar war. Hatte er sich abgekühlt, wurden die Öfen entleert, der gebrannte Kalk abtransportiert, und die Öfen waren erneut betriebsfertig.

Betrieb und Arbeitsablauf in der Brennerei unterlagen der gleichen straffen Organisation wie das röm Heer. Waren es doch Soldaten, die hier schlugen, brachen und brannten. So belegen es die innerhalb des Betriebs gefundenen Weihesteine. Diese Soldaten gehörten bis auf eine Ausnahme der *legio XXX Ulpia victrix* aus Vetera an. Ein Weihestein erwähnt aber auch die *legio III Cyrenaica*, eine orientalische Legion, die in der Provinz Arabia stationiert war: Fremdarbeiter also im röm Rheinland, die um 270 nChr nach

Abb. 288   Bad Münstereifel-Iversheim. Kalkfabrik. Ausgrabungen des Rheinischen Landes-museums Bonn im Jahr 1968

Iversheim zum Kalkbrennen abkommandiert worden sind. Bei dem fast gleichzeitigen Frankeneinfall wurde wahrscheinlich der gesamte Betrieb, der damals nur mit vier Öfen brannte, verwüstet, ebenfalls das Arbeitslager unmittelbar vor der Werkhalle, in dem das 50 Mann starke Arbeitskommando untergebracht war.

Die röm Legionäre bauten die Brennerei sofort wieder auf, denn für den Bau von Verteidigungsanlagen wurde zusätzlicher Kalk benötigt. Die Werkhalle wurde an gleicher Stelle in ihrer ursprünglichen Größe schnell wieder errichtet und über den zerstörten, eingefallenen Öfen wurden neue gebaut. Doch das alte Arbeitslager wurde aufgegeben, statt dessen ein neues auf der anderen Seite der jetzigen B 51 angelegt. Nur die direkt an die Werkhalle angesetzten Mauern des Lagers wurden wieder verwendet: Die wieder aufgemauerten Mauerzungen ergaben die neuen Küchen. Auch die Weihesteine wurden als Sturzsteine in den Schnauzen der neuen Öfen vermau-

ert. Jetzt aber sollten zur Produktionserweiterung sechs Öfen statt bisher vier brennen. Zusätzliches Personal stand mit den Fremdarbeitern aus Afrika zur Verfügung. Dadurch wäre die Produktion um 90% gesteigert worden, obwohl sich die Anzahl der Öfen um nur 50% erhöhte, indem durch einen geschickten Beschickungsrhythmus die Öfen schneller entleert und wieder beschickt wurden. Das klug durchdachte System aber wurde vermutlich wegen des Zeitdrucks durch eine Widrigkeit durchkreuzt: Beim Ausschachten der Baugrube für den sechsten Ofen gerieten die röm Kalkexperten so dicht an den Nachbarofen, daß dessen Wand einstürzte. Für aufwendige Reparaturen und Neubau fehlte die Zeit, in der neuen Brennerei wurde mit nur fünf Öfen gebrannt, die Produktion damit nur um 60% erhöht.

Der ausgegrabene Brennbetrieb bei Iversheim (▶ 4 Öfen) zeigt nur einen Ausschnitt der gesamten Kalkproduktionsstätte aus röm Zeit an dieser

*Abb. 289 Bad Münstereifel-Iversheim. Weihe-
altar eines Kalkbrennmeisters für die Göttin
Minerva. Sandstein. – H. 0,66 m. Um 220/230
n. Chr. (RLM Bonn)*

Stelle. In näherer Umgebung konnten bei Bauarbeiten drei weitere Brennbetriebe beobachtet
werden und noch mehr mögen im Boden verborgen sein, denn der Hang mit diesem Dolomitvor-
kommen ist sehr lang. Demnach hat bei Iversheim für die niedergerm Provinz ein Kalkzentrum bestanden, das nach Ausweis von Mörtel-
analysen auch die Großbaustelle der Stadt *Colonia Ulpia Traiana (CUT)* – Xanten belieferte. Die
ältesten Funde reichen bis in das 1. JhnChr zurück. Im 4. Jh war zumindest die ausgegrabene
Brennerei außer Betrieb.
Der Ausgrabungsbefund erlaubte mehrere historische Rekonstruktionen, aber keine konkreten
Aussagen zum Brennablauf und zur Produk-

tionskapazität. Dazu war ein Brennversuch erforderlich, der in einem der freigelegten Öfen
nach erfolgter Reparatur anhand des Grabungsbefundes durchgeführt worden ist. Mit größter
Sorgfalt wurde der Dolomit-Himmel über einem
Leergerüst auf der umlaufenden Bank oberhalb
der Feuerkammer als freitragendes Gewölbe
ohne Bindemittel gesetzt. Dieser Himmel durfte
auf keinen Fall brechen und mußte die Last von
500 Ztr Dolomitschüttung, dessen Korngröße
aus den Kalkprofilen bekannt war, unbedingt bis
zum endgültigen Abschluß des Brennprozesses
halten. Mit kostspieligen Thermoelementen und
Abgasanalysen-Anlagen, die selbständig fortlaufend die Ergebnisse registrierten, wurde der
Brennprozeß Tag und Nacht überwacht, korri-
giert und erneut gesteuert. Die Brenntemperatur
von 1050° Celsius mußte mit geringen Toleran-
zen stimmen.
Bald schon glühte kirschrot der Himmel, doch er
brach nicht. Vom Himmel aus wuchs die Glut
langsam durch die Beschickung bis an die Gicht.
Die obere Steinschicht war weiß beschlagen, so
als hätte sich leichter Reif auf den schweren Dolomit gelegt. Es war Kalziummagnesiumoxyd. Die
Steine veränderten ihre Farbe, wurden erst bläu-
lich, dann etwas violett. In der letzten Nacht hatte
die aufwachsende Glut den Ofenrand erreicht.
Prächtig strahlte nun das verwandelte und heiße
Gestein, das fast um die Hälfte leichter geworden
war. Darüber flimmerte der Hitzespiegel. Die
Temperatur des ständig entweichenden Kohlen-
dioxyds betrug 600° Celsius. Der Ofen fuhr mit
Sauerstoffüberschuß und das gefährliche Kohlen-
monoxydgas entstand nicht. Die Windgeschwin-
digkeit an der Schnauze betrug bis zu 3 m/sec.
Sobald die Analysen keine weitere Entsäuerung
zeigten, war der Kalk gar. Dem Grabungsbefund
entsprechend wurde jetzt die Ofenschnauze mit
Grauwacken und Lehm gestopft, die Gicht nur
mit Lehm abgedeckt. So konnte der Kalk noch in
sich schmoren und bis zum Kern durchgaren.
Der Himmel hielt, er war leichter und weniger
fest geworden, aber er brach nicht.
Dieser Brennversuch hat gelehrt, daß in röm Zeit
eine Ofenfüllung in 6–7 Tagen bewältigt werden
konnte, die Abkühlung inbegriffen. In 2–3 Tagen
wurde der Ofen entleert und wieder neu beschickt. Bei wechselseitigem Brenn- und Be-

schickungsrhythmus ergibt sich für die ausgegrabene Brennerei eine monatliche Produktionskapazität von 200 t Dolomit-Stückkalk. Schon bei insgesamt 10 Betrieben im Iversheimer Kalkzentrum bedeutet das eine Produktion von 40 000 Ztr Kalk im Monat. Diese beachtlichen Mengen wurden auf den Baustellen im röm Rheinland gelöscht und zu Mörtel verarbeitet.   Sö
Lit: WSölter, Römische Kalkbrenner im Rheinland, 1970 – ders, FVFD 26, 1974, 169 ff – GAlföldy, EpigrStudien 5, 1968, 17 ff

Kalksinter

In beiden ▶ Türpfosten der Kirchhofsmauer vor dem Hauptportal der Pfarrkirche St. Laurentius ist Kalksinter verarbeitet worden, der aus der röm → Eifelwasserleitung nach Köln stammt.   Gre
Lit: Grewe 279

Bad Münstereifel-Nöthen   EU

Römischer Tempelbezirk
Abb 197, 290, 291

Auf dem »Addig« bei Nöthen liegen die Reste eines gallo-röm Tempelbezirks, der im Volksmund »Heidentempel« heißt und zu den bedeutendsten archäologischen Denkmälern der N-Eifel zählt. Er wurde 1913–1918 freigelegt; 1962 erfolgte eine Nachuntersuchung.
▶ Der heilige Bezirk war den *Matronae Vocallinehae* oder *Vacallinehae* geweiht, die bislang nur im S Niedergermaniens nachgewiesen sind. Die mütterlichen Fruchtbarkeitsgottheiten waren vermutlich die Schutzpatrone einer Personengruppe (Stamm, Sippe?), die *Vacalli* geheißen haben könnte.
Die Geschichte des Heiligtums konnte durch die Ausgrabungen weitgehend geklärt werden. Danach ergibt sich folgendes Bild:
Mitte oder 2. Hälfte 1. JhnChr (Periode I): Ein wohl schon bestehender älterer Kultplatz (Baumkult?) wird als annähernd rechteckiger, nicht überdachter Hofraum »architektonisch« gefaßt (A: 13,55 × 22,75 m). Zwei kleinere O-W-orientierte quadratische Tempel (C¹: ca 6,50 m; K: 8,86 m) ohne Umgänge und ein Speicherbau (N:

ca 12 × 13,50 m) werden errichtet, die Gesamtanlage (84 × 49 m) gitterzaunartig eingefriedet (G–G^{III}). O des Heiligtums befindet sich ein Brunnen (T 16,50 m).
2. Hälfte 2. JhnChr (Periode II): Der kleinere der beiden Tempel aus Periode I wird abgerissen und durch einen größeren Rechteckbau ersetzt (L 8,40 × 10 m, Tempel?); ferner erhält der engere Tempelbezirk vermutlich eine Umfassungsmauer (a–b).
2. Viertel 4. JhnChr (Periode III): Abriß aller bisherigen Gebäude und Einplanierung des Kultplatzes; Bau einer großzügigeren in ihren Grundzügen heute ▶ noch sichtbaren und auch rekonstruierbaren Tempelanlage.
Die auf dem Addig konservierten Mauerzüge gehören zu drei von vier Kultgebäuden, die in gleicher Flucht und gleichem Abstand voneinander an der W Langseite eines ausgedehnten rechteckigen Festplatzes (ca 100 × 34 m) lagen. Der N dieser Bauten war ein sog gallo-röm ▶ Umgangstempel (C). Die farbig ausgemalte Cella (5,60 × 6,52 m) öffnete sich nach O; die Wandstärke betrug 0,5 m. Der Eingang (B 1,75 m) mit den sandsteinverblendeten Türwangen und der massiven Sandsteinschwelle war auf beiden Seiten von Halbsäulen eingefaßt. Die Fundamentstickung (T ca 0,5 m) bestand aus zahlreichen Weihesteinfragmenten. Um diesen ehem vermutlich hoch aufragenden Cella-Raum legte sich ein im N, O und S 2,97 m, im W 3,10 m breiter Umgang, dessen herabgezogenes Dach offenbar auf einem Kranz weit auseinanderstehender Sandsteinsäulen (H 3 m) ruhte. Der im Grabungsbefund noch 0,10 m hohe Säulenunterbau des Gebäudes (12,50 × 13,48 m) war 0,6 m stark. Von der mächtigen Steinschwelle (B 3,60 m), die den O-Zugang zum Tempel markierte, ist nichts erhalten. Der Fußboden bestand sowohl im Cella- als auch im Umgangsbereich aus Mörtelestrich mit Ziegelbeischlag.
Neben dem Umgangstempel lag ein fast rechteckiger offener ▶ Hof (B 22 m, L 27 m; A). Die 0,5 m starken Begrenzungsmauern, deren ursprüngliche Höhe sich nicht mehr bestimmen läßt, waren aus Grauwackebruchstein – dazwischen Sandsteinquader und fragmentierte Weihesteine – ausgeführt und mit Fugenputz versehen. Auch hier befand sich der Eingang im O (B 2,82

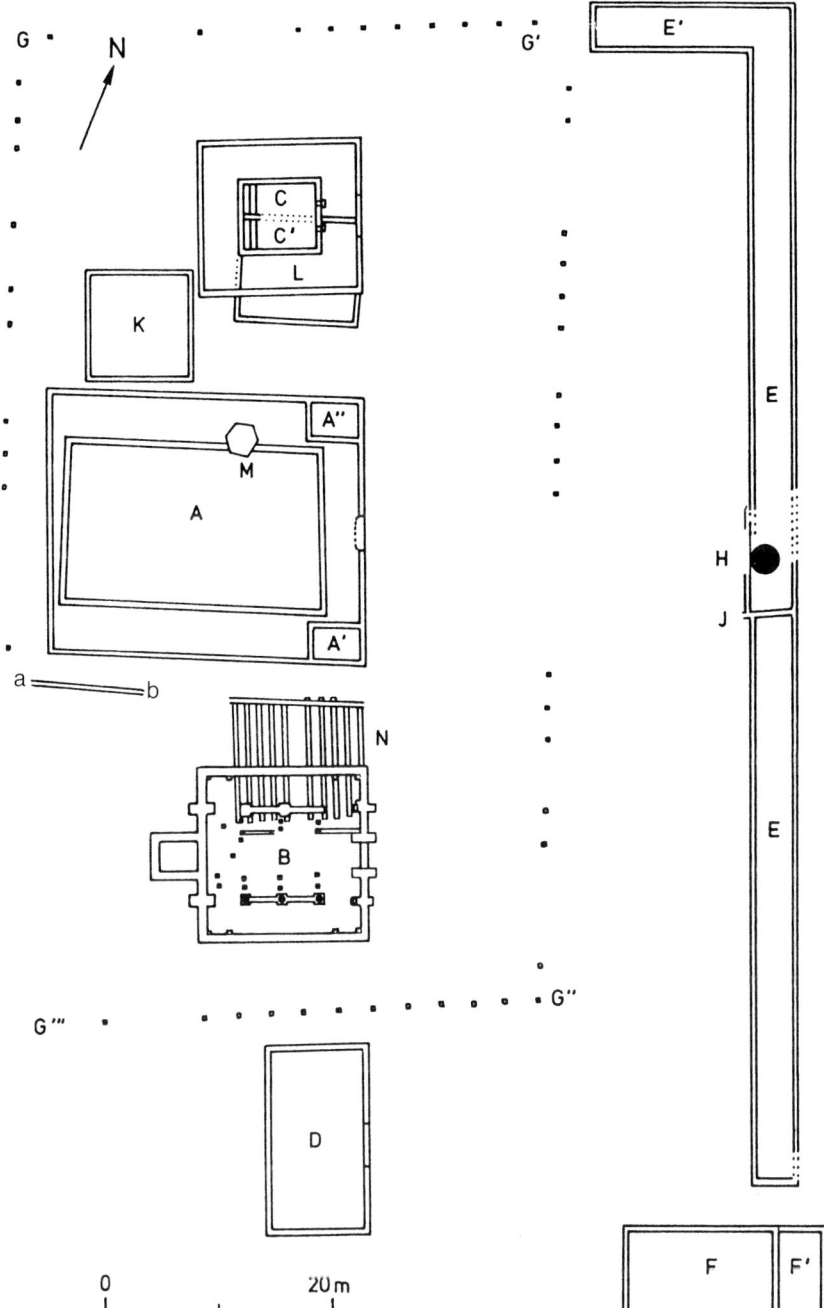

Abb. 290 Bad Münstereifel-Nöthen (Pesch). Tempelbezirk der Vacallinehischen Matronen. Gesamtplan (1.–3. Bauphase)

Abb. 291   Bad Münstereifel-Nöthen (Pesch). Tempelbezirk der Vacallinehischen Matronen. Blick von Südosten in die »Basilika«

m). Im Innern des Hofes wurden bei den Ausgrabungen nur geringe Reste von Bebauung festgestellt. In der NO- bzw SO-Ecke wies ein Mörtelestrich auf kleinere Räume (NO-Ecke: 4,26 × 2,96 m; SO-Ecke: 4,13 × 3,00 m; vgl A¹ und A ᴵᴵ); im N Hofbereich stand vermutlich ein sechseckiges, rings von Säulen umgebenes Tempelchen (Dm 1,60 m; M).

An den offenen Hof schloß nach S ein annähernd quadratisches Gebäude von 13,65 m Seitenlänge an, die sog ▶ Basilika (B). Das 0,50–0,62 m starke Mauerwerk (Grauwacke und Sandstein) zeigte außen Fugenputz; im Innern schmückte Malerei die Wände. Der Innenraum, an den sich im W eine rechteckige – vielleicht unterkellerte – Apsis (3,38 × 2,63 m) anlehnte, war dreischiffig. Drei unkannelierte Säulen und mit ihnen fluchtende Halbsäulen an O- und W-Wand, gegen die sich

von außen abgeschrägte Pfeiler lehnten, trennten das überhöhte Mittelschiff von den beiden niedrigen Seitenschiffen. Die Säulenbasen waren untereinander durch ein Mäuerchen verbunden, auf dem vermutlich Holzschranken standen. Der Eingang zu diesem offenbar mit Estrichboden und Seitenbänken ausgestatteten Kultraum lag im O (B 2,20 m); ein Säulenpaar aus Sandstein faßte ihn innen und außen ein.

S dieser sog Basilika stand ein schwach fundamentierter (Fachwerk?-)Schuppen, dessen Reste nicht konserviert wurden (D) und heute auch nicht mehr erkennbar sind. Das Innere dieses Baus war wohl ungeteilt (8,20 × 15,50 m); an der O Langseite befand sich ein Tor (B 2,70 m).

Auch von einem archäologisch belegten Gebäude mit zwei verschieden großen rechteckigen Räumen (16,72 × 7,00 m; F und F¹), das den Tempelplatz im S begrenzte, ist heute nichts mehr zu sehen.

▶ Der Verlauf einer Portikus (L 120 m, B 3 m; E), die den Tempelbezirk gegen O und teilweise auch gegen N (E¹) und den ▶ Brunnen (H) der Periode I mit einbezog, wurde bei der Konservierung des Heiligtums durch eine entsprechende Heckenbepflanzung sichtbar gemacht.

Über die Funktion der einzelnen Bauten läßt sich wenig sagen. Die lange Halle (E) wurde sicherlich als Wandelhalle benutzt; zugleich diente sie wohl aber auch den Pilgern als Unterkunft bei ungünstiger Witterung. Das offene Hofgeviert (A) war nach dem Grabungsbefund für die Aufstellung der – in der Periode III nicht mehr so zahlreichen – Weihungen aus Stein bestimmt. Kleinere Votive lagerten wohl in den Eckräumen (Λ¹ und Λ¹¹). Eine Deutung des Sechseckbaues (M) als Jupitertempel entbehrt jedoch jeder Grundlage. Möglicherweise stand dort in Erinnerung an einen alten Baumkult eine Baumplastik aus Stein. Im Umgangstempel (C) befand sich wahrscheinlich das Kultbild der Vacallinehischen Matronen. Der basilikale Bau (B) diente vermutlich dem lokalen Männerbund, einer Kurie, als Versammlungsraum. In den Räumen (F und F¹) war vielleicht das Kultpersonal untergebracht; das Gebäude (D) kann wohl am ehesten als Vorrats- und Geräteschuppen interpretiert werden.

Die meisten der fast 300 Inschriftenfragmente aus dem Heiligtum, die meist in den Gebäudefundamenten der Periode III gefunden wurden, stammten von Weihesteinen, die zwischen 150 und 250 nChr im engeren Tempelbezirk der Periode II aufgestellt worden waren; damals dürfte auch die Blütezeit der Matronenverehrung gewesen sein. Die Darstellungen und die auf den Denkmälern genannten Namen der Dedikanten – hauptsächlich Einheimische aus der näheren Umgebung – zeigen, daß schon im 2. JhnChr die Romanisierung von Kult und Bevölkerung weit fortgeschritten war. Vor diesem Hintergrund ist eine Jupiterstatue zu erklären, von der Fragmente erhalten sind und bei der es sich vermutlich um ein Kultbild aus einem Tempel der Periode II, vielleicht des damals neu errichteten, handelt.

Da aus dem Matronenheiligtum bei Nöthen kein einziger Stein hinreichend erhalten ist, wurde bei der Konservierung der Anlage vor der Cella des Umgangstempels (C) ▶ der Abguß eines Weihesteins für die Aufanischen Matronen aus dem benachbarten Nettersheim aufgestellt. Dargestellt ist im oberen Teil ein kleiner Tempel mit flachem Giebel. Darin sitzen drei fruchtschalenhaltende Göttinnen auf einer Bank, die für Niedergermanien typische Matronendarstellung. Inschrift → Nettersheim. Der Weihestein dürfte in die Jahre zwischen 212 und 222 datiert werden, da die kaiserliche Titulatur auf die röm Kaiser Caracalla oder Elagabal zu beziehen ist.   Ho

Lit: HLehner, BJb 125, 1919, 74 ff – WSage, BJb 164, 1964, 28 ff – GAlföldy, EpigrStudien 5, 1968, 33 ff – HGHorn, FVFD 26, 1974, 78 ff – ABFollmann-Schulz, ANRW II 18, 1, 1986, 700 ff

Bad Salzuflen   LE

Stadt- und Bädermuseum

Lange Str 42. Öffnungszeiten: Di–So 10–12.30 u 14.30–18 Uhr

Im Stadt- und Bädermuseum werden röm Münzen aufbewahrt, die in Bad Salzuflen gefunden wurden.

Lit: MKuhlmann, Lippische Mitteilungen aus Geschichte und Landeskunde 24, 1955, 239 f – Stupperich 16 f

Baerl → Duisburg
Beckinghausen → Lünen

Bedburg-Hau   KLE

Römische Grabhügel

In der bewaldeten Flur »Rosenboom« etwa 1,4 km SO von Moyland, liegen – beidseitig der Fahrstraße von Louisendorf und Wissel – mindestens ▶ neun Grabhügel (Dm ca 9–12 m, H noch bis ca 1,1 m), die in röm Zeit datiert werden müssen. In unmittelbarer Nähe führte die röm Limesstraße von Vetera/CUT-Xanten nach Noviomagus-Nimwegen vorbei; das Gräberfeld reichte vermutlich bis an sie heran.

Die Grabhügelgruppe wurde schon 1866 von

Mitgliedern der Clever Alterthumscommission ergraben. Damals und danach kamen zahlreiche Brandbestattungen aus dem 1. JhnChr mit entsprechenden Beigaben (Aschenkisten, Glasurnen, Bronzegefäße, Keramik ua) zutage. Die Funde gelangten in die Klever Sammlung; sie sind heute verschollen.   Ho
Lit: BJb 61, 1877, 75 – BJb 103, 1898, 251 – Hagen 85

Das Grabmal des Johann Moritz von Nassau
Abb 4, 23, 217, 261, 292

Unter den Bäumen eines lieblichen Waldtales SO von Kleve im Park seiner Eremitage »Bergendal« (Berg und Tal) ließ der Statthalter des Großen Kurfürsten, Johann Moritz von Nassau, für sich einen mächtigen Sarkophag aufstellen.
Eine vor der Tumba aus Backstein aufgemauerte

▶ Exedra verleiht der Grabstätte einen einzigartigen Rang N der Alpen. Das in zwei Viertelkreisen angelegte Halbrund gibt in der Mittelachse den Blick frei auf das zurückversetzte fürstliche Kenotaph (Johann Moritz wurde letztlich in der Gruft der Ahnen zu Siegen begraben). Die ganze Exedra umfaßt zwölf Nischen, in welche die Steindenkmäler der klevischen Antikensammlung 1678 eingelassen wurden, wo sie bis 1792 verblieben. Anhand bildlicher und archivalischer Quellen konnte die Verteilung der antiken Monumente auf die zwölf Nischen wiedergewonnen werden, so daß eine Rekonstruktion mit Hilfe von Abgüssen der heute in Bonn (RLM) befindlichen Denkmäler möglich war. Als anläßlich der Restaurierung des Grabes zum 300. Todestag des Johann Moritz 1979 der nachträglich aufgebrachte Putz von der Exedra entfernt wurde, lieferte der Befund weitere Hinweise auf die genaue Lokalisierung der Denkmäler in den Nischen

Abb. 292   Bedburg-Hau. Das Grab des Fürsten Johann Moritz von Siegen-Nassau zu Berg und Tal nach der Restaurierung 1979

(von links nach rechts; Fo meist Birten oder Xanten; Beschreibung → RLM Bonn): 1. Weihestein für die Kapitolinische Trias, geweiht von *T. Quartinius Saturnalis*. – 2. Grabstele des *Marcus Caelius*. – 3. Weihestein für *Iupiter Conservator*, geweiht von *Tertinius Vitalis* (Regionalmuseum Xanten). – 4. Altar für Jupiter, geweiht von *T. Granius Victorinus*; Altar für die *Matres Treverae*, geweiht von *T. Paternius Perpetuus*; Altar für *Apollo Dysprus*, *Luna* und *Sol*, geweiht von thrakischen Soldaten. – 5. Grabstele des *Marcinus* aus der Hilfstruppe der Breuker. – 6. Altar für Jupiter, geweiht von *Martius Victor*; Altar für *Hercules Saxanus* (verschollen, freie Fläche in der Nische), Altar für die germ Göttin *Hludana*. – 7. Altar für Jupiter, geweiht von *M. Septimius Iunius*; Fragment einer Grabstele mit Totenmahl; Altar für Merkur, geweiht von *C. Iulius Martialis*. – 8. Grabstele des treverischen Reiters *Silvanus* und seiner Schwester *Prima* (Totenmahlrelief und Inschrift stark verwittert, jedoch aus Zeichnungen des 17. Jh bekannt). – 9. Fragment eines Grabsteins; Fragment eines Altars für die Kapitolinische Trias, geweiht von *Sextus Iulius Frontinus*; Altar für Jupiter, geweiht von *T. Altius Ianuarius*; Altar für Merkur. – 10. Grabstein des *M. Vettius Saturninus* (untere Hälfte verschollen); Altar für *Fortuna*, geweiht von *C. Sextilius Lepidus*. – 11. Nische leer. – 12. Grabstein eines Soldaten, stark beschädigt und durch moderne Initialen verkratzt; Figur in der älteren Literatur »Lolius« genannt.

Außer den Steindenkmälern waren röm Tongefäße verschiedener Art unter den oberen Segmentbögen und in Dreiecksnischen angebracht. Auch sie wurden 1979 durch Nachbildungen ersetzt (Originalfragmente im Städt. Museum Haus Koekkoek, Kleve). Ferner standen zu ebener Erde unter Korbbogengewölben Sarkophage und Aschenkisten. In alten Beschreibungen werden noch Lampen und ein Rammbock (*aries*) genannt. Zu diesem antiken Material treten Schmuckelemente der Zeit: Jeder Pfeiler trägt einen gußeisernen Krater (Kopien; zwei Originale im Museum Kleve), verziert mit Girlanden und den heraldischen Zeichen des Johann Moritz. Zwischen den Vasen standen ursprünglich Keramikplatten mit den Reliefbüsten der zwölf »klassischen« Cäsaren, von Caesar bis Domitian.

Das Antiquarium, schon bald als »Römische Ruine« aufgefaßt, diente der Grablege als kostbarer Schmuck, verlieh ihr aber vor allem den tiefen Sinn: Sie ist ein Heroon, ja durch ihre Lage unter den Bäumen des Parkwaldes ein Sacrarium im heiligen Hain, in deutlicher Anlehnung an die in Hainen gelegenen Gräber und Heiligtümer antiker Heroen.   Die

Lit: HPHilger, Das Grabmonument des Fürsten Johann Moritz in Bergendal bei Kleve, Soweit der Erdkreis reicht, Kat. Kleve 1979, 205–212 – WDiedenhofen, Johann Moritz und die Klever Antikensammlung, ebda, 233–248 (mit ausführlicher Beschreibung der Steindenkmäler) u Nr H 1–39

Bedburg-Hau-Qualburg   KLE

Römisches Kleinkastell

Auf dem Dorfhügel – einer alluvialen Düne – von Qualburg befand sich oberhalb eines heute verlandeten Rheinarms eine röm Siedlungsstelle des 1.–4. JhnChr. Von dieser Ansiedlung kennen wir bislang außer einigen Umfassungsgräben kaum röm Befunde, aber eine große Zahl von Kleinfunden, so daß wir folgendes Bild der röm Besiedlung entwerfen können:

Wohl nach der Neuordnung des Niedergermanischen Limes nach dem Bataveraufstand (69/70 nChr) wurde auf der Düne oberhalb eines Altwassers (?) eine kleine röm, möglicherweise militärische, Anlage errichtet. Sie lag N der Limesstraße Xanten–Nijmegen.

Anfang des 2. JhnChr befand sich dann hier eine kleinere militärische Anlage, durch einen Doppelgraben gesichert. Von dem zu vermutenden Holz-Erde-Wall fanden sich bislang keine Spuren. Möglicherweise war es eine Benefiziarierstation oder ein Kleinkastell. Um 250 nChr wurde dieser Platz zu einer größeren Befestigung ausgebaut. Diese wurde von dem *numerus Ursariensium* erbaut, der evtl auch hier stationiert war. Dementsprechend müßten wir hier jetzt ein Numeruskastell annehmen. Die Befestigung war von zwei Gräben, die ca 10–11 m auseinanderlagen, umgeben. Die unterste Verfüllung dieser Gräben datiert in die Zeit um 275. Wir können wohl da-

von ausgehen, daß bei den großen Germaneneinfällen von 275/76 auch diese Anlage zerstört
wurde. Sie scheint dann unter Probus sofort wieder aufgebaut, dann aber der konstantinischen
Neuordnung des Limes zum Opfer gefallen und
aufgegeben worden zu sein. Der Platz existierte
aber als Zivilsiedlung weiter, worauf Funde aus
der 1. Hälfte des 4. Jh hinweisen. Erst nach den
zweiten großen Germaneneinfällen der Jahre
352/356 wurde er nach der Wiedereroberung unter Julian militärisch ausgebaut und vielleicht bis
ins 5. Jh besetzt. Reste dieser Befestigung sollen
noch im 16. Jh gestanden haben.
Den röm Namen dieser Kleinfestung möchten
wir mit dem bei Ammianus Marcellinus genannten *Quadriburgium* gleichsetzen (Amm. Mar. 18
2,4 f). Diese Gleichsetzung ist zwar nicht gesichert, wird aber allgemein akzeptiert. Der Hinweis bei Ammianus bedeutet, daß unter Julian der
Ort *Quadriburgium*-Qualburg wieder besetzt
worden ist.   Ge
Lit: HGHorn, NL 96 ff Nr 24

Bensberg → Bergisch Gladbach
Berg → Nideggen

Bergheim   BM

Römische Wasserleitung

Paffendorfer Weg. Vor dem Verwaltungsgebäude
des Großen Erftverbandes befindet sich ein bei
→ Mechernich-Breitenbenden ▶ ausgebautes
Teilstück der röm Eifelwasserleitung nach Köln
(lW 0,74 m; lH 1,37 m).   Gre
Lit: Grewe 288

Bergheim-Paffendorf   BM

*Schloß Paffendorf. Informationszentrum
der Rheinischen Braunkohlenwerke AG*
Abb 14, 15, 97, 295–297, Taf 14

Archäologische Ausstellung mit römischer Abteilung, Arboretum und Dokumentation der
Braunkohlengewinnung. Bergstr. Öffnungszeiten: März–Oktober So 10–17 Uhr, Schloßpark u

Zentralarchiv täglich, im Sommer Sonderveran-
staltungen
1967 wurde in den Räumen des Schlosses ein um-
fassendes Informationszentrum zu allen Fragen,
die mit der Gewinnung der Braunkohle im Zusammenhang stehen, eingerichtet. Neben berg-
bautechnischen und botanischen Abteilungen
stellt das RLM Bonn eine Auswahl von Fundstücken vor, die bei Ausgrabungen im Vorfeld
der Braunkohlenbergbaue gefunden wurden.
Mehrere Übersichten und Bildtafeln erläutern
zusätzlich, welchen vielfältigen Problemen die
rheinische Bodendenkmalpflege in den zentralen
Abbaugebieten zwischen Köln und Aachen ge-
genübersteht. Die großräumige Abtragung der
Erdoberfläche bringt es mit sich, daß die historischen Zeugnisse im Erdboden vollständig zerstört werden. Jährlich gehen etwa 5 km^2 Boden-
oberfläche und damit zahlreiche Fundstellen aller
Zeiten durch den Abbau endgültig verloren. Nur
eine rechtzeitige und möglichst umfassende Untersuchung der röm Fundplätze im Braunkohlenrevier sichert langfristig ihre wissenschaftliche
Dokumentation und Auswertung. Diese ganz
spezifische Aufgabe, die sowohl zeitlich als auch
räumlich den Bedingungen des Braunkohlenab-
baus folgen muß, oblag früher dem RLM Bonn,
seit 1. 1. 87 dem Rheinischen Amt für Bodendenkmalpflege. Deshalb wurde 1978 mit dem
Aufschluß des größten Tagebaus Hambach I in
Niederzier-Hambach eine Außenstelle eingerichtet. Stellvertretend sind in der Schausammlung die zahlreichen Fundstücke und archäologischen Beobachtungen aus einer Landschaft präsentiert, die infolge der Braunkohlengewinnung
vollständig aufgelöst und umgestaltet wird. Sie
wird ergänzt durch einzelne größere Fundstücke,
die an verschiedenen Orten am Rande der Ab-
baugebiete zugänglich sind. So kann in den Be-
triebsanlagen des Tagebaus Hambach ▶ ein spätröm Sarkophag aus Sandstein besichtigt werden,
der 1979 in Wüstweiler bei Hambach ausgegraben wurde. Zwei weitere Sarkophage stammen
aus einem röm Gutshof in der Nähe des gleichen
Ortes. Einer von ihnen wurde vor der Gemeinde-
verwaltung in ▶ Niederzier aufgestellt. Im Stadt-
park von Bedburg sind gleichfalls ▶ mehrere röm
Sarkophage und Aschekisten zu besichtigen, die
bereits 1949 im Umfeld des Tagebaus Fortuna

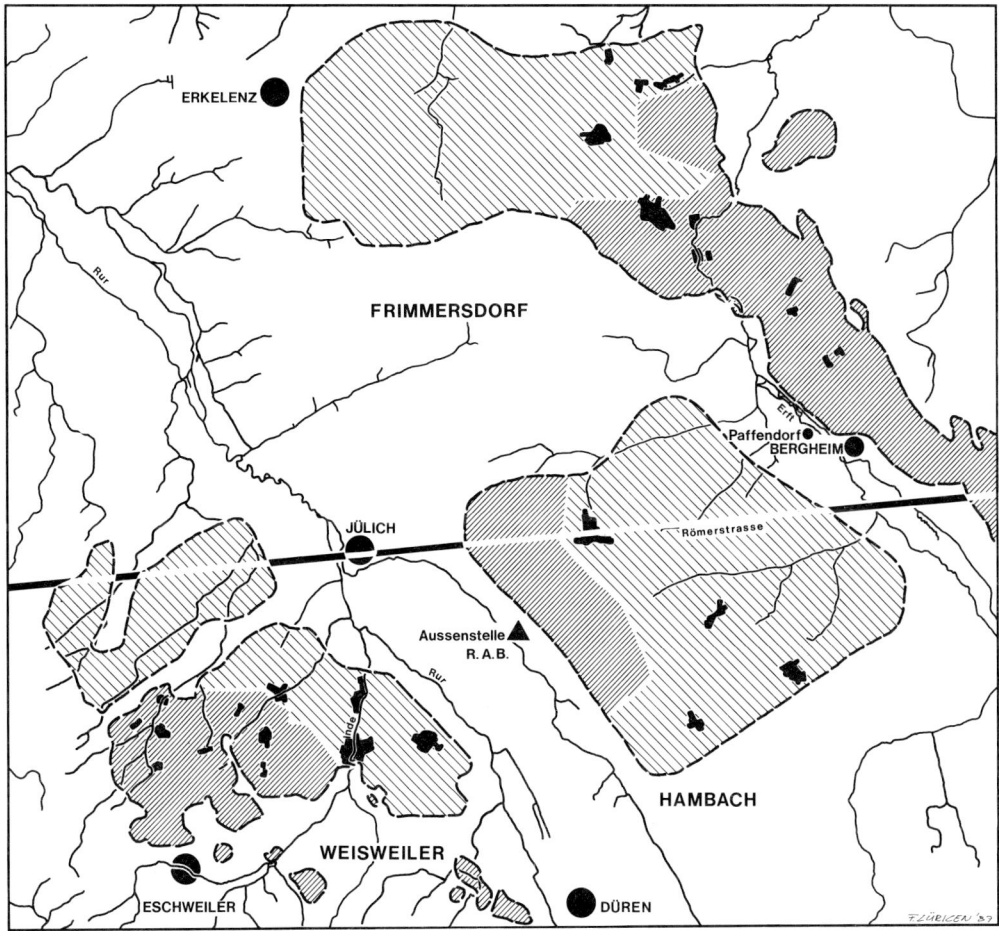

Abb. 293   Rheinisches Braunkohlenrevier zwischen Köln, Aachen und Mönchengladbach. Abbau-kanten Stand 1987 mit Eintragung der römischen Staatsstraße Köln – Bavai über Jülich (heute B 55). Schraffur: In Betrieb befindliche und projektierte Braunkohlentagebaue; dichte Schraffur: abgebaggertes und z. T. rekultiviertes Gelände

(Frimmersdorf) ausgegraben wurden. Das Rheinische Braunkohlengebiet läßt sich gegenwärtig in drei größere räumliche Komplexe aufteilen, die aus bodendenkmalpflegerischen Gesichtspunkten mit den namengebenden Ortschaften Hambach, Weisweiler und Frimmersdorf bezeichnet werden.

Der Braunkohlentagebau Hambach 1 nimmt in seiner ersten Abbaustufe einschließlich der Abraumhalde Sophienhöhe eine Grundfläche von über 100 km² ein und erstreckt sich zum größten Teil über heute bewaldetes Gebiet. Der Tagebau wurde 1978 aufgeschlossen und wird weit über das Jahr 2000 hinaus seine Kohleförderung fortsetzen. Im N Bereich des Hambacher Forstes verläuft unter der B 55 die antike Fernstraße von Köln nach Bavai-*Bagacum*. Sie erschloß maßgeblich das linksrheinische Vorland der *CCAA* zwischen Erft und Rur. Die röm Straße führte von Köln geradlinig bis *Iuliacum*-Jülich und teilt in ihrem ersten Streckenabschnitt die Abbau- von der Abraumseite des Tagebaus Hambach I. Die

*Abb. 294   Niederzier-Hambach (Hambacher Forst). Villa rustica Ha 56. Haupt- und Neben-
gebäude während der Ausgrabungen des Rheinischen Landesmuseums Bonn 1978. Luftbild
(Freigabe RP Düsseldorf 43 J 746)*

bergbautechnisch bedingte Verlegung und Verschüttung der B 55 bot 1979 die Möglichkeit, den
antiken Straßenkörper archäologisch zu untersuchen. Zusätzlich wurden im Bereich des Tage-
baustützpunkts Sophienhöhe beidseits der Römerstraße Sondierungen und Ausgrabungen vorgenommen. So konnten z. B. auf einer Straßen-
länge von 4 km die Überreste von über zehn röm
Gutshöfen beobachtet werden. Die *villae rusticae*
lagen alle in unmittelbarer Straßennähe. Auch im
Hambacher Forst gibt es ähnliche Konzentratio-
nen von eingefriedeten Hofanlagen, und es ist
langfristig zu erwarten, daß eine umfassende archäologische Sondierung ein nahezu vollständi-
ges röm Siedlungsbild des W Vorlandes von Köln
ergeben wird. So ist die Siedlungsarchäologie die
wesentlichste Aufgabe in den Braunkohlengebie-
ten. Bekannte *vici* oder größere röm Städte werden von den geplanten Abbauvorhaben nicht betroffen.
Dagegen verläuft die alte Römerstraße auf über

6 km Länge durch den projektierten Tagebau Al-
denhoven, NO von → Aachen-*Aquae Granni*.
Der Tagebau Frimmersdorf erstreckt sich N der
röm Fernstraße und des Hambacher Forstes.
Auch er liegt im Hinterland des Limes, unweit
vom Auxiliarlager Dormagen-*Durnomagus*. Das
Bergbaugebiet Frimmersdorf zerfällt in die Bereiche Frimmersdorf-Süd/West und die geplante
Abbaustufe Frimmersdorf-West-West. Insgesamt haben die Archäologen fünf Abbaukanten
und eine Abraumseite zu betreuen. Hinzu kommen zahlreiche Erdaufschlüsse im Umfeld der
Tagebaue. Von jährlich etwa 400–500 Fundmel-
dungen entfällt der größte Teil auf die röm Epoche.   Ga
Lit: HHinz, AFDR 2, 1969 – WGaitzsch, Rhein
Ausgr 24, 1983, 347 ff – Revier und Werk.
Zeitschr. f. die Betriebe des Rhein. Braunkohlen-
bergbaus – PClemen, Die Kunstdenkmäler der
Rheinprovinz 4, 1899, 519 ff – BJb 186, 1986,
397 ff

Abb. 295 Niederzier-Wüstweiler. Reste einer Jupitersäule. Sandstein. – H. noch 0,75 m. Erstes Drittel 3. Jh. n. Chr. (RLM Bonn)

Bergheim-Quadrath-Ichendorf BM

Römischer Straßenposten »Heidenburg«
Abb 296, 297

Im Staatsforst Ville an der O-Böschung des ausgekohlten Braunkohlentagebaus Fortuna umschließen ein Spitzgraben (B 10 m) und eine zweiperiodige ▶ Holz-Erde-Mauer (B 3,5–4 m) ein Rechteck von 31 × 26 m Innenfläche, die »Heidenburg«. Nach S hin, zur sofort anschließenden röm Reichsstraße Köln–Tongeren–Bavai, wurde ein Eingang (B 2 m) durch Wallunterbrechung und eine Holzbrücke (B ca 2 m) über den Graben festgestellt. Die Grabung erbrachte weiterhin hölzerne Innenbauten, die in den feuerarmen Raum an den Innenwall der 2. Periode angebaut waren. Es fanden sich Reste der Unterkünfte, Keramik des 2. und 3. JhnChr und wenige Münzen, darunter als Schlußmünze eine Prägung des Kaisers Decius (249–251). H. v. Petrikovits bringt die Anlage mit den Maßnahmen zur stärkeren Befestigung von Straßenposten in Verbindung, die seit dem Ende des 2. Jh getroffen wurden. Rü

Lit: Hagen 200 ff – HvPetrikovits, Journal of Roman Studies 61, 1971, 178, 188, 197

Abb. 296 Bergheim-Quadrath-Ichendorf. Straßenposten »Heidenburg« an der Staatsstraße CCAA-Köln – Bagacum-Bavai. Wallanlage von Westen

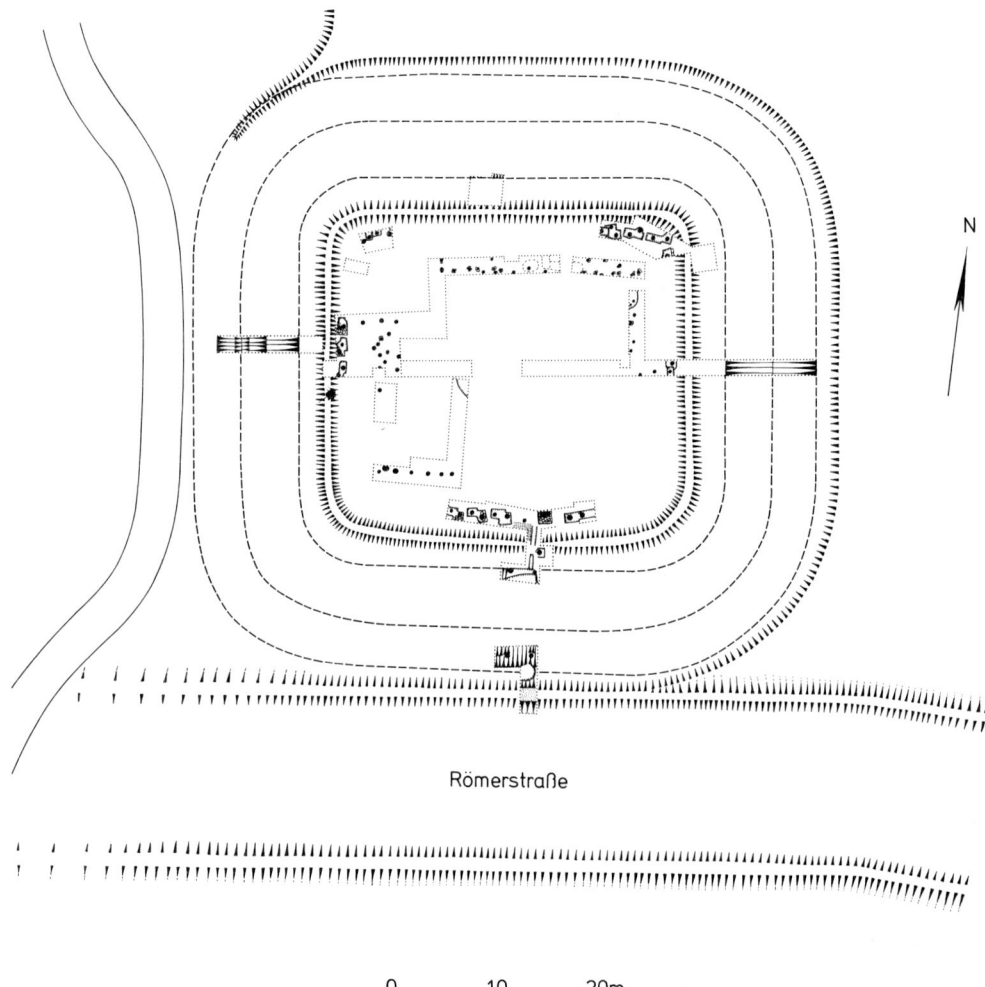

N

Römerstraße

0   10   20m

Abb. 297   Bergheim-Quadrath-Ichendorf. Straßenposten »Heidenburg« an der Staatsstraße CCAA-Köln – Bagacum-Bavai. Plan

Römische Straße
Abb 88, 298

Im Staatsforst Ville zwischen Bergheim-Quadrath-Ichendorf und Frechen-Königsdorf ist die ▶ Römerstraße *CCAA*-Köln und *Bagacum*-Bavai auf 2,2 km noch gut erhalten. Im Jagen 165

und 166 umgeht die sonst schnurgerade Trasse auf ca 500 m in einem S-Bogen ein Quellgebiet. Sie wird von der N-S-Braunkohlebahn geschnitten; weiter W ist sie von der Abraumkippe des Tagebaus Fortuna überlagert. Die Breite des gewölbten Straßendamms mit den flankierenden Seitengräben beträgt 24,8 m; er ist bis zu 1,30 m

Abb. 298 Bergheim-Quadrath-Ichendorf. Damm der Reichsstraße CCAA-Köln – Bagacum-Bavai von Südwesten

hoch. 1964 wurde das Straßenprofil im Jagen 173 archäologisch untersucht und dokumentiert. Danach war die Straße ursprünglich 4,90 m breit (ohne Gräben) und mehrfach neu bekiest worden. Auch nach der Verbreiterung hatte offenbar nur der eigentliche Fahrbereich in der Mitte eine Kiesdecke; rechts und links befanden sich Sandstreifen, die unter Umständen die Funktion heutiger »Standspuren« gehabt haben könnten.

Die Straßenverbindung der Hauptstadt der Provinz Niedergermanien nach Innergallien und weiter zur Kanal- bzw Atlantikküste war nicht nur von großer wirtschaftlicher, sondern auch strategischer Bedeutung. Deshalb wurde diese Reichsstraße von Befestigungsanlagen wie der »Heidenburg« in → Bergheim-Quadrath-Ichendorf geschützt. Ho

Lit: Hagen 199 f – WPiepers, RheinAusgr 3, 1968, 317 f – EHeeg, Pulheimer Beitr zur Gesch und Heimatkunde 10, 1986, 63 ff

Bergisch Gladbach-Bensberg GL

Spätlatènezeitlicher Ringwall
Abb 299

Ca 700 m NW von Bensberg (Moitzfeld) liegt auf einer nach W vorspringenden, zum Milchborntal steil abfallenden Bergzunge ein Ringwall, die »Erdenburg«. Die länglich-ovale Anlage (Innenfläche: ca 230 × 165 m) besteht aus einem dreifachen, dicht gestaffelten und annähernd 36 m breiten ▶ Wall-Graben-System, das rings um die flache Kuppe (132 m NN) herumgeführt ist. Im O ist sie durch eine neuzeitliche Zinkgrube gestört, im NO befindet sich eine ca 50 m breite Lücke. Ansonsten sind die Wälle stellenweise noch bis zu einer Höhe von 4 m erhalten, die ursprunglich unterschiedlich breiten (bis ca 10 m) und tiefen (bis ca 4,30 m) Gräben (Spitzgräben) sind dagegen weitgehend eingeschwemmt.

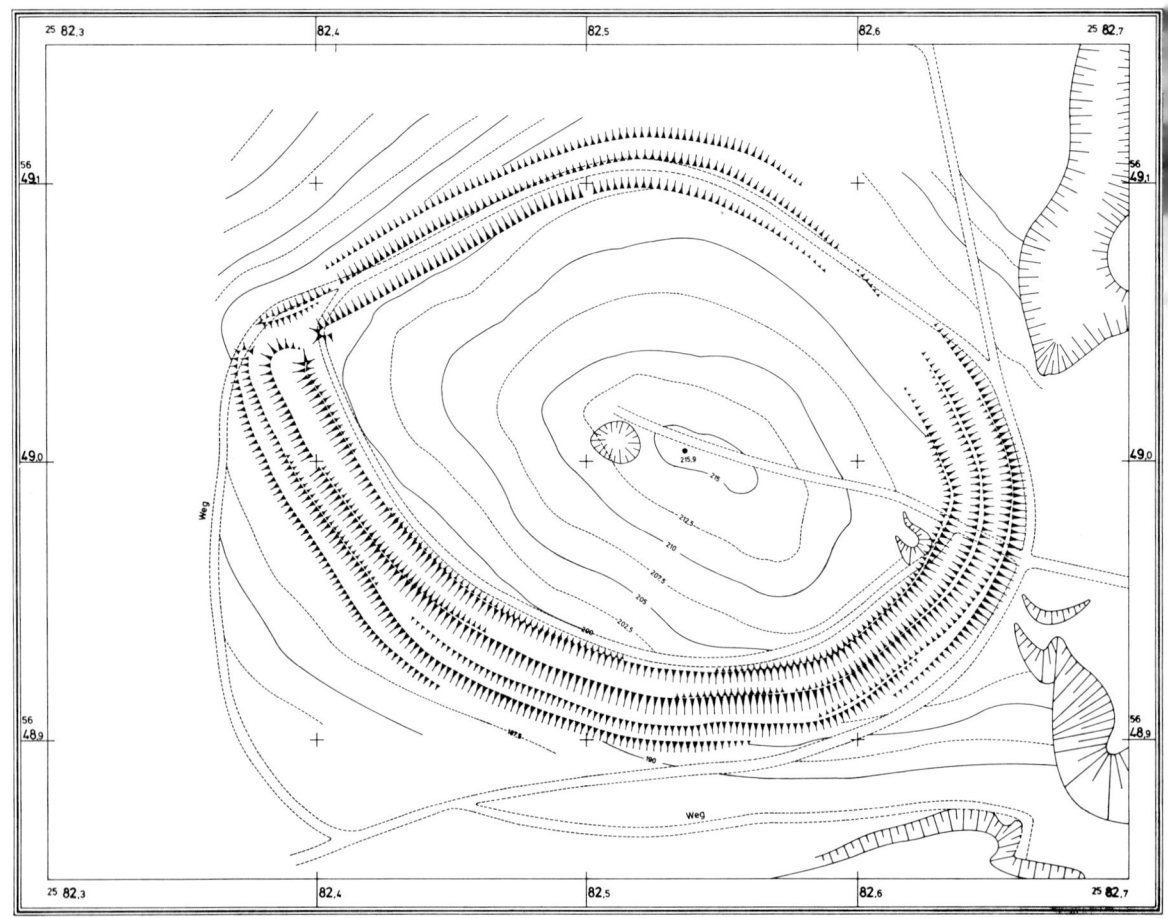

Abb. 299 Bergisch Gladbach-Bensberg (Moitzfeld). Spätlatènezeitliche Höhenfestung »Erdenburg«. Plan

Ausgrabungen 1934/35 haben gezeigt, daß ehem auf den beiden äußeren Wällen Palisaden, auf dem inneren dagegen eine begehbare Holzkastenkonstruktion mit aufgesetztem Wehrgang (B ca 2,65 m, H ca 7,05 m über Grabensohle) gestanden haben. Im NO war die Umwehrung nach den Befunden offensichtlich nur provisorisch ausgeführt worden. Im W lag eine mächtige, möglicherweise bastions- und turmbewehrte Toranlage mit Außen- und Innentor sowie einem zwingerartigen Torgang. Ob sich auch im O ein

solcher Zugang befunden hat, läßt sich wegen der dortigen Störungen nicht mehr sagen.

Die fehlende Innenbebauung und das spärliche Fundgut lassen vermuten, daß die Anlage nur kurzzeitig belegt war. Ein Brand- oder Zerstörungshorizont fehlt. Die einfache Keramik (Latène D I) – sie stammt zumeist aus dem Wallbereich – gehört in die erste Hälfte des 1. JhvChr. Möglicherweise war die »Erdenburg« eine Höhenbefestigung der germ Sugambrer rechts des Rheins, die – wie der Ringwall auf dem Petersberg bei → Königswinter – im Zuge der Auseinandersetzungen mit den Römern errichtet und bald danach (um die Mitte des 1. JhvChr) unzerstört wieder aufgegeben wurde.   Ho

Lit: WButtler, ESchleif, Prähist. Zeitschrift 28/29, 1937/38, 184 ff – HEJoachim, Rheinisch-Bergischer Kalender 1974, 67

Bergkamen-Oberaden   UN

Römisches Legionslager
Abb 19 (61), 113, 119, 300–305, 342

Heute zT noch sichtbare Reste des ehem Spitzgrabens und Funde augusteischer Keramik auf

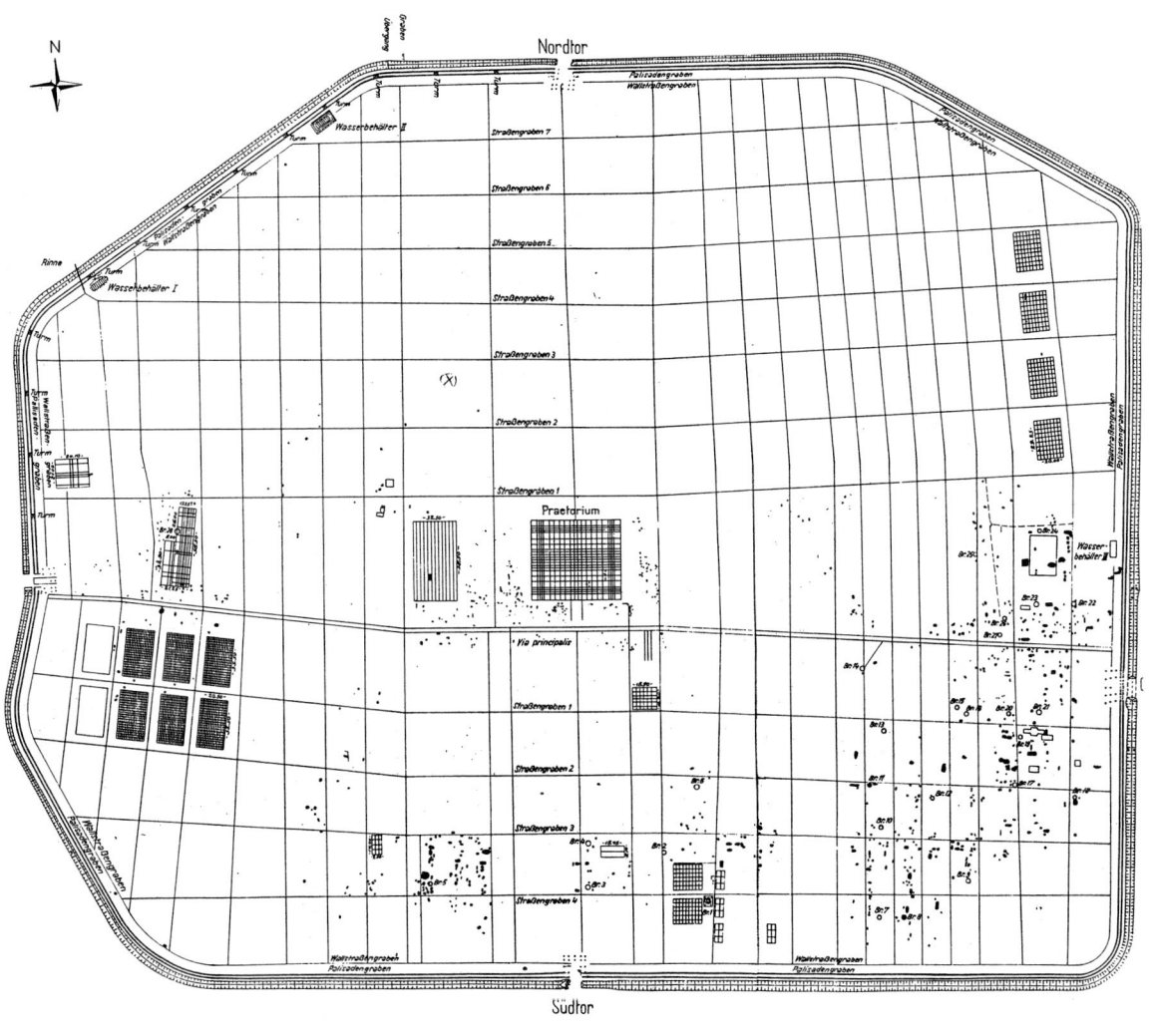

Abb. 300   Bergkamen-Oberaden. Legionslager. Gesamtsituation. Plan

Abb. 301   Bergkamen-Oberaden. Legionslager.
Parallel verlaufende Fundamentgräben der
Holz-Erde-Mauer. Ausgrabungen des
Westfälischen Museums für Archäologie
Münster 1980

einer Anhöhe mit der Flurbezeichnung »Auf der Burg« im heutigen Ortsteil Oberaden, führten 1905 zur Entdeckung eines großen Römerlagers durch den Pfarrer O. Prein. Bereits 1873 hatte F. Hülsenbeck aufgrund ähnlicher Beobachtungen und Überlegungen dort ein röm Lager vermutet. Obertägig sind diese ▶ Wallreste noch heute beim Kinderspielplatz S der Römerstr und im Waldstück nahe dem Hochhaus an der Potsdamer Str sichtbar. Von 1906 bis zum Ausbruch des 1. Weltkrieges wurden unter der gemeinsamen Federführung des Kunst- und Gewerbemuseums der Stadt Dortmund und der RGK in Frankfurt a. M. Grabungen durchgeführt. Nach langer Pause führte Chr. Albrecht 1937 und 1938 wieder Grabungen im Römerlager Oberaden durch. Erst moderne Baumaßnahmen führten 1976 zu kontinuierlichen Grabungen.

Die Grabungen von 1906 bis 1914 haben ein siebeneckiges, ca 56 ha großes Legionslager (840 × 680 m) aus der Zeit der Feldzüge des Drusus nach Innergermanien bekannt werden lassen. Bei der Festlegung der 2,7 km langen Befestigungslinie des Lagers wurden von den röm Planern alle Vorteile des Geländes ausgenutzt. Daraus resultiert die unregelmäßige Formgebung. Die Umwehrung bestand aus einem Spitzgraben (B ca 5 m, T 3 m) und aus einer Holz-Erde-Mauer (B 3 m). In den Mauerring waren im Abstand von 25 m Türme einbezogen. Je eine große Toranlage befand sich auf den vier Hauptseiten des Lagers, wobei das O-Tor möglicherweise erst in einer späteren Ausbaustufe angelegt worden war. Im Lagerinnern, das im Gegensatz zur Unregelmäßigkeit des äußeren Umrisses rechtwinklig aufgeteilt war, wurden 1906–1914 verschiedene Gebäude aufgedeckt, die aus Holz und Lehm errichtet worden waren. Eine differenzierte Interpretation der einzelnen Gebäudekomplexe ist heute jedoch kaum mehr möglich, da bei den damaligen Ausgrabungen nicht die eigentlichen Grundrisse, sondern offensichtlich nur die Unterkonstruktionen der hölzernen Fußböden freigelegt worden waren. Lediglich das zentrale Gebäude (58,5 × 67 m) läßt sich als das Stabsgebäude (*principia*) ansprechen. Anläßlich einer Nachgrabung konnte 1985/86 der Grundriß der S Hälfte der *principia* geklärt werden. Von den wenig jüngeren *principia* von → Haltern hebt sich das Stabsgebäude von Oberaden (B 41 m) durch einen wesentlich komplizierteren Grundriß ab. Hauptcharakteristika dieses Gebäudekomplexes sind die Groma als Vorhalle (ca 11,5 × 14 m), der Vorhof (10 × 28 m) mit seitlichen Innenhöfen (7 × 10 m) und anschließenden Räumen sowie der große Innenhof (B 26 m) mit seitlichen Kammerreihen (B 5,2 bzw 7 m, T 3 m). Im O schließt sich ein Tribunenhaus (13,5 × 26 m) an, im W ein in der Funktion noch nicht eindeutig interpretierbarer Anbau (B 14,5 m). Mit diesen seitlichen Anbauten erreichte die S-Front des Gebäudekomplexes eine Gesamtbreite von 71 m.

Zu großen Teilen war das Legionslager Oberaden nicht planmäßig bebaut worden, denn eine große Zahl der hier stationierten Truppen war in provisorischen Unterkünften untergebracht. Daß sich die Infrastruktur des Lagers zZ seiner Auflassung

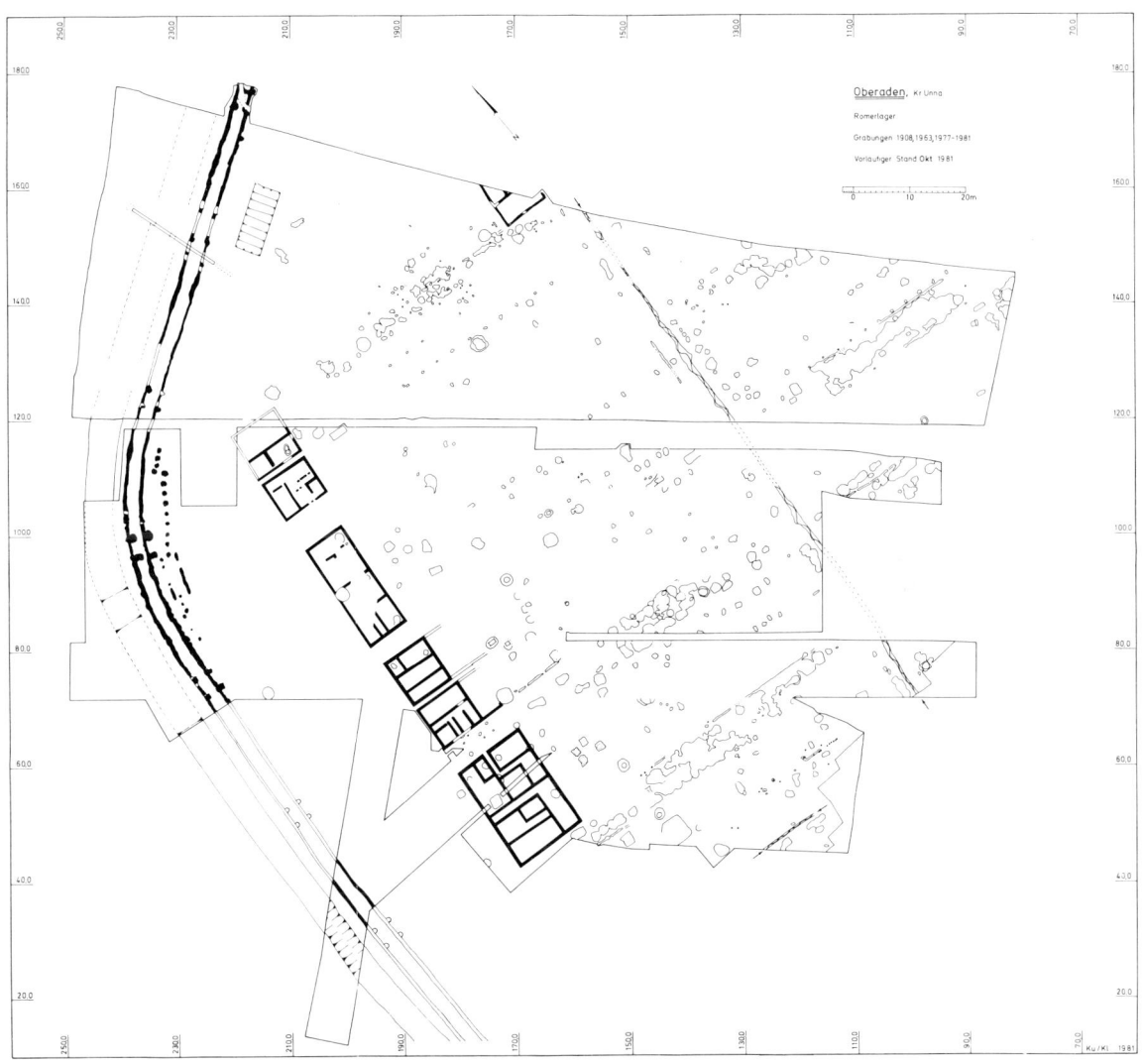

Abb. 302   Bergkamen-Oberaden. Legionslager. Vorläufiger Übersichtsplan der Ausgrabungen
von 1963 und 1977–1981 in der NW-Ecke

noch im Ausbaustadium befunden haben muß,
zeigten die Grabungen der letzten Jahre im Bereich der NW Lagerecke. Während Albrecht
1937/38 mehrere vollständige, bis zu 70 m lange
Manipelkasernen freilegen konnte, kamen 1963
und 1977–1986 an der NW-Ecke des Lagers Fundamente von Gebäuden zum Vorschein, die le-

diglich den Centurionen als Wohnquartiere gedient hatten. Diese Gebäude sind nichts anderes
als Teilstücke von Manipelkasernen, während die
diesen Offizieren unterstellten Mannschaften in
diesem Lagerbereich noch in Provisorien Unterkunft fanden. Durch Zaungräbchen (?) und Kon-
zentrationen von Abfallgruben konnte der Ver-

Abb. 303   Bergkamen-Oberaden. Hölzernes Weinfaß in Zweitverwendung als Brunnenschachtverschalung. Ausgrabungen des Westfälischen Museums für Archäologie Münster 1977

lauf der einzelnen Gassen zwischen den Centurien nachgewiesen werden. In den größeren Lagerstraßen (B ca 26 cm) waren für die Ableitung des anfallenden Oberflächenwassers holzverschalte Kanäle angelegt worden. Die Trinkwasserversorgung der Truppe erfolgte über holzverschalte Grundwasserbrunnen (T bis 9 m). In den meisten Fällen waren für die Konstruktion der Brunnenwandungen hölzerne Transportfässer in Zweitverwendung benutzt worden. Daneben sind aber auch rechteckig gezimmerte Brunnenverschalungen bekannt. In unmittelbarer Nähe zur Umwehrung wurden zwischen 1906 und 1914 drei Holzbecken (ca 5 × 12 m) ergraben, die am ehesten als große Mannschaftslatrinen in Betracht kommen.

Den feuchten Bodenverhältnissen sind die zahlreichen Holzfunde zu verdanken. Berühmt sind die sog *pila muralia*, die im Spitzgraben der NW-

Ecke lagen (→ Dortmund, Museum für Kunst und Kulturgeschichte). Bei diesen Geräten handelt es sich um bis zu 2 m lange, an beiden Enden spitz zulaufende hölzerne Stangen, die in der Mitte eine Einziehung aufweisen. Auf vielen dieser *pila muralia* war eine Inschrift angebracht, die sie jeweils als Eigentum einer Centurie ausweisen. Obgleich eine plausible Funktion für diese Geräte bislang nicht gefunden worden ist, wird man sich diese am ehesten als Annäherungshindernisse zwischen Holz-Erde-Mauer und Spitzgraben vorzustellen haben.

Gerade in den Einfüllungen der Brunnen waren viele Teile der ehem Holzbauten und Holzgerätschaften enthalten. Dazu zählen ein hölzernes Übungsschwert und ein kunstvoll geschnitztes Tischbein.

Die Gründung des Oberadener Legionslagers ist nach der historischen Überlieferung 11 vChr erfolgt. Es ist identisch mit dem bei Cassius Dio 54,

Abb. 304   Bergkamen-Oberaden. Übungsschwert (sica). Holz. – L. 46,5 cm. 11–9/8 v. Chr. (Münster, Westfälisches Museum für Archäologie)

33, 4 genannten Lager, das an der Einmündung des Flusses Elison (Sesecke?) in die Lippe angelegt wurde. Jüngste dendrochronologische Untersuchungen der beim Bau der Holz-Erde-Mauer verwendeten Eichenhölzer haben ergeben, daß diese Eichen im Spätsommer des Jahres 11 vChr gefällt und noch saftfrisch verbaut wurden. Numismatische und historische Erwägungen führen zu einem Enddatum des Lagers im Jahr 8 vChr.

Die Anlage dieser starken Militärbastion im Innern Germaniens, die auch während der Wintermonate von starken röm Truppenverbänden gehalten wurde, zielte gegen die Sugambrer, die durch häufige Einfälle nach Gallien den Römern wiederholt gefährlich geworden waren. Als 8 vChr Tiberius die Sugambrer an den linken Niederrhein deportieren ließ, gab es für ein weiteres Bestehen des Lagers Oberaden keine militärischen Gründe mehr. Die Befunde aus den untersuchten Brunnenanlagen zeigen deutlich, daß das Lager von den röm Truppen planmäßig geräumt wurde. Beim Abzug wurden zahlreiche Brunnen absichtlich durch Tierkadaver und menschliche Fäkalien, in denen verschiedenste mediterrane Pflanzenreste nachgewiesen werden konnten, vergiftet. In diesem Sinne sind auch starke Brandspuren zu werten. Offensichtlich haben die röm Truppen beim Abzug die Holzbauten in Brand gesetzt. Zeitweilig waren hier nach Ausweis von Waffenfunden neben Legionssoldaten auch Auxiliarverbände stationiert. Einige der Hilfstruppenkontingente waren wohl thrakischer und kleinasiatischer Herkunft. Unbekannt ist jedoch, welche speziellen Legionstruppen in Oberaden stationiert waren. Auch über die Anzahl der hier stationierten Truppen gibt es keine klaren Erkenntnisse. Ausgehend von dem erheblichen Flächenmaß des Lagers (56 ha) wird man mit einer maximalen Belegungsstärke von zwei bis drei Legionen zu rechnen haben.

Im Bereich der NW-Ecke des Legionslagers sind in den letzten Grabungskampagnen zahlreiche Siedlungsreste der vorröm Eisenzeit bekannt geworden. Ob diese Siedlung bis unmittelbar vor Ankunft der Römer bestanden hat, ist ungeklärt.

Kü

Lit: ChrAlbrecht, Das Römerlager in Oberaden. Veröffentlichung aus dem Städtischen Museum

für Vor- und Frühgeschichte. Dortmund 2, Heft 1, 1938, Heft 2, 1942 – SvSchnurbein, BerRKG 62, 1981, 10 ff – J-SKühlborn, Germania 60, 1982, 501 ff – SvSchnurbein, Germania 64, 1986, 409 ff – J-SKühlborn, HSchardt, GSchwitalla, Ausgrabungen und Funde in Westfalen-Lippe 4, 1987, 125 ff

Stadtmuseum
Abb 305

Jahnstr 31. Öffnungszeiten: Mi 15–17, Sa 9.30–12, So 10–12 Uhr
In den Räumen einer Schule wurde 1964 von der Gemeinde Oberaden eine »Heimatstube« eingerichtet, aus der sich das heutige Stadtmuseum entwickelte. Das Museum verfügt neben einigen Funden aus dem Römerlager Oberaden und Fundstücken der Vor- und Frühgeschichte auch über eine geologisch-mineralogische Sammlung sowie eine volkskundliche Abteilung, die vor allem den vom Bergbau geprägten Menschen des Industriezeitalters gewidmet ist.
Aus dem Legionslager Oberaden stammt ein im Jahre 1957 zufällig geborgener kleiner augusteischer Hortfund. Dieser bestand aus einigen

Abb. 305 Bergkamen-Oberaden. Zierscheibe mit Hundedarstellung. Silber, vergoldet. – Dm. 5,5 cm. 11–9/8 v. Chr. (Bergkamen, Stadtmuseum)

Münzen, einer silbernen Phalera (Orden) und einem silbernen Gefäßgriff. Ein Holzpilum aus den Vorkriegsgrabungen, ein zur Hälfte erhaltenes, hölzernes Weinfaß vom W Vorgelände des Legionslagers (*canabae?*) und mehrere Gelegenheitsfunde vermitteln in Verbindung mit Karten, Grabungsfotos und Texten eine Vorstellung von der Präsenz röm Truppen auf dem Burghügel von Oberaden. – Das Lackprofil eines röm Spitzgrabens stammt vom Feldlager Haltern.   Kü

Lit: Stupperich 16 f

Bielefeld   BI

Naturkundemuseum

Kreuzstr 38. Öffnungszeiten: Nach Vereinbarung

Stadtarchiv: Rohrteich 19. Öffnungszeiten: Mi 15–18, So 10–13 Uhr

Das Museum der Stadt Bielefeld beherbergt einige röm Importstücke aus germ Siedlungs- und Grabzusammenhängen der mittleren Kaiserzeit. Besonders erwähnenswert sind Grabungsfunde aus dem Gräberfeld von Veltheim, darunter auch verschiedene Metallgefäße (→ Dortmund). Im Bielefelder Stadtarchiv (Stadtgeschichtliche Ausstellung) sind zudem in Kopien röm Funde aus dem germ Gräberfeld von Bielefeld-Sieker, ua eine Terra-Sigillata-Schüssel und ein Spruchbecher des 3. JhnChr ausgestellt.   Ho

Lit: Stupperich 17 f

Billig → Euskirchen
Birten → Xanten

Blankenheim   EU

Kreismuseum

Ahrstr 57. Öffnungszeiten: Di–Fr 10–12, 14–17, Sa 14–17, So 11–13 u 14–17 Uhr

Das in mehreren historischen Gebäuden untergebrachte Museum zeigt in seinen Schausammlungen unter anderem archäologische Zeugnisse aus dem Kreis Euskirchen. Einen besonderen Schwerpunkt bildet das Fundmaterial – vor-

nehmlich Architekturteile – aus der nahegelegenen röm *villa rustica* in → Blankenheim-Hülchrath.   Ho

Lit: Chrobaczek 40 f

Blankenheim-Ahrmühle   EU

Römische Grabanlage

An der Straße nach Ripsdorf, ca 300 m SW von Ahrmühle (Flur »Gilgenbenden«) liegt ein langgestreckter O-W-orientierter ▶ Hügel (L ca 50 m, B ca 17 m, H noch ca 1,5 m). Es handelt sich um eine röm Grabanlage (zwei ehem dicht beieinander liegende Grabhügel?), die möglicherweise mit einer nahen *villa rustica* in Verbindung gebracht werden kann. 1930 wurde bei Ausgrabungen eine Brandbestattung mit entsprechenden Beigaben (Keramik, Glas: Ende 1. / Anfang 2. JhnChr) angeschnitten.   Ho

Lit: JOelmann, BJb 136/137, 1932, 284 Nr 9

Blankenheim-Hülchrath   EU

Römischer Gutshof
Abb 99, 306–308

Der bekannte röm Gutshof ist weitgehend untersucht.

Die ersten Ausgrabungen in der Flur »In den Alzen« führte 1894 C. Koenen durch. Da vor allem das Hauptgebäude außergewöhnlich gut erhalten war, wurde das Gelände aufgekauft und die Mauern restauriert. Weil Witterung und Besucher die konservierten Mauern gleichermaßen gefährdeten, wurden 1914 ▶ das Herrenhaus (A) und seine Vorgängerbauten komplett freigelegt und die Ergebnisse zwei Jahre später bereits veröffentlicht. Diese Veröffentlichung setzte für die Erforschung röm Gutshöfe neue Maßstäbe. Die Villa von Blankenheim wurde immer wieder als Vergleich herangezogen und diente als Vorlage für Rekonstruktionen.Erst 1930 konnten die unterbrochenen Grabungen wieder aufgenommen werden. 1930 und 1931 legte wiederum F. Oelmann vier Nebengebäude (B, D–F) frei, die in ihren Konturen bereits durch ältere Untersuchun-

gen bekannt waren, desgleichen die Hofumfas-
sungsmauer. Finanzierungsprobleme und Widerstand der Eigentümer veranlaßten Oelmann, die
Ausgrabungen vorzeitig abzubrechen. So blieben
die beiden Nebengebäude G und H, die bereits
C. Koenen grob sondiert hatte, bis heute unerforscht. Der röm Gutshof von Blankenheim ist
heute als archäologisches Bodendenkmal in die
Liste der geschützten Bodendenkmäler eingetra-
gen; damit sind weitere Untersuchungen sichergestellt.

Die *villa rustica* ist ein langrechteckiger Gutshof-
komplex (L knapp 250 m, B 120 m) und zieht sich
an einem stark nach O abfallenden Hang hinunter
bis zur Sohle eines flachen Bachtals. Die obere
Umfassungsmauer liegt bei 520 m, die untere bei
490 m NN, damit beträgt das durchschnittliche
Gefälle 12%.

Die Struktur des Gutshofes zeigt, daß er ganz offensichtlich in einem Zuge geplant wurde. Im
oberen Hangbereich war der (Nutz-)Garten angelegt; hieran schloß sich das Herrenhaus an. Parallel zur Hauptachse standen zwei Häuserreihen
mit insgesamt sechs einander gegenüberliegenden
Nebengebäuden. Die Gesamtanlage war mit einer Steinmauer (B 0,80 m) eingefaßt. Auch im Innern des Gutshofs wurden vier langgezogene
Mauern entdeckt; jeweils zwei erstreckten sich
parallel in N-S bzw in W-O-Richtung. Die Bedeutung dieser Mauern wurde durch die Ausgräber nicht angesprochen. Jedenfalls ist auffällig,
daß wir offensichtlich keine aufgehenden, die
Sicht behindernden Mauern vor uns haben. Vermutlich war der gesamte Gutshof wegen der abschüssigen Hanglage terrassiert; hierbei könnten
diese inneren Mauern als Stützmauern gedient
haben. Diese Erklärung würde gut mit dem Verlauf der Höhenlinien übereinstimmen.

Die Baugeschichte des Herrenhauses (A) wurde
von Oelmann geklärt. Er konnte insgesamt drei
Bauperioden unterscheiden, wobei innerhalb einer Bauperiode jeweils Um- bzw Anbauten vorgenommen wurden. Das erste Herrenhaus (Periode I) war ein symmetrischer Bau (L 48,30 m,
B 16,80 m) mit Portikus und Eckrisaliten im O.
Der Haupteingang führte über die mittlere Porti-
kustreppe. H. Mylius zeichnete eine Rekonstruktion des Hauses. Aufgrund der Portikussäulen-
höhe ist gesichert, daß die Portikus sich mit einem

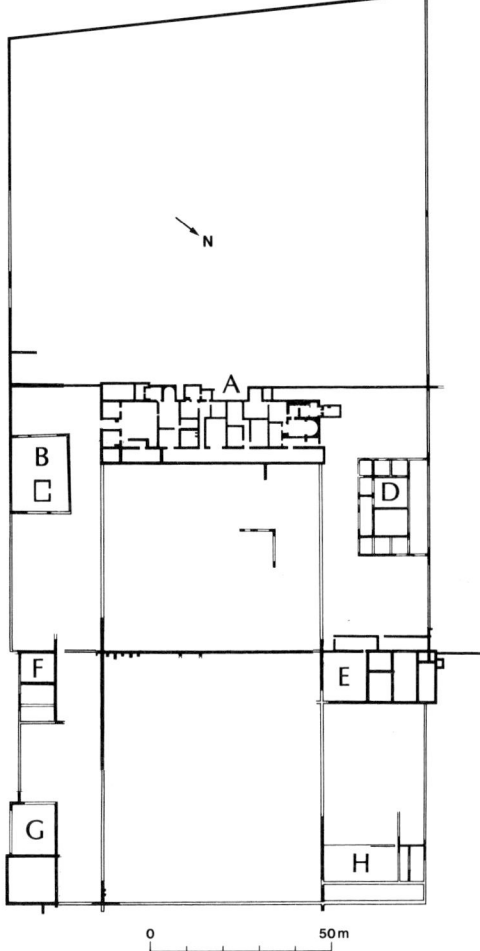

*Abb. 306   Blankenheim-Hülchrath. Villa
rustica. Gesamtplan (Periode III). A Herrenhaus, B, D–H Nebengebäude*

Pultdach an die Gebäudewände anlehnte. Die Be-
dachung der Hakenflügel mit den Eckrisaliten
überragte das Pultdach ein wenig. Vermutlich
war das Dach des Zentralraums noch ein wenig
höher gezogen, allerdings gibt es keine Hinweise
für eine Zweigeschossigkeit. Dieser Bau wurde
Ende des 1. JhnChr errichtet und bestand bis in
die Mitte des 2. JhnChr. Ein völliger Neubau (Periode II) wurde durch ein Schadfeuer notwendig.

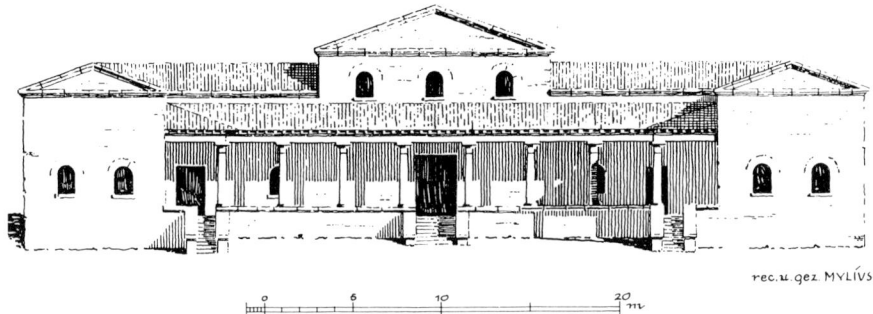

Abb. 307   Blankenheim-Hülchrath. Villa rustica. Hauptgebäude (Ostfront; Periode I).
Rekonstruktion H. Mylius

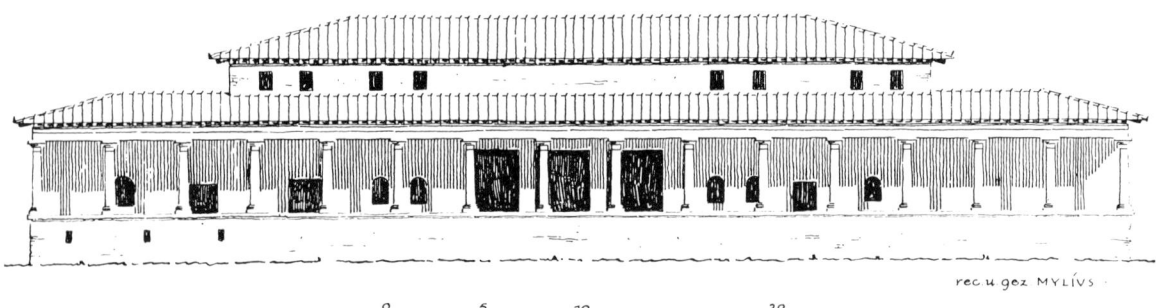

Abb. 308   Blankenheim-Hülchrath. Villa rustica. Hauptgebäude (Ostfront; Periode II).
Rekonstruktion H. Mylius

Besonders auffällige Veränderungen kennzeichnen jetzt die O-Front. Die Portikus – mit einem neuen Haupteingang am N-Ende – wird durchgezogen, die Eckrisaliten verschwinden. Im N-Flügel richtete man ein Bad ein, das im wesentlichen bis zur Aufgabe des Hofes erhalten blieb. Die Rekonstruktion von H. Mylius zeigt für diesen Bauzustand eine langgestreckte Portikus mit einem Pultdach, das den größten Teil der Räume bedeckte. Der innere Haupttrakt des Gebäudes hatte jedoch ein höher aufliegendes Dach, für diesen Bereich muß Zweigeschossigkeit angesetzt werden. Ins 3. Jh. fällt der letzte bedeutende Um-

bau (Periode III) des Haupthauses. Bedingt durch größeren Wohnbedarf und erhöhten Komfort nahm man größere Veränderungen vor. So wurde zunächst im S eine neue Flucht von Räumen angelegt und der Haupteingang nach dort verlegt. Auch die W-Front wurde durch Anbau mehrerer Räume erweitert. Der große Mittelsaal wurde parzelliert und der Mitteltrakt beheizbar gemacht. In dieser Form bestand das Gebäude bis in das 4. Jh. Das Ende des Herrenhauses kündigte sich an. Die Heizungsanlagen verfielen und die Türen und Fenster wurden teilweise vermauert. Offensichtlich nutzte man zu dem Zeitpunkt das

Haupthaus nicht mehr nur zu Wohnzwecken. Der Münzspiegel, der mit mehreren Exemplaren mit Magnentius (351/353) abbricht, zeigt, daß das Gebäude kurz nach der Mitte des 4. Jh aufgelassen wurde. Der Grund für die Aufgabe mag in den Ereignissen von 355/356 zu suchen sein, allerdings gibt es keine Hinweise für eine gewaltsame Zerstörung.

Die Nebengebäude (B, D–H) sind weit weniger als das Haupthaus bekannt, zudem waren sie erheblich schlechter erhalten. Das kleine einzellige Gebäude B war von einem größeren Mauergeviert umgeben. Seine genaue Funktion ist unbekannt, doch könnte es als Cella mit der Kultausübung in Verbindung gestanden haben. Das Gebäude D wurde mehrfach um- und ausgebaut. Ursprünglich war es ein einräumiges Haus mit Herd und Schmelzofen für Eisenerze. Später baute man es zu Wohnzwecken um und versah es mit einer Fußbodenheizung. Gelegentlich wird dieses Haus als »Verwaltergebäude« bezeichnet, doch könnte hier auch Gesinde gewohnt haben. Gebäude F ist im Innern dreigeteilt. Sein Ausgräber Oelmann sprach es wegen einer Steinpackung mit aufliegender Tenne als Scheune an. Diesem Gebäude gegenüberliegend wurde ein weiteres Haus (E) ausgegraben. Die komplizierte Baugeschichte ist wegen des schlechten Erhaltungszustandes nur lückenhaft nachzuzeichnen. Anfangs bestand offensichtlich ein größerer Raum mit mehreren Feuerstellen, der in seiner Benutzung verschiedentlich umgebaut wurde. Umlaufende Lauben wie Feuerstellen scheinen darauf hin zu deuten, daß auch dieses Gebäude bewohnt war. Die beiden Gebäude G und H sind quasi unerforscht. Zwar wurden von C. Koenen einige Raumfluchten ermittelt, doch liegen weder zur genaueren Datierung noch zur Funktion gesicherte Erkenntnisse vor.

400 m NW der *villa rustica* zeichnet sich noch heute im Gelände sichtbar ▶ die Trasse einer Römerstraße ab, die bei Schmidtheim von der großen Fernstraße *CCAA*-Köln/*Augusta Treverorum*-Trier ausgehend nach *Bonna*-Bonn führte.

Ku

Lit: FOelmann, BJb 123, 1916, 210 ff – ders, BJb 136/137, 1932, 281 f, 312 f – HMylius, BJb 138, 1933, 11 ff – WJanssen, FVFD 26, 1974, 94 ff

Bochum BO

Stadthistorische Sammlung

Hattingen, An der Kemnade 10. Öffnungszeiten: Di 9–15, Mi–Fr 13–19, Sa u So 11–18 Uhr
Im Stadtgebiet Bochum (ua in Hiltrop, Riemke und Harpen) wurden vornehmlich in den 60er Jahren mehrere germ Siedlungen der mittleren und späteren Kaiserzeit angeschnitten und archäologisch untersucht. Das Fundmaterial bestand teilweise aus röm Importgut (Keramik, Glas, Bronze) des 2.–4. JhnChr; es wird heute in der stadthistorischen Sammlung des Museums Bochum aufbewahrt. Ho

Lit: KWilhelmi, BAW 11, 1967, Nr 2–3 – KBrandt ua, BAW 12, 1970, 122 ff Tafel 46 ff – Stupperich 22

Deutsches Bergbau-Museum

Am Bergbau-Museum 28. Öffnungszeiten: Di–Fr 8.30–17.30, Sa, So 9–13 Uhr
In der historischen Abteilung des Bergbau-Museums werden einige Aspekte des röm Bergbaus angesprochen und dokumentiert. Im Mittelpunkt steht dabei das Kupferbergwerk in Wallerfangen/Saarland (Aemilianus-Stollen), das im 3. JhnChr betrieben wurde. Bei der Entwicklung des Gezähes, zB Kreuzhacke, Hacke, Beil, Keil oder der Grubenlampe, werden auch röm Fundstücke gezeigt. Leider stammen die wenigsten davon aus dem Rheinland. Besondere Aufmerksamkeit verdient allerdings ein fragmentiertes Sandsteinrelief aus Linares/Spanien (3. JhnChr); es handelt sich um die bislang einzige röm Darstellung von Bergarbeitern, die wir kennen. Interessant ist auch die geologische Abteilung. Bei der Dokumentation der Erzlagerstätten in Deutschland wird immer wieder auf die Bedeutung der N-Eifel in röm Zeit hingewiesen. Ho

Lit: HGConrad, Deutsches Bergbau-Museum Bochum, 1978 – Stupperich 19

Bonn   BN

Römische Besiedlung

Abb 128, 182–184, 192, 198, 223, 227–231, 241, 242, 245, 309–320

Die röm Besiedlung des Bonner Gebietes erstreckte sich zwischen dem Augustusring im N und der Gronau im S, der heutigen Bundesbahnlinie im W und dem Rhein im O. Dieser Bereich der Niederterrasse liegt über 60 m üNN und ist auch bei größeren Überschwemmungen hochwasserfrei.

Die Ansiedlung lag im südlichsten Bereich der Köln-Bonner Bucht am Übergang zum Mittelrheintal. Im W lag die Ville, im O auf der anderen Rheinseite die Ausläufer des Siebengebirges. Auf der gegenüberliegenden Flußseite mündete die Sieg in den Rhein. Zusätzlich zu dieser ausgeprägten Aulandschaft der beiden Flüsse bestanden in Bonn noch diverse alte Flußarme, die Gummen. Sie waren entweder mit Altwasser gefüllt oder liefen bei den alljährlichen Hochwassern voll. Im Bereich der heutigen Bundesbahntrasse befand sich solch ein Altarm des Rheins. Die röm Ansiedlung lag also relativ geschützt auf einer Art Halbinsel, die nach O vom Rhein und nach W von diesem Altwasser begrenzt war. Nach S auf Godesberg zu bestand eine schmale Landverbindung. Im N nach Köln hin wurde der Weg wiederum durch einen Gummenarm versperrt. Die röm Ansiedlung wurde zum einen durch die Lage im Rheintal und zum anderen durch die große S-N-Straße von Mainz nach Köln (Limesstraße) geprägt. Im N überquerte dieser Straßenzug wohl mit Hilfe eines Knüppeldammes die Gumme im Bereich der heutigen B 9. Die heutige Kölnstr zeigt noch deutlich die alte röm Straßenführung. Wahrscheinlich führte die Limesstraße dann durch die Bonngasse über den Markt und die Stockenstr wieder zur B 9, der heutigen Adenauerallee. Die heutige Bundesstraße folgt dann nach S weiter der Trasse der alten röm Limesstraße. Im Bereich von Bonn spiegelt die Limesstraßenführung allerdings auch mehrere zeitlich aufeinanderfolgende Trassenverlegungen wider.

Die älteste Straße war sicher die der heutigen Straßen von S nach N: Adenauerallee (B 9), Belderberg, Sandkaule, Römerstr. Zwischen Belderberg, Kennedybrücke, Kapuzinerstr und Rhein lag die älteste Bonner Ansiedlung aus vorröm Zeit. Wegen des ersten röm Lagers in diesem Bereich (Universität, Bertha-von-Suttner-Platz, Markt, Rhein) mußte die röm Durchgangsstraße verlegt werden. S der Universität, vor dem heutigen Hotel Königshof, bog die Straße spitzwinklig nach NW ab, die heutige Stockenstr folgt dieser alten Trasse. Der weitere Verlauf ist unsicher, wird aber wohl über den Markt und weiter im Bereich der Wenzelgasse – Sandkaule und Römerstr zu suchen sein. Der Bau des Legionslagers im N-Teil des röm Siedlungsplatzes Bonn brachte eine erneute Verlegung der Limesstraße mit sich. Die Haupttrasse wurde jetzt in den Bereich der heutigen Bonngasse und Kölnstr verlegt, die spitzwinklig vor der ehem SW-Ecke des Legionslagers nach NW abbiegt. Im modernen Bonner Straßennetz haben wir also noch zwei ganz charakteristische Straßenführungen (Stockenstr, Kölnstr/Johanniskreuz), die auf die röm Zeit zurückführen.

In vorröm Zeit gehörte das Gebiet um Bonn zu dem Siedlungsraum der Eburonen, eines linksrheinischen Germanenstammes. Bei der Eroberung Galliens durch Julius Caesar wurde dieser Stamm 53–51 vChr ausgerottet. In den Siedlungsleerraum siedelte ab 38 vChr Agrippa den germ Stamm der Ubier an, der vorher im Bereich des Lahn-/Mittelrheintals gelebt hatte.

Der röm Name Bonns – *Bonna* – geht sicher auf einen einheimisch-keltischen Namen einer vorröm Siedlung zurück. Seit kurzem haben wir sichere Hinweise auf solch eine kleine einheimische Ansiedlung im Bonner Raum. Bei den Ausgrabungen 1983 vor dem Theater zwischen Belderberg und Rheinufer fanden sich Siedlungsreste und ein einheimischer Töpferofen. Anhand der Keramik können wir den Siedlungsbeginn in die Zeit zwischen 30 und 20 vChr ansetzen. Die Keramik, die in dem Töpferofen hergestellt wurde, war allerdings schon stark romanisiert. Es wurden zweihenklige Krüge gebrannt, die im Formenspektrum der vorröm Eisenzeit unbekannt sind. Hier ist also schon der Einfluß der röm Kultur festzustellen; wie ja überhaupt diese Ubierumsiedlung nur unter dem Aspekt Absprache mit den Römern gesehen werden kann.

Abb. 309 Bonn. Spätlatènezeitlicher Töpferofen. Reste der Tenne. Ausgrabungen des Rheinischen Landesmuseums Bonn 1983

In diese Ansiedlung wird zwischen 16 und 12 vChr eine kleinere röm Militäreinheit verlegt. Diese hatte sicher eine ähnliche Aufgabe wie die Truppe, die zu derselben Zeit in Neuss lag: Erkundung des Umlandes, besonders des germ besiedelten rechtsrheinischen Teils des niederrheinischen Tieflandes, im Vorfeld der geplanten Offensive nach Germanien.

In der Zeit zwischen 12 vChr und Chr Geburt können wir im Bonner Raum keine Truppenstationierung feststellen. Erst um Chr Geburt entstand zwischen Bertha-von-Suttner-Platz und Universität ein kleines Lager, dessen Truppe wir aber nicht kennen. Möglicherweise haben wir es hier zuerst mit einer aus Legionären und Auxiliaren gemischten Einheit zu tun. Dieses Lager wurde in der Zeit bis 30/40 nChr mindestens einmal umgebaut. Zuletzt lagen hier möglicherweise eine Infanterie- und eine Kavallerieeinheit, die *cohors I Thracum* und die *ala Frontoniana*. Die Lagervorstadt befand sich wahrscheinlich zT im hochwassergefährdeten Bereich zum Rhein hin und wohl auch S der heutigen Universität.

Wie oben erwähnt, mußte infolge des Lagerbaus die alte Limesstraße um das Lager herumgeführt werden. Der alte Straßenzug bestand innerhalb des Lagers weiter (Belderberg) als Lagerhauptstraße (*via principalis*). Außerhalb des Lagers wurde zwischen Rheinufer und Adenauerallee im Bereich N der ersten Fährgasse um 15 nChr ein größeres Gebäude errichtet, das vom Militär bewirtschaftet wurde. Die Truppe bestattete ihre

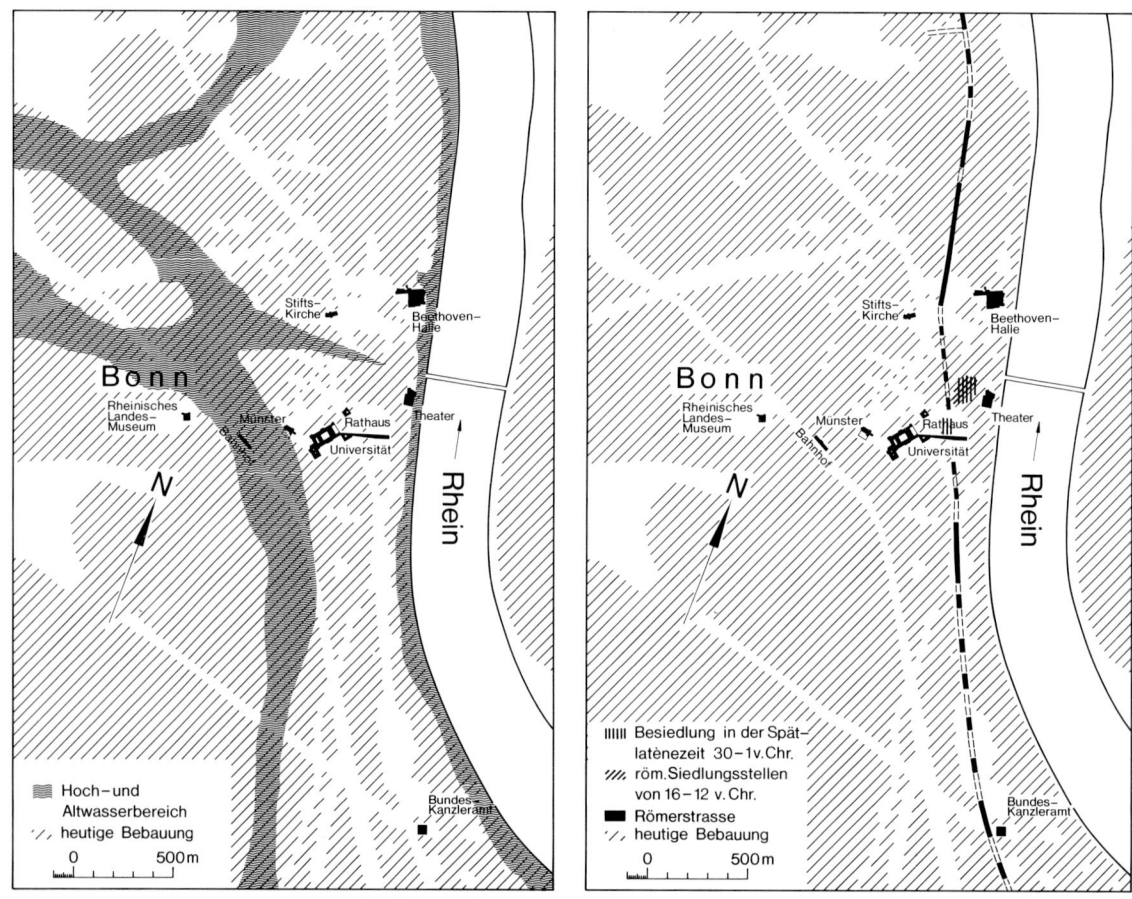

Abb. 310   *Bonn. Hoch- und Altwasserbereiche (Gummen) im Stadtgebiet*
Abb. 311   *Bonn. Spätlatènezeitliche und römische Siedlungsstellen (16–12 v. Chr.) im Stadtgebiet*

Toten entlang der Limesstraße nach S, also S der ersten Fährgasse.

Nach Auflösung des Kölner Doppellegionslagers zwischen 30 und 40 nChr kam die *legio I (Germanica)* nach Bonn. Da der Platz im S Teil des röm Siedlungsgebietes zu klein war, um ein → Legionslager hier zu errichten, wurde das neue Lager N davon gebaut und das kleine Lager aufgelöst. Der Platz wurde vorerst nicht wieder besiedelt. Es gab also in Bonn kein Auxiliarlager gleichzeitig mit dem Legionslager.

Die Lagervorstadt des Legionslagers (*canabae legionis*) wurde zwischen Rosental und dem Bertha-von-Suttner-Platz angelegt. Hier lebten Handwerker mit ihren Familien, die für die Legion arbeiteten. Ebenfalls in der Lagervorstadt siedelte sich jetzt auch die einheimische Bevölkerung an, dazu ließen sich hier Kaufleute und

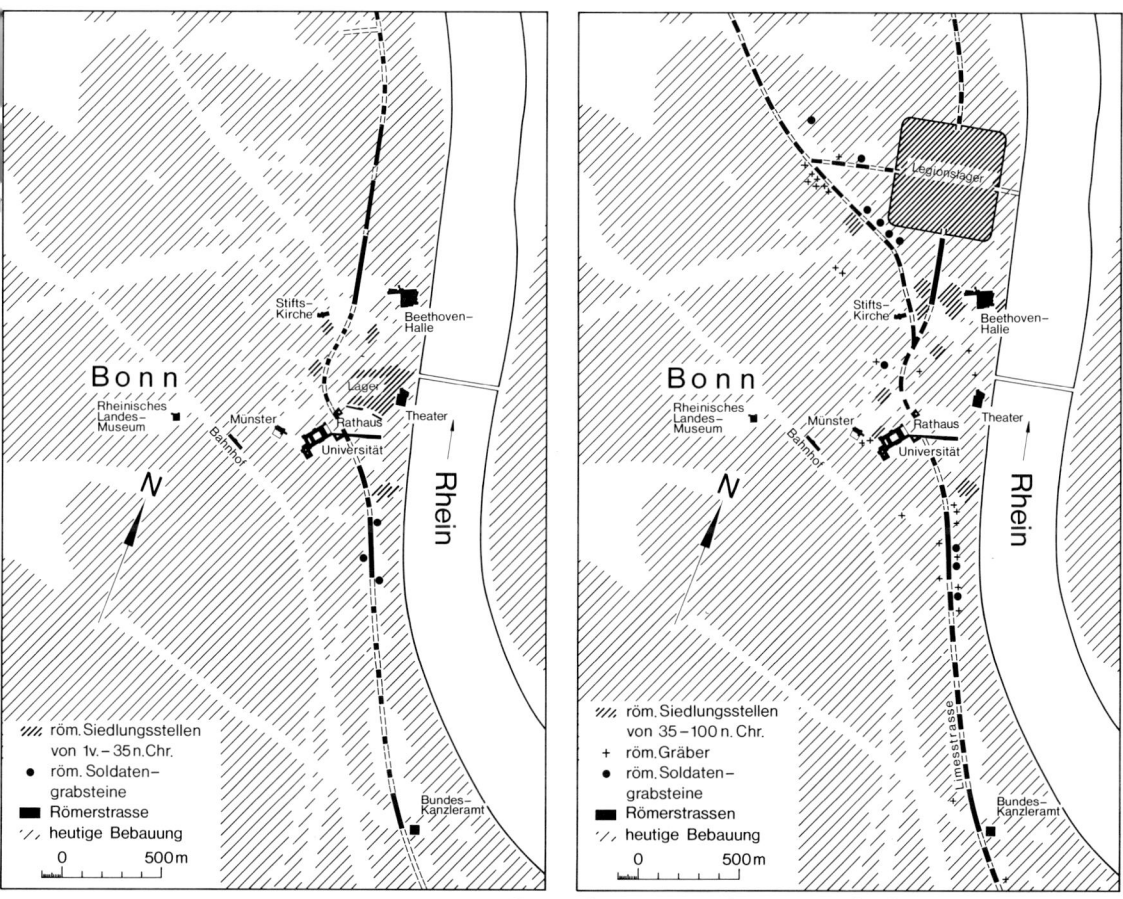

Abb. 312   Bonn. Frührömische Siedlungsstellen und Bestattungsplätze im Stadtgebiet
(1 v. Chr.–35 n. Chr.)
Abb. 313   Bonn. Römische Siedlungsstellen und Bestattungsplätze im Stadtgebiet
(35–100 n. Chr.)

Wirte nieder. Wichtig waren für die Soldaten auch eine genügend große Anzahl von Frauen, die aus keiner röm Lagervorstadt wegzudenken sind. Diese Siedlung erstreckte sich in lockerer Form entlang der alten Limesstraße nach S. Um das Lager herum befand sich ein ungefähr 200 m breiter, siedlungsleerer Streifen als Schußfeld für die Besatzung.

Bestattet wurde jetzt auch an der nach Köln führenden Limesstraße. Ebenfalls S der *canabae legionis* befanden sich im Bereich N des Bertha-von-Suttner-Platzes Gräber dieser Zeit in lockerer Streulage. Die militärische Anlage zwischen Universität und erster Fährgasse bestand weiter. S hiervon erstreckte sich dann das Gräberfeld an der Straße nach Mainz. Innerhalb dieses Gräberfelds standen immer wieder größere Bauwerke, die meist vom Militär errichtet wurden und deren

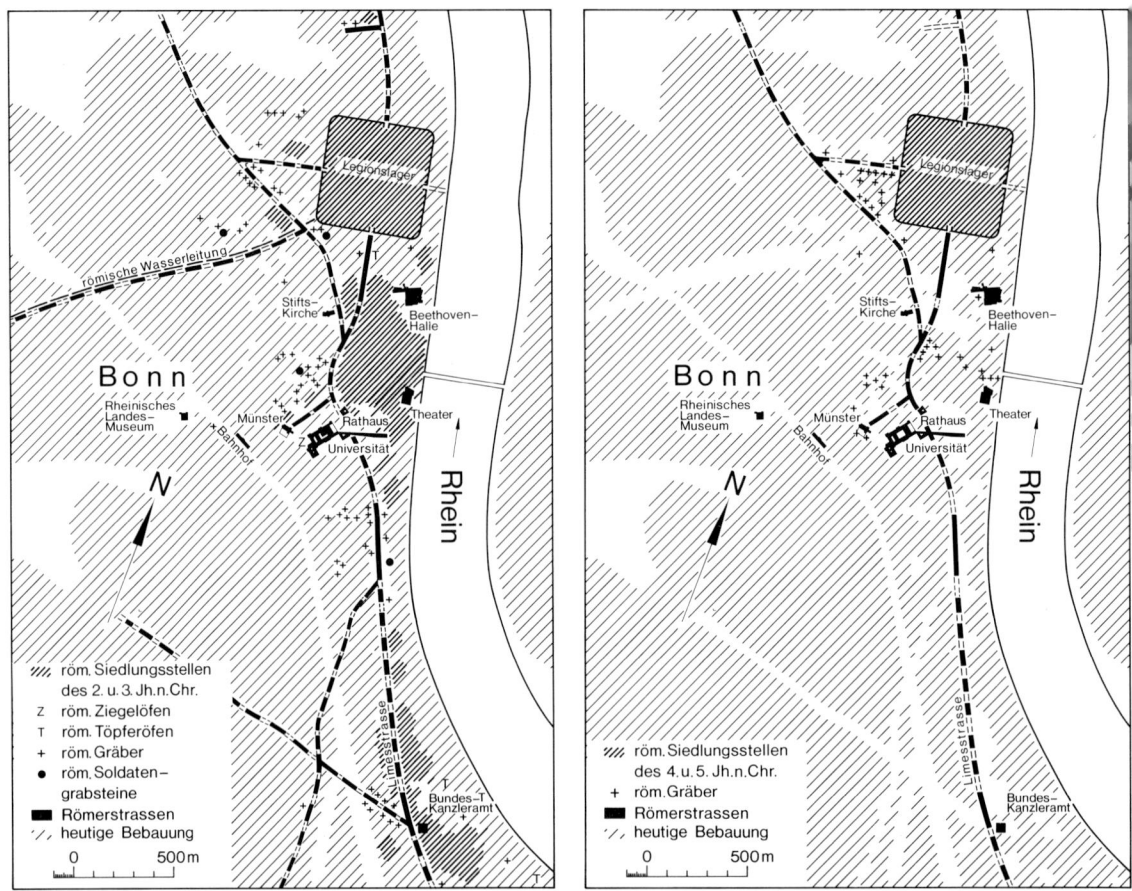

*Abb. 314   Bonn. Mittelkaiserzeitliche Siedlungsstellen und Bestattungsplätze im Stadtgebiet
(2./3. Jh. n. Chr.)*
*Abb. 315   Bonn. Spätantike Siedlungsstellen und Bestattungsplätze im Stadtgebiet
(4./5. Jh. n. Chr.)*

Bestimmung wir nicht kennen. Bis 69 nChr bestanden außer diesen hier angesprochenen Siedlungen (Lager und Lagervorstadt) keine weiteren
im Bonner Raum.

In den Prätendentenkämpfen nach dem Tode Neros (68 nChr) stand die *legio I* aus Bonn auf seiten
von Vitellius, des niedergerm Statthalters. Für
den Italienzug des Vitellius gab die *legio I* Mannschaft ab, die Haupttruppe blieb aber in Bonn.
Vor den Mauern Bonns, wahrscheinlich im Be

reich S des Bertha-von-Suttner-Platzes kam es zu
einem Kampf mit acht aufständischen Bataverkohorten, ehem Hilfstruppen von Vitellius, die
mit nach Italien gezogen waren. Die Legion verlor diesen Kampf und mußte sich in das Lager zurückziehen. Die Bataverkohorten marschierten
weiter nach N in ihr Stammland NW von Nijmegen. Dort brach dann auch wenig später der Bataveraufstand aus. Infolge dieses Aufstandes wurde
das gesamte Rheinland verwüstet, auch die Bon

Abb. 316 Bonn. Aschenkiste mit Darstellungen von Spielsteinen. Blei. – H. 29,5 cm. 3. Jh. n. Chr. (RLM Bonn)

ner Garnison ging mitsamt ihrer Lagervorstadt in Flammen auf.

Ebenso wie das → Legionslager wurde auch die Lagervorstadt neu erbaut. Die vermuteten Stein-bauten waren sicher in den meisten Fällen nur Fachwerkbauten mit Steinfundament.

Da wir seit 70 nChr für ungefähr 200 Jahre keinerlei militärische und politische Unruhen in diesem Gebiet verzeichnen, konnte sich die Garnisonsstadt Bonn kontinuierlich entwickeln. Die Lagervorstadt dehnte sich weiter nach S aus, bis hin zu dem heutigen Hotel Königshof (Bereich erste Fährgasse). Die Bebauung war nicht sehr dicht, es gab häufig Stellen, die unbebaut waren und auf denen vielleicht das Vieh weidete.

Um 85 nChr wurden die ehem germ Militärbezirke in Provinzen umgewandelt. Hand in Hand damit ging eine Verbesserung der Infrastruktur des Gebietes. Die Truppe mußte jetzt aus dem Umland ernährt werden. So etablierte sich in dieser Zeit S des S Gräberfeldes (zwischen Auswärtigem Amt – Bundeskanzleramt und Gronau) ein Zivilvicus, eine Art Handwerkerdorf. Nachgewiesen sind Töpfer, Ziegler, Schlachter und Buntmetallschmiede. Das Gräberfeld dieses Weilers erstreckte sich von der Schedestr bis zur Reu-

Abb. 317 Bonn. Legionslager. Reste eines Getreidespeichers (horreum). Ausgrabungen des Rheinischen Landesmuseums Bonn 1960

terstr, teilweise aber auch in Streulage. An Heiligtümern kennen wir dort nur ein Mithräum.

Seit dem Ende des 1. JhnChr entstanden im Bonner Umland Gutshöfe (zB in Auerberg, Buschdorf, Endenich, Friesdorf ua), die für die Truppen Getreide, Fleischvieh und Gemüse produzierten.

Das Heer besaß ebenfalls Weideland, allerdings auf der anderen Rheinseite im Bereich der Siegauen. 1970 fand sich bei der Gemeinde Menden, etwa 4 km vom Rheinufer entfernt, ein röm Grenzstein, auf dem von einer Weidelandvergrößerung die Rede ist. Der Stein datiert in die Zeit zwischen Ende des 2. und Mitte des 3. Jh.

Auf die Wirtschaftskraft der einzelnen Gutsbesitzer im Bonner Umland deutet der Neufund eines Muschelkalksarkophags in Buschdorf hin. Dieser Sarkophag ist der älteste bislang bekannte aus Bonn. Er wird durch eine stempelfrische Münze mit dem Bildnis der Faustina II. sowie Keramik in die Zeit zwischen 170/180 nChr datiert. Der Tote mußte das Geld für den 5,5 t schweren Sarkophag als Heereslieferant verdient haben.

Überall in den *canabae legionis*, den Gräberfeldern und auch im Zivilvicus fanden sich verstreut Militärbetriebe. Diese Betriebe töpferten, ziegelten und verarbeiteten Buntmetall. Auch reine Ausbesserungsbetriebe für das Militär sind hier feststellbar. Solch eine Ausbesserungswerkstatt bestand zwischen 110 und 140 nChr am sog Bonner Berg (heute Finanzministerium).

Ab Mitte des 2. Jh können wir im Bereich des heutigen Münsters am W-Ufer des Altrheins (Gumme) ein Heiligtum der *Matronae Aufaniae* und des *Mercurius Gebrinius* nachweisen. Bei den Ausgrabungen in den 20er Jahren kamen neben 36 Weihesteinen für die Aufanischen Matronen auch ▶ Reste eines Tempels (Rundbögen, Pilaster, Gesimse) zutage, die heute an Ort und Stelle sichtbar in der Umfassungsmauer des Münsters eingemauert sind. In diesem Tempelbezirk sind auch die Unterweltgötter Pluto und Proserpina sowie der Herkules Magusanus verehrt worden. Aufgrund einer Diana-Nemesis Weihung wird in dieser Gegend auch das bislang nicht gefundene Bonner Amphitheater vermutet.

Um 200 nChr können wir in den *canabae legionis* eine verstärkte Bautätigkeit beobachten. Im Bereich des frühesten Lagers, der ab ca 100 nChr

nicht mehr besiedelt war, wurden steinerne Gebäude für Truppenwerkstätten errichtet und neue Straßen angelegt. Diese Aktivitäten erfolgten wohl aufgrund einer neuen außenpolitischen Konzeption der severischen Kaiser.

Von den Unruhen der 30er Jahre des 3. Jh war Bonn nicht direkt betroffen. Dagegen wurden in den Wirren 275 nChr neben Lager und Lagervorstadt auch der Zivilvicus zerstört.

Wiederaufgebaut wurde nur das Legionslager – und zwar in demselben Umfang wie vorher. Der Neubau scheint schon in den 80er Jahren des 3. Jh unter Diokletian erfolgt zu sein. Jetzt standen keine Kampftruppen mehr hier, sondern nur noch Limitaneinheiten – eine Art Grenzmiliz. Die Truppe war immer noch die *legio I Minervia*. Insofern ist anzunehmen, daß diese Einheit auch das ganze 4. Jh über in Bonn stand. Die Soldaten lebten mit ihren Familien im ehem Legionslager. Da die Gutshöfe im Umkreis von Bonn nicht mehr existierten, wurden die Ackerflächen wahrscheinlich von Bonn aus bewirtschaftet. In verstärktem Maße sind jetzt germ Soldaten mit ihren Familien in Bonn festzustellen. Im Bereich der ehem Lagervorstadt wurde jetzt bestattet, auch im Bereich des früher nicht besiedelten Schußfeldes. Das spätantike Gräberfeld erstreckte sich im Bogen S des Lagers vom Rhein bis zum heutigen Münster.

Bei den nächsten großen Germaneneinfällen von 353/355 wurde Bonn auch wieder in Mitleidenschaft gezogen. Die Befestigung wurde wiederum aufgebaut und hat so dann ohne größere Zerstörungen bis in das Mittelalter hinein bestanden. Zur Rheinsicherung müssen wir auch für Bonn einen Stützpunkt auf der rechten Rheinseite annehmen. Dieser wird am ehesten im hochwasserfreien Gebiet im Bereich der heutigen Kirchen von Schwarzrheindorf und Villich vermutet werden können. In beiden Gebieten fanden sich Funde des 4. Jh. Hinzu kommen noch Hinweise aus dem letzten Jh auf eine Rheinbrücke im Gebiet zwischen Legionslager und Kennedybrücke. Zu welcher Zeit diese Brücke – wenn überhaupt – bestanden hat, wissen wir nicht. Auf jeden Fall wurde zur Zeit der röm Besetzung Bonns das gegenüberliegende Flußufer kontrolliert.

Im 4. Jh wurde im Bereich der Münsterkirche eine *cella memoriae* für die christlichen Märtyrer

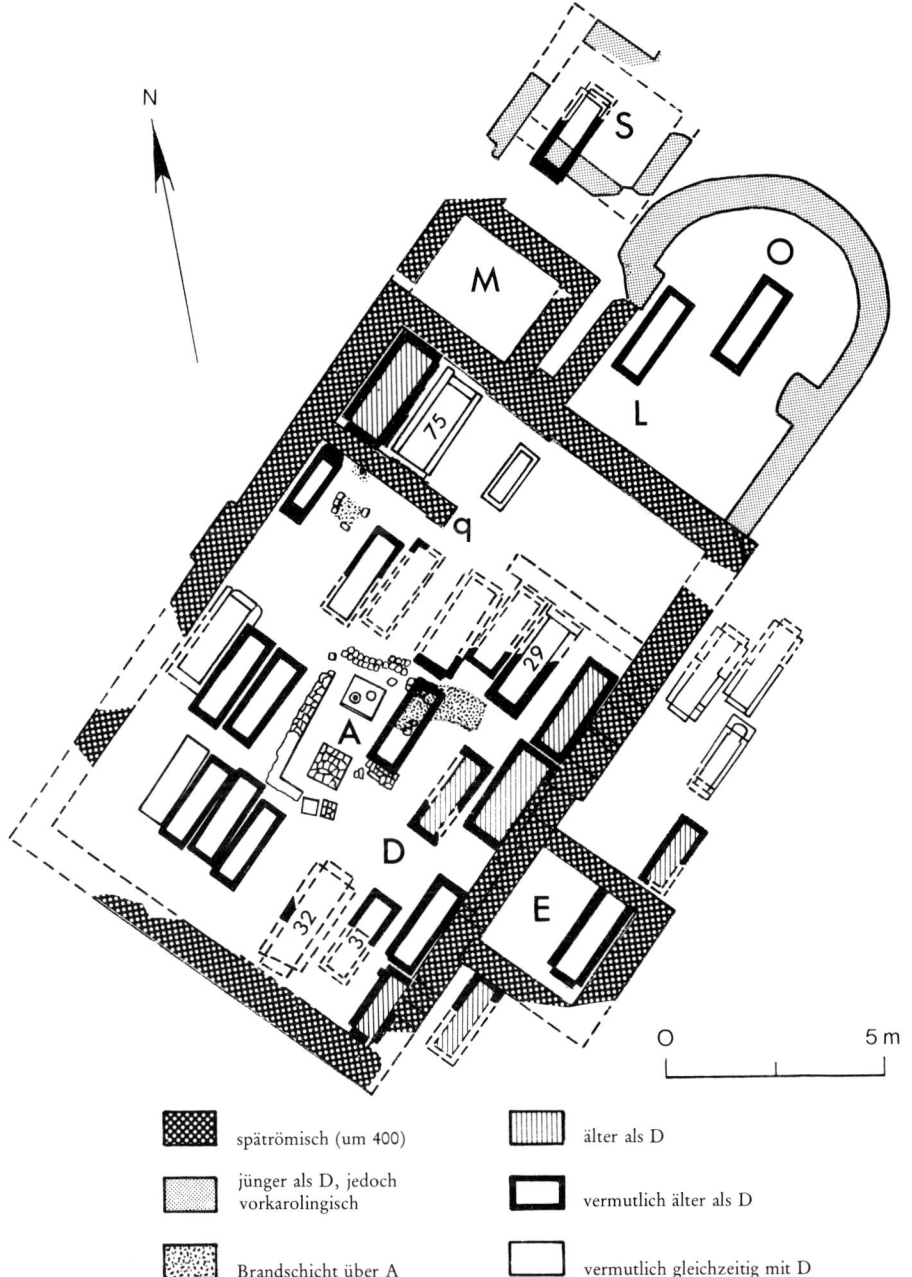

Abb. 318   Bonn. Cella memoriae (A) und ältester Kirchenbau (D) mit Anbauten (E, L, M) und Bestattungen unter dem Münster. q: Chorschranke. O: Späterer Raum mit Apsidenabschluß. S: Späteres Gebäude. – Befundplan nach den Grabungsergebnissen des Provinzialmuseums Bonn 1928–1930

Abb. 319   Bonn. Kreuz aus dem ältesten Kirchenbau unter dem Münster. Marmor, in Wiederverwendung. – L. 0,60 m. Um 400 n. Chr. (RLM Bonn)

Cassius und Florentius errichtet. Die Cella bestand aus einem rechteckigen Bau mit zwei pfeilerartigen Tischen und einer umlaufenden Sitzbank. Sie diente dazu, Gedächtnismahle am Grab der Toten abzuhalten. Ende des 4. Jh wurde über diese Cella eine kleine Saalkirche errichtet, in deren Fußboden ein aus Marmorstücken bestehendes Kreuz eingelassen wurde. Um diese Cella herum, die im S Bereich des spätantiken Gräberfeldes und im ehem Tempelbezirk der *canabae legionis* lag, entstand im Laufe des 5. Jh eine kleine Ansiedlung. In ihr haben wir die Keimzelle des heutigen Bonn vor uns.

Die Siedlung im ehem Bonner Legionslager bestand noch bis in das 10. Jh. Im 9. Jh werden die aufrechtstehenden Mauern noch erwähnt. Erst seit dieser Zeit gewann die Siedlung um das spätere Münster in dem Maße an Bedeutung wie die Ansiedlung im ehem Legionslager an Bedeutung

verlor. Das Areal des Legionslagers blieb bis in dieses Jahrhundert hinein außerhalb des eigentlichen Siedlungsbereichs der Stadt Bonn. Erst Ende des 19. Jh wurde das freie Feld besiedelt.   Ge *Lit:* CBRüger, Reallexikon der germ Altertumskunde 3, 225 ff – MGechter, RheinAusgr 23, 1984, 85 ff

Das Legionslager
Abb 31, 34, 35, 43, 57, 63, 66, 67, 182, 183, 317, 320

Das Legionslager wurde um 30 nChr im N-Teil des hochwasserfreien röm Siedlungsareals von Bonn angelegt. Obwohl dieses Gebiet erst Ende letzten Jh neu bebaut wurde, lassen die modernen Straßenführungen noch das ▶ röm Straßennetz erkennen. Die Straße Rosental im S, Graurheindorfer Str im W und der Augustusring im N sowie der Leinpfad im O zum Rhein hin begrenzen das ehem röm Lagerareal. Im Zuge der heutigen Römerstr verlief die Lagerhauptstraße (*via principalis*). Es hatte einen fast quadratischen Umriß (528 × 524 m), der trotz wiederholter Zerstörungen und anschließendem Neubau nie verändert wurde. Es bot Platz für eine Legion von 6000 Mann und für zwei Hilfstruppen von jeweils 500 Mann.

Die erste Truppe, die in diesem Lager stand und es auch erbaut hatte, war die *legio I (Germanica)*. Zusammen mit ihr lagen noch eine Kavallerieeinheit (*ala Pomponiani* bis ca 43 nChr, *ala Longiniana*, ca 43–69 nChr) und eine Infanterieeinheit (*cohors V Asturum*, bis 69 nChr) hier. Dieses frühe Lager war ein sog Holz-Erde-Lager, dh die Mauer bestand aus einem Holzzimmerwerk mit Erdeinfüllung. Die Gebäude waren zum größten Teil Fachwerkbauten, wobei die bedeutenderen, wie zB Verwaltungsgebäude (*principia*) oder Komandantenhaus (*praetorium*) schon durchaus in Stein errichtet worden sein können. 52–55 nChr wurde nach Ausweis einer steinernen Bauinschrift das Lager umgebaut, allerdings auch wieder in Holz. Im Bataveraufstand (69 nChr) ging dieses Holzlager in Flammen auf. Wohl schon im Jahre 70 begann die *legio XXI rapax* mit dem Neubau des Legionslagers in Stein. Dieser Neubau wurde lt einer Bauinschrift 79 beendet. Zu dieser Zeit lagen mit der Legion noch zwei Hilfstruppen im Lager: möglicherweise die *ala Sulpi-cia* und die *cohors I civium Romanorum equitata*. 83 kam anstelle der *legio XXI rapax* die *legio I Minervia* nach Bonn. Bis 295 ist sie hier als Truppe nachzuweisen. Wir kennen aus späteren Zeiten nicht mehr die Auxiliarbesatzung des Bonner Legionslagers, können aber davon ausgehen, daß auch im 2. und 3. Jh hier noch solche Einheiten stationiert waren. Die *legio I Minervia* verließ Bonn nur, um an den Feldzügen gegen die Daker (101–107) und die Parther (161–166) teilzunehmen. Um 235 können wir aufgrund einer weiteren Bauinschrift einen Umbau belegen, ohne ihn allerdings archäologisch fixieren zu können.

Wohl 275 wurde dieses Legionslager bei den schweren Germanenstürmen zerstört. Der Wiederaufbau erfolgte möglicherweise schon in den 80er Jahren des 3. Jh unter Diokletian, und zwar in der gleichen Größe wie zuvor. Allerdings standen hier jetzt nur noch Limitaneinheiten – eine Art Grenzmiliz. Die Truppe war immer noch die *legio I Minervia*.

353–355 wurde diese spätantike Festung erstürmt und 359 unter Julian wieder aufgebaut. Diese zweite spätantike Bauphase ist bislang archäologisch nicht gefaßt worden. Die Mauern dieses Baus werden noch 848 und 870 ausdrücklich als stehend erwähnt. Abgerissen wurden sie wahrscheinlich erst nach 1244, um Steinmaterial für den Bau der ma Bonner Stadtmauer zu gewinnen. Baulichkeiten außerhalb des Lagers waren die → Wasserleitung und der → Hafen. Die Wasserleitung wurde durch Sickerwasser der Ville gespeist und zog sich W des Hardtberges von Witterschlick über Duisdorf zum Lager hin. Vom Endenicher Hügel bis zum Johanneskreuz verlief sie als Hochleitung, deren Pfeiler noch um 1830 sichtbar waren.

Da wir von den beiden Holzbauphasen des Bonner Legionslagers kaum Spuren fanden, soll hier die besser bekannte erste Steinbauphase beschrieben werden. Vermutlich war das Holzlager ähnlich strukturiert.

Hinter der Steinmauer des Lagers (B 1,5 m) war ein Wall angeschüttet, der den Wehrgang trug. Von dem der Mauer vorgelagerten Grabensystem kennen wir nur Reste des inneren Grabens, wenn es überhaupt einen Doppelgraben gegeben hat.

Türme gab es keine, nur die Tore hatten wahrscheinlich Doppeltürme. Das fast quadratische Lager wurde durch zwei sich kreuzende Straßen, die Lagerhauptstraße (*via principalis*) in N-S-Richtung und die *via praetoria* bzw *decumana* in O-W-Richtung, in vier Quartiere aufgeteilt. Am Kreuzungspunkt lag das Verwaltungsgebäude (*principia*) des Lagers. Die Principia bestanden aus einem größeren Innenhof, der auf drei Seiten von Umgängen mit dahinterliegenden Kammern umgeben war. Auf der vierten Seite befand sich eine große, quergestellte Basilika. Hinter ihr lag das Fahnenheiligtum mit den Legionsstandarten, den Götterbildern und der Zentralkasse der Legion. Die einzelnen Quartiere wurden von Parallelstraßen der *via principalis* in jeweils drei Streifen (*scamna*) aufgeteilt. Der Teil des Lagers, der vor den Principia lag, wurde *praetentura* genannt, derjenige, der dahinter lag, *retentura*. Links neben den Principia erstreckte sich über zwei *scamna* das Lazarett (*valetudinarium*). Es bestand aus einem großen Innenhof, um den zwei Reihen von Kammern angeordnet waren. Damit wurde eine optimale Versorgung mit Luft und Licht gewährleistet. Rechts neben den Principia kann das Legionslegatenwohnhaus (*praetorium*) vermutet werden. Nur Teile der Rückseite sind bislang ergraben worden. Gegenüber den Principia lag das *scamnum tribunorum*, hier befanden sich die Unterkünfte der sechs Stabsoffiziere und des Lagerkommandanten. Von diesen Gebäuden gibt es nur einen Ruinenplan aus dem letzten Jh. Die zehn Kohorten der Bonner Legion verteilten sich in einer 4:2:4 Formation über die Lagerfläche. In der Praetentura lagen im 1. Scamnum vier, in der Retentura im 4. Scamnum (rechts und links der Principia) zwei und im 6. Scamnum wiederum vier Kohorten. Die 1. Kohorte, die einen höheren Sozialstatus als die übrigen hatte, war immer rechts vom Verwaltungsgebäude untergebracht. Kasernen dieser Einheit wurden bislang in Bonn nicht angeschnitten. Dafür wissen wir um so besser über die übrigen Kohortenkasernen zu berichten.

Jeweils eine Kohorte, die aus sechs Centurien à 80 kämpfenden Soldaten bestand, lag in vier Kasernenbauten zusammen. Dieser Komplex bestand aus je zwei Centurien- und zwei Doppelcenturienkasernen. Jeweils zwei Centurien hatten eine

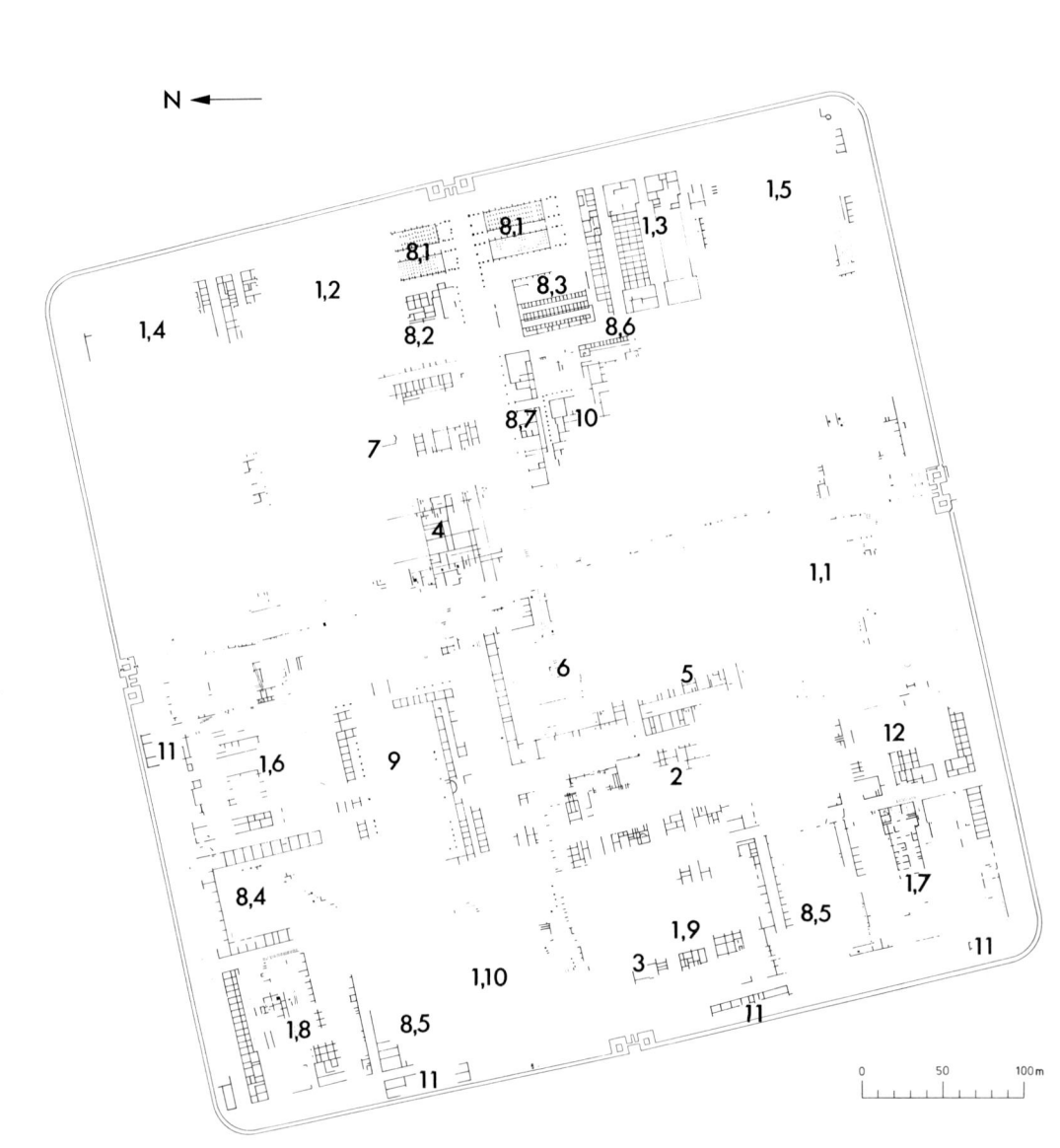

◁ *Abb. 320 Bonn. Legionslager. Plan. Die Zweckbestimmung der Bauten: 1,1–1,10 Kasernen der 1.–10. Kohorte; 2 Immunesunterkünfte; 3 Quartiere (tabernae) der Legionsreiterei; 4 Tribunenunterkünfte; 5 Dienst- und Wohngebäude des Legionskommandeurs (praetorium); 6 Lagerforum (principia); 7 Versammlungsraum (schola) der 1. Kohorte; 8 Wirtschaftsgebäude [8.1 Speicherbauten (horrea), 8.2 Basartyp, 8.3 Magazin, 8.4 Hoftyp, 8.5 Hoftyp?, 8.6 Schmiede (fabrica), 8.7 Werkstätten (tabernae/fabrica)]; 9 Lazarett (valetudinarium); 10 Bad (thermae); 11 Latrinen; 12 Kasernen der Auxiliarkohorte*

gemeinsame Lagergasse. An einem Ende der Kasernen, dem sog Kopf, lagen jeweils die großen Offiziersunterkünfte, bei den Doppelkasernen befanden sie sich an beiden Enden. Die Führer (*centuriones*) einer Centurie hatten in Bonn ca 300 m² Wohnfläche zu ihrer Verfügung. Die Soldaten dagegen mußten sich zu acht eine Unterkunft von 40 m² teilen. Es scheint aber möglich, daß wenigstens der Schlafraum von 20 m² zweigeschossig, somit also 40 m² groß, war. In Bonn betrug die Anzahl der Schlafkammern in den Einzelkasernen 13, in den Doppelkasernen zwölf. Da für die Soldaten nur zehn Kammern benötigt wurden, kann angenommen werden, daß in den übrigen Kammern Mannschaftsdienstgrade lagen. Zusätzlich zu den Kampftruppenunterkünften kennen wir aus Bonn im 5. Scamnum direkt hinter dem Verwaltungsgebäude noch Unterkünfte für die *immunes* (Mannschaftsdienstgrade), die als Ärzte im Lazarett oder als Verwaltungsbeamte in den Principia oder Wirtschaftsbauten eingesetzt wurden. In der Praetentura im 2. Scamnum auf der rechten Seite befand sich das Legionsbad. Von diesem sind mehrere Baderäume angeschnitten worden. Es diente hauptsächlich dem Wohlbefinden der Mannschaften. Die Offiziere hatten in ihren Unterkünften eigene Bademöglichkeiten. Sie verfügten auch über eigene Toilettenanlagen. Im Bereich der Wallinnenstraße (*via sagularis*) befanden sich gegenüber den Kohortenunterkünften die Latrinen für die Mannschaften.

Eine besondere Bedeutung hatten im Bonner Legionslager die Wirtschaftsgebäude. Es sind so viele bekannt, mehr als doppelt soviele wie für den Bedarf der Truppe notwendig waren, daß wir es hier eher mit einem befestigten Magazin als mit einer Festung zu tun haben. Dafür spricht auch der große Hafen, der nur Sinn hatte, wenn Bonn eine zentrale Versorgungsstelle für die niedergerm Armee war. Zum Rheintor (*porta praetoria*) hin lagen vier große Getreidespeicher im 1. Scamnum. Charakteristisch für diese Bauten ist der auf kleinen Pfeilern aufliegende Boden, um eine Unterlüftung des dort lagernden Getreides zu ermöglichen. Gleichzeitig diente dieser Hängeboden als Schutz gegen Mäuse und Ratten.

Dahinter lagen im 2. Scamnum Magazine und ein anderer Wirtschaftsbau. In den sog *tabernae*, zur Straße hin offenen Räumen – den orientalischen Bazaren verwandt –, an der *via praetoria* wurden Glas- und Buntmetallschmelzöfen nachgewiesen, im Bereich des 2. Scamnums, rechts neben dem Bad, wurde eine sog *fabrica*, in der Buntmetall geschmolzen und verarbeitet wurde, ausgegraben. Die anderen Wirtschaftsgebäude konzentrierten sich im hinteren Lagerbereich. Im 5. Scamnum auf der linken Seite lag ein Kammerbau mit einem Innenhof, in dem sich ein Wasserbecken befand. Die beiden anderen Wirtschaftsgebäude lagen jeweils zwischen zwei Kohortenunterkünften im 6. Scamnum in der Nähe des rückwärtigen Lagertors (*porta decumana*).

Zusätzlich zu den Legionskohortenunterkünften können wir im Bereich hinter der 1. Kohorte auf der rechten Seite des 5. Scamnums Unterkünfte einer Auxiliarkohorte nachweisen. Diese Truppe hatte etwas kleinere Unterkünfte für Soldaten und Offiziere, außerdem besaß sie einen eigenen Appellplatz. Da wir aus Bonn diverse Hinweise auf Auxiliarreiter haben, können wir nach einem Beispiel aus Neuss auch solch eine Einheit in Bonn annehmen. Die Legionsreiter waren wohl beidseitig der *via decumana* in den dortigen *tabernae* untergebracht.

In der Spätantike, nach der Zerstörung 275, wurde das Lager wiederaufgebaut. Von der Innenbebauung dieser Zeit haben wir bislang nur Kenntnis von einem Bau an der N-Seite. Die Festung wurde durch Doppelgräben (B jeweils ca 4 m, T ca 4 m) geschützt. Zum Rhein hin befand sich nur ein Graben. Die Mauerbreite betrug nur 1,5 m. Mauerzungen (L 2,5 m), die alle 3–3,5 m vorsprangen, trugen den Wehrgang. Die innen

liegenden Türme standen in einem Abstand von ca 50 m. Die Tore waren wiederum durch Doppeltürme gesichert.   Ge
Lit: LBakker, NL 196 ff Nr 58/59 – MGechter, RheinAusgr 23, 1984, 85 ff – ders, KatAusgrRheinl '83/84, 1985, 121 ff

Römischer Hafen

Bei niedrigen Wasserständen des Rheins zeichnet sich am W Flußufer zwischen Augustusring und Wachsbleiche eine ▶ Mulde (B ca 140 m, L ca 500 m) ab, die zur Strommitte hin von einer ca 10 m breiten Steinmole (zumeist Basalte) begrenzt wird. Es handelt sich um die Reste des ehem Hafens des → Legionslagers *Bonna*-Bonn; er wurde vermutlich gleichzeitig mit dem Kastell im 3. Jahrzehnt des 1. JhnChr angelegt und war vor allem für die Versorgung der Truppe auf dem Wasserwege von großer Bedeutung. Die Hafeneinfahrt lag im N, dh stromabwärts (→ auch Königswinter). Nähere Untersuchungen fehlen.
                                                          Ho
Lit: MGechter, RheinAusgr 23, 1984, 89 f

Römische Wasserleitung

Im O-Chor der Münsterkirche sind außen ▶ Säulen aus Kalksinter der Eifelwasserleitung verbaut worden. Da sie sich in größerer Höhe befinden, sind sie nur aus der Entfernung zu betrachten. Ihre Verwitterungsspuren lassen sie nicht leicht als Sintersäulen erkennen.
Vor dem RLM wurde ein ▶ Teilstück der röm Eifelwasserleitung nach Köln wiederaufgebaut. Es handelt sich um eines der Stücke, die bei einer 1980 durchgeführten Bergungsaktion bei → Mechernich-Breitenbenden ausgebaut worden sind. Um dem Anschauungsstück eine möglichst echt wirkende Umgebung zu geben, wurde das Kanalstück in das Erdreich eingelassen. Der ehem Einstiegsschacht ist in den oberen Steinlagen ergänzt worden.   Gre
Lit: Grewe 84 ff, 270, 289 f

Abgüsse römischer Steindenkmäler im Stadtbild
Abb 5, 57, 63, 182, 183, 197–199, 217, 226, 231, 254, 289, 321, 322

In Bonn erinnert heute wenig an seine röm Vergangenheit: nur Funde aus Bonn im RLM und der ▶ Verlauf einiger Straßen, die der Trasse der ehem Limesstraße und dem Mauerquadrat bzw der *via principalis* des ehem → Legionslagers der *legio I Minervia* entsprechen, verweisen auf die Frühgeschichte der Stadt. Erst vor wenigen Jahren wurde im Neubaukomplex »Didinkirica« auch die ▶ Lage einiger Mauern von Mannschaftsbaracken des Lagers wenigstens durch Ziegel im Rasen markiert. In der ▶ Mauer des Münsterbezirkes zum Martinsplatz sind einige röm Architekturfragmente eingebaut.
Aber an verschiedenen Stellen des Stadtgebietes erinnern Abgüsse röm Steindenkmäler aus dem Besitz des RLM an die röm Vergangenheit der Stadt. Am Augustusring/Ecke Römerstr steht an der Mauer des Jüdischen Friedhofes eine Kopie des ▶ Clodiussteines (Original aus Kalkstein gefunden an der heutigen Adenauerallee). Eigenartigerweise wird der Legionär in der Toga, also als ziviler röm Bürger, dargestellt; nur die Schildfriese im Oberteil der Seiten geben – außer der Inschrift – seine Zugehörigkeit zum Militär an. Die Hauptfelder der Seiten nehmen Figuren des trauernden Attis ein. Die Inschrift lautet: *P(ublio) Clodio P(ublii) f(ilio) Vol(tinia tribu) / Alb(a) mil(iti) leg(ionis) I / an(norum) XLIIX stip(endiorum) XXV / h(ic) s(itus) e(st)* – »Dem Publius Clodius, Sohn des Publius, aus der Tribus Voltinia, aus Alba, Soldat der 1. Legion, 48 Lebensjahre, 25 Dienstjahre. Er ist hier beigesetzt.« *Alba Augusta Helviorum* lag in der Provence.
Der Clodiusstein bezeichnet etwa die Stelle des ehem N Lagertors. Dort, wo sich einst das S Lagertor befand, neben dem Haus Römerstr 22, steht ein Abguß der ▶ Stele des *Pintaius*. Dieser stammte aus Spanien und war Feldzeichenträger der 5. Asturer-Kohorte. Mit der rechten Hand hält er das Feldzeichen seiner Einheit; Schutz vor bösen Geistern gewährt ihm das Bärenfell, dessen Schädel auf dem Kopf und dessen Tatzen vor der Brust des Mannes gut zu sehen sind. Die Inschrift lautet: *Pintaius Pedilici / f(ilius) Astur trans/*

montanus castel(l)o / Intercatia signifer/c(o)ho(r-
tis) V Asturum / anno(rum) XXX stip(endiorum)
VI(i) / h(eres) ex t(estamento) f(aciendum) c(ura-
vit) – »Pintaius, Sohn des Pedilicus, aus Asturien
jenseits des Gebirges, aus dem Kastell Intercatia,
Feldzeichenträger der 5. Asturer-Kohorte, 30 Lebensjahre, 7 Dienstjahre. Der Erbe hat aufgrund
des Testaments (den Grabstein) machen lassen.«
Vor dem Studentenheim Am Wichelshof 32, in
der Nähe der Stelle, an der 1963 das Original aus
Berkumer Trachyt gefunden wurde, steht der
Abguß eines ▶ Altars für *Hercules Magusanus*.
Der hier in *Interpretatio Romana* mit dem germ
Magusanus verbundene Herkules steht nackt,
nur mit dem Löwenfell über der linken Schulter,
in einer flachen Nische; mit der rechten Hand
stützt er sich auf die Keule, mit der linken hält er
an einer Leine den dreiköpfigen Höllenhund
Cerberus. Die Inschrift lautet: *In h(onorem) d(o-
mus) d(ivinae) / deo Herculi Mag(usano) / M(arcus) Naevius Minervi/nus optio princi/pis leg(ionis) I M(inerviae) p(iae) f(idelis) (Severianae
Alexandrianae) / imp(eratore) d(omino) n(ostro)
(Alexandro) / Aug(usto) II et Marcel/lo co(n)s(u-*

libus) v(otum) s(olvit) l(ibens) m(erito) – »Zu Ehren des göttlichen (Kaiser-)Hauses hat dem Gott
Hercules Magusanus Marcus Naevius Minervinus, Optio principis der 1. Legion, der Minervi-
schen, treuen, ergebenen, (Severisch-Alexandri-
schen), das Gelübde gern und nach Verdienst erfüllt, als der Kaiser (Severus Alexander), unser
Herr, zum zweiten Mal und Marcellus Konsuln
waren« (= 226 nChr).
1979 fertigte das RLM Bonn für die Bundesgartenschau im Bonner Rheinauenpark 26 Abgüsse
von Originalen aus seinem Besitz. Da der Land-
schaftsverband Rheinland als Träger des Museums erhebliche Mittel für diese »Römische
Straße« zur Verfügung stellte, sollte diese Anlage
auch nach den Monaten des Gartenfestes bleiben-
der Bestandteil des Rheinauenparks bleiben
(»Römische Straße« im Rheinauenpark Bonn,
vom Hauptbahnhof erreichbar mit Stadtbahn-
linie S bis »Rheinaue« oder mit Buslinie 10 bis
Ludwig-Erhard-Str).
Als Blickpunkt steht am Anfang eine *Jupitersäule*. Die Sitzfigur Jupiters aus Bonn, die Säule
aus Erkelenz-Kleinbouslar/HS und der Viergöt-

*Abb. 321   Bonn. Abgüsse römischer Steindenkmäler (Grab- und Weihesteine) in der Rheinaue.
Originale im RLM Bonn*

terstein aus Köln-Weiden stammen zwar von verschiedenen Fundorten, sind aber, da nach Größe, Art und Entstehungszeit (3. JhnChr) zueinander passend, hier zusammengefügt und im Abguß farblich einander angeglichen worden. Die Sitzfigur Jupiters auf dem Thronsessel trug ehem das Blitzbündel in der rechten, das Zepter in der erhobenen linken Hand. Die geschuppte Säule zeigte auf ihrem Schaft oben Juno, darunter Minerva, unten Merkur, der Viergötterstein schließlich Hercules, Vulcanus, Ceres und Merkur.

Der *Meilenstein* gegenüber, unter Kaiser Decius (249–251 nChr) an der Straße Köln–Trier gesetzt, wurde bei Nettersheim/EU gefunden. Nur der Sockel mit dem unteren Teil des Schaftes und der obere Teil mit dem Anfang der Inschrift, die Namen und Titel des Kaisers nennt, konnten vom Original abgegossen, das Zwischenstück mußte ergänzt werden. Es folgen links des Weges neun militärische Grabdenkmäler, zunächst als frühestes der Grabstein des *Marcus Caelius* (→ RLM). – Die Stele des *Q. Petilius Secundus*, deren Original 1755 in Bonn gefunden wurde, zeigt den aus Mailand gebürtigen Soldaten der in Xanten stationierten 15. Legion mit den typischen Waffen des Legionärs. – Der bis etwa 70/71 nChr am Niederrhein, einige Zeit offenbar auch in Bonn, stationierten Reiterabteilung *ala Frontoniana* gehörte *Reburrus*, Sohn des Friatto, an, der auf seinem Grabstein aus der Mitte des 1. JhnChr im Angriff gegen einen zu Boden gestürzten Feind dargestellt ist. – Zwei trommelförmige Grabaufsätze von einem größeren Grabbau der Mitte des 1. JhnChr aus Xanten-Birten/WES flankieren die 1851 bei Kalkar/KLE gefundene Stele des Kavalleristen *C. Iulius Primus*, eines Treverers aus der *ala Noricorum*. Im oberen Bildfeld wird der Tote auf dem Speisesofa liegend dargestellt, im unteren sein Bursche mit dem Pferd und den Lanzen. – Die *ala Longiniana*, zu der *Vellaunus* gehörte, lag zeitweise in Bonn. Vellaunus hält mit der rechten Hand das Vexillum seiner Einheit, dessen Tuch mit dem Kopf eines dreihörnigen Stieres bedeckt ist. Seine Kameraden Macer und L. Julius Regulus haben dem Toten den Stein setzen lassen. – Aus einer ganz anderen Gegend des Römischen Reiches, aus dem heutigen Kroatien, stammte *Marcinus*, auf dessen Stele eine Tänzerin mit langem, durch die Tanzbewe-

gung flatterndem Gewand den Toten stellvertretend für das Gefolge des Bacchus im Jenseits empfängt. – Den Abschluß der Reihe militärischer Grabsteine bildet der des spanischen Feldzeichenträgers *Pintaius* (→ RLM).

Die Reihe der sechs rechts stehenden zivilen Grabsteine eröffnet der des *Tiberius Iulius Tertius*. Mit diesem 1973 in Xanten gefundenen Grabstein ist uns erstmals in Niedergermanien ein Maler (*pictor*) namentlich bekannt, wobei *pictor*, modern gesprochen, sowohl den Kunstmaler als auch den Anstreicher bezeichnen kann. – *D. Ammaeus Olympus* war Freigelassener; er selbst und seine vier Sklaven Anthus, Prospectus, Donatus und Ascanius wurden im gleichen Grab in Bonn bestattet. – Der nächste, kleinere Grabstein, galt zunächst einem *Pudens*, Freigelassener des Centurio Volumnus; später wurde der Name eines weiteren Freigelassenen, *Auctus*, hinzugefügt. – Verwickelt in ihren Bezügen ist die Stele des Freigelassenen *M. Petronius Albanus* aus Köln. Außer diesem werden genannt: der Patron M. Petronius Flosclus aus Brescello in Norditalien, der Mitfreigelassene M. Petronius Corumbus, der den Stein setzen ließ, und eine Dame namens Paula Petronia. – Unmittelbar ansprechend ist der Grabstein aus Bonn, den der Sklave Gemellus seiner *contubernalis Euthenia* setzen ließ. – Der letzte Grabstein ist der des »Philosophen« *Q. Aelius Egrilius Euaretus*, als *amicus* halboffiziell im Stab des Statthalters L. Salvius Iulianus (179 nChr).

Die Reihe der neun *Weihealtäre* beginnt mit zwei Weihungen an Merkur. Im ersten, 1929 unter dem Bonner Münster gefundenen Beispiel ist der röm Gott mit dem keltischen Gebrinius gleichgesetzt; hier steht der Gott neben einem kleinen Altar, rechts entsprechend der Opfernde. – Den Minerva-Altar von der 1966–1968 in → Bad Münstereifel-Iversheim/EU ausgegrabenen Kalkfabrik setzte *T. Aurelius Exoratus*, Soldat der Xantener 30. Legion und Kalkbrennermeister (*magister calcariorum*), der Göttin, die ua auch Schutzherrin der Handwerker war. Dieser unscheinbare Stein ist ein wichtiges Dokument für die zivilisatorischen Arbeiten des röm Militärs. – Auf den Tag genau datieren ihre Inschriften die beiden folgenden, in Xanten gefundenen Altäre: *Iupiter, Iuno* und *Minerva* – der Kapitolinischen Trias –

gilt der Altar von 239, den *T. Quartinius Satur-nalis*, Feldzeichenträger der 30. Legion, »unter dem Konsulat des Kaisers Gordian, unseres Herrn, und des Aviola am 1. Juli« stiftete. – *Iupiter Conservator*, der »Erhalter«, wurde durch die am 26. April 232 nChr erfolgte Weihung des *Tertinius Vitalis* aus der 30. Legion geehrt. – Es folgen zwei Altäre für die Aufanischen Matronen. Vom Bonner Münster stammt das erste Exemplar, gestiftet am Anfang des 3. Jh von *Q. Caldinius Celsus*. Im oberen Bildfeld sind die drei Göttinnen in ihrer typischen Tracht gezeigt, daneben eine weibliche Gestalt; darunter opfert ein Togatus, während rechts eine der Matronen, offenbar stellvertretend für die Dreiheit, das Opfer entgegennimmt. Das zweite Beispiel aus Nettersheim stiftete um 211–222 der Benefiziarier *M. Aurelius Agripinus* »für das Heil des unbesiegten Kaisers Antoninus« (Caracalla oder Elagabal).
Den Abschluß rechts bildet der etwa 2 m hohe Altar für *Victoria* aus Köln-Marienburg. Als Stif-

ter des Steines vermuten wir die dort stationierte Provinzflotte Niedergermaniens. Die eigenartige, scherenschnittähnliche Gestaltung des Reliefs läßt ermessen, wie wichtig die farbige Bemalung antiker Plastik auch für die Wiedergabe von im Relief nicht mitgeteilten Details war. Dieser Altar wurde als *Ara Ubiorum* am 3. 12. 1809 zu Ehren Napoleons auf dem Bonner Remigiusplatz aufgestellt, der seitdem (bis 1977) »Römerplatz« hieß. – Gegenüber steht die lange Ehreninschrift für Antoninus Pius von 160 nChr, 1885 an der NW-Seite des Bonner Münsters gefunden: *(pro) sal(ute) Imp(eratoris) / Anton(ini) Aug(usti) / Pii F(elicis) vex(illatio) cla(ssis) / Germ(anicae) P(iae) F(idelis) quae / est ad lapidem / citandum / forum C(oloniae) U(lpiae) T(raianae) / iussu Claudi(i) / Iuliani leg(ati) / Aug(usti) pro prae(tore) / curam agente / C(aio) Sunicio / Fausto tri(e)rarc(ho) / Bradua et Varo / co(n)s(ulibus) v(otum) s(olvit) l(ibens) m(erito)* – »Für das Wohl des Kaisers Antoninus, des Frommen, Glücklichen, hat die Abteilung der Germanischen Flotte, der treuen und ergebenen, die für den Steintransport zum Bau des Forums der Colonia Ulpia Traiana (eingesetzt) ist, auf Befehl des Claudius Julianus, des Statthalters, unter der Aufsicht des Kapitäns Gaius Sunicius Faustus das Gelübde gern (und) nach Verdienst erfüllt unter dem Konsulat von Bradua und Varus.« Lastschiffe der Flotte brachten also Baumaterial – wohl Trachyt vom Drachenfels (→ Königswinter), das Material auch dieses Altares – nach Xanten, um dort das Forum der *Colonia Ulpia Traiana* wieder aufzubauen.

Hi

Lit: WHilgers, Römische Straße. Rheinauenpark Bonn, Bundesgartenschau 1979

Rheinisches Landesmuseum Bonn
Abb 23, 35, 43, 45, 57, 61, 67, 69, 94, 108–110, 120, 150, 162, 180, 192, 194, 197–199, 201, 227–230, 238, 245, 247, 253, 319, 322, 323, Taf 5b, 8, 9, 11, 13–15, 23

Colmantstr 14–16. Öffnungszeiten: Di, Do, Fr 9–17, Mi 9–20, Sa, So 11–17 Uhr
Das RLM Bonn geht zurück auf das 1820 durch den damaligen preußischen Staatskanzler Fürst Hardenberg gegründete »Königlich Preußische Museum Vaterländischer Alterthümer in den

Abb. 322 Bonn. Weihung der römischen Rheinflotte für das Wohl des Kaisers Antoninus Pius. Abguß. – H. noch 1,88 m. 160 n. Chr.

rheinisch-westphälischen Provinzen«, das in den folgenden Jahrzehnten an wechselnden Orten mehr oder weniger behelfsmäßig untergebracht war. 1874 beschloß der Provinziallandtag der Rheinprovinz die Gründung der Rheinischen Provinzialmuseen in Bonn und Trier. Darauf hatte nicht zuletzt der 1841 gegründete Verein von Altertumsfreunden im Rheinlande hingewirkt, der 1875 seine Sammlungen und seine Bibliothek in das Museum einbrachte. 1934 erfolgte die Umbenennung in »Rheinisches Landesmuseum Bonn«. Der Neubau von 1967 an der Colmantstr steht an der Stelle des im Krieg zerstörten ersten eigenen Museumsbaus von 1893; der Erweiterungsbau von 1909 an der Bachstraße ist als »Altbau« seit 1969 Bestandteil des Museums.

In einer Doppelfunktion war das RLM Bonn als Rheinisches Amt für Bodendenkmalpflege bis Ende 1986 zuständig für die Archäologie im rheinischen Teil von Nordrhein-Westfalen mit Ausnahme der Stadt Köln. Da sein Arbeitsbereich bis zum 2. Weltkrieg bis etwa Bingen reichte, stammen viele Funde seiner Sammlungen aus Gebieten des heutigen Landes Rheinland-Pfalz. Als Museum hat das RLM Bonn die Aufgabe, rheinische Geschichte, Kultur und Kunst von den Anfängen bis zur Gegenwart zu zeigen.

Die röm Abteilung zeigt zunächst in drei Räumen (111 bis 113) Zeugnisse des Militärs. Karten des *Imperium Romanum* und des niedergermanischen Limes führen in die geographischen Zusammenhänge ein. Das Modell des Legionslagers → *Novaesium*-Neuss gibt einen Eindruck von der kompakten und durchdachten Anlage röm befestigter Garnisonen nach immer gleichem Grundaufbau. Die Bauinschrift der Bonner *legio I Minervia* spiegelt in ihren drei Fassungen die wirren Verhältnisse der Zeit der »Soldatenkaiser« wider. Vier Grabsteine zeigen Angehörige der kämpfenden Truppe: *Q. Petilius Secundus*, Soldat der in Xanten stationierten 15. Legion, stammte wie die meisten Legionäre der frühen Kaiserzeit aus Norditalien, aus Mailand. *Pintaius* aus dem Kastell *Intercatia* im spanischen Asturien war Feldzeichenträger der 5. Asturerkohorte, *Firmus* aus Rätien Soldat der Räterkohorte gewesen. Der Gallier *Vonatorix* aus der *ala Longiniana* ist auf seinem Grabstein im Kampf gegen einen nicht dargestellten Feind zu sehen. Die Vi-

trinen enthalten Teile der Bewaffnung und sonstigen Ausrüstung röm Soldaten, die oftmals über ihre reine Zweckbestimmung hinaus qualitätvolle kunsthandwerkliche Arbeit offenbaren. – Ein Raum (113) ist der »Arbeit der Truppe« gewidmet, denn nicht nur die zivilen Handwerker und Händler waren »Lehrmeister der Deutschen«, sondern auch die Soldaten. Das Militär hatte das technische Know-how; die lange Dienstzeit bot genug Zeit für nicht primär militärische Tätigkeiten, Beschäftigungstherapie und Kostenersparnis waren weitere Gründe. Die literarische Überlieferung zum Arbeitseinsatz des Militärs ist verständlicherweise gering, zählen doch Straßenbau und Steinbrucharbeit nicht zu den »rühmenswürdigen« Einsätzen der Soldaten. Um so wichtiger sind in diesem Raum Werkzeuge von militärischen Fundplätzen und zwei eindeutige Inschriften: Der größere Altar sagt aus, daß Lastschiffe der Provinzflotte um 160 nChr Steine zum Wiederaufbau des Forums der *Colonia Ulpia Traiana* bei → Xanten transportierten. Den kleineren Altar setzten im Brohltal-Steinbruch Abteilungen der um 101–103 in Niedergermanien stationierten Truppeneinheiten. Das Diorama schließlich erläutert die Arbeiten in dem von Soldaten betriebenen Steinbruch am → Drachenfels. – Im Durchgang zum Treppenhaus steht ein Modell der Rheinbrücke Caesars. Im Treppenumgang sind fünf weitere Steindenkmäler aufgestellt, darunter der große Victoria-Altar aus → Köln-Marienburg, den vermutlich die *classis Germanica* stiftete.

Die röm Besiedlung des Rheinlands (Raum 115) erläutert eine große Reliefkarte. Außerdem enthält der Raum eine Karte der Eifelwasserleitung nach Köln und ein Modell der *Colonia Ulpia Traiana (CUT)* – Xanten.

Beherrschendes Schaustück im Raum »Bauwesen und Verkehr« (Raum 116) ist das ca 4,5 m lange Modell einer röm Großbaustelle: Am Beispiel des Baus der Stadtmauer und eines Stadttores der *CUT* – Xanten wird die Höhe der röm Technik gezeigt, läßt sich eine Fülle technischer Details und handwerklicher Tätigkeiten studieren. Weitere technische Anlagen demonstrieren die Modelle der Ziegelei von → Dormagen und der Kalkfabrik von → Bad Münstereifel-Iversheim. –Unter dem Hausgerät (Raum 118) ist vor allem

Abb. 323   Bonn. Rheinisches Landesmuseum. Neubau von 1967 an der Colmantstraße

der prächtige Bronzeeimer aus Voerde-Mehrum/
WES, ein 39,5 cm hohes Mischgefäß, hervorzuheben. Einzelvitrinen enthalten Terra Sigillata
und Spruchbecher, Metallgefäße und ihre keramischen Imitationen, Besteckteile und das einfa-
chere Gebrauchsgeschirr. – Von röm Kleidung
haben sich außer bildlichen Darstellungen nur die
Accessoires erhalten. So zeigen im Raum »Römischer Alltag I« (Raum 119) eine Reihe umklapp-
barer Tafeln verschiedene auf Steindenkmälern
überlieferte Kleidungsarten. Kostbarer Schmuck,
Fibeln und Gürtelbeschläge ergänzen dieses
»Modejournal«, ferner Toilettengerät, Spiegel,
Parfumfläschchen, Schminkkästchen usw. – Der
Alltag im röm Rheinland (Raum 120) wird weiterhin dokumentiert durch verschiedene, immer
wieder kunsthandwerklich verzierte Teile des
Hausrats wie Lämpchen, Schlüssel, Möbelbeschläge. Spielsteine und Würfel liegen auf und neben einem Dachziegel-Bruchstück mit eingeritz-
ten Linien für ein uns unbekanntes Brettspiel.
Durch zwei Fenster blickt man in *triclinium* und
Peristyl-Garten eines vornehmen röm Hauses,

wie es im Rheinland durchaus denkbar gewesen
wäre, obwohl die meisten der hier zu einer Art
»Idealhaus« zusammengetragenen Details aus
Grabungen in anderen Teilen des Reiches stammen. Spiel und Sport können nur angedeutet werden durch das Modell des Amphitheaters der
CUT, Lämpchen mit Zirkusszenen, Salbfläsch-
chen und Strigiles. Medizinische Instrumente sowie Schriftproben und Schreibgeräte füllen zwei
weitere Vitrinen.
Bei der Darstellung der Religion im röm Rheinland sind drei Komplexe unterschieden, die röm,
die einheimischen und die orientalischen Götter.
Unter den röm Göttern (Raum 121) dominiert
Iupiter. Der Typ des auf einem Thron sitzenden
Göttervaters ist in einer etwa halblebensgroßen
Figur vertreten. Zum gleichen Typ gehören die
kleineren Figuren auf der Jupitersäule und dem
Jupiterpfeiler. Beachtung verdienen in einer eigenen Wandvitrine die beiden Schildpattreliefs mit
dem *processus consularis*, dem Festzug zum Kon-
sulatsantritt des Geta (208 nChr). Hier wie auch
im nächsten Raum sind schließlich Kleinbronzen

und Terrakotten von Gottheiten ausgestellt. Wichtigste der einheimischen Gottheiten (Raum 122) sind die Matronen, repräsentiert in den Altären eines Benefiziariers aus → Nettersheim, des Präfekten der Bonner Legion *T. Statilius Proculus* und des Kölner Stadtrats *C. Candidinius Verus*. Am Relieffragment mit einer Prozession zu Ehren der Muttergöttinnen sind originale Farbreste zu erkennen. *Interpretatio Romana* offenbaren der Altar für *Hercules Magusanus* und der für *Mercurius Gebrinius*. – Diese Gleichsetzung zweier Gottheiten liegt auch bei dem Kopf des *Iupiter Ammon* im Raum »Orientalische Gottheiten und Magie« (Raum 123) vor. Daneben ein sehr schönes, leider nicht ganz erhaltenes Relief des stiertötenden Mithras aus → Dormagen. Ebenfalls ein Dokument des Mithraskults ist der kleine, pfeilerartige Altar, hinter dessen halbmondförmiger, vorne ursprünglich mit buntem Glas verschlossener Öffnung ein Lämpchen aufgestellt werden konnte. Eine Vitrine dieses Raumes enthält Zeugnisse des Aberglaubens und der Magie.

»Grab und Jenseits« (Raum 124) gehören im weiteren Sinne auch zur Religion. Beherrschend steht hier das Modell einer Gräberstraße, in dem Grabstelen und Grabbauten verschiedener Typen zusammengebracht sind. Durch farbige Bemalung der Denkmäler konnte wenigstens im verkleinerten Modell ein Eindruck von der Polychromie antiker Architektur und Plastik gegeben werden. Der Raum enthält außerdem in mehreren Vitrinen unterschiedlich umfangreiche Komplexe von Grabbeigaben sowie etliche Grabstelen und Fragmente, deren Symbolik auf das Leben im Jenseits hinweist (Pinienzapfen des Attis, Ganymed, Bacchantin, Totenmahl).

Die Oberlichthalle und ihr Nachbarraum (Räume 125 und 126) enthalten Zeugnisse für die Kunst im röm Rheinland. Kleinbronzen, zunächst Götterstatuetten, dann Gerätebronzen, schließlich einige Fragmente von Großbronzen; Gefäße aus Ton und Glas, unter ersteren bemerkenswert vor allem der augusteische Terra-Sigillata-Kelch des *Perennius* aus Arezzo mit Gelagesszenen, unter den Gläsern eine Millefiorischale, eine emailbemalte Glasflasche mit Wagenrennen und eine Gruppe spätröm Schliffgläser. In augusteischer Zeit entstand der Silber-Calathus mit

Hochzeitsszene aus Wardt-Lüttingen/WES. Die Oberlichthalle wird beherrscht von den beiden rekonstruierten Bögen einer Säulenhalle aus → Aachen, welche die Monumentalität röm Architektur wenigstens andeuten können. Davor steht links ein großer Grablöwe aus Köln, Bestandteil einer größeren Grabanlage des 3. Jh, rechts der etwas überlebensgroße Bronzekopf des Kaisers Gordian III. (238–244) aus Niederbieber. Unter den Steindenkmälern dieser Halle fällt das Familiengrab von Nickenich aus der Mitte des 1. JhnChr schon durch seine Größe auf, in dessen drei Nischen die Verstorbenen fast lebensgroß dargestellt sind; die teils einheimische, teils röm Kleidung weist auf die Verbindung beider Kulturen hin. – Der Grabstein des in der Varusschlacht gefallenen Centurio *Marcus Caelius* gegenüber ist das bedeutendste röm Denkmal des Museums: Der mit vielen Orden bis hin zur *corona civica* ausgezeichnete Tote steht in Halbfigur zwischen den Büsten seiner beiden Freigelassenen: *M(arco) Caelio T(iti) f(ilio) Lem(onia tribu) Bon(onia) / (I) o(rdini) leg(ionis) XIIX ann(orum) LIII s(e-missis) / (oc)cidit bello Variano . . .* »Dem Marcus Caelius, Sohn des Titus, aus der Tribus Lemonia, aus Bologna, Centurio ersten Ranges der 18. Legion, 53½ Jahre alt. Er fiel im Krieg des Varus. . . .« Der Caeliusstein ist das einzige archäologische Zeugnis im Zusammenhang mit der Varusschlacht und damit auf die Zeit kurz nach 9 nChr datierbar. – Ebenfalls auf das Jahr zu bestimmen ist durch die Angabe der Konsuln von 164 nChr der Altar, den der Kölner Stadtkämmerer *Q. Vettius Severus* den Aufanischen Matronen stiftete; er ist der schönste erhaltene Matronenaltar, gefunden bei Ausgrabungen unter dem Bonner Münster. – Die Mitte der Oberlichthalle nimmt ein Teil eines Mosaiks ein, das den etwa 19 × 14 m großen Speisesaal einer *villa rustica* in Münster-Sarmsheim bei Bingen bildete. Im kreisrunden Medaillon, umgeben von den Zeichen des Tierkreises, sehen wir den Sonnengott auf seinem Viergespann. Das Mosaik entstand in der 2. Hälfte des 3. JhnChr, in den Jahren, als Aurelian den Sonnengott zum obersten Reichsgott machte.

Damals gab es, wie wir besser aus archäologischen Zeugnissen als aus der sehr spärlichen literarischen Überlieferung wissen, bereits seit längerem Christen und christliche Gemeinden auch am Rhein. Im Keller des RLM (Zugang neben dem Schriftenstand) ist die *cella memoriae* vom Bonner Münster teilrekonstruiert zugänglich. Im ersten Raum des zweiten Obergeschosses (Raum 202), der den Zeugnissen des frühen Christentums gewidmet ist, finden wir neben fränkischen Grabinschriften und christlichen Kleinfunden auch Belege früher Christen aus der Römerzeit, ua ein Fußbodenstück mit in Kreuzform eingelegten Marmorplättchen und die Grabplatte eines *Ursicinus* mit Chi-Rho sowie Alpha und Omega. Mit diesen Dokumenten aus noch-röm und schon-fränkischer Zeit wird am Beispiel des Christentums eindrucksvoll ein Stück Kontinuität über das Ende der röm Epoche hinaus belegt.

Hi

Lit: Rheinisches Landesmuseum Bonn. Führer durch die Sammlungen, 1985 – EKünzl, Römische Steindenkmäler 1, Kl Museumshefte Nr 2, ²oJ – HGHorn, Römische Steindenkmäler 2 und 3, Kl Museumshefte Nr 8 und 9, oJ bzw 1981

Bonn-Bad Godesberg   BN

Römischer Wachtposten
Abb 324, 325

Bei den Ausgrabungen unter der Godesburg Ende der 50er Jahre stieß man unter dem ma Bergfried auf die Fundamente eines Rechteckbaus (18 × 11 m). In diesem Bereich fanden sich röm Dachziegel, farbiger Wandputz sowie Keramik des 2./3. JhnChr.
Das mächtige 2 m starke Gußmauerwerk war direkt auf den gewachsenen Fels aufgesetzt worden. Diese Substruktionen gehörten wohl zu einem *burgus*, der zur Überwachung der Limesstraße und der in sie einmündenden Römerstraße ins Drachenfelser Ländchen diente.
Im 19. Jh wurde des öfteren spätröm Keramik unterhalb der Burg gefunden. Es erscheint möglich, daß der röm Bau im 3. Jh errichtet wurde und bis in das 4. Jh hinein bestanden hat.
Im Torbogen der Godesburg war ein Weihestein aus den Jahren 193/194 nChr vermauert gewesen.

Abb. 324   Bonn-Bad Godesberg. Weihealtar für die Fortunae Salutares, Aesculap und Hygia. Trachyt. – H. 1,10 m. 193/194 n. Chr. (RLM Bonn)

Diese Weihung an die *Fortunae Salutares, Aesculapius* und *Hygia* wird von einem Quellheiligtum im Bereich des Godesberger Brunnens verschleppt worden sein.

Ge

Lit: Hagen 93 f – AHerrnbrodt, BJb 160, 1960, 356 ff

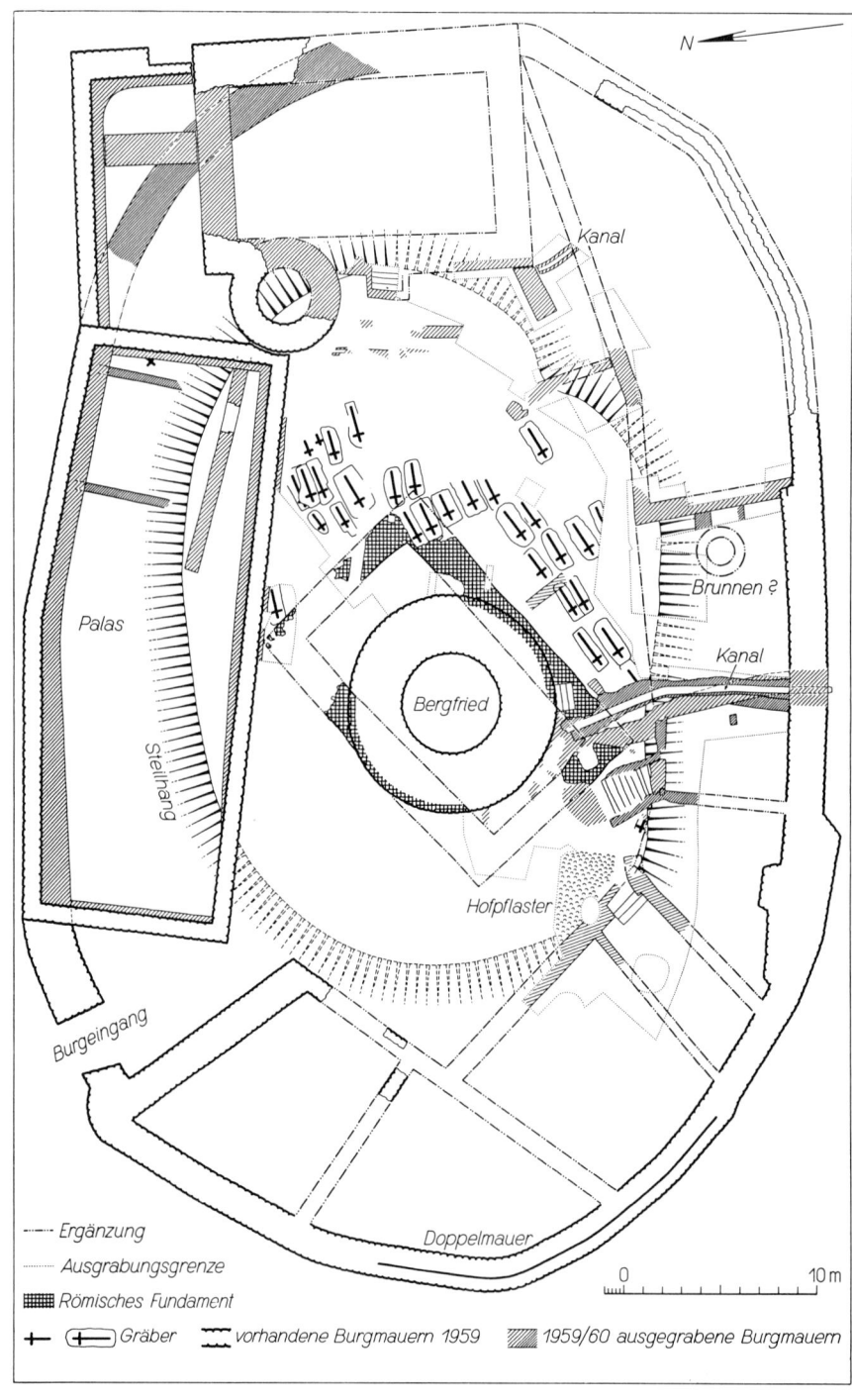

N

Kanal

Brunnen ?

Kanal

Palas

Steilhang

Bergfried

Hofpflaster

Burgeingang

Doppelmauer

0   10 m

------- Ergänzung

.... Ausgrabungsgrenze

▦ Römisches Fundament

✝ ⊕ Gräber   〰 vorhandene Burgmauern 1959   ⧄ 1959/60 ausgegrabene Burgmauern

Bonn-Beuel BN

Römisches Übungslager

Durch Luftbildaufnahmen stellte man Mitte der 60er Jahre auf der Niederterrasse der rechten Rheinseite in der Nähe der heutigen Siegmündung bei Geislar in rechteckiges Grabensystem mit drei Durchlässen fest, das 1968 archäologisch untersucht wurde. Der Graben (B 1,3–1,7 m) umschloß ein Areal von 170 × 100 m (1,7 ha). Reste eines Walls oder einer Innenbebauung konnten nicht festgestellt werden. Dank einiger weniger Scherbenfunde kann diese Anlage in die

2. Hälfte des 1. JhnChr datiert werden. Es handelt sich um ein Übungslager dieser Zeit.   Ge
Lit: FMünten, RheinAusgr 10, 1971, 7 ff – CBRüger, NL 193 ff Nr. 57

Bonn-Duisdorf BN

Römisches Übungslager

Abb. 326, 327

In der Flur »Oben der Keyermaar«, ca 100 m NW der Schießstände, liegt eine wohlerhaltene lang-

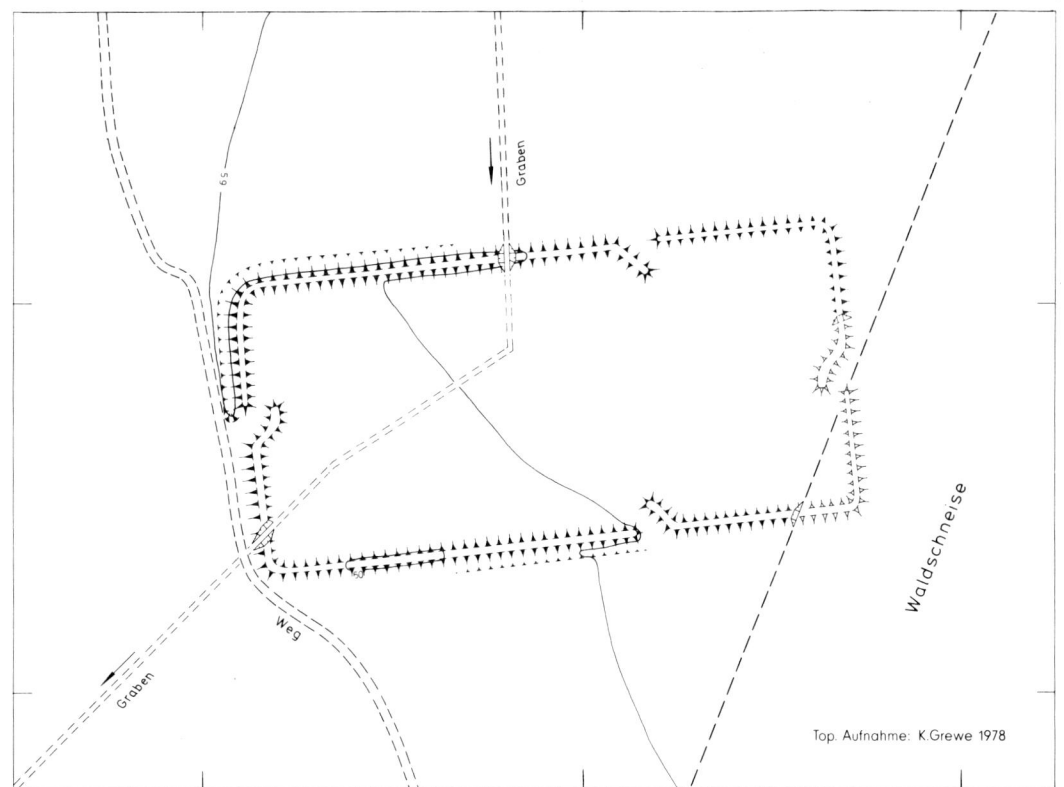

Abb. 326 Bonn-Duisdorf. Übungslager »Oben der Keyermaar«. Plan

◁ *Abb. 325 Bonn-Bad Godesberg. Plan der mittelalterlichen Hauptburg mit den Fundamenten eines römischen Rechteckbaus*

Abb. 327   Bonn-Duisdorf. Übungslager »Oben der Keyermaar«. Wallanlage von Nordwesten

rechteckige ▶ Wallanlage (160 × 72 m) mit abgerundeten Ecken und vorgelagertem, im N und W teilweise noch erkennbarem Graben (T ca 0,35 m). Der Wall selbst ist ca 6 m breit und 0,7 m hoch. Auch vier Eingänge – durch nach innen gezogene Wallenden geschützt – im N, O, S und W sind noch vorhanden (B ca. 7 m). Hinweise auf Innenbauten und datierende Funde fehlen. Zweifellos handelt es sich aber um ein röm Übungslager, das – wie andere derartige Anlagen vornehmlich im N und S der Bonner Legionsfestung – von der in *Bonna*-Bonn stationierten *legio I Minervia* zu Übungszwecken angelegt wurde (→ Bonn-Lengsdorf, -Bad Godesberg und -Röttgen).

Ho

Lit: WJanssen, RLaskowski, Ausgrabungen im Rheinland '78. RLM Bonn. Sonderh Jan 1979, 15 Abb 5

Bonn-Kessenich   BN

Kalksinter

In der wunderschön gelegenen alten Pfarrkirche St. Nikolaus von Kessenich besteht die ▶ Mensa des Hauptaltars aus Kalksinter der röm → Eifelwasserleitung nach Köln.   Gre

Lit: Grewe 270

Bonn-Lengsdorf   BN

Römisches Übungslager

Durch Luftbildaufnahmen erkannte man SW vom Legionslager Bonn zwei auf der Hauptterrasse des Rheins (Hardtberg) gelegene Grabensysteme, die Ende der 60er Jahre archäologisch untersucht wurden. Es handelt sich in einem Fall um eine geschlossene rechteckige Anlage von 138 ×

97 m (ca 1,4 ha) mit einem einzelnen Spitzgraben. (B ca 3 m, T 1,10 m). Reste des Walls und einer Innenbebauung wurden nicht festgestellt. Das andere Objekt bestand nur aus einer Grabenecke. Beide Anlagen können in die 80er/90er Jahre des 1. JhnChr datiert werden. Wir haben es hier mit Lagern zu tun, die zu Übungszwecken angelegt wurden. Ge

Lit: DSoechting, RheinAusgr 10, 1971, 84 ff – CBRüger, NL 200 f Nr 60

Bonn-Lessenich BN

Kalksinter

Die ▶ Mensa des Seitenaltars in der St.-Laurentius-Kirche ist aus Kalksinter der röm → Eifelwasserleitung nach Köln gefertigt worden. Wenn auch von bescheideneren Ausmaßen (1,47 × 0,56 × 0,08 m) als die Mensa der Stiftskirche von → Bad Münstereifel, so gibt auch sie heute noch etwas von der Schönheit dieses seltenen Materials wieder. Über dem Hauptportal der Kirche ist ein sehr schöner Fries aus röm Ziegeln zu sehen. Gre

Lit: Grewe 270

Bonn-Röttgen BN

Römischer Gutshof

Im Staatsforst Kottenforst, ca 800 m SSW von Röttgen und W der Kreuzung Venner Allee/Merler Bahn, liegen ▶ drei vornehmlich mit Steinmaterial (mörtelgebundene Grauwacken, Tuffe, Basalte und Ziegel) durchsetzte Hügel (Dm bis ca 60 m, H ca 0,75 m), die als Reste eines röm Gutshofes (*villa rustica*) interpretiert werden dürfen; möglicherweise kennzeichnen sie die Standorte des Herrenhauses und zweier Nebengebäude aus Stein, deren Nutzung noch nicht bekannt ist.

Funde (Keramik, Fibeln) datieren die gesamte Anlage in das 2./3. JhnChr; damals war das heute überwaldete Gebiet seit langem schon gerodet und agrarisch genutzt. Ho

Römische Übungslager
Abb 328

Im Naturpark Kottenforst-Ville liegen teils auf Röttgener teils auf Bad Godesberger Gebiet mehrere rechteckige Wallanlagen, die im Gelände vergleichsweise gut auszumachen sind: Im Jagen 79/80, ca 1,5 km NW von Pech und unweit der Kreuzung Professorenweg/Langeweg, sind im lichten Wald noch die Reste eines rechteckigen, teils durch die moderne Wegeführung zerstörten ▶ Lagers (65 × 72 m) zu erkennen. Wall (H ca 0,3 m) und Graben sind allerdings weitgehend verflacht. Von den ursprünglich vier Eingängen (B ca 5 m) mit nach innen gezogenen Wallenden (*claviculae*) sind nur die im N, O und S noch erhalten.

Kaum 500 m weiter O – im Jagen 68 zwischen Riesenweg und Pecher Viehtrift – liegt ein weiteres ▶ Wallrechteck von ursprünglich 105 × 85 m; der O-Teil ist einplaniert. Auch bei dieser Anlage beträgt die Wallhöhe heute kaum noch mehr als 0,3 m; von einem das Geviert umgebenden Graben ist nichts zu sehen. Drei der ehem vier *clavicula*-gesicherten Eingänge (B ca 6 m) sind noch zu erkennen (im O, S und W).

Vergleichbare Abmessungen (135 × 80 m) hat die ▶ Anlage im Jagen 65/66 (ca 1 km NO), die im NO-Teil von der Wattendorfer Allee durchschnitten wird. Der Wall (H bis 0,5 m) ist noch gut zu erfassen; dies trifft auch für zwei (im S und W) von ursprünglich vier Eingängen zu. Hinweise auf einen vorgelagerten Graben fehlen.

Die SW-Seite des 4. ▶ Wallrechtecks (62 × 86 m) – ca 600 m NO – schließlich wird durch die Wegeführung der Bellerbusch-Allee im Bereich von Bad Godesberg (Jagen 48) gestört. Die Wallhöhe von immerhin noch 0,6 m ermöglicht, die vier *claviculae* im N, O, S und W leicht auszumachen (Eingangsb ca 4 m). Es handelt sich bei den beschriebenen Bodendenkmälern offenbar um röm Übungslager, die wohl mit den Aktivitäten der in *Bonna*-Bonn stationierten *legio I Minervia* in Verbindung zu bringen sind. Datierende Funde oder klärende Grabungen stehen noch aus. Ähnliche Anlagen → Bonn-Beuel und → Bonn-Lengsdorf. Eine vergleichbare Konzentration von Übungslagern, Grabensystemen und -abschnitten kennen wir bei → Alpen/Menzelen am

Abb. 328   Bonn-Röttgen. Übungslager (Jagen 65/66). Südlicher Wall von Südwesten

Niederrhein, dem Übungsgelände der Xantener Legionsfestung.   Ho
Lit: DSoechting, RheinAusgr 10, 1971, 84 ff, 92 f
– FMünten, ebda 7 ff

Bonn-Schwarzrheindorf   BN

Kalksinter

Von den vier Säulen der heute den Kirchenraum der romanischen Doppelkirche von Schwarz-rheindorf (geweiht 1151) teilenden Säulenreihe sind noch ▶ zwei Exemplare aus Kalksinter der röm → Eifelwasserleitung nach Köln.   Gre
Lit: Grewe 271

Bornheim   SU

Römische Wasserleitung

Vor dem neuen Rathaus wurde 1980 ein ▶ Teil-stück der bei → Mechernich-Breitenbenden ge-borgenen röm →Eifelwasserleitung nach Köln wiederaufgebaut.   Gre
Lit: Grewe 84 ff, 288

Bornheim-Brenig   SU

Römische Wasserleitung

S des Römerhofes bei Brenig, in der Flur »Vierzig Morgen« tritt die Trasse der röm → Eifelwasser-leitung nach Köln aus dem Kottenforst in die freie Feldflur. ▶ Im Wald ist ihr Verlauf noch auf-grund des wohl ma Ausbruchgrabens zu verfol-gen; im Acker kennzeichnet ihn über mehrere hundert Meter ▶ ein Schuttstreifen.   Gre
Lit: Grewe 152

Bornheim-Hemmerich   SU

Römische Wasserleitung

In der ▶ Umfassungsmauer des alten Friedhofs von Hemmerich sind zahlreiche Reste der röm

→ Eifelwasserleitung nach Köln verbaut worden. Es handelt sich um Stücke aus dem Gußmauerwerk der Kanalwangen, an denen teilweise noch der Innenputz und Schichten der Kalkablagerung haften. Gre

Lit: Grewe 285

Bornheim-Kardorf SU

Römische Wasserleitung

Im Keller des Hauses Lindenstr 10 ist ein ▶ Stück (L ca 5 m) der röm → Eifelwasserleitung nach Köln zu sehen. Es handelt sich um die linke Wange des Kanals, die noch bis zum Bodenansatz erhalten ist. Die gegenüberliegende Wange der Rinne wurde bei Erdarbeiten im Nachbargrundstück angetroffen. Gre

Lit: Grewe 156

Bornheim-Merten SU

Römische Wasserleitung

Die Kirchhofmauer von Merten ist zT aus dem Abbruchmaterial der röm → Eifelwasserleitung nach Köln errichtet worden. Trotz des modernen Verputzes sind an einigen Stellen die ▶ antiken Rinnenstücke aus Gußbeton zu erkennen. Die Kanaltrasse führt O an Merten vorbei. Gre

Lit: Grewe 156, 285

Bornheim-Walberberg SU

Römische Wasserleitung
Abb 329

Walpurgisstr/Frongasse. Unterhalb der kath Pfarrkirche St. Walburga wurde in einer kleinen

Abb. 329 Bornheim-Walberberg. Freilegung und Ausbau der römischen Eifelwasserleitung nach Köln im Jahre 1966

zur Schule gehörenden Grünanlage ein ▶ Teilstück der röm → Eifelwasserleitung nach Köln wiederaufgebaut. Das Stück stammt aus dem Ort selbst, der in seiner ganzen Länge vom Römerkanal durchquert wird.

Die Bauten des ehem Zisterzienserinnenklosters stammen zu großen Teilen aus dem 11./12. Jh. Ein großer Teil des Baumaterials stammt aus dem Abbruch der unterhalb des Klosters verlaufenden röm → Eifelwasserleitung nach Köln. Blöcke aus röm Gußmauerwerk wurden sowohl im ▶ Hexenturm, als auch beim ▶ Kirchenbau verwendet, sind dort allerdings nicht mehr so gut zu erkennen wie in der noch erhaltenen ▶ alten Klostermauer im S des Pfarrgartens.   Gre
Lit: Grewe 160 f, 282, 285

Bottrop BOT

Museum für Ur- und Ortsgeschichte

Im Stadtgarten 20. Öffnungszeiten: Di–So 10–18 Uhr
In Bottrop wurden verschiedene röm Münzen der mittleren Kaiserzeit gefunden, die heute im dortigen Museum aufbewahrt werden.   Ho
Lit: Stupperich 23

Bracht → Brüggen
Brand → Aachen
Breinig, Breinigerberg → Stolberg
Breitenbenden → Mechernich
Brenig → Bornheim
Broichweiden → Würselen

Brüggen-Bracht VIE

Römische Straße

Im Brachter Wald, etwa 6 km NW von Brüggen sind noch heute ▶ Teilstrecken der Römerstraße Xanten–Maastricht erhalten und im Gelände erkennbar.
Auf mindestens 900 m (bis zum Grenzstein 429 an der Flur »Am Weißenstein«) läuft dort die

Bundesgrenze zu den Niederlanden an ihr entlang (Prinzendijk); dann wird sie bis zur Flur »Hoher Stall« in geradliniger Verlängerung von einem modernen Fahrweg überlagert. Hinter der Tongrube van Eyck (etwa 2 km NO des Grenzsteins 429) ist sie schließlich auf 400 m Länge wieder faßbar.
Die Römerstraße zeichnet sich im Gelände meist durch einen gewölbten Dammkörper ab (B 9 m, H bis 0,3 m). Beidseitig begleiten ihn heute unterschiedlich breite und tiefe Gräben. An einem Anschnitt durch einen modernen Wirtschaftsweg zeichnet sich die röm Straße durch eine stärkere Anhäufung von bis zu fingernagelgroßen Kieseln vom ungeschichteten Sand ringsherum ab; sie war also ehem nur schwach bekiest.
Die Straße, die von Xanten über Maastricht und Tongeren nach Bavai und von dort weiter an die Kanalküste bzw ins Innere Galliens führte, war eine der wenigen N-S-Verbindungen im Hinterland der niedergerm Provinz und somit von großer verkehrstechnischer, volkswirtschaftlicher und wohl auch militärischer Bedeutung.   Ho
Lit: Hagen 221 ff – GMüller, BJb 160, 1960, 475 ff – GLoewe, Kreis Kempen-Krefeld. AFDR 3, 1971, 147 Taf 85,1

Brühl-Pingsdorf BM

Römische Wasserleitung
Abb 358

Am Römerkanal. Ungefähr im Trassenverlauf des unterirdischen Römerkanals ist hier ein bei → Mechernich-Breitenbenden geborgenes ▶ Teilstück der röm Eifelwasserleitung nach Köln wiederaufgebaut worden.   Gre
Lit: Grewe 84 ff, 164, 288

Büsbach → Stolberg
Burtscheid → Aachen
Buschhoven → Swisttal

Abb. 330 Dahlem. Damm der römischen Staatsstraße CCAA-Köln-Augusta Treverorum-Trier von Nordosten

Dahlem EU

Römische Straße
Abb 330

Im Forst Eichholz, ca 2 km NO von Dahlem ist ein ▶ Teilstück der röm Staatsstraße *CCAA*-Köln nach *Augusta Treverorum*-Trier erhalten. Der Straßendamm (B bis 15 m, H bis 1,7 m) ist gut im Gelände auszumachen; er verläuft S des »Heidenkopf I« über mehr als 1,5 km in einer schwachen S-Kurve nach SO. SW des »Heidenkopf III« passiert er die Landesgrenze nach Rheinland-Pfalz. An vier Stellen wird der Damm von Fahr- und Wirtschaftswegen durchschnitten; dort ist dann in den Profilen vor allem die Kiesschüttung

zu erkennen. Die ehem begleitenden Straßengräben sind weitgehend zugeschwemmt.
Die Reichsstraße Köln – Trier war eine der wichtigsten Verkehrsadern im röm Rheinland. Sie war offensichtlich auch noch in der Spätantike von großer – zumindest militärischer – Bedeutung, da sie die Kaiserresidenz Trier mit der Rheingrenze verband. Ein Meilenstein aus Nettersheim belegt, daß sie noch unter Magnentius (350–353 nChr) von Staats wegen unterhalten wurde. Teilstrecken dieser Straßenverbindung sind noch bei → Mechernich-Kommern und im Stadtgebiet von → Erftstadt erhalten.   IIv
Lit: Hagen 122 – KBöhner, BJb 149, 1949, 335 f – CBRüger, FVFD, 25, 1974, 48

Delbrück-Anreppen PB

Römisches Militärlager
Abb 21, 331, 332

SO von Delbrück wurde 1967 am S-Ufer der Lippe an der von Anreppen nach Bentfeld führenden Straße durch den Fund augusteischen Scherbenmaterials das bislang östlichste röm Militärlager an der Lippe entdeckt. Das Lager liegt auf einer leichten, mit nur 5 m über dem heutigen Lippepegel knapp hochwasserfreien Bodenerhebung. Das Lager (23 ha) war im Mündungsgebiet von Lippe und Glenne angelegt worden. Die bisherigen Ausgrabungen haben sich bislang auf die

Festlegung der Lagerausdehnung konzentriert. Dabei konnte ein längsovales unregelmäßiges Lagerareal (ca 750 × 330 m) festgestellt werden. Im Verlauf der N-Front wurde eine annähernd halbkreisförmige (T ca 90 m, B ca 140 m) Einziehung der Lagerumwehrung nachgewiesen. Größere Partien des Lagers sind insbesondere im W und auch im NO durch die Lippe in nachröm Zeit abgeschwemmt worden. Die Umwehrung bestand aus einer Holz-Erde-Mauer (B 3 m) und einem Spitzgraben (B max 6 m, T max 2 m). An der S-Front war die Befestigungslinie durch einen zweiten Spitzgraben (B ca 3 m, T ca 1,6 m) verstärkt worden. Im Verlauf der Holz-Erde-Mauer konnten Türme, die Toranlagen dagegen noch

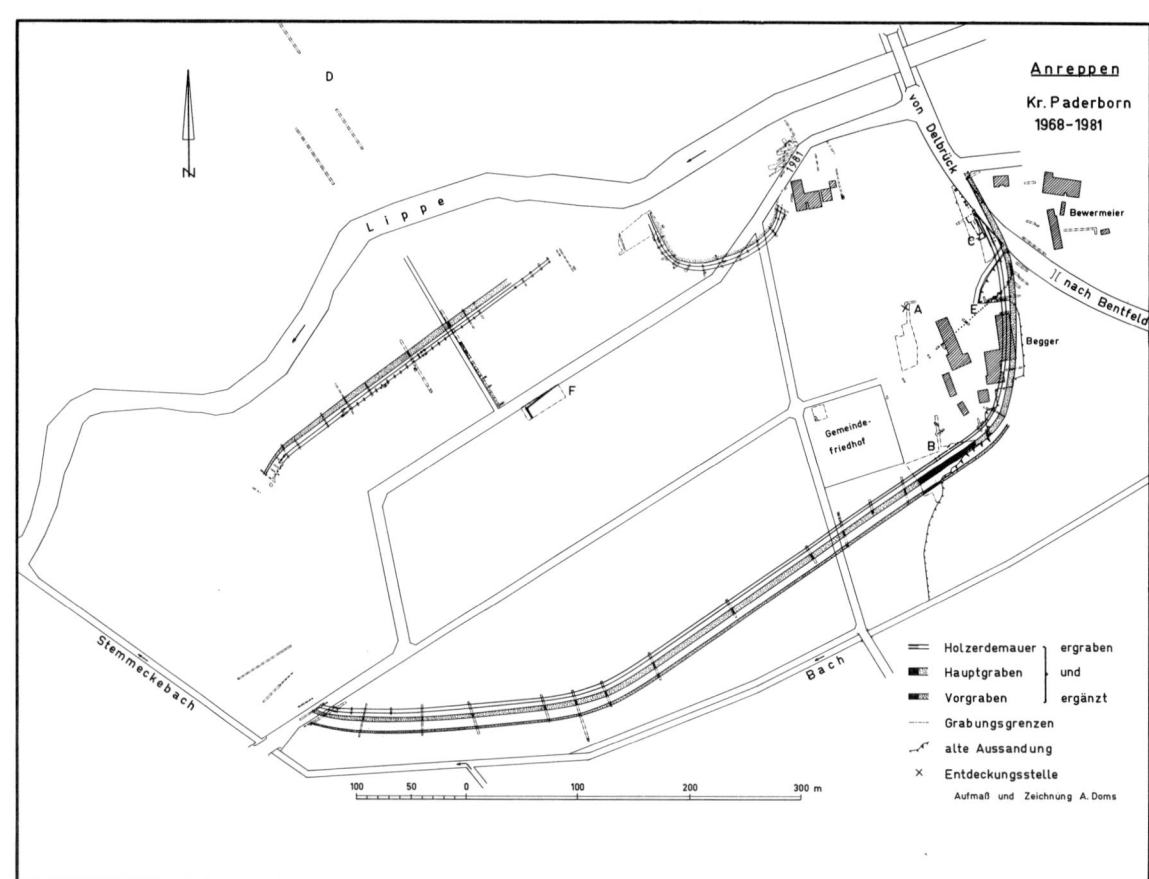

Abb. 331 *Delbrück-Anreppen. Militärlager. Übersichtsplan*

Abb. 332 Delbrück-Anreppen. Militärlager. Südliche Umwehrung. Innerer Spitzgraben (Mitte) und Fundamentgruben der Holz-Erde-Mauer (rechts). Ausgrabungen des Westfälischen Museums für Archäologie Münster 1970

nicht festgestellt werden. Vom Innenausbau des Lagers liegen vorerst nur geringe Erkenntnisse vor. Sie legen jedoch den Schluß nahe, daß das Lager bei Anreppen im Innern weitgehend ausgebaut war. Ein divergierendes röm Spitzgrabenteilstück im O Lagerareal scheint eine mehrperiodige Benutzung des Platzes durch röm Truppen anzudeuten. Die wenigen der Forschung bislang zugänglich gemachten Funde lassen sich mit denen aus den Militäranlagen bei → Haltern vergleichen. Daraus ergibt sich eine ungefähre Gleichzeitigkeit mit dem Militärstützpunkt Haltern. Da größere Untersuchungen im Lagerinnern erst in den nächsten Jahren zu erwarten sind, müssen beim gegenwärtigen Kenntnisstand jegliche Aussagen über die Funktion des Lagers Anreppen letztlich spekulativer Natur bleiben. Zu denken gibt jedoch die Wahl des Platzes direkt an der Lippe, obgleich sich unter topographischen Gesichtspunkten im N und S für die Anlage eines

röm Militärlagers ein wesentlich günstigeres Gelände angeboten hätte. Offensichtlich wurde der Lage an der Lippe eine hohe Priorität beigemessen. Daher wird man mit aller gebotenen Vorsicht bei dem Lager Anreppen an eine größere Nachschubstation auf dem Weg zur Weser zu denken haben. Von den hier stationierten Truppenkontingenten fehlen jegliche Zeugnisse. Der Lagergröße entsprechend könnten hier zeitweilig eine Legion und einige Auxiliarverbände gelegen haben. Die Anwesenheit von Auxiliarsoldaten ist durch eine dreiflügelige Pfeilspitze bezeugt.

W des Lagers liegen Belege für eine einheimische Siedlung vor, die wegen der dort angetroffenen röm Funde während der Belegungszeit des röm Militärlagers bestanden haben kann.   Kü

Lit: HBeck, Germania 48, 1970, 60 ff – ADoms, Westfalen 48, 1970, 160 ff – ders, ArchKorrbl 1, 1971, 215 ff – SvSchnurbein, BerRGK 62, 1981, 29 ff

Detmold LE

Lippisches Landesmuseum
Abb 333

Ameide 4. Öffnungszeiten: Di–Fr, So 9–12
u 14–17, Sa 9–12 Uhr
Das Museum zeigt in seiner vor- und frühgeschichtlichen Abteilung eine Vielzahl von röm
Importstücken und Fundmünzen des 1.–4.
JhnChr aus dem Kreis Lippe, die teils aus geziel-
ten Untersuchungen im Bereich germ Siedlungen
der röm Kaiserzeit stammen, teils als Zufallsfunde in die Sammlung gelangten. Dabei handelt
es sich vor allem um Fragmente mittel- und ostgallischer Terra Sigillata und röm Münzen aus
Grastrup-Hölsen, Hündersen und Schlangen-
Oesterholz. Ua werden in Detmold auch die röm
Pilumspitzen von der sog Grotenburg (Hidde-
sen) in der Nähe des Hermannsdenkmals und aus
Oesterholz aufbewahrt. Das anmutigste Objekt
ist wohl eine kleine Bronzeapplik aus der frühkaiserzeitlichen Germanensiedlung in Bad Salzuflen-Wüsten; sie stellt einen geflügelten Amor mit

Abb. 333 Bad Salzuflen-Wüsten. Beschlag
(Amor). Bronze. – H. 8 cm. 1. Jh. n. Chr.
(Detmold, Lippisches Landesmuseum)

Fackel und Lichthäuschen (?) dar (1. JhnChr).
Thematisch befaßt sich die Ausstellung ua mit
den röm Feldzügen im Rahmen der augusteischen Eroberungspolitik in Germanien. Die in
diesem Zusammenhang ausgestellten röm Funde
kommen allerdings größtenteils aus dem Rheinland.   Ho
Lit: LNebelsieg, Führer durch die Abt Ur- und
Frühgeschichte des Landesmuseums in Detmold,
1951 – FHohenschwert, Führer durch das Lippische Landesmuseum Detmold, 1978 – Stupperich
28 ff

Deutz → Köln

Dormagen NE

Alenkastell und
Militärziegelei
Abb 39, 109, 212, 238, 334–340

In einer einzigen röm Quelle, dem *Itinerarium
Antonini*, ist der keltische, vielleicht auch aus keltischen und germ Bestandteilen zusammenge-
setzte Name des Truppenplatzes *Durnomagus*
angeführt worden, zusammen mit Angaben über
die Entfernungen zu den beiden benachbarten
Auxiliarlagern *Buruncum* und *Novaesium*. Die
vielleicht namengebende, im Stammesgebiet der
Ubier gelegene einheimische Ansiedlung ist bisher weder entdeckt worden noch liegen Hinweise
auf sie vor.
Die Lage des Kastells gibt sich bei der Durchfahrt
durch Dormagen durch eine schwache Kuppe im
Rathausbereich zu erkennen. Die ältesten erhaltenen archäologischen Urkunden sind ein bis vor
wenigen Jahren noch in der Martinskirche ver-
mauertes Grabsteinfragment und die beiden bei
der Aufdeckung des Mithräums 1821 geborgenen
Weihesteine. Ein Depot aus 900 Silber- und
4 Goldmünzen wurde 1839 in einem Kuhstall gefunden. Bei der Verbreiterung der Landstraße
nach Worringen sind 1834 zahlreiche röm Gräber
angetroffen worden, deren Beigaben zT in die
Sammlung Delhoven übergegangen sind.
Ein zweites Gräberfeld wurde 1914 und 1928
beim Sandabbau in Schierort in der Flur »Im Nie-

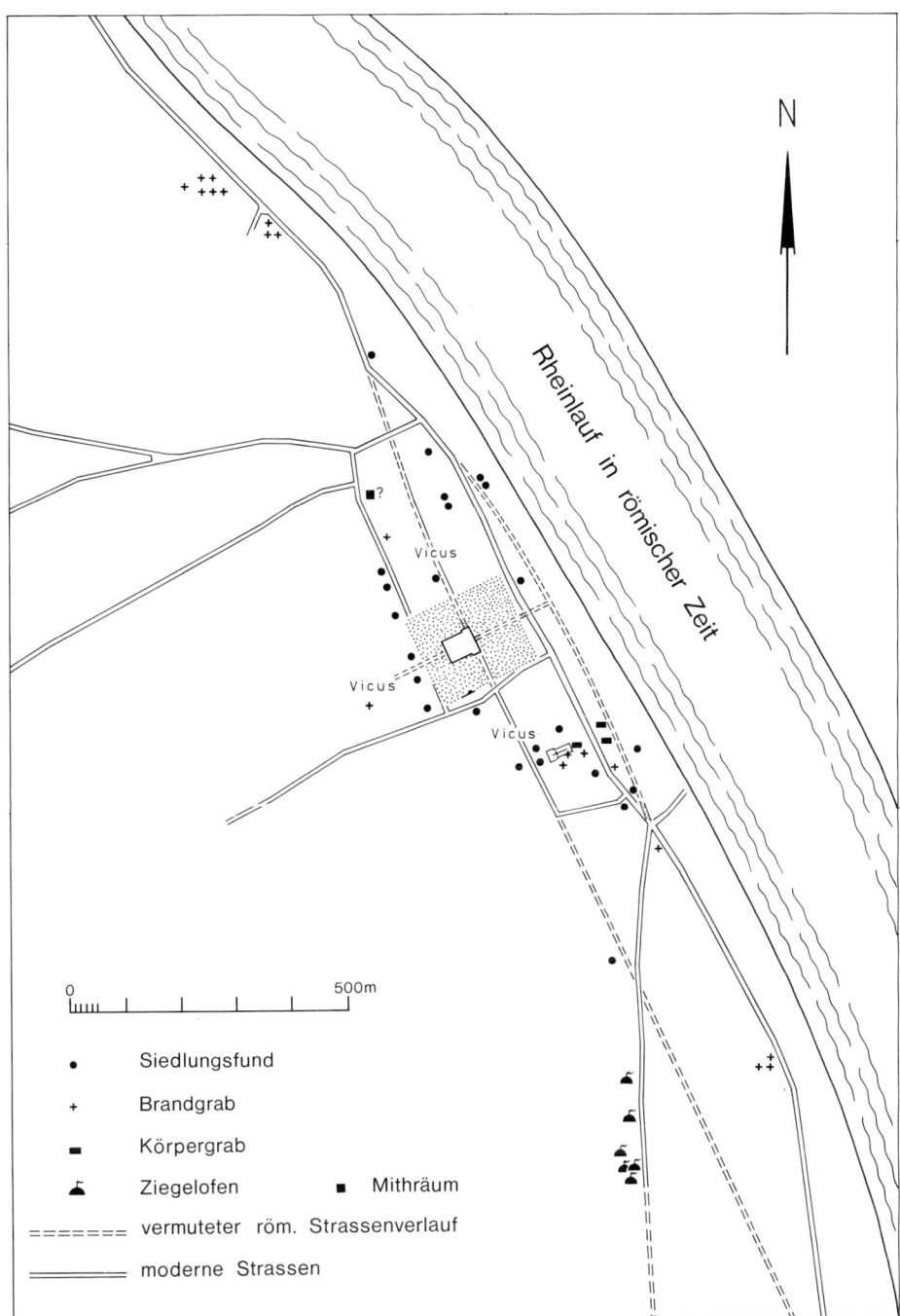

N

Rheinlauf in römischer Zeit

Vicus

Vicus

Vicus

| 0 | | | | 500m |

- • Siedlungsfund
- + Brandgrab
- ▬ Körpergrab
- ⏏ Ziegelofen   ■ Mithräum
- ═══════ vermuteter röm. Strassenverlauf
- ══════ moderne Strassen

Abb. 334   Dormagen. Römische Fundstellen im Stadtgebiet. Übersichtsplan

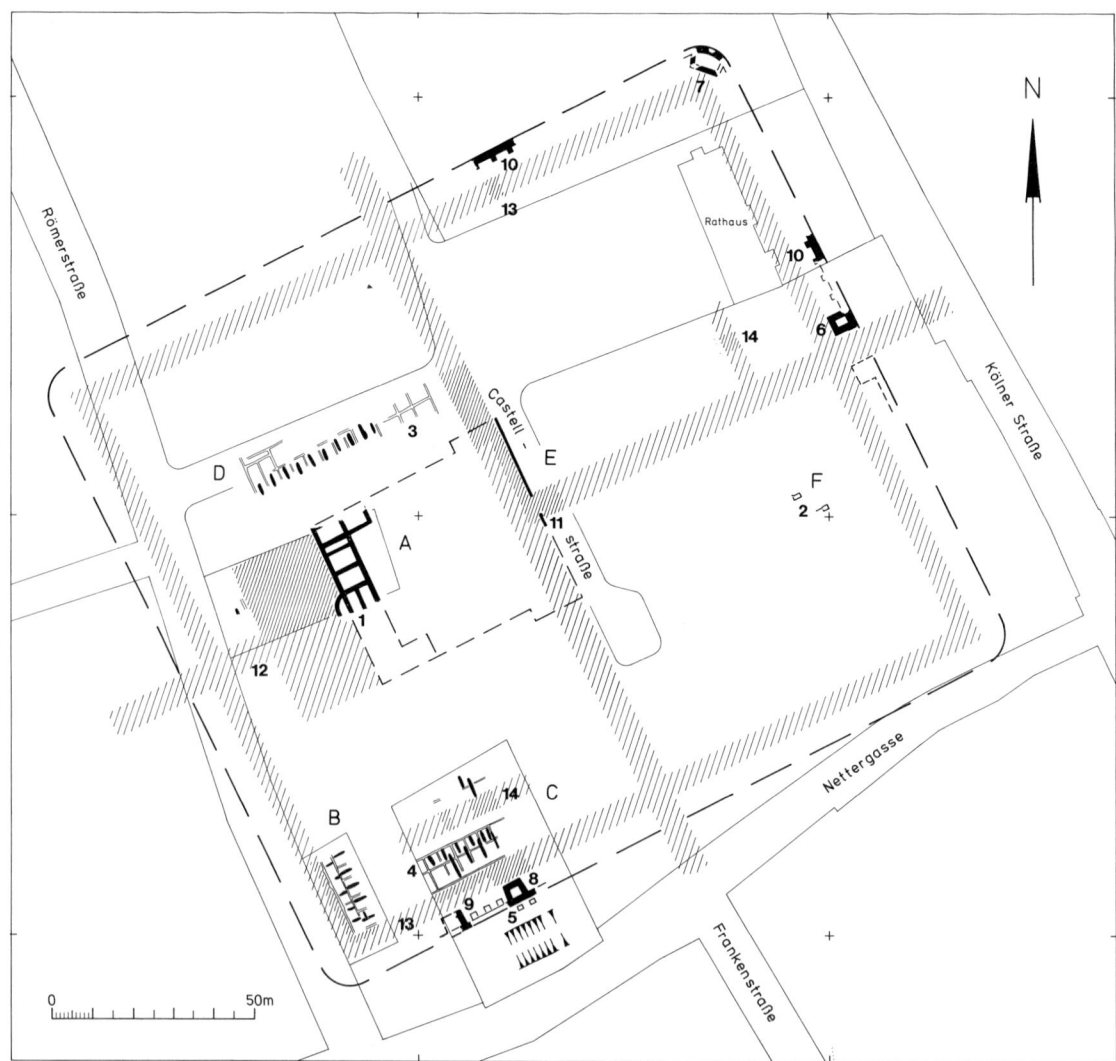

*Abb. 335   Dormagen. Alenkastell. Plan (Stand 1979). A–F Grabungsflächen. – 1 Lagerforum
(principia); 2 Wohn- bzw. Verwaltungsräume; 3 Kaserne; 4 Pferde- und Mannschaftsbaracke;
5 Zwischenturm der Holz-Erde-Mauer; 6 N-Turm des Ausfalltores (porta praetoria); 7 Eckturm;
8, 9 Zwischentürme; 10 Lagermauer aus Stein; 11 via principalis; 12 via decumana; 13 Wallstraße (via sagularis); 14 Lagerstraßen*

derfeld« abgetragen. 1957 wurde bei Kanalisationsarbeiten in der Kölner Str die röm Rhein-
uferstraße angeschnitten. Seit 1964 kontrollierte
die ehem Außenstelle Neuss des RLM in enger
Zusammenarbeit mit der Stadtverwaltung die

Bauvorhaben und -arbeiten und führte auch
selbst kleinere Rettungsgrabungen durch. Die
Notmaßnahmen des Jahres 1983 bestätigten die
vermutete Lage des Ausfalltores (*porta praetoria*)
und des N-Eckturms (7).

Der Rhein, der heute schon vor Dormagen in einer weiten Schleife nach NO ausweicht, floß in röm Zeit noch unmittelbar an Dormagen vorbei. S von Dormagen haben die Sand- und Kiesgruben, die ihren Betrieb inzwischen eingestellt haben, die heutige Landschaft völlig verändert. In röm Zeit hatte sich aufgrund natürlicher Voraussetzungen im Hinterland des Lagers ein breiter siedlungsfeindlicher Saum mit Versumpfungen und Bruchwäldern unterhalb der Haupterrasse ausgebildet. Da der Zugang von N in die bis zum Höhenrücken der Ville reichende Köln-Bonner Bucht ohne wesentliche Behinderungen nur über den wenige Kilometer breiten rheinnahen Streifen der Niederterrasse möglich war, konnte er militärisch leicht überwacht werden.

Bisher ist noch nicht geklärt, welche Truppe zwischen 80 und 90 nChr das erste Alenlager in Dormagen erbaut hat. Vermutlich ist das Steinlager im frühen 2. JhnChr von der *ala Noricorum* errichtet worden. Für die Anwesenheit der Truppe um 200 nChr sind die beiden Weihungen an Mithras sichere Belege. Keine Auskunft geben aber die archäologischen Quellen, wann diese Reitereinheit Dormagen verlassen hat und welche Truppe ihr gefolgt ist. Der Truppenplatz war noch im 4. JhnChr, während der Abwehrkämpfe Konstantins I. und seiner Söhne, besetzt. Die vorliegende Münzreihe schließt mit einem Triens des Theodosius I. um 390 nChr ab.

Das Alenlager nimmt eine um 3 ha große, fast quadratische Grundfläche ein (B 163 m, erschlossene L über 180 m). Die Umwehrung des ältesten Lagers bestand aus einer Holz-Erde-Mauer, nur belegt durch Pfosten eines Zwischenturms (5) und zwei Umfassungsgräben. Das jüngere Steinlager ist umgeben von einer Steinmauer und einem breiten Verteidigungsgraben, die Grabenspitze 10,6 m vor der Lagermauer. Diese war mit Strebepfeilern, die gleichzeitig den Wehrgang trugen (10), verstärkt. An Torbauten und Türmen sind bisher nur der N-Turm des Ausfalltores (*porta praetoria*) erfaßt worden (6), der Turm in der N-Ecke des Lagers (7) wie auch einige Zwischentürme nahe dem rechten Lagertor (*porta principalis dextra*; 8,9) aufgedeckt worden. Die

Abb. 336　Dormagen. Alenkastell. Südliche Lagermauer mit Turmfundament von Westen. Ausgrabungen des Rheinischen Landesmuseums Bonn 1977

Abb. 337   Dormagen. Alenkastell. Pferde- und Mannschaftsbaracke von O. Ausgrabungen des Rheinischen Landesmuseums Bonn im Jahre 1977

wichtigsten Lagerstraßen sind bekannt (11, 12). Die rückwärtige Lagerstraße (*via decumana*; 12) scheint in einen größeren Platz hinter den *principia* einzumünden. Die ältesten Baubefunde in der S-Ecke des Lagers waren zu Reihen angeordnete Kastengruben, die eine größere Fläche neben der Wallstraße einnahmen (B 40 m, L mindestens 22 m). Vermutlich handelt es sich um eine Art Grubenhäuser (L 2,8–3,3 m, B 2,6–2,8 m, T 0,8 m). Von den *principia* (1) ist nur ein kleiner Ausschnitt ergraben worden (erschlossene B 42 m): einige Schreibstuben oder Versammlungsräume (*tabulariae* und *scholae*) und das Fahnenheiligtum (*aedes*). Im vorderen Lager (*praetentura*), unter dem Ringkaufparkplatz und einem benachbarten Grundstück, kamen Überreste weiterer Steinbauten mit Hypokausträumen zum Vorschein (2). Die Fundamente von Holzbaracken konnten an der Castellstr (3), an der Nettergasse und Römerstr (4) verfolgt werden. Die funktional der Länge nach geteilten älteren Baracken dienten zur Unterbringung von Mensch und Tier: die Reiter in den breiteren Kammern, die Pferde in

den schmaleren, durch Stallungsgräben trocken gelegten Boxen (4). Eine der Baracken ist nach ihrem Wiederaufbau nur als Stall genutzt worden. Eine der Baracken scheint ausschließlich eine Kaserne gewesen zu sein (3).

Das Lagerdorf (*vicus*) erstreckt sich längs der beiden vom Lager ausgehenden Straßen unter den streifenartig geschnittenen Grundstücken zwischen Krefelder- und Römerstr und unter der Frankenstr und der das Lager an der O-Seite umgehenden Rheinuferstr. Im Pfarrgarten an der Frankenstr sind Ziegelmauern eines Fachwerkhauses und ▶ ein aus Leistenziegeln errichteter Keller freigelegt worden (der Keller kann im Pfarrzentrum besichtigt werden). Das Mithrasheiligtum hat vermutlich nahe der Einmündung der Vom-Stein-Str in die Römerstr gestanden. Die Gräberfelder des 2. und 3. JhnChr haben an den Fernstraßen NW und SO des Lagerdorfs gelegen. Spätröm Gräber sind bisher nur zwischen der Michaelskirche und der Rheinuferstr geborgen worden.

Die Militärziegelei der nach der Vernichtung der

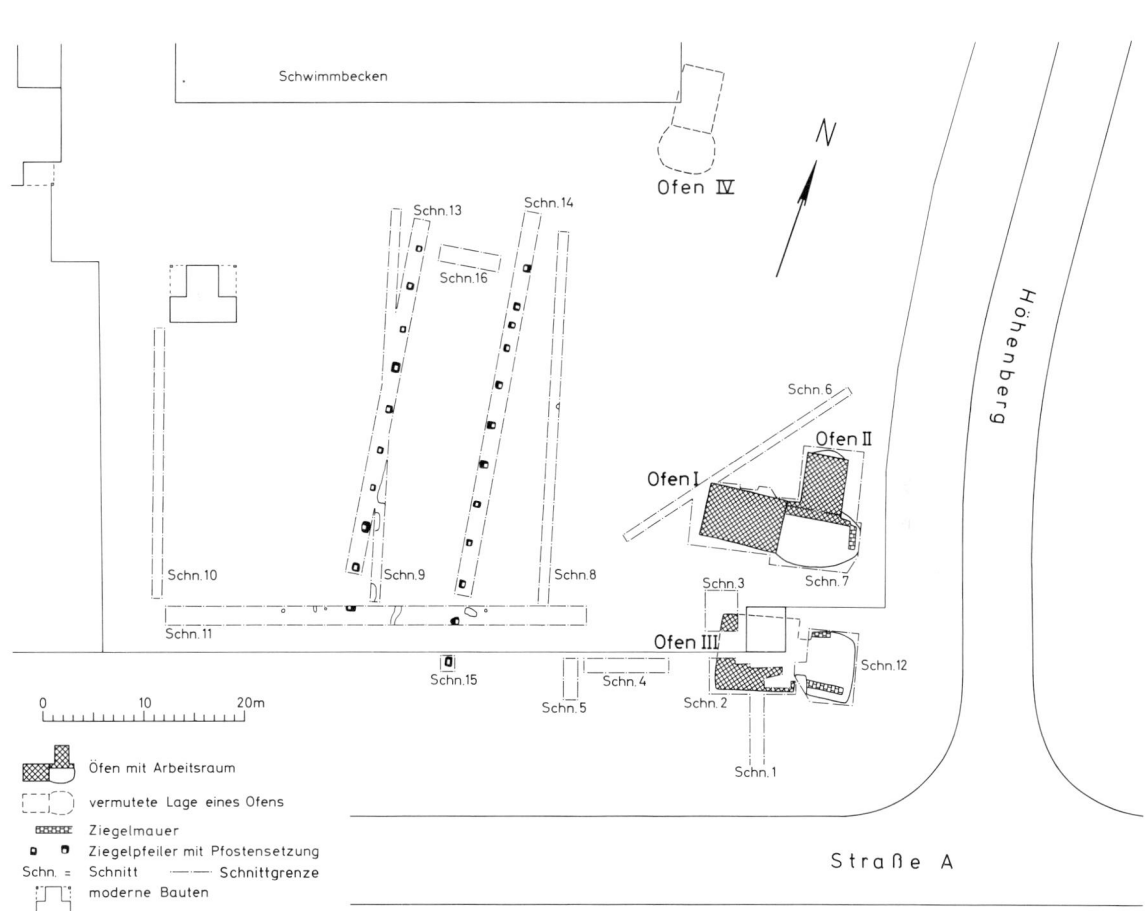

Abb. 338   Dormagen. Militärziegelei. Schnitt- und Übersichtsplan

varianischen Legionen aufgestellten *legio I (Germanica)* wurde in den 60er Jahren ca 1 km S des Stadtkerns im Schwimmbadbereich der Bayer-Werke unmittelbar am Stadtrand zu Köln freigelegt. Die Ziegelei arbeitete während des 2. Drittels des 1. JhnChr. Der Betrieb muß spätestens mit dem Bataveraufstand eingestellt worden sein. Bisher sind vier Stempeltypen bekannt und ein Antefix (Stirnziegel) mit der Darstellung der *Medusa Rondanini*, vorerst nur noch aus Bonn bekannt. Zu den vier Öfen im Schwimmbadbereich sind noch zwei weitere N der Badeanstalt zu stellen (L 6,3–7,6 m). Der Trockenschuppen der S Ofengruppe konnte unter der Werkzufahrt nicht weiter verfolgt werden (L über 45 m, B 11 mm).

Mü

Lit: FFiedler, BJb 21, 1854, 29 ff – GMüller, NL 1974, 151 Nr 43 – ders, RheinAusgr 20, 1979 – ders, Durnomagus – Das römische Dormagen, 1979

Abb. 339   Dormagen. Militärziegelei. Arbeitsraum und Ofen II von Osten. Ausgrabungen des Rheinischen Landesmuseums Bonn 1963

Architekturreste und Weihesteine
Abb 238, 255, 340

Das Rathaus von Dormagen (Kölner Str 82) steht im NO Bereich, in der *praetentura* des röm Auxiliarlagers. Daran erinnern verschiedene Teil-

Abb. 340   Dormagen. Militärziegelei. Stirnziegel mit Medusenhaupt. Ton. – H. 20,5 cm. Vor 70 n. Chr. (RLM Bonn)

rekonstruktionen auf dem Rathausvorplatz und dem links anschließenden Parkgelände.

Unmittelbar vor dem Rathaus ist der Verlauf ▶ der O Lagermauer aus Stein, die vermutlich um die Mitte des 2. JhnChr die ursprüngliche Holz-Erde-Mauer ersetzt hatte, im Pflaster ausgewiesen; ein Teilstück wurde hochgezogen. Neben dem Rathaus ist ▶ ein Teil einer Säulenhalle (*porticus*) rekonstruiert, wie sie einem Gebäude im Auxiliarlager straßenwärts vorgelegen haben könnte. Das Pultdach ruht auf Holzpfosten; die Sockelsteine sind aus Tuff. Es ist nach röm Art mit Ziegeln gedeckt. An der Traufe Kopien von ▶ Stirnziegeln mit schlangenumwobenem und unheilabwehrendem Medusenhaupt, wie sie einst in der bis 70 nChr von einem Arbeitskommando der *legio I (Germanica)* aus Bonn in der Dormagener → Militärziegelei fabriziert worden sind.

An der Rückseite des Portikus Kopien röm Grabdenkmäler aus Dormagen und Umgebung. Von links nach rechts: Weiherelief des Hornisten C. *Amandinius Verus* für Mithras; der persische Lichtgott ist als Stiertöter dargestellt. Anfang 3. JhnChr – Fragment eines Weihesteins; gestiftet von einem Straßenpolizisten namens . . . *Super*. 3. JhnChr. Die Jahreszahl 1924 ist modern. – Weihealter für die Nymphen (= Quellgottheiten), gestiftet von *T. Celsinius Cumius*; gefunden bei

Gohr. 2./3. JhnChr – Weihealter für die Nymphen gestiftet von *Simmo* und *Quartus*; gefunden bei Gohr. 2./3. JhnChr – Fragment eines Mithrasreliefs. Der stiertötende Gott ist rechts noch zu erkennen. Links Cautopates mit der gesenkten Fackel, darüber Büste des Sonnengottes Sol. Gestiftet von *Thuratralis*, einem Reiter mit doppeltem Sold (*dupliciarius*) der *ala Noricorum*. Anfang 3. JhnChr – Grabstein des Treverers *C. Iulius Primus*, Reiter der *ala Noricorum*. Im oberen Bildfeld eine Gelageszene, im unteren ein lediges, aber gezäumtes Pferd und ein Pferdeknecht. Gefunden in → Kalkar/KLE. Ende 1. JhnChr – Grabstein einer *Iulia Frapia* (Fragment). Ende 2./Anfang 3. JhnChr – Fragment eines Grabaltars mit Medusenhaupt. 1. Viertel 3. JhnChr – Kannelierter Säulenstumpf. Ho
Lit: HLehner, Die antiken Steindenkmäler des Provinzialmuseums in Bonn, 1918, Nr 205 f – GMüller, RheinAusgr 20, 1979 – ders, Katalog Durnomagus – Das römische Dormagen, 1979

Dormagen-Straberg   NE

Kalksinter

In der Abteikirche der ehem Prämonstratenserabtei Knechtsteden (12. Jh) bestanden die Säulen des (nicht mehr vorhandenen steinernen) Lettners aus Kalksinter der röm → Eifelwasserleitung, heute zT ▶ rechts und links des Chors verbaut. Gre
Lit: Grewe 271

Dorsten-Holsterhausen   RE

Römisches Militärlager
Abb 19, 341

Am N-Ufer der Lippe wurde 1952 im Stadtteil Holsterhausen bei Regulierungsarbeiten am Hammbach zufällig ein röm Militärlager entdeckt. Ein Baggerführer hatte die Polizei verständigt, da er eine während der Arbeiten zum Vorschein gekommene Amphore mit einer Fliegerbombe verwechselt hatte. Ausgrabungen wurden in den Jahren 1952–1953 und zuletzt 1970 durch-

geführt. Heute ist das Lagerareal weitgehend überbaut.
Die genaue Lagergröße läßt sich nicht mehr exakt ermitteln, da Erosionen der Lippe und moderne Bodenveränderungen bereits größere Partien der S Lagerhälfte zerstört haben. Soweit der Verlauf der Lagerumwehrung aufgedeckt werden konnte, belief sich das Flächenmaß (ca 900 × ca 550 m) auf eine Gesamtgröße von über 50 ha. Das Lager hatte nach den erhaltenen Partien der Umwehrung zu urteilen die Form eines weitgehend regelmäßigen Rechtecks. Lediglich im Bereich der SO-Ecke lag eine möglicherweise geländebedingte Abweichung vor. Ein Spitzgraben (B 4 m, T max 2,5 m) umschloß die Anlage. Offensichtlich hat es eine Holz-Erde-Mauer nicht gegeben. Stattdessen ist ein durch den Erdaushub aus dem Spitzgraben gebildeter Erdwall anzunehmen. Im W, N und O war der Spitzgraben für Tordurchlässe unterbrochen. Durch Ausgrabungen konnten im Lagerinnern lediglich Abfallgruben und vereinzelte Backöfen, jedoch keinerlei Anzeichen einer festen Lagerbebauung festgestellt werden. Mit dem »Feldlager« bei → Haltern vergleichbar war das Fundaufkommen äußerst spärlich. Wegen dieser Befundsituation kann das röm Lager bei Dorsten-Holsterhausen von den röm Truppen nur als zeitweiliges Marschlager bezogen worden sein. Ausgehend von der Fläche der Anlage, die in den Ausmaßen mit dem Standlager → Bergkamen-Oberaden verglichen werden kann, wird man hier mit einer vorübergehenden Einquartierung von zwei bis drei Legionen zu rechnen haben. Die Anwesenheit von Auxiliarverbänden ist durch eine bleierne Schleuderkugel (*glans*) erwiesen.
Im NO schneidet der Lagergraben einen älteren (L 110 m) Spitzgraben. Möglicherweise ist dieser divergierende Spitzgraben ein Indiz für eine mehrfache Nutzung des Platzes durch röm Militär. Darüber hinaus sind auch außerhalb des Marschlagers röm Funde bekannt. Unmittelbar N und W des Lagers sind röm Keramik und zwei augusteische Aurei zum Vorschein gekommen. Eine dritte augusteische Goldmünze wurde im Lagerbereich gefunden. Damit hat dieser röm Militärplatz unter allen westfälischen Römerlagern mit Abstand die meisten röm Goldmünzen geliefert, ein äußerst merkwürdiges Phänomen,

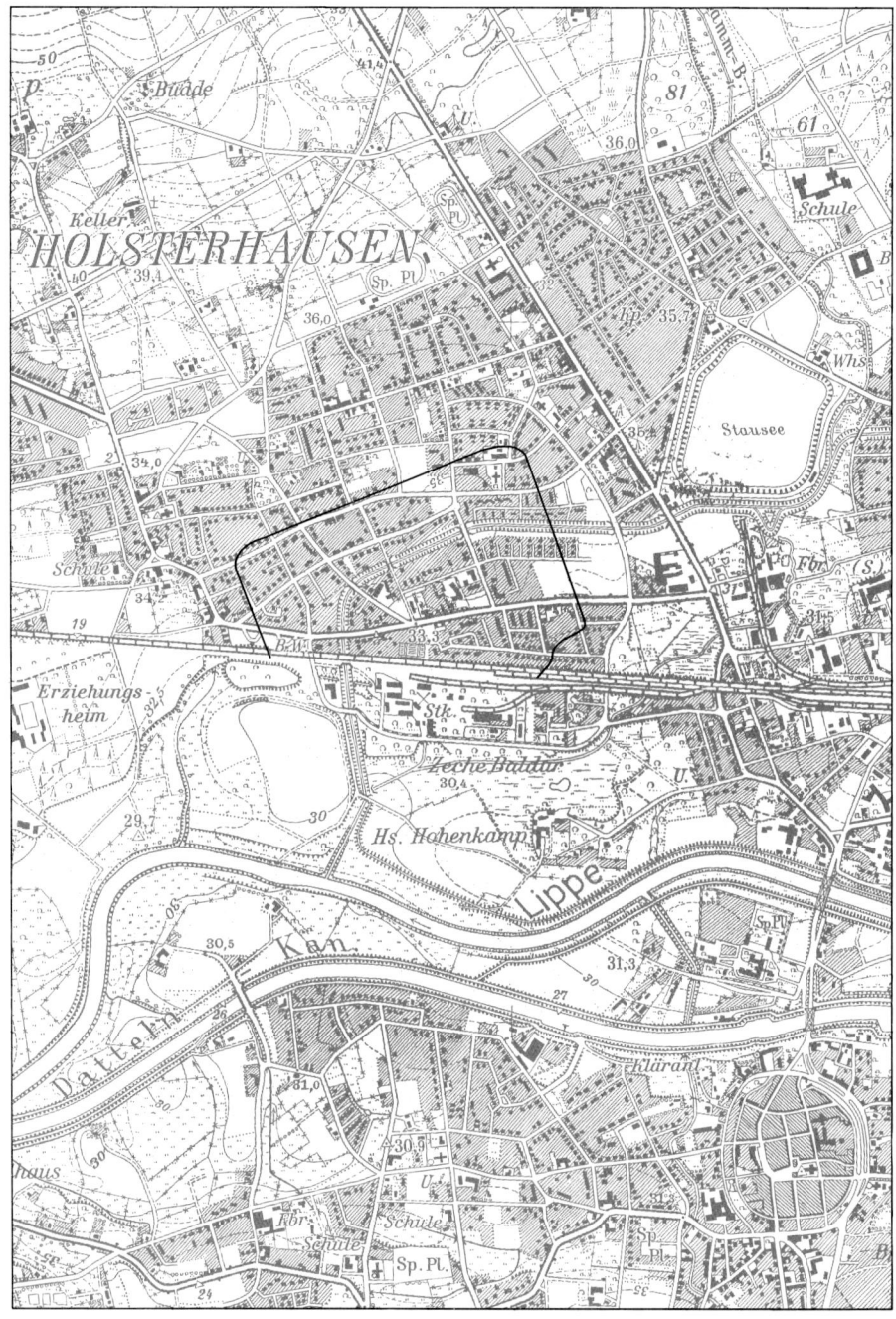

Abb. 341   Dorsten-Holsterhausen. Militärlager. Lageplan

für das es angesichts des sonstigen spärlichen Fundanfalls keine schlüssige Erklärung gibt. Die Belegungszeit des Lagers Dorsten-Holsterhausen läßt sich in die Zeit der röm Germanenkriege der Jahre 12 vChr–16 nChr einordnen, eine genauere Datierung verbietet die Spärlichkeit des Fundmaterials.   Kü

Lit: WWinkelmann, Westfalen 31, 1953, 47 ff – AStieren, Germania 32, 1954, 165 ff – SvSchnurbein, BerRGK 62, 1981, 26 ff

Dortmund   DO

Museum für Kunst und Kulturgeschichte
Abb 119, 342, 343

Hansastr 3. Öffnungszeiten: Di–So 10–18 Uhr
In das 1883 eröffnete »Kunst- und Gewerbemuseum« gelangten die Funde aus den Grabungen 1906–1938 im augusteischen Legionslager →

Oberaden, da die damaligen Grabungen dem Dortmunder Museum unterstanden. Ein Großteil dieser Funde ging aber durch Kriegseinwirkung und Plünderung verloren. Die Oberadener Funde aus den Grabungen der Nachkriegsjahre werden im → Westfälischen Museum für Archäologie, Münster, aufbewahrt.

Von den Germanenkriegen des Kaisers Augustus zeugen die Funde aus dem röm Offensivlager Oberaden. Ein Modell gibt auf der Grundlage der alten Ausgrabungsergebnisse einen ungefähren Eindruck von der ehem Gestalt des Legionslagers Oberaden und des gleichzeitigen kleinen »Uferkastells« → Beckinghausen wieder. Einen Hauptfund aus dem Römerlager Oberaden repräsentieren die sog *pila muralia.* Bei ihnen handelt es sich um hölzerne, beidseitig spitz zulaufende »Speere« mit einer Einschnürung in der Mitte. Insgesamt wurden 70 dieser hölzernen »Mauerspeere« im Spitzgraben an der NW-Ecke des Le-

Abb. 342   Bergkamen-Oberaden. »Mauerspeere« (pila muralia). Holz. – L. max. 2 m. 11–9/8 v. Chr. (Dortmund, Museum für Kunst und Kulturgeschichte)

Abb. 343   Dortmund. Goldmünzfund. Nach 411 n. Chr. (Dortmund, Museum für Kunst und Kulturgeschichte)

gıonslagers geborgen. Ihre Verwendung ist in der Forschung umstritten; am ehesten denkbar erscheint eine Verwendung als ein im Bereich des Spitzgrabens aufgestelltes Annäherungshindernis, bei dem es sich durch Zusammenfügung etwa dreier »Mauerspeere« um eine Art »Spanische Reiter« gehandelt haben könnte. Viele dieser *pila muralia* tragen den Namen einer Centurie und sind damit als Eigentum einer bestimmten Truppeneinheit gekennzeichnet. – Einen weiteren bedeutenden Fundkomplex stellen die Erzeugnisse, vor allem Teller und Tassen, der italischen Terra-Sigillata-Töpfer dar. Von den vier reliefierten Gefäßen sind zwei steilwandige Reliefbecher. Einer stammt aus der Hand des in der Werkstatt des arretinischen Fabrikanten *C. Annius* arbeitenden *Pantagatus*. Auch gewöhnliche Gebrauchskeramik und Tonlampen sind vertreten. Zu den Eisengeräten zählen neben einigen Werkzeugen (Messer, Feile, Sichel etc) auch Waffen, so ua ein mit seiner hölzernen Schäftung recht gut erhaltenes Pilum und ein Dolch mit verziertem Griff. – Unter den wenigen noch erhaltenen Holzfunden ist vor allem eine Holzsandale zu erwähnen. – Eine kleine Bronzestatuette der ägyptischen Göttin Isis dürfte auf deutschem Boden das älteste Zeugnis ägyptischer Glaubensvorstellungen bei der röm Truppe sein.

Neben den Funden aus den Grabungen im röm Legionslager Oberaden sind drei Münzfunde aus Dortmund und seiner näheren Umgebung beachtenswert: die Denarfunde aus Seppenrade, Fröndenberg und der Goldmünzfund aus Dortmund. Beim Dortmunder Münzfund handelt es sich um den größten röm Goldmünzfund aus deutschem Boden: Neben 16 Silbermünzen wurden 444 Goldmünzen, geprägt 335–411, 1907 in der Dortmunder Ritterstr gefunden.

Die Sammlung röm Gläser kam durch Schenkung des Fabrikanten Beger 1909 in das Dortmunder Museum. Der überwiegende Teil dieser Stücke dürfte wohl der röm Glasindustrie des Kölner Raums entstammen.   Kü

Lit: GLangemeyer (Hrsg), Museumshandbuch, Teil 1 / Museum für Kunst und Kulturgeschichte der Stadt Dortmund, 1983, 95 ff – Stupperich 29 ff

Dorsten-Lembeck   RE

Museum Schloß Lembeck

Schloß Lembeck. Öffnungszeiten: April–November 9–17 Uhr
In Schloß Lembeck befindet sich eine kleine Sammlung röm Funde, die aus dem Bereich der germ Siedlungen in Dorsten-Lembeck und Dorsten-Rhade aufgelesen wurden. Vor allem die rädchenverzierten Terra-Sigillata-Scherben datieren die Fundplätze ins 4. JhnChr.   Ho
Lit: Stupperich 29

Dreimühlen → Mechernich

Drolshagen   OE

Kalksinter

Im alten Chor der Pfarrkirche St. Clemens sind ► vier Säulen zu sehen, die aus Kalksinter der röm → Eifelwasserleitung nach Köln bestehen; die längste mißt 2,45 m.   Gre
Lit: Grewe 271

Drover Heide → Vettweiß-Soller

Düren   DN

Leopold-Hoesch-Museum
Abb 344

Hoeschplatz 1. Öffnungszeiten: So 10–12, Di–Sa 10–12 u 14–17, Di bis 21 Uhr
Die Entstehung der Städtischen Altertumssammlung im letzten Drittel des 19. Jh ist der Freigebigkeit und dem Gemeinschaftssinn verschiedener Bürger zu verdanken: Dr. August Schopp und Richard Schleicher. 1905 gelangte die Städtische Sammlung in das Leopold-Hoesch-Museum, einer Stiftung der Erben des gleichnamigen Industriellen. Der Rührigkeit der ehrenamtlichen Leiter und Mitarbeiter, vor allem von Dr. Matthias Bös und Jacob Gerhards, ist die Bereiche-

Abb. 344 Kreuzau-Stockheim. Grabeinfassung. Sandstein. – Dm. 2,0 m. 2./3. Jh. n. Chr. (Düren, Leopold-Hoesch-Museum)

rung der Bestände um viele Funde aus Notbergungen und Privatsammlungen von den 30er Jahren dieses Jh an bis heute zu verdanken. Ungeachtet der vielen im Krieg erlittenen Verluste bietet die Vor- und Frühgeschichtsabteilung einen guten Überblick über die Erzeugnisse vergangener Kulturen im Kreis Düren und in den Nachbargebieten. Die Funde der röm Epoche sind weitaus am zahlreichsten vertreten und füllen fast einen ganzen Raum im rechten Flügel des Erdgeschosses.

Unter der Keramik bezeugen eine Schale und zwei rundbauchige Flaschen mit grauschwarzem Überzug von noch keltischer Form (sog Belgische Ware, 1. Hälfte 1. JhnChr) das Wirken einheimischer Töpfer, Trinkschalen und Teller unterschiedlicher Qualität aus rotglänzender Terra Sigillata vom 1. bis Anfang des 4. JhnChr die Meisterschaft röm Werkstätten in den gallischen und germ Provinzen, einige mit Stempelabdrücken der Hersteller. An kunstgewerblichen Erzeugnissen sind eine Terrakotta und eine Kleinbronze des Hercules hervorzuheben. Kinderspielzeug waren wohl ein Hund, ein Hahn (Terrakotten) sowie drei tönerne Miniaturgefäße.

Des weiteren werden ua Krüge und Lämpchen des 1.–4. JhnChr aus Kölner Werkstätten und vielleicht auch ihres linksrheinischen Hinterlandes gezeigt. Die Glaswaren des 1.–4. JhnChr, ua Flaschen, Krüge, Kannen, Schalen, Becher, Balsamarien usw, sind überwiegend im Gebiet des Kreises Düren gefunden worden, wohl Erzeug-

nisse von Glashütten Kölns, vielleicht auch der näheren Umgebung. Unter den Gläsern der Stiftung Peill sind auch röm des 2.–4. JhnChr ausgestellt, die ua in Italien und Syrien erworben wurden.

Eisengeräte dienten verschiedenen handwerklichen, landwirtschaftlichen und häuslichen Tätigkeiten in den für die Dürener Gegend typischen Gutshöfen und den sie beliefernden kleineren Betrieben.

Steindenkmäler oder Kunststeinabgüsse aus der Dürener Umgebung, die sich im RLM Bonn befinden, vermitteln nicht nur einen Einblick in röm Götterkulte der Rheinprovinz, sondern auch in die Steinmetzkunst in ländlichen Gegenden: Matronenstein. Buntsandstein. Fo Düren-Derichsweiler/DN. Anfang 3. JhnChr. Die Frontseite trägt eine Inschrift, jede der beiden Seiten ein Flachrelief, das einen Gabentisch mit Früchten darstellt. – Weihestein der Ardennengöttin. Kopie. Original Buntsandstein. Fo Hürtgenwald-Gey/DN. 2./3. JhnChr. Jede der beiden Seiten ist mit einem gleichartigen, dicht belaubten Bäumchen im Flachrelief verziert. – Matronenstein. Kopie. Original Buntsandstein. Fo Vettweiß-Müddersheim/DN. Anfang 3. JhnChr. Beide Seiten sind mit einem Flachrelief verziert. Die Frontseite zeigt die Darstellung der drei Göttinnen im Vollrelief. – Trommel einer Jupitersäule. Gelblichgrauer Sandstein. Fo Nörvenich-Wissersheim/DN. 2. Drittel 3. JhnChr. Verzierung durch flachreliefierte, nach unten gerichtete

Schuppen und den übereinandergesetzten Darstellungen von Minerva und Juno im Halbrelief. Ihre Gesichter sind weggeschlagen und auch die übrigen Teile durch Verwitterung beschädigt. – Unterteil einer Statuette des thronenden Jupiter. Von der Hüfte abwärts erhalten. Buntsandstein. Fo Merzenich-Golzheim. 1. Hälfte 3. JhnChr. – Altar der Stammesgöttin der Sunuker. Kopie. Original Buntsandstein. Fo Eschweiler/AC. 2./3. JhnChr. Erhalten ist nur der unterste Teil des Reliefs. – Giebelstein von der Aedicula eines Grabmals mit der Darstellung von Iphigenie, Orestes und Pylades. Kopie. Original Buntsandstein. Fo Inden-Frenz/DN. 2. Hälfte 2. JhnChr. – Altar der Mater Magna. Kopie. Original Buntsandstein. Fo Inden-Pier/DN. 2./3. JhnChr.

Der als Lapidarium konzipierte Raum dient wegen fehlender Unterbringungsmöglichkeiten auch als Magazin.　　　　　　　Thom

Lit: HLehner, Die antiken Steindenkmäler des Provinzialmuseums in Bonn, 1918, 108 Nr 228; 112 Nr 236; 118 Nr 245; 125 Nr 261; 360 Nr 915 – JGerhards, BJb 146, 1946, 352 f, Abb 80 – ders BJb 149, 1949, 351 – ders Köln Jb f Vor-uFrühgesch 14, 1974, 105, 107 f

Duisburg　DU

Niederrheinisches Museum
Abb 185, 345

Friedrich-Wilhelm-Str 64. Öffnungszeiten: Di, Do–Sa 10–17, Mi 10–16, So 11–17 Uhr

Das Museum trägt seinen jetzigen Namen erst seit 1967. Es entstand aus der Zusammenlegung der Bestände des Averdunk-Museums und des Museums des eingemeindeten Hamborn 1945 und wurde 1969 eröffnet.

Trotz eindeutiger Ausrichtung auf die heimische Vorgeschichte sind in Duisburg und Hamborn immer schon röm Funde gesammelt worden. Doch erst mit der Übergabe der Asberger Grabungen (→ Moers-Asberg) durch F. Tischler 1957 begann auch der Aufbau einer röm Abteilung, die bis zum vorläufigen Ende der Grabungen im Herbst 1980 fortlaufend erweitert wurde.

Leider können im Erdgeschoß des Museums aus Platzgründen zZ nur die wichtigsten Funde gezeigt werden, die an einem konkreten Objekt den überragenden Einfluß röm Zivilisation – selbst an einem (von Rom aus gesehen) so entlegenen Platz wie *Asciburgium* – exemplarisch verdeutlichen und anschaulich machen.

Die vier Vitrinen zur röm Kaiserzeit sind nach Themenbereichen gegliedert: »Als Soldat in röm Diensten«, »Das Leben im Lager« sowie »Gräber als Spiegel des Lebens«. Jeder dieser drei Bereiche wird an Hand charakteristischer Gegenstände des täglichen Lebens veranschaulicht, unter denen einige Bronze- und Glasfunde, vor allem aber der Reichtum an italischen und südgallischen Sigillaten hervorzuheben sind. Eine vierte Vitrine ist dem Thema »Römer und Germanen« gewidmet und zeigt mit ihrem Inhalt, in welch starkem Maße sich die Menschen auch jenseits des Rheines (auf heutigem Duisburger Boden) der röm Lebensweise gegenüber geöffnet haben.

Abb. 345　Moers-Asberg. Dolch (pugio), Helm und Zierscheibe. Eisen, Bronze. – L. des Dolches 32,5 cm. 1. Hälfte 1. Jh. n. Chr (Duisburg, Niederrheinisches Museum)

Ausgestellt sind außerdem zwei Steindenkmäler. Eines ist den *Ambiamarcae*, germ Muttergottheiten, geweiht und wurde 1968 bei Xanten-Wardt gefunden. Vermutlich stammt es aus → *Vetera*-Xanten oder *Colonia Ulpia Traiana* (*CUT*)-Xanten. Die Inschrift ist stark beschädigt. Der zweite Inschriftstein – von dem Legionsveteranen L. Iulius seiner Konkubine Polla Matidia gesetzt – stammt aus dem S Gräberfeld in → Moers-Asberg, ist dort 1908 gefunden worden und ein Abguß des Originals, das im Grafschafter Museum Moers steht. Inschrift und Darstellung sind in die Zeit des Tiberius (14–37 nChr) zu datieren.   Be
Lit: CAnkel, FVFD 15, 1969, 123 ff – Chrobaczek 104 f – TBechert, Asciburgium – Ausgrabungen in einem römischen Kastell am Niederrhein. Duisburger Forsch 20, 1974

Duisburg-Baerl (-Dachsberg)   DU

Römische Straßenstation (?)
Abb 346

Auf dem Dachsberg in Baerl-Lohmannsheide hat F. Tischler 1952/53 röm Gebäudereste ausgegraben, die er für die Bauten eines Gehöftes (*villa rustica*) hielt. Er deckte vor allem ein Gebäude (16,3 × 8,7 m) auf, dessen Fundamente aus Rheinkieseln, Tuffsteinbrocken und Ziegelstücken bestanden, dazu fand er zahlreiche Nägel, aus denen er schloß, daß der Oberbau wohl in Fachwerk errichtet war. Ungewöhnlich für eine zivile Anlage waren damals schon einige Funde militärischer Ausrüstungsgegenstände, darunter eine Pilumspitze, zwei peltaförmige Durchsteckknöpfe und eine Gürtelschnalle, durchbrochen gearbeitet und ursprünglich mit Goldblech hinterlegt; alle

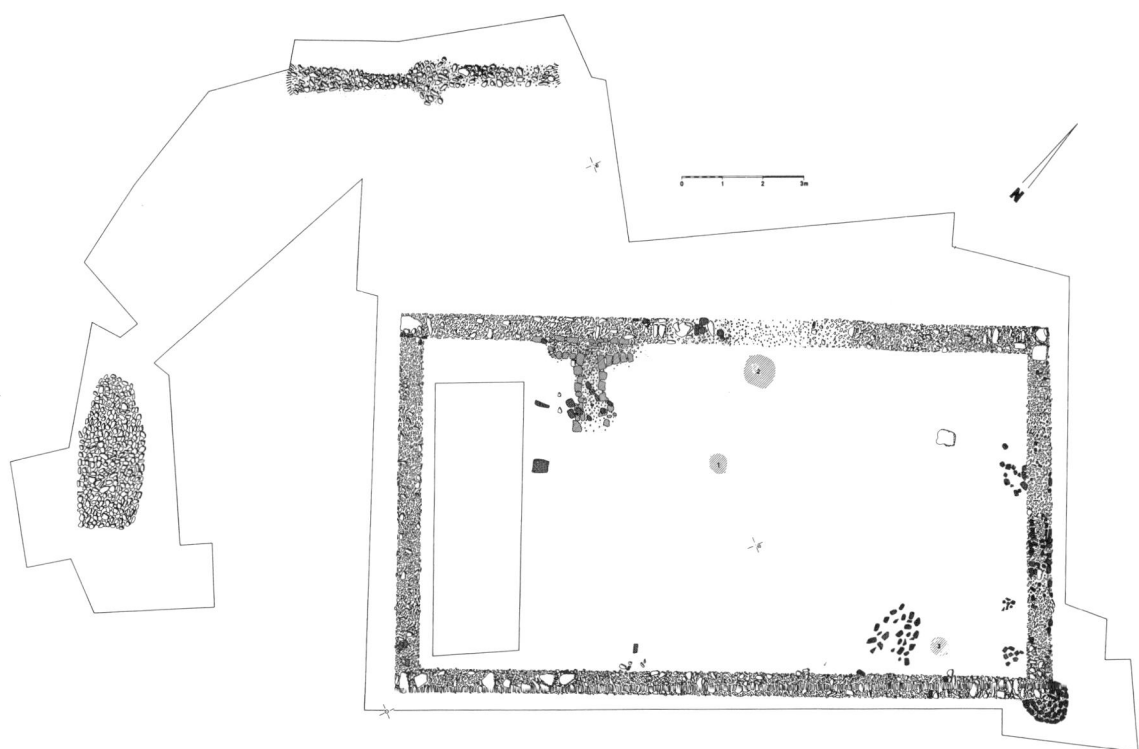

Abb. 346   Duisburg-Baerl. Straßenstation (?). Befundplan

Funde stammten aus dem Innern des ausgegrabenen Gebäudes.

Der Dachsberg liegt zwar nicht an der röm Limesstraße, sondern ca 2 km O davon, in der flachen Rheinniederung: jedoch wird sich dieser leicht erhöhte Platz immer schon als geeigneter Beobachtungsposten angeboten haben. Leider sind die Grabungen damals nicht fortgesetzt worden. Immerhin ergaben sich deutliche Anzeichen dafür, daß der freigelegte Bau zu einer größeren Gebäudegruppe gehört hat, die derjenigen in Bergheim-Kenten nicht unähnlich gewesen ist. Es liegt deshalb nahe, die Anlage in Duisburg-Baerl, die etwa von der Mitte des 2. bis zur Mitte des 3. JhnChr bestanden hat, nicht als ziviles Gehöft, sondern als militärischen Straßen(?)- und Überwachungsposten anzusehen.   Be
Lit: FTischler, BJb 155/56, 1955/56, 491 – ders, Duisburger Forschungen 2, 1959, 186 ff (HvPetrikovits) – TBechert, Antike Welt 3, 1979, 18 f

Duisburg-Rheinhausen → Moers-Asberg
Duisburg-Werthausen → Moers-Asberg
Duisdorf → Bonn
Dünnwald → Köln
Dünstekoven → Swisttal

Düsseldorf   D

Stadtmuseum
Abb 347

Palais Graf Spee, Bäckerstr 7–9. Öffnungszeiten: Di, Do, Fr, So 10–17, Mi 12–20, Sa 13–17 Uhr
Nur ein kleiner Teil der röm Funde in der vor- und frühgeschichtlichen Sammlung kam in Düsseldorf selbst zutage, zB in der Friedrichstadt, in Bilk, Flehe, Eller, Stockum und in den linksrheinischen Stadtteilen Heerdt, Lörick, Ober- und Niederkassel.
Bedeutender sind die Bestände aus den Sammlungen verschiedener Privatpersonen wie C. Koenen, C. Guntrum, C. Strauven und O. Rautert. So stammt reiches Fundmaterial aus → Krefeld-Gellep-*Gelduba* (Gegenstände des röm Alltags), aus → *Asciburgium*-Moers-Asberg (Keramik etc) und aus dem → Neusser Legionslager. Prunkstück der Sammlung ist eine Garnitur bronzener

Abb. 347   *Rheinberg. Henkelkanne mit Pferdeprotome und Satyrmaske. Bronze. – H. 23,5 cm. 1. Jh. n. Chr. (Düsseldorf, Stadtmuseum)*

Gefäße, 1895 aus einem Grab bei Rheinberg geborgen. Sie besteht aus einer enghalsigen Kanne mit reich verziertem Henkel, einer sog Omphalosschale und einer großen ovalen Fischschüssel mit profilierter Wandung und aus einem kannelierten, widderköpfigen Griff einer verlorenen Griffschale. Das Service dürfte im letzten Drittel des 1. JhnChr in der Gegend von Capua hergestellt worden sein.   Hep
Lit: KBHeppe, Vor- und Frühgeschichte I. Bildh Stadtgesch Museum Düsseldorf 3, 1978

Deutsches Keramikmuseum Hetjens

Palais Nesselrode, Schulstr 4. Öffnungszeiten: Di–So 10–17 Uhr

Das Spezialmuseum beherbergt ua auch eine umfassende Sammlung röm Keramik des. 1.–4. JhnChr, die meist aus rheinischen Fundzusammenhängen stammt: italische und gallische Terra Sigillata, Gebrauchs- und Grobkeramik (Teller, Becher, Krüge, Töpfe, Amphoren). In der Ausstellung besonders beachtenswert sind die Beispiele der sog Belgischen und der grünglasierten Ware, die im 1. JhnChr im Rheinland hergestellt worden ist. Eine umfangreiche Gruppe bilden auch die »rheinischen« Spruch- und Barbotine-Becher des 3. JhnChr. Kinderspielzeug und Lanzen runden das Spektrum der ausgestellten Keramik aus röm Zeit ab. Ho
Lit: Hetjens-Museum. Deutsches Keramikmuseum 1978 – Chrobaczek 80f

Efferen → Hürth
Eicks → Mechernich-Kommern

Eifelwasserleitung
Abb 10, 328, 348–358, 369, 381, 382, 392, 462, 464, 467–469, 472–474, 494, 495, 519, 520

Übersicht: Die röm Eifelwasserleitung nach → Köln zählt zu den großen Ingenieurleistungen der Antike; sie versorgte das röm Köln mit qualitätvollem Frischwasser aus dem Gebiet der sog Sötenicher Kalkmulde in der N-Eifel. In ihrem Streckenverlauf mußte sie die Wasserscheide zwischen Maas und Rhein, zahlreiche Seitentäler, vor allem aber den Höhenrücken des Vorgebirges, der sich wie ein Riegel zwischen Quell- und Versorgungsgebiet schiebt, überwinden. Dabei wurden bis zu 20 km lange Umwege in Kauf genommen. Die Bauzeit dürfte mehrere Jahre betragen haben.
Die Eifelwasserleitung schöpfte zunächst (Ende 1. JhnChr) die Quellen bei → Mechernich-Dreimühlen, -Urfey und → -Kallmuth aus; später wurde sie bis zum »Grünen Pütz« bei → Nettersheim verlängert. Ihre Gesamtlänge beträgt – alle Stränge zusammengenommen – 98,7 km. Sie dürfte bis in die 2. Hälfte des 3. Jh in Betrieb gewesen sein und zeitweise bis zu 250 l/s, dh täglich ca 20 000 m³ Wasser nach Köln geliefert haben. Leider gibt es über den Bau der Leitung keine schriftlichen Zeugnisse, so daß man im wesentlichen auf die Aufschlüsse selbst und die Ergebnisse der archäologischen Untersuchungen angewiesen ist.
Bei dem Bauwerk handelt es sich um eine reine Gefälleleitung ohne Tunnels oder Druckleitungsstrecken. Das eingebrachte Gefälle ist unterschiedlich; es schwankt – abhängig von den topographischen Gegebenheiten – zwischen 0,10 % (Querung der Rhein-Maas-Wasserscheide bei → Kall-Sötenich/Dottel) und 10 % (Erft-Abstieg bei → Euskirchen-Kreuzweingarten).
Der Wasserleitungskanal ist weitgehend unterirdisch, dh unterhalb einer angenommenen Frostgrenze von ca 0,90 m geführt; große Aquäduktbrücken waren nur selten erforderlich, so bei → Mechernich-Vussem (Seitental), bei Euskirchen-Rheder (Erfttal) und Rheinbach/Meckenheim (Swisttal). Hinter Hürth-Hermülheim verlief der Kanal bis nach Köln als eine von zahlreichen Bogenstützen getragene Hochleitung.
Die Trasse der Eifelleitung gliedert sich in viele Baulose, die sich meist durch unterschiedliche Gefälleabschnitte gegeneinander abgrenzen. Gewöhnlich wurde der Leitungskanal in den Hang verlegt; die in diesem Zusammenhang bewegten Erdmassen dienten gleichzeitig zur Anlage einer talseitigen Arbeitsterrasse bzw -straße. Anderswo mußte eine Baugrube (B ca 1,6 m; T ca 2,0–2,5 m) ausgehoben werden.
Der Kanal selbst ruhte gewöhnlich auf einer Packlage aus hochkant gestellten Steinen. Die U-förmige Rinne (lW 0,70–0,76 m; benetzbare Wangenhöhe 0,72–0,75 m) war entweder sorgfältig gemauert oder gegossen und mit rötlichem Wasserputz (*opus signinum*) abgedichtet. Die Wangen sind bis zu 0,35 m stark. Das annähernd halbkreisförmige, 0,25–0,35 m starke Gewölbe, das über einem Lehrgerüst gesetzt wurde, besteht aus grob zugeschlagenen, in reichlich Mörtel gebetteten Keilsteinen; die lH des Kanals beträgt bis ca 1,50 m. Das für den Kanalbau verwendete Steinmaterial – meist Grauwacke – wurde weitgehend in der Nähe gewonnen. Der Rinnenbeton enthält viel Basaltbeischlag, in Rheinnähe auch groben Kies.
Neben einem Außenverputz des Gewölbes diente auch eine bergseitige Drainage, wie sie zB bei → Mechernich-Eiserfey zu beobachten ist, dem Schutz der Leitung vor einem Eindringen

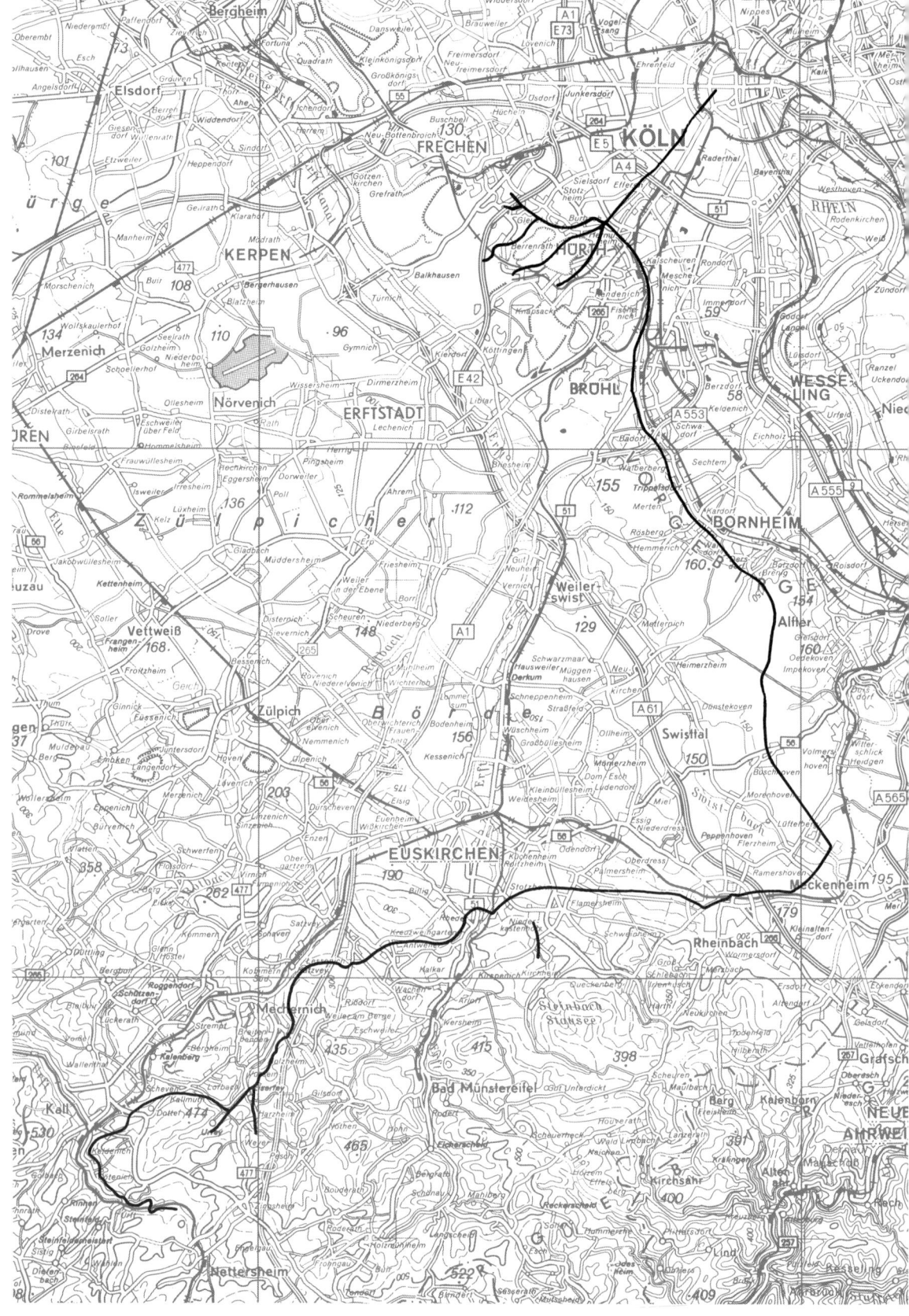

◁ *Abb. 348   Verlauf der römischen Eifelwasserleitung nach Köln (mit Genehmigung des Lan-
desvermessungsamtes NRW vom 20. 12. 84)*

von Oberflächenwasser. An kritischen Stellen
– wie etwa im Krebsbachtal bei → Mechernich-
Breitenbenden – lagen von oben zugängliche Revisionsschächte (ca 0,75 × 0,95 m), die den Einstieg in die Kanalrinne ermöglichten, um gegebenenfalls Reinigungs- und Reparaturarbeiten
durchführen zu können.

Im Mittelalter – vornehmlich im 11.–13. Jh –
diente die röm Eifelwasserleitung nach Köln als
Steinbruch; man hatte es dabei hauptsächlich auf
die Kalkablagerung, den Kalksinter, abgesehen,
der poliert wie geflammter Marmor wirkt. Er eignete sich für Säulen, Fenstereinfassungen, Altar-
und Grabplatten, ja sogar als Gemäldeunterlage;
deshalb wurde er in zahlreichen romanischen
Kirchen des Rheinlands, zum Beispiel in der
Stiftskirche → Bad Münstereifel oder in der
Klosterkirche Maria Laach verbaut. »Eifelmar-
mor« gelangte bis nach Dalby und Roskilde/Dä-
nemark und Eisenach/DDR. Die Kanalrinne
selbst wurde häufig als Baumaterial für den Bau
von Burgen, Kirchen und Klöstern in der Umgebung verwendet. Beispiele hierfür sind der sog
Hexenturm in → Rheinbach, Gut Kapellen in
→ Swisttal-Dünstekoven und Burg Münchhausen in → Wachtberg-Adendorf. Auch die großen
Aquäduktbrücken mit ihrer sorgfältig gesetzten
Handquaderverblendung müssen beliebte Steinbrüche gewesen sein.

Als Folge dieses Steinraubs ist die Trasse der
Wasserleitung in der Eifel und im Kottenforst auf
weite Strecken nur noch durch Ausbruchgräben
markiert. Von den Brückenbauwerken haben
sich – wenn überhaupt – meist nur noch Pfeilerfundamente erhalten. Die Aquäduktbrücke bei
Mechernich-Vollem stellt eine Ausnahme dar.

Streckenbeschreibung: Nachdem die Kapazitäten
der Quellen bei Mechernich-Urfey, → -Kallmuth
und bei → -Dreimühlen ausgeschöpft waren, hat
wohl der steigende Wasserverbrauch in der
CCAA-Köln die Römer gezwungen, den Kallmuther Zweig der Leitung über die Wasser-

scheide zwischen Rhein und Maas bis in das Urfttal hinein zu verlängern. Sie führte nunmehr auch
Wasser aus dem Bereich des ▶ »Grünen Pütz«,
einer als Sickerleitung angelegten Quellfassung
im Urfttal bei → Nettersheim nach Köln.

Vom »Grünen Pütz« aus verläuft die röm Eifelwasserleitung links der Urft. Im Scheitelpunkt
der Urftschleife unterhalb der Achenlochhöhle
(Kall-Urft) wechselte sie auf die andere Seite.
Heute ist dort die Urft durch ein ▶ Wehr aufge-
staut, um Wasser für einen Mühlengraben abzu-
zweigen. Es ist denkbar, daß man beim Bau dieses
Wehres die Reste der röm Aquäduktbrücke mit-
benutzt hat. Im rechten Talhang ist der »Römerkanal« dann bis → Kall-Urft zu verfolgen und
▶ an vielen Stellen einzusehen. Sein Erhaltungszustand ist in diesem Bereich ausgezeichnet. Seitentäler wurden teils durch Ausnutzung des natürlichen Talgefälles umfahren, teils mit kleinen
Brückenbauwerken bei gerader Streckenführung
überbrückt. Im weiteren Trassenverlauf wurde
die spitze Kanalschleife S von → Kall-Sötenich durch einen sich ausbreitenden Kalksteinbruch zerstört. Aus diesem Streckenabschnitt
ausgebaute Teilstücke sind heute in → Aachen,
Andernach, → Essen, → Mechernich, Darmstadt
und Chicago zu sehen.

Im Wald N von Sötenich ist über eine längere
Strecke noch die terrassenartige ▶ Arbeitsstraße
zu erkennen, die zum Bau der Wasserleitung angelegt wurde; der Kanal selbst verläuft hangseitig.
NW von Mechernich-Dottel passiert die Leitung
die Wasserscheide zwischen Maas und Rhein. Sie
folgt dann dem Kallmuther- und dem Feybach;
SO von → Mechernich-Kallmuth trifft sie auf den
aus dem ▶ »Klausbrunnen« gespeisten Leitungsstrang. Nach kaum 30 m führte ehem ein weiterer
Kanal Wasser zu, dessen Quellgebiet in dem nahen Seitental gelegen haben dürfte.

In Mechernich-Vollem, S der K 32 beim ehem Sä-
gewerk, konnte 1981 eine fast vollständig erhaltene Aquäduktbrücke (L 7,3 m, B 1,79 m, Durch-
laßweite 1,12 m) über den Feybach ausgegraben
werden; zwei mächtige Sandsteinblöcke (1,79 ×
0,74 × 0,59 m) bildeten die Widerlager auf beiden
Seiten des Durchlasses. Solche Bauten waren im
Verlauf der Wasserleitung zur Überwindung von
Seitentälern und Bächen immer wieder notwendig (vgl zB das Krebsbachtal in → Mechernich-

Abb. 349   Mechernich-Kallmuth. Brunnenstube (»Klausbrunnen«). Ausgrabungen des Rheinischen Landesmuseums Bonn im Jahre 1953

Abb. 350   Nettersheim. Quellfassung »Grüner Pütz«. Ausgrabungen des Rheinischen Landesmuseums Bonn im Jahre 1975

Abb. 351   Mechernich-Vussem. Teilrekonstruktion der Aquäduktbrücke. Luftbild (Freigabe RP Düsseldorf 43 K 1113)

Abb. 352   Mechernich-Vollem. Aquäduktbrücke von Westen. Ausgrabungen des Rheinischen Landesmuseums Bonn im Jahre 1981

Breitenbenden). Die Leitungsrinne (lW 0,42 m; lH bis 0,52 m) wurde dann als selbständiges Bauwerk aufgesetzt; in Vollem war sie mit Sandsteinplatten abgedeckt und im Innern ringsum versintert. Der Kanalquerschnitt war also – zumindest nach dem Zulauf des Wassers aus → Nettersheim (»Grüner Pütz«) – vollständig in Anspruch genommen worden. Offenbar konnte die Kallmuther Leitung, nachdem auch der Seitenstrang aus Mechernich-Urfey eingemündet war, die anfallenden Wassermengen kaum aufnehmen; die Rundumversinterung der Rinne läßt darauf schließen, daß sie bis nach Eiserfey in der Art einer Druckrohrleitung Wasser führte.

Am N Ortsende von → Mechernich-Eiserfey, der Abzweigung von der B 477 (Hauserbachstr) nach Kallmuth gegenüber, kamen Wasser aus zwei Leitungssträngen – der Kallmuther Leitung und dem Leitungsstrang aus dem Quellgebiet »Hausener Benden« SO von → Mechernich-Dreimühlen – zusammen. Das kreisrunde, zur leichteren Überwachung ehem offene Sammelbecken mit zwei Zuläufen und einem Ablauf wurde 1959 freigelegt und untersucht, danach allerdings wieder zugeschüttet. Es ist gut erhalten und hat einen Dm von 3,05 m; die Ringmauer aus sorgfältig zugerichteten Handquadern (Grauwacke) mit eingefügten Entlastungsbögen ist 0,52 m stark, obenauf lagen halbtonnenförmige Sandsteinblöcke. Der Boden ist mit Ziegelplatten ausgelegt; die Innenwände waren wasserdicht verputzt. Der Zulauf von Dreimühlen ist noch erhalten (0,54 × 0,54 m iL); ähnlich dimensioniert war auch der von Kallmuth (0,50 m). Der Ablauf war dagegen wesentlich breiter (0,76 m).

In → Mechernich-Eiserfey beginnt die Hauptstrecke der röm Eifelwasserleitung nach Köln. Sie verläuft am O-Hang des Altebachs (Veybach)

Abb. 353   Mechernich-Eiserfey. Sammelbecken. Links Zulauf von Dreimühlen, rechts aus Vollem und vorne Ableitung nach Köln. Ausgrabungen des Rheinischen Landesmuseums Bonn im Jahre 1959

nach N. Der sichtbare ▶ Leitungsaufschluß W des Sportplatzes (»Am Römerkanal«) ist besonders erwähnenswert.

Östlich von → Mechernich-Vussem unweit des Sportplatzes (»Römerweg«) wurde die Leitung auf einer Aquäduktbrücke über ein ausgeprägtes Seitental geführt; die ▶ Bogenkonstruktion ist heute über einem Grabungsbefund von 1959 teilweise rekonstruiert. Kaum 100 m weiter hat sich einer der ▶ Revisionsschächte erhalten.

Im weiteren Verlauf markieren hauptsächlich ▶ Hangterrassen die Leitungstrasse, so etwa bei → Mechernich-Neuhütte und → Mechernich-Breitenbenden. Die Streckenführung im Krebsbachtal O von Breitenbenden verdient besondere Aufmerksamkeit; es gab dort nachweislich auch verschiedene Brückenbauwerke. Auffällig sind die ▶ zahlreichen Revisionsschächte, die möglicherweise auf geländebedingte, statische Pro-

bleme schließen lassen. Heute ist der Befund durch modernen Straßen- und Autobahnbau weitgehend zerstört.

Auch im Mechernicher Wald zeichnet sich die ▶ Wasserleitungstrasse ab. 1984 konnte in → Mechernich-Hombusch neben einer weiteren, jedoch kleineren Aquäduktbrücke über eine Strecke von 4 km sogar eine provisorische Wasserleitung, die vor der Fertigstellung des Steinkanals in Betrieb war, nachgewiesen werden. Besondere Schwierigkeiten ergaben sich für die Kanalbauer beim Durchstich des Bergsporns in der Flur »Am Grünen Winkel« O der Eifelautobahn (A 1). Durch den im Zuge der Trassenführung erforderlichen Geländeeinschnitt (T ca 8 m) konnten die Bauarbeiten in diesem Bereich offenbar nicht so zügig wie anderswo durchgeführt werden; deshalb mußte man nach einem Grabungsbefund des Jahres 1980 das Wasser zunächst in ei-

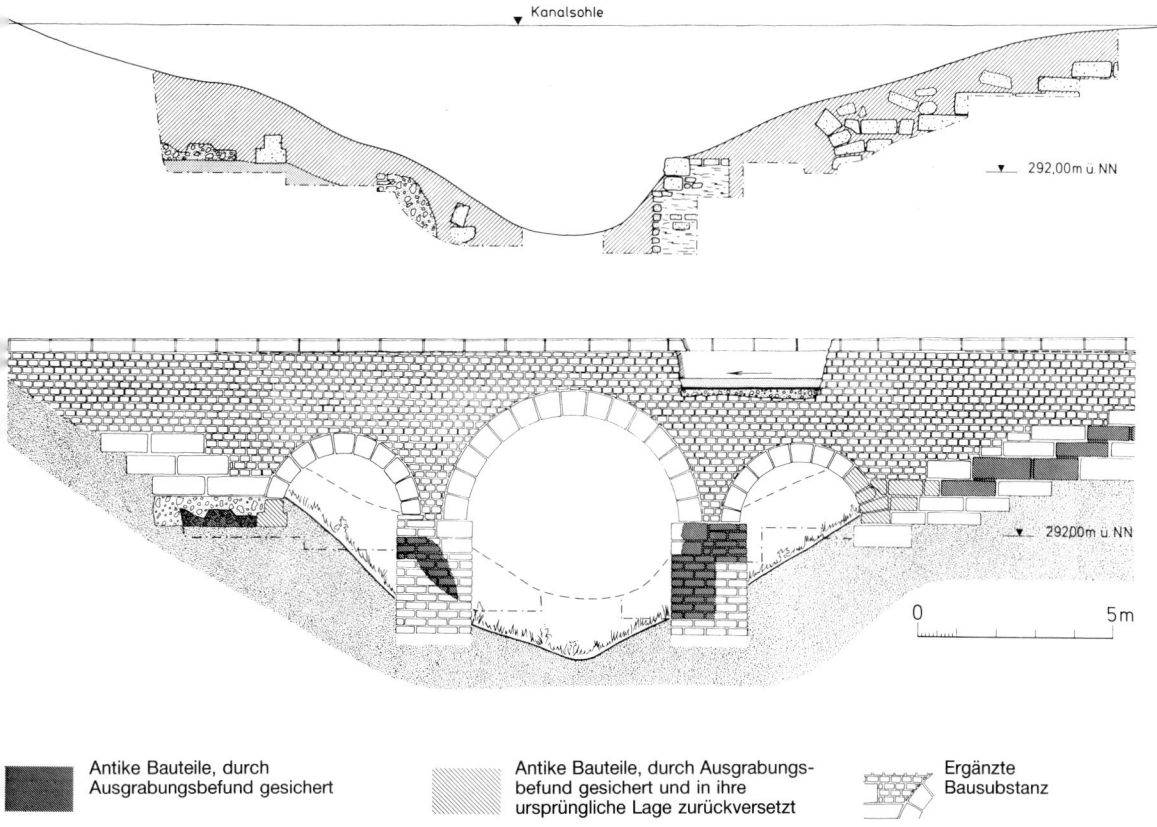

Kanalsohle

292,00m ü. NN

292,00m ü. NN

0   5m

| | Antike Bauteile, durch Ausgrabungsbefund gesichert | | Antike Bauteile, durch Ausgrabungsbefund gesichert und in ihre ursprüngliche Lage zurückversetzt | | Ergänzte Bausubstanz |

Abb. 354   Mechernich-Hombusch. Aquäduktbrücke über den Hombusch-Siefen im Mechernicher Wald. Rekonstruktion K. Grewe (nach dem Ausgrabungsbefund von 1984, oben)

nem wohl hölzernen Provisorium um den Berg bzw. die Baustelle herumführen. In dem steinernen Hauptkanal konnte – vermutlich an der Nahtstelle zweier Baulose – auch ein bislang einzigartiges kleines ▶ Tosbecken (L ca 1,19 m) freigelegt werden; es sorgte dafür, daß die Kraft des über einen Leitungsversatz (H ca. 0,40 m) herabstürzenden Wassers gebrochen wurde. Eine Ausweitung des Rinnenquerschnitts und eine Stufenkonstruktion verstärkten seine Wirkung. Über dem Tosbecken hatte sich ehem ein Einstiegschacht befunden, dessen Ansätze im Kanalmauerwerk nachgewiesen werden konnten.

Von Mechernich-Lessenich verläuft die Eifelwasserleitung über Antweiler nach → Euskirchen-Kreuzweingarten; dabei überwindet sie die Wasserscheide zwischen Veybach und Erft. In Kreuzweingarten befindet sich ein sehenswerter ▶ Aufschluß (»Am Römerkanal«). Bei Euskirchen-Rheder überquerte der Kanal – vermutlich auf einer ca 560 m langen Aquäduktbrücke – das Erfttal; von diesem ehem imposanten Bauwerk haben sich so gut wie keine Reste erhalten. 1978 konnte die Stelle freigelegt werden, an der die Leitung zur Aquäduktbrücke hin abknickt. Hinter Euskirchen-Stotzheim tritt die Kanaltrasse in die freie Feldflur ein; heute ist ihr nur noch schwer zu folgen. Auf jeden Fall belegbar zieht sie an

Abb. 355   Mechernich-Breitenbenden. Freigelegter Wasserleitungsstrang mit Einstiegsschacht. Ausgrabungen des Rheinischen Landesmuseums Bonn 1979/1980

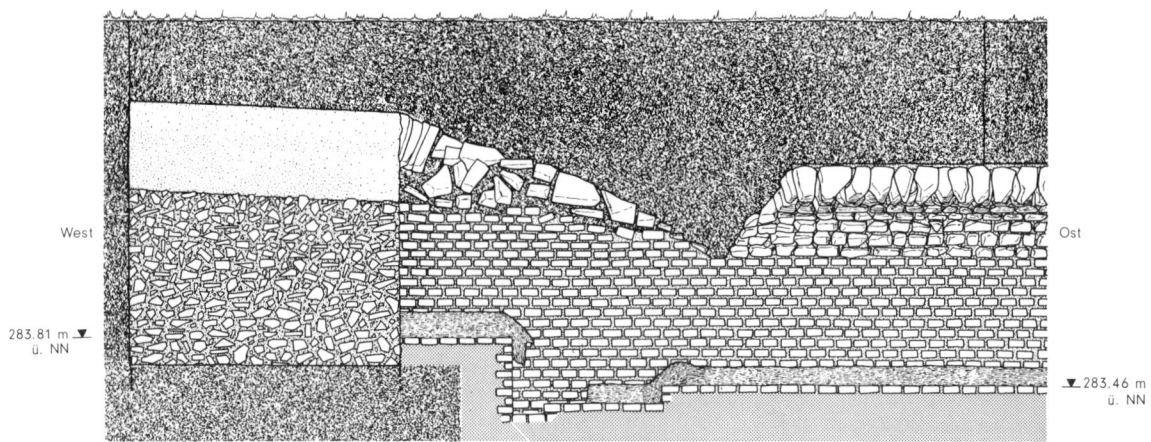

West

283.81 m ▼
ü. NN

▼ 283.46 m
ü. NN

Ost

Fließrichtung ⟶

Abb. 356   Mechernich-Lessenich. Tosbecken. Längsschnitt

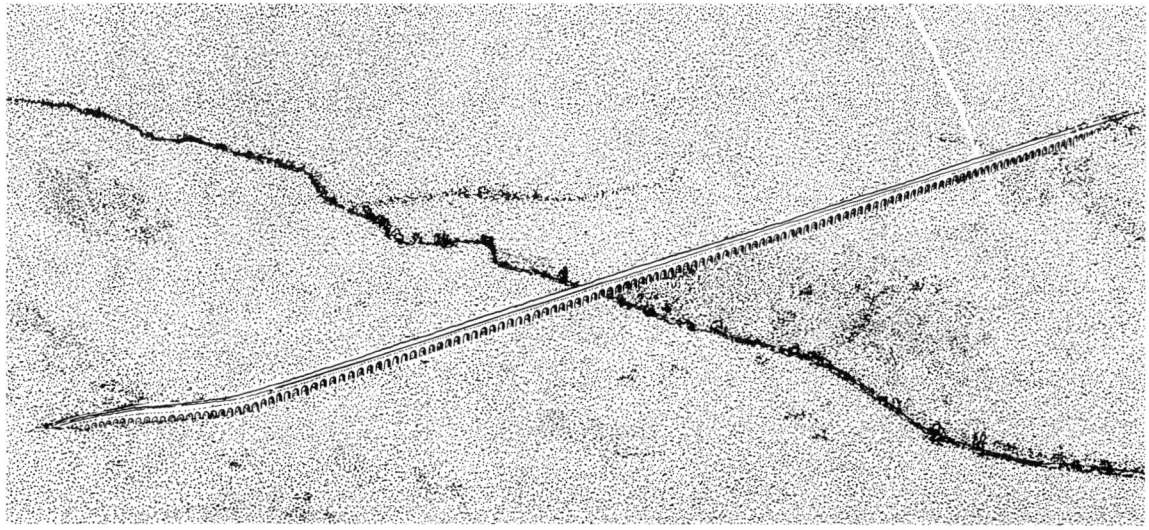

Abb. 357 Rheinbach/Meckenheim. Aquäduktbrücke über das Swistbachtal. Rekonstruktion K. Grewe (nach dem Ausgrabungsbefund von 1981)

→ Euskirchen-Niederkastenholz, Flamersheim, Palmersheim und Schornbusch vorbei. In → Rheinbach verläuft sie N des Stadtkerns von W nach O. Um den Höhenrücken des Vorgebirges mit einer Gefälleleitung überwinden zu können, mußte sie in einem weiten Bogen in das Swisttal hineingelegt werden; dadurch verlängerte sich die Trasse um 20 km. Zwischen Rheinbach und Meckenheim, unweit der Flur »An der Meckenheimer Bannfuhr«, war die Eifelwasserleitung über den Swistbach geführt. Grabungen des Jahres 1981 erbrachten nähere Hinweise. Danach muß die mit Tuffstein verblendete Aquäduktbrücke ca 1400 m lang und über der Talsohle ca 10–11 m hoch gewesen sein; sie ruhte vermutlich auf bis zu 295 Bögen im Abstand von 3,56 m. Das Gefälle der aufliegenden Kanalrinne, deren Sohle offenbar mit verputzten Ziegelplatten ausgelegt war, betrug ca 0,8 %.
Nach Überqueren des Swisttales knickt die Wasserleitung fast rechtwinklig nach NW ab und zieht mit einem bei → Meckenheim-Lüftelberg errechneten Gefälle von 0,13 % durch → Swisttal-Buschhoven; sie hat damit die Höhe des Vorgebirges erreicht. Dort befinden sich ▶ verschiedene Aufschlüsse. Im Kottenforst ist der Kanal

vielfach ausgebrochen; gleichwohl ist die ehem Trasse auch hier aufgrund des ▶ Ausbruchgrabens gut zu verfolgen.
N von → Bornheim-Brenig verläßt sie mit einem steilen Gefälle (4,7 %) den Vorgebirgsrücken und führt über -Üllekoven, -Waldorf, → -Kardorf und → -Walberberg in Richtung Brühl. Auf dieser Strecke ist die Wasserleitung wiederholt bei Bauarbeiten und Erdbewegungen verschiedenster Art angeschnitten worden – ihr Verlauf ist also gesichert. Da sich dort jedoch in nachröm Zeit eine ca 2 m dicke, vom Vorgebirge heruntergeschwemmte Lößschicht aufgebaut hat, weist heute kein Geländemerkmal mehr auf die Trasse hin.
In → Brühl verläuft die Kanaltrasse durch die Teilorte Eckdorf, Geildorf, Pingsdorf, Kierberg und Vochem. Im Bereich Eckdorf/Pingsdorf wird sie von einem alten Verkehrsweg begleitet, der möglicherweise schon in röm Zeit bestanden hat und für den Bau und die Unterhaltung der Wasserleitung von Bedeutung war (Alte Bonnstr/ Römerstr). Ansonsten sind die Befunde äußerst spärlich.
Im Stadtgebiet von → Hürth (Kendenich/Hermülheim/Efferen) ist der Wasserleitungskanal

Abb. 358   Brühl-Pingsdorf. Wasserleitungskanal in einer Baugrube. Befundaufnahme durch das Rheinische Landesmuseum Bonn 1981

wieder an vielen Stellen aufgedeckt und dokumentiert worden. Im Burgpark von Hermülheim trifft die Eifelwasserleitung auf die gemeinsame Trasse der Leitungen aus dem Vorgebirge, die zur frühesten Fernwasserversorgung des röm Köln gehörten. Das an dieser Stelle vermutete Sammelbecken konnte trotz gezielter Grabungen 1980 nicht gefunden werden. Untersuchungen vornehmlich in der Nähe der Horbeller- und der Krankenhausstr (Realschule) brachten ▶ zwei übereinanderliegende Wasserleitungen zutage. Offenbar war die obere Leitung, die als pfeilergestützte Hochleitung nach Köln führte, erst angelegt worden, nachdem man die untere aufgegeben hatte und als Pfeilersubstruktion benutzen konnte; diese Zweiperiodigkeit konnte auch im restlichen Streckenverlauf, der in Efferen durch die Bachstr markiert wird, mehrfach beobachtet werden.

Im Grüngürtel an der Berrenrather Str in → Köln-Sülz stand einer der Pfeiler der Hochleitung in einem ▶ Klärbecken, das in die alte Vorgebirgsleitung eingebaut worden war; der Befund ist dort sichtbar erhalten geblieben. Von dieser Stelle aus war auch die ältere, bis hierher unterirdische Wasserleitung auf einer Bogenstellung nach Köln geführt worden. Einer Brücke gleich durchquerte sie – im wesentlichen im Zuge der heutigen Berrenrather Str in Sülz – die Geländesenke vor der Stadt; schließt man für diesen Streckenabschnitt einen völligen Neubau aus, dann muß die Hochleitung des ausgehenden 1. JhnChr ab der Militärringstr bis zu ihrem Zielpunkt – einem Wasserbehälter oder Wasserverteiler (*castellum divisorium*) am W Stadtrand der *CCAA*-Köln, vermutlich Marsilstein/Im Laach unweit des Neumarktes – eine zweigeschossige Bogenkonstruktion gewesen sein.   Gre

Lit: WHaberey, Die römischen Wasserleitungen nach Köln, 1971; KGrewe, Atlas der römischen Wasserleitungen nach Köln, 1986

Eiserfey → Mechernich
Embken → Nideggen

Erftstadt   BM

Römische Straße
Abb 88, 359

Im Stadtgebiet von Erftstadt läßt sich der schnurgerade Verlauf der ehem Staatsstraße von *CCAA*-Köln über *Tolbiacum*-Zülpich nach *Augusta Treverorum*-Trier auf mehr als 7,5 km gut verfolgen. Der Straßenkörper (B ca 15 m, H bis 0,8 m) wird dort nämlich heute noch streckenweise als gekiester oder auch schon asphaltierter Wirtschaftsweg (Römerstr) genutzt. Dabei ist jedoch die für röm Straßen charakteristische Fahrbahnwölbung verlorengegangen; auch die begleitenden Seitengräben sind weitgehend verflacht. Dokumentierende und datierende archäologische Untersuchungen stehen noch aus.
Ein ▶ kürzeres Teilstück (1,3 km) verläuft ca 700 m SO von Erftstadt-Lechenich zwischen dem Römer- und Laacherhof; es wird von der L 263 nach Bliesheim gekappt. Dort, wo der Straßendamm im Feld liegt und überpflügt wurde (O

von Erftstadt-Ahrem), ist er als Bodenwelle deutlich zu erkennen.
Ein ▶ längeres Teilstück (6,3 km) beginnt am Mühlenbach ca 300 m SO von Erftstadt-Ahrem; schon bald wird es unweit der Flur »Am Dreieck« von der L 162 nach Friesheim geschnitten. Nach etwa 2,2 km kreuzt die L 33 Friesheim-Erp. An der Flur »Hexenberg« führt die »Römerstraße« durch einen Hohlweg (B ca 4,50 m, T ca 4 m). Schließlich verläuft sie – von der L 181 nach Borr überquert – ca 400 m SO von Erftstadt-Weiler in der Ebene geradeswegs nach Zülpich weiter; nach ca 1,5 km ist die Trasse mit der heutigen B 265 identisch.
Die Straßenverbindung *CCAA*-Köln nach *Augusta Treverorum*-Trier wurde vermutlich schon gegen Ende des 1. JhnChr geschaffen; die Anbindung des röm Rheinlands an die gallischen Provinzen – und damit an den Mittelmeerraum – war von großer politischer, strategischer und wirtschaftlicher Bedeutung. Vornehmlich in der Spätantike – nach dem Aufstieg von Trier zur Kaiserresidenz – war man zumindest nach Auskunft der

Abb. 359   Erftstadt. Verlauf der römischen Staatsstraße CCAA-Köln-Augusta Treverorum-Trier westlich von Borr

Meilensteine, die man in Niedergermanien entlang dieser Staatsstraße gefunden hat, um ihren Ausbau und ihre Unterhaltung intensiv bemüht. Weitere Teilstücke der Reichsstraße nach Köln haben sich bei → Mechernich-Kommern und bei → Dahlem erhalten.   Ho

Lit: Hagen 138 f – HCüppers, CBRüger, Römische Siedlungen und Kulturlandschaften. Geschichtl Atlas der Rheinlande. Beih III 1/2, 1985, 26 – GAlföldy, Epigr Studien 4, 1967, 35 ff

Erftstadt-Kierdorf   BM

Kalksinter

In der Pfarrkirche sind ▶ zwei Säulenschäfte in den Turmöffnungen zum Kirchenschiff aus Kalksinter gefertigt; das Material stammt aus der röm → Eifelwasserleitung nach Köln.   Gre

Lit: Grewe 272

Erkelenz-Lövenich   HS

Jupitersäule
Abb 226

In einer Gartenanlage neben der Pfarrkirche von Lövenich steht die ▶ Kopie einer Jupitersäule, die 1906 im benachbarten Kleinbouslar ua zusammen mit steinernen Zaunpfosten in einem röm Brunnen gefunden worden war; das Original befindet sich im RLM Bonn.

Auf der Vorderseite der geschuppten, kapitellbekrönten Säule sind röm Götter dargestellt. Es handelt sich – von oben nach unten – um Juno, Minerva und Merkur. Obenauf thronte ehem Jupiter mit Blitzbündel und Zepter. Der wohl reliefverzierte Sockel ist nicht erhalten; in der Rekonstruktion wurde er durch einen ungestalteten Quader ersetzt.

Die Jupitersäule von Kleinbouslar, die aufgrund stilistischer Merkmale in das 1. Viertel des 3. JhnChr datiert werden kann, zählt zu den zahlreichen Zeugnissen einer provinzspezifischen Verehrung des Jupiter im röm Rheinland, die einheimisch-germ bzw keltische Vorstellungen mit röm Darstellungsweisen verbindet. Ursprünglich

mag sie im Bereich eines Gutshofes (*villa rustica*) gestanden haben. Vermutlich ist sie im Zuge der Germaneneinfälle nach der Mitte des 3. Jh absichtlich zerstört und in den Brunnen geworfen worden.   Ho

Lit: RGau, Das RLM Bonn 6/75, 89 – GBauchhenß, PNoelke, BeihBJb 41, 1981, 416 ff Nr 6

Eschweiler-Hastenrath   AC

Erzabbau und römischer Gutshof
Abb 360

Das aufgelassene Bergwerksgelände »Gute Hoffnung« etwa 1,2 km NO von Hastenrath wird heute durch die Ruine eines Förderturmes markiert, der vermutlich im 18. Jh aus Feldbrandziegeln errichtet wurde. Unweit davon finden sich ▶ zahlreiche Pingen, die auf einen Erz(Eisen-?)-abbau in röm Zeit schließen lassen, damals offenbar im Tagebau gefördert. Die röm Aufschlüsse, die im Gelände noch recht gut auszumachen sind, wurden teilweise wohl erst im Zuge des neuzeitlichen Untertagebaus mit Abraum und Deckgebirge verfüllt. N des Pingenfeldes, in der Flur »Im Kokus« und kaum 200 m entfernt, liegt eine ▶ röm Trümmerstelle (*villa rustica?*). Nach dem Scherbenmaterial kann sie ins 2./3. JhnChr datiert werden.

SW von Hastenrath, in der Flur »Am Sprung«, wurden 1981 die ▶ Reste einer *villa rustica* ausgegraben; es handelte sich um mehrere beheizbare Räume und ein zentrales *praefurnium* (3,40 × 2,50 m), offenbar Teil des sog Herrenhauses. Die Keramik datiert ins 1.–3. JhnChr. Auch in der Nähe dieses Gutshofes wurden Pingen beobachtet. Vermutlich gehören Pingenfelder und *villae rusticae* zusammen; wahrscheinlich machte auch hier – wie zB in → Berg vor Nideggen/DN – die Metallgewinnung einen wesentlichen Erwerbsfaktor der landwirtschaftlichen Betriebe aus.
                                    Ho

Lit: AVoigt, BJb 155/156, 1955/56, 318 ff – WSölter, FVFD 25, 1974, 50 ff – AJürgens, Ausgrabungen im Rheinland '81/82, 1983, 35 f

Abb. 360 Eschweiler-Hastenrath. Abbaustelle
(Pinge)

Essen E

Münster
Abb 361

Es ist bekannt, daß Kaiser Otto I. (936–973) antike Spolien aus Oberitalien nach Deutschland

Abb. 361 Essen, Münster. Korinthisches Kapitell. Marmor. – H. 31,5 cm. 4. Jh. n. Chr.
(Domschatzkammer)

transportieren ließ. So mögen auch zwei wichtige Stücke in das Essener Stift gelangt sein, das Damen aus seinem Hause als Äbtissinnen leiteten. Antik ist nämlich der Schaft der ▶ sog Mariensäule im Essener Dom. Diese Säule aus gelbbraunem Marmor mit ma Kapitell und Sockel trug das von der Äbtissin Ida (gestorben 971) gestiftete Kreuz und dient heute wieder als Kreuzessäule im Münsterchor.

Das korinthische Marmorkapitell (4. JhnChr), das in den 50er Jahren bei Ausgrabungen im Essener Münster gefunden wurde, zählt zu den wenigen gut erhaltenen spätantiken Stücken im Rheinland. Sein ursprünglicher Bauzusammenhang ist unklar; heute wird es in der Münsterschatzkammer aufbewahrt.   Sö
Lit: WZimmermann, Das Münster zu Essen. Die Kunstdenkmäler des Rheinlandes. Beih 3, 1956, 195 ff – JKramer, RheinAusgr 3, 1968, 331 ff

Museum Altenessen
Abb 362

Altenessener Str 273, Essen 12. Öffnungszeiten: Di–So 10–18 Uhr
Neben zahlreichen archäologischen Funden unterschiedlichster Zeitstellung aus annähernd dem gesamten – vornehmlich aber O – Mittelmeerraum zeigt das Museum Altenessen (Außenstelle des Ruhrland-Museums) vor allem Fundmaterial aus den Grabungen im Bereich der germ Siedlung von Essen-Hinsel, die in den Jahren 1965/68 vom RLM Bonn durchgeführt wurden. Eine typenreiche röm Keramik (mittel- und ostgallische Terra Sigillata, Firnisware, grobes Geschirr und Amphoren), eine Zwiebelknopffibel aus Bronze und Münzen (ua ein Sesterz des Severus Alexander, 222–235 nChr) datieren den Siedlungsplatz ins 2.–4.JhnChr. Außerdem sind noch Fragmente röm Importkeramik (ua mittelgallische Terra-Sigillata-Schüssel, weißtoniger Jagdbecher) aus dem germ Brandgräberfeld von Dortmund (Westfriedhof) ausgestellt. Erwähnenswert sind auch die spätröm Gürtelbeschläge aus dem röm-fränkischen Gräberfeld von → Krefeld-Gellep (2. Hälfte 4. JhnChr), die bereits im 19. Jh in die Museumsbestände gelangten. Ein Würfelkapitell bezeugt die Wiederverwendung des Kalksinters aus der röm → Eifelwasserleitung nach Köln als

Abb. 362 Krefeld-Gellep. Kerbschnittverzierte Gürtelgarnitur. Bronze. – H. max. 7,5 cm. Um 400 n. Chr. (Essen, Museum Altenessen)

Material für die Herstellung kleinerer Architekturteile in der 1. Hälfte des 12. Jh; es gehörte zu einer romanischen Fensterarkade des Herrensitzes »Stenshofturm« in der Essener Gruga.   Sö
Lit: Stupperich 33 – WJanssen, Beiträge zu Geschichte von Stadt und Stift Essen 63, 1968, 31 ff – HWBöhme, Gallien in der Spätantike, 1980, 202 f, Nr 317 ff – Grewe 272

Römische Wasserleitung

Henri-Dunant-Str. Vor dem Gebäude der Gesamthochschule, Fachbereich Vermessungswesen, ist ein in → Kall-Sötenich ausgebautes ▶ Teilstück der → röm Eifelwasserleitung wiederaufgestellt worden.   Gre
Lit: Grewe 48 ff, 289

Essen-Werden   E

Kalksinter

In der Schatzkammer von Essen-Werden befinden sich zwei Säulen (L 1,51 m; Dm 0,16–0,20 m) aus Kalksinter, der aus der röm → Eifelwasserleitung nach Köln stammt. Sie tragen oben und unten Schriftbänder aus Bronze und gehören vermutlich zum Hochgrab des hl. Ludgerus, dessen Gebeine unter Abt Adalwig (1066–1081) aus der Krypta in den Chor übertragen wurden.   Gre
Lit: WSölter, Die ehemalige Abteikirche Essen-Werden. RheinKunst 254, 1981 – Grewe 272

Euskirchen-Billig   EU

Römische Siedlung (vicus)
Abb 363–365

Von Köln konnte man über die Rheinlimesstraße nach Wesseling und dann in Richtung *Marcomagus*-Marmagen nach *Beda*-Bitburg und *Augusta Treverorum*-Trier einen Straßenzug begehen. Bei Billig zweigte von dieser Straße eine andere in Richtung *Bonna*-Bonn ab, die in NW-Richtung nach Zülpich führte. Eine an dieser Stelle liegende röm Siedlung in der Flur »Auf dem Kaiserstein« SO des heutigen Dorfes Billig wird mit einem Ort *Belgica* gleichgesetzt, der in einem Straßenverzeichnis des 3. JhnChr auftaucht.
Zumindest für die Zeit nach dem Bataveraufstand muß hier, am Eifelaufstieg in Richtung auf die Provinz Gallia Belgica und Trier, ein Straßenpolizeiposten, besetzt mit Benefiziarern, die die jeweils in Bonn garnisonierende Legion stellte, eingerichtet worden sein. Mit Sicherheit wurde ein Legionär, der seine Legion nicht nennt und auf seinem Grabstein nur erklärt, daß seine Militärlaufbahn wenig glücklich war, in der Nähe dieser Wegekreuzung bestattet. Es kann sich um einen Angehörigen der nach 70 aus der Heeresmatrikel gestrichenen *legio I (Germanica)* aus Bonn handeln, der aus Oberitalien oder Südfrankreich stammte.
Die Siedlung hat einen nahezu dreieckigen Gesamtgrundriß in einer längsten Ausdehnung von über 350 m. Die Ausgrabungen, die H. v. Petri-

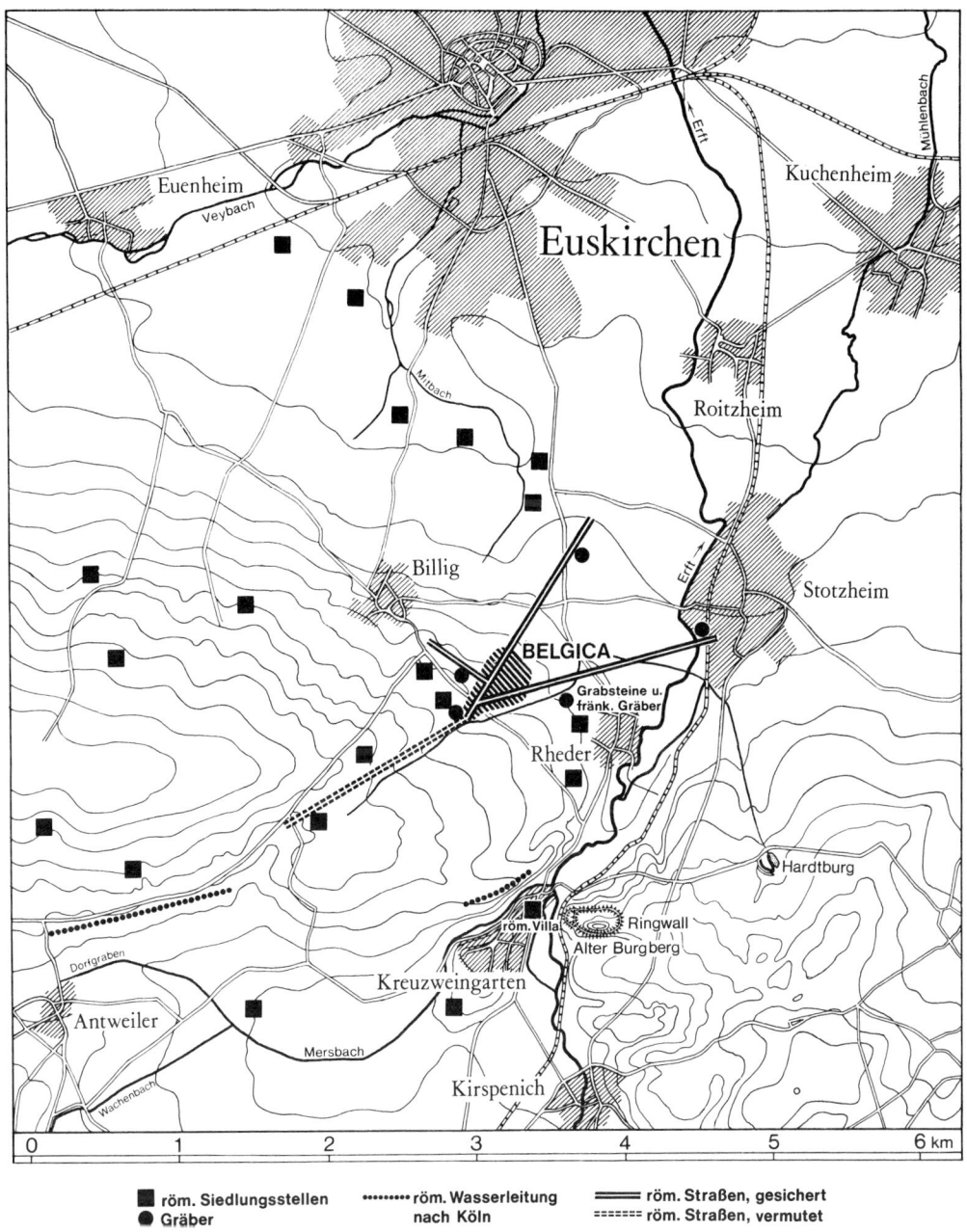

Abb. 363   Euskirchen-Billig. Belgica vicus und Umgebung. Plan

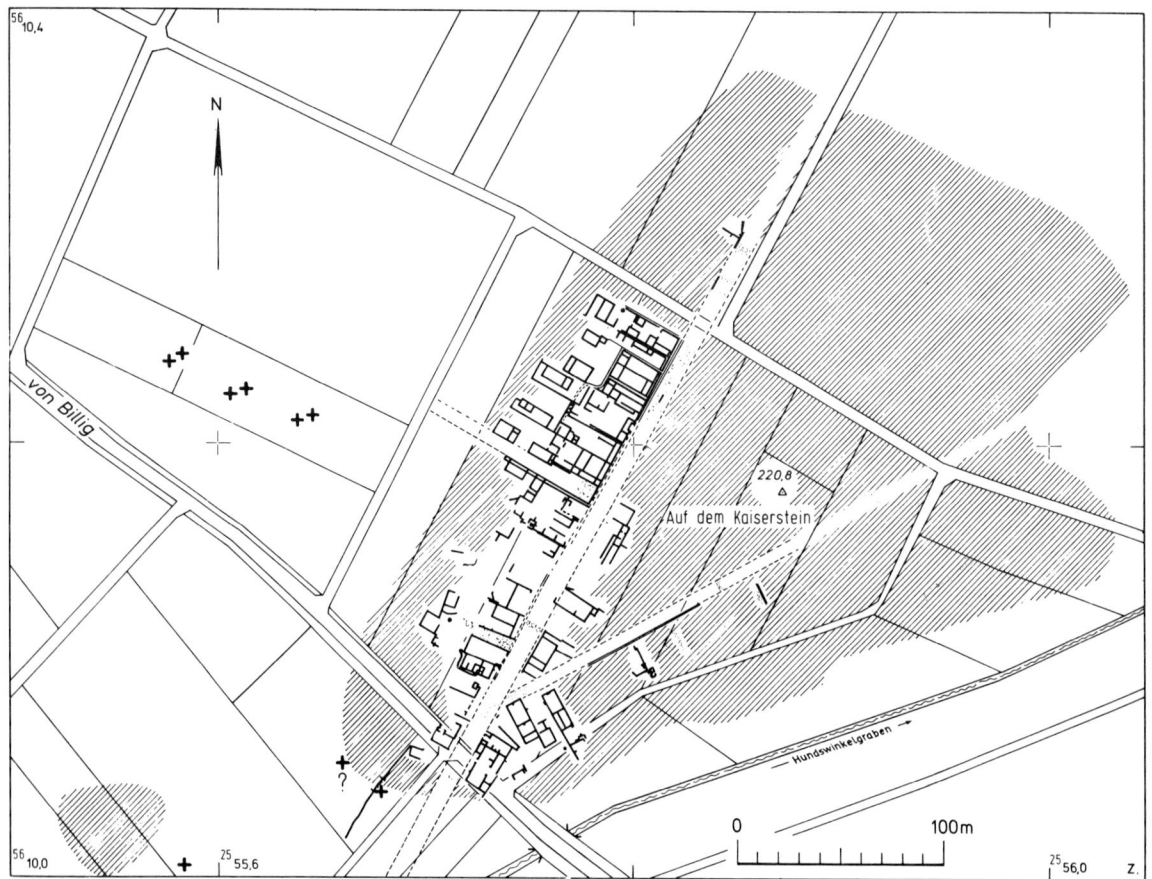

Abb. 364   *Euskirchen-Billig. Belgica vicus. Plan*

kovits zusammengetragen hat, ergaben 20 zusammengehörige Baukomplexe als etwa ein Fünftel der Siedlung. Die Parzellen waren langrechteckig, zur Straße hin zwischen 5 und 15, in der Längenausdehnung zwischen 20 und 35 m. Zumeist gab es zwischen den Häusern kleine Traufgassen. Straßenseitig befanden sich Läden und sicherlich auch Werkstätten, während hinter den Häusern des öfteren gemauerte Brunnen in kleinen Höfen beobachtet wurden, an die sich oft wiederum ein kleiner Bau anschloß. An den Straßeneinmündungen und -gabeln lagen vier querrechteckige Bauten, deren Grundriß völlig anders als die der schmalrechteckigen Häuser, nämlich nahezu quadratisch gestaltet war. Sie scheinen zum Teil Obergeschosse gehabt zu haben und zu

Basartypen oder Raststationen gehört haben. Bereits in geringer Entfernung vom Ort lagen die dicht gestreuten Einzelsiedlungen röm Bauernhöfe (*villae rusticae*). Obwohl es keinerlei Indizien für einen periodischen Markt in *Belgica* gibt, ist er doch aus dieser Situation heraus nahezu zwingend anzunehmen, da die in Streusiedlung wohnende Landbevölkerung stets eines solchen Marktes bedurfte.

Die Siedlung enthielt, nach den Funden von Weihesteinen und Kultbildresten zu urteilen, meh-

Abb. 366   *Euskirchen-Kreuzweingarten. Spät-* ▷
latènezeitliche Höhenbefestigung. Übersichtsplan mit Einzeichnung der Grabungsschnitte 1921–1928

Abb. 365 Euskirchen-Billig. Jupiterbüste. Bronze. – H. 13,7 cm. 2./3. Jh. n. Chr. (RLM Bonn)

rere Heiligtümer, darunter wohl für Jupiter, Diana und Mithras sowie für Matronen.

Die spätestens nach 70 nChr einsetzende Siedlungsaktivität am Platz reichte nach Ausweis der Münzfunde bis ins 5. Jh.   Rü

Lit: HvPetrikovits, FVFD 26, 1974, 148 f – ders, in: Das Dorf der frühen Eisenzeit und des frühen Mittelalters, 1977, 86 ff

Euskirchen-Kreuzweingarten   EU

Eisenzeitlicher Ringwall
Abb 16, 366

O der Erft, nur wenige Kilometer S ihres Durchbruchs in die Zülpicher Lößbörde, liegt auf einer

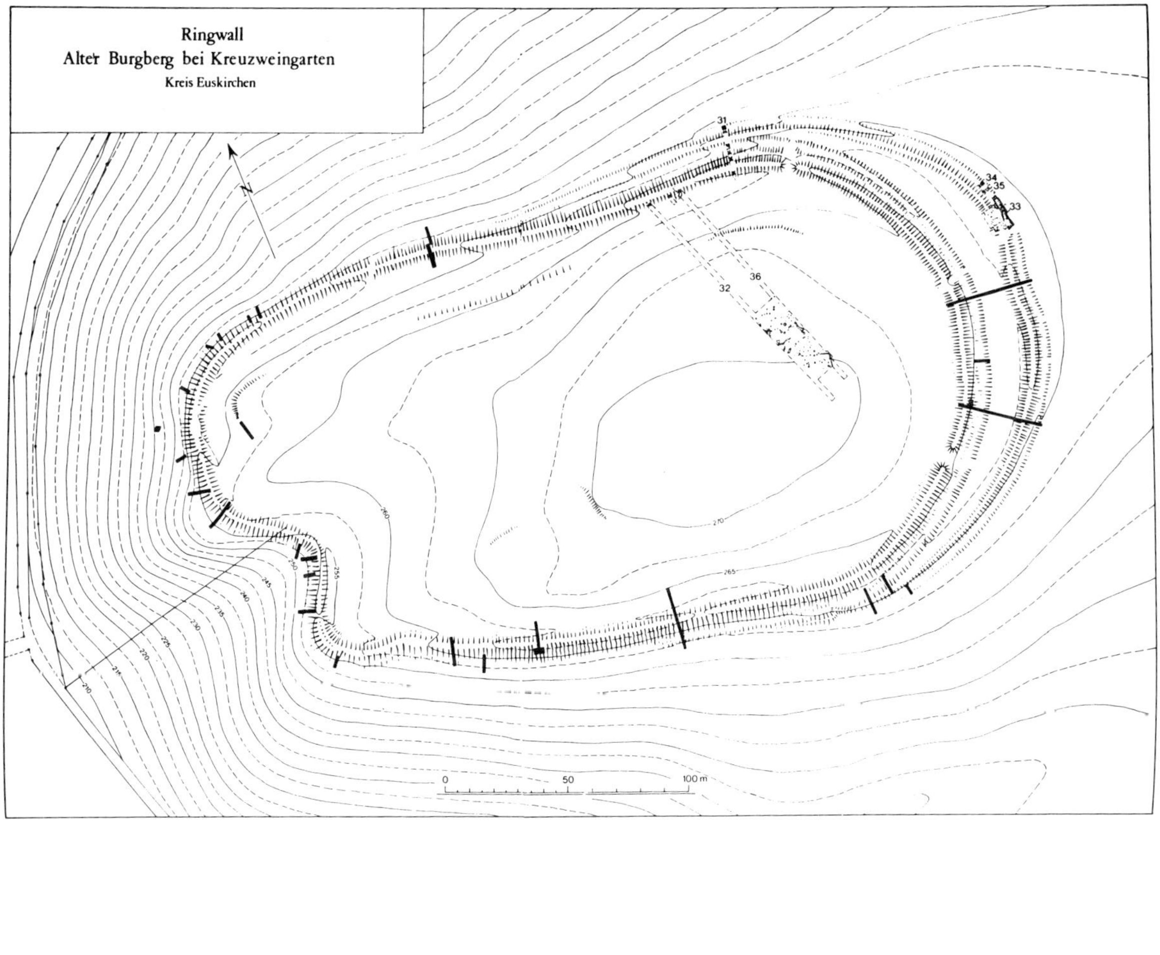

Ringwall
Alter Burgberg bei Kreuzweingarten
Kreis Euskirchen

N

vorgeschobenen Bergzunge der Mechernicher Voreifel eine »Alter Burgberg« genannte Höhenbefestigung. Das noch gut sichtbare ▶ Wallsystem verläuft auf einer Höhe zwischen 250 und 260 m üNN. und folgt damit dem Geländerelief, während die Höhenkuppe noch auf etwa 270 m ansteigt. Die Form der Anlage ist oval mit einer größten W-O-Ausdehnung von 350 m und einer N-S-Ausdehnung von 180 m. Der nach N, W und S stark abschüssige Burgberg wurde mit einem einfachen Fortifikationssystem aus Wall und Graben gesichert, im O sind ein zweiter Wall und Graben vorgelagert, die durch einen Eingang in der Mitte passiert werden konnten.

Die Ausgrabungen und Aufmessungen in den 20er Jahren von J. Hagen, H. Lehner und F. Oelmann konzentrierten sich im wesentlichen auf die Wälle, deren Aufbau geklärt werden konnte. Danach handelt es sich um trocken gesetzte Mauerschalen, die mit Erdreich verfüllt waren. Die Mauern sicherten senkrechte und waagerechte (?) Balkenlagen an den beiden Außenseiten (*murus gallicus*). Diese sichtbaren Außenbalken verbanden waagerechte Hölzer, die das Wallsystem festigten. Die Grabungsdokumentation ist nach heutigen Maßstäben unzulänglich, so daß die Beschreibungen nur durch Nachgrabungen beurteilt werden könnten. Zwei Schnitte führten auch in die Innenfläche und belegten durch Pfostenspuren Häuser, deren Grundrisse wegen des kleinen Ausschnitts jedoch nicht festliegen. Nur wenige Kleinfunde sind vom »Alten Burgberg« bekannt. Sie datieren in die Spätlatènezeit (LT D$_1$). Wegen der Brandschichten und der Kleinfunde, die in das Ende der 1. Hälfte des 1. JhnChr datieren, hatte man an eine Auflassung unter röm Druck gedacht. Nach unseren heutigen Kenntnissen hatten hier die Eburonen, deren Stammesstruktur von Caesar 53 vChr zerschlagen wurde, einen zentralen Ort. Ku

Lit: H-EJoachim, FVFD 26, 1974, 149 ff

Römischer Gutshof
Abb 98, 283, 367

1839 wurden bei Straßenarbeiten im Verlauf der heutigen B 51 Mauerreste eines großen Gebäudes angeschnitten. Erste Grabungen fanden erst viel später statt. Zum Glück maß man jedoch die im W des Gebäudes freigelegten Mauerzüge auf und barg auch die Reste eines Mosaiks. Schon im Fundjahr interpretierte man eine auf dem Mosaik abgebildete männliche Figur als »Krieger oder Fechter«, der zum Schlage ausholt; J. Overbeck, der Ausgräber der Kampagne von 1851, deutete sie als Gladiator und als solcher ist er in die Literatur eingegangen, obwohl durchaus Zweifel an der Zuweisung bestehen.

Zwölf Jahre nach Auffindung des spektakulären Fundes setzten 1851 gezielte Nachforschungen unter der Leitung von J. Overbeck ein. Aufgrund seiner Untersuchungen stand nun fest, daß das Herrenhaus eines röm Gutshofs angeschnitten war. Die Grabungen unter E. aus'm Weerth (1874 u 1881) vervollständigten dann den Grundriß. Bei dem freigelegten Wohnhaus, das unmittelbar in Erftnähe gebaut wurde, handelt es sich um eine Villa mit Eckrisaliten und nach N sich öffnender Portikus. Die ungewöhnliche Ausrichtung ist topographisch bedingt und zeigt den Verkehrsanschluß in die Zülpicher Börde.

An die Fassade des Herrenhauses schließt an der W-Seite nach S ein Badetrakt mit dem 1839 aufgefundenen Mosaik an. Die Räume im S Quertrakt dienten Wohnzwecken. Hier legte aus'm Weerth 1881 ein weiteres, aus geometrischen Formen bestehendes Fußbodenmosaik (7,20 × 4,70 m) frei (6). Er beobachtete in diesem Wohntrakt eindeutige Anzeichen für eine zweite Bauphase; er folgerte daraus, daß die um einen großen Hof angelegten drei Zimmerfluchten (2–7) ein späterer Anbau an den N langrechteckigen Fassadenbau seien. Was aus'm Weerth genau sah, ist heute nicht mehr feststellbar, da die Unterlagen hierzu fehlen. Auch die Ansprache eines im O an das Haupthaus anbindenden Wirtschaftshofes bleibt unsicher.

Die Zeitstellung einzelner Baukörper ist nicht mehr zu ermitteln; die Münzen reichen von Trajan bis Konstantin, doch ist denkbar, daß die Villa von Kreuzweingarten bis in die Mitte des 4. Jh (Magnentius) bestand. Ihr Anfang wird wohl, wie im Rheinland so oft, in die Zeit nach der Provinzwerdung der Germania Inferior und dem hiermit verbundenen wirtschaftlichen Aufschwung unter Domitian (81–96 nChr) oder dessen unmittelbaren Nachfolgern datieren.

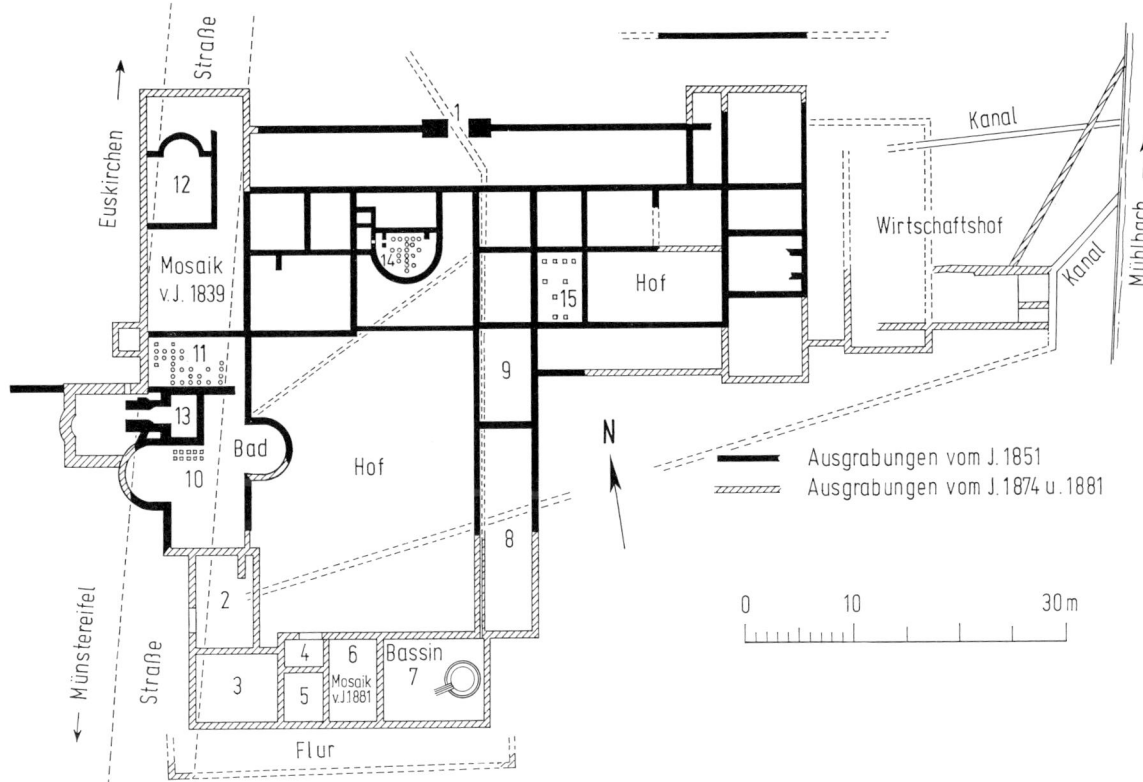

Abb. 367 Euskirchen-Kreuzweingarten. Villa rustica. Hauptgebäude (sog. Herrenhaus). Plan

Der großzügige Aufbau und der Nachweis von Mosaiken unterscheidet die Villa von Kreuzweingarten von den üblichen *villae rusticae* des Rheinlandes. Es wurde daher vermutet, daß der Eigentümer weniger der Landwirtschaft seinen Reichtum verdankt haben kann, zumal erst in den Bördelandschaften die guten Lößböden vorliegen, als vielmehr einem anderen Erwerbszweig. Nur wenige Kilometer S sind die militärischen Kalkbrennereien von → Iversheim nachgewiesen und auch bei Kreuzweingarten ist Dolomit als Rohstoff und dessen Verarbeitung in Kalköfen belegt. Vielleicht besteht hier ein Zusammenhang mit dem so auffälligen Wohlstand, den die Villa widerspiegelt.   Ku
Lit: WPiepers, FVFD 26, 1974, 152 ff – JHagen, Germania 13, 1929, 80 f

Römischer Tempel
Abb 368

W von Kreuzweingarten, also gegenüber dem »Alten Burgberg«, liegt in Hanglage ein ▶ röm Gebäude, dessen Deutung jedoch noch nicht endgültig geklärt ist. Ausgrabungen fanden in den 20er Jahren und eine Nachgrabung 1967 statt. Danach handelt es sich um ein Gebäude (5,60 × 3,88 m) mit Mauern aus Bruchsteinen, die noch bis in eine Höhe von 0,80 m erhalten waren. Der Innenraum zeigte auf einem Wandverputz die Reste einer ehem Bemalung in den Farben blau, grün und rot. Auffällig sind zwei Wandnischen im Gebäudegrundriß, zusätzlich ist wegen der schlechten Erhaltungsbedingungen auch an der S- und O-Seite evtl mit weiteren Konchen zu rechnen. Nach S hin sollen die Reste eines kleine-

Abb. 368   Euskirchen-Kreuzweingarten. Reste eines Tempels (?) von Nordwesten

ren Vorraumes vorhanden gewesen sein. Das Kleinfundmaterial datiert nach Angaben des letzten Ausgräbers (W. Sölter) in das 2. und 3. JhnChr; doch ist dieses aufgrund fehlenden Materials (Verbleib?) nicht zu beurteilen.

Wegen der unmittelbaren Nähe zur Wasserleitung hat man an eine funktionale Beziehung gedacht und einen Wartungsposten o. ä. in dem Gebäude sehen wollen. Die ungewöhnliche Architektur spricht jedoch eher für einen Kultbau.

Ku

Lit: WSölter, BJb 169, 1969, 497

Römische Wasserleitung, Kalksinter
Abb 369

Im Waldgebiet W von Kreuzweingarten – etwa ab Haus Maria Rast – ist die ▶ Trasse der röm → Eifelwasserleitung nach Köln entweder durch die erhaltene Arbeitsterrasse oder durch den Ausbruchgraben mühelos zu verfolgen. Der Kanal verläuft im linken Hang des Erfttals.

An der Straße »Am Römerkanal« trifft man auf einen sehenswerten ▶ Aufschluß: Die aus Grauwackemauerwerk errichtete, mit ca 0,08 m dikkem wasserdichtem Innenputz versehene und überwölbte Leitung (lW 0,76 m; lH 1,42 m)

zeichnet sich im Innern durch eine besonders augenfällige Sinterbildung aus. Die Versinterung der Kanalrinne, die im Sohlenbereich 0,24 m stark ist und sich bis zu 1,10 m an den Wangen hoch-

Abb. 369   Euskirchen-Kreuzweingarten. Kanalaufschluß der römischen Eifelwasserleitung nach Köln

zieht, führte zu einer erheblichen Reduzierung der Durchflußweite (zuletzt nur noch 0,12 m). Dadurch stieg das Wasser zwangsläufig an und bedingte, daß die Kanalwangen in ihrer gesamten Höhe versinterten. Wegen der modernen Gestaltung des Umfeldes ist nicht mehr zu erkennen, daß der Kanal ehem bergseitig durch eine Drainage aus einer losen Steinpackung mit darunterliegendem kleinem Drainagegraben gegen Hangwasser geschützt war.

N von Kreuzweingarten – vor allem in der Nähe des Sportplatzes – sind weitere ▶ Wasserleitungsaufschlüsse zu sehen. Darüber hinaus läßt sich die Kanaltrasse auch dort noch anhand des ma Ausbruchgrabens mühelos erkennen. Ursprünglich muß die Leitung im Bereich des Erft-Abstiegs ein extrem starkes Gefälle (10 %) aufgewiesen haben; damit wollten die Ingenieure möglichst günstige Voraussetzungen für die anschließende Überbrückung des Erfttals schaffen.

In dem Streckenabschnitt Kreuzweingarten hat sich der Kalksinter über ca 190 Jahre so stark wie sonst nirgendwo aufgebaut; aus diesem Grunde war hier wohl im Mittelalter ein bevorzugtes Abbruchgebiet dieses Marmorersatzes, der ua in vielen rheinischen Kirchen des 12./13. Jh verbaut wurde (zB → Bad Münstereifel).

In einer Art Rückbesinnung auf die schöne Wirkung des polierten Kalksinters aus der röm → Eifelwasserleitung nach Köln wurden 1927 noch einmal Platten aus diesem Material als Werkstoff verwendet. Damals erhielt der ▶ Altar der Kirche »Hl. Kreuz« eine Verkleidung aus Sinter, die heute nach der Restaurierung der Kirche teilweise wieder zu sehen ist. Aus dieser Zeit stammen auch die Briefbeschwerer aus Sinter, die seinerzeit zur Finanzierung einer Kirchenrenovierung verkauft wurden. Gre

Lit: WHaberey, Wasserleitungen 80 ff – Grewe 110 f, 272 f

Euskirchen-Niederkastenholz   EU

Römische Wasserleitung, Kalksinter

Vermutlich haben sich in Euskirchen-Niederkastenholz Reste einer röm Wasserleitung erhalten. In der SO Umfassungsmauer der Kirche und auf dem Gehweg der Laurentiusstr befindet sich entsprechendes Mauerwerk aus Gußbeton, das ihren Verlauf zu markieren scheint. Ähnlich kann auch ein Befund am Haus Niederkastenholzer Str 18 interpretiert werden; danach ist der Kanal in diesem Bereich abgeknickt. Ob der Laurentiusbrunnen in röm Zeit datiert, ist ungewiß; in der heutigen Form ist er modern. Ursprünglich besaß er jedoch zumindest einen ▶ röm Sandsteinkranz aus fünf Segmenten, die heute im ehem Schulgarten liegen. Insgesamt handelt es sich um Hinweise auf die Wasserversorgung eines röm Gutshofes (*villa rustica*) in unmittelbarer Nähe. Mit der ca 700 m N vorbeiführenden röm → Eifelwasserleitung nach Köln haben die Befunde nichts zu tun. Im Kircheninnern und in den Treppen zum Kirchhof liegen ▶ Platten aus Kalksinter, der aus der Eifelwasserleitung stammt; aus gleichem Material sind eine ▶ Ruhebank in der Eingangshalle sowie ein ▶ Kredenztisch und die ▶ Altarmensa. Ho

Lit: Grewe 123, 273 – AJürgens ua, Ausgrabungen im Rheinland '78. Sonderh Jan 1979, 96 ff

Euskirchen-Stotzheim   EU

Kalksinter

Im Turm der Hardtburg ist in der S-Ecke etwa in Augenhöhe ein einzelnes bearbeitetes Stück Kalksinter der röm → Eifelwasserleitung nach Köln verbaut. Gre

Lit: Grewe 273

Fischenich → Hürth
Frechen-Königsdorf → Bergheim-Quadrath-Ichendorf
Frimmersdorf → Bergheim-Paffendorf
Geich → Langerwehe
Geilenkirchen → Heinsberg
Geislar → Bonn

Gelsenkirchen-Buer   GE

Städtisches Museum

Horster Str 5. Öffnungszeiten: Di, Mi 11.45–18, Do 11–20, Fr–So 11–18 Uhr

In der Erd- und Kulturgeschichtlichen Sammlung wird ua eine ostgallische Terra-Sigillata-Schüssel aufbewahrt, die in einem zufällig entdeckten germ Brandgrab vom Ende 2./Anfang 3. JhnChr in Gelsenkirchen-Buer gefunden wurde; die Bestattung kann sicher nicht direkt mit der germ Siedlungsstelle in unmittelbarer Nähe in Verbindung gebracht werden, die durch Münzfunde ins 4. JhnChr datiert ist. Die meisten der sonst noch ausgestellten röm Fundstücke stammen aus dem Kunsthandel.   Ho

Lit: Stupperich 38 f – AStieren, Germania 17, 1933, 65 f

Geseke SO

Städtisches Hellweg-Museum

Hellweg 13. Öffnungszeiten: So 11–12 u 16–18, Mi u Sa 16–18 Uhr

Das Museum beherbergt ua röm Glas- und Keramikfragmente, die 1974 bei Ausgrabungen im Bereich einer germ Siedlung in Geseke zutage gekommen sind und eine Datierung ins 4. JhnChr empfehlen. Die Münzsammlung besteht zT aus Fundmünzen aus der Umgebung der Stadt; sie decken ein Spektrum vom 1. bis 4. JhnChr ab.
                Ho

Lit: Stupperich 39

Geyen → Pulheim
Gleuel → Hürth

Goch-Asperden KLE

Römische Befestigungsanlage
Abb 52 (95), 370

Die Tiefstaffelung des Verteidigungsnetzes an Rhein und Maas im 4. JhnChr machte Querver-

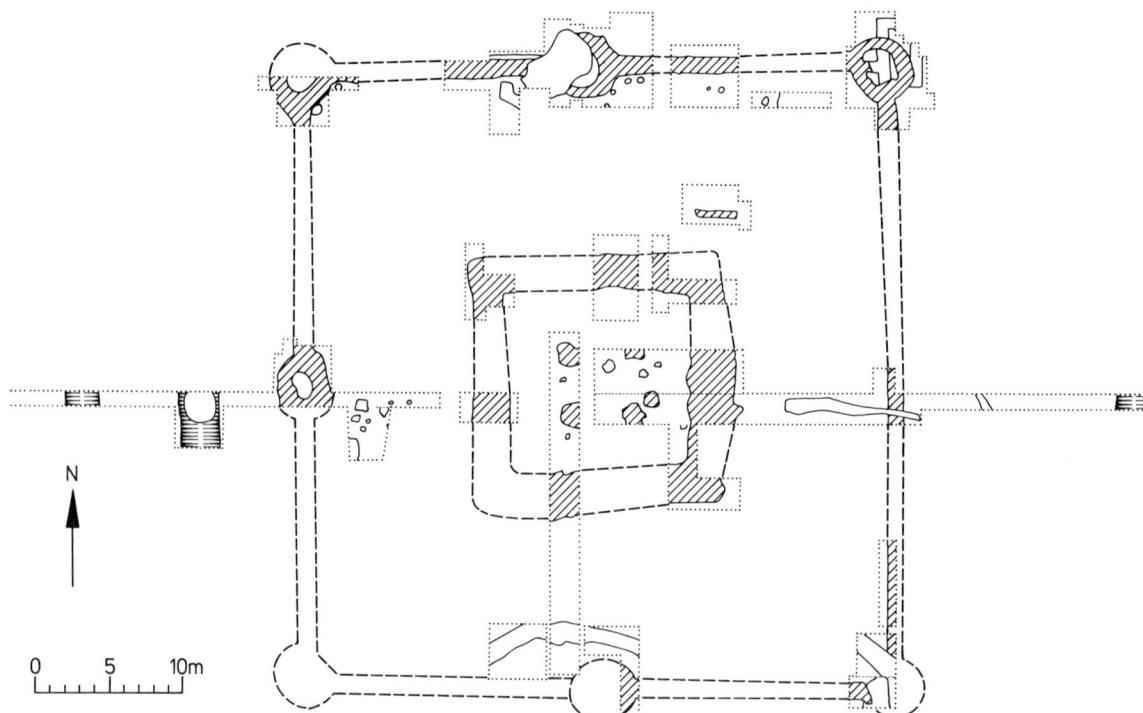

Abb. 370 Goch-Asperden. Wehranlage (burgus). Befundplan

bindungen mit kleinen befestigten Punkten nötig, wie sie zuletzt zZ von Augustus und Tiberius quer durch Belgien bis an den Rhein bestanden hatten.

Eine solche Querverbindung vom Rheinlimes zur Maas muß zwischen *Quadriburgium*-Qualburg und *Burginatium*-Alt-Kalkar und dem unter Konstantin angelegten Kastell *Ceuclum*-Cuijk an der Maas bestanden haben. Sie befindet sich am S-Rand des Reichswaldes S von Kleve auf dem rechten Ufer der Niers. Die dazugehörige Straße wurde bislang nicht gefunden.

In die Umfassungsmauer der Anlage (40 × 40 m iL) waren vier Eck- und mindestens drei Mitteltürme als Rundtürme eingebaut. Der Eingang kann im O angenommen werden. Im Innern befand sich ein solider Wehrturm (15,6 × 15,6 m). Die ältere Holzkonstruktion gehört in die Mitte, der jüngere, auf sie folgende Steinausbau in die spätere 2. Hälfte des 4. Jh. Zwei Spitzgräben (B 2,5 m, T 1,8 m) umschlossen die annähernd quadratische Befestigungsanlage von ca 72 m Seitenlänge. In einer Gewerbesiedlung neben der Anlage wurde Hohlglasproduktion des 4. Jh festgestellt.   Rü

Lit: HHinz, JHömberg, RheinAusgr 3, 1968, 167 ff – HvPetrikovits, Journal of Roman Studies 61, 1971, 197 ff – CBRüger, NL 100 Nr 25

Hagen   HA

Museum Hohenlimburg
Abb 371

Schloß Hohenlimburg. Öffnungszeiten: Di–So 10–18 (April–September) bzw 13–16 Uhr (Oktober–März)

In der ur- und frühgeschichtlichen Sammlung befinden sich etliche röm Funde (Keramik, Lampen, Bronzen, Eisenteile und Münzen) aus der näheren und weiteren Umgebung, ua aus dem Lagerbereich von → Oberaden. Zahlreiche Objekte stammen allerdings auch von röm Fundplätzen des Mittel- und Niederrheins. Besonders beachtenswert sind einige S-gallische Terra-Sigillata-Scherben aus der Mitte des 1. JhnChr, die im Bereich der germ Siedlung »Rotes Haus« in Iserlohn aufgelesen wurden. Die ausgestellten Scherben

Abb. 371   Hagen-Hohenlimburg. Goldmünze (solidus) des Kaisers Arcadius (383–408 n. Chr.). (Hagen. Museum Hohenlimburg)

von röm Grobkeramik und ein Solidus des weström Kaisers Arcadius (383–403 nChr) gehören zum Fundgut aus der spätkaiserzeitlichen Germanensiedlung Hohenlimburg-Elsey.   Ho

Lit: Korzus 132 f – WBleicher, Museum Hohenlimburg. Ur- und frühgeschichtlicher Museumsführer 5, 1981 – Stupperich 40 f

Haltern   RE

Römische Militäranlagen
Abb 8, 21 (69), 372–376, 487

Auf dem Gebiet der Stadt Haltern befanden sich um Chr Geburt mehrere röm Militäranlagen, die zZ der Germanenkriege des Kaisers Augustus errichtet worden sind. Bereits 1838 erkannte der preußische Major F. W. Schmidt auf dem im W von Haltern gelegenen Annaberg einen frühröm Stützpunkt. Mit den geschulten Augen eines Militärs erkannte er die vorteilhafte Erhebung am N-Ufer der Lippe und deutete die dort vorhandenen Wälle als Reste einer ehem Befestigung, die damals schon erheblich durch neuzeitliche Bodenveränderungen in Mitleidenschaft gezogen worden waren. 1899 setzte Carl Schuchhardt auf

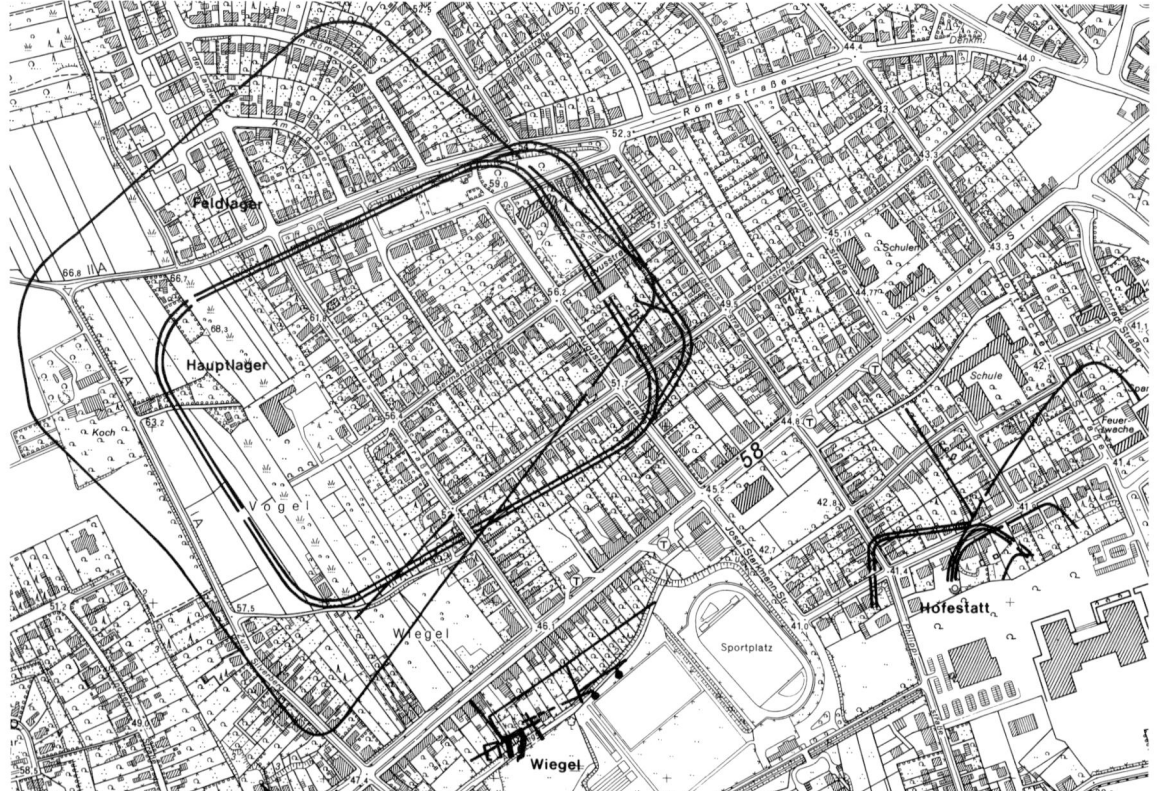

Abb. 372   Haltern. Die römischen Hauptfundplätze im Stadtgebiet

dem Annaberg den ersten Spatenstich an. Er gab damit den Startschuß für die bis zum heutigen Tag andauernden systematischen archäologischen Ausgrabungen.

Lager auf dem Annaberg. Durch eine Vielzahl von Sondierungsschnitten wurde in den Jahren 1899–1901 auf dem Annaberg der Verlauf der röm Umwehrung verfolgt. Die festgestellte Befestigungslinie orientierte sich an den natürlichen Geländegegebenheiten. Sie umschrieb eine in der Form annähernd dreieckige, etwa 7 ha große Anlage. Die Umwehrung bestand aus einem Erdwall, der zur Feindseite an eine hölzerne Palisadenwand angeschüttet worden war. Davor verlief ein Spitzgraben (B bis 2,5 m, T 1,65 m). In die Umwallung sollen im Abstand von 30 m Mauertürme integriert gewesen sein. In der NW-Front und der O-Front markieren zwei Erdbrücken die

Position zweier Tordurchlässe. Die in diesem Bereich gehäuft angetroffenen Pfostenspuren ließen jedoch eine überzeugende Rekonstruktion der Toranlagen nicht zu. Aus dem Innern des Areals liegen keine Befunde vor. Für das Verständnis der Befestigungsanlage auf dem Annaberg wirkte sich erschwerend die Tatsache aus, daß die zu Beginn dieses Jh freigelegten Befunde wenig typisch für einen röm Militärplatz aus der Zeit um Chr Geburt sind. Das geringe und inzwischen auch verlorene Fundmaterial läßt sich heute nicht mehr auf eine präzise zeitliche Einordnung hin überprüfen.

Anlage »Am Wiegel«. 1899 wurde von dem um die röm Bodendenkmäler Halterns äußerst verdienstvollen Halterner Sanitätsrat Alexander Conrads auch die Fundstelle auf der Flur »Am Wiegel« entdeckt. Diese Entdeckung gab den

Anstoß zu Ausgrabungen noch im Herbst desselben Jahres. Die Fundstelle liegt auf einem schmalen Geländestreifen (L ca 300 m) zwischen der Weseler Str (B 58) und dem einstigen Überschwemmungsgebiet der Lippe. Bei Überschwemmungen der Lippe in nachröm Zeit sind wahrscheinlich größere Partien weggespült worden. Ein kaum noch entwirrbares Durcheinander von zwei röm Palisaden, acht Spitzgräben und verschiedenen Gruben wurde um die Jahrhundertwende aufgedeckt. Ein ähnlich komplizierter Befund zeigte sich bei einer 1978/79 durchgeführten Rettungsgrabung. Den sich teilweise überschneidenden Gräben kann entnommen werden, daß im Bereich des Wiegels in röm Zeit wiederholt gravierende bauliche Veränderungen vorgenommen worden sind. Eindeutig sind lediglich die Fundamentspuren eines in italischer Bautradition errichteten Holzgebäudes (13,5 × 18 m) im W des damals ergrabenen Areals. Es mag evtl einem höheren röm Offizier oder einer wohlhabenden röm Person als privates Wohngebäude gedient haben. Die damaligen Ausgräber haben die Anlagen am Wiegel als »Anlegeplatz« bzw als Flußhafen der hier stationierten röm Truppen angesprochen. Zahlreiche verkohlte Getreidekörner und eine größere Menge an Amphoren beim sog Dreieck gaben den Ausschlag für ihre Interpretation. Diese wenigen Kriterien reichen jedoch bei weitem nicht für eine derartige Interpretation aus, da gerade spezielle Bauten wie etwa Speichergebäude und Kaianlagen fehlen. Unklar ist, wo die *canabae* (Lagervorstadt) von Haltern gelegen haben. Zu dürftig sind die vom Wiegel bekannten Befunde, um daran die Frage anzuknüpfen, ob hier etwa die Überreste der Lagervorstadt zu vermuten sind. Wegen der heutigen Überbauung des Geländes erscheint es fraglich, ob in Zukunft diese mit dem »Anlegeplatz« verbundenen Probleme sich jemals werden lösen lassen.

Uferkastelle. W des Stadtkerns von Haltern lagen auf der Flur Hofestatt in einem ca 500 m langen Areal, das sich von der Philippistr bis zum Kardinal-Graf-von-Galen-Platz erstreckt, die »Uferkastelle«. Hier wurden 1901–1904 vier zeitlich aufeinanderfolgende Befestigungen aufgedeckt, die von einer Holz-Erde-Mauer und einem oder zwei vorgelagerten Spitzgräben umgeben waren.

Am Lippeufer endeten die Gräben und Holz-Erde-Mauern dieser Kastelle. Die ursprüngliche Funktion dieser recht kleinen Befestigunganlagen ist eng verknüpft mit der Interpretation eines Gebäudes aus der jüngsten Periode, das bislang als Speicherbau (55 × 40 m) angesprochen wurde. Nach einer neuen, bislang noch nicht publizierten Interpretation ist die Rolle des Uferkastells im Rahmen des röm Schiffsverkehrs auf der Lippe zu sehen. Heute ist das Areal der Uferkastelle weitgehend unter der modernen Bebauung verschwunden.

Auf dem N der Weseler Str (B 58) gelegenen Silverberg war in augusteischer Zeit ein großes Legionslager, das sog Hauptlager errichtet worden. Hier lag die gewichtigste aller Militäranlagen im Raum Haltern. Seit der ins Jahr 1901 zurückreichenden Entdeckung hat dieser Lagerplatz konzentrierte und bis heute anhaltende Ausgrabungstätigkeiten auf sich gezogen, da der ungleich bessere Erhaltungszustand wesentlich günstigere Forschungsvoraussetzungen versprach.

Das Feldlager. Dem Hauptlager ging ein älteres, provisorisches Lager voraus, das sog Feldlager. Dem Lager von → Dorsten-Holsterhausen vergleichbar ist es als kurzfristig belegtes Marsch- oder Sommerlager anzusprechen. Seine Größe betrug ca 34,5 ha (614 × 560 m) und dürfte damit bis zu zwei Legionen aufgenommen haben. Die Umwehrung bestand aus einem lagereinwärts aufgeschütteten, einfachen Erdwall und einem Spitzgraben (B ca 2,5 m, T ca 1,5 m). Bis auf das W-Tor sind die Tore im N, O und S durch Unterbrechungen in der Umwehrung festgestellt worden. Sichere Spuren einer Innenbebauung fanden sich nicht, dagegen Abfallgruben und Backöfen. Die hier stationierten Truppen müssen in Zelten gewohnt haben. Die zeitliche Abfolge ist eindeutig. Der Spitzgraben des Feldlagers wird durch die Gräben des Hauptlagers überschnitten und ist zumindest im Bereich der NW-Ecke mit dem anfallenden Abfall der Hauptlagerbesatzung einplaniert worden. Damit ist das Feldlager eindeutig die ältere Anlage. Wegen fehlender datierender Fundkomplexe läßt sich ein präzises Gründungsdatum nicht nennen.

Das Hauptlager. Im völligen Gegensatz zum Feldlager zeichnete sich das Hauptlager durch

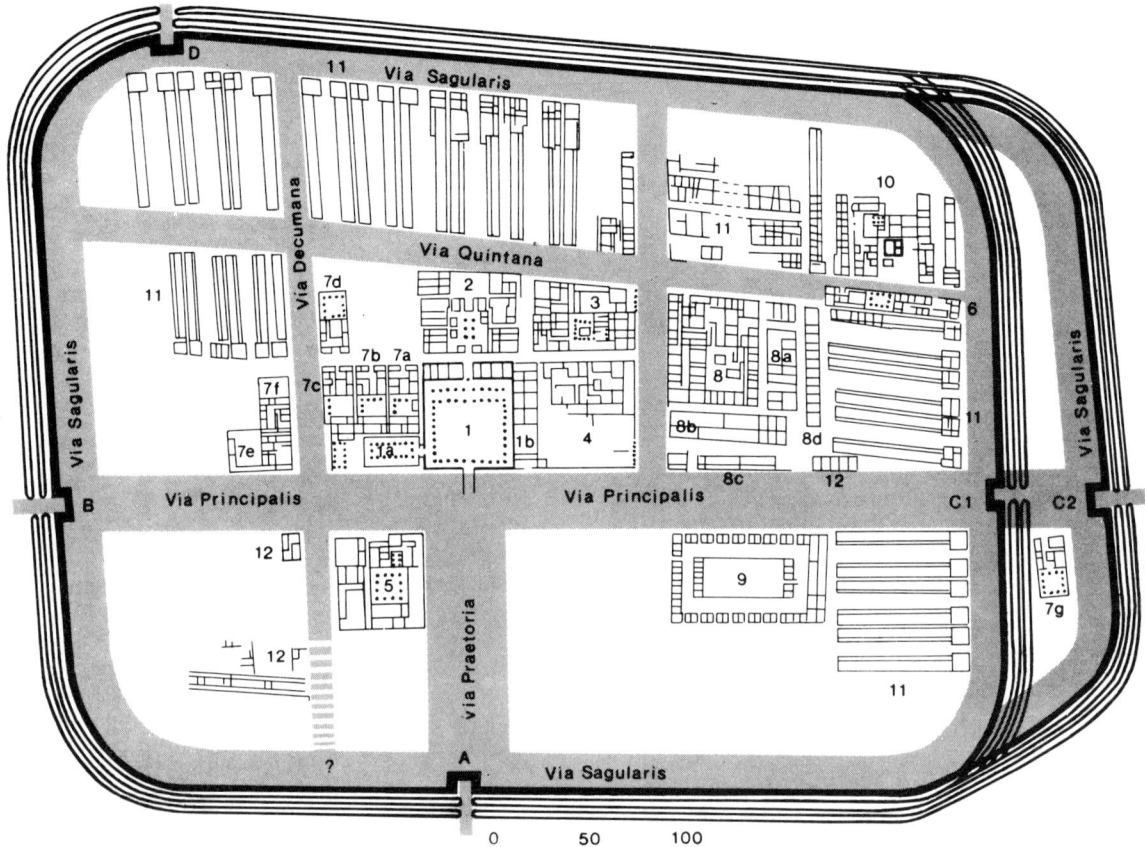

Abb. 373   Hauptlager Haltern. Vereinfachter und ergänzter Plan (Stand 1975). – 1 Principia mit Anbauten (1 a/1 b). 2 Wohnhaus des Kommandanten (praetorium). 3, 5–7 Wohnhaus für Offiziere. 4 Wohngebäude? 8 Handwerkerzentrum (fabrica) mit Lagerschuppen und Unterkünften? (8 a/8 b). 9 Lazarett (valetudinarium). 10 »Heiligtum«? 11 Kasernen. 12 Gebäude unbekannter Bestimmung. A Südtor (porta praetoria). B Westtor (porta principalis dextra). C 1/C 2 Osttore der älteren, inneren und der jüngeren, nach Osten vorgelegten Lagerfront (porta principalis sinistra). D Nordtor (porta decumana). Grau gerasterte Streifen = Lagerstraßen

eine dichte, planmäßige Bebauung aus. Als Baumaterial dienten weitgehend Holz und Lehm. Die W-Front des Hauptlagers lag O der Straße zum Silverberg, die N-Front knapp S der Römerstr, die O-Front W der Tiberiusstr und die S-Front S der Varusstr. Das Hauptlager war von zwei Spitzgräben (B je ca 5,5–6 m, T ca 3 m) umgeben. Hinter einer Berme (B ca 2 m) erhob sich die Holz-Erde-Mauer (H 3 m, B 3 m). Sie bestand

aus zwei im Abstand von 3 m parallel zueinander aufgerichteten Holzverschalungen, die mit dem anfallenden Erdaushub aus den beiden Spitzgräben verfüllt waren. Zur Feindseite muß die Holz-Erde-Mauer mit einer Brustwehr versehen worden sein. Da bislang die Holz-Erde-Mauer nicht über größere Strecken untersucht worden ist, fehlen gesicherte Indizien für Mauertürme und Aufstiegsmöglichkeiten zum Wehrgang. In die vier Fronten des Lagers waren Toranlagen (B ca 9 m) eingelassen. Drei befanden sich annähernd in der Mitte der Lagerfronten. Das N-Tor wurde dagegen aus fortifikatorischen Gründen nahe der NW-Ecke auf dem höchsten Geländepunkt des Lagers angelegt. Auffällig ist dabei, daß die durch das N- und S-Tor des Hauptlagers führende Achse parallel zur entsprechenden Achse des älteren Feldlagers verlief. Hieraus ergibt sich eine enge zeitliche Nähe von Feld- und Hauptlager. Im Laufe der Belegungszeit wurden zusätzliche Bauflächen benötigt. Darauf ist die Vorverlegung der O-Front um ca 60 m zurückzuführen. Aus dem Verlauf der Lagergrenzen ergab sich ein Lagerareal in den Umrissen eines unregelmäßigen Rechtecks (500 × 380 m, bzw 560 × 380 m), dessen Längsausdehnung sich in W-O-Richtung erstreckte. Trotz einer leichten Unregelmäßigkeit im äußeren Umriß waren Straßen- und Baublöcke im Innern weitgehend rechtwinklig angelegt. W- (B) und O-Tor (C 1 und C 2) verband die

Lagerhauptstraße (*via principalis*, B ca 30 m), vom S-Tor (A) lief im rechten Winkel auf das Stabsgebäude (*principia*) die Ausfallstraße (*via praetoria*, B ca 50 m) zu. Auf das N-Tor (D) führte keine durchgängige, größere Lagerstraße, da diese Toranlage direkt an der NW-Ecke angelegt worden war. Dagegen verliefen W und O der zentralen Gebäudekomplexe zwei Straßen (B 15–20 m) nach N, die von der *via principalis* ihren Ausgang nahmen, der W Straßenzug war die rückwärtige Lagerstraße (*via decumana*). N der *via principalis* war die *via quintana* angelegt. Ihr Verlauf orientierte sich nicht an der *via principalis*, sondern an der leicht schräg geführten N-Front. Auf der Innenseite der Umwehrungslinie verlief die Lagerringstraße (*via sagularis*, B 15–18 m). Neben diesen Hauptstraßen gab es noch weitere kleine Lagerstraßen. In den Straßen waren die ursprünglich holzverschalten Entwässerungskanäle verlegt worden. Hinweise auf eine Straßenbefestigung fehlen. Geradezu typisch ist die

Abb. 374   Haltern. Hauptlager. Fundament- und Kellerspuren eines Gebäudes südlich der Via principalis. Ausgrabungen des Westfälischen Landesmuseums für Vor- und Frühgeschichte 1973

Häufung von Abfallgruben in den Straßentrassen, in denen auch Töpferöfen und kleine Nutzbauten angelegt wurden. Im Schnittpunkt der beiden Hauptstraßen lagen auf der N-Seite der *via principalis* die *principia* (46 × 54 m, 1). Architektonisch betont ragte der Eingang um 10 m in die *via principalis* hinein. Ein im W, S und O von überdachten Säulengängen (*peristylum*) eingefaßter Innenhof (35 × 28 m) gab im N den Blick auf eine zweischiffige Halle (*basilica*) frei. Im N-Teil befanden sich mehrere Amtsräume seitlich eines rückwärtigen Ausgangs. Die *principia* von Haltern wurden in der Zeit ihres Bestehens einmal völlig umgebaut. Nahe der SW-Ecke der *principia* führte ein schmaler, seitlicher Zugang zu einem Gebäude (29 × 15 m) unbekannter Zweckbestimmung. Zwischen den *principia* (1) und dem NO gelegenen Baukomplex (2) verlief eine Gasse (B 4–5 m). Beide Gebäude waren durch gegenüberliegende Zugänge deutlich aufeinander bezogen. Auf einer Fläche von ca 53 × 40 m sind einzelne kleinere Bauten um einen kleinen von Laubengängen umgebenen Hof (*peristylum*) gruppiert. Die Interpretation dieses Baukörpers ist noch weitgehend ungeklärt. Ob die zentrale Lage unmittelbar hinter den *principia* eine Deutung als Dienst- und Wohnsitz des Legionskommandanten (*legatus legionis*) erlaubt, ist zwar wahrscheinlich, aber im Hinblick auf das weitaus größere, repräsentativere und eindeutig für Dienst- und Wohnzwecke einer hochrangigen Militärperson bestimmten Gebäude (5) nicht sicher auszumachen. So ist in jüngster Zeit dieser Gebäudekomplex (5) dem *legatus legionis* und der hinter den *principia* errichtete Gebäudekomplex (2) dem Lagerpräfekten (*praefectus castrorum*) hypothetisch zugewiesen worden. Im zentralen Gebäudeblock standen die Häuser für die höheren Offiziersgrade. Diese sog Tribunenhäuser (7 a–d) bestanden aus einem laubenumgebenen Innenhof und einem Wohnteil (ca 15 × 15 m). Das große Gebäude (3) NO der *principia* wird gewöhnlich als ein Doppelhaus zweier Tribunen angesehen. Ganz offensichtlich hat sich während der Belegungszeit des Hauptlagers ein zusätzlicher und ungewöhnlich hoher Bedarf an Bauten für hohe Militärpersonen ergeben. Wie akut dieser Bedarf gewesen sein muß, zeigt die Errichtung des Gebäudes Nr. 6, das nachträglich in die *via quintana*

eingebaut worden war und damit deren Breite von 17 auf 6 m erheblich verminderte. Ein weiteres Tribunenhaus (7 g) wurde anläßlich der O-Erweiterung des Lagers errichtet. Entlang der Umwehrung sind vorwiegend im N-Teil des Hauptlagers bis zu 70 m lange Kasernen (11) nachgewiesen worden; jeweils eine Kaserne diente einer Centurie als Quartier. Ein vergrößerter »Kopfbau« war dem *centurio* vorbehalten, während die Mannschaft in den anschließenden Räumen (*contubernia*, ca 3,5–4,5 m) zu jeweils acht Mann ihre Schlafstätten hatten. Zwei Centurienkasernen bildeten mit ihrem gemeinsamen Innenhof eine bauliche Einheit, die auch in der Organisation des röm Heeres in der Zusammenfassung je zweier Centurien zu einem Manipel ihre Entsprechung findet. Da größere Teile des Lagers durch die Ungunst früherer Zeiten nicht untersucht werden konnten, läßt sich bislang eine definitive Mannschaftstärke der im Hauptlager zu Haltern stationierten Truppen nicht ermitteln. Mit mindestens 6–7 Kohorten wird man aufgrund der ergrabenen Kasernenreste rechnen müssen. An weiteren Lagergebäuden läßt sich mit Sicherheit das Truppenlazarett (*valetudinarium*, 9) ausmachen. Dieser Bau (80 × 44 m) war im Lager das größte Gebäude. Um einen Innenhof gruppierten sich die Kranken- und Behandlungszimmer. Obgleich in diesem Gebäudekomplex keine für die Medizin typischen Bestecke und Gegenstände gefunden wurden, erlaubt der charakteristische Grundriß die Identifikation als Lazarett. Weniger gesichert ist dagegen die Ansprache des auf einer Grundfläche von 52 × 46 m errichteten Baus (8), der durch seine Aufteilung in mehrere Fluchten von kleineren Kammern auffällt. Im Zentrum hat sich ursprünglich eine Zisterne (5 × 5 m, T 2 m) befunden. Aus diesem Bau sollen während der Ausgrabungsarbeiten zahlreiche eiserne Werkzeuge zutage gekommen sein, die zur Ansprache als lagereigener Handwerkerbetrieb (*fabrica*) führten. Die anschließenden Bauten (8 a–d) im O und S wird man vielleicht als Schuppen und Unterkünfte der Militärhandwerker zu erklären haben. Außerhalb der *fabrica* belegen mehrere in der *via decumana* und *via quintana* angelegte Töpferöfen einen speziellen Tätigkeitsbereich der röm Militärhandwerker. Sie stellten einfache Gebrauchskeramik, Lampen

und eine lokale Terra Sigillata her. Eisenschlak-
ken und Schmelzofenreste bezeugen die Verarbeitung von Eisen.

In der og O-Erweiterung sind wegen geringer
Grabungstätigkeit nur wenige röm Baubefunde
gesichert. So das sog Tribunenhaus (7 g) und die
Überreste eines großen, wohl als Getreidespeicher zu deutenden Gebäudes N der *via principalis*. Möglicherweise sind zum Zeitpunkt der
Lagererweiterung auch die nachweislichen Umbauten an den *principia* und dem W-Tor vorgenommen worden. Ein Bleibarren mit der Inschrift der 19. Legion und eine Besitzerinschrift
eines Legionärs namens *Fenestela*, der in Haltern
seinen Dienst versehen hat und als Veteran der 19.
Legion in Fréjus bestattet worden war, scheinen
zu bezeugen, daß in Haltern die 19. Legion, die in
der Schlacht im Teutoburger Wald ihr Ende fand,
zumindest zeitweilig stationiert war. Unüblich
erscheint die hohe Anzahl von Wohn- und
Dienstgebäuden für hochrangige Offiziere. Offensichtlich kam dem Hauptlager eine Funktion
zu, die im Bereich der Militärverwaltung der eroberten rechtsrheinischen germ Gebiete vermutet werden darf. In Haltern befand sich mit großer Wahrscheinlichkeit eine vorgelagerte militärische Schaltstelle, die die verwaltungsrechtlichen
Vorkehrungen für die Provinzialisierung der eroberten rechtsrheinischen Gebiete betrieb.

Das Ende des Hauptlagers von Haltern läßt sich
in der unmittelbaren Folge der Katastrophe im
Teutoburger Wald (9 nChr) anhand von etwa
3000 Münzen festlegen. Dagegen erscheint der
Gründungszeitpunkt weniger gesichert. Vergleicht man die aus den röm Legionslagern Haltern und Oberaden stammenden Funde, so ist
Haltern eindeutig als jüngere Lagergründung anzusprechen. Da das Mehrlegionenlager Oberaden spätestens 8 vChr aufgelöst worden war, ist
ein Gründungsdatum von Haltern erst nach diesem Jahr möglich. Das Fundmaterial, insbesondere die Terra Sigillata, spricht für eine zeitliche
Spanne von einigen Jahren zwischen der Auflassung des Lagers Oberaden und der Gründung des
Hauptlagers von Haltern. Möglicherweise wurde
das Hauptlager erst unmittelbar nach der Zeiten-
wende angelegt. Aus historischer Sicht waren
die großen militärischen Aktionen mit der Umsiedlung der Sugamber (8 vChr) und der einher-

*Abb. 375   Haltern. Urnenbestattung. Sog Hal-
terner Kochtopf mit Leichenbrand und Beiga-
benresten. – Dm. des Behälters 28 cm. Um
Chr. Geburt (Haltern, Römisch-Germanisches
Museum)*

gehenden Auflassung des Lagers Oberaden weitgehend zum Stillstand gekommen. Ein schwerer
Aufstand (1–4 nChr) germ Stämme erzwang erneute Militäraktionen, in deren Zusammenhang
evtl die Gründung des Hauptlagers von Haltern
erfolgte.

Gräberfeld. In jüngster Zeit ist die Ausdehnung
des röm Gräberfeldes durch Grabungen besser
bekannt geworden. Es liegt in einem Zwickel, der
sich vom O Abhang des Annaberges bis zur Einmündung der Dorstener in die Weseler Str erstreckt. Bislang sind einige Brandschüttungsgräber mit Urne, einfache Urnengräber sowie
Brandbestattungen mit kreisförmigen oder rechteckigen Einfriedungen beobachtet worden. Zwei
Grabanlagen mit kreisförmiger Einfriedung (Dm
10,5 bzw 14 m) wiesen eine Besonderheit auf: Im
Zentrum fanden sich die Spuren einer in Holz
konstruierten Grabkammer. Das Inventar der
Gräber war relativ einfach. Als Leichenbrandbe-
hälter wurden Töpfe verwendet, der Leichenbrand selber war zumeist mit verbrannten Fragmenten von Salbölfläschchen, gelegentlich auch
mit Krugscherben und Schuhnägeln durchsetzt.
Als Besonderheit sind die Fragmente eines

prunkvollen Totenbetts zu werten, das mit figürlichen und ornamentalen Beinschnitzereien verziert war. Ob in diesen Gräbern ausschließlich
Soldaten bzw. Angehörige der *canabae* (Lagervorstadt) bestattet wurden, ist zZ unbekannt.

Kü

Lit: SvSchnurbein, BAW 14, 1974 – ders,
BerRGK 62, 1981, 33 ff – BGalsterer, BAW 20,
1983 – RAßkamp, J-SKühlborn, Ausgrabungen
und Funde in Westfalen–Lippe 4, 1987, 129 ff

Römisch-Germanisches Museum
Abb 24, 375, 376

Goldstr 1. Öffnungszeiten: Mo–Fr 9–13 Uhr
Das Museum, 1906 dank des Einsatzes engagier-
ter Halterner Bürger vom Schlage eines Sanitäts-
rates Dr. Alexander Conrads eingerichtet, wurde
Heimstatt für das bei den Grabungen in den Militäranlagen geborgene röm Fundmaterial. Etwa
70 % der einst in der Sammlung ausgestellten röm
Funde haben den 2. Weltkrieg überstanden.
Diese Exponate bilden nach wie vor den Grundstock des heutigen Museumsinventars. Daneben
gingen dem Römisch-Germanischen Museum als
Leihgaben auch Funde aus den Nachkriegsgrabungen des → Westfälischen Museums für Archäologie, Münster, zu. Die unscheinbaren
Räumlichkeiten dürfen nicht darüber hinwegtäu-
schen, daß hier hochbedeutende Exponate zu besichtigen sind.
Von den vier Räumen für die ur- und vorge-
schichtlichen Zeugnisse der näheren Umgebung
dienen drei den Exponaten aus röm Zeit. Zahlreiche der zT kostbaren Terra-Sigillata-Gefäße, darunter sieben Reliefkelche, stammen aus den Töp-
fereibetrieben Arezzo, Pisa, Puteoli und Lyon.
Daneben gehört natürlich auch einfachste grob-
tonige Gebrauchskeramik usw zum Bestand.
An Kleinfunden aus Bronze und Eisen gibt es
Trachtenbestandteile der Soldaten, Fibeln, Gürtelschnallen und Beschlagteile der Rüstung, und
vor allem Dinge des täglichen Bedarfs: Spiegel,
Strigilis, Schlüssel, Tintenfässer, Bronzelampen,
Spielsteine und die Gemmen von Siegelringen.
Beachtenswert sind eine Schöpfkelle, deren Griff
mit einer qualitätvollen Erotendarstellung ver-
ziert ist, sowie eine Schöpfgarnitur, die aus
Schöpfkelle und zugehörigem Siebeinsatz be-

*Abb. 376   Haltern. Öllampe in Gestalt eines
Adlers. Bronze. – H. 12 cm. 1. Jahrzehnt
n. Chr. (Haltern, Römisch-Germanisches
Museum)*

steht. – Als Unikat kann eine Bronzelampe in
Gestalt eines Greifvogels (Adler?) gelten, wahrscheinlich in einer gallischen Werkstatt hergestellt. – In einem gut erhaltenen Bronzehelm, dem
die Wangenschutzklappen fehlen, blieb ein typischer Legionärshelm erhalten. – Amulettartige
Anhänger, Bronzeglöckchen und Riementeiler
von Pferdegeschirr weisen auf Kavallerie hin. –
Neben drei Amphoren, den antiken Transport-
behältern für Wein, Öl und Fischsoßen, ist noch
eine Gruppe gröberer Gebrauchskeramik anzusprechen: Diese Gefäße sind die Überreste zweier
Soldatengräber aus dem noch weitgehend unerforschten röm Friedhof von Haltern. – Eine
Nachbildung vom Grabstein des *Centurio Caelius* (→ RLM Bonn) ist und bleibt bislang das
einzige archäologische Indiz von der Varusschlacht.
Im letzten Raum befinden sich die Metallfunde
aus Blei und Eisen. Der Verarbeitung von Blei
durch lagereigene Werkstätten kam eine große
Bedeutung zu, jedenfalls wird dies durch ein ungewöhnlich starkes Fundaufkommen belegt. Dafür sind die ca ein Zentner schweren Bleibarren
eindeutige Belege. Einen interessanten Hinweis
liefert das ca 0,5 m lange Teilstück eines Wasser-
rohres: Derartige Wasserrohre wurden für gewöhnlich in einem Druckwasserleitungsnetz eingesetzt. Demnach kann uU davon ausgegangen

werden, daß das Hauptlager von Haltern mit einer von einem Aquädukt gespeisten Wasserleitung versorgt worden war. – Waffen, Handwerkszeug und einige der über 3000 röm Fundmünzen, die bei den Grabungen in Halterns röm Militäranlagen zutage gefördert wurden, vervollständigen die Übersicht.

Für die nahe Zukunft ist eine Änderung der im höchsten Maße unzulänglichen Unterbringung der Halterner Funde vorgesehen. Im Planungsstadium ist die Errichtung eines Museumsneubaues als Außenstelle des Westfälischen Museums für Archäologie, Münster. Thematisch wird die Gesamtdarstellung der historischen Dimension der röm Expansionsbestrebungen in der *Germania libera* in den Jahren 12 vChr – 16 nChr zu behandeln sein. Zugleich soll das neue Museum Heimstatt für die Funde aus den anderen röm Lippelagern werden. Kü

Lit: KHähnle, SWenz, Führer durch die Sammlung Römischer Altertümer im Museum zu Haltern i. W., ²1921 – SvSchnurbein, Die Römer in Haltern, 1979 – Stupperich 41 ff

Hambach → Bergheim-Paffendorf

Hamm HAM

Städt. Gustav-Lübcke-Museum

Museumsstr 2. Öffnungszeiten: Di–Sa 10–16, So 10–13 Uhr

Das Museum beherbergt als einen der wichtigsten Fundkomplexe das ungewöhnlich reiche röm Fundmaterial aus der germ Siedlung von Kamen-Westick: ostgallische Terra Sigillata und Argonnen-Ware, Terra Nigra, schwarz gefirnißte und grobe Keramik, Bronzen (Gürtelbeschläge, Haarnadeln, Dreifuß-Büste, Phalera, Lunula, Glöckchen) und Glas (Armbänder, Perlen, Spielsteine, Flaschen, Becher). Die frühesten röm Importgüter datieren in die 2. Hälfte des 1. JhnChr; vornehmlich nach Ausweis der Keramik scheint es eine Kontinuität bis ins 4. Jh gegeben zu haben. Die Münzreihe von Vespasian (69–79 nChr) bis Gratian (367–383 nChr) bestätigt dies im wesentlichen. Die Handelsbeziehungen der in Westick wohnenden Germanen zum röm Rheinland müs-

sen in dem genannten Zeitraum sehr intensiv gewesen sein. Eine besondere Stellung nimmt auch der Münzschatz von Westick ein, der bei den Ausgrabungen des Jahres 1935 gefunden wurde. Bei den ursprünglich insgesamt 56 Münzen handelt es sich um Folles des Kaisers Konstantin I. und seiner Söhne, meist zwischen 330 und 346 nChr in Trier und Arles geprägt.

Neben anderen zT interessanten röm Objekten des 1.–4. JhnChr, die allerdings im Rheinland gefunden wurden, sind vor allem die röm Importfunde aus den germ Siedlungen und Gräberfeldern in Freiske, Altenbögge, Osterflierich, Rhynern, Sandbochum, Warnen und Werries von Interesse; sie gehören in die späte Kaiserzeit. Einige der ausgestellten Fundstücke kommen auch aus dem Bereich des frühaugusteischen Legionslagers von Bergkamen-Oberaden. Ho

Lit: Korzus 142 f – HZink, Städt Gustav-Lübcke-Museum Hamm, 1981 – BKorzus, HSchoppa u FFremersdorf, BAW 12, 1980 – Stupperich 44 ff

Hastenrath → Eschweiler
Hau → Bedburg-Hau

Heinsberg HS

Kreisheimatmuseum
Abb 377

Hochstr 21. Öffnungszeiten: Mi–Sa 15–18, So 10.30–12.30, 14–18 Uhr

Das 1927 gegründete Museum hat in der Nachkriegszeit (1949) ein würdiges Domizil im sog Torbogenhaus erhalten. Die archäologische Sammlung, 1983 neu aufgestellt, zeigt Funde aus dem Kreisgebiet, wobei der Bogen von der Altsteinzeit bis in das Frühmittelalter gespannt ist.

Die kleine röm Abteilung erhält ihren besonderen Akzent durch einen Komplex von Weihedenkmälern aus Sandstein, die in der Lehmgrube einer Ziegelei in Kreuzrath, Gde Gangelt, entdeckt worden sind. Ein Jupiterkopf gehörte nach Typus und Format zu einer Statue des thronenden Gottes, die als Bekrönung eines Säulenmonuments gedient hat. Charakteristisch für diese Jupiterweihungen ist ein Säulentypus, dessen Schaft

Abb. 377   Gangelt-Kreuzrath. Jupiterkopf. Rest einer Jupitersäule. Sandstein. – H. 19,5 cm. Um 240 n. Chr. (Heinsberg, Kreisheimatmuseum)

mit Lorbeerblättern geschmückt ist (sog Schuppensäulen). Zusammen mit dem Kopf wurden Bruchstücke von mindestens vier verschiedenen Säulenmonumenten geborgen, von denen das Endstück eines Schaftes mit dem Ansatz des Blattkapitells ausgestellt ist (im Museum umgekehrt montiert). Derselben Fundstelle entstammt die Statue einer thronenden Minerva in gegürtetem Chiton und Mantel. Jupitersäulen und Göttinnenstatue, die in das 2. Viertel des 3. Jh zu datieren sind, dürften aus dem heiligen Bezirk eines Gutshofs (*villa rustica*) verschleppt worden sein. – Aus dem *vicus* bei Rimburg, Stadt Übach-Palenberg, der sich beiderseits der Reichsstraße Bavai–Köln am Wurmübergang entwickelt hatte,

stammt ein weiterer Weihestein (Kopie) für Minerva.

Röm Totenkult belegen Tonurnen und Grabbeigaben, vornehmlich Tongefäße von verschiedenen Fundplätzen im Kreisgebiet. Eingehender dokumentiert sind Gefäßformen und Gattungen der röm Keramik. Neben der lokalen tongrundig glattwandigen oder rauhwandigen Ware finden sich Terra Sigillata und die wohl in Köln hergestellten Becher mit Jagddarstellungen in Barbotine-Technik.

Röm Wohnkultur veranschaulichen Teilrekonstruktionen eines Ziegeldaches und einer Hypokaustsäule (die Ziegel stammen von verschiedenen Fundplätzen) sowie Wandputzreste mit roten Feldern und Streifendekor. Letztere wurden auf dem Gelände einer *villa rustica* bei Geilenkirchen-Leiffahrt geborgen. Zu demselben Gutshof gehörte eine Abwasserleitung aus Dachziegeln und Bruchsteinen in Mörtelbindung. – Von einem Gutshof bei Heinsberg-Randerath kommt ein Säulenkapitell korinthischer Ordnung. Das nur auf der Frontseite voll ausgearbeitete Sandsteinstück ist in die 1. Hälfte des 3. JhnChr zu datieren.   Noe

Lit: Hagen 214 ff, 222 f – HCüppers, ALentz, BJb 159, 1959, 410 ff – PNoelke, Beih BJb 41, 1981, 305, 444, 464 f – AJürgens, Ausgrabungen im Rheinland '81/82, 1983, 40 f

Kalksinter

Im Hof des Heimatmuseums stehen zwei ehem Steingewichte der Turmuhr von St. Gangolf. Die Gewichte sind aus Säulenfragmenten gefertigt, die aus Kalksinter der röm → Eifelwasserleitung nach Köln bestehen.   Gre

Lit: Grewe 273

Hemmerich → Bornheim

Herford   HF

Städtisches Museum

Deichtorwall 2. Öffnungszeiten: Mo–Fr 11–13 u 15–17, Sa 11–13, So 10–13 u 15–17 Uhr

Hier werden ua ostgallische Terra-Sigillata-

Scherben – röm Importstücke –, die im Bereich der germ Siedlung Detmold-Heiligenkirchen gefunden wurden, aufbewahrt. Sie gehören ins 2./3. JhnChr.   Ho

Lit: Korzus 150 f – Stupperich 46

Hermülheim → Hürth

Herne   HER

Emschertal-Museum
Abb 378

Schloß-Strünkede-Str 77a. Öffnungszeiten: Di –So 10–13 u 14–17 Uhr
Im Schloß Strünkede wird ein Großteil der röm Importware aufbewahrt, die bei den verschiedenen Ausgrabungen in der germ Siedlung auf dem Gelände der Zeche Erin in Castrop-Rauxel zutage kam. Das ausgestellte Fundmaterial umfaßt Keramikscherben (zB mittel- und ostgallische Terra Sigillata, schwarz gefirnißte und bemalte Ware, rauhwandiges Gebrauchsgeschirr), etliche Bronze- und Eisenfragmente (ua von Kasserollen, Eimern und Bechern italischer und gallisch-niedergerm Provenienz, Gürtelzubehör, Kästchengriff, Schloß- und Kastenbeschläge), zahlreiche Reste von Glasgefäßen aus rheinischer Produktion und Münzen. Die Eckdaten werden vor allem von den bronzenen Gürtelschnallen und -beschlägen sowie den Glasfragmenten gesetzt. Demnach hatte die germ Siedlung von Erin offen-

bar vom Ende des 1.–5. JhnChr hinein enge wirtschaftliche Beziehungen zum Römischen Reich; sie müssen in der 1. Hälfte des 4. JhnChr besonders intensiv gewesen sein. In diese Zeit fällt auch die Mehrzahl der Fundmünzen; der größte Teil wurde in Arles, Trier und Lyon geprägt.
Des weiteren befinden sich im Schloß Strünkede noch erwähnenswerte röm Funde aus den germ Siedlungen in Castrop-Rauxel-Poppinghausen, Haltern-Antrup (darunter ua ein Mühlstein aus Basaltlava und eine Schminkplatte aus Schiefer; 2./3. JhnChr) und Herne-Horsthausen (ua eine Bronzekasserolle des 3. JhnChr). Beachtung sollten auch röm Scherben und Fragmente von röm Bronzegefäßen finden, die in den germ Brandgräbern von Bochum-Harpen gefunden wurden (1. Hälfte 3. JhnChr).
Die gut erhaltenen röm Funde, die ausgestellt sind, stammen fast ausnahmslos aus rheinischen Fundzusammenhängen.   Ho
Lit: Korzus 152 f – Stupperich 46 f

Herongen → Straelen
Holsterhausen → Dorsten-Holsterhausen
Hombusch → Mechernich
Hostel → Mechernich-Kommern
Houverath → Bad Münstereifel
Hülchrath → Blankenheim

Hürth   BM

Römische Wasserleitung

Brabanter Platz. In der Grünanlage neben dem Schwimmbad gegenüber der kath Kirche ist ▶ ein Teilstück der röm Vorgebirgswasserleitung nach Köln wiederaufgebaut worden. Der tatsächliche unterirdische Trassenverlauf dieser Leitung liegt nur wenige Meter oberhalb des wiederaufgebauten Stückes.   Gre
Lit: Grewe 6 ff, 289

Abb. 378   Herne-Pantringshof. Schöpfkelle (Kasserolle). Bronze. – L. 27,4 cm. 2./3. Jh. n. Chr. (Herne, Emschertal-Museum)

Hürth-Efferen BM

Römische Grabkammer
Abb 379

Kaulardstr 2 (Ecke Luxemburger Str). Öffnungszeiten: Schlüssel bei den Hausbewohnern
Die ▶ Grabanlage wurde 1899 bei Ausschachtungsarbeiten für das ehem Stationsgebäude (jetzt Wohnhaus) der »Köln-Bonner Eisenbahn« (»Vorgebirgsbahn«) entdeckt, in wesentlichen Teilen konserviert und im Kellerbereich des Hauses der Öffentlichkeit zugänglich gemacht. Sie liegt wenige Schritte NW der röm Reichsstraße Trier–Köln (heute Luxemburger Str) ca 5,5 km vom Tor der röm Stadtmauer an der Bobstr entfernt. Sie wird zu einem in einiger Entfernung von der Straße gelegenen Gutshof gehört haben (im Bereich der kath Pfarrkirche?). Die unterirdische Anlage war durch eine Erdrampe oder eine spurlos verschwundene und daher in Holz zu ergänzende Treppe zugänglich, die wohl im N ansetzte und dann im Winkel auf die O-W-orientierte Grabkammer zuführte. Eine abgetreppte Stützmauer aus Kalksteinquadern im N und wohl auch im S verhinderte eine Verschüttung des Zugangs durch nachdrückendes Erdreich. Die Tür bestand aus Holz, worauf der Anschlag an Schwelle und Türwangen, die Löcher im N Türpfosten für die untere wie obere Türangel sowie eine weitere Eintiefung wohl für einen metallenen äußeren Riegel hinweisen. Die Grabkammer (3,72 × 3,70 m iL) hat einen Fußboden aus Tuff, während das aufgehende Mauerwerk aus großen Rotsandsteinquadern besteht. Die untere Block

lage kragt vor und bildet einen einheitlich umlaufenden Sockel, im übrigen sind die Wände ohne Gliederung und Schmuck geblieben. Die Abmessungen der Quader differieren erheblich. So finden sich auf der N-Seite zwischen Sockel und Gewölbeansatz zwei, auf der S-Seite nur eine Blocklage. Dies wie auch die sichtbaren Wolfs- und die funktionslosen Klammerlöcher lassen erkennen, daß die Blöcke in zweiter Verwendung als Spolien verbaut worden sind. Die Kammer war mit einer Tonne aus Tuffblöcken eingewölbt, die eingestürzt und weitgehend dem Steinraub zum Opfer gefallen ist. Der vornehmlich auf der S-Seite erhaltene Ansatz des Gewölbes erlaubt jedoch, seine Scheitelhöhe auf 3,25 m zu berechnen. Die Grabkammer dient als Gehäuse für zwei nebeneinander stehende Sarkophage aus weißlichem Sandstein, die jeder auf eigenem Podest aufgestellt und so besonders hervorgehoben sind. Die kastenförmigen Särge selbst sind denkbar schlicht, der rechte dürfte sogar aus Altmaterial gearbeitet worden sein. Die einfachen Plattendeckel, die mit dem Trog verklammert waren (Dübellöcher im rechten), sind von Grabräubern aufgebrochen, die zu vermutenden Beigaben entnommen und die Bruchstücke der Deckel von Steinräubern zT verschleppt worden. Selbst von den Skeletten fanden sich lediglich noch ein Schädel sowie Knochenreste. Die N Hälfte der Grabanlage wurde in Höhe des Gewölbes von einer sorgfältig geschichteten Stickung eingefaßt. Hochkant gestellte Steine, darunter auch Altmaterial, wechseln mit Bändern aus Kleinschlag. Der Ausgräber sah in der Stickung eine Sicherungsmaßnahme für das Gewölbe.
Die Frage nach der obertägigen Gestaltung der Grabanlage muß offen bleiben. Zu erwarten ist zumindest eine Einfriedung des Grabbezirks und eine Inschrift. Für ein Gebäude, etwa einen Grabtempel, wie er in der Jacobstr in Köln beobachtet wurde, fanden sich keine Hinweise. Die Datie

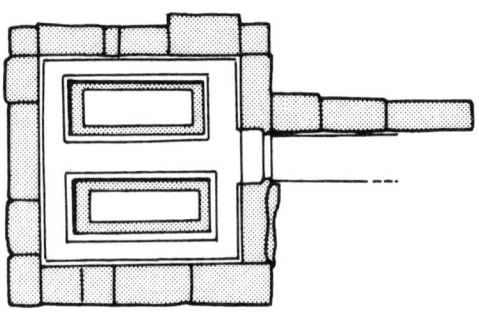

*Abb. 379 Hürth-Efferen. Grabkammer.
Grundriß*

rung der Grabkammer und der beraubten Bestattungen konnte vom Ausgräber nicht geklärt werden. Aus allgemeinen Erwägungen wird man an die 2. Hälfte des 3. oder die 1. Hälfte des 4. JhnChr denken, an eine Zeit also, in der gerade auf Gutshöfen ein aufwendiger Totenkult entfaltet wurde. In Efferen errichtete man zwei Mitgliedern der Familie, wohl dem Besitzerehepaar, eigens ein unterirdisches »Haus«, das für die kultische Verehrung der Verstorbenen zugänglich blieb.   Noe

Lit: HLehner, BJb 104, 1899, 168 ff

Hürth-Fischenich   BM

Römische Wasserleitung

N der Kirche, umschlossen von einem Straßengeviert (Gennerstr, Jakobstr, Augustinerstr), liegen

die Reste der ehem Burg Fischenich, sie ist heute Mittelpunkt einer modernen Wohnanlage. Vornehmlich im N-Teil der noch verbliebenen Bausubstanz findet sich ▶ Gußmauerwerk der röm → Eifelwasserleitung nach Köln, das in Teilstücken beim Bau der Burg wiederverwendet wurde. An den Gußbetonstücken haftet teilweise noch der rötliche Wasserputz mit der Kalkablagerung.
                                                   Gre

Lit: Grewe 286

Hürth-Gleuel

Römische Wasserleitung
Abb 380

Ernst-Reuter-Str 31. Ein wenig kurios mutet der Anblick dieses archäologischen Denkmals schon an: Im Untergeschoß der Zweigstelle der Kreissparkasse Köln ragt gleich neben der Tür zum

Abb. 380   Hürth-Gleuel. Rinnenrest der sog. Vorgebirgswasserleitung nach Köln. Fotografische Dokumentation des Rheinischen Landesmuseums Bonn 1972

Tresorraum ein ▶ Stück des Römerkanals aus der Wand. Es handelt sich dabei um ein Teilstück des Frechen–Bachemer-Strangs der alten Vorgebirgsleitung nach Köln (vermutlich vor Mitte 1. JhnChr).

Der Befund bietet sich heute allerdings etwas anders dar, als bei der Ausgrabung im Jahre 1972, denn die Stickung aus losen Grauwacken unter der Leitung ließ sich nicht konservieren, an ihrer Stelle befindet sich heute eine Betonplatte. Ursprünglich saßen die beiden 0,42 m starken Kanalwangen auf dieser Stickung auf. Die Kanalsohle ist gegossen und 0,18 m stark; die Ecken der rot verputzten Rinne (lW 0,56 m, lH 0,46 m) sind durch Viertelrundstäbe abgedichtet. Eine Abdeckung der Leitung war schon bei der Ausgrabung nicht mehr vorhanden.   Gre

Lit: Grewe 32 f

Hürth-Hermülheim   BM

Römische Vorgebirgs- und Eifelwasserleitung
Abb 381, 382

Auf dem Realschulgelände an der Krankenhausstr in Hermülheim wurden 1962 Reste sowohl der ▶ röm Vorgebirgs- als auch ▶ der Eifelwasserleitung nach Köln freigelegt. Dabei handelt es sich um zwei übereinanderliegende Kanäle, die allerdings nicht zur gleichen Zeit Wasser führ

haben. Nach seiner Auflassung diente der untere Kanal als Substruktion des oberen. Der zweiperiodige Befund konnte 1969 konserviert, ergänzt und mit einem Schutzbau versehen werden. Original und Ergänzung sind erkennbar gegeneinander abgesetzt.

Die untere Rinne ist noch ein Teil der älteren Fernwasserleitung der CCAA-Köln (vermutlich vor Mitte 1. JhnChr), der sog Vorgebirgsleitung. Sie besteht aus einem U-förmig gegossenen Baukörper (lW 0,60 m); sie war ursprünglich überwölbt. Im Innern ist sie wasserdicht verputzt und in den Ecken mit sog Viertelrundstäben ausgelegt. Kalkablagerungen sind nicht vorhanden, da das Wasser aus den verschiedenen Vorgebirgsquellen keinen nennenswerten Kalkgehalt hatte. Vermutlich Ende des 1. JhnChr wurde eine neue Wasserleitung gebaut, die von Hermülheim aus als Hochleitung auf einer sicherlich imposanten Bogenreihe dem röm Köln zustrebte. Ihre Bogenstützen standen in oder auf dem alten Kanal. Auch die Hochleitung führte offenbar zunächst nur Vorgebirgswasser nach Köln. Später wurde sie dann Teil der Eifelwasserleitung.

Bei dem Befund an der Realschule erkennt man die in die untere Rinne eingesetzten Tuffquader, die als Pfeilerfundamente dieser Hochleitung dienten; das Gewölbe hatte man vorher entfernt. Die erhaltenen, hier allerdings noch niedrigen Pfeiler (1,40 × 1,48 m) sind – wie das übrige Bauwerk – mit Grauwackehandquadern verblendet. Über abgeschrägten Kämpfersteinen aus Tuff set-

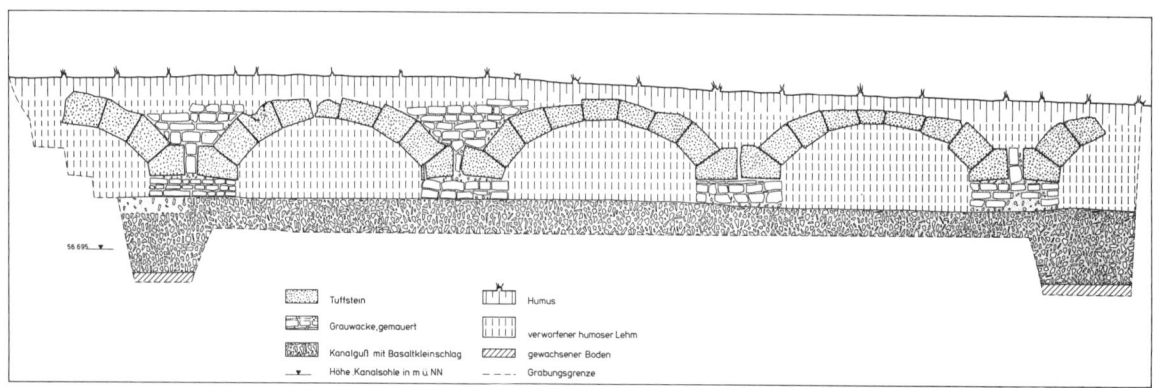

Abb. 381   *Hürth-Hermülheim. Bogenstellung der Eifelwasserleitung nach CCAA-Köln. Aufriß. Befunddokumentation des Rheinischen Landesmuseums Bonn 1962*

Abb. 382 Hürth-Hermülheim. Bogenstellung der Eifelwasserleitung (Hochleitung) nach CCAA-Köln. Konservierter und ergänzter Ausgrabungsbefund 1962

zen sieben durchgehende Bogensteine aus dem gleichen Material an; einige von ihnen tragen Steinmetzzeichen. Die Bögen haben eine lichte Weite von 3,5 m. Der aufliegende Kanal, der gewöhnlich dicht über dem Gewölbescheitel ansetzte, war an dieser Stelle nicht mehr erhalten. Die Rekonstruktion hält sich hier an – wohl begründete – Vermutungen. Die rekonstruierte Plattenabdeckung scheint gesichert.

Der Vergleich verschiedener Sohlenhöhen im Stadtgebiet Hürth-Hermülheim zeigt, daß die spätere Leitung gegenüber der ersten durch eine Verringerung des Gefälles rasch an Höhe gewann. An der Realschule liegt sie schon fast 3 m höher. In Köln dürfte sie nach dem Neubau Ende 1. JhnChr über die Stadtmauer geführt worden, also mindestens 7,60 m hoch gewesen sein. So konnten auch die höherliegenden Verbrauchsstellen im innerstädtischen Versorgungsnetz erreicht werden.

Luxemburger Str / Hans-Böckler-Str. In der Grünanlage am Ehrenmal für die Gefallenen der Weltkriege ist ▶ ein Teilstück der röm Vorgebirgswasserleitung nach Köln wiederaufgebaut worden. Zu sehen ist nur noch die U-förmige Rinne aus Gußbeton, die Abdeckung fehlt. Daneben ein Sarkophag.   Gre

Lit: WHaberey, Wasserleitungen 29 ff – Grewe 174 ff u 289

Ichendorf → Bergheim-Quadrath-Ichendorf
Iversheim → Bad Münstereifel

Jüchen NE

Schloß Dyck
Abb 383

Schloß Dyck. Öffnungszeiten: Di–So 10–17 Uhr
Sockel und Pfeilerrest einer Jupitersäule wurden um 1820 ca 1900 m SW von Schloß Dyck an einer Wegkreuzung entdeckt und im Schloßgarten aufgestellt. Die ebenfalls freigelegte Fundamentierung ist nicht mehr erhalten. Das Monument aus Sandstein ist stark beschädigt und verwittert. Zur Verdeutlichung des Aufbaus ist der untere Teil des Pfeilers vom RLM Bonn 1970 summarisch in Kunststein ergänzt und zusammen mit dem Sockel im Schloß aufgestellt worden.
Während der rechteckige Sockel denkbar schlicht

gehalten ist, lediglich Basis wie Bekrönung durch Profile gegliedert sind, wurde der annähernd quadratische Pfeiler auf allen vier Seiten mit Reliefs stehender Gottheiten geschmückt, die in drei oder vier Registern übereinander gestaffelt waren; die rahmenden Leisten waren mit Ornamenten dekoriert. Erhalten sind der obere Abschluß des unteren Teils sowie ein Mittelteil, die aus einem Block gearbeitet sind.

Das Monument war lt Inschrift auf der Frontseite des Sockels: *I(ovi) O(ptimo) M(aximo)* »dem besten und größten Jupiter« geweiht. Es trug als Bekrönung eine Jupiterstatue, die den Gott thronend gezeigt haben dürfte. Im Gegensatz zu den weit häufigeren Säulenmonumenten sind Jupiterpfeiler charakteristisch für die Votivplastik Nie-

Abb. 383   Jüchen. Jupiterstatuette. Rest einer Jupitersäule. Sandstein. – H. 0,53 m. 2. Drittel 3. Jh. n. Chr. (Jüchen, Schloß Dyck)

dergermaniens. Sie sind nicht auf die großen Zentren beschränkt: So stammt aus dem benachbarten Rommerskirchen/NE ein besonders aufwendig reliefiertes Pfeilerdenkmal.

Die Sandsteinstatue des thronenden Jupiter wurde 1883 in einiger Entfernung inmitten einer ausgedehnten röm »Trümmerstelle« gefunden. Sie wird daher als Bekrönung eines weiteren Jupitermonuments in Pfeiler- oder Säulenform gedient haben. Der bärtige Gott mit lockigem Stirnhaar hielt in der auf dem Knie ruhenden Rechten ein metallenes Blitzbündel, das in die steinerne »Hülse« eingesetzt war, während die abgestreckte Linke ein Zepter gehalten haben wird. Körper und Gewandbehandlung wie auch die Stilisierung der Haar- und Barttracht erlauben eine Datierung in das 2. Drittel des 3. JhnChr. Die mitgefundene Statue einer thronenden Göttin aus Kalkstein sowie die in der Nachbarschaft entdeckte Eule – wohl von einer Minervastatue – sind nicht mehr erhalten.

Die Dycker Skulpturen wie weitere in der Umgebung gefundene Jupitermonumente, die aus Sandstein vom nahegelegenen → Liedberg geschaffen worden sind, dürften von lokalen Werkstätten gearbeitet worden sein, die für die *villae rusticae* des Gebiets wie für den in Rheydt-Mülfort, Stadt → Mönchengladbach, zu lokalisierenden *vicus* tätig waren.   Noe

Lit: PNoelke, BeihBJb 41, 1981, 414 f, 428 f – HKisky, AvReitzenstein, HMattern, Rhein-Kunst 25, 1982⁵ – Chrobaczek 158 f

Jüchen-Bedburdyck   NE

Römisches Relief
Abb 384

Das um 1870 in seiner Bedeutung erkannte ► Relief (H 0,68 m) aus Sandstein vom → Liedberg war als Treppenstufe in der Kirche verbaut und steht jetzt im Obergeschoß der Grundschule. Für diese Wiederverwendung hatte man wohl den hinteren Teil des Blockes abgearbeitet. So bleibt es Vermutung, daß es sich ursprünglich um den reliefgeschmückten Sockel einer Säule oder eines Pfeilers für Jupiter handelte. Jedenfalls wird Her-

Abb. 384   Jüchen-Bedburdyck. Herculesrelief in Wiederverwendung. Sandstein. – H. 0,68 m. 2./3. Jh. n. Chr. (Jüchen-Bedburdyck, Grundschule)

kules häufig auf den Sockeln wie den Stützen dieser Gattung dargestellt.

Der frontal stehende nackte Gott stützt sich mit der Rechten auf eine mächtige Keule, die auf einen Sockel gesetzt ist. In der angewinkelten Linken hielt er wohl die Äpfel der Hesperiden. Die Modellierung des Reliefs ist ungewöhnlich grob und auch unvollendet geblieben (2./3. JhnChr). Seit der Entdeckung ist das Gesicht weiter beschädigt worden.   Noe

Lit: CKoenen, BJb 81, 1886, 154

Jülich   DN

Römische Siedlung (vicus)
Abb 385 – 389

Die röm Querverbindung aus NO-Gallien zum Rhein, die über Bavai–Tongeren–Heerlen nach Köln führte, hat gewiß bereits unter Augustus als feste Straße bestanden. Beim heutigen Jülich fand sie ihren Rurübergang. Zwar ist der am O-Rand der Hauptterrasse entstandene röm Ort *Iuliacum* erst durch eine Weihung der Ortsbewohner an *Iupiter Optimus Maximus* belegt, die frühestens dem frühen 2. JhnChr angehört; bei einer Errichtung von Straßenpolizeiposten im Hinterland nach 70 nChr wurde jedoch auch Jülich mit Ziegellieferungen der *legio VI victrix* für diese Benefiziarierstation bedacht (zwischen 71 und 119/121 nChr). Doch gibt es bereits röm Funde aus den frühesten Jahren des 1. JhnChr in Jülich, dessen lateinischer Name *Iuliacum* den Namen der julisch-claudischen Dynastie in sich trägt und – folgen wir Gedanken L. Rivets – vielleicht an Caesars Aktivitäten in diesem Gebiet 54 und 53 vChr durch die unter Augustus oder später erfolgte Namengebung dauerhaft erinnern sollte.

Inmitten einer fruchtbaren Siedlungslandschaft voller Einzelhöfe (*villae rusticae*) gelegen, hatte Jülich für diese Höfe die Bedeutung eines Zentralorts ohne eigenes Recht (*vicus*), wohl auf dem Stammesgebiet der Ubier (*civitas Ubiorum*). Wie bei *Coriovallum*-Heerlen, → *Tolbiacum*-Zülpich oder → *Belgica vicus*-Euskirchen-Billig kommt dies im allgemeinen in religiösen und zivilisatorischen Großanlagen (heilige Bezirke, Marktanlagen, Produktionsstätten, öffentliche Bäder) zum Ausdruck. Die *Matres Gesationum* und *Matronae Rumanehae* sind in *Iuliacum* nur inschriftlich belegt; sie müssen allerdings auch einen Tempel in oder bei Jülich gehabt haben.

Die bislang bekannten Abschnitte (dreier) Wasserleitungen auf Jülicher Gebiet dienten wohl gewerblichen Zwecken. Eine, noch aus dem 1. JhnChr, hat eine Töpfereisiedlung N des *vicus* versorgt, die andere, dem 2. JhnChr angehörend, verlief in den *vicus* selbst, dessen S-Rand ebenfalls Töpferöfen säumten. Vielleicht führte eine dritte Leitung, über die nichts weiter bekannt wurde,

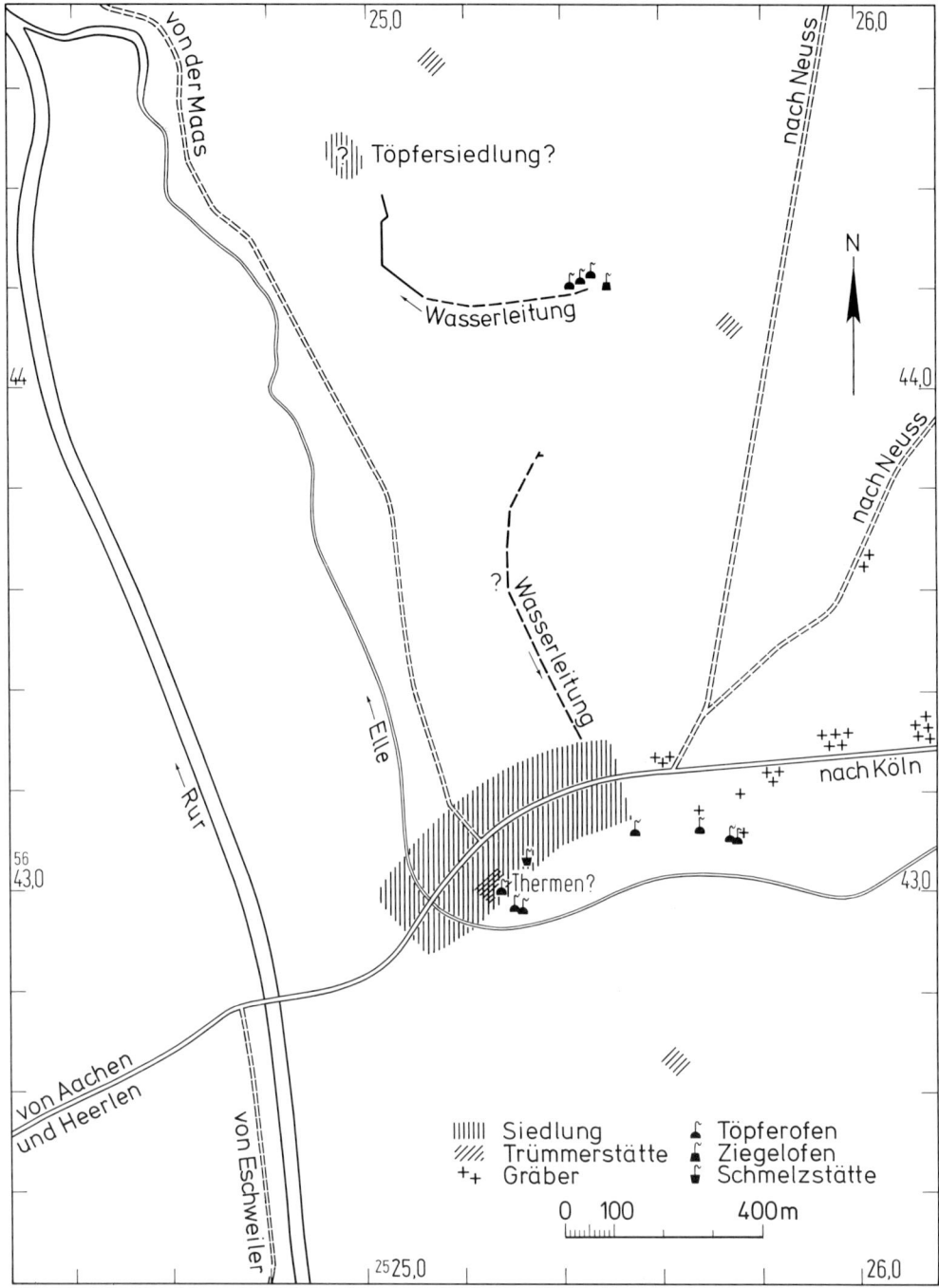

Abb. 385 Jülich und Umgebung. Besiedlung im 1.–3. Jh. n. Chr. Übersichtsplan

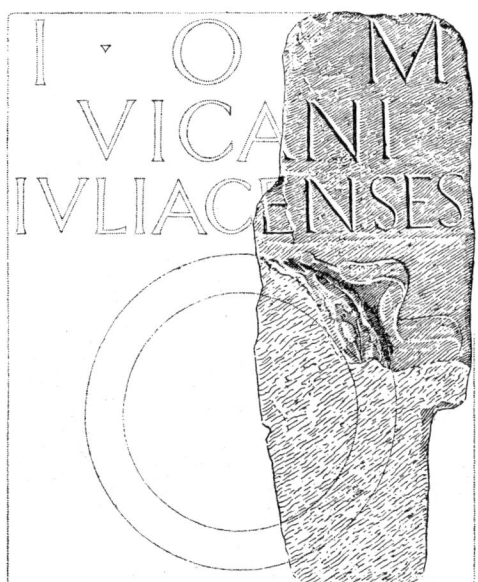

Abb. 386 Jülich. Weihung der Bewohner von Iuliacum. Sockelrest einer Jupitersäule. Kalkstein. – H. 1,01 m (ergänzte Umzeichnung). – Anfang 2. Jh. n. Chr. (Jülich, Römisch-Germanisches Museum)

als daß sie beim Bau des Oberlyzeums 1930 an der S-Seite der Römerstr angeschnitten wurde, auf die Thermen im Bereich der kath Stadtpfarrkirche. Diese öffentliche Badeanlage von *Iuliacum* wird sich, nach den geringen Resten unter St.-Maria-Himmelfahrt, nachweislich bis an den Markt hingezogen haben. P. J. Tholen macht zu Recht darauf aufmerksam, daß dieser Kirchenbau als einziger Bau noch auf röm Mauerfluchten steht, und damit schräg zum Verlauf des heutigen Straßen- und Hausrasters von Jülich.

Die röm Straßen in Richtung Köln und eine Abzweigung über Pattern nach *Novaesium*-Neuss sind wie üblich begleitet von Gräbern, die sich noch über einen halben Kilometer O vom Vicus-

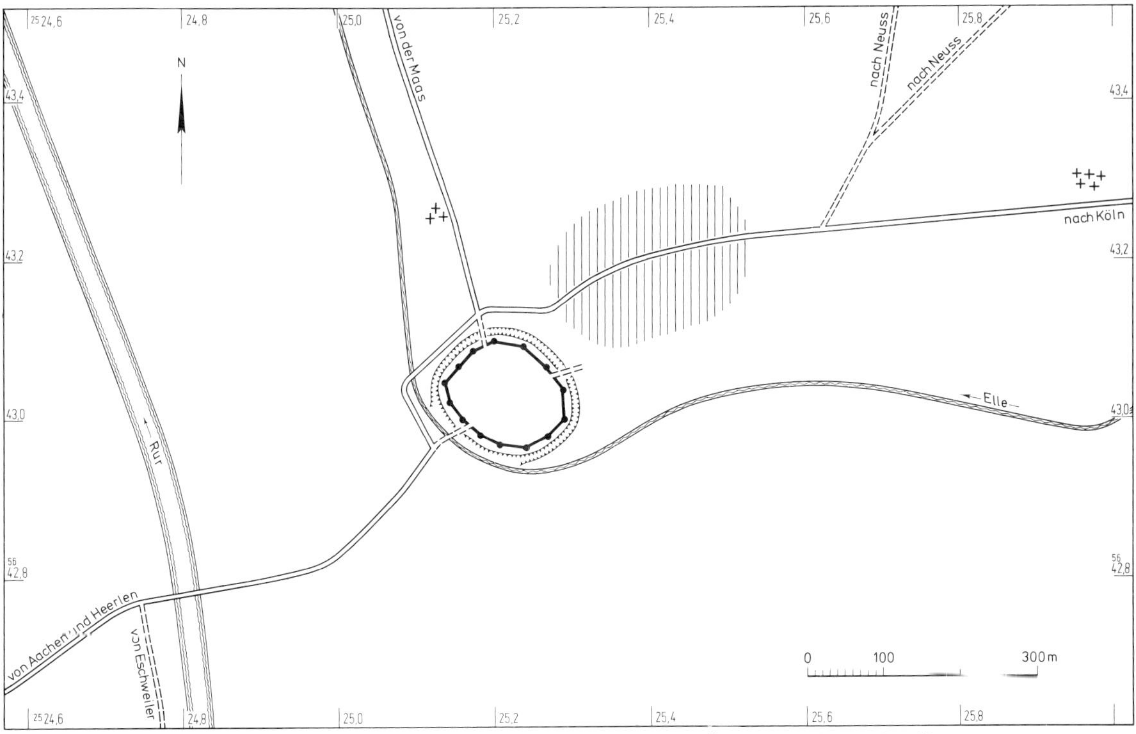

Abb. 387 Jülich. Befestigte Straßensiedlung des 4. Jh. n. Chr. Übersichtsplan. Schraffur: spätantike Siedlungsspuren

rand gegen Stetternich hin finden. Neben den bereits genannten beiden Zentren für die Herstellung keramischer Erzeugnisse fanden sich Nachweise für Horn- und Beinverarbeitung, Schuhmacherei, Textilherstellung, Bäckerei und Metallguß in *Iuliacum*.

Sowohl beim Rathausneubau 1951 am Markt wie 1926 beim Bau der Sparkasse an der Ecke Beierund Kölnstr fand sich eine über 4,5 m dicke, tiefgegründete Mauer, die sich über die O-Ecke von Kirchplatz und Kölnstr bis zur Kirche hin fortsetzte. Auch hinter dem Bau der ehem Jesuitenkirche in der O-Flucht des Marktes und hinter den Häusern der Raderstr wurde die Mauer beobachtet. Mit P. J. Tholen wird man kaum Zweifel hegen, daß es sich hier um die spätröm Umwehrung des verkleinerten *Iuliacum* handelt. Wie auch andere *vici* des 4. Jh erhielt *Iuliacum* eine – sicher gegen Ende des 1. Jahrzehnts des 4. Jh gebaute – Verteidigungsmauer. Sie war mit eingebauten, leicht nach außen verschobenen Rundtürmen bewehrt, die Kurtinen zwischen diesen waren gestreckt, so daß sich insgesamt ein von Türmen besetztes Vierzehneck bildete. Jedenfalls erhielt sich diese Mauer – ähnlich wie die Mauer → Zülpichs – bis in die Merowingerzeit, ja wohl noch bis ins 13. Jh. Der Besitz der Herzöge von Jülich im Stadtgebiet schließt das Areal der spätröm Umwehrung noch bis ins 16. Jh ein, so daß sie bis zu dieser Zeit im Stadtbild sichtbar gewesen sein muß, obwohl frühe Berichte uns sagen, daß die Mauer weitgehend aus Spolien (Inschriften, Architekturteilen etc) der mittleren röm Kaiserzeit bestand, die bis in die frühe Neuzeit hin für den Haus- und Festungsbau Jülich ausgebrochen wurden.   Rü

Lit: PJTholen, BJb 175, 1975, 231 ff

Römische Steindenkmäler
Abb 388

In der W Torburg der ma Stadtbefestigung, dem Rurtor, volkstümlich auch Hexenturm genannt, sind auf der Stadtseite des Mittelbaus mehrere stark verwitterte röm Spolien aus Sandstein verbaut, von denen drei sichtbaren Reliefschmuck tragen. An der SO-Ecke findet sich eine ▶ Grabstele, die als Bildschmuck ein sog Totenmahlrelief zeigt. Der Verstorbene lagert auf dem Speisebett

Abb. 388 Jülich. Eingemauertes Totenmahlrelief. Sandstein. – H. ca. 1,00 m. Ende 1. Jh. n. Chr. (Jülich, Rurtor)

(Kline), vor dem Bett ein dreibeiniger Tisch für Speisen und Getränke, am Boden links daneben ein Weinkrug. Am Fußende erwartet ein Diener die Aufträge seines Herrn. Die Inschrift ist durch die Benutzung des Stelenschaftes zum Wetzen und Schleifen ausgelöscht worden. Trotzdem darf in der Stele ein Militärgrabstein vermutet werden, da in der Entstehungszeit des Reliefs um 100 nChr der Totenmahltypus weitgehend auf Soldaten und Veteranen beschränkt war. Oberhalb der Schmalseite der Grabstele ist ein ▶ quergelegter Block eingemauert, auf dem ein dreibeiniger Opfertisch mit einem Krater wiedergegeben ist, die Schmalseite eines Weihaltares vielleicht für die Matronen. – Ein ▶ Relief an der NO-Ecke zeigt einen frontal stehenden Mann in Tunika und Toga mit einer Schriftrolle in der Rechten. Der volkstümlich »Herzog Wilhelm V.« genannte Stein könnte der Rest eines Grabmals sein.

Hingewiesen sei auf einen in der Parkanlage am Schloßplatz nahe Kurfürstenstr aufgestellten mächtigen Sarkophag aus Buntsandstein aus Jülich-Kirchberg.   Noe
Lit: PNoelke, BJb 174, 1974, 545 ff

Römisch-Germanisches Museum
Abb 386, 389

Altes Rathaus, Marktplatz 1. Öffnungszeiten:
1. So im Monat 10–12 Uhr
Das 1902 gegründete Heimatmuseum wurde 1944 samt seinen Beständen fast völlig zerstört. 1957 initiierte der Pädagoge Johannes Halbsguth das jetzige Römisch-Germanische Museum, in dem die nach dem Krieg zutage gekommenen Funde untergebracht sind.
Die Weihung der *vicani Iuliacenses* für *Iupiter Optimus Maximus* trägt auf der Frontseite außer der Inschrift nur den Eichenkranz des Gottes, während die drei anderen Seiten des Sockels mit Götterreliefs geschmückt und mit Rankenpilastern gerahmt waren. Auf der rechten Seite (jetzt als Front ausgestellt) steht die behelmte Minerva. – Einige weitere Jupitermonumente belegen die Beliebtheit der Jupiterpfeiler und -säulen. Der Matronenkult ist durch mehrere Weihaltäre vertreten. Auf dem ersten Altar erscheint in einer Aedicula die Dreiheit der Göttinnen. Die Inschrift wird gelesen: *Au(fa) niabus / Q(uintus) Bratonius / Gratus L(ibens) M(erito)* = Den Aufanischen (Matronen) geweiht. Quintus Bratonius Gratus gern und nach Gebühr. Das Bruchstück eines schlichten Matronenaltares war als Flickung des Deckels eines fränkischen Kriegergrabes wiederverwendet worden: *Matronis/Gesationu/m Iul(ia) Ver(i)/f(ilia) Attia/v(otum) s(olvit) l(ibens) m(erito)* = Den Matronen der Gesationen geweiht. Iulia Attia, die Tochter des Verus, hat das Gelübde gern und nach Verdienst eingelöst. Ein Altar aus Buntsandstein, dessen Schmalseiten mit einem Lorbeerbaum geschmückt sind, war vielleicht gleichfalls den Matronen geweiht.
Zu einem Grabbau wird hingegen ein Kalksteinblock mit einem großformatigen Hochrelief gehört haben, das den Unterkörper eines frontal stehenden Mannes in orientalischer Tracht mit Chiton, langen Hosen und im Rücken herabhän-

Abb. 389 Jülich. Minervarelief. Sockelrest einer Jupitersäule. Kalkstein. – H. 1,01 m. Anfang 2. Jh. n. Chr. (Jülich, Römisch-Germanisches Museum)

gendem Mantel zeigt: Attis, der Geliebte der Kybele.
Daneben werden Handwerksbetriebe im röm Jülich dokumentiert. Die mit einem ungleichmäßig aufgetragenen Überzug versehenen rauhwandigen Töpfe, Reibschalen und Schüsseln sind eine lokale Eigenart. Veranschaulicht wird diese Produktion mit Modellen des Grabungsbefundes und einer Ofenrekonstruktion von der Stiftsherrenstr. Aus einem der Häuser am Marktplatz stammt ein Verwahrfund von Eisengeräten, darunter Axt, Beil, Meißel, Nägel, Lanzen und Pilumspitze. Terra Sigillata, Glasgefäße, Terrakotten waren ua Grabbeigaben und wurden wohl nicht in Jülich hergestellt.
Ein fragmentierte, für die Religionsgeschichte gleichwohl höchst aufschlußreiche Weihinschrift, vielleicht für *Mercurius*, die aus Laurenzberg/AC stammt, bezeugt eine *curia Amratinna*, also einen einheimischen Personalverband, wie er

schon an dem Altar für die *Matronae Gesationum* greifbar wurde.   Noe

Lit: CIL XIII, 7869–7877 – GAlföldy, Epigr Studien 4, 1967, 1 ff – WScharenberg, Römisch-Germanisches Museum Jülich. Kleiner Führer durch das Museum, 1967 – PNoelke, BeihBJb 41, 1981 – CBRüger, Epigr Studien 9, 1972, 251 ff

Kalksinter

In der Turmhalle von St.-Maria-Himmelfahrt sind insgesamt ▶ 16 kleine Säulen (L 0,53 m, Dm 0,10 m) und zwei größere Säulen (L 1,67 m, Dm 0,14 m) aus Kalksinter zu sehen. Auch ihre Basen und Kapitelle bestehen aus diesem Material, das aus der röm → Eifelwasserleitung nach Köln stammt.   Gre

Lit: Grewe 274

Kalkar   KLE

Städtisches Museum

Öffnungszeiten: Di–So 10–13 u 14–17 Uhr
Das Museum befindet sich in dem um 1500 errichteten Treppengiebelhaus hinter dem Rathaus. Seine kleine Sammlung röm Objekte erinnert an das nahegelegene Auxiliarkastell *Burginatium*-Altkalkar; alle Funde stammen von dort. Beachtenswert ist die Bronzestatuette eines knienden Giganten (?).   Ho

Lit: Chrobaczek 162

Kalkar-Altkalkar   KLE

Römisches Auxiliarkastell
Abb 33 (66), 142, 209, 255, 390

Das ehem röm Auxiliarlager *Burginatium*-Altkalkar lag an der Limesstraße, der heutigen B 57, ca 15 km NW der Legionsfestung Xanten-*Vetera II* an einer heute verlandeten Rheinschlinge. Das Lager mit Vicus befand sich unterhalb des Monreberges, einer Stauchmoräne, auf der Niederterrasse des röm Rheinlaufes. Außer Befunden, die bei gelegentlichen kleineren Untersuchungen zu-

tage kamen, kennen wir keine Besiedlungsreste aus dem Lager. Wir können nur sagen, daß es sich hierbei um Fachwerkhausbebauung handelte, die offensichtlich mehrere Male abbrannte. Das Lager wurde um 40 nChr erbaut und bestand bis Anfang des 5. Jh. Die letzte Befestigung hatte eine Steinmauer und einen Doppelgraben. Der zugehörige Lagervicus lag NW davon. Die Limesstraße verlief S des Lagers unterhalb des Monreberges. Die Besatzung bestand nach Ausweis des *Itinerarium Antonini* aus einer Kavallerieeinheit (*ala*). Nach Auflassung des Lagers Anfang des 5. Jh wurde der Platz nicht wieder besiedelt.

Aus der letzten Zeit liegen zwei bedeutende Funde von diesem Platz vor. Aus dem Bereich des Vicus stammt ein Mithrasstein, der als Sockel für eine Bronzefigur diente. Er wurde Anfang des 3. Jh gesetzt. Ebenfalls ein Neufund ist ein Soldatengrab von Anfang des 4. Jh, das an der Straße nach Nijmegen lag.   Ge

Lit: HHWegner, NL 101 ff Nr. 26 – MGechter, BJb 179, 1979, 110 ff – HGHorn, Ausgrabungen im Rheinland '83/84, 1985, 151 ff

Kall   EU

Römischer Steinbruch
Abb 92, 391

Im Bereich der Flurstücke »Heisterbusch« und »An der roten Lei«, etwa 1 km NW von Kall, wird das Urfttal im NO von einem bis zu 5 m steil aufragenden Buntsandsteinfelsen begrenzt. Dort befinden sich in der Nähe des städtischen Klärwerkes unmittelbar O der L 204 nach Gemünd die Reste ▶ eines röm Steinbruchs.

Die getreppte Felswand zeigt auf mehr als 10 m Breite senkrecht geführte Schrotgräben; offensichtlich wurden hier ehem ua langrechteckige Quader von ca 10 cm Stärke freigeschrotet. Die vorhandenen Flächen sind teilweise geglättet; vor allem die bogenförmig angeordneten, kammstrichartigen Schlegelspuren bezeugen röm Abbau- und Steinmetztechnik.

Datierende Hinweise fehlen. Man darf allerdings vermuten, daß hier ein Privatunternehmer, vielleicht ein Gutsbesitzer aus der Umgebung, im 2./3. Jh – wie an den »Katzensteinen« bei → Me-

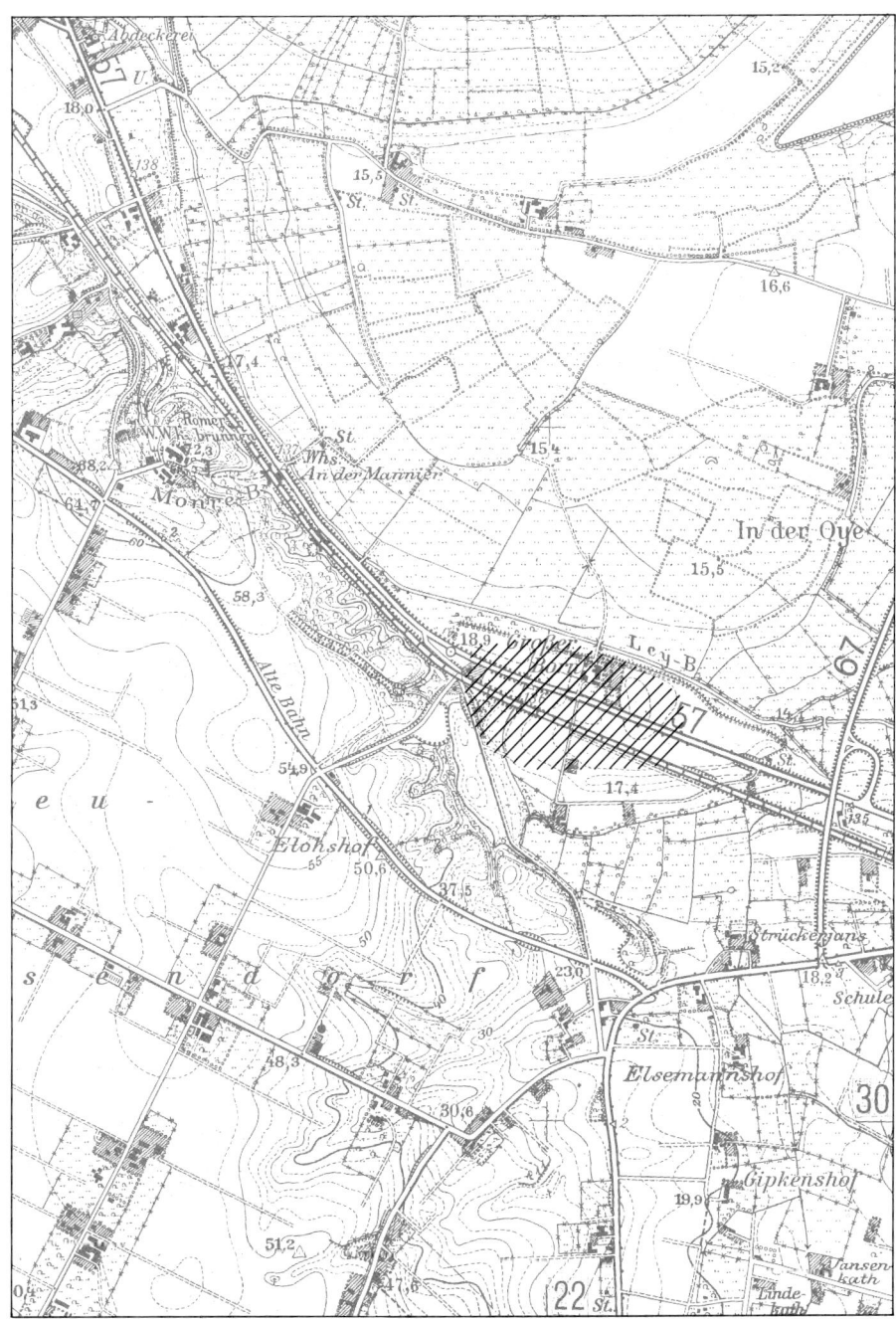

Abb. 390   Kalkar-Altkalkar. Lage des Auxiliarkastells Burginatium

chernich-Katzvey – Steine nur für den gelegentlichen Bedarf und damit nebenerwerblich gebrochen hat. Werkstücke aus dem rötlichen Buntsandstein der N-Eifel wurden in röm Zeit für den Bau von Gebäuden, die Abdeckung von Wasserleitungen, für Weihesteine, Urnen, Sarkophage und Grabdenkmäler gleichermaßen verwendet.

Ho

Lit: HLöhr, BJb 171, 1971, 553 f – ders, FVFD 26, 1974, 131 ff – WSölter, RheinAusgr '76. Das RLM Bonn. Sonderh Jan 1977, 114 ff

Kall-Sötenich   EU

Römische Wasserleitung

Im Ortsbereich von Sötenich sind nur noch wenige Spuren der röm Eifelwasserleitung nach Köln vorhanden. In der O Böschung eines von der Straße »Zum Kalkwerk« abzweigenden Seitenwegs finden sich noch die ▶ Reste der Kanalsohle. Außerdem ist im Wald N von Sötenich über mehrere hundert Meter die deutlich in den Hang gearbeitete ▶ terrassenförmige Arbeitsstraße zu verfolgen, die den bergseitig verlaufenden Kanal begleitete.   Gre

Lit: WHaberey, Wasserleitungen 96 – Grewe 48 ff

Kall-Urft   EU

Römische Wasserleitung
Abb 392

Auf dem Gemeindegebiet von Kall-Urft ist der Verlauf der röm → Eifelwasserleitung nach Köln im Gelände gut zu erkennen; es gibt zahlreiche Aufschlüsse.

An der Einmündung des Eicher Tals in das Urfttal, kaum 500 m unterhalb des »Grünen Pütz« bei → Nettersheim, sind die ▶ Reste zweier kleiner Kanäle erhalten, die ursprünglich wohl nur eine Drainagefunktion erfüllten; sie leiteten die Oberflächenwasser des Seitentals unter der Wasserleitung hindurch in die Urft.

Das ▶ Wehr am Scheitel der Urftschleife unter

Abb. 391   Kall. Steinbruch. Römische Abbauspuren

Abb. 392 Kall-Urft. Eifelwasserleitung nach CCAA-Köln (oben) bei der Burg Dalbenden (mit Durchlaß für die Oberflächenwasser eines Seitentales)

der Acherlochhöhle ruht möglicherweise auf den Resten einer Aquäduktbrücke; an dieser Stelle überquerte der »Römerkanal« die Urft.

Bei Haus Neuwerk ist an der NW-Ecke des Wohnhauses ▶ die Leitung (lW 0,6 m, lH 1,0 m) einzusehen; der Aufschluß wird durch einen Verschlag geschützt.

Ca 80 m nach der Gabelung eines Wirtschaftsweges NO des Bahnhofs Urft trifft man auf ▶ ein Kanalstück mit erhaltenem Gewölbe (lW 0,6 m, lH 1,0 m).

Zwischen der L 22 nach Keldenich und der Burg Dalbenden an der L 204 ist streckenweise noch die ▶ bergseitige Kanalwange vorhanden. Im steilen N-Hang des Urfttals oberhalb der Burg ist ein ▶ kleiner ausgebauter Durchlaß (lW 0,9 m, lH mindestens 0,7 m) erhalten, durch den die Oberflächenwasser des Sieten abfließen konnten, ohne den darüberliegenden Trinkwasserkanal zu beschädigen. Im weiteren Verlauf ist die Wasserleitung W von Burg Dalbenden noch an mehreren Stellen aufgeschlossen (lW 0,62 m, lH 1,0 m).

Hier – kaum 3 km unterhalb der Quellfassung »Grüner Pütz« – liegt die Kanalsohle schon ca 15 m über dem Wasserspiegel der Urft. Nur durch das geringe Anfangsgefälle der Rinne (0,15%) konnten die röm Ingenieure bei der Streckenführung nach Köln an dem einzig möglichen Punkt, bei Dottel, die Wasserscheide zwischen Rhein und Maas überwinden.   Gre

Lit: WHaberey, Wasserleitungen 96 f – Grewe 41 ff

Kallmuth → Mechernich
Kardorf → Bornheim
Katzensteine → Mechernich
Katzvey → Mechernich
Kessenich → Bonn

Abb. 393   Geldern-Pont. Inventar eines Brandgrabes. 2. Hälfte 2. Jh. n. Chr. (Kevelaer, Nieder-rheinisches Museum)

Kevelaer   KLE

Niederrheinisches Museum für Volkskunde und Kulturgeschichte
Abb 393

Hauptstr 18. Öffnungszeiten: April bis Oktober täglich 10–17, November bis März Di–So 10–17 Uhr
Wichtigster Bestandteil der röm Sammlung des Museums sind die Grabfunde von Pont (bei Geldern) aus der Sammlung des Ausgräbers Baron M. Geyr von Schweppenburg. Von den 120 ausgegrabenenen Gräbern waren viele ungewöhnlich reich ausgestattet, wie etwa das Grab aus der 2. Hälfte des 2. JhnChr, dessen Inhalt geschlossen gezeigt wird: zwei Räucherkelche aus hellem Ton mit weißem Überzug, ein Teller und ein Napf der Terra-Sigillata-Gattung, zwei Öllampen und ein Henkelkrug aus weißem Ton, zwei Teller aus grobem gelblichem Ton, eine Schüssel aus grobem rötlichem Ton und ein Kochtopf aus graubraunem, durch Rauch geschwärzten Ton. – Von den anderen Gräbern dieses vom letzten Drittel des 1. JhnChr bis um 200

nChr belegten Gräberfeldes sind die Beigaben in einer Auswahl ausgestellt, darunter die Terrakottastatuette einer Venus mit Schleiertuch und ein Becher aus grauem Ton mit Blattdekor in Barbotinetechnik (beide Mitte 2. JhnChr). – Das ausgedehnte Gräberfeld von Pont, das sich an einer von Xanten nach Tongeren führenden Römerstraße entlangzog, läßt auf eine größere Siedlung (*vicus*) an dieser Stelle schließen, an der sich offenbar zwei Straßen kreuzten. Die Siedlung ist vielleicht zu identifizieren mit dem in einem antiken Reisestreckenverzeichnis genannten *Mediolanum*.
Ferner befinden sich in der Sammlung Zufallsfunde aus der weiteren Umgebung (von Straelen bis Xanten). Aus Xanten stammen zwei Ziegel, einer mit dem Stempel der *(tegularia)transrhenana*, der andere mit dem des *ex(ercitus) Ger(manici) inf(erioris)*, ferner eine Terra-Sigillata-Schüssel mit Tierfries aus einer ostgallischen Werkstatt (2. Hälfte 2. JhnChr).   Hil
Lit: HCüppers, AFDR 1, 1960 211 ff

Kierdorf → Erftstadt
Kleinbouslar → Erkelenz-Lövenich

Kleve KLE

Städtisches Museum Haus Koekkoek
Abb 394

Kavarinerstr 33. Öffnungszeiten: Di–So 10–13, 14–17 Uhr
Schon im 16. Jh besaßen die Klever Herzöge auf der Schwanenburg und auf Schloß Monreberg bei Kalkar eine Antikensammlung. Aber erst im 17. Jh, als Kleve an Brandenburg gefallen war, werden die Objekte der Sammlung genauer faßbar. Johann Moritz von Nassau-Siegen (1604–1679) erwarb 1648 die Sammlung des Wessel von Loe auf → Schloß Wissen (Weeze/KLE), darunter das berühmteste Stück der historischen Klever Sammlung, der Caeliusstein. Den Zeichnungen des Antiquars Hermann Ewich aus Wesel (1601–1673) ist es zu verdanken, daß wir neben den Wissener Steindenkmälern auch Kenntnis besitzen von seit langem verschollenen Gegen-

Abb. 394 Kleve-Düffelward. Zweihenklige Amphore. Bronze. – H. 21,8 cm. Um 100 n. Chr. (Kleve, Haus Koekkoek)

ständen antiker Kleinkunst aus dem kurfürstlichen Kabinett. Die Klever Sammlung wurde die Grundlage für den späteren Berliner Antikenbesitz.
Im 18. Jh belebte der preußische Kammerpräsident J. E. von Buggenhagen die Sammeltätigkeit neu. In den 1777 auf der Schwanenburg eingerichteten »Antiquitätensaal« gelangten 1792 auch die röm Steindenkmäler von Bergendal (→ Bedburg-Hau). 1820 kam die Sammlung auf Weisung des Staatskanzlers Fürst von Hardenberg nach Bonn als Grundstock eines »Museums rheinisch-westfälischer Altertümer«.
Der Neubeginn eines »Alterthumscabinets« 1865 ist dem Gelehrten Robert Scholten und Albert Fulda zu verdanken. Die Sammlung wurde ständig ausgebaut, ging aber 1944/45 mit der Zerstörung der Stadt fast gänzlich zugrunde. Die Reste kamen in das Städt. Museum, darunter glücklicherweise die prachtvollen Bronzegeräte des *Paternus*, die 1868 in Kleve-Düffelward, als man zur Verstärkung des Rheindeichs die Flur Schmachtkamp ausgrub, zutage kamen. Dazu gehören ein Becken, im Bodeninnern der Stempel (?) *nialis*, eine flache Patera mit schön verziertem Griff, eine Amphore mit verzierten Henkeln und eine Kanne mit zwei herrlichen Attaschen. Pfanne und Kanne tragen den Graffito *Paterni*.
Eine zum Geräteschatz gehörige fragmentierte gerippte Schale ist verschollen. Mit den Bronzegeräten kamen Keramik und ein Ziegel mit dem Stempel der 10. Legion ans Licht, so daß der Depotfund um 100 nChr datiert werden kann.
Neben etwa 180 röm Münzen und einer kleinen Sammlung röm Keramik (Sigillaten, Faltenbecher, Barbotine-Becher, Reibschalen, Lämpchen) besitzt das Museum das Fragment eines domitianischen Militärdiploms, gefunden 1868 in → Altkalkar-*Burginatium* und eine schöne Omega-Fibel des 2. JhnChr, Fo Wissel 1974.
Vor dem Haus Koekkoek stehen zwei wohl spätantike (frühma?) Säulenbruchstücke aus Kalkstein bzw Drachenfelstrachyt, die Johann Moritz von Nassau 1660 aus Nijmegen für seinen Antikengarten am Springenberg erhalten hatte. Die
Lit: WDiedenhofen, Johann Moritz und die Klever Antikensammlung, Soweit der Erdkreis reicht, Kat Kleve 1979, 233 ff – HHinz, BJb 169, 1969, 402 ff

Kleve-Rindern   KLE

Römisches Auxiliarkastell

Das im antoninischen Reiseitinerar (256,3) aus dem 1. Viertel des 3. JhnChr genannte *Harenatio-Harenatium* wird allgemein in Rindern, ca 2 km NW von Kleve lokalisiert. Auf der Tabula Peutingeriana (Seg. II 4) ist es als *Arenatio* verzeichnet. Im Zusammenhang mit dem Bataveraufstand berichtet Tacitus, daß die *legio X gemina* im Herbst des Jahres 70 nChr in *Arenacium* (= *Harenatium*) das Winterlager bezog (Tac, hist. 5,20). Trotz verschiedener Terra-Sigillata-Funde aus der 2. Hälfte des 1. JhnChr – vor allem im Friedhofs- und Kirchenbereich – konnte diese Militäranlage archäologisch noch nicht nachgewiesen werden. Dies gilt auch für das Auxiliar(Alen-)lager, das vom letzten Drittel des 1. JhnChr bis ins 3. JhnChr in Rindern zu vermuten ist. Gleichwohl hat sich eine Vielzahl von Ziegelstempeln verschiedener Truppenteile der niedergerm Armeen (ua *legio I Minervia, legio X gemina pia fidelis Domitiana, legio XXII primigenia pia fidelis* und *vexillarii exercitus Germanici inferioris*) gefunden, die von offiziellen Bauaktivitäten am Ort zeugen. Zwei ehem in der Kirche verbaute Inschriften – eine davon in das Jahr 213 nChr datiert – belegen eine Verehrung der einheimisch-germ Kriegsgöttin *Vagdavercustis*.
1980 brachten Ausgrabungen im Innern der St.-Willibrord-Kirche ua Reste eines röm Gebäudes aus dem 2./3. JhnChr zutage, das hypokaustierte Räume hatte. Vermutlich müssen sie mit dem Badetrakt in Verbindung gebracht werden, der bereits 1870/72 auf der N-Seite entdeckt worden war. Nach den Befunden besteht die Möglichkeit, die Badeanlage entweder als militärische Einrichtung zu betrachten und dem mittelkaiserzeitlichen Auxiliarlager oder aber einem röm Gutshof (*villa rustica*) mit entsprechendem Wohnkomfort im sog Herrenhaus zuzuordnen.   Ho
Lit: ABFollmann, NL 93 ff Nr. 23 – MGechter, BJb 179, 1979, 112 f – HHWegner, Ausgrabungen im Rheinland '79/80, 1981, 171 ff

Römischer Inschriftstein
Abb 395

Als Hochaltar im Chor der Kirche ist ein im Mittelalter abgearbeiteter röm Altarstein aufgestellt, der folgende Inschrift trägt:
Marti Camulo / sacrum pro / salute Tiberii / Claudi Caesaris / Aug(usti) Germanici imp(eratoris)/cives Remi qui templum constituerunt.
Auf der Rückseite in einem Eichenkranz: *O(b) c(ives) s(ervatos).*
(Dem Mars Camulus geweiht. Für das Wohlergehen des Tiberius Claudius Caesar Augustus, des Germanenbezwingers und Kaisers. Die Remerbürger, die den Tempelbau beschlossen haben. Rückseite: Wegen der Errettung der Bürger).
Der Stein wurde wohl bereits im Mittelalter aus dem *vicus* der Cugerner unter der *CUT* bei Xanten nach Rindern transportiert. Hier mag er, wie die oben an den Ecken eingemeißelten Altarkreuze zeigen, schon einmal als Hochaltar Verwendung gefunden haben. Der Stein wechselte, je nach der Antikenrezeption der verschiedenen Epochen, offenbar mehrmals in die Kirche und wieder heraus. Die erste wissenschaftliche Beschreibung (zwischen 1545 und 1562, jedoch wohl vor 1558) erwähnt einen Fundort bei Kleve. Zugleich erwähnt sie eine Lücke in der 3. Zeile hinter dem Wort *salute*. In der nächsten Erwähnung, 1558, ist diese Lücke jedoch von einem gelehrten Humanisten durch das Wort Tiberii gefüllt. Dieser, Martin Smetius, scheint die Inschrift jedoch nie gesehen zu haben.
In der Zwischenzeit wird man also für das getilgte Wort *Neronis* das schullateinische Wort *Tiberii* in die freie Fläche der 3. Zeile eingefügt haben. 1793 wurde der Inschriftenstein wieder aus der Kirche entfernt und der Altertümersammlung auf der Klever Schwanenburg einverleibt, die 1820 zum Grundstock der Preußischen Provinzial-Altertümersammlung in Bonn wurde. Aus unbekannten Gründen verblieb der Stein in Kleve, von wo er 1967 in die Pfarrkirche nach Rindern zurückkehrte.
Seine Inschrift an Mars Camulus, den Hauptgott der Remi, eine *civitas* der Gallier um das heutige Reims, ist offensichtlich ein Akt der Loyalität an den Kaiser Nero im letzten Jahr von dessen Regierung (68 nChr). Ein Altar, der etwas besser er-

*Abb. 395   Kleve-Rindern.
Weihealtar für Mars Camulus.
Kalkstein. – H. 1,01 m. 68
n. Chr. (Rindern, St. Willi-
brord)*

halten ist und aus der gleichen Werkstatt, ja viel-
leicht vom selben Meister stammt, wurde 1979 in
→ Xanten gefunden. Er ist dem Hauptgott der
Lingones (gallischer Stamm um Langres), einem
Mars Cicollvis, geweiht.   Rü
Lit: EKünzl, RLM Bonn. Römische Steindenk-
mäler 1, 1967, 46 f Nr 17 – CBRüger, Zeitschr f
Papyrologie u Epigraphik 43, 1981, 329 ff
Kneblinghausen → Rüthen

Köln   K

Colonia Claudia Ara Agrippinensium
Abb 1, 7, 17, 22, 76, 77, 88, 263, 266, 348, 396,
401, 404, 414

Geschichte. Die Anfänge des röm Köln reichen
zurück in die Frühzeit der röm Okkupationsof-
fensive unter *Marcus Vipsanius Agrippa*. Vermutlich während seiner ersten Statthalterschaft am
unteren Rhein (39/38 vChr) übersiedelten die
Ubier auf das entvölkerte linke Rheinufer der
Kölner Bucht. Auf dem 1 km² großen Geländeschild, einer flachwelligen Schotterplatte (heute
die Kölner Altstadt), entwickelte sich vermutlich
in den beiden ersten vorchristlichen Jahrzehnten
der ubische Zentralort (*oppidum Ubiorum*).
Nach gleichen städtebaulichen Kriterien wie in
anderen gallischen *oppida* wurden für diese Siedlung rechtwinklige Straßen nach hellenistisch-
röm Vorbild ausgesteckt und vermutlich auch der
Verlauf einer Befestigungsanlage festgelegt. Die
bislang auf dem Siedlungsplateau bekanntgewordenen eisenzeitlichen Funde lassen bislang keine

unmittelbare Anknüpfung an die bereits mehrere
Jahrhunderte älteren Siedlungen erkennen.
Die neue Siedlung hat offenbar seit ihren Anfängen den Bedarf an öffentlichen zentralen Einrichtungen der röm Verwaltung berücksichtigt. So
sind im O-Teil des Plateaus, zwischen dem späteren *cardo maximus* und dem Rand der Niederterrasse, umfangreiche Grundstücksflächen öffentlichen Bauten vorbehalten worden. Archäologische Baubefunde deuten darauf, daß hier bereits
das für Köln bezeugte Hauptquartier der röm
Heeresleitung am unteren Rhein lag. Gleichermaßen wurde auch der räumliche Mittelpunkt
der Siedlung von privaten Bauten freigehalten:
Nach heutigem Wissensstand lag hier das zentrale
Heiligtum der geplanten großen röm Provinz
Germania, der Altar für *Roma* und *Augustus*.
Der Altar wurde auch namengebend für die Siedlung: *Ara Ubiorum*. Epigraphische Zeugnisse für
den Altar fehlen, doch die literarische Überlieferung bei Tacitus spricht für einen Altar, der nach
dem Vorbild in Lyon als röm Heiligtum vielleicht
im Jahr 9 vChr errichtet wurde. Für das Jahr 9
nChr ist als Priester der cheruskische Adlige Segi-
mundus bezeugt (Tac., Ann. I, 57,2). Diese
Nachricht belegt, daß germ Adlige zum Priester-
amt an der *ara* durch Wahl berufen wurden.
Der Zusammenbruch der röm Expansion östlich
des Rheins veränderte auch die Bedeutung des *oppidum Ara Ubiorum*. Köln blieb fortan Grenz-
stadt, nicht geographischer und politisch-admi-
nistrativer Mittelpunkt einer Provinz »Germania« bis zur Elbe. Wie lange die Umgebung Kölns
Garnisonsort für zeitweilig hier stationierte Le-

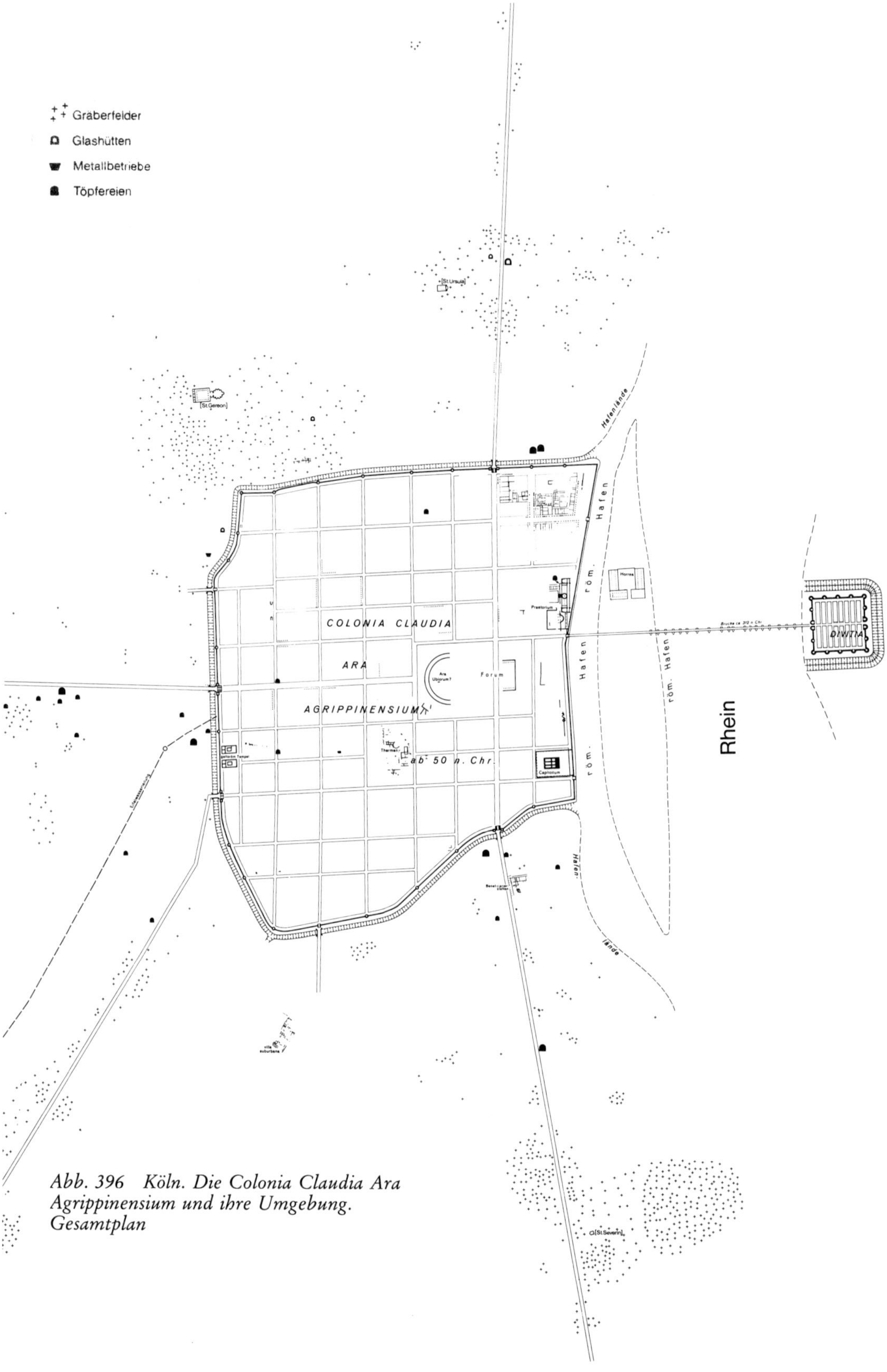

Graberfelder
Glashütten
Metallbetriebe
Töpfereien

COLONIA CLAUDIA

ARA

AGRIPPINENSIUM

ab 50 n. Chr.

Rhein

Abb. 396   Köln. Die Colonia Claudia Ara Agrippinensium und ihre Umgebung. Gesamtplan

gionen (14 nChr *apud Aram Ubiorum* die 1. und 20. Legion bezeugt, Tacitus, Ann. I, 39,1) blieb, ist offen. Die oberste Heeresleitung residierte weiterhin im *oppidum*, damit blieb die zentralörtliche Funktion erhalten. Das Oberkommando der Flotte lag in unmittelbarer Nähe, 3 km rheinaufwärts, im heutigen Köln-Marienburg → Flottenkastell.

Ein eher zufälliges Ereignis bestimmte die weitere Geschichte der Stadt: Als Tochter des Feldherrn Germanicus wurde Agrippina d. J. im Jahre 15 oder 16 nChr in Köln geboren. Nach ihrer Heirat mit Kaiser Claudius ließ sie 50 nChr ihren Geburtsort zur *colonia* (Veteranenkolonie) erheben. Aus Dankbarkeit nannte sich das Gemeinwesen *(Colonia Claudia) Ara Agrippinensium (CCAA)*. Auch als Kolonie blieb die Stadt der zentrale Verwaltungsplatz für das Oberkommando des germ Militärbezirkes.

Die innere Geschichte der Stadt ist nur schlaglichtartig zu erkennen, zumeist dann, wenn Ereignisse von weittragender politischer Bedeutung die *CCAA* als Schauplatz erwähnen. Als lokale Katastrophe wirkte sich ein Schadensbrand 58 nChr in der Stadt aus (Tacitus, Ann. I, 13,57). Dieser Brand könnte auch der Grund dafür gewesen sein, daß seit Mitte des 1. JhnChr alle feuergefährlichen Betriebe (Töpfereien, Schmiedewerkstätten und Glashütten) aus dem umwehrten Stadtareal in die *suburbia* ausgesiedelt wurden. Seit dieser Zeit sind keine Ofenbetriebe mehr innerhalb der Mauern nachweisbar. Am 2. Januar 69 nChr ließ sich Vitellius in Köln zum Kaiser ausrufen. Der Bataveraufstand 69/70 nChr brachte die Stadt mit ihrer gemischten Bevölkerung aus Veteranen, zugewanderten Händlern und Handwerkern, zivilem und militärischem Verwaltungspersonal wie auch einheimischen Bevölkerungsgruppen in Bedrängnis. Die Stadt hielt einer Belagerung stand und stellte sich nach Wendung des Kriegsglücks wieder uneingeschränkt auf röm Seite (Tacitus, Hist. IV, 44-68). Die städtebauliche Entwicklung der Stadt nach der Verleihung der Rechte einer Kolonie ist von diesen äußeren Ereignissen offenbar nicht unmittelbar tangiert worden, sondern vollzog sich nahezu explosionsartig bis in die ersten Jahrzehnte des 2. Jh. Diese Entwicklung wurde zusätzlich durch die Wahl der Stadt als Hauptstadt

der Provinz, vermutlich im Jahre 85 nChr, gefördert. Die wirtschaftliche Entwicklung ist wohl auch den hochqualifizierten Statthaltern zu danken, die in Köln residierten.

Die Stadtmauer umschloß eine Siedlungsfläche von 96 ha. Im 2. und in der 1. Hälfte des 3. Jh wohnten hier vermutlich ca 15 000 Einwohner (durchschnittlich 150 Einwohner je Hektar) und ca 5000 Einwohner in den Siedlungs- und Gewerbebezirken vor den Mauern.

Trotz der Grenzlage entwickelte sich die *CCAA* zu einem wirtschaftlichen Oberzentrum, das zugleich den Handel mit den nichtröm Gebieten betrieb. Die politisch und wirtschaftlich ruhige Lage am Rhein bot der Stadt nahezu 200 Jahre Entwicklungsmöglichkeiten, die erst in der Zeit der großen Reichskrise in der 2. Hälfte des 3. Jh abbrachen und die Stadt bis an den wirtschaftlichen Ruin führten.

Dieser wirtschaftliche Einbruch wurde auch nicht durch die Residenzfunktion der Stadt während des Gallischen Sonderreichs gemildert. Die Germaneneinbrüche der 2. Hälfte des 3. Jh schwächten zusätzlich die Wirtschaftskraft der Stadt. Der Wirtschafts- und Wohngürtel vor den Stadtmauern im N, W und S verfiel in dieser Zeit. Damit ging auch eine Bevölkerungsrezession einher, von der sich die Stadt auch im 4. Jh kaum mehr erholte.

Zu Anfang des 4. Jh, unter Konstantin d. Gr., scheint die Stadt kaiserliche Gunst und öffentliche Förderung erhalten zu haben. Die Anlage der röm Rheinbrücke und der Bau des schützenden Kastells *Divitia* sind Ausdruck dieser Erneuerung.

Das einschneidendste Ereignis der röm Stadtgeschichte im 4. Jh war die fränkische Belagerung im Herbst 355. Im Dezember 355 mußte die Stadt aufgegeben werden; sie fiel für 10 Monate in die Hand der Franken. Eroberung und Plünderung waren eine unvorstellbare Katastrophe: Während eine literarische Quelle nur knapp Verlust und Zerstörung der Stadt bezeugt (Amm. Marc. 15,8), zeigen die archäologischen Fundhorizonte, daß die Stadt in Schutt und Asche fiel. Von diesem Schlag hat sie sich nicht mehr erholt, auch wenn auf den Trümmern, insbesondere mit öffentlichen Mitteln, eine erneute Bautätigkeit einsetzte. Die privaten Mittel hingegen reichten offenbar nur noch zu den dringendsten Wiederherstellungen. Das letzte sichere Zeichen öffentlicher Bautätigkeit ist eine Inschrift des Franken Arbogast, röm Heermeister des Westens, der auf seinem Heerzug im Winter 392/393 in Köln den Rhein überschreitet und im Namen des Kaisers Eugenius einen unbekannten öffentlichen Bau wiederherstellen läßt. Die äußeren politischen Ereignisse beschleunigen zu Anfang des 5. Jh den Auflösungsprozeß der Stadt. In dieser Zeit erlischt das röm geprägte Leben, die Stadt geht in fränkischen Besitz über.

Die Erforschung des römischen Köln. Wirkliches Interesse an der Geschichte der Stadt entfaltete sich erst zu Beginn der frühen Neuzeit, als Bürger der Stadt, unter ihnen geistliche Gelehrte, aus antiquarischer Leidenschaft röm Schriftdenkmäler und gewerbliche Zeugnisse sammelten. Viele dieser privaten Sammlungen gingen wieder unter, manche fanden im 19. Jh ihren Weg über vielerlei Hände in das neugegründete Städtische Museum. Der städtebauliche Aufbruch der Stadt in der 2. Hälfte des 19. Jh führte über die ma Mauern hinaus in den Bereich der röm Friedhöfe und erbrachte so zahlreiche neue Funde. Nur bewegliche »ansehnliche« Denkmäler wurden geborgen. Dennoch gelang es aus privatem Interesse, insbesondere dank des persönlichen Einsatzes

und Wagemutes von R. Schultze und C. Steuernagel, bald darauf durch J. Klinkenberg, neu aufgedeckte röm Bauteile aufzunehmen und kritisch zu beschreiben. Eine systematische archäologisch-topographische Forschung bis in das Weichbild der Stadt hat F. Fremersdorf 1923 aufgenommen und O. Doppelfeld nach den Zerstörungen des 2. Weltkrieges seit Herbst 1945 fortgeführt. Die immer stärkere Verlagerung der Verkehrs- und Versorgungsanlagen in unterirdische Bauzonen machen heute die Rettung gefährdeter archäologischer Zeugnisse zu einem Wettlauf mit der Zeit.

Topographie
Abb 27, 28, 56, 60, 79, 84, 89, 107, 114, 121, 123, 129, 136, 148, 149, 154, 155, 164, 170 181, 186, 191, 200, 201, 225, 236, 237, 239, 243, 254, 256, 259, 260, 265, 397–426, Taf 5a, 6, 7, 21, 22

Hafenturm (»Ubiermonument«). An der Malzmühle 1. Der älteste datierte ▶ Steinbau im röm Deutschland wurde 1966 in der SO-Ecke der röm Siedlung bei Entschuttungsarbeiten gefunden, freigelegt und konserviert. Die Fundamentsohle des nahezu quadratischen Steinturms liegt ca 6 m unter dem späteren koloniezeitlichen Laufniveau in der Rheinaue. Als erste Gründungsmaßnahmen sind ca 2 m lange Eichenpfähle in den örtlich

Abb. 397   Köln. Sog. Ubiermonument an der SO-Ecke der Colonia Claudia Ara Agrippinensium. Stadtmauer mit verengtem Durchlaß für einen Abwasserkanal (links)

anstehenden Kies gerammt worden. Die 0,10–0,12 m starken Pfähle stehen im Abstand von 0,40 m und bilden einen fast regelmäßig angelegten ▶ Rost zur Verfestigung des Baugrundes. Eine Fundamentplatte (ca 10,90 × 10,60 m, H 0,22 m) aus *opus caementicium* mit Grauwackebruch deckt den Holzrost ab. Auf dieser Baufläche ist ein Fundamentsockel (9,70 × 9,38 m) aus drei unterschiedlich hohen Tuffquaderlagen in der offenen Baugrube aufgeschichtet worden. Vom aufgehenden Mauerwerk sind heute noch bis zu neun Schichten aus Tuffquadern erhalten. Der Befund läßt erkennen, daß die Turmanlage bereits Mitte des 1. JhnChr zur Zeit des Neubaus der Koloniemauer in ruinösem Zustand war. Dendrochronologische Untersuchungen der Gründungspfähle weisen den Baubeginn in die Zeit um 4 nChr. Da dieser Hafenturm keinen Maueranschluß nach N aufweist, ist eine rheinseitige Mauersperre in der Frühzeit bisher ungesichert.

Die Stadtmauer der Kolonie. Kein röm Denkmal hat seit der frühen Neuzeit eine solch eingehende Besprechung und Diskussion erfahren wie die röm Stadtmauer. Die Gründe sind in ihrer vergleichsweise guten Erhaltung zu suchen. Noch im 11. Jh bot die röm Wehrmauer den einzigen Schutz der Stadt. Daher fiel sie im frühen Hochmittelalter nicht dem systematischen Steinraub zum Opfer wie andere bedeutende Bauten (Thermen, Forumsbauten, Tempel, Prätorium ua). Die Stadtmauer ist die umfangreichste Baumaßnahme, die in der gesamten röm Geschichte der Stadt unternommen wurde. Sie ist ein einheitliches Bauwerk, dem ein klarer, überlegter Entwurf zugrunde liegt. Die charakteristischen Turm- und Torgrundrisse heben sich als besondere architektonische Leistung ab. Der Entwurf ist nicht in den germ Militärbezirken des röm Reiches entstanden. Offenbar standen zu dieser Zeit – um die Mitte des 1. JhnChr – in den NW Landschaften des Reiches auch keine Militärbauten Pate. Vielmehr deuten Vergleiche auf Vorbilder in Oberitalien.
Die Mauer der Kolonie ist 3911,8 m lang und umschließt in einem unregelmäßigen Parallelogramm eine Fläche von 96,8 ha. Sie folgt, soweit feststellbar, genau den topographischen Gelän-

deumrissen am Rand des Plateaus. Nur die O-Seite liegt tief in der Rheinaue, nahe der Wasserfront des Rheinarms. Vielleicht zum Schutz der Wehrmauer an der Wasserfront wurde eine Böschungsmauer, jedoch ohne fortifikatorische Bedeutung, in mehreren Abschnitten in den 4–5 m hohen Hang der Plateauterrasse als technischer Schutz im Abstand von ca 15–20 m gebaut.
Die Stadtmauer war in unregelmäßigen, wohl topographisch bedingten Abständen durch 19 Türme (Achsabstände zwischen 77 und 158 m) und neun unterschiedlich entworfenen Tore gegliedert. An der gesamten O-Front am Rhein fehlen Türme, wohl auch an der NO- und SO-Ecke. Das Fundament, weitgehend in offener Baugrube gemauert, erreicht eine durchschnittliche Breite von 3 m (ca 10 röm Fuß), die Fundamenthöhe schwankt je nach den Geländebedingungen zwischen 1,20 und 2,75 m. Erste Rüstlöcher in Abständen von 1,90–2,10 m liegen in einer Höhe von 2,30 m über dem Fundament. Im Fundamentsockel (H ca 0,30 m = 3 Steinlagen) ist auf beiden Seiten das aufgehende Mauerwerk auf eine Breite von durchschnittlich 2,40 m (ca 8 röm Fuß) eingezogen. Auf der Feldseite ist der Sockel in einem Winkel von 45° abgeschrägt, an der Stadtseite getreppt. An der W-Seite war das aufgehende Mauerwerk im 19. Jh noch 7,25 m hoch. Die O-Seite am Rhein bewahrt an erhaltenen Stellen unterirdisch noch eine ähnliche Höhe.
Kurtinenabschnitte und Fundamentteile der ▶ N-Mauer sind heute in der Domtiefgarage, in der Komödienstr/Ecke Tunisstr, zwischen Burgmauer (der Straßenname bezieht sich auf die Stadtmauer) und Zeughausstr (das Zeughaus – Kölnisches Stadtmuseum – nutzt den Mauerstumpf als S Gebäudefundament) sichtbar und öffentlich zugänglich. Wesentliche Abschnitte (Gußkerne) der ▶ W-Mauer blieben nahe des Mauritiussteinwegs bis zur Ecke Kleiner Griechenmarkt erhalten, Teile der ▶ S-Mauer am Rothgerberbach (»Alte Mauer am Bach«) und Mühlenbach.
Die Türme sind im technischen Aufbau wie die Kurtinen gegliedert und alle aus dem gleichen Grundrißtyp entwickelt. Dieser »Kölner Normaltyp« steht auf einer quadratischen (9,80 × 9,80 m = ca 33 röm Fuß) oder rechteckigen Fundamentplatte, die höhengleich mit dem eingebun-

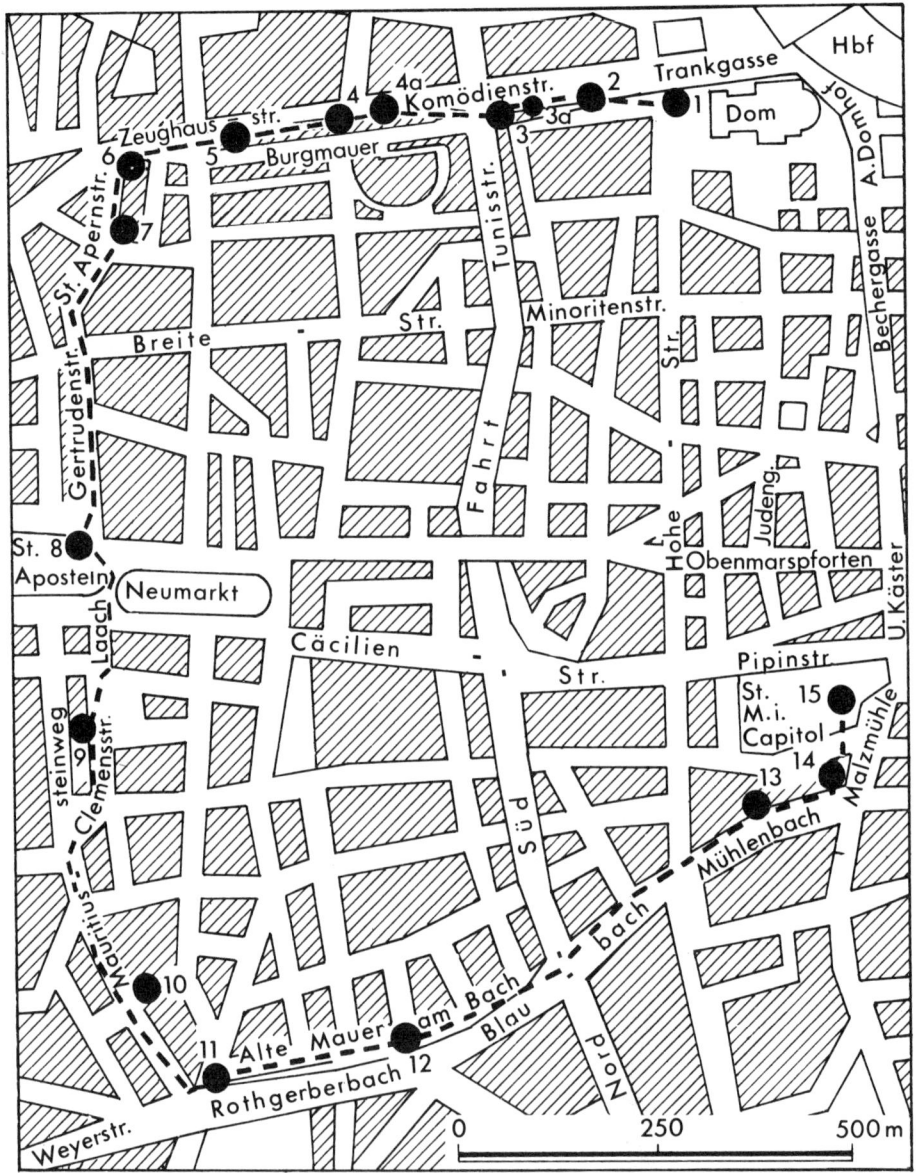

Abb. 398   Köln. Stadtmauer der Colonia Claudia Ara Agrippinensium. Plan der erhaltenen bzw. noch sichtbaren Teilstücke. 1 Nordtor und Dom-Tiefgarage (M), 2 Komödienstr./Burgmauer (T), 3/3 a Komödienstr. (M, Lysolphturm), 4/4 a Burgmauer/Zeughaus/Römerbrunnen (M, T), 5 Burgmauer/Zeughausstr. (M), 6 St. Apernstr./Zeughausstr. (T, Römer-Turm), 7 St. Apernstr./Helenenstr. (T, Helenenturm), 8 St. Aposteln (Tür in der Apsis), 9 Clemensstr. (M), 10 Thieboldsgasse/Mauritiussteinweg (M, T), 11 Rothgerberbach/Griechenpforte (T), 12 Alte Mauer am Bach/Kaygasse (M, T), 13 Mühlenbach (M), 14 Malzmühle (M, sog. Ubiermonument), 15 Pipinstr./Plectrudengasse (M). M = Mauer, T = Turm, Strichellinie: Besichtigungsroute

denen Fundament der Mauer liegt. Das aufgehende Mauerwerk ist gleich eingezogen, auf der
Feldseite 2,40–2,50 m stark, auf der Stadtseite jedoch 1,20–1,30 m. Die höchste nachgewiesene
erhaltene Turmhöhe beträgt ca 7 m (N-Seite), des
NO-Turmes (»Römer-Turm«) ca 5,50 m über
dem Fundament. Die Türme sind innen hohl,
doch war möglicherweise der Innenraum in röm
Zeit nicht benutzt, denn an der Stadtseite waren
offenbar keine Zugänge eingefügt, somit blieb
nur ein Einstieg über den Wehrgang der Mauer.
Sichtbares originales Mauerwerk der Türme zeigen der ▶ »Lysolph-Turm« (mit Rüstlöchern an
der Stadtseite), Komödienstr/Ecke Tunisstr, der
▶ »Römer-Turm« (mit Natursteinmosaik auf der
Feldseite und Zinnen, die 1897 aufgesetzt wurden, jedoch nicht den ehem doppelt so breiten
röm Zinnen entsprechen), das Fundament des
▶ »Helenen-Turms« in der St.-Apern-Str und
im S ▶ Fundamentreste eines Turmes an der Kay-
gasse 1 (Alte Mauer am Bach).
Neun Tore (eins im N, drei im W, zwei im S, drei
im O) waren im Stadtmauerring eingefügt. Die

Mehrheit dieser Tore ist nur der Lage nach oder
durch Fundamentspuren bekannt. Anhand der
unterschiedlichen Größe läßt sich ihre Bedeutung
für den Nah- und Fernverkehr ablesen. Nach S,
W und N lagen in den Achsen von Cardo und Decumanus maximus jeweils Torbauten mit drei
Bögen. Sie öffneten sich – neben einem weiteren
zweibogigen Tor im W – jeweils zu den Fernstraßen. Die Grundrißgestaltung und vereinzelt aufgefundene Bauglieder erlauben eine Vorstellung
des ursprünglichen Aufbaus. Die dreitorige Anlage im N besaß eine hohe mittlere Torhalle, flankiert von zwei niedrigeren seitlichen Durchgän-
gen. Ein ▶ stadtseitiger Torbogen ist erhalten
und wieder an gleicher Stelle vor der W-Fassade
des Doms, jedoch erhöht, aufgerichtet. Der Torbogen der Feldseite mit dem Stadtnamen *CCAA*
ist heute im →Röm-Germ Museum bewahrt. Die
Zweigeschossigkeit des N-Torbaus ist mit Sicherheit aus den Führungen des Fallgatters zu erschließen. Die Rekonstruktion des Obergeschosses bleibt jedoch problematisch. Vielleicht lag
über den drei Jochen des Sockelgeschosses ein

Abb. 399   Köln. Römer-Turm. NW-Ecke der Colonia Claudia Ara Agrippinensium

durch Halbsäulen oder Pilaster gegliedertes Fenstergeschoß mit acht Jochen (in Analogie zu italischen Vorbildern).

Der Graben ist an den drei Feldseiten nachgewiesen. Er diente als Annäherungshindernis, war aber nicht mit Wasser gefüllt. Die fortifikatorische Bedeutung war seit dem 2. Jh jedoch durch die Vorstadtbebauung stark eingeschränkt, da sich die privaten Bauten auf der Feldseite bis auf 26 m der Mauer näherten. Die Grabenbreite erreichte ca 13 m, die Tiefe bis zu 3,30 m bei einer Sohlenbreite von ca 0,80 m. Unklar ist, über welchen Zeitraum der Graben gepflegt wurde und somit seine (theoretische) Funktion erfüllte. Sicher ist nach den archäologischen Beobachtungen, daß in röm Zeit Berme und Grabenareal von Bebauung freigehalten wurden.

Die gesamte Mauer mit Kurtinen, Türmen und Toren war aus mit Kalkmörtel gebundenem Naturstein errichtet. Der Anteil der einzelnen Steinsorten läßt sich nach äußerer Beobachtung grob schätzen: ca 80 % Grauwacke für die Mauerkerne und -schalen, 5 % Basalt, 3 % Trachyt. Für die Toranlagen wurden Kalksteine und rote Sandsteine verarbeitet, vermutlich auch für die Zinnenabdeckung des Wehrganges. Nach den bisherigen Beobachtungen scheint Tuffstein, wahrscheinlich weil er zu weich ist, nicht verwendet worden zu sein.

Die benötigten Natursteine mußten über beträchtliche Entfernungen auf dem Wasserweg nach Köln gebracht werden, da in der Nähe kein Naturstein anstand. Der Sand stammt aus den Materialgruben im Vorfeld der Mauer; eine Sandgrube des 1. JhnChr lag an der N-Seite außerhalb der Mauer (im Bereich Kattenbug). Für die Fundamente sind Gräben mit spitzwinkligen Böschungen tief in die Feinsandlagen ausgehoben worden. Nur in den untersten Lagen waren ▶ Schalbretter und Bohlen eingestellt und im Boden verblieben (sichtbar im ▶ Fundamentbereich der Stadtmauer: Domtiefgarage). Zumindest für das N-Tor ist eine besondere Fundamentbettung mit einem Holzrost vorgenommen worden. Eine durchgehende Baugrundverfestigung mit Holzrosten ist für die O-Seite in der Rheinaue vorauszusetzen, doch ließ sie sich bei jüngeren Untersuchungen (noch) nicht nachweisen. Die Sohlenlage der Fundamente ist vielfach

aus hochkant gestellten Grauwacke-, Basalt- und Trachytbruchsteinen trocken gesetzt. Auf dieser Packlage wurde zwischen unregelmäßigen Bruchsteinschalen schichtweise festgestampftes *opus caementicium* gegossen. Trotz sorgfältiger Fundamentierungsarbeiten haben sich wohl schon während der Bauzeit vereinzelt Setzrisse gebildet. Kurtinen und Türme sind im Fundament und im aufgehenden Mauerwerk als Verband gearbeitet, nur die Fundamente einiger Torbauten einzeln gegründet worden. Die Fugenausbildung zeigt, daß vor Anschluß der Kurtinenfundamente erst der Umfang der Torbauten abgesteckt und das Fundament gegossen wurde.

Eine Anzahl unterschiedlicher archäologischer Indizien erlaubt, die Bauzeit hinreichend einzugrenzen. Vergleiche der Grundrißdisposition und der Bauplastik des N-Tores machen es möglich, die Toranlage frühröm Baumustern zuzuordnen. Gleiches gilt auch für die Türme und die anderen Tore. Mauerwerksuntersuchungen und Baugrubenfüllungen haben bisher keine ausreichenden Anhaltspunkte für die Datierung geliefert. Jedoch erlaubt die Mauertechnik Vergleiche mit relativ datierten Bauteilen des Prätoriums. Danach läßt sich aufgrund der Versatztechnik der Außenschalen eine Datierung in das 1. Jh wahrscheinlich machen. Anlaß für Planung und Baubeginn der Steinmauer ist vermutlich die Erhebung des *oppidum Ubiorum* zur claudischen Kolonie 50 nChr. Die Bauzeit hat vermutlich nicht länger als eine halbe Generation gedauert. Für eine kurze Bauzeit spricht die Einheitlichkeit der Gesamtanlage zumindest in den erhaltenen Fundamentabschnitten. Bautechnische Beobachtungen (Holzraster zur Verfestigung des Baugrundes am N-Tor, flachere Fundamentgründungen an der S-Seite) weisen auf einen Bauablauf von N nach S. Mit Vorsicht läßt sich vielleicht aus der Überlieferung des Tacitus (Hist. IV, 64-65) entnehmen, daß anläßlich des Civilis-Aufstandes 70 nChr die (Stein-)Mauer bereits ausreichenden Schutz bot (vgl. auch schon die Erwähnung der Mauern bei Tacitus, Ann. I, 13,57 zu 58 nChr). Archäologische Beobachtungen an der S-Seite schließen Baumaßnahmen in spätflavischer Zeit nicht aus.

Kanäle. Seit der Anlage der Fernwasserleitung, zuerst aus dem Vorgebirge (vor oder um 50

Abb. 400 Köln. Wassersammler einer Kolonnadentraufe. Domgrabung im Jahre 1982

nChr), eine Generation später – vielleicht nach 85 nChr anläßlich der Einrichtung der Provinz – aus der Eifel, erhielt die Stadt erhebliche Tagesmengen an Frischwasser, das vermutlich nur zum geringeren Teil in der Stadt verbraucht wurde. Zugleich bedurften auch Regen- und Schneewasser einer gesicherten und organisierten Entsorgung. So entstand in Verbindung mit dem Bau der Stadtmauer seit Mitte des 1. JhnChr ein aufwendiges und leistungsfähiges unterirdisches Kanalnetz. Die Kanalauslässe wurden in die Fundamente der Stadtmauern und Tore fest eingebunden. Die Kombination von Stadtmauerbau und Abwassernetz zeigt, daß diese Großbaumaßnahmen sorgfältig und umfassend geplant und ausgeführt worden sind. Nach N, W und S wurden die Abwässer in den Stadtgraben, im O in das Hafenbecken eingeleitet. Mindestens zehn Hauptsammler lagen in den Straßenachsen der O-W-Straßen, kleinere Kanäle im Straßenkörper des Cardo und in den Torachsen der Stadtmauer. Die Kanalsohlen erreichten im O des Stadtareals stellenweise eine Tiefe von bis zu 6 m unter den röm Siedlungshorizonten.

Der noch in einem Teilstück von über 150 m Länge erhaltene ▶ Abwasserkanal (lW 1,2 m, lH bis 2,5 m) unter der Budengasse (jetzt über das Prätorium zugänglich) führt mit einer Sohlentiefe von über 9 m unter der heutigen Geländehöhe an der N-Seite des Prätoriums vorbei in den Bereich des ehem röm Rheinhafens. Die Kanalwände (B bis 1 m) und die Tonnendecke sind an der Innenseite aus zuweilen mörtellos gefugten Tuffblöcken, zT in zweiter Verwendung, aufgesetzt. (Die Bautechnik läßt sich nun an einem auf dem Laurenzgitterplatz aufgestellten ▶ Teilabschnitt ablesen.) Das Gefälle der Kanalsohle beträgt im Durchschnitt ca. 1%. In regelmäßigen Abständen befanden sich sorgfältig aufgesetzte Einstiegsschächte für Reinigungs- und Reparaturarbeiten.

Rheinhafen und Rheininsel. Vor den drei Toren an der O-Seite lagen der Rheinhafen und eine schützende Insel im Strom. Unmittelbar vor der rheinseitigen Stadtmauer war in Abständen von 7–10 m eine Kaimauer aus Holzpfählen angelegt. Die Kaimauer säumte eine Hafenrinne (B ca 50 m) entlang der Rheininsel. Die Insel (L ca 1000 m, B bis 180 m), eine Sanddüne im Rhein, mag in frührröm Zeit als Stapelplatz gedient haben, ihr systematischer Ausbau begann um die Mitte des 1. JhnChr, vermutlich unmittelbar vor dem Bau der Stadtmauer (für die das gesamte Steinmaterial hier angelandet werden mußte). Der zentrale Inselabschnitt gegenüber dem Prätorium wurde sorgfältig aufgemessen, das Gelände systematisch planiert und mit Sandschichten auf eine einheitliche Höhe gebracht. Die neu terrassierte Fläche lag ca 3 m über dem Mittelwasserstand des Rheins, jedoch unter den Durchschnittswerten des heutigen Jahreshochwassers. Ein mehr als 5000 m² großer Platz war wahrscheinlich an allen vier Seiten durch übermannshohe Mauern umschlossen. Es gab vermutlich mehrere breite Zugänge, doch ist nur eine Wegöffnung nachgewiesen. In der O-Hälfte dieser mit Feinsand abgeglichenen Fläche lag ein großes rechteckiges Becken (ca 34 × 17,20 m, T 1,70 m) mit nahezu 800 m³ Fassungsvermögen. An der N Schmalseite führte eine über die ganze Breite gezogene mehrstufige Treppe in das offene Becken.

Die Weitläufigkeit der Anlage, der symmetrische

Abb. 401   Köln. Martinsviertel. Römische Rheininsel und -vorstadt. Ausgrabungen des Römisch-Germanischen Museums 1974. Luftbild (Freigabe RP Düsseldorf 74/947)

und axiale Entwurf wie auch der Bodenbelag legen nahe, daß hier nach italischen Vorbildern eine Sportanlage (*palaestra*), verbunden mit einem offenen Badebecken (*natatio*) angelegt wurde. Teile dieses ▶ Badebeckens sind heute in der neuen Krypta von Groß St. Martin konserviert. Bereits gegen Ende des 1. JhnChr wurde die Anlage aufgegeben; ein Hochwasser könnte die Umfassungsmauer so stark in ihrem Bestand gefährdet haben, daß man sie teilweise bis auf die Fundamente abtrug.

Ca 50 Jahre später, wohl um die Mitte des 2. Jh, wurden die zwischenzeitlich entstandenen Holz- und Steinbauten systematisch abgebrochen und das Baugelände um insgesamt 2 m über der Sportanlage erhöht. Ohne Bezug zu irgendwelchen Vorgängerbauten steckte man auf einem über 7000 m² weiten Gelände neue Fluchten für ein Großbauprojekt ab. Die Stadt erhielt ein Versorgungszentrum, das für den Güterumschlag auf dem Rhein, der wichtigsten Verkehrsader der Provinz, eingerichtet wurde.

Vier Speicherbauten (L bis 52 m, B 22,30 m, *horrea*) wurden um einen nahezu 2400 m² großen Innenhof gruppiert. Die Stapelhäuser waren im Grundriß dreischiffig gegliedert, die Böden mit einem festen Kalkmörtelestrich ausgelegt, die tragenden Pfeiler aus Sandsteinblöcken geschichtet, die Lang- und Giebelseiten in Grauwackemauerwerk mit kräftigen Außenlisenen hochgezogen. Allein die überbaute gewerbliche Nutzfläche erreichte bei einer Raumebene über 3500 m². Die Bauten hatten, wenn auch in ruinösem Zustand, die röm Zeit der Stadt überdauert. Da sich jedoch nur Fundamentspuren der Pfeiler und Umfassungsmauern erhalten haben, läßt sich der Zustand der Hallen in spätröm Zeit nicht erschließen. Die SO-Halle wurde jedoch in karolingisch-ottonischer Zeit raum- und maßbildend für den Urbau des Benediktinerklosters Groß St. Martin. Der staufische Neubau nutzt noch die Fundamente der beiden S Horrea (einzelne ▶ Pfeiler und Seitenmauern in der Krypta nun sichtbar).

Rheinbrücke. In der Achse des mittleren Hafentores führte spätestens seit Anfang des 2. Jh wohl eine Brücke auf die Rheininsel; Spuren sind jedoch nicht nachgewiesen. Durch literarische Überlieferung und archäologische Befunde ist hingegen die erste Rheinbrücke (L über 400 m, B wohl 10 m) in Köln in spätröm Zeit bezeugt. Sie nahm die Richtung des (versetzten) Decumanus auf und führte auf das W-Tor des Kastells *Divitia*. Über 19 Pfahlroste aus mehreren hundert Eichenpfählen (mit Dm bis zu 0,50 m, L bis 7,50 m) sind mit spitzen eisernen Schuhen in den Flußgrund gerammt worden. Die Fundamente wurden rechteckig auf einer Fläche von 4 × 12 m mit stromaufwärts gerichtetem dreiseitigem Vorhaupt ausgelegt. Zur Versteifung zwischen den Pfählen waren Basaltsäulen in den Pfahlrosten eingefügt. Sand- und Kalksteine, vielfach Spolien großer Grabdenkmäler aus den Friedhöfen im Vorfeld der Stadt, wurden als Baumaterial für die Pfeiler verklammert. Die verlorene Oberkonstruktion war als hölzernes Sprengwerk konstruiert. Dendrochronologische Untersuchungsreihen weisen auf eine Erbauung, wie auch auf eine oder mehrere Wiederherstellungsphasen im 4. Jh. Indizien für eine mögliche Teilzerstörung (Hochwasserschäden?, Frankeneinbruch 355/356 nChr?) lassen sich ua an den unregelmäßigen Abständen der in den Strom gesenkten Pfeilerfundamente ablesen. Da die Brücke mit ihrem umfangreichen Holzwerk dauernder Pflege bedurfte, ist sie vermutlich Ende des 4./Anfang des 5. Jh unbrauchbar geworden.

Forum. Inmitten der röm Stadt, am Schnittpunkt von Cardo und Decumanus maximus, lag auf einer Fläche von vermutlich sechs Baublöcken (*insulae*) der Forumsbezirk der Stadt. Seine W-Seite wurde von einer monumentalen Ringkryptoportikus (unterirdische Hallenanlage) – äußerer Dm ca 135 m – abgeschlossen. Die tief gegründeten und solide gegossenen Mauern des Baukörpers trugen vermutlich oberirdisch eine zum Zentrum offene Hallenarchitektur (*porticus*). Der Lage in der Stadt und des Forumbereichs nach zu urteilen, ist innerhalb dieser Ringanlage wohl das bedeutendste Heiligtum der Stadt, die *ara Ubiorum*, zu suchen. Der mittlere Teil des Forumareals ist noch unbekannt; bislang fand man nur Spuren eines geschotterten Platzes. Das Forum griff vermutlich nach O über den Cardo hinweg und band vier *insulae* zusammen. Ein N-S, an der Achse des Cardo orientierter Platz (oder Baukörper?) war von schweren Mauern mit vorgelegten, einzeln gegründeten (Säulen- oder) Pfeilerfundamenten eingefaßt.

Der zentrale Thermenbezirk inmitten der Stadt umschloß zwei *insulae* (an der Stelle der Kirche St. Peter und St. Cäcilien). Die Lage der Thermen orientierte sich an der Fallinie der Fernwasserleitung aus der Eifel, die S des großen W-Tores die Stadt erreichte. Die aufgefundenen Fundamente weisen auf umfangreiche Baumassen, die jedoch dem ma Steinraub zum Opfer gefallen sind.

Wohnviertel. Die beiden Hauptstraßen, *cardo maximus* und *decumanus maximus*, schnitten das umwehrte Areal der Stadt in vier ungleich große Quartiere. Untergeordnete kleinere Straßen teilten netzartig das gesamte Stadtareal in nahezu regelmäßige Baublöcke. Die lW der Hauptstraßen maß ca 32 m zwischen den Giebelfronten und ca 22 m zwischen den Laubengängen. Die Nebenstraßen waren 20–23 m, die Fahrbahnen 11–14 m breit. Entscheidende Veränderungen des Straßenrasters sind bis zur Auflösung der röm Herrschaft in Köln offenbar nicht vorgenommen worden. Die Straßendecken wurden aber mehrfach mit Kies neu aufgeschottert, ein Großteil der Fahrbahnen vielleicht schon im 2. Jh mit Säulenbasalten gepflastert. Ein Ausschnitt aus einem solchen ▶ Basaltpflaster hat sich im NO der Stadt in einer Nebenstraße erhalten (röm Straßenzug »Hafenstraße« an der S-Seite des Röm-Germ Museums). Trotz der nahezu rechtwinklig geführten Fluchten erschien das Straßenbild nicht uniform, da die unterschiedlich hohen Giebelzonen und die den Einzelhäusern zugeordneten Portiken verschieden gestaltet waren.

Das innerstädtische Gefüge war durch das Raster der Straßen vorgezeichnet. An dieser Ordnung orientierte sich die öffentliche und private Bebauung auf mehr als 70 Baublöcken (*insulae*). Ein Drittel dieser Flächen ist ganz oder in Ausschnitten durch archäologische Untersuchungen und Beobachtungen bekannt. Ein Großteil der zur Bebauung verfügbaren Areale war öffentlicher Besitz mit deutlichem Schwergewicht in der Zone zwischen Cardo und Hafenseite. Die Bauten des Forums beherrschten die Stadtmitte im Schnittpunkt der Hauptachsen. Tempel, Verwaltungsgebäude und der Amtssitz des niedergerm Statthalters (*praetorium*) schlossen zur Rheinseite an. Überschichtungen von öffentlicher und privater Baunutzung scheint es in der Regel nicht gegeben zu haben; das im 1. JhnChr von Staat und Gemeinde in Anspruch genommene Gelände blieb bis zur Auflösung der röm Stadt im 5. Jh offenbar konstant in öffentlichem Besitz. Veränderungen innerhalb der Baublöcke hat es im Verlauf von vier Jahrhunderten in allen Bereichen gegeben, doch hielten sich die Bauvorhaben in der Regel an die alten Grundstücksgrenzen. Neuplanungen mit verändertem Grundriß liegen dort vor, wo keine kanonischen Vorschriften (zB bei Tempelbauten) den Spielraum der Bauleute einengten.

Die größeren innerstädtischen Privatbauten nahmen mit Atrium- und Peristylhaus italische Vorbilder auf. In einzelnen Beispielen ist die Aufteilung in straßenseitige Ladenteile und Wohntrakte bekannt, doch fehlt hier insgesamt noch die Kenntnis, um über Gliederung und Infrastruktur der privaten Wohnbereiche mit größerer Sicherheit Aussagen machen zu können.

Auf der Grundlage der in den beiden ersten Jahrzehnten des 1. JhnChr entworfenen orthogonalen Ordnung ist das städtische Gefüge seit Mitte des 1. JhnChr bis zum Anfang des 2. JhnChr nach dem Vorbild oberitalischer Stadtbilder und ihrer Architektur entworfen und angelegt worden. Von da an nahmen die innerstädtischen Baumaßnahmen ab. Die Ausgrabungen in der Domumgebung lassen die Entwicklung röm Wohnviertel der *CCAA* in größeren, zusammenhängenden Abschnitten erkennen. Nach gegenwärtiger Sicht sind diese Ergebnisse weitgehend repräsentativ für die übrige Wohnbebauung der Kolonie.

Die ältesten, in der Nachbarschaft des Domes faßbaren Bauspuren, vermutlich aus dem 1. und 2. Jahrzehnt des 1. JhnChr, markieren eine deutliche Parzellierung innerhalb der Baublöcke. Die frühen Baufluchten der Grundstücke deuten auf eine rechtwinklige Einmessung der Bauflächen, die sich an der Cardoachse orientierte. Wenn auch die Grundrisse der ältesten Bauten nie ganz in ihren Grenzen nachgewiesen werden konnten, so zeigten sich doch wichtige Merkmale: Holzpfostenkonstruktion mit Schwellriegeln, Ständerkonstruktion auf Schwellbalken, Grauwacke- und Trachytsteinfundamente mit aufgehender Fachwerkkonstruktion und Stampflehm in den Gefachen. Diese erste Bebauung ist vielleicht bei

Abb. 402   Köln. Straße mit Basaltpflaster (sog Hafenstr). Ausgrabungen des Römisch-Germanischen Museums Köln 1970

Abb. 403   Köln. Große Brinkgasse. Bergung eines Mosaikbodens. Ausgrabungen des Römisch-Germanischen Museums 1981

einem Schadensbrand im 2. Jahrzehnt des 1. JhnChr untergegangen. Vor der Neubebauung blieb das Gelände offenbar einige Zeit als Trümmerstelle liegen, bis der Brandschutt insbesondere an der Niederterrassenkante eingeebnet und mit Schutt und Kies abgeglichen wurde. Um die Mitte des 1. JhnChr, zZ der Kolonieerhebung, wurde das wiederhergestellte Baugelände neu parzelliert. Offenbar hat es in diesem Bereich Besitzverschiebungen gegeben. Entlang des Cardo entstanden streng geordnete, längsrechteckige Häuser mit Mittelstützenreihe oder innerer konstruktiver Wandgliederung. Typisch ist ein zweischiffiger Hallenhaustyp mit einer Grundfläche bis zu 220 m². Bereits zu dieser Zeit sind im W und N der *insula* straßenseitig Kolonnaden vorgelegt worden.

In der Nachbarinsula entstand auf einer Baufläche von ca 1400 m², vermutlich zur gleichen Zeit, ein Haus mit (nicht sicher nachweisbarem) Atrium und Peristyl. Zur W Straßenseite lag eine Portikus, hinter der sich Läden (mit Mauern in Fachwerkständerkonstruktion) öffneten. Über ein

Vestibül führte ein gewinkelter Gang durch das Atrium (?) an verschiedenen Räumen vorbei zum Peristyl, das dreiseitig umbaut war. Auf die Mauersockel des Hauses war Lehmstampfwerk gesetzt worden. Die verputzten Wände verschiedener Räume trugen einen Anstrich mit farbigen Panneaux und figürlichen Szenen (→ Wandmalerei). Gegen Ende des 1. JhnChr baute man das Haus weitgehend auf den alten Fluchten neu und änderte den Bauplan in Teilen ab. In den nachfolgenden Jahrhunderten wurden mehrfach Umbauten und Erweiterungen eingefügt, nur das Peristyl blieb bis in das 4. Jh weitgehend unverändert erhalten.

Auch an den übrigen, wohl weitgehend eingeschossigen Häusern des Viertels wurden seit dem 2. Jh Umbauten und Neubauten vorgenommen, durch die die ursprünglichen Grundrißgliederungen zT verlorengingen. Einzelne Grundstücke wurden auch geteilt. Die Umgestaltungen griffen teilweise in die alte Bausubstanz ein; Kellerräume und Heizungsanlagen wurden eingebaut.

O schließt an das Peristylhaus, nur durch eine

Abb. 404   Köln. Hausgrundrisse mit Hypokaustanlagen und Keller westlich des Kölner Doms.
Ausgrabungen des Römisch-Germanischen Museums 1969

Geländestufe der Niederterrasse geringfügig getrennt, das Haus mit dem Dionysosmosaik an.
Der trapezförmige Grundstücksschnitt (3400 m²)
dieser *villa urbana* nimmt Rücksicht auf die O-
Mauer der Kolonie und auf die an der Innenseite
vorbeiführende Straßenflucht. Die Villenanlage
aus dem 1./2. Jh zeigte offenbar schon weitgehend die gleiche Grundrißgestaltung wie im 3. Jh
(an dieser Stelle heute das Röm-Germ Museum).
Mehr als 20 Räume gruppierten sich um ein Gar-
tenperistyl mit nahezu 500 m² Innenfläche. Der
Eingang des Hauses lag an der O-Seite in der
Mitte der Hausachse. Der Bau des 3. Jh war reich
ausgestattet mit Wandmalerei, → Mosaiken
(→ Bauausstattung) und einer Bodenheizung im
S-Trakt des Hauses, wo sich auch ein Küchen-
raum befand.
Einem vergleichbaren Bauplan folgt ein Peristylhaus im W innerhalb der Stadtmauer an der Gertrudenstr. Um einen Peristylhof mit umlaufenden gedeckten Gängen an den vier Seiten öffnen
sich zahlreiche Wohnräume. Auch wenn nur ein
Teil des Hauses in seinen Fundamenten erhalten

war, so ist dennoch zu erkennen, daß dieses Haus
trotz zahlreicher Umbauten über drei Jahrhunderte hinweg mindestens 15 Wohnräume umfaßte.
Die durch Ausgrabungen erschlossenen Bau-
grundrisse legen nahe, daß die Parzellierung innerhalb der Baublöcke relativ großflächige Bau-
einheiten umfaßte. Die Grundmuster der Peristylhäuser sind als mediterrane Architekturent-
würfe um die Mitte des 1. JhnChr in der Kolonie
eingeführt worden. Trotz zahlreicher Bauänderungen im Verlauf von nahezu drei Jahrhunderten blieben die Grundlagen der Entwürfe erhalten. In den Wirren der Mitte des 4. Jh ist die
Mehrzahl der Häuser untergegangen. Danach
reichte die Wirtschaftskraft nicht mehr aus, die
aufwendigen Bauten aus privatem Vermögen
großzügig wieder aufzubauen. Der vorhandene
Ruinenbestand scheint nur noch notdürftig wiederhergestellt worden zu sein. So entstand beispielsweise auf dem O-Flügel des Dionysoshau-
ses ein aus Spolien errichtetes Versorgungsmaga-
zin (*horreum*).   He

Abb. 405 Köln. Wandmalerei mit sog. Schirmkandelabern. – H. 2,70 m. 2. Hälfte 1. Jh. n. Chr. Rekonstruktion (mit Originalfragmenten) A. Linfert. (RGM Köln)

Wohnviertel (Bauausstattung): Wandmalerei. Aufgrund der Fundstatistik ist anzunehmen, daß, wie es die erhaltenen Häuser in Pompeji, Herculaneum und Ostia zeigen, auch in Köln fast alle Räumlichkeiten sowohl im privaten Bereich als auch in öffentlichen Bauwerken in Freskotechnik ausgemalt waren. Je nach Funktion und Bedeutung des Raumes sind die Malereien mehr oder weniger aufwendig. Generell sind die Dekorationen bescheidener als in Italien und figürliche Darstellungen beschränken sich auf die repräsentativen Räume der Häuser.

Die frühesten Wandmalereien aus Köln stammen aus augusteischer Zeit und wurden am Margarethenkloster in der NO-Ecke der *CCAA* aufgenommen. Es handelt sich um eine weißgrundige Rahmendekoration mit gleich großen, aneinandergereihten Feldern von grünen, rot gefaßten Bändern umschrieben. Das ganze über einem gesprenkelten Sockel, der Steininkrustation nachahmen soll. Dieses einfache Dekorationssystem wurde mit leichten Abweichungen der Bänderfarbe und -breite bis ins 3. JhnChr beibehalten.

Bereits aus tiberisch-claudischer Zeit sind in Köln die frühesten »Schirmkandelaberdekorationen« nachzuweisen. Als Beispiel sei ein Fundkomplex aus einer Grube unter dem Dionysosmosaik in dem bekannten Peristylhaus S des Doms genannt. Die Hauptwandzone ist in große schwarze Felder und schmale rote Lisenenstreifen, begrenzt von weißen Linien, aufgeteilt, die mit dünnen weißen Stielen dekoriert sind, welche wiederum von schirmartigen Gebilden mit gezackten Rändern gegliedert werden. In einer gesonderten Oberzone befinden sich mit braunen Bändern gerahmte Felder. Der Sockel ist in grobmarmorierte, verschiedenfarbige Felder unterteilt.

Aus dem 3. Viertel des 1. JhnChr sind die schönsten und aufwendigsten Schirmkandelaberwände erhalten. Sie kamen bei der ausgedehnten Grabung 1969 an der SW-Ecke des Doms zutage und sind jetzt im Röm-Germ Museum ausgestellt. Über einem in rote und schwarze Bildfelder aufgeteilten Sockel ist die Hauptzone in große rote Panneaux vor schwarzem Grund gegliedert. Die roten Panneaux werden von Säulen mit korinthi-

Abb. 406   Köln. Gertrudenstraße. Wandmale-reifragment mit sog. Schirmkandelaber. – H. noch 1,50 m. Ende 1. Jh. n. Chr. (RGM Köln)

schen Kapitellen begrenzt, auf denen ein Eier-stabgesims liegt. Auf schmalen schwarzen Trenn-streifen zwischen den Panneaux sind reich deko-rierte farbenprächtige Schirmkandelaber gemalt. Die obersten Schirme werden von stehenden oder sitzenden Göttern oder von kleinen figürlichen Szenen mit Putten und Satyrn bei der Weinlese und beim Keltern bekrönt. Über dem Eierstabge-

bälk sitzen Schwäne und Sphingen, Lyrae und Maskenkästen, untereinander verbunden mit Girlanden.

Die größte Vielfalt an verschiedenen Dekora-tionssystemen läßt sich in flavischer Zeit feststel-len. Beliebt sind weiterhin rot-schwarze Schirm-kandelaberdekorationen. Anstelle der architek-tonischen Felderbegrenzungen sind jedoch schlichte, meist grüne rahmende Bänder getreten. Die figürliche Ausstattung ist zurückhaltender aber nicht weniger qualitätsvoll. Besonders ein-drucksvoll sind Schirmkandelabermalereien, die in einem Peristylhaus an der W-Seite der *CCAA* in der Gertrudenstr zutage kamen. Hier sind die obersten Schirme jedes Kandelaberfeldes von dionysischen Büsten und Gorgonenhäuptern be-krönt.

Daneben sind auch Kandelaberdekorationen er-halten, die mit figürlichen mythologischen Frie-sen verbunden sind. Eines der interessantesten Beispiele wurde ebenfalls 1969 in dem hypokaus-tierten Raum eines kleinen Peristylhauses W des Hauses mit Dionysosmosaik freigelegt. Im schwarzen Sockel ist ein Fries mit Ziegen, ver-folgt von springenden Panthern und Löwen dar-gestellt, der von Masken unterbrochen wird. In der einfarbig roten Hauptzone darüber sind durch weiße Linien schmale Streifen abgeteilt, in denen gelbe Schirmkandelaber mit eckigen und runden Voluten wiedergegeben sind, die offenbar ebenfalls von nur noch schwach erkennbaren Bü-sten bekrönt waren. Ein breites stilisiertes Ge-sims schließt diese Zone ab; darüber folgt eine mindestens 1 m hohe blaugrundige Frieszone mit einer Schiffsschlachtszene, möglicherweise ein Thema aus der Ilias des Homer.

Aus der 1. Hälfte des 2. Jh sind sehr wenige Wandmalereien erhalten. Es handelt sich vor al-lem um Beispiele weißgrundiger Felder- und Li-senenmalereien, wobei die Lisenenstreifen mit Girlanden und Ranken dekoriert sein können. Entsprechende Beispiele sind sowohl für das Prä-torium als auch für die Wohnbebauung im Dom-bereich belegt.

Im Laufe des 2. Jh werden die rot-schwarzen Fel-derdekorationen zunehmend seltener. Die Aus-stattung der schmalen Zwischenfelder mit Schirmkandelabern ist nicht mehr nachzuweisen. Statt dessen erscheinen wieder, wie im 3. Viertel

des 1. Jh, architektonische Elemente, zB Eier-
stabgesimse.

Die oben erwähnte rote Schirmkandelaberdeko-
ration mit der blauen Iliasfrieszone wurde um die
Mitte des 2. Jh gepickt und übermalt. Der Sockel
ist jetzt in marmorierte Felder unterteilt. Die wiederum rote Hauptzone ist von gelben Doppellinien in Felder gegliedert und wird oben durch
einen groben stilisierten Eierstab abgeschlossen,
darüber folgt die weißgrundige Oberzone der
Wand, die mit einem Absatz in die tonnengewölbte Decke übergeht. Sowohl im Tonnengewölbe als auch in der Oberzone der Wand werden mit roten Doppellinien Felder umschrieben.
Auf die Trennstreifen sind hellblaue Ranken-
bäumchen gemalt. Die himmelblaugrundigen
Lünetten trugen figürliche Darstellungen. Erhalten sind Fragmente von zwei Eroten.

Vereinzelte gewölbte Putzstücke vom Prätorium
weisen darauf hin, daß auch Kreisrapporte mit
Rosetten an der Decke vorkamen.

Aus spätantoninischer Zeit sind drei Beispiele
von Megalographien erhalten. Am besten und
vollständigsten konserviert sind zwei Jagdsze-
nen, die in dem gleichen Raum geborgen wurden,
wie die Schirmkandelaberwände mit den korinthischen Säulen. Sie gehen auf einen späteren
Umbau zurück. Dargestellt ist einmal ein Panther, in der anderen Szene ein gewaltiger Tiger,
der einem bereits in den Vorderbeinen niederge-
brochenen Pferd in den Nacken springt. Der ab-
geworfene Reiter sitzt mit aufgestellter Lanze neben seinem Pferd am Boden.

Im Verlauf des späteren 2. Jh wird die Putzquali-
tät immer schlechter, der Malgrund ist nicht mehr
geglättet, die Farbe wird dünnflüssiger aufgetragen, so daß der Pinselstrich erkennbar ist. Die
Farbpalette hat sich gegenüber dem 1. JhnChr geändert. Beliebt sind jetzt gebrochene Mischtöne
wie Olivgrün, verschiedene Braunwerte, Grau
und Rostrot; daneben gibt es aber auch ein leuch-
tendes Orange und helles Gelb.

Wohl in frühseverischer Zeit ist eine interessante
Dekoration aus dem bereits erwähnten kleinen
Peristylhaus entstanden mit zwei gleich großen
Feldern, welche von verschiedenfarbigen Bändern gerahmt sind. In den Feldern sitzen jeweils
weitere Binnenrahmen, deren Enden sich über-
kreuzen. Auf der oberen Rahmenleiste ist in je-

dem Feld eine grüne Volutenranke dargestellt.
Über den Feldern folgt ein grüner Gartenzaun, in
dessen Mitte auf einer stilisierten Säule ein Tafel-
bild mit der Darstellung einer Jahreszeitenbüste
steht. Den oberen Wandabschluß bilden ein stili-
sierter Blattstab sowie zwei farbige Bänder. Die
zugehörige tonnengewölbte Decke war mit drei
nebeneinanderliegenden großen, von mehrfarbi-
gen Bändern umschriebenen Kreisen dekoriert,
von denen der mittlere größer ist als die beiden
flankierenden. Um den großen Kreis läuft eine
grüne Blattranke, um alle drei Kreise herum eine
rotbraune.

Aus dem späteren 3. Jh sind weitere weißgrundige Felderdekorationen mit bunten Rahmen gesichert, die zunehmend unregelmäßiger und
flüchtiger gemalt sind. Sehr vereinzelte Fragmente, vor allem aus dem Bereich der Thermen,
weisen darauf hin, daß im 4. Jh wieder einzelne
architektonische Elemente in die Dekorationssy-
steme aufgenommen werden. Tho

Wohnviertel (Bauausstattung): Mosaiken. Die älteste Nachricht von Mosaikfunden in Köln gibt
Albertus Magnus. Nachdem er 1248 im Jahr der
Grundsteinlegung des gotischen Doms nach
Köln kam, hat er die »pavimenta« wahrscheinlich
in den tiefen Baugruben des Domchores beobachtet. Im 19. Jh wurden erstmals Mosaiken geborgen und restauriert. Doch muß man davon
ausgehen, daß kein Kölner Mosaikboden, der vor
der Einrichtung einer organisierten Bodendenkmalpflege durch F. Fremersdorf (1923) geborgen
wurde, im originalen Zustand überliefert ist. Bis
ins frühe 20. Jh war es nicht das Ziel der Restau-
rierungen, die gehobenen Teilstücke zusammen-
zusetzen und das Originale dauerhaft zu konservieren, sondern den fragmentarischen Auffin-
dungszustand zu beseitigen und durch Ergänzungen den jeweiligen Boden wieder als ein in
sich geschlossenes Kunstwerk erscheinen zu lassen. Da man dabei um eine möglichst einheitliche
Gesamtwirkung bemüht war, sind die Grenzen
zwischen neuen und antiken Partien heute nicht
mehr ablesbar und der stilistische Aussagewert
der Altfunde entsprechend gering.

Dies gilt für das 1844 im Hof des ehem Bürger-
spitals entdeckte Philosophenmosaik mit den
Brustbildern von fünf griechischen Dichtern und

Philosophen (Kleobulos, Sokrates, Cheilon, So- phokles und Diogenes). Das Mosaik, ergänzt mit den Büsten von Platon und Aristoteles nach J. A. Ramboux, mußte nach der Zertrümmerung im

2. Weltkrieg erneut restauriert werden. Als Folge der verschiedenen Maßnahmen hat keines der Bildnisse den originalen Zustand bewahrt. Auch die zahlreichen antiquarischen und motivi-

Abb. 407   Köln. Die in der Colonia Claudia Ara Agrippinensium und Umgebung bisher nach- gewiesenen Mosaikfußböden

schen Unstimmigkeiten beim Gladiatorenmosaik aus der Lungengasse müssen durch die Restaurierung im 19. Jh entstanden sein.

Anders als bei den Mosaikfunden des vergangenen Jahrhunderts, deren baulicher Kontext nicht untersucht und festgehalten werden konnte, bot sich nach den Zerstörungen des 2. Weltkriegs in Köln die Möglichkeit, größere zusammenhängende Flächengrabungen auf innerstädtischem Gebiet durchzuführen. 1969/70 wurde im Rahmen einer Großgrabung in der NO-Ecke der antiken Stadt ein Peristylhaus freigelegt, das vier mit Mosaikböden ausgestattete Räume besaß. Das bereits 1941 entdeckte Dionysosmosaik schmückte den zum Peristyl geöffneten Hauptraum, von dem der Blick auf ein Wasserbecken im Innenhof fiel. Die Bodenfläche ist nach einem Oktogonschema gegliedert, das mit einem zweisträhnigen Flechtband gezeichnet ist. Hauptmotiv des Rapportmusters sind Flechtbandsterne aus zwei ineinandergestellten Quadraten. In der Mitte ist ein quadratisches Bildfeld eingefügt, das den trunkenen Dionysos auf einen Satyr gestützt wiedergibt. In den sechs Achteckfeldern um das Mittelbild sehen wir Figuren aus dem dionysischen Gefolge: Gruppen von musizierenden und tanzenden Mänaden und Satyrn. In den vier kleinen Quadraten um das Mittelbild finden sich weitere Begleiter des Dionysos. Die quadratischen Eckfelder des Bodens enthalten fruchtgefüllte Kratere und Körbe. In den Randfeldern der N-Seite haben sich zwei Vogelgespanne mit zweirädrigen Wägelchen erhalten, die mit Erntegeräten bzw. Weintrauben beladen sind. Diese Motive sind typische Attribute der röm Personifikationen der Jahreszeiten von Sommer und Herbst. Zwei entsprechende Vogelgespanne mit den Gaben von Frühling und Winter sind in den zerstörten Feldern der Gegenseite zu ergänzen.

Alle Motive des Bodens sind von vergleichbaren Mosaiken in Wohnhäusern aus den verschiedenen röm Provinzen bekannt. Es liegen keine Anhaltspunkte dafür vor, daß das Peristylhaus in Köln anders als zu profanen Zwecken genutzt wurde. Die Thematik des Mosaiks verbindet die in der röm Kunst beliebten Bilder des dionysischen Treibens mit Darstellungen von Tieren und Früchten. Diese Motive, die dem geläufigen Bildrepertoire röm Mosaiken entstammen, spielen

auf Lebensgenuß, Überfluß und Wohlergehen an und waren insofern für den Speise- und Empfangsraum eines repräsentativen Hauses besonders geeignet.

Ein weiteres Mosaik, das 1969 im N-Teil desselben Peristylhauses freigelegt wurde, besteht aus einer geometrisch verzierten, schwarzweißen Randzone und einem gerahmten polychromen Bildfeld. Erhalten sind noch die Reste der Büste eines bärtigen Silens mit einem bekränzten Kantharos. Beide Böden dürften im ersten Drittel des 3. JhnChr entstanden sein.

In der Nachbarschaft des Peristylhauses fanden sich weitere Bauten mit Mosaiken. Im N angrenzenden Haus wurden 1969 zwei Böden aufgedeckt, die ein schwarzweißes Muster aus sich überschneidenden Kreisen und Swastikamotiven zeigen. In der W benachbarten *insula* (dh beim S Domturm) fand man 1970 die Reste eines polychromen Bodens. Er läßt sich zu einer Komposition aus acht Bogenfeldern ergänzen, die radial um ein verlorenes rundes Mittelfeld angeordnet waren. Das einzige erhaltene Bildfeld zeigt eine stehende weibliche Figur und Reste einer sitzenden Gestalt mit einem Thyrsosstab in der Hand, wohl ein Satyr und eine Mänade. In den quadratischen Eckfeldern des Bodens waren die Personifikationen der vier Jahreszeiten abgebildet. Dafür spricht das erhaltene Feld mit der Büste einer verschleierten Frau, die einen für den Winter geläufigen Typus wiedergibt. Nach dem Stil der Rahmenbänder ist der Boden jünger als die Mosaiken aus dem Peristylhaus und vermutlich um die Mitte des 3. Jh zu datieren.

Die auf der Domsüdseite aufgedeckten Häuser folgen in Grundriß und Ausstattung mit Wandmalerei und Mosaiken mediterranen Vorbildern. Schon die Anzahl von mindestens sieben Böden in zwei, nur teilweise untersuchten *insulae* läßt vermuten, daß derartige Fußböden in Köln keine Ausnahmen waren. Überblickt man eine topographische Karte mit sämtlichen, seit dem 19. Jh bekanntgewordenen Funden, so sind Bauten mit Mosaiken in bisher 22 *insulae* der Stadt nachgewiesen. Die Mehrzahl der Funde dürfte aus nicht näher bekannten privaten Wohnhäusern stammen. Außerdem sind Mosaiken für öffentliche Gebäude, wie das Prätorium und die Thermen bei St. Cäcilien, belegt. Wie die Kartierung erkennen läßt, waren Bauten mit Mosaiken über das ganze Stadtgebiet verteilt. Es gibt keine Anzeichen dafür, daß das Haus mit dem Dionysosmosaik in Größe und Ausstattung ein Einzelfall war. Auch das Philosophenmosaik muß in einem luxuriösen Wohnhaus gelegen haben. Zu den auf innerstädtischem Gebiet nachgewiesenen Beispielen kommen die Mosaikreste, die außerhalb der Stadtmauern an mindestens zwölf Fundstellen beobachtet wurden und aus suburbanen Villen stammen müssen. Damit ist Köln nach Trier der wichtigste Fundort von Mosaiken in den NW-Provinzen des Römischen Reiches.

Trotz der zahlenmäßig nicht geringen Funde läßt sich die chronologische Entwicklung der Kölner Mosaiken nur schwer überblicken. Als ältestes Beispiel gelten zwei 1849 bei St. Maria im Kapitol gefundenen Böden, die von Ramboux ergänzt wurden. Eines der Mosaiken mit einem von Mosaiksteinen gerahmten *opus sectile*-Feld hat seine nächsten Parallelen in Pompeji im 1. JhnChr.

Die bisher in Köln gefundenen Mosaiken sind nach geometrischen Schemata gegliedert. Böden mit freien figürlichen Kompositionen sind mit Ausnahme des nicht mehr authentischen Gladiatorenmosaiks nicht belegt. Reine Schwarzweißböden, die vor allem im 1. und 2. JhnChr verbreitet waren, sind nur in wenigen Beispielen erhalten. Die zu verschiedenen Zeiten beim Cäcilienkloster entdeckten Fragmente mit demselben schwarzweißen Bogendreieckmuster können heute den großen Thermen zugewiesen werden. Die bisherige Datierung dieser geometrischen Böden in das 1. JhnChr läßt sich jedoch nicht aufrechterhalten, da diese, wie der tiefer liegende Fund eines älteren Weißmosaiks zeigt, zu einer späteren Restaurierung der Thermen im 2.–3. Jh gehören müssen. Die Mehrzahl der Mosaikfunde auf Kölner Gebiet ist polychrom oder mit farbigen Motiven verziert und dürfte nach dem Stil der Ornamentik im späteren 2. Jh und in der ersten Hälfte des 3. Jh verlegt sein. Soweit sich das Material überblicken läßt, war das 3. Jh die eigentliche Blütezeit der Mosaikkunst in Köln. In dieser Zeit haben, wie Parallelen in Trier zeigen, enge Beziehungen zwischen den Werkstätten beider Städte bestanden. Seit dem letzten Drittel des 3. Jh sind in Köln keine gesicherten Böden mehr nachweisbar. Als die Rheingrenze durch fränki-

sche Übergriffe bedroht und die Residenzstadt nach Trier verlegt war, wurden in Köln keine Mosaiken mehr verlegt. Erst im ausgehenden 4. Jh ist wieder eine Mosaikproduktion von Bedeutung faßbar. Ein hochgestellter Auftraggeber ließ den Vorgängerbau der staufischen Gereonskirche mit Wandmosaiken und einem polychromen Fußboden ausstatten. Die 1978/79 gefundenen Reste eines farbigen Flechtbandes und zahlreiche, zT aus Goldglas bestehende Mosaiksteine eines Wandmosaiks sind die letzten Zeugnisse einer spätantiken Mosaikkunst.   Boe

Praetorium. An zentraler Stelle in der O-Hälfte der Stadt zwischen Hafenmauer und *cardo maximus* lag auf einer Baufläche von vier *insulae* der weitläufige Baukomplex des *praetorium*. Die ältesten Spuren reichen in die Frühzeit des Oppidums zurück, als spätestens in tiberischer Zeit ein weitläufiger Gebäudekomplex errichtet wurde, dessen O-Seite an der Rheinfront mit einer *porticus* abschloß. Im S-Abschnitt des Bauareals entstand ein dreischiffiger Hallenbau mit O Apsidenabschluß. Die Gesamtanlage, von der nur geringe Teile wegen der nachfolgenden Bauanlagen wiedergefunden wurden, umschloß vermutlich einen oder mehrere Höfe. Dieser erste Architekturentwurf zeigt bereits die Leitlinien, die fortan alle nachfolgenden Neubauten wieder aufnahmen: die Einbindung der Baukörper in vier *insulae* zwischen Cardo und Stadtmauer, eine Architekturfassade an der O-Seite über dem Hafen gegenüber der *palaestra*, später den *horrea*, auf der Insel und die Gruppierung der Bauten um verschiedene Höfe.

In claudischer Zeit, vielleicht im Zusammenhang mit der Erhebung der Siedlung zur Kolonie, erfolgten erneut Umbauten: Im N Abschnitt schloß ein Baukörper mit ausgeprägt tiefen Konchen in der O-Fassade an. Die *porticus* an der Rheinseite wurde in eine Kryptoportikus umgestaltet. Weitere Ergänzungen, oft unter Nutzung älterer Bauglieder, führten schließlich zu einer neuen, vorgeschobenen Portikusanlage. Die vielfachen Bauänderungen und Neubaumaßnahmen der Periode II erstreckten sich über nahezu 100 Jahre. Die ursprünglich klare Frontgliederung der Gebäude an der Rheinseite ging durch die Erweiterung im Bereich der Flußaue verloren. Die

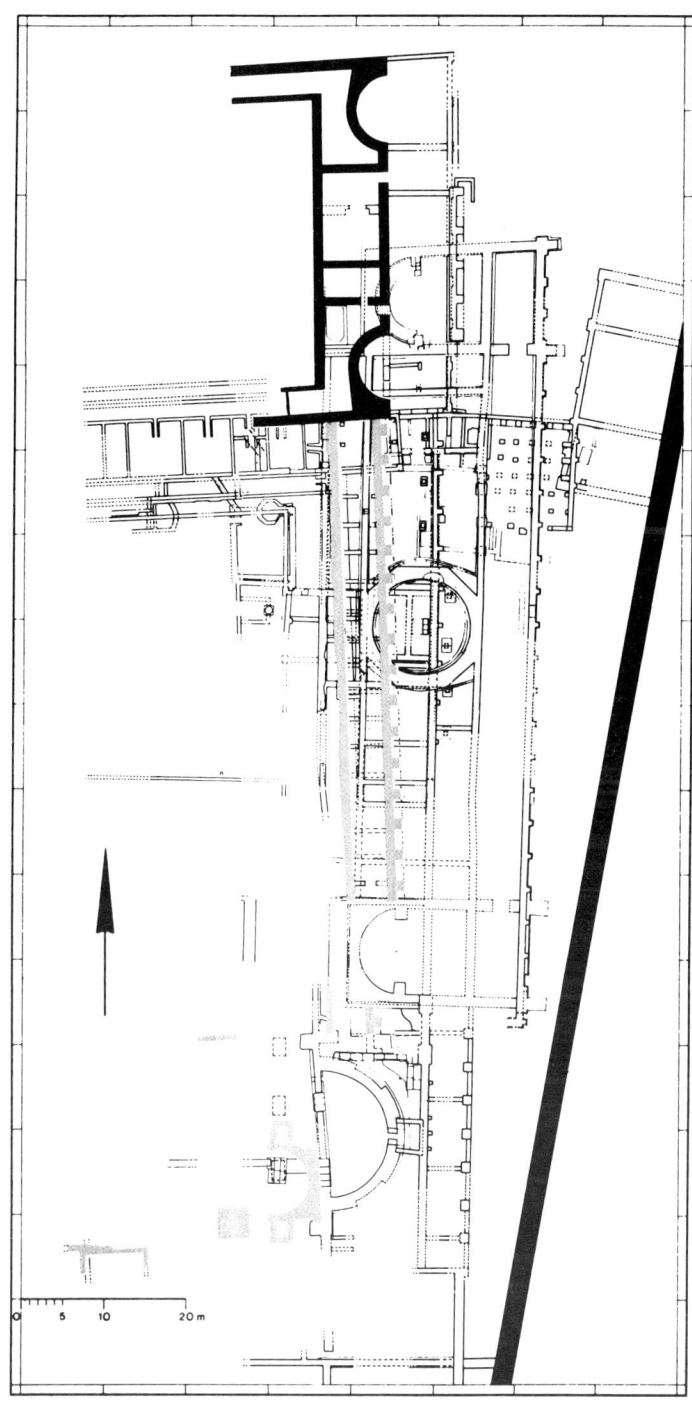

Abb. 408   Koln. Prätorium. Plan. – Schwarz: Periode II, 1; die weiterbenutzten älteren Bauteile sind gerastert (um 50 n. Chr.)

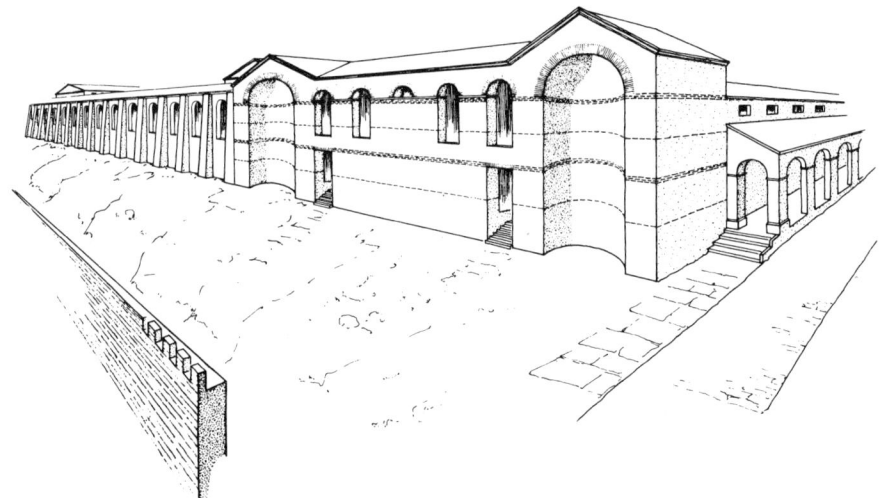

Abb. 409   Köln. Prätorium. Periode II, 1 (um 50 n. Chr.) Rekonstruktion G. Precht

Deutung der Gesamtanlage als *praetorium,* Amtssitz des Oberbefehlshabers der röm Truppen am unteren Rhein und seit 85 nChr Statthalters der Provinz, wird ua gestützt durch die literarische Überlieferung anläßlich der Erhebung des Statthalters Vitellius 69 nChr (Sueton, Vitellius 8).

Im letzten Viertel des 2. JhnChr wurden alle bisherigen Bauanlagen niedergelegt, die Kellerzonen verfüllt und das Geländeplateau planiert. Es entstand ein dritter Neubau mit neu ausgesteckten Baufluchten, insbesondere an der O-Seite. Neue Gebäudeteile wurden näher an die Stadtmauer gerückt, ein Durchgang entlang der Innenseite der Stadtmauer war nun nicht mehr möglich. Charakteristisch ist die weitläufig gegliederte Anlage, die Ähnlichkeit zur Planung der 1. Periode zeigt. Die neue Portikus zur Hafenseite erreichte nun eine Länge von ca 95 m, über dem Untergeschoß mit Pfeilern und segmentförmigen Böden lag eine Galerie (B 4,5 m) mit seitlich angeordneten Flügelbauten. Auf dem Geländeplateau schlossen nach W Raumfluchten mit vorgelagerten Korridoren an. Über dem Abbruch der dreischiffigen Halle aus der 1. Periode wurde an gleicher Stelle eine neue, quergelagerte basilikale Halle mit großer ▶ Apsis an der O-Seite errichtet. Die Baukörper blieben bis in die 1. Hälfte des

4. Jh erhalten, nur einzelne Gebäudeteile wurden nach einer Brandkatastrophe wiederaufgebaut. Der Neubau des Prätoriums (Periode III) läßt sich nunmehr sicherer als zuvor mit dem Namen des Statthalters und späteren Kaisers Didius Iulianus (Statthalter ca 180/181 – 184/185 nChr) verbinden. *Didius Iulianus* setzte unter Kaiser Commodus eine Bauinschrift, deren Fragmente im 19. Jh unter dem Rathaus und auf dem Wallrafplatz gefunden wurden. Darüber hinaus trägt eine Reihe von Dachziegeln den Namen des Statthalters.

Dieser Bau des Prätoriums diente drei Generationen später, in der 2. Hälfte des 3. Jh, als Residenz der Usurpatoren des Gallischen Sonderreiches.

Im 4. Jh kommt es wiederum zu einer durchgreifenden Erneuerung, die sich in zwei Bauphasen gliedert. Die erste Phase des vierten Neubaus läßt sich bislang nicht mit ausreichender Genauigkeit festlegen. Die neuen Planungen waren offenbar Ergebnis einer erheblichen vorangegangenen Zerstörung. In Analogie zu dem Katastrophenhorizont der Jahre 355/356 nChr innerhalb des Stadtgebietes spricht die Situation dafür, daß der Bau im Stil eines spätantiken Palastes erst nach 356 nChr in Angriff genommen wurde. Die N Bauteile der Periode III wurden abgetragen, eine

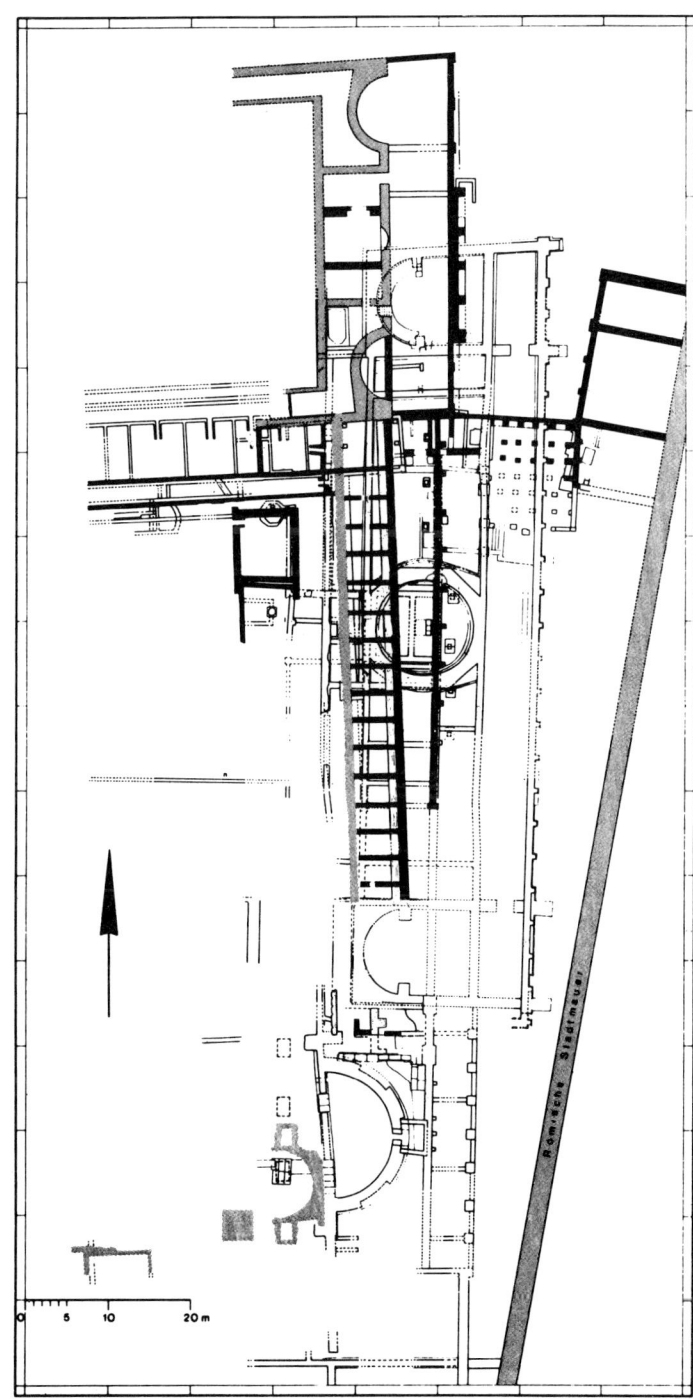

Abb. 410 Köln. Prätorium. Plan. Schwarz. Periode II, 2–6; die weiterbenutzten älteren Bauteile sind gerastert (Mitte 1.–Mitte 2. Jh. n. Chr.)

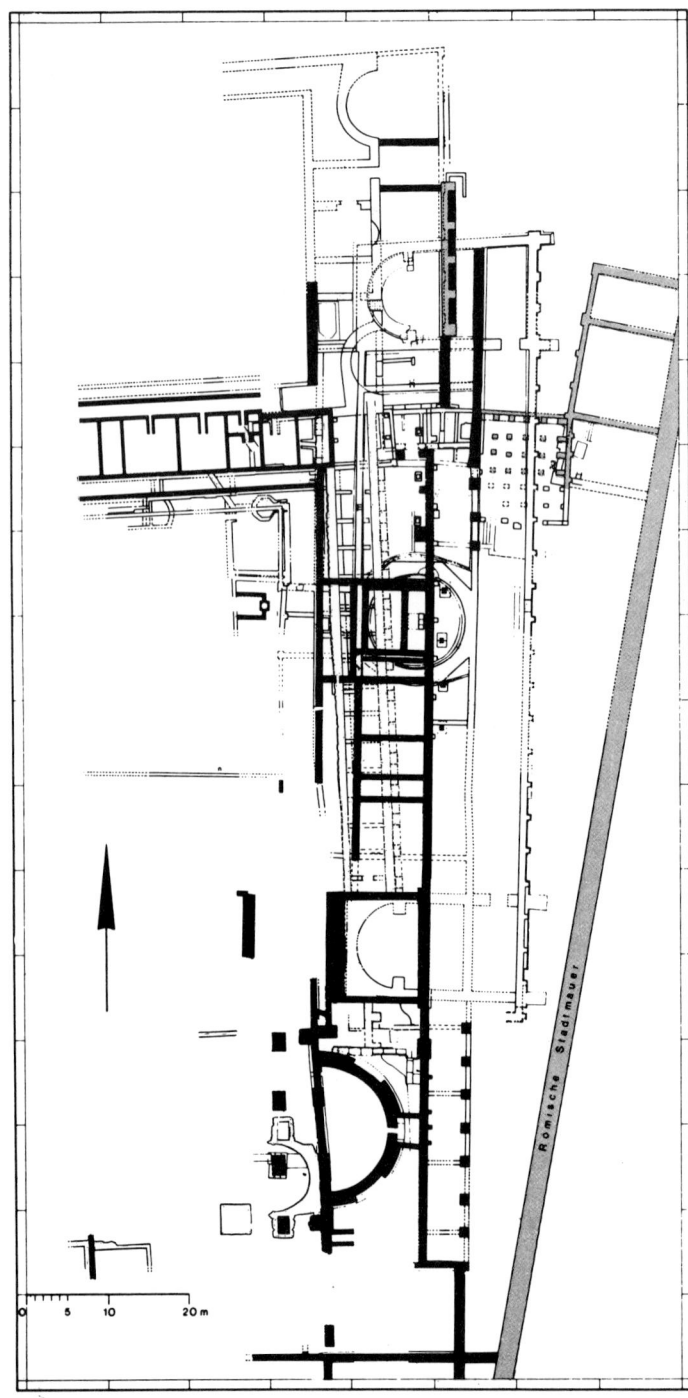

*Abb. 411   Köln. Präto-
rium. Plan. – Schwarz: Periode III, 1; die weiterbenutzten älteren Bauteile
sind gerastert (um 180
n. Chr.)*

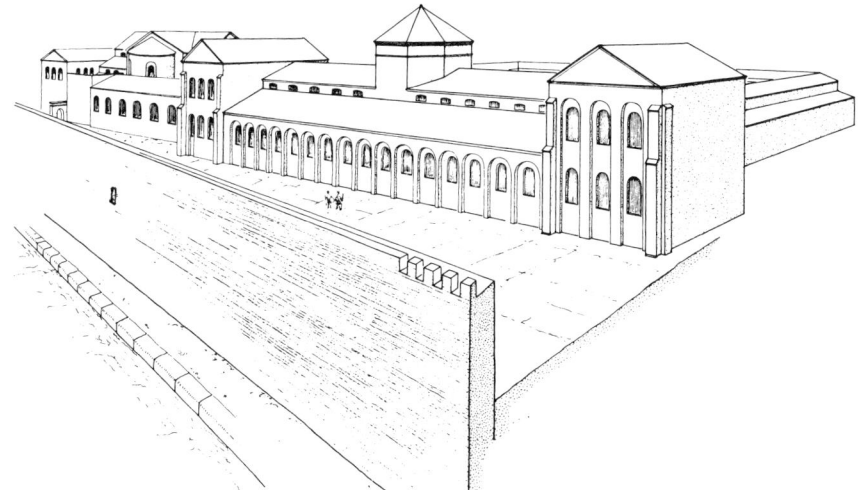

Abb. 412 Köln. Prätorium. Periode III, 1 (um 180 n. Chr.) Rekonstruktion G. Precht

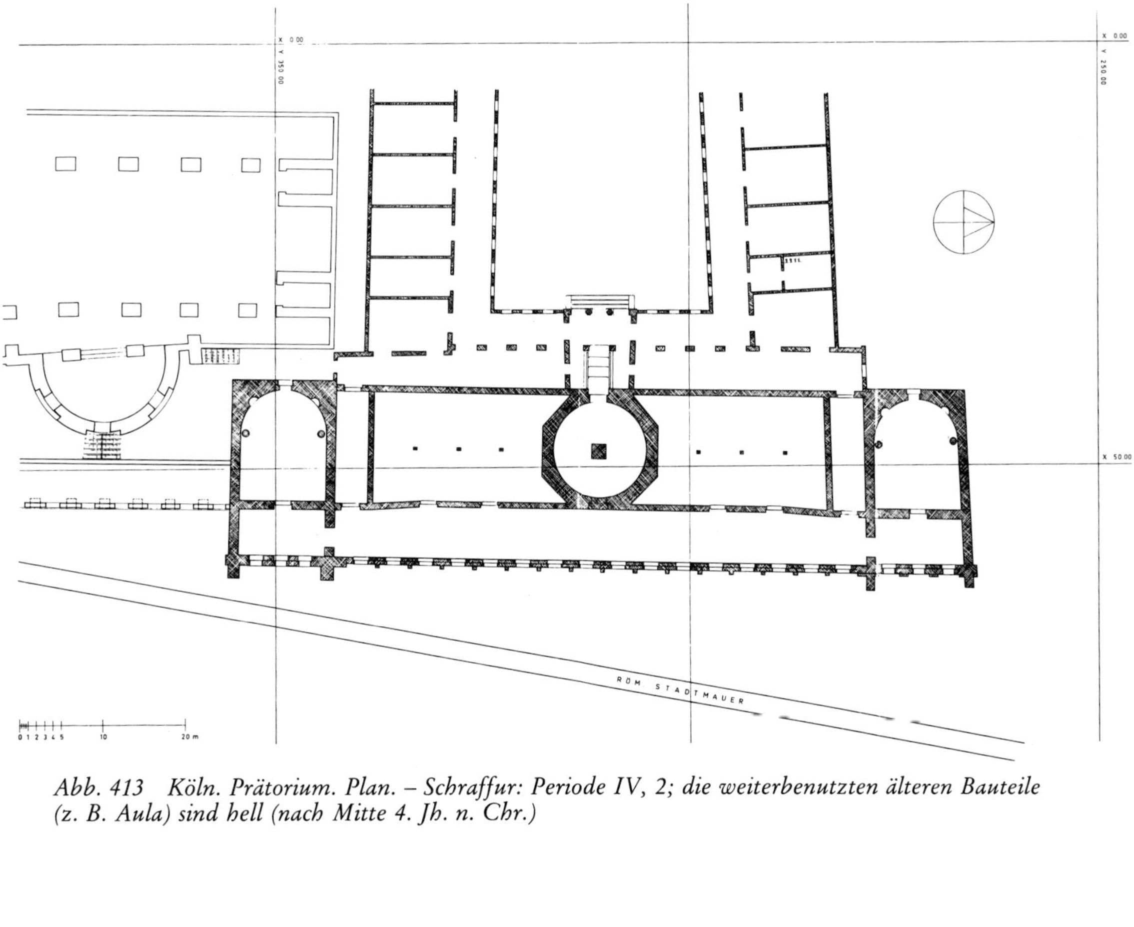

X 0.00
Y 350.00
X 0.00
Y 250.00
X 50.00
RÖM STADTMAUER
0 1 2 3 4 5 10 20 m

Abb. 413 Köln. Prätorium. Plan. – Schraffur: Periode IV, 2; die weiterbenutzten älteren Bauteile (z. B. Aula) sind hell (nach Mitte 4. Jh. n. Chr.)

neu ausgesteckte Bauflucht wiederum näher an die Stadtmauer gerückt. Charakteristisch ist nunmehr eine pilastergegliederte ▶ Frontmauer an der O-Seite, deren Fundamente heute im Kellergeschoß des Rathauses (Spanischer Bau) in wesentlichen Teilen erhalten sind. Einer zeitweiligen Bauunterbrechung folgte eine Planänderung vor Wiederaufnahme des Baubetriebs (Periode IV, 2): Unterbrechung und Planwechsel lassen sich an einer diagonal ansteigenden Baufuge in der Frontmauer ablesen, ebenso wie an den unterschiedlichen Fundamentierungstechniken.

Es kam zur Anlage eines beherrschenden zentralen ▶ Oktogons, an das sich N und S Apsidensäle anschlossen. Der ▶ N Flügelbau wurde durch kräftige Strebepfeiler betont. Erhalten sind die Fundamente und Ansätze des aufgehenden Mauerwerks. Die Gesamtanlage ist rheinseitig ein kompakter weitläufiger Bau mit einer Fassaden-

länge von 90,3 m, der sich mit einer Portikus und seitlichen Risaliten (Flügelbauten) über der Stadtmauer, dem Hafen und der Insel erhob. Nach W schloß ein dreiseitig umbauter Hof, vermutlich wiederum bis zum Cardo, an. Der Bauentwurf ist aus einer Portikusvilla (*villa urbana*) mit Eckrisaliten und turmartig aufragendem Mittelbau hinter einer Galerie abgeleitet. Im Innern, beiderseits des Oktogons, liegen zweischiffige Stützenhallen (die ▶ N Stützenhalle in ihren Fundamenten heute sichtbar). Das Oktogon umschloß ursprünglich den Fundamentsockel für ein statuarisches Denkmal, vielleicht der Mittelpunkt des Kaiser- oder Viktoriakultes. Die angrenzende große, parallel zum Rhein gelegene Basilika mit angesetzter Apsis an der O Langseite blieb auch im 4. Jh erhalten.

Da die Flügelanlagen im W des Prätoriums, entlang des Cardo, weitgehend zerstört sind, läßt

Abb. 414   Köln. Prätorium. Reste der Periode IV mit dem oktogonalen Zentralbau. Ausgrabungen des Römisch-Germanischen Museums Köln 1953

Abb. 415   Köln. Prätorium. Konservierter Befund unter dem Kölner Rathaus (Spanischer Bau)

sich aus der Architektur nur entnehmen, daß der O-Abschnitt die repräsentativen Kult- und Empfangsräume enthielt, während im W die Verwaltungstrakte, möglicherweise auch die Privaträume des Statthalters zu suchen sind. Mit der Herrschaftsübernahme der Franken in der 1. Hälfte des 5. Jh ging das Prätorium in merowingische Hand über und hat vielleicht noch eine Zeitlang als Residenz merowingischer Kleinkönige gedient.

Kultbauten. Literarische Überlieferung, archäologische Untersuchungen und Inschriftenfunde bezeugen in der *CCAA* zahlreiche Tempel und Heiligtümer. Zwischen Forum und Rheinmauer muß in der O-W-Achse der Stadt der nur literarisch überlieferte Marstempel (*delubrum Martis*) gelegen haben (Sueton, Vitellius 8). Auf die topographische Lage weist die ma Namensüberlieferung hin (Straße »Obenmarspforten«). Damit hat der Tempel in einer Achse mit dem Altar der Ubier (*ara Ubiorum*) auf der Gegenseite des Forums gelegen. Dies mag vielleicht auch der Grund dafür gewesen sein, daß das Kapitol der Stadt nicht am Forum, vielmehr im SO über der Rhein-

mauer lag. Ausführliche Bauuntersuchungen unter der Kirche St. Maria im Kapitol erbrachten den Nachweis, daß das gesamte Langhaus der Kirche auf den Fundamenten eines röm Großbaus gegründet ist. Umfang (ca 33 m × 29,5 m) und Breite (ca 4 m) der tief in den Rand der Niederterrasse gegründeten Mauern weisen auf ein öffentliches Gebäude hin. An seiner O-Seite war ein quer gelagerter, höher fundamentierter Mauerblock (8 × 29 m) vorgelegt. Aus diesen Fundamentresten ließ sich ein nach O geöffneter Tempel mit Podium und Freitreppe rekonstruieren, an dessen Front acht und an dessen Langseiten je neun Säulen standen. Die Tempelanlage muß aufgrund der Proportion eine Gebälkhöhe von ca 15 m erreicht haben. Die innere Fundamentgliederung zeigt eine typische Grundrißbildung in drei unterteilte langrechteckige Räume. Im Vergleich mit anderen gleichartigen Tempelgrundrissen im W des röm Reiches erlaubt dies den Schluß, daß die örtliche ma Überlieferung (*in capitolio*) die röm Tempelwidmung bewahrte. Der Tempel der capitolinischen Trias – *Iupiter*, *Iuno* und *Minerva* – war von einem Tempelhof (97 × 89 m) eingefaßt, der die gesamte *insula* einnahm. Der Tempelhof war vermutlich mit Trachytplatten gepflastert. Seine Umfassungsmauer gliederte sich zur Hofseite in Pfeiler und Trabanten; die inneren Nischen waren rot verputzt. Bodenfunde aus dem Fundamentbereich des Tempels deuten auf einen Baubeginn bald nach Erhebung der Stadt zur Kolonie. Der Bau könnte in flavischer Zeit fertiggestellt worden sein.

Innerhalb der weitgehend von Privatbauten eingenommenen Baublöcke im NO der Stadt lag ein kleiner Tempel mit einer *cella* (10,8 × 8,25 m, heute unter dem S Querschiff des Doms). Bislang wurde der Tempel aufgrund einer als Spolie in der Nachbarschaft gefundenen Bauinschrift als Weihung an *Mercurius Augustus* gedeutet. Doch läßt sich diese Benennung nicht mehr aufrechterhalten. Der Bezirk des Mercurius-Augustus-Tempels muß an anderer Stelle in der Stadt gelegen haben, ebenso wie der inschriftlich bezeugte Tempel des *Iupiter Dolichenus*.

Es hat nicht an Versuchen gefehlt, Theater, Amphitheater und Zirkus innerhalb oder außerhalb der Stadt zu orten. Doch keine archäologischen Untersuchungen haben bislang gesicherte Nachweise erbracht. Epigraphische Belege deuten zumindest indirekt auf ein Amphitheater; der ältere Lokalisierungsvorschlag außerhalb der N Stadtmauern (an der Zeughausstr/Kattenbug) kann nicht stimmen. Ausgrabungen erbrachten hier den Nachweis einer großen röm Sandgrube, die erst als Mülldeponie genutzt und nach der Verfüllung als privater Baugrund erschlossen worden war.

Kultbauten (christlich). Seit der Zeit Kaiser Konstantins sind in Köln erste Bischöfe nachweisbar, unter ihnen *Maternus*, der von Konstantin als Berater berufen wurde. Mit dem Amt des Bischofs war zugleich auch eine Bischofskirche verbunden, die traditionell aufgrund der späteren Ortskonstanz der nachröm Bischofskirchen am Platz der Hohen Domkirche gesucht wird. In Analogie zu anderen röm Reichsstädten hat die Bischofskirche *intra muros* gelegen. Die nachröm Kathedralbauten am Platz des Doms haben jedoch in einem solchen Umfang ältere Spuren zerstört, daß die archäologischen ▶ Baubefunde sich nicht zweifelsfrei zu einer Bischofskirche des 4. Jh zusammenfügen. Daher sind auch die Gliederung

der Anlage und der Bautyp bislang nicht zu erschließen. Auf den röm Friedhöfen außerhalb der Mauer lagen christliche Verehrungsstätten, deren Ursprünge in das 4. Jh zurückreichen. Unter der Stiftskirche der Heiligen Jungfrauen (seit dem 17. Jh St. Ursula) lag inmitten der röm Nekropole beiderseits der Straße nach Neuss eine dreischiffige Pfeiler(?)-Basilika (28,1 × 15,6 m lW). Das Mittelschiff maß in der Breite 8,4 m, die Seitenschiffe je 2 m. Die Apsis im O öffnete sich mit einer Breite von 8,2 m und erreichte eine Tiefe von ca 4,1 m. Die Seitenschiffe schlossen vermutlich im O mit nahezu quadratischen Nebenräumen, die die Apsis begleiteten, ab. Die Pfeilerfundamente (L ca 0,8 m) scheinen weitgehend quadratisch gewesen zu sein; einzelne Fundamente erreichen jedoch Längen bis zu 1,4 m. Sie standen in unregelmäßigen Abständen von durchschnittlich 2 m. Die Datierung dieses Urbaus stützt sich auf archäologische Argumente: Die Kirche hat die gleiche Achsenrichtung wie die röm Gräber des 3. und 4. Jh. Die Mauertechnik zeigt mörtellos hochkant gestückte Grauwackesteine in der Fundamentsohle und einen hohen Spolienanteil in den mörtelgebundenen Fundamenten. Der basilikale Baugrundriß mit den angebundenen Pastophorien fügt sich in zeitgleiche Bauentwürfe der frühchristlichen Zeit ein. Einige der vermauerten Spolien stammen aus älteren Kultbezirken (zB Isis-Weihungen), die frühestens in konstantinischer Zeit aufgelassen worden sind. So sprechen historische und archäologische Überle-

Abb. 416   Köln. St. Ursula. Weihestatuette für Isis (Apisstier). Kalkstein. – H. 16,9 cm. 3. Jh. n. Chr. (RGM Köln)

Abb. 417   Köln. St. Severin. Gräberfeld. Konservierter Grabungsbefund unter der Kirche

gungen dafür, daß die Errichtung des Urbaus nach dem Frankensturm 355/356 nChr und noch vor dem Zusammenbruch der öffentlichen Ordnung in den ersten Jahrzehnten des 5. Jh geschah. Es gibt keine Anzeichen dafür, daß in röm Zeit zwei Perioden oder Phasen, wie die ▶ Clematius-Inschrift (im Chor der Basilika St. Ursula) es nahelegen würde, vorhanden waren.

Im S röm Friedhof an der Straße nach Bonn – heute unter der späteren Kirche St. Severin – ist im 4. Jh ein Coemeterialbau (L 11,6 m, B 7,6 m) mit runder Apsis aus Spolien errichtet worden. Die Erweiterungen dieses Baus fanden vermutlich erst in merowingisch-karolingischer Zeit statt. Die erhaltenen ▶ Fundamentteile des kleinen Gründungsbaus sind in der unterirdischen archäologischen Zone der Kirche St. Severin bewahrt.

Im NW der Stadt, inmitten des ältesten röm Friedhofes der *CCAA,* umschließt die Basilika St. Gereon einen O-W gerichteten Nischenzentralbau nahezu elliptischer Form. Die Achsmaße der spätröm Bauanlage erreichen eine lichte Länge von 23,54 m zu einer Breite von 18,71 m. An den Zentralbau binden im N und S je vier, im Grundriß ▶ hufeisenförmige (noch erhaltene) Nischen

an, die im O eine 7 m weite (im Mittelalter abgebrochene) Zentralkonche rahmten. Zwischen den Nischen nahmen massive Pfeiler zusammen mit vorgestellten Säulenpaaren die Last der senkrecht aufragenden Tambourzone auf. Gurtbögen verbanden die Pfeiler untereinander. Die neun hohen, ausschwingenden Nischen waren mit Halbkuppeln eingewölbt, mit einem Außenestrich isoliert und wohl mit einer Bleihaut gedeckt. Zur Entlastung des Gewölbedrucks mauerte man oberhalb der Widerlagen dickbauchige Amphoren (▶Beispiele jetzt in der Krypta) ein. Vielleicht erst zu Anfang des 13. Jh mußte die Dachkonstruktion über dem Zentralraum weichen. Nach dem Vorbild spätröm Kuppelräume ist eine Steinkuppel in Leichtbauweise anzunehmen. Das Eingangsportal öffnete sich zu einer quergelagerten Vorhalle mit halbrunden Apsiden an den Schmalseiten. Ein säulenumstandenes langrechteckiges Atrium mit Wandelgängen (▶ jetzt in der Platzanlage des Gereonklosters nachgezeichnet) schloß im W das strenggegliederte Baugefüge ab. Die Innenausstattung hat nach den archäologischen Befunden im Vergleich mit literarischen Zeugnissen bei der Bauausführung eine besondere Rolle gespielt. Zwei Fensterreihen leiteten

Abb. 418 Köln. St. Gereon. Oktogon und Atrium. Ausgrabungen des Römisch-Germanischen Museums Köln 1983

das Licht in die Nischen und Tambourzone. Die Wände zierte eine kleinteilige, vielfarbige Marmorinkrustation. Kuppel und Tambour trugen wahrscheinlich ornamentale und figürliche Mosaiken. Vielleicht war ein ganzer Bildzyklus auf goldfarbenem Grund für die obere Raumzone entworfen. Doch sind nur noch verstreute Reste der Marmorplatten und Mosaiksteine, teilweise mit Goldauflage, im Boden der Kirche gefunden worden. Die tragenden Pfeiler waren durch Säulenpaare aus Granit mit weißen Marmorkapitellen aus Kleinasien verdeckt (▶ zwei der Kapitelle in der Kirche erhalten). Auf ihnen lagen vermutlich reich skulptierte Kalksteingebälke. Die Verbindung von Blendarchitektur, Marmorinkrustation und Mosaikschmuck muß bei den Zeitgenossen einen feierlichen Raumeindruck hinterlassen

haben, so wie es bei Gregor von Tours um 590 nChr noch anklingt, der berichtet, daß der Bau *Ad sanctos aureos* (zu den goldenen Heiligen) hieß. Der Urbau von St. Gereon, in den Jahrzehnten nach 356 nChr als *memoria* (Erinnerungsstätte) entstanden, zählt zu den bedeutendsten röm Bauwerken in den NW-Provinzen des Reiches. Der kühne Architekturentwurf und die prachtvolle Ausstattung rücken ihn in kaiserliche Nähe, der vermögende Auftraggeber bleibt freilich unbekannt.   He

Wasserleitungen.   Pilgrimstr/Habsburgerring. Neben der Hauptgeschäftsstelle der Sparkasse der Stadt Köln ist ein 1980 bei →Mechernich-Breitenbenden ausgebautes ▶Teilstück der → Eifelwasserleitung nach Köln wiederaufgestellt worden.

Drususgasse/An der Rechtsschule. In der Grünanlage neben dem ehem Wallraf-Richartz-Museum befindet sich ein ▶ Teilstück der röm Wasserleitung aus dem Vorgebirge bei Hürth.

Zülpicher Str. Vor dem Geologischen Institut der Kölner Universität ist ein ▶ Teilstück der 1980 bei → Mechernich-Breitenbenden geborgenen → Eifelwasserleitung nach Köln wiederaufgestellt worden.

Bei den Ausgrabungen unter dem Kölner Dom wurden im W Atrium auch zwei Sarkophage gefunden, deren Deckplatten aus Kalksinter der → Eifelwasserleitung bestehen. Die Platten sind zerbrochen, eine von ihnen maß ehem 0,65 × 1,95 m.

Am Chor der romanischen Kirche St. Cäcilien (12. Jh; heute Schnütgen-Museum) sind ▶ acht Säulen aus Kalksinter der Eifelwasserleitung verbaut; sie tragen die Blendbogenreihe. Auch im Fundamentbereich wurden Reste des Materials gefunden.

Im 1180 errichteten W-Chor der romanischen Kirche St. Georg sind zahlreiche ▶ Säulen aus Kalksinter der röm Eifelwasserleitung verbaut worden. Die Säulen (L 2,76 m) im Innern sind als solche heute nur noch schwer zu erkennen, da sie dunkel übertüncht worden sind. Im Fenster der W-Fassade ist von außen eine der Länge nach zerbrochene ▶ Sintersäule zu sehen, dadurch kommt die Marmorstruktur des Materials sehr gut zum Vorschein.

In St. Johann Baptist brennt das Ewige Licht auf einer ▶ Säule (H 1,36 m) aus Kalksinter aus der Eifelwasserleitung. Sie gehörte ehem zu den Säulen, die im W-Turm und in der Eingangshalle der im 2. Weltkrieg weitgehend zerstörten romanischen Kirche (2. Hälfte 12. Jh) verbaut waren.

In St. Maria Lyskirchen ist von den ▶ Säulen im Aufgang zur Empore jeweils eine aus Kalksinter der römischen Eifelwasserleitung.   Gre

Weitere Wasserleitungsaufschlüsse → Köln-Dünnwald → – Porz-Niederzündorf → – Sülz.

Gewerbebetriebe. Die Stadt verdankte ihre herausragende Stellung nicht zuletzt ihrer überdurchschnittlichen Wirtschaftskraft. Hierfür waren die nur wenige Kilometer W von Köln noch heute anstehenden Rohstofflager – für die Keramikindustrie ein qualitativ hochwertiger, ungewöhnlich reiner Ton, für die Glasindustrie ein ebenso überdurchschnittlicher Quarzsand – die grundlegenden Voraussetzungen. In diesen beiden Handwerkszweigen war die CCAA im Rheinland führend. Viele der übrigen Handwerkszweige lassen sich nur auf indirektem Wege nachweisen, durch Werkzeuge etwa oder durch Inschriften auf Weihealtären und Grabsteinen. So läßt sich zB eine Metallgießerei durch den Fund einer Marmormatrize für einen Anhänger in Form eines bronzenen Phallussymbols S vor der röm Stadtmauer vermuten. Kleine Schmelztiegel, die unter dem Prätorium gefunden wurden, belegen indirekt die Existenz einer weiteren Gießerei an dieser Stelle. Vergleichbare Funde weisen auf zwei weitere einschlägige Betriebe vor der NW-Ecke der Stadt und N der Stadtmauer unter dem heutigen Regierungspräsidium hin. Waren diese Handwerksbetriebe wegen der Brandgefahr für die zivile Wohnbebauung in einem Industriegürtel um die Stadt angesiedelt, so waren andere Branchen aus unterschiedlichen Gründen ebenfalls vor der Stadt angesiedelt. Ein Handwerkerviertel mit gemischten Sparten muß unmittelbar S der Stadt an der Hauptstraße nach Bonn gelegen haben: Neben dem erwähnten metallverarbeitenden Betrieb waren hier va Töpfer – nachgewiesen

Abb. 419   Köln-Feldkassel. Ziegelöfen. Ausgrabungen des Römisch-Germanischen Museums Köln 1980

Abb. 420   Köln, Eigelstein. Glasöfen. Ausgrabungen des Römisch-Germanischen Museums Köln 1964

durch ihre Brennöfen –, Schusterwerkstätten und Gerbereien – vermutet durch den dort massiert aufgetretenen Abfall – beheimatet. Steinmetzbetriebe, zu deren Produktionspalette auch Grabsteine gehörten, wird man dementsprechend bei den Gräberfeldern vor der Stadt ansiedeln dürfen. Zur Kölner Baubranche gehörten auch die in zunftähnlichen Verbindungen (*collegia*) organisierten Zimmerleute (*tignarii*), die uns durch mehrere Grabsteine bekannt sind. Ebenfalls durch einen Grabstein wissen wir von einem Fleischer (*lanio*). Zum Nahrungsmittelgewerbe zählte auch das Kölner *collegium pisstricorum*, ein Zusammenschluß von Bäckern und Mehlhändlern, von dem ein Mitglied einer unbekannten Gottheit einen Weihestein gesetzt hatte. Das *collegium focariorum*, die Zunft des Küchenpersonals, ist durch eine Weihinschrift für die kaiserliche Familie vertreten. Aus der Bekleidungsindustrie kennen wir durch seinen Sarkophag einen

fulloniae artis magister, einen Walkereibesitzer. Im vermutlichen Gegensatz zu den zuletzt angesprochenen Betrieben dürfte er sein Handwerk wegen der Geruchsbelästigung wohl außerhalb der Stadt ausgeübt haben.

Eine private Ziegelei wurde N der Stadt betrieben. In Feldkassel wurden neben den Resten der Betriebsgebäude und einem Töpferofen zwei Ziegelbrennöfen ausgegraben, von denen einer auffälligerweise überhaupt nicht in Betrieb genommen worden war. Der Werkbesitzer hat seine Ziegel mit *MLB* gestempelt. Der unbenutzte Ofen scheint darauf hinzudeuten, daß diese Ziegelei aus uns unbekannten Gründen nicht reüssiert hat.

Zu den wichtigsten exportorientierten Branchen zählte die Glasherstellung. Nachdem die Technik der Glasbläserei kurz vor Christi Geburt erfunden worden war, revolutionierte diese Methode die Glasherstellung im gesamten Römischen Reich. Schon kurz nach der Gründung des röm Köln im späten 1. JhvChr entstanden am Eigelstein ca 500 m N der Stadt an der Hauptstraße in Richtung Neuss, erste Glashütten, die anscheinend nur im 1. JhnChr gearbeitet haben. Trotzdem lassen sich eine ganze Reihe von verschiedenen Bauphasen nachweisen, dh daß die Öfen nach nur wenigen Jahren des öfteren abgerissen und neu errichtet wurden. Den Funden nach zu urteilen, wurde hier ua das älteste, aus Köln bekannte entfärbte Glas geblasen. Es erfreute sich allerdings erst seit der mittleren Kaiserzeit wachsender Beliebtheit. Marktführend war aber zZ der Werkstätten vom Eigelstein noch das naturfarbene Glas. Ein typischer Vertreter dieser auch hier hergestellten frühen Ware ist etwa die Rippenschale, eine Schüssel mit plastischem Rippendekor, der mit Hilfe einer Formschüssel erzielt wurde. Neben diesem formgeblasenen Glas wurde in den Werkstätten auch freigeblasenes Glas hergestellt, zB die zahllosen billigen Balsamarien, kleine Behälter zur Aufbewahrung von Kosmetika. Die Glasbläsereien vom Eigelstein haben gegen Ende des 1. JhnChr ihre Produktion zugunsten neuer Werkstätten an der Helenenstr knapp außerhalb der NW-Ecke der röm Stadtmauer aufgegeben. Auch von den neuen Betrieben fanden sich Reste der Schmelz- und Kühlöfen. In ihnen hat man – nach Ausweis einer mar-

Abb. 421   Köln, Lungengasse/Thieboldsgasse. Töpferöfen. Grabungsbefund aus dem Jahre 1956. Übersichtsplan

mornen quadratischen Matrize für die Bodenplatte – die vierkantigen, sog. »Merkurflaschen« hergestellt, wohl aber auch die zahlreichen freigeblasenen Bestattungsurnen aus naturfarbenem Glas. Nur wenig N dieser Betriebe hat möglicherweise eine weitere Glasbläserei existiert. Glaswerkstätten aus dem 3. und 4. Jh sind aus Köln bisher nicht bekannt. Trotzdem muß es sie gegeben haben: Diese Epoche ist die Zeit der »Schlangenfadengläser«, einer Glasgattung, die sich in ihrer Kölner Ausprägung neben weiträumigem Export besonders auf den Kölner Raum konzentriert. Auch die gleichzeitigen Schliff- und Nuppengläser, die sicher ebenfalls in Köln hergestellt wurden, belegen mit ihrem farbigen Dekor die in der Spätantike wiederauflebende Freude an der Farbe im Glas. Sehr viel seltener, weil kostba-

rer, aber wohl auch mit Kölner Provenienz, sind die Diatretgläser, deren netzartiger, plastischer Dekor aus der kompakten Glasmasse in einem komplizierten Verfahren herausgeschliffen wurde.

Neben der Glasherstellung war die tonverarbeitende Industrie die dominierende Handwerksbranche im röm Köln. Auch sie war exportorientiert, was die zahlreichen Brennöfen mit ihrer erstaunlichen Kapazität belegen. Durch Weiheinschriften sind uns einige Händler bekannt, die zT auch Kölner Keramikprodukte verhandelt haben. Bevor Köln in der Mitte des 1. JhnChr in den Rang einer Kolonie erhoben wurde, war es als *oppidum Ubiorum* eine von einer Holz-Erde-Mauer umwehrte Siedlung. Die Töpfereien dieser Frühzeit lagen noch innerhalb der Umwehrung, wenn auch wegen der von ihnen ausgehenden Brandgefahr bereits am Rand der Wohnbebauung. Im S der Stadt waren dies mehrere, durch ihre typischen ovalen Öfen nachgewiesene Werkstätten an der heutigen Lungengasse, im N weitere An der Rechtschule. Sie arbeiteten im frühen 1. JhnChr und produzierten etwa mit der »Belgischen Ware« noch einheimisch beeinflußte Ware. Nach Einrichtung der Kolonie scheinen sie aufgegeben worden zu sein zugunsten neuer Produktionszentren vor der NO-Ecke der röm Stadt im Bereich des heutigen Hauptbahnhofs und vor dem S-Tor an der Hauptstraße nach Bonn um den heutigen Waidmarkt, wo auch andere Handwerkszweige angesiedelt waren. In diesen Betrieben wurde bereits stark röm geprägte Keramik produziert. Um die Wende zum 2. JhnChr erfolgte dann eine weitere Verlagerung der Töpfereien: Ein umfangreiches Werkstattzentrum wurde vor dem W-Tor der *CCAA* im Bereich des heutigen Rudolfplatzes errichtet. Zahlreiche Öfen und Abfallhalden belegen hier eine hohe Produktionskapazität. Außer der Terra Sigillata, die möglicherweise aufgrund von Marktabsprachen nicht in Köln produziert wurde, umfaßte die Produktionspalette dieses blühenden Töpferei-

zentrums die gesamte Palette röm Keramik: feine Firnisware, glattwandiges Geschirr mit seinen zahllosen Krügen und rauhwandiges Kochgeschirr. Aber auch die Terrakotten, kleine, aus der Matrize gefertigte Figuren mit religiösem oder profanem Thema, wurden hier aus dem typischen weißen Kölner Ton hergestellt. Das bekannteste Beispiel ist die Dreierfigur der einheimischen Matronen, die auf ihrer Rückseite die Inschrift *CCAA Fabricius ipse f(ecit)* trägt: Fabricius hat (die Figur in) Köln selbst hergestellt. Die besonders im 2. Jh beliebten »Firmalampen«, kleine tönerne Öllämpchen, die auf ihrer Unterseite den Firmennamen trugen, gehörten ebenfalls zum Produktionsprogramm dieser Werkstätten. Sie hatten die Bildlampen, Öllämpchen mit einer Reliefverzierung auf der Oberseite, seit dem späten 1. Jh weitgehend vom Markt verdrängt und waren wie die Bildlampen aus der Matrize gefertigt. Solche Bildlampen wurden in der ersten Hälfte des 1. JhnChr ebenfalls in Köln produziert: Von der Richmodstr/Ecke Neumarkt sind die Abfallgruben dieser Werkstätten bekannt.

Gründe, über die man nur spekulieren kann, haben dann am Ende des 2. JhnChr dazu geführt, daß offensichtlich jegliche Keramikproduktion in

Abb. 422   Köln. Statuetten der Matronendreiheit aus der Werkstatt des Kölner Töpfers Fabricius. Vorder- und Rückseite. Ton. – H. 10,6 cm. 2. Hälfte 2. Jh. n. Chr. (RGM Köln)

Köln eingestellt wurde. Der Bedarf der städtischen Bevölkerung wurde jetzt wohl von dezentralisierten Werkstätten aus dem Hinterland der CCAA gedeckt, teils aber auch durch Import aus anderen Provinzen, zB Britannien. Erst im frühen 4. JhnChr gab es mit einem Töpferofen am Mauritiuswall knapp S des ehem Zentrums am Rudolfplatz wieder Ansätze einer vergleichsweise bescheidenen Keramikproduktion. Hier wurde – wohl nur für den lokalen Markt – die ganze Palette vom feineren Tafelgeschirr bis zum groben Kochgeschirr produziert. Aber auch für die letzte Phase der Römerherrschaft bis zur Mitte des 5. Jh fehlen Hinweise auf die Tonindustrie in Köln. Es wird sie wohl trotzdem in bescheidenem Rahmen gegeben haben, der sich aber kaum mit den florierenden Töpfereien des 2. JhnChr messen konnte.

Rie

Gräberfelder. Die Friedhöfe der *CCAA* lagen in einem Kranz um die Stadtmauer. Die Gräberfelder lehnen sich an die großen Staatsstraßen nach S, W und N an, aber auch an einige untergeordnete Nebenstraßen.

Das Gräberfeld entlang der Severin- und der Bonner Str orientierte sich an der röm Staatsstraße Köln–Bonn, einem Abschnitt der röm Limesstraße. Dieses Gräberfeld erstreckte sich vom Haupt-S-Tor der Stadtmauer nach S über eine Länge von mehr als 3 km. Es war vom frühen 1. JhnChr bis in die fränkische Epoche hinein durchgehend belegt. Zu den ältesten und auffälligsten Bestattungen gehören die des Sklavenhändlers *Aiacius* aus den 20er Jahren des 1. Jh von der Ecke Bonner und Brühler Str und das Grabdenkmal des Veteranen *Lucius Poblicius* aus den 40er Jahren des 1. Jh vom Chlodwigplatz. Beide Denkmäler für aus dem Mittelmeergebiet gebürtige Personen zeigen symptomatisch, daß diese frühen Brandgräber einen Bereich des Gräberfeldes einnehmen, der erst in einem gewissen Abstand von der Stadtmauer begann. Dazwischen lag zunächst ein Gewerbebezirk, dessen Areal erst in spätantiker Zeit von Bestattungen in lockerer Streuung überlagert wurde. Eine auffällige Ausnahme bildet ein Pfeilergrabmal vor dem S-Tor mit Brandbestattungen der früheren Kaiserzeit.

Die Belegungsdichte des S Gräberfeldes ist uneinheitlich. Bei St. Severin griff das Gräberfeld besonders nach O zum Rhein hin aus, was die Bedeutung dieses Platzes betont. Neben der Brandbestattung in einfachen Erdgruben oder in Steinkisten, der überwiegenden einfachen Körperbestattung, ohne Sarg oder in Holzsärgen und der Körperbestattung in teils aufwendigen Sarkophagen sind hier auch Grabkammern vertreten. Eine derartige Grabkammer mit vier gemauerten Grabbehältern im Boden, die wie die benachbarten jüngeren Bestattungen W-O ausgerichtet sind, liegt unmittelbar NW des spätantiken Urbaus von St. Severin. Zwei Reihen solcher Grabbehälter weist eine andere Grabkammer aus diesem Gräberfeld auf, in der daneben auch Wandnischen für die Aufnahme von Aschenurnen angetroffen wurden, ein Hinweis auf das Nebeneinander von Brand- und Körperbestattung im späteren 2. JhnChr. Neben den üblichen Glas- und Keramikbeigaben ärmerer Brand- und Körpergräber, unter denen besonders die für den Kölner Raum typische Dreizahl kleiner »Tränenkrüglein« hervorzuheben ist, hat dieses Gräberfeld eine Vielzahl ungewöhnlicher und wertvoller Kleinfunde, Grabsteine und Plastiken erbracht. Sie sind auch bezüglich der sozialen und ökonomischen Verhältnisse der Bestatteten aufschlußreich, so zB der Sarkophag des Sklaven *Desideratus* aus dem 3. Jh, gefunden N von St. Severin, der trotz seines niedrigen Standes mit Steinmetzarbeiten gehandelt hatte. Die Inschrift eines nahe des Poblicius-Denkmals gefundenen, heute verlorenen Sarkophags nennt den Walkereibesitzer *Iulius Verinus*. SO von St. Severin wurde ein Grabstein entdeckt, den ein Bankier seiner Frau *Acceptia Accepta* errichtet hat. Auch ein Arzt namens *M. Rubrius Leonta* ist nachgewiesen. Vereinzelt beobachtete Waffenbeigaben in reich ausgestatteten Gräbern deuten auf führende Angehörige germ Hilfstruppen in röm Diensten. Andere ungewöhnliche Kleinfunde belegen das Nebeneinander heidnischer und christlicher Glaubensvorstellungen in dieser Spätzeit. Von den zahlreichen frühchristlichen Grabinschriften sei nur die bescheidene des 1¹/₂jährigen Mädchens *Concordia* erwähnt, deren Grabstein als Deckel eines ma Grabes bei St. Severin zweitverwendet war. Im Bereich um diese Kirche wurde das Gräberfeld in ungebrochener Kontinuität mit fränkischen Plattengräbern weiterbelegt.

Im Umfang vergleichbar war ein Gräberfeld, das sich auf einer Länge von rund 2,5 km bei einer Breite von bis zu 400 m entlang der Luxemburger Str an der Staatsstraße Köln–Trier hinzog und ursprünglich rund 400 m vor der Stadtmauer begann. In der jüngeren Kaiserzeit rückten vereinzelte Bestattungen bis an die Stadtmauer selbst heran und überlagerten dort einen Bezirk, der vorher von Töpfereien des 2. Jh eingenommen worden war. Das Grab eines Augenarztes aus dem 3. Jh unmittelbar vor dem Stadttor beleuchtet dies beispielhaft.

Mit den älteren Brandbestattungen des 1. JhnChr beginnt das Gräberfeld auf der Höhe des Barbarossaplatzes, wo die Grabstele eines Auxiliars aus vorflavischer Zeit gefunden wurde; das SW-Ende des Gräberfeldes markiert in etwa ein Brandgrab des 1. JhnChr an der Sülzburgstr. Auch hier lagen die älteren Bestattungen unmittelbar am Straßenrand; dahinter konzentrierten sich die Steinkisten mit Brandbestattungen, ferner die Grabgärten, von Mauern eingezäunte Familiengräber, sowie teils mit Wandmalereien versehene Grabkammern; und mehrheitlich am Rand des Gräberfeldes schlossen sich die einfacheren, jüngeren Körperbestattungen an. Neuere Ausgrabungen haben hier auch die gemeinsam genutzten Verbrennungsplätze (*ustrinae*) nachgewiesen.

In diesem Gräberfeld sind nur relativ wenige große Grabdenkmäler lokalisierbar. Nur in der Höhe der Greinstr wurde der Giebel eines Grabtempels (B 6 m) entdeckt, eines im Rheinland seltenen Grabbautyps. Gefunden wurden auch reliefgeschmückte Sarkophage und eine Reihe von Grabplastiken, vor allem im Bereich des ehem Güterbahnhofs, eine wohl in der Forschungsgeschichte begründete Konzentration im Mittelteil des Gräberfeldes S der Straßenachse. Grabinschriften belegen das breite Spektrum der hier bestatteten Bevölkerung, zB der vorflavische Grabstein des Veteranen Q. *Pompeius Burrus* oder die mittelkaiserzeitlichen des Zimmermanns Q. *Vetinius Verus* und des Agrippinensers C. *Frontinius Candidus*.

Neben den bescheidenen Beigaben ärmerer Bestattungen stammt eine Reihe kunstgewerblich hochrangiger Kleinfunde aus diesem Gräberfeld,

Abb. 423   Köln. Statuette eines Todesdämons. Grabaufsatz. Kalkstein. – H. 0,39 m. Erstes Viertel 3. Jh. n. Chr. (RGM Köln)

die oft auch die Vielfalt der Religionen im röm Köln aufzeigen.

Ein weiteres Gräberfeld erstreckt sich entlang der Aachener Str, die im Verlauf der röm Staatsstraße nach W über Jülich, Tongeren und Bavai an die Kanalküste entspricht. Ursprünglich etwa 400 m vor dem Stadttor beginnend, dehnte es sich über mehr als 2 km entlang der Straße aus. Zwei vorkoloniezeitliche Grabsteine von Veteranen am O-Ende der Aachener Str markieren den ehem Beginn des Gräberfelds. Dort dehnte es sich nach S und N hin in lockerer Streuung aus, ebenso nach O bis zur Stadtmauer, wo die Gräber seit dem 3. Jh einen Töpfereibezirk überlagerten, dessen Zentrum beim Hahnentor gelegen hatte. So stammen etwa zwei der herausragenden Funde aus diesem Gräberfeld, zwei Diatretbecher, aus einem dort gefundenen Sarkophag.

Monumentale Grabdenkmäler wie das des Poblicius scheinen im Gräberfeld an der Aachener Str

Abb. 424   Köln-Lindenthal. Beigaben einer Sarkophagbestattung. 250–270 n. Chr. (RGM Köln)

selten zu sein. An dieser Feststellung ändert auch die Aeneas-Gruppe vom Rudolfplatz, die von einem größeren Grabmal stammen könnte, nichts. Auf reiche Bestattungen weisen jedoch stattliche Grabsteine und ihre Bekrönungen, auch Sarkophage und qualitätvolle Grabplastiken hin. Die fremden ethnischen Elemente in der röm Bevölkerung Kölns repräsentieren hier zB der guterhaltene Grabstein des aus Spanien gebürtigen Veteranen *Marcus Celerinus* vom Ende des 1. JhnChr und aus derselben Zeit vier Grabsteine für die Familie des aus N-Frankreich zugewanderten *Bienus*.

Im W Abschnitt zwischen der Inneren Kanalstr und dem Friedhof Melaten fanden sich einige der ältesten Brandgräber teils aus dem frühen 1. JhnChr, die sich auch hier eng an der Straße orientierten und zusammen mit den genannten vorkoloniezeitlichen Grabsteinen vom O-Ende der Aachener Str die W-O-Ausdehnung des W Gräberfeldes markieren. Mit Brandbestattungen aus dem frühen 2. Jh war auch eine Grabkammer ausgestattet. Ebenso dienten die hier besonders häufig beobachteten, meist zylindrischen Kalk-

steinurnen der Brandbestattung. Bei den jüngeren Körperbestattungen dominieren quantitativ die rückwärtigen schlichten Skelettgräber gegenüber den Sarkophagbestattungen in der Nähe der Hauptstraße.

Das Gräberfeld vor der NW-Ecke der röm Stadt schloß im Gegensatz zu den anderen von Anfang an unmittelbar an die Stadtmauer an. Doch scheint hier ebenfalls eine Straße das Rückgrat des Gräberfeldes zu bilden, und zwar eine Nebenstraße, die die röm Stadt in NW-Richtung verlassen haben muß. Ein vergleichsweise dicht belegtes Zentrum wird von lockeren Streuungen einzelner Bestattungen im O und SW flankiert. Von den ca 1200 Bestattungen sind zwei Drittel Brandgräber, ein Drittel Körpergräber. Ein Teil der Körpergräber, bei denen auch die auffällige Hockerbestattung vertreten ist, ist als oppidumzeitlich anzusprechen. In diesen Rahmen passen auch zwei Pferdeskelettfunde, die in einem von röm Glaubensvorstellungen geprägten Gräberfeld fremdartig wirken. Der Schluß liegt nahe, in diesem Gräberfeld den bevorzugten Bestattungsplatz der einheimischen Bevölkerung des *oppi-*

dum Ubiorum zu sehen, der dann weniger intensiv bis in das 9. Jh weiterbelegt wurde.

Monumentale Grabdenkmäler sind kaum nachgewiesen bzw lokalisiert. Obwohl die Beigaben vieler Gräber einen im Vergleich mit den anderen Kölner Gräberfeldern bescheidenen Eindruck machen, sind doch auch qualitätvolle Grabsteine und -plastiken vertreten, ebenso reliefverzierte Sarkophage. Auf ein größeres Grabdenkmal weist die Reliefplatte von der Albertusstr hin mit der Darstellung eines Kampfes zwischen Eber und Hund.

Dieses Gräberfeld erbrachte eine Fülle von Grabsteinen mit aufschlußreichen Inschriften. An der Norbertstr wurde die um 20 nChr datierte Grabstele der *Bella* gefunden, deren Familie dem gallischen Stamm der Remer angehörte; aus flavischer Zeit stammen eine Reihe von Soldatengrabsteinen von der Gereonstr, der Hauptachse des Gräberfeldes, wie der Grabstein des *T. Flavius Bassus;* an der Antwerpener Str im S wurde der Grabstein des Chorflötisten *Ruphus* aus Kleinasien aus dem 3. Jh geborgen; und dem 4. Jh gehört die Grabinschrift des Offiziers *Viatorinus* an, der beim Deutzer Kastell von einem Franken erschlagen wurde. Um St. Gereon konzentrieren sich die Fundstellen frühchristlicher, teils bereits fränkischer Grabsteine. Dort erlitten der Legende nach die christlichen Soldaten der Thebäischen Legion ihr Martyrium. An dieser Stelle hatte man im 4. Jh – nach 355 nChr – einen Monumentalbau errichtet, dessen ursprüngliche Bestimmung wahrscheinlich die eines kaiserlichen Mausoleums war.

Das Gräberfeld in N Kölns orientiert sich wie das im S der Stadt am Verlauf der Limesstraße. Im Zuge der Marzellenstr, des Eigelsteins und der Neusser Str verließ sie die röm Stadt in Richtung Neuss. Auch dieses Gräberfeld begann erst über 300 m N des Stadttors und griff dort nach O aus, wo es den Bereich um St. Kunibert aufnimmt, und nach W, hier umfaßt es das Areal von St. Ursula, eine Kirche, deren spätröm Urbau wie bei St. Severin im S noch einen gewissen Abstand zur Gräberfeldstraße einhielt. N davon liegen die Bestattungen dichter an der Ausfallstraße; bei der Kirche St. Agnes hört ihre Konzentration auf. Die Ausdehnung nach O bei St. Kunibert scheint mit der Einbeziehung einer röm Nebenstraße

Abb. 425   Köln. Grabstein des T. Iulius Tuttius. Kalkstein. – H. noch 1,11 m. 2. Hälfte 1. Jh. n. Chr. (RGM Köln)

entlang des Rheins zusammenzuhängen. Auch in diesem Gräberfeld ist zu beobachten, daß Gewerbebezirke zwischen Stadt und Gräberfeld – hier sind es oppidumzeitliche Glashütten am Eigelstein – nach ihrer Aufgabe von Bestattungen überlagert worden waren.

Auch hier scheinen die monumentalen Grabdenkmäler selten gewesen zu sein; ein Beispiel dürfte der bis in das 12. Jh bezeugte »Eigelstein« sein, bei dem es sich wohl um ein Grabdenkmal ähnlich dem des Poblicius handelte. Grabkammern sind ebenfalls nachgewiesen, etwa in der Ursulagartenstr; qualitätvolle Sarkophage und Grabplastiken wurden auch entlang der Hauptachse des Gräberfelds geborgen. Oppidumzeitliche Bestattungen scheinen in diesem Gräberfeld weitgehend zu fehlen; erwähnt sei immerhin der zweitverwendete Grabstein des ägyptischen Flottensoldaten *Horus*.

Die Grabstelen mit Inschriften setzen kaum vor dem späteren 1. Jh mit solchen von Militärs ein. Der besterhaltene wurde *T. Iulius Tuttius* gesetzt. Ein aufschlußreiches Beispiel für die Wiederverwendung eines älteren Grabsteins noch in röm Zeit ist das von St. Kunibert stammende Denkmal des *C. Iulius Maternus,* das im späteren 3. Jh auf seiner Rückseite zu demjenigen des Prätorianertribunen *Liberalinius* umfunktioniert wurde. Wirtschaftsgeschichtlich interessant sind Grabsteine des 2. Jh wie der des Parfümhändlers *Sextus Haparonius* vom Kunibertskloster oder des des Fleischers *Tiberius Mainonius Victor* von St. Ursula, wo auch die Grabsteine des Chorflötisten *Sidonius* und des Stenografen *Xanthias* aus dem 3. Jh gefunden wurden. Die Vielfalt der Religionen spiegelt sich auch hier in zahlreichen Kleinfunden wider. Der christliche Grabstein der achtjährigen Ursula wurde möglicherweise später mit der Legende der hl. Ursula und über 11 000 Jungfrauen in Verbindung gebracht.

Rie

Römisch-Germanisches Museum

Abb 83, 85, 129, 134, 135, 147, 151, 156, 161, 167, 168, 174, 175, 179, 208, 213, 218, 219, 244, 246, 267, 416, 426–429, Taf 5–7, 10a, 19, 21

Roncalliplatz 4. Öffnungszeiten: Di – So 10–17, Mi u Do 10–20 Uhr
Dem engagierten Kölner Professor, Kanonikus und letzten Rektor der alten Universität, Ferdinand Franz Wallraf (1748–1824) gebührt das Verdienst, in der schwierigen Zeit der französischen Besetzung und der Säkularisierung Dokumente zur Geschichte der Stadt Köln, Altertümer und Kunstwerke vor dem Untergang gerettet zu haben. Nach seinem Tod ging die Sammlung in den Besitz der Stadt über. Im 1861 eröffneten Neubau des Städtischen Museums (Wallraf-Richartz-Museum) waren die röm Denkmäler im Erdgeschoß und im Kreuzgang des ehem Minoritenklosters ausgestellt.
Die Freilegung des 1941 aufgefundenen Dionysosmosaiks S des Domes und die Rückführung

Abb. 426   Köln, Römisch-Germanisches Museum. Bogensteine des Kölner Nordtores mit den Initialen der Colonia Claudia Ara Agrippinensis.

der zu Beginn des Krieges ausgelagerten Samm-
lung boten den Anlaß, am 20. 10. 1946 das Röm-
Germ Museum als eigene Institution zu gründen.
Es umfaßte die röm-germ Abteilung des Wallraf-
Richartz-Museums und die Bestände des Mu-
seums für Vor- und Frühgeschichte. Zunächst
stand ihm kein eigenes Haus zur Verfügung.
Überlegungen zur Neugestaltung der Domum-
gebung und zur städtebaulichen Einbindung von
Dionysosmosaik und Dombunker mündeten in
dem Beschluß, an dieser Stelle das Röm-Germ
Museum zu errichten. Mit dem Bau des neuen
Hauses wurde 1970 begonnen, 1974 wurde es er-
öffnet. Im zurückgenommenen Erdgeschoß öffnet eine breite Fensterfront den Blick auf das
Dionysosmosaik und das Grabmal des Veteranen
Poblicius. Röm Steindenkmäler in der gedeckten
Außenzone geleiten ins Museum. In der weitläufigen Halle des Obergeschosses sind die Steindenkmäler, nach Themen gruppiert, auf Sockel-
inseln frei im Raum angeordnet, die Vitrinen, thematisch zugehörig, als Lichtbänder entlang der
Wände geführt.

Das Röm-Germ Museum versteht sich als Hort
der archäologischen Denkmäler aus dem Kölner
Stadtgebiet, als Archiv für Bodenurkunden und
Kunstwerke aus der urgeschichtlichen, röm und
frühma Zeit der Stadt. Als Amt für archäologische Denkmalpflege ist es für die wissenschaftliche Erforschung, für Schutz, Pflege und sinn-
volle Nutzung der Bodendenkmäler verantwortlich. Kontrapunktisch zeigt es in Sonderausstel-
lungen vielfältige Aspekte zu Kunst und Kultur
aus dem gesamten Bereich der Alten Welt.

Die Steinurkunden stellen für die Topographie,
die politische und die Sozialgeschichte des röm
Köln eine wichtige Quelle dar. Blickfang im
Obergeschoß des Museums ist eine Archivolte
das N-Tors der Stadtmauer. Die 13 Kalkstein-
blöcke überspannten die Durchfahrt des drei-
gliedrigen Torgebäudes. Feldseitig waren die An-
fangsbuchstaben des Stadtnamens *Colonia Claudia Ara Agrippinensium (CCAA)* eingemeißelt.
Darunter sind noch Reste einer jüngeren, getilg-
ten Inschrift zu sehen: *(Valeria)na Gallien(a)*; die
Tilgung ist vielleicht ein Hinweis auf die Ein-
nahme der Residenz des Kaisers Gallienus, Sohn
des Valerianus, durch den Usurpator Postumus
im Jahre 259 nChr. – Unter Kaiser Nero wurde in
Köln von der bei Xanten stationierten legio XV
Primigenia ein öffentliches Bauwerk errichtet. In
diesem Sinn wird die sorgfältig ausgeführte,
sechszeilige Inschrift auf einer profilierten Kalksteinplatte interpretiert. Als nach Tod und An-
denkensächtung des Kaisers das Anbringen der
fertiggestellten, aber wohl noch nicht verbauten
Platte nicht mehr opportun war, wurde sie als
Abdeckung eines Abwasserkanals verwendet.
Ein Tempel für *Mercurius Augustus* ist durch den
Mittelteil einer ehem dreiteiligen Bauinschrift
nachgewiesen: Unter Kaiser Titus wurden sowohl der Tempel von Grund auf erneuert wie
auch das Mauerwerk im Umgang mit den zugehörigen Gebäuden. Ein Dokument für den Neubau des verfallenen Jupiter-Dolichenus-Tempels
zZ der Kaiser Caracalla und Geta unter der Statthalterschaft von *Lucius Lucceius Martinus* (211
nChr) ist eine Bauinschrift, die in der Elstergasse
als Spolie in spätröm Mauerwerk wiederverwendet wurde.

Die auf Kölner → Gräberfeldern gefundenen
Grabreliefs mit Inschrift geben Hinweise auf
Herkunft, Familienstand, Vermögen, Beruf und
Stellung der Einwohner der *CCAA*. Auf den
Grabsteinen der Soldaten ist in der Regel die Legion, Hilfstruppe, Kavallerie- oder Flot-
tenabteilung aufgeführt, in der der Verstorbene
gedient hatte, oft auch sein Rang. Die Form der
Grabdenkmäler variiert. Bevorzugt wurden Stelen mit Büsten, Totenmahlszenen oder giebelför-
migem Abschluß. Die Darstellung von Pferd und
Diener war im Dienst verstorbenen Kavalleristen
vorbehalten. Das zweigeschossige Grabmonument des Veteranen *Poblicius*, im Treppenhaus
des Museums wiederaufgebaut, ist ein Beispiel
für ein reiches, aber nicht außergewöhnliches Familiengrab wohl aus der Zeit um 40/50 nChr. Altäre, Weihesteine und Devotionalien aus Stein
und Ton bezeugen die Vielfalt der in Köln verehrten Gottheiten; röm Götternamen können einheimische Götter einschließen (*interpretatio Romana*). – Über 20 Inschriften, Statuen und Statuetten galten *Iupiter optimus maximus*. Ihm wurden in der Provinz Niedergermanien mit Vorliebe Jupiterpfeiler und -säulen errichtet: Die 3,5
m hohe Kalksteinsäule aus Köln-Weidenpesch ist
aus einem zylindrischen Sockel, einem mit Blatt-
werk und den Reliefbildern von *Victoria, Mi-*

nerva und *Iuno* verzierten Schaft, einem Kapitell und einer bekrönenden Jupiterstatuette zusammengesetzt. Wahrscheinlich wurde sie von einem Veteranen der 30. Legion in Xanten auf seinem Gutshof aufgestellt. – Die zum Polizeidienst abgestellten Benefiziarier verehrten Jupiter und den Ortsgenius. Zahlreich sind die Weihungen an *Mercurius,* der auch mit den lokalen Beinamen *Arvernus* und *Cissonius* angerufen wurde. Ein diesem Gott von *Iulius Tertius* und *Iulia Nativa* gestifteter Sandsteinaltar zeigt in röm und einheimische Tracht gekleidete Opfernde am Altar. – Unter den germ Gottheiten nehmen die Matronen die erste Stelle ein. Das Bildrepertoire der Votivsteine, die überwiegend in die Zeit zwischen 160 und 250 nChr gehören, ist einheitlich. Die Dreiheit der Matronen wird mit örtlichen Namen bezeichnet, nur selten ist der Anlaß der Weihung zu erschließen. Die Fundkonzentration der Matronensteine ermöglicht, die heiligen Bezirke der *Matronae Vallabnehae, Boudunnehae* und *Audrinehae* in Stadtgebiet und Umland einzugrenzen. – Seit dem 2. JhnChr waren in der *CCAA* auch griechische und orientalische Kulte verbreitet, ua erhielten *Apollo, Diana, Asklepios* und *Mithras* Weihgeschenke. In fünf Inschriften wird *Isis* angerufen; die Aufstellung eines Altares für »Isis mit den tausend Namen« auf öffentlichem Grund bewilligten die Dekurionen. – Für das Wohl der kaiserlichen Familie stifteten die *Seviri Augustales,* das Militär, Privatpersonen und Verbände Weihealtäre.

Die ausgestellten Gebrauchs- und Luxusgüter sind Zeugnisse des täglichen Lebens im röm Köln, der Bedeutung der Stadt als Sitz des Statthalters und ihrer Stellung als Wirtschafts- und Handelszentrums. Über das Dionysos- und Philosophenmosaik → Mosaiken → Wandmalerei. An lokalem Tongeschirr findet man ua Belgische Ware, Keramik mit Barbotinedekor, weißtonige Gefäße, Jagdbecher, Firnisware und grünglasiertes Geschirr. Rotglänzende Terra-Sigillata-Gefäße wurden aus Italien und Südgallien, Spruchbecher aus Trier importiert.

Das Museum bewahrt die umfangreichste Sammlung röm Glasgefäße Europas. Nahezu 1000 Gläser, überwiegend aus Kölner Glashütten, sind ausgestellt. Balsamarien, Parfümkugeln, Urnen, Teller, Schalen, Becher, Trinkhörner, Näpfe,

Abb. 427 Köln, Römisch-Germanisches Museum. Römisches Koch-, Eß- und Trinkgeschirr. 1.–4. Jh.

Krüge, Kannen und Flaschen bilden das Formenrepertoire. Bei den Merkurflaschen ist Köln als Herstellungsort durch Bodenmarken gesichert. Auch die »Eau de Cologne-Flaschen« mit Ösenhenkeln in Form von Delphinen auf der Schulter sind typische Fabrikate Kölner Werkstätten. Als Besonderheit Kölner Manufaktur gelten die Schlangenfadengläser mit komplizierten Mustern aus bunten Glasfäden auf der Wandung. Zu den Kostbarkeiten zählen die bizarren Muschelpokale, die Konchylienbecher mit aufgesetzten Meerestieren und der Diatretbecher. Die Gläser Kölner Fabrikation werden durch eine Auswahl syrischer und italischer Glasprodukte ergänzt, unter welchen die Millefiorischälchen, die Goldbandgläser und als besonderes Kunstwerk der miniaturhafte Porträtkopf des Kaisers Augustus hervorragen.

Von europäischem Rang ist die Schmucksammlung. Einen Schwerpunkt bilden Goldschmiede-

Abb. 428   Köln, Römisch-Germanisches Museum. Glassammlung

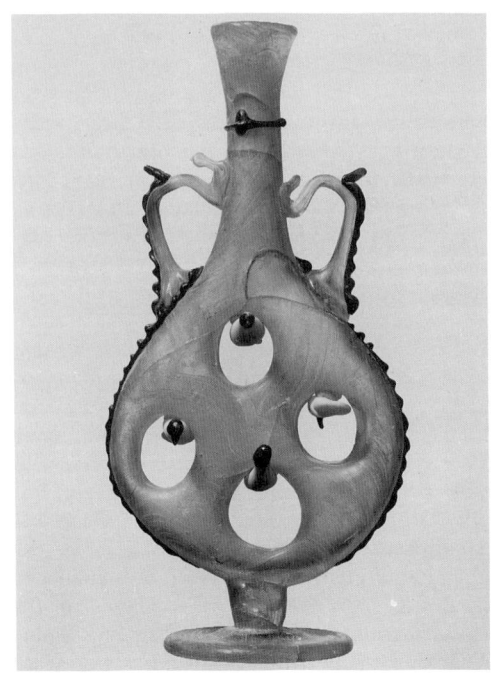

arbeiten aus röm und fränkischen Gräbern Kölns: Golddrahtketten, Ohrgehänge, Amulette, Gemmen- und Kameenringe, vergoldete Zwiebelknopffibeln, Vogel- und Scheibenfibeln mit Glaseinlage. Auch Bernstein- und Gagatschmuck ist reich vertreten.   Nau

Lit: Zur Geschichte u Topographie der CCAA (allgemein): HSchmitz, Colonia Claudia Ara Agrippinensium, 1956 – PLaBaume, Colonia Agrippinensis, ³1964 – WBinsfeld, Aus dem römischen Köln, 1966 – PLaBaume, BJb 172, 1972, 271 ff – JBracker, Jahrb des Kölnischen Geschichtsvereins 45, 1974, 111 ff – ODoppelfeld, ANRW II 4, 1975, 715 ff – HHellenkemper, ANRW II 4, 1975, 783 ff – PLaBaume, FVFD 37/1, 1980, 38 ff – HHellenkemper, FVFD 37/1, 1980, 183 ff

Ubiermonument: Katalog Römer am Rhein, 1967, 82 Nr. 17 – SSeiler, FVFD 39, 1980, 40 ff

Abb. 429   Köln. Sog. »Vier-Tauben-Flasche«. Glas. – H. 25 cm. 3. Jh. n. Chr. (RGM Köln)

Stadtmauer: ODoppelfeld, Die Kunstdenkmäler des Rheinlands, Beih 2, 1950, 3 ff PLaBaume, FVFD 37/1, 1980, 61 ff – USüßenbach, Die Stadtmauer des römischen Köln, 1981

Wasserentsorgung: HHellenkemper, FVFD 37/1, 1980, 77 ff – ders, FVFD 38, 1980, 91 ff, 157 f – ders, in: Grewe 193 ff

Rheinhafen, Rheinbrücke: HHellenkemper, ArchKorrbl 4, 1974, 245 ff – ders, FVFD 38, 1980, 126 ff – JKlinkenberg, in: Die Kunstdenkmäler der Stadt Köln I 2, 1906, 341 ff – SNeu, FVFD 38, 1980, 147 ff

Forum: HHellenkemper, FVFD 38, 1980, 162 ff

Wohnviertel: GPrecht, Kölner Jahrb 12, 1971, 52 ff – HHellenkemper, FVFD 37/1, 1980, 67 ff – DvBoeselager-GPrecht, BJb 183, 1983, 335 ff

Malerei: ALinfert, Römische Wandmalereien der nordwestlichen Provinzen, 1975 – SNeu, FVFD 38, 1980, 65 ff – RThomas, BAR Intern, Ser 165, 1983, 77 f – MSchleiermacher, Ausgrabungen im Rheinland '83/84, 1985, 254 ff

Mosaiken: KParlasca, Die römischen Mosaiken in Deutschland, 1959, 69 ff – HGHorn, Mysteriensymbolik auf dem Kölner Dionysosmosaik, 1972 – GHellenkemper Salies, Acta III Colloquio Intern. Sul Mosaico Antico 1980, 1983, 385 ff – DvBoeselager, BJb 183, 1983, 417 ff – dies, Museen der Stadt Köln, Bull 3, 1986, 36 ff

Wasserleitungen, Kalksinter: PLaBaume, FVFD 37/1, 1980, 116 ff – SNeu, FVFD 39, 1980, 141 ff – Grewe 180 ff, 274 ff

Prätorium: ODoppelfeld, Germania 34, 1956, 83 ff – GPrecht, Baugeschichtliche Untersuchung zum römischen Praetorium in Köln, 1973 – PLaBaume-WMeier-Arendt, FVFD 38, 1980, 92 ff

Kultbauten: HHellenkemper, FVFD 38, 1980, 30 f, 124 f, 163 ff – ders, FVFD 39, 1980, 7 f, 23 ff

Christliche Kultbauten: ODoppelfeld, Frühchristliches Köln, 1965 – AWolf, FVFD 38, 1980, 2 ff – ODoppelfeld-WWeyres, Die Ausgrabungen im Dom zu Köln, 1980, 506 ff – HHellenkemper, FVFD 38, 1980, 191 ff, 227 ff – GRistow, FVFD 39, 1980, 93 ff – HHellenkemper, Ausgrabungen im Rheinland '83/84, 1985, 247 ff

Wirtschaftsbetriebe: ODoppelfeld, Zwei Jahrtausende Kölner Wirtschaft 1, 1975, 20 ff – PLaBaume, Renania Romana. Atti dei convegni dei Lincei 23, 1976, 175 ff – ders, FVFD 37/1, 1980, 79 ff – ders, FVFD 38, 1980, 186 f – WMeier-Arendt, FVFD 38, 1980, 63 f – MRiedel, FVFD 38, 1980, 167 ff – ders, FVFD 39, 1980, 3 ff, 8 ff, 44 ff – SNeu, FVFD 38, 1980, 179 ff, 224 ff – MRiedel, Köln – ein römisches Wirtschaftszentrum, 1982

Gräberfelder: HHellenkemper, FVFD 37/1, 1980, 122 ff – MRiedel, FVFD 38, 1980, 187 ff, 222 ff – PLaBaume, FVFD 39, 1980, 75 ff, 135 ff – MRiedel, Ausgrabungen im Rheinland '81/82, 1983, 275 ff – BPäffgen-SSeiler, Ausgrabungen im Rheinland '83/84, 1985, 243 ff

Röm-Germ Museum: FFremersdorf, Die Denkmäler des römischen Köln. Bd I–IX, 1958–1984 – HSchoppa, Römische Götterdenkmäler in Köln, 1959, PLaBaume, Glas der antiken Welt I, 1973 – Kölner Römer-Illustrierte 1, 1974 – GPrecht, Das Grabmal des Poblicius, 1975 – BuHGalsterer, Die römischen Steinschriften aus Köln 1975 – dies, Epigr Studien 12, 1981, 255 ff – dies, Epigr Studien 13, 1983, 167 ff – AKrug, Antike Gemmen im Römisch-Germanischen Museum, 1981 – Chrobaczek 188 f

Zur Eifelwasserleitung: Grewe 180 ff, 274 f u 289

Umland der CCAA: Gutshöfe
Abb 81, 95, 103, 430–432, Taf 12, 16

Die fruchtbaren Böden des W Rheintals, besonders die für den Ackerbau günstigen Lößböden der Mittelterrasse, aber auch die Lehm-Sand-Böden mit guter Wasserführung auf der Niederterrasse boten die natürliche Grundlage für eine prosperierende Landwirtschaft im Umland der *CCAA.* Zusätzliche Vorteile brachten die dichte Erschließung durch das auf die *CCAA* zustrebende Reichsstraßennetz und die Nähe der Konsumenten im städtischen Zentrum sowie in den Militärlagern der Rheingrenze. Diesen günstigen Rahmenbedingungen entspricht eine hohe Siedlungsdichte, die anzeigt, daß das Land gerodet und intensiv bewirtschaftet war.
Die vorherrschende Siedlungsform war die inmitten des Besitzes gelegene *villa rustica,* vielfach in einiger Distanz zu den großen Verbindungsstraßen errichtet. Wie im übrigen Rheinland waren kleinere und mittlere Betriebe bestimmend, die wohl zumeist von den Besitzern selbst geführt

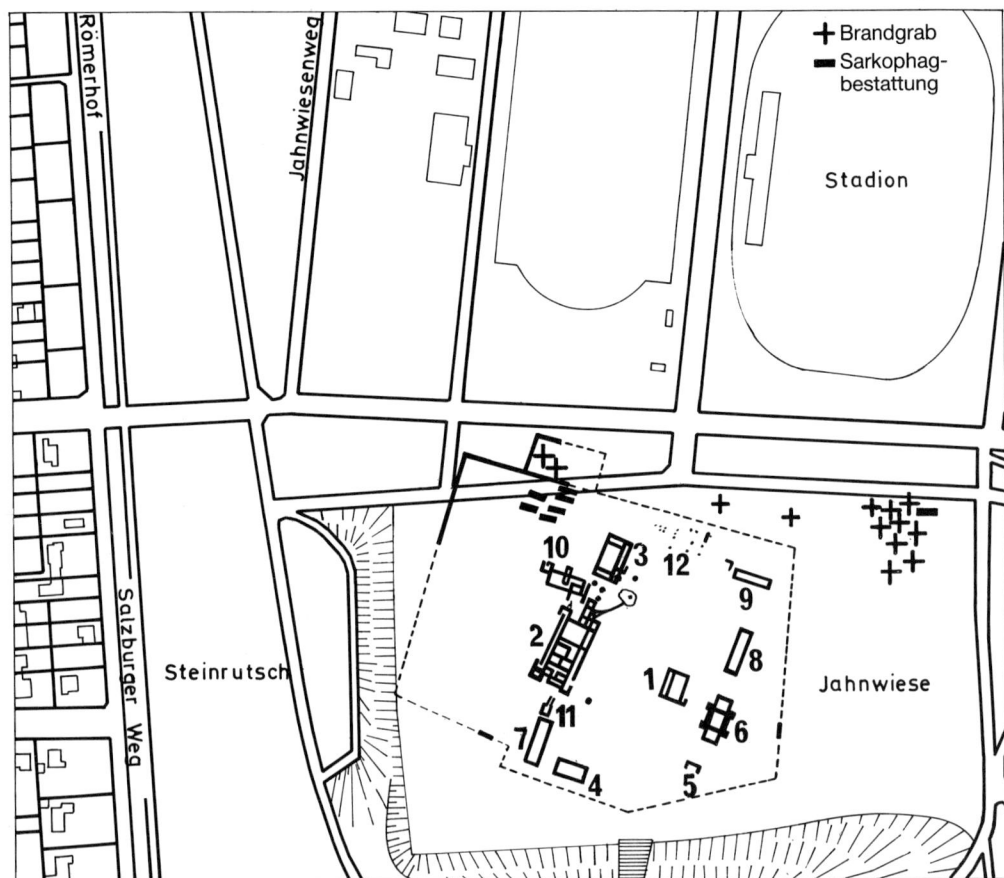

Abb. 430   Köln-Müngersdorf. Gutshof. Gesamtplan. – 1 Wohnhaus für Gesinde, 2 Herrenhaus, 3 Trockenspeicher (horreum), 4 große Scheune, 5 offener Schuppen, 6 mehrstöckiger Getreidespeicher (Silo), 7 Pferdestall, 8 Schafstall, 9 Schweinestall, 10 Kuhstall, 11 Keller, 12 offene Feldscheune

wurden. Daneben mag es vereinzelt auch dörfliche Ansiedlungen gegeben haben, die jedoch bisher im Kölner Stadtgebiet archäologisch nicht nachgewiesen sind. Eine Weihung der *vicani Segorigienses* aus Köln-Worringen läßt jedoch auf ihre Existenz schließen.

Köln-Müngersdorf. Unter Leitung von F. Fremersdorf wurden 1925/1926 Herrenhaus, Wirtschaftsgebäude, Umfassungsmauer und zugehörige Gräberfelder ausgegraben. Der Gutskomplex – nach den Dimensionen des Haupthauses eine mittlere Anlage – lag ca 5 km von der W-Mauer der *CCAA* entfernt auf der Mittelterrasse

des Rheins. 750 m N des Hofareals verlief die Fernstraße Jülich–Tongeren. Kieswege, von denen noch Spuren nachgewiesen wurden, verbanden den Gutshof mit der übergeordneten Straße. Eine Mauer faßte den Gutsbezirk mit dem Wirtschaftshof im O des Herrenhauses und einem Park im W ein. Aus anfänglich drei Wirtschaftsbauten entwickelte sich im Laufe der Zeit ein Ensemble von elf Nebengebäuden, die sich in lockerer Rechteckform um das Wohnhaus des Besitzers gruppierten. Ein mit Herd und Latrine ausgestattetes Gebäude, das wohl zu Recht als Gesindehaus gedeutet wurde, war durch seine Lage gegenüber dem Herrenhaus besonders hervorgehoben (1). Die axiale, auf das Herrenhaus ausgerichtete Anordnung der Nebengebäude unterscheidet Müngersdorf sowohl von den kleineren Streubaugehöften als auch von den großen Achsenhofanlagen, bei denen das Herrenhaus üblicherweise die Schmalseite eines rechteckigen, von Wirtschaftsgebäuden gesäumten Hofes einnimmt. Dennoch wurde dem Bestreben, den Wirtschafts- und Wohnbereich (*pars rustica – pars domestica*) voneinander abzugrenzen, Rechnung getragen. Die Hauptfront des Herrenhauses befand sich im W, auf den Garten (*pars domestica*) mit Blick auf das Vorgebirge ausgerichtet. Auf diese Weise steigerte man den Repräsentationscharakter des Herrenhauses ohne zusätzlichen Bauaufwand.

Zur ältesten, gleichzeitig mit dem ersten Steinbau des Herrenhauses errichteten Anlage gehörten das erwähnte Gesindehaus (1) und zwei Hallenhäuser (6,8), die wohl als Stall und Scheune dienten. Obwohl die unterschiedlichen Funktionen der Wirtschaftsgebäude im Einzelfall nicht mehr mit ausreichender Sicherheit zu bestimmen sind, fällt auf, daß erst von der mittleren Kaiserzeit an größere Speicherkapazitäten vorhanden waren. Nicht vor dem 3. Jh entstanden ein quadratischer Turmspeicher (6), der in ein älteres Gebäude eingebaut wurde, und ein Trockensilo mit schwebendem Boden (*suspensura*) im Mitteltrakt (3). Diese Bauten, die der Lagerung von Kornvorräten dienten, lassen tiefgreifende Umstellungen in der Produktion des Gutes erkennen. Herrschte zunächst eine gemischte Wirtschaftsform mit Viehzucht und Ackerbau vor, so stand später, als die Versorgung infolge innerer und äußerer Unruhen immer schwieriger wurde und auch der Staat Abgaben in Form von Naturalien (*annona militaris*) erhob, die Erzeugung von Getreide im Vordergrund. Neben der landwirtschaftlichen Tätigkeit wurden auf dem Gutshof auch verschiedene Handwerke ausgeübt. Eisenschlacken und das Bruchstück eines Gußtiegels mit Bronzeschmelz weisen auf Metallverarbeitung hin.

Das erste in Stein erbaute Hauptgebäude besaß einen zweigeschossigen, von niedrigen Risaliten flankierten Mittelbau und Portiken an der O- und W-Seite. Im N des Kernbaus befand sich die ausgedehnte Wirtschaftshalle, in der noch geringe Spuren einer Pflasterung mit darüberliegendem Lehmestrich und eine Herdstelle aufgedeckt werden konnten. Jenseits eines Flures lag in der Mitte der W-Seite der zentrale Wohn- und Repräsentationsraum (*oecus*), an den im O ein kleineres Zimmer, wohl ein Wirtschaftsraum, anschloß. Der S-Teil des Erdgeschosses war in vier kleinere Raumeinheiten untergliedert, die durch einen T-förmigen Gang erschlossen wurden. Im schmaleren W-Flur lag vermutlich der Treppenaufgang zum Obergeschoß, den man von W erreichte. Diesem Raumgefüge war im Süden zeitweilig ein Laubengang vorgelagert. Das Wohnhaus besaß zunächst kein Bad und keine Räume mit Unterbodenheizung (*hypocaustum*). Erst bei einem späteren Umbau (3. Jh) wurde an der N Schmalseite eine Badeanlage angefügt. Sie bestand aus einem Raum mit Heizstelle (*praefurnium*), einem Warmwasserbad (*caldarium*) und einem mäßig erwärmten Durchgangsraum (*tepidarium*), die von N nach S aneinandergereiht waren. O des Tepidariums schlossen das Kaltbad (*frigidarium*) und eine Latrine mit Wasserspülung an. Ein zwischen *tepidarium* und NW-Risalit eingefügter Raum diente vermutlich zum Ankleiden (*apodyterium*). Eine Hypokaustanlage innerhalb der S-Portikus erwies sich ebenfalls als jüngerer Ausbau.

Die differenzierte Innengliederung des Kernbaus ist nach dem Ausgrabungsbefund zusammen mit den Risaliten an der NO- und NW-Ecke des Gebäudes in der ersten Steinbauperiode entstanden. Um die typisch späten Anbauten von Bad und Hypokaustraum erweitert, blieb sie bis zur Aufgabe des Gutshofes am Ende des 4. Jh im wesentlichen unverändert. Die Baugeschichte der Fassaden an der O und W Langseite stellt sich dagegen weniger einheitlich dar. Abweichungen in der Materialzusammensetzung der Fundamentstikkungen deuten darauf hin, daß der Ausbau der Portikus-Risalit-Fassaden nicht in einem Zuge erfolgte. Die spezifische Raumreihung im Kernbau und die von Anfang an vorhandenen, verschieden proportionierten Risalite an der N-Seite zeigen jedoch, daß schon der älteste Steinbau als voll ausgeprägte doppelseitige Portikusvilla mit Eckrisaliten ausgelegt war. Dies spricht gegen eine langsame, über einen längeren Zeitraum ausgedehnte Entwicklung und läßt eine Entstehung in kurz aufeinanderfolgenden Bauetappen nach

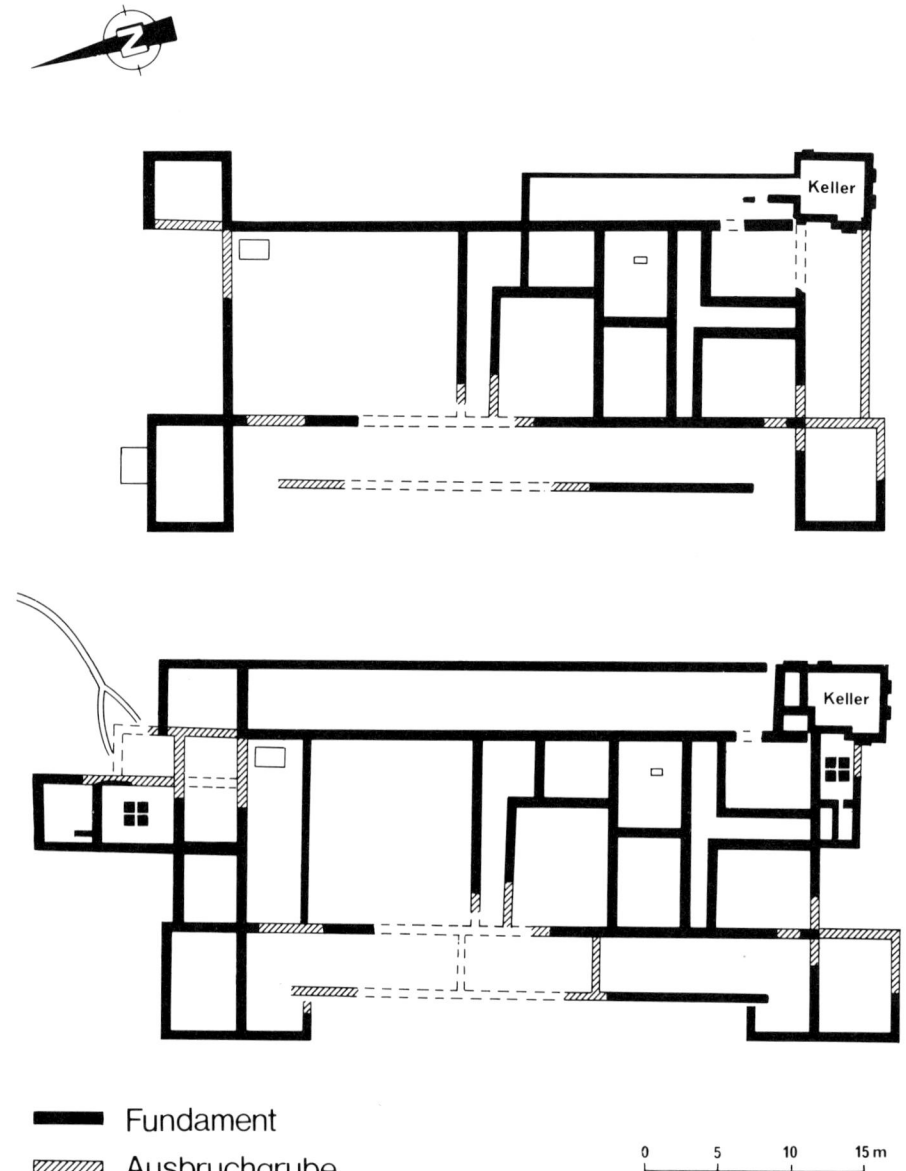

Fundament

Ausbruchgrube

0   5   10   15 m

Abb. 431   Köln-Müngersdorf. Gutshof. Grundriß des Herrenhauses. – Oben: Phase 2, unten: Phase 6

einem von Anfang an feststehenden Plan vermuten. Am Anfang stände demnach eine gerade
durchlaufende Portikus mit seitlichen Eingängen
zwischen vorspringenden Eckrisaliten im W und
ein kurzer Laubengang an der O-Seite, der einen
Keller an der SO-Ecke mit der Küche und dem
hinter dem *oecus* liegenden Wirtschaftsraum verband. Später wurde der W Laubengang in eine ge-
knickte Portikus mit Mitteleingang umgewandelt. An der O-Seite entstand in einer Flucht mit
Keller und NO-Risalit eine große Steinportikus.
Mehrere in sekundärer Lage angetroffene Fragmente von zwei verschiedenen Säulenordnungen
aus Rotsandstein gehören vermutlich zur jüngeren Fassadengestaltung.

Von der aufwendigen Innenausstattung des Hauses zeugen große Mengen von abgeschlagenen
Wandmalereifragmenten, die aus mehreren Räumen stammen. Zu einem System, das möglicherweise mit der ursprünglichen Gestaltung des
oecus in Zusammenhang steht, gehören Panne-
auxwände mit Kandelaberdekor. Später wurden
die Wände mit Marmorinkrustationen versehen,
von denen sich zahlreiche, in verschiedenen Formen zugeschnittene Stücke fanden. Es handelt
sich überwiegend um Material aus den NW-Provinzen, sog schwarzen und roten belgischen Marmor. Nur vereinzelt sind rein weiße Stücke vertreten, die möglicherweise aus Carrara stammen.
Einige Fragmente aus dem Caldarium könnten
darauf hindeuten, daß das Bad mit Marmor verkleidet war. Darüber hinaus belegen Bruchstücke
von Fensterglas, die mehrräumige Badeanlage
und der Abort mit Wasserspülung den gehobenen Wohnkomfort des Herrenhauses.

Zahlreiche Reste von Gefäßkeramik und mehrere
Brandgräber belegen, daß die Besiedlung in Müngersdorf im mittleren 1. Jh einsetzte. Auch das
Hauptgebäude wurde bisher in claudische Zeit
datiert. Dieser Ansatz stützt sich im wesentlichen
auf eine claudische Scherbenschicht vor dem
oecus, die der Ausgräber als primitive Abfallstelle
des Speisesaales deutete. Da diese die Standfestig-
keit der tragenden Außenwand gefährdet hätte,
ist kaum von einer Gleichzeitigkeit mit dem
Steinbau auszugehen. Die Fundamente dürften
vielmehr eine ältere Abfallschicht anschneiden,
die somit einen terminus post quem für den Bau
des Herrenhauses angibt.

In der S-Hälfte des Herrenhauses kamen Reste eines Rechteckbaus zutage, der von den Fundamenten des Steinbaus überschnitten wurde. Aus
schwachen Grauwacke-Ziegel-Kiesel-Stickun-
gen läßt sich eine Halle (L 16,50 m, B 7,50 m) rekonstruieren, die wohl als Fachwerk-Konstruk-
tion ausgeführt war. Die Orientierung entsprach
bereits dem steinernen Herrenhaus. Der Ausgräber nahm für den nicht näher datierbaren Vorgängerbau eine Entstehung in den ersten vier
Jahrzehnten des 1. Jh an. Ausgehend von der
durch neuere Untersuchungen erhärteten allgemeinen Siedlungsentwicklung auf dem Boden der
CCAA sind darin jedoch wohl Überreste eines
Gründungsbaus aus der Mitte des 1. Jh zu erkennen, auf den sich auch die Gräber claudischer Zeit
beziehen. Später trat die bis ans Ende des 4. Jh be-
wohnte Portikusvilla an seine Stelle. In Analogie
zu besser erforschten Beispielen dieses Bautyps
ist davon auszugehen, daß sie nicht vor dem späten 1. oder frühen 2. Jh entstand.

Köln-Worringen. Die Portikusvilla mit Eckrisaliten lag im N der *CCAA*, ca 1 km W der Rheintalstraße Köln–Dormagen–Neuss am S Innenrand
des Worringer Bruches, einer bis in die Neuzeit
wasserführenden Altrheinschleife, und ist durch
Luftaufnahmen und Oberflächenfunde bekannt.
Portiken auf beiden Langseiten des Hauses entsprechen dem Hauptgebäude von Müngersdorf,
während die Gliederung des Kernbaus mit einer
großen ungegliederten Mittelhalle und kleineren
Raumgruppen an den Schmalseiten an Grundriß-
lösungen anknüpft, die vor allem bei kleineren
Anlagen zu finden sind. Hypokaustziegel und
Tubulifragmente lassen auf die Existenz heizba-
rer Räume bzw eines Bades schließen. Darüber
hinaus besaß das Gebäude polychrome Wandmalereien mit Feldereinteilung sowie Wandverkleidungen und Fußbodenbelag aus Marmor. Außer
einheimischem Material fand sich auch grüner
Porphyr, der aus dem Taygetos-Gebirge im S Peloponnes importiert werden mußte. Nach Ausweis der Lesefunde war die Stelle von der 2.
Hälfte des 1. Jh bis ins 3. Jh besiedelt. Das Fehlen
spätröm Funde läßt vermuten, daß dieser Gutshof nach den Frankeneinfällen des mittleren 3. Jh
aufgegeben wurde.

Köln-Braunsfeld. Der Gutshof liegt an der Stolberger Str, ca 560 m N der Reichsstraße Köln–Jülich–Tongeren und wurde 1925–1930 ausgegraben.

Der älteste Bau an dieser Stelle war eine dem vermuteten Urbau des Müngersdorfer Gutshofes vergleichbare Fachwerkkonstruktion, die nicht vor dem Ende des 1. Jh entstand. Dieses Gebäude wurde im 3. Jh durch einen Steinbau ersetzt. Er hatte eine zentrale Wirtschaftshalle mit Herd, zwei flankierende langrechteckige Räume an den Schmalseiten, ein größeres Zimmer an der NW-Ecke und eine Portikus-Risalit-Fassade im S. Schon im ersten Bauzustand scheint ein geknickter Laubengang mit vorgezogenem, überdachtem Mitteleingang vorhanden gewesen zu sein. Im W ist wohl ein Risalit in der Flucht der vorspringenden Portikuswand zu rekonstruieren, der über die Seitenwand des Hauses hinausragte. Eine symmetrische Fassade ist nicht gesichert. An der Stelle des vermuteten O Risalitpendants wurden nur gerade durchlaufende Fundamente angetroffen, die möglicherweise zu einem größeren Anbau gehörten. Bis zur Aufgabe des Gutshofes im späten 4. Jh erfuhr das Wohnhaus verschiedene An- und Umbauten, die sich nicht mehr als zusammenhängende Bauperioden fassen lassen. Dazu zählt die Errichtung einer Badeanlage an der NO-Ecke des Gebäudes. In den W-Risalit wurde ein annähernd quadratisches Mauergeviert mit 0,95 m starken Fundamenten, Estrichboden und Wandputz eingetieft, das wohl ursprünglich einen mehrgeschossigen Überbau in der Art eines Speicher- oder Wehrturmes trug. Einige in den Fluchten dieses Einbaus vorgezogene Mauerzüge im S sind in ihrer Zugehörigkeit nicht genau zu bestimmen. Vermutlich gehörten sie zu einem zwischenzeitlich errichteten vorspringenden Eckrisalit, der bei einer letzten baulichen Veränderung in spätröm Zeit dem massiven Baukörper weichen mußte.

In der SO-Ecke des Turmes fanden sich zwei flüchtig gemauerte Sargbehälter mit Skelettresten. Da innerhalb eines Wohngebäudes in röm Zeit nicht bestattet werden durfte, wird es sich um fränkische Bestattungen in röm Ruinen handeln. Die Innenausstattung des Hauses bot einigen Komfort, der sich an einer Latrine mit Wasserspülung, einer mehrräumigen Badeanlage,

Fensterglas und Resten von Wand- und Bodenbelag aus geschliffenen Kalk- und Marmorplatten ablesen läßt.

Seine besondere Bedeutung erhält der Gutshof von Braunsfeld durch die in unmittelbarer Nähe gefundenen Sarkophage, die als kostbarste Stücke der ohnehin reichen Grabinventare das Diatretglas, die Zirkusschale und ein Goldglas enthielten. Die reichen Beigabenausstattungen lassen keinen Zweifel, daß hier im 4. Jh eine Familie lebte, die zur wirtschaftlichen und sozialen Oberschicht der *CCAA* gehörte.

Bei Ausgrabungen an anderen Stellen des Stadtgebietes sind mehrfach Ausschnitte von *villae rusticae* aufgedeckt worden, ohne daß sich zusammenhängende Grundrisse ermitteln ließen. Hypokaustanlagen, Kanalsysteme zur Abwasserableitung und Funde von Hypokaust- und Hohlziegeln zeigen an, daß viele ländliche Wohngebäude heizbare Räume bzw Bäder besaßen. Dieser Komfort, der in Müngersdorf und Braunsfeld auf Umbauten der mittleren und späten Kaiserzeit zurückgeht, ist innerhalb der modernen Kölner Verwaltungsgrenzen für mehr als ein Dutzend Siedlungsstellen nachweisbar. Auch mit Wandmalerei ausgeschmückte Räume sind für eine größere Zahl von Landhäusern vorauszusetzen. Außer den bereits erwähnten Funden von Müngersdorf und Worringen fanden sich in den Bauresten einer Villa rustica an der Kirche St. Mechtern in Köln-Ehrenfeld Wandputzreste mit vegetabilem Dekor. Seit der mittleren Kaiserzeit waren auch Wandverkleidungen und Fußböden aus geschliffenen Marmorplatten zunehmend beliebt. Entsprechende Funde sind von sieben Trümmerstellen bekannt. Neuere mineralogische Untersuchungen ergaben, daß dabei nicht nur einheimische Marmorsorten, sondern auch Importware aus dem Mittelmeerraum Verwendung fanden. Bodenmosaiken gelten als Kennzeichen für Bauten der Luxusklasse. Während Mosaiken in den unweit der *CCAA* gelegenen Vorstadtvillen, die allem Anschein nach keine landwirtschaftliche Funktion besaßen, häufig anzutreffen sind, scheinen sie bei Gutshöfen nur vereinzelt vorhanden gewesen zu sein. Den einzigen Fund aus dem Hinterland stellt ein größeres Fragment mit weißen Mosaiksteinen dar, das im Bereich ei-

Abb. 432   Köln-Ossendorf. Fundament eines Grabdenkmals mit Grabgarten. Ausgrabungen des Wallraf-Richartz-Museums 1925

ner ausgedehnten Trümmerstelle in Köln-Blumenberg geborgen wurde. Zusammengenommen bezeugen diese Funde, daß gehobene, zuweilen sogar recht aufwendige Ausstattungen in den Wohnbauten des agrarisch geprägten Umlandes der *CCAA* weit verbreitet waren. Wie das Beispiel des Braunsfelder Gutshofes zeigt, war dieser Komfort nicht nur den Landgütern mittlerer Größe vorbehalten, sondern auch bei Bauten kleineren Zuschnitts anzutreffen.

Zu jedem Gehöft gehörten Bestattungsplätze auf eigenem Grund und Boden. Bei der Wahl des Begräbnisplatzes war der Wunsch bestimmend, das Andenken des Verstorbenen lebendig zu halten und ihm so ein ungestörtes Weiterleben im Jenseits zu garantieren. Gut einsichtigen Lagen in der Nähe der Höfe, unweit der Verbindungswege und an den Fernstraßen kamen daher besondere Bedeutung zu. Die Grabkammern von → Hürth-Efferen und → Köln-Weiden waren nur durch einen schmalen Landstreifen von der befestigten Fahrbahn und den sie begleitenden Sommerwegen entfernt. Mehrfach fanden sich die Gräber wie bei den *villae rusticae* von Müngersdorf und Braunsfeld an der zur Fernstraße gerichteten Seite des Gutsbezirks, wo sie jedem Ankommenden ins Auge fallen mußten. Den verschiedenen Lösungen entsprechend läßt sich in der Entfernung der Gräber zur Siedlungsstelle keine Einheitlichkeit feststellen. Eine Mindestdistanz zu den Wohn- und Wirtschaftsbauten, die kaum mehr als 30 m betrug, wurde jedoch stets eingehalten. Anstelle geschlossener, kontinuierlich belegter Gräberfelder lassen sich nicht selten mehrere, zu verschiedenen Zeiten benutzte Bestattungsplätze erschließen. Das bekannteste Beispiel bietet die *villa rustica* in Müngersdorf, wo sich im N des Gutshofes außerhalb der Umfassungsmauer 61 Brandgräber des 1. und 2. JhnChr fanden. Gräber des 3. Jh konnten in der näheren Umgebung der Wohn- und Wirtschaftsgebäude nicht nachgewiesen werden. Sie müssen an anderer Stelle gelegen haben. Erst in spätröm Zeit kam es am ORand des frühröm Grabbezirks erneut zu Bestattungen. Dabei wurden ältere Gräber gestört, die offenbar in Vergessenheit geraten waren. Darüber hinaus entstand im 4. Jh innerhalb des ummauerten Hofbezirks ein allem Anschein nach nur den Besitzern vorbehaltenes Familienbegräbnis. Eine Verlegung der Gräber in den

Schutz der Siedlungsstelle, wie sie in Müngersdorf an den Sarkophagbestattungen des 4. Jh abzulesen ist, scheint in spätröm Zeit kein Einzelfall gewesen zu sein. Bei den nachweislich über einen längeren Zeitraum besiedelten *villae rusticae* am Zollstocker Weiher im äußeren Grüngürtel, auf dem Gelände der Firma Eckstein & Wery in Köln-Giesdorf und an der Stolberger Str in Braunsfeld wurden unweit der Wohn- und Wirtschaftsgebäude nur die Bestattungen und Grabbauten der Spätantike angetroffen, während ältere Gräber nicht faßbar waren.

Ausgehend von der kleinen Zahl der näher untersuchten ländlichen Gräberfelder ist anzunehmen, daß der von allen Mitgliedern der Hofgemeinschaft benutzte Friedhof zumindest in der frühen und mittleren Kaiserzeit die geläufigste Form darstellte. Der Eindruck, daß es sich nicht um Friedhöfe einer ethnisch und sozial homogenen Gruppe handelt, wird einerseits durch das Nebeneinander verschiedenster Bestattungsformen, andererseits durch deutliche Abstufungen in der Beigabenausstattung und in der äußeren Anlage der Gräber vermittelt. Den städtischen Gräberfeldern an den Ausfallstraßen der *CCAA* vergleichbar, kommen in der Frühzeit Urnengräber, Brandgruben-, Brandschüttungsgräber und Busta nebeneinander vor.

Entsprechend den wirtschaftlichen Möglichkeiten des Verstorbenen nahm nicht nur die Kostbarkeit der Beigabenausstattung, sondern auch der Aufwand für die äußere Gestaltung des Grabes zu. Häufig treten rechteckige Mauereinfriedungen, sog Grabgärten, auf. Als Einfassung eines Pfeilergrabmals, von dem nur noch die Fundamente angetroffen wurden, fand sich eine derartige Einfriedung im Grabbezirk von Ossendorf. Ein Grabgarten innerhalb des Bestattungsplatzes am Frechener Bach wies an einer Seite eine schwach fundamentierte Plattform auf, die wohl ursprünglich ein kleineres Denkmal trug. Reste monumentaler Grabarchitektur kamen darüber hinaus in Worringen bei der alten St.-Pankratius-Kirche und in Junkersdorf auf dem Gelände der ehem Ziegelei Grote zutage. Die Worringer Funde – ein Gesimsfragment und ein Akroter – könnten zu einem Grabbau mit Giebel ähnlich dem bekannten Grabtempel mit dem Capricornus-Relief im Tympanon vom SW Kölner Grä-

berfeld gehört haben. Zu den besonders aufwendigen Grabanlagen gehören ferner unterirdische → Grabkammern (*hypogaeum*).   Spie
Lit: EMSpiegel, FVFD 371, Köln I, 1980, 173 ff – FFremersdorf, Röm Germ Forschungen 6, 1933 – HSchmitz, BJb 139, 1934, 80 ff – FFremersdorf, BJb 135, 1930, 109 ff – ODoppelfeld, Kölner Jb 5, 1960/61, 7 ff – WLung, Kölner Jb 8, 1965/66, 85 – WMeier-Arendt, FVFD 39, Köln III, 1980, 172 f – FFremersdorf, Prähist. Zeitschrift 17, 1927, 275 ff. – ders, Germania 17, 1933, 266 ff – WHaberey, BJb 161, 1961, 333 ff. – PNoelke, Germania 62, 1984, 373 ff

Umland der CCAA: Grabkammern
Abb 195, 196, 417, 433–436

Grabkammern, dh eigens zur Aufnahme der Bestattung(en) erbaute begehbare, meist unterirdische Räume, waren in Rom wie in den Provinzen weit verbreitet. Im NW des Reiches sind solche Grabkammern vor allem in Trier und Köln in größerer Zahl nachzuweisen. Sie finden sich sowohl im Bereich der städtischen Friedhöfe, zB im S Kölner Gräberfeld um St. Severin, als auch im Umland meist auf die Fernstraßen ausgerichtet als Grabbauten nahegelegener Gutshöfe. Drei der Kölner Grabkammern sind aus Großsteinquadern errichtet, die übrigen aus Handquadern aufgemauert und zT verputzt. Gemeinsam ist allen der Abschluß durch ein Tonnengewölbe. Über einigen der Kammern erhob sich ein obertägiger Bau, der im Fall der Grabkammern von Igel/TR und Nehren/COC tempelartig mit einer Säulenfront ausgestaltet war. Vielleicht hatten auch die Anlagen von Köln-Weiden und Köln-Niehl, in denen Säulenteile gefunden worden sind, einen solchen repräsentativen Oberbau. Gesichert ist eine zweigeschossige Anlage in Köln jedoch nur für die Grabkammer an der Severinstr. Andere Monumente beschränkten sich nachweislich auf die unterirdische Grabkammer wie zB die Anlage in → Hürth-Efferen. Im Gegensatz zur Weidener Grabkammer mit ihrer vielfältigen und symmetrischen Gliederung der Wände durch Nischen sind die Innenwände der anderen Kölner Grabkammern nur mit einzelnen ungleichmäßigen Nischen versehen oder ganz ungegliedert.

Abb. 433   Köln-Weiden. Grabkammer. Blick in das Innere mit Nischen, Büsten und Jahreszeiten-sarkophag

Während in Weiden Brandbestattungen nachgewiesen sind, waren die meisten Kölner Grabkammern für Körperbestattungen bestimmt. Neben Sarkophagen finden sich gemauerte Gräber (*formae*), zuweilen werden beide Typen auch in derselben Anlage verwendet. Häufiger gehörten zu einer Grabkammer »nur« zwei Sarkophage oder *formae* – diese Anlagen waren offensichtlich für Ehepaare bestimmt (→ Hürth-Efferen).

Sieht man von Weiden einmal ab, so sind alle Kölner Grabkammern, soweit sie eine Beurteilung erlauben, in das 4. Jh zu datieren. Die Grabkammer in Weiden aus der Mitte des 2. JhnChr steht am Anfang einer langen Entwicklung. Von den ca ein Dutzend Kölner Grabkammern sind vier (mit → Hürth-Efferen) konserviert und zugänglich gemacht worden.

Köln-Weiden. Aachener Str 328. Öffnungszeiten: Di Do 10–13, Fr 10–17, Sa u So 13–17 Uhr. Voranmeldung zu empfehlen. (Tel. 0 22 34/ 7 33 99)

Die Grabkammer wurde 1843 bei Ausschachtungsarbeiten entdeckt, die Nachsuche jedoch eingestellt, als der erhoffte Fund eines verborgenen Schatzes ausblieb. Zwei örtliche Honoratioren erkannten die Bedeutung der Ruine und ließen sie unter der Leitung eines Bergmanns systematisch ausräumen. Dem Generaldirektor der Berliner Museen, Ignaz von Olfers, unterstützt vom Kölner Dombaumeister Ernst Friedrich Zwirner, gelang es, den Gesamtfund für das Königreich Preußen zu erwerben. Zwirner wurde auch mit der Rekonstruktion der Grabanlage, der Errichtung eines Schutzbaus darüber sowie eines Aufseherhauses betraut, so daß die Grabkammer als erstes röm Bodendenkmal am Rhein konserviert und der Öffentlichkeit zugänglich gemacht werden konnte. Lediglich die Kleinfunde wurden in das Antiquarium der Berliner Museen verbracht, wo ein Teil im 2. Weltkrieg verlorenging. Die Grabkammer liegt ca 9 km W der Stadtmauer der *CCAA* parallel zur N-Seite der röm Reichsstraße Bavai–Tongeren–Köln (heute Aachener Str). Sie wird zu einer *villa rustica* gehört haben, deren Wohn- und Wirtschaftsgebäude in einiger Entfernung von der Straße zu vermuten sind. Zugang gewährte ehemals eine leider nicht kon-

Abb. 434   Köln-Weiden. Grabkammer.
Nachbildung eines Korbsessels. Kalkstein. –
H. 0,96 m. 3. Jh. n. Chr. (RGM Köln)

servierte Treppe aus elf Doppelstufen, die zunächst parallel zur Straße verlief, um dann an der
SO-Ecke der Grabkammer umzubiegen und neben der Tür zu münden. Türgewände und -sturz
der O-W orientierten ▶ Grabkammer bestehen
aus Rotsandstein, während Treppe und übrige
Kammer aus Eifeler Tuffstein gebaut sind. In die
Türpfosten sind Führungsnuten eingearbeitet, in
denen eine steinerne Verschlußplatte lief, die von
dem Entdecker zerschlagen worden ist. Nur der
ringförmige Türgriff aus Eisen mit Bronzeum-
mantelung blieb erhalten und wurde von Zwirner
in die von ihm konstruierte hölzerne Falltür eingebaut. Eine weitere Doppelstufe führt von der
Schwelle auf den Boden der Kammer, der ca 5,50
m unter röm Straßenniveau lag. Der langrechteck-
kige Raum (4,5 x 3,6 m) ist mit großen, unregel-
mäßig zugeschnittenen Quadern ausgelegt. Die
»Wolfslöcher« für das Hebegeschirr ließ man
sichtbar. Das aufgehende Mauerwerk besteht aus
einem niedrigen Sockel und vier Lagen von unre-
gelmäßig zugeschnittenen Großquadern, wäh-

rend das von Zwirner nach Maßgabe des Ansat-
zes auf 4,20 m Scheitelhöhe ergänzte Tonnengewölbe aus kleinen Quadern in Mörtelbindung
zusammengefügt war. Die beiden Seitenwände
und die Stirnwand öffnen sich in der Mitte jeweils
zu einer großen, im Grundriß rechteckigen Nische, die oben mit einer Konche abschließt. Der
untere Teil der drei Nischen ist als Bett (Kline)
gestaltet, dessen Einzelteile durch vorgeblendete
Platten von Buntmarmor (»Belgischrot«, »Kohlenkalk«) markiert sind. Am »Fußende« der linken und der rechten Kline ist jeweils ein ▶ Sessel
mit hoher geschweifter Rückenlehne bereitge-
stellt, die detailgetreue Kalksteinnachbildung von
Korbsesseln. Oberhalb der Klinenlehnen sowie
in Fortsetzung dazu rechts und links an den Kam-
merwänden sind insgesamt 29 kleine, im Format
leicht variierende Nischen eingetieft. Nach der
neuen Interpretation F. Sinns dienten sie nicht
zur Aufstellung von Urnen, sondern zur Aufnahme von Totenopfern und Beigaben wie auch
und gerade zur Wandgliederung. Dekorative
Funktion kommt ferner der arkosolförmigen Nische unter jeder Kline zu. Leichenbrand fand sich
nach dem Bericht eines Augenzeugen in einer
Tonurne sowie in den beiden an der Stirnwand
aufgestellten Pyramidenstümpfen aus Tuff. Noch
offen ist die Frage, wie der zugehörige obertägige
Grabbezirk gestaltet war. Ein in der Grabkammer gefundenes Paar ▶ Säulenstümpfe tuskischer
Ordnung aus Rotsandstein könnte zu einem tem-
pelartigen Oberbau gehört haben.
Bei einer kleinen Nachgrabung fanden sich in der
Verfüllung der antiken Baugrube geringe Keramikreste, die bis in die Jahre um 120–130 nChr
reichen. Der Grabbau wird also später, vielleicht
erst um die Mitte des Jahrhunderts fertiggestellt
worden sein. Zu den Besonderheiten der Weidener Grabkammer gehört ihre Ausstattung mit
▶ Porträtbüsten, wie dies von einigen Grabanlagen Roms bekannt ist. Sie geben gewiß hier beige-
setzte Mitglieder der Gutsherrenfamilie wieder.
Zwei Frauenbildnisse standen auf der linken, eine
männliche nackte Oberarmbüste fand sich vor
der rechten Kline. Das Männerporträt wie die
Frauenbüste mit Mantel sind anhand der Haartracht ua wohl um 190–200 nChr zu datieren.
Die zweite, kleinere Frauenbüste in griechischem
Chiton ist weitgehend das Produkt einer Umar-

Abb. 435 Köln-Weiden. Grabkammer. Porträtbüste einer Frau. Marmor. – H. 57,5 cm. Nach Mitte 2. Jh. n. Chr. (RGM Köln)

beitung, die sich in der schematischen Wiedergabe des Kalottenhaares und der unorganischen Modellierung des Gesichtes zu erkennen gibt. Verschiedene Indizien weisen darauf hin, daß die ursprüngliche Plastik kein Porträt, sondern die Statue einer Göttin oder Heroine war. Die Porträts sowie die dem zweiten Frauenbildnis zugrunde liegende Figur, allesamt aus Carrara-Marmor gearbeitet, wurden von Künstlern geschaffen, die aus dem Mittelmeerbereich, vielleicht aus Rom selbst stammten. Möglicherweise hatten sie sich in Köln niedergelassen, um hier Aufträge auszuführen oder fertigzustellen.

Als sich im Rheinland des 3. Jh die Körperbestattung immer mehr durchsetzte, wurde diese Sitte auch von den Besitzern des Weidener Gutshofes übernommen. Dies bezeugt der ▶ Reliefsarkophag aus Carrara-Marmor, der stark fragmentiert und unvollständig in der Grabkammer gefunden wurde. Die Sturzlage und die Breite der Wanne, die nicht durch die Grabkammertür paßt, spre-

chen aber dafür, daß er nicht in der Kammer, sondern obertägig aufgestellt war. Das Zentrum des Sarkophags bildet ein Medaillon (*clipeus*) mit den Büsten des verstorbenen Ehepaares, wobei zumindest der Kopf der Frau in Bosse belassen ist. Das Medaillon wird gehalten von zwei heftig ausschreitenden Viktorien, die sich jeweils einem in der Gegenrichtung bewegten geflügelten Genius in Knabengestalt zuwenden. Während der linke Genius durch einen mit Blüten gefüllten Korb in der Linken als Frühling charakterisiert ist, gibt sich der rechte durch den Früchtekorb und das erlegte Entenpaar als Winter zu erkennen. Eingestreut sind kleinfigurige zur Erntethematik passende Bilder, ua die Weinkelter. Auf den Schmalseiten wird die Jahreszeitenthematik wieder aufgenommen.

Der Weidener Sarkophag gehört zu dem großen Kreis stadtröm Jahreszeiten-Sarkophage. Zusammen mit dem letztlich aus der Triumphalsymbolik stammenden Motiv der Viktorien, die einen Bildnis-Clipeus halten, bot ihr Bildprogramm dem antiken Menschen Sinnbilder der Hoffnung auf ein ewiges Leben. Nach dem Reliefstil zu urteilen, wird der Weidener Sarkophag in den Jahren um 300 nChr entstanden sein. Der Deckel war ursprünglich für einen größeren Kastensarkophag bestimmt und ist nur notdürftig für die Weidener Wanne zugerichtet worden. Auf seiner Blende ist rechts des leer gebliebenen Inschriftfeldes eine Tierfangszene zu rekonstruieren: Eine Löwin verfolgt den Reiter, der ihr Junges geraubt hat und der sie so über die Schiffsbrücke auf das Schiff und in den Käfig lockt.

Der Weidener Sarkophag ist in den germ Provinzen bislang das einzige gesicherte Beispiel für den antiken Import eines Sarkophags aus dem Mittelmeergebiet. Vor diesem Hintergrund zeichnet sich die Weidener Gutsbesitzerfamilie um so deutlicher durch ihre *romanitas* ab, die sie drei Generationen vorher schon durch die Aufstellung stadtröm Marmorporträts in der Grabkammer bewiesen hatte.

Die Grabanlage blieb noch bis in die Mitte des 4. Jh in Benutzung, wie die zahlreichen Kleinfunde, Eß- und Trinkgeschirr, Schmuck, Toilettenutensilien und vor allem die Münzen beweisen (Schlußmünze Constantius II., vor 337 nChr). Das besondere kulturgeschichtliche Interesse an der Weidener Grabkammer liegt in ihrer Möblierung, die den Regeln antiker Tischsitte mit Klinen für die Männer und Sesseln für die Frauen folgt. Sie fehlt den zahlreichen anderen rheinischen Grabkammern, hat aber in Kleinasien, Griechenland und Italien ihre Vorläufer. Die Weidener Grabkammer ist wie ein Speisezimmer ausgestattet, das den Verstorbenen den geziemenden Rahmen für ein ewiges seliges Leben bei den Freuden der Tafel bieten sollte.

Köln-Zollstock. S Uferböschung des Weihers, nahe Zollstocker Weg, unter einem Schutzdach. Die ▶ Grabkammer wurde 1928 bei Erdarbeiten zur Anlage des äußeren Grüngürtels entdeckt und in situ konserviert. Allerdings sind seitdem erhebliche Beschädigungen erfolgt, ua ist der Gewölbeansatz bis auf zwei Steine verlorengegangen. Die ca 4,5 km SW der röm Stadtmauer gelegene Grabkammer hat zu einer *villa rustica* gehört, von der sich ca 200–300 m weiter NO Reste der Gebäude fanden.
Die N-S orientierte Grabkammer ist von denkbar einfachem rechteckigem Grundriß (3,92 x 3,02 m

obere lW). Sie hat einen Estrichboden mit Zusatz von Ziegelkleinschlag (nicht sichtbar) und ein Quadermauerwerk ohne Verklammerungen oder Mörtelbindung (die jetzige Verfugung dient der Sicherung). Zwei Lagen großer Tuffsteine sind so zugearbeitet, daß sie im Innern dicht schließen, während in den einst mit Erdreich umgebenen Außenseiten keilförmige Lücken klaffen (der obere Block der SO-Ecke aus Kalkstein gehört nicht dazu und wurde im Innern gefunden). Der sehr ungleichmäßige Zuschnitt der Blöcke, der unregelmäßige Sitz der Wolfslöcher, funktionslose Hälften von Klammerlöchern usw erweisen, daß die Mauern aus Spolien errichtet worden sind. Auf den Längsseiten der Grabkammer fand sich der untere vom Steinraub stark in Mitleidenschaft gezogene Rest einer dritten Blocklage, deren Krümmung die Annahme eines Tonnengewölbes erlaubt (der profilierte zweite Block wurde im Innern gefunden). Eine Türanlage hat sich hingegen nicht nachweisen lassen, vielleicht erfolgte der Zugang zu der unterirdischen Anlage von oben durch eine Holztreppe oder -leiter. Die Bestattung(en) ist gründlich ausgeraubt wor-

Abb. 436   Köln-Zollstock. Rest einer Grabkammer. Ausgrabungen des Provinzialmuseums Bonn 1928

den. Es fanden sich nur noch geringe Reste der Beigaben, neben Gefäßkeramik Bronzebeschläge eines Kästchens und eine Haarnadel aus Gagat, was auf eine weibliche Bestattung hinweist. Die Funde wie die Bauweise sprechen für eine Datierung in das 3. oder 4. Jh.   Noe
Zur Grabkammer von Efferen → Hürth

St. Severin. Die Grabkammer ist im Rahmen der Führungen in den Ausgrabungen unter St. Severin zu besichtigen. Eingang Im Ferkulum.
Die ▶ Anlage wurde 1925 beim Bau einer Heizungsanlage unter der S-O-Ecke des Kreuzgangs der ehem Stiftskirche St. Severin entdeckt. Sie liegt damit inmitten eines ausgedehnten Gräberfeldes, von dem einige Bestattungen durch den Bau der Grabkammer zerstört worden sind. Für die Konservierung wurden das Gewölbe und die O-Mauer mit Türgewände als niedrige Brüstung rekonstruiert, die N-Mauer wurde erneuert.
Die Anlage ist vornehmlich aus Tuffhandquadern sowie aus Sandstein und Grauwacke in Mörtelbindung errichtet; die Innenwände waren verputzt, wovon sich größere Partien erhalten haben. Die ungefähr O-W orientierte unterirdische ▶ Kammer war an der NO-Ecke von einer schmalen Steintreppe aus zugänglich, die durch Zungenmauern gegen nachdrückendes Erdreich geschützt war. Die annähernd rechteckige Kammer (3,38 x 3,14 m lW) schloß mit einem Tonnengewölbe ab, dessen Ansatz in der SW-Ecke erhalten ist (zu ergänzende Scheitelhöhe 1,93 m über O-Mauer der *formae*). Unter einem dicken Betonestrich (abgetragen) befindet sich ein Mauerviert, das die gesamte Breite sowie den größten Teil der Länge der Kammer einnimmt und durch Längsmauern in vier Gräber leicht variierender Abmessungen unterteilt ist. Sie sind sorgfältig gemauert und verputzt, ihre Abdeckung bestand hingegen aus ungleichmäßig zugeschnittenen Kalksteinplatten, röm Spolien, unter denen die in Streifen zersägten Teile einer Weiheinschrift für *Mercurius* besonders zu nennen sind. In diesen *formae* unter dem Boden der Grabkammer fanden sich die unversehrten Bestattungen von vier Männern von ungewöhnlicher Körpergröße (zwischen 1,76 m und 1,98 m), die ohne Beigaben beigesetzt worden waren. Da die Grabkammer wohl auf die spätantike Friedhofskirche ausge-

richtet ist (→ Gräberfelder), sind die Bestatteten daher mit Wahrscheinlichkeit als Christen anzusprechen. Dazu paßt, daß die Anlage aufgrund der Bauweise wie der dem Mauerwerk beigemengten Keramikreste in das fortgeschrittene 4. Jh zu datieren ist.   Noe
Lit: WHaberey, BJb 161, 1961, 333 ff – FFremersdorf, Das Römergrab in Weiden bei Köln, 1957 – JDeckers, PNoelke, RheinKunst 238, ²1985 – FFremersdorf, Germania 13, 1929, 52 ff – ders, BJb 130, 1925, 263 ff – Publikation zum Gräberfeld St. Severin durch BPäffgen in Vorbereitung

Köln-Deutz K

Römisches Kastell
Abb 75, 437, 438, Taf 20

Das *castellum Divitia* lag auf der rechten, hochwassergeschützten Uferterrasse des Rheins gegenüber der *CCAA.* Eine feste Brücke verband das Kastell mit der Stadt.
Die Mauern des Kastells bildeten ein Quadrat von 141,35 m Seitenlänge; sie begrenzten eine Innenfläche von etwa 1,81 ha. 30 m vor dem Mauerbering sicherte auf den drei Feldseiten ein Spitzgraben (B 12 m, T 3 m) das Vorfeld des Kastells. Ein zweiter, zwischen dem äußeren Graben und dem Kastell angelegter gleich breiter Graben wurde von F. Fremersdorf für karolingisch gehalten. Er dürfte jedoch, vergleicht man andere zeitgleiche Festungsanlagen, ebenfalls der Erbauungszeit des Kastells angehören.
Das Festungsgeviert war mit 18 starken runden Turmbauten bewehrt, die auf der O-, N- und S-Seite vor das Kurtinenmauerwerk vorsprangen; zur rheinseitigen W-Front scheinen Torbau und Zwischentürme dagegen leicht verringerte Abmessungen gehabt zu haben.
In der OW-Achse des Kastells, in Verlängerung der Brücke, befanden sich zwei doppeltürmige Torbauten. Sie waren, wenn auch in den Abmessungen unterschiedlich – das W-Tor (abgetragen Ende des 19. Jh) scheint nach den Aufmaßen des 19. Jh etwas kleiner als das O-Tor gewesen zu sein – im Grundriß ähnlich angelegt. Zwei zur Feldseite halbrunde, zur Lagerseite rechteckig

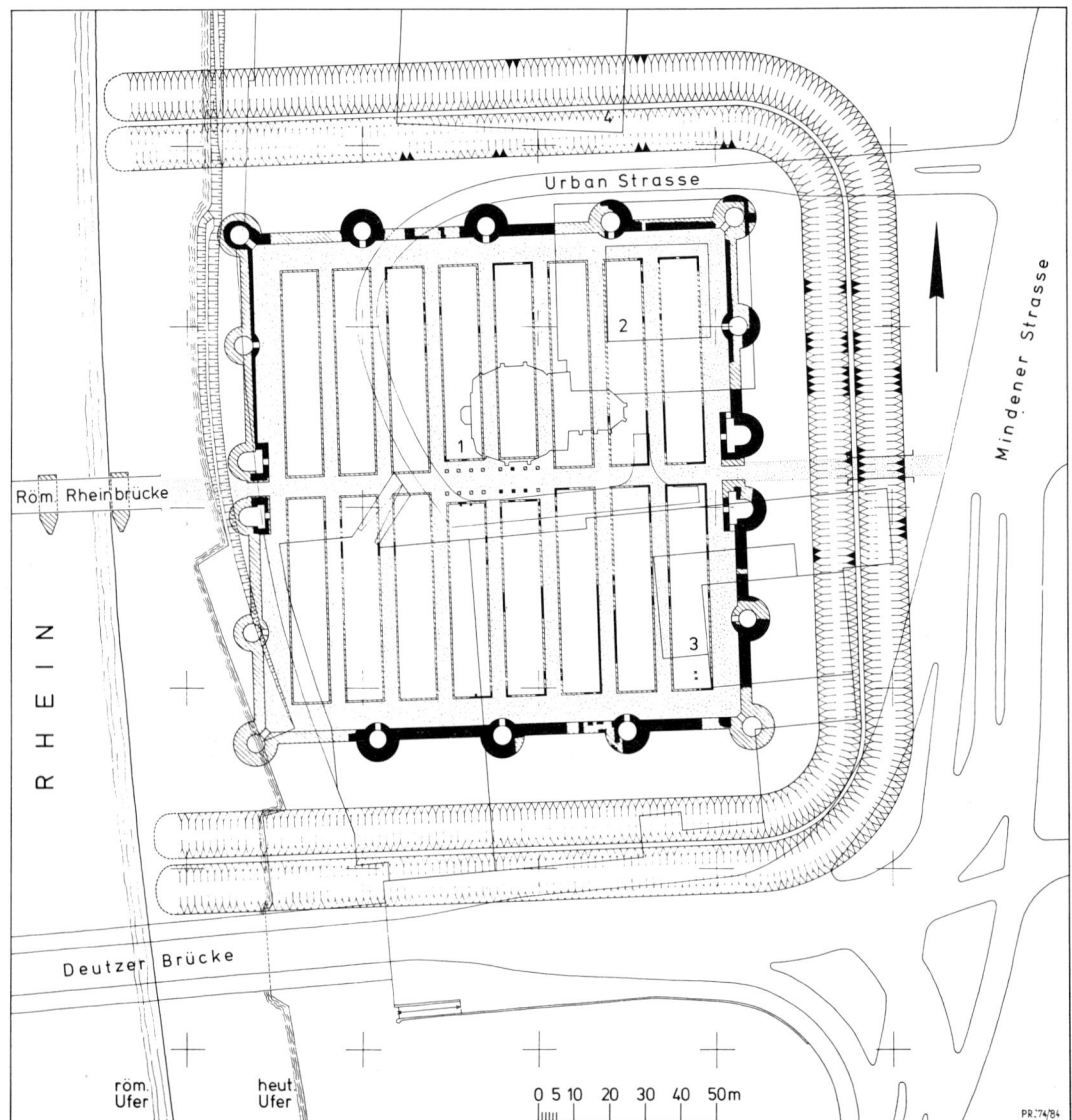

Abb. 437   Köln-Deutz. Kastell Divitia. Plan

abgeschlossene Tortürme begrenzten offenbar an beiden Torbauten gleich breite, von großen Tuff-quadern eingefaßte Toröffnungen (B ca 3,9 m). Diese dürften älteren Steinfunden zufolge rund-bogig ausgebildet und mit einem Fallgitter ge-sichert gewesen sein. Über je zwei Zugänge (lW zwischen 1,29 m und 1,63 m) auf der Lagerseite

gelangte man in das Innere der Tortürme. Der Grundriß der Zwischentürme ist bemerkenswert und bisher nur am spätröm Kastell → Haus Bür-gel nachzuweisen. Sie sind nicht über kreisrun-dem Grundriß errichtet, sondern über einem etwa 0,3 m aus der feldseitigen Mauerflucht nach innen gerückten Kreismittelpunkt mit zwei verschiedenen Außenradien bei gemeinsamem Innenradius angelegt worden. Dadurch ergaben sich unterschiedliche Wandstärken, für die Feldseite 4,06 m und für die Lagerseite 2,12 m. Das feldseitige Turmmauerwerk sprang dabei wie die übrigen Turmbauten fast halbkreisförmig ca 6,05 m, das lagerseitige wegen des reduzierten Außenradius und des größtenteils in die Mauermasse der Kurtinen hineinfallenden Runds um nur 1,5 m vor. An zwei Türmen der N-Front gelang es, die auf der Lagerseite gelegenen Turmeingänge (B 1,51 m bzw 1,56 m) festzustellen. Der Grundriß der Türme läßt vermuten, daß sie mit einer Plattform wohl zum Aufstellen von Wurfmaschinen endeten. Das in die Türme einbindende Kurtinenmauerwerk (B 3,30–3,39 m) war aufgrund der Bodenverhältnisse teilweise bis zu 2,7 m tief auf sicherem Kiesgrund gegründet. Entsprechend der tiefer gegründeten Fundamentsohle treppte sich das Mauerwerk über schmale Absätze ab. An der breitesten Stelle der Fundamentsohle maß es 4,35 m. Das Fundamentmauerwerk war in seinem unteren Teil aus *opus caementicium* mit Ziegelsplittmörtel errichtet. In ihm fand sich eine Fülle wiederverwendeter Weihe- und Kultdenkmäler sowie Grabsteine. Über diesem Unterbau wurde ein beidseitig mit Tuffhandquadern und Ziegelbändern verblendetes Fundamentmauerwerk, dessen Kern wiederum aus *opus caementicium* bestand, errichtet. Die bei verschiedenen Abbrüchen des Kastellmauerwerks geborgenen Ziegel sind zT von der 22. Legion hergestellt und mit *LEG XXII CV* (= *Constantiniana victrix*), *L XXII CV*, *LEG·XXII*, *LEG IIXX* gestempelt worden. Von einem privaten Großziegler des 4. Jh stammen Ziegel, die mit *CAPIO* und CAPIENACI gestempelt sind. Bereits im 19. Jh wurden Ziegel mit dem Aufdruck *CE·BEN* und *P.̣CAꟅ·ADIVT* oder *LEG VIII AVG* gefunden. Sie blieben bisher jedoch singulär. Im Innern der Festung standen 16 Kasernen (L 57,4 m, B 11,5 m). Sie waren mit ihren Schmalseiten zur O-W verlaufenden *via praetoria* (B 5 m) ausgerichtet und durch Lagergassen (B 3,9 m) getrennt. Vier Kasernenbauten im Zentrum der Anlage hoben sich durch eine Portikus von den übrigen Bauten deutlich ab. In ihnen waren der Kommandant, der Stab, die Verwaltung und die Un-

teroffiziere untergebracht. Die Mannschaft, wohl je eine Centurie, lag in den durch Fachwerkwände in kleine Kammern aufgeteilten Kasernen. Komfortabel scheinen die Unterkünfte nicht gewesen zu sein, wenn auch vereinzelt Heizungen und Feuerstellen nachgewiesen worden sind. Insgesamt dürften im Kastell etwa 1000 Soldaten stationiert gewesen sein. Die Lagerstraßen und -gassen waren mit einer nur dünnen Kiesschüttung befestigt. Ein unterirdisch angelegtes mit Holz ausgekleidetes Kanalnetz in den Straßen diente der Entwässerung.

Obwohl zwei Inschriften einen *numerus Brittonum* im 3. JhnChr auf dem rechten Rheinufer gegenüber der *CCAA* bezeugen, konnten archäologische Belege im Bereich des Kastells für eine ältere Anlage nicht gefunden werden. Nach einer im Jahre 1128 durch Abt Rupert von Deutz überlieferten Bauinschrift ist das Kastell zu Beginn des 4. Jh unter Konstantin I. von der 22. Legion errichtet worden. Eine zeitgenössische Festrede vom Sommer 310, Münzen und Keramik sowie Ziegelstempel (*CAPIO, CAPIENACI*), die auf Ziegeln der konstantinischen *aula palatina* in Trier vorkommen, bestätigen diese Datierung. Die Frankeneinfälle in der 2. Hälfte des 4. Jh dürfte das Kastell ohne große Zerstörungen überstanden haben. Zumindest lassen sich keine großen Brandhorizonte aus dieser Zeit archäologisch nachweisen. Anfang des 5. Jh scheint das Kastell mit dem Abzug der röm Beamtenschaft vom Rhein und der Verlegung der Truppen nach Gallien kampflos geräumt worden zu sein. Danach wurde es fränkische Königsburg. Erste genaue Aufschlüsse über das Kastellgeviert erbrachten die Freilegungen der Kastellmauern durch F. Wolf 1879–1882. Eine Klärung der inneren Organisation mit den Kasernengebäuden gelang erst F. Fremersdorf 1927–1938. Beim Bau des Lufthansa-Hochhauses 1967 konnte noch einmal das gesamte SO-Viertel des Kastells untersucht werden, bevor es den neuen Baumaßnahmen weichen mußte. Bei Erweiterungen dieses Hochhauses 1976/79 gingen weitere bedeutende Reste dieses Bodendenkmals verloren.

Sichtbar sind heute ▶ das O-Tor in der Grünanlage unterhalb des Lufthansa-Hochhauses sowie ▶ Reste des Kurtinenmauerwerks und einiger Türme in den Kellern des ehem aus dem 17. Jh

Abb. 438 Köln-Deutz. Kastell Divitia. Konservierte Fundamente des Osttores

stammenden Klostergebäudes. ▶ Ein 3 m langes Stück der S-Mauer wurde später in der Garage des Lufthansa-Hochhauses an seinen ursprünglichen Platz zurück transportiert. Der Grundriß des mittleren Turmes der N-Front sowie die ▶ Grundrisse der Kasernenbauten vor dem O-Tor sind in einer Pflasterung markiert.   Pr
Lit: FFremersdorf, Die vor- und frühgeschichtliche Besiedlung des Bergischen Landes, 1954, 159 ff – GPrecht, Kölner Jahrb 13, 1972/73, 120 ff – ders, NL 163 ff Nr 48 – ders, FVFD 39, 1980, 184 ff

Römische Wasserleitung

Reitweg 1. In den Grünanlagen vor dem Gebäude der Fachhochschule ist ein ▶ Teilstück der 1980 bei → Mechernich-Breitenbenden geborgenen röm Eifelwasserleitung nach Köln wiederaufgestellt worden.   Gre
Lit:. Grewe 289

Köln-Dünnwald   K

Kalksinter

Im W-Teil der Kirche St. Nikolaus befinden sich als Träger eines Kreuzgewölbes ▶ zwei Säulen (L 1,05 m; Dm 0,23 m), die im 12. Jh aus Kalksinter der röm → Eifelwasserleitung nach Köln gefertigt worden sind. Nach den Ausgrabungsbefunden müssen ehem mindestens vier, wahrscheinlich sogar sechs weitere Säulen in der Kirche gestanden haben; ihre Basen konnten unter dem jetzigen Fußboden nachgewiesen werden.   Gre
Lit: Grewe 275

Köln-Marienburg

Römisches Flottenkastell
Abb 159, 199, 439–442

Die Baureste des röm Flottenkastells liegen 3 km S der röm Stadtbefestigung der *CCAA*. Die N

Abb. 439   Köln-Marienburg (Alteburg). Flottenkastell. Gesamtplan

Umwehrung verläuft N des Bayenthal Gürtels, die W im O der Straße An den Ulmen (früher Ulmenallee), im S kreuzt sie die Straße Auf dem Römerberg, schließlich biegt sie im O nahezu parallel der Straße An der Alteburger Mühle nach N um.

Das Lager erstreckt sich auf der Niederterrasse des Rheins über einem Prallhang. Dieser Geländeschild ist eine der höchsten Erhebungen (54,2 m über NN) im Kölner Stadtgebiet. Wegen dieser hochragenden, auch heute noch hochwassersicheren Lage erschien dieses Gelände bereits im Altertum für die Anlage eines militärischen Lagers besonders geeignet.

Im 12. Jh gehörte das Gelände zum Grundbesitz des Stiftes von St. Severin; die Akten dieses Klosters erwähnen die Gemarkung erstmals für das Jahr 1179. Schreinkarten des 14. Jh bezeich-

Abb. 440 Köln-Marienburg (Alteburg). Flottenkastell. Spuren von Kasernenbauten. Ausgrabungen des Römisch-Germanischen Museums Köln 1983/84

nen diese Flur als »supra antiquum Urbem«, »up der alden Burch«, »under der alder Burch« oder auch als »supra antiquum castrum«.

1870–1872 wurde im ehem SO Lagerareal die Rheinische Aktienbrauerei gebaut. Bei dieser Gelegenheit wurden die aufgedeckten röm Baureste von dem verantwortlichen Bauunternehmer gezeichnet; jedoch unterblieb eine Bearbeitung.

1887 stellte Generalmajor Wolf durch Suchschnitte den allgemeinen Verlauf der Umwehrung fest.

1898/99 legte die Stadt Köln einen weiteren Gürtel um die Stadt herum an. Hierbei zeichnete der Bauinspektor Gerlach die unter dieser Straße liegenden röm Bausubstanzen. Das Gelände selbst wurde bei Anlage des Bayenthalgürtels bis zu 4 m auf den gewachsenen Boden abgetragen und sämtliche röm Reste zerstört.

Bei Ausgrabungen des Bonner Provinzialmuseums 1905 unter H. Lehner und 1926/27 des Wallraf-Richartz-Museums unter F. Fremersdorf ließen sich zwei Bauperioden feststellen. Demnach wurde das Lager in spättiberischer Zeit errichtet. Es muß seinerzeit aus Holz-Erde-Bauten sowie einer umlaufenden hölzernen Doppelpalisade mit vorgelagertem Spitzgraben bestan-

den haben. In flavischer Zeit wurde es zu einem Steinlager umgebaut.

Auch bei Nachuntersuchungen des Röm-Germ Museums Köln 1979 an der SO-Umwehrung konnte die SO-Ecke des Lagers nicht mit Sicherheit bestimmt werden. 1983/84 wurde durch den Bau einer Tiefgarage eine Ausgrabung veranlaßt: Diese Untersuchung auf unbebautem Parkgelände am Bayenthalgürtel zeigte, daß an dieser Stelle größere Erdbewegungen stattgefunden haben müssen als bislang angenommen worden war. Denn unmittelbar unter der heutigen Grasnarbe befanden sich Schichten mit Keramik bis in den Anfang des 2. JhnChr; im Gegensatz dazu hatte die Ausgrabung 1927 noch Keramikfunde vom Ende 2., Anfang 3. Jh erbracht. Auch der Baubefund eines Kellers – er ist bis in die Höhe des Gewölbeansatzes ca 0,2 m unter der Grasnarbe erhalten – beweist, daß die jüngeren Schichten des Lagers abgetragen worden waren. Der Verlauf der Umwehrung der beiden Lager Alteburg fügt sich in das Bild früher Lagergrundrisse ein; die Befestigung des älteren wie jüngeren Lagers umschloß ein Fünfeck. Für die Größe des ersten Lagers fehlt der schlüssige Beweis, da durch die Zerstörungen an der Rheinseite der

Abb. 441, 442 Köln-Marienburg (Alteburg). Flottenkastell. Ziegelstempel der classis Germanica. Umzeichnungen

germanischen Limes gehabt; die Anlagen wurden aber wohl später noch in irgendeiner Form weiterbenutzt. Aus dem starken Rückgang des Fundmaterials ist nicht darauf zu schließen, daß dieser Platz schon früh seine Bedeutung verloren hatte. Darüber hinaus hat – wie andere röm Bauten im Stadtgebiet – auch das Lager Alteburg im Mittelalter als Steinbruch gedient. Spätere Zerstörungen an dem Lager sind nicht zuletzt durch die Raubgrabungen des 17., 18. und 19. Jh entstanden. Osch

Lit: FWolf, Das Kastell Alteburg, 1887 – HLehner, BJb 114/115, 1906, 244 ff – FFremersdorf, Germania 11, 1927, 83, 160 f – ders, Germania 12, 1928, 13 ff – PLaBaume, BJb 172, 1972, 271 ff – ders, Gymnasium 80, 1973, 333 ff – ders, NL 166 f Nr 49 – ders, FVFD 39, 119 f – ENuber, FMRD VI, 1,1 Stadt Köln, 1984, 582 ff

Verlauf der dortigen Umwehrung nicht bekannt ist. Der Befestigungsring des jüngeren Lagers ist – wenn auch an einigen Stellen nur vermutet – rekonstruierbar; das Lager selbst ist ca 3,7 ha groß. Nach Aussage sämtlicher Funde reicht die Belegung des Lagers in spättiberische Zeit zurück. Die früheste Gefäßkeramik, ua arretinische Terra Sigillata, datiert in augusteische Zeit. Ziegelstempel (erhalten sind *CLASIS* [sic], *CAG*, *CGPF* sowie *TRANSRHENANA*) können für eine frühere Datierung nicht herangezogen werden, da die Stempelung am niedergermanischen Limes erst um 40 nChr einsetzte. Die Münzreihe des Lagers reicht von augusteischen Münzen mit Gegenstempeln bis in das 4. Jh, wobei sich die größte Anzahl der aufgefundenen Münzen auf das 2. Jh konzentriert. Auch Bau-, Weihe- und Grabinschriften, die in der Umgebung des Lagers oder auf dem Lagerareal gefunden wurden, datieren größtenteils in das 2. Jh. Von herausragender Bedeutung ist dabei eine Inschrift, die sich auf einem Weihestein befindet, der in Zweitverwendung für ein Grab Ende des 3. Jh 1959 in Brühl gefunden wurde. Der Stein selbst wurde dem scheidenden Flottenpräfekten des Jahres 168/169, dem späteren Kaiser Pertinax, von den Agrippinensern gesetzt.
Wie eine Auswertung des gesamten Fundmaterials belegt, hat das Lager Alteburg als Standquartier der *classis Germanica* im 2. Jh zwar seine größte Bedeutung für die Sicherung des nieder-

Köln-Porz-Niederzündorf K

Kalksinter

Im Innern der Kirche St. Michael ist in die N-Wand eine ▶ beschriftete Platte aus Kalksinter aus der → Eifelwasserleitung eingelassen. Der Stein befand sich bis 1932 im Boden des 1906 abgebrochenen N Seitenschiffes. Hierbei handelt es sich um den Grabstein der Adelmuot; eine Schrift nennt in 5,7 cm großen Initialen Name und Todesdatum der Verstorbenen. Nach der Buchstabenform kann der Stein in das 12. Jh datiert werden. Gre

Lit: GPanofsky-Soergel, Die Denkmäler des Rheinlandes, Rhein.-Berg. Kreis 3, 1972, 78 – Grewe 275

Köln-Sülz K

Klärbecken der römischen Vorgebirgsleitung
Abb 443, 444

Im Grüngürtel an der Berrenrather Str in Sülz, ca 250 m von der Kreuzung mit der Militärringstr

Abb. 443 Köln-Sülz. Absetzbecken der sog. Vorgebirgswasserleitung nach CCAA-Köln

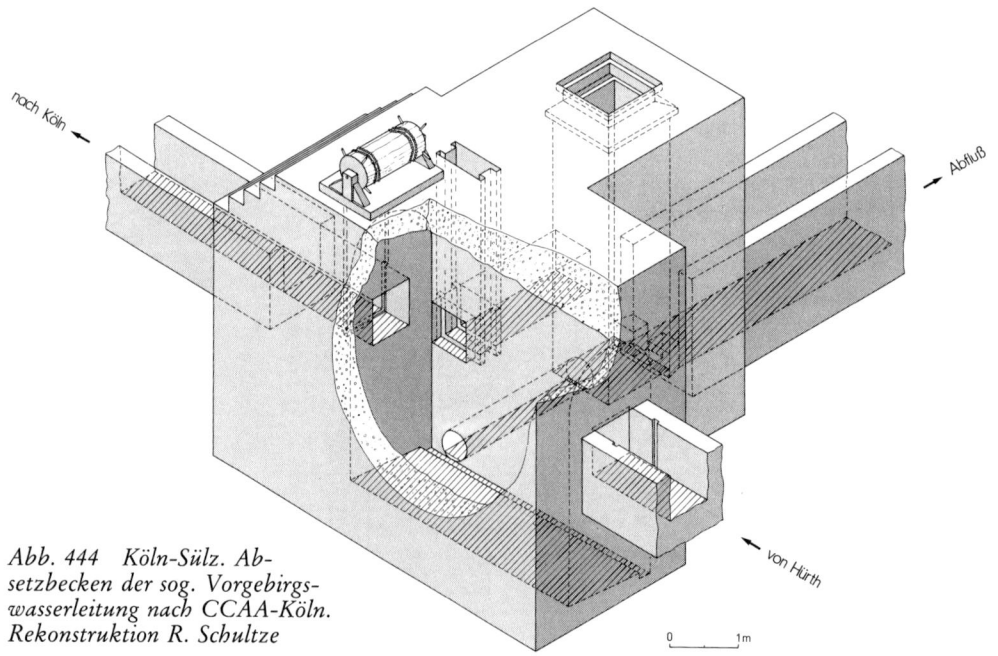

Abb. 444 Köln-Sülz. Absetzbecken der sog. Vorgebirgswasserleitung nach CCAA-Köln. Rekonstruktion R. Schultze

entfernt, liegt im Verlauf der röm Vorgebirgswasserleitung nach Köln ein weitgehend erhaltenes und ▶ konserviertes Klärbecken; es gehört zum ältesten Kölner Wasserversorgungssystem (vor Mitte 1. JhnChr).

Das massiv fundamentierte Bauwerk, das ehem der Klärung des Trinkwassers diente, besteht im wesentlichen aus zwei miteinander verbundenen Wasserbecken. Das größere der beiden Becken (3,72 × 1,49 m) wurde in die Leitungstrasse gesetzt; es ist also das eigentliche Absetzbecken. Ein- und Ausfluß liegen 1,8 m über der Beckensohle einander gegenüber, so daß sich bei Betrieb der Leitung die Fließgeschwindigkeit im Beckenbereich verlangsamte und sich die im Wasser befindlichen Schwebeteilchen auf dem Boden des Beckens absetzen konnten. Der Klärschlamm wurde von Zeit zu Zeit durch eine kreisrunde verschließbare Abflußröhre (Spülschleuse) in der NO-Ecke des Hauptbeckens weggespült, die rechtwinklig abging. Sie stellt ebenso wie eine darüberliegende Rinne (B 0,7 m, L 1,8 m), die früher mit einem Absperrschieber versehen war, die Verbindung zu einem zweiten weit kleineren, aber gleich tiefen Becken (1,2 × 1,2 m) her. Von dort aus führt ein Kanal (lW 0,7 m) nach außen, der über 120 m im Gelände nachgewiesen werden konnte. Wahrscheinlich handelt es sich um eine Ableitungsvorrichtung für den Fall, daß die Hauptleitung nach Köln wegen Inspektions- und Reparaturarbeiten einmal trockengelegt werden mußte. Dies kam möglicherweise häufiger vor, da auch die älteste, sonst unterirdisch geführte Wasserleitung aus dem Vorgebirge von hier aus als Hochleitung, d. h. oberirdisch nach Köln verlief und damit reparaturanfälliger war. Durch die Höherlegung der Wasserleitung ab Hürth-Hermülheim verlor das Klärbecken vermutlich Ende des 1. JhnChr seine Funktion. Der massive Baukörper wurde als Substruktion für die Pfeiler der neuen Hochleitung benutzt; ein ▶ Pfeilerabdruck ist noch zu erkennen. Münzen vom Anfang des 1. JhnChr, die auf dem Boden des Klärbeckens gefunden wurden, sind die wichtigsten Datierungshinweise für den ältesten Wasserleitungsstrang.

Gre

Lit: WHaberey, Wasserleitungen 24 ff – Grewe 182 ff

Aquäduktpfeiler

Vor dem Haus Berrenrather Str 436 in Sülz steht ▶ ein Pfeiler (H noch ca 2,4 m; B 1,49 m), dessen ursprünglicher Standort auf der anderen Straßenseite – vor dem Haus Berrenrather Str 463 – lag. Es handelt sich um den Rest eines Pfeilers, der ehem mit Tuffsteinen verblendet war. Heute ist nur noch der Kern aus Gußmauerwerk erhalten. Im engeren Stadtgebiet ist er der letzte sichtbare Hinweis auf die röm Wasserleitung aus dem Vorgebirge und der Eifel nach Köln, die in der ersten Bauphase etwa von der heutigen Militärringstr an, später ab → Hürth-Hermülheim weitgehend im Zuge der Berrenrather Str – bis zum Marsilstein/Im Laach als Hochleitung geführt wurde.

Gre

Lit: Grewe 185 f

Königsdorf (Frechen) → Bergheim – Quadrath – Ichendorf

Königswinter SU

Spätlatènezeitlicher Ringwall
Abb 445, 446

Auf dem 336,5 m hohen Petersberg, ca 1,5 km NO von Königswinter, liegen die Reste eines spätlatènezeitlichen ▶ Ringwalles. Die ehem länglich-ovale Anlage (Innenfläche ca 350 × 150 m) wurde im NO durch einen Steinbruch, im S und W hauptsächlich durch Zahnradbahn- und Hotelbauten bzw durch die damit verbundenen Erschließungsmaßnahmen zerstört; im NW und SO ist sie dagegen in größeren Teilstücken noch erhalten und als Steinversturz im Gelände gut zu erkennen.

Nach den Grabungsergebnissen von 1936/37 und 1980 läßt sich der Steinversturz zu einer ursprünglich ca 3 m hohen Ringmauer aus mörtellos gesetzten Basaltsteinen ohne jegliche Holzeinbauten rekonstruieren. Ihre Breite war unterschiedlich; sie richtete sich offenbar nach der jeweiligen Geländesituation. Im O und SO – dort fällt der Berg steil ab – betrug die Fundamentstärke nur 1,6 bis 1,9 m, im NW dagegen ca 3 m.

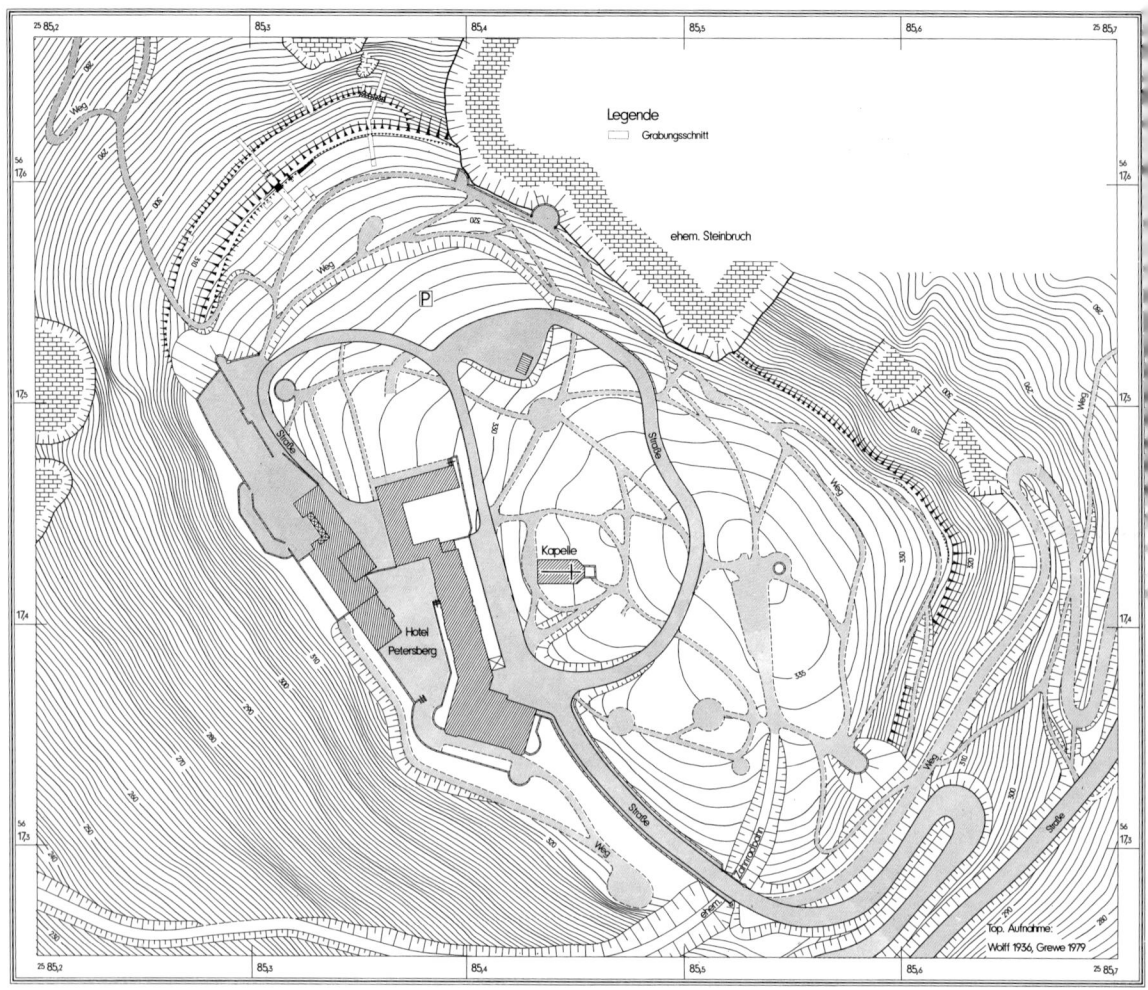

Abb. 445　Königswinter. Ringwall auf dem Petersberg. Übersichtsplan

Der wegen seiner Sattellage bei feindlichen An-
griffen wohl besonders gefährdete NW-Ab-
schnitt war feindseitig zusätzlich noch durch
Vormauer (H ca 1,5 m, B ca 2 m) und Graben (B
ca 2–3 m) befestigt und gesichert. Das Befestigungswerk hatte an dieser Stelle eine Gesamtbreite von mehr als 20 m. Den halbkreisförmigen
Verlauf der auch nur aus Basaltsteinen aufgerichteten ▶ Vormauer, die ehem im W ebenso wie im
N bis an die Ringmauer herangeführt war, kann
man heute noch im Gelände verfolgen. Bei den

Ausgrabungen konnten keine Toranlagen und –
sieht man einmal von einem Palisadengraben ca
11 m hinter der Ringmauer ab – auch keine Innenbebauung nachgewiesen werden. Das spärliche Fundmaterial (ua scheibengedrehte hartge-
brannte Keramik, Scherbenwirtel, Bronze-
drahtfibel) gehört ins 1. JhvChr (Latène D 1).
Vieles spricht dafür, daß es sich bei dem Ringwall
auf dem Petersberg um eine nur kurzzeitig besiedelte Höhenbefestigung der germ Sugambrer
rechts des Rheins handelt, die – wie die »Erden-

Abb. 446 Königswinter. Ringwall auf dem Petersberg. Verstürzte Ringmauer mit östlichem Anschluß der Vormauer

burg« bei → Bergisch Gladbach-Bensberg (Moitzfeld) – vor der Mitte des 1. JhvChr errichtet und bald danach, im Zuge der Auseinandersetzungen mit den Römern unzerstört wieder aufgegeben wurde.   Ho
Lit: W Kersten, Germania 21, 1937, 71 ff – H-E Joachim, BJb 182, 1982, 393 ff (mit älterer Literatur)

Römische Steinbrüche
Abb 92, 108, 322, 324, 447–449

Im Jungtertiär, vor ca 30 Mio Jahren, durchstießen Magmakammern die devonischen Deckschichten am N-Rand der niederrheinischen Bucht und setzten in einer ersten Welle von Eruptionen zunächst lockere Tuffmassen zwischen Remagen und Lohmar auf der linken Rheinseite ins Drachenfelser Ländchen und im O bis hinter das heutige Siebengebirge ab. Eine zweite Ausbruchswelle formte Quellkuppen und seitwärts ausfächernde Magmagänge aus Trachyt, die in der Tuffdecke steckenblieben, diese aber zum heutigen Siebengebirge hoben. Neben kleineren Erhebungen verdanken so markante Stöcke wie der Lohrberg, der Große Ölberg und auch der Drachenfels dieser vulkanischen Phase ihr Entstehen, während die anderen Kuppen des Siebengebirges durch ähnliche Eruptionsvorgänge im Basalt hervorgerufen wurden.

Trachyt erkennt auch der Laie leicht an den vielen länglichen, in Magma-Flußrichtung eingestreuten Sanidinkristallen. Die Römer bauten neben der im Laufe der Erdzeiten vom Tuff befreiten Quellkuppe des Drachenfelsens auch den O-W-gestreckten Trachytgang ab, der auf seinem Rücken das Felsenmeer des Rüdenet trägt und deutlich als Felsrippe bis zum Rhein hinab bei Stromkm 644 zu sehen ist, wo er oberflächlich bis zur B 42 zieht. Der Trachytgang senkt sich sodann in den Rhein hinunter und zeigt sich dort und noch einmal im Drachenfelser Ländchen, wo er bei → Berkum röm abgebaut wurde. Während die Steinbrüche hoch am Drachenfels aus dem sog Grauen Stein bestehen, hat der Trachytgang in den Rhein hinab den sog Blauen Stein. Der Berkumer Trachyt ist wegen seiner grauen Farbe und der geringeren Anzahl von Sanidinkristallen leicht vom Drachenfelstrachyt zu unterscheiden. Je häufiger und je größer die Sanidinkristalle sind, desto näher an der Magmakammer des Drachenfelses wurde das Gestein ausgebildet. Die röm Steinbrüche am und um den Drachenfels gliedern sich in 1. S-Bruch und N-Bruch, beide in amphitheatralischer Situation unterhalb der Burg Drachenfels, 2. Felsenmeere im Drachenburgpark, 3. Felsenmeer des Rüdenet, 4. Trachytgang im Rhein (S- und N-Becken). Die sog Domkaul unterhalb des Drachenfels-Restaurants bildet den südlichsten Bruch; er wurde für den ma Kölner Dom ausgebeutet.
In allen Bereichen findet der aufmerksame Kletterer ▶ Spaltspuren in Form von Keilschrotgräben und Keillöchern. Im N-Bruch haben sich röm Steinbrecher durch ▶ einen Phallus und ▶ einen Hahn mit Phalluskopf verewigt. Der Trachytgang Nr 4 lieferte die früheste Ausbeute. Bereits im ersten Bau des Kölner Statthalterpalastes aus dem 2. Jahrzehnt des 1. JhnChr findet sich das splittrige, sehr harte blaugraue Material (Blautrachyt) aus dem Rhein, aus dem sich wegen der Härte Blöcke kaum gewinnen ließen. Sodann erfolgte wohl die Ausbeutung der Rüdenet- und Drachenburgtrachyte, während N- und S-Bruch unterhalb der Bergspitze als letzte in den Abbau einbezogen wurden. Allerdings erfolgte wohl auch er schon bis zum Ende des 1. JhnChr. So

Abb. 447   Königswinter. Die Trachytvorkommen im Bereich des Drachenfelsens. Luftbild 25. 3. 1972 (Freigabe Bez.-Reg. Rheinhessen-Pfalz 12765-4). 1 Drachenfels, 2 Drachenburgpark, 3 Rüdenet, 4 Rheinufer, Hafenbecken

Abb. 448   Königswinter. Drachenfels. Felszeichen. Hahn mit Phalluskopf

Abb. 449   Königswinter. Rüdenet. Sog. Marienstein mit Spaltspuren

weit führen uns hier die Forschungen von Josef Röder.

Stellt man jedoch alle beschriebenen Trachytblöcke einmal zusammen, so erhält man den Versuch einer feineren Geschichte der Benutzung des röm Drachenfelstrachyts. Als feineres Beschreib- oder Bildhauermaterial war der Trachyt bei den Römern unbeliebt. Seine Härte und vor allem die großen Sanidinkristalle verhinderten, da sie unter Meißeldruck herausspringen, die exakte Herstellung so manchen Buchstabens oder gar feinerer Plastik. So mag jeweils die Verwendung des Trachyts für Inschriften und Skulpturen anzeigen, daß ganz besonders große Aktivität am Drachenfels herrschte und das Material dann an bestimmten Plätzen alles andere überwog, ja vielleicht besseres, etwa die feinen Sand- und Kalksteine der Mosel gerade nicht vorhanden waren. Schließlich schätzte Röder allein den Abbau in den Drachenfelsbrüchen (Nr 1) auf 400 000 bis 500 000 m³.

Durch das ganze 1. JhnChr begegnen uns noch keine Skulpturen und Inschriften aus Drachenfelstrachyt. Beschreib- und Bildhauermaterial wurde durch die Armee von der französischen Obermosel in Form von Kalkstein herangebracht. Also finden wir Siebengebirgstrachytbrocken lediglich in röm Schüttmauerwerk verbaut. Hauptplätze durch alle Jahrhunderte der röm Trachytverwendung waren zunächst Bonn, dann Köln und das wenig von den Brüchen stromauf gelegene Remagen. Allerdings findet sich da und dort Trachyt den ganzen Rhein hinab. Die erste große Baustelle, wo Trachyt auch als Inschriftmaterial verwendet wurde, scheinen Anlagen an einem Teil der Stadtmauer von Köln in der Gegend der heutigen Burgmauer und des Appellhofplatzes gewesen zu sein. W. Binsfeld hat hier aus sehr guten Gründen das Amphitheater der Kölner Kolonie vermutet. Durch eine Kombination von Inschriften aus Bonn und Köln können wir jedoch noch etwas weiterkommen. Es gibt nämlich eine Riege von Centurionen verschiedener Legionen (*legio I Minervia, legio VI victrix, legio XXII Primigenia*), die ausweislich ihrer Inschriften aus Köln und Bonn um 100 nChr mit einem Geschehen rund um das Amphitheater zu tun hatten. Alle weihten sie der Göttin der Jagd und des Amphitheaters, der Diana, irgendwelche Altäre in Köln. Einer war Legionsarchitekt, ein zweiter hatte die Tierzwinger eingerichtet und der dritte war der Göttin dankbar für den Fang von 50 lebenden Bären innerhalb von sechs Monaten. Der Siegesgöttin Victoria errichtet dieser in Bonn stationierte Offizier einen Altar, der im Kreuzgang der Münsterkirche gefunden wurde. Es scheint, daß nach 150 dann erneut größere Aktivität am Drachenfels ausbrach: 151/154 erhielt in → Wesseling der (dort?) wohl plötzlich verstorbene Statthalterfreund und Mathematiker oder Statistiker (*philosophus*) Euaretus von Frau und Kindern ein Grabmal aus Trachyt. 160 setzte die Rheinflotte zu Ehren des Kaisers einen Altar aus Trachyt in Bonn, auf dem sie einen Steintransport für den Bau der Marktanlagen der Kolonie von Xanten erwähnt. Wenige Jahre später, zwischen 163 und 165, errichtete man irgendwo in Köln ein Siegesdenkmal, wohl für den spektakulären Sieg der Bonner *legio I Minervia* unter den Kaisern Marcus und Verus im Kaukasus. Vielleicht war von dieser Steinbruchaktion noch etwas übrig, als 189 ein Hauptmann der 30. Legion dem Beamten- und Soldatengott Mithras in Xanten einen Stein setzt. Jedenfalls in Bonn war um diese Zeit genug Trachyt vorhanden. So können wir nicht nur Matronensteine für die Bonner Aufanien, sondern sogar die Inschrift für die Fertigstellung des Steinbaus des Militärlazaretts im Bonner Legionslager in die Jahre 180/185 datieren. Da ihre Inschriften aus Drachenfelstrachyt sind, werden wohl auch die Bauten aus diesem Gestein gewesen sein. Jedenfalls gab es Altäre in dieser Zeit, sogar auf den Tag datierte, wie den des Bonner Lagerkommandanten *Marcus Sabinius Nepotianus*, der die Überreichung der Toga an seine Söhne am 19. September 190 dazu benutzte, den Staats- und Soldatengöttern Jupiter, Herkules und Silvanus und dem guten Geist seines Hauses einen Altar zu setzen. Auch im Laufe des frühen 3. Jh gab es noch eine Menge Weihungen aus Trachyt in Bonn und

Köln, aber auch in Remagen. Im Bonner Lager fand Drachenfelstrachyt Verwendung in größeren Denkmalensembles zu Ehren Caracallas, seines Bruders Geta und der Kaisermutter Julia Domna, die hinter dem Sitz des Lagerkommandanten im Bonner Legionslager in der Gegend der heutigen Nordstr aufgestellt wurden. Nach herrschender Ansicht zwischen 206 und 210, vielleicht jedoch erst anläßlich des Germanienbesuchs Caracallas 213 gab der damalige Statthalter von Niedergermanien sogar ein zehnzeiliges Gedicht auf einem Weihestein für Apollo Grannus in Auftrag, das sich am alten Bonner Rheintor fand.

Auch der vielleicht früheste Hinweis auf den Godesberger Mineralbrunnen, eine Weihung an die Sprudelgottheiten *Fortunae Salutares*, steht auf Trachyt. Im Jahre 250 weihte der nach seinem Namen aus Syrien stammende Priester des Soldatengottes Dolichenus irgendein Geschenk zugunsten der Auxiliarkavallerie der Remagener Kohorte.

Für die Festungsbauaktivitäten und bei Wiedererrichtung des Limes in den Jahren zwischen 275 und 310 nChr gab es wohl keinerlei Abbau. Dies ist wenig verwunderlich, da man wohl Altmaterial, das bereits am Ort war, zu den Bauten heranzog. Aus solchem Altmaterial mögen auch die letzten beschriebenen Blöcke aus Drachenfelstrachyt sein, die sich bezeichnenderweise nur noch in Bonn und Remagen befinden. Es sind christliche Grabsteine aus dem 4. oder 5. Jh, darunter der berühmte Grabstein der *Meteriola* aus Remagen. Nach 275 mag die Steinausbeute am Drachenfels völlig eingeschlafen sein, um dann für den Kirchenbau des Hochmittelalters ab dem 11. Jh wieder aufgenommen zu werden.   Rü

Römische Hafenanlage
Abb 447

Unterhalb des Rüdenet, ca 1 km SO des Stadtkerns, etwa bei Stromkm 644, liegen in der Uferzone des Rheins die Reste einer ▶ röm Hafenanlage, die allerdings nur bei extremem Niedrigwasser sichtbar werden. Die beiden hintereinander gelagerten Becken (L insgesamt ca 500 m, B ca 125 m) waren durch intensiven Abbau des Trachytvorkommens im Rhein entstanden, dann

vom Wasser freigespült und vom Menschen aus-
geräumt worden, um sie als Häfen benutzen zu
können. Zu diesem Zweck wurden vermutlich
auch stromseitig schützende Molen angelegt; Reste der Uferbefestigung (Mauer) und mindestens
einer rechteckigen Verlade- und Anlandestelle
haben sich erhalten. Verschiedentlich bemerkt
man noch ▶ Blöcke mit Spaltspuren (Keillöcher).
Allerdings kann nur das N der Hafenbecken, die
sich beide ehem stromabwärts öffneten, mit einiger Sicherheit in röm Zeit datiert werden; es
diente offenbar dem Verladen der Trachytblöcke,
die von den röm Arbeitskommandos im Felsenmeer des Rüdenet gebrochen wurden. Der röm
Hafen von Königswinter, der auch bei niedrigem
Wasserstand ausreichend Tiefgang bot, wurde
wohl hauptsächlich von Lastschiffen der *classis
Germanica* angelaufen, die für den Transport des
Steinmaterials aus den röm Steinbrüchen am Drachenfels auf dem Rhein und seinen Nebenflüssen
zuständig war.   Ho
Lit: JRöder, BJb 174, 1974, 534 ff – ders, Kölner
Römer-Illustrierte 2, 1975, 138 f – ders, Beitrz
Rheinkunde 27, 1975, 3 ff

Königswinter-Oberpleis   SU

Kalksinter

Das W-Portal der Kirche St. Pankratius wird von
▶ zwei Säulen aus Kalksinter der röm Eifelwasserleitung flankiert; ▶ zwei noch schönere Exemplare sind in der Krypta zu sehen.   Gre
Lit: Grewe 276

Kommern → Mechernich
Kornelimünster → Aachen

Korschenbroich-Liedberg   NE

Römischer Steinbruch
Abb 92, 450, 451

Der heute bewaldete, weithin sichtbare Liedberg,
der sich in O-W-Richtung 300 m und N-S-Richtung 200 m erstreckt, stellt in den Schotterflächen

Abb. 450   Korschenbroich-Liedberg. Steinbruch. Abbauspuren am SW-Hang des Mühlenberges

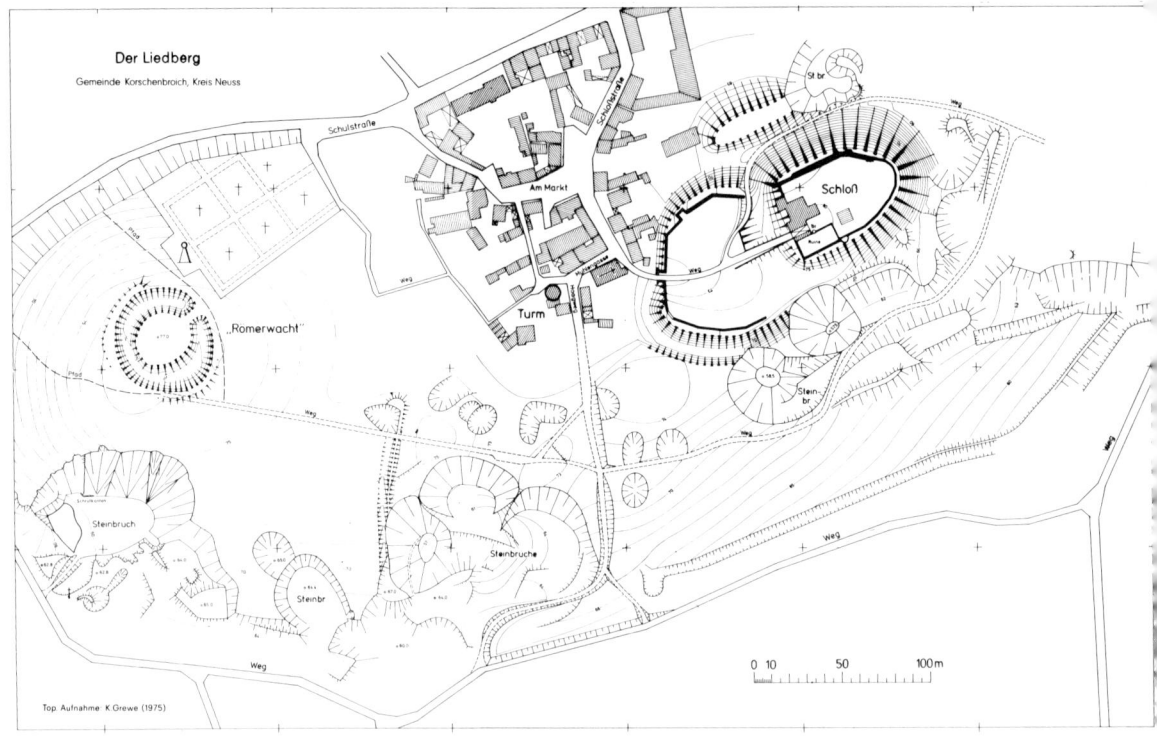

Abb. 451   Korschenbroich-Liedberg. Steinbruch. Gesamtplan

des Landes zwischen Rhein und Maas die nördlichste Bildung eines quarzitischen Sandsteinhorstes dar.

Bereits in der Altsteinzeit findet sich aus dem zT klingend harten Material geformtes Steingerät, das auch in der Mittleren und Jungsteinzeit aus Stein vom Liedberg hergestellt wurde. Der Rükken erhebt sich bis 30 m über die Umgebung (80 m NN) und wurde im Mittelalter als Höhenburgstandort mindestens dreier, wohl voneinander unabhängiger Burganlagen benutzt, unter denen die kreisförmige, W, fälschlich »Römerwacht« genannte flachburgenähnliche Anlage (Motte) wohl kaum vorgeschichtlich ist und allenfalls der O gelegenen kurkölnischen Landesburg Liedberg und deren Vorburg voraufgeht. Auch der in der Mitte des Rückens N-S ziehende Wall ist wohl ma.

Der gesamte Rücken ist durchzogen von unterdischen Minen zur Quarzsandgewinnung, die zunächst in Spätmittelalter und Früher Neuzeit zur Glasherstellung, später zur Scheuersandherstellung angelegt wurden. Die sehr schwierige Gewinnung des Liedberger Steins wurde nach der Mitte des 19. Jh eingestellt, die des Sandes um 1900.

Vom Liedberg kommt zB wohl das Material für die geschuppte Jupitersäule von Mönchengladbach während strapazierfähiges Sockelgestein, wie etwa der harte Prellstein des Kleinen Hafentors der N CUT aus dem Kaiserswerther Vorkommen im Rhein stammen wird.

K. Grewe hat plausibel gemacht, daß wir in den heute noch sichtbaren offenen Brüchen am S-Rand des Liedberger Rückens wohl die Abbauspuren der röm wie der ma Zeit vor uns haben, da unterirdische Sandminen und Steinbrüche sich gegenseitig ausschließen. Genaueres zur Bestimmung der röm Abbauspuren läßt sich jedoch nicht mehr sagen.   Rü

Lit: KGrewe, Rheinische Ausgrabung '76, Das RLM Bonn, Sonderh Jan 1977, 154 ff – BUW-Janssen, Burgen, Schlösser und Hofesfesten im Kreis Neuss, 1980, 243 ff – JBrandt, Kreis Neuss, AFDR, 1982, 171 ff

Krefeld-Gellep KR

Römisches Auxiliarkastell
Abb 37, 235, 249, 250, 362, 452–456

Das Kastell *Gelduba* lag am N-Rand des kleinen Bauerndorfes Gellep, das heute zum Bereich des Krefelder Rheinhafens gehört. Erhalten ist nur noch die Fläche des rückwärtigen Lagers (*retentura*). Der größte Teil des vorderen Lagers (*praetentura*) und der davorgelegene röm Hafen wurden 1974/75 beim Bau eines neuen Hafenbeckens abgetragen.
Außer einem ▶ Podest aus röm Gußmauerwerk im Keller des Hauses Latumerstr 1 sind keine obertägigen Bauspuren mehr sichtbar, abgesehen von der schwachen ▶ Kontur des 2 m hohen Schutthügels. Von entscheidender Bedeutung für die Anlage des Kastells war offenbar ein schiffbarer Nebenarm des Rheins, der sich hier weit in eine sandige Erhebung der Niederterrasse hineingefressen hatte. Am sanft abfallenden N-Hang, etwa 350 m unterhalb des Kastells, mündete der Linner Mühlenbach (am Oberlauf Gilfbach) in den Gelleper Rheinarm. In diesem Bereich lag vor dem Jahre 70 nChr der bei Tacitus (Hist. IV 26) genannte ubische Ort Gelduba (Grabungen 1971, 1973 und 1977). Obwohl Gellep mindestens seit dem 17. Jh mit dem röm *Gelduba* identifiziert wurde und auch schon früh zahlreiche röm Funde bekannt geworden waren, fanden wissenschaftliche Grabungen erst in den 30er Jahren dieses Jahrhunderts statt.
Mit der Freilegung des Stabsgebäudes (*principia*) gelang es bei Grabungen 1964–1968 I. Paar und Ch. B. Rüger, die Lage des Kastells zu ermitteln. Ausgrabungen 1971–1974 im Zuge der Hafenerweiterung von I. Paar galten vorwiegend der Befestigung. Freigelegt wurden der O Eckturm, Teile des linken (*porta principalis sinistra*) und des rückwärtigen (*porta decumana*) Lagertors. Dem steinernen Ausbau in der 1. Hälfte des 2. Jh gin-

gen drei Holz-Erde-Befestigungen voraus, von denen allerdings keine vor das Jahr 70 nChr zurückreichte. An Innenbauten untersucht wurden ein großer steinerner Speicher (*horreum*) im O *intervallum* dicht neben dem Hafentor (*porta praetoria*) und S davon Teile einer Hypokaustanlage. Möglicherweise bestand hier in der 1. Hälfte des 3. Jh ein Kastellbad. Weitere Bauspuren an der *via praetoria* blieben unklar. Nach 1976 ruhten die Grabungen für einige Jahre und wurden erst 1982 wieder aufgenommen.
Bei den Ausgrabungen ab 1982 zeigte sich, daß dem ältesten, von I. Paar ermittelten Befestigungsgraben keine feste Innenbebauung entsprach. Der Graben ist vielmehr als Teil einer weitläufigeren, zweiperiodigen Grabenanlage anzusehen, die wahrscheinlich mit dem von Tacitus (Hist. IV 26 und 32) beschriebenen großen Feldlager aus der Zeit des Bataveraufstandes identisch ist. Am Hügelrand wurden weitere Teile des Lagers festgestellt, darunter ein Holzturm und Toranlagen. In den Gräben fanden sich zahlreiche Pferdeskelette und vereinzelt auch Waffenteile. Der bemerkenswerteste Fund ist ein von germ (?) Hand umgearbeiteter röm Helm, der ebenso wie die anderen Funde wohl als Zeugnis der von Tacitus (Hist. IV 33) geschilderten Schlacht beim Lager von *Gelduba* angesehen werden kann.
Erst nach dem Ende des Bataveraufstandes, bald nach 70 nChr, wurde in Gellep ein Standlager für eine Auxiliareinheit eingerichtet. Im untersuchten Bereich der *retentura* befanden sich Reiterkasernen, dh die Lagerbesatzung muß aus einer *ala* oder zumindest einer teilberittenen Einheit, einer *cohors equitata quingenaria* bestanden haben. Dafür spricht auch die Größe der Umwehrung von ca 140 × 170 m. Um 80/85 nChr mußte dieses Kastell einem geringfügig vergrößerten weichen, so daß mit einer Änderung der Besatzung zu rechnen ist. Auch zum neuen Kastell gehörten Reiterkasernen. Ziegelstempel und ein 1975 aus dem Hafen geborgener Grabstein deuten auf die *cohors II Varcianorum equitata*. Vermutlich blieb diese Einheit für lange Zeit in *Gelduba*. Auf einem Matronenstein der Zeit um 200 werden mehrere dakische Soldaten (*miles Daci*) genannt, die aber durchaus in der genannten Truppe gedient haben könnten. Auch die W des Kastells aufgedeckten Gefallenengräber aus dem Jahre

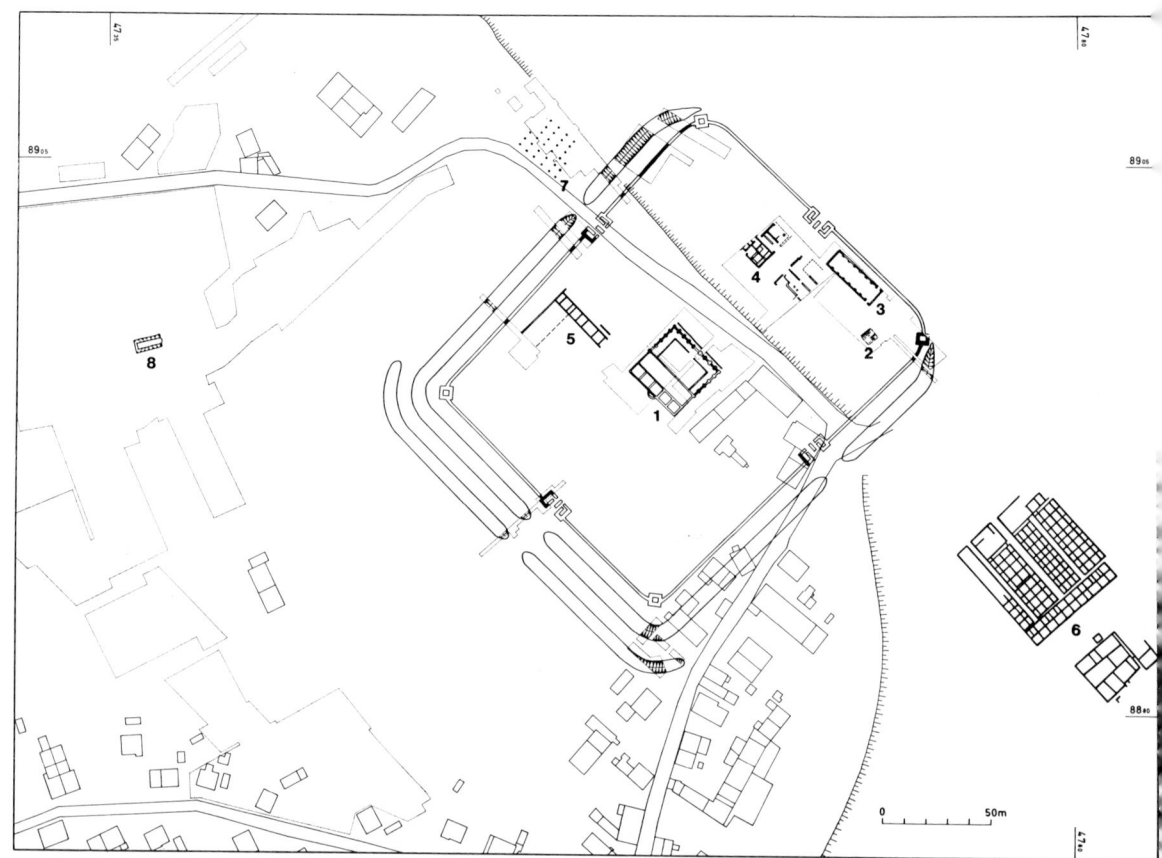

Abb. 452   Krefeld-Gellep. Mittelkaiserzeitliches Auxiliarkastell Gelduba. 1 Stabsgebäude (principia), 2 Teil einer Badeanlage?, 3 Speicher (horreum), 4 Kasernen?, 5 Wohnhaus des Kommandanten (praetorium), 6 Magazinbauten (?) im Lagerdorf (vicus), 7 Markthalle, 8 Mithräum

260 deuten auf eine teilberittene Einheit. Im Antoninischen Itinerar wird zwar als Besatzung eine Ala genannt, doch kann sich diese Angabe auch auf die Zeit nach 260 beziehen. Außer den Reiterkasernen wurden die rückwärtigen Teile eines großen, an der *via principalis* gelegenen Baukomplexes aufgedeckt, vielleicht das *praetorium*. Das anfangs in Holz errichtete Gebäude wurde in der Mitte des 2. Jh in massiver Lehmziegelbauweise erneuert und schließlich am Ende des 2. Jh beträchtlich erweitert und in Stein ausgebaut.

Vermutlich im Zusammenhang mit der Erhebung des Postumus kam es 260 zur Zerstörung des Kastells und zum Untergang zumindest eines großen Teiles der Besatzung. Die Datierung ergibt

sich aus Münzen, die bei den Gefallenen gefunden wurden und einer Bauinschrift des Postumus aus dem Jahre 261/62. Beim Wiederaufbau des Kastells wurde das ehem Prätorium offenbar in eine *fabrica* umgewandelt. Nach einer weiteren Zerstörung während des großen Frankeneinfalls

Abb. 453   Krefeld-Gellep. Übersichtsplan. Die ▷ bis 1986 ausgegrabenen Flächen sind grau angelegt. A Siedlung vor 70 n. Chr., B römisches Gräberfeld des 1.–4. Jh. n. Chr., C Auxiliarkastell Gelduba, D Reste der römischen Hafenanlage, E Vicus mit Wohnbebauung, F römischfränkisches Gräberfeld des 4.–7. Jh. n. Chr., G römisches Gräberfeld des 1.–2. Jh. n. Chr., H Vicus (Markt), I Vicus (Kultanlagen)

Abb. 454   Krefeld-Gellep. Weihung für die Octocannischen Matronen. Sandstein. – H. 1,26 m. 1. Hälfte 3. Jh. n. Chr. (Krefeld, Museum Burg Linn)

von 275/276 wurden die Befestigungsanlagen notdürftig instand gesetzt, der Schutt im Lagerinnern kaum planiert. Im untersuchten Bereich war ein großes, sehr ungenau vermessenes, hölzernes Pfeilerhorreum errichtet, daneben fand sich eine runde Vorratsgrube mit unterschnittener Wandung, wie sie sonst nur aus einheimischen Siedlungen bekannt ist. Nachdem das *horreum* durch Feuer zugrunde gegangen war (287/88?), traten an seine Stelle zwei fränkische Höfe mit je einem größeren Wohnstallhaus, kleinen Rechteckspeichern und Abzäunungen. Handgemachte (rhein-weser-germ) Keramik, Spinnwirtel und Webgewichte zeigen an, daß diese Häuser auch von entsprechenden Familien bewohnt wurden. Wahr-

scheinlich handelt es sich eher um fränkische Foederaten als um illegal eingedrungene Franken. ZZ der ersten Tetrarchie, wahrscheinlich 294/95, wurde das Kastell neu besetzt und zu einer spätantiken Festung umgestaltet. Erhalten blieben lediglich die Gräben und Teile der alten Kastellmauer als innere Mauerschale einer neuen, im Fundament ca 2,7 m starken Wehrmauer. Das neue Kastell war im Grundriß annähernd quadratisch und damit in der Fläche nur geringfügig kleiner als das mittelkaiserzeitliche Lager (ca 2,25 ha) und hatte ungewöhnlich komplizierte Verteidigungsanlagen. So befand sich der einzige landseitige Zugang an der zurückspringenden NW-Ecke und war als viertürmiger »Torkopf« ausgebildet mit W gerichteter Ausfallpforte und Haupteinfahrt von N parallel zur Kastellmauer. Vom Torkopf gelangte man zunächst nur in eine zwingerartige Vorkammer, von dort dann durch ein zweites Tor in die Außenfestung (den Bereich zwischen äußerer, mit quadratischen Türmen besetzter, und innerer Wehrmauer) und von dort schließlich durch ein drittes Tor in das Kernwerk des Kastells, eine ebenfalls annähernd quadratische Anlage mit einer äußeren Mauerstärke von 3,7 m und einer Fläche von ca 1,2 ha. Alle Torgassen waren zudem wenigstens einmal rechtwinkelig abgeknickt. Bemerkenswert ist schließlich, daß vor dem ebenfalls an die Ecke verschobenen hafenseitigen Kastelltor höchstwahrscheinlich eine Brücke angelegt wurde, die zumindest auf die gegenüberliegende Rheininsel führte und dort, oder vielleicht sogar an der rechten Rheinseite, mit einem Brückenkopfkastell verbunden gewesen sein könnte. Die offensichtlich hellenistisch-orientalischen Züge des Befestigungssystems und die Münzen lassen als Erbauer eine Einheit des O Bewegungsheeres vermuten. Bald nach 320 wurde die Einheit offenbar durch eine aus Britannien kommende Truppe abgelöst. Nach einer scheinbar erfolglosen Belagerung um 341 – der Kastellhügel wurde in diesem Zusammenhang mit einem Grabenring umschlossen – kam es zu größeren Umbauten innerhalb des Kastells, insbesondere zur Schleifung eines Teiles der komplizierten Verteidigungsanlagen. Vom vereinfachten Torkopf aus konnte man nun geradeaus über eine breite, portikusgesäumte Straße unmittelbar in das Kernwerk einfahren. Mögli-

Abb. 455 Krefeld-Gellep. Gräber von Gefallenen aus der Zeit der Frankeneinfälle von 259/260 n. Chr.

cherweise begünstigte dieser Umstand den Fall des Kastells beim großen Frankeneinbruch 353/355. Anscheinend blieb die Festung aber, trotz größerer Zerstörungen, weiterhin bewohnt. Erst unter Valentinian I., den Münzen nach wohl 369, wurden neue Festungswerke errichtet. Dabei handelte es sich im wesentlichen um eine Umgestaltung des alten Kernwerkes, das man im N zurücknahm, an der W-Seite dagegen verlängerte, um so einen gleichmäßigeren Abstand zu den vorgelagerten Gräben zu erreichen. Anstelle der äußeren Ringmauer wurde nun auf der sehr breiten Berme ein zusätzlicher zweiter Graben ausgehoben. Dieser umschloß die Festung nicht rechtwinkelig, sondern zumindest auf der Landseite polygonal. Als weiteres Annäherungshindernis waren dem Graben ca 3 m lange Stolpergruben (*lilia*) vorgelagert. Das zunächst, dem alten Kernwerk entsprechend, ohne vorspringende Ecktürme errichtete Kastell wurde noch mehrfach umgebaut. Als erstes wurde das alte Tor auf-

gegeben und statt dessen wieder näher an der Kastellecke ein neuer rechteckiger Torturm errichtet. Gleichzeitig legte man vorspringende halbrunde Eckbastionen an. Infolge von Bränden (387/88?) waren bald weitere Bauarbeiten notwendig. Schließlich wurde kurz vor 400 der polygonale Innengraben wiederum durch eine äußere Wehrmauer ersetzt. Hinter der im Fundament ca 0,8 m starken Mauer standen hölzerne Türme, deren Vorderfronten auf der Mauer aufsaßen. Kurz danach kam es anscheinend zu einem Teilabzug der Besatzung, nicht jedoch zu einer vollständigen Räumung des Kastells. Als Verstärkung für die zurückgebliebene Truppe wurden nun, unmittelbar vor dem Kastell, elbgerm Foederaten angesiedelt. Jedenfalls entstand vor dem Tor zu Beginn des 5. Jh ein neuer Vicus mit Wohnstallhäusern rechtsrheinischer Art. Mehrfache Überschneidungen der Holzbauten zeigen, daß der Vicus längere Zeit bestanden hat. Offenbar ging er erst zu Beginn des 6. Jh in einem Feuer zugrunde. Wann das Kastell endgültig aufgegeben wurde, läßt sich noch nicht mit Sicherheit sagen. Abgerissen wurde es erst im hohen und späten Mittelalter.

Der Vicus. Die zivile Siedlung, der *vicus Gelduba*, gliederte sich während der mittleren Kaiserzeit in drei Bereiche, die jeweils einem der landseitigen Kastelltore vorgelagert waren. Der wichtigste Bereich, dh der Bereich mit der größten Baudichte, befand sich im S vor der *porta principalis dextra*. Großflächige Untersuchungen W. Piepers 1954 und 1955 ergaben zahlreiche Grundrisse sich überschneidender Bauten mit zwei Holz- und drei Steinbauperioden. Die Bautypen entsprachen nicht ganz denen anderer Lagerdörfer, sondern erinnerten zT an militärische Bauten. Am SW-Rand der Siedlung konnte A. Steeger 1948 Reste einer Thermenanlage aufdecken. Eine zweite, kleinere Vicuszone lag N des Kastells vor der *porta principalis sinistra*. Hier gab es nur randlich, an der dem Kastell abgewandten Seite, einige feste Bauten. Der Platz vor dem Tor dagegen diente in Verbindung mit einer zivilen Hafenstraße vermutlich als Marktfläche, auf der anfangs nur leichte Buden, im späteren 2. Jh dann jedoch eine größere hölzerne Markthalle standen. Außerdem gab es in diesem Bereich zahlreiche Brunnen. Die dritte sehr weitläufige Vicuszone lag vor der *porta decumana* im W des Kastells. Wohnbebauung wurde hier bislang nicht festgestellt. Im weitmaschig parzellierten Gelände fanden sich vielmehr verstreut kultische Anlagen, so ein hölzernes Mithräum (1981) und »Opferschächte« (1982/83), in denen ua zwei große Scheren mit eingravierten Büsten geborgen wurden, die evtl mit dem Isiskult in Verbindung stehen. Nach zweimaliger Zerstörung (260 und 275/76) wurde der gesamte Vicusbereich spätestens Ende des 3. Jh vollständig aufgelassen und in die landwirtschaftliche Nutzfläche einbezogen. Allerdings legen die Gräberfelder gerade für das 4. Jh die Existenz einer größeren Zivilsiedlung nahe. Möglicherweise wurde sie zu dieser Zeit in das Kastell einbezogen. Dafür könnte jedenfalls der im Vergleich zu anderen Anlagen des 4. Jh beträchtliche Umfang der Befestigungen sprechen. Für eine sichere Entscheidung reichen die Untersuchungen innerhalb des Kernwerks aber noch

nicht aus. Schließlich wäre auch denkbar, daß die Zivilsiedlung im Zusammenhang mit einer Brückenkopfbefestigung auf die gegenüberliegende Rheininsel verlagert wurde. Über einen zweiten, während des 5. Jh angelegten Vicus vor dem Kastell → Kastell *Gelduba*.   Rei

Die Gräberfelder. Wie ein Halbbogen legen sich die Gräberfelder in Gellep auf der dem Rhein abgewandten Seite um das Kastellgelände, dabei einen breiten Zwischenraum zu jenem einhaltend. Die Belegung beginnt im frühen 1. JhnChr und setzt sich ohne jede Unterbrechung in die fränkische Zeit hinein, bis zum Ende des 7. Jh, fort. Die Ausgrabungsarbeiten sind noch im Gange. ZZ der Abfassung dieses Berichtes waren 5150 Gräber aufgedeckt, ohne daß ein Ende abzusehen wäre. Mehr als zwei Drittel der Gräber stammen aus röm Zeit.

NW des heutigen Dorfes (Abb 453, B) wurden bei planmäßigen Grabungen neben den schon erwähnten wenigen Gräbern der Zeit vor 69 nChr Brandgräber des späten 1., des 2. und frühen 3. Jh gefunden sowie vereinzelt Skelettgräber des späten 3. und des 4. Jh.

1970, 1971 und 1977 kamen neben und zwischen diesen Gräbern viele ungewöhnliche Bestattungen zum Vorschein. Sie lagen in geringer Tiefe, ohne einheitliche Ausrichtung, ohne Särge und ohne Beigaben, oft mehrere Individuen in einer gemeinsamen Grube. Dazwischen waren viele Pferde bestattet. Es handelt sich fast durchweg um jüngere Tiere, die keines natürlichen Todes gestorben sein können. Da bei einem der menschlichen Bestattungen, einem mit seinem Pferd in einer gemeinsamen Grube beigesetzten Mann, eine bronzene Fibel, eine sog Soldatenfibel der 2. Hälfte des 1. JhnChr lag, wurde zunächst die ganze Gruppe der ungewöhnlichen Bestattungen, Menschen und Pferde, für Gefallene der Bataverschlacht (69 nChr) gehalten. Inzwischen kamen 1981 in unmittelbarer Nähe dieses Bestattungsplatzes eine ganze Reihe weiterer Gräber von Menschen und Pferden zum Vorschein, die in genau derselben flüchtigen Weise beigesetzt worden waren. Als ein regelrechtes Massengrab erwies sich das bereits erwähnte Mithräum (→ *vicus*), in das man die Leichen von 14 Menschen, darunter von Frauen und Kindern, sowie von

Abb. 456   Krefeld-Gellep. Auxiliarkastell Gelduba. Praetorium. Rollsteinstickung eines Raumes und einplanierter Dachziegelschutt der Zerstörung von 260. Ausgrabungen des Museums Burg Linn 1983

zwei Pferden geworfen hatte. Sie lagen teilweise übereinander. Eine der Toten, eine Frau, trug am Gürtel ein Täschchen mit vier Silbermünzen, deren jüngste eine Prägung des Valerian aus dem Jahre 259 war.

Bei den Bestattungen handelt es sich also nicht um Gefallene der Bataverschlacht, sondern sicherlich um Opfer der ersten Frankeneinfälle. Ob diese Zuweisung für alle Bestattungen gilt, die hier in so ungewöhnlicher Weise vorgenommen wurden, oder ob wir mit Spuren von Kampfhandlungen aus verschiedenen Jahrhunderten, dem 1. und dem 3., rechnen müssen, ist noch nicht sicher zu entscheiden, doch spricht derzeit alles dafür.

Die regulären Gräberfelder setzen sich in S und SO Richtung fort, wobei die Belegung aber nicht in einer Richtung fortschreitend erfolgt ist. So fanden sich Gräber des 1. Jh NW des heutigen Dorfes. Überraschend wurde aber 1985 und 1986 im SW, ca 400 m entfernt, ein ausgedehntes Gräberfeld mit Brandbestattungen der 2. Hälfte des 1. und dem Beginn des 2. Jh entdeckt, dessen Untersuchung noch nicht abgeschlossen ist (Abb 453, G).

Zwischen der Legionsstr und dem W-Ufer des heutigen Baggersees erstreckte sich ein riesiges zusammenhängendes Gräberfeld (400 × 150 m), dessen Belegung am Ende des 3. Jh begann und ohne Unterbrechung bis ans Ende des 7. Jh weiterging (Abb 453, F).

Um die Mitte des 3. Jh erfolgte der Übergang von der Brand- zur Körperbestattung. Dabei handelt es sich so gut wie ausschließlich um Erdgräber, in denen die Toten meist in hölzernen Särgen beigesetzt worden waren. Nur ein einziger Steinsarkophag kam bis jetzt zutage, außerdem zwei aus Stein gefertigte Urnen. Besonders zahlreich sind die Gräber des 4. Jh, die auch außerhalb des hier geschilderten großen Gräberfeldes an mehreren Stellen in Gellep in kleineren Gruppen angetroffen wurden. Dies deutet darauf hin, daß die Besiedlung in spätröm Zeit hier besonders intensiv war. Die Bevölkerung scheint sich eines gewissen Wohlstandes erfreut zu haben, denn die Gräber sind oft recht aufwendig angelegt und reich ausgestattet, der Sitte der Zeit entsprechend vor allem mit Keramik und Gläsern. Männergräber sind in seltenen Fällen durch Zwiebelknopffibeln, Frauengräber durch Perlen und Armreifen kenntlich, im allgemeinen aber lassen sie sich nicht unterscheiden.

Die meisten der mit Beigaben ausgestatteten spätröm Gräber in Gellep sind in S-N-Richtung angelegt, den Kopf im S mit Blick nach N. Graböberschneidungen kommen kaum vor, die Gräber müssen also oberirdisch kenntlich gewesen sein. Es wurde bis jetzt aber nur ein einziger Grabstein sowie das Fragment eines solchen gefunden.

Bald nach der Mitte des 4. Jh ist in Gellep der Übergang von der S-N- zur W-O-Bestattung erfolgt. Gleichzeitig ist ein Nachlassen der Beigabensitte zu beobachten, was wohl nur durch den beginnenden Einfluß des Christentums zu erklären ist. Viele beigabenlose Gräber können nach ihrer Lage im Gräberfeld mit ziemlicher Sicherheit an das Ende des 4. und in das 5. Jh datiert werden. Es gibt aus dieser Zeit aber auch Gräber mit Beigaben. Auf der kontinuierlichen Belegung in die fränkische Zeit hinein beruht, neben der ungewöhnliche Größe, die Bedeutung der Gräberfelder von Gellep.   Pi

Museum Burg Linn
Abb. 54, 143, 163, 234, 235, 268, 454, 457–459

Öffnungszeiten: November bis März Di–So 10–13 u 14–17, April bis Oktober Di–So 10–18 Uhr

Die aus gotischer Zeit stammende kurkölnische Landesburg Linn, das Jagdschlößchen in der Vorburg und ein nur rund 100 m entferntes Gebäude bilden zusammen eine Einheit. Nur das zuletzt Genannte ist ein Museum im strengen Sinne. Seine Geschichte ist wohl ohne Beispiel: Es wurde im letzten Krieg als Luftschutzbunker errichtet, war aber bereits bei der Planung 1940 für eine spätere Verwendung als Museum vorgesehen. Als solches wurde das Haus 1952 eröffnet. Heute sieht man dem damaligen Bunker seine ursprüngliche Bestimmung kaum mehr an.

Die Funde aus der Römerzeit nehmen innerhalb der Sammlungen einen hervorragenden Platz ein. Sie stammen fast ausnahmslos von dem nur 4 km entfernten Gellep.

Ein großer Saal im Erdgeschoß ist der röm Besiedlung Krefeld-Gelleps und vor allem der Geschichte des Kastells *Gelduba* vom Bataveraufstand 69 nChr an bis zum endgültigen Fall des Limes im 5. Jh gewidmet. Ein Plan orientiert über die topographische Situation in Gellep, auf Karten und Schautafeln wird die wechselvolle Geschichte des Kastells aufgezeigt. Vor allem mehrere Zerstörungshorizonte werden herausgestellt und, soweit möglich, durch Originalfunde belegt. Dabei nehmen die Gefallenengräber von den Kämpfen des Jahres 69 und vom ersten Frankeneinfall 260 eine besondere Stellung ein.

Einzelheiten des röm Bauwesens sind im Original

Abb. 457   Krefeld. Museum Burg Linn. Rekonstruktionen römischer Bestattungen

dargestellt, ein Brunnen mit holzverschaltem Schacht ist rekonstruiert.

Ein 1977 in der Nähe des Kastells in einer Kiesgrube gefundener Stein, den Octocannischen Matronen geweiht, ist das einzige vollständig erhaltene Steindenkmal aus Gellep. Von den Gegenständen, die dem Kult verschiedener Gottheiten dienten, sind zwei überdimensionale, aus Messing und Eisen gearbeitete, mit eingepunzten Büsten verzierte Scheren besonders zu erwähnen.

Im Treppenhaus werden Funde aus den jeweils letzten Grabungen ausgestellt. Das erste Obergeschoß ist den Gelleper Gräberfeldern gewidmet. Ua ist versucht worden, die einzelnen Typen röm Gräber originalgetreu zu rekonstruieren. Bestattungen und Urnen aus Ton und Stein, ein Brandgrubengrab, Gräber mit hölzernen Särgen, ein Ziegelgrab und ein Steinsarkophag, der einzige bis jetzt in Gellep gefundene.

Ferner sind Beigaben aus röm Gräbern ausge-

Abb. 458　Krefeld-Gellep. Statuette einer Venus. Bronze. – H. 15,5 cm. 3. Jh. n. Chr. (Krefeld, Museum Burg Linn)

Abb. 459　Krefeld-Gellep. Glasierte Krüge und Fäßchen. Ton. – H. der Krüge ca. 27,5 cm; L. des Fäßchens ca. 25 cm. 4. Jh. n. Chr. (Krefeld, Museum Burg Linn)

stellt: Schmucksachen, Amulette und Gebrauchsgegenstände aller Art. Von besonderer
Qualität sind zwei Bronzestatuetten einer Venus
und einer Eule, die beide in einem Grab des 3. Jh
gefunden wurden, zusammen mit drei Bronzegefäßen und einem Krug aus Terra Sigillata. In einem Seitenraum wurde ein »Keramikkabinett«
eingerichtet.

Eine eigenartige Tonware, buntglasierte Tongefäße des 3. Jh, wurde in Gellep gefunden, von keinem anderen röm Ort in Deutschland sonst bekannt. Es sind hauptsächlich Becher, Krüge und
Fäßchen, seltener Teller aus rötlichem Ton mit
gelblicher, olivgrüner oder brauner Glasur.

Besonders großen Raum nehmen die röm Gläser
ein. In Gellep wurden ungewöhnlich viele und
teilweise sehr qualitätvolle Gläser geborgen, der
leichte Sandboden hat sie zumeist ausgezeichnet
bewahrt. Daß Glasgefäße des 4. Jh bei weitem
überwiegen, liegt wahrscheinlich an dem augen-
blicklichen Forschungsstand. Unter den wenigen
frührömischen Gläsern fallen zwei besonders
schöne Rippenschalen auf, die in dem nahen *Asciburgium*-Moers-Asberg gefunden wurden. Außer einer guterhaltenen gläsernen Urne aus Köln
stammen alle übrigen Gläser aus den Gräberfeldern von Gellep.

Im übrigen halten sich die relativ wenigen Gläser
des 1., 2. und 3. Jh im Rahmen des üblichen. Unter den zahlreichen Gläsern des 4. Jh sind dagegen viele seltene und kostbare Stücke. An erster
Stelle ist die Bacchusschale zu nennen, eine halbkugelige Schale aus dünnem, fast farblosem Glas
mit von hinten her eingeritzter Verzierung, den
jugendlichen Gott Bacchus mit zwei Gestalten
aus seinem Gefolge (Silen und Pan) beim Gelage
unter einem Baldachin darstellend. Auf dem
Rand ist ein Trinkspruch angebracht: *bibe et
(p)ropina tuis* (Trinke und trinke auch auf das
Wohl der Deinen).

Zu den ausgesprochenen Raritäten zählt eine
große Glaskanne, die im Innern dreifach unterteilt ist und die auch drei Mündungen besitzt. Es
konnten drei verschiedene Flüssigkeiten darin
aufbewahrt werden, ohne daß sie miteinander in
Berührung kamen.

Besonders wichtige und für die Gräberfelder von
Gellep bezeichnende Funde stammen aus Gräbern des beginnenden 5. Jh, dem Ende der röm

Herrschaft am Niederrhein. Funde aus dieser
Epoche sind im Rheinland außerordentlich selten, die aus den Gelleper Gräbern können hier
eine empfindliche Lücke schließen. Germ Einflüsse sind deutlich zu beobachten. Eine besondere Überraschung bedeutete der Fund eines sar-
matischen Metallspiegels.

Den kontinuierlichen Übergang in die Zeit des
frühen Mittelalters belegt anschaulich ein reiches
Kriegergrab aus der Mitte des 5. Jh, das neben
mehreren Waffen und Gebrauchsgegenständen
und einem prächtigen gläsernen Rüsselbecher
noch eine Schale aus Terra Sigillata enthielt.
Selbst unter der Ausstattung des berühmten Für-
stengrabes von Gellep aus der 1. Hälfte des 6. Jh
finden sich noch zwei Gläser röm Herkunft.

Pi

Lit: WPiepers, DHaupt, RheinAusgr 3, 1968,
213 ff – IPaar, ChrRüger, RheinAusgr 10, 1971,
242 ff – I Paar, Roman frontier studies 1979,
1980, 11 ff – FVFD 14, 1969, 110 ff, 130 ff – RPir-
ling, Das römisch-fränkische Gräberfeld von
Krefeld-Gellep. German Denkmäler der Völkerwanderungszeit, Serie B, Bd 2, 1966, Bd 8, 1974,
Bd 10, 1979 – dies, Römer und Franken in Krefeld-Gellep, 1986 – Chrobaczek 128 f

Kreuzau-Stockheim   DN

Kalksinter

Im romanischen Kern der Kirche St. Andreas
sind ▶ die beiden Türgewände einer in der N-
Wand befindlichen zugemauerten Tür aus bis zu
1,8 m langen Kalksinterplatten aus der röm → Eifelwasserleitung nach Köln. Auch in der S-Wand
der Kirche ist ▶ ein einzelnes Sinterstück als Baumaterial verarbeitet worden.   Gre

Lit: Grewe 276

Kreuzweingarten → Euskirchen

Langerwehe-Geich DN

Römische Steindenkmäler
Abb 460

An der NO- und der SO-Ecke der St.-Nikolaus-Kapelle (12./13. Jh) sind Sandsteinblöcke mit Reliefschmuck als Spolien eingemauert. Neben einem nicht mehr sicher zu deutenden ▶ Relief mit Darstellung eines stehenden Gottes (Mercurius?) findet sich ▶ ein Block, auf dem ein stehender Herkules wiedergegeben ist. Er stützt die Rechte auf die Keule, während um den angewinkelten linken Arm das Löwenfell oder ein Mäntelchen gewickelt ist.
Das Relief könnte vom Sockel einer Jupitersäule stammen (2./3. JhnChr). Noe
Lit: PHartmann, ERenard, in: PClemen, Die Kunstdenkmäler der Rheinprovinz 9,1, 1910, 125

Lechenich → Erftstadt
Lengsdorf → Bonn
Lessenich → Bonn
Lessenich → Mechernich

Abb. 460 Langerwehe-Geich. St.-Nikolaus-Kapelle. Verbautes Herkulesrelief. Sandstein. – H. ca. 0,6 m. 2./3. Jh. n. Chr.

Lindlar GM

Kalksinter

Im Obergeschoß von St. Severin öffnet sich über der Turmhalle zum Langhaus hin ein dreiteiliges Bogenfenster; ▶ die beiden Säulen darin sind aus poliertem Kalksinter aus der röm → Eifelwasserleitung nach Köln. Gre
Lit: PClemen, Die Kunstdenkmäler der Rheinprovinz 5 1, 1900, 112 – Grewe 276

Lövenich → Erkelenz

Lübbecke MI

Kreisheimatmuseum

Am Markt 19. Öffnungszeiten: Di–Fr 10–12 u 15–16.30, Sa 10–12 Uhr
Das Museum zeigt ua Reste röm Bronzegefäße (Siebkelle, Hemmoorer Eimer, Becken und Rippenschalen), die im germ Gräberfeld von Steinwede-Destel gefunden wurden; es handelt sich um Importgut des 3. JhnChr. Ho
Lit: Korzus 186 – RvUslar, Westgermanische Bodenfunde, Germanische Denkmäler der Frühzeit 3, 1938, 189 – Stupperich 48

Lügde LE

Heimatmuseum

Am Markt 1. Öffnungszeiten: Mo–Fr 9.30–12 Uhr und nach Vereinbarung
Auf dem Lusebrink wurde ein germ Gräberfeld des 3. JhnChr angeschnitten. Die Funde, darunter ua röm Importgut (reliefverzierte Terra-Sigillata-Schüssel, Bronzegefäße), gelangten in das Museum. Ho
Lit: Korzus 192 – Stupperich, Römische Funde in Westfalen und Nordwest-Niedersachsen. Boreas-Beih 1, 1980, 77 Nr 156 – Stupperich 48

Lüftelberg → Meckenheim

Lünen-Beckinghausen   UN

Römische Militäranlage
Abb 19, 461

2,5 km W des großen Legionslagers → Bergkamen-Oberaden lag an der Einmündung des
Rotherbachs in die Lippe das »Uferkastell« Bek-
kinghausen (1,6 ha). Die von 1911–1914 durchgeführten Untersuchungen sind nur dürftig, die
der Jahre 1937/38 überhaupt nicht publiziert
worden. Entsprechend unzureichend steht es um
die heutige Kenntnis über diesen Platz. Das Areal
des auf dem hochgelegenen S-Ufer der Lippe errichteten Uferkastells ist von unregelmäßiger,

längsovaler Form (ca 200 × ca 100 m). Eine Holz-
Erde-Mauer (B 3 m) und drei vorgelagerte Spitzgräben bildeten die Umwehrung. Am Steilhang
der Lippe laufen die Spitzgräben aus. Im Abstand
von 30 m sollen sich im Zuge der Holz-Erde-
Mauer Türme befunden haben. Im W befand sich
eine Toranlage, im O blieben eindeutige Hinweise für eine weitere Toranlage aus. Die Ausgräber waren der Meinung, daß das O-Tor im Laufe
der Belegungszeit des Uferkastells von der dort
stationierten Truppeneinheit wieder gesperrt
worden sei. Im W des Uferkastells haben sich neben einigen Abfallgruben nicht näher interpre-
tierbare Reste zweier Gebäude feststellen lassen.
Straßengräben, die der Entwässerung des Lager-

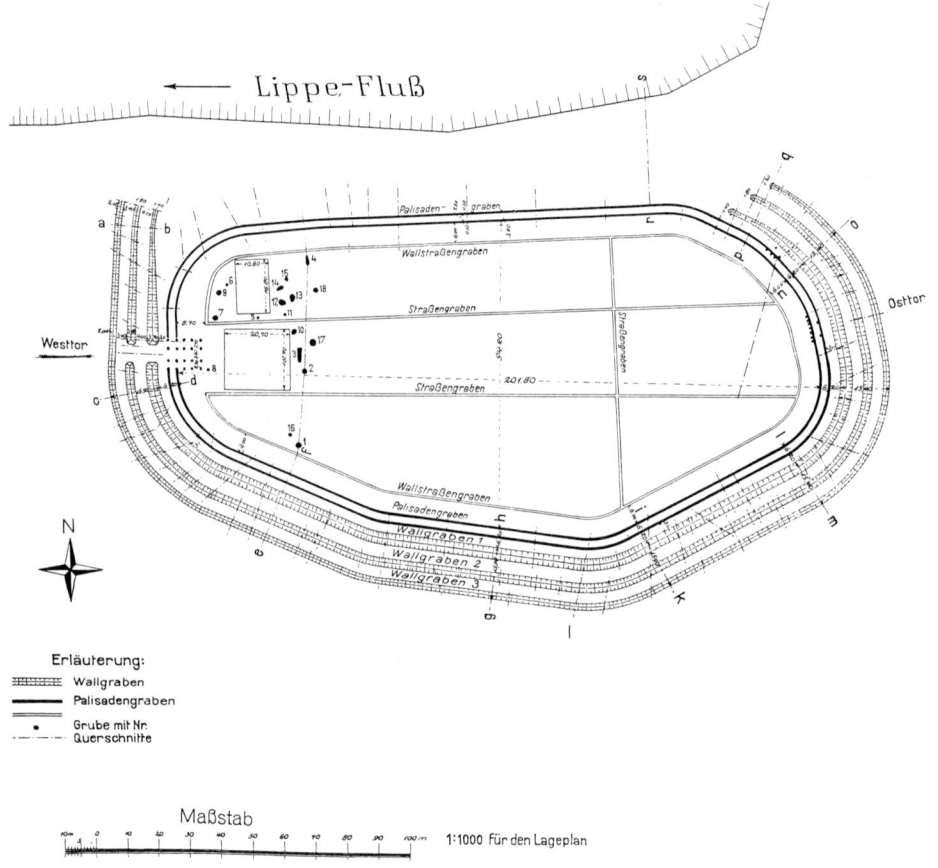

Abb. 461   Lünen-Beckinghausen. Sog. Uferkastell. Übersichtsplan

areals gedient haben, zeigten den Verlauf der Straßen an.

Für die zeitliche Einordnung des Uferkastells ist der Fund zweier Töpferöfen von Bedeutung. Die aus diesen Öfen stammende Ware ist auch im Legionslager Oberaden nachweisbar. Die wenigen aus Beckinghausen bekannten Fundmünzen sprechen für eine zeitliche Gleichsetzung mit dem Legionslager Oberaden (11–8 vChr). Jüngste Funde erhärten diesen zeitlichen Ansatz. Bislang gibt es keinerlei Hinweise dafür, daß das Uferkastell Beckinghausen nach der Aufgabe des Lagers Oberaden (8 vChr) weiter bestanden hat.

Die Dürftigkeit der Baubefunde aus dem Innern der kleinen Militäranlage und das Ausbleiben spezifischer Funde geben keinen Aufschluß über die ursprüngliche Funktion des Uferkastells. So bleibt nur zu vermuten, daß in Beckinghausen zZ des großen Legionslagers Oberaden ein Legionsdetachement oder eine Auxiliareinheit stationiert war, die für die Sicherheit und die Abwicklung der auf dem Flußwege ankommenden Transportgüter für das Legionslager Oberaden verantwortlich war.

Mehrere keltische Potinmünzen und Münzprägungen der Wangionen sind inzwischen von diesem Platz bekannt. Sie könnten als Indiz für eine einheimische Siedlung des ausgehenden 1. JhvChr angesehen werden. Weitere eindeutig verwertbare Zeugnisse für eine vorröm einheimische Siedlung sind bislang nicht bekannt.   Kü
Lit: ChAlbrecht, Das Römerlager in Oberaden. Veröffentlichung aus dem Städtischen Museum für Vor- und Frühgeschichte. Dortmund 2 H 1, 1938, 21 ff – SvSchnurbein, BerRKG 62, 1981, 23 ff

Marienburg → Köln

Mechernich   EU

Römische Wasserleitung

Bergstr. Vor dem Rathaus steht ein schon vor längerer Zeit ▸ wiederaufgebautes Teilstück der röm → Eifelwasserleitung nach Köln.   Gre
Lit: Grewe 289

Mechernich-Breitenbenden   EU

Römische Gebäude
Abb 462, 463

Durch die Anlage der Landstraße 165 (Umgehung Mechernich-Breitenbenden / Zubringer Autobahn A 1) waren Reste röm Bauten im Distrikt »Bleihecke« akut gefährdet.

Bei den Ausgrabungen 1979/80 auf einem nach SW exponierten Geländepodest am N-Hang des Krebsbachtales (ca 200 m NW des Brückenwiderlagers) wurde eine mit der Längsachse NW-SO orientierte ▸ Gebäudeanlage (20 × 32 m) erfaßt, deren Mauerreste (vorwiegend gut zugerichtete und sauber in Kalkmörtel verlegte Grauwacken, Kalkbruch- und Sandsteine) zT noch bis zu 1,50 m hoch erhalten waren. Die Befunde konnten teilweise konserviert werden.

Die Anlage ist mit ihrer Front zum Krebsbachtal orientiert und umschließt einen wohl offenen Hof. Der zentrale Bau ist in drei Räume (5,5 × 4, 4 × 4 und 10 × 4 m lW) unterteilt. An beiden Schmalseiten flankieren ihn langrechteckige Räume unterschiedlicher Ausführung und Breite (3,5 m im SO, ca 5,5 m im NW). Sie gehen bis zur Hofmauer. Ihre Unterteilung konnte nicht mehr geklärt werden. Hof und gedeckte Räume hatten unterschiedliches Niveau und paßten sich terrassiert der Hangneigung (nach SW) an. Zwei mit flachen Grauwacken gedeckte Kanäle liefen in Richtung Unterhang und hatten eindeutig den Zweck, den Platz vor Baubeginn zu drainieren (noch heute gibt es hart O eine Quellmulde).

An der Hofmauer (im NO) kragte das Fundament bzw die Stickung der Langwand auf 4 m Breite und 1 m Tiefe nach außen vor und bezeichnete vielleicht die ehem Hofeinfahrt. Den gesamten Hofbereich kennzeichnete eine mächtige Abbruch- bzw Zerstörungsschicht, die zT noch unter die Gründungstiefe der Umfassungsmauern reichte, so daß das ursprüngliche Hofniveau nicht mehr zu erfassen war. Als jüngster Baubefund ließ sich etwa in der Mitte des Hofes auf dieser Schicht der Rest einer mutmaßlichen Ofenanlage (3 × 4 m) nachweisen, die Küchen- und/oder Räucherzwecken gedient haben kann.

Ähnliche Funktion dürfte auch ein kleiner Bau unmittelbar an der NW-Wand des Komplexes

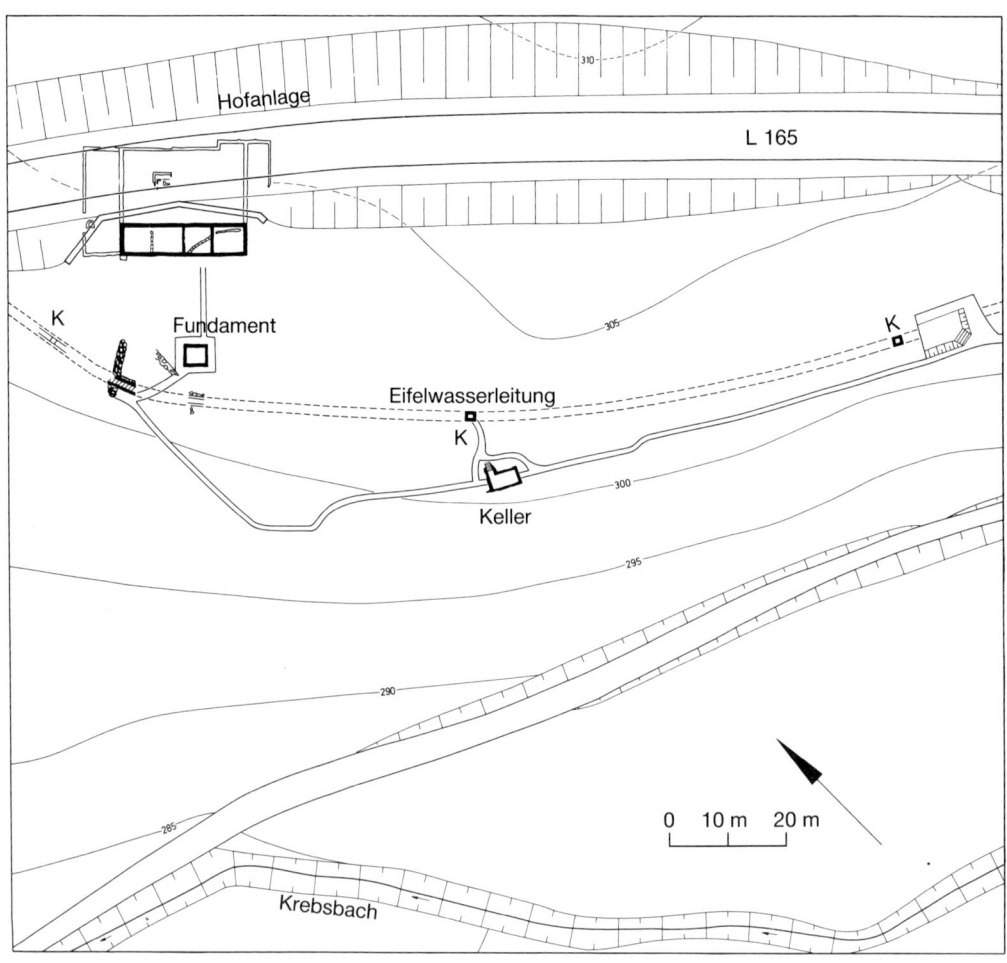

Abb. 462   Mechernich-Breitenbenden. Gebäudereste und Verlauf der Eifelwasserleitung nach CCAA-Köln im Bereich »Bleihecke«. Schwarz: konservierte Befunde
K = Kontrollschacht

gehabt haben. Auf einer kräftigen Stickung aus Steinkleinschlag war aus handlichen kleinen Grauwackequadern ein fast quadratischer Raum (knapp 1 m lW), mit Öffnung zum Unterhang hin, aufgeführt. Ausgebauchte Wände, stark verrundete Ecken, die feuerfeste Innenauskleidung mit sorgfältig in Lehm verlegten Dachziegelstükken sowie die Füllung (rotgebrannter Lehm über orangefarbenem Kalkestrich) deuten am ehesten auf einen Backofen. Höher aufgehende Bauteile waren nicht erhalten.

In der hinteren Mauer des Frontgebäudes wurde ein kubischer Sandsteinblock mit quadratischem Zapfloch und Falz quer zum Wandverlauf beobachtet (evtl Unterlieger bzw Verankerung für Türpfosten und Schwelle). Ein Gegenstück gibt es jedoch nicht. Verlagerte Teile profilierter Sandstein-Säulenbasen wurden bei der endgültigen Ausbaggerung der Straßentrasse angetroffen. Spuren von risalitartig vorspringenden Eckräumen oder einer verbindenden Portikus, zu denen diese Werkstücke evtl gehört haben könnten, ließen sich nicht nachweisen. Auffällig war noch, daß zur Dachdeckung sowohl Ziegel als auch

Abb. 463 Mechernich-Breitenbenden. Gebäudekomplex im Bereich »Bleihecke«. Konservierter Teilbefund

größere rhombische Platten aus dünner schiefriger Grauwacke (mit jeweils 2 gekappten Ecken und Nagelloch) verwendet worden waren.
Knapp 25 m SW des Gebäudes verläuft die (hier in den oberen Partien weitgehend zerstörte) → Eifelwasserleitung. Zwischen ihr und dem großen Gebäude wurden in identischer Ausrichtung die Reste eines kleinen Gebäudes (3 × 3 m lW) erfaßt. Die 0,4–0,5 m starken Fundamente sind nicht vermörtelt, sondern in Trockenmauertechnik aus sehr flachen Grauwackeplatten aufgeschichtet. Es handelt sich wohl um den Unterbau eines kleinen Wirtschaftsgebäudes (evtl einer Fachwerkkonstruktion).
Ca 60 m S des großen Baus kam ein kellerartiges ▶ Gebäude (2,3 × 4,5 m lW) zutage. Die Ausführung (sauber vermörtelte Grauwackequader mit Fugenstrich) entspricht weitgehend dem großen Gebäude; die Ausrichtung weicht jedoch leicht nach O ab. Bemerkenswert ist ferner ein Niedergang mit gemauerten Wangen und noch sechs erhaltenen Stufen aus einteiligen Werksteinen. Die röm Eifelwasserleitung nach Köln führt etwa 10 m N davon vorbei. Dort befindet sich – wie ca 100 m weiter SO – ein ▶ Revisionsschacht.

Zur Zweckbestimmung der Bauten, die durch die Kleinfunde in das 2.–4. Jh datiert werden, sind unterschiedliche Aussagen möglich. Nach den Befunden könnten die Bauten durchaus als Teile einer *villa rustica* interpretiert werden. Die unmittelbare Nähe der Wasserleitung nach Köln dürfte jedoch mit der Nutzung als privates Anwesen kaum vereinbar gewesen sein. Man muß daher in Betracht ziehen, daß die Gebäude der »Bleihecke« möglicherweise zur öffentlichen bzw technischen Einrichtung der Wasserleitung in Beziehung standen. Gerade die problematischen Strecken des Kanals im Krebsbachtalhang erforderten schon beim Bau und wahrscheinlich auch in der Folgezeit feste Einrichtungen für die dauernde Überwachung.   Jü
Lit: AJürgens, Ausgrabungen im Rheinland '79, Das RLM Bonn. Sonderh Jan 1980, 159 ff – ders, BJb 181, 1981, 540 f – ders, BJb 186, 1986, 609 f

Römische Wasserleitung
Abb 10, 348, 355, 462, 464

In einer scharfen Linkskurve der ehem L 165 nach Holzheim (Münstereifeler Str) SO von Mechernich-Breitenbenden liegt ein ▶ besonders gut erhaltener Aufschluß der röm → Eifelwasserleitung nach Köln. Da der Kanal auch von dem befestigten Fahrweg in unmittelbarer Nähe geschnitten wird, ist er an dieser Stelle sogar auf ca 70 m begehbar (lW 0,78 m, lH 1,50 m).

Das verblendete Mauerwerk im Innern der Gußbetonrinne besteht aus sorgfältig gesetzten Grauwackequadern mit einem exakten – heute noch erkennbaren – Fugenstrich. Am Gewölbe haben sich noch die Abdrücke des hölzernen Lehrgerüstes erhalten. Neben dem Kanal verläuft bergseitig eine aus losen Steinen aufgeschichtete Drainage, die die Hangwasser ableiten sollte. Dieser Befund ist auch in → Mechernich-Eiserfey zu beobachten.

In ihrem weiteren Verlauf umfährt die Wasserleitung in einem eng geführten Bogen das Krebsbachtal. Die röm Kanalbauer waren sich offensichtlich der problematischen Streckenführung bewußt. Deshalb richteten sie dort in kurzen Abständen zahlreiche – mindestens fünf – Revisionsschächte ein, durch die man im Bedarfsfalle in den Kanal (lW 0,74 m, lH 1,34 m) einsteigen und evtl notwendige Reparaturen durchführen konnte. Im Bereich der Aquäduktbrücke, die den Krebsbach überquerte, konnte eine solche Flickstelle in Form von mit Putz abgedichteten Ziegelplatten nachgewiesen werden. Offensichtlich hatte sich das Mauerwerk gesetzt, wodurch hier die Rinne undicht geworden war. ▶ Drei Revisionsschächte sind heute noch sichtbar.

Der Bau der Krebsbachtalbrücke im Zuge der L

Abb. 464   Mechernich-Breitenbenden. Kanal der Eifelwasserleitung nach CCAA-Köln. Inneres mit Abdrücken der Schalbretter und Fugenstrich.

165 machte 1979 streckenweise den Ausbruch des hervorragend erhalten Kanalmauerwerks erforderlich. Verschiedene Teilstücke wurden abtransportiert und an anderen Orten wieder aufgestellt; sie befinden sich heute in → Bergheim, → Bonn, → Brühl, → Köln, → Mechernich, → Nettersheim, → Rheinbach, → Schleiden, → Xanten und → Zülpich. Gre

Lit: WHaberey, Wasserleitungen 82 ff – AJürgens, Ausgrabungen im Rheinland '79. Das RLM Bonn. Sonderh Jan 1980, 167 ff – Grewe 82 ff

Mechernich-Dreimühlen EU

Römische Wasserleitung
Abb 348, 465, 466

Im Quellgebiet des Hauserbaches (»Hausener Benden«) liegt der Anfang eines Wasserleitungsstrangs, dessen Wasser ehem in → Mechernich-Eiserfey in den Hauptkanal der röm → Eifelwasserleitung nach Köln eingespeist wurde.
Bei verschiedenen Untersuchungen traf man auf

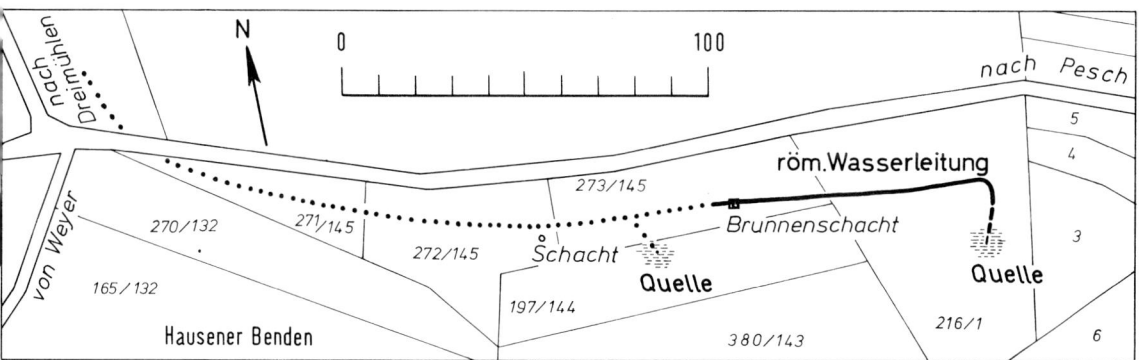

Abb. 465   Mechernich-Dreimühlen. Römische Quellfassungen und Wasserleitungsverlauf in den »Hausener Benden«

Abb. 466   Mechernich-Dreimühlen. »Hausener Benden«. Überleitung des Wassers aus der römischen Leitung in das moderne Rohrnetz

Teile der Kanalrinne aus Stampfbeton (lW 0,32 m, lH 0,35 m), die mit Platten abgedeckt waren; es zeigte sich ferner, daß das Wasser in einer Sickerleitung, die mit der in → Nettersheim (»Grüner Pütz«) vergleichbar ist, aufgefangen und abgeleitet wurde. Es muß mehrere solcher oder ähnlicher Quellfassungen am Ort gegeben haben.

Das Quellgebiet, das 1977 eine Schüttmenge von ca 800 m^3 pro Tag hatte, spielt auch heute eine wichtige Rolle in der Wasserversorgung der Umgebung. Man leitet dort sogar noch das Wasser aus der röm ▶ Wasserleitung in das moderne Rohrnetz.   Gre

Lit: WHaberey, Wasserleitungen 52 f – Grewe 69 ff

Mechernich-Eiserfey   EU

Römische Wasserleitung
Abb 348, 353, 467

Im Zuge einer Flurbereinigungsmaßnahme wurde unweit des Sportplatzes von Eiserfey (»Am Römerkanal«) der Hauptstrang der röm → Eifelwasserleitung nach Köln aufgeschlossen; neben ▶ der überwölbten Kanalrinne sind auch noch ▶ die Reste der hangseitig angebauten Drainage zu sehen.

Der Kanal (lW 0,56–0,62 m, lH ca 1,50 m) mit Wangenstärken von 0,40 m (talseitig) bzw 0,52 m (hangseitig) ist aus Grauwackebruchsteinen aufgemauert; die innere Verkleidung besteht aus sauber geschlagenen Grauwackehandquadern (0,07 × 0,15 m). Ein 0,30 m starkes Gewölbe deckt die unterirdisch geführte Leitung ab; an seiner Unterseite sind noch die Abdrücke des Lehrgerüstes, über das es aufgesetzt worden war, zu erkennen. Die Rinne ist an den Wangen bis zu einer Höhe von 0,80 m mit einer bis zu 2 cm starken Wasserputzschicht mit Fugenstrich versehen; die Putzschicht auf der Sohle – zu den Ecken hin abgeschrägt – ist 10 cm stark. Die aufliegende Kalksinterschicht beträgt 8 cm. Sie setzt sich bis zum Gewölbeansatz fort; dort ist sie aber nur noch ca 2–3 cm dick.

Eine Besonderheit des Befundes ist die aus Grauwackeplatten aufgeschichtete Drainage (B ca

Abb. 467   Mechernich-Eiserfey. Kanal der Eifelwasserleitung nach CCAA-Köln mit Hangdrainage. Ausgrabungen des Rheinischen Landesmuseums Bonn 1959

0,60 m), die den Kanal – hauptsächlich in seinen Bergstrecken – hangseitig begleitet und die Oberflächenwasser vom Hang nach unten in einen kleinen Drainagekanal (lW 0,10–0,25 m) ableiten sollte.

Über das heute nicht mehr sichtbare Sammelbecken → Eifelwasserleitung.   Gre

Lit: WHaberey, Wasserleitungen 42 ff – Grewe 75 f

Mechernich-Hombusch   EU

Römische Wasserleitung
Abb 354

Im Mechernicher Wald S und N von Haus Hombusch läßt sich der ▶ Verlauf der röm → Eifelwasserleitung nach Köln über mehr als 3,6 km gut im Gelände verfolgen. Sie tritt dort nicht nur in mehreren Aufschlüssen (lW 0,78 m, lH 1,34 m) zutage; auch die dank des schützenden Hochwaldes noch gut erhaltene ▶ Arbeitsstraße, die für den Bau des Steinkanals parallel zur Trasse angelegt werden mußte, ist deutlich zu erkennen. Ferner sind Ausbruchgräben zu sehen, die vom Steinraub des Mittelalters und der frühen Neuzeit zeugen. Damals brach man die Wasserleitung aus und verwendete sie in den benachbarten Höfen und Siedlungen als Baumaterial. Schließlich nehmen Flurbezeichnungen wie »An der Oder« (Oder = Ader = *aquaeductus*) noch heute offenkundig auf sie Bezug.

1984 konnte im Zuge der Leitungstrasse eine dreibogige Aquäduktbrücke (ursprüngliche L ca 35 m, H ca 7 m) über den kleinen Hombusch-Siefen nachgewiesen werden; der mittlere Bogen hatte vermutlich eine Spannweite von 5,3 m. Die aufgesetzte Leitungsrinne (0,75 × 1,3 m iL) war ehem wohl mit Sandsteinplatten abgedeckt. ▶ Reste des Bauwerks – ua die mächtigen Sandsteinquader (B 1,79 m) der Brückensubstruktion – sind noch vorhanden.

In einer Kiefernschonung W der Flur »Im Wolfsloch« befindet sich ein ▶ Revisionsschacht, der einzige auf der ganzen Strecke; er gestattet heute noch einen Blick in ▶ das Kanalinnere. Der aufgemauerte Schacht ist modern und mit einer Metallplatte verschlossen.

Neben dem ausgebrochenen Steinkanal finden sich talseitig im Gelände Spuren einer zweiten, annähernd parallel verlaufenden ▶ Trasse; sie beginnt S des kleinen Hombusch-Siefen und endet in der Flur »Am Grünen Winkel«. Untersuchungen 1984 haben ergeben, daß es sich dabei um Hinweise auf eine provisorische Wasserleitung handelt, die benutzt wurde, als man in diesem Streckenbereich – vermutlich wegen geländespezifischer Schwierigkeiten – den Steinkanal noch nicht fertiggestellt hatte, obwohl er anderswo schon in Betrieb war.   Gre

Lit: K Grewe, Ausgrabungen im Rheinland '83/84, 1985, 143 ff – Grewe 90 ff

Mechernich-Kallmuth EU

Römische Brunnenstube
Abb 348, 349, 350, 468, 469

An der Straße von Kallmuth nach Eiserfey ist in einem Schutzbau die ▶ röm Brunnenstube »Klausbrunnen« zu besichtigen, die 1953 archäologisch untersucht und danach weitgehend restauriert wurde. Offensichtlich war sie eine Zeitlang der Anfang der röm → Eifelwasserleitung nach Köln; nach dem Grabungsbefund erfolgte die Leitungsverlängerung bis zum »Grünen Pütz« in → Nettersheim erst später. Seit 1948 ist die Quelle durch Abpumpen im benachbarten Mechernicher Bleibergwerk versiegt; in den Jahren zuvor hatte sie noch Schüttmengen von 300–500 m³ pro Tag.

Das Sammelbecken der oben offenen Brunnenstube (3,5 × 5,8 m) ist ca 3 m in den Boden eingetieft. Das 0,6 m starke Grauwackemauerwerk ruht auf einem Kranz von Sandsteinblöcken (H 0,5–0,9 m). Die Mauerkrone war mit Halbtonnen aus Sandstein abgedeckt. Von der Hangseite konnte das Quellwasser zum einen durch die ca 1,6 m großen Zwischenräume im Fundament in die Kammer einströmen, da das Mauerwerk in diesem Bereich lose aufgeschichtet ist. Darüber liegen sorgfältig gesetzte Stürze und Bögen zur Entlastung. Zum andern drang das Wasser aber auch durch die torartigen Öffnungen (lW 0,2–0,3 m) in den hangseitigen Fundamentblöcken ein. Der Abfluß in der Mitte der NO Langseite liegt 0,3 m über der Kammersohle; dadurch staute sich das Wasser im Becken und konnte sich klären. Die Funktion des kleinen Beckens aus Sandstein am Anfang der Leitung außerhalb der Brunnenstube ist unklar; die Wetzspuren in seinem Rand dürften allerdings vom Schleifen der Werkzeuge durch die röm Bauleute herrühren. Das saubere Quellwasser floß in die plattengedeckte Leitung (lW 0,42 m) nach Köln.

Nur 3,5 m unterhalb der Brunnenstube ist der Wasserleitungsstrang aus → Nettersheim (»Grüner Pütz«) angeschlossen, der auch durch Aufschlüsse in → Kall-Urft und → Kall-Sötenich näher bekannt ist. Der überwölbte ▶ Kanal (lH 1,14 m, lW 0,59 m) trifft allerdings nicht höhengleich, sondern ca 0,6 m höher auf die Kallmuther

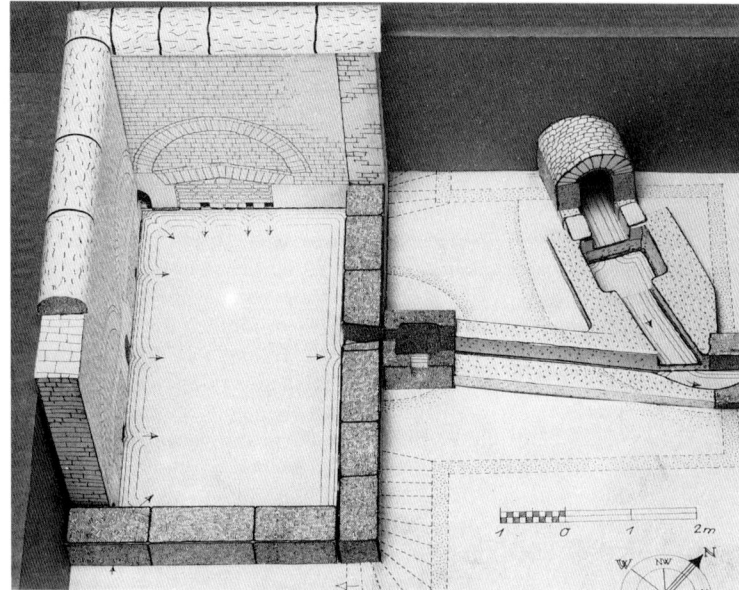

Abb. 468   Mechernich-Kallmuth. Brunnenstube »Klausbrunnen«. Rekonstruktion nach dem Grabungsbefund von 1953

Abb. 469   Mechernich-Kallmuth. Brunnenstube »Klausbrunnen«. West-Ecke. Rekonstruktion W. Haberey

Leitung. Um dem ehem herabstürzenden Wasser aus Nettersheim die zerstörerische Kraft zu nehmen, wurde vor der Anschlußstelle ein ▶ Tosbecken (1,16 × 1,20 m) eingebaut; außerdem buchtete man gegenüber der Einmündung die Prallwand der Hauptleitung aus. Die dicken Versinterungsschichten in diesem Bereich deuten auf starke Turbulenzen im fließenden Kanal hin.

Gre

Lit: WHaberey, Wasserleitungen 56 ff – Grewe 62 f

Mechernich-Katzvey   EU

Römischer Steinbruch
Abb 92, 470, 471

Im Veybachtal, ca 300 m NO von Katzvey, liegen malerisch zerklüftete ▶ ca 15 m hoch aufragende Buntsandsteinfelsen, die sog Katzensteine. Sie wurden – wie archäologische und technische Un-

tersuchungen 1971 erbracht haben – von der 1. Hälfte des 1. JhnChr bis etwa um 200 nChr, vielleicht aber auch noch im 3. JhnChr als Steinbruch genutzt. Nach den teilweise noch vorhandenen und auch sichtbaren ▶ Abbauspuren (Schrotwände, Schrotgräben, Keillöcher, Ritzungen) zu urteilen, dürfte in diesem Zeitraum insgesamt jedoch kaum mehr als 2000 m³ Steinmaterial gebrochen worden sein. Die gelbroten Werkstücke

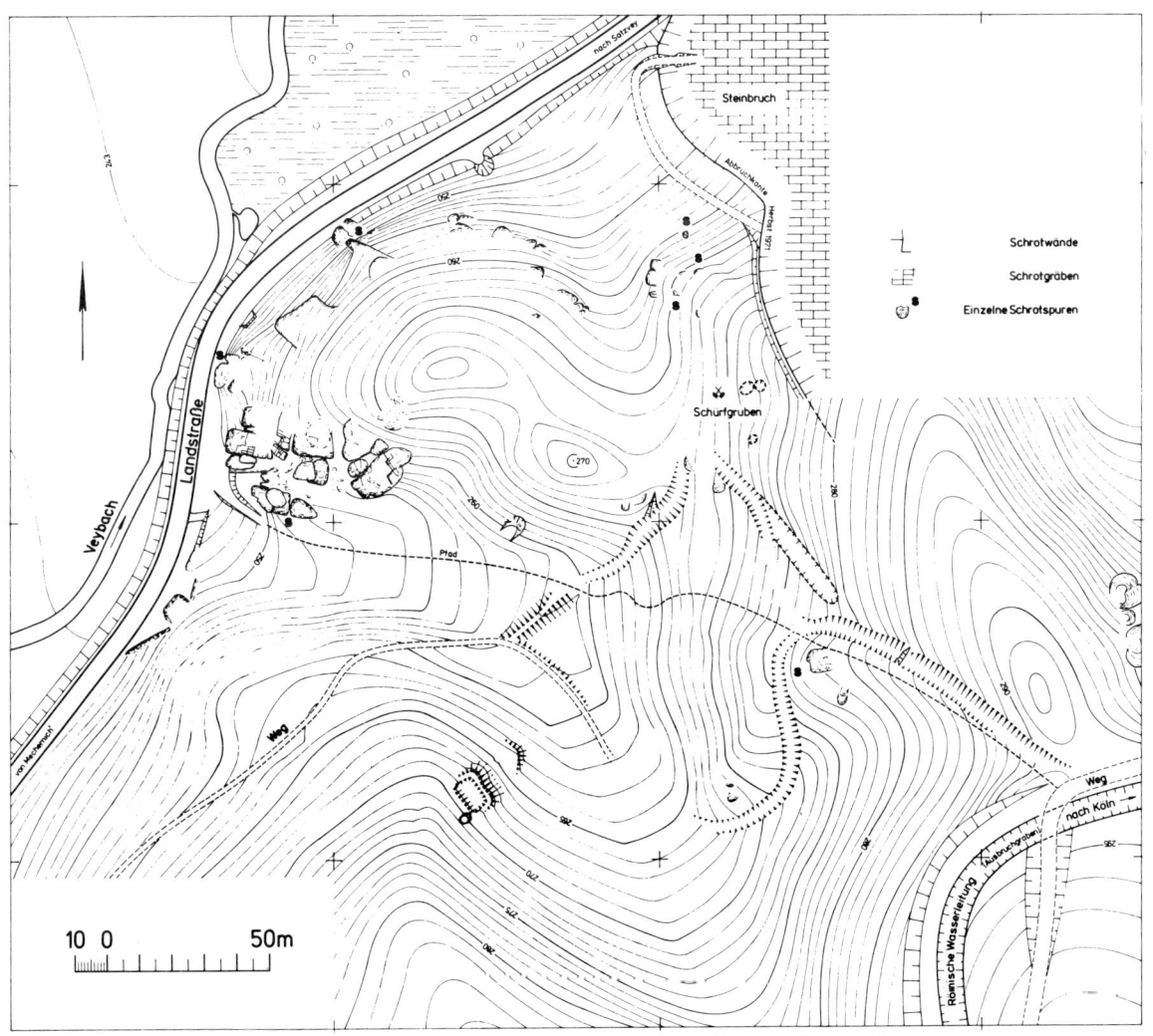

Abb. 470   Mechernich-Katzvey. Steinbruch »Katzensteine« und Trasse der Eifelwasserleitung nach CCAA-Köln. Plan

Abb. 471 Mechernich-Katzvey. Steinbruch »Katzensteine«. Abbauspuren: Schrotgräben. Ausgrabungen des Rheinischen Landesmuseums Bonn 1971

waren vergleichsweise handlich: Die Quader hatten eine Kantenlänge von maximal 1 m; die bis zu 0,40 m starken Platten maßen hingegen ca 2 m. Aus ihnen wurden neben Architekturteilen wohl hauptsächlich Weihesteine hergestellt. Durch ein Diana-Heiligtum in der Nähe, das schon für das 1. JhnChr belegt ist, gab es sicherlich einen entsprechenden Bedarf (vgl aber auch die Minerva-Weihungen aus der röm Kalkfabrik in → Bad Münstereifel-Iversheim). Ob die zahlreichen Abdeckplatten der röm → Eifelwasserleitung nach Köln, die ca 200 m SO vorbeiläuft, von den Katzensteinen stammen, ist in Anbetracht des geringen Bruchvolumens fraglich.

Vermutlich wurde der Steinbruch an den Katzensteinen, der zu den wenigen untersuchten antiken Werksteinbrüchen in der N-Eifel zählt (→ Kall), von einem Privatmann nebenerwerblich und nur im Bedarfsfalle betrieben. Sollte es ein Gutsbesitzer gewesen sein, dann muß sein Anwesen (*villa*

rustica) etwas weiter entfernt gelegen haben. In röm Zeit gab es nämlich in der näheren Umgebung der Katzensteine keine Ackerflächen, sondern nur vornehmlich mit Eichen durchsetzten Buchenwald.   Ho
Lit: HLöhr, FVFD 26, 1974, 131 ff – WSölter, RheinAusgr '76, Sonderh Jan 1977, 114 ff – ders, Das römische Germanien aus der Luft, 1981, 234 f

Römische Wasserleitung
Abb 348, 470, 472, 473

Die ▶ Trasse der röm → Eifelwasserleitung nach Köln liegt kaum 200 m O der sog Katzensteine (→ Mechernich-Katzvey); man kann ihr auf eine lange Strecke (bis zum Straßendamm der Eifelautobahn A 1) folgen. Besonders gut erhalten ist die in den Hang eingebaute ▶ Arbeitsterrasse. Der Leitungsverlauf zeichnet sich zumeist durch

Abb. 472 Mechernich-Katzvey. Arbeitstrasse und mittelalterlicher Ausbruchgraben der Eifelwasserleitung nach CCAA-Köln

einen Ausbruchgraben ab, der von ma oder frühneuzeitlichem Steinraub herrührt. An verschiedenen Stellen sind aber auch Einblicke in die ▶ Kanalrinne (lW 0,78 m, lH 1,34 m) möglich. Parallel zum Hauptkanal ist auf 1,5 km noch ▶ ein weiterer Graben zu erkennen; es handelt sich um den Rest einer provisorischen Umleitung, mit der die Wasserversorgung Kölns auch während baulicher Schwierigkeiten mit dem Hauptkanal, besonders kurz vor → Mechernich-Lessenich (»Am Grünen Winkel«), ermöglicht werden sollte. Die Nebenleitung bestand möglicherweise aus einer Holzrinne, da sich in dem zweiten Ausbruchgraben nur wenig Steinmaterial befand.   Gre
Lit: Grewe 95 f

Mechernich-Kommern   EU

Römische Wasserleitung

Im an der B 477 gelegenen Mühlenpark wurde ein 1980 bei → Mechernich-Breitenbenden geborgenes ▶ Teilstück der röm → Eifelwasserleitung nach Köln wiederaufgebaut. Man erreicht das Stück am besten vom S Parkplatz aus.   Gre
Lit: Grewe 84 ff, 289

Römische Straße

Im Wald zwischen Eicks und Kommern, zwischen dem sog Eickser und Kommerner Busch, verläuft deutlich erkennbar ein Teilstück der ehem ▶ röm Staatsstraße von *CCAA*-Köln nach *Augusta Treverorum*-Trier. Es beginnt am Waldrand ca 500 m NO von Hostel und bricht nach ca 1,4 km in der Höhe der Flur »Ober dem Heiligenhäuschen«, ca 1,5 km W von Kommern, ab. Im S Bereich – etwa in Höhe einer aufgelassenen Kiesgrube – ist auf ca 30 m ▶ eine Abzweigung nach SO auszumachen. Der ehem wohl gepflasterte Straßendamm (B 4,5 m) ist an manchen Stellen noch bis zu 0,5 m aufgewölbt; die begleitenden Gräben rechts und links, die in dem abschüssigen Gelände bergseitig, teilweise aber auch talseitig von Wällen (B bis 3,5 m, H 0,5 m) begrenzt werden, sind allerdings weitgehend eingeschwemmt. Ca 100 m S der Kiesgrube ist die Straßentrasse durch eine moderne Wegeführung gestört. (→ Erftstadt, Dahlem)   Ho
Lit: Hagen 132

Mechernich-Lessenich   EU

Römische Wasserleitung
Abb 348, 356, 473, 474

In der Flur »Am Grünen Winkel«, ca 1,5 km SW von Lessenich, ist über eine längere Strecke ▶ die Trasse der röm → Eifelwasserleitung nach Köln zu beobachten; sie zeichnet sich durch deutliche Spuren im Gelände ab.

Die Gräben lassen zunächst zwei nebeneinander verlaufende Kanäle vermuten, die im Mittelalter oder in der Neuzeit streckenweise ausgebrochen worden sind. Archäologische Untersuchungen erbrachten 1980 weitere Einzelheiten: Es zeigte sich nämlich, daß während der im Zuge der Haupttrasse notwendigen Erdbewegungen auf der O-Seite des Bergsporns – es mußte ein Geländeeinschnitt (T ca 8 m) angelegt werden – und der anschließenden Arbeiten an dem Steinkanal (lW 0,65 m, lH 1,35 m) die Baustelle durch eine provisorische Holzleitung umgangen wurde; so konnte die Eifelwasserleitung insgesamt trotz der offensichtlichen Bauverzögerungen in diesem Streckenabschnitt in Betrieb genommen werden.

Auch in der Flur »Kielsgarten« – W der L 499 von Lessenich nach Rißdorf – verrät eine ▶ Geländeterrasse den Trassenverlauf. Ähnlich verhält es sich N des Lessenicher Sportplatzes; dort ist der ▶ Ausbruchgraben gut zu erkennen.

Auf den Parkplätzen »Im Grünen Winkel« bei-

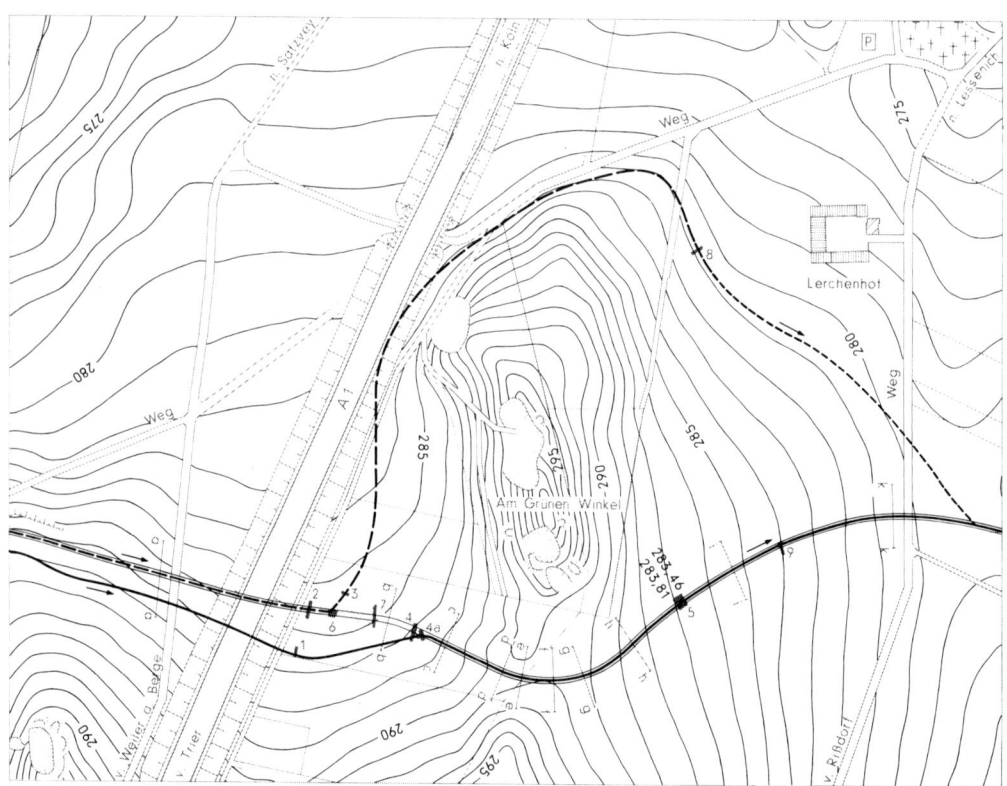

Abb. 473   *Mechernich-Lessenich. Verlauf der Eifelwasserleitungstrasse nach CCAA-Köln mit Umleitungsstrecke. Plan*

Abb. 474 Mechernich-Lessenich. Eifelwasser-leitung nach CCAA-Köln. Tosbecken mit stark übersinterter Höhenstufe. Ausgrabungen des Rheinischen Landesmuseums Bonn 1980

derseits der Autobahn A 1 stehen ▶ Teilstücke der röm Eifelwasserleitung nach Köln, die aus dem Abschnitt → Mechernich-Breitenbenden stammen.   Gre
Lit: KGrewe, BJb 183, 1983, 383 ff – Grewe 97 ff, 289

Mechernich-Neuhütte   EU

Römische Wasserleitung

In den Meinbachsbenden oberhalb der Schneidmühle ist die Eifelwasserleitung aufgrund einer Terrasse im Gelände deutlich auszumachen. An einer Stelle, an der das Gewölbe eingestürzt ist, kann man in das ▶ Innere des Kanals sehen. Auch im Hang des Scheverings-Bergs, NO von Neuhütte, deutet eine markante Geländeterrasse auf den Kanal hin.   Gre
Lit: Grewe 79

Mechernich-Vussem   EU

Römische Aquäduktbrücke
Abb 348, 351

O von Mechernich-Vussem, unweit des Sportplatzes (»Römerweg«), war die röm → Eifelwasserleitung nach Köln mit einer aufwendigen Aquäduktbrücke über ein kleines Seitental geführt worden. Die Brückenreste wurden 1959 untersucht; danach erfolgte eine ▶ Teilrekonstruktion, die heute die Situation am Ort prägt.
Das Bauwerk, das mit vermutlich 13 Bögen das Tal überspannte, war ehem 80 m lang und über der Talsohle etwa 10 m hoch. Die 12 im oberen Teil wohl eingezogenen Brückenpfeiler, die in einem Abstand von 2,5 m voneinander gestanden hatten und bis auf zwei archäologisch nachgewiesen werden konnten, ruhten – ebenso wie die mächtigen Auflager in den Böschungen – auf soliden, zT ca 2 m tief gegründeten Fundamenten (2,2 × 2,2 m); das Mauerwerk bestand aus Grauwacke mit reichlich verwendetem Mörtel. Handquader aus dem gleichen Material dienten als Verblendung. Die Kämpferplatten, über denen die Bögen ansetzten, dürften aus Sandstein gewesen sein. Die archäologischen Untersuchungen erbrachten auch, daß ursprünglich ein Fugenstrich angebracht war. Die aufgesetzte Kanalrinne (lW 0,72 m, lH 1,32 m), mit einem Gefälle von ca 0,4% im Brückenbereich, war wahrscheinlich mit Sandsteinplatten abgedeckt.
Unmittelbar im Anschluß an die Aquäduktbrücke ist der weitere Kanalverlauf im Gelände gut zu verfolgen; hier ist auch die röm ▶ Bau-bzw Arbeitsstraße sichtbar geblieben. Nach ca 100 m liegt ein ▶ gemauerter Einstiegs- und Revisionsschacht (0,78 × 0,95 m) offen, der heute noch einen Einblick ins Innere der Wasserleitung gestattet. Ursprünglich konnte man an dieser Stelle in den Kanal einsteigen, um Reinigungs- oder Reparaturarbeiten durchzuführen. Solche Revisionsschächte häuften sich an kritischen Stellen der Trassenführung, wie zB im Krebsbachtal bei → Mechernich-Breitenbenden.   Gre
Lit: WHaberey, Wasserleitungen 87 ff – Grewe 76 ff

Meckenheim-Lüftelberg   SU

Kalksinter

Die ehem Deckplatte (2,03 × 0,56 m) des Grabes der hl. Lüftildis ist aus einer Kalksinterplatte der röm → Eifelwasserleitung nach Köln gefertigt. Nach einer Erneuerung der Grababdeckung wurde die ▶ Sinterplatte in einem Holzrahmen auf der Empore der Kirche St. Petrus befestigt.

Gre

Lit: Grewe 278

Menden   IS

Städtisches Museum

Marktplatz 3–4. Öffnungszeiten: Di–Fr 9–12 u 15–17, Sa 9–12, So 11–12 Uhr
Das Museum beherbergt in seiner vor- und frühgeschichtlichen Abteilung ua verschiedene röm Keramikscherben des 3./4. JhnChr, die bei Ausgrabungen im Bereich der spätkaiserzeitlichen Germanensiedlung von Halingen-Osthöfen gefunden wurden.

Ho

Lit: Korzus 101 – Stupperich 49

Merten → Bornheim
Millen → Selfkant

Minden   MI

*Museum für Geschichte, Landes-
und Volkskunde*

Ritterstr 23–31. Öffnungszeiten: Di–Fr, So 10–17 Uhr
Unter den archäologischen Bodenfunden aus dem Stadtgebiet von Minden befindet sich ua importierte röm Keramik (zB reliefverzierte Terra-Sigillata-Schüsseln aus Rheinzabern, rauhwandige Ware), die zT im 3. und 4. JhnChr von den Germanen als Aschenurnen benutzt worden war. Handelsbeziehungen zum röm Rheinland bezeugen auch die Fragmente eines Bronze- und mehrerer Glasgefäße aus rheinischer Produktion. Ein Teil des röm Ausstellungsguts stammt allerdings nicht aus germ Siedlungs- und Bestattungszusammenhängen am Ort, sondern wurde im Kölner Raum gefunden.

Ho

Lit: Korzus 212 f – FCBath, FVFD 4, 1966, 150 – Stupperich 50 f

Mönchengladbach   MG

Römische Fundstellen
Abb 475–477

Die Stadt Mönchengladbach umfaßt ein Gebiet, in dem sich in röm Zeit wahrscheinlich mehrere wichtige Fernstraßen kreuzten, die die Wasserstraßen des Rheins und der Maas miteinander verbanden. Von diesen Straßen führte eine von Neuss durch die Orte Glehn, Liedberg und die Mönchengladbacher Stadtteile Mülfort, Geistenbeck, Rheindahlen über Wegberg und Arsbeck nach Linne an der Maas, eine zweite verlief vermutlich von Alt-Gladbach über Hardt in Richtung Roermond, eine dritte kam von Köln, sie führte über Grevenbroich, Jüchen, Sasserath und durch die Gladbacher Ortsteile Odenkirchen, Mülfort W an Alt-Gladbach vorbei Richtung Kleve und Nijmegen. Der Verlauf dieser Straßenzüge ist bisher nur in einigen Teilabschnitten freigelegt bzw durch unterschiedlichen Bewuchs verfolgt worden. 1876 wurde zum ersten Mal ein Teilstück in Mülfort und Ahren parallel zur heutigen Giesenkirchenerstr entdeckt, zwischen 1960 und 1966 wurde diese Straße wiederholt in der gleichen Gegend auf dem Gelände der ehem Ziegeleien Dahmen und Arnold von örtlichen Forschern freigelegt und dabei zahlreiche röm Fundstücke aufgelesen. Ihre Fortsetzung nach W konnte 1979 und 1981 im Zuge von Bauarbeiten auf dem Gelände der ev Grundschule Giesenkirchenerstr und im Bereich des alten Mülforter Marktes festgestellt werden.
Der genaue Kreuzungspunkt der verschiedenen röm Straßenzüge ist nicht bekannt, die Fundhäufung in Mülfort in der Nähe der Niers im Bereich Mülgau- und Steinstr und des alten Mülforter Marktes läßt aber vermuten, daß dort ein Straßenknotenpunkt gelegen und eine kleine Ansiedlung bestanden hat. Dafür spricht auch die geo-

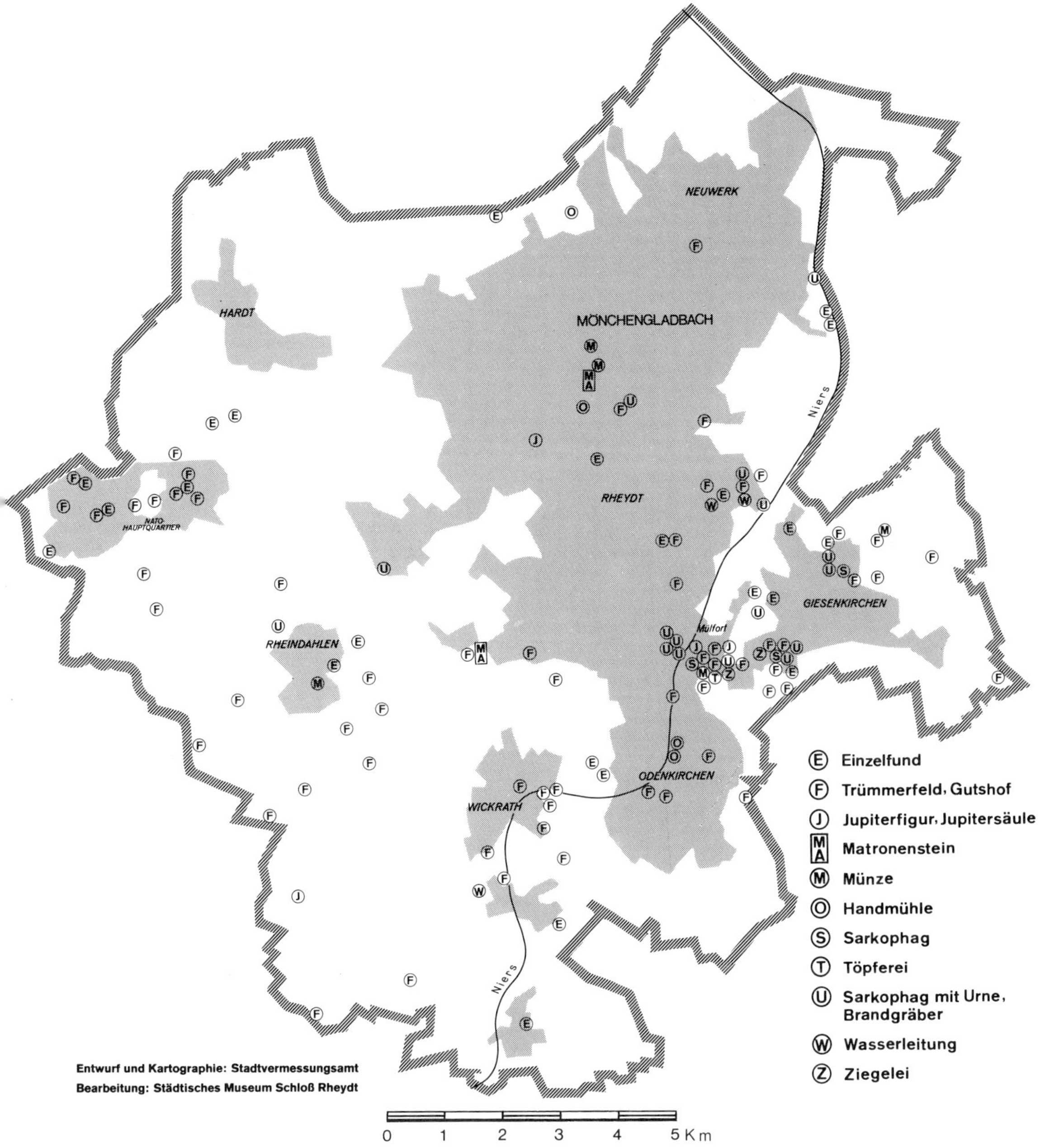

NEUWERK

HARDT

MÖNCHENGLADBACH

Niers

RHEYDT

NATO
HAUPTQUARTIER

GIESENKIRCHEN

RHEINDAHLEN

Mülfort

ODENKIRCHEN

WICKRATH

Niers

Ⓔ Einzelfund

Ⓕ Trümmerfeld, Gutshof

Ⓙ Jupiterfigur, Jupitersäule

⊞ MA Matronenstein

Ⓜ Münze

Ⓞ Handmühle

Ⓢ Sarkophag

Ⓣ Töpferei

Ⓤ Sarkophag mit Urne,
     Brandgräber

Ⓦ Wasserleitung

Ⓩ Ziegelei

Entwurf und Kartographie: Stadtvermessungsamt
Bearbeitung: Städtisches Museum Schloß Rheydt

0   1   2   3   4   5 Km

Abb. 475   Mönchengladbach. Römische Fund- und Siedlungsstellen im Stadtgebiet. Stand 1983

graphisch günstige Geländesituation. Die Fundstellen liegen am NW Rand der Niederterrasse in
der Nähe des Abhangs zum Ufer der Niers. Das
Nierstal wird hier durch die Höhenzüge schmäler
und erweitert sich in Richtung N zu einer Bruch-
landschaft. Auch heute treffen die B 230 von
Neuss und die B 59 von Köln kommend in Mülfort zusammen und überqueren hier gemeinsam
die Niers. In Rheydt zählen die Funde aus Mülfort und Odenkirchen zu den ältesten bekannten
aus röm Zeit. Seit dem vorigen Jh wurden zahlreiche röm Fundstellen im Altgladbacher Stadtgebiet bekannt, ihre Zahl nahm seitdem ständig zu.
1865 kamen bei Restaurierungsarbeiten in der
Münsterkirche St. Vitus mehrere Matronensteine
und ein röm Grabstein zum Vorschein. Zur gleichen Zeit stieß man an der Viktoriastr, also genau
dort, wo vermutlich die Römerstraße in Richtung
der heutigen Kabelstr W an Mönchengladbach
vorbeiführte, auf verschiedene röm Funde.
Dank der nach dem 2. Weltkrieg systematisch betriebenen Denkmalpflege und Tätigkeit örtlicher
Heimatpfleger konnte seitdem ein großer Teil der
Fundstellen durch archäologische Grabungen
untersucht werden. Aus der Vielzahl röm Trümmerstellen sind einige aufgrund ihrer geschlossenen Fundkomplexe besonders hervorzuheben.
Das Gelände der ehem Ziegelei Quack (später
Arnold) in Mülfort an der Giesenkirchenstr
wurde wiederholt archäologisch untersucht und
dabei kam reichhaltiges Fundmaterial zutage.
Über einem spätlatènezeitlichen Gräberfeld wurden röm Siedlungsreste und Gräber angeschnitten. Bemerkenswert sind die Reste von drei Brunnen aus Eichenholz, aus denen mehrere Eisenge-
genstände geborgen wurden, ua der Bügel eines
Eimers und ein kleines Schaftlochbeil aus dem
Ende des 1. JhnChr.
Besonderes Aufsehen wegen der sensationellen
Funde erregte die Freilegung eines Gutshofes in
Rheydt an der Keplerstr. Von dieser Anlage waren zwei Bauperioden nachweisbar. Die Reste eines Praefurniums ließen auf eine Hypokaustanlage schließen. In einem Brunnen fanden sich neben Eisengegenständen zwei Holzeimer und
– einmalig für die hiesige Gegend – eine hölzerne
Schöpfkelle. Eine weitere Rarität ist der bronzene
Drehzapfen eines Wasserhahns. Ein ähnlicher
Fund, bei dem noch ein Teil des zugehörigen

Bleirohres erhalten ist, kam 1973 beim Tiefpflü-
gen in Oberempt zum Vorschein. Der Gutshof
stammt aus dem 2./3. JhnChr.
Mülfort ist bis heute eine »archäologische Fund-
grube«. Bei Straßenbauarbeiten wurde zwischen
1960 und 1967 im Bereich Mülgaustr und
Steinsstr ein großes Gräberfeld angeschnitten. Da
bereits beim Bau des Mülforter Bahnhofs zahlreiche Gräber aufgedeckt worden waren, wird eine
Längenausdehnung des Gräberfeldes von über
170 m angenommen. Die insgesamt 19 nachgewiesenen Gräber und vier Gruben enthielten eine
große Zahl von Keramikbruchstücken aus dem
1. und 2. JhnChr. 1981 wurden auf dem Gelände
der ev Grundschule an der Giesenkirchenerstr
drei Töpferöfen mit teilweise noch ganz erhaltenem Brenngut aus dem 2./3. JhnChr freigelegt.
Die letzten umfangreichen Grabungen fanden
1984 im Bereich Giesenkirchener/Dohrerstr
statt, wo man einen Friedhof mit mehr als 30
Brandgräbern aushob. Die Fundstelle liegt unweit des Platzes, an dem 1913 eine gut erhaltene
Jupiterstatuette, wohl die Bekrönung einer Jupitersäule, gefunden wurde.
Auch im Altgladbacher Stadtgebiet konnten
durch Grabungen unmittelbar nach dem 2. Weltkrieg in der zerstörten Münsterkirche St. Vitus
bedeutende röm Befunde aufgedeckt werden. Die
Mauerfüllungen der beiden Vorgängerbauten des
heutigen Münsters bestehen aus einer großen Anzahl röm Hypokaust- und Ziegelbruchstücke so-
wie Kalkmörtelklumpen. Der Bereich der ehem
Benediktinerabtei ist der bisher einzige Platz in
der Gladbacher Altstadt, in dem röm Funde ge-
häuft auftreten, dies läßt auf röm Besiedlung des
Abteiberges schließen. Zu den herausragenden
Stücken aus dieser Grabung gehört ein gut erhaltener Matronenstein, der wie der bereits 1865 im
Bereich des Kreuzgangs entdeckte Stein eine
Weihung an die *Matronae Gavadiae* darstellt.
Ein kleines Matronenheiligtum im Bereich des
Abteiberges ist zu vermuten.
Bei Ausgrabungen in der ev Kirche in Wickrath-
berg legte man unter dem heutigen Chor eine
Steinsetzung aus röm Pfostensteinen frei. Der
Wickrather Raum ist ein archäologisch ebenfalls
reiches Gebiet. Bei Ausschachtungsarbeiten für
den Neubau eines Hauses am Bachofenweg stieß
man 1979 auf die ansehnlichen Reste einer röm

*Abb. 476 Mönchengladbach-Mülfort. Platten-
überdeckter Wasserleitungskanal. Ausgrabungen des Rheinischen Landesmuseums Bonn
1979*

Wasserleitung. Eine Schieferplattenlage diente als
untere Abdichtung der wasserführenden Rinne.
Die Wände bestanden aus Grauwacke, Quarzit
und Ziegelbruchstücken. Die Rinne (B 0,15 m)
war mit Ziegelplatten (*tegulae*) abgedeckt. Vergleiche mit ähnlichen Leitungen aus Xanten und
Jülich legen eine Datierung in das 2. Jh nahe.
Ein Blick auf die Karte von Mönchengladbach
zeigt inzwischen ein engmaschiges Netz von röm
Fundstellen. Man kann daher auf eine verhältnismäßig dichte Besiedlung des Gladbacher Gebietes in röm Zeit schließen, wobei die zahlreichen
bäuerlichen Anwesen, Gutshöfe und kleineren
Wirtschaftsbetriebe in nicht allzugroßer Entfernung voneinander über den hiesigen Raum verstreut lagen.   Schw
Lit: GMüller, RheinAusgr 10, 1971, 219 ff –
HBorger, Das Münster St. Vitus zu Mönchengladbach, Kunstdenkmäler des Rheinlandes, Beih
6, 1958 – »Aus der Erde geborgen«, Unbekannte

römische Funde aus dem Raum Mönchengladbach, Katalog der Ausstellung 1980 – GBauchhenß, PNoelke, Beih BJb 41, 1981 – ESchwin-
zer, Der Matronenkult in Mönchengladbach,
Rheydter Jahrb 14, 1982, 57 ff

Kalksinter

Im S Querarm der Krypta von St. Vitus sind zwei
Hochgräber mit ▸ Kalksinterplatten abgedeckt.
Die Platte auf dem Grab des Inklusen Adalbertus
vor dem Altar des hl. Panthaleon mißt
1,87 × 0,44 m; die zweite – N davon, auf dem
Grab eines unbekannten Abtes – ist 1,84 × 0,51 m
groß. Beide Platten bestehen aus mehreren Stük-
ken. Die erste ist bereits 1665 gerissen, als das auf
Veranlassung des Kurfürsten Maximilian Hein-
rich geöffnete Grab wieder verschlossen wurde.
Die zweite Platte war bis zum 2. Weltkrieg un-
versehrt, wurde dann nach der Zerstörung der
Kirche durch Grabräuber zerbrochen und nach
1945 wieder zusammengesetzt.
Das Material der Grabplatten stammt aus der röm
→ Eifelwasserleitung nach Köln.   Gre
Lit: Grewe 278

Städtisches Museum Schloß Rheydt
Abb 477

Öffnungszeiten: März bis Oktober, Di–So
10–18 Uhr, November bis Februar, Mi, Sa, So
11–17 Uhr
Einen Schwerpunkt der vor- und frühgeschichtlichen Abteilung stellt der Römersaal im Obergeschoß der Vorburg dar, in dem überwiegend
Funde aus dem Raum Mönchengladbach ausgestellt sind. Den Grundstock der röm Sammlungen bilden die Funde, die bereits im vorigen Jh
von örtlichen Forschern sichergestellt und in der
Sammlung des 1896 gegründeten Heimat- und
Geschichtsvereins Rheydt zusammengetragen
worden waren.
1922 wurden die Bestände im neueröffneten Heimatmuseum im Herrenhaus von Schloß Rheydt
untergebracht. Durch Kriegseinwirkungen und
unsachgemäße Behandlung ist ein Teil der Funde
verlorengegangen. Die Zusammenlegung der beiden Städte Mönchengladbach und Rheydt 1975
bereicherte das Museum um Teile der boden-

Abb. 477   Mönchengladbach-Mülfort. Jupiter-säule. Sandstein. – H. 1,52 m. Um 230 n. Chr. (Mönchengladbach, Städt. Museum Schloß Rheydt)

kundlichen Sammlungen des alten Städtischen Museums von Gladbach. 1977 erfolgte im Zuge des Ausbaus des Vorburgmuseums eine Neuaufstellung.

Im Vordergrund stehen die Steindenkmäler: drei Jupitersäulen, zwei Matronensteine und ein thronender Jupiter, der als Bekrönung einer Jupitersäule diente. Von den Säulen verdient die Jupitersäule aus Mülfort besondere Beachtung, da sie zu den wenigen vollständig erhaltenen in Niedergermanien zählt. Es fehlen lediglich der Sockel und die Bekrönung. Die Frontseite ist mit drei übereinander angeordneten Götterreliefs, nämlich Herkules, Minerva und Juno geschmückt. Neuere Forschungen datieren das Monument um 230 nChr. In dieselbe Zeit gehört auch das Säulenfragment aus Buchholz, dessen Original im RLM Bonn steht. Von der ebenfalls mit einem Schuppenmuster besetzten Säule ist der mittlere Teil des Schaftes erhalten. Beiderseits eines dreifachen Ringes, der die Säule unterteilt, steht jeweils eine Götterfigur, oben Herkules, unten Juno. Zeitlich etwas später anzusetzen, etwa um 230/240 nChr ist das dritte Säulenfragment, das 1909 auf der Speicker Höhe in Mönchengladbach zutage kam. Bei ihr fehlt das Schuppenmuster, stattdessen ist der ganze Schaft mit acht Götterfiguren verziert.

Von den Matronenaltären gehört der eine zu den bereits og Weihungen an die *Matronae Gavadiae*, die im Münster St. Vitus vermauert gefunden wurden. Nur im Römisch-Germanischen Museum in → Jülich gibt es noch einen Weihestein für diese Matronen. Der Matronenstein aus Genhülsen ist eine Weihung an die *Cantrusteihiae* und zeigt über dem Inschriftenblock die von Säulen eingefaßte Kultnische mit den drei thronenden Göttinnen.

Sämtliche hier aufgeführten Steindenkmäler sind aus Liedberger Sandstein, vermutlich in lokalen Werkstätten gearbeitet. Es handelt sich dabei um ein Quarzit, das seit der Steinzeit am Liedberg (→ Korschenbroich), O von Mönchengladbach, bis zur Mitte des 19. Jh abgebaut wurde. Bei der Aufstellung der übrigen sicher lokalisierten Fundobjekte – röm Gebrauchskeramik, etwas Glas und Terra Sigillata – hat man sich bemüht, die ursprünglichen Fundkomplexe zu rekonstruieren, soweit dies noch möglich war.

Aus einem Brunnen in Rheindahlen stammen sechs Öllämpchen, die alle den Stempel des bekannten Lampenherstellers »Fortis« aus *Vindonissa*-Windisch tragen, dessen Erzeugnisse in zahlreiche röm Provinzen verhandelt wurden. Wohl aus demselben Brunnen stammen neun Bronzemünzen aus dem 3. und 4. Jh. Ein für hiesige Verhältnisse bedeutender Fund stellt der silberne Handspiegel dar, der 1905 zusammen mit einem Armband aus Gagat und Teilen eines silbernen, mit Goldplättchen versehenen Gürtelbeschlags als Beigabe in einem Steinsarg auf dem Ziegeleigelände Dahmen zwischen Ahren und Giesenkirchen geborgen wurde. Das Grabinventar spricht für einen Besitzer der gehobenen Schicht.

Die verschiedenen Typen von Gebrauchskeramik, die Terra Sigillata verschiedener Provenienz und die röm Bronzekunst sind durch die Bestände aus der ehem Sammlung Seuwen vertreten.
Schw

Lit: EBrües, Städt. Museum Schloß Rheydt in Mönchengladbach, Vorburgmuseum, 1979 – »Aus der Erde geborgen«, Unbekannte römische Funde aus dem Raum Mönchengladbach, Katalog der Ausstellung 1980

Moers   WES

Grafschafter Museum
Abb 185

Kastell 9. Öffnungszeiten: Di–Fr 9–18, Sa, So 11–18 Uhr
Das Museum ist im Schloß der Grafen von Moers untergebracht, das im Kern vermutlich auf einen romanischen Wohnturm der Zeit um 1200 zurückgeht. Die Sammlungsbestände dokumentieren die Kulturgeschichte und die Volkskunst der ehem Grafschaft Moers und des Niederrheins. Unter den röm Exponaten sind vor allem Funde des 1. JhnChr zu nennen, die H. Boschheidgen, der Gründer des Grafschafter Museums- und Geschichtsvereins in Moers, bei Grabungen auf dem Gelände des Auxiliarkastells *Asciburgium*-Asberg 1898 und in den Folgejahren getätigt hatte: Keramik (vornehmlich rauh- und glattwandige Töpfe, Teller, Schüsseln, Schalen und Krüge),

Tonröhren, Mühlsteine ua. Des weiteren sind Grabkomplexe des 1. und 2. JhnChr aus → Duisburg-Baerl und Moers-Budberg ausgestellt. Besonders wichtig ist der Grabstein der *Polla Matidia* aus Moers-Asberg, der 1906 stark fragmentiert in die Moerser Sammlung gelangte (H 1,08 m, B 0,71 m, Dicke 0,25 m). Die Inschrift lautet:
Polla Matidia sibe/Olymphia ann(orum) XXX/ hic sita est / L(ucius) I(ulius) L(uci) f(ilius) Fal (erna tribu) / veteranus leg(ionis) II Aug(ustae)/ d(e) p(ecunia) s(ua) f(aciendum) c(uravit). Polla Matidia genannt Olympia, 30 Jahre alt, liegt hier begraben. Lucius Iulius, Sohn des Lucius, aus dem Stimmbezirk Falerna, Veteran der II. Legion (mit dem Beinamen) Augusta, hat (den Grabstein) auf eigene Kosten anfertigen lassen.
Der Grabstein, der die Verstorbene mit einem Hund im Arm darstellt, kann aufgrund stilistischer Merkmale um 20 nChr datiert werden. Erwähnenswert sind schließlich noch zwei Grablöwen aus dem 1./2. JhnChr, die lange Zeit – schon seit 1765 – einen Torbogen neben dem Moerser Rathaus geschmückt hatten.   Ho
Lit: Chrobaczek 240 f – ChrKnupp-Uhlenhaut, Grafschafter Museum im Moerser Schloß, 1964

Moers-Asberg   WES
und Duisburg-Rheinhausen   DU

Römisches Auxiliarkastell
Abb 33, 345, 478–484

F. Stollwerck lokalisierte 1879 als erster die röm Grenz- und Militärsiedlung *Asciburgium* auf dem »Burgfeld«, einer Flur, die heute auf der Grenze zwischen Moers-Asberg und Duisburg-Rheinhausen liegt. Schon 1521 hatte der Kölner Propst Graf Hermann von Neuenahr berichtet, es gebe bei »Asburg« (wie das Dorf damals noch genannt wurde) eine Flur namens Burgensis. Ihr Name sei auf eine Burg zurückzuführen, deren Überreste noch zu sehen seien. Seit Jahrhunderten waren, vor allem bei der Feldbestellung, immer wieder röm Altertümer zutagegetreten, die aber leider oft in Privathand gelangten und in alle Welt zerstreut wurden. Charakteristisch ist ein Bericht

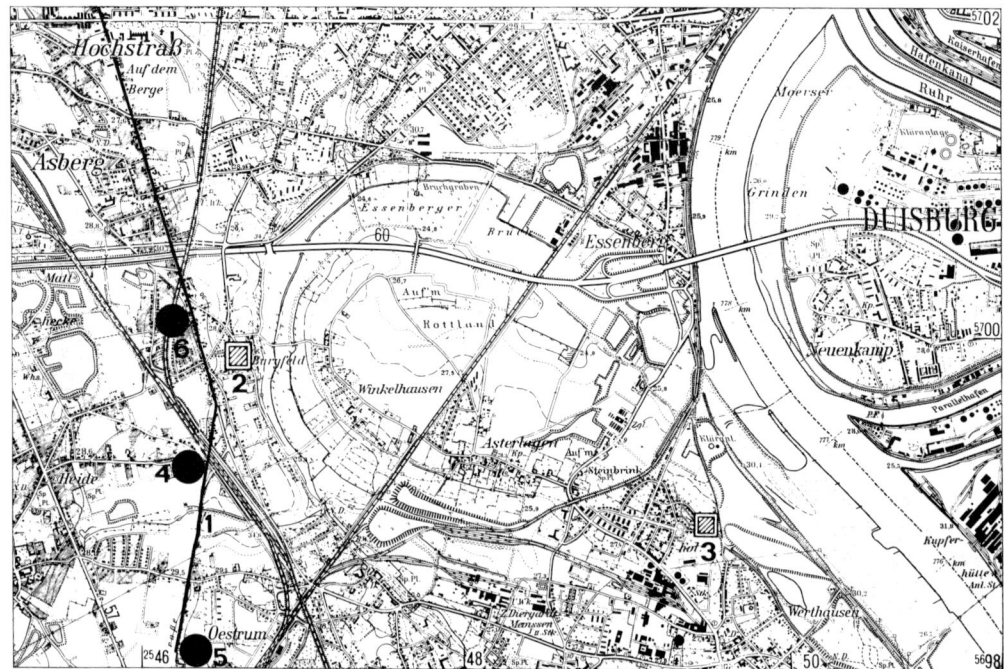

Abb. 478 Moers-Asberg. Römische Fundplätze auf dem »Burgfeld«. – 1 Römerstraße (Limes-straße); 2 Auxiliarkastell Asciburgium; 3 Kleinkastell Werthausen; 4, 5 südliches Gräberfeld; 6 nordwestliches Gräberfeld

von 1882, in dem es heißt, hier werde auch viel Metall wie Kupfer, Zinn, Blei und Silber gefunden, welches größtenteils die »Althändler aus Crefeld« angekauft hätten!

F. Stollwerck hat selbst nicht auf dem »Burgfeld« gegraben. Als erster versuchte Amtsgerichtsrat H. Boschheidgen aus Moers 1898, die Lage des röm Kastells durch Ausgrabungen zu bestimmen. Seine Untersuchungen erbrachten den eindeutigen Nachweis, daß auf dem »Burgfeld« röm Militär stationiert war, das Lager jedoch fand er nicht. Dies gelang erst 1971 dem Verf, nachdem zuvor F. Tischler seit 1957 im Auftrag des RLM Bonn systematische Flächengrabungen durchgeführt hatte, durch seinen frühen Tod jedoch daran gehindert wurde, das eigene Werk erfolgreich abzuschließen und wissenschaftlich vorzulegen. Der Schwerpunkt der Grabungen Tischlers lag im *vicus,* der Siedlung, die das Militärlager umgab. Die Untersuchungen des Verf, die 1969 begannen und im Herbst 1980 vorläufig eingestellt

wurden, konzentrierten sich dagegen auf das Kastell.

Asciburgium war eine von vielen kleineren Grenzsiedlungen, die an strategisch wichtigen Punkten der röm Reichsgrenze angelegt wurden. Bestimmend für seine Lage war die Mündung der Ruhr, deren Tal dicht besiedelt war und bei den Römern – ähnlich wie Lippe oder Sieg – als natürliches Einfallstor galt. Kastell und Siedlung, nach Tacitus *in ripa Rheni* (am Ufer des Rheins) gelegen, baute man an einem schiffbaren Altarm des Rheins, der heute verlandet ist (Essenberger Bruch). Das Kastell erhob sich unmittelbar über dem Flußufer. Dort befanden sich auch große Teile des Vicus. Etwa parallel dazu – in einem Abstand von etwa 300 m – verlief die Limesstraße *Novaesium*-Neuss–*Vetera*-Xanten, an der sich N und S von Kastell und Vicus größere Gräberfelder entlangzogen. Insgesamt umfaßte die Militärsiedlung von *Asciburgium* – in lockerer Bauweise – ein Areal von etwa 30–40 ha.

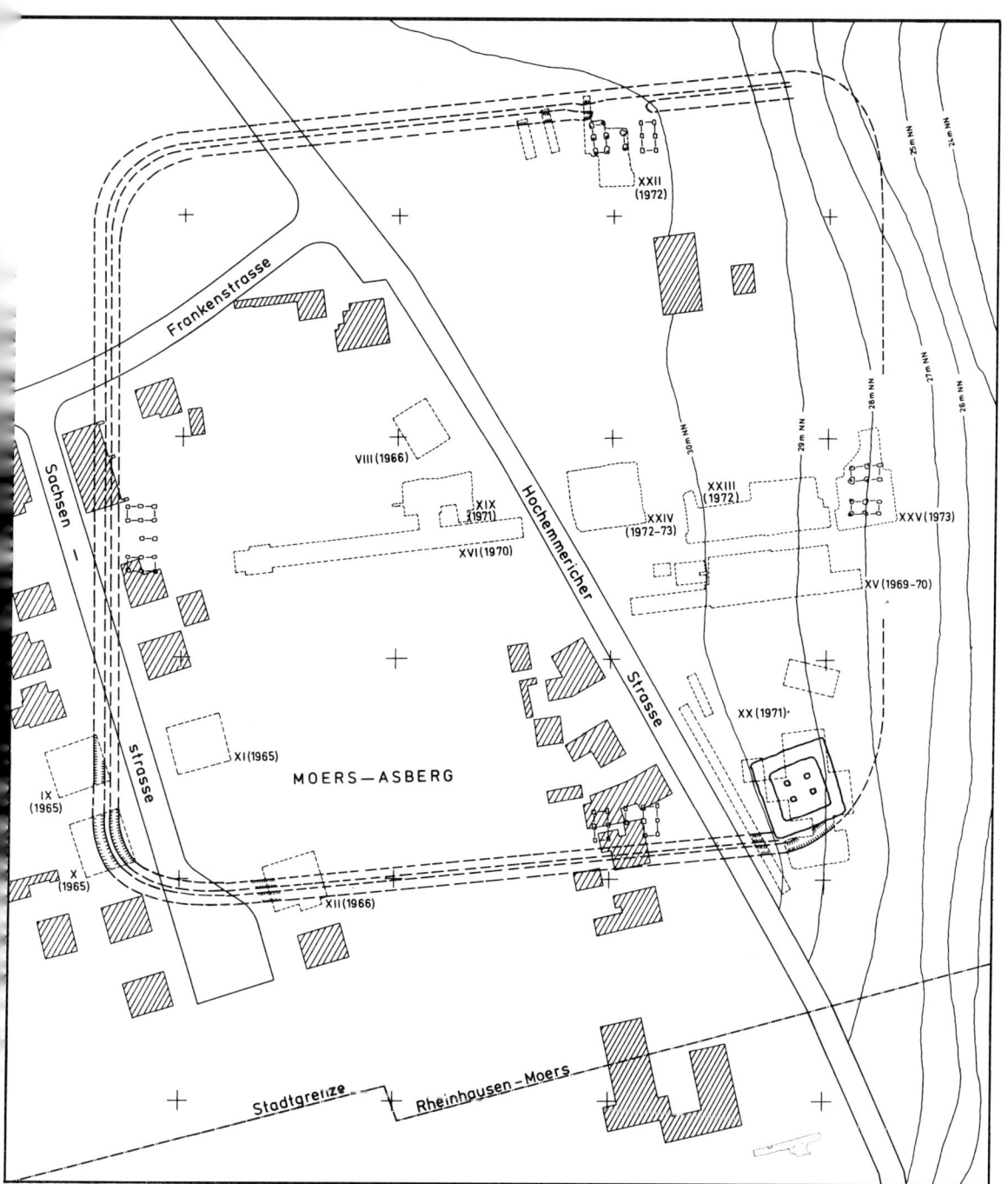

Abb. 479   Moers-Asberg. Auxiliarkastell Asciburgium. Übersichts- und Befundplan

Kastell. Seit seiner Lokalisierung im Sommer 1971 galt das Hauptinteresse der Ausgräber den Überresten des Kastells – besser gesagt: *den* Kastellen. Denn wie sich herausgestellt hat, sind Gräben und Umwehrungen des Militärlagers in *Asciburgium* innerhalb eines knappen Jahrhunderts mindestens fünfmal errichtet worden. An ein und demselben Platz unterscheiden wir heute eine erste militärische Anlage unter Augustus, errichtet um 12/11 vChr zu Beginn der germ Feldzüge des Drusus (sog Drususkastell) – eine zweite Anlage aus der Zeit des Tiberius, angelegt zwischen 20 und 30 – ein Kastell aus der Regierungszeit des Caligula (37–41) oder Claudius (41–54) – ein weiteres Kastell aus den ersten Regierungsjahren des Nero (54–68), das während des Bataveraufstandes (69/70) in Flammen aufging – schließlich ein fünftes Kastell aus der Frühzeit des Vespasian (69–79), das bis in die ersten Regierungsjahre des Domitian bestand und um 83/85 planmäßig aufgegeben und planiert worden ist. Alle Kastellanlagen waren reine Holz-Erde-Bauten. Bis auf das letzte Lager, das annähernd rechteckig war, hatten alle Asberger Kastelle einen rundlichen Grundriß, vergleichbar dem Kastell in Hofheim i. Ts., das in der Frühzeit des Claudius gebaut wurde.

Mit jedem Neubau scheint das Militärlager kontinuierlich erweitert worden zu sein. Es war zum Flußufer orientiert. Die Ausdehnung der älteren Lager kann vorerst nur annähernd bestimmt werden. Das »Drususlager« bedeckte eine Fläche von 1,6–1,8 ha, die zeitlich folgenden Lager waren jeweils ca 0,2 ha größer. Das letzte Lager schließlich, das nach 70 nChr gebaut wurde, war 2,3 ha groß. *Asciburgium* hatte also von Anfang an die Größe eines Auxiliarkastells und ist damit am Rhein der erste kleinere Militärplatz aus der Zeit

Abb. 480   Moers-Asberg. Auxiliarkastell Asciburgium. Spuren der Holz-Erde-Mauer. Ausgrabungen des Niederrheinischen Museums Duisburg 1975/76

der Drususfeldzüge, von dem wir eine gewisse Vorstellung haben.

Die erste militärische Einheit, die kurz vChr nach *Asciburgium* kam, bestand aus röm Bürgern. Darauf deuten röm Namen wie *Cornelius, Lucilius, Numisius* oder *Merula*, die sich auf Sigillaten aus Italien und S-Gallien (Lyon) finden. Als erste namentlich genannte Truppeneinheit ist die *cohors Silaucensium* (Infanterieeinheit der Seleukienser) bezeugt, die möglicherweise das Kastell der tiberischen Zeit gebaut hat. Ihr folgte in der Zeit des Claudius die *ala Tungrorum Frontoniana* (Reitereinheit der Tungrer, [genannt] die frontonianische). Namen von Angehörigen dieser Einheit, die keltisch sind (ua Atto, Aucissa), werden in Ritzinschriften (Graffiti) genannt.

Das Lager der vespasianischen Zeit scheint von der *ala Moesica* (Mösische Reitereinheit) errichtet worden zu sein, die ihren Namen nach der Provinz *Moesia* im heutigen Bulgarien trug und die nach 70 nChr in *Asciburgium* bezeugt ist. Einer ihrer Offiziere scheint *Sabinius Secundinus* gewesen zu sein, dessen Reiterschwadron (*turma*) in einem Graffito jener Zeit genannt wird. Die *ala Moesica* ist wahrscheinlich schon im Zusammenhang mit dem Chattenkrieg des Domitian (83–85) an den Wetterau-Limes (N von Frankfurt) versetzt worden, denn um diese Zeit brechen die Funde aus dem Lagerbereich abrupt ab. Die letzte Münze (unter mehr als 500), die hier verlorengegangen ist, war ein As des Domitian, geprägt 81/82 nChr. Diesem Zeitansatz entsprechen auch die keramischen Funde, unter denen eine bestimmte Gruppe südgallischer Terra Sigillata, die in Banassac/Cevennen hergestellt wurde und für die Zeit nach 90 kennzeichnend ist, nicht mehr vertreten ist.

Nicht so klar ist die jeweilige Innenbebauung der einzelnen Kastellanlagen. Auch hier lassen sich etwa fünf Bauperioden unterscheiden, von denen die 2. und 3. Periode im Grabungsbefund am besten dokumentiert sind. Oft fanden sich die Bodenspuren dreier Bauphasen in einem Grabungsplanum und waren nur aufgrund von Überschneidungen und an Hand signifikanter Funde zu trennen und zeitlich zu unterscheiden. Die flächenmäßig größte Ausgrabung innerhalb des Lagers fand 1973–1975 im Bereich des ehem Kommandantenhauses (*praetorium*) statt. Hierbei

wurden Teile zweier Gebäudekomplexe aufgedeckt, die zeitlich einander folgten und mit langgestreckten Bautrakten und Säulengängen jeweils einen zentralen Hof umschlossen. Nach bisherigen Erkenntnissen lassen sich diese Bauten allgemein der 2. bzw. 3. Bauperiode zuordnen.

Hafenbereich. Im Bereich der Uferzone, die – geologisch gesehen – mit der Kante der Niederterrasse identisch ist, sind immer schon Spuren und Überreste der ehem Uferbefestigung vermutet worden. 1974 ergab sich die Möglichkeit einer ersten Sondierung unmittelbar vor der NO-Ecke des letzten Kastells. In dem feuchten, morastigen Boden fanden sich zahlreiche Balken (L über 4 m), zT in Sturzlage. Sie waren in Gruppen gesetzt worden und dienten wohl zur Fundamentierung und Stabilisierung einer Aufschüttung aus Kies und Lehm, mit der die Uferbank zusätzlich befestigt worden war. Die alte Uferkante war

Abb. 481   Moers-Asberg. Auxiliarkastell Asciburgium. Reste des Hafenkais. Untersuchungen des Niederrheinischen Museums Duisburg 1974

"Kiesgrube Liesen"

Töpferöfen

Die Ausgrabungen F.Tischlers an der „Kiesgrube Liesen"
in Rheinhausen – Oestrum (1957–1964)

▨▨▨	Fundamentgraben (Hauptbauphase II)
──	keiner bestimmten Bauphase zuweisbar
☐	Kellergrube mit Holzverschalung
●	Grube (Hauptbauphase II)
●■	Brunnen (nachgewiesen)
○□	Brunnen (vermutet)
▨	Grube (2.Jahrh.n.Chr.)
○	keiner bestimmten Bauphase zuweisbar
(⌒)	Begrenzung von Grube oder Graben nicht feststellbar oder nicht beobachtet

5   0   5   10m

Abb. 482   Moers-Asberg. Auxiliarkastell Asciburgium. Lagerdorf (vicus). Befundplan der
Ausgrabungen 1957–1964

noch deutlich erkennbar. Ebenso war nachweisbar, daß man mit einer zweiten Aufschüttung versucht hatte, die Uferkante künstlich vorzuverlegen, wahrscheinlich um der drohenden Verlandung entgegenzuwirken. Es gibt sichere Anzeichen dafür, daß diese Entwicklung bereits gegen Ende des 1. JhnChr weit fortgeschritten war. Damit verlor *Asciburgium* seine strategische Bedeutung gegenüber der Ruhrmündung und wurde von der röm Heeresleitung aufgegeben.

Lagerdorf. Etwa 80 m S des Lagers (dessen genaue Lage er nicht kannte und das er im Bereich der Limesstraße vermutete) begann F. Tischler 1957 mit einer großangelegten Flächengrabung, die bis 1964 dauerte und in deren Verlauf ein zusammenhängendes Areal von etwa 3000 m² freigelegt wurde. Sichtbar wurden die Spuren einer Straße, kenntlich an einem breiten Abwassergraben, die auf das S Kastelltor zulief. Sie war von langgestreckten Fachwerkhäusern eingefaßt, die mit schmalem Giebel zur Straße standen. Zahlreiche Gruben und Brunnen bezeugten eine intensive Besiedlung vor allem während des 1. JhnChr. Bedeutsam war auch die Aufdeckung zweier Töpferöfen am Rande der Dorfstraße, in denen einfache Keramik hergestellt worden ist.

Entgegen einer früher geäußerten Meinung, wonach die ältesten Schichten des Lagerdorfes möglicherweise zu einem »Legionslager« aus der Zeit des Augustus gehörten, scheint nunmehr sicher, daß S des Kastells von Anfang an eine dörfliche Ansiedlung bestand. Ein von F. Tischler 1965 aufgedeckter Graben, den Verf früher als Teil eines »großen Lagers« ansah, scheint zu Beginn der röm Besetzung angelegt worden zu sein, um die Menschen im Lagerdorf zu schützen. Die wenigen Funde aus der Grabenfüllung bezeugen, daß dieser unter Claudius eingeebnet worden ist.

Die ältesten Funde aus dem Bereich des Lagerdorfes entsprechen den Funden aus Haltern (angelegt 9/8 vChr). Damit scheint sicher, daß der *vicus* in *Asciburgium* bereits in der Zeit des Augustus angelegt worden ist. Ein Bruch in der Siedlungskontinuität – hervorgerufen durch den Abzug der *ala Moesica* um 83/85 nChr – ist in flavischer Zeit festzustellen. Fundmaterial des 2. JhnChr ist in Asberg relativ selten und konzentriert sich auf die Bereiche entlang der Limesstraße. Es gibt Anzeichen dafür, daß die zivile

Siedlung gegen Ende des 2. Jh aufgehört hat zu bestehen.

Limesstraße und Benefiziarierstation. Über Bauweise, Linienführung und Entstehungszeit der Limesstraße zwischen *Novaesium*-Neuss und *Vetera*-Xanten ist bisher nur wenig bekannt. F. Tischler gelang hierzu 1965 bei Kanalisierungsarbeiten in Moers-Asberg ein bemerkenswerter Aufschluß, der 1975 mit einem Schrägschnitt durch den gesamten Straßenkörper ergänzt werden konnte. In der ursprünglichen Anlage bestand die Straße (B 7 m) aus einer leicht gewölbten Kiesschüttung und war auf beiden Seiten von einer doppelten Faschinenreihe eingefaßt. Die Straße ist mehrmals erneuert worden. Insgesamt ließen sich sechs Lagen Kiesschotter unterscheiden, dazwischen immer wieder Ausgleichsschichten aus Sand oder Lehm in einer Gesamtstärke von 1 m. Nach den wenigen datierenden Funden aus der ältesten Schicht ist die erste Straße mit fester Decke unter Claudius gebaut worden. Die Straße selbst ist älter und wurde wohl schon von Agrippa geplant (20/19 vChr).

Aus einer Weihinschrift, gefunden gegen Ende des 19. Jh auf dem »Burgfeld«, geht hervor, daß hier um 230 eine Benefiziarierstation bestanden hat, deren Besatzung die Limesstraße zu überwachen hatte. Die wenigen Funde vom Beginn des 3. Jh konzentrieren sich auf eine Stelle W einer Biegung der röm Straße nach SW. Hier hatte bereits H. Boschheiden 1898 Mauern und Pfeilerfundamente gefunden, die er für Überreste eines Lagertores hielt. An benachbarter Stelle hat dann F. Tischler 1958 Teile eines Mosaikfußbodens freigelegt, der wohl zu einem Badegebäude gehörte. Weitere Sondierungen haben erkennen lassen, daß die Felder und Gärten im Bereich der Straßenbiegung voll von Mauerfundamenten sind und die inschriftlich bezeugte Straßenstation wohl am ehesten hier zu suchen ist.

Gräberfelder. An der Limesstraße lagen auch die Gräber, und zwar »außerhalb der Siedlung«, wie der Grundsatz lautete. Das N Gräberfeld ist 1959/60 leider nur unvollkommen untersucht worden. Immerhin konnten beim Ausschachten von Baugruben und bei der Anlage von Versorgungsleitungen die Inventare von mehr als 40 Brandgräbern aus der 1. Hälfte des 2. Jh geborgen werden, dh auf dem »Nord-Friedhof« in

Asciburgium sind Bewohner der Siedlung und keine Soldaten bestattet worden.

Ein neues Forschungsfeld bildete seit 1977 der »Süd-Friedhof«, wo bereits 1908 der Grabstein einer Frau namens *Polla Matidia* gefunden worden war und 1977/78 insgesamt 213 Brandgräber aufgedeckt und geborgen werden konnten. Die Gräber begannen unmittelbar W der Limesstraße. Der Friedhof war im N wie im W von einem Graben eingefaßt; bisher gibt es keine Anzeichen, daß die Gräber über diese Begrenzung hinausreichen. Danach war das Gräberfeld an dieser Stelle 70 m breit, gemessen vom W-Rand der röm Straße.

Alle Gräber waren Brandbestattungen. Die kleinste Gruppe bestand aus Urnengräbern (28 Bestattungen); ihre Grabgruben enthielten keinerlei Brandreste. Wesentlich größer war die Zahl der Brandschuttgräber, in denen sich Scheiterhaufenreste fanden. Die 86 Gräber dieser Gattung machten etwa 40 % des Gesamtbestandes aus. Besonders bemerkenswert war mit 82 Beisetzungen der Anteil der *busta* (40 %). Kennzeichnend für diese Gräber ist ihre Größe (L fast 3 m, B 2,2 m) und die vom Feuer, speziell von der Strahlungshitze (bis 900°C) ziegelrot verbackenen Wände und Sohlen der Grabgruben.

Bisher scheint es – auch außerhalb des Rheinlandes – kein röm Brandgräberfeld zu geben, das so viele *busta* aufweist. Diese Grabsitte scheint belgisch-gallischen Ursprungs zu sein, ist im niedergerm Raum frühestens unter Claudius nachweisbar und bis in die Mitte des 2. Jh ausgeübt worden. Gräber der augusteisch-tiberischen Zeit sind bisher noch nicht gefunden worden. Die meisten Gräber im Bereich des »Süd-Friedhofs« sind – nach Ausweis der mitgegebenen Münzen – aus flavisch-trajanischer Zeit. Dies bedeutet, daß

Abb. 483 Moers-Asberg. Auxiliarkastell Asciburgium. Gräberfeld. Bustum. Ausgrabungen des Niederrheinischen Museums Duisburg 1977

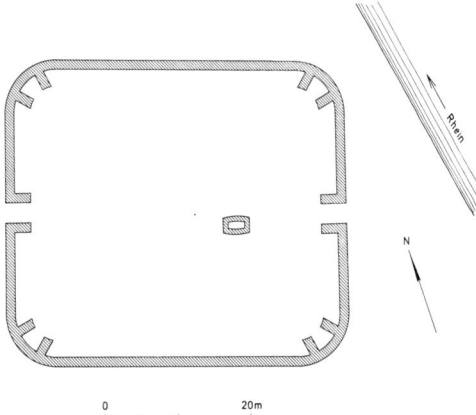

Abb. 484   Duisburg-Rheinhausen (Werthausen). Kleinkastell. Plan

die Bestattungen hier auch nach Abzug der *ala Moesica* (83/85) fortgesetzt worden sind. *Asciburgium* hat also wohl im 2. Jh als zivile Grenzsiedlung und wichtige Straßenstation auf dem Weg von *Novaesium*-Neuss nach *Vetera*-Xanten weiterbestanden.

Kleinkastell in Duisburg-Rheinhausen (-Werthausen). Mit dem Abzug der letzten Besatzung des Asberger Auxiliarkastells scheint das Gebiet gegenüber der Ruhrmündung vorübergehend ohne militärische Sicherung gewesen zu sein. Diese wurde aber wohl noch gegen Ende des 1. JhnChr von einem kleineren Kastell übernommen, dessen Überreste im heute Duisburg-Rheinhausener Stadtteil Werthausen erstmals bei Grabungen 1891 aufgedeckt worden sind. Das Kastell lag am S Ende des alten Rheinlaufs, dem heutigen »Essenberger Bruch«, und zwar innerhalb der alten Stromrinne, ein sicheres Zeichen dafür, daß dieser Teil des alten Rheinbettes zum Zeitpunkt der Kastellgründung bereits verlandet war. Seit alters her war dieser Platz als »Trümmerstätte« bekannt, denn er hieß im Volksmund »Schloß Steinbrink«, was soviel wie Steinhügel oder Steinanger bedeutet.

Das Kastell in Werthausen gehörte zur Gruppe der Klein- oder Zwischenkastelle, die – an strategisch wichtigen Punkten angelegt – spezielle militärische Funktionen erfüllten. Gemessen an seiner Grundfläche (38 × 44 m = 0,17 ha) wird die Besatzung nicht stärker als 1–2 Centurien gewesen sein. Das Kastell besaß eine steinerne Mauer (B 1,2–1,3 m), zwei Tore (B 2,60 m) und im Grundriß trapezförmige Türme in den abgerundeten Ecken. Im Innern standen wahrscheinlich zwei langgestreckte Baracken, errichtet in Fachwerkbauweise; außerdem wurde eine große Zisterne (3,70 × 2,50 m) gefunden. Das Fundmaterial (das größtenteils verloren ist) deutet auf ein Gründungsdatum in flavischer Zeit; einige neuere Funde scheinen dies zu bestätigen. Dies würde bedeuten, daß die Anlage in Werthausen, die unmittelbar am Rhein gelegen hat, um das Jahr 85 nChr das Auxiliarkastell *Asciburgium* ersetzt hat, um auch weiterhin eine wirksame Überwachung der Ruhrmündung zu gewährleisten. Mitte des 3. Jh wurde die Anlage aufgelassen.

Der Burgus. Der Burgus auf dem »Burgfeld« aus spätröm Zeit bestand aus einem massiv gemauerten, quadratischen Innenturm (18 × 18 m), einer Umfassungsmauer (B 1 m) und einem mächtigen Graben (T ca 3,5 m, B bis 9 m; Bermen ca 4,5 m). Alle Mauern waren bis zur Sohle ausgebrochen. Trotzdem konnte bei den Grabungen 1971 nachgewiesen werden, daß die Turmmauer im Fundament etwa 2,5 m stark war und vier mächtige Pfeiler (Seitenlänge 1,2 m) im Innern des Turmes wohl mehrere Stockwerke und das Dach trugen. Die Anlage datiert wohl in valentinianische Zeit (364–375 nChr).

Wann der Asberger Burgus zur Ruine wurde, wissen wir nicht. Noch 1882 war der Platz der »Römerburg« bekannt. Der mächtige Turm dieser Anlage wird lange aufrecht gestanden haben, ehe er dem Steinraub zum Opfer fiel. Auf ihn vor allem beziehen sich ma Kartenvermerke und Berichte, die von einer »Burg« oder »sichtbaren Überresten« sprechen. Von ihm schließlich wird auch das »Burgfeld« spätestens zu Beginn des 16. Jh, wahrscheinlich aber schon früher seinen Namen erhalten haben.   Be

Lit: FStollwerck, Die altgerm Niederlassung und röm Stationsort Asciburgium, Burgfeld-Asberg bei Mörs, 1879 – HBoschheidgen, BJb 104, 1899, 136 ff – FTischler, Duisburger Forschungen 2, 1959, 174 ff – TBechert, RheinAusgr 12, 1973, 149 ff – ders, Asciburgium – Ausgrabungen in einem röm Kastell am Niederrhein, 1974 – ders,

Niederrheinisches Museum der Stadt Duisburg
1981–1982, 3 ff – GKrause, Quellenschriften zur
westdeutschen Vor- und Frühgeschichte 9, 1974,
115 ff – Funde aus Asciburgium H 1–10,
1973–1987
Duisburg-Rheinhausen: CKoenen, BJb 93/94,
1892, 271 – DEllmers, FVFD 14, 1969, 155 f –
CRöhring, NL 132 ff Nr 38 – MGechter, BJb 179,
1979, 105 ff

Monheim   ME

Spätrömisches Kastell
Abb 50, 485, 486

In der Bausubstanz von Haus Bürgel, einem Ein-
zelhof unweit von Monheim-Baumberg, finden
sich die ▶ Reste eines röm Kastells; sie wurden in
eine ma Schloßanlage und in neuzeitliche landwirtschaftliche Nutzbauten einbezogen. Die
heutigen Gebäude umschreiben fast exakt die antike Kastellfläche. Der ehem Festungsgraben ist
im Gelände nicht mehr zu erkennen. Archäologische Untersuchungen wurden in geringem Umfang 1953 und 1959 durchgeführt.
Das Kastell hatte einen fast quadratischen
Grundriß (ca 64 × 64 m; L der N-Mauer: 65 m);
▶ das Gußmauerwerk mit heute ausgebrochener
Verblendung war ursprünglich durch horizontale
Ziegelbänder gegliedert. An verschiedenen Stel-

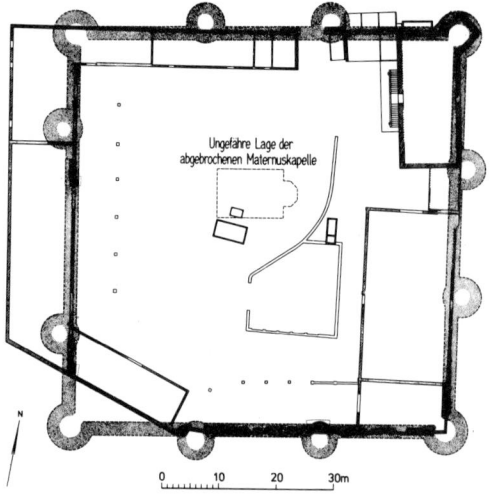

Abb. 485   *Monheim. Kastell »Haus Bürgel«.
Grundriß*

len sind noch ▶ Rüstlöcher zu erkennen. An der
Außenseite der Mauer befand sich ein Schräg-
sockel. ▶ Bedeutende Mauerreste sind noch im
N, O, S und W – stellenweise bis zu einer Höhe
von ca 4 m – erhalten. Von den ehem vielleicht
zwölf Türmen konnten bislang vier nachgewiesen werden. Das Haupttor des Kastells lag möglicherweise im W; in der Mitte der S-Mauer ist
noch ein kleines Tor (B 1,5 m) erhalten. Über die

Abb. 486   *Monheim. Kastell »Haus Bürgel«. Ansicht von Südosten*

Innenbauten läßt sich beim gegenwärtigen Stand der Forschung nichts sagen; wir dürfen aber ähnlich langgestreckte Kasernen erwarten, wie sie im wohl gleichzeitigen Kastell → *Divitia*-Köln-Deutz belegt sind.

Bei Haus Bürgel handelt es sich um eine spätantike Festungsanlage, die ursprünglich auf dem linken Rheinufer gelegen war (Rheinverlagerung vermutlich im 14. Jh); sie dürfte wohl unter Kaiser Konstantin I. im Zuge der Rheinsicherung zwischen 306 und 315 erbaut worden sein. Inschriften-, Skulpturen- und Münzfunde belegen auch eine Besiedlung zumindest für das 2. und 3. Jh am Ort. Die Funde befinden sich teils in Haus Bürgel vermauert, teils in Privatbesitz.

Wie Haus Bürgel in der Antike geheißen hat, ist unbekannt. Eine Gleichsetzung mit dem im *Itinerarium Antonini* genannten *Burungum* an der Heerstraße Köln – Neuss ist umstritten. Auch die Truppe, die in der Spätantike in Haus Bürgel gelegen hat, ist nicht bekannt; es fehlen hierfür die erforderlichen literarischen oder inschriftlichen Hinweise.   Ho

Lit: WHaberey, BJb 157, 1957, 294 ff – FHinrichs, Geschichte der Monheimer Höfe, 1959, 1 ff – HGHorn, NL 147 ff Nr 42

Morenhoven → Swisttal
Moyland → Bedburg-Hau

Münster

Westfälisches Museum für Archäologie
Abb 23, 113, 304, 487, 488, 522

Rothenburg 30. Öffnungszeiten: Di–So 10–18 Uhr

Die Sammlung des 1934 gegründeten Westfälischen Landesmuseums für Vor- und Frühgeschichte, das heutige Westfälische Museum für Archäologie, umfaßt alle Epochen der westfälischen Vor- und Frühgeschichte. So zählen zu den Museumsbeständen auch die Funde aus den augusteischen Militäranlagen an der Lippe, die im Rahmen der Ausgrabungstätigkeiten der Altertumskommission für Westfalen und in der Nachfolge durch das Museum anfielen. Insbesondere sind hier die reichen Funde aus → Haltern und

→ Bergkamen-Oberaden hervorzuheben. Weitere Funde aus diesen beiden röm Legionslagern werden im Römisch-Germanischen Museum der Stadt → Haltern und im Museum für Kunst und Kulturgeschichte der Stadt → Dortmund aufbewahrt.

Die Präsentation der archäologischen Relikte aus der Zeit der Germanenkriege (12 vChr–16 nChr) des röm Kaisers Augustus vermittelt in großen Zügen eine Vorstellung von der Präsenz röm Offensiv- und Sicherungstruppen auf westfälischem Boden. Auf die Zuweisung des einzelnen Exponates zum Fundort wurde verzichtet. So wird uU der Besucher die Herkunftsangabe »Haltern« oder »Oberaden« vermissen.

Das zweite Obergeschoß ist dem Thema »Römer und Germanen« gewidmet. Die unmittelbare Konfrontation zwischen den Römern und den Germanenstämmen der *Germania libera* läßt sich archäologisch nur im Sachgut und in den Baubefunden der röm Festungsbauten belegen, der germ Kontrapart ist archäologisch bislang kaum faßbar.

Neben dem im Abguß aufgestellten Caeliusstein (→ RLM Bonn) sind die Verwahrfunde aus Haltern wohl die einzigen archäologischen Zeugnisse eines bedeutenden Ereignisses der Frühgeschichte, das bis zum heutigen Tag so manchen sich um die Erforschung der Örtlichkeit der Varusschlacht vergeblich Mühenden auf den Plan gerufen hat. – Ein Modell im Maßstab 1:2500 verdeutlicht den durch Ausgrabungen gesicherten Baubefund des Hauptlagers → Haltern. In größeren Einzelmodellen werden Rekonstruktionsvorschläge für eine Toranlage sowie eine Centurienkaserne geboten. Eichenhölzer, darunter Bauhölzer der Holz-Erde-Mauer und Centurienbauten, stammen aus → Oberaden. Sie fanden teilweise Eingang in die gegenwärtige Schausammlung. Im Lackprofil vom Spitzgraben des sog Feldlagers von → Haltern ist ein in den Bodenverfärbungen noch sichtbarer Originalbefund konserviert. – Weitere Holzfunde aus Oberaden stammen aus den Grundwasserbrunnen. Neben technologischen Zeugnissen röm Brunnenkonstruktionen sind ein großes Vorratsgefäß (*dolium*), eine Amphore für Fischsauce, eine Reibschale sowie der Mahlstein einer großen, wohl durch Esel oder Maultier angetriebenen Getrei-

Abb. 487   Haltern. Terra-Sigillata-Schale mit Reiterdarstellung. Ton. – Dm. 17 cm. 7/5 v.–9 n. Chr. (Münster, Westfälisches Museum für Archäologie)

demühle zu sehen. – Auch typische Fernwaffen röm Legions- und Auxiliartruppen sind ausgestellt: die »klassische« Wurfwaffe röm Legionstruppen, das *pilum*, und 380–800 g schwere Steinkugeln (wohl Munition für Schleudergeschütze). Die Pfeilspitzen, zumeist dreiflügelige, gelegentlich mit Widerhaken versehen, waren typische Waffen von Auxiliartruppen, ebenso die Schleuderkugeln aus Blei und Ton.

Aus Haltern stammt neben mehreren einfachen Dolchen ein reich verzierter Offiziersdolch (*pugio*), dessen Griff durch kunstvolle Emailarbeit, kombiniert mit eingelegten Silber- und Messingdrähten, geschmückt ist. Vom typischen Kurzschwert (*gladius*) des Legionärs blieb aus den Halterner Grabungen nur ein Exemplar erhalten (→ Museum Haltern); originale Fundstücke vermitteln in einer Montage eine Vorstellung vom ungefähren Erscheinungsbild. Einem Oberadener Brunnen entstammt das hölzerne Kurzschwert. Dabei handelt es sich um ein gebogenes Übungsschwert (*sica*), das entweder zur Ausbildung thrakischer Auxiliareinheiten benutzt wurde, oder aber auch als Hinweis für die Anwesenheit einer Gladiatorentruppe in Frage kommen kann. – Zur täglichen Routine röm Soldaten gehörte das Schanzen. Entsprechendes Arbeitsgerät, wie etwa Axt, Blatt- und Ziehhacke, sind hierfür eindeutige Belege. Das holzverarbeitende Handwerk, insbesondere das des Zimmermanns, ist durch Ziehklinge, Dechsel, Hammer, Geißfuß

und Holzbohrer vertreten. Blei wurde im Hauptlager Haltern reichlich verarbeitet. Hiervon zeugen die im Lager gefundenen Bleibarren, deren schwerster 64 kg wiegt. Einer davon ist durch seine Inschrift *L(egio). XIX* als Eigentum der 19. Legion ausgewiesen, eine jener drei Legionen, die in der Varusschlacht des Jahres 9 nChr zugrunde gingen. Mit größter Wahrscheinlichkeit ist dieser Bleibarren zugleich als rarer Beleg dafür zu werten, daß die 19. Legion zumindest zeitweilig im Hauptlager Haltern in Quartier lag.

In den Vitrinen auf der gegenüberliegenden Fensterseite sind Schutzwaffen und Dinge aus dem täglichen Leben der Soldaten zu sehen. Zwei Legionärshelme aus Bronze, Teile von eisernen Helmen und Fragmente der Panzerung sind in einer Vitrine zusammengefaßt. Von den zwei Legionärshelmen aus Bronze stammt der eine aus dem Hauptlager Haltern (Original → Haltern). Der zweite röm Bronzehelm wurde im 19. Jh in der Nähe von Olfen aus der Lippe geborgen. Typologisch kann er der augusteischen Zeit zugeschrieben werden. Obgleich bis zum heutigen Tage im Raume Olfen jegliche Indizien für einen längeren oder kurzfristigen Aufenthalt röm Truppen ausstehen, kann dennoch dieser Helm als ein direktes Zeugnis für die Präsenz röm Heeresabteilungen im Lande angesehen werden. – Zum Pferdegeschirr gehören Amulette, Fibeln, darunter eine silberne, auf deren Bügel nahezu freiplastische Bienen und Eberköpfe (?) angebracht sind. Interessant sind auch zwei ehem in Siegelringen eingefaßte Gemmen sowie vier runde militärische Auszeichnungen (*phalerae*). – Zu den wenigen Schriftzeugnissen zählen ein hölzernes Schreibtäfelchen und ein hölzerner Griffel aus Oberaden, ein Terra-Sigillata-Teller mit dem Namen des ursprünglichen Eigentümers (*Nigri*) sowie ein Daubenfragment des südgallischen (?) Böttchers Gallus. Ferner sind hier ua noch eiserne Handfesseln, Gewichte aus Bronze und Blei, eine kleine Waage, Schlüssel, vier Glöckchen und Spielsteine zu sehen. – Das vielfältige Spektrum keramischer Erzeugnisse, die in röm Militärlagern der augusteischen Zeit im Umlauf waren, ist vom einfachen Kochtopf und großen Reibschalen bis zur Feinkeramik vertreten. Die beiden Glasteller und die Backbleche aus Bronze stammen aus Haltern, der hölzerne Eimer und das Holzfäßchen sind

Abb. 488 Meppen-Kleinfullen. Satyrstatuette. Bronze. – H. 24 cm. Um 140 n. Chr. (Münster, Westfälisches Museum für Archäologie)

Oberadener Brunnenfunde. – Daß die Militärhandwerker in Haltern sich auch für den Eigenbedarf erfolgreich ua als Töpfer betätigt haben, ist durch Brennöfen und durch die Produkte nachgewiesen. Nicht nur einfache Gebrauchskeramik, sogar lokale Sigillata sowie Lampen und Terrakotten wurden im Lager produziert. Selbst Re-

liefsigillata war in das Repertoire einbezogen, denn zwei Formschüsseln für die Herstellung von Reliefkelchen sind auf uns gekommen. – Einige Münzen bilden den Abschluß des den archäologischen Hinterlassenschaften aus der Zeit der Kriegsunternehmungen des röm Kaisers Augustus gegen die in der *Germania libera* lebenden Germanenstämme gewidmeten Ausstellungsbereichs. Kü

Lit: SvSchnurbein, Die Römer in Haltern, 1979 – Stupperich 57 ff

Münsterbusch → Stolberg

Nettersheim EU

Römischer Tempelbezirk
Abb 197, 489, 490

Auf der »Görresburg«, einer Bergzunge, die sich zwischen Schleifbach und Urft, wenige 100 m SW von Nettersheim vorschiebt, liegt ▶ ein Heiligtum der *Matronae Aufaniae*, das 1919 ergraben und 1976/77 durch eine entsprechende Aufmauerung teilweise wieder sichtbar gemacht wurde. In dem trapezförmigen Tempelbezirk (26 × 24,67 bzw 26,90 m; D), der von einer vermutlich von einem Holzgitter bekrönten ▶ Mauer (B 0,8 m, H ca 0,6 m) begrenzt wurde und im O den Haupteingang (B 4,4 m; E) sowie an der SW-Ecke einen weiteren Zugang (B 2,10 m) hatte, standen drei nach O orientierte Gebäude. Die größte Bedeutung hatte offensichtlich das annähernd quadratische ehem ziegelgedeckte ▶ Gebäude A (ca 6 × 6 m). Die im Sockelbereich 0,6 m, im Aufgehenden 0,4 m starken Mauern waren aus Kalkbruchstein mit Ziegeldurchschuß gesetzt. An den Außenseiten haftete weißlicher Putz. Die Schwelle des Eingangs (B 1,4 m) war durchgemauert. Nach dem Grabungsbefund war das Gebäude – sicherlich ein Tempel – von einem Zaun umgeben, der auf einem mit Sandsteinen abgedeckten Steinsockel (Stärke: 0,40–0,45 m) stand (C); die Einlassungen für die Holzpfosten konnten bei den Ausgrabungen nachgewiesen werden. Möglicherweise befand sich in diesem leicht trapezoiden, umzäunten Bereich (Seitenlänge: 8,60 m) ursprünglich ein Kultmal, an dessen

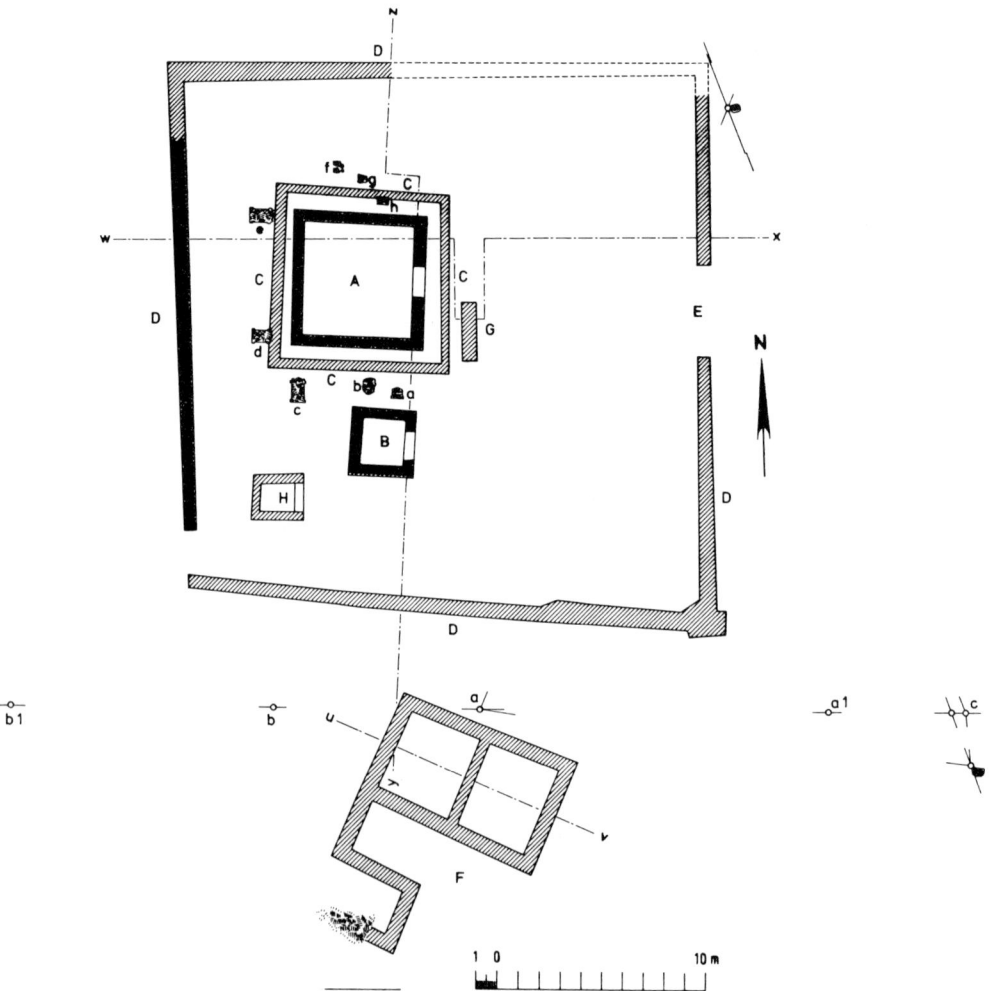

*Abb. 489   Nettersheim. Matronenheiligtum auf der »Görresburg«. Befundplan. A Tempel,
B, H Tempel?, C Zaun, D Umgrenzung, E Eingang, F vicus? G Votivbank? a–h Weihesteine*

Stelle dann später ein fester Tempel errichtet
wurde. Vielleicht verehrte man dort zunächst
einen Baum. Vieles deutet nämlich darauf hin,
daß der Baumkult die Frühform der Matronenverehrung war. Der Wechsel zum menschengestaltigen Matronenbild dürfte etwa um 160 nChr
erfolgt sein.

S des Kultbereiches lagen die Reste eines weiteren, allerdings bedeutend kleineren ▶ quadratischen Gebäudes (2,10 × 2,10 m; Mauerstärke ca

0,5 m), das im Innern verputzt war (B). Wahr-
scheinlich flankierten zwei Holzsäulen die Tür
(B 1,40 m). Im SW fanden sich ca 0,75 m starke
Fundamente eines noch einfacheren ▶ Baues aus
Grauwackebruchsteinen (B 2,15 m, L 2,45 m;
H).

Außerhalb des Bezirks wurden bei den Ausgrabungen Gebäude angeschnitten, die nicht zweifelsfrei mit dem Heiligtum in Verbindung gebracht werden konnten (F); vielleicht gehörten

Abb. 490 Nettersheim. Matronenheiligtum auf der »Görresburg«. Teilrekonstruktion des Grabungsbefundes von 1909, Ansicht von Südosten

sie schon zu einem unmittelbar anschließenden *vicus*, der im einzelnen noch nicht untersucht ist.

In der Nähe des Tempels (A) fanden sich zahlreiche Weihungen für die Aufanischen Matronen. Die ▶ Abgüsse dreier, zum Teil fragmentierter Weihesteine, die allesamt die für Niedergermanien typische Matronendreiheit zeigen, sind vor dem Haupttempel aufgestellt. Von rechts nach links:

Matronis / Aufaniabus / M(arcus) Pettronius Pat/roclus b(ene)f(iciarius)/co(n)s(ularis) itera/ta statione v(otum)/ s(olvit) l(ibens) m(erito). Den Aufanischen Matronen hat Marcus Petronius Patroclus, Straßenpolizist im Stab des Statthalters und zum zweitenmal auf Posten, gern und dankbar sein Gelübde erfüllt. – *Ma(tronis) Aufaniabu(s)/C(aius) Lucrettu(s)/Fatius b(ene)f(iciarius)/co(n)s(ularis)/l(ibens) m(erito).* Den Aufanischen Matronen (hat) Gaius Lucretius Fatius, Straßenpolizist im Stab des Statthalters, gerne und dankbar (das Gelübde erfüllt). – *Deabus Aufani(s)/pro salute invicti/Antonini Aug(usti)/M(arcus) Aurelius Agripinus/b(ene) f(iciarius)/co(n)s(ularis)/v(otum) s(olvit) l(ibens) m(erito).* Den Aufanischen Göttinnen für das Wohlergehen des unbesiegten Antoninus Augustus. Marcus Agrippinus, Straßenpolizist im Stab des Statt-

halters, hat das Gelübde gerne und dankbar erfüllt. – Alle Weihesteine dürften wohl in das frühe 3. JhnChr zu datieren sein; der letztgenannte aufgrund der kaiserlichen Titulatur zwischen 212 und 222 nChr.

Die Weihesteine befinden sich heute größtenteils im RLM Bonn. Nach Fundlage hatten die meisten von ihnen ursprünglich in der Nähe des Tempels A – möglicherweise sogar auf dem steinernen Zaunsockel gestanden. Vielleicht war auch das Podest (L 2,8 m, B 0,7 m, H 0,2 m; G) O des Tempels für die Aufstellung von Votiven gedacht. Eine stark verwitterte Bauinschrift nennt wahrscheinlich als Stifter des Heiligtums die Bewohner des benachbarten, namentlich allerdings nicht bekannten *vicus*. Besonders verehrt wurden die Matronen bei Nettersheim – wie die Inschriften bezeugen – von den Benefiziarern einer Wachtstation, die in der Nähe, vielleicht an der Straße nach *Marcomagus*-Marmagen, gelegen hat (vgl Parzellenbezeichnung »Auf der Alten Gasse«). Das Heiligtum hatte seine Blüte zweifellos im 2. und 3. JhnChr. Die datierten Weihungen gehören in die Zeit zwischen 196 und 227 nChr. Fundmünzen der Jahre 388–408 nChr (Valentinian II., Arcadius) lassen vermuten, daß es noch Ende 4./Anfang 5. JhnChr besucht wurde.

Der Kult der *Matronae Aufaniae* ist im Rheinland auch anderswo belegt: Nijmegen, → Xanten, → Monheim, Haus Bürgel, → Köln, → Zülpich, bei Kommern, → Bonn und Mainz; hinzu kommen die Weihungen von rheinischen Soldaten in Lyon (Frankreich) und Carmona (Spanien). Der Beiname dieser einmal sogar *domesticae* genannten Muttergottheiten ist ungeklärt, vielleicht liegt auch ihm ein einheimischer – germ – Familien-, Sippen- oder Stammesname zugrunde. Auffallend ist besonders die Verbindung des Kultes mit der *legio I Minervia,* die in Bonn stationiert war und in Nettersheim die Benefiziarierstation unterhielt. In Bonn lag auch das bedeutendste bisher bekannte Heiligtum der *Matronae Aufaniae;* dorthin weihten nicht nur Offiziere und Mannschaften der *legio I Minervia,* sondern auch hochgestellte Persönlichkeiten aus der nahen Provinzhauptstadt Köln anspruchsvolle Votive.   Ho

Lit: HLehner, BJb 119, 1910, 301 – HGHorn FVFD 24, 1974, 88 ff – AJürgens, RheinAusgr '76. Das RLM Bonn, Sonderh Jan 1977, 86 f – ders, Ausgrabungen im Rheinland '77. Das RLM Bonn Sonderh, 1978, 150 ff – A-BFollmann-Schulz, ANRW II 18,1, 1986, 750 ff

Römischer Werkplatz
Abb 491

An der Einmündung des Wellenbaches in die Urft, ca 2 km SW von Nettersheim und unweit des Matronenheiligtums auf der »Görresburg«, liegt die »Steinrütsch«. Es handelt sich um ein Areal, das heute im wesentlichen von einer im W und N annähernd halbkreisförmig angeordneten Ansammlung verschiedenformatiger ▶ Werksteine aus Sandstein und von der Rekonstruktion eines ▶ Meilensteines geprägt wird.

Die bislang – vor allem 1965 und 1976 – durchgeführten Grabungen des RLM Bonn haben keine eindeutigen Hinweise auf die tatsächliche Nutzung und Bedeutung dieses allgemein als »röm Werkplatz« bezeichneten Geländes gebracht. Es gibt nach wie vor mehrere Möglichkeiten, für die man die entsprechenden Befunde heranziehen kann:

1. Verschiedene Baureste und das Fragment eines Meilensteines, der sich heute im RLM Bonn befindet, könnten an eine Benefiziarier(Straßenpolizei-)station denken lasssen. Die von der Bonner *legio I Minervia* zum Straßendienst abkom-

Abb. 491   Nettersheim. Werkplatz »Steinrütsch«. Ansicht von Norden

mandierten Soldaten weihten den Aufanischen Matronen in dem → Tempelbezirk auf der »Görresburg«. Die röm Staatsstraße von *CCAA*-Köln nach *Augusta Treverorum*-Trier führte in der Nähe vorbei; nach Auskunft des 1965 gefundenen Meilensteinfragments wurde sie unter Kaiser Decius Traianus (249–251 nChr) wieder einmal instand gesetzt: *Imp(eratori) Caes(ari)/G(aio) Quint(o)/Messio/Decio/Traiano/invicto/pi[o fel]ici . . .* – 2. Einige der herumliegenden Sandsteinblöcke sind als halbtonnenförmige Abdecksteine zugerichtet, wie man sie von den Brunnenstuben »Grüner Pütz« in → Nettersheim oder »Klausbrunnen« in → Mechernich-Kallmuth her kennt. Daraus ließe sich unter Umständen auf ein wie auch immer geartetes Wasserbauwerk schließen. – 3. Verschiedene Sandsteinblöcke liegen im rohen oder im halbfertigen Zustand herum. Bei den Ausgrabungen, vornehmlich 1965, fand sich dazu noch viel Steinschutt; dazwischen lagen werkfrische behauene Grauwackesteine. Außerdem kam eine Menge Schlacke und ausgeschlackter Erzbrocken sowie eine Fülle von Altmetall zutage. Dies deutet auf Steinmetzarbeiten und Metallverhüttung bzw -verarbeitung am Ort, also auf Gewerbebetriebe hin.

Endgültige Klarheit werden nur weitere systematische Untersuchungen bringen können. Bei den bisherigen Ausgrabungen wurden ungewöhnlich viele Münzen gefunden. Die Münzreihe, die für die röm Zeit mit einer Halbsiliqua des Iovinus (411–413 nChr) schließt, zeigt ebenso wie die gefundene Keramik, daß die Anlagen an der »Steinrütsch« vornehmlich vom Ende des 2. Jh bis Ende 4./Anfang 5. JhnChr bestanden haben. Die dendrochronologische Untersuchung eines Holzpfostens aus einer antiken Drainage erbrachte 244 nChr als Fällungsjahr.   Ho

Lit: Hagen 123 – WSage, BJb 167, 1967, 442 ff – GAlföldy, Epigr Studien 4, 1967, 34 f – AJürgens, RheinAusgr '76. Das RLM Bonn. Sonderh Jan 1977, 90 ff – VZedelius, ebda 121

Römische Ackerterrassen
Abb 492

In der Umgebung von Nettersheim/Marmagen können an vielen Berghängen ausgeprägte ▶ Terrassierungen beobachtet werden. Feststellbar sind im allgemeinen hangparallel verlaufende Stufen unterschiedlicher Länge, Breite und Höhe, sog Stufenraine. Die Breiten der Stufenraine be-

Abb. 492   Nettersheim. Ackerterrassen und Altfelder am Wellenberg. Ansicht von Westen

tragen meist mehrere Meter, die Längen vari- ieren. Gut zu beobachten sind diese Stufenraine 2500 m W von Nettersheim am W-Hang des Pützberges sowie 1500 m SSW von Nettersheim am W-Hang des Wellenberges. Am Wellenberg befindet sich ein Terrassensystem (L ca 1000 m, B 180 m). An einigen Stellen liegen nicht weniger als 12 dieser Terrassen übereinander. Im N biegen die Terrassen teils durchlaufend, teils kurz unter- brochen nach O um. Einzelne Terrassen errei- chen eine Gesamtlänge von 850 m. Ihre Breiten betragen 5–20 m, die Stirnhöhen liegen zwischen 1 und 2,8 m, die Neigung beträgt ca 30%. Das Relief ist durch spätere Fließbewegungen des Bo- dens offenbar nur geringfügig verändert worten. Ein solches Flurgefüge wird als Langstreifenflur bezeichnet. Es gehört sicher jüngeren Zeitab- schnitten an. Wahrscheinlich wurde hier Hau- berg- oder Hackwaldwirtschaft – eine Wechsel- wirtschaft zwischen Niederwaldanpflanzung und Ackerbau – betrieben. Siedlungsgeographische Untersuchungen in der N-Eifel haben jedoch ergeben, daß in der Nähe dieser Streifenfluren fast immer röm Siedlungs- stellen liegen, daß ma Wüstungen zumeist fehlen und ältere Kerne heutiger Ortschaften oft weit entfernt liegen. Der Anfang der Entwicklung die- ses Flurgefüges wird daher bereits in röm Zeit vermutet.   La

Lit: WJanssen, Studien zur Wüstungsfrage im fränkischen Altsiedelland zwischen Rhein, Mosel und Eifelnordrand, Bd II, 1975, 439 ff, bes 455 ff, 471 – KASeel, BJb 163, 1963, 317 ff

Römisches Pingenfeld
Abb 493

2500 m O von Nettersheim befinden sich unmit- telbar S der Straße Nettersheim – Urft, in den Waldstücken Weilerbusch und Weilerheck am O-Hang des Weilertales, zwei Bergbaufelder (L je ca 450 m, B 180 m). In beiden Waldstücken kann eine große Anzahl von ▶Pingen beobachtet werden. Im wesentlichen handelt es sich um meh- rere Meter tiefe Gruben (bis 40 × 20 m), die als Reste früheren Tagebaus anzusehen sind und um kleine, ▶ trichterförmige Vertiefungen (B 2–5 m). Diese Trichter weisen auf Öffnungen jetzt verfüllter Schächte hin. Sie können im Ge- lände einzeln oder paarweise, mit und ohne Randwall beobachtet werden. Außerdem sind einzelne Halden sowie längliche Vertiefungen,

Abb. 493   Nettersheim. Pingenfeld »Weilerheck«. Ansicht von Nordosten

wohl Reste von ▶ Schürfgräben, vorhanden. An beiden Stellen wurden Eisenerzvorkommen aus den Schichten des Mitteldevons abgebaut. Das Erz steht hier obertägig an. Es ist relativ leicht zu verhütten, weil es nur einen geringen Anteil an Kieselsäure enthält. Die Schachtanlagen belegen wohl spätma oder frühneuzeitlichen Eigenlöhnerbergbau. Weiterer Abbau ist im Weilertal noch bis ins 19. Jh betrieben worden.

Die Tagebauspuren sind wahrscheinlich älter und reichen möglicherweise bis in röm Zeit zurück. Dies legt eine röm Siedlungsstelle zwischen beiden Bergbaufeldern nahe. Hier wurden Mauerreste, Keramik und Brocken von Eisenluppe gefunden. Diese Funde sprechen für eine Eisenverarbeitung an Ort und Stelle. Auch die Terrassenäcker in der Nähe dürften röm sein.   La

Lit: WJanssen, Studien zur Wüstungsfrage im fränkischen Altsiedelland zwischen Rhein, Mosel und Eifelnordrand I, 1975, 77; II 260 f – WSölter, Archäologische Untersuchungen zur antiken Wirtschaft und Technik in der Nordeifel, FVFD 25, 1974, Bd I, 50 ff

Römische Quellfassung
Abb 348, 350, 494, 495

Im Urfttal unweit der ehem Rosenthaler Mühle, ca 2,5 km NW von Nettersheim, liegt der sog »Grüne Pütz«. Es handelt sich um die südlichste Quellfassung der röm 95,4 km langen, zumeist unterirdisch geführten röm → Eifelwasserleitung nach der in Luftlinie 52 km entfernten *CCAA*-Köln; sie wurde 1952 ausgegraben und 1975 nach einer nochmaligen wissenschaftlichen Untersuchung weitgehend rekonstruiert.

Die eigentliche Quellfassung ist eine ▶ Sickerleitung (B 0,40–0,45 m, H 0,70–1,00 m), die sich auf 80 m Länge eng an den S Hangfuß des Urfttales anlegt; sie nimmt das dort verstärkt austretende Quellwasser auf. Hangseitig besteht sie aus trocken gesetztem Bruchsteinmauerwerk mit breiten Fugen, die das Wasser ungehindert einströmen lassen. Talseitig und am Kopfende ist sie mit Ton gegen Fremdwasser und Wasserverlust abgedichtet worden. Die Abdeckung der Leitung, auf deren Sohle eine Kiesschüttung lag, bestand aus mächtigen Sandsteinplatten.

Aus dieser Sickerleitung floß das Wasser (ca

Abb. 494   Nettersheim. Brunnenstube »Grüner Pütz«. Teilrekonstruktion

700–800 m³ pro Tag) in eine annähernd rechteckige, ehem wohl offene ▶ Brunnenstube (1,93 × 1,86 m), deren über mächtigen Fundamentquadern (L bis 1,20 m; B 0,60 m; D 0,60 m) hochgezogene Grauwackemauern von halbrunden Decksteinen aus Sandstein bekrönt wurden. Nach Ausweis eines Ecksteins, der 1952 gefunden wurde, befanden sich an den Ecken rechts und links Reliefs mit dem Medusenhaupt (Gorgoneion); man beabsichtigte wohl, dadurch Unheil von der Quelle fernzuhalten. Für die ursprüngliche Mauerhöhe gibt es keine Anhaltspunkte. Die kiesbedeckte Beckensohle lag deutlich (0,15 m) tiefer als Zu- und Ablauf. Auf diese Weise war ständig ein entsprechend hoher Wasserstand vorhanden. Im Becken beruhigte sich das eingeflossene Wasser, und Fremdkörper in Form von Schwebstoffen konnten sich absetzen. Durch zwei zusätzliche kleine Öffnungen im hangseitigen Fundament der Brunnenstube strömte weiteres Quellwasser ein. Auf der Talseite verhinderte eine Tonabdichtung unerwünschten Wassereintritt oder Wasserverlust. Bei der Rekonstruktion wurde eine Seite der Brunnenstube nicht wieder aufgemauert, um so einen leichteren Einblick in das Innere zu ermöglichen. An die Brunnenstube schließt sich der eigentliche ▶ Kanal an. Boden und Seitenwangen bilden eine U-förmige Rinne aus Gußbeton (lW 0,50 m; lH 0,90 m). Sie ist mit rötlichem Wandputz abgedichtet. Die Gewölbeabdeckung besteht aus Grauwacken und Kalksteinen.

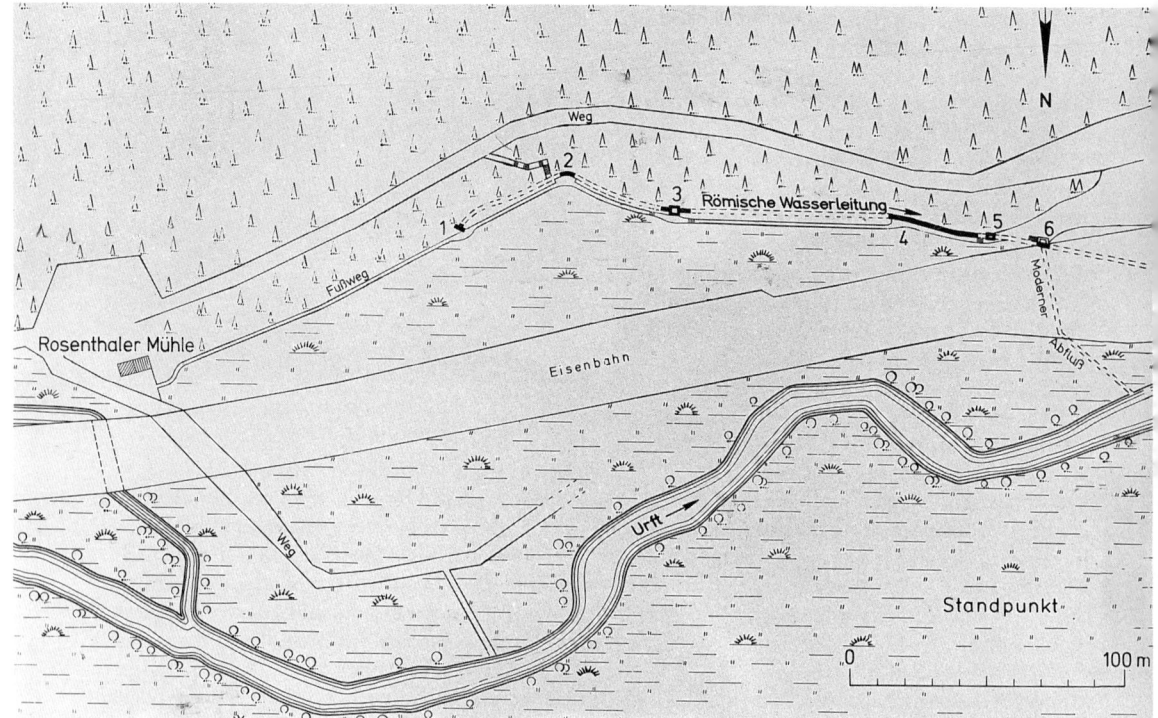

Abb. 495   Nettersheim. Quellfassung »Grüner Pütz«. Plan. 1 Beginn der Sickerleitung, 2 Sickerleitungsaufschluß, 3 Brunnenstube, 4–6 Teilstücke des Wasserleitungskanals nach CCAA

Das Kanalstück wurde in seinem Verlauf bis zur Bahnlinie Köln–Trier restauriert.   Gre
Lit: WHaberey, Wasserleitung 64 ff – AJürgens, RheinAusgr '86. Das RLM Bonn. Sonderh Jan 1977, 92 ff – Grewe 38 ff

Römische Wasserleitung

In der Grünanlage »Pfaffenbenden« ist eines der 1980 bei → Mechernich-Breitenbenden geborgenen ▶ Teilstücke der röm → Eifelwasserleitung nach Köln wiederaufgebaut worden.   Gre
Lit: Grewe 84 ff, 289

Nettersheim-Roderath   EU

Römischer Gutshof

An einem nach NW geneigten Hang ca 1 km W von Roderath, wurden auf einem Areal (ca 100 × 120 m) Teile eines röm Gutshofes (villa rustica) des späten 1. bis vermutlich 4. JhnChr freigelegt. Nach Ausweis der Keramik lag der Siedlungschwerpunkt im 2./3. JhnChr. Zu sehen sind die Fundamentmauern eines ursprünglich einräumigen ▶ Fachwerkgebäudes (12 × 7,5 m) mit Steinsockel, das später um mindestens einen zweiten Raum (7 × 7,5 m) erweitert wurde. Es handelt sich vermutlich um einen Teil des NO-SW orientierten Haupthauses, das mit Ziegeln gedeckt war. Die übrigen vier bislang festgestellten Nebengebäude (max 32 × 20 m) waren le-

diglich Schwellbalken- und Pfostenständerbauten. Unweit eines möglichen Gesindehauses (ca 13 × 9 m) W des mutmaßlichen Hauptgebäudes wurde ein ▶ Backofen (Dm ca 1 m) ergraben. Außerdem liegen die Reste ener ▶ Wasserleitung mit Auffangbecken. Die Ausgrabungen laufen seit 1984. Eine Konservierung und Teilrekonstruktion des Befunds ist beabsichtigt.   Ho
Lit: GUKnackstedt, BJb 186, 1986, 612 f – ders, BJb 187, 1987 (in Druck)

Nettersheim-Tondorf   EU

Römische Straße

Am S-Hang des Heinzenberges ca 2 km W von Tondorf kann noch auf einer Länge von 100 m der ▶ Damm (B ca 4,5 m, H bis 0,5 m) der ehem röm Straße von *Bonna*-Bonn nach *Marcomagus*-Marmagen beobachtet werden, die dort auf die Staatsstraße *CCAA*-Köln – *Augusta Treverorum*-Trier traf. Die begleitenden Gräben sind kaum noch zu erkennen.
Das Teilstück liegt unweit des fälschlich als »Rö-

merstraße« bezeichneten, gepflasterten Weges, der von Blankenheim über Nettersheim-Frongau nach Bad Münstereifel führt und vermutlich erst im Mittelalter angelegt wurde.   Ho
Lit: Hagen 177 ff – CBRüger, FVFD 25, 1974, 33 f

Nettersheim-Zingsheim   EU

Gallo-römischer Tempel
Abb 496

Etwa 1 km SW von Zingsheim, auf der Parzelle »Vor Hirschberg« und unweit der Straße nach Nettersheim, wurden 1963 die Fundamente eines gallo-röm Umgangstempels freigelegt, der offenbar den *Matronae Fachinehae* geweiht war. Die ▶ Fundamente von Cella und Umgang sind heute aufgemauert und so im Gelände dargestellt.
Die Cellamaße betrugen 2,60 × 3,40 m (Außenmaße ca 3,70 × 4,50 m); das einst aus Grauwakke- und Kalkbruchstein aufgerichtete Mauerwerk war ca 0,55 m stark. Der um die Cella gelegte trapezoide Umgang zeigte Seitenlängen von 7,15 bzw 7,65 und 8,20 m (Außenmaße ca 8,45

Abb. 496   Nettersheim-Zingsheim. Fundamente eines gallo-römischen Umgangstempels.
Ausgrabungen des Rheinischen Landesmuseums Bonn 1963

bzw 8,95 × ca 9,50 m). Die Holzpfosten, die vermutlich ein Ziegeldach trugen, standen auf einem 0,5 bis 0,6 m starken Unterbau, dem später im SO eine Mauer (L 8,50 m, B 0,42 m) vorgelegt worden war. Die Funktion dieser Mauer ist unklar, vielleicht diente sie als »Votivbank« wie das Podest O des Tempels A bei → Nettersheim. Bei den Ausgrabungen konnte auch die Frage des Eingangs – und damit der Orientierung – nicht geklärt werden. Ob der Eingang auf der SO-Seite gelegen hat, ist fraglich. Die Lage des ergrabenen Tempels ist seltsam isoliert; die nächsten Gebäudespuren wurden im NW, ca 30 m entfernt, gefaßt. Möglicherweise ist auch dort das Zentrum des in seiner vollen Ausdehnung noch unbekannten Heiligtums zu suchen.

Das spärliche Fundgut an Keramik und Münzen aus Zingsheim gehört überwiegend in das 3. und 4. JhnChr, ohne einen besonderen Schwerpunkt zu bilden. Es finden sich auch Funde des 2. Jh. Die Münzreihe bricht mit Prägungen des Theodosius I. und des Arcadius von 388–392 nChr ab. Das Heiligtum wurde also offenbar bis Ende 4. JhnChr genutzt. Die *Matronae Fachinehae*, die nach Ausweis der wenigen Skulpturfragmente auch als Dreiheit verehrt und dargestellt wurden, sind bisher inschriftlich nur in Zingsheim und in Euskirchen belegt; ihr Kult war offenbar lokal eng begrenzt. Vermutlich leitet sich der germ Beiname von einem uns nicht bekannten Ortsnamen her.

Vor dem rekonstruierten Grundriß sind die ▶ Kopien zweier Weihesteine aufgestellt, die 1976 ca 1 km W von Zingsheim (Gleisiger Heck) in einem fränkischen Gräberfeld des 6. und 7. Jh gefunden wurden und dort bei einem von Platten umstellten und abgedeckten Grab wiederverwendet worden waren; die Originale befinden sich im RLM Bonn.   Ho

Lit: WSage, BJb 164, 1964, 297 ff – HGHorn, FVFD 24, 1974, 86 ff – AJürgens, Ausgrabungen im Rheinland '77, Das RLM Bonn. Sonderh 1978, 152 f – ABFollmann-Schulz, ANRW II 18,1, 1986, 754 ff

Neuhütte → Mechernich

Neuss   NE

Novaesium
Abb 18, 26, 69, 73, 74, 102, 156, 497–500

Systematische Suchgrabungen sind schon vor der Mitte des 19. Jh nahe der Erft in dem dort vermuteten Standlager »Buruncum« durchgeführt worden. Die Beobachtung der Kanalisationsarbeiten für die städtische Trinkwasserversorgung in den 80er Jahren des 19. Jh erbrachte die ersten Aufschlüsse über die Ausdehnung des röm Zivilvicus. Nach einer Testgrabung 1887 konnte C. Koenen 1888–1900 die Garnison der 16. und 6. Legion wie auch das Kastell einer *ala* nahe der Erft ergraben.

Etwa gleichzeitig wurden unweit des Meertals in den Lehmgruben der Ziegelei Sels die Überreste eines augusteisch-tiberischen Truppenplatzes abgetragen. 1925 wurde in einer Kiesgrube zwischen Legionslager und Erft der größere Teil eines als Thermen gedeuteten Großbaus aufgedeckt. 1955 begannen in Gnadental Ausgrabungen in beiden Truppenplätzen, die, wenn auch mit Unterbrechungen, wegen der andauernden Überbauung bis heute fortgeführt werden mußten. Von 1959 bis 1964 konnten umfangreichere Ausgrabungen noch in und um St. Quirin ausgeführt werden.

Der Truppenplatz *Novaesium* liegt rund 2,5 km SO von Neuss. Das Areal wird fast allseitig von natürlichen Hindernissen umgrenzt, einer ehem sumpfigen Niederung, dem Meertal, der Rhein- und Erftaue, und dem früher von Neuss nach Gnadental führenden Gnadentaler Weg.

Die erste schriftliche Erwähnung von *Novaesium* ist dem Bericht des Tacitus über den Bataveraufstand zu verdanken, die letzte der Geschichte des Franken Gregor von Tours, in welcher der Rheinübergang eines röm Heeres unter dem Feldherrn Quintinus für das Jahr 388 nChr erwähnt wird. Während der erste Bestandteil des Ortsnamens eine lateinische Wurzel hat, sind Herkunft und Bedeutung des zweiten Bestandteiles unbekannt: -aesium kann aus dem Lateinischen, Keltischen oder Germ stammen.

Die günstigen geographischen Voraussetzungen haben die Wahl des ältesten Truppenplatzes am Rhein bestimmt: Die Kölner Bucht öffnet sich in

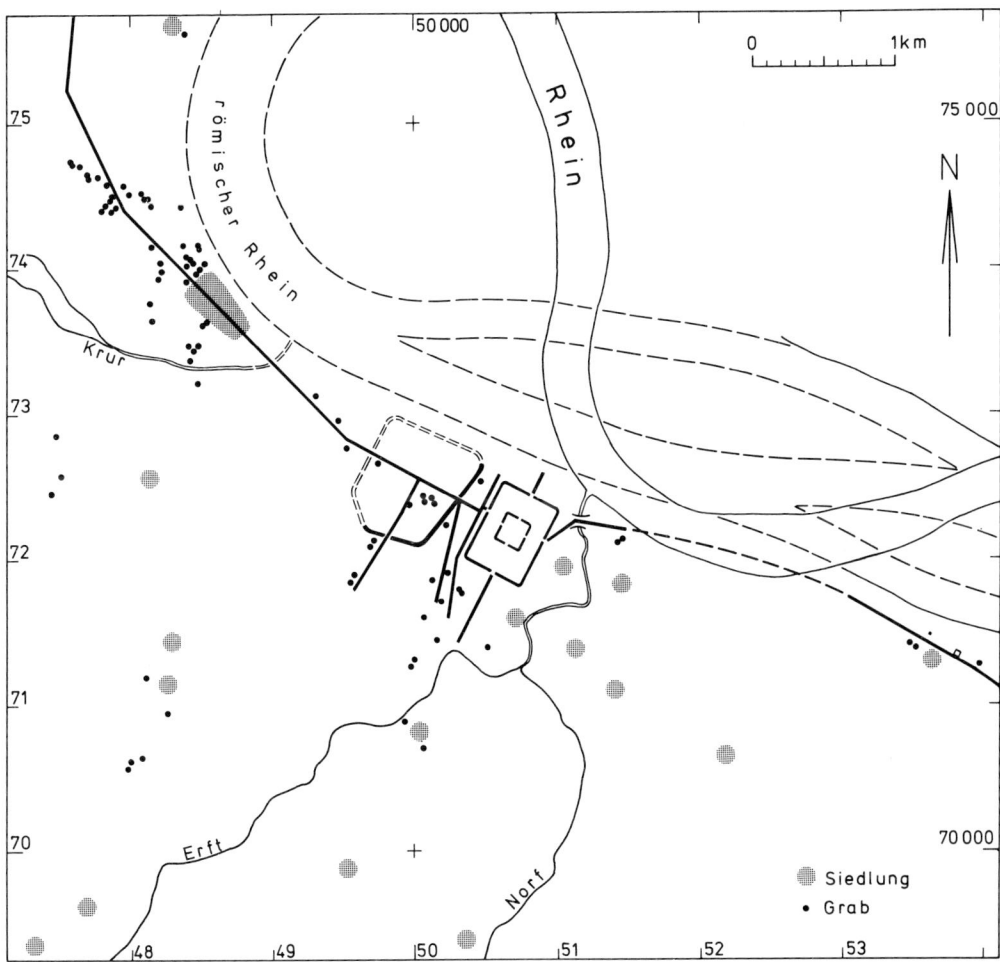

Abb. 497   Neuss. Römische Fundplätze im Stadtgebiet

Höhe von Neuss zum Niederrheinischen Flachland. Rechtsrheinisch fließen in der Nachbarschaft Wupper, Düssel und Ruhr in den Rhein. Linksrheinisch erlaubt das Auslaufen der Ville der nach NW abgedrängten Erft die Hauptterrasse zu verlassen und bei Grimlinghausen in den Rhein einzumünden. Der Geländestreifen zwischen Niersquelle und unterer Erft bietet sich als günstiger Zugang von W zur Erftmündung an, nahe dem südlichsten Übergang über den Rhein, von dem aus über das Niederbergische Hügelland der Hellweg als bedeutende Einfallstraße noch

ohne größere Schwierigkeiten erreicht werden konnte.

Die augusteisch-tiberischen Lager (A–F). Sie bestanden durchschnittlich jeweils fünf Jahre, da bis zur Errichtung des Lagers G im Jahr 43 nChr insgesamt 12 Bauperioden festgestellt worden sind. Das älteste Lager A wurde um 16 vChr erbaut. Da die W Lagerflächen dieses und der späteren Lager durch den Lehmabstich abgetragen oder durch neuzeitliche industrielle Fertigungsstätten bereits überbaut waren, mußten sich die Untersuchungen auf die O Lagerhälften beschränken. Die na-

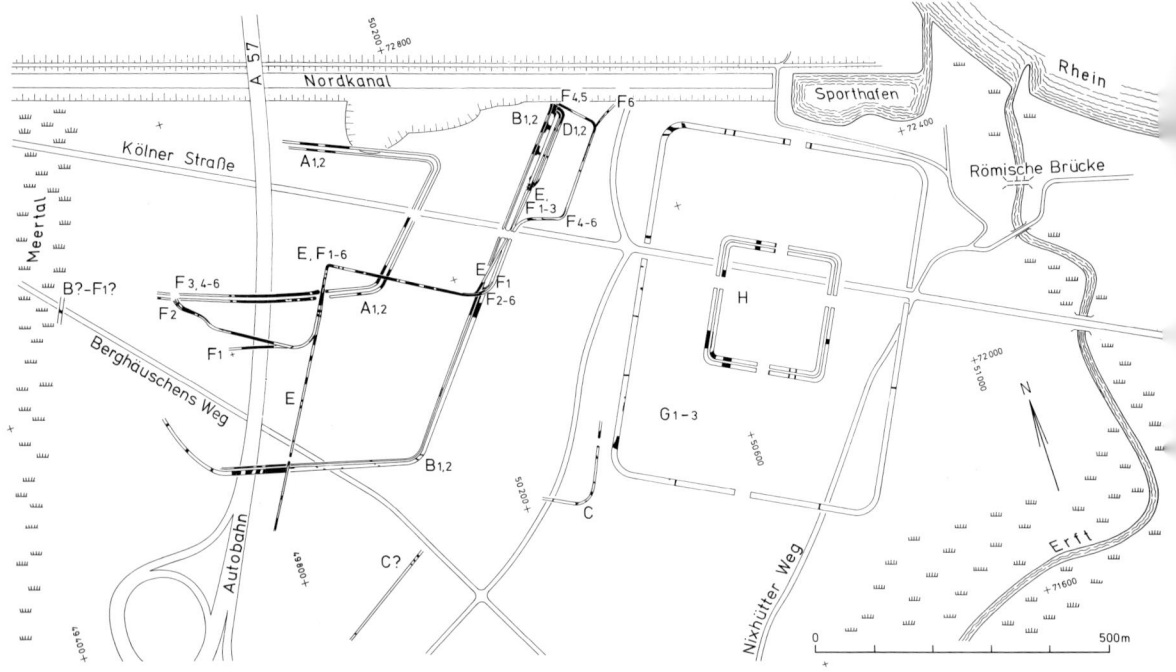

Abb. 498   Neuss-Novaesium. Militärlager. Gesamtplan

türliche W Begrenzung aller Lager bildete das Meertal. Die breit-trapezförmige oder vielleicht auch polygonale Grundfläche des Lagers A kann daher 13–14 ha nicht überschritten haben. Die Besatzung des Lagers ist nicht bekannt. Vermutlich hat in ihm ein zu besonderen Aufgaben zusammengestelltes Kommando aus Legionskohorten und Hilfstruppen gelegen, die in Zelten oder nur schwach fundamentierten Baracken untergebracht waren. Die Umwehrung bestand aus einem Doppelgraben (B 14 m) und einer Holz-Erde-Mauer, die aber nicht so tief gegründet war, daß ihre Spuren hätten festgestellt werden können. Vor dem S-Tor waren die beiden Umfassungsgräben – der innere auf ca 6 m, der äußere auf mindestens 13 m – unterbrochen. Nach einem Münzfund ist das Lager nach 10 vChr aufgelassen worden.

Das große Lager B (ca 43 ha) hatte eine polygonale Grundfläche mit mindestens fünf Ecken und bot vermutlich Platz für zwei Legionen und ihre Hilfstruppen, zumal den Soldaten noch keine fest

ausgebauten Unterkünfte zur Verfügung standen. Die *legiones XVII, XVIII* und *XIX* gehörten bis 9 nChr zum niedergerm Heer. Eine oder zwei dieser Legionen, unter ihnen mit großer Wahrscheinlichkeit die *legio XIX,* müssen für längere Zeit die Besatzung des Lagers B gestellt haben. Das Lager war von einem Doppelgraben (B 10 m) und einer Holz-Erde-Mauer wie die des Lagers A umgeben. Der äußere Sohlgraben ist nach Einsturz seiner Böschungen zu einem Spitzgraben umgebaut worden. Die unbefestigten und aus Sand aufgeschütteten Lagerstraßen sind oberflächlich durch Spitzgräben entwässert worden. Die Lagerhauptstraße (*via principalis*) verlief unter und neben der Kölner Str. Die Prägezeit der Münzen des Lagers B oder der in die Umfassungsgräben abgesunkenen Siedlungsschicht überschreitet nicht das Jahr 14 nChr.

Vom größten Neusser Lager C, das nur kurze Zeit bestanden haben kann, konnten bisher nur ein Nebentor und zwei Grabenstrecken der S-Ecke des Lagers erfaßt werden. Die Toranlage

(B 7,3 m) war durch einen starken Mittelpfeiler in zwei Tordurchfahrten (B 3 m) unterteilt.

Zum Lager C, und wohl nicht zum Lager B 2, gehören die frühesten Baubefunde, die einige Gruben und die Straßengräben des Lagers B überschneiden. Es handelt sich um zwei Mittelgebäude, um das Lagerforum und um ein außerordentlich großes Prätorium. Das unter der Autobahn ergrabene Forum (L fast 80 m, B 75 m) hatte einen von Laubengängen umgebenen Innenhof (L 44 m, B 57 m). An den offenen Platz schloß sich eine dreischiffige Querbasilika (B 21,5 m) an. An die Rückseite und Ecken der Basilika waren einige Principiaräume angebaut. Ein Mittelgang (B 6 m) in der Achse des Forums führte vom Innenhof durch die Säulenhalle und den Principiatrakt auf eine Versorgungsgasse (B 6 m) und den Eingang des Prätoriums. Das Prätorium (122 × 108 m) bestand aus vier palastartigen Gebäuden (70 × 56 m bzw 50 × 38 m), die um einen zentralen Verbindungshof gruppiert und mit Peristylen ausgestattet waren.

Das kleine Auxiliarkastell D erstreckte sich über die O-Ecke des Lagers B. Da der Vorderteil des Kastells abgetragen worden ist, kann die Gesamtfläche nur geschätzt werden: vermutlich 2,5–3,6 ha. Der Holz-Erde-Mauer (B 3 m) war ein Doppelgraben (B 11 m) vorgelagert. In einer jüngeren Phase ist der fast verfüllte Außengraben durch einen schmalen Sohlgraben ersetzt worden.

Das frühtiberische Lager E war das letzte der großen Lager. Die Umwehrung bestand aus einer oberflächlich aufgebauten Holz-Erde-Mauer und einem Spitzgraben (B 5 m). Der eigenartige, eingezogene Winkel in der S-Front des Lagers ist von den nachfolgenden Lagern übernommen worden. Die Fläche des sicher nur kurzfristig genutzten Lagers kann nicht geschätzt werden, da über den Verlauf seiner SW-Flanke keine Anzeichen vorliegen. Vermutlich gehörte zu diesem Lager F ein Großgebäude (58 × 53 m) mit einem Innenhof (32 × 22 m), das als Magazin- oder als Wirtschaftsbau gedeutet werden kann. In der Achse des Hofes befanden sich die Substruktionen (14 × 7 m) eines erhöhten »Podiums«.

Mit dem von der *legio XX Valeria victrix* errichteten Lager F, das zunächst mindestens sechs und später neun Ecken gehabt haben muß, wird *Novaesium* Garnison und für acht Jahrzehnte Standort einer Legion. Aus der Sicht der Neusser Grabungen muß das Doppellager in Köln aufgelöst und die 20. Legion nach Neuss wohl als Folge der nunmehr anlaufenden Einrichtung des niedergermanischen Limes verlegt worden sein. Die mehrfach erneuerten Lagerumwehrungen der fünf bis sechs Lagerperioden bestanden aus einer Holz-Erde-Mauer (B 2,5–3,5 m) und einem Spitzgraben. In die Mauer waren in Abständen um 80 m Zwischentürme eingebaut. Die Größe der Lagerareale schwankte zwischen 22 und 26 ha. Die Zurücknahme der W Lagerflanken wurde in etwa ausgeglichen durch ein Vorverlegen der O Lagerfront. Nach Ausweis von Münzen ist das Lager F nach 37/41 nChr aufgelassen und die Umwehrung planiert worden. Die *legio XX* hat demnach bis zu ihrem Abmarsch nach Britannien 43 nChr im Lager F gelegen und nicht auch im Lager G 1. Die augusteisch-tiberische Lagervorstadt (*canabae legionis*) erstreckte sich bis unter das Legionslager G. Dort und an einem nach S verlaufenden Straßenzweig haben auch die gleichzeitigen Friedhöfe gelegen.

Das Legionslager G. Bei dem 43 nChr von der *legio XVI* erbauten oblongen Holz-Erde-Lager G 1 (570 × 420 m) konnte die Lagermauer nicht gefaßt werden, da die Fundamente nicht tief genug gegründet waren.

Zur Umwehrung gehörten vielleicht zwei Spitzgräben. Nach der Position eines Zwischenturmes 30 m vor der W Lagerecke scheint die Mauer durch etwa 60 Zwischentürme zusätzlich bewehrt worden zu sein. Unter den Steinperioden des N-Tors ist eine Holzanlage angetroffen worden, ein Zangentor (B ca 26 m) mit 8,6 m breiten Türmen und einem Torhof (L 11,8 m). Einer Orientierungsänderung ist es zu danken, daß neben dem W-Tor unter dem »Carcer« 53 ein Magazinbau (L 38 m, B 16,5 m) untersucht werden konnte, der aus 79 schmalen Räumen bestand. Nach der Mitte des 1. JhnChr begann der Ausbau des von C. Koenen Ende des 19. Jh aufgedeckten Lagers G 2/3 (sog Koenenlager). Mangels ausreichender Unterlagen ist eine Periodisierung der Innenbauten vorerst noch nicht möglich. Zur Lagerumwehrung gehörten eine Steinmauer mit aufgeschüttetem Erddamm und ein Doppelgraben (B 8 m). Nach unseren Untersuchungen scheint das Holztor der Rheinfront durch ein

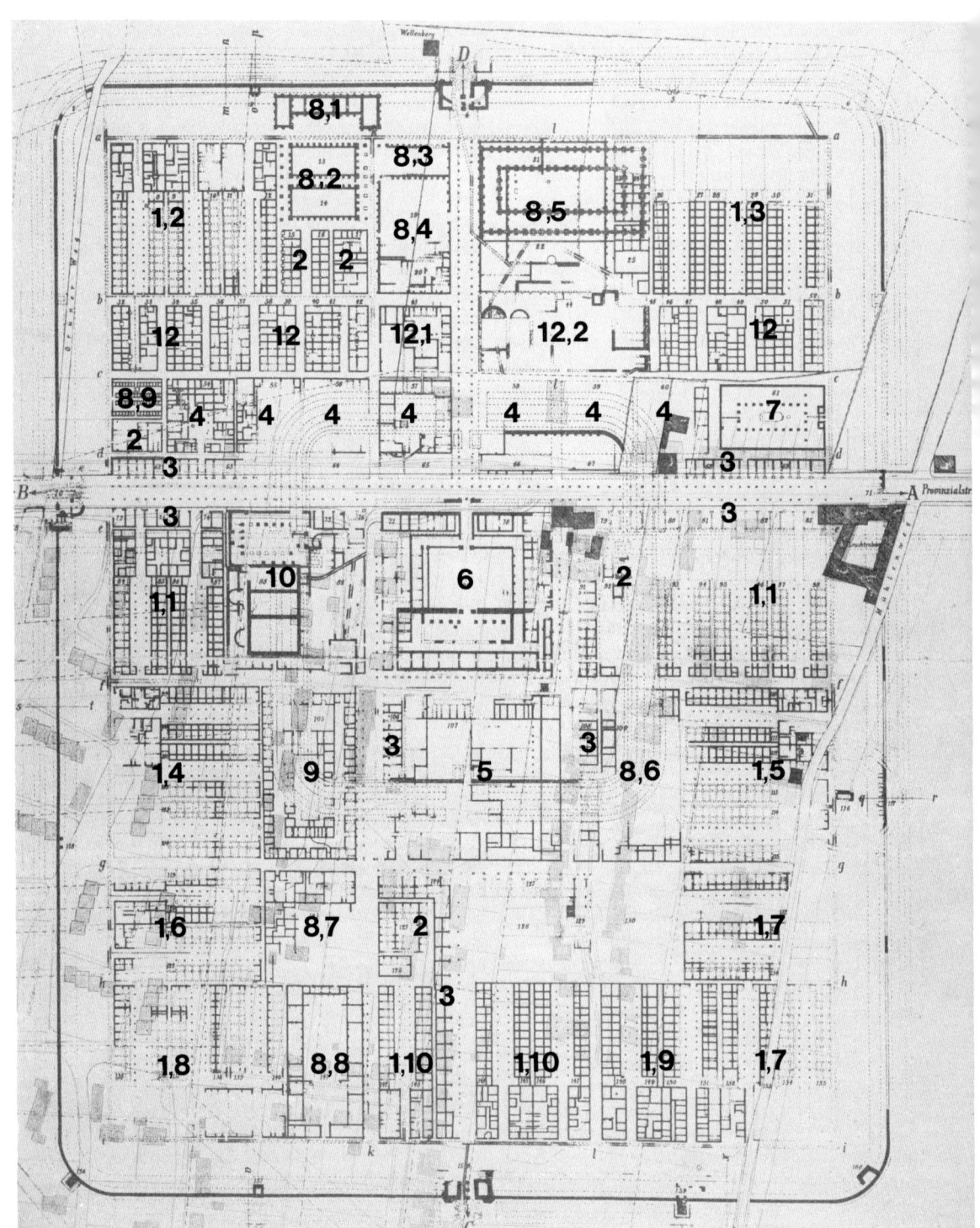

◁ *Abb. 499 Neuss. Legionslager Novaesium* *(»Koenenlager«). Plan. Funktion der Innenbauten: 1,1–1,10 Kasernen der 1.–10. Kohorte; 2 Unterkünfte für die Spezialisten (immunes); 3 Quartiere (tabernae) für die Legionsreiterei; 4 Häuser der Stabsoffiziere (tribuni militum) und des Lagerkommandanten (praefectus castrorum); 5 Wohnhaus (praetorium) des Legionskommandeurs; 6 Lagerforum (principia); 7 Aufenthaltsraum (schola) der 1. Kohorte; 8 Wirtschaftsgebäude (1 Werkhalle/fabrica, 2 Speicher/horrea, 3 Speicher/horreum, 4 Magazin, 5 Hoftyp, 6 Hoftyp, 7 Basartyp, 8 Hoftyp, 9 Magazin); 9 Lazarett (valetudinarium); 10 Bad (thermae); 12 Unterkünfte einer Hilfstruppe (1 Kommandeurshaus der Hilfstruppe, 2 Exerzierplatz)*

Steintor gleichen Typs abgelöst worden zu sein. Das im Bataveraufstand zerstörte Lager wurde von der *legio VI* wieder aufgebaut. Die Steinmauer der Lagerumwehrung wurde erneuert, der

Doppelgraben G 2 aufgelassen und durch einen Spitzgraben (B bis 13 m) ersetzt. Möglicherweise begann der Wiederaufbau nach 74 nChr, da eine entsprechende Münze in der obersten Verfüllung des Grabens G 2 gefunden wurde. Durch eine andere Münze werden die Auflassung des Lagers und die Planierung des breiten Umfassungsgrabens nach 103 nChr datiert.

Der Plan des Koenenlagers ist ein gutes Beispiel für das Schema eines regulären Legionslagers. In der Mitte des Lagers befinden sich die Zentralbauten, das Stabsgebäude (*principia*), das Prätorium, das Quästorium und die Thermen. Längs der Hauptstraße erstrecken sich im Vorderlager die Wohnungen der Stabsoffiziere. Magazine und Werkstätten werden möglichst in die Nähe der Lagertore gelegt. Die Kasernen der Soldaten sind an die Wallstraßen gebaut und legen sich als schützender Kranz um die Mittelbauten.

Das Auxiliarlager H (178 × 165 m = 3 ha) ist vermutlich um die Mitte des 2. JhnChr von einer un-

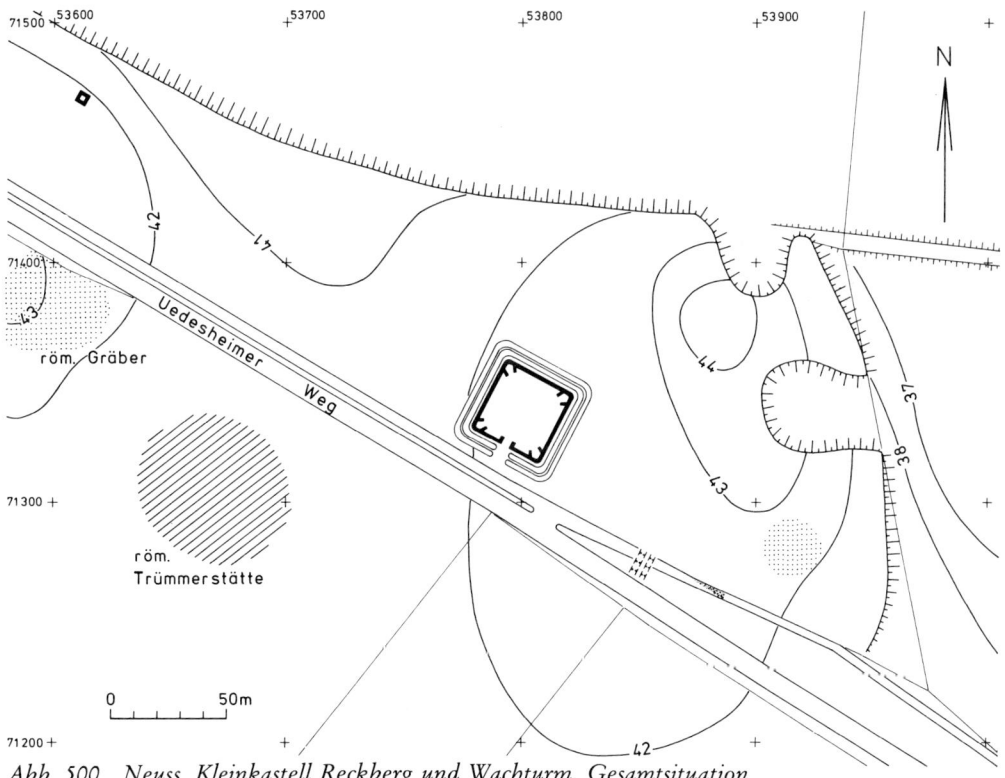

Abb. 500 Neuss. Kleinkastell Reckberg und Wachturm. Gesamtsituation

bekannten Reitertruppe (*ala*) erbaut worden. Die Umwehrung bestand aus einer durch Strebepfeiler verstärkten Steinmauer und einem Doppelgraben (B 21 m). Über die Dauer des Alenkastells können nur Vermutungen angestellt werden. Der Lagervicus hat nach Ausweis von Münzfunden noch im 4. JhnChr bestanden.

Kleinkastell. Fast 3 km O des Legionslagers lag auf dem W-Hang des Zweiten Reckbergs das Numeruskastell (0,11 ha) zwischen dem Rheinufer und der nach Uedesheim führenden Römerstraße. Die Lagerumwehrung bestand aus einer breiten Steinmauer und einem Doppelgraben (B 6,5 m). Ein weiterer Doppelgraben (B 7 m), unmittelbar S des Lagers gefunden, gehörte vermutlich zu einem Ende des 1. JhnChr angelegten Holz-Erde-Lager. W des Kastells breitete sich eine kleine Ansiedlung aus, die nach dem zugehörigen Gräberfeld bis zur Mitte des 3. JhnChr bewohnt gewesen war. So lange kann auch das Numeruskastell bestanden haben.

Etwa 200 m W des Kastells erhob sich auf dem Ersten Reckberg ein Wachtturm (5 × 5 m). Über seine Datierung liegen keine Angaben vor, ebenso auch nicht über eine Umwehrung aus einer Palisade und einem Spitzgraben.

Die Zivilsiedlung (vicus). Sie reichte vermutlich vom Obertor bis zum Münster. Die Ansiedlung orientierte sich nach der Hauptstr unter der Oberstr und dem Büchel und von ihr abzweigenden Nebenstraßen. Die erste Dorfanlage muß in frühtiberischer Zeit gegründet worden sein. Während des Bataveraufstandes wurde die Siedlung vollständig zerstört. Beim Wiederaufbau wurden die Holzschwellen der Fachwerkbauten durch Steinsockel ersetzt. Mehrfach sind Hypokaustanlagen zumindest zur Beheizung von Wohnräumen aufgedeckt worden. Baureste spätröm Zeit sind nicht gefunden worden. Daß die Ansiedlung aber noch bis in das 4. Jh fortdauerte, wird durch die zahlreichen Körperbestattungen des Hauptgräberfeldes nördlich des Vicus belegt. Seit der Mitte des 5. Jh hat es in Neuss allem Anschein nach einen fränkischen Hof oder einen Weiler gegeben.   Mü

Lit: GMüller, NL 139 ff Nr 40 – ders, Das römische Neuss, 1984, 53 ff – MGechter, BJb 179, 1979, 99 ff – ders, Ausgrabungen im Rheinland '83/84, 1985, 115 ff

Historischer Rundgang
Abb 103, 189, 226, 257, 501

Parkplatz: Humboldtstr. Dauer des Rundgangs ca 40 Minuten

In Neuss-Gnadental verläuft die heutige Kölner Str (B 9) im Bereich des sog Koenenlagers auf der Trasse der *via principalis,* einer der beiden Lagerhauptachsen in röm Zeit. Diese Straße verband ursprünglich die beiden Lagertore an den Längsseiten, die *porta principalis dextra* (etwa Nixhütter Weg/Grimmlinghauser Brücke) und die *porta principalis sinistra* (etwa Grüner Weg/Humboldtstr) miteinander; sie führte an der im Lagerzentrum gelegenen Kommandantur (*principia*) vorbei. Der ▶ Lagerbereich ist heute durch entsprechende Hinweisschilder Ecke Grimmlinghauser Brücke bzw Ecke Humboldtstr ausgewiesen.

Anläßlich ihrer 2000-Jahr-Feier hat die Stadt Neuss in Gnadental einen »historischen Rundgang« eingerichtet, der im wesentlichen den N Teil des Lagers, die *retentura* erschließt. An der Kölner Str/Ecke Humboldtstr steht der Abguß einer aus drei Teilen mit verschiedenen Fundorten zusammengesetzten ▶ Jupitersäule; die Originale befinden sich im RLM Bonn. Die Basis, ein Viergötterstein mit den Darstellungen von *Hercules, Ceres, Mercurius* und *Vulcanus,* stammt aus → Köln-Weiden. Die geschuppte Säule mit Kapitell wurde in → Erkelenz-Klein Bouslar gefunden; sie zeigt *Mercurius, Minerva und Iuno.* Der thronende Jupiter schließlich ist ein Bonner Fundstück; er dürfte wie die beiden anderen Stücke ins 3. JhnChr datiert werden. Jupitersäulen dokumentieren eine besondere Art der Jupiterverehrung in der Provinz Niedergermanien; auch für Neuss gibt es entsprechende Belege.

Stadtauswärts, etwa 100 m entfernt, ist eine ▶ Informationstafel zum röm Neuss im allgemeinen und zum sog Koenenlager im besonderen aufgestellt (Karte zur Gesamtsituation; Lagerplan mit Funktionsbezeichnung der Gebäude, Rekonstruktionszeichnung). Dazu laden die Abgüsse ▶ röm Tische (Fo Kölner Str 13, wohl aus dem Bereich einer *villa rustica*; Originale im Clemens-Sels-Museum Neuss) zum Verweilen ein. Die Sitzgelegenheiten haben keine röm Vorbilder.

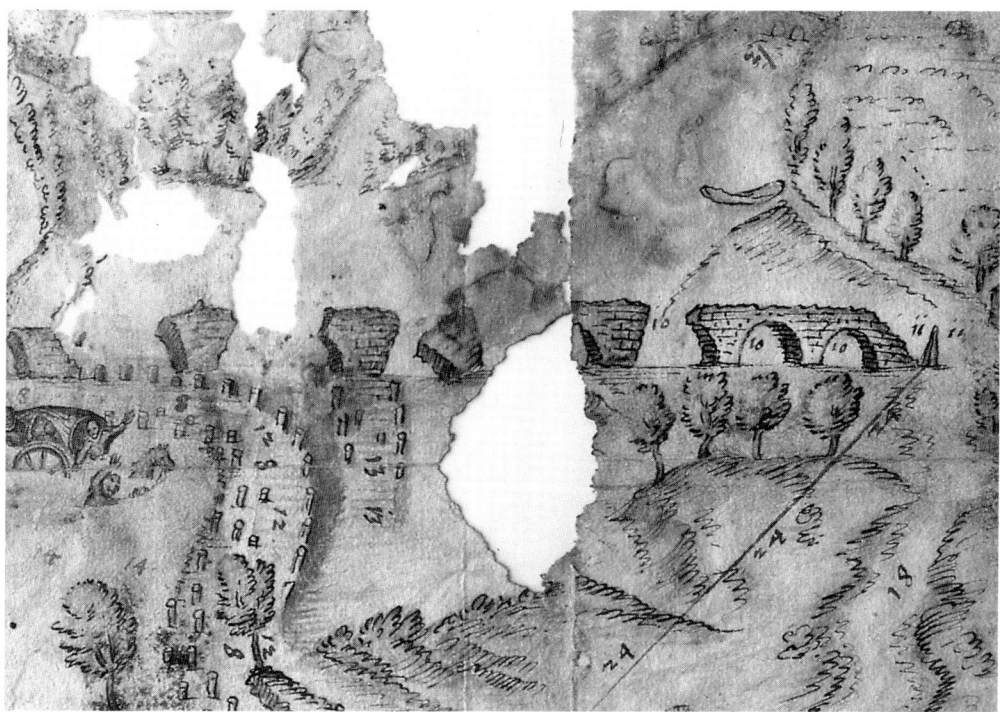

Abb. 501   Neuss. Reste der Römerbrücke über die Erft. Stich des 17. Jh. (Ausschnitt). (Neuss, Stadtarchiv)

Ecke Kölner Str/Konstantinstr – und somit nicht weit von dem Fundplatz entfernt – ist ▶ der Grabstein des *Oclatius*, Sohn des *Carvus*, aufgestellt (Abguß; Original im Clemens-Sels-Museum Neuss). Der Tungrer (*Tungri* = Stamm in der Gegend des heutigen Tongeren/Belgien) war Feldzeichenträger der *ala Afrorum*, einer Reitereinheit, die vermutlich in den 70er Jahren des 1. JhnChr in Neuss stationiert war. Im oberen Bildfeld ist der Verstorbene mit dem Feldzeichen seiner Einheit zu sehen, im unteren ein aufgezäumtes, aber lediges Pferd und ein Pferdeknecht.

Ecke Kölner Str/Tiberiusstr trifft man auf die in der Nähe gefundene ▶ Grabstele des *Tiberius Iulius Pancuius* (Abguß; Original im Clemens-Sels-Museum Neuss); er stammte aus dem heutigen Spanien oder Portugal und war Feldzeichenträger einer Infanterieeinheit, der *cohors Lusita-*norum, die wohl zwischen 20 und 43 nChr die *legio XX* in Neuss unterstützt hat.

Auf dem »historischen Rundgang« folgt man nun der Tiberiusstr/Grimlinghauser Brücke. Unmittelbar an der Erft erinnert eine ▶ Hinweistafel an die Römerbrücke des beginnenden 2. JhnChr, über die ehem die röm Straße nach SO zum Kleinkastell Reckberg und von da aus weiter nach → *Durnomagus*-Dormagen führte. Das massive, pfeilergetragene Bauwerk – die Spannweite der mindestens 9 Rundbögen nahm zur Brückenmitte hin immer mehr zu – lag ca 80 m unterhalb der heutigen Erftbrücke und war offensichtlich noch bis 1585/86 intakt. Im Truchseßschen Krieg wurde es von spanischen Truppen gesprengt und in der Folgezeit als Steinbruch benutzt. Ein Stich des 17. Jh (Stadtarchiv Neuss) zeigt noch bedeutende Reste der Brücke; heute ist nichts mehr davon zu sehen.

Etwa ab dem Parkplatz des Sporthafens befindet man sich an der NO-Ecke des sog Koenenlagers; der Fußweg (= Rundweg R 7) entlang des Hafenbeckens und des N-Kanals führt parallel zur N Lagerumwehrung (Mauer mit vorgelegtem Doppelgrabensystem); auch von ihr ist heute nichts mehr erhalten. Unterwegs passiert man eine Ansammlung ▶ behauener Tuffsteine (zT mit Versatzspuren) aus dem sog Koenenlager; sie dürften einer der beiden Steinbauperioden angehören, die nach neueren Ausgrabungen zwischen 70 und 85 nChr anzusetzen sind. Nicht weit davon befindet sich wieder eine Hinweistafel auf die röm Befunde in Neuss und Umgebung. Die NW Lagerecke wird dann etwa wieder an der Humboldtstr erreicht.   Ho

Lit: GMüller, Das römische Neuss, 1984, 53 ff – PNoelke, Die Jupitersäulen in den germanischen Provinzen, 1981, 416 f Nr 6, 418 f Nr 9, 438 Nr 57 – ders, Neusser Jb 1977, 5 ff

Römischer Keller (fossa sanguinis)
Abb 502

Gepaplatz. Schlüssel zum Schutzbau: Gepaplatz 3

In Neuss-Gnadental, Gepaplatz, ist ein archäologischer Befund zu besichtigen, der 1956 bei Ausgrabungen des RLM Bonn freigelegt wurde und – sollte die Interpretation H. v. Petrikovits' zu-

treffen – zumindest N der Alpen, vielleicht sogar im ganzen *Imperium Romanum*, seinesgleichen sucht.

Es handelt sich um einen annähernd ▶ quadratischen Keller von 1,80 m lW; er ist heute noch 1,40 m tief und besitzt einen Stampflehmfußboden. Die Wände sind aus wiederverwendetem Steinmaterial (zT Sockelsteine) aus Grauwacke, Tuff und Kalkstein gesetzt, ebenso wie die beiden steilen Treppen (je 6 Stufen), die an zwei aneinander gegenüberliegenden Seiten hinabführen. An der SO-Wand ein tischartiger Absatz (1,0 × 0,30 m). Vor den inneren Treppenwangen steinerne Pfostenunterlagen mit entsprechenden Einlassungen offenbar für die Holzstützen eines Deckenunterzugs. Vermutlich wurde die (hölzerne) Kellerdecke so belastet, daß trotz der geringen Spannweite eine solche Stützkonstruktion erforderlich war. Nach Münz- und Keramikfunden wurde der Keller – vielleicht nach nur kurzer Benutzungszeit – in der 1. Hälfte des 4. JhnChr aufgegeben und verfüllt.

Der ungewöhnliche Befund, mehr jedoch noch eine flache Tonflasche und die Reste eines bronzenen Schallbeckens (Zimbel) aus dem Kelleraushub und die Terrakotta eines zusammengebrochenen Stieres (Widders?) sowie ein eisernes »Kultmesser«, die in unmittelbarer Nähe gefunden wurden, ließen H. v. Petrikovits an eine *fossa sanguinis*, einen Taufkeller des Kybele (*Magna-*

Abb. 502 Neuss-Gnadental. Keller (»Fossa sanguinis«). Ausgrabungen des Rheinischen Landesmuseums Bonn 1956/57

Mater-)kultes denken. (Vgl. die Originale und Kopien in der Vitrine des Schutzbaues und die Originale im Clemens-Sels-Museum Neuss). Im Mysterienkult der kleinasiatischen Göttermutter unterzogen sich die Gläubigen einer Blutstaufe. Der christliche Schriftsteller Prudentius (geb. 348) beschreibt dieses Ritual des sog *taurobolium* (Stierniederwerfung): Danach wurde über dem Täufling, der in eine mit Bohlen abgedeckte Grube hinabgestiegen war und sich dort niedergehockt hatte, unter Zimbel-, Flöten- und Kastagnettenklang ein Stier – oder auch ein Widder (*kriobolium*) – geschächtet; nach dem Glauben der Eingeweihten (Mysten) reinigte ihn das herabfließende Blut. Der so Getaufte war damit für die Ewigkeit wiedergeboren (*renatus in aeternum*); er stieg aus der Grube wieder heraus und war nunmehr Vollmitglied der Kultgemeinde. Die sog *fossa sanguinis* liegt offenbar in einem Tempelbezirk am SW-Rand des Auxiliarvicus (▶ Plan vor dem Schutzbau). Bei den Ausgrabungen 1956/57 wurden nämlich auch die Mauer- und Pfeilerreste eines größeren Kultbaus des 2./3. JhnChr angeschnitten. Die Funde lehren, daß hier ua Jupiter und die Matronen, einheimische Muttergottheiten, verehrt wurden. Die Spuren dieser ▶ Anlage sind im Pflaster vor dem Schutzbau ausgewiesen. Ho

Lit: HvPetrikovits, Novaesium – Das römische Neuss, 1957, 36 ff, 66 f, 90 ff – ders, Das römische Rheinland, 1960, 127 ff – DWortmann, Vom römischen Neuss. RheinKunst 10, 1971, 7 ff – ESchwertheim, Die Denkmäler orientalischer Gottheiten im röm Deutschland, 1974, 9 f – HGHorn, Das römische Neuss, 1984, 108 ff – ABFollmann-Schulz, ANRW II 18, 1, 1986, 757 ff

Kalksinter

In der Krypta von St. Quirin sind ▶ zwei Säulenschäfte (L 1,58 bzw 1,56 m; Dm 21 cm) aus Kalksinter zu sehen; das Material wurde im Mittelalter aus der röm → Eifelwasserleitung nach Köln gebrochen. Gre

Lit: Grewe 280

Clemens-Sels-Museum
Abb 131–133, 189, 257, 503, 504

Am Obertor. Öffnungszeiten: Di–So 10–17 Uhr Die archäologischen Sammlungen der Stadt Neuss enthalten im Untergeschoß umfangreiche Bestände röm Funde aus dem gesamten Stadtgebiet.

1839 bildete sich in Neuss ein Verein von Altertumsfreunden. Seine Tätigkeit führte 1845 zur Errichtung des Städtischen Museums. 1900 gingen die inzwischen gewachsenen Bestände bei einem Brand des Obertors, wo in vier Räumen das Städtische Museum ein Domizil gefunden hatte, fast zugrunde. 1912 konnte, dank der hochherzigen Stiftung einer Neusser Bürgerin, Frau Pauline Sels, Witwe des 1892 verstorbenen Sammlers Dr. Clemens Sels, das stattliche Haus am Neusser Markt gebaut werden. Im 2. Weltkrieg wurde das Museumsgebäude mit dem größten Teil der Bestände weitgehend zerstört. Was noch zu bergen war, fand abermals eine Bleibe im Obertor. Hier wurde das Museum 1950 wieder eröffnet, der Neubau im November 1975.

Den Auftakt bildet die Grabstele des Feldzeichenträgers *Oclatius*, die 1922 NW der Sels'schen Ziegelei an der damaligen Provinzialstr (heute Kölner Str) gefunden wurde. Das Grabdenkmal ist 2,3 m hoch (→ Historischer Rundgang) und trägt folgende Inschrift: *Oclatio Carvi f(ilio) signif(ero) alae Afror(um) Tungro frater h(eres) f(aciendum) c(uravit)* Oclatius, dem Sohn des Carvus, Feldzeichenträger der Ala Afrorum aus dem Stamm der Tungrer, hat der Bruder und Erbe das Grabmal anfertigen lassen. Die außergewöhnliche Grabstele ist ein aufschlußreiches Dokument röm Militärgeschichte.

Ein zweiter, gut erhaltener Grabstein gilt dem Gedächtnis des Feldzeichenträgers *Tiberius Iulius Pancuius*. Die Grabstele (H 1,60 m) wurde 1950 in Neuss-Grimlinghausen N der Kölner Str entdeckt und markiert den Neubeginn archäologischer Tätigkeit in Neuss nach dem 2. Weltkrieg. Sie besteht aus einem schlichten Schaft mit der Aufschrift: Tiberius Iulius Pancuius, Soldat der Kohorte der Lusitaner, verstorben im Alter von 55 Jahren, mit 28 Dienstjahren, ist hier bestattet. Das Bildfeld zeigt den Verstorbenen in Halbfigur. *Pancuius* diente in einer Hilfstruppeneinheit,

die in der Provinz Lusitania im SW Spanien aufgestellt wurde.

Ein dritter in der Sammlung befindlicher Stein
läßt nur noch die Aufschrift *h(ic) s(itus) e(st)*
(Hier ist er bestattet) erkennen. Die Bedeutung
des Fragments liegt in seiner Wiederverwendung:
Während der Barockzeit schlug man aus der
Rückseite des weichen Kalksteinmaterials ein
Bildnis Christi in der Gestalt des Salvators, das als
Hauszeichen Verwendung fand. Einige der militärischen Ausrüstungsstücke, die auf den Stelen
des *Oclatius* und *Pancuius* erkennbar sind, findet
der Besucher in der Schausammlung als Original
wieder: Schwerter, einige Speerspitzen, ein röm
Wurfgeschoß aus Tuff. Der beliebte Brust-
schmuck aus Metallscheiben (*phalera*), der als
Ehrenauszeichnung verliehen wurde, ist in zwei
Exemplaren vertreten, davon eines mit plastisch
ausgebildetem Löwenkopf.

Die durch den Grabstein des *Oclatius* belegten
Reitereinheiten sind zusätzlich dokumentiert
durch eine Vielzahl von Kleinfunden wie Steig-
bügel und Sporen, Zaumzeugteile und Glöckchen von Pferdedecken. Bedeutsam der Helm eines Infanteristen mit Nackenschutz und Helm-
buschfassung.

Im weiteren Sinne zählen zu den militärischen
Ausstattungsstücken auch die Zeltpflöcke, die bei
den Nachkriegsgrabungen gefunden wurden. Sie
liefern den Beweis, daß auch in Neuss vor Errichtung fester Bauten Zelte als Unterkünfte dienten.
Von den Gebäuden selbst sind zwar nicht viele,
aber dennoch einige prägnante Fragmente erhalten. Wirkungsvoll sind die beiden mächtigen Säulenbasen, die 1976 auf einem Grundstück innerhalb des Legionslagers gefunden wurden. Ihnen
ordnet sich ein wuchtiges Akanthusblattkapitell
(H 0,44 m) zu. Kleinere Kapitelle sowie einige
reich ornamentierte Friesfragmente fügen sich zu
einem unterhalb der Treppe eingerichteten Lapidarium zusammen. Ungewöhnlich sind die beiden 1922 entdeckten runden Steintische (H
1,10 m) (→ Historische Rundgang). Sie haben im
Rheinland keine Parallele und sind in vergleichbaren Stücken erst wieder in Metz bzw als Funde
aus röm Gutshofanlagen in Süddeutschland bekannt.

Eine Reihe von Dachziegeln mit Legionsstempeln wird ergänzt durch zahlreiche vermauerte

*Abb. 503   Neuss-Gnadental. Arretinischer
Reliefkelch aus der Werkstatt des Perennius.
Ton. – H. 14,5 cm. Ende 1. Jh. n. Chr.
(Neuss, Clemens-Sels-Museum)*

Bodenplatten. Hiervon verdient eine besondere
Beachtung: Sie zeigt die Ritzzeichnung eines
Maultiers und die als Daumenabdruck hinterlas-
sene Signatur des »Künstlers«, wobei es sich
wahrscheinlich um einen mit der Herstellung von
Ziegeln beschäftigten Legionär handelte. Eine
Gruppe gut erhaltener Firstziegel mit Medusenhaupt, Dämonenfratze oder einem Löwen als Le-
gionszeichen, an den Gebäuden zur Abwendung
von Unheil angebracht, ergänzt die Arbeiten aus
Ton.

Gut dokumentiert ist das ehem Lagerlazarett
durch verschiedene der ärztlichen Versorgung
dienende Instrumente wie Pinzetten, Sonden,
Salbenstreicher und Skalpelle. Die Stücke zählen
zu der Gruppe der Bronze- und Metallgegen-
stände, innerhalb der das Museum über eine
umfangreiche Fibelsammlung, Zierbeschläge,
Schlüssel, Spiegel, Lampen sowie einige herausragende Einzelobjekte verfügt: ein Laufgewicht in
der Form eines Bacchus, ein weiteres, als Porträt
der Kaiserin Livia gedeutetes Laufgewicht, ein
bemerkenswertes Henkelkännchen in Gestalt eines hockenden Silens, eine Kanne aus Bronze mit
figürlich ausgebildetem Henkel.

Röm Alltag belegen die zahlreich gefundenen

Abb. 504 Neuss-Gnadental. Flasche in Stierform. Ton. – H. 20 cm. 2. Hälfte 1. Jh. n. Chr. (Neuss, Clemens-Sels-Museum)

Tongefäße, Spielsteine, ein Spartopf. Spärlicher ist das Glas. Den einfachen Krügen, Tellern und Schalen steht eine umfangreiche Gruppe von Terra Sigillata gegenüber. Glanzstück des sehr reichhaltigen Bestandes ist ein Reliefgefäß in Kelchform aus der Werkstatt des Perennius in Arezzo, entstanden im 2. Jahrzehnt vChr. Auch unter den kultischen Objekten (Räucherkelche, Weihesteine, Votivgaben) findet sich ein überregional bedeutsames Stück: ein Totenring aus Bergkristall. Er trägt auf der Schauseite Mars Labotius. Man hielt Bergkristall für festes Wasser und glaubte, dadurch den Toten bei seiner Wanderung durch die feurigen Zonen des Jenseits schützen zu können.   Ta

Lit: HvPetrikovits, Novaesium – Das römische Neuss, 1957 – PNoelke, Neusser Jb 1977, 5 ff – Ausstellungskatalog Valetudinarium – Das römische Legionskrankenhaus, 1978 – HvWerden, Terra sigillata, 1979 – MTauch, Das römische Neuss, 1984, 171 ff – Chrobaczek 254 f

Abb. 505 Nideggen-Abenden. Weihung für ▷
die Veteranehischen Matronen. Sandstein. –
H. 49,5 cm. Ende 2. Jh. n. Chr.
(RLM Bonn)

Nideggen-Abenden   DN

Römischer Tempelbezirk
Abb 505

Auf dem »Kirchbusch« SO von Abenden liegt ein Heiligtum der Veteranehischen Matronen, das 1983 teilweise ausgegraben wurde. Ein Tempel wurde noch nicht gefunden. Die bisherigen Befunde lassen zum einen auf ein ziegelgedecktes ▶ Fachwerkgebäude (9,20×4,20 m), das möglicherweise als Schuppen gedient hat, zum anderen – ca 6 W davon entfernt – auf einen umzäunten, offenen Hof (9,34 × 9,12 m) schließen, in dem vermutlich der mit der Matronenverehrung verbundene Baumkult gepflegt und Weihesteine aufgestellt wurden. Nach den Kleinfunden (vornehmlich Keramik, Münzen) war das Heiligtum

von ca 69/70 bis 190 nChr in Betrieb. Offenbar wurde es gegen Ende des 2. JhnChr freiwillig aufgegeben; ein Zerstörungshorizont ließ sich nicht nachweisen. Die anderen aus der N-Eifel bekannten Matronenheiligtümer in → Bad Münstereifel-Nöthen, → Nettersheim und -Zingsheim haben dagegen wohl bis Ende 4./Anfang 5. Jh bestanden. Die in Abenden inschriftlich belegten *Matronae Veteranehae* sind bislang auch noch aus dem benachbarten Embken und Wollersheim sowie – allerdings etwas weiter entfernt und somit eine Ausnahme – aus Rommerskirchen/NE bekannt; sie dürften also von einem Personalverband (Familie, Sippe, Stamm) verehrt worden sein, der im Raum SO von Nideggen beheimatet war.   Ho
Lit: MSommer, Ausgrabungen im Rheinland '83/84. 1985, 139 ff – ders, BJb 185, 1985, 313 ff

Nideggen-Berg   DN

Römisches Pingenfeld
Abb 90, 506

Zwischen Berg, Embken und Wollersheim erstreckt sich ein ausgedehntes Pingenfeld (ca 1,5 × 2,5 km), das in röm Zeit im Tagebau ausgebeutet wurde. Die ▶ Schürfgruben (Pingen) haben sich – vornehmlich in den Fluren Oben im Bönnerstal, An der Geiß und Weiersfeld am Kabuskreuz in unmittelbarer Umgebung des Forsthauses Bade – zT bis heute vorzüglich erhalten; sie sind unterschiedlich groß (Dm bis 40 m).
Die röm Wirtschaftsbetriebe S Berg vor Nideggen – möglicherweise *villae rusticae* auf kaiserlichem Grundbesitz – sind erfaßt und archäologisch untersucht worden; Pingen, Einfahrtsrösche, Schmelzöfen und Geleisestraßen wurden freigelegt. Daneben fanden sich auch zahlreiche röm Abraumhalden (2.–4. JhnChr). Es zeigte sich, daß die Gutshöfe in diesem Gebiet weniger von der Landwirtschaft als vielmehr von der Metallgewinnung und -verhüttung (hauptsächlich Eisen) lebten; die Rohbarren wurden in die Schmiedezentren und weiterverarbeitenden Betriebe in den Städten und bei den Militärlagern am Rhein verhandelt.   Ho
Lit: HvPetrikovits, Germania 34, 1936, 99 ff – WSölter, FVFD 25, 1974, 60 f – WJanssen, Studien zu Wüstungsfragen im fränkischen Altsiedelland zwischen Rhein, Mosel und Nordeifel II, 1975, 16 – HvPetrikovits, Rheinische Geschichte 1,1, 1978, 130

Abb. 506   Nideggen-Berg. Schürfgrube (Pinge)

Nideggen-Embken   DN

Römische Wasserleitung

Im Innenraum des Erdbehälters Embken des Wasserleitungszweckverbandes der Neffeltalgemeinden ist ein ▶ Teilstück der röm Wasserleitung aus → Vettweiß-Soller wiederaufgebaut worden. Die Aufstellung dieses Stückes an diesem Ort soll eine Brücke schlagen von der Wasserversorgung dieses Raumes in der Römerzeit bis in die heutige Zeit.   Gre
Lit: AJürgens, Ausgrabungen im Rheinland '81/82, 1983, 164 f

Niederkastenholz → Euskirchen
Niederzier-Hambach → Bergheim-Paffendorf
Nöthen → Bad Münstereifel
Oberaden → Bergkamen
Oberpleis → Königswinter
Odendorf → Swisttal

Paderborn   PB

Kalksinter
Abb 507

Im St.-Liborius-Dom ist der frühgotische Durchgang (um 1220) vom Chor in das sog Atrium um 1600 durch eine barocke Fassung ersetzt worden; dabei blieben allerdings die aus Kalksinter bestehende ▶ Mittelsäule und die linke Hälfte des ehem Durchgangs in der Wand erhalten. Im Atrium selbst sind Sintersäulen in romanischer Zeit verbaut worden; davon sind heute noch ▶ sechs Exemplare zu sehen (L bis 2,01 m).
Der Kalksinter stammt aus der röm → Eifelwasserleitung nach Köln; er wurde vornehmlich im 11.–13. Jh ausgebrochen und weithin verhandelt.
                                              Gre
Lit: DVüllers, Jahresbericht des Diözesan-Museumsvereins 4, 1916, 19 ff – Grewe 281

Abb. 507 Paderborn.
St.-Liborius-Dom.
Teilweise verbauter
Durchgang mit Kalk-
sintersäule

Museum in der Kaiserpfalz
Abb 508

Ikenberg. Öffnungszeiten: Di–So 10–17 Uhr
Hier werden ua die Funde aus der kaiserzeitlichen Germanensiedlung (2.–4. JhnChr) gezeigt, die bei den Ausgrabungen im Pfalzbezirk
verschiedentlich angeschnitten wurde. Darunter
befinden sich Scherben von röm Terra-Sigillata-
und Terra-Nigra-Gefäßen, aber auch Reste
schwarz gefirnißter Ware und groben Geschirrs.
Erwähnenswert sind ferner einige röm Gewandnadeln (Fibeln) aus Bronze und silberne Haarnadeln. Ein gefaßter Denar des Severus Alexander
(222–235 nChr) diente vermutlich erst in karolingischer Zeit als Schmuckanhänger.   Ho
Lit: Korzus 248 – WWinkelmann, FVFD 20,
1971, 86 ff – Stupperich 72

*Abb. 508   Paderborn. Spiralfibel. Bronze –
L. ca. 4 cm. 2./3. Jh. n. Chr. (Paderborn,
Museum in der Kaiserpfalz)*

Museum für Stadtgeschichte

Hathumarstr 7–9. Öffnungszeiten: Di–Sa
10–18, So 10–13 Uhr
Das Museum (Abt. Paderborn) hat einige röm
Funde (hauptsächlich Keramik) aus Paderborn
und Umgebung (Büderich, Delbrück, Schloß
Neuhaus) in seiner Obhut, die vermutlich aus
germ Brandgräberfeldern des 2.–4. JhnChr stammen und zusammen mit zeitgleichen Fundmünzen – besonders dem spätkaiserzeitlichen Schatzfund von der Busdorfschule in Paderborn – die

wirtschaftlichen Beziehungen des Paderborner
Raumes zum Römischen Reich belegen.   Ho
Lit: Korzus 248 – HvSchnurbein, FVFD 20,
1971, 144 ff – Stupperich 71 f

Paffendorf → Bergheim
Pesch → Bad Münstereifel
Pingsdorf → Brühl
Porz-Niederzündorf → Köln

Pulheim-Geyen   BM
Römische Siedlungsfunde
Abb 509

In der Grundschule von Geyen sind einige röm
Siedlungsfunde (Säulenfragmente, Basen, Ziegel)
aus der Umgebung zusammengetragen worden.
Besonders erwähnenswert ist der Abguß eines
stark fragmentierten Viergöttersteines, der 1972
bei Renovierungsarbeiten in der Pfarrkirche St.
Martinus in Pulheim-Sinthern gefunden wurde.
Das Original befindet sich als Leihgabe der Kir-
chengemeinde im RLM Bonn. Die qualitätvollen
Reliefs lassen – soweit erhalten – noch den Sonnengott Sol mit Strahlenkrone und Globus sowie
Herkules mit Löwenfell und Keule erkennen. Die
Gesichter der beiden Götter sind offenbar absichtlich zerstört worden. Das Kalksteinfragment
zeigt zudem deutliche Spuren einer Wiederver-

*Abb. 509   Pulheim-Geyen. Fragment eines
Viergöttersteins. Sol. Kalkstein. – H. noch
27 cm. 2. Hälfte 2. Jh. n. Chr. (RLM Bonn)*

wendung (als Trog oä, Bauspolie) im Mittelalter und später. Die Reliefs stammen von einem vermutlich allseitig von Götterbildern verzierten Sockel, der ehem den kapitellbekrönten Schaft einer sog Jupitersäule getragen hatte. Obenauf hatte Jupiter gethront. Die Weihung für den höchsten röm Gott wird wohl ursprünglich im Bereich eines röm Gutshofes (*villa rustica*) aufgestellt gewesen sein. In den germ Provinzen bezeugen Jupitersäulen eine besondere, mit einheimischen (keltischen bzw germ) Vorstellungen vermischte Form der Jupiterverehrung. Besonders gut erhaltene niedergerm Beispiele kennen wir aus Köln, → Mönchengladbach-Mülfort und Erkelenz-Kleinbouslar. Ho
Lit: GBauchhenß, BJb 184, 1984, 327 ff – ders, Pulheimer Beiträge zur Geschichte und Heimatkunde 10, 1986, 41 ff

Pulheim-Sinthern → Pulheim-Geyen
Quadrath-Ichendorf → Bergheim
Qualburg → Bedburg-Hau
Ramsdorf → Velen

Remscheid RS

Deutsches Werkzeugmuseum

Cleffstr 2–6. Öffnungszeiten: Mi–Sa 9–13 u 14–17, So 10–13 Uhr
Unter dem Thema »Die Entwicklung der Werkzeuge vom Paläolithikum bis in die Gegenwart« werden im Deutschen Werkzeugmuseum – vielfach als Leihgaben des Saalburg-Museums – auch röm Eisenwerkzeuge – zB Hämmer, Meißel, Zangen, Äxte, Dechsel – gezeigt. Ho
Lit: Chrobaczek 268 f – ELindemann, Das RLM Bonn 3/71, 45 ff

Rheinbach SU

Kalksinter
Abb 510

In den Resten der im 12. Jh errichteten Burganlage von Rheinbach kann man heute noch erkennen, wo das Baumaterial im Mittelalter in Ermangelung anderer Steinvorkommen gewonnen worden ist. ▶ Im Hexenturm, der davor befindlichen Toranlage sowie in der an der Grabenstr gelege-

Abb. 510 Rheinbach. Der mittelalterliche »Hexenturm« mit wiederverwendetem Ausbruchmaterial aus der römischen Eifelwasserleitung nach CCAA-Köln

nen Mauer finden sich Reste der röm → Eifelwasserleitung nach Köln in Form von Gußbeton-
blöcken mit dem noch anhaftenden Wasserputz
und Sinter. Das Material konnte in unmittelbarer
Nähe gebrochen werden, denn die Trasse des Römerkanals verläuft durch das Rheinbacher Stadtgebiet; der Kanal selbst ist nachweislich auf weite
Strecken nicht mehr vorhanden.   Gre
Lit: Grewe 128 ff, 286

Römische Wasserleitung

Pützstraße. In der Grünanlage mitten im Orts-
kern ist 1980 ein ▶ Teilstück der röm → Eifelwasserleitung nach Köln wiederaufgestellt worden;
es stammt aus dem Streckenabschnitt → Mechernich-Breitenbenden.   Gre
Lit: Grewe 84 ff, 289

Glasmuseum
Abb 233

Voigtstor 23. Öffnungszeiten: Di–So 10–12
u 14–17 Uhr
Im Durchgang zum Glasmuseum ist ein Tuff-
steinsarkophag mit satteldachförmig abgeschräg-
tem Deckel (L 2,62 m; B 0,90 m; H 1,16 m) aufgestellt, der 1982 im Bereich des röm Gutshofes
(*villa rustica*) von Rheinbach-Flerzheim (Kiesgrube Zimmermann) zusammen mit der Fundamentierung eines zugehörigen, aber verlorenen
Grabsteins gefunden wurde. Er gehörte zu einem
kleinen Gräberfeld NO des Hauptgebäudes, das
23 Bestattungen – zT mit reichen Beigaben – aus
der Zeit zwischen 150 und 250 nChr aufwies; vermutlich waren hier sowohl Mitglieder der Gutsbesitzerfamilie als auch Bedienstete beigesetzt
worden.
Neben wenigen Skelettresten lagen in dem Sarkophag, der um 230 nChr zu datieren ist, wertvolle
Beigaben: Gläser, Spiegel, Messer und Ohrlöffel.
Von dem blattvergoldeten Lederkissen, auf dem
vermutlich der Kopf des Verstorbenen geruht
hatte, war nur noch wenig erhalten. Einige Beigaben sind in Rheinbach als Kopien zu sehen; die
Originale befinden sich im RLM Bonn.   Ho
Lit: MGechter, JKunow, Ausgrabungen im
Rheinland '81/82, 1983, 143 ff – MGechter ua,
Das RLM Bonn 2/86, 17 ff

Rheinbach-Wormersdorf   SU

Römische Signalstation (?)

Auf dem ca 310 m hohen Basaltkegel des Tom-
berges SW von Wormersdorf erhebt sich land-
schaftsbeherrschend die Tomburg, ehem Stamm-
burg des Pfalzgrafengeschlechts der Ezzonen
(erstmals erwähnt: Anfang 11. Jh). Die Gewölbe
des mächtigen runden ▶ Bergfrieds (Ende
12./Anfang 13. Jh) bestanden aus Tuffsteinen, die
möglicherweise aus dem Abbruch röm Gebäude
am Ort oder am Fuße des Burgberges stammen.
Im Jahre 1968 erbrachten Grabungen und intensive Nachforschungen auf dem Tomberg zahlreiche Fundmünzen vornehmlich des späten 3. und
4. JhnChr; die Münzreihe beginnt mit Prägungen
des Tetricus I. (270–273) und reicht bis in die Zeit
des Arcadius (383–408). Die gefundene Keramik
– meist sog Mayener Ware – paßt in diesen zeitlichen Rahmen. Es ist also mehr als wahrscheinlich, daß auch in röm Zeit auf dem Tomberg eine
Wehranlage lag, von der aus die Rheinbacher
Ebene – und damit ein Teil der N-Eifel – kontrolliert werden konnte. In der Spätantike mag der
Tomberg wie etwa der Hochthürmenberg bei
→ Bad Münstereifel-Houverath als Signalstation
für die Nachrichtenübermittlung von der Rheingrenze nach *Augusta Treverorum*-Trier, der kaiserlichen Residenz, von Bedeutung gewesen sein.
                                          Ho
Lit: WJanssen, Chateau Gaillard IV, 1969, 163 ff
– ders, Die Tomburg bei Rheinbach. Rhein Kunst
10, 1973, 10 ff

Rheinberg   WES

Römische Straßenstation
Abb 50, 511

SW Rheinberg an der Kreuzung der B 57 (Limesstraße) mit der L 361 wurde 1965 eine auf einer
flachen Bodenwelle gelegene röm Straßenstation
untersucht. Über den Resten einer einheimischen
Siedlung des 1. JhnChr war im letzten Drittel
des 1. JhnChr zusammen mit einer röm Straße
eine Straßenstation angelegt worden. Nach dem
archäologischen Befund stand etwa in der Mitte

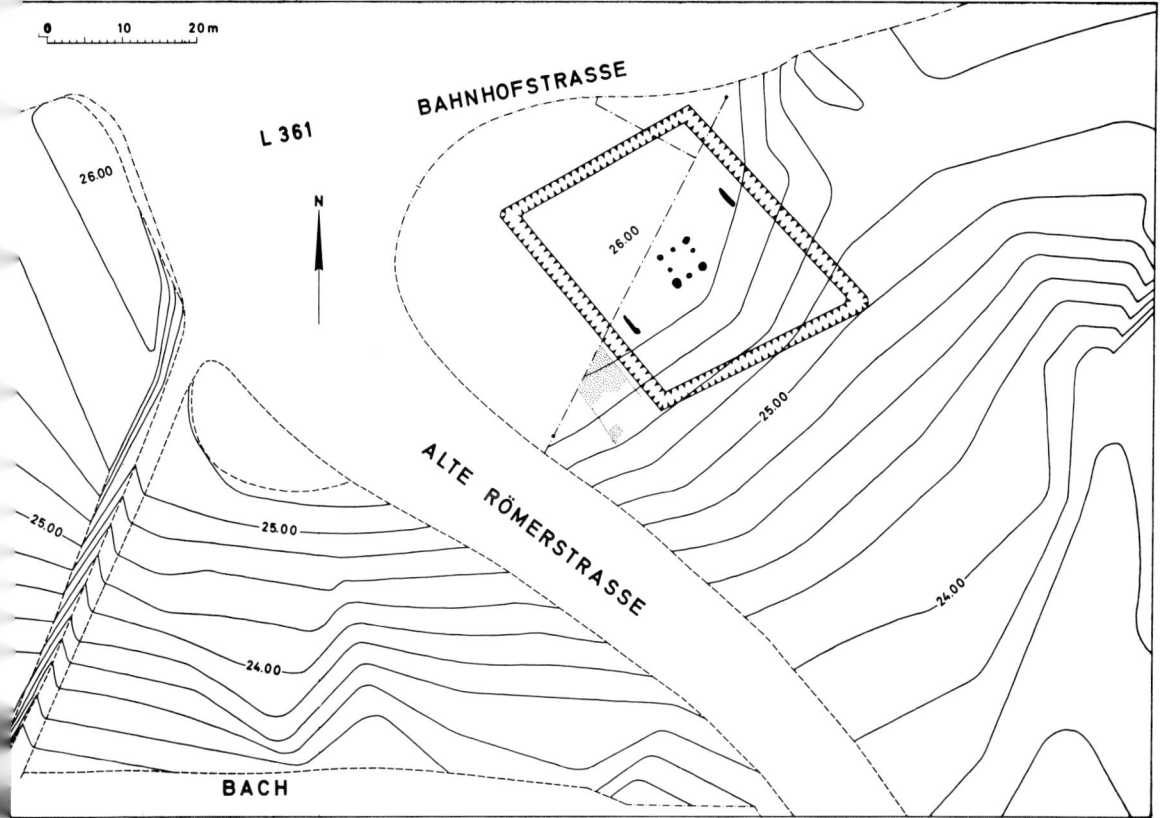

Abb. 511   Rheinberg. Straßenstation. Übersichtsplan

der von einem Spitzgraben (B 2,1 m, T 1 m) rau-
tenförmig umgrenzten Fläche (30×34 m) ein
Holzpfostenbau. Der NW und NO Spitzgraben
wurde noch in der 1. Hälfte des 2. JhnChr verfüllt
und durch einen Sohlgraben (B 1,90 m) ersetzt,
der vermutlich im 3. Jh nicht mehr in Gebrauch
war. Gegen Ende des 2. Jh wurde auch der Pfostenbau erneuert und der SW und SO Spitzgraben
neu ausgehoben. Der neue Pfostenbau war quadratisch und mit 4,4 m Seitenlänge kleiner als der
ältere Bau (4,3 × 6 m). Dieses Gebäude brannte
im 4. Jh ab. Die Deutung der Anlage als Straßenposten liegt nahe. Möglicherweise lag hier eine
kleine Abteilung der röm Straßenpolizei (*beneficiarii*).   Ge
Lit: GBindung, RheinAusgr 3, 1968, 121 ff –
CBRüger, NL 125 Nr. 36

Rheinhausen → Moers-Asberg
Rickelrath → Wegberg
Rindern → Kleve
Roderath → Nettersheim
Römerkanal → Eifelwasserleitung

Roetgen   AC

Römische Wasserleitung

W der L 238 Richtung Stolberg liegt unterhalb
der Staumauer des Dreilägerbach-Stausees die
Trinkwasseraufbereitungsanlage Roetgen. In der
Grünanlage hinter den Werksgebäuden ist ein aus
→ Kall-Sötenich stammendes ▶ Teilstück der

röm → Eifelwasserleitung nach Köln wieder aufgebaut worden.   Gre

Lit: Grewe 48 ff, 289

Röttgen → Bonn
Rüdenet → Königswinter

Rüthen-Kneblinghausen   SO

Römisches Militärlager
Abb 512

S von Kneblinghausen zwischen den Flüssen Alme und Möhne liegt auf einem 400–410 m hohen Bergrücken eine Befestigung, die von dem Seminaroberlehrer A. Hartmann 1901 entdeckt wurde. Im Auftrag der Altertumskommission für Westfalen führte er 1901–1907 dort die Ausgrabungen durch. Weitere Untersuchungen nahmen 1937–1939 E. Henneböle und E. Samesreuther vor.

Über einer einheimischen Siedlung der älteren röm Kaiserzeit ist ein zweiperiodiges Lager errichtet worden. Die Anlage hatte die Form eines annähernden Längsrechtecks. In der ersten Phase wies das Befestigungswerk Seitenlängen von 425 m und 230 m auf. In der zweiten Periode wurde die Befestigungslinie im O um 130 m zurückgenommen. Das ursprüngliche Flächenmaß verringerte sich damit von 10 auf 7 ha. In jede der vier Lagerfronten war ein Tor eingebaut. Bei diesen Toranlagen handelt es sich um sog Clavicula-Tore, eine Art von lagereinwärts gezogenen zangenartigen Toranlagen. Im S und W ist vor den Toren je ein zusätzliches kurzes Grabenstück (*titulum*) als weiterer Schutz der Toranlage nachgewiesen. Der Innenraum der Anlage ist nur in geringen Partien erforscht. Sichere röm Bauspuren sind nicht belegt, dagegen die Überreste einer wohl etwas älteren einheimischen Vorgängersiedlung.

Außer einem Dupondius des Domitian aus dem Jahr 86 nChr liegen keine Funde vor, mit deren Hilfe die Befestigung von Kneblinghausen präzise datiert werden könnte. Die in der wissenschaftlichen Literatur diesem Lager zugewiesenen röm keramischen Funde (1.–4. JhnChr) sind unterschoben, sie stammen in Wirklichkeit aus Kölner Grabungen. Der in Kneblinghausen nachgewiesene Tortyp ist bei augusteischen Militärlagern an der Lippe (→ Holsterhausen, → Haltern, → Oberaden, → Anreppen) nachweislich nicht angewendet worden. Ein Datierungsansatz läßt sich für Kneblinghausen aus der Beobachtung ableiten, daß Lager mit *claviculae* lediglich für die kurze Zeitspanne von etwa 70 nChr bis in hadrianische Zeit bekannt sind. Möglicherweise ist dieses Befestigungswerk erst in der Folge der Chattenfeldzüge (83–85) unter Kaiser Domitian oder bei anderen Vorstößen von röm Truppen angelegt worden. Wiederholt wurde Kneblinghausen in Zusammenhang mit der Varusschlacht im *saltus teutoburgensis* (9 nChr) gebracht. Diese Ansicht ist nicht haltbar, sie scheitert an den chronologischen Kriterien.   Kü

Lit: AHartmann, Mitteilungen d. Altertumskommission für Westfalen 3, 1903, 99 ff; 4, 1905, 129 ff – AStieren, Germania 11, 1927, 70 f – ders, BAW 1, 1929, 50 ff – ders, BAW 7, 1943, 121 f – UKahrstedt, BJb 138, 1933, 144 ff – AHenneböle, ESamesreuther, Germania 23, 1939, 94 ff – HSchönberger, Journal of Roman Studies 59, 1969, 164 – GMildenberger, Germanische Burgen, 1978, 70 ff

Schleiden   EU

Römische Wasserleitung

Blumenthaler Str / Am Rathaus. Vor dem alten Rathaus ist ein ▶ Teilstück der röm → Eifelwasserleitung nach Köln wiederaufgestellt worden.   Gre

Lit: Grewe 84 ff, 289

Schneppenbaum-Qualburg → Bedburg-Hau
Schwarzrheindorf → Bonn

*Abb. 512 Rüthen-Kneblinghausen. Militär-   ▷
lager. Lageplan*

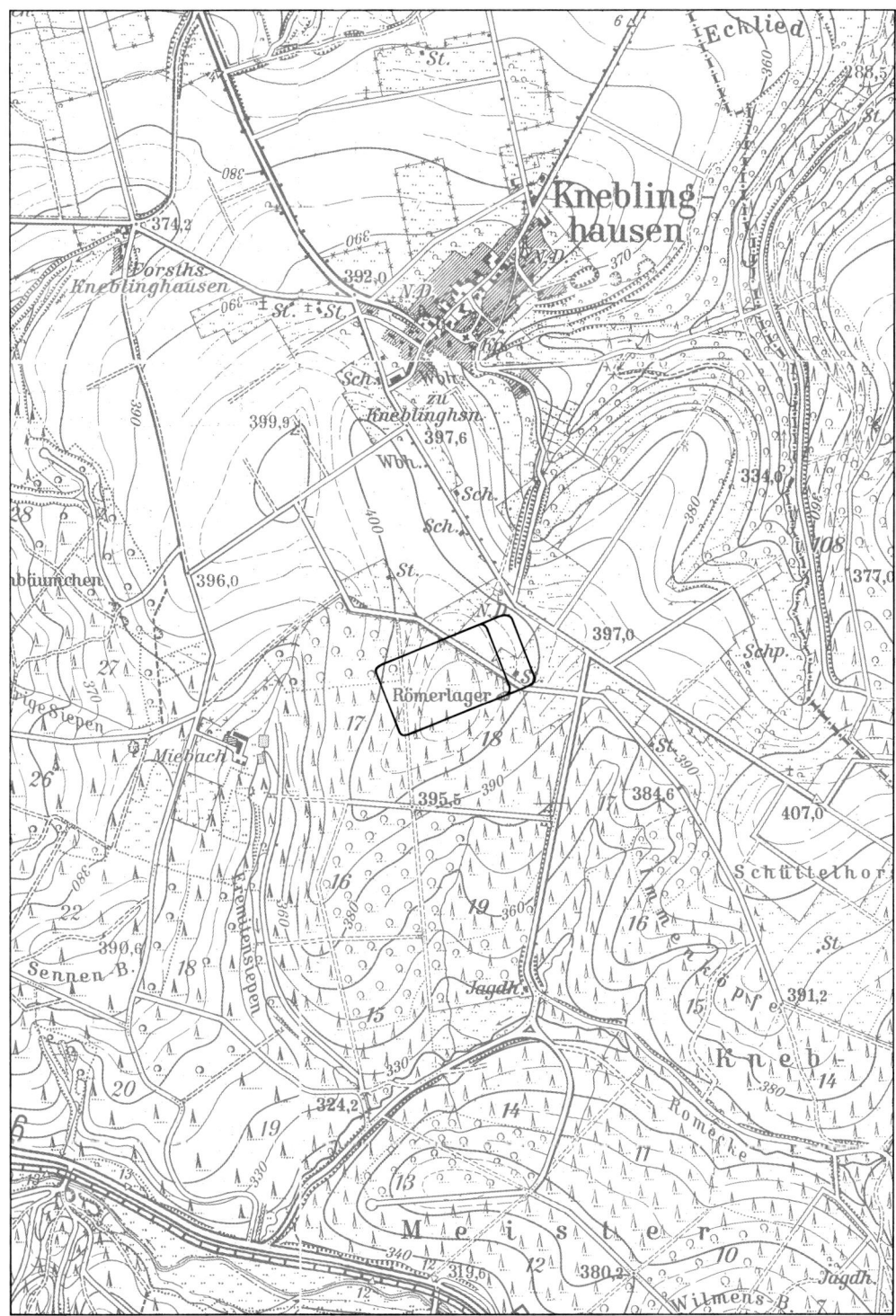

Schwelm WIT

Städtisches Heimatmuseum Haus Martfeld
Abb 513

Hauptstr 150. Öffnungszeiten: nach Vereinbarung
Das Museum verfügt ua über einige röm Funde aus Xanten. Besonders erwähnenswert ist eine Tonlampe des 2. JhnChr in Form einer Theatermaske; sie stellt den listigen Diener der griechisch-röm Komödie dar.   Ho
Lit: Korzus 274 f – Stupperich 76

Abb. 513   Xanten. Lampe in Maskenform. Ton. – L. 11 cm. 1. Jh. n. Chr. (Schwelm, Städt. Heimatmuseum)

Schwerte UN

Ruhrtal-Museum
Abb 514

Brückstr 14. Öffnungszeiten: Mi, Fr 14–18, Do 8–12 u 14–18, Sa 10–12, So 10–12 u 14–18 Uhr
In der röm Abteilung sind einige ansehnliche Funde aus der näheren und weiteren Umgebung von Schwerte zusammengetragen, darunter vor allem die bronzene Viktoria-Statuette aus Ergste (3. JhnChr), Keramik aus Lippetal-Haltrop und etliche Münzen aus dem Schatzfund von Fröndenberg/UN, dessen Schlußmünze in das Jahr 177 nChr datiert (der Großteil der insgesamt 257 Denare kam in das Museum für Kunst und Kul-

Abb. 514   Schwerte-Ergste. Victoria-Statuette. Bronze. – 3. Jh. n. Chr. (Schwerte, Ruhrtal-Museum)

turgeschichte → Dortmund). Auch aus den röm Legionslagern Haltern und Oberaden gelangten verschiedene Oberflächenfunde (zB Bronzeglöckchen, Spielsteine, Glasscherben) vom Ende 1. JhvChr/Anfang 1. JhnChr in die Schwerter Sammlung.   Ho
Lit: Korzus 276 – GHallen, Das Ruhrtal-Museum, 1981, 16 f – Stupperich 76 f

Selfkant-Millen HS

Kalksinter

In den verschiedenen Bauphasen der Pfarrkirche St. Nikolaus bis zum Anbau der Quirinus-Kapelle um 1150 sind an verschiedenen Stellen ▶ Materialien aus röm Zeit in zweiter Verwendung vermauert worden. Im ältesten Teil der Kirche sind in der O-Wand von außen fünf Hypokaustziegel zu sehen, die in Kreuzform über dem Rundfenster eingebaut sind. In der NO-Ecke des um 1100 neu errichteten Langhauses hat das Bruchstück eines röm Grabsteines als Spolie Verwendung gefunden. Bemerkenswert ist die ▶ Mensa des Altares der romanischen Quirinus-Kapelle; ihr Material besteht aus Kalksinter der röm → Eifelwasserleitung nach Köln. Im Gebäude der ehem Propstei ist ein kleines Heimatmuseum eingerichtet worden, das auch röm Funde aus der Umgebung beherbergt.   Gre
Lit: Grewe 282

Siegburg SU

Kalksinter

In der St.-Servatius-Kirche sind in den beiden Fenstern der N Seitenhalle die ▶ Säulen mit Basis, Kapitell und Sattelkämpfer aus Kalksinter der röm → Eifelwasserleitung nach Köln erhalten und von außen zu sehen.
Im Klostermuseum auf dem Abteiberg (Öffnungszeit: So 13–15 Uhr) befinden sich Gesimsreste vom Grab des hl. Anno, die aus Kalksinter der röm Eifelwasserleitung nach Köln gearbeitet worden sind. Von den übrigen dort aufbewahrten Architekturteilen aus Kalksinter (Säulen- und Kapitellfragmente) ist vor allem ein fragmentierter Sattelkämpfer mit seitlichen Voluten und Engeldarstellung (12. Jh) zu erwähnen, der ehem im Kreuzgang oder in der Zwerggalerie der romanischen Kirche, danach als Spolie im S Teil des W-Flügels verbaut war.   Gre
Lit: Grewe 282 f

Sinthern → Pulheim-Geyen

Soest SO

Burghof-Museum
Abb 515

Burghofstr 22. Öffnungszeiten: Mi–So 10–12 u 15–18 Uhr
Die wichtigsten Funde stammen aus der germ Siedlung von Soest-Ardey; es handelt sich um viele Keramik-, Glas- und Bronzefragmente sowie einige Münzen, die für das 2. bis späte 4. JhnChr recht intensive Handelsbeziehungen mit der Bevölkerung in der Rheinzone belegen. Ein Teil des Fundgutes aus Ardey befindet sich im Westfälischen Museum für Archäologie in → Münster.
Besonderheiten sind ferner ein 13 kg schwerer Bleibarren mit den Stempeln *LFLA* und *LFVE* (= *L. Flavius Vetus*) aus Bad Sassendorf-Heppen und ein Eichenbalken aus Lippetal-Kesseler/SO, der mit einem Eisenschuh bewehrt ist und möglicherweise zu einer röm Brücke über die Lippe gehört haben könnte; beide Funde dürften an den Anfang des 1. JhnChr zu datieren sein.   Ho
Lit: Korzus 280 – RStupperich, Römische Funde in Westfalen und Nordwest-Niedersachsen. Boreas-Beiheft 1 (1980) 89 Nr 207 – Stupperich 77 f

Abb. 515 Bad Sassendorf-Heppen. Gestempelter Bleibarren. – H. 11 cm. Anfang 1. Jh. n. Chr. (Soest, Berghof-Museum)

Solingen   SG

Deutsches Klingenmuseum

Gräfrath, Wuppertaler Str 160. Öffnungszeiten:
Di–So 10–13 u 15–17 Uhr
Die reiche Bestecksammlung des Deutschen
Klingenmuseums umfaßt auch röm Löffel (*coch-lear*, *ligula*) und verschieden geformte Messer aus
Silber, Bronze und Eisen. Fast alle Stücke stammen jedoch – wie die sehenswerten Schöpflöffel
(*simpula*) des frühen 1. JhnChr – aus Italien.
Ho
Lit: Chrobaczek 290 f – HUHaedeke, Bestecke,
1981, 14 f – HRUhlemann, Das RLM Bonn 1/71,
15 f

Soller → Vettweiß
Sötenich → Kall
Stockheim → Kreuzau

Stolberg-Atsch   AC

Römischer Grabhügel

Im Würselener Wald, ca 150 m NO von Atsch
und kaum 20 m jenseits der röm Straße von
Aquae Granni-Aachen nach *Iuliacum*-Jülich,
liegt ein ▶ einzelner röm Grabhügel (Dm ca
12 m, H 0,35 m). Er ist durch Erosion weitgehend verflacht.   Ho

Römische Straße

W von Atsch verläuft die ehem röm Straße von
Aquae Granni-Aachen nach *Iuliacum*-Jülich. Sie
verband den Kurort der niedergerm Armeen,
aber auch den Stolberger Raum und seine reichen
Erzlagerstätten (hauptsächlich) Zinkoxyde/Galmei, Bleimineralien, Kupfer und Brauneisenstein) mit den Zentren am Rhein, vor allem mit
der *CCAA*-Köln. Der antike ▶ Straßenkörper
zeichnet sich in zwei ca 150 m langen Teilstücken
S und N der L 23 (Würselener Str) nach Verlautenheide – teils als flacher Graben, teils als stellenweise angegrabener und abgeschwemmter Straßendamm – im Gelände ab.   Ho
Lit: Hagen 242 ff – AVoigt, BJb 155/156,
1955/56, 320 f

Stolberg-Breinigerberg   AC

Römisches Pingenfeld
Abb 90, 516

O von Breinigerberg liegt der Schlangenberg, ein
etwa 650 × 650 m großes Bergwerksgelände aus
röm Zeit mit verschleiften ▶ Pingen, eingestürzten und verfüllten Schächten und Stollen, die sich
heute noch im Gelände leicht erkennbar abzeichnen. Entsprechende Funde (Keramik, Münzen)
deuten daraufhin, daß hier obertägig, aber auch
im Schacht- und Stollenvortrieb, dh also untertä-

Abb. 516   Stolberg-Breinigerberg. Schachtmundloch von Süden

gig, das für die Messingindustrie in der Provinz Niedergermanien so wichtige Galmei (Zink) schon seit dem 1. JhnChr abgebaut wurde. Keltische Münzen (sog Regenbogenschüsselchen) lassen eine entsprechende Tradition am Ort vermuten. Rings um den Schlangenberg stehen zudem Blei-, Eisen- und Kupfererze an.

Auf eine intensive organisierte Bergbautätigkeit und Metallverhüttung läßt auch eine sog Knappensiedlung des 1./2. JhnChr schließen, die 1924 am O Ortsausgang von Breinigerberg angeschnitten und teilweise untersucht wurde; es handelte sich um meist langrechteckige Häuser mit kleinen Werkstätten, die zu beiden Seiten der Straße nach *Varnenum* (heute: Kornelimünster) standen. Sie boten Bergleuten und Metallgießern Unterkunft.   Ho

Lit: Zeitschrift des Aachener Geschichtsvereins 45, 1923, 283 – AVoigt, BJb 155/156, 1955/56, 321 – WSölter, FVFD 25, 1974, 64 – AJürgens, Ausgrabungen im Rheinland '79/80, 1981, 32 – HLöhr, VZedelius, Ausgrabungen im Rheinland '79. Das RLM Bonn, Sonderh 1980, 93 ff – HvPetrikovits, Rheinische Geschichte 1, 1, 1980, 122

Stolberg-Büsbach   AC

Römische Bergbauspuren
Abb 517

Im Bereich des Brockenberges – ca 1,2 km SO von Büsbach – befinden sich zahlreiche ▶ verfüllte Ringschächte. Im angrenzenden Kalksteinbruch, dem der SW-Teil des Geländes zum Opfer gefallen ist, sind einige im Anschnitt zu sehen. Das scherbendurchsetzte Einfüllmaterial läßt – soweit untersucht – röm Bergbautätigkeit vermuten. Offenbar wurde hier schon im 2./3. JhnChr im Untertagebau Galmei (Zink) gefördert, das die niedergerm Messingindustrie benötigte. Unmittelbar am Brockenberg wurde auch röm Besiedlung (»Knappensiedlung«?) festgestellt. → Stolberg-Breinigerberg.   Ho

Lit: AVoigt, BJb 155/156, 1955/56, 318 ff – WSölter, FVFD 25, 1974, 64

Abb. 517 Stolberg-Büsbach. Schürf(Pingen-)- feld von Süden
▽

Stolberg-Münsterbusch   AC

Römisches Pingenfeld

Auf dem zerfurchten Gelände am W-Rand von Münsterbusch, SO der Buschmühle, wurde in röm Zeit Steinkohle abgebaut; die für den Tagebau typischen ▶ Pingen sind weitgehend planiert, jedoch auch für das ungeübte Auge noch zu erkennen. Vermutlich war die hier gewonnene Steinkohle für die nahegelegenen Metall(Eisen-)verhüttungsbetriebe von Bedeutung (zB → Aachen-Brand).
Steinkohle aus dem Inde-Revier zwischen Aachen, Stolberg und Eschweiler gelangte im 2./3. JhnChr nicht nur in die nähere Umgebung, sondern auch an den Rhein; so wurde sie zB in den Legionslagern von → *Bonna*-Bonn und → *Novaesium*-Neuss nachgewiesen.   Ho
Lit: KRode, Glückauf 100, 13, 1964, 750 ff – WSölter, FVFD 25, 1974, 55 f

Stotzheim → Euskirchen
Straberg → Dormagen

Straelen   KLE

Römische Straße
Abb 88, 518

Die Dülkener Heerstr (im weiteren Verlauf: Jülicher Str) bildet S von Herongen und SW von Wankum die Gemeindegrenze zwischen Straelen und Wachtendonk. Heute asphaltiert, verläuft sie von Herongen bis zur Flootmühle an der Nette über annähernd 3 km schnurgerade auf der Trasse einer röm Straße. Der markante ▶ Straßendamm ist ca 12 m breit, verschiedentlich bis zu 1,5 m hoch und hat stellenweise eingeebnete Seitengräben (B 3,7 m). Ehem zogen sich zu beiden Seiten des Straßenkörpers noch 13 bzw 19 m breite Bahnen hin, die von Wällen (B bis 4 m, H 0,7 m) begrenzt wurden. Dieser Befund ist im Gelände allerdings nur noch selten zu erkennen.
Bei dem Straßenstück handelt es sich um einen Abschnitt der röm Reichsstraße von *CUT*-Xanten nach *Aduatuca Tungrorum*-Tongeren/B. Sie ist mit ihren Stationen (ua *Mediolanum* = Pont?,

Abb. 518   Straelen. Modern überteerter römischer Straßendamm von Süden

Sablones = bei Kaldenkirchen?, *Mederiacum* = Melick, S von Roermond, *Theudurum* = Thüddern) im *Itinerarium Antonini* aus dem 1. Viertel des 3. JhnChr genannt und zB bei → Brüggen-Bracht noch in beachtlichen Teilstücken erhalten.

Ho

Lit: Hagen 221, 225 f – FGeschwendt, Kreis Geldern. AFDR 1, 1960, 173, 175, 293 f

Sülz → Köln

Swisttal-Buschhoven   SU

Römische Wasserleitung
Abb 348, 519, 520

Im Garten hinter der Gaststätte »Zum Römerkanal« in Buschhoven (Hauptstr) verläuft die Trasse der röm → Eifelwasserleitung nach Köln. Der ▶ unterirdische Kanal (lW 0,75 m, lH 1,05 m) ist heute durch einen gemauerten Schacht einzusehen.

Abb. 519 Swisttal-Buschhoven. Eifelwasserleitung nach CCAA-Köln. Reste eines Einstiegschachts. Ausgrabungen des Rheinischen Landesmuseums 1938

Abb. 520 Swisttal-Buschhoven. Mittelalterlicher Ausbruchgraben der römischen Eifelwasserleitung nach CCAA-Köln im Kottenforst

Ein weiterer ▶ Aufschluß befindet sich N von Buschhoven, am Rande des Kottenforstes jenseits der B 56 (Flur »An der Schneppenflucht«). Es handelt sich um den Anfang eines annähernd 150 m langen Kanalstückes, das 1938 freigelegt und untersucht werden konnte. Die U-förmige, wasserdicht verputzte Rinne (lW 0,75 m, lH 1,05 m) ist auf einer Steinstickung gegossen und mit einem Gewölbe aus Grauwacken und Quarziten abgedeckt, die in reichlich Mörtel eingebettet wurden. Abdrücke des Leergerüstes sind auch hier sichtbar. Der abgelagerte Kalksinter war bis zu 13 cm stark.

Ca 100 m waldeinwärts wurde ein sauber gemauerter und gut erhaltener Einstiegs- bzw Revisionsschacht (0,75 × 0,90 m) – wie in → Mechernich-Breitenbenden bzw → Vussem – aufgedeckt, durch den man ehem in das Leitungsinnere gelangen konnte, um Reinigungs- und Reparaturarbeiten durchführen zu können. Aus Sicherheitsgründen mußte er nach der Dokumentation wieder verkippt werden.

Von Buschhoven aus überquert die Eifelwasserleitung den Vorgebirgsrücken. Um den Höhenrücken mit einem leichten natürlichen Gefälle zu passieren, mußte das Swisttal in einem weiten Bogen umfahren werden. Im Kottenforst ist der ▶ Trassenverlauf bis etwa S des »Römerhofes« auf dem Gemeindegebiet von → Bornheim-Brenig streckenweise vornehmlich durch den Ausbruchgraben gut zu erkennen; der Kanal selbst wurde im Mittelalter als Baumaterial für Bauten in der Umgebung verwendet.   Gre
Lit: WHaberey, Wasserleitungen 78 ff – Grewe 144 ff

Swisttal-Dünstekoven   SU

Römische Wasserleitung

In den Mauern der Gebäude des im 12. Jh errichteten ehem Klosters Schillingskapellen ist Baumaterial aus dem Abbruch der röm → Eifelwasserleitung massenhaft verwendet worden. Besonders die ▶ W-Front der dem Hauptgebäude gegenüberliegenden alten Stallungen fällt wegen des farbigen Durcheinanders verschiedener Baumaterialien auf, wobei die verwendeten Blöcke aus

Gußmauerwerk mit den anhaftenden Putz- und Sinterstücken sowie die handlichen Quader aus Tuff allesamt aus dem Abbruchmaterial des Römerkanals stammen. In diesem Falle kann man sogar die Abbruchstelle lokalisieren, denn die wiederverwendeten Tuffblöcke können nur einem obertägig geführten Leitungsabschnitt entnommen worden sein. Das Baumaterial für Schillingskapellen dürfte demnach von der ehem Aquäduktbrücke über den Swistbach bei Meckenheim stammen, dort fanden sich bei einer Ausgrabung 1981 im röm Bauschutt ebenfalls Handquadersteine aus Tuff.   Gre
Lit: Grewe 286 f

Swisttal-Morenhoven   SU

Römisches Übungslager
Abb 521

In der Flur »Am Bergweg«, ca 800 m NW des Ortes liegt ein röm Übungslager, das sowohl aus Luftbildern als auch durch kleine Sondagen 1978 bekannt ist. Festgestellt und untersucht wurden die N abgerundete Lagerecke und ein Teil der anschließenden Lagerseiten (erfaßte L im NW ca 84 m, im NO ca 40 m). Die ehem zu Übungszwecken ausgehobenen Spitzgräben mit leicht gerundeter Sohle waren noch ca 2,2 m breit und ca 1,25 m tief. Aufgrund der einheitlichen Einfüllung – durchsetzt mit latènezeitlicher Keramik – dürften sie Ende des 1. JhvChr wohl unmittelbar nach dem Ausheben von Hand und in einem Zuge wieder verfüllt worden sein.

Übungslager dieser Art finden sich vor allem in der Nähe von Legionslagern; sie sind bei *Vetera*-Xanten (zB → Alpen) und in *Bonna*-Bonn (zB → Lengsdorf, → Röttgen, → Geislar) in großer Zahl nachgewiesen.

Das Gebiet um Morenhoven gehörte vermutlich zum Übungsgelände der in Bonn stationierten Truppen.   Ho
Lit: MGechter, KGrewe, Ausgrabungen im Rheinland '78. Das RLM Bonn. Sonderh Jan 1979, 80 ff – MGechter, BJb 180, 1980, 670 f

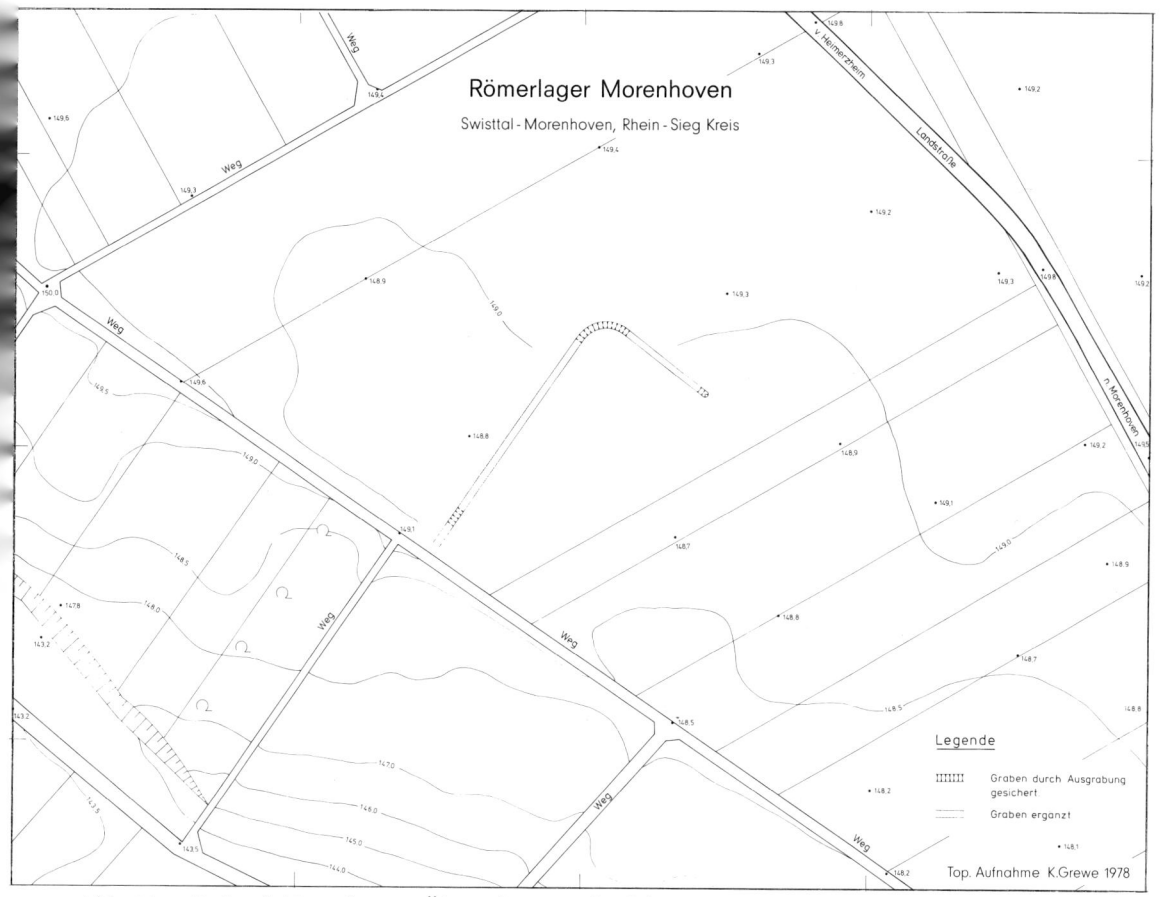

Römerlager Morenhoven

Swisttal - Morenhoven, Rhein - Sieg Kreis

Legende

||||||| Graben durch Ausgrabung
        gesichert

------ Graben ergänzt

Top. Aufnahme K.Grewe 1978

Abb. 521   Swisttal-Morenhoven. Übungslager. Befundplan

Swisttal-Odendorf   SU

Kalksinter

Kalksinter aus der röm → Eifelwasserleitung nach Köln ist in der alten Odendorfer Kirche St. Peter und Paul in mannigfaltiger Weise verbaut worden: Innen ist von ehem zwei ▶ Sintersäulen am Nebenaltar die rechte noch erhalten, außen sind ▶ Sinterblöcke besonders in der SW-Ecke der Kirche als Quadersteine verbaut worden. Auch der Ausguß des Sakrariums besteht aus Sinter.

In der Außenwand der Chorapsis kann man röm ▶ Ziegelsteine verbaut sehen.   Gre

Lit: Grewe 283

Tomburg → Rheinbach-Wormersdorf
Tondorf → Nettersheim

Unna   UN

Hellweg-Museum
Abb 522

Burgstr 8. Öffnungszeiten: Di–Fr 10–12.30 u 15–17, Sa 11–13, So 11–13 u 15–17 Uhr

In der vor- und frühgeschichtlichen Abteilung sind ua Kopien der beiden Terra-Sigillata-Schüsseln aus der Töpferei von Rheinzabern (Ende 2. JhnChr), die bei einer germ Brandbestattung in

Abb. 522   Unna. Als Urne benutzte Terra-Sigillata-Schüsseln. Ton. – Dm. 26 cm. Ende 2. Jh. n. Chr. (Münster, Westfälisches Museum für Archäologie)

Unna aufeinandergestellt als Urne für den Leichenbrand gedient hatten. Die Originale befinden sich im Westfälischen Museum für Archäologie in → Münster.   Ho
Lit: Korzus 292 f – RvUslar, Westgermanische Bodenfunde. Germanische Denkmäler der Frühzeit 3, 1938, 242 – Stupperich 79

Urft → Kall

Velbert   ME

Deutsches Schloß- und Beschlägemuseum

Forum Niederberg, Marktplatz. Öffnungszeiten: Di–Fr 10–17, Sa 10–13, So 10–13 u 14–17 Uhr
Das Deutsche Schloß- und Beschlägemuseum dokumentiert die Entwicklung von Schloß, Schlüssel und Beschlag im Laufe der Jahrhunderte. Anhand anschaulicher Rekonstruktionen sind auch die in röm Zeit verwendeten Schloß-

und Schließsysteme erläutert. Im Original werden Tür- und Kastenbeschläge, Türriegel, Schiebe- und Drehschlüssel des 1.–4. JhnChr – meist italische Funde – gezeigt.   Ho
Lit: Chrobaczek 296 f – MBoetzkes, Deutsches Schloß- und Beschlägemuseum Velbert, 1982, 16 ff – CWill, Das RLM Bonn 2/85, 30 ff

Velen-Ramsdorf   BOR

Heimatmuseum Burg Ramsdorf

Burgplatz. Öffnungszeiten: Mi 14–17, So 9.30–11.30 Uhr
Das Museum zeigt ua röm Keramik (Terra-Sigillata-Scherben) und röm Münzen des 3. und 4. JhnChr, die im Bereich einer germ Siedlung in Borken-Krückling gefunden wurden.   Ho
Lit: Korzus 294 – SKessemeier, FVFD 46, 1981, 129 – Stupperich 79

Vettweiß-Soller   DN

Römischer Wasserleitungstunnel
Abb 523–525

Unter dem Truppenübungsplatz »Drover Heide« verläuft ein für Nordrhein-Westfalen einzigartiges Tunnelbauwerk, das schon in röm Zeit im Zuge eines Wasserleitungsbaus in der sog Qanatbauweise errichtet worden ist. Dabei wurden in gewissen Abständen Schächte bis zur projektierten Sohlenhöhe des Tunnels abgeteuft, von wo aus Stollen bis zu den beiden jeweiligen Nachbarschächten vorangetrieben wurden. So konnte die gesamte Trasse des Tunnels abschnittsweise nach Untertage übertragen und das Absteckrisiko möglichst niedrig gehalten werden.
Die Notwendigkeit für die Römer, an dieser Stelle einen Tunnel zu errichten, muß man aus der Topographie des Geländes zu klären versuchen. Ein von S nach N verlaufender länglicher Bergrücken, der 2 km breit und bis zu 25 m hoch ist, trennt hier ein ergiebiges Quellgebiet von einem Gebiet mit Wasserbedarf. Wollte man beide Stellen mit einer nur aufgrund des Geländegefälles fließenden Wasserleitung verbinden, so blieb, da

Abb. 523   Vettweiß-Soller. Drover-Berg-Tunnel. Luftbild (Freigabe RP Darmstadt 1814/70).
1 Quelle »Heiliger Pütz«, 2 Tunnelanfang, 3 Tunnelende, 4 moderne Wasserentnahme

ein den Höhenlinien dicht unter der Erdoberfläche folgender Kanal ausschied, nur die Errichtung eines aufwendigen Tunnelbauwerks übrig. Das Gelände bestimmte dabei die Länge und auch die Tiefe des Tunnels. Der Tunnel selbst diente dabei noch nicht einmal als wasserführender Kanal; dieser wurde erst nach dem Durchstich der gesamten Strecke in Form einer steinernen Rinne auf der Sohle des Tunnels gebaut.

Der Tunnel zwischen Drove und Soller ist der Wissenschaft schon seit etwa der Jahrhundertwende bekannt; von früheren Ausgrabungsversuchen existieren allerdings lediglich Beschreibungen oder amateurhafte Skizzen. Obertägig erkennbar ist der ▶ Tunnelverlauf heute noch an einer Kette von Trichtern, die durch das Einsacken der nach dem Bau der Wasserleitung eingebrachten Verfüllung der Bauschächte entstanden sind; heute sind noch ▶ ca 50 dieser Trichter zu erkennen. Nach den Befunden der Ausgrabungen des

RLM Bonn im Jahre 1982 läßt sich zu dem Bauwerk folgendes sagen:
Der Tunnel unterquert die Drover Heide bei einer Gesamtlänge von 1660 m in einer maximalen Tiefe von bis zu 26 m unter dem Scheitelpunkt des durchbrochenen Bergrückens. Damit ergibt sich auch die größte Teufe der Bauschächte mit ca 26 m. Die Tunnelachse verläuft nicht etwa geradlinig durch den Berg, sondern der Eigenart des Bauverfahrens entsprechend folgt sie der Sattellinie. Dadurch war zwar nicht die kürzeste Strecke gewährleistet, wohl aber waren auf dieser Linie die kürzesten Bauschächte abzuteufen. Ferner hat man zwar die Linie der geringsten Geländehöhe quer über den Berg gesucht, folgte dieser dann aber mit der Tunneltrasse um einige Meter seitlich versetzt. Dies wird besonders auf der W-Seite im nach Drove abfallenden Steilhang deutlich. Die Linie der röm Schachttrichter erklettert den Bergrücken im Verlauf eines kleinen, trocke-

nen Seitentales gut 10 m parallel zu dessen eigentlicher Sohle nach S versetzt. Auf halber Höhe wechselt die Tunnelachse mit einem leichten Schlenker auf die N-Seite dieses Tälchens über. Sie folgt dann der Geländevertiefung auf der Höhe über den Bergrücken, aber auch dieser um einen deutlichen Abstand seitlich versetzt. Der Sinn dieser leichten Trassenverschiebung kann nur darin gesehen werden, daß man bei Regenfällen während der Bauzeit auf diese Weise die Oberflächenwasser von den Bauschächten fernhielt. Weiterhin konnte sich nach Abschluß der Bauarbeiten und der Wiederverfüllung der Schächte in diesen kein Oberflächenwasser sammeln und damit auch nicht bis in den Tunnel durchsickern, somit auch nicht das im Kanal geführte Quellwasser verunreinigen.

Der Abstand der Bauschächte schwankt zwischen 12–15 m in den Hanglagen und 17–20 m auf der Höhe der Drover Heide. Hieraus ergibt sich die maximale nach Untertage übertragene Richtung zu nur 10 m. Nach den Grabungsbefunden hatten die Bauschächte Durchmesser von 1,2 bis 2,1 m, wobei sowohl runde, als auch ovale und in Tonschichten fünfeckige Querschnitte festgestellt wurden. Reste von Verbauungen wurden nicht gefunden; aufgrund der unterschiedlichen Schachtquerschnitte ist auch zumindest ein einheitlicher Verbau auszuschließen. Im Ausgra-

bungsschnitt am O Ende des Truppenübungsplatzes direkt außerhalb des letzten noch erhaltenen Bautrichters trat in 6–8 m Tiefe der verfüllte Tunnel im Profil zutage.

Daß der Tunnel über seine gesamte Länge eine gleiche Höhe (1,8–2 m) gehabt hat, hängt wiederum mit seinem Absteckverfahren zusammen. Man hat dem Tunnel schon beim Bau das Gefälle der später einzubauenden Wasserleitung gegeben (ca 0,1 %).

Die Arbeit durch den Berg ging von W (Soller) nach O vor sich, denn nur so konnte das in das Bauwerk eindringende Grundwasser abfließen, ohne den Baubetrieb zu stören.

Während der Anfang des Tunnels im W wegen des dortigen Steilhangs recht gut auszumachen ist, gestaltete sich die Suche nach seinem O Ende wegen des relativ schwach geneigten Hangverlaufes nach Soller etwas schwieriger. Die zugehörige Wasserleitung wurde nach den Aussagen einiger Einheimischer bei der Anlage einer örtlichen Wasserversorgung für Soller angetroffen. Im Sammelschacht dieser Wasserversorgung, die 1956 durch die Fernleitung aus Embken ersetzt worden ist, kann man heute noch 1,5 m unter dem Beckenrand (189,58 m üNN) ein seitliches Zulaufrohr sehen, durch das nach der Erinnerung Einheimischer das Wasser des Römerkanals dem Sammelbecken zugeführt worden sein soll. Wenngleich der Kanal wegen Verstopfung kein Quellwasser aus Drove mehr geführt haben kann, so wird er dennoch aufgrund einer gewissen Drainagefunktion nicht trocken gewesen sein und noch genügend Wasser für die Versorgung des Ortes geführt haben.

Bei der geringen Tiefe der Leitung unter der Erdoberfläche ist aber anzunehmen, daß der Kanal an dieser Stelle schon längst aus dem Tunnel herausgetreten war. Die tatsächliche Lage des O Mundloches des Tunnels kann heute nur vermutet werden. Setzen wir bezüglich der Tragfähigkeit des Erdreichs ähnliche Verhältnisse wie am W Mundloch voraus, so kann der Tunnel etwa 480 m oberhalb des zuvor beschriebenen Sammelbeckens an einer Stelle, an der sich heute ein Wassertümpel befindet, an das Tageslicht getreten sein. In seinem weiteren Verlauf wurde der Kanal dann wie an seinem Anfang in einem offenen Graben gebaut.

Abb. 524   Tunnelbau in der Qanatbauweise. Skizze: J. Kraft

Abb. 525   Vettweiß-Soller. Drover-Berg-Tunnel. Ziegelabgedeckte Wasserleitung. Knickstelle vor der Tunnelstrecke. Ausgrabungen des Rheinischen Landesmuseums Bonn 1982

Nach Fertigstellung des Tunnelbauwerkes ist von den Römern der wasserführende Kanal eingebaut worden. Dieser wurde bei den Ausgrabungen 1982 am Fuße des W Berghangs in zwei Schnitten freigelegt, in einem Bereich aber, der noch vor dem eigentlichen Tunnelbauwerk liegt. Im ersten Schnitt nahe der Quelle lag der Kanal nur 1,4 m tief; im zweiten wurde er in 4,0 m Tiefe angetroffen, interessanterweise an der Stelle, wo er aus dem Hangverlauf in die Tunnelstrecke abknickt. Das wasserführende Kanalbett besteht aus einer U-förmigen gegossenen Rinne aus gelbsandigem Gußbeton mit Kieseleinschlüssen. Die Wangen des Kanals waren links 20 und rechts 24 cm stark, die Rinne (lW 20–24 cm, lH 26 cm) innen mit einer dünnen Schicht (0,5 cm) wasserdichten Putzes (*opus signinum*) überzogen und mit bis zu 4 cm starken Ziegeln abgedeckt. Lediglich im Bereich des scharfen Knicks vor dem Tunnel war der zwischen den Abdeckziegeln auftretende frei bleibende Winkel mit einem keilförmig zugeschlagenen Sandstein überbrückt. Die wasserführende Rinne war in einem an den Seiten und am Boden 30 cm starken Bett aus lose aufgeschichteten Kieseln gegossen. Eine starke Packung aus Ton sorgte dafür, daß von oben kein Fremdwasser in den Kanal eindringen konnte.

Zwischen Quelle und Tunnelöffnung war der Kanal in einem offenen Graben errichtet worden. Dieser Graben war seitlich etwa 1:2 geböscht, wobei der untere Bereich auf ca 1,3 m Tiefe als eigentliche Baugrube (B 1,1 m) mit senkrechten Wänden ausgehoben war. Die Interpretation des Geländes läßt den Schluß zu, daß bis zu einer Geländehöhe von 6,5 m über der Kanalsohle im offenen Graben gearbeitet worden ist und man erst im Anschluß daran zur Tunnelbauweise übergegangen ist. Bei einer Tunnelhöhe von ca 2,0 m stand demnach an den Mundlöchern ein tragendes Deckgebirge von 4,5 m zur Verfügung.

Im Bereich der Quelle, die heute den Namen »Heiliger Pütz« führt, ist von einer röm Fassung nichts mehr zu sehen. Die Schüttmenge der Quelle wird nach einer älteren Messung mit 480 m³/Tag angegeben. Das Niveau des Wasserspiegels im heute leicht aufgestauten Quelltopf liegt bei 191,78 m üNN, damit also knapp 0,5 m über dem ersten nur 40 m abwärts angetroffenen Leitungsaufschluß; ein Überleiten des Quellwassers war also ohne Probleme möglich.   Gre

Lit: ASchoop, Die römische Wasserleitung bei Soller, Zeitschr d Aachener Geschichtsvereins 35, 1913, 156 – KGrewe, Ausgrabungen im Rheinland '81/82, 1983, 159 ff – ders, BJb 184, 1984, 624

Römische Wasserleitung
Abb 526

Im Jahre 1981 wurde beim Ausbau der Umgehung Vettweiß-Soller (K 28 n), ca 1,1 km NW des Orts, der ▶ Strang einer röm Wasserleitung angeschnitten, der ehem wohl der Trinkwasserversorgung eines röm Gutshofes (*villa rustica*) in der Nähe gedient hatte. An einer »Knickstelle« im Trassenverlauf war ein ▶ Kontrollbecken eingebaut. Der interessante Befund konnte erhalten und konserviert werden; er ist heute in einem Schutzbau zu besichtigen.

*Abb. 526   Vettweiß-Soller.
Wasserleitung mit Kontrollbecken. Konservierter Befund*

Das Kontrollbecken (0,70 × 0,65 m) besteht aus Gußbeton mit reichlich Ziegelbeischlag (*opus caementicium*) und ist innen mit ca 1–2 cm dik-kem Wasserputz (*opus signinum*) versehen. Es liegt ca 0,30 m tiefer als die im Querschnitt annä-hernd quadratische Leitungsrinne (lW ca 0,20 m). Auch sie ist gegossen und innen wasserdicht ver-putzt. Ursprünglich war sie mit flachen Ziegeln (*tegulae*) abgedeckt. Eine Tonschicht verhinderte das Eindringen von Oberflächenwasser. Vermut-lich waren die Wände des Beckens schachtartig hochgezogen; dadurch entstand eine Art Revi-sionsschacht. Über eine mögliche Abdeckung läßt sich nichts sagen.   Ho
Lit: AJürgens, Ausgrabungen im Rheinland '81/82, 1983, 164 ff – ders, BJb 184, 1984, 658

Römischer Töpfereibezirk
Abb 527

Ca 8 km S von Düren – auf einem bewaldeten wasserreichen Hügelrücken zwischen Stockheim und Soller (»Donnerkuhl«) – liegen die Reste eines ausgedehnten ▶ Töpfereibezirkes, der sich teilweise noch im Gelände abzeichnet. Er wurde 1932/33 ausgegraben; leider unterblieb seinerzeit eine fachgerechte Dokumentation der Funde und Befunde.
Insgesamt konnten fünf von sechs Töpferöfen mit annähernd birnenförmigem Grundriß freige-legt werden (O 4–5 u 7–9); in der näheren Um-gebung des Grabungsareals wurden weitere sie-ben Ofen lokalisiert. Neben Steinfundamenten, Mauerzügen und Pfostenstellungen von Arbeits-räumen, Werkhallen und Schuppen (H I, H III–VI) fand sich auch die charakteristische, zT hypokaustierte Raumfolge einer Badeanlage mit Präfurnien, Kanalsystem und angrenzendem Hof (H II). Die meisten Gebäude waren ziegelge-deckt. Außerdem wurden drei Brunnen unter-sucht (B 2–4, T bis 8 m), die wohl den Töpferei-betrieben in unmittelbarer Nähe zugeordnet wer-den müssen, ähnlich wie ein → Brunnen ca 300 m weiter SO, der heute noch – allerdings modern gefaßt – als Viehtränke dient.
Der Bereich »Donnerkuhl« – im Quellgebiet des

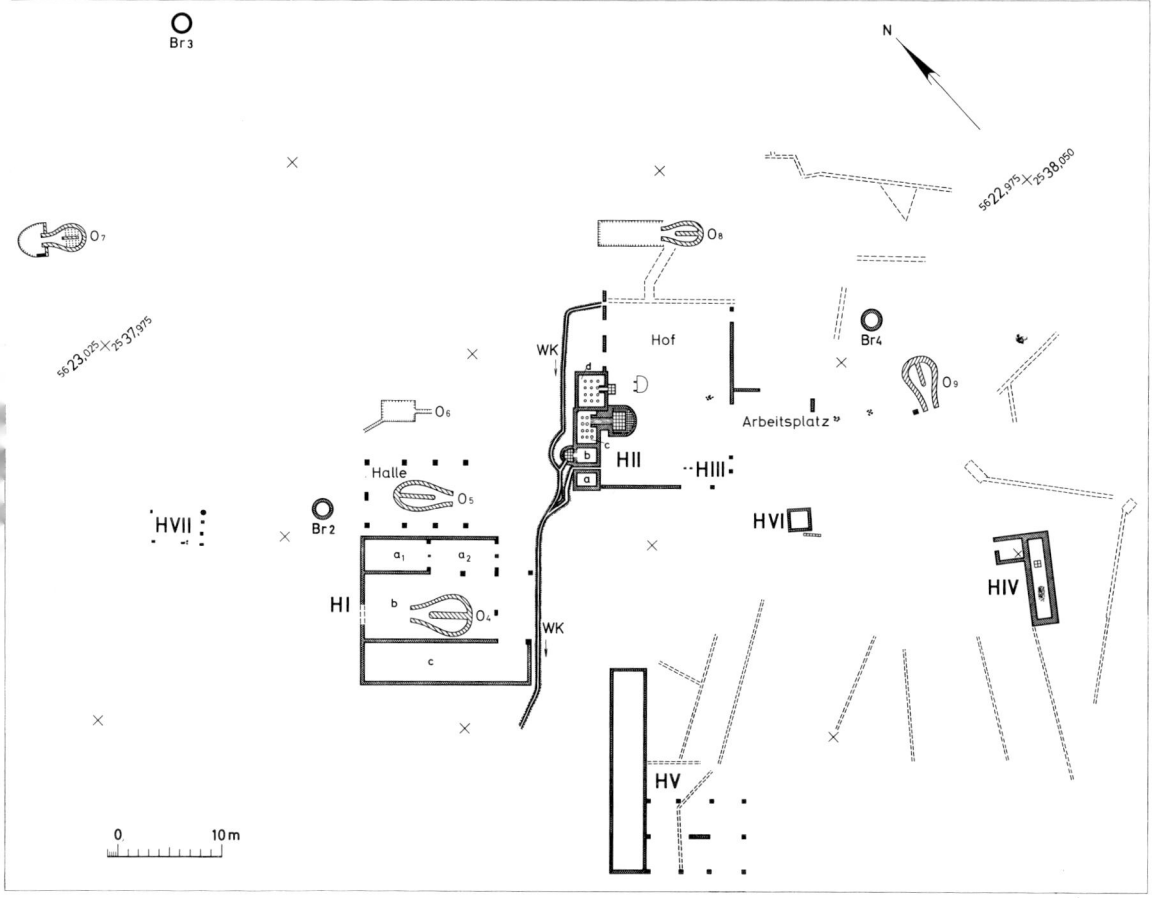

Abb. 527   Vettweiß-Soller. Töpfereibezirk »Donnerkuhl«. Ausgrabungsplan 1932/33 (Suchschnitte gestrichelt)

Ellbachs – gehörte in röm Zeit zu einem ca 10 km langen und offenbar bis 2,2 km breiten Töpferei-gürtel, der sich etwa von Düren bis Ginnick er-streckte. Ton- und Lehmvorkommen, Kiese und Sande, Wasserreichtum und Brennholz boten dort günstige Voraussetzungen für die Ansied-lung von Töpfereien. Nach den Funden hatten die Töpfereibetriebe von Soller, die anscheinend vom letzten Viertel des 2. bis in das späte 3. JhnChr und wohl nur für den zivilen Bedarf produziert haben, eine umfangreiche Produktpa-lette; rauhwandige Keramik (Koch- und Küchen-geschirr, Vorratsgefäße) überwog. Das Absatzge-

biet umfaßte im wesentlichen die N-Eifel. Groß-formate, wie zB die teilweise mit *Verecvndvs f(ecit)* gestempelten Reibschalen, gelangten da-gegen über den Fernhandel sogar bis nach Bri-tannien.   Ho

Lit: DHaupt, RheinAusgr 23, 1984, 391 ff

Römischer Brunnen
Abb 528

N der von Vettweiß-Soller nach Kreuzau-Drove führenden K 28 n liegt auf dem Gelände eines stillgelegten Schießplatzes ein vor wenigen Jahren

Abb. 528   *Vettweiß-Soller.*
Brunnenschacht, Steinkränze
im Originalbefund

hergerichteter ▶ röm Brunnen. Die kleine Anlage
ist durch ein reetgedecktes Dach geschützt.
Beim Blick in den Brunnen erkennt man den röm
Teil an den behauenen Sandsteinen recht gut, da
die Aufmauerung unserer Tage in Ziegeln ausgeführt ist. Der Brunnen gehörte zu einer Gruppe
von mehreren seiner Art im Bereich eines 1932/33
ausgegrabenen Töpfereibezirks.   Gre
Lit: JGerhards, Römische Wasserleitungen und
Brunnen im Kreise Düren (Sonderdruck oJ)

Vussem → Mechernich

Wachtberg-Adendorf   SU

Römische Wasserleitung
Abb 529

Bei näherer Betrachtung sieht man sofort, daß das
Baumaterial der Burg Münchhausen erst in seiner
zweiten Verwendung nach hier gekommen ist.
Zu deutlich sind die Spuren der ersten Nutzung
im Mauerwerk erkennbar: An den bis zu 1 m langen ▶ Blöcken aus Gußbeton haftet noch immer
eine Schicht des rötlichen Wasserputzes und dar-

Abb. 529   *Wachtberg-Aden-*
dorf. Burg Münchhausen.
Turm und Wohngebäude mit
Abbruchmaterial der Eifelwas-
serleitung nach CCAA-Köln

auf noch einmal eine mehrere Zentimeter dicke Sinterschicht. Dieses Material muß im 12. Jh in Ermangelung anderer Steinvorkommen ganz einfach aus der röm → Eifelwasserleitung nach Köln herausgebrochen worden sein. Von der Burg Münchhausen sind nicht nur der Turm, sondern auch erhebliche Teile der restlichen Burganlage aus dem Abbruchmaterial des Römerkanals errichtet worden. Gre

Lit: Grewe 287

Wachtberg-Berkum SU

Römischer Steinbruch
Abb 198, 530

Etwa 500 m S von Berkum liegt der sog »Domsteinbruch«, in dem nicht nur im Mittelalter für die Kölner Kirchen (vgl Name!), sondern offenbar auch schon in röm Zeit Trachyt gebrochen wurde. Eine breite Rampe führt von NO in das kreisförmige Innere des Steinbruchs, dessen Wände heute noch bis zu 20 m hoch aufragen. An ihrem Fuß und am Boden erkennt man alte ▶ Abbaubänke unterschiedlicher Höhe, Pfeilerstümpfe, Rohlinge und verworfenes (Schutt-) Material. Allenthalben sind ▶ Schrot-, Keil- und andere Bearbeitungsspuren aus früherer Steinbruchtätigkeit zu entdecken. Zwei weitere histo-

Abb. 530 Wachtberg-Berkum. »Domstein-bruch« von Nordosten

rische – möglicherweise röm – Trachytaufschlüsse befinden sich weiter O. Ein Aufschluß im S (Humerich) ist zwischenzeitlich verkippt. Vermutlich gehört auch der Steinbruch am Hohenberg – W des »Domsteinbruchs« – zum röm Steinbruchgebiet von Berkum.

Der Transport des Steinmaterials in die Rheinniederung, vor allem nach Bonn, erfolgte wohl auf der Römerstraße, die unweit vorbeiführte und archäologisch gefaßt ist; sie band auch verschiedene Gutshöfe (*villae rustica*) in der Umgebung und das lokale Heiligtum der Atufrafinehischen Matronen an.

Der fein kristalline, leicht gesprenkelte Trachyt ist ein vulkanisches Ergußgestein. Er steht im Rheinland auch am Drachenfels an; dort zeigt er jedoch – anders als in Berkum – große stäbchenartige Sanidin(= Quarz-)einschlüsse (→ Königswinter-Rüdenet). Schon bei den Römern diente Trachyt als Baumaterial; er findet sich besonders häufig im Bonner Legionslager. Vielleicht haben die Trachytsteinbrüche am Drachenfels und bei Berkum im 2. und in der 1. Hälfte des 3. JhnChr unter der Verwaltung des Militärs gestanden und die für den Bau verschiedener Bauten im Bereich des Bonner Lagers benötigten Steine sind von Arbeitskommandos der dort stationierten *legio I Minervia* gebrochen worden. Die Weihung eines Adjutanten namens *M. Naevius Minervinus* für *Hercules Magusanus* aus dem Jahre 226 nChr zeigt, daß die Soldaten in Bonn auch Weihesteine aus Berkumer Trachyt anfertigen ließen. Ähnlich verhält es sich mit Grabdenkmälern.   Ho

Lit: JRöder, Bonner Universitätsbl. 1970, 6 ff – ders, BJb 174, 1974, 509 ff (zum Trachytsteinbruch am Drachenfels) – HGHorn, BJb 170, 1970, 233 ff

Wachtendonk-Wankum → Straelen
Walberberg → Bornheim
Wankum (Wachtendonk) → Straelen

Warburg HX

Heimatmuseum

Sternstr 35, Haus zum Stern. Öffnungszeiten: tägl 8–12 u 15–17 Uhr

Hier befinden sich ua einige röm Funde (Münzen, Lampe des 4. JhnChr), die im Stadtgebiet von Warburg und Umgebung aufgelesen werden konnten.   Ho

Lit: Korzus 302 – Stupperich 79

Wassenberg HS

Kalksinter

Im linken Seitenschiff des Neubaus der Pfarrkirche St. Georg bestehen die ▶ Mensa des Altars und das in die Frontseite eingelassene Säulenfragment aus Kalksinter der röm → Eifelwasserleitung nach Köln. Die Teile fanden sich im oder unter dem Fußboden der Anfang 1945 zerstörten alten Kirche.   Gre

Lit: Grewe 283

Wasserleitung → Eifelwasserleitung

Weeze KLE

Schloß Wissen

Auf dem ansehnlichen Wasserschloß legte Wessel von Loe, Herr zu Wissen, ab 1591 eine röm Sammlung an. Als Präsident der klevischen Rechenkammer konnte er so bedeutende Stücke wie den Caeliusstein, die Weihung für die Kapitolinische Trias und den Weihaltar für *Iupiter Conservator* aus Xanten an sich ziehen, so daß Wessels Antiquarium im frühen 17. Jh selbst der herzoglichen Antikensammlung in Kleve den Rang ablief. Nach Wessels Tod ließ Johann Moritz von Nassau 1648 neun Steindenkmäler für die kurfürstliche Sammlung nach → Kleve bringen. Daß die Wissener Sammlung weit umfangreicher war, belegen die Zeichnungen des klevischen Registrators Johannes Turck und des Weseler Predigers Hermann Ewich. Unter 13 weiteren für Wissen nachgewiesenen, inzwischen verschollenen Steindenkmälern befanden sich allein vier Weihaltäre für Muttergottheiten. Der schönste von ihnen war eine Weihung für die Annaneptischen Matres. Die Inschrift (CIL 13,8629) lautet: *Matribus / Annaneptis / Q(uintus) Vetius Quintus /*

opt(io) leg(ionis) XXX U(lpiae) v(ictricis) p(iae) f(idelis) S(everianae) A(lexandrianae) / v(otum) s(olvit) l(ibens) m(erito). Maximo et / Paterno co(n)s(ulibu)s. Den Annaneptischen Matres hat Quintus Vetius Quintus, Optio der 30. Legion, der Ulpischen, siegreichen, der frommen und treuen »Severiana Alexandriana«, sein Gelübde eingelöst, gern und nach Gebühr, unter dem Konsulat des Maximus und des Paternus (= 233 nChr). Die *Lit:* WDiedenhofen, Die Antikensammlung auf Schloß Wissen (1591–1648). Geldrischer Heimatkalender 1974, 136 ff

Wegberg-Rickelrath   HS

Römische Straße
Abb 88, 531

Im Wald ca 850 m NO von Rickelrath (Flur »Rothbusch«) läßt sich über 80 m ein ▶ röm Straßendamm verfolgen (B ca 6 m, H 0,85 m), der mit Buschwerk bedeckt und im N vom Knipperzbach teilweise weggespült ist; jenseits des Baches ist er nur noch schwach im Gelände auszumachen. Seine NW-SO-Ausrichtung läßt vermuten, daß es sich um das Teilstück einer Straße handelt, die das im *Itinerarium Antonini* aus dem 1. Viertel des 3. JhnChr genannte und im Galgenvenn bei Kaldenkirchen lokalisierte *Sablones* an der Reichsstraße von *CUT*-Xanten nach *Aduatuca Tungrorum*-Tongeren/B mit *Iuliacum*-Jülich an der Reichsstraße von *CCAA*-Köln nach *Bagacum*-Bavai verband.   Ho
Lit: GLoewe, Kreis Kempen-Krefeld, AFDR 3, 1971, 40 ff

Weiler i. d. Ebene → Erftstadt
Weisweiler → Bergheim-Paffendorf
Werthausen → Rheinhausen

Wesseling   BM

Römische Siedlung
Abb 100, 532

In röm Zeit führte eine Abzweigung der Reichsstraße Trier–Köln von Euskirchen-Billig (*Belgica vicus*) bei Wesseling an den Rhein; sie stieß dort auf die Reichsstraße Mainz–Köln, die sog Limesstraße.

Abb. 531   Wegberg-Rickelrath. Straßendamm von Nordwesten

Abb. 532 *Wesseling-Keldenich. Brunnen-schacht (Dm 1,5 m) aus Tuffsteinquadern. Fundsituation 1954*

Ob dieser strategisch zweifellos wichtige Punkt durch ein Auxiliarkastell gesichert war, kann bislang noch nicht gesagt werden; antike Autoren bzw Itinerare schweigen und eindeutige archäologische Belege fehlen. Zwar fand man auf dem Werksgelände der Union-Kraftstoff AG auf einer Länge von 200 m einen unterschiedlich breiten Spitzgraben mit möglicherweise begleitender Pfostenstellung und N davon – in der Max-Planck-Str – ein flaches, im Abstand stark variierendes Doppelgrabensystem, doch könnten diese Anlagen auch zur Abgrenzung oder zum Schutze einer Hofanlage (*villa rustica*) gedient haben, die es im Wesselinger Raum auch schon im 1. JhnChr in großer Zahl gegeben haben dürfte. Für das 2. und 3. JhnChr ist in Wesseling eine intensive Besiedlung – in welcher Form auch immer – nachgewiesen. Hierhin gehören nicht nur die röm Bestattungen S von St. Germanus und an der Bonner Str, sondern auch an der Pontivystr. Im Stadtteil Keldenich (Eichholzerstr) ist eine ▶ röm Grabkammer noch teilweise zugänglich, die durch Münzfunde möglicherweise ins 2./3.

JhnChr datiert werden kann. Einer der bedeutendsten Bürger des röm Wesseling war der Philosoph *Q. Aelius Egrilius Euaretus*, der nach 151 nChr starb und auf seinem Grabstein wegen der Freundschaft mit *P. Salvius Iulianus*, damals Statthalter von Niedergermanien, gerühmt wurde.

Die Stadtverwaltung von Wesseling ist bemüht, den Bürgern die röm Vergangenheit immer wieder in Erinnerung zu rufen: Auf dem Kirchplatz vor St. Andreas in Wesseling-Keldenich wurde ▶ ein röm Brunnen des 2./3. JhnChr wieder aufgerichtet, der 1954 in der Kiesgrube Stöcker zutage gekommen war. Die Brunnenbrüstung besteht aus Brohltal-Tuffstein. Auf dem Rathausplatz stehen die Kopien ▶ dreier Weihesteine (Originale im RLM Bonn), die an der Alten Fährgasse – offenbar in einem heiligen Bezirk – gefunden worden waren: links die Weihung eines *C. Domitius Quietus* für die *Iunones*, ebenso mütterliche Gottheiten wie die Aflischen Matronen, denen der Weihestein des *M. Iullionius Agilis* rechts zugedacht ist. In der Mitte die Basis eines Säulenvotivs (?), die auf der Vorderseite ein Herkulesrelief zeigt. Im Rathaus schließlich wird die Kopie eines Reiterreliefs aufbewahrt (Original im RLM Bonn), das in Wesseling-Keldenich gefunden wurde und ehem wohl zu einem gewaltigen Pfeilergrabmal (vergleichbar dem des *L. Poblicius* in → Köln) gehörte; es ist der Rest einer breit angelegten Schlachtendarstellung, in der röm und feindliche Reiterei im Kampf aufeinanderprallen. Ho

Lit: HGHorn, NL, 183 Nr 54 – HLehner, Die antiken Steindenkmäler des Provinzialmuseums in Bonn, 1918, Nr 138, 251, 546, 844 – HGabelmann, BJb 173, 1973, 132 ff Abb 1 ff – HGHorn, Römische Steindenkmäler 3, 1981, 19 ff – MGechter, BJb 179, 1979, 93 f – WDrösser (Hrsg), Spuren der Römer in Wesseling. Blätter zur Wesselinger Heimatkunde 2, 1986

Wollersheim → Nideggen
Wormersdorf → Rheinbach

Würselen-Broichweiden   AC

Römische Mergelgrube

Im sog Wambacher Busch zwischen dem Hufer und dem Weidener Hof, ca 1 km NO des Autobahnkreuzes Aachen, liegt eine ovale ▶ Mergelgrube (größter Dm ca 12 m), die sich heute im Gelände nur noch als flache Mulde (T maximal 1,5 m) abzeichnet. Untersuchungen, vor allem aber Pollenanalysen haben ergeben, daß hier schon in vorröm Zeit Mergel abgestochen wurde. Nach Varro (rust. I 7,8) und Plinius (nat. hist. XVII 42.47) wurde vielerorts – und sicher auch im Rheinland – das Ackerland durch Mergeldüngung aufgebessert.

Aufgrund des dendrochronologischen Befundes muß die Mergelgrube von Broichweiden, die wohl zu einem ca 1 km entfernt lokalisierten frühröm Gutshof (*villa rustica*) gehörte, gegen Ende des 1. JhnChr aufgelassen worden sein; es bildete sich ein mit Eichen bestandenes Torf-

moor. Die Eichen wurden dann ca 339 nChr gefällt.   Ho
Lit: MMüller-Wille, Gymnasium Beih 7. Germania III, 1970, 37 – EHollstein, Kölner Römer-Illustrierte 2, 1977, 301 Abb 428 b

Xanten   WES

Die Legionslager Vetera I und II
Abb 19, 36, 70–72, 158, 160, 203, 204, 206b, 217, 533–537

Vetera I. Das Xantener Legionslager *Vetera I* befand sich gegenüber der Lippemündung im Bereich der unteren Rheinniederung. Das Lager lag auf dem S-Hang des Fürstenberges, einer Stauchmoräne, ungefähr 2 km S von Xanten in der Nähe des heutigen Stadtteils Birten. Der röm Rheinlauf befand sich ungefähr an derselben Stelle wie der heutige Strom. Auf der Höhe des Fürstenberges mündete in röm Zeit die Lippe in den Rhein. Das röm Lager auf dem Fürstenberg war also gera-

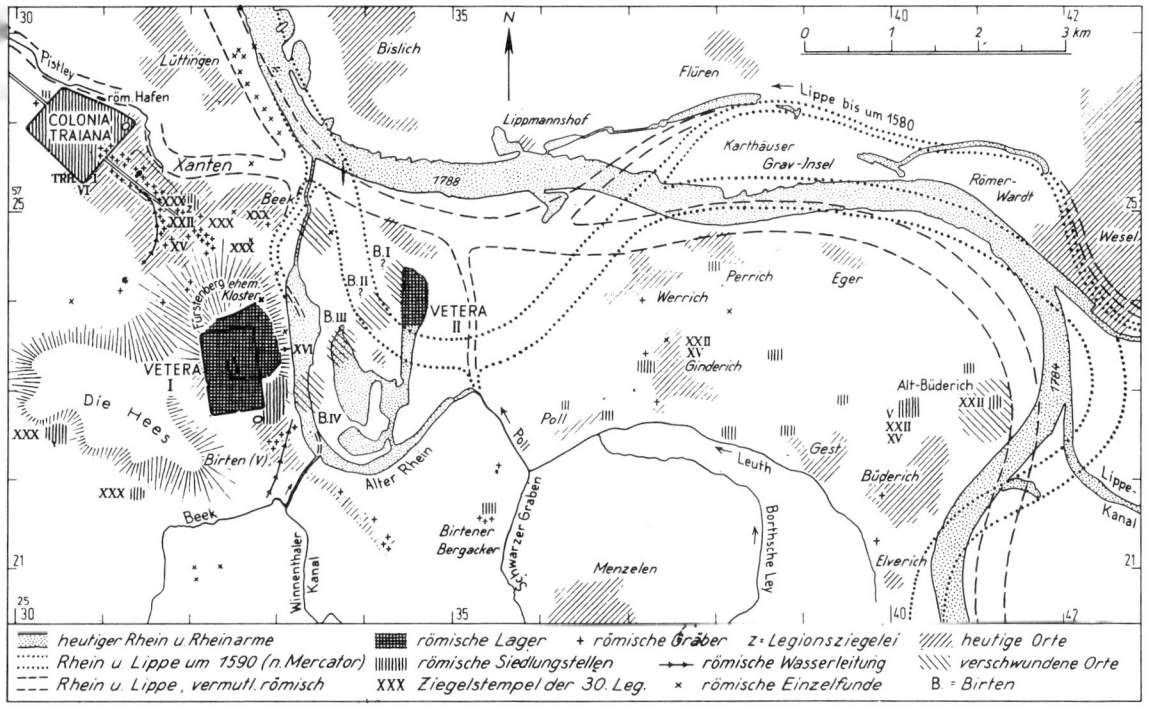

Abb. 533   Xanten. Gesamtsituation. Plan

dezu dafür prädestiniert, die Flußtäler von Rhein und Lippe zu kontrollieren.

Von Tacitus wissen wir, daß *Vetera* vor Beginn der röm Germanienoffensive im Sommer 12 vChr angelegt wurde. Von hier aus sollte Germanien unterworfen werden. *Vetera* war, wie Mainz im S, der zentrale Stützpunkt, von dem aus der Vormarsch durch das Lippetal begann.

Wir wissen nicht, welche oder wie viele Truppenteile in oder um *Vetera* in dieser Zeit stationiert waren. Die übliche Annahme, daß hier mindestens zwei Legionen in einem Doppellegionslager zusammenlagen, stützt sich auf die falsche Interpretation eines Tacitushinweises, der nur für 14 nChr zwei Legionen in *Vetera* belegt. Sicher ist, daß in den Jahren 13 oder 12 vChr der Fürstenberg bei Xanten als röm Stützpunkt ausgebaut wurde. Der Name, der von Tacitus überliefert wurde, *Vetera castra*, deutet auf einen einheimischen Siedlungsplatz hin, dessen Name von den röm Soldaten als *Vetera* interpretiert wurde.

Möglicherweise stand auf dem Fürstenberg die *legio XIIX*, die 9 nChr unter Varus in Germanien vernichtet wurde. Darauf weist der am Fürstenberg gefundene Grabstein des *M. Caelius*, eines Centurio dieser Legion, hin. Der Stein wurde von dessen Bruder, wohl als Kenotaph, errichtet.

Erst für das Jahr 14 nChr kennen wir durch den Bericht von Tacitus die Truppen, die in *Vetera* standen. Nach dem Tod von Augustus meuterten die *legio V alaudae* und die *legio XXI rapax*, die in einem Doppellager auf dem Fürstenberg lagen. Diese Legionen standen noch bis etwa 46 nChr zusammen in *Vetera*, dann wurde die *legio XXI* durch die *legio XV Primigenia* ersetzt. Beide Legionen erbauten ein neues Lager, das das Holz-Erde-Lager ersetzte. Die Innenbauten dieses Lagers bestanden zT schon aus Stein. Zusammen mit den Legionen müssen auch mehrere Hilfstruppen in dem Lager gestanden haben. Plinius der Ältere lag um 55 nChr als Kommandant einer Kavallerieeinheit in *Vetera*.

1905–1914 und 1925–1933 wurde versucht, durch systematische archäologische Ausgrabungen die Geschichte *Veteras* zu klären. Da die Ausgrabungen fast ausschließlich auf die letzte Steinbauperiode ausgerichtet waren, wurde den früheren Perioden wenig Beachtung geschenkt. Sicher ist nur, daß die röm Anlagen auf dem Fürstenberg

um 13/12 vChr gegründet und im Frühjahr 70 nChr zerstört wurden. Ein Lagerneubau erfolgte an dieser Stelle nicht wieder.

Von frühen Lagern kennen wir außer einigen Siedlungsspuren und zwei Töpferöfen keine sicheren Befunde. Es sind einige frühe nicht datierbare Grabensysteme bekannt.

Erst die Umwehrung des Zweilegionslagers der 14 nChr meuternden *legiones V alaudae* und *XXI rapax* können wir sicher nachweisen. Dieses Lager hatte eine zweiperiodige Befestigung aus einer Holz-Erde-Mauer (B 3 m) und einem Doppelgraben. Innenbauten sind bislang nicht bekannt.

Dieses Lager wurde zugunsten einer Neuanlage in claudischer Zeit aufgegeben. Möglicherweise hängt der Lagerneubau mit dem Wechsel einer Legion um 46 nChr zusammen. Von dem Lager, dessen Innenbauten schon teilweise in Stein errichtet waren, kennen wir nur ein Lazarett und einige wenige andere Mauern. Sein Straßennetz wich um 10 Grad von dem des letzten Lagers ab.

Erst das in neronischer Zeit, um 60 nChr, errichtete letzte Lager ist besser bekannt. Die Lage wird schon von Tacitus beschrieben. Das Lager war nach S gerichtet, das S-Tor (*porta praetoria*) lag am Fuß des schwach geneigten Hanges, das N-Tor (*porta decumana*) auf der Hügelkuppe und die beiden Prinzipaltore (*porta principalis dextra* und *sinistra*) auf dem entsprechend leicht geneigten O- und W-Hang.

Die Außenfläche der Umfassungsmauer betrug 902 × 621 m. Davor lag ein Doppelgraben mit zwei Annäherungshindernissen (Astverhau). Die Mauer (B 3 m) bestand aus einem Holzzimmerwerk, das durch Querbinder verstärkt war. In das Holzzimmerwerk waren entweder Lehmziegel oder einfach abgestochene Lehmbatzen eingebracht. Die Innen- und Außenseite der Mauer bestand aus je einer Fachwerkwand. Die Gefache der Außenwand waren mit Leistenziegeln (*tegulae*) ausgefüllt. Die Ziegel wurden mit den Leisten nach oben und den Längsseiten nach vorn in die

Abb. 534   Xanten-Birten. Doppellegionslager Vetera I. Vorclaudische Lagerspuren. A, C, K zweiperiodiges Doppellegionslager (tiberisch); B, D, E, G verschiedene Lager (undatierbar); F unbestimmbare Lagerspur; H Töpferöfen (augusteisch); I Keller (augusteisch); L Gebäude (claudisch); M Töpferofen (tiberisch)

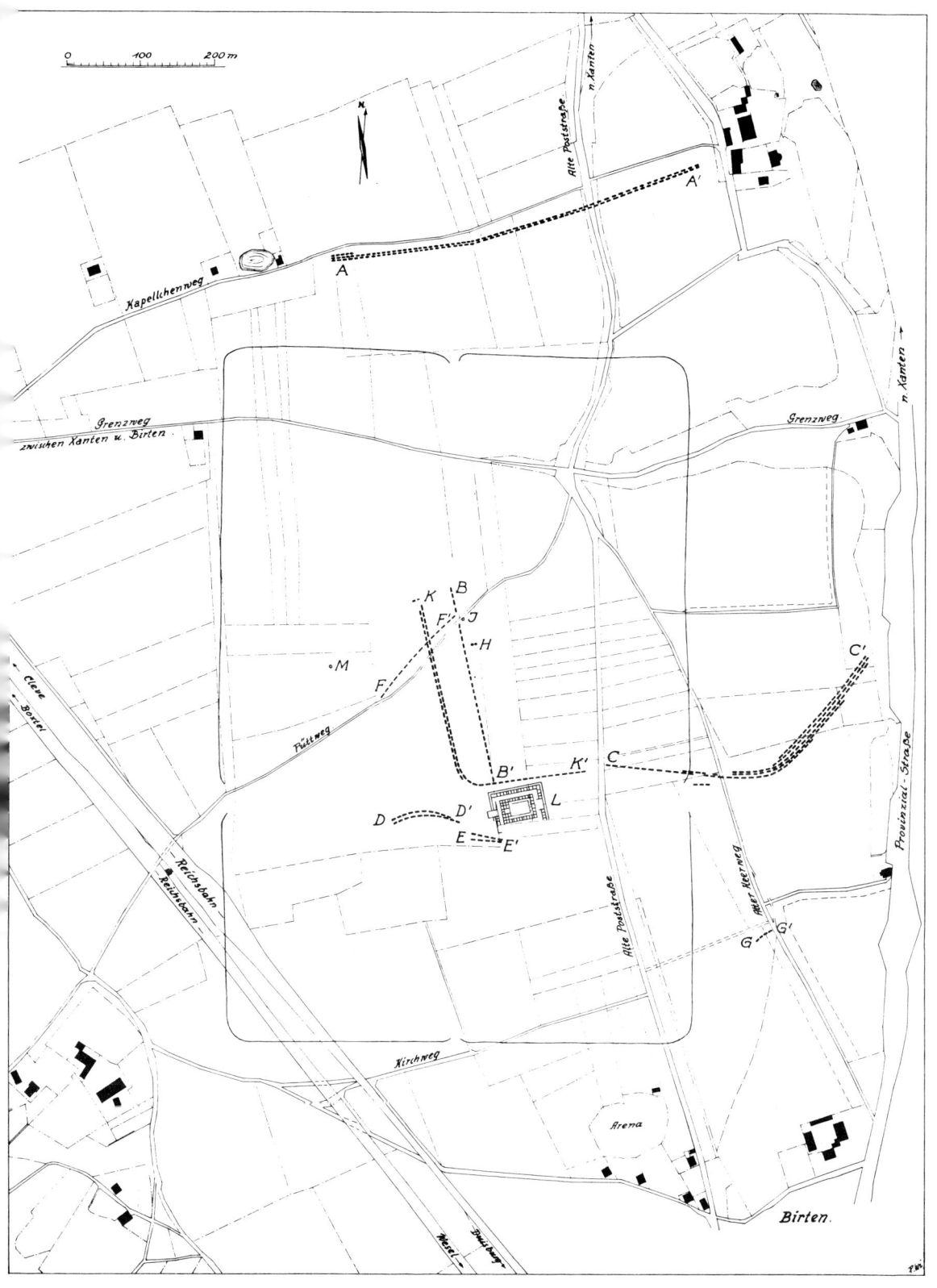

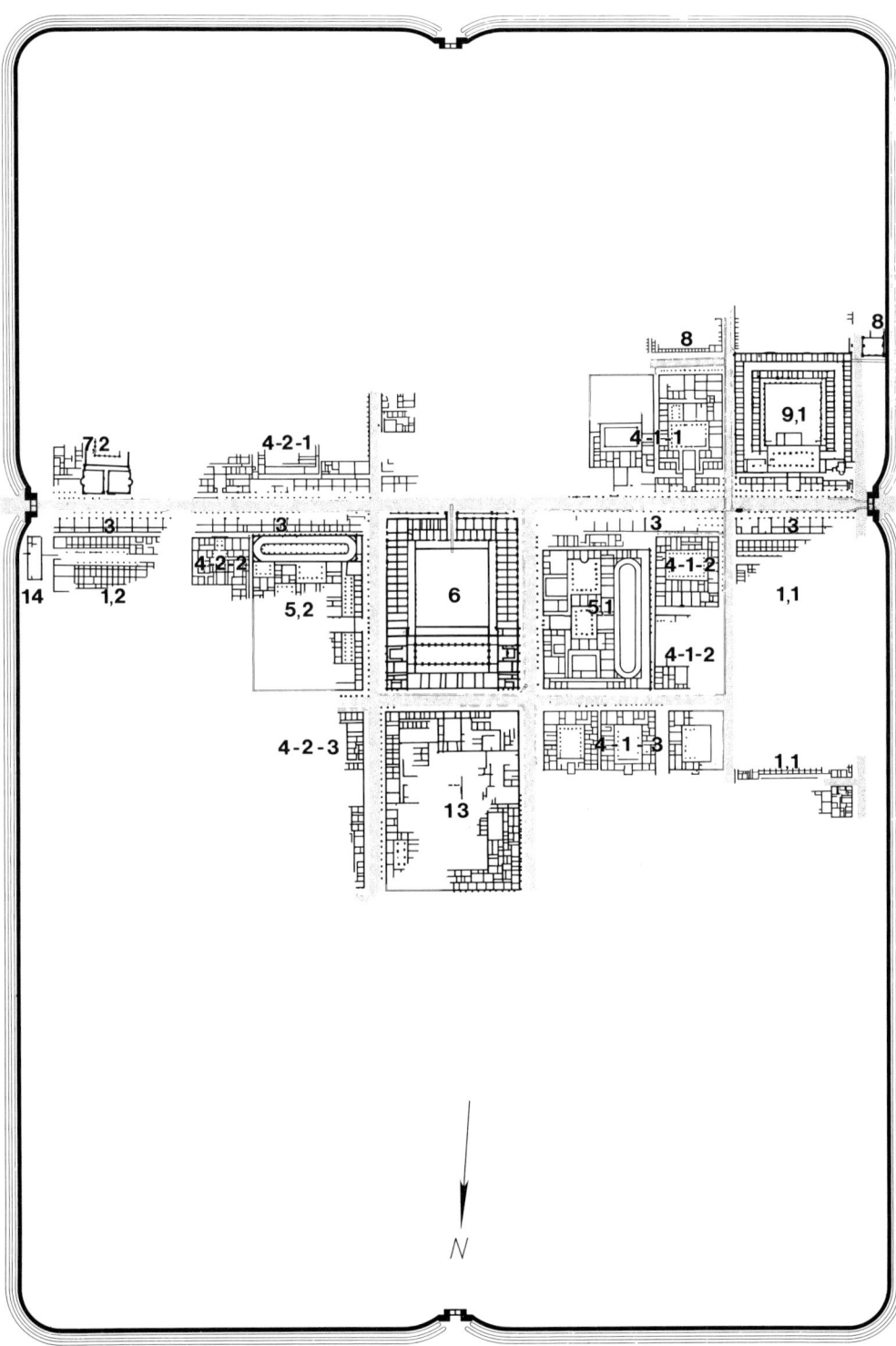

Abb. 535 Xanten-Birten. Neronisches Doppel-legionslager Vetera I. Plan. Innenbauten: 1,1 Kohortenunterkünfte der 5. Legion; 1,2 Kohortenunterkünfte der 15. Legion; 3 Unterkünfte (tabernae) der Legionsreiter; 4 Wohngebäude der Stabsoffiziere (1/1 Gebäude des Lagerkommandanten und des senatorischen Tribuns der 5. Legion, 2/1 Gebäude des Lagerkommandanten und des senatorischen Tribuns der 15. Legion, 1/2 mittleres Gebäude: ritterlicher Tribun der 5. Legion, 2/2 mittleres Gebäude: ritterlicher Tribun der 15. Legion, 1/3 kleines Gebäude: ritterlicher Tribun der 5. Legion, 2/3 kleines Gebäude: ritterlicher Tribun der 15. Legion); 5,1 Amts- und Wohngebäude (praetorium) des Legionskommandeurs der 5. Legion, 5,2 Amts- und Wohngebäude (praetorium) des Legionskommandeurs der 15. Legion; 6 Lagerforum (principia); 7,2 Aufenthaltsraum (schola) der 1. Kohorte der 15. Legion; 8 Wirtschaftsgebäude; 9,1 Lazarett (valetudinarium) der 5. Legion; 13 Verwaltungsgebäude der Lagerkommandanten; 14 Latrine

Gefache gestapelt und mit Lehm verschmiert, der Wehrgang mit Fußbodenplatten belegt. Bei den Fachwerkwänden des Walls wurden zwei unterschiedliche Bauformen angewandt: Es gab sowohl Pfosten- als auch Ständerbauweise. Türme müssen vorhanden gewesen sein, wurden aber bislang nicht beobachtet.

Die vier Lagertore waren ebenfalls aus Holz errichtet und bestanden aus einer zweiteiligen, mit einer Brücke überdeckten Durchfahrt (B 8,5–9,5 m) und zwei flankierenden Türmen.

Das mit 60 ha größte bekannte Doppellegionslager wurde durch die beiden Hauptstraßen *via principalis* und *via praetoria* (bzw. *via decumana*) aufgeteilt. An deren Schnittpunkt lag das Verwaltungsgebäude (*principia*). Die Principia bestanden aus einem Innenhof, der auf drei Seiten mit Doppelkammern umgeben war. An der vierten Seite schloß die quergestellte Basilika an, an deren Schmalseiten die Fahnenheiligtümer der beiden Legionen mit den Legionsstandarten, den Götterbildern und der Legionskasse lagen. An der Rückseite der Principia befand sich wieder eine Kammerreihe.

Bei den Ausgrabungen stellte sich anhand der Ziegelstempel heraus, daß der rechte Teil der Principia von der *legio V alaudae* und der linke

Teil von der *legio XV Primigenia* gebaut worden waren.

Da in *Vetera* hauptsächlich der Bereich um die Principia ergraben wurde, können wir nur wenig über die Lagerstruktur insgesamt sagen. Rechts von den Principia lag der Legatenpalast der *legio V alaudae*, links der der *legio XV primigenia*. Beide Gebäude bestanden aus zahlreichen Sälen und Kammern, die um drei Peristylhöfe angeordnet waren. Zu beiden Häusern gehörten auch zwei große zirkusförmige Prachtgärten. Um die Legatenpaläste gruppierten sich die Unterkünfte der Stabsoffiziere. Für den Bereich der *legio V alaudae* können wir sieben solcher Bauten feststellen, die drei unterschiedlichen Bautypen entsprechen. Gegenüber dem Legatenpalast an der *via principalis* lagen die beiden größten Gebäude. Zwei kleinere befanden sich rechts neben dem Wohnhaus des Legaten und dahinter lagen die drei kleinsten Tribunenbauten. Allen gemeinsam war, daß sie mindestens einen Innenhof hatten. Ähnlich waren auch die Stabsoffiziersbauten der *legio XV Primigenia* angeordnet. Vier können wir sicher nachweisen. Davon gehörten zwei dem großen, je einer dem mittleren und dem kleinen Bautyp an. Unklar ist, ob in diesen Gebäuden auch der Lagerkommandant wohnte oder ob er in dem großen Gebäude hinter den Principia residierte. Neuerdings wurde angenommen, daß dieses große Gebäude mit den vielen Innenhöfen ein Wirtschaftsbau war.

Es fanden sich noch zwei andere Wirtschaftsgebäude, und zwar im zweiten Scamnum der *praetentura* (Lagervorderteil), auf der rechten Seite hinter dem Wall eine Werkstatt (*fabrica*) und hinter den Stabsoffiziersbauten ein Magazin.

Ganz rechts im ersten Scamnum S der *via principalis* befand sich das Lazarett (*valetudinarium*) der *legio V alaudae*. Es bestand aus einem großen Innenhof, um den auf drei Seiten zwei Reihen von Krankenzimmern angeordnet waren. Auf der vierten Seite liegt zum Hof ein sog »Operationssaal« und zur Straße hin ein großer Peristylraum. Auf der linken Seite desselben Scamnums befand sich im Bereich der *legio XV Primigenia* die *schola* der 1. Kohorte. Dies war der Aufenthaltsraum für die Soldaten dieser Kohorte, die einen höheren Status als die übrigen neun Kohorten hatte.

Abb. 536 Xanten-Birten. Doppellegionslager Vetera I. Mauerspuren des Lagerforums (principia). Luftbild (Freigabe RP Düsseldorf 43 K 1100)

Ebenfalls in diesem Scamnum, im Bereich neben den Stabsoffiziersgebäuden, befanden sich Sonderunterkünfte für *immunes*, Mannschaftsdienstgrade, die als Spezialisten in den Wirtschafts- und Verwaltungsgebäuden und auch als Ärzte Dienst taten. In den *tabernae* (zur Straße hin offenen Räumen) beidseitig der *via principalis*, können wir Unterkünfte für den Troß vermuten.

Mannschaftsunterkünfte wurden sowohl im Bereich der *legio V* als auch der *legio XV* angeschnitten. Es sieht so aus, als ob die Kohorten am Wall lagen und so wie ein Schutzschild für die Wirtschafts- und Verwaltungsgebäude wirkten. Die Mannschaftsunterkünfte waren höchstwahrscheinlich Fachwerkgebäude. Die Latrinen für die Kohorten befanden sich im Bereich der Wallinnenstraße (*via sagularis*). Solch ein Bau wurde neben der *porta principalis sinistra* angeschnitten.

Es ist anzunehmen, daß sowohl im vorderen als auch im rückwärtigen Lagerteil für beide Legionen noch mehrere Hilfstruppen stationiert waren. Die *legio XV Primigenia* wird auch ein eigenes Lazarett gehabt haben, genauso wie die 1. Kohorte der *legio V alaudae* eine eigene Schola hatte.

O des letzten Lagers fanden sich im Abstand von 100 m von den Gräben Reste der Lagervorstadt (*canabae legionis*). Tacitus berichtet, daß diese 69 schon die Ausmaße einer kleinen Landstadt angenommen hatte, als sie infolge der Bataverbedrohung von den Römern selbst niedergelegt wurde. Die letzten Gebäude hatten schon Steinfundamente. Die *canabae legionis* werden sich noch weiter O erstreckt haben, die Spuren sind aber durch den ma Rheinlauf abgespült worden.

Nach S wurde die Lagervorstadt durch das gleichzeitige Gräberfeld unter dem heutigen Birten begrenzt. Nach W ging die Ausdehnung nicht über das Amphitheater hinaus. Dieses ▶ Holz-Erde-Amphitheater blieb erhalten, da es als der Platz des Martyriums des hl. Viktor galt. Es ist ellipsoid (98 × 84 m). Die Ränge (*cavea*) bestanden aus angeschütteten Erdwällen, die zur Arena hin

Abb. 537   Xanten-Birten. Amphitheater. Blick aus der Arena auf die östliche Porta Pompae und den nordöstlichen Teil der angeschütteten Zuschauerränge

durch eine Holz-Erde-Mauer (B ca 1 m) abgegrenzt waren. Dieses Amphitheater wurde zZ des neronischen Lagers errichtet.

Vetera II. Nach der Reorganisierung der Rheinarmeen wurde 71 nChr in *Vetera* nur noch eine Legion stationiert. Auch änderte sich der Lagerstandort im Gegensatz zu den Legionslagern in Neuss und Bonn. Das neue Lager *Vetera II* wurde ca 1 km weiter O des Fürstenberges direkt auf der hochwasserfreien Niederterrasse des röm Rheinlaufs angelegt.

Als Legion kam jetzt die *legio XXII Primigenia* nach Xanten. Wahrscheinlich baute sie gleich das Lager, in dem später auch die *legiones VI* und *XXX* lagen. Zwischen 92 und spätestens 96 ging die *legio XXII* nach Mainz. Die nachfolgende Legion ist die *legio VI victrix*, die nach der bisherigen Meinung nach der Auflassung des Neusser Legionslagers um 104/105 hierher verlegt wurde. In der Zwischenzeit haben in *Vetera* entweder größere Hilfstruppenverbände gelegen, oder wir müssen das Ende des Neusser Lagers um 10 Jahre früher ansetzen. Diese Legion verließ Xanten zwischen 119 und 121/122 und wurde nach Eng-

land verlegt. Dafür kam die *legio XXX Ulpia victrix* nach *Vetera II*, wo sie bis Ende des 3. Jh nachzuweisen ist.

Im Mittelalter wurden die Ruinen des Lagers *Vetera II* unterspült und von großen Kiespaketen überlagert. Sie liegen heute in teilweise 10 m Tiefe in einem Baggersee. Bei Tauchaktionen des RLM Bonn konnten genügend Funde gesammelt werden, so daß wir in der Lage sind, dieses Lager relativ gut zu datieren. Das Lager wurde um 70 errichtet und bestand bis in die Zeit der zweiten großen Germaneneinfälle um 275/76. Danach wurde der Ort nicht weiter besiedelt. Wahrscheinlich ist, daß die Resttruppen in die spätantike Festung *Tricensimae* verlegt wurden, die im Bereich der frühen *Colonia Ulpia Traiana* gebaut wurde. Der Name *Tricensimae* weist auf ein Weiterbestehen der *legio XXX* als spätantike Limitantruppe hin.   Ge

Lit: HLehner, Vetera, 1930 – HvPetrikovits, RE 8 A, 1958, 1801 ff s. v. Vetera – ders, BJb 159, 1959, 89 ff – MGechter, NL 106 ff Nr 28 – ders, BJb 179, 1979, 106 f – HSchönberger, Germania 66, 1985, 427, 440, 449, 459

Colonia Ulpia Traiana
Abb 78, 82, 104, 112, 115, 119, 140, 169, 176, 217,
248, 262, 533, 538–549

Vorgängersiedlung und Umland. NW des ma
Stadtkerns von Xanten breitet sich zwischen zwei
fossilen Rheinarmen, dem Niederbruch im W
und der Pistley im O satteldachförmig ein ca 1 km
breites Stück Niederterrasse des Rheins aus. Sie
beginnt am Rand der Pistley mit etwa 20 m Höhe
üNN, ihr Scheitel liegt in der Höhe der jetzigen
Siegfriedstr bei 23–24 m. Sodann fällt das Terrain
nach SW mäßig bis zu etwa 21 m üNN am Fuß
des Bahndamms der Bundesbahnstrecke Duisburg–Kleve ab. Sozusagen auf dem First dieses
dachartigen Gebildes liegt die vom ma Klever Tor
herkommende und nach NW in Richtung Ma-
rienbaum führende Limesstraße.
Zu röm Zeit müssen W und O dieser Niederter-
rassenrippe bruchartige Gelände gelegen haben,
die von Altwassern und sumpfigen Auen durchzogen waren und wohl nur zT Objekt röm Trok-
kenlegungsmaßnahmen wurden. Erst für das
Hochmittelalter (13. Jh) läßt sich eine ordnungsgemäße Trockenlegung für das Hoch- und Niederbruch nachweisen. O der heute vom höheren
Zug *Colonia Ulpia Traiana* – ma Xanten – Für-

stenberg bezeichneten Hochlage verlief ein Altrhein, der in röm Zeit noch Wasser führte und
den der Verlauf der heutigen Pistley NO der *Colonia Ulpia Traiana* in etwa bezeichnet.
Die Höhe der Stauchmoräne des S gelegenen Fürstenberges nahmen seit der Zeit des Augustus,
frühestens 15 vChr, jedenfalls aber 12 vChr–70
nChr röm Militärlager ein, während der breit-
gestreckte Niederterrassenrücken zu zivilen
Siedlungszwecken genutzt wurde. Einen Vorläufer röm Militärinstallationen vor dem 2. Jahrzehnt des 1. JhvChr gibt es naturgemäß im Xantener Siedlungsraum nicht. Doch gibt es auf den
Niederterrassenrücken, der später die einhei-
misch-röm Niederlassung und nachmalig die röm
Kolonie trägt, keinen unmittelbaren Vorläufer
aus der Latènezeit. Bislang auf dem Areal gefundene, recht tief liegende Gräber scheinen dem
4. oder 3. JhvChr anzugehören.
Kombiniert man Nachrichten der Schriftsteller
Sueton, Velleius Paterculus und Orosius, so wurden im Gefolge eines gewaltigen germ Aufstandes, der 1 nChr begann und vor allem die rechtsrheinischen Stämme der Kannanefaten, Hattua-
rier, Brukterer und auch die verbündeten Cherusker erfaßte, 40 000 unterworfene Germanen
auf das linke Rheinufer umgesiedelt. N der Ubier

*Abb. 538 Xanten.
Vorcoloniazeitliche Be-
bauungsspuren (Ciber-
nodurum/Cugernodu-
rum). Stampflehm-
tenne und Balkenab-
drücke. Ausgrabungen
des Rheinischen Lan-
desmuseums Bonn
1981*

bis zur holländischen Küste erscheinen jedenfalls ab dieser Zeit die Ciberner, ein Teilstamm der Sugambrer, N von ihnen die Bataver, die ehem den Chatten angehörten, und sodann auf den W niederländischen Flußinseln die eben genannten Kannanefaten. Die Namensschreibung reicht – ähnlich wie bei den *Sugambri-Sicambri-Sycambri* von *Cugerni* bis *Ciberni*. Letzteres bevorzugen wir aus hier nicht zu erläuternden Gründen. Diese Stämme hatte Caesar bei seiner Beschreibung N-Galliens dort noch nicht gekannt.

Die erste Generation der »Neusiedler« ist in einheimischem Formengut bislang schlecht repräsentiert. Als Übersiedler vom rechten Rheinufer müßten die neuen cibernischen Ansiedler, deren Verwaltungsmittelpunkt am Rheinarm N von Xanten angelegt wurde, vor allem Gefäßformen transferiert haben, die man auch rechtsrheinisch antrifft. Bis auf wenige Bruchstücke von Kochtöpfen, deren Merkmale darin bestehen, daß sie nicht auf der Töpferscheibe geformt, sondern handmodelliert sind, eine ausgeprägte Schulter und einen eingezogenen Hals mit nach außen gelegtem Rand haben, wobei auf der größten Ausdehnung der Schulter horizontal umlaufende Fingertupfen in einer Reihe ornamental angebracht sind und deren lederbraune Oberfläche geglättet erscheint, finden sich allenfalls noch Fragmente der sog Halterner Kochtöpfe, ebenfalls frei geformte grobe Kochgefäße mit vertikaler Besenstrichritzung, die als einheimische Ware angesehen werden können. An röm Import sind die Terra Sigillata der italischen Produkte sowie einige Amphorenbruchstücke vorhanden, die beide in das 1. Jahrzehnt nChr gehören.

Die Entdeckung der ersten Generation von Neusiedlern, ihres Hausbaus im neuen Vicus am Rheinarm und ihres Verhältnisses zu den nahebei liegenden röm Garnisonen oder auch den aus dem Mittelmeerraum und Gallien stammenden Einwohnern höheren Rechts (*cives Romani*), die sich von Anfang an neben dem Heer als Händler mit den rechtsrheinischen Germanen betätigten und wohl in besonderen Vereinigungen zusammengeschlossen waren, steht noch dahin. Jedenfalls ist gesichert, daß entlang der Limesstraße, die vom Augustuslager *Vetera* nach N zur nächsten frühen Garnison *Burginatium*-Altkalkar führte, ein zeitweilig belegtes zweiperiodiges

Militärlager noch unbekannter Größe lag, das Funde aus der Zeit des Kaisers Tiberius (14–37 nChr) erbrachte.

Der Kern des frühen Ciberner-Vicus lag mithin unter den zentralen *insulae* der späteren Kolonie O der Limesstraße, die – gerade gestreckt und in die Form der späteren Stadtvermessung eingebunden – den Zentralort der Ciberner nur W marginal berührte, während nach O der Ort durch den Rheinarm und dessen Hafenmöglichkeiten seine Begrenzung fand. Im S und im W, dort beiderseits der Limesstraße (= *cardo maximus*, also Hauptstraße der späteren Kolonie), liegen Gräber der 1. Hälfte des 1. JhnChr, zwischen denen lockere, von Gräbchen und Flechtwerkzäunen eingefaßte einheimische Höfe den Ortsrand bilden. Jedenfalls im N, in der Nähe des späteren Hauptnordtores der Kolonie, lag zeitweilig das eben angesprochene Militärlager.

Es muß jedoch damit gerechnet werden, daß auch anderswo im Weichbild des Ciberner-Vicus Militärinstallationen von mehr oder weniger vorüber-

Abb. 539 Xanten. Weihung lingonischer Bürger für Mars Cicollvis und das Wohl Neros. Kalkstein. – H. noch 0,82 m. 68 n. Chr. (RLM Bonn)

gehender Art noch der Entdeckung harren. Der Kern der Vorgängersiedlung zeichnet sich jedenfalls im O-Teil der späteren Kolonie, also am Altrheinufer, durch einige nicht im normalen rechtwinkligen Straßenraster der trajanischen Vermessung verlaufende Straßen deutlich ab.

In letzter Zeit ist wahrscheinlich gemacht worden, daß diese Agglomeration der Ciberner mit dem Kunstnamen *Cibernodurum* von der Besatzungsmacht zum Verwaltungsmittelpunkt des Stammesterritoriums (*civitas*) der *Ciberni* gemacht wurde. Dies kann schon unter Augustus der Fall gewesen sein, ebenso wie Trier für die Treverer, Köln für die Ubier, Nijmegen für die Bataver und Voorburg/Arentsburg für die Kannanefaten Stammesmittelpunkte wurden. Unter Kaiser Claudius (41–54 nChr) wird viel für die stadtartigen Siedlungen der gallischen Provinzen des Reiches getan: Trier, das schon unter Augustus den Beinamen des Kaisers aus unbekannten Gründen – vielleicht nur wegen seiner Neugründung – bekommen hatte (*Augusta Treverorum*), erhält unter Claudius den Titel einer Kolonie und nach Köln wird sogar eine regelrechte Kolonie deduziert, die den Namen des Kaisers im Stadtnamen führen durfte (*Colonia Claudia Ara Agrippinensium*). Der Verwaltungsmittelpunkt der nordwestlichsten Civitas, der der Kannanefaten, hieß später *Forum Hadriani*.

Keine Erhöhung des rechtlichen Stadtstatus ist dagegen für die Vororte der Ciberner und der Bataver, also *Cibernodurum* und *Batavodurum* bislang belegt. Über beide Siedlungen in der claudisch-neronischen Zeit, also den Jahren zwischen 40 und 70 nChr, wissen wir noch reichlich wenig. Immerhin ist es ziemlich wahrscheinlich, daß *Cibernodurum* bereits ein recht aufwendiges Straßensystem besaß.

Nicht nur finden sich in den Schichten dieser Zeit reichere Gräber von Handwerkern und auch Bruchstücke aufwendigerer Grabmäler, etwa das eines unterlebensgroßen qualitätvollen claudisch-neronischen Kopfes (eines Zivilisten?), sondern vor allem Handel und Gewerbe sind auch in dieser Zeit bereits stark in der Siedlung an der Schiffslände am Rheinnebenarm von Xanten vertreten. Dort findet sich Schutt von Töpfereien, die im 6. Jahrzehnt nChr ihre Lampen und kleinen Terrakotten auf dem Wasserweg rheinab-

Abb. 540   Xanten. Grabstein des Malers und Anstreichers Ti. Iulius Tertius. Kalkstein. – H. 0,77 m. 2. Hälfte 1. Jh. n. Chr. (RLM Bonn)

wärts transportiert haben mögen, und ein Vorrat von Wetzsteinen, der – sicherlich von einem Händler – vom Produktionsort am Mittelrhein her importiert wurde und wegen der Zerstörung der Stadt nicht weiter rheinab verhandelt werden konnte. Auch die bislang einzige Berufsbezeichnung eines röm Bürgers der Stadt *Cibernodurum*, *Tiberius Iulius Tertius* – er war Maler und Anstreicher –, entstammt dieser Zeit. Aus Funden, die H. Hinz an der Limesstraße machte, kann man vermuten, daß die Handwerker für die Armee arbeiteten.

Besondere Erwähnung verdienen noch zwei Gruppen von gallischen Stammesangehörigen, Lingonen und Remer, die offensichtlich schon röm Bürger waren und wohl Händlerclubs für den Handel rheinabwärts in Richtung England in *Cibernodurum* gebildet hatten. Die von ihnen hinterlassenen Inschriften zum Wohl des Kaisers Nero, eine gefunden in Kleve-Rindern und zwei aus Xanten, legen nahe, daß sie in den gallischen Wirren vor dem Tod Neros im Juni 68 nChr, gezwungen durch die Xantener Truppen, Ehren-erklärungen für den Kaiser abgaben und sogar den Bau eines Tempels versprachen, um sich auch weiterhin ihren Händlerprofit zu sichern, was ih-nen nach Indizien auf der Inschrift zumindest noch einige Zeit unter dem nachfolgenden Kaiser Galba, vielleicht auch noch unter Vitellius und dann bis zu den Verwüstungen des Bataverauf-standes gelang.

Der große Einschnitt im Leben des Verwaltungs-mittelpunktes der Ciberner ist gewißlich der Ba-taveraufstand gewesen. Der sonst durch seine ortskundigen Gewährsleute so gut informierte Tacitus erwähnt den Ortsnamen *Cibernodurum*, den J. E. Bogaers kürzlich scharfsinnig aus einer Inschrift hat erstehen lassen, mit keiner Silbe. Im Gegensatz zur bisherigen Forschung halten wir es jedoch für möglich, daß die Siedlung in der Nähe des Legionslagers, die bei Annäherung des batavischen Rebellenheeres unter Civilis im Jahre 68 von den Legionskommandeuren *Munius Lu-percus* und *Caesius Rufus* niedergelegt wurde, und die gemäß der Beschreibung des Tacitus »nach Art eines Municipiums gebaut« war, eben *Cibernodurum* und nicht die *canabae legionis* (Lagerdorf) des Zweilegionenlagers von *Vetera* war. Liest man den Text des Tacitus nämlich ge-nauer, so muß die geschilderte Siedlung nicht ohne weiteres in Verbindung mit dem Legionslager gestanden haben. Andererseits war die Lager-siedlung vor dem Tor von *Vetera* nach allem, was wir bislang wissen, zu bescheiden, um mit einem ordnungsgemäßen röm Stadtgebilde verglichen zu werden. Auf den damals bereits über 30 ha großen Vicus *Cibernodurum* paßt ein Vergleich mit einem ordentlichen röm Municipium wesent-lich besser, war er doch die größte stadtartige An-lage Niedergermaniens nach der *Colonia Clau-dia Ara Agrippinensium*-Köln. Es ist sicher, daß der Gewährsmann des Tacitus, C. *Plinius Secun-dus*, den Ort aus eigener Anschauung gut kannte. So bleibt uns nur die Spekulation, warum die sonst so exakten Beschreibungen des Bataver-krieges, die jede nur erdenkliche Örtlichkeit nen-nen, den Namen verschweigen. Vermutlich han-delt es sich um eine absichtliche Namenstilgung, da sich die Ciberner und ihr Verwaltungsmittel-punkt sofort den Aufständischen im Bataveraufstand anschlossen. Jedenfalls ist der Brandschutt

der Jahre 69/70 von großer Mächtigkeit und läßt auf ein dicht bebautes stadtartiges Gelände schlie-ßen. Vielleicht bestand im Vicus – ebenso wie im frühen Köln – schon ein Tempel des Mars. Er könnte in der Umgebung des späteren, kolonie-zeitlichen »Hafentempels« gestanden haben, des-sen Gottheit wir vorerst nicht bestimmen kön-nen, der aber wohl Mars geweiht gewesen sein kann.

Der Wiederaufbau der Verheerungen, die die Ba-taverrebellion in *Cibernodurum* hinterließ, wurde offentlichlich kräftig gefördert durch die nach dem Bataveraufstand von Mainz nach Xan-ten verlegte 22. Legion, die in den letzten Jahren des 1. JhnChr Xanten wieder in Richtung Mainz verließ. Ihr wird *Cibernodurum* – oder wie sonst der Ort in flavischer Zeit hieß – den großen ersten Hafenkai verdanken, der in den späten 70er oder frühen 80er Jahren des 1. JhnChr aus Eichenholz, das man aus dem Rhein-Main-Gebiet herschaffte, angelegt wurde. Vielleicht hängt ein Goldschatz, der am späteren kleinen Hafentor der Kolonie gefunden wurde und in den 70er Jahren des 1. JhnChr dort vergraben worden ist, mit einem Einfall der Brukterer am linken Niederrhein zu-sammen, der vom niedergerm Provinzlegaten *Rutilius Gallicus* im Jahre 77 nChr zurückge-schlagen wurde. Auch in den Jahren 96 und 97 nChr unter Kaiser Nerva scheint es Unruhen am unteren Niederrhein gegeben zu haben, die den Ciberner-Vicus wiederum in Mitleidenschaft ge-zogen haben mögen, denn kurz vor der Anlage des Koloniehafens ist die hölzerne Schiffslände von *Cibernodurum* am Altrhein noch einmal ver-brannt.

Die Colonia Ulpia Traiana. Im Herbst des Jahres 96 kam *Marcus Ulpius Traianus* als Statthalter nach Obergermanien (Hauptstadt Mainz). Dort wurde er am 27. Oktober 97 nChr von Kaiser Nerva in Abwesenheit adoptiert und als Mit-regent angenommen. Als Nerva am 27. Januar 98 starb, wurde Trajan, der sich wegen der og Schwierigkeiten mit den rechtsrheinischen Ger-manen am unteren Niederrhein, aber auch aus politischen Gründen bei seinem Freund, dem nie-dergerm Statthalterkollegen *Licinius Sura* auf-hielt, Kaiser. Seine Statthalterschaft hatte bereits im Oktober 97 geendet. Ein Jahr lang war er als Adoptivsohn des Kaisers – wie früher die Prinzen

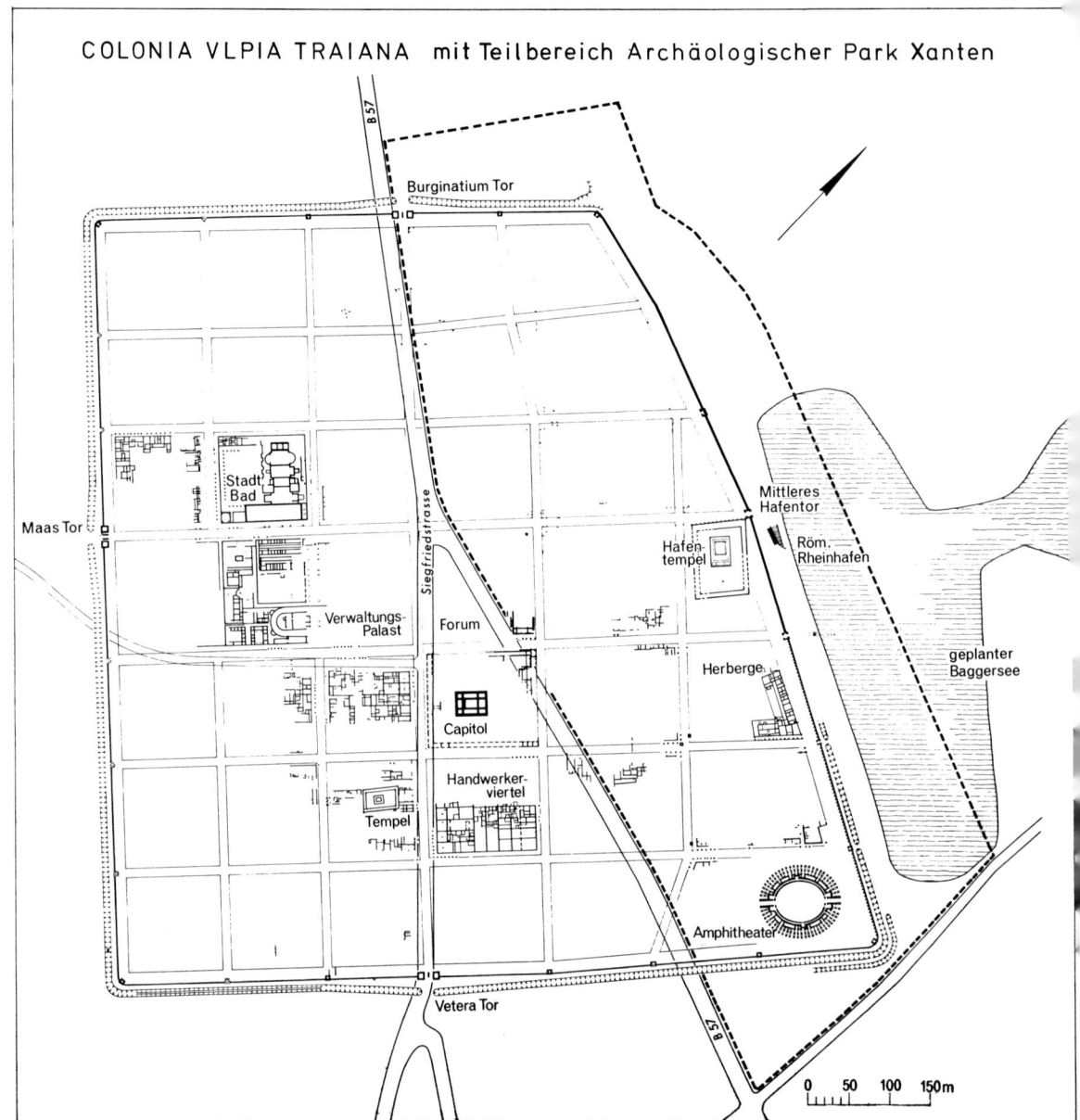

COLONIA VLPIA TRAIANA mit Teilbereich Archäologischer Park Xanten

Abb. 541   Xanten. Colonia Ulpia Traiana. Plan (Stand 1987)

des Augustus – mit Imperium maius Oberbefehlshaber beider germ Provinzen.

Zu dieser Zeit stand wohl noch die *legio XXII primigenia*, die in den ersten Jahren des 2. Jh Dau-

ergarnison in Mainz bezog, in Garnison im neuen Xantener Lager *Vetera II* unten am Rheinufer. 102 nChr marschierte die N Nachbarlegion der *Colonia Ulpia Traiana*, die 10. Legion in Nijmegen, von dort aus zum 2. Dakerkrieg Trajans an die Donau. Nach Xanten kam die *legio VI victrix* aus *Novaesium*-Neuss.

Einer der Soldaten der 10. Legion wurde in *Carnuntum*-Deutsch-Altenburg an der Donau als Veteran begraben. Er gibt auf seinem Grabstein als Vaterstadt die *Colonia Ulpia Traiana* am Rhein an. Ihre Bürgerschaft muß er demnach zwischen Trajans Antritt der Alleinherrschaft am 27. Januar 98 und seinem Abmarsch mit der Nijmegener Legion an die Donau im Sommer oder Herbst des Jahres 102 erhalten haben.

Man wird annehmen können, daß die Gründung der *Colonia Ulpia Traiana* in Anwesenheit des neuen Kaisers und zur Vorbereitung der Dakerkriege bei den an die Donau abzuordnenden rheinischen Legionen oder der Veteranenentlassungen und Neuauffüllungen stattgefunden hat. Dies mag heißen, daß sie noch vor der Abreise Trajans nach Pannonien im Sommer 98 nChr gegründet worden ist.

Die trajanische Planstadt stellt sich als reguläres Rechteck dar, das lediglich an seiner SO Landseite Rücksicht auf den Rheinverlauf nimmt, vor der der Hafen lag.

Die vorherrschende Windrichtung unserer Breiten ist der W-Wind. Die Stadt war infolgedessen so angelegt, daß die W-Winde nie senkrecht auf die Mauern treffen konnten, sondern so, daß die vier Ecken der Stadt jeweils im S und N, O und W lagen. Die Ausrichtung mag auch religiöse Gründe gehabt haben; jedenfalls hat die *CUT* diese Orientierung mit der *CCAA* und den meisten Militärlagern am Rhein gemeinsam. Insgesamt war die Stadtmauer 3,4 km lang und umfaßte einen Innenraum von 73 ha. Am Ende jeder sich rechtwinklig kreuzenden Straßen – nur in der Altstadt, die wohl auf die Vorgängersiedlung Rücksicht nahm, gibt es Ausnahmen zu diesem rechtwinkligen Schema – trafen ihre Enden an der Stadtmauer jeweils auf Türme bzw turmflankierte Tore. Die alte Limesstraße wurde innerhalb der Stadt zum *cardo maximus*. Vor der Stadtmauer lag auf drei Seiten ein Graben, der an der N-Ecke offen in den Rheinarm mündete. Auch an dem Teil der SO-Mauer, der nicht unmittelbar vor dem Hafen lag, wurde ein Graben gezogen.

Stadtmauern in der Antike waren weniger Vertei-

digungsanlagen, sondern besaßen wie Stadtbögen (»Triumphbögen«), die an den Landstraßen den Beginn des Stadtareals markierten, einen Symbolwert: Eine antike Stadt »hatte eine Mauer zu haben« und arme Städtchen in Kleinasien ruinierten für dieses Wahrzeichen oft ihre Haushalte. So hatte die *Colonia Ulpia Traiana* nie genug wehrfähige Bürger, als daß auf jeden Meter der Stadtmauer wenigstens ein Verteidiger hätte kommen können. Zu Recht hat man deshalb neben dem Symbolwert weniger den Verteidigungswert als vielmehr den Abschreckungscharakter dieser Stadtmauern für den äußeren Feind betont.

Das Bauholz für den Pfahlrost, der das Fundament der rheinseitigen Stadtmauer bildete, wurde im Winter 105/106 aus Eichen des Rhein-Main-Gebietes eingeschlagen und wohl von der 6. Legion nach Xanten herangebracht und wie üblich im saftfrischen Zustand verbaut. Wir haben damit das früheste genau datierte Bauwerk der Kolonie vor uns: Die Stadtmauer wurde ab Winter 105/106 gebaut.

Auch die Parzellen der Privatbebauung wurden sogleich mit tiefen Parzellentrennmauern (*parietes perpetui*) von den Koloniearchitekten festgelegt. Ein solches Wohngeviert, ein Block zwischen vier sich rechtwinklig kreuzenden Straßen hieß *vicus*, vielleicht auch *insula*.

Die Stadt war durchaus auf Zuwachs berechnet; selten haben Stadtgründungen röm Kaiser sofort die Stadtmauerberinge voll ausgefüllt. Pro Karrée können wir zunächst mit 20 Wohneinheiten, also 20 Neubürgerfamilien, rechnen. Etwa 13 solcher *vici* (oder *insulae*) scheinen nach dem jetzigen Kenntnisstand der Privatbebauung Veteranen-Neubürgern Trajans gewidmet worden zu sein. Dies bedeutet, daß Trajan in Vorbereitung seines Dakerkrieges etwa 360 Legionäre als Veteranen in die neue Stadt entlassen und die Legionen von *Vetera* und *Noviomagus* entsprechend aufgefüllt haben wird. Diese Veteranen formten die eigentlichen Bürger der Stadt (*cives*), während es daneben noch rechtlich schlechter gestellte *incolae* gab.

Hauptmerkmal einer solchen Kolonie waren bestimmte öffentliche Bauten wie der Kapitolstempel, in dem die Staatsgötter Roms (Jupiter, Juno und Minerva) verehrt wurden, das nach N anschließende Forum sowie das – in der *CUT* sehr große – Stadtbad. In der SW-Ecke der Kolonie lag ein Amphitheater mit mehr als 10 000 Sitzplätzen. Von den knapp zehn Heiligtümern, die wir nach Inschriften und anderen Indizien in der *Colonia Ulpia Traiana* fordern müssen, sind neben dem Kapitolstempel erst der »Tempel am Hafen« (Marstempel?) sowie ein kleines Heiligtum mit gallo-röm Viereckstempel inmitten der Privatbebauung einer Insula westlich des *Cardo maximus* bekannt. Wenn dieser kleine Tempel Aufanischen Matronen geweiht war, was durch zwei Inschriften wahrscheinlich ist, dann wurde er nach 160 nChr erbaut. Er sieht aus wie die Stiftung eines reicheren Bürgers.

Das Hinterland. Zu einer röm Kolonie gehörte niemals nur die Stadt allein. Vielmehr ist eine Kolonie aus ihrer Stadt und dem Umland (*pertica* oder *ager coloniae*) zusammengesetzt. Da am Rhein das Militär die Grenze überwachte, wird die Strecke, die die *Colonia Ulpia Traiana* am Rheinufer selbst hatte, sehr bescheiden gewesen sein und sich vielleicht nur wenige hundert Meter stromauf und stromab von der Kolonieanlage erstreckt haben. Nach SW verlief vom W Haupttor der Kolonie her eine Straße, die über die heutigen Orte Sonsbeck, Geldern-Herongen parallel zur Maas Richtung *Coriovallum*-Heerlen (Südlimburg) zog, wo sie die Reichsstraße von *CCAA*-Köln nach *Iuliacum*-Jülich und *Coriovallum*-Heerlen nach *Aduatuca Tungrorum*-Tongeren erreichte.

In einer Straßenbeschreibung, die der Zeit um 300 angehört, aber auf ein 100 Jahre älteres Verzeichnis zurückgeht, ist der W Weg durch den *ager coloniae* der *Colonia Ulpia Traiana* beschrieben: 8 röm Meilen (richtiger: Leugen, 1 Leuge = 2,2 km) weiter lag ein Ort *Mediolanum*, wiederum 8 Meilen entfernt der Ort *Sablones*. Beide Orte sind bislang weder im Gelände als Trümmerstätten noch in irgendwelchen Ortsnamen identifiziert. Glaubt man den Entfernungsangaben des Itinerars, das allerdings wohl irrtümlich Meilen statt Leugen nennt, so muß *Mediolanum* irgendwo im Bereich von Pont, *Sablones* bei Kaldenkirchen gesucht werden. Vielleicht waren sie nur unbedeutende Pferdewechselstationen und Rasthäuser, die sich wegen ihres frühen Abgangs nicht in ma-neuzeitlichen Ortsnamen niederschlagen

konnten; allerdings liegt S von Pont eine lange röm Straßensiedlung im Feld. Das nach Angaben des Itinerars weitere 10 röm Meilen entfernte *Mederiacum* könnte seinen Namen in Melick bei Roermond in Südlimburg erhalten haben, doch müßte dann der Ortsname nach S gewandert sein. 8 Meilen von *Mederiacum* liegt *Theudurum*, das im Ortsnamen Tüddern/HS erhalten wäre. Größere archäologische Hinweise gibt es nicht. Von dort nach *Coriovallum*, das bestimmt das heutige Heerlen ist, waren es 8 Meilen. Alle genannten Orte können wir für Straßenstationen, Vici oder ähnliche Siedlungen auf dem Territorium der *CUT* in Anspruch nehmen. *Coriovallum* scheint der wichtigste Vicus auf dem Territorium der *CUT* gewesen zu sein. Wir besitzen eine Inschrift, in der uns ein Ratsherr der *CUT*, *Marcus Sattonius Iucundus,* mitteilt, daß er das öffentliche Bad des Vicus *Coriovallum* auf ein Gelübde hin habe ausbessern lassen. Ja, sogar noch W von *Coriovallum*, auf der halben Strecke zwischen Maastricht und Heerlen (in Valkenburg) wurden Zeugnisse für Ratsherren, ehem Finanzamtsoder Ordnungsamtschefs und Bürgermeister von Xanten gefunden, von denen einer Patron eines wohl bei Heerlen und Maastricht gelegenen *pagus* (Unterterritoriums) der Kolonie von Xanten war. Die Haltepunktliste des Reisehandbuchs gibt *Iuliacum*-Jülich wohl als ersten Ort des Territoriums der Kolonie von Köln an. So entsteht der Eindruck, daß es sich bei dieser Aufzählung der obigen Halteposten um eine Durchquerung des W Gebietes der *CUT* handeln könnte.

Das Stammesterritorium der Ciberner, das zwischen Rhein und Maas lag und im S etwa bis in die Nähe von Krefeld reichte, während N vielleicht der Reichswald bei Kleve die Grenze war, wurde jedoch eingeschränkt durch einen weiteren Stamm, der wohl an der mittleren und unteren Niers zu Hause war, die *Baetasii.* Beide Stammesterritorien wurden wohl bald dem Kolonieland von Xanten einverleibt. Jedenfalls nannten sich nach 122 und vor 132 Stammesangehörige dieser Stämme in Rom, die zur berittenen kaiserlichen Garde abkommandiert waren, *Traianenses Baetasii.* Sie bekamen nach ihrer Entlassung in der *CUT* ihr Bürgerrecht.

Es ist wahrscheinlich, daß der *ager coloniae* der Xantener Kolonie wesentlich größer als der der

Kölner war. Dies mag damit zusammenhängen, daß der Boden der Xantener Kolonisten weniger ergiebig war als der der Kölner Bürger, die für gleiche Erträge also weniger Land brauchten.

Während die Oberschicht der Kolonie die röm Bürger bildeten, die aus S- und Innergallien, schon weniger aus dem mediterranen Raum stammten und zu denen sich auch einheimische adlige Familien der Ciberner und Baetasier gesellten, waren die zunächst weniger berechtigten Einwohner (*incolae*) Angehörige eben dieser einheimischen Stämme, die aber wohl nach und nach gegen Ende des 2. und Anfang des 3. Jh nahezu ausnahmslos das Bürgerrecht Roms erhalten haben müssen. Ihre Namen, die auf Steinen oder Hausgerät erhalten sind, verraten eine keltisch-germ Mischsprache.

Die berittenen Leibgarden des Kaisers in Rom (*equites singulares*) wurden mit Vorliebe aus reichsangehörigen Stämmen balkanischer und vor allem N Barbaren gewählt, die für ihre Reiterkünste berühmt waren und ein entsprechend exotisches Aussehen mitbrachten.

Es finden sich in der 1. Hälfte des 2. JhnChr auffallend viele Niederrheiner und Gelderländer, also Bataver und Baetasier unter den Angehörigen dieser Garden, soweit ihre Inschriften erhalten sind. Dies mag dafür sprechen, daß ihr Aussehen ganz besonders dem des hünenhaften, barbarischen Reiters mit »Gardemaß« entsprach.

Die Situation im Hinterland der *Colonia Ulpia Traiana* ist uns in seinem archäologischen Bestand am schlechtesten von allen Landschaften der röm Provinz Niedergermanien überliefert. Nicht einmal über den ländlichen Hausbau läßt sich bislang Genaueres sagen. Es scheint, daß – entgegen dem eher im Territorium der *Colonia Claudia Ara Agrippinensium* (CCAA-Köln) vorherrschenden kolonialtypischen Risalitvillen-Herrenhaus – im Gebiet der Stämme, die der *Colonia Ulpia Traiana* angeschlossen waren, ein zivilisatorisch gut durchgeformter eisenzeitlicher Hallenhaustyp den röm Gutshof kennzeichnete. Dieser Herrenhaustyp scheint eine Weiterentwicklung von eisenzeitlichen Hoftypen zu sein, die in den Niederlanden schon besser erforscht sind als auf dem deutschen Gebiet der Provinz *Germania inferior*.

Über die Geschichte des Hinterlandes der *Colo-*

nia Ulpia Traiana läßt sich viel mehr nicht aussagen. Die Vici wie *Coriovallum*-Heerlen scheinen um 260 oder vor 275 ebenso stark gelitten zu haben wie die landwirtschaftlichen Betriebe. Wenn wir nicht mit einem Rückgang der ländlichen Bevölkerung rechnen wollen, so muß zumindest der Lebensstandard der Bevölkerung gegenüber der Blüte des 2. und der 1. Hälfte des 3. Jh stark gesunken sein. Allerdings haben wir Hinweise darauf, daß auch die Örtchen der Maas-Rhein-Straße auf dem Kolonie-Territorium, die wir oben nannten, im 4. Jh weiter vegetierten.

Die Stadtanlage. Die *CUT* bestand innerhalb eines Mauergevierts, das in der S- und W-Ecke rechte Winkel besaß, während die NO-Seite auf den Altrheinverlauf, also die bereits vor der Gründung der Kolonie bestehende Hafenanlage dort, Rücksicht nahm.

Wenn man sich von S her aus Richtung Köln der Stadt näherte, mag man nur die Obergeschosse der öffentlichen Gebäude, die über die Mauer ragten, gesehen haben: Das Amphitheater in der SO-Ecke, den Kapitolstempel mit seinen Säulenhallen, wenn man ihn passiert hatte, das weitläufige und hochragende Karree des Zentralplatzes (*forum*), linker Hand dann, wohl ab der Zeit Kaiser Hadrians (seit 122 nChr?), eine palastartige Anlage, umgeben von niedrigen Versorgungsmärkten. Dahinter ragte gegen NW das Stadtbad auf, eine der größten Anlagen dieser Art N der Alpen und daher von höchstem Propagandawert an der Germanengrenze. Die Räume in diesem Bad waren so berechnet, daß Männer und Frauen getrennt baden konnten.

Vom Hafen her mag zuerst der (Mars-?)-Tempel (»Hafentempel«) ins Auge gefallen sein, der die Stadtmauer rheinseitig weit überragte.

Bei allen Bauten sparte man, so gut es ging, am kostbaren Steinmaterial, das mosel-, maas- und rheinabwärts von weit her antransportiert werden mußte. So hat es wohl kaum Bauten aus Hausteinquadern gegeben: Röm »Beton«-Mauerwerk wurde allenfalls kleinsteinige Tuffverblendung nach Art unserer heutigen Hausverklinkerungen vorgesetzt, dann kam das Fachwerk sogleich unter dicken Putz, in den mitunter mit Dreikant-Fugeisen ein Quadermuster eingedrückt wurde, das rot ausgemalt war. Sofern Privatbauten, aber wohl auch viele öffentliche (wie etwa Herbergen), mehrere Geschosse hatten, waren mindestens die Obergeschosse, in der Stadt aber auch manches niedrige Privathaus aus Fachwerk. Dies kann man auch in wesentlich steinreicheren Gegenden des rheinischen Gebirges beobachten. Die hochrechteckigen Gefache waren mit Dachziegelbruch und Mörtel gefüllt. Die Dächer mögen oft nur graue Reet- oder Strohgedecke gehabt haben, viele trugen olivfarbene Schieferplatten und einige wenige offizielle Bauten auch rote Ziegeldächer.

Die militärische Strenge des Kolonieplans nahm nur O der Hauptdurchgangsstraße (der alten Limesstraße) Rücksicht auf vielleicht noch stehende Bauten aus der Vorkoloniezeit. Daher gibt es dort einige Straßenzüge, die nicht im rechten Winkel zueinander verlaufen. Alle Straßen waren von überdeckten Gehsteigen gesäumt; mit Ausnahme der Fahrstraßen-Überquerung konnte man also trockenen Fußes oder im Schatten durch die ganze Stadt kommen.

So streng jedoch die Bauauflagen der Kolonieplaner zunächst waren, man sieht das am Privathausbau, es schlichen sich wie in jedem Zentralort mit lebhaftem Umlandverkehr die Zugriffe der Einwohner auf die öffentlichen Verkehrsflächen ein. So sind die Trottoirs voller Installationen, die den Vertriebs- und Herstellungsbereich der Privatparzellen in die Bürgersteighalle hinein vergrößerten und dies muß den Verkehrsfluß der Fußgänger stark behindert haben. Neben Kastengruben für Vorräte aller Art wimmelt es auf den harten Lehm-Kies-Pflastern von Pfostenlöchern für Verkaufsstände und sonstige leichte Bauten.

Die Straßen besaßen gleichfalls eine Kiesdecke und ein in der Straßenmitte liegendes geschlossenes System sich kreuzender Abwasserkanäle, die vom Scheitel, dem *cardo maximus,* W und O gegen Rhein und Niederbruch hin drainierten. Das W-Viertel schickte seine Abwässer in den NW-Stadtgraben, der ein ausgebautes Kanalsystem auf seiner Sohle besaß. Dies benötigte er auch, denn der solideste Straßenkanal, nämlich der aus dem Stadtbad (*balineum publicum*) mündete dorthin. Alle anderen Kanäle waren einfache gedeckte Gräben, die mit Eichenbohlen ausgekleidet waren.

Roms nördlichste Kolonie auf dem Kontinent besaß auf keinen Fall zu Anfang, aber auch wohl später nicht, irgendwelche prominenten Adelsfamilien. Über städtische Prominenz wissen wir jedenfalls nichts. Sie wird aus retirierten Centurionen der Nachbargarnisonen und aus Angehörigen der überregionalen Handelsfamilien bestanden haben, wie sie uns in Lyon, Trier, Köln, an der Maas- und der Rheinmündung und in Bordeaux begegnen, wo sie Kontore besaßen. Denn der Hafen, an dessen Kaimauer zu seiner Blütezeit in den 30er und 40er Jahren des 2. Jh gleichzeitig ein Dutzend seegehender Schiffe für den England- und Atlantikhandel längsseits festmachen konnte, scheint ein guter Zwischenhandelsplatz gewesen zu sein. Und Reeder und Schiffsmakler waren an Rhein und Mosel in der Römerzeit Angehörige der Oberschicht der Provinz. Das einzige Exportgut, das bislang – in der Zeit der Kolonie – hinaus und flußabwärts gegangen zu sein scheint, sind Schuhe gewesen. Eine Sohle mit dem Herkunftsstempel der Kolonie fand sich nahe der Rheinmündung im Hafengebiet des Lagers von *Nigrum Pullum*-Zwammerdam in Holland. Was das platte Land der Kolonie sonst hergab, war für weiten Export unmittelbar wohl kaum geeignet. Das Getreide brauchte man wahrscheinlich selbst, oder wird es an die umliegenden niedergerm Garnisonen der Armee geliefert haben, wie wohl auch die meisten Tierprodukte. Aber verarbeitetes Leder wurde eben sicherlich exportiert, vielleicht auch geräucherte Fleischwaren. Auch die Seife, Produkt aus Tier- oder Pflanzenfetten und bestimmte Bestandteilen von Pflanzenasche, eine weltbedeutende Erfindung dieser Gegend, nämlich der rechtsrheinischen Chatten und Bataver, war Rom als Exportartikel bekannt. Ob sie von der *CUT* aus weit exportiert wurde, wissen wir nicht. Seifensiedereien sind archäologisch schwer zu erkennen. Man wird viele weitere Ausgrabungsergebnisse benötigen, um hier zu besseren Erkenntnissen zu kommen.

Die Produktion dieser Dinge fand in kleinen Manufakturen statt. Sie waren Werkstatt und Laden in einem und lagen im ersten Raum an der Straße der Handwerkerhäuser. Zumeist hatten die Parzellen Kanalanschluß an den Hauptsammler in den Straßen. Hinter ihnen bestand auf der streng begrenzten Parzelle eine variantenreiche Privatbebauung von meist eingeschossigen Häusern.

Abb. 542   Xanten. Colonia Ulpia Traiana. »Handwerkerinsula 26« nach dem Grabungsbefund von 1969. Plan

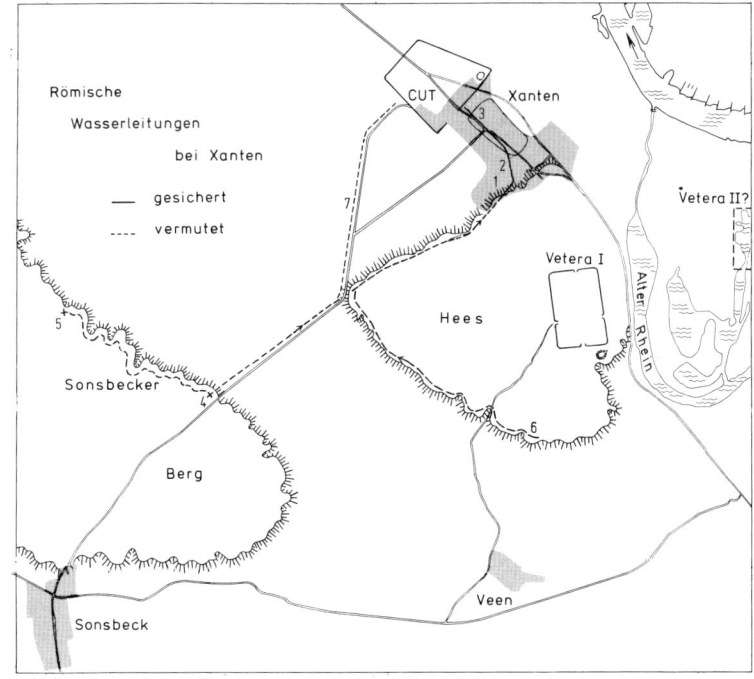

Abb. 543   Xanten. Colonia Ulpia Traiana. Verlauf der Wasserleitungen. Plan. – Befunde: 1 Holzweg; 2 Engelbert-Humperdinck-Str.; 3 Marsstr.; 4, 5 Sonsbeck-Labbeck; 6, 7 »Heesleitung«

Ein Viertel der Räume war mit Bodenheizung versehen und alle Räume waren um kleine Innenhöfe gelegen, in denen sich auch Back- und Räucheröfen für Gewerbe und Hausgebrauch befanden.

Die Wohnräume der Häuser besaßen sehr oft Innenausmalung aus roten und gelben, schwarzen oder grünen Paneelen, manche Leute konnten sich auch Mosaiken leisten, von denen allerdings bisher nur wenige lose Steinchen gefunden wurden, und »Bildertapeten« in Form von großen figürlichen Malereien auf den Wänden.

Im rückwärtigen Teil der Parzellen lagen zumeist die Hausbrunnen. Auch das Regenwasser von den Dächern fing man an den Straßenecken in Becken zum Weiterverbrauch auf. Nach W schloß sich eine Wasserleitung an, die mehrere Stränge mit kleinen Leitungsquerschnitten hatte. Sie sammelte seitlich aus den Höhenrücken der Hees und der Sonsbecker Berge austretendes Oberflächenwasser und erreichte mit sanftem Gefälle die Limesstraße im Zuge der heutigen Xantener Marsstr. Dies ist merkwürdig, weil der Hauptversorgungsort, das Stadtbad, leicht vom Maastor her erreicht werden konnte. Freilich hatte man bei einer Leitung entlang dem *cardo maximus* (= Limesstraße) die Gelegenheit, die Leitung auf dem höchsten Scheitel der Kolonie entlangzuführen, so daß man mit dem Druck besser zurechtkam. Wo der Wasserverteiler (*castellum divisorium*) der Kolonie lag, wissen wir nicht. Nachweis innerstädtischer Druckleitungen aus Blei haben wir wegen der ma Metallsucher selbstverständlich nicht mehr, doch muß genug Höhe vorhanden gewesen sein, damit das Wasser in die Bäderbatterie des Heißwasserraumes (*caldarium*) am NW-Abschluß der Thermen gelangen konnte, um von dort durch Druckleitungen ins Innere zu sprudeln.

Stadtgeschichte. Bei einer Skizze der Stadtgeschichte sind wir auf die wenigen Inschriften und daher vor allem auf archäologische Funde angewiesen. Wenig ist von ihr bislang bekannt. 105/106 nChr beginnt der Stadtmauerbau der Kolonie am Hafen, der ja dort schon vorher lag. 121/122 nChr wird der Besuch Hadrians, der die Xantener Legion mit nach England nahm und sich wohl zu diesem Zweck dort aufhielt, einige

Neubauten (die »Palastanlage«), jedenfalls aber eine weitere Auffüllung mit Privatbauten in der bis dahin leeren W-Hälfte der Stadt gebracht haben.

Der Hafenkai wird 134/135 ausgebessert, womöglich auch nach N verlängert, da die Verlandung des Rheinarms von S her wächst. Auf dem verlandeten Teil entsteht außerhalb der Stadtmauer eine kleine Vorstadt aus Bootsschuppen und Gewerbebetrieben. Ein ähnlicher Vicus außerhalb der Mauern findet sich übrigens entlang der Limesstraße am W-Hang des Domhügels (in der Gegend des heutigen Regionalmuseums). Hier arbeitete auch ein Steinmetzbetrieb, vor allem aber waren es feuergefährliche Betriebe, darunter Töpfer, deren Gefäße und Kerzenleuchter sich als Grabbeigaben im Gräberfeld vom N-Hang des Fürstenberges (Sportplatz) finden. Es hat einige Wahrscheinlichkeit, daß der Außenvicus am Domhügel in den Thronwirren der Jahre 197–203 zwischen Clodius Albinus und Septimius Severus zerstört wurde.

Die Kaiser Marcus und Verus waren 160 nChr Wohltäter der Stadt, als sie nach einem Brand ein Clubhaus (*schola*) für eine religiöse Gesellschaft stifteten. Gleichzeitig transportierte die Rheinflotte Drachenfelstrachyt für den Neubau des Forums der Kolonie an. H. Hinz hat ein größeres Schadensfeuer in der Stadt aus diesen beiden Inschriften kombiniert.

Am 1. Juli 239 weiht ein Fahnenträger der Xantener Garnison einen Altar an die kapitolinische Stadtfreiheit. Es gibt manchen Weiheanlaß zum röm 1. Juli, aber vielleicht ist er der Stadtgründungstag der *Colonia Ulpia Traiana*.

Während die Stadt 259 noch nicht gelitten zu haben scheint, wird sie 15 Jahre später eingenommen und von Franken und deren ostgerm Verbündeten überrannt. Die Kölner Stadtmauer hält stand, während die der N Kolonie fällt. Leider sind bislang keine Brandschichten dieser Zeit entdeckt worden. Sie lagen zu weit oben, als daß sie heute noch im Ackerland erhalten wären. Zufallsfunde werden sie gewiß noch fleckenweise erbringen können.

Ab 293 zog Constantius I. gegen die Franken vom Niederrhein zu Felde und hielt den Rheintruppen – unter ihnen wohl immer noch die der alten *legio XXX Ulpia victrix*, die, wenn auch

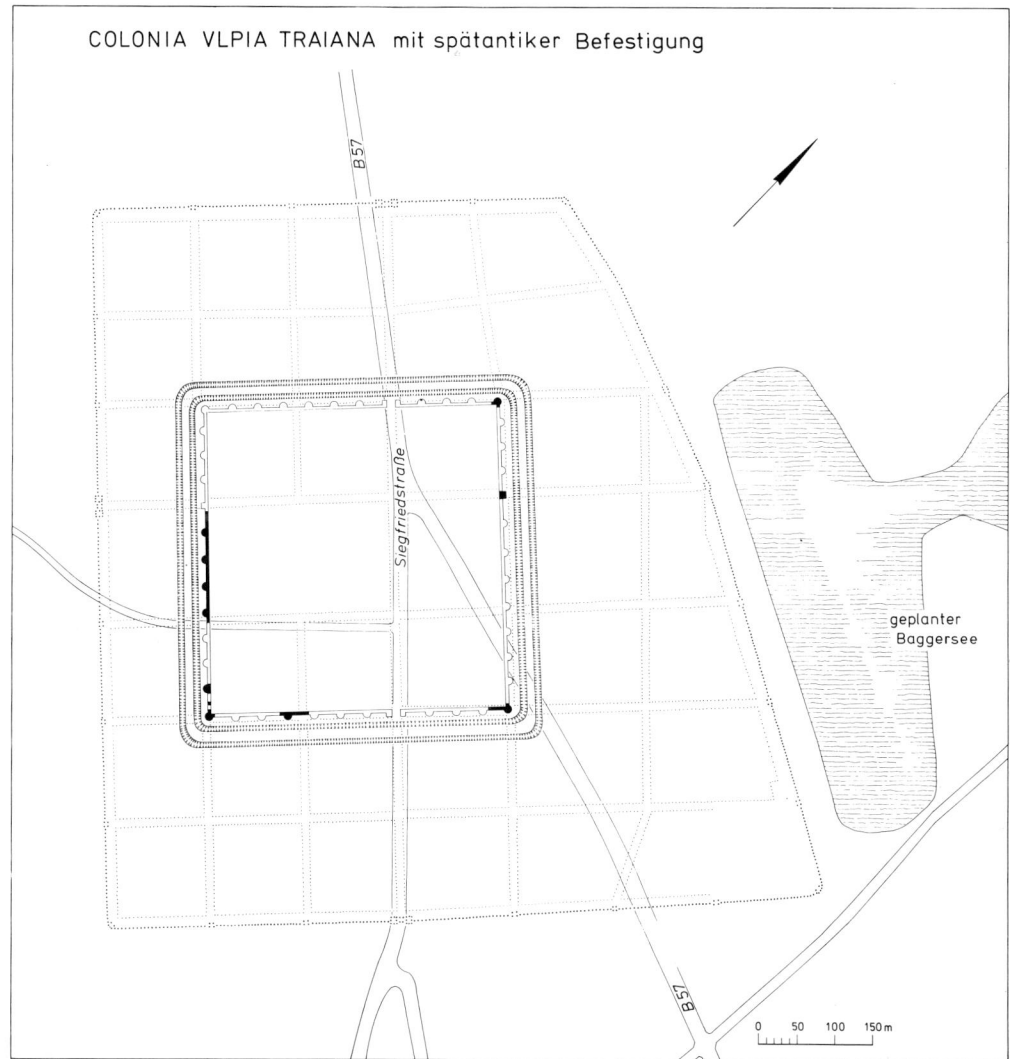

COLONIA VLPIA TRAIANA mit spätantiker Befestigung

geplanter
Baggersee

0 50 100 150 m

Abb. 544 Xanten. Spätantike (konstantinische) Festung im Bereich der CUT. Plan

nach der Heeresreform nur noch 1000 Mann stark, immer noch in *Vetera* stand – den Rücken von der Maas her frei, wo die Germanen durchgebrochen waren. Sein Sohn Konstantin I. führte die »Befriedung« weiter und baute zwischen 306 und 311 eine gewaltige Festung in den zentralen Straßenkarrees der ruinösen Kolonie. So wie es kaiserliche Lobredner der Zeit beschreiben und

wie man in vielen spätröm Festungen sieht, verfremdete er das am Ort befindliche Großsteinmaterial zur Errichtung einer Festung (über 400 × 400 m) mit 44 halbrund vorgelegten Türmen, die 4,50 m vor eine 4 m dicke Mauer vorsprangen. Diese von der Not diktierte Art der Steinverwendung galt wohl für den steinarmen Niederrhein erst recht, und so mag die Festung alle Steinblöcke, alle Säulen, Architrave, Podiumsquader der Tempel, alle Bogensteine und Denkmalteile aufgebraucht haben, die es überhaupt in der Kolonie gab. Nichts, auch nicht aus den Xantener Kirchen des Mittelalters, ist davon auf uns gekommen. Die ma Quellen für den Abbruch sprechen nur von Kleinsteinmaterial, das für den konstantinischen Festungsbau ungeeignet war. Nur dieses findet sich in den frühen Bauten von St. Viktor. Zwei jeweils über 10 m breite, vorgelegte Gräben ergänzten das bedeutendste Festungswerk am unteren Rhein.

Die Festung schloß diejenigen Stadtquartiere ein, auf denen in der ehem Kolonie große öffentliche Bauten gestanden hatten. Vielleicht boten die Räume die Chance zur schnellen Reparatur und nahmen Garnison und Restbevölkerung zusammen auf, etwa in den Ruinen des Stadtbades (1,5 ha), das nunmehr funktionslos geworden war, weil es keine Wasserleitung mehr gab.

Daß man die neue Befestigung ins Innere der Kolonie legte und nicht mit wenigstens einer oder gar zwei Seiten an die alte Stadtmauer, zeigt, wie wenig diese für Verteidigungszwecke überhaupt dienlich war und wie stark zerstört sie gewesen sein muß. Innenbauten dieser Festung sind bislang noch nicht erkannt worden. Vielleicht gehört eine Reihe von Pferdeställen (Hinz: »Magazinbauten«) auf der alten »Palastinsula« zur Festung. Hier wird noch viel detailgenaue Grabungs- und Forschungsarbeit zu leisten sein, bis wir Näheres über Konstantins Großbauwerk sagen können.

Ihre Toten bestatteten die Zivilisten und Militärs im Xanten jener Zeit wie bisher, entlang der Limesstraße in Richtung *Vetera* am Xantener Markt und auf dem »Domhügel«. Anzeichen für christliche Kultausübung besitzen wir aus dem röm Festungsort nicht.

Das Ende der Festung kam wohl schon im Herbst des Jahres 351. Es sollte das Ende des Siedlungsplatzes überhaupt sein. In den Heizunterzügen des Stadtbads innerhalb der Xantener Festung hat der Ausgräber H. Hinz Leichen von Menschen und Hunden gefunden. Vielleicht hatten sie dort Schutz vor den Angreifern gesucht. Möglicherweise gehören auch die drei gewaltsam getöteten Männer, deren Gräber man unter dem Dom fand, zu den Kriegsopfern jener Zeit. Einer von ihnen,

ein Vornehmer, dem man mit einem Schwerthieb den Kopf abgeschlagen hatte, hieß vielleicht *Flav(ius)*, nach einer Inschrift auf seinem teuren und schweren Steinsarkophag. Wenn die Inschrift sich auf ihn bezieht, haben wir wohl einen spätröm hohen Militär vor uns, der seinen soldatischen Familiennamen von der Kaiserdynastie der Konstantine genommen hatte, wie man es noch bis ins 7. Jh in Ostrom weiter tat.

Die nach der Katastrophe von Julian errichtete neue Militärfestung, die gegen Ende der 50er Jahre des 4. JhnChr auf die konstantinische Großfestung in der alten Kolonie folgte, lag nicht mehr auf diesem Gelände. Zu weit war die wüst gewordene Stadt vom Fahrwasser des Rheins abgelegen, denn der Hafen war ja seit der 2. Hälfte des 2. JhnChr stetig verlandet und endlich völlig unbrauchbar geworden. Wegen der unsicheren Zeitläufe erhielt die neue Garnison ihren Getreidenachschub zu Schiff aus England. Sie benötigte daher einen neuen funktionierenden und befestigten Hafen. Diesen konnte man nur unterhalb ihrer Mauern an der Hauptfahrrinne errichten. Sie muß also beim alten Lager der 30. Legion in der Gegend von Birten am Strom selbst noch gesucht werden, denn bislang wurde sie nicht gefunden. Aber auch die letzten Limitansoldaten Roms und die neu zugewanderte und alte Zivilbevölkerung bestatteten ihre Toten weiter am Domhügel. Die röm Kolonie und ihre konstantinische Festung war endgültig zum Ruinenfeld geworden und nur noch gut, um Steine und Metallschrott für das Mittelalter zu liefern.

So ist es verständlich, daß die mittelalterliche Legende von den Xantener Heiligen sich an die Militärgarnison von Alt-Birten knüpft: *Ad Sanctos* (Bei den Heiligen)-Xanten hat nichts mehr mit der alten Militärkolonie Trajans zu tun.

Erst das Hochmittelalter, durch Verbindungen Xantens nach Worms angespornt, verlegt die sagenhafte Geburt Siegfrieds in die röm Betonruine des Kapitolstempels, in die »Alte Burg«.   Rü

*Colonia Ulpia Traiana
– Archäologischer Park Xanten*
Abb 6, 78, 116, 117, 169, 533, 541–543, 545–549

Die *Colonia Ulpia Traiana* war neben der *Colonia Claudia Ara Agrippinensium*-Köln und der *Colonia Augusta Treverorum*-Trier, die dritte röm Kolonie auf deutschem Boden und war neben der Provinzhauptstadt Köln die einzige Kolonie der niedergerm Provinz. Ihre Blütezeit erreichte sie im 2. und 3. JhnChr.
Außerhalb der Stadt, an den Ausfallstraßen, lagen die Gräberfelder. Im frühen Mittelalter kam es zu einer erneuten Siedlungtätigkeit S der Römerstadt auf dem ehem röm Gräberfeld. Christen bauten über dem Grab zweier um 352 nChr gewaltsam getöteten Männer, eine → Gedächtniskapelle (*cella memoriae*). Um 800 nChr entstand über der vormals bescheidenen Kirche ein Kanonikerstift, aus dem sich das heutige Xanten (Ad Sanctos, ze santen im Nibelungenlied bedeutet Ort der Heiligen, genauer der Märtyrer) entwickelte. Was von der Ruinenstätte der antiken Stadt kriegerischen Einwirkungen widerstanden hatte, wurde in der Folge zum Bau der ma Stadt abgerissen.
Im 19. Jh, als die archäologische Forschung erstes Interesse an der Römerstadt zeigte, waren offenbar keine markanten obertägigen Überreste mehr vorhanden. In der 2. Hälfte des 19. Jh unternahm der Niederrheinische Altertumsverein Xanten unter Leitung von R. Steiner erste wissenschaftliche Ausgrabungen N der ma Stadt Xanten, um die genaue Lage der antiken Stadt festzustellen. Im Innern des Stadtgebietes wurden eine große Thermenanlage, verschiedene unzusammenhängende Mauerzüge und in der SO-Ecke der Stadt das Amphitheater entdeckt. Doch die städtebauliche Struktur dieser Stadt konnte seinerzeit noch nicht erschlossen werden.
Das RLM Bonn setzte in den 30er Jahren dieses Jh die Ausgrabungen in der Kolonie fort. Dabei wurden auf der O-Seite, an einem seit der Spätantike verlandeten Rheinarm, ein hölzerner Hafenkai, Reste einer älteren Siedlung, die man damals als den Vicus (dörfliche Ansiedlung) der Cugerner deutete, und ein großer röm Podiumsbau festgestellt, in dem H. v. Petrikovits bereits den Unterbau eines Tempels sah. Gleichzeitig wurde

das Amphitheater der Stadt vollständig ausgegraben.
Erste Aufschlüsse über die städtebauliche Struktur der Stadtanlage erbrachten jedoch erst die Notgrabungen in den 50er und 60er Jahren, als das in unmittelbarer Nachbarschaft der Stadt Xanten brachliegende antike Areal bebaut werden sollte. Weitere interessante Aufschlüsse zur Plangestalt der Stadt kommen seit 1974 bei den Ausgrabungsarbeiten auf dem O Stadtgebiet, der zu einem Archäologischen Park gestaltet wird, zutage.
Bereits ein flüchtiger Blick auf den Stadtplan läßt in der schachbrettartigen Teilung die Prinzipien röm Stadtplanung deutlich werden. Ein rechtwinkliges Achsenkreuz mit der röm Rheinstraße als Hauptlängsachse, dem *cardo maximus* (heute noch erhalten in der Siegfriedstr), und der zum Rhein führenden Querachse, dem *decumanus maximus*, gaben das Grundgerüst des Straßennetzes ab. Parallel zu den beiden Hauptachsen wurde das übrige Straßensystem angelegt. So entstanden, allseitig von Straßen eingefaßte, viereckige Baublöcke (*insulae*, 120 × 120 m). Die mit Kies befestigten Straßen (B 10–12 m) wurden an den Seiten zusätzlich von überdachten Fußgängerbereichen, den Portiken, begleitet. Unter den Straßen verliefen große Kanäle, in die das Abwasser eingeleitet und zum Altrhein abgeführt wurde. Neben einem weitverzweigten Abwassersystem verfügte die Stadt auch über eine Frischwasserversorgung. Das Wasser wurde, wie in den meisten bekannten Fällen, von weit her über einen Aquädukt in die Stadt geführt und versorgte offenbar die öffentlichen Bäder und Brunnen. Die privaten Haushalte schöpften dagegen ihr Brauchwasser in der Regel aus eigenen Brunnen und Zisternen.
Das 73 ha große Stadtgebiet war allseitig mit einer Stadtmauer und vorgelagerten Gräben vor feindlichen Überfällen gesichert. In regelmäßigen Abständen waren in die Stadtmauer viereckige Verteidigungstürme einbezogen. Drei große Torbauten lagen auf den Landseiten jeweils in den beiden Hauptachsen, während auf der O-Seite kleinere Tore den Zugang zum Hafen erschlossen.
Auf der O-Seite der Stadt war auch die einzige Planabweichung im sonst so regelmäßig angeordneten Stadtplan festzustellen. Offenbar hatte man

*Abb. 545   Xanten.
Colonia Ulpia Tra-
iana/Archäologischer
Park Xanten. »Burgi-
natium-Tor«, stadtsei-
tig. Rekonstruktion
G. Precht*

wegen der nahen Lage des als Hafen genutzten Altrheinarms die Stadtmauer nach NW verschwenkt und das sonst an anderen Stellen der Stadt zu beobachtende gleichmäßig angelegte Straßenraster aufgegeben. Die Gründe dafür kennen wir noch nicht, doch scheint man auch hier, wie verschiedentlich im O Stadtareal beobachtet, ein älteres Straßensystem der Vorgängersiedlung wieder aufgenommen zu haben.

Im Zentrum der Stadt lagen an der Kreuzung des *cardo maximus* und *decumanus maximus* der Hauptplatz, das Forum, und S daran anschließend das *capitolium*, der der kapitolinischen Trias Jupiter, Juno und Minerva geweihte Staatstempel. Beide im wesentlichen noch unerforschten *insulae* waren von hohen Mauern und Hallen umbaut. W des Forums lag ein großer palastähnlicher Gebäudekomplex, der wahrscheinlich überörtlichen Verwaltungsfunktionen diente. N davon wurden in den 60er Jahren die Thermen ausgegraben, deren im 19. Jh noch zutage tretende Reste bereits J. Steiner als Badeanlage erkannt hatte. Der einen ganzen Bloc (120 × 120 m) bedeckende Badekomplex mit einem Kaltbad (*frigidarium*), zwei Laubädern (*tepidarium*), einem Heißbad (*caldarium*), zwei Schwitzbädern (*sudatoria*), einer großen Emp-

fangshalle (60 × 80 m) und einem Gymnastikhof mit umlaufenden Hallen und medizinischen Versorgungsräumen gehörte, wie ähnliche Anlagen in anderen Städten des röm Imperiums auch, zu den wichtigsten öffentlichen Einrichtungen. Sie dienten der allgemeinen Hygiene wie dem gesellschaftlichen Leben und konnten von allen Bürgern benutzt werden.

Unmittelbar an die öffentlichen Bauten schlossen, soweit die Ausgrabungsergebnisse dies bisher erkennen lassen, die Häuser von Gewerbetreibenden und Händlern an. Sie waren, sieht man von Einzelheiten ab, alle nach einem ähnlichen Prinzip angelegt. Mit gemeinsamen Brandmauern bildeten sie eine Reihe schmaler und langgestreckter Bauten, wie sie uns auch aus Ostia und Herculaneum bekannt geworden sind. An der Straße, zu den Laubengängen sich weit öffnend, lag gewöhnlich ein großer Raum, der als Werkstatt, Verkaufsraum oder Schenke genutzt wurde. Dahinter befanden sich – häufig um einen Hof gruppiert – die eigentlichen Wohnbereiche. Inmitten der Privatbebauung können bisweilen kleinere Heiligtümer liegen, wie ein 1974 ausgegrabener Umgangstempel, der unmittelbar hinter einem Töpferladen am *cardo maximus* entdeckt wurde. Er dürfte nach einem im Tempelhof gefundenen Inschriftenfragment den Aufanischen Matronen, einheimischen Muttergottheiten, geweiht gewesen sein.

Die meisten dieser Bauten wurden in den Nachkriegsjahren unter großem Zeitdruck ausgegraben und konnten vor der endgültigen Zerstörung oder Überbauung nur zeichnerisch dokumentiert werden. So bedauerlich diese Entwicklung war, um so erfreulicher ist jene, die seit 1973 mit dem Aufbau des Archäologischen Parks Xanten auf dem Stadtgebiet der *CUT* einsetzte mit dem Ziel, dieses einmalige Kulturdenkmal vor weiterer Zerstörung zu bewahren und der archäologischen Forschung zu erhalten. So können in die-sem Archäologischen Park erstmals in der Bundesrepublik Deutschland die ausgegrabenen Baureste nach wissenschaftlicher Untersuchung und Dokumentation erhalten, konserviert und den Besuchern zugänglich gemacht werden.

Der Besucher darf jedoch hier, wenngleich man verschiedentlich die *Colonia Ulpia Traiana* als das »Pompeji des Nordens« bezeichnet hat, keine mit Pompeji vergleichbaren Verhältnisse, vor allem nicht die Fülle der guterhaltenen Bauwerke, erwarten. Zu viel ist seit der Aufgabe der antiken Stadt im 4. JhnChr durch ma Steinraub verlorengegangen. Um dennoch eine röm Stadt in ihren wesentlichen Teilen und Strukturen dem interes-

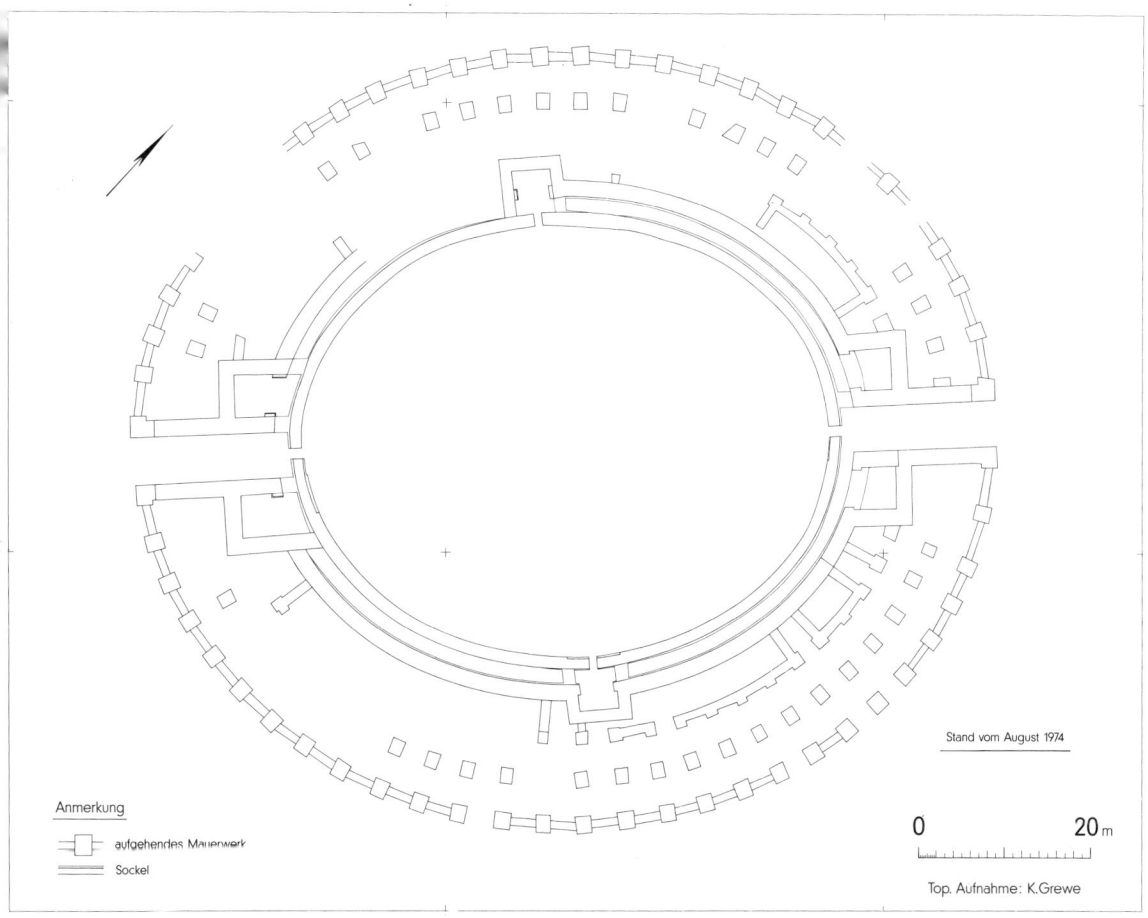

Anmerkung

⊏□⊐ aufgehendes Mauerwerk

═══ Sockel

Stand vom August 1974

0   20 m

Top. Aufnahme: K.Grewe

Abb. 546   Xanten. Colonia Ulpia Traiana. Amphitheater. Plan

sierten Besucher darstellen zu können, werden zur Veranschaulichung auf ausgegrabenen und konservierten Grabungsbefunden Teilrekonstruktionen von Bauwerken errichtet oder technische Einrichtungen wie das großzügig angelegte ▶ Kanalisationssystem oder die ▶ Boden- und Wandheizungen wieder sichtbar gemacht.

Die Gestaltungselemente des Archäologischen Parks werden bereits heute mit dem Wiederaufbau der ▶ SO-Ecke der Stadtmauer, der Türme und Tore deutlich, die auf den alten Fundamenten wiedererstanden sind. Umfangreiche Ausgrabungen waren der Rekonstruktion vorausgegangen, bei denen jeder noch so unscheinbare geborgene Stein sorgfältig untersucht und auf seine Zugehörigkeit zum Bauwerk geprüft wurde. Dadurch gelang es, wenngleich sich nur die Fundamente erhalten hatten, sichere Anhaltspunkte für die Rekonstruktionen zu gewinnen. So ist der Besucher beim Anblick der wiederhergestellten SO-Ecke der Stadtmauer mit ihren Türmen und dem vorgelagerten Grabensystem erstaunt über die großen fortifikatorischen Fähigkeiten der Römer im 2. JhnChr.

Begrenzt von der O und S Stadtmauer liegt das in Teilen wiederaufgebaute ▶ Amphitheater. Es bot mehr als 10 000 Besuchern Platz. Mit dem Bau wurde kurz nach Gründung der Stadt um 100 nChr begonnen. Zwei rampenartige Zugänge in der Längsachse führen direkt in die Arena, den Schauplatz von Gladiatorenkämpfen und blutigen Tierhetzen. Hinter der schützenden Arenamauer lag ein Gang, von wo aus man die Aufenthaltsräume der Kämpfer sowie die Käfige der wilden Tiere erreichte. Mitten in der Arena gab es einen Keller, in dem eine Hebebühne untergebracht war, mit deren Hilfe man während der Vorstellung Tiere, Menschen oder Kulissen heben und wieder versenken konnte. Die um die Arena angeordneten Zuschauerränge (*cavea*) waren zunächst aus Holz errichtet und wurden nach der Mitte des 2. Jh in Stein erneuert. Eine auf Pfeilern aufgesetzte Bogenwand begrenzte das Oval des Bauwerks (L 99 m, B 87,5 m).

Steigt man heute auf den obersten Rang des Amphitheaters, so erkennt man zwischen den ▶ Straßenzügen die schachbrettartig angelegten *insulae* und damit die Struktur des Stadtplanes. Die sich rechtwinklig kreuzenden Straßen umschließen gepflegte Rasenflächen, unter denen die Funda-

Abb. 547 Xanten. Colonia Ulpia Traiana/Archäologischer Park Xanten. Amphitheater. Teilrekonstruierte Arena und Cavea. Rekonstruktion G. Precht

mente privater und öffentlicher Gebäude liegen und auf ihre Freilegung harren. Zwei in der Ferne stehende Türme des N Mauerrings und das große Haupttor, das erst jüngst fertiggestellt wurde, lassen bereits die ehemalige Größe dieser Römerstadt erahnen.

Nur ganz wenige Baublöcke wurden bisher eingehender untersucht. Am kleinen Hafentor wurde vor einigen Jahren ein großer Baukomplex, der sich zu einem schmalrechteckigen Hof mit einer Wandelhalle öffnet, ausgegraben. Kleine, um Korridore gruppierte Räume und eine zu diesem Gebäude gehörende Badeanlage deuteten auf eine Herberge. Sie mag als erste Unterkunft für die im Hafen ankommenden Reisenden und Händler gedient haben. In ihren städtebaulichen und architektonischen Funktionen schien diese Anlage für die Darstellung städtischen Lebens in dieser Römerstadt sehr geeignet zu sein,

so daß eine Rekonstruktion des gesamten Gebäudekomplexes beschlossen wurde. Inzwischen ist das ▶ Herbergsgebäude fertiggestellt und der Besucher kann im Hafenthermopolium ausgiebig röm Wirtshausleben nacherleben. Gekocht wird nach Rezepten des röm Gourmets Apicius (1. JhnChr). Die vollständig ausgemalten Räume der Herberge lassen den hohen Lebensstandard der röm Bevölkerung dieser Stadt nachempfinden, die ihre Impulse aus dem mittelmeerischen Kulturraum empfing.

Zur Zeit wird die kleine zugehörige ▶ Thermenanlage wieder aufgebaut, die mit ihrer ausgeklügelten Technik einen Einblick in das auch für unsere Zeit noch Erstaunen und Bewunderung erweckende Heizungssystem der Römer geben wird.

Zu einer der interessantesten Ausgrabungsstätten zählt zweifelsohne die des ▶ »Hafentempels« am

Abb. 548   Xanten. Colonia Ulpia Traiana. Stadtbad (Thermen). Blick ins Heißbad (caldarium). Ausgrabungen des Rheinischen Landesmuseums Bonn 1957/1959

großen Hafentor, nur wenige Schritte von der Herberge entfernt. Hier fand sich eine 36 × 24 m große und noch über zwei Meter hoch erhaltene massive ▶ Fundamentplatte aus Brockenbeton (*opus caementicium*). Die noch heute auf der Betonplatte sichtbaren Abdrücke großer Tuffquader geben einen sicheren Hinweis auf die ursprüngliche Gestalt des Tempels, der auf einem über drei Meter hohen Unterbau (*podium*) errichtet worden war. Ein Säulengang mit je sechs Säulen auf der Front- und Rückseite sowie jeweils neun Säulen auf den beiden Langseiten umschloß den Raum mit dem Kultbild (*cella*). Von den fast 14 m hohen Säulen, Kapitellen, Gesims- und Gebälkteilen sowie der kostbaren Marmorausstattung des Kultraumes haben sich vor der vollständigen Vernichtung in den ma Kalköfen nur faustgroße Brocken erhalten, letzte Zeugnisse eines einst reichgeschmückten fast 27 m hohen Tempelbaues. Welcher Gottheit der Tempel geweiht war, konnte noch nicht geklärt werden.

Über dem heute als Schutzbau ausgebildeten Podium des Tempels entsteht von Steinmetzen und Bildhauern aus dem ursprünglichen Material, der ▶ »Hafentempel« als Teilrekonstruktion. So erlebt der Besucher an diesem Ort eine antike Baustelle, auf der er Jahr für Jahr die schwierigen Aufbauarbeiten mit verfolgen kann, während das originale Tempelmauerwerk darunter als das unterirdische Xanten sichtbar erhalten bleibt.

Bei einem weiten Rundgang auf wieder hergerichteten antiken, heute von Bäumen gesäumten Straßen, kann der Besucher an beispielhaften Rekonstruktionen, die ▶ technischen Einrichtungen der Wasserver- und Wasserentsorgung, die Funktion eines städtischen Organismus und den hohen Grad der röm Zivilisation nacherleben.

Der Archäologische Park soll kein Museum sein, sondern den Besucher zu aktivem Erfassen und Erobern ermuntern. Schon jetzt kann er hier »Spielen wie die Römer spielten«, in besonderen, von Pädagogen geleiteten Kursen töpfern, Steine meißeln und Theater spielen.

An der ▶ »aktuellen Grabung« kann der Besucher den Ausgräbern gleichsam über die Schulter schauen und erleben, wie unmittelbar unter der Erdoberfläche Mauern freigelegt werden und sich nach und nach zu Hausgrundrissen zusammenfügen, wie Gebrauchsgegenstände, Münzen oder kleine Statuetten zum Vorschein kommen, alles Zeugnisse einer ehemals pulsierenden, lebendigen Stadt. Der Besucher ist selbst dabei, wie mit Spaten, Schaufel, Zeichenstift und Meßband Zug um Zug eine röm Stadt erforscht wird. Nicht nur, daß die ständig fortgeführten Grabungsarbeiten stets das Bild im Archäologischen Park verändern, sie werden uns darüber hinaus auch viele Einzelheiten des antiken Lebens enthüllen, wie dies in den seit dem Mittelalter überbauten beiden anderen Römerstädten Köln und Trier nicht mehr möglich ist. So wird in den kommenden Jahren in Xanten ein Archäologischer Park mit einem besonderen kulturbezogenen Freizeitangebot entstehen.

Für die Bodendenkmalpflege des Rheinlandes konnte mit der Einrichtung des Archäologischen Parks das wohl wichtigste Ziel, nämlich die Erhaltung der *Colonia Ulpia Traiana* für die archäologische Forschung und die Öffentlichkeit zu sichern, erreicht werden. Darüber hinaus gelang es, den zunächst nur für den O Bereich vorgesehenen Archäologischen Park auf das gesamte W Areal der *CUT* zu erweitern und somit auch die seit den 50er Jahren für Industrie- und Gewerbeansiedlung vorgesehenen und zT schon überbauten antiken Stadtgebiete, von weiterer Überbauung freizuhalten und in die Planung eines auf die gesamte Römerstadt angelegten Archäologischen Parks mit einzubeziehen.   Pr

Lit: Ältere Lit. (bis 1972) zusammengefaßt bei HHinz, Xanten zur Römerzeit, 1973 – ders, ANRW II 4, 1975, 825 ff – CBRüger, BJb 179, 1979, 499 ff – Colonia Ulpia Traiana, Arbeitsberichte zu den Grabungen und Rekonstruktionen 1 ff. 1978 ff – UHeimberg, ARieche, Colonia Ulpia Traiana. Die römische Stadt, 1986

Römische Wasserleitung

Im Archäologischen Park Xanten ist ein ▶ Teilstück der röm → Eifelwasserleitung nach Köln aus → Mechernich-Breitenbenden wiederaufgebaut worden. Außerdem ist ein ▶ Kanalstück der Wasserleitung der CUT aufgestellt, das bei Sonsbeck-Labbeck freigelegt wurde.   Gre

Lit: Grewe 84 ff, 289 – HHWegner, UHeimberg, Das RLM Bonn 6/75, 81 ff – dies, BJb 177, 1977, 717 ff

Abb. 549   Sonsbeck-Labbeck. Wasserleitung zur Colonia Ulpia Traiana. Ausgrabungen des Rheinischen Landesmuseums Bonn 1975

Gedächtniskapelle (cella memoriae)
Abb. 550

In der Krypta des St.-Viktor-Doms wird das 1933 von W. Bader ausgegrabene spätröm ▶ Doppelgrab zweier eines gewaltsamen Todes gestorbener Männer in situ gezeigt, das seit seiner Auffindung als das Grab des Märtyrers Viktor gilt. – Viktor, einer der Kohortenführer der legendären Thebäischen Legion, die sich aus Christen zusammensetzte, ist der Legende nach mit seinen Soldaten in der Gegend von Xanten als Märtyrer gestorben.
Die Ausgrabungen unter dem Dom haben nach Auffassung des Ausgräbers ergeben, daß über dem beigabenlosen Doppelgrab zunächst in der Zeit kurz nach 383–388 ein Fachwerkbau als Totenhaus (*cella memoriae*) errichtet worden war, der zu Beginn des 5. Jh ersetzt wurde durch einen offenen Holzpfostenbau. Dieser wich vor Mitte des 5. Jh einem steinernen Rechteckbau. – Sowohl Teile der ▶ Fundamentmauer dieses Baus als auch die über dem Estrichboden der ersten *cella memoriae* aufgestellte Mensa (Tisch für To-

tenmahle) sind in der Krypta noch sichtbar. – Um oder nach 752–768 wurde über den Fundamenten der steinernen *cella memoriae* ein Neubau mit dem Annex eines Rechteckchors errichtet: die erste Kirche, die die kultische Verehrung des Märtyrers Viktor sicher bezeugt. Die geschilderte Befundinterpretation, vor allem der zeitliche Ansatz des frühesten Memorienbaus, ist in jüngster Zeit angezweifelt worden.
Bezug auf die Märtyrergräber nimmt auch die Ortsbezeichnung *Ad Sanctos* (Bei den Heiligen), aus der sich der Name Xanten entwickelt. Sie wird in den Aufzeichnungen zum Jahr 863 der »Xantener Annalen« zum erstenmal erwähnt.
Ob bereits die über dem Doppelgrab errichtete *cella memoriae* dem Märtyrerkult galt, ist ungewiß. Dagegen spricht die erste Erwähnung des Viktormartyriums bei Gregor von Tours (um 590), die ausdrücklich darauf hinweist, daß das Grab des Märtyrers Viktor »noch nicht offenbart« sei. – Als 1966 ein weiteres Grab eines gewaltsam Getöteten unter dem Dom gefunden wurde – ein Grab, das mit Sicherheit erst nach Ende der Christenverfolgung angelegt war, stellte

*Abb. 550   Xanten.
Stiftskirche St. Viktor.
Doppelbestattung mit
Resten der Cella
memoriae und der
Mensa. Ausgrabungen
des Provinzial-
museums Bonn
1933/34*

sich die Frage, ob die im Doppelgrab beigesetzten
Männer nicht auch Opfer der Germaneneinfälle
kurz nach der Mitte des 4. JhnChr gewesen sein
könnten.   Hil
Lit: WBader, Der Niederrhein 30, 1963, 168 ff –
HBorger, FWOediger, RheinAusgr 6, 1969 –
HHenrix, Trierer Theologische Zeitschrift 84,
1975, 216 ff – WBader, Der Dom zu Xanten Bd I,
1978, 31 ff – CBRüger, BJb 179, 1979, 524 – WBader, Die Stiftskirche des hl. Viktor zu Xanten,
1985

Das Regionalmuseum Xanten
Abb 65, 70, 82, 104, 105, 115, 119, 153, 160, 203,
204, 206b, 217, 248, 261, 262, 551–554

Kurfürstenstr 7–9. Öffnungszeiten: März–Oktober Die–Fr 9–17, Sa, So 11–18 Uhr. November–Februar Di–Fr 10–17, Sa, So 11–18 Uhr.
Das RLM Bonn gründete 1974 das Regionalmuseum Xanten als Zweigmuseum, um der Öffentlichkeit die Funde und Befunde seiner Ausgrabungen im Xantener Raum am Grabungsort zugänglich zu machen. In der Präsentation werden
die vorwiegend aus den Grabungen von *Vetera I,*

der *Colonia Ulpia Traiana* und den Gräberfeldern im Bereich des heutigen Stadtkerns stammenden Objekte einbezogen in einen Gesamt-
überblick über die Geschichte des Ortes. – Die
ausgestellten Objekte aus Beständen des RLM
Bonn werden wesentlich ergänzt durch Leihgaben des Niederrheinischen Altertumsvereins
Xanten. Seit 1985 ist das Regionalmuseum (mit
dem Archäologischen Park) selbständig.
Die röm Abteilung gliedert sich in die beiden
Themenbereiche »Vetera Castra – das röm Militär« und »Colonia Ulpia Traiana – die röm
Stadt«. Eine Karte veranschaulicht die Lage der
Legionslager *Vetera I* und *Vetera II,* der *CUT*
und der zugehörigen Gräberfelder. Ein Plan zeigt
die auf dem Fürstenberg in den Fundamenten ergrabenen Steinbauten der letzten Bauphase von
→ *Vetera I.* Vom Stabsgebäude (*principia*) gibt
ein Modell eine Vorstellung.
Die ausgestellten Waffen und Teile von Soldaten-
rüstungen – darunter ein Kurzschwert und ein
Dolch, eine Artilleriekugel, Pfeilspitzen, Schildbuckel, Helme, Teile eines Schienenpanzers –,
ferner Signalinstrumente und Teile von Pferde-
ausrüstungen stammen überwiegend aus den Be-

Abb. 551   Xanten. Bildnis des Tiberius. Glaspaste. – H. ca. 1,2 cm. Um 20 n. Chr. (Xanten, Regionalmuseum)

reichen von *Vetera I* und *Vetera II*, einige auch aus Xantens weiterer Umgebung. Die Funde von *Vetera I* sind durch die Zerstörung des Lagers 69/70 nChr vor diesen Zeitpunkt datiert.

Zum Schmuck der Soldaten gehörten Fingerringe mit gravierten Steinen (Gemmen), deren vertiefte Bilder beim Siegeln in Ton oder Wachs positiv erschienen. Gemmen sind in Xanten – und zwar überwiegend auf dem Fürstenberg im Bereich von *Vetera I* – in solcher Fülle gefunden worden wie sonst an kaum einem anderen Ort des Römischen Reiches. Ihre Fassungen sind – soweit erhalten – zumeist aus Eisen, seltener aus Bronze und nur gelegentlich aus Gold oder Silber gearbeitet. Gestalten und Szenen aus der griechisch-röm Mythologie, genrehafte Szenen, Tierbilder, Symbole und Herrscherporträts (darunter das Bildnis des Tiberius) gehören zu den Bildmotiven der ausgestellten Gemmen. Auf einem zusammen mit den Gemmen gezeigten Medaillon aus blauem Glasfluß erscheint der jüngere Drusus (von den einst mitdargestellten Köpfen seiner drei Kinder ist nur einer erhalten). Vielleicht handelt es sich bei diesem Glasmedaillon und einem farblosen mit Medusenhaupt um militärische Or-

den wie bei den silbernen Phalerae von Gut Lauersfort bei Moers, die hier in Kopien ausgestellt sind (Originale im Antikenmuseum, Berlin-Charlottenburg und im → RLM Bonn).

Wie ein Offizier solche Orden trug, zeigt der Grabstein des Offiziers *Marcus Caelius* (Kopie; Original → RLM Bonn), einst im Gräberfeld von *Vetera I* aufgestellt, dem einzigen archäologischen Zeugnis für die Schlacht im Teutoburger Wald (9 nChr).

Unter den röm Weihedenkmälern aus dem Xantener Raum sind etliche durch ihre Inschrift als Weihungen von Soldaten ausgewiesen. In ihnen spiegelt sich die Vielfalt religiöser Vorstellungen und Kulte wider, die vom römischen Heer gepflegt wurden. So lautet zB die Inschrift auf dem Sockel eines Hochreliefs, das den Waldgott *Silvanus* darstellt (Fo: nahe *Vetera II*) in Übersetzung: Dem Gott Silvanus (hat) *Cessorinius Ammausius*, Bärenfänger der 30. Legion mit dem Beinamen Ulpia victrix und dem Ehrennamen Severiana Alexandrina, (sein) Gelübde gern nach Gebühr erfüllt«.

Neben dem Silvanus-Stein steht ein Votivaltar für *Mithras*, den allenthalben im Römischen Reich verehrten, seinem Ursprung nach persischen Gott. Laut Inschrift hat ihn *Marcus Iulius Martius*, Centurio, zunächst der 22. Legion, dann der 30. Legion, 189 nChr geweiht.

Ein Weihestein für die höchste Gottheit der Römer, den *Iupiter optimus maximus* (Fo Birten) zeigt auf der Vorderseite Jupiter mit Zepter in der Linken und Blitzbündel in der Rechten, zu seinen Füßen einen Adler, auf der linken Schmalseite einen Opferdiener mit einem Schwein, auf der rechten einen mit einem Kästchen. Die Inschrift nennt als Weihenden einen *Tertinius Vitalis*, der Soldat der 30. Legion und Sekretär des Lagerkommandanten war, und als Datum der Weihung den 26. April 232 nChr.

Unter den Götterstatuetten stellt die eines dreihörnigen Stieres (aus dem Gräberfeld nördlich des Fürstenberges) wohl die vorwiegend im O-Gallien verehrte Gottheit *Tarvos Trigaranus* dar. Von einer Statuettenweihung an den Genius der Feldzeichenträger der 30. Legion sind die Bronzeplatten des Sockels erhalten (Fo: *Vetera II*; 2./3. JhnChr). Die Inschrift nennt als Weihenden einen *P. Aelius Severinus*.

Die röm Truppen, darauf bedacht, sich wirtschaftlich selbst zu versorgen, unterhielten landwirtschaftliche Betriebe und Werkstätten aller Art, darunter auch solche zur Herstellung von Baumaterialien. Von den in Xanten bisher bekannt gewordenen militäreigenen Ziegeleien ist die erste bereits 1901 S des ma Stadtrandes ausgegraben worden; sie wird in einem Modell gezeigt. Weitere Zeugnisse sind die mit Legionsstempeln versehenen Ziegel.

Von Soldaten werden auch die meisten der ausgestellten Utensilien des Bauhandwerks und die landwirtschaftlichen Geräte, die von *Vetera I* und anderen Xantener Fundplätzen stammen, benutzt worden sein.

Einen Einblick in das zivile Leben in einer Stadt an der Grenze des Römischen Reiches vermitteln die Funde aus der *CUT* und ihrem Umfeld.

Neben einem Modell der gesamten Stadtanlage geben Modelle in größerem Maßstab eine Vorstellung von unterschiedlichen in der *CUT* vertretenen Haustypen (Handwerkerhäuser, Wohnhaus eines reicheren Bürgers).

Funde aus Bronze- und Beinschnitzerwerkstätten – vorwiegend aus den Handwerkerhäusern der Insula 26 der *CUT*, ergänzt durch einige andernorts im Xantener Raum gefundene, für die Werkprozesse aufschlußreiche Objekte – sind neben dem Modell der Handwerkerhäuser ausgestellt: ua ein sog Kupferkuchen, Rohmaterial für den Bronzeguß, zum Einschmelzen vorbereitete Fragmente von Bronzestatuetten, -beschlägen, -schlüsseln etc., Schmelztiegel und eine steinerne Form zum Ausgießen einer Glocke, Knochen-

Abb. 552   Xanten. Colonia Ulpia Traiana. Handwerkerviertel Insula 26. Modell (Ausschnitt). Rekonstruktion C. B. Rüger, D. Soechting

Abb. 553 Xanten. Colonia Ulpia Traiana.
Statuette der sandalenlösenden Venus.
Bronze. – H. noch 40 cm. Um 140 n. Chr.
(Xanten, Regionalmuseum)

sizistischen Brechung wieder, die einer Kunstrichtung der Jahre 130–150 nChr entspricht. Die Statuette ist durch Feuer und starken Druck sehr beschädigt.

Töpfereien und Schmieden befanden sich S der Stadt im Bereich des heutigen Domplatzes und der Klever Str. Unter dem jetzigen Museumsgebäude wurden mehrere Töpferöfen ausgegraben. Funde aus diesen Öfen sind ua die ausgestellten Räucherkelche und Kerzenständer, ein beim Brand gerissener zweihenkliger Krug mit weißem Überzug und Fehlbrände von Bechern, die – im Töpferofen übereinander gestapelt – zusammengeschmolzen sind.

Grabbeigaben aus dem Gräberfeld an der Viktorstr (1.–3. JhnChr), in dem sowohl Soldaten als auch die Zivilbevölkerung ihre Toten bestatteten, waren Teller, Schüsseln, Becher, Reibschalen (vorwiegend aus Terra Sigillata), darunter Becher mit aufgetragenen Reliefs (sog Barbotinetechnik) und aus Formschüsseln hergestellte Reliefgefäße (aus Werkstätten der Provinz Gallien). Weitere Gegenstände des Alltagsgebrauchs sind Bronzegefäße des 1.–3. JhnChr, die neben Silbergeschirr in den Häusern der Wohlhabenden benutzt wurden: ua Kasserolen, Griff eines Bronzegefäßes (*patera*) mit Amor- und Widderkopf (aus der CUT), zwei Eimer, ein Schöpflöffel (*simpulum*), zwei Teller mit eingeritzten Besitzernamen (Fo Kalkar – Hönnepel) und eine prächtige Bronzeamphora mit sehr fein verzierten Henkeln (Fo Duisburg-Baerl, wohl aus einer campanischen Werkstatt, 1. Hälfte des 1.JhnChr).

Zwischen Öllampen aus Ton, Bronze und Eisen vom 1.–3. JhnChr ist der Fuß eines bronzenen Lampenständers in Form von drei Delphinköpfen ausgestellt; in ihm steckte einst ein hoher Schaft mit Lampenteller (aus der Gegend von *Vetera II*). Beispiele für fein verzierte Beschläge und Appliken von Möbeln und Kästchen sind ua eine Maske und eine Scheibe mit Büste der Göttin Luna; eine Bacchus-Büste (CUT, 1. Hälfte des 2. JhnChr) und eine Herme waren Teile von Tischbeinen. Daneben wird Schmuck und Toilettengerät gezeigt – darunter Goldringe, ein Goldarmreif, ein Glasanhänger mit Erosbüste (Fo Birten), gläserne Schminkbehälter aus der CUT, eine bronzene Tafel zum Reiben von Schminke, ein Metallspiegel und Parfumbehälter aus Ton und

material in verschiedenen Stadien der Bearbeitung und fertige Beinschnitzereien. Die Bronzewerkstatt der Insula 26 brachte auch einen der schönsten Funde der CUT zutage: die Bronzestatuette einer sandalenlösenden *Venus*, eine der über 180 erhaltenen antiken Kopien eines berühmten hellenistischen Werkes (wohl aus dem letzten Drittel des 3.JhvChr), das die Göttin Venus, nach dem Entkleiden, beim Lösen der Sandale vom linken Fuß darstellte. Die aus einer italischen Werkstatt des Mutterlandes stammende Xantener Statuette gibt das Original in einer klas-

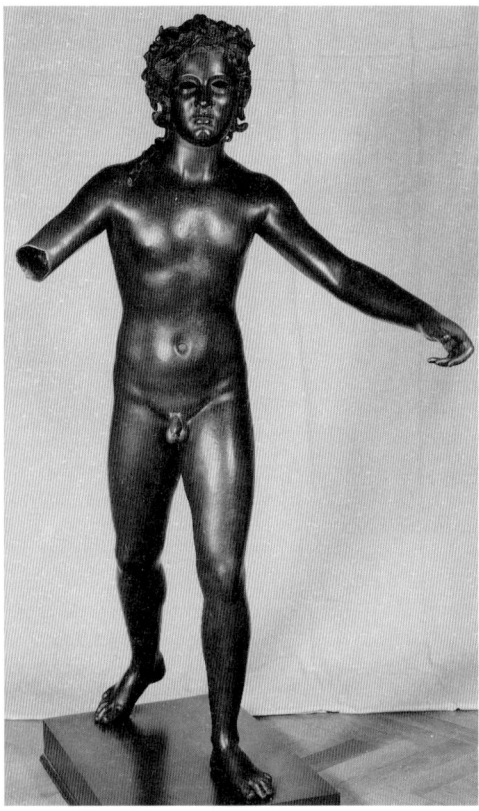

Abb. 554   Xanten-Wardt (Lüttingen). Stummer Diener. Bronze. – H. 1,54 m. Um 140 n. Chr. (Xanten, Regionalmuseum, Kopie; Original: Staatl. Museen Berlin-Ost)

Bronze, ferner Glasgefäße der im Rheinland üblichen Formen.

In der 1901 ausgegrabenen Legionsziegelei wurden zwei Votivstatuetten gefunden: eine Statuette des *Hercules Magusanus* (mit diesem Beinamen wurde Herkules von den Batavern verehrt), gestiftet von *Lucius Vibius Castus* und eine Statuette der *Vesta* mit der Sockelinschrift: *Deae Vest(a)e*. Die Statuetten einer *Minerva* und einer *Fortuna* stammen aus einem der Handwerkerhäuser der Insula 26 der *CUT*. Die vier Statuetten sind in die 2. Hälfte des 2. Jh und die 1. Hälfte des 3. Jh zu datieren.

Von monumentalen Grabmälern stammen der

Löwenkopf aus dem 1. JhnChr (unbekannter Herkunft) und der von einem Hochrelief abgeschlagene männliche Kopf (Mitte 1. JhnChr), der als Spolie in einer Mauer der *CUT* verbaut war. Zu den berühmtesten Xantener Funden gehört der hier in einer Kopie ausgestellte Bronzeknabe, der 1858 im Rhein bei Lüttingen gefunden wurde und damals nach Berlin gelangte (jetzt im Pergamon-Museum). In den weit ausgestreckten Armen hielt der Knabe ein Tablett. Die Statue hatte wohl im Hause eines wohlhabenden Bürgers der *CUT* oder auch im Legionslager als »stummer Diener« fungiert.   Hil

Lit: Kataloge des RLM Bonn – PSteiner, Xanten, Sammlung des Niederrheinischen Altertumsvereins, 1911 – DSoechting, Führer durch das Regionalmuseum Xanten, 1978 – GPlatz-Horster, Die antiken Gemmen aus Xanten, 1987

Zingsheim → Nettersheim

Zülpich   EU

Römische Siedlung
Abb 85, 88, 186–188, 555–557, Taf 11, 23a

Das röm Zülpich – der *vicus Tolbiacum* – entwickelte sich von der Mitte des 1. JhnChr an zu einem wichtigen Kreuzungspunkt mehrerer Fernstraßen in der Zülpicher Börde. Diese verbanden Bonn, Neuss und Köln mit den Städten Reims und Trier im gallischen Hinterland.

Der Ort hatte kein Stadtrecht, er unterstand – da er sich auf Ubiergebiet befand – direkt der *civitas Ubiorum* und damit Köln. Diese schickte auch die Verwaltungsbeamten – wie zum Beispiel den Bürgermeister – nach Zülpich. Die Siedlung befand sich auf dem Mühlenberg, wo heute die Burg und die Kirche der Stadt Zülpich liegen, also im S des ma Ortes und auf der höchsten Erhebung des Geländes. Unterhalb dieser Kuppe lag der eigentliche Straßenknotenpunkt.

Der Ort wird namentlich das erstemal für das Jahr 70 nChr bei Tacitus (Tac, hist. IV 69) erwähnt. Ferner taucht er auf einem Straßenverzeichnis des 3. Jh (*Itinerarium Antonini* 373.4) und in der Frankengeschichte des Gregor von Tours auf.

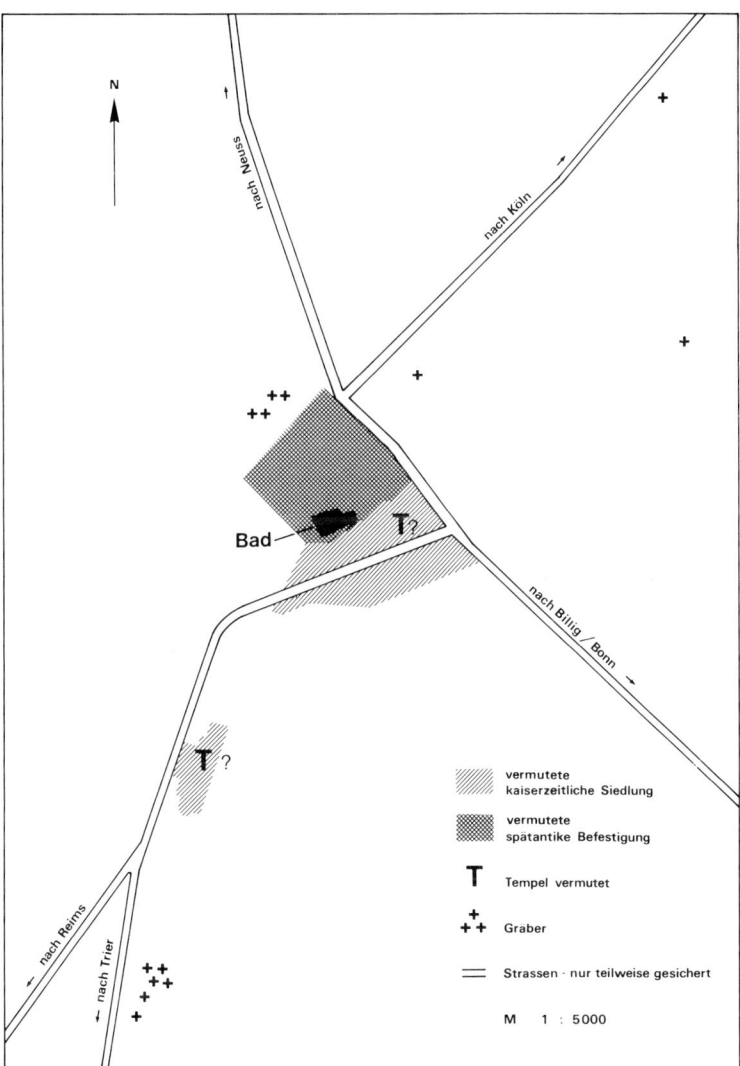

N

nach Neuss

nach Köln

++
++

Bad — T?

nach Billig / Bonn

T?

vermutete
kaiserzeitliche Siedlung

vermutete
spätantike Befestigung

T   Tempel vermutet

+
++   Graber

═══   Strassen · nur teilweise gesichert

nach Reims

nach Trier

++
++
+

M   1 : 5000

Abb. 555 Zülpich.
Tolbiacum und Umge-
bung. Übersichtsplan

Als einziger Gebäudekomplex aus röm Zeit sind Teile der Thermen erhalten (→ Römerbad).
Unter der ma Stadt lagen teilweise die röm Gräberfelder. Von Resten der Grabbauten kennen wir einen sehr qualitätvollen Knabenkopf aus dem 3. Viertel des 1. JhnChr sowie ein ▶ Fragment eines Pfeilergrabmales aus dem 3. JhnChr, das heute in der Außenmauer der Peterskirche eingebaut ist. Neuerdings ist aus Privatbesitz ein schöner Grabfund aus der Mitte des 3. Jh dazugekommen. Er besteht aus zwei Goldketten und zwei Glasgefäßen. Im S Vorort Zülpichs, Hoven, im Bereich des heutigen Klosters, lag wahrscheinlich ein Heiligtum der *Matronae Albiahenae*. Ebenfalls muß hier ein Tempel der Göttin *Sunuxal* gestanden haben, der Stammesgottheit der Sunuker, eines Stammes, der weiter W siedelte. Auf dieses Heiligtum weist eine Bauinschrift aus dem Jahre 239 nChr hin. Neben dem Heiligtum befand sich noch ein Gräberfeld.

Abb. 556   Zülpich. Reste der Thermenanlage und der spätantiken Befestigung. Ausgrabungen des Rheinischen Landesmuseums Bonn 1978

Bei den Germaneneinfällen von 275/76 wurde der Ort wohl in Mitleidenschaft gezogen. Anschließend wurde *Tolbiacum* befestigt (Anfang 4. JhnChr). Diese Befestigung bestand aus einer ca 2,5 m starken Mauer mit vorspringenden Türmen, die in einem lichten Abstand von 25 m voneinander entfernt standen. Im 6. Jh bestand sie noch, worauf eine Notiz von Gregor von Tours hinweist.

In der Umgebung von Zülpich wurden im 4. Jh mehrere kleinere Befestigungen errichtet – sog *burgi*, sowohl von privater (Rövenich) als auch von staatlicher (Weiler, Richterich) Seite. Aus dem 4. Jh liegen aus den Höfen der Umgebung und auch aus Zülpich selbst mehrere sehr reiche Grabfunde vor, die alle die Wohlhabenheit der Landbevölkerung dieser Zeit dokumentieren. In Zülpich wurde ein Goldglasfragment mit einer Taube gefunden, aus Ülpenich stammt aus einem

Sarkophag eine dunkelrote Kugelflasche mit Emailbemalung, ein für das Rheinland einzigartiges Stück. Auf der Vorder- und Rückseite ist jeweils eine Szene eines röm Wagenrennens abgebildet.

Durch dendrochronologische Untersuchungen der Auflagebalken eines Sarkophages aus Enzen konnte dieser um die Zeit kurz nach 356 datiert werden. Das Grab war das einer Frau, die mit ihrem Schmuck und mehreren Glas- und Tongefäßen bestattet worden war. Aus diesen Funden sind zwei Glasbecher mit Inschriften besonders bemerkenswert. Im 17. und im 19. Jh wurden schon einmal Grabfunde hier gemacht, die für fränkische Königsgräber gehalten wurden, wahrscheinlich sind sie aber Ende des 3. / Anfang des 4. Jh zu datieren.

Das späteste epigraphische Zeugnis aus Zülpich ist der Grabstein des *Maclinius Maternus*, eines

Abb. 557 Zülpich-Enzen. Trinkbecher (scyphus) aus einer Sarkophagbestattung. Glas. – H. 5,1 cm. Um 360 n. Chr. (RLM Bonn)

Ratsherrn, Bürgermeisters und Priesters aus Köln. Er starb um 352 nChr.
Aufgrund der Münzfunde (Schlußmünze von Valentinian III.) und der Keramikfunde kann für Zülpich sicher eine romanische Besiedlung noch für die 1. Hälfte des 5. Jh nachgewiesen werden. Da Zülpich in fränkischen Quellen des 6. Jh wieder genannt wird (für 507 als Oppidum, für 531 als Civitas) kann dieser Ort als Beispiel für die Kontinuität der röm-romanischen und fränkischen Besiedlung gelten.
Die Entscheidungsschlacht zwischen Franken und Alamannen von 496/497 scheint in der Ebene bei Zülpich geschlagen worden zu sein. Der Ort lebte in fränkischer Zeit immer noch von seiner Bedeutung als Knotenpunkt der großen röm Fernstraßen. Ge
Lit: HvdBroeck, 2000 Jahre Zülpich, 1968, 9 ff – KBöhner, FVFD 25, 1974, 114 ff – HGHorn, FVFD 26, 1974, 25 ff – MGechter, Ausgrabungen im Rheinland '78. Das RLM Bonn. Sonderh Jan 1979, 85 ff – UHeimberg, ebda 90 ff

Römerbad und Propstei-Museum
Abb 86, 187, 557–559

Mühlenberg 8, Propstei. Öffnungszeiten: Mo–Fr 9–12 u 14–16.30, Sa 9–12 u So 10–12 Uhr
Auf dem »Mühlenberg« lag auch die öffentliche Badeanlage (Thermen) des *vicus Tolbiacum*. 1931–1939 wurden dort – S der Pfarrkirche St. Peter – die Reste eines verhältnismäßig bescheidenen ▶ Thermenkomplexes auf einer Fläche von 29,70 × 31,20 m bzw 34,75 m freigelegt. Der für das Rheinland dennoch einzigartige Grabungsbe-

fund, der noch weitgehend unpubliziert ist, konnte größtenteils konserviert und für die Öffentlichkeit zugänglich gemacht werden. Heute ist das »Römerbad« ein wesentlicher Bestandteil des Propstei-Museums von Zülpich; der Grundriß der Anlage wurde teilweise in der ▶ Pflasterung des Museumsvorplatzes angedeutet. 1978 erfolgten Nachgrabungen.
Das Raumprogramm des Gebäudes, das offenbar mehrfach umgebaut und erweitert wurde, entsprach ganz den Erfordernissen röm Badekultur: Ergraben wurden ein Kaltwasserbad (*frigidarium*), ein Warmwasserbad (*tepidarium*) und ein Heißwasserbad (*caldarium*), ein Schwitzbad (*laconicum*) und Warmlufträume (*sudationes*) – im Sinne des Badevorganges einander zugeordnet –, vermutlich auch der notwendige Auskleideraum (*apodyterium*) und ein Teil des offenen, peristylartigen Gymnastikhofes (*palaestra*). Ebenfalls wurde über die technischen Einrichtungen, über das weit verzweigte Rohrnetz für die Frischwasserzufuhr und die Abwasser, über das komplizierte Heizungssystem (*hypocaustum*) mit den Heizräumen (*praefurnia*) und über Bereiche des Wirtschaftshofes durch die Ausgrabungen einiges bekannt. Da Thermen in röm Zeit nicht nur hygienischen Zwecken dienten, sondern auch gesellschaftliche Treffpunkte waren, durften in keinem Bau dieser Art die dafür notwendigen Gesellschaftsräume fehlen; bei den Untersuchungen in Zülpich konnten sie allerdings nicht eindeutig nachgewiesen werden.
Die älteste Thermenanlage (Phase 1) war offensichtlich als sog Reihentypus angelegt: die einzelnen Baderäume reihten sich in NW-SO Richtung aneinander. Das 0,6 m starke Mauerwerk war

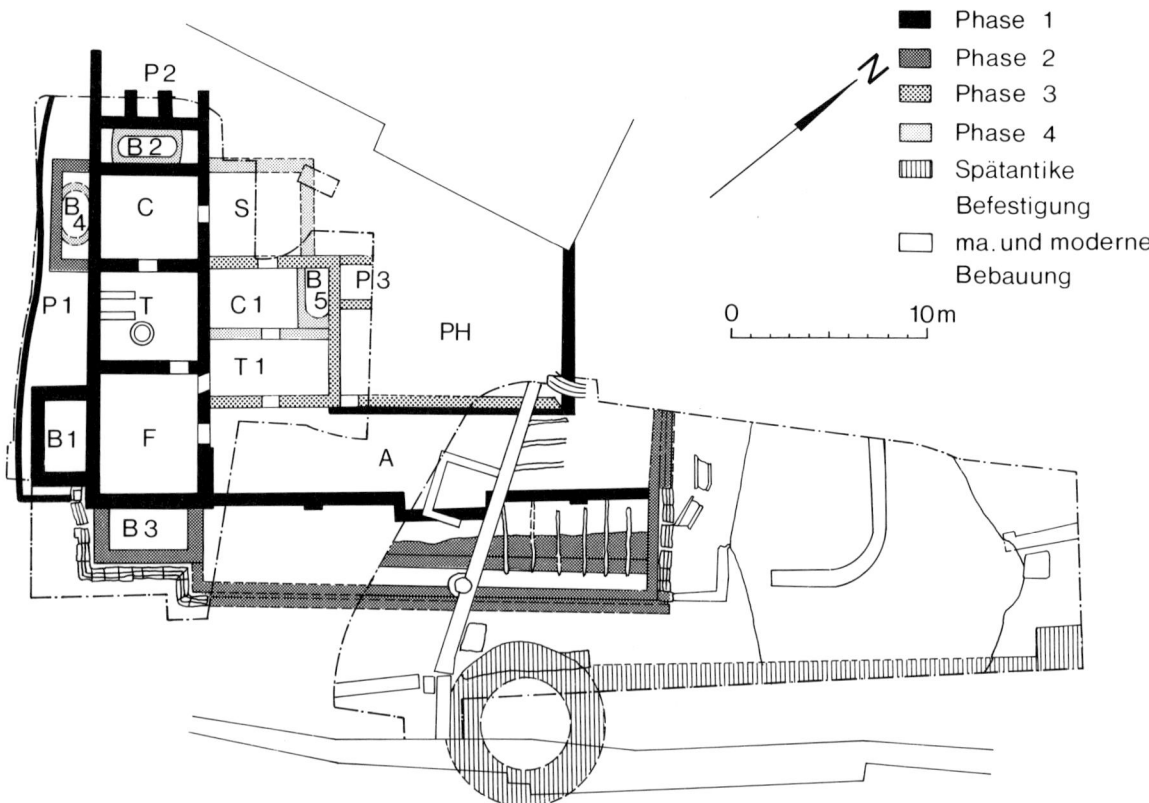

Abb. 558   Zülpich. Thermenanlage und Grabungsbefund 1978. Gesamtplan

teils aus handlichen Kalksteinquadern, teils aus Grauwackesteinen mit reichlicher Mörtelbettung aufgerichtet worden. Die Außenseite des Gebäudes zeigte einen sauberen Fugenputz, der sich an der N Seite des Caldariums teilweise noch erhalten hat. Im S des Badetraktes lag das Frigidarium, das einen festen Estrichboden hatte (6 × 5 m; F). Es konnte vom Umgang eines N anschließenden Peristylhofes (PH), der vermutlich mit der Palästra gleichzusetzen ist, betreten werden; die Tür (B ca 1 m) ist noch vorhanden (L des Peristylhofs: ca 24 m; B des Umganges: ca 3 m; in der Mitte des S-Flügels befand sich eine ca 3,8 m breite und ca 1 m tiefe Nische. Die Außenwand zeigte Pfeilervorlagen). Die Wände des Raumes waren verputzt, die Fugen und Ecken durch einen wulstar-

tigen Viertelstab abgedichtet. Zum Frigidarium gehörte ein nischenförmiges Kaltwasserbecken (2 × 2,6 m; B_1), dessen Wandung im W an einer Stelle bis zu einer Höhe von 1 m erhalten ist. Der Putz und die abdichtenden Viertelrundstäbe des Beckens sind sorgfältig aufgetragen; eine schmale Stufe an der O-Seite (H ca 0,4 m, B 0,2 m), die als Sitz- oder Trittstufe gedient haben mag, wurde mit Ziegelplatten abgedeckt. Die Entwässerung des Frigidariums erfolgte nach W. Der Abfluß mündete in einem Kanal, der in N Richtung verlief. Dem Frigidarium folgte im N das Tepidarium (ca 5 × 5 m; T). Beide Räume waren durch eine Tür (B 0,9 m) miteinander verbunden. Der etwa 0,2 m dicke Estrichboden des Tepidariums, der durch die Absenkung des ma Quirinus-Brun-

nens (Dm 1,10 m) weitgehend zerstört wurde,
war beheizbar; er ruhte – wie teilweise noch erkennbar – auf ca 0,6–0,7 m hohen Pfeilern, die
aus quadratischen Ziegelplatten (0,21 × 0,21 m)
aufgeschichtet waren. Ein ziegelgemauerter
Heizkanal (B ca 0,6 m, H ca 0,8 m) verband diese
Hypokaustanlage mit dem dazugehörigen Präfurnium im W (P₁). Eine Tür (B ca 1 m), von der
sich noch die Reste beider Türwangen an Ort und
Stelle befinden, führte vom Tepidarium in das
Caldarium (4 × 5 m, C), das die charakteristische
Raumkette der ursprünglichen Badeanlage abschloß. Mehr als 60 etwa 0,7–0,8 m hohe Hypo-
kaustenpfeiler (Dm ca 0,18 m) aus übereinander
gelegten runden Ziegelplatten trugen den ehem
ziegelgeplätteten, 0,2 m dicken Fußboden des
Raumes. Sie stehen teils noch aufrecht, teils haben
sie jedoch nur noch Abdrücke auf der festen Est-
richunterlage hinterlassen. Hinter dem bis zu
0,05 m dicken Wandputz, der in den Ecken mit
wulstigen Viertelrundstäben verstärkt war, ver-
bargen sich die senkrecht aufsteigenden Zugka-
näle der Wandheizung aus rechteckigen Hohlzie-

geln (*tubuli*); sie sind noch heute an verschiedenen Stellen vorhanden. Die Hypokaustsysteme
von Caldarium und Tepidarium hingen offenbar
zusammen, wie der ca 0,4 × 0,3 m lichte Durch-
bruch unter der Sandsteinschwelle (B fast 1,8 m)
der Verbindungstür zeigt. Das eigentliche Präfurnium des Caldariums, in dem man bei den Ausgrabungen noch Spuren von Holzkohle fest-
stellte, lag allerdings im N (P₂). Der Heizkanal
(H ca 1,10 m, B ca 0,70 m) war ziegelgemauert.
An der N Schmalseite des Caldariums befand sich
ein viereckiges Heißwasserbecken (L 4,65 m,
B 1,40 m), dessen Aufmauerung noch bis zu einer
Höhe von 0,90 m erhalten blieb (B₂); vor diesem
Becken liegt eine 38 cm breite und 16 cm tiefe stu-
fenartige Bank, die sich offenbar auch an den übrigen Innenwänden des Raumes entlangzog. Die
Beckenwandung war in gewohnter Weise verputzt und mit Viertelrundstäben abgedichtet, der
Boden hingegen war mit umgearbeiteten Dachziegeln und Bodenplatten mehr oder weniger
sorgfältig geglättet. Der Hauptabfluß des Bek-
kens ging nach W; nach den Abdruckspuren lag

*Abb. 559 Zülpich. Propstei-Museum. Thermenanlage. Caldarium und Tepidarium. Konservierter
Befund der Ausgrabungen 1931–1935*

ein zweiter Abfluß etwa 10 cm über dem Becken-
boden in der Mitte der S-Wand, die ursprünglich
durch zwei ca 20 cm tiefe Stufen in fast 40 bzw 70
cm Höhe abgestuft war.

Die zeitliche Abfolge der Erweiterungen und
Veränderungen, die dieser »Kernbau« (Phase 1)
im Laufe der Zeit erfuhr, ist durch die Untersuchungen des Jahres 1978 weitgehend geklärt,
wenn es auch weiterhin an absoluten Datierungen
fehlt. Zunächst (Phase 2) erhielt das Frigidarium
(F) im Rahmen weiterer Nutzungsverbesserun-
gen ein zweites Kaltwasserbecken (B_3). Dieses S-
Becken (L 4 m, B 2,20 m) mit dem sauber verlegten Plattenboden lag allerdings ca 0,70 m tiefer als
das sonstige Thermenniveau. Stufen von 26 cm
bzw 55 cm Höhe und 20 cm Breite schufen den
notwendigen Ausgleich. Die wasserdicht verputzte Wandung des Beckens, das in den Ecken
dazu noch wie gewohnt mit Viertelrundstäben
ausgelegt war, ragt heute noch bis zu 1,35 m hoch
auf. Der Beckenabfluß nach W ist gesichert. Außerdem wurde der S Peristylflügel durch eine
Halle (L 24 m, B ca 9 m,; A) mit Estrichboden ersetzt, die im S über die bisherige Bebauungs-
grenze hinausging. Die Entsorgung des Frigidariums erfolgte nun durch eine Traufwasserrinne (B
0,3 m), die – in mächtige Sandsteinblöcke eingebettet – im S, O und N um das Thermengebäude
herumgeführt war. Vermutlich zur gleichen Zeit
wurde auch das Caldarium (C) um ein zweites
Heißwasserbecken (B_4), das erkerartig nach W
vorsprang, erweitert. Die Wandung des Beckens
(3,50 × 1,20 m), von dem nicht mehr allzuviel erhalten ist, war funktionsgerecht verputzt, der Boden war mit quadratischen Ziegelplatten (39 × 39
cm) abgedeckt. In einer dritten Phase wurde die
offensichtlich durch Brand zerstörte Halle (A) in
den alten Maßen erneuert; allerdings erhielt sie
jetzt einen Holzfußboden. Gleichzeitig wurde im
O ein weiterer hypokaustierter Raum (ca 6 ×
6 m; ungeteilter Raum C_1/T_1) angelegt, dessen
Boden etwa 0,4 m höher als das übrige Thermenniveau lag. Wenig später (Phase 4) wurde er unterteilt; es entstanden zwei Räume – je 2,70 m
breit und 6 m lang –, die durch eine Tür (B 0,9 m)
verbunden waren. Ihre Hypokaustsysteme kom-
munizierten miteinander; die Mauer hatte im
Hypokaustbereich vier Durchlässe, je ca 0,6 m
hoch und 0,45 m breit. Durch die wohl als Tepi-

darium (T_1) und Caldarium (C_1) mit Badewanne
(2,65 × 1 m; B_5) genutzten Räume wurde die Kapazität der Thermenanlage gesteigert, zumal N
vermutlich auch noch ein Sudatorium (4 × 4,50
m; S) hinzukam. Zwangsläufig erhielt der Peristylhof (PH) durch das Präfurnium (P_3) den Charakter eines Wirtschaftshofes. Das neue Tepidarium war von der Halle (A), aber auch vom Frigidarium (F) des »Kernbaues« (Breite der zweistufigen Treppe: 1,10 m) zugänglich; die Verbindungstür zum alten Tepidarium wurde zugesetzt.
Das neue Sudatorium konnte vom alten Caldarium (C) durch eine Tür (B ca 0,85 m) betreten
werden; die mächtige Sandsteinschwelle (85 × 62
cm) befindet sich noch in situ. Offenbar führte
die letzte Umbauphase auch zur Verkleinerung
der beiden Wasserbecken des Caldariums (C), die
durch grobe Abmauerung der Schmalseiten zu
ovalen Badewannen (L 2,85 m) umgestaltet wurden.

Nach den datierenden Keramik- und Münzfunden dürfte die Anlage im späten 2. JhnChr in Betrieb genommen und mindestens bis Anfang des
4. JhnChr genutzt worden sein.

Von diesem wichtigen Befund einer röm
Thermenanlage abgesehen, beherbergt das Propstei-Museum weiterhin zahlreiche röm Funde aus
Zülpich und Umgebung. Neben verschiedenen
Inschriftenfragmenten (darunter – für das antike
Zülpich besonders kennzeichnend – auch eine
Weihung an die *Quadrubiae*, die Schutzgöttin-
nen der Wegekreuzungen), Keramik, Bronzetei-
len und Münzen von verschiedenen Fundstellen
sind vor allem die Beigaben aus dem Sarkophag
von Zülpich-Enzen zu beachten, der im Original
vor dem Museum aufgestellt ist.   Ho

Lit: HGHorn, FVFD 26, 1974, 30 ff – FWvDet-
ten, KGutersohn, Das RLM Bonn 4/82, 60 ff –
MGechter, Ausgrabungen im Rheinland '78. Das
RLM Bonn. Sonderh Jan 1979, 85 ff – Chrobaczek 336 f

Römische Wasserleitung

Frankengraben. In der Grünanlage gegenüber
der Alemannenstr ist ein ▶ Teilstück der röm
→ Eifelwasserleitung nach Köln aus → Mechernich-Breitenbenden aufgestellt worden.   Gre

Lit: Grewe 289

Anhang

Zeittafel

59 v. Chr.	C. Iulius Caesar erhält die Statthalterschaft in den Provinzen Gallia cisalpina, Illyricum und Gallia transalpina.
58–51	Caesar erobert Gallien bis zum Rhein. Zwei Rheinübergänge, vermutlich im heutigen Neuwieder Becken nördlich von Koblenz (55 und 53). Vernichtung römischer Truppenteile bei Aduatuca durch die Eburonen unter der Führung des Ambiorix (55/54). Ausrottung der Eburonen durch Caesar, vermutlich auch Ende der befestigten Eburonen. (?)Siedlung bei Niederzier-Hambach (53). Kämpfe gegen die rechtsrheinischen Sugambrer; Aufgabe der Höhenfestungen auf dem Petersberg bei Königswinter und in Bergisch Gladbach-Bensberg (»Erdenburg«).
39/38	Erste Statthalterschaft des M. Vipsanius Agrippa in Gallien. Umsiedlung der rechtsrheinischen Ubier in das ehemalige Stammesgebiet der Eburonen. Gründung des Oppidum Ubiorum (Köln).
27 v.–14 n. Chr.	Augustus römischer Kaiser.
19	Zweite Statthalterschaft des M. Vipsanius Agrippa in Gallien. U. a. Bau einer Fernstraße von Lugdunum–Lyon über Augusta Treverorum-Trier bis nach Oppidum Ubiorum-Köln bzw. Novaesium–Neuss.
16	Niederlage des Statthalters M. Lollius und der 5. Legion gegen die Sugambrer, Tenkterer und Usipeten nördlich von Bonna–Bonn. Verlust des Legionsadlers. Erstmals Stationierung römischer Truppen am Rhein, u. a. in Neuss (Lager A) und Bonn.
15–13	Aufenthalt des Augustus in Gallien und am Rhein. Alpenfeldzug des Drusus und des Tiberius, der Stiefsöhne des Augustus (15).
12–9	Germanenfeldzüge des Drusus, u. a. Errichtung militärischer Anlagen in Vetera bei Xanten, Moers-Asberg und Oberaden. In Vetera liegen die 18. und 19. Legion, in Köln die 17. Legion. Kämpfe mit den Sugambrern und Usipeten (12/11). Flottenexpedition gegen Chauken und Friesen (10).
9	Drusus erreicht die Elbe; er verunglückt auf dem Rückmarsch tödlich. Oberkommando des Tiberius (9–7) und Abschluß der ersten Germanienoffensive. Triumphzug des Tiberius in Rom. Möglicherweise auch schon Errichtung der Ara Ubiorum in Köln als zentrales Heiligtum der germanischen Provinz (spätestens 9 n. Chr. bezeugt).
8	Umsiedlung der Sugambrer (ca. 40 000 Menschen) in das linksrheinische Gebiet. Aufgabe des Lagers Oberaden.

7	Errichtung der Lippelager Haltern und Anreppen, vielleicht auch Holsterhausen.
6	L. Domitius Ahenobarbus Oberbefehlshaber in Germanien. Er erreicht die Elbe (3); Anlage von Moordämmen (pontes longi) zwischen Ems und Rhein.
2 v. Chr.	Beginn der Auseinandersetzungen mit den Cheruskern. Abberufung des Domitius Ahenobarbus; M. Vicinius neuer Oberbefehlshaber. Organisierter Germanenaufstand (1).
4–6 n. Chr.	Tiberius erneut Oberbefehlshaber der Truppen am Rhein. Kämpfe gegen die Kannanefaten, Chattwarier, Brukterer und Cherusker sowie Chauken und Langobarden. Erstmals römisches Winterlager im rechtsrheinischen Germanien, das wohl bis zur Elbe römische Provinz ist. Provinzhauptstadt: Oppidum Ubiorum–Köln mit dem Altar der Ubier (Ara Ubiorum).
7	P. Quinctilius Varus, Schwiegersohn des Agrippa, Statthalter in Gallien und Germanien. Weitere Romanisierung des Gebietes zwischen Rhein und Elbe.
9	Niederlage des Varus im Teutoburger Wald. Germanische Stämme unter der Führung des Cheruskers Arminius vernichten drei Legionen (die 17., 18. und 19.), drei Reiter- und sechs Infanterieeinheiten, insgesamt ca. 20 000 Mann. U. a. stirbt auch M. Caelius, Hauptmann der 18. Legion aus Xanten. Aufgabe aller römischen Lager rechts des Rheins.
11/12	Ausbau der militärischen Präsenz am Rhein durch Tiberius. Einrichtung des niedergermanischen Heeresbezirkes mit dem Hauptort Vetera–Xanten. Verteilung der Legionen: legio I (Germanica) und legio XX Valeria victrix in Köln (apud Aram Ubiorum), legio V Alaudae und legio XXI rapax in Xanten (Vetera).
13–16	Statthalterschaft des Germanicus in Gallien. Er hat damit auch den militärischen Oberbefehl am Rhein.
14	Nach dem Tod des Augustus tritt sein Stiefsohn Tiberius die Nachfolge als römischer Kaiser an (bis 37).
14–16	A. Caecina Severus Oberbefehlshaber des niedergermanischen Heeres und Statthalter in Germanien. Nach der Meuterei der vier rheinischen Legionen in Neuss führt er die 1. und 20. Legion nach Köln zurück; die 5. und 21. Legion beziehen wieder Position in Xanten. Kommandeur der 1. Legion ist C. Caetronius. Ein Militärtribun der 5. Legion heißt Plautius Scaeva Vibianus (vgl. Truhenbeschlag aus Neuss). Bestrafung der Meuterer in Vetera (14). Flottenbau (16).
6. Nov. 15	Geburt der Agrippina d. J., Tochter des Germanicus und spätere Frau des Kaisers Claudius, im Oppidum Ubiorum–Köln.
15/16	Germanienfeldzüge des Germanicus. Operation des Statthalters A. Caecina Severus von Vetera-Xanten aus gegen die Cherusker. Germanicus besucht den Ort der Varus-Niederlage. Schlacht bei Idistaviso bzw. am Angrivarierwall mit unentschiedenem Ausgang. Rückmarsch und Verlust eines Teils der Flotte durch Unwetter. Abbruch der Germanienoffensive und Abberufung des Germanicus vom Rhein durch Tiberius (16). Verzicht auf das rechtsrheinische Germanien und Festsetzung des Rheins als neue Grenze des Römischen Reiches. Triumph des Germanicus als »Germanenbezwinger".
21	C. Visellius Varro Oberbefehlshaber und Statthalter in Germanien. Ermordung des Arminius.
28	Das militärische Unternehmen des L. Apronius, Oberbefehlshaber des nieder-

germanischen Heeres, gegen die Friesen endet mit einer Niederlage. Cethegus Labeo befehligt die legio V alaudae in Vetera–Xanten.

Um 30 Die legio I (Germanica) wird von Köln (apud Aram Ubiorum) nach Bonna–Bonn verlegt. Sie baut ein neues Legionslager. Die legio XX Valeria victrix geht von Köln nach Novaesium–Neuss.

37–41 Caligula (Gaius Iulius Caesar Germanicus), der Sohn der Germanicus und Enkel des Drusus, römischer Kaiser. »Feldzug an den Rhein« (39). P. Gabinius Secundus, Oberbefehlshaber des niedergermanischen Heeres, erobert durch einen Sieg über die Chauken den letzten der in der Varusschlacht verlorenen Legionsadler zurück (40/41). Tib. Plautius Silvanus Kommandeur der legio V Alaudae in Vetera–Xanten.

42–56 Claudius, der jüngere Bruder des Germanicus, römischer Kaiser. Ausbau des Straßennetzes am Rhein und in Niedergermanien. Die legio XX Valeria victrix wird von Novaesium abgezogen und durch die legio XVI ersetzt; Bau des Lagers G. Bauaktivitäten auch im Legionslager Bonna (vgl. Bauinschrift aus dem Jahre 44/45 mit der Nennung des Claudius). Q. Sanquinius Maximus, Oberbefehlshaber des niedergermanischen Heeres, kämpft gegen die Chauken (46). Chauken- und Friesenfeldzug des Provinzstatthalters Cn. Domitius Corbulo (47). Ermordung des Chaukenfürsten Gannascus. Bau der Fossa Corbulonis, eines ca. 37 km langen Kanals zwischen Rhein und Maas. Ausbau der niedergermanischen Lagerkette zu einem geschlossenen Grenzsystem.

50 Auf Betreiben der Kaiserin Agrippina wird das Oppidum Ubiorum zur Kolonie erhoben; es heißt jetzt Colonia Claudia Ara Agrippinensium (CCAA). Beginn des Stadtmauerbaus (vollendet vor 70).

54–68 Nero, der Sohn Agrippinas, römischer Kaiser. Unter dem Statthalter A. Pompeius Paulinus (54–56) wird das Bonner – vielleicht auch das Neusser – Legionslager ausgebaut (Steinmauer). Der Historiker und Schriftsteller C. Plinius Secundus tut als Reiterpräfekt Dienst in Vetera–Xanten (57). L. Duvius Avitus, Statthalter und Oberbefehlshaber des niedergermanischen Heeres, in Kämpfe mit den Ampsivarii verwickelt (57/58). Brandkatastrophe in der CCAA-Köln (58). Ermordnung der Kaiserin Agrippina durch Nero (59). P. Sulpicius Scribonius Rufus Statthalter in Germanien und Oberbefehlshaber der niedergermanischen Truppen (63–67). Bautätigkeiten in der CCAA-Köln (vgl. Bauinschrift mit Nennung des Nero). Fonteius Capito Oberbefehlshaber der niedergermanischen Armee (67/68). Hinrichtung des Batavers und Aufrührers Claudius Paulus; sein Bruder Iulius Civilis wird nach Rom deportiert.

68 In Cugernodurum/Cibernodurum–Xanten errichten lingonische Bürger dem Mars Cicollvis und Remer dem Mars Camulus für das Wohl des Nero Altäre. Q. Cornelius Aquinus führt die legio V alaudae in Vetera–Xanten. Fabius Valens ist Legionskommandeur der legio I in Bonna–Bonn, vermutlich L. Cornelius Pusio, Legionskommandeur der legio XVI in Novaesium–Neuss. Selbstmord des Nero. Servius Sulpicius Galba wird vom Senat zum römischen Kaiser ausgerufen. Ermordung des Fonteius. Ernennung des A. Vitellius zum Oberbefehlshaber der niedergermanischen Truppen (1. Dez.). Besuche der Legionen in ihren Winterquartieren. Neuordnung der Heeresorganisation.

69 Vitellius läßt sich in Köln von der Rheinarmee zum Kaiser ausrufen (2. Jan.). Die Truppen an der Donau akklamieren Otho. Niederlage des Galba gegen Otho. Marsch des Vitellius mit Teilen des niedergermanischen Heeres nach Italien. M. Fabius Fabullus befehligt die legio V alaudae. Sieg über Otho bei

Cremona. Anspruch des Vespasian auf den römischen Kaiserthron und sein Sieg über Vitellius.

69–79   Vespasian römischer Kaiser.

69/70   Mangelnde Grenzsicherung am Rhein. Auseinandersetzungen mit batavischen Hilfstruppen vor Bonna–Bonn (69). Bataveraufstand unter der Führung des Iulius Civilis. Brand von Cugernodurum/Cibernodurum–Xanten (69). Belagerung und Zerstörung des Lagers Vetera–Xanten und angeblich aller anderen Militäranlagen am Rhein durch die Bataver, u. a. Schlacht bei Gelduba–Krefeld-Gellep. Kapitulation der römischen Truppen. Getötet werden Herennius Gallus, Kommandeur der legio I in Bonna–Bonn, der Kommandeur der legio XVI in Novaesium–Neuss, Numisius Rufus, und Munius Lupercus, Kommandeur der legio XV Primigenia in Vetera–Xanten. C. Dillius Vocula, Kommandeur der legio XXII Primigenia in Mogontiacum–Mainz und Oberbefehlshaber der gesamten rheinischen Armeen gegen die Aufständischen, wird im Auftrag des Iulius Classicus ermordet (70). Ausrufung eines »Gallischen Reiches« in Köln durch Civilis, Tudor und Classicus, die Führer der Aufständischen.

70/71   Q. Petillius Cerialis Oberbefehlshaber der Truppen am Rhein und Statthalter in Germanien. Schlacht bei Vetera (Juli); Sieg über das germanische Heer (Bataver, Cugerner, Brukterer u. a.) des Civilis.

Ab 70   Wiederaufbau der niedergermanischen Grenzverteidigung, u. a. Anlage des Lagers Vetera II. Die legio XXI rapax baut das Legionslager Bonna–Bonn, die legio VI victrix das Legionslager Novaesium–Neuss in Stein aus. Errichtung verschiedener Auxiliarkastelle: z.B. Burungum–Köln-Worringen (?), Gelduba–Krefeld-Gellep, Burginatium–Altkalkar und Harenatium–Rindern. Auch der Hauptort der Cugerner Cugernodurum/Cibernodurum–Xanten wird wieder aufgebaut.

71–73   A. Marius Celsus Oberbefehlshaber der niedergermanischen Heeres und Provinzstatthalter. Ende der Kämpfe gegen die Bataver. April/Juni 73 Errichtung eines Siegesdenkmals durch die legio VI victrix auf dem Schlachtfeld von Vetera (Bataverschlacht). Der Kommandeur der legio VI victrix ist Sextus Caelius Tuscus.

73–75   L. Acilius Strabo Oberbefehlshaber des niedergermanischen Heeres und Provinzstatthalter. Bauaktivitäten im Legionslager Bonna–Bonn (vgl. Bauinschrift mit Nennung von Vespasian, Titus und Domitian). Bau des Xantener Hafenkais (um 75).

76–78   C. Rutilius Gallicus Statthalter Germaniens und Oberbefehlshaber der niedergermanischen Armee. Germanenkämpfe, vor allem mit den Brukterern (77). Gefangennahme der germanischen Seherin Veleda.

79–81   Titus römischer Kaiser; der Oberbefehlshaber der niedergermanischen Armee und Statthalter Germaniens heißt D. Iunius Novius Priscus (79/80). In Köln wird der Mercurius-Augustus-Tempel von Grund auf erneuert. Der Ausbau des Bonner Legionslagers in Stein ist beendet.

81–96   Domitian römischer Kaiser. Bauaktivitäten im Flottenkastell Köln-Alteburg/Marienburg (vgl. Bauinschrift mit Nennung des Domitian). Aufgabe von Asciburgium–Moers-Asberg (83/85). Die legio I Minervia löst die legio XXI rapax in Bonn ab.
Aufstand des C. Antonius Saturninus in Obergermanien (88/89) und seine Niederschlagung durch A. Bucius Lappius Maximus, den Oberbefehlshaber

des niedergermanischen Heeres und Statthalter Germaniens. Verleihung der ehrenden Beinamen pia fidelis Domitiana an die kaisertreuen niedergermanischen Truppen. L. Licinius Sura Kommandeur der Bonner legio I Minervia (um 89).

Um 90	Am Rhein werden zwei Provinzen eingerichtet: Germania superior-Obergermanien (Hauptstadt Mogontiacum–Mainz) und Germania inferior-Niedergermanien (Hauptstadt: CCAA–Köln). Weiterer Ausbau des Xantener Hafens.
92–97	Verlegung der legio XXII Primigenia pia fidelis von Vetera II-Xanten nach Mainz. Bau des Auxiliarkastells in Dormagen durch die ala Noricorum. Anlage von Kleinkastellen in Neuss-Reckberg und Rheinhausen-Werthausen.
96–98	Nerva römischer Kaiser. T. Vestricius Spurinna Statthalter in Niedergermanien (97). Verhandlungen mit den Brukterern. Sein Nachfolger ist vermutlich L. Licinius Sura, ehemals Bonner Legionskommandeur (um 89) und Freund des Trajan. Aufgabe des Legionslagers Neuss. Trajan besitzt vorübergehend (97/98) auch das Oberkommando in der Germania inferior; er erhält in Köln die Nachricht vom Tode des Nerva.
98–117	Trajan, Adoptivsohn des Nerva, römischer Kaiser. Q. Aemilius Septiminus aus dem Stab des Cornelius Priscus, Kommandeur der legio I Minervia, weiht in Bonn den Schutzgöttern der Wegekreuzungen (Quadriviae). In Köln tut dies auch M. Cocceius Dasius, Veteran der ala Noricorum (99). In Köln wird eine Waffenkammer wohl für die Leibwache des Provinzstatthalters wieder aufgebaut (100).
Um 100	Gründung und Anlage der Colonia Ulpia Traiana–Xanten als Veteranenkolonie. Q. Acutius Nerva Statthalter in Niedergermanien. Vexillationen aller niedergermanischen Legionen und Hilfstruppen, aber auch der classis Germanica arbeiten in den Tuffsteinbrüchen des Brohltales; sie brechen Steine vermutlich für den Ausbau der CUT-Xanten (101/102).
105/106	Stadtmauerbau in der CUT-Xanten. Im zweiten Dakerkrieg befehligt P. Aelius Hadrianus, der spätere Kaiser, die legio I Minervia aus Bonn.
Um 109	M. Pompeius Macrinus Kommandeur der legio VI victrix (Vetera II-Xanten).
117–138	Hadrian römischer Kaiser. Umstrukturierung der Hilfstruppenkontingente am Rhein; Errichtung eines Steinkastells in Dormagen. C. Licinius Pollio Statthalter in Niedergermanien (119/122). Hadrian besucht Xanten (121/122). Die legio VI victrix, die 122 unter der Führung des P. Tullius Varro steht, wird nach Britannien verlegt; ihren Platz in Vetera II-Xanten nimmt die legio XXX Ulpia victrix ein. Der Hafenkai der CUT-Xanten wird ausgebessert (134/135).
138–161	Antoninus Pius römischer Kaiser. Verstärkung der Grenzverteidigung am Rhein. M. Pontius Laelianus befehligt die Bonner legio I Minervia (138–140). Der legio XXX Ulpia victrix in Vetera II-Xanten steht L. Aemilius Karus vor; er weiht um 140 in Köln dem Iupiter optimus maximus. 147–149 wird die legio XXX Ulpia victrix von Cn. Iulius Verus befehligt, ihm folgt im Kommando C. Iulius Severus (150–152). Nach 151 L. Salvius Iulianus Statthalter in Niedergermanien. Sein Freund, der Philosoph Q. Aelius Egrilius Euaretus, stirbt in Wesseling. Vielleicht 156–158 ist L. Pullaienus Antiquus Kommandeur der legio I Minervia in Bonn. 158 wird ein Infantrist der cohors I Pannoniorum et Delmatarum namens Aiiucco nach 25 Jahren Militärdienst entlassen und erhält das römische Bürgerrecht (vgl. Militärdiplom aus Xanten).
158–160	Tib. Claudius Iulianus Statthalter in Niedergermanien. Er befehligt und organi-

siert den Steintransport vom Drachenfels bei Königswinter zur CUT-Xanten, die kurz zuvor durch einen Brand teilweise zerstört worden war. Nach Beendigung der Aktion wird in Bonn von einer Abteilung der Rheinflotte dem Antoninus Pius zu Ehren ein Weihealtar errichtet (160).

Um 160 Bau des zentralen Heiligtums für die Aufanischen Matronen in Bonn. Möglicherweise auch Stiftung eines Kultbildes.

161–180 Marc Aurel römischer Kaiser. Teilnahme niedergermanischer Truppenkontingente, besonders der legio I Minervia aus Bonn, an den Partherkriegen (161–165); die Bonner Legion wird von M. Claudius Fronto geführt (162). In Bad Münstereifel-Iversheim wird Kalk gebrannt. Der Feldzeichenträger Tib. Claudius Gavitus und der Militärarzt M. Sabinianus Quietus aus der legio I Minervia weihen dem Genius ihres Arbeitskommandos (161). Zwischen 163 und 165 Bauaktivitäten in Köln (vgl. Bauinschrift mit Nennung des Marc Aurel und des Lucius Verus).

164 Der Kölner Stadtkämmerer Q. Vettius Severus weiht in Bonn den Aufanischen Matronen. In Köln weiht M. Verecundinius Simplex, Centurio der legio XXX Ulpia victrix in Xanten und Obmann der Stallmeister und Leibwächter des Statthalters, dem Iupiter optimus maximus und den übrigen Göttern sowie dem Genius des Ortes. Am 25. Februar produziert der Töpfer Servandus am Gerstenmarkt in Köln Mars-, Genius- und Dianastatuetten, am 13. September Minervastatuetten; er arbeitet auch noch fünf Jahre später (169).

Um 166 Nach Rückkehr vom Partherfeldzug danken C. Iulius Mansuetus in Köln und M. Albanius Super in Bonn – beide Soldaten der legio I Minervia – den Aufanischen Matronen. Die Bonner Legion wird von C. Scribonius Genialis befehligt (166–169); er stiftet bei Bonn (Muffendorf) der Diana einen Tempel.

179 Der Benefiziarier L. Caesius Florentinus weiht in Köln dem Iupiter optimus maximus, dem Serapis und dem Genius des Ortes einen Altar.

180–192 Commodus römischer Kaiser. M. Didius Iulianus Statthalter in Niedergermanien (180–185). Bei Bonn (Dottendorf) weiht der Benefiziarier C. Iucundius Similis aus der legio XXX Ulpia victrix in Vetera II-Xanten dem Iupiter optimus maximus und dem Genius des Ortes (182). Am Rhein wird der Ausbau der Auxiliarkastelle in feste Steinlager abgeschlossen. Auch sonst intensive Bautätigkeiten, z. B., Umbau des Prätoriums in Köln (vgl. Bauinschrift mit Nennung des Commodus). Im Bonner Legionslager wird ein Lazarett gebaut. Anläßlich seiner Fertigstellung stiftet der Kommandeur der legio I Minervia, L. Calpurnius Proculus, dem Hercules einen Altar; er ehrt auch die Aufanischen Matronen (183?). Sein Nachfolger ist vermutlich Claudius Stratonicus (184-186). Der Xantener Bürger Ulpius Acutus aus der ala Sulpicia und Leibwächter des Statthalters stiftet in Köln der einheimischen Göttin Hariasa einen Altar (187). Claudius Apollinaris Befehlshaber der legio I Minervia in Bonn (187–189). Unter seinem Kommando brennt eine Vexillation in Bad Münstereifel-Iversheim Kalk. Die Ofenbaumeister und Kalkbrenner weihen dem Iupiter optimus maximus und dem Genius der Abteilung einen Altar (188). In Köln ehrt der optio M. Albinius Paternus dem einheimischem Gott Bacurdus, in Xanten ein centurio der legio XXX Ulpia victrix dem persischen Gott Mithras (189).

189–191 Clodius Albinus vermutlich Statthalter in Niedergermanien. Erfolgreich abgewehrter Germaneneinfall am Niederrhein; Einsatz der legio I Minervia (um 190), möglicherweise unter dem Kommando des Plotinus (190–192). Der

Bonner Lagerkommandant M. Sabinius Nepotianus weiht mit seinen Söhnen dem Iupiter, dem Hercules, dem Silvanus und dem guten Geist seines Hauses (19. Sept. 190).

192   »Fünfkaiserjahr«. Nach der kurzen Regierungszeit und Ermordung des Pertinax lassen sich Didius Iulianus (180–185 Statthalter in Niedergermanien), Septimius Severus, Pescennius Niger und Clodius Albinus (189–191 Statthalter in Niedergermanien) zu Kaisern ausrufen. Sie treten gegeneinander an; die Auseinandersetzungen wirken sich auch am Niederrhein aus. Endgültiger Sieg des Septimius Severus (197).

193–211   Septimius Severus römischer Kaiser. Truppen- und Verwaltungsreformen auch am Rhein. Q. Venidius Rufus Kommandeur der Bonner legio I Minervia; in Bonn-Bad Godesberg weiht er den heilenden Fortunae, dem Äsculap und der Hygia einen Altar (193/194). Sein Nachfolger heißt T. Flavius Philippianus (194–196). Ein Soldat der Bonner legio I Minervia und Straßenpolizist weiht im Heiligtum von Nettersheim den Aufanischen Matronen (196).

201   Aus Tempeleinkünften stiften die Brüder Sextus Valerius Peregrinus und Felicio in der Gegend von Hürth-Gleuel den einheimischen Ahveccannae, der Aveha und der Hellivesa Statuen. In Bonn errichtet der Lagerkommandant C. Maximius Paulinus dem Iupiter Conservator einen Altar (30. Okt.).

202   Die Reichsstraße CCAA–Köln–Augusta Treverorum–Trier wird ausgebessert (vgl. Meilenstein aus Zülpich mit der Nennung des Septimius Severus und seiner Söhne Geta und Caracalla).

203   Die legio I Minervia errichtet dem Caracalla im Bonner Lager eine Ehrenstatue; möglicherweise erhalten auch Septimius Severus und Iulia Domna entsprechende Ehrungen.

204   L. Secundinius Severus und C. Victorinius Fronto weihen in Bonn den Aufanischen Matronen.

205–208   Q. Venidius Rufus (193–194 Kommandeur der legio I Minervia in Bonn) Statthalter von Niedergermanien. In Bonn weiht T. Flavius Severus, in Nettersheim ein Ingenuus den Aufanischen Matronen. Beide sind Straßenpolizisten. Auch in der CUT-Xanten wird vermutlich einheimischen Muttergottheiten geweiht (205). C. Iulius Septimius Castinus Kommandeur der Bonner legio I Minervia; unter seinem Kommando wird in Bad Münstereifel-Iversheim ein Kalkofen gebaut (206–208). Der Statthalter C. Fulvius Maximus weiht in Bonn einen Altar für Concordia Sospes, Grannus, die Camenae, Mars, Pax und den Kaiser (206/210).

15. Mai 209   In Köln setzt ein Bankier vermutlich dem Merkur eine Weihestein.

210   In Bonn ehren Angehörige der legio Minervia den Caracalla mit einer Statue.

211–217   Caracalla römischer Kaiser. Im Bonner Legionslager bezeugen ihm die Centurionen der legio I Minervia ihre Loyalität (211); der Kommandeur der Truppe ist C. Fabius Agrippinus. Erste Germaneneinfälle (Alamannen) nach Obergermanien und Rätien. Gegenschlag des Caracalla, u. a. mit Hilfe niedergermanischer Truppenteile (213). In Köln läßt der Statthalter L. Lucceius Martinus einen verfallenen Tempel des Iupiter Dolichenus wieder herstellen (211).

212   Constitutio Antoniniana: Alle Reichsangehörigen erhalten das römische Bürgerrecht. Q. Gavallianius Titus weiht in Bonn dem Aufanischen Matronen.

214   Der Benefiziarier M. Aurelius Superinius stiftet bei Bonn dem Iupiter optimus maximus, dem Genius des Ortes, allen Göttern und Göttinnen einen Altar.

216   T. Aurelius Veratius und Aurelius Geminus Severus, zwei Benefiziarier, ehren

	in Bonn den Iupiter optimus maximus, den Genius des Kaisers und den Genius des Lagers mit einem Weihestein.
218–235	Unter den Regierungen des Elagabal (218–222) und des Alexander Severus (222–235) Germaneneinfälle auch im Bereich der niedergermanischen Grenzlinie. Der Straßenpolizist M. Massonius Vitalis weiht im Heiligtum von Nettersheim den Aufanischen Matronen. In Xanten ehren der Feldzeichenträger Lucanius Secundinius und der Veteran Q. Iulius Firminus aus der legio XXX Ulpia victrix die einheimischen Ambiamarcae und den Genius des Ortes (218). Um 220 befehligt Q. Marcius Gallianus diese Legion.
222–223	T. Flavius Aper Commodianus Statthalter in Niedergermanien. Am 25. April 222 stiften er und der Kommandeur der legio I Minervia, Aufidius Coresnius Marcellus, in Bonn einen Altar zu Ehren der Victoria Augusta. Auf Betreiben des Provinzstatthalters weihen in Vetera II-Xanten Soldaten der legio XXX Ulpia victrix, die unter dem Kommando des Aufidius Cannutius Modestus (222–224) steht, für das Wohl des Alexander Severus dem Apollo Dysprus, der Luna und dem Sol (223). Vermutlich ehrt in Köln ein Aemilius Primitivus die Matres Suebae, einheimische Muttergottheiten.
225	In Köln weiht der Benefiziarier M. Aurelius Ursulus dem Iupiter optimus maximus und dem Genius des Ortes.
226	In Bonn errichten ein Feldzeichenträger und andere Angehörige der legio I Minervia dem Iupiter, dem Genius des Ortes und der Tutela einen Altar. M. Naevius Minervinus, optio in dieser Legion, setzt dem Hercules Magusanus einen Weihestein.
227	Der Straßenpolizist Nepotinius Nepotianus weiht im Heiligtum von Nettersheim den Aufanischen Matronen.
228	Pomponius Segia Marcianus aus Carnuntum, primipilus der legio XXX Ulpia victrix stiftet bei Xanten dem Iupiter Dolichenus einen Altar.
230	In Vetera II-Xanten ehrt Martius Victor, Feldzeichenträger der legio XXX Ulpia victrix, den Iupiter.
27. Okt. 231	Im Bonner Lager wird von der legio I Minervia und den Hilfstruppen dem Iupiter, dem Mars Propugnator und der Victoria geweiht. Legionskommandeur ist M. Titius Rufinus (231–233), Provinzstatthalter vermutlich ein Flavius Aelianus.
232	Der Benefiziarier L. Hilarinius Amabilis weiht in Köln dem Iupiter optimus maximus und dem Genius des Ortes; am 26. April stiftet in Vetera II-Xanten Tertinius Vitalis, Soldat der legio XXX Ulpia victrix und Sekretär des Lagerkommandanten, dem Iupiter Conservator einen Altar.
233	Der Straßenpolizist C. Tauricius Verus weiht in Bonn den Aufanischen Matronen; in der Xantener Gegend ehrt Q. Vettius Quintus, optio der legio XXX Ulpia victrix, den Matres Annaneptae, einheimischen Muttergottheiten.
234/235	Möglicherweise bei Köln-Rheinkassel setzt ein Mitglied der Prätorianergarde einem Schreiber der legio II Parthica einen Grabstein.
235–238	Nach der Ermordung des Severus Alexander Maximinus Thrax, ein bis zum ritterlichen Statthalter aufgestiegener Thraker, römischer Kaiser. Bauaktivitäten möglicherweise im Bonner Legionslager (vgl. Bauinschrift legio I Minervia mit dem Ehrennamen Maximiniana). T. Macrinius Titianus, Ratsherr aus Köln, weiht in Bonn den Aufanischen Matronen (235). Im Heiligtum von Nettersheim setzt ein Soldat der legio I Minervia und Benefiziarier namens Prisci-

nianus den Aufanischen Matronen einen Weihestein (237). Weihung des Masius und Titianus in Aachen-Kornelimünster an Iupiter optimus maximus und den Genius des Ortes (238).

238–253	Weitere Soldatenkaiser: Gordian I. und II. (238), Gordian III. (238–244), Philippus Arabs (244–229), Decius (249–251), C. Trebonianus Gallus (251–253) und M. Aemilianus (253).
238–240	Q. Petronius Melior befehligt die legio XXX Ulpia victrix in Vetera II-Xanten.
239	In Zülpich-Hoven errichtet eine Probia Iustina aus eigenen Mitteln der Sunuxal einen Tempel. Am 1. Juli stiftet T. Quartinius Saturnalis, Feldzeichenträger der legio XXX Ulpia victrix, dem Iupiter optimus maximus, der Iuno Regina und der Minerva in Vetera II-Xanten einen Altar. Am 31. Juli ehrt in Köln der Benefiziarier M. Ingenuius Ingenuinus den Iupiter optimus maximus und den Genius des Ortes.
240	In Bad Münstereifel-Iversheim brennt ein Arbeitskommando der legio XXX Ulpia victrix aus Vetera II-Xanten Kalk. Ein Legionsschreiber mit dem Cognomen Superstis weiht der Minerva einen Altar.
241/244	Soldaten der legio I Minervia weihen bei Bonn (Friesdorf) der Fortuna eine Statue für das Wohl Gordians III., des Kaiserhauses, Roms und des Senates.
250	Die Reichsstraße CCAA-Köln–Augusta Treverorum-Trier wird ausgebessert (vgl. Meilenstein aus Nettersheim mit Nennung des Traianus Decius). Wenig später (251/253) stehen erneut Ausbesserungsarbeiten an (vgl. Meilenstein aus Villenhaus mit Nennung des Trebonianus Gallus).
252	Mitglieder der Familie Priminius weihen in Köln dem Genius des Ortes, den Ambiamarcae, den Ambioreneses, dem Mars Victor, dem Merkur und Neptun, der Ceres und allen Göttern und Göttinnen. Am 1. Sept. stiften die Gefreiten Venconius und Iulius Felix in Bonn dem Iupiter optimus maximus, dem Genius des Ortes und allen Göttern und Göttinnen einen Altar.
253–259	P. Licinius Valerianus römischer Kaiser; er ernennt seinen Sohn Gallienus zum Mitregenten (Cäsar). Abzug römischer Truppen von der Reichsgrenze für den Feldzug gegen die Sassaniden im Orient. Verlagerung einer Münzstätte nach Köln (257). Einbruch der germanischen Franken in das niedergermanische Grenzgebiet. Kampfhandlungen u. a. in Krefeld-Gellep (257/260).
259–268	Gallienus römischer Kaiser.
259	Ermordung des Cäsars Saloninus, Sohn des Gallienus, in Köln; Aufstieg des M. Cassianus Latinius Postumus zum Gegenkaiser.
259–273	»Gallisches Sonderreich« mit der Hauptstadt CCAA-Köln. Verteidigung des Reichsterritoriums gegen einfallende Germanen (Franken). Verstärkung der Rheingrenze durch neue Wehranlagen, u. a. Qualburg-Quadriburgium (?). Vgl. auch Bauinschrift aus Gelduba–Krefeld-Gellep (261/262).
268	Ermordung des Postumus.
268–270	Laelianus (268), Marius (268) und M. Piavonius Victorinus (268–270) Kaiser des »Gallischen Sonderreiches«. Claudius II. Gothicus römischer Kaiser (268–270). Die hispanischen Provinzen und Britannien brechen aus dem Sonderreich heraus und fügen sich wieder in das Imperium Romanum ein. Ermordung des Victorinus in Köln (270).
270–275	Aurelianus römischer Kaiser. Pius Esuvius Tetricus gallischer Sonderkaiser (270–273). Verlegung des Kaisersitzes von Köln nach Trier (271). Entmachtung des Tetricus; Ende des »Gallischen Sonderreiches« (273). Germaneneinfälle in Niedergermanien (274/275), u. a. Zerstörung des Bonner Legionslagers

	(Wiederaufbau unter Diokletian). Auch die CUT-Xanten wird überrannt (274). Letztlich doch erfolgreiche Verteidigung des Reiches gegen die Germanen.
276–282	Probus römischer Kaiser. Schwerer Frankeneinfall am Rhein, u. a. Zerstörung von Gelduba–Krefeld-Gellep und Vetera II-Xanten (276), Reduzierung der CUT-Xanten und Umwandlung in eine befestigte Wehranlage mit Doppelgraben. Kämpfe im rechtsrheinischen Gebiet. Kurzzeitige Befriedung der Rheingrenze. Beseitigung der Usurpatoren Proculus und Bonosus bei bzw. in Köln. Die Reichsstraße CCAA-Köln–Mogontiacum-Mainz wird 276 ausgebessert (vgl. Meilenstein aus Köln mit Nennung des Florianus).
284–305	Diokletian römischer Kaiser. Ernennung des Maximianus Herculius zum Mitregenten ab 286 und Teilung des Reiches in eine West- und eine Osthälfte. Im Westen Ernennung des Constantius Chlorus zum Vertreter des Maximianus (293). Beginn der Tetrarchie (Viererherrschaft). Sonderreich des Carausius in Britannien (seit 286), u. a. mit Unterstützung niedergermanischer Truppen, z. B. der legio XXX Ulpia victrix. Rückeroberung durch Constantius Chlorus (296). Ansiedlung von Franken als Laeten im Inneren Galliens, als Föderaten im Grenzbereich Niedergermaniens. Zwischen 293 und 305 Renovierungsarbeiten an der Staatsstraße CCAA-Köln–Augusta Treverorum-Trier (vgl. Meilenstein aus Köln mit Nennung der Kaiser Diokletian, Konstantin I. und Maximianus).
295	In Bonn wird der eingestürzte Tempel des Mars militaris erneuert.
297	Verwaltungs- und Provinzreform des Diokletian. Das Rheinland gehört nun zur Provinz Germania secunda (Hauptstadt: CCAA) und ist Teil der Diözese Gallien.
306–337	Konstantin I. römischer Kaiser. Verschiedene Unternehmungen gegen die Franken (zwischen 306 und 318/319). Ausbau der Befestigungsanlagen am Rhein, u. a. Divitia-Köln-Deutz (vor 315) und Haus Bürgel bei Monheim. In Köln Bau einer festen Brücke über den Rhein (306/315). Besuch des Kaisers.
313	Mailänder Edikt. Freie Religionsausübung für das Christentum. Bischofssynode in Rom, u. a. unter Teilnahme des Kölner Bischofs Maternus.
314	Synode von Arles wegen Donatistenstreit. Wortführer der Orthodoxie: Bischof Maternus von Köln.
1. Dez. 321	»Judenerlaß« Kaiser Konstantins: Juden können in den Kölner Stadtrat.
325/326	Die Reichsstraße CCAA-Köln–Augusta Treverorum-Trier wird instand gesetzt (vgl. Meilenstein aus Zülpich-Hoven mit Nennung des Konstantin I. und seiner Söhne).
337–361	Constantius II. Kaiser des Ostreiches; Constans (337–350) regiert das Westreich. Wiederholte Frankeneinfälle in das römische Reichsgebiet; Sieg des Constans (341). 342 und 344 weitere Frankenkriege. Infiltration von fränkischen Neusiedlern links des Rheins.
342/343	Bischof Euphrates von Köln nimmt am Konzil von Serdica (Sofia) teil; wenig später (346) wird er von den gallischen Bischöfen abgesetzt.
350–353	Nach der Ermordung des Constans (350) ist Flavius Magnus Magnentius Usurpator und Herrscher über das Westreich. Franken- und Alamanneneinfälle. Entscheidungsschlacht zwischen Magnentius und Constantius II. in Mursa. Sieg des Constantius II. (351). Die Reichsstraße CCAA-Köln–Augusta Treverorum-Trier wird erneut ausgebessert (vgl. Meilenstein aus Nettersheim/Blankenheimer Dorf mit Nennung des Magnentius). Masclinius Leo

setzt seinem Vater Masclinius Maternus, einem ehemaligen Kölner Stadtrat, Aedil und Bürgermeister, in der Nähe von Zülpich einen Grabstein (352). Verheerende Zerstörungen, u. a. der spätrömischen Festung in der CUT-Xanten (351/352) durch Frankeneinbruch.

354	Kaiser Constantius II. verfügt die Schließung aller heidnischer Tempel.
355	Belagerung von Köln durch die Franken; vorübergehender Entsatz durch den Heermeister Silvanus, der sich wenig später zum Kaiser aufwirft und daraufhin im Auftrag des Constantius II. in Köln ermordet wird. Erneute Belagerung Kölns, Einnahme und Zerstörung durch die Franken (Dez. 355). Auch Bonn fällt.
356–359	Rückeroberung der Germania secunda durch den Cäsar Iulianus, einen Vetter des Constantius II.; bereits 356 zieht er in Köln ein. Vertragsabschlüsse mit den Franken. Verfolgung und Vernichtung verschiedener, das Hinterland der Germania secunda plündernder Franken bei Jülich bzw. an der Maas (357). Verträge mit den Saliern und den Chamavern (358). Errichtung des Zentralbaues »Ad Sanctos Aureos« (heute St. Gereon) in Köln (nach 356).
359	Verbesserung der Verpflegungssituation am Rhein durch Getreideimporte aus Britannien. Errichtung neuer Speicher- bzw. Festungsanlagen. Die 353–355 zerstörte Festung Bonna-Bonn wird wieder aufgebaut.
359/360	Proklamation des Iulianus zum Gegenkaiser. Weiterer Ausbau der Grenzbefestigungen am Rhein.
361–363	Iulianus Alleinherrscher.
364–375	Valentinian I. Kaiser; seit 367 sein Sohn Flavius Gratianus Mitregent. Auseinandersetzungen mit den Franken und den Saxonen (367/368). Beginn des Festungsprogramms des Valentinian I. entlang der Reichsgrenze am Rhein (369). Anlage u. a. der Burgi von Asperden und Moers-Asberg. Neue Truppenorganisation und -verstärkung. Bis zum Tode Valentinians (375) herrscht Ruhe in der Germania secunda.
383	Usurpation des Magnus Maximus. Niederlage und Ermordung des Gratian (römischer Kaiser seit 375).
383–392	Valentinian II. Auseinandersetzungen mit Magnus Maximus. Nach Intervention des Theodosius I. Sieg des Arbogast (388). Überfälle und Brandschatzungen rechtsrheinischer Franken in der Germania secunda. Operationen der Generäle Nannienus und Quintinus. Rheinübergang und Niederlage des Quintinus östlich von Neuss. Verträge des Arbogast mit den Franken (389).
392	Theodosius I. (383–395), römischer Kaiser (bis 392 mit Valentinian II., seit 383 mit Arcadius, seit 393 mit Arcadius und Honorius), erklärt das Christentum zur Staatsreligion; Verbot der heidnischen Kulte.
392/393	Feldzug des Arbogast gegen die Brukterer und Chamaver am Niederrhein. Erneuerung alter Verträge mit den Franken und den Alamannen. Arbogast setzt Eugenius als Kaiser des Westreiches ein. Niederlage gegen Theodosius I. (394). Vermutlich Bauaktivitäten am Prätorium in Köln (vgl. Bauinschrift mit Nennung der Kaiser Theodosius I., Arcadius und Eugenius sowie des Heerführers Arbogast, 392–394).
395	Offizielle Reichsteilung.
395–423	Honorius, Sohn des Theodosius I., Kaiser des Westreiches. Der Vandale Stilicho wird sein Berater. Er bereist die gallische Präfektur und das Gebiet am Niederrhein (396). Vertragsabschlüsse, u. a. mit den Brukterern. Abzug römischer Truppen vom Rhein nach Italien zum Kampf des Stilicho gegen die Goten des Alarich (401).

411	Iovinus wird in einem Ort namens Mundiacum in der Germania secunda zum Kaiser ausgerufen. Ermordung des Iovinus in Narbonne. Friedliche Aufgabe des spätantiken Limes am Rhein durch die Römer.
424–455	Valentinian III., Enkel des Theodosius I., Kaiser des weströmischen Reiches. Der Heerführer Aetius geht gegen Franken vor, die sich in der Germania secunda niedergelassen haben (428).
	Bundesgenossenvertrag der Franken mit den Römern (446). Sieg des Aetius gegen die Hunnen des Attila auf den katalaunischen Feldern, u. a. mit Unterstützung der Franken (451).
	Ermordung des Aetius. Einfall der Franken in die Germania secunda (454). Belagerung und Einnahme von Köln (455). Ende der römischen Epoche am Rhein.
486	Chlodwig, seit 481 König der salischen Franken, erobert das Reich des Syagrius, den letzten Rest des weströmischen Reiches.
496	Chlodwig besiegt – vermutlich in einer Schlacht bei Zülpich – die Alamannen und tritt zum Christentum über.

Abkürzungsverzeichnis Literatur

AFDR	Archäologische Funde und Denkmäler des Rheinlandes
ANRW	Aufstieg und Niedergang der römischen Welt. Geschichte und Kultur Roms im Spiegel der neueren Forschung
BAW	Bodenaltertümer Westfalens
BJb	Bonner Jahrbücher
Chrobaczek	Chrobaczek, Ch.: Museen im Rheinland (Köln 1984)
FVFD	Führer zu vor- und frühgeschichtlichen Denkmälern in Deutschland
Grewe	Grewe, K.: Atlas der römischen Wasserleitungen nach Köln (Köln 1986)
Hagen	Hagen, J.: Römerstraßen der Rheinprovinz (Bonn ²1931)
Korzus	Korzus, B. (Hrsg.): Museen in Westfalen, 1981
NL	Bogaers, J. E., C. B. Rüger (Hrsg.): Der niedergermanische Limes. Materialien zu seiner Geschichte (Köln 1974)
RGK	Römisch-Germanische Kommission
RheinAusgr	Rheinische Ausgrabungen
Rheinkunst	Rheinische Kunststätten
Stupperich	Stupperich, R.: Antiken in westfälischen Museen. Boreas Beiheft 3 (Münster 1984)

Literatur

Quellensammlungen

Capelle, W. (Hrsg.): Das Alte Germanien. Die Nachrichten der griechischen und römischen Schriftsteller (Jena ²1937)

Corpus Inscriptionum Latinarum Bd. XIII 2,2, hrsg. v. A. Domaszewski u. a. (Berlin 1907) mit den Nachträgen: R. Finke, Bericht der Römisch-Germanischen Kommission 17, 1927, 85 ff, H. Nesselhauf, ebd. 27, 1938, 93 ff, H. Lieb–H. Nesselhauf, ebd. 40, 1959, 192 ff, U. Schillinger-Häfele, ebd. 58, 1977, 527 ff

Doppelfeld, O.: Ausgewählte Quellen zur Kölner Stadtgeschichte I. Römische und fränkische Zeit (Köln 1958)

Lehner, H.: Die antiken Steindenkmäler des Provinzialmuseums in Bonn (Bonn 1918)

Riese, A.: Das römische Germanien in der antiken Literatur (Leipzig 1892)

–: Das römische Germanien in den antiken Inschriften (Berlin 1914)

Umfangreiche Literatur zur Germania inferior ist zusammengestellt von:

Raepsaet-Charlier, M.-Th., G. Raepsaet: Gallia Belgica et Germania inferior. Vingt-cinq années des recherches historiques et archéologiques. In: Aufstieg und Niedergang der römischen Welt Bd. II 4 (Berlin–New York 1975) 3 ff

Deman, A.: Germania inferior et Gallia Belgica. Etat actuel de la documentation épigraphique. In: ebd. 300 ff

Allgemeine Übersichten

Aufstieg und Niedergang der römischen Welt. Geschichte und Kultur Roms im Spiegel der neueren Forschung, hrsg. v. H. Temporini u. W. Haase (zahlreiche Bände, Berlin–New York 1972 ff)

Baatz, D., F.-R. Herrmann: Die Römer in Hessen (Stuttgart 1982)

Bechert, T.: Römisches Germanien zwischen Rhein und Maas (München 1982)

–: Pax Romana. Friedenspolitik in römischer Zeit (Duisburg 1982)

Bengtson, H.: Grundriß der römischen Geschichte mit Quellenkunde Bd. 1. Republik und Kaiserzeit bis 284 n. Chr. Handbuch der Altertumswissenschaft Bd. III 5,1 (München ²1970)

Bittel, K., W. Kimmig, S. Schiek (Hrsg.): Die Kelten in Baden-Württemberg (Stuttgart 1981)

Bloemers, F. H. F., L. P. Louwe Kooijmans, H. Sarfatij: Verleden Land. Archeologische opgravingen in Nederland (Amsterdam 1981)

Christ, K.: Die Römer. Eine Einführung in ihre Geschichte und Zivilisation (München 1979)

Christlein, R.: Die Alamannen. Archäologie eines lebendigen Volkes (Stuttgart–Aalen ²1979)

Doppelfeld, O., H. Held: Der Rhein und die Römer (Köln ²1976)

van Es, W. A.: De Romeinen in Nederland (Haarlem ³1981)

Filtzinger, Ph., D. Plank, B. Cämmerer (Hrsg.): Die Römer in Baden-Württemberg (Stuttgart ³1986)

Führer zu vor- und frühgeschichtlichen Denkmälern. Bd. 14: Linker Niederrhein. Krefeld, Xanten, Kleve (Mainz 1969). Bd. 20: Paderborner Hochfläche. Paderborn, Büren, Salzkotten (Mainz 1971). Bde. 25/26: Nordöstliches Eifelvorland. Euskirchen, Zülpich, Bad Münstereifel, Blankenheim (Mainz 1974). Bde. 37–39: Köln (Mainz 1980). Bde. 45/46: Münster, westliches Münsterland, Tecklenburg (Mainz 1980/81)

Germania Romana. Ein Bilder-Atlas (Bamberg ²1924–1930)

Heuß, A.: Römische Geschichte (Braunschweig ⁴1976)

Hilgers, W.: Deutsche Frühzeit. Geschichte des römischen Germanien (Frankfurt–Berlin–Wien 1976)

Katalog »Römer am Rhein«. Ausstellung des Römisch-Germanischen Museums Köln (Köln ³1967)

Katalog »Das neue Bild der alten Welt. Archäologische Bodendenkmalpflege und archäologische Ausgrabungen in der Bundesrepublik Deutschland von 1945–1975«. Ausstellung der Historischen Museen Köln in Zusammenarbeit mit dem Verband der Landesarchäologen in der Bundesrepublik Deutschland. Kölner Römer-Illustrierte 2, 1975

Katalog »Gallien in der Spätantike. Von Kaiser Constantin zu Frankenkönig Childerich«. Ausstellung des Römisch-Germanischen Zentralmuseums Mainz (Mainz 1980)

Krüger, B. u. Autorenkollektiv: Die Germanen. Geschichte und Kultur der germanischen Stämme in Mitteleuropa. Bd. 1: Von den Anfängen bis zum 2. Jahrhundert unserer Zeitrechnung (Berlin ⁴1983). Bd. 2: Die Stämme und Stammesverbände in der Zeit vom 3. Jahrhundert bis zur Herausbildung der politischen Vorherrschaft der Franken (Berlin 1983)

La Baume, P.: Die Römer am Rhein (Bonn o. J.)

v. Petrikovits, H.: Das römische Rheinland. Archäologische Forschungen seit 1945. Beihefte der Bonner Jahrbücher Bd. 8 (Köln–Opladen 1960)

–: Beiträge zur römischen Geschichte und Archäologie 1931–1974. Beihefte der Bonner Jahrbücher Bd. 36 (Bonn 1976)

–: In: Reallexikon für Antike und Christentum Bd. 10 (Stuttgart 1978) 548 ff s. v. Germania (Romana)

–: Rheinische Geschichte Bd. 1,1. Altertum (Düsseldorf 1978)

Polenz, H.: Römer und Germanen in Westfalen. Einführung in die Vor- und Frühgeschichte Westfalens Bd. 5 (Münster 1985)

Rüger, C. B.: Einige archäologische Aspekte des römischen Rheinlands. In: Renania Romana. Atti dei Convegni Lincei 23 (Rom 1976) 9 ff

Sölter, W. (Hrsg.): Das römische Germanien aus der Luft (Bergisch Gladbach 1981)

Ternes, Ch.: Die Römer an Rhein und Mosel (Stuttgart 1975)

Wells, C. M.: The German Policy of Augustus. An Examination of the Archaeological Evidence (Oxford 1973)

Militär

Alföldy, G.: Die Legionslegaten der römischen Rheinarmeen. Epigraphische Studien Bd. 3 (Köln 1967)
–: Die Hilfstruppen in der römischen Provinz Germania inferior. Epigraphische Studien Bd. 6 (Düsseldorf 1968)
Biegel, G., E. Erdmann: Wie lebten die Soldaten im römischen Reich? (Freiburg 1981)
Bogaers, J. E., C. B. Rüger (Hrsg.): Der niedergermanische Limes. Materialien zu seiner Geschichte (Köln 1974)
Connolly, P.: Die römische Armee (Hamburg 1976)
Dobson, B.: Die Primipilares. Entwicklung und Bedeutung, Laufbahnen und Persönlichkeiten eines römischen Offiziersranges. Beihefte der Bonner Jahrbücher Bd. 37 (Köln 1978)
v. Domaszewski, A., B. Dobson: Die Rangordnung des römischen Heeres. Beihefte der Bonner Jahrbücher Bd. 14 (Köln ²1967)
Fellmann, R.: Principia – Stabsgebäude. Kleine Schriften zur Kenntnis der römischen Besetzungsgeschichte Südwestdeutschlands Nr. 31 (Stuttgart 1983)
Filtzinger, Ph.: Limesmuseum Aalen (Stuttgart ³1983)
Garbsch, J.: Römische Paraderüstungen. Münchener Beiträge zur Vor- und Frühgeschichte Bd. 30 (München 1978)
Gechter, M.: Die Anfänge des niedergermanischen Limes. In: Bonner Jahrbücher 179, 1979, 1 ff
Gechter, M., J. Kunow: Der kaiserzeitliche Grabfund von Mehrum. Ein Beitrag zur Frage von Germanen in römischen Diensten. In: Bonner Jahrbücher 183, 1983, 449 ff
Hoffmann, D.: Das spätrömische Bewegungsheer und die Notitia dignitatum. Epigraphische Studien Bd. 7 (Düsseldorf 1970)
Holder, P. A.: Studies in the Auxilia of the Roman Army from Augustus to Trajan (Oxford 1980)
Klumbach, H.: Römische Helme aus Niedergermanien (Köln 1974)
Kraft, K.: Zur Rekrutierung der Alen und Kohorten an Rhein und Donau. Dissertationes Bernenses Ser. I fasc. 3 (Bern 1951)
Kromayer, J., G. Veith: Heerwesen und Kriegswesen der Griechen und Römer (München 1928)
Maxfield, V. A.: The Military Decorations of the Roman Army (London 1981)
v. Petrikovits, H.: Die römischen Streitkräfte am Niederrhein (Düsseldorf 1967)
–: Fortifications in the North-Western Roman Empire. In: Journal of Roman Studies 61, 1971, 211 ff
–: Militärisches Nutzland in den Grenzprovinzen des römischen Reiches. In: Actes du VIIᵉ Congrès International d'Epigraphie Grecque et Latine 1977 (Paris 1979) 229 ff
–: Die Innenbauten römischer Legionslager während Prinzipatszeit (Opladen 1975)
Raddatz, K.: Die Bewaffnung der Germanen vom letzten Jahrhundert vor Christi Geburt bis zur Völkerwanderungszeit. In: Aufstieg und Niedergang der römischen Welt Bd. II 12,3 (Berlin–New York 1985) 281 ff
Ritterling, E.: In: Realencyclopädie der classischen Altertumswissenschaft Bd. XII (1924) 1211 ff s. v. legio
Robinson, H. R.: The Armour of Imperial Rome (London 1975)
Rüger, C. B.: Ein Siegesdenkmal der Legio VI victrix. In: Bonner Jahrbücher 179, 1979, 187 ff
Sander, E.: Zur Rangordnung des römischen Heeres: die Flotten. In: Historia 6, 1957, 347 ff
Saxer, R.: Untersuchungen zu den Vexillationen des römischen Kaiserheeres von Augustus bis Diokletian. Epigraphische Studien Bd. 1 (Köln 1967)
v. Schnurbein, S.: Untersuchungen zur Geschichte der römischen Militärlager an der Lippe. In: Bericht der Römisch-Germanischen Kommission 62, 1981, 5 ff
Schönberger, H.: The Roman Frontier in Germany. In: Journal of Roman Studies 59, 1969, 144 ff
–: Die römischen Truppenlager der frühen und mittleren Kaiserzeit zwischen Nordsee und Inn. In: Bericht der Römisch-Germanischen Kommission 66, 1985, 321 ff
Speidel, M. P.: Guards of the Roman Armies. An Essay on the Singulares of the Provinces. Antiquitas 1/28 (Bonn 1978)
Stein, E.: Die kaiserlichen Beamten und Truppenkörper im römischen Deutschland unter dem Prinzipat (Wien 1932)
Ulbert, G.: Römische Waffen des 1. Jahrhunderts n. Chr. Kleine Schriften zur Kenntnis der römischen Besetzungsgeschichte Südwestdeutschlands Nr. 4 (Stuttgart 1968)
–: In: Hoops Reallexikon der germanischen Altertumskunde Bd. 2 (²1976) 416 ff s. v. Bewaffnung
Webster, G.: The Roman Imperial Army of the First and Second Centuries A. D. (London ²1974)
–: Standards and Standard-Bearers in the Alae. In: Bonner Jahrbücher 186, 1986, 105 ff

Besiedlung und Verwaltung

Alföldy, G.: Zwei neue Meilensteine aus Niedergermanien. In: Epigraphische Studien 4, 1967, 33 ff

Baatz, D.: Rechtsstand und Verwaltung des flachen Landes in römischer Zeit. In: Germania Romana III. Gymnasium Beiheft 7 (Heidelberg 1970) 9 ff

Bender, H.: Römische Straßen und Straßenstationen. Kleine Schriften zur Kenntnis der römischen Besetzungsgeschichte Südwestdeutschlands Nr. 13 (Stuttgart 1975)

–: Römischer Reiseverkehr. Cursus publicus und Privatreisen. Kleine Schriften zur Kenntnis der römischen Besetzungsgeschichte Südwestdeutschlands Nr. 20 (Stuttgart 1978)

Böhme, H. W.: Römische Beamtenkarrieren. Kleine Schriften zur Kenntnis der römischen Besetzungsgeschichte Südwestdeutschlands Nr. 16 (Stuttgart 1977)

Bogaers, J. E.: Civitates und Civitas-Hauptorte in der nördlichen Germania inferior. In: Bonner Jahrbücher 172, 1972, 312 ff

Boochs, W.: Die Finanzverwaltung im Altertum (St. Augustin 1985)

Clauss, M.: Der Magister officiorum in der Spätantike (4.–6. Jahrhundert). Das Amt und sein Einfluß auf die kaiserliche Politik. Vestigia 32 (München 1980)

Cüppers, H., C. B. Rüger: Römische Siedlungen und Kulturlandschaften. Geschichtlicher Atlas der Rheinlande Beiheft III 1–2 (Köln 1985)

Deininger, J.: Die Provinziallandtage der römischen Kaiserzeit von Augustus bis zum Ende des 3. Jahrhunderts n. Chr. (München 1965)

Eck. W.: Die Statthalter der germanischen Provinzen vom 1.–3. Jahrhundert. Epigraphische Studien Bd. 14 (Köln 1985)

Firbas, F.: Spät- und nacheiszeitliche Waldgeschichte Mitteleuropas nördlich der Alpen. I: Allgemeine Waldgeschichte (Jena 1949). II: Waldgeschichte der einzelnen Landschaften (Jena 1952)

Gaitzsch, W.: Grundformen römischer Landsiedlungen im Westen der CCAA. In: Bonner Jahrbücher 186, 1986, 397 ff

Gechter, M., J. Kunow: Zur ländlichen Besiedlung des Rheinlandes in römischer Zeit. In: Bonner Jahrbücher 186, 1986, 377 ff

Germania Romana I: Römerstädte in Deutschland. Gymnasium Beiheft 1 (Heidelberg 1960)

Hagen, J.: Römerstraßen der Rheinprovinz (Bonn ²1931)

Heimberg, U.: Eine Straßenstation bei Bergheim (Erftkreis). In: Bonner Jahrbücher 177, 1977, 569 ff

–: Römische Landvermessung. Kleine Schriften zur Kenntnis der römischen Besetzungsgeschichte Südwestdeutschlands Nr. 17 (Stuttgart 1977)

Held, W.: Die Grundbesitzverhältnisse in den römischen Rhein- und Donauprovinzen im 3. und 4. Jahrhundert. In: Zeitschrift für Archäologie 5, 1971, 215 ff; 6, 1972, 43 ff

Hinz, H.: Zur Bauweise der Villa rustica. In: Germania Romana III. Gymnasium Beiheft 7 (Heidelberg 1970) 15 ff

–: Zur römischen Besiedlung der Kölner Bucht. In: Germania Romana III. Gymnasium Beiheft 7 (Heidelberg 1970) 62 ff

Hirschfeld, O.: Die kaiserlichen Verwaltungsbeamten bis auf Diokletian (Berlin ³1963)

Langhammer, W.: Die rechtliche und soziale Stellung der magistratus municipales (Wiesbaden 1973)

Liebenam, W.: Städteverwaltung im römischen Kaiserreich (Leipzig 1900)

Marquardt, J.: Römische Staatsverwaltung (Leipzig 1885)

Nesselhauf, H.: Die spätrömische Verwaltung der gallisch-germanischen Länder (Berlin 1938)

Noethlichs, K. L.: Beamtentum und Dienstvergehen. Zur Staatsverwaltung in der Spätantike (Wiesbaden 1981)

Pecáry, Th.: Untersuchungen zu den römischen Reichsstraßen (Bonn 1968)

v. Petrikovits, H.: Neue Forschungen zur römerzeitlichen Besiedlung der Nordeifel. In: Germania 34, 1956, 99 ff

–: Bemerkungen zur Westgrenze der römischen Provinz Niedergermanien. In: M. Clauss u. a. (Hrsg.), Studien zur europäischen Vor- und Frühgeschichte (Neumünster 1968) 115 ff

–: Kleinstädte und nichtstädtische Siedlungen im Nordwesten des römischen Reiches. In: H. Jankuhn u. a. (Hrsg.), Das Dorf der Eisenzeit und des frühen Mittelalters. Siedlungsform, wirtschaftliche Funktion, soziale Struktur. Abhandlungen der Akademie der Wissenschaften in Göttingen, phil.-hist. Kl. Folge 3 Nr. 101 (Göttingen 1977) 86 ff

Rivet, A. L. M. (Hrsg.): The Roman Villas in Britain (London 1969)

Ritterling, E.: Fasti des römischen Deutschland unter dem Prinzipat (Wien 1932)

Rüger, C. B.: Germania inferior. Untersuchungen zur Territorial- und Verwaltungsgeschichte Niedergermaniens in der Prinzipatszeit. Beihefte der Bonner Jahrbücher Bd. 30 (Köln 1968)

Rupprecht, G.: Untersuchungen zum Dekurionenstand in den nordwestlichen Provinzen des römischen Reiches (Kallmünz 1975)

Trier, B.: Das Haus im Nordwesten der Germania libera (Münster 1969)

Vittinghoff, F.: Die politische Organisation der römischen Rheingebiete in der Kaiserzeit. In: Renania Romana. Atti dei Convegni Lincei 23 (Rom 1976) 73 ff

–: Römische Kolonisation und Bürgerrechtspolitik unter Caesar und Augustus (Mainz 1951)

Walser, G.: Meilen und Leugen. In: Epigraphica 31, 1969, 84 ff

Technik, Wirtschaft und Gesellschaft

Alföldi-R., M.: Antike Numismatik (Mainz 1978)

Alföldy, G.: Römische Sozialgeschichte (Wiesbaden ²1979)

–: Die römische Gesellschaft. Ausgewählte Beiträge (Wiesbaden 1986)

Ausbüttel, F. M.: Untersuchungen zu den Vereinen im Westen des römischen Reiches (Kallmünz 1982)

Biegel, G.: Das römische Köln II. Die Münzstätte Köln in der Zeit des gallischen Sonderreiches. In: Aufstieg und Niedergang der römischen Welt Bd. II 4 (Berlin–New York 1975) 751 ff

Blümner, H.: Technologie und Terminologie der Gewerbe und Künste bei Griechen und Römern (Leipzig 1875–1884)

Brockmeyer, N.: Sozialgeschichte der Antike (Stuttgart–Berlin–Köln–Mainz 1972)

–: Arbeitsorganisation und ökonomisches Denken in der Gutswirtschaft des römischen Reiches (Bochum 1968)

–: Antike Sklaverei. Erträge der Forschung Bd. 116 (Darmstadt 1979)

Burford, A.: Künstler und Handwerker in Griechenland und Rom (Mainz 1986)

Chantraine, H.: Freigelassene und Sklaven im Dienst der römischen Kaiser. Studien zu ihrer Nomenklatur (Wiesbaden 1967)

Doppelfeld, O.: Kölner Wirtschaft von den Anfängen bis zur Karolingerzeit. In: 2000 Jahre Kölner Wirtschaft Bd. 1 (Köln 1975) 15 ff

Duncan-Jones, R.: The Economy of the Roman Empire. Quantitative Studies (Cambridge 1974)

Eggers, H. J.: Der römische Import im freien Germanien (Hamburg 1951)

Ellmers, D.: Rheinschiffe der Römerzeit. In: Beiträge zur Rheinkunde 25, 1973, 25 ff

Gaitzsch, W.: Römische Werkzeuge. Kleine Schriften zur Kenntnis der römischen Besetzungsgeschichte Südwestdeutschlands Nr. 19 (Stuttgart 1978)

–: Eiserne römische Werkzeuge. Studien zur römischen Werkzeugkunde in Italien und in den nördlichen Provinzen des Imperium Romanum. British Archaeological Reports. Intern. Ser. 78 (Oxford 1980)

–: Ergologische Bemerkungen zum Hortfund im Königsforst und zu verwandten römischen Metalldepots. In: Bonner Jahrbücher 184, 1984, 379 ff

–: Werkzeuge und Geräte in der römischen Kaiserzeit. Eine Übersicht. In: Aufstieg und Niedergang der römischen Welt Bd. II 12,3 (Berlin–New York 1985) 170 ff

Graeber, A.: Untersuchungen zum spätrömischen Korporationswesen (Bern 1983)

Hagen, W.: Münzprägung und Geldumlauf im Rheinland. Führer durch die Schausammlung des Münzkabinetts im Rheinischen Landesmuseum Bonn (Köln 1968)

Heimberg, U.: Gewürze, Weihrauch, Seide – Welthandel in der Antike. In: Kleine Schriften zur Kenntnis der römischen Besetzungsgeschichte Südwestdeutschlands Nr. 27 (1981)

Hinz, H.: Die Landwirtschaft im römischen Rheinland. In: Rheinische Vierteljahresblätter 36, 1972, 1 ff

Kent, J. P., B. Overbeck, A. U. Stylow: Die römische Münze (München 1973)

Kiechle, F.: Sklavenarbeit und technischer Fortschritt im römischen Reich (Wiesbaden 1969)

Kneissel, P.: Die Utriclarii. Ihre Rolle im gallo-römischen Transportwesen und Weinhandel. In: Bonner Jahrbücher 181, 1981, 169 ff

Kretschmer, F.: Bilddokumente römischer Technik (Düsseldorf ⁴1978)

Kunow, J.: Der römische Import in der Germania libera bis zu den Markomannenkriegen: Studien zu Bronze- und Glasgefäßen. Göttinger Schriften zur Vor- und Frühgeschichte Bd. 21 (Neumünster 1983)

–: Römisches Importgeschirr in der Germania libera bis zu den Markomannenkriegen: Metall- und Glasgefäße. In: Aufstieg und Niedergang der römischen Welt Bd. II 12,3 (Berlin–New York 1985) 229 ff

–: Die capuanischen Bronzegefäßhersteller Lucius Ansius Epaphroditus und Publius Cipius Polybius. In: Bonner Jahrbücher 185, 1985, 215 ff

Lamprecht, H.-O.: Opus Caementitium. Bautechnik der Römer (Düsseldorf 1984)

Landels, J. G.: Die Technik in der antiken Welt (München 1979)

Lauffer, S. (Hrsg.): Diocletians Preisedikt (Berlin 1971)

Lund Hansen, U.: Römischer Import im Norden. Warenaustausch zwischen dem römischen Reich und dem freien Germanien während der Kaiserzeit unter besonderer Berücksichtigung Nordeuropas. Nordiske Fortidsminder B 10 (Kopenhagen 1987)

MacMullan, R.: Peasants during the Principate. In: Aufstieg und Niedergang der römischen Welt Bd. II 1 (Berlin–New York 1974) 253 ff

Mickwitz, G.: Geld und Wirtschaft im römischen Reich (Helsingfors 1965)

Müller-Wille, M.: Die landwirtschaftliche Grundlage der Villae rusticae. In Germania Romana III. Gymnasium Beiheft 7 (Heidelberg 1970) 26 ff

Mutz, A.: Römisches Schmiedehandwerk. Augster Museumshefte Nr. 1 (Augst 1976)

–: Römische Waagen und Gewichte aus Augst und Kaiseraugst. Augster Museumshefte Nr. 6 (Augst 1983)

Pekáry, Th.: Die Wirtschaft der griechisch-römischen Antike (Wiesbaden 1976)

v. Petrikovits, H.: Die Spezialisierung des römischen Handwerks. In: H. Jankuhn u. a. (Hrsg.), Das Handwerk in vor- und frühgeschichtlicher Zeit I. Abhandlungen der Akademie der Wissenschaften in Göttingen, phil.-hist. Kl. Folge 3 Nr. 122 (Göttingen 1981) 63 ff

–: Die Spezialisierung des römischen Handwerks II (Spätantike). In: Zeitschrift für Papyrologie und Epigraphik 43, 1981, 285 ff

–: Römischer Handel am Rhein und an der oberen und mittleren Donau. In: K. Düwel u. a. (Hrsg.), Untersuchungen zu Handel und Verkehr der vor- und frühgeschichtlichen Zeit in Mittel- und Nordeuropa I. Abhandlungen der Akademie der Wissenschaften in Göttingen, phil.-hist. Kl. Folge 3 Nr. 143 (Göttingen 1985) 299 ff

Pfeffer, M. E.: Einrichtungen der sozialen Sicherung in der griechischen und römischen Antike unter besonderer Berücksichtigung der Sicherung bei Krankheit (Berlin 1969)

Riedel, M.: Köln – Ein römisches Wirtschaftszentrum (Köln 1982)

Röder, J.: Die mineralischen Baustoffe der römischen Zeit im Rheinland. In: Bonner Universitätsblätter 1970, 7 ff

Rüger, C. B.: Der römische Rheinhafen der Colonia Ulpia Traiana. In: Beiträge zur Rheinkunde 25, 1973, 42 ff

Rupprecht, G. (Hrsg.): Die Mainzer Römerschiffe. Berichte über Entdeckung, Ausgrabung und Bergung (Mainz ²1982)

Schlippschuh, O.: Die Händler im römischen Kaiserreich in Gallien, Germanien und den Donauprovinzen Rätien, Noricum und Pannonien (Amsterdam 1974)

Schneider, H. (Hrsg.): Sozial- und Wirtschaftsgeschichte der römischen Kaiserzeit. Wege der Forschung Bd. 552 (Darmstadt 1981)

Strong, D., D. Brown (Hrsg.): Roman Crafts (London 1976)

White, K. D.: Roman Farming (London 1970)

–: Farm Equipment of the Roman World (Cambridge 1975)

Wierschowski, L.: Heer und Wirtschaft. Das römische Heer der Prinzipatszeit als Wirtschaftsfaktor (Bonn 1984)

Wild, J. P.: Textile Manufacture in the Northern Roman Provinces (Cambridge 1970)

Ziegler, R.: Der Münzschatzfund von Brauweiler. Untersuchungen zur Münzprägung und zum Geldumlauf im gallischen Sonderreich. Beihefte der Bonner Jahrbücher Bd. 42 (Köln 1982)

Zimmer, G.: Römische Berufsdarstellungen (Berlin 1982)

–: Römische Handwerker. In: Aufstieg und Niedergang der römischen Welt Bd. II 12,3 (Berlin–New York 1985) 205 ff

Alltagsleben

Alföldy-Rosenbaum, E.: Das Kochbuch der Römer (München ⁴1976)

Blanck, H.: Einführung in das Privatleben der Griechen und Römer (Darmstadt 1976)

Blümner, H.: Die römischen Privataltertümer (München 1911)

Böhme, A.: Schmuck der römischen Frau. Kleine Schriften zur Kenntnis der römischen Besetzungsgeschichte Südwestdeutschlands Nr. 11 (Stuttgart 1974)

–: Tracht- und Bestattungssitten in den germanischen Provinzen und in der Belgica. In: Aufstieg und Niedergang der römischen Welt Bd. II 12,3 (Berlin–New York 1985) 423 ff

Düppers, L.: Die römischen Augensalbenstempel (Aachen 1972)

Gaitzsch, W.: Der Wachsauftrag antiker Schreibtafeln. In: Bonner Jahrbücher 184, 1984, 189 ff

Gerlach, G.: Essen und Trinken in römischer Zeit (Köln 1986)

Germania Romana III. Römisches Leben auf germanischem Boden. Gymnasium Beiheft 7 (Heidelberg 1970)

Guhl, E., W. Koner: Das Leben der Griechen und Römer (Berlin ⁵1882)

Hilgers, W.: Lateinische Gefäßnamen. Bezeichnungen, Funktion und Form römischer Gefäße nach den antiken Schriftquellen. Beihefte Bonner Jahrbücher Bd. 31 (Düsseldorf 1969)

Hollinger, Chr.: Culinaria Romana. So aßen und tranken die Römer (Brugg 1984)

Hürbin, W.: Römisches Brot. Mahlen, Backen, Rezepte. Augster Blätter zur Römerzeit Nr. 4 (Augst 1980)

Humphrey, J.: Roman Circuses. Arenas for Chariot Racing (Berkeley 1986)

Kähler, H.: Rom und seine Welt. Bilder zur Geschichte und Kultur (München 1960)

Kahrstedt, U.: Kulturgeschichte der römischen Kaiserzeit (Bern 1958)

Knörzer, K.-H.: Römerzeitliche Pflanzenfunde aus Neuss. Novaesium Bd. 4 (Berlin 1970)

–: Veränderungen der Unkrautvegetation auf rheinischen Bauernhöfen seit der Römerzeit. In: Bonner Jahrbücher 184, 1984, 479 ff

–: Römerzeitliche Pflanzenfunde aus Xanten. Archaeo-Physika Bd. 11 (Köln 1981)

Körber-Grohne, U.: Nutzpflanzen und Umwelt im römischen Germanien. Kleine Schriften zur Kenntnis der römischen Besetzungsgeschichte Südwestdeutschlands Nr. 21 (Stuttgart 1979)

Krug, A.: Heilkunst und Heilkult. Medizin in der Antike (München 1985)

Künzl, E.: Operationsräume in römischen Thermen. Zu einem chirurgischen Instrumentarium aus der CUT. In: Bonner Jahrbücher 186, 1986, 491 ff

Linfert-Reich, I.: Römisches Alltagsleben in Köln (Köln 1975)

Marquardt, J.: Das Privatleben der Römer. Handbuch der römischen Altertümer VII (Leipzig ²1886)

Marrou, H.-J.: Geschichte der Erziehung im klassischen Altertum (Freiburg–München 1957)

Martin, M.: Gegenstände des römischen Alltags. Augster Blätter zur Römerzeit Nr. 3 (Augst 1979)

Neumann, G., J. Untermann (Hrsg.): Die Sprachen im römischen Reich der Kaiserzeit. Beihefte der Bonner Jahrbücher Bd. 40 (Köln 1980)

Nuber, H. U.: Kanne und Griffschale. Ihr Gebrauch im täglichen Leben und die Beigabe in Gräbern der römischen Kaiserzeit. In: Bericht der Römisch-Germanischen Kommission 53, 1972 (1973), 1 ff

Paoli, U. E.: Das Leben im alten Rom (Bern–München ³1979)

Pelletier, A.: La femme dans la société gallo-romaine (Paris 1984)

Rieche, A.: So spielten die alten Römer. Römische Spiele im Archäologischen Park Xanten (Köln 1981)

–: Römische Kinder- und Gesellschaftsspiele. Kleine Schriften zur Kenntnis der römischen Besetzungsgeschichte Südwestdeutschlands Nr. 34 (Stuttgart 1984)

–: Computatio Romana. Fingerzählen auf provinzialrömischen Reliefs. In: Bonner Jahrbücher 186, 1986, 165 ff

Schauerte, G., A. Steiner: Das spätrömische Vorhängeschloß aus dem Verwahrfund des 4. Jahrhunderts aus dem Königsforst bei Köln. In: Bonner Jahrbücher 184, 1984, 371 ff

Schillinger-Häfele, U.: Consules, Augusti, Caesares. Datierung von römischen Inschriften und Münzen. Kleine Schriften zur Kenntnis der römischen Besetzungsgeschichte Südwestdeutschlands Nr. 37 (Stuttgart 1986)

Waldmann, K.: Die Knochenfunde aus der Colonia Ulpia Traiana, einer römischen Stadt bei Xanten am Niederrhein. Beihefte der Bonner Jahrbücher Bd. 24 (Köln 1967)

Watermann, L. A.: Medizinisches und Hygienisches aus Germania inferior. Ein Beitrag zur Geschichte der Medizin und Hygiene der römischen Provinzen (Neuss 1974)

Weisgerber, L.: Die Namen der Ubier (Köln–Opladen 1968)

–: Rhenania Germano-Celtica (Bonn 1969)

Wild. J.-P.: The Clothing of Britannia, Gallia Belgica and Germania Inferior. In: Aufstieg und Niedergang der römischen Welt Bd. II 12,3 (Berlin–New York 1985) 362 ff

Zinserling, V.: Die Frau in Hellas und Rom (Stuttgart–Berlin–Köln–Mainz 1972)

Kunst und Kunstgewerbe

Andrikopoulou-Strack, J.-N.: Grabbauten des 1. Jahrhunderts n. Chr. im Rheingebiet. Untersuchungen zur Chronologie und Typologie. Beihefte der Bonner Jahrbücher Bd. 43 (Köln 1986)

Baratte, F.: Römisches Silbergeschirr in den gallischen und germanischen Provinzen. Kleine Schriften zur Kenntnis der römischen Besetzungsgeschichte Südwestdeutschlands Nr. 32 (Stuttgart 1984)

Bracker, J.: Zu den Grundlagen römischer Kunst in den Rheinlanden. In: Katalog »Römer am Rhein« (Köln 1967) 44 ff

–: Das römische Köln III. Politische und kulturelle Grundlagen für Kunst in Köln seit Postumus. In: Aufstieg und Niedergang der römischen Welt Bd. II 4 (Berlin–New York 1975) 763 ff

Corpus Signorum Imperii Romani. Deutschland Bd. 3 Germania inferior. Bonn und Umgebung 1: Militärische Grabdenkmäler. 2: Zivile Grabdenkmäler. Bearbeitet v. G. Bauchhenß (Bonn 1978/79)

Deppert-Lippitz, B.: Römischer Goldschmuck – Stand der Forschung. In: Aufstieg und Niedergang der römischen Welt Bd. II 13,3 (Berlin–New York 1985) 117 ff

Doppelfeld, O.: Römisches und fränkisches Glas in Köln (Köln 1966)

Dragendorff, H.: Terra Sigillata. In: Bonner Jahrbücher 96/97, 1895, 18 ff

Espérandieu, E.: Recueil général des bas-reliefs, statues et bustes de la Gaule romaine (Paris 1907 ff)

Gabelmann, H.: Die Typen der römischen Grabstelen am Rhein. In: Bonner Jahrbücher 172, 1972, 65 ff

–: Römische Grabmonumente mit Reiterkampfszenen im Rheingebiet. In: Bonner Jahrbücher 173, 1973, 132 ff

Germania Romana II. Kunst und Kunstgewerbe im römischen Deutschland. Gymnasium Beiheft 5 (Heidelberg 1965)

Gose, E.: Gefäßtypen der römischen Keramik im Rheinland. Beihefte der Bonner Jahrbücher Bd. 1 (Köln 1950)

Hagen, W.: Kaiserzeitliche Gagatarbeiten aus dem rheinischen Germanien. In: Bonner Jahrbücher 142, 1937, 77 ff

Hahl, L.: Zur Stilentwicklung der provinzialrömischen Plastik in Germanien und Gallien (Darmstadt 1937)

Harden, D. B. u. a.: Glass of the Caesars. Catalogue Corning-Museum of Glass (New York 1987)

Hellenkemper Salies, G.: Hofkunst in der Provinz? Zur Denkmälerüberlieferung in der Zeit des gallischen Sonderreichs. In: Bonner Jahrbücher 184, 1984, 67 ff

Knorr, R.: Töpfer und Fabriken verzierter Terra Sigillata des ersten Jahrhunderts (Stuttgart 1919)

Krug, A.: Antike Gemmen im Römisch-Germanischen Museum Köln (Köln 1981)

La Baume, P.: Römisches Kunstgewerbe zwischen Christi Geburt und 400 (Braunschweig 1964)

–: Römisches Kunsthandwerk in Köln. In: Renania Romana. Atti dei Convegni Lincei 23 (Rom 1976) 175 ff

Linfert, A.: Römische Wandmalerei in den nordwestlichen Provinzen (Köln 1975)

L'Orange, H. P.: Das römische Reich. Kunst und Gesellschaft (Darmstadt 1985)

Oswald, F., T. D. Pryce: An Introduction to the Study of Terra Sigillata (London 1920)

Menzel, H.: Die römischen Bronzen aus Deutschland III. Bonn (Mainz 1986)

Niemeyer, H. G.: Zur römischen Architektur der Rheinlande. In: Katalog »Römer am Rhein« (Köln 1967) 35 ff

Parlasca, K.: Die römischen Mosaiken in Deutschland (Berlin 1959)

v. Petrikovits, H.: Römische Kunst im Rheinland. In: Auswahlkatalog Rheinisches Landesmuseum Bonn (Düsseldorf 1960) 25 ff

–: Die Originalität der römischen Kunst am Rhein. In: Beiträge zur römischen Geschichte und Archäologie. Beihefte der Bonner Jahrbücher Bd. 36 (Bonn 1976) 410 ff

Pferdehirt, B.: Die römischen Terra-Sigillata-Töpfereien in Südgallien. Kleine Schriften zur Kenntnis der römischen Besetzungsgeschichte Südwestdeutschlands Nr. 18 (Stuttgart 1978)

Schauerte, G.: Terrakotten mütterlicher Gottheiten. Formen und Werkstätten rheinischer und gallischer Tonstatuetten der römischen Kaiserzeit. Beihefte der Bonner Jahrbücher Bd. 45 (Köln 1985)

Schoppa, H.: Die Kunst der Römerzeit in Gallien, Germanien und Britannien (Berlin–München 1957)

Religion, Kult, Grab und Jenseits

Bauchhenß, G.: Eine römische Skulpturengruppe aus der Germania inferior. In: Bonner Jahrbücher 182, 1982, 225 ff

–: Fragment eines Viergöttersteines aus Pulheim-Sinthern. In: Bonner Jahrbücher 184, 1984, 327 ff

Bauchhenß, G., P. Noelke: Die Jupitersäulen in den germanischen Provinzen. Beihefte der Bonner Jahrbücher Bd. 41 (Köln 1981)

Bechert, T.: Zur Terminologie provinzialrömischer Brandgräber. In: Archäologisches Korrespondenzblatt 10, 1980, 253 ff

Behrends, O.: Grabraub und Grabfrevel im römischen Recht. In: H. Jankuhn u. a. (Hrsg.), Zum Grabfrevel in vor- und frühgeschichtlicher Zeit. Abhandlungen der Akademie der Wissenschaften in Göttingen, phil-hist. Kl. Folge 3 Nr. 113 (Göttingen 1978) 85 ff

Berger, L., S. Martin-Kilcher: Gräber und Bestattungssitten. In: W. Drack u. a. (Hrsg.), Ur- und frühgeschichtliche Archäologie der Schweiz 5 (Basel 1976) 147 ff

Binsfeld, W. u. a.: Frühchristliches Köln (Köln 1965)

Böhme, H. W.: Germanische Grabfunde des 4. und 5. Jahrhunderts zwischen Unterer Elbe und Loire. Studien zur Chronologie und Bevölkerungsgeschichte. Münchner Beiträge zur Vor- und Frühgeschichte Bd. 19 (München 1974)

Bömer, F.: Ahnenkult und Ahnenglaube im alten Rom. Beihefte zum Archiv für Religionswissenschaft Bd. 1 (Leipzig–Berlin 1943)

–: Untersuchungen über die Religion der Sklaven in Griechenland und Rom Teil 1. Die wichtigsten Kulte und Religionen in Rom und im lateinischen Westen (Wiesbaden ²1981)

Bogaers, J. E., L. P. Louwe Kooijmans, P. Stuart, J. A. Trimpe-Burger: Katalog »Deae Nehalenniae« (Leiden 1971)

Cumont, F.: After Life in Roman Paganism (New Haven ²1959)

–: Die orientalischen Religionen im römischen Heidentum (Darmstadt ⁴1959)

–: Die Mysterien des Mithra. Ein Beitrag zur Religionsgeschichte der römischen Kaiserzeit (Darmstadt ⁴1963)

Drexel, F.: Die Götterverehrung im römischen Germanien. In: Bericht der Römisch-Germanischen Kommission 14, 1922, 1 ff

Gabelmann, H.: Römische Grabbauten der frühen Kaiserzeit. Kleine Schriften zur Kenntnis der römischen Besetzungsgeschichte Südwestdeutschlands Nr. 22 (Stuttgart 1979)

Galsterer, B. u. H.: Zur Inschrift des Poblicius-Grabmals in Köln. In: Bonner Jahrbücher 179, 1979, 201 ff

Gorecki, J.: Studien zur Sitte der Münzbeigabe in römerzeitlichen Körpergräbern zwischen Rhein, Mosel und Somme. In: Bericht der Römisch-Germanischen Kommission 56, 1975, 179 ff

Gutenbrunner, S.: Die germanischen Götternamen der antiken Inschriften (Halle 1936)

Haberey, W.: Gravierte Glasschale und sogenannte Mithrassymbole aus einem spätrömischen Grabe von Rodenkirchen bei Köln. In: Bonner Jahrbücher 149, 1949, 94 ff

Helm, K.: Altgermanische Religionsgeschichte (Heidelberg 1913–1953)

Herz, P.: Untersuchungen zum Festkalender der römischen Kaiserzeit nach datierten Weih- und Ehreninschriften (Mainz 1975)

Horn, H. G.: Mysteriensymbolik auf dem Kölner Dionysosmosaik. Beihefte der Bonner Jahrbücher Bd. 33 (Bonn 1972)

Katalog »Spätantike und frühes Christentum« Ausstellung im Liebieghaus Museum alter Plastik (Frankfurt 1984)

Kempf, Th., W. Reusch (Hrsg.): Frühchristliche Zeugnisse im Einzugsgebiet von Rhein und Mosel (Trier 1965)

Künzel, E.: Medizinische Instrumente aus Sepulkralfunden der römischen Kaiserzeit. In: Bonner Jahrbücher 182, 1982, 1 ff

Kunckel, H.: Der römische Genius (Heidelberg 1974)

Latte, K.: Römische Religionsgeschichte. Handbuch der Altertumswissenschaft V 4 (München 1960)

Lewis, M. J. T.: Temples in Roman Britain (Cambridge 1966)

Matronen und verwandte Gottheiten. Ergebnisse eines Kolloquiums veranstaltet von der Göttinger Akademiekommission für die Altertumskunde Mittel- und Nordeuropas. Beihefte der Bonner Jahrbücher Bd. 44 (Köln 1987)

Menzel, H.: Lampen im römischen Totenkult. In: Festschrift des Römisch-Germanischen Zentralmuseums Mainz Bd. 3 (Mainz 1953) 131 ff

Merkelbach, R.: Mithras (Königstein 1984)

Müller, G.: Die römischen Gräberfelder von Novaesium. Novaesium Bd. 7 (Berlin 1977)

Nierhaus, R.: Das römische Brand- und Körpergräberfeld »Auf der Steig« in Stuttgart-Bad Cannstatt. Die Ausgrabungen im Jahre 1955 (Stuttgart 1959)

Noelke, P.: Aeneasdarstellungen in der römischen Rheinzone. In: Germania 54, 1976, 409 ff

–: Zur Grabplastik im römischen Köln. In: Führer zu vor- und frühgeschichtlichen Denkmälern. Bd. 37/1 (Mainz 1980) 124 ff

Oelmann, F.: Zum Problem des gallischen Tempels. In: Germania 17, 1933, 169 ff

Pekáry, Th.: Das römische Kaiserbildnis in Staat, Kult und Gesellschaft, dargestellt anhand der Schriftquellen (Berlin 1985)

–: Das Opfer vor dem Kaiserbild. In: Bonner Jahrbücher 186, 1986, 91 ff

Precht, G.: Das Grabmal des L. Poblicius (Köln 1975)

Reece, R. (Hrsg.): Burial in the Roman World (London 1977)

Ristow, G.: Götter und Kulte in den Rheinlanden. In: Katalog »Römer am Rhein« (Köln 1967) 57 ff

–: Mithras im römischen Köln (Leiden 1974)

–: Religionen und ihre Denkmäler im antiken Köln. Zur Religionsgeschichte des römischen Köln (Köln 1975)

–: Römischer Götterhimmel und frühes Christentum. Bilder zur Frühzeit der Kölner Religions- und Kirchengeschichte (Köln 1980)

Schoppa, H.: Römische Götterdenkmäler in Köln (Köln 1959)

Schwertheim, E.: Die Denkmäler orientalischer Gottheiten im römischen Deutschland (Leiden 1974)

–: Mithras, seine Denkmäler und sein Kult. In: Antike Welt. Sondernummer 1979

Speidel, M. P.: Jupiter Dolichenus – Der Himmelsgott auf dem Stier. Kleine Schriften zur Kenntnis der römischen Besetzungsgeschichte Südwestdeutschlands Nr. 24 (Stuttgart 1980)

Toynbee, J. M. C.: Death and Burial in the Roman World (London 1971)

Vermaseren, M. J.: Der Kult des Mithras im römischen Germanien. Kleine Schriften zur Kenntnis der römischen Besetzungsgeschichte Südwestdeutschlands Nr. 10 (Stuttgart 1974)

–: Der Kult der Kybele und des Attis im römischen Germanien. Kleine Schriften zur Kenntnis der römischen Besetzungsgeschichte Südwestdeutschlands Nr. 23 (Stuttgart 1979)

De Vries, J.: Altgermanische Religionsgeschichte (Berlin ²1956/57)

–: Keltische Religion (Stuttgart 1961)

Wissowa, G.: Religion und Kultus der Römer. Handbuch der Klassischen Altertumswissenschaft V 4 (München ²1912)

Wrede, H.: Consecratio in formam deorum. Vergöttlichte Privatpersonen in der römischen Kaiserzeit (Mainz 1981)

Namen- und Sachregister

Ortsregister

Abbildungsnachweis

Bergkamen-Oberaden, Heimatmuseum: 305
Berlin, Staatliche Museen Preußischer Kulturbesitz (Antikenmuseum): 65, 172
Bonn, Rheinisches Landesmuseum/Rheinisches Amt für Bodendenkmalpflege: 2, 3, 6, 9, 10, 13–16, 18, 19, 21–23, 26, 30–34, 36, 37, 39–41, 44–53, 55, 58–60, 62–64, 68–74, 76, 80, 82, 86–99, 101, 102, 104–106, 108–112, 115, 120, 123, 126, 128, 130, 138, 140, 142, 144–146, 152, 157, 160, 162, 165, 166, 171, 173, 176, 178, 180, 182, 185, 193, 194, 197, 199, 201–203, 209, 210, 212, 214–216, 221–226, 229, 231, 233, 238, 240, 241, 242, 245, 247, 248, 252–254, 258, 259, 262, 264, 269, 270, 272, 275, 276, 278, 281–291, 293, 295–299, 306–330, 335–341, 348–350, 352–360, 364–370, 380–382, 385–387, 389, 390, 392, 393, 395, 443–451, 462–474, 484–486, 489–500, 502, 504–507, 509–512, 517–521, 523–531, 533–535, 537, 539, 540, 542, 543, 546, 548–550, 555–559, Farbtafeln: 5 b, 8, 10 a, b, 11, 13–15, 23 a, b
Bonn, Stadtarchiv: 5
Colchester, Colchester and Essex Museum: 211
Detmold, Lippisches Landesmuseum: 333
Diedenhofen W., Kleve: 292
Dortmund, Museum für Kunst und Kulturgeschichte: 119, 342, 343
Düren, Leopold-Hoesch-Museum: 344
Düsseldorf, Stadtgeschichtliches Museum: 347
Düsseldorf, Landesbildstelle Rheinland: 153, 545
Duisburg, Niederrheinisches Museum: 345, 346, 478–483
Hagen, Museum Hohenlimburg: 271
Herne, Emschertal-Museum: 378
Hirmer-Verlag, München: 12, 20, 29, 38
Horn H. G., Wesseling: 25, 399
Koch W. M., Aachen: 277
Köln, Pressestelle des Landschaftsverbandes Rheinland: 78, 271, 547
Köln, Römisch-Germanisches Museum/Rheinisches Bildarchiv: 7, 17, 56, 84, 85, 89, 107, 114, 121, 129, 134–136, 147–149, 151, 154–156, 159, 161, 164, 167, 168, 170, 174, 179, 181, 186, 191, 195, 196, 208, 219, 237, 239, 243, 244, 256, 263, 265–267, 379, 391, 396–398, 400–442, Farbtafeln: 5 a, 6, 7, 12, 19, 21, 22
Köln, Stadtmuseum: 1
Kleve, Städtisches Museum Haus Koekkoek: 394
Kohlhammer-Verlag, Stuttgart: 77
Krefeld, Museum Burg Linn: 54, 143, 163, 234, 235, 249, 250, 268, 452–459
Leiden, Rijksmuseum van Oudheden: 4, 122, 141
Loose H. N., Grenoble: Farbtafel: 20
Mainz, Römisch-Germanisches Zentralmuseum: 27, 28, 35, 42, 43, 57, 61, 66, 67, 75, 79, 81, 83, 100, 103, 124, 131, 139, 150, 175, 177, 183, 184, 187, 188, 190, 192, 198, 200, 204–207, 213, 217, 218, 220, 227, 228, 230, 232, 236, 246, 251, 255, 260, 261, 363, 488, 514, 553, 554, Farbtafel: 16
Mönchengladbach, Museum Schloß Rheydt: 475–477
Münchow, A., Aachen: 273, 274, Farbtafel: 24
Münster, Westfälisches Museum für Kunst und Kulturgeschichte: 125, 127
Münster, Westfälisches Museum für Archäologie/Amt für Bodendenkmalpflege: 24, 113, 300–304, 330–332, 372–376, 461, 487, 508, Farbtafel: 18
Neuss, Clemens-Sels-Museum: 132, 133, 189, 257, 503
Neuss, Stadtarchiv: 501
Nijmegen, Rijksmuseum G. M. Kam: Farbtafel: 17
Noelke P., Bonn: 377, 383, 384, 388, 460
Schwelm, Städtisches Museum Haus Martfeld: 513
Sölter W., Köln: 158, 279, 280, 294, 351, 361, 536
Soest, Burghof-Museum: 515
Theiss-Verlag, Stuttgart: 137
Unna, Hellweg-Museum: 522
Wesseling, Verein für Orts- und Heimatkunde: 532
Westermann-Verlag. München: 11
Xanten, Archäologischer Park/Regionalmuseum: 116–118, 169, 538, 541, 544, 551, 552

Die Zeichnungen auf den Farbtafeln 1–4 stammen von F. Hilscher-Ehlert nach einem Entwurf von M. Gechter und F. Giesler.

Archäologie im Konrad Theiss Verlag

Die Römer in Hessen

Hrsg. von D. Baatz und F.-R. Herrmann. 532 Seiten mit 486 Abb., zum Teil in Farbe, Zeichnungen, Kartenskizzen, Zeittafel, Orts-, Namen- und Sachregister. Leinen.
Alles Wissenswerte über die Römer in Hessen von der Besetzung um Christi Geburt bis zur Spätantike: Geschichte, Kultur, Religion, Kunst, Alltag. Mit großem topographischem Teil.

Die Römer in Baden-Württemberg

Hrsg. von Ph. Filtzinger, D. Planck und B. Cämmerer. 732 Seiten mit 76 Tafeln, zum Teil in Farbe, und 457 Abb. im Text.
Das große Standardwerk über die Geschichte der Römer in Südwestdeutschland. Mit großem, alphabetisch geordnetem topographischem Teil.

Das römische Neuss

Hrsg. von der Stadt Neuss. 192 Seiten mit 148 Abb., davon 24 in Farbe. Leinen.
Eine farbige Rekonstruktion der Geschichte des römischen Neuss in Text und Bild. Mit zahlreichen Abbildungen von Funden, Kartenskizzen und Rekonstruktionszeichnungen.

M. Grünewald
Die Römer in Worms

103 Seiten mit 82 Abb., davon 48 in Farbe. Fester Einband.
Erstmals seit 100 Jahren wird in diesem reich bebilderten Buch das römische Worms beschrieben. Neue Grabungen werden ebenso erläutert wie kostbare Funde.

W. Menghin
Die Langobarden

Archäologie und Geschichte. 620 Seiten mit 191 Abb. und 24 Farbtafeln.
Eine Rekonstruktion der spannenden, mitunter blutigen Geschichte dieses germanischen Eroberervolkes. Die Sichtung archäologischer Funde und die Prüfung der alten Quellen lassen ein erstaunlich klares Bild der Langobarden entstehen.

R. Christlein
Die Alamannen

Archäologie eines lebendigen Volkes. 298 Seiten mit 112 Tafeln, davon 54 in Farbe, 135 Zeichnungen und Karten im Text. Leinen.
Diese erste Archäologie der Alamannen bringt in Text und Bild einen Überblick über ihre Besiedlung und Erschließung des Landes, über Tracht, Bewaffnung und Schmuck, Wirtschaft und Gesellschaft, Glaube und Aberglaube.

Die Kelten in Baden-Württemberg

Hrsg. von K. Bittel, W. Kimmig und S. Schiek. 536 Seiten mit 438 Abb., davon 30 in Farbe, Plänen, Karten, Zeichnungen. Leinen.
Die Gesamtdarstellung der Kelten in Südwestdeutschland, ihrer Geschichte, Kultur und Kunst mit einer Übersicht aller wichtigen Grabungen, Funde und Bodendenkmäler.

H. Roth
Kunst und Handwerk im frühen Mittelalter

Archäologische Zeugnisse von Childerich I. bis zu Karl dem Großen.
320 Seiten mit 52 Abb. im Text und 112 Tafeln, davon 52 in Farbe. Leinen.
Eine zusammenfassende Darstellung von Kunst und Handwerk im Europa des 5. bis 9. Jh. und ihrer Einbettung in Leben und Alltag der damaligen Zeit.

Archäologie im Konrad Theiss Verlag

U. Körber-Grohne

Nutzpflanzen in Deutschland

Kulturgeschichte und Biologie. 622 Seiten mit 95 Textabb. und 132 Tafeln, davon 25 in Farbe. Leinen.
Dargestellt werden – bis auf Obstpflanzen, Küchen- und Heilkräuter – alle im Freiland für den menschlichen Verzehr und Gebrauch angebauten Artengruppen sowie ihre wilden Vorfahren und Verwandten. Das Handbuch der Kulturgeschichte und Biologie unserer Nutzpflanzen. Die umfassende Information für Natur- und Gartenfreunde, archäologisch und kulturgeschichtlich interessierte Leser.

Archäologie in Deutschland

Die Zeitschrift für den historisch und archäologisch interessierten Leser

● Archäologie in Deutschland bringt aktuelle Berichte über neue Funde in unserer Heimat, über Denkmäler in Gefahr und gerettete Denkmäler, mit Tips für Museen, für archäologische Wanderungen und Ausstellungen.

● Archäologie in Deutschland informiert über die Ergebnisse der Forschung mit grundlegenden spannenden Berichten zur Archäologie und Kulturgeschichte der Menschheit.

● Archäologie in Deutschland ist von Fachleuten für interessierte Bürger geschrieben.

● Archäologie in Deutschland. Jedes Heft widmet sich einem Schwerpunktthema der Archäologie und Geschichte und enthält darüber hinaus aktuelle Nachrichten und Problemfälle und berichtet über die neuesten Funde.

● Archäologie in Deutschland erscheint vierteljährlich. Format 21 x 28 cm. Ca. 50 Seiten mit zahlreichen, großenteils farbigen Abbildungen.

Führer zu archäologischen Denkmälern in Deutschland

Hrsg. vom Nordwestdeutschen und dem West- und Süddeutschen Verband für Altertumsforschung. Die Vergangenheit erlebbar machen, sie wieder zu entdecken in der nahen Umgebung, z. B. auf einer Wanderung, ist das Anliegen dieser Buchreihe. Die reiche Ausstattung mit Fotos, Zeichnungen und Lageplänen erleichtert es wesentlich, die Objekte aufzuspüren.
Der ständige Ausbau der Reihe (jeder Band umfaßt 200–250 Seiten) durch die Herausgeber garantiert dem Abonnenten eine umfassende Bibliothek über die Zeugnisse der Geschichte und Archäologie in unserem Lande. Bestellen Sie die Buchreihe zum günstigen Fortsetzungspreis.

Bisher sind erschienen:
Band 1: **Kreis Herzogtum Lauenburg I**
Band 2: **Kreis Herzogtum Lauenburg II**
Band 3: **Tübingen und das Obere Gäu**
Band 4: **Landkreis Rotenburg (Wümme)**
Band 5: **Regensburg – Kelheim – Straubing I**
Band 6: **Regensburg – Kelheim – Straubing II**
Band 7: **Stadt und Landkreis Kassel**
Band 8: **Der Schwalm-Eder-Kreis**
Band 9: **Landkreis Soltau-Fallingbostel**
Band 10: **Der Kreis Lippe I**
Band 11: **Der Kreis Lippe II**
Band 12: **Koblenz und der Kreis Mayen-Koblenz**
Band 13: **Hannoversches Wendland**
Band 14: **Landkreis Weißenburg-Gunzenhausen I**
Band 15: **Landkreis Weißenburg-Gunzenhausen II**